일본에서 일본인들과 나눈
공공철학 대화

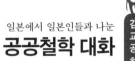

김 태 창의
교 수 공공철학
공 공 철 하기 03
하 기

김 태 창
교 수 의
공 공 철 학
하 기 03

일본에서 일본인들과 나눈

공공철학 대화

김태창 구술 | 이케모토 케이코 기록 | 조성환 옮김

公共
哲學

도서
출판 모시는사람들

【일러두기】

* 이 책은 전 공공철학공동연구소의 김태창 소장이 일본에서 일본인들과 진솔하게 일본어로 나눈
공공(하는) 대화 내용을 교토포럼의 실무책임자였던 이케모토 케이코(池本敬子) 여사를 비롯한
여러분들이 녹음·문장화·정리해서 『공공적 양식인』(교토포럼 발행)과 다른 매체들을 통해서
공개했던 글들을 번역한 것이다. 이케모토 케이코 여사는 오사카부립대학 영문학과 출신의 탁월한
편집인이자 김태창 선생을 20년 이상 헌신적으로 보필한 보조자로, 그녀가 아니었으면 오늘의 이
책은 불가능했을 것이다.
* 이 책에 수록되어 있는 글들의 구체적인 출전은 다음과 같다.
토호쿠(東北)대학 카타오카 류(片岡龍) 교수의 '책머리에 붙이는 글'은 이 책의 출판을 '한일공공'의
실천적 사례로 뜻매김하기 위해서 특별히 기고해 준 글이다. 제1부는 김태창 편저 『함께 공공철학한
다-일본에서의 대화·공동·개신』(동경대학출판회, 2010.8)의 전문 번역이고, 이 책에 대한
동경대학출판회와의 인터뷰와 요미우리신문에 실린 서평도 번역해서 부록으로 수록하였다.
제2부는 위의 책에 수록되어 있지 않은 대화들을 번역한 것이다. 「21세기 일본의 교육과세」는
교토포럼에서 발행한 『21세기 일본의 교육과세』(2004)라는 소책자의 전문 번역이고, 「오늘날
일본교육에서의 교사의 위상과 과제」는 교토포럼에서 발행하는 『공공적 양식인』(제178호, 2006년
9월호)에 실린 글이다. 「기업경영자와 실심실학적 상상력」은 오사카에 있는 경영인들의 배움의
장인 '세와쥬쿠'(盛和塾)에서 행한 강연 내용을 번역한 것으로, 「월간 공공철학」제21호(2012년
9월호)에 실려 있다. 「학자와 기업인과 공무원이 함께 나눈 대화」는 「월간 공공철학」제20호(2012년
8월호)와 21호(2012년 9월호)에 각각 소개되었다. 「생명과 입지를 주축으로 경영을 다시
생각한다」는 칸사이지역의 중견기업 경영자들을 상대로 행한 주제강연을 번역한 것으로, 「월간
공공철학」제22호(2012년 10월호)와 제23호(2012년 11월호)에 각각 수록되어 있다. 「부탄왕국의
국민총행복」은 『공공적 양식인』제171호(2006.2)에 실린 글을 번역한 것이다. 제3부는 김태창
선생을 잘 아는 일본학자들의 김태창론이다. 그 외에도 한양대학교 박규태 교수가 소개한 '김태창의
공공철학'에 관한 논문도 수록하였다.
* 모든 주석은 번역자의 것이다.

'제재기복'(除災祈福)의 공공하는 철학 대화를 위하여

카타오카 류(片岡龍)_ 토호쿠(東北)대학 교수 · 일본사상 전공

이 책을 손에 들고 계시는 한국의 여러분. 저는 이 철학이야기에 등장하는 일본인 중의 한 사람입니다. 여러분은 한국에서 어떤 인생을 보내고 계시는지요? 서울이나 부산 또는 대구와 같은 대도시에서, 회사나 학교를 다니면서 자신의 꿈을 실현하려 애쓰고 계시나요? 아니면 산이나 바닷가의 마을에서 자연을 벗삼으면서 친구와 함께 생활하고 계시는지요?

한국에 남녀노소의 다양한 삶의 모습이 있듯이, 일본에도 다양한 인생이 있습니다. 그런 무수하게 다른 삶이 엮어 내는 직물을 전체로 보면, 각각 반도제(半島製)와 열도제(列島製)라는 차이도 느낄 수 있습니다만, 실 하나하나에 주목하면 역시 어디로부터 와서 언젠가는 어디로 사라지는, 그 길고도 짧은 시간 속에서 다양한 만남에 의해 다른 그 무엇과도 바꿀 수 없는 경험의 흔적을 지구에 새기는, 하나의 생명 활동입니다.

그 생명 활동의 과정에서 우리는 서울 사람이나 부산 사람 혹은 대구 사람이 되고, 동경 사람이나 오사카 사람 혹은 센다이 사람이 됩니다. 그리고 여기에서 다시 한국인이나 일본인이 됩니다. 그러나 역시 최후의 목적은 인간이 되는 것이지요.

인간으로서 이 세상에 태어난 행운, 그 행운을 살리기 위해서 완전한 인간이 되려고 하는 노력을 우리는 잊어버리기 쉽습니다. 특히 근대 이래의 일본은 타

율적인 행운의 연속에 의해서 달콤한 꿈을 꾸어 오는 과정에서, 스스로 인간이 되고 함께 행복한 세계를 만들어 내려고 하는 의지와 실천의 귀중함을 망각해 버린 것 같습니다.

한국은 어떤지요? 인간으로서 이 세상에 태어난 것에 대한 감사와 완전한 인간이 되려고 걸어가는 대장정에서 실감되는 생명 성장의 기쁨, 그것은 어느덧 진한 아스팔트에 의해서 완전히 포장된 상태는 아닌지요? 이 인생의 울퉁불퉁한 대장정을 이야기의 기복처럼 느끼는 것은 가능한가요?

제가 공공철학이야기의 주인공인 김태창 선생님과 처음 만난 것은, 이 책의 제1부 제4장에 수록된 「일본인의 참마음(實心)이란 무엇인가?」라는 대화가 행해진 2008년이었습니다. 그리고 2년 후에 그때의 대화 내용이 들어 있는 『함께 공공철학한다-일본에서의 대화·공동·개신』(『ともに公共哲学する—日本での対話·共働·開新』)이 간행되었는데, 저는 제가 나오는 대화 부분은 읽지 않고 건너뛰었습니다. 아마도 자신이 그때와 상당히 달라져 있는 것이 왠지 부끄럽다고 생각되었기 때문이겠지요.

그런데 이번에 오랜만에 그때 대화하며 제가 한 말을 읽으면서 느꼈던 점은, 자신이 변했다기보다는 성장한 것에 대한 솔직한 기쁨, 그리고 그것을 이끌어 주신 김 선생님 이하 여러분에게 감사하는 마음이었습니다. 이것은 결코 인사치레로 하는 말이 아닙니다. 저는 여기에서 인생의 불가사의함과 생명의 신비함을 느꼈고, 그것을 여러분과 나누고 싶을 뿐입니다.

「일본인의 실심이란 무엇인가?」에서 김태창 선생님이 민복해서 끈실기게 우리에게 던진 물음은, 종래에 일본인의 마음이라고 여겨져 온 '무사'(無私) 정신은 윗사람으로부터 강제된 것으로, 일본인의 자연스럽고 진실한 마음은—한국인이나 다른 많은 민족들과 마찬가지로—역시 행복을 바라는 '사'(私)의 마음이 아닌가, 라는 것이었습니다.

이 물음에 대해 저는 그때, 확실히 '무사'(無私)의 연장선상에서 '멸사'(滅私)가 주창되고, 그것이 일본뿐만 아니라 근대의 아시아에 가져다 준 해악은 인정하지만, 그런 때가 묻기 이전의 가치를 동아시아 유교 등에서 다시 찾아내고 싶다는 식으로 말했습니다. 그때는 무슨 연유에서인지, 김태창 선생님이 절실하게 제기하신 문제 자체에는 거의 마음이 반응하지 않았습니다.

지금 생각해 보면 어이없는 일입니다만, 전후(戰後)의 풍요로운 일본에 태어나서 근래의 장기화된 불황 속에서도 그다지 곤란을 겪지 않고 40년 이상을 한가롭게 생활해 온 인간으로서 "행복을 기원한다"고 하는 생명 활동의 본질 자체를 거의 이해할 수 없었던 것 같습니다. 하지만 그 후에 김 선생님과의 대화를 통해서 조금씩 그 단순하고 직접적인 물음의 의미를 알아차리게 되었습니다.

그리고 2011년 3월 11일에 일어난 지진과 쓰나미에 의한 원전사고를 계기로, 저는 분명하게 제 마음이 가려져 있음을 알게 되었습니다. 이제는 분명하게 대답할 수 있습니다. 일본인의 실심(實心)도 역시 다른 나라 사람들과 마찬가지로 행복을 실현하기를 바라는 '사'(私)의 마음이라고. 그리고 '무사'(無私)란 말은 그것의 실현 조건으로, 생명을 지닌 존재로 이 지구에 태어나게 된 것에 대한 감사와 그 실현 과정에서 성장해 온 것에 대한 기쁨을, 그것이 자기의 노력에 의한 것만이 아니라 타자의 도움도 받은 것이라는 관점을 강조하여 표현한 것에 지나지 않는다고. 그럼에도 불구하고 이 '무사'라는 말이 역으로 타자의 '사'를 무시하는 힘을 갖고 말았다는 것, 그리고 그것에 대해서 너무나도 자각이 없었다는 점도….

물론 일본인들이 모두 저처럼 자각이 없는 것은 아닙니다. 하지만 '타자'라는 말이 일본에 넘쳐나면서도, 진정한 의미에서의 타자는 아직 자각되지 못하고 있는 것도 부정할 수 없는 사실입니다. 이것은 완전한 인간이 되는 행복을 실현시키고자 하는 '사'의 존재에 대한 자각이 희박한 데서 비롯된다고 생각합니다. 자기 인생을 진정으로 충실하게 살려고 하지 않는 자는 타자의 그것도 소홀히 하기 때문입니다. 역으로 타자의 인생의 행복에 자신도 공헌하면서 느끼는 기쁨은, 자기 인생의 행복을 한층 더해 줍니다.

이런 단순명쾌한 사실을 잘 모르는 사람들이 모여 사는 사회에 "함께 행복해지고 싶다"는 명확한 의지를 갖고, 그것을 "생생한 인간과 마음을 열고 얘기한다"고 하는, 놀랄 정도로 솔직한 수단으로 실현시키고자 뛰어든 한 사람이 던진 파문에 의해, 처음에는 뭔가 알 수 없는 당혹감을 느꼈던 사람들도 조금씩 변해가고, 그 변화가 인간으로서의 성장이자 생명의 기쁨으로 자각되고, 거기에서 다시 개개의 이야기가 빚어지는, 그 파문의 중심점을 맺는 활동이 「공공철학 교토포럼」의 철학이야기였습니다.

'생생한 인간'이란 눈앞에 있어서 잘 아는 것같이 생각되지만 실은 잘 모르는 것 투성이인 구체적인 타자를 말합니다. 인간뿐만 아니라 우리가 아무 생각 없이 보고 있는 산이나 강이나 건물이나 도구도, 곰곰이 생각해 보면 각각 다른 모습을 표현하고 있습니다. 이 세계의 모든 사물이나 사건은 독자적인 생명의 빛을 발하고 있습니다. 인간은 더더욱 말할 필요도 없고요.

그것을 우리는 평소에 일상의 편의를 위해서 언어로 한데 묶거나 분류하거나 합니다. 편의는 편의로 자각하고 있으면 문제가 없지만, 우리는 종종 같은 말로 표현된 것을 동일한 것으로 착각하곤 합니다. 하지만 사물 하나하나, 사람 하나하나는 제각각 다릅니다. 같은 인간이라 해도 한국인과 일본인은 다릅니다. 같은 일본인이라고 해도 오사카 사람과 센다이 사람이 다르고, 같은 센다이 사람이라고 해도 유전자와 환경의 조합에 따라 다 다릅니다.

그렇기는 해도 역시 센다이에 사는 사람은 다른 지역에 사는 사람과는 다르다는 점에서 같은 센다이 사람입니다. 마찬가지로 인간은 다른 동물과는 다르다는 점에서 같은 인간입니다. 같은 인간이기 때문에 자기와 마찬가지로 분명 상대방도 "함께 행복해지고 싶다"고 바라고 있음에 틀림없다고 생각하면서도, 각각 서로 다른 타자이기 때문에 그 바람이 함께 이루어지게 하기 위해서는 두 사람이 먼저 '마음을 열고 얘기하는' 길밖에는 없습니다.

이런 대화에서 시작해서 각자의 생명을 살리는 길을 힘을 합쳐(共働) 찾아나가고, 그것을 통해 함께 행복해지는 꿈이 새롭게 열리게 됩니다(開新). 이것은 일회성으로 끝나는 것이 아니라 영원히 지속되는 발전 과정입니다. 이런 신중하고 역동적인 자타 관계의 모습은 지금까지의 일본적인 타자 이해에서는 도저히 생각조차 못했던 것입니다.

일본에서 '공공철학'이라는 말이 사회적으로 보급되기 시작한 것은 최근 10여 년간의 일입니다. 이 시기는 마침 김태창 선생님이 일본을 대표하는 학자들과 함께 「공공철학공동연구회」를 주최하기 시작하고 그것을 계속해 온 기간이기도 합니다. 그래서 지금은 일본을 대표하는 사전에도 '공공철학'이란 "시민적 연대감이나 공감 그리고 비판적인 상호토론에 기초하여 공공성의 부활(蘇生)을 지향하고, 학제적인 관점에 서서 사람들에게 사회적인 활동에 대한 참가나 공헌을 촉구하고자 하는 실천적 학문"(『広辞苑』 제6판)으로 정의되기에 이르렀습니다.

하지만 일본의 일반 서민들의 감각에서는, 이런 공공철학의 이미지가 뭔가 일부 지식인이 서양의 이론을 수입해서 개념 놀이를 하고 있는 것처럼 느껴지는 것도 사실입니다. 함께 행복하기를 바라는 일반 서민의 마음을 울리기에는 뭔가 부족하기 때문입니다. 물론 학자가 전문적인 입장에서 공공철학에 관한 종래의 학설들을 검토하고 정리하고 해설하는 것은 필요한 작업입니다. 하지만 "왜 현대에 그런 철학의 필요성이 높아졌는가?" 하는 물음에 답하고자 한 초심을 망각하면 자칫 본말이 전도되기 쉽습니다. 앞에서 든 사전적 정의로는, "사회적 활동"이 희박한 현실에서 "공공성의 부활"을 지향하는 것이 이 학문의 초심이라고 생각됩니다. 그런데 과연 그럴까요?

먼저 이 정의에서는 '공공성'을 마치 과거에 있었던 것처럼 보고 있습니다. 물론 '공공성'을 어떻게 정의하느냐에 따라서 그것이 이전에도 있었다고 할 수 있습니다만, 과연 '공공'이란 것이 그렇게 되찾을 수 있는 고정된 실체를 말하는 것일까요? 애당초 "사회적인 활동"이 쇠퇴하는 것은, 아무리 사회적인 활동을 해도 그것이 결실을 맺지 못하기 때문에 행복을 느끼지 못하고, 그래서 그것보다는 차라리 경제활동에 매진함으로써 의사적(擬似的)인 행복을 대량생산하는 게 낫다고 보고, 그런 기성품으로 만족하면 된다고 하는 냉소주의에 기인하는 것이 아닐까요?

그리고 그렇게 행복을 기성품화하는 태도가, '공공'이라는 상품을 사들이면 다시 행복해질 수 있다고 하는 환상으로까지 이어지는 것은 아닐까요? 공공철학의 필요성이 일본에서 높아지게 된 것은 '행복'을 추구한다고 하는 인간 본질의 저해가 너무나 진행되어 버린 탓에 다시 그것을 회복하려고 해서가 아닐까요? 그런 의미에서 「공공철학 교토포럼」에서 논의되는 공공철학에는 '제재기복'이라는 김 선생님의 바람이 시종일관 관통하고 있습니다.

그 행복은 하늘에서 내려오는 것이 아니라, 이질적인 타자와의 대화에서 시작해서 모두가 함께 만들어내는 것입니다. 그래서 '공공성'이라는 고정된 실체의 방관적인 형용이 아니라, '공공한다'는 동사적인 작용으로서 당사자적으로 이해됩니다. 그리고 대화에 의해 시동되는 공동의 활동이라는 점에서 "함께 공공철학한다"고도 하고, 서로의 생명을 살림으로써 공공세계를 열어 나가고자 하기 때문에 "활사개공(活私開公)의 철학"이라고도 부릅니다.

이상이 이 책이 다른 '공공철학' 관련 서적들과 결정적으로 다른 점입니다. 김 선생님과 함께 활동하고, 김 선생님으로부터 커다란 지적 자극을 받은 동경대학의 야마와키 나오시(山脇直司) 교수가 최근에 『공공철학으로부터의 응답 - 3·11의 충격 이후에』라는 책을 냈습니다. 이 분은 일본에서 공공철학을 견인해 온 제일인자라고 할 만한 사람입니다.

저자는 한 사람의 인간으로서 2011년에 일어난 일본 대지진으로부터 충격을 받고, 공공철학을 "공정한 좋은 사회의 실현을 위해서 지금 일어나고 있는 공공적 문제들을 시민과 함께 생각해 나가는 실천에 관한 학문"이라고 한다면, "3·11 이후의 사회적 상황에서 침묵하는 것은 용서될 수 없다는 생각"에서 이 책을 썼다고 합니다.

그런데 솔직히 말하면 저는 종래와 마찬가지로 공공철학에 관한 여러 학설들의 소개에 머물러 있을 뿐이라는 생각밖에 들지 않았습니다. 무엇보다도 놀랐던 것은 저자가 '활사개공'과 함께 정치가와 공무원의 자세로서 '멸사개공'(滅

私開公)을 주장하는 점이었습니다.

물론 그 의도는 이번 재난에 임해서 민간의 자원봉사자뿐만 아니라 공무원이나 자위대의 헌신적인 노력이 있었던 점을 공공철학의 관점에서 균형있게 자리매김하고자 하는 것이었겠지만, 그렇다고 해서 서로의 생명을 살린다고 하는 '활사'(活私)를 '멸사'(滅私)로 바꾸어 버리면 "함께 행복을 바란다"고 하는 핵심이 변질되어 버립니다.

제가 이번 지진에서 확실하게 알게 된 것은, 행복을 바라는 마음이 나에게 그리고 많은 일본인에게 분명히 존재하고 있고, 지진으로부터의 '부흥'(復興)이란 무엇보다도 그 마음을 토대로 함께 다시 참다운 행복을 만들어 가고자 하는 것에 다름 아니라는 점입니다. 상의하달(上意下達)이 공무원이나 자위대가 지켜야 할 원칙이라고 해서 그들이 지진복구작업에서 보여준 활약을 '멸사'라고 하는 것은, 실제로 그것을 목격한 사람의 입장에서는 현실과 매우 동떨어진 얘기입니다. 왜냐하면 그 활동의 근원적인 에너지가 진정한 '활사'를 통해서만 실감되는 기쁨이 있었다는 사실은 의심할 수 없기 때문입니다.

지진 후에 또 야스토미 아유무(安富步) 동경대학 교수가 『원전위기와 '동대화법'』이라는 책을 냈습니다. 이 책에는 "방관자의 논리·기만의 언어"라는 부제가 달려 있습니다. 여기서 '동대화법'(東大話法)이란 원전 사고 직후에 반복된 "지금 당장 건강에 영향은 없습니다"라고 하는 기자회견의 발언 같은 것을 말합니다. 그런 "방관자의 논리·기만의 언어"를 가장 잘 사용하는 것이 동경대 출신이기 때문에 그것을 '동대화법'이라고 부르고, 그런 언어의 공전(空轉)이 사회에 만연하면 반드시 그 사회는 폭주하기 시작한다고 진단하고 있습니다.

그런데 이 책의 핵심은 동경대학 교수 스스로가 '동대화법'을 지적했다는 점에 있습니다. 이런 지적은 이미 『함께 공공철학한다』에 등장하는 민간철학자가 지진이 일어나기 전에 분명하게 말하고 있습니다. 중요한 것은 이질적인 타자의 생명을 무시하는 '동대화법'이 아니라, 이질적인 타자와 마주보고 진지한 '대화'를 시작하는 의지와 용기입니다. 그런 의지와 용기를 가진 사람들을 김태창 선생님은 '지민'(志民)이라고 부릅니다. '지민'에는 대학 사람뿐만 아니라 민간철학자, 저널리스트, NPO주재자, 국가공무원, 교육자 등등, 다양한 입장의 사람들이 포함됩니다. 이 책에서는 그런 분들과 김 선생님과의 진지한 대화가 수록되어 있습니다. 동경대학출판회라는 곳에서 이런 지민의 대화만으로 이루어진 책이 출판된다고 하는 것은 극히 드문 일입니다.

김 선생님은 '지민'이 실체 개념이 아니라 실천 과제라고 합니다. 그리고 자신이나 주위 사람들을 '지민'이라고 부르면서 스스로 몸을 낮추고 있습니다. '지민'이 되기를 지향하면서 이질적인 타자와 마주보고 진지하게 '대화'를 해도 금방 그 지향점을 잊거나, 아니면 상대방에게 이질적인 타자인 나에 대해서 상대방이 지민을 지향하자고 제안을 해 와도 좀처럼 자신이 '지민'이 될 의지와 용기를 낼 수 없는, 그런 인간적인 나약함 속에서 자기와 타자의 '뜻'(志)을 지속적으로 격려해 나가는, 그런 존재를 '지민'이라고 부르고 있다고 생각합니다. '공공철학'이든 '동대화법'이든, 스스로를 방관자라는 높은 위치에 두고 현실을 자신에게 유리하게 설명하려고 하거나 비판하기만 해서는, 영원히 진정한 행복은 시작되지 않습니다.

그런데 일반적으로 '공공철학'이 위로부터의 계몽이라는 이미지가 강한 것은, 동아시아의 사상 전통에서 '공'과 '공공'의 구별이 명확하지 않기 때문입니다. 2008년에 있었던 대화의 자리에서 제가, "'무사'(無私=公)의 전통적 가치를 재평가해도 좋지 않은가?'라고 말했을 때만 해도, 저 역시 양자의 구별이 명확하지 않았습니다. 역으로 '활사'나 '지민'이라는 생각에는 동조할 수 있어도, '공사공매'(公私共媒)와 같이 '공'의 존재를 전제로 하는 생각이나 '공공'과는 다른 '공'의 작용을 인정하는 생각에는 부정적인 태도를 보이는 분들이 많았다고 생각합니다.

김 선생님은 '공'의 역사적인 공과(功過)의 양면을 모두 이해한 상태에서, '무사'가 아니라 '활사'를, 상의하달이 아니라 '지민'의 수평적 대화를 중시하면서, 동시에 공(功)의 측면에서는 '공공'과는 다른 '공'의 존재의 의의를 긍정합니다.

이것이 '공'과 '공공'의 구별이 명확하지 않은 동아시아 사람들, 특히 '공'도 '공공'도 내면적인 관점에서 이해하기 쉬운 일본인은 알기 어려운 것 같습니다.

가령 일본인의 경우에는 '공'이나 '공공'은 자신의 사심이나 사욕을 누르고 '공'의 정신, '공심'에 따름으로써 이것을 달성할 수 있다고 생각하기 쉽습니다. 그러나 '공공'이란 자기와 타자, 개인과 국가를 그 사이에서 매개하는 작용이며 행위이지, 결코 한 사람 한 사람의 내면적 태도로부터 조성되는 질서나 공간이 아니라는 것이 김태창 선생님의 기본적인 생각입니다. 그런 점에서 그것은 '리'(理)나 '장'(場)이기보다는 '기'(氣)의 작동으로 이해됩니다.

풍토적인 이유 때문에 일본인에게는 기의 작동이 뭔지 잘 감이 안 잡히는데, 바로 이것이 일본인들이 '공'과는 다른 '공공'을 이해하기 어려운 가장 큰 원인일지도 모릅니다. 하지만 '기'는 다른 말로 하면 '생명력'이라고도 하니까, '생명력'으로 이해한다면 일본인도 '공공'의 작용을 조금은 쉽게 이해할 수 있다고 생각합니다.

이 책에서는 '죽음'을 전제로 한 서양의 형이상학적 철학의 근본 지향에 대해서, 동아시아의 공공철학의 특색은 '탄생'에 있다고 말합니다. 하나하나의 생명은 언젠가 죽어 사라진다고 해도, 그것들이 만나서 함께 새로운 생명을 낳음으로써 그 거대한 생명의 작용에 참여하는 데에서 기쁨을 느끼는 것이, 동아시아인의 근본적인 발상이기 때문입니다.

그 만남은 단순히 생식 행위를 의미하는 것이 아니라 대화와 공동에 의해서 행복을 만들어내는 것도 포함하고 있습니다. 그리고 과거 세대의 사상 유산을 장래 세대에게 생생하게 살아 있는 형태로 건네주기 위해서, 현재 세대가 그것을 재발굴하고 다시 살리려고 하는 활동도 포함됩니다. 그런 의미에서 '공'에도 일정한 존재의의가 인정된다고 추측됩니다.

여기까지는 한국인이든 일본인이든 어느 정도 이해할 수 있을 것입니다. 하지만 이 책에서 아마도 가장 논쟁의 여지가 있는 부분은 '공'과 '사'를 매개하는 다양한 '공공'의 담당자 가운데 일본에서 전통적으로, 그리고 현행 헌법해석적으로 가장 전형적인 기능은 바로 '국민 총의의 상징'으로서의 천황의 위상에서 볼 수 있다고 하는 김 선생님의 견해일 것입니다.

한국어판 서문에서 일본인인 제가 이런 점을 강조하는 것은 한국과 일본을 '공공하는' 역할에서 보면 지나친 것인지도 모릅니다. 타자와의 대화가 서툴고 '지민'이라고는 아직 말할 수 없는 저에게는 아마도 그런 자격도 없을지 모릅니다.

하지만 한국인과 일본인이 "서로 비난하거나 악담하기보다는 각자의 강점과 약점을 보완하면서 힘을 합치면 어떤 일을 할 수 있을까? 이것을 실험하기 위해서 그때까지 한국에서 가지고 있었던 모든 직책을 다 버리고 일개 개인의 자격으로 '한일공동 프로젝트'라는 꿈에다 남은 인생을 걸고" "한중일 동아시아 삼국이 새로운 시대를 함께 열어가기 위한 지혜와 용기와 신념을 나타내는" 삼족오 넥타이와, 고조선의 영토 회복을 의미하는 '多勿'(다물)이라는 글자가 새겨진 뱃지를 달고 다니면서, 동아시아의 "사상과 철학과 문화의 명예를 회복하자는 생각을 공유"하려고 노력해 온 실심(實心)·실지(實知)·실지(實地)의 발자취를 생생하게 보아 온 일본인의 한 사람이라는 입장에서 생각할 때, 일부 인사들처럼 '한일공공'(韓日公共)의 실천자로서 김태창 선생님이 일심전력한 성과를 없었던 일로 치지도외할 수는 없습니다.

"생생한 인간과 마음을 열고 이야기한다"는 것은 말처럼 쉬운 일은 아닙니다. 애인이나 친구처럼 친한 관계에서도 그것이 진정한 의미에서 실현될 수 있는 것은 막 사귀기 시작했을 때나, 관계가 깨지려고 할 때에 그 관계를 회복하려고 서로 노력하는, 극히 제한된 순간에 한정됩니다.

2008년의 대화 때에 김태창 선생님은, 자식뻘 되는 저에게 일본인의 실심이 무엇인지, 그 자연 본래의 마음을 가르쳐 주면 좋겠다고, 마음을 열고 반복해서 질문하셨습니다. 그 결과 그 후의 가르침과 3·11의 지진 체험 등을 통해서, 40년 이상 모르고 지냈던 마음의 편견이 벗겨지고, '공공한다'는 것의 진정한 의미를 알게 되었습니다. 동아시아 삼국이 새로운 시대를 함께 열어 나가기 위한 지혜와 용기와 신념의 이야기의 씨알이 제 마음에도 뿌려졌다는 느낌을 받았습니다.

개인이든 공동체든 태어나서 살아가다 죽은 뒤에 남는 것은 결국 '이야기'가 아닌가, 그래서 인간은 이야기하는 것이고, 이야기하는 것에 흥미를 갖고 가치를 인정하고 의욕을 보이는 것이라고 김태창 선생님은 말합니다. 제가 죽은 후에 어떤 이야기가 남을지는 아직 모릅니다. 하지만 제 자신이 이야기하려고 하는 것은 아마도 김태창 선생님과의 대화와 공동에서 시작되는 이야기 말고는 달리 없을 것입니다.

3·11 지진에 의한 원전 사고는 아마도 앞으로 장기간에 걸쳐서 일본 국내의 갖가지 단절과 분열을 낳을 거라고 생각합니다. 그 악영향이 어떻게 동아시아 세계에 미칠지는 아직 예측할 수 없습니다. 하지만 그것이 최악의 사태에 이르렀을 때에도 여전히 이 세계에 희망의 빛을 가져다 주는 것은, 오해받을 것을 무릅쓰고 말하면, '상징천황'의 기능까지도 사상 유산으로 시야에 넣은 한·중·일의 '공공하는' 철학의 세대계승생생(世代繼承生生)임에 틀림없다는 생각을, 마음을 열고서 먼저 이 자리에서 표명하는 것이 저의 철학이야기의 출발점이 되는 것 같습니다.

저에게 이질적인 타자인 한반도의 풍토 속에서 다양한 생명 활동을 하고 계신 여러분. 저같이 이상한 인간도 무대의 구석에 잠시 등장했다가 사라지는 이 책의 다양성 넘치는 철학이야기에, 그리고 진정한 '한일공공'을 지향하는 진술한 철학 대화에 일단 차분하게 귀를 기울이고 마음을 설레시기 바랍니다. 그러고 나서 여러분 자신의 이야기를 시도해 보시면 어떨까요?

(원제: 片岡龍, 「除災祈福の公共哲学に参与して」, 교토포럼, 「公共的良識人」, 2012년 4월호)

차례

제3부 | 김태창, 그는 누구인가?

제1부

일본에서
시민 및 공무원과 나눈
공공철학이야기

1. 지금 왜 일본에서 함께 공공철학하는가?[1]

왜 철학인가?

김태창: 여러분 안녕하십니까? 방금 세코 카즈호 선생님으로부터 소개받은 김태창이라고 합니다. 세코 선생님의 요청에 따라 먼저 제가 「함께 공공철학하는 시공」의 주지 혹은 기본자세를 말씀드리고자 합니다. 그리고 나서 어느 분이든 상관없으니까 가급적 문제제기나 의제 제시를 해 주시기 바랍니다. 왜냐하면 가능한 한 일방적인 강연 형식은 피하고 싶기 때문입니다. 여러분의 관심이 반영된 주제에 제 나름대로 답변하고, 그에 대한 여러분의 이론(異論)·반론(反論)·신론(新論)의 전개라는 형태로 실심을 담은 철학 대화를 하고 싶습니다.

그럼 먼저 "왜 철학인가?" 하는 점에 대해서 말씀드리겠습니다. 그것은 바로 여러 가지 문제들을 근본에서부터 제대로 생각해 보려고 하기 때문입니다. 근

---

* 이 장은 김태창 씨가 세코 카즈호(世古一穗) 씨의 의뢰로 협동 코디네이터 양성 강좌의 하나로 「함께 공공철학하는 시공」에 대해 대화한 내용이다. 주제는 「일본에서 공공철학하는 것」으로, 일방적인 강연 형식보다는, 가능한 한 대화공동자(共働者)와 과제의식을 공유할 수 있는 방식을 취했다. 세코 씨는 지민(志民) 학자이자 여성 활동가이다. 이 책에는 지민(志民) 저널리스트인 쯔치다 오사무(土田修) 씨 등과의 공공철학 대화도 수록되어 있다. 세코 씨의 주요 저서로는 『협동 코디네이터』(교세이, 2007), 『커뮤니티 레스토랑』(日本評論社, 2007), 『참가와 협동의 디자인』(學藝出版社, 2009) 등이 있다.
일시: 2008년 7월 26일 / 장소: 윙스 교토 / 주최: 특정 비영리 활동법인 NPO 연수·정보센터
대표이사: 세코 카즈호(世古一穗. 카나자와(金沢)대학 대학원 교수)

본에서부터 제대로 생각해 보고 싶은 문제는 많이 있습니다만, 특히 21세기의 일본에서 다시 한번 찬찬히 생각해 보고 싶은 문제는 "자기와 타자가 함께 활기차고, 희망에 넘치고, 행복해지는 세상을 과연 어떻게 만들어 나갈 것인가?"라는 문제입니다. 그럼 왜 활기와 희망과 행복의 문제를 생각하는가? 그것은 지금의 일본과 일본인이, 나아가서 그런 일본에서 일본인과 함께 일하면서 살고 있는 수많은 외국인들이 별로 활기도 없고 이렇다 할 희망도 없으며 행복해 보이지도 않기 때문입니다. 그럼 왜 활기가 없는가? 왜 밝은 미래에의 희망을 갖지 못하는가? 왜 사회 전체에 음울한 분위기가 감도는가? 왜 불행하다고 생각하는 사람이 많은가? 세계 제2의 경제대국임에도 불구하고―. 여러 조건을 갖추고 있는데도….

제가 보기에는, 현재와 장래의 일본과 일본인에게는 진정한 활기와 희망과 행복이란 과연 무엇인가, 어떤 것인가 라는 문제를 성실하게 철학하는 것이 그 무엇보다도 우선시되어야 합니다. 활기와 희망과 행복의 과학, 정치학, 경제학, 사회학, 종교학, 심리학보다도, 먼저 활기와 희망과 행복의 철학이야말로 일본을 좀 더 멋진 생명과 생활과 생업의 시공간―국가와 지역사회를 포함해서―으로 만들어 갈 때 가장 먼저 해야 할 일이 아닐까요? 국민·시민·주민 한 사람 한 사람이 활기가 없고 희망이 없고 행복하지 않은데, 부국강병이나 부국유덕(富國有德)이 과연 얼마나 의미가 있을까요?

저는 일본과 일본인이 진정으로 활기 있고 희망차며 행복해지기를 바랍니다. 왜냐하면 일본과 일본인이 진정으로 활기에 넘치고 희망에 부풀며 행복해지는 것이 한국과 한국인, 중국과 중국인이 진정으로 활기 있고 희망차며 행복해지는 것과 깊은 관련이 있기 때문입니다. 만약 일본과 일본인이 활기 있고 희망차며 행복하지 않으면, 자신들의 위축과 절망과 불행의 원인을 밖에서 찾아서, 그것을 해소시킨다는 명목 하에 무슨 일을 저지를지 모르니까요. 거기에서 어떠한 적의와 살기와 원망의 악순환이 시작될지 모르니까요. 반대로 활기에 넘치고 희망에 가득차며 진정으로 행복한 사람들은 주위사람이나 친척은 물론 모르는 사람에게도 관대하고 배려할 줄 알며 잘 융화된다고 생각하기 때문입니다.

왜 철학대화인가?

그럼 왜 철학대화인가? 그것은 나 혼자만 생각해서는 의미가 없기 때문입니다. 종래의 철학하는 방식을 생각하면, 혼자 서재에 틀어박혀 동서고금의 성인과 현인들의 언행을 두루 섭렵하고 심사숙고를 거듭한 끝에 얻은 깨달음을 기록하고 발표하는 것도 생각할 수 있겠지요. 하지만 저로서는 그런 철학은 식상합니다. 철학 전문 학자의 문헌학에는 흥미가 없습니다. 지금 내 앞에서 나와 삶을 함께하고 있는 인간과 마음을 열고 얘기하고 싶습니다. 나와는 여러 면에서 다른 인간과 실심실어(實心實語)로 나누는 대화가 안타깝도록 그리운 것입니다. 대화는 회화와는 다릅니다. 회화는 다수의 사람이 모여서 말을 섞은 것입니다. 일본어로 '말한다'는 '하나스'(話す)로, 어원적으로 '하나스'(離す=떼어놓다) 혹은 '하나스'(放す=풀어놓다)와도 상통하는데, 그 의미는 발화자의 일방적인 발신 행위를 말합니다. 즉 (혼자서 말하는) '독화'(獨話)인 것이지요. 그래서 '회화'(會話)는 복수의 인간이 각자 자신이 하고 싶은 말을 하는(言う) 것입니다. 일본말로 '이우'(言う) 또는 '하나스'(話す)는 일방적인 발화라는 의미에서는 동일합니다. 반면에 '카타루'(語る)는 먼저 상대방의 발언과 발화를 듣는(聞·聽) 행위가 있고, 거기에 응답하는 형태로 자신의 의견과 반응과 대응을 말로 나타내는 것입니다.

그래서 저는 대화에 대한 이러한 생각을 '카타리아우'(語りあう=서로 얘기하다)라는 말로 표현해 왔습니다. 이것은 두 말할 필요 없이 회화와의 차이를 좀 더 선명하게 나타내기 위해서입니다. 철학대화와 철학 회화는 완전히 다릅니다. 다수의 사람이 모여서 자신의 철학을 발표하는 것은 철학 회화입니다. 거의 대부분의 철학 관련 학회나 모임이 철학 독화나 철학 회화를 위한 것이지요. 거기에서 철학 대화는 좀처럼 찾아보기 어렵습니다.

대화는 기본적으로 '나'와 타자의 만남과 어울림과 서로 이야기하기가 필수 조건입니다. 다수의 '나'들이 모여서 자기가 하고 싶은 말을 하는 회화와는 달리, '나'와 타자-나와는 다른 · 상반되는 · 동화를 거부하는 존재-와 함께 · 서로 · 마주보고 얘기하는 것이 대화입니다. 그리고 나와 타자의 사이(あいだ) · 어울림(あわい) · 마주보기(向き合い)를 맺고 · 잇고 · 살리기 위한 대화에는 인내와 관용과 자제가 필요합니다. '놀람'과 '당혹'과 '주저'를 '회피하는' 것은 금물입니다. 일본도 단일민족 사회가 아닌 다민족 공생 사회이기 때문에, 다양 · 다중 · 다층의 차이성 · 특수성 · 의외성에 대한 유연한 감수성을 기르는 것이 중요합니다. 21세기의 일본에서는 나와 타자가 서로 행복해지는 세계의 공동 구축을 지향해서 함께 철학대화하는 것이 그 무엇보다도 절실한 과제라고 생각합니다.

왜 공공철학하는가?

저의 주지 설명을 마치기 전에 마지막으로 "왜 공공철학 하는가?"에 대해서 말씀드리고자 합니다. 그것은 먼저 제가 철학 '학'(學)과 철학 '하다'를 나누어 생각하기 때문입니다. 그리고 종래의 '보고 생각하는' 철학도 아니고 '읽고 말하는' 철학도 아닌, '듣고 얘기하는' 철학을 소중히 여기고, 그것을 실천해 나가고 싶기 때문입니다. 타자와 함께 · 서로 · 마주보고, 타자의 요구에 진심 · 본심 · 성심을 담아서 응답하는 철학을 중시함과 동시에, 그와 같은 철학하는 마음 · 각오 · 용기를 일상생활에서 일반시민의 공공하는 이성 · 감성 · 의지 · 영성으로 기르는 일에 전심하고 싶기 때문입니다.

'공공철학'은 '공공하는 철학'입니다. '공공한다'는 것은 "타자와 함께 대화하고 공동(共働)하며(=함께 일한다) 개신(開新)하는(=새로운 지평을 연다) 것"을 말합니다. 그래서 공공철학은 다른 말로 하면 타자와 함께 대화하는 철학이고 공동하는 철학이며 개신하는 철학입니다. 그리고 그것의 기본은 "태초에 대화(공동 · 개신)가 있었다"는 확신에 기초한 공사공매지(公私共媒知)의 공동(共働)탐구입니다. 공공철학이란 누군가-설사 그가 성인군자라고 해도-한 개인의 인생관·세계관·가치관을 일방적으로 전달하거나 수용하거나 교조화하는 것이 아닙니다. 그러한 철학을 저는 '사'(私)철학이라고 부릅니다. '사'철학의 기본은 "태초에 진아(眞我)가 있었다"는 전제 하에 그런 "진아(眞我)의 몸과 마음과 얼을 내면적으로 성찰"하는 것입니다. 나를 규명하기 위한 몸과 마음과 얼의 내적 성찰을 주축으로 하는 철학입니다. '사'철학에는 '멸사'(滅私=사를 죽임)의 철학과 '활사'(活私=사를 살림)의 철학이 있습니다. '사'철학에도 값진 면이 있습니다. 그러나 제아무리 값지다고 해도 '사'철학은 어디까지나 '사'철학일 뿐입니다.

이것과 대비되는 것이 '공'(公)철학입니다. '공'철학이란 국가·정부·체제를 정당화하고, 그것을 구성원 전체에게 주입시키고, 그것에 기초하여 동일화·통합화·일체화를 꾀하는 철학입니다. '공'철학의 기본은 "태초에 전체가 있었다"는 전제 하에 '전체를 인정하고 따르는' 것입니다. 전체를 확정·강화·수호하는 것입니다. '공'철학이란 전체(=국가) 공인의 제도지(制度知)를 기본으로 하는 '관'(官)철학이기도 합니다. 누군가의 '사'철학이 국가·정부·체제에 의해서 직접적 또는 간접적으로 공인되면 '공'철학이 되는 경우도 종종 있습니다.

여기서 다시 "공공(하는)철학이란 무엇인가?"의 문제로 돌아오면, 공공(하는)철학이란 보통 시민과 시민의·시민에 의한·시민을 위한·시민과 함께 하는 지·덕·행의 연동 변혁을 지향하는 민지(民知) 양육입니다. "공사상생"(公私相生)을 꾀하는 공매지(共媒知)를 지향합니다. 대학의 강의실에서만이 아니라, 언제 어디서나 어떤 행태로든 공공하는 일에 관심을 갖고, 그 필요성을 느껴서 시간과 자원을 들일 의지가 있는 사람들이 때와 장소와 마음을 함께 하고, 거기에서 자기와 의견·입장·목표가 다른 타자들과 함께 진지한 대화·공동·개신을 시도하는 것이 공공(하는)철학의 기본자세입니다.

1990년에 일본에 온 이래 저는 일본 학습을 계속해 왔습니다. 그 과정에서 하나 느낀 것이 있는데, 일본에는 회화는 많아도 대화는 대단히 적다는 것입니다. 그러나 진정한 대화가 있어야 비로소 가정도 사회도 단체도 조직도 국가도 생기·활기·원기가 생겨나는 것이 아닐까요? 거기에서 의욕과 희망과 행복이 용솟음치는 것이 아닐까요? 사람과 사람이, 나와 타자가 만나고·사귀고·애기하는 가운데 공동과 개신을 향한 동기와 마음과 각성이 생기고, 그것이 실천과 실행과 활동으로 이어진다고 생각합니다.

질의 문답: 간(間)과 중(中)과 화(和)의 철학

A씨: 공공(하는)철학은 이번에 처음으로 접했습니다. 왜 공공철학하는 것이 필요한지에 대해서 좀 더 설명해 주실 수 있으신지요?

김태창: 예. 먼저 공공(하는)철학은 '사이'에서 서로 '만나고' 거기에서 '어울리는' 철학이라고 말씀드리고 싶습니다. 제가 일본에 온 지 어느덧 20여 년이 지났습니다. 그리고 일본을 바닥에서부터 학습한다는 자세로 저 나름대로 노력해 왔습니다. 그 결과 어렴풋이 느낀 것이 하나 있습니다. 그것은 흔히 일본인은 '사이'나 '관계'를 소중히 여긴다고들 합니다만, 사실 그것은 '사이'라기보다는 '안쪽'(內面)이 아닐까요? 설령 '사이'라고 해도 그 '사이'는 안을 향해 닫혀 있는 '사이'가 아닌가 하는 느낌이 든다는 것입니다.

제가 생각하는 '사이'란 밖을 향해 여는·열려 있는·계속해서 열어가는 '사이'입니다. 이것은 너무나 중요한 점입니다. 어떤 사태를 자신과 가족·동료·친척·동포와의 '안'으로 닫혀진(內閉) '사이'의 관점에서 생각하는 것이 아니라, 자신과 타인, 자기와 타자, 경우에 따라서는 친구와 적과의 개방적인 '사이'의 관점에서, 양쪽을 함께·서로·치우침 없이 이어서 생각하는 것입니다. 또한 개인과 전체 사이, 인간과 자연 사이, 그리고 가족 간, 민족 간, 국가 간, 종교 간, 문명 간 등과 같은 다양·다중·다층의 '사이'를, 그 안에서 '가두어 두는 사이'로서가 아니라 거기에서 양쪽을 '열어 주는 사이'로 새롭게 정립한다는 것입니다.

'안'과 '밖'의 사이·만남·어울림에 몸(身)·마음(心)·뜻(意)을 두고·위치 지우고·의미 지워서, 그 어느 쪽에도 치우치지 않게 신경을 쓰면서 사태를 제대로 파악하는 것입니다. 그것은 매우 힘들고 고되고 어려운 일입니다. 그러나 그러한 자세를 가지고 철학하는 것이야말로 현재와 장래의 일본과 동아시아, 그리고 세계의 상황을 개선하는 데 절실히 요청되는 과제라고 생각하기 때문에, 공공철학하는 것이 필요하다고 말씀드리는 것입니다.

둘째로, 공공(하는)철학은 '중'(中)의 철학입니다. 여기서 '중'은 '중간'이나 '중심'이나 '한가운데'라는 의미가 아닙니다. 가령 1과 3의 한가운데는 2라든가, 교토와 코베의 중간은 오사카라는 의미가 아닙니다. 공공(하는)철학에서의 '중'은 '맞다' 혹은 '맞추다'라는 뜻입니다. 장소적으로는 '명중'(命中)이라는 말이 있고, 시기적으로는 '시중'(時中)이라는 말이 있습니다. 진짜 필요한 때와 장소에 딱 맞는다, 또는 딱 맞춘다라는 의미입니다. 시대와 상황의 요청에 정면으로 대면 · 대응 · 응답하는 것을 말합니다. 그리고 '중'에는 맺다 · 잇다 · 살린다는 의미도 포함되어 있습니다. '중'이란, A와 B의 중간 · 한가운데 · 중심이라기보다는, A와 B의 사이 · 만남 · 어울림에 있어서 시기적 · 장소적 요청에 적절하게 대면 · 대응 · 응답하면서, 거기에서 A와 B가 함께 · 서로 · 치우침 없이 맺어지고 · 이어지고 · 살려지는 지평을 열어 나가는 작용을 말합니다. 그러한 '중'의 역동적인 작용을 작동시키는 공부로서의 '중'의 철학이 바로 공공(하는)철학이고, 그것이 잘 이해되고 실천될 필요가 있다고 생각하기 때문에 공공(하는)철학의 필요성을 말씀드리는 것입니다.

셋째로, 공공(하는)철학은 '화'(和)의 철학입니다. '화'란 부드러움 · 온화함 · 치유라는 뜻입니다. 이것은 어느 한 사람의 내면의 심리적 · 심정적 상태가 아니라, 나와 타자의 사이 · 만남 · 어울림에서 함께 · 서로 · 치우침 없는 부드러움 · 온화함 · 치유의 작용을 말합니다. '화'의 작용은 일방적 · 일차원적 · 직선적이 아닙니다. 그것은 나와 타자 '사이'에서 양쪽을 향해서, 양쪽을 균형 있게, 양쪽의 연동 개선을 지향하는 것입니다. 그래서 '상화'(相和)이자 '호화'(互和)이자 '공화'(共和)의 작용으로 이해할 필요가 있지요. '화'의 작용은 삼차원상관적(三次元相關的)입니다. 그것은 자기와 타자 '사이'가 기본적으로 '상극'(상호대립 ·

갈등·모순)임과 동시에 '상생'(상호 보족補足·보충·보완)이며, '상극'이 '상생'(공존·공생·공영)으로 전환·개변·진전되는 데 없어서는 안될 '상화'(相和=和心·和語·和行)의 기능이기도 합니다.

'화'에 대한 종래의 생각은 오로지 자기 내면의 평온무사에 중점을 두고, 동료·친척·주위의 동질성·일체성·결속성을 장려하는 것이었습니다. 하지만 제가 생각하는 '화'는 그와는 전혀 다른 역동(力働)입니다. 제 감각으로는 종래의 '화'는 '화'가 아니라 '동'(同)이었습니다. 설령 '화'라고 해도 동료나 친척이나 주위와의 동화(同和)·화합·동화(同化)입니다. 그것은 이질적인 타자를 배제·부정·파괴하는 무서운 심리·논리·대책의 원천이기도 합니다.

일본은 '화국'(和國) 또는 '대화국'(大和國)이라고 불립니다. 일본인은 '화인'(和人) 또는 '대화인'(大和人)으로 일컬어집니다. 그러나 그 '화'가 내향적인 단일민족의 동질성을 강조하는 쪽으로 편향되면 거기서 작동하는 심적 에너지가 동아시아나 세계와의 상화와 화해와 공복의 공동구축과는 정반대 방향으로 폭주하게 될 우려가 있습니다. 그렇기 때문에, 단지 일본인끼리의 동화(同和)·화합·동화(同化)가 아니라, 자타상생을 꾀하는 자타상화로서의 화─상화·호화·공화─의 체인(=체득)과 그것에 기초한 실천을 함께하기 위해서는 일본인 한 사람 한 사람의 사고와 판단과 행위와 책임의 근간을 자타상생 쪽으로 바로잡는 것이 중요하고, 이러한 자세의 확립은 '화'─상극·상화·상생─의 철학으로서의 공공(하는)철학을 실심·실학·실지함으로써 길러진다고 생각하기 때문에 공공철학하기를 강조하는 것입니다.

공공하는 정치

B씨: '사이'의 철학, '중'의 철학 그리고 '화'의 철학으로서의 공공(하는)철학의 입장에서는, 오늘날 일본 정치의 모습을 어떻게 이해하는지요? 오늘날 일본에서의 민주주의의 형태에 대해서는 어떻게 생각하시는지요?

김태창: 일본의 정치는 오로지 통치입니다. 자치에 대한 요구와 그것에 대한

대응이 서서히 행해지고는 있습니다만, 중앙집권적 형태의 통치가 압도하는 정치이지요. 그래서 야당이 자라나기 어렵습니다. 여당 지배가 장기간 계속되는 가운데 야당의 존재와 역할, 다른 말로 하면 야당의 존재이유가 국민에 의해서 충분히 이해되지 않고 있다고 생각합니다. 여당이라고 해도 정치가가 아닌 관료가 주역을 맡아 왔기 때문에 실질적으로는 관치(官治)-관료민주제라고도 할 수 있습니다만-였습니다. 그래서 정치는 통치이고, 그것은 관치라고 하는 정치의 도식이 정착되고 있다고 할 수 밖에 없습니다. 자치가 주창되고 있지만, 제가 보기에는 주민자치라기보다는 통치의 부분적인 이양으로, 중앙이 지시하는 관치의 하청이지 지방주도의 자치는 아닌 것 같은데, 어떻게 생각하시는지요?

일본의 정치는 '공'(公)의 정치이기는 해도 '공공'(公共)의 정치는 아니라고 생각합니다. '공'이란 '전체를 위해서' 혹은 '전원을 위해서'라는 발상·논리·입장입니다. 그래서 '공'의 정치란 '국가 전체를 위한' 정치이자 '모든 국민을 위한' 정치라고 말해집니다. '사'(私)는 '자신(만)을 위한' 또는 '자신의 동료·친척·주위를 위해서'라는 발상·논리·입장입니다. 그래서 '사'의 정치란-'사정'(私政)이라고도 합니다만-'오로지 자기 한 사람을 위한' 정치 혹은 '자기 동료·친척·주위를 위한' 정치입니다. 일본의 정치는 '공'의 정치를 가장한 '사'의 정치가 아닌가 하는 인상을 받습니다. '국익'이라는 이름(만)의 관익(官益) 혹은 당익(黨益)·파익(派益)·성익(省益, 각 부처의 이익)-결국 사익(私益)의 변종에 지나지 않는다-에 집착하는 정치가 아닐까요?

그럼 '공공'의 정치란 무엇인가? 그것은 '위하여'의 정치가 아니라 '함께'하는 정치입니다. '모든 국민을 위하여'라는 명분·변설·주장도 아니고, '자기 한 사람을 위하여'나 '자기의 동료·친척·주위를 위하여'를 바탕으로 하는 궁리·책략·술수도 아닌, '한 사람 한 사람의 국민·시민·주민과 함께'하는 심사·숙고·판단·결정을 말합니다. '위하여'는 일방적인 착각에 지나지 않는 경우가 많습니다. 통치자가 '생각하고 실천하는 일이' 혹은 '모든 국민을 위한 것'이라고 착각하고 있을 뿐, 그것이 진짜로 '위하여'인지, 아니면 그 반대인지를 확인하는 장치가 제대로 작동되기 어렵게 되어 있습니다. 통치자의 자기중심적인 사고 · 판단 · 행동 · 책임이 그대로 자기 완결되어 있어서 막상 국민쪽에서 어떻게 느끼는지가 고려되지 않습니다.

그래서 '함께'가 공공(하는)정치의 요체라고도 할 수 있습니다. 그것은 다른 말로 하면, 통치와 자치 '사이'에서 통치와 자치가 함께 · 서로 · 치우침 없이 맺고 · 잇고 · 살림과 동시에 통치와 자치의 상극이 상화를 통해서 상생으로 역전되는 것을 지향하는 정치의 모습입니다. 그것은 '간치'(間治)이자 '중치'(中治)이자 '화치'(和治)입니다. 한마디로 하면 '공치'(共治)라고도 할 수 있습니다. 공공의 정치란 공치를 말합니다.

여기에서 한 가지 경계해야 할 것이 있습니다. '공'과 '공공'을 굳이 나눌 필요가 없다는 생각을 경계해야 합니다. 왜냐하면, 공과 공공이 같은 것이라는 생각은 기본적으로 관(官)의 발상이기 때문입니다. 그것은 철저하게 민(民) 위에 군림하는 생각임에도 불구하고, 그것을 눈치채지 못하도록 해서 결과적으로 관에 의한 민의 지배를 정당화하는데 둔감하게 될 위험성이 있기 때문입니다. '공'이란 전체를 위한 · 전원을 위한 통합화 · 동질화 · 일체화를 지향합니다. 이것은 '관'(=관료, 조직)의 논리 이외에는 아무것도 아닙니다. 거기에서는 '사'의 존재와 가치와 존엄이 인정되지 않습니다. '사'는 전체 속으로 회수되어야 하고, 회수되지 않으면 배제 · 부정 · 말살될 수밖에 없습니다. '사'가 전체 속에 흡수 · 동화 · 통합되지 않으면 전체가 전체가 아니게 되기 때문입니다.

그래서 '사'의 긍정을 전제한 상태에서, '사'와 '공'의 매개 · 중개 · 공매(共媒)를 꾀하는 작용 · 움직임 · 노력으로서의 '공공'을 '공'과는 별도로 상정하는 것은, 공(公) · 관(官)의 통합 원리와는 궁합이 잘 맞지 않습니다. 자신들에게 불리하게 작용할 수도 있다는 우려 때문입니다. 관치의 정당성이 무너지기 때문입니다. 관치의 정당성은 그것이 '공'의 담당자라는 데서 나옵니다. '공'과는 다른 '공공'이 정치의 정당성의 근거로 인정받게 되면 관치가 수용되지 못하게 됩니다. 관의 일방적인 통치가 아니라 민 주도의 민관공치(民官共治)가 공공에 기초하여·공공을 통해서·공공에 의해서 실현되는 것이 '공'의 정치와는 다른 '공공'의 정치입니다.

'공공'의 시대와 상황에서의 인간상

C씨: '공'은 '모두를 위하고', '사'는 '자신을 위하고', '공공'은 '자기와 타자'·'사와 공'·'개인과 국가'를 그 사이에서 매개·중개·공매하는 작용·움직임·노력이라는 말은 어느 정도 이해되었습니다. 그리고 '공'은 통치, '사'는 자치, 그리고 '공공(하다)'은 공치(共治)의 정당성을 담보하는 것이라는 것도 잘 알겠습니다. 제가 알고 싶은 것은 공공이 중시되고, 공치(共治)로 정치형태가 변환되어 가는 시대와 상황에 대응할 수 있는 인간형이란 어떤 인간형인가 하는 것입니다. 가령 '공' 우위의 시대와 상황에서는 관료가 주역이었습니다. '사' 우선의 시대와 상황에서는 경제적으로 자립한 개인이 중시된다고 생각됩니다. '공공'의 시대와 상황에서 가장 기대되는 인간상이 있다고 한다면 어떤 인간입니까?

김태창: 매개·중개·공매의 자질·역량·도량이 가장 중시된다고 생각합니다. 그래서 그러한 자질과 역량과 도량의 소유자에 대한 바람·기대·수요가 증가하겠지요. 대화력(對話力)·공동력(共働力)·개신력(開新力)을 갖춘 인간이 주역이 되지 않을까요? '위하여'를 강변하는 인간이 아니라 '함께·더불어'를 실천할 수 있는 인간입니다. 모든 것은 너를 위해서 하고 있다고 하면서 실제로는 오로지 자기의 이익만 염두에 두는 인간이 아니라, 항상 상대와 함께 대화하고 공동(共働)하고 개신(開新)하는 인간을 말하는 것이지요.

세코 선생님께서 지금 전심전력으로 육성하고 있는 '협동 코디네이터'도 공공의 시대와 상황에 걸맞은 전형적인 인간형이라고 생각합니다. '사이'에서 생각하는 능력, '중'을 개신으로 연결시키는 능력, '화'를 가져오는 능력은, 종래의 능력 개념으로는 이해하기 어렵습니다. 가령 양질의 통역 능력을 예로 들 수 있습니다. 지금까지는 어학 실력이라고 하면, 개인의 발신력과 수신력에 중점이 놓여 있었습니다. 독해력이나 청취력도 어디까지나 자기본위의 언어 능력입니다. 하지만 자기와 타자의 사이 · 만남 · 어울림에서 양자를 함께 · 서로 · 마주보고, 맺고 · 잇고 · 살리는 것은, 서로 다른 언어를 통해서 표현되는 내용을 양쪽이 모두 이해할 수 있는 것으로 전환 · 변화 · 발전시키는 활동으로, 그것이 바로 통역 능력입니다. 단일민족 · 문화 · 전통사회에서는 통역은 거의 필요가 없었습니다. 하지만 다민족 · 문화 · 전통의 사회에서는 통역이 없으면 민족적 · 문화적 · 전통적 다양성 · 이질성 · 개별성의 대립 · 충돌 · 갈등을 완화시키고 · 화해시키고 · 치유하는 능력 · 역량 · 도량이 발동되지 못합니다. 어떤 식으로든 통역 · 통변(通辯) · 통사(通詞)의 작용 · 움직임 · 노력이 필수불가결합니다.

제 경험에 비추어서 말씀드리면, 대부분의 대화 · 공동(共働) · 개신(開新)은 여러 가지 의미에서 통역이 잘 되면 성공합니다만, 그 작용이 결여된 곳에서는 잘 되지 않습니다. 통역 없는 일방적인 발언 · 발어(發語) · 발의(發意)의 강행은, 모든 독단 · 독선 · 독재의 시발점입니다. 선의의 동기에 의해서 시작한 경우에도 그렇습니다. '너를 위하여'라고 하면서 '자신을 위한' 일을 상대에게 일방적으로 강요 · 강제 · 강행하는 쪽으로 흐르기 쉽기 때문입니다. 타자가 하는 말을 듣고 그것에 응답하는 자세 · 태도 · 용의가 결여되어 있는 것입니다. 자신의 언어와는 어휘도 문법도 구문도 다른 타자의 언어에 진지하게 귀를 기울이고, 그것을 잘 이해하기 위해서는 통역 능력이 자기에게 갖추어져 있든가, 아니면 누군가의 협력을 받을 필요가 있습니다. 타자가 있는 곳에서는 통역 없이 일이 제대로 진행되기 어렵다는 점을 유념해야 합니다.

리(理) · 장(場) · 기(氣)의 공공

D씨: 세코 선생님께서 강조하시는 협동 코디네이터를 일본어로 바꾸면 어떤 말이 될까요?

김태창: 글쎄요. 중재자(世話人)가 좋지 않을까라고 생각합니다. 막말유신(幕

末維新) 시기에 요코이 쇼난(橫井小楠, 1809~1869)이라는 훌륭한 사상가가 있었습니다. 쇼난은 일본이라는 나라의 진가를 발휘할 수 있는 길은 세계의 중재역(世話役)을 충실히 수행하는 데에 있다고 하였습니다. 21세기의 세계의 동향을 보아도, 미국과 중국이 각각 전 지구적인 규모로 패권쟁탈전을 벌이고 있는 상황에서, 그 무엇보다도 필요한 것은 국가와 국민 또는 국경과 민족과 문화의 경계선을 횡단매개할 수 있는, 일종의 중재자 역할을 하는 세계시민들 간의 활동·연동·연대일 것입니다. 저의 개인적인 바람은, 일본과 일본인이 요코이 쇼난이 말하는 세계의 중재역에 충실하는 것입니다. 즉 세계의 협동 코디네이터가 되는 것입니다. 그리고 일본 국내에서도 단일민족국가적인 발상·논리·관행을 다민족국가에 걸맞은 것으로 전환·변혁·개선시킬 필요가 있습니다. 거기에는 자기와 타자가 함께·서로·마주보고 대화·공동·개신하는 마음가짐·각오·용기가 가장 기본적인 자세·태도·용의로 수용·정착·확산될 필요가 있습니다.

E씨: 공공성이라든가 공공한다는 것은 이론입니까? 마음가짐입니까? 아니면 뭔가 특별한 영역인가요?

김태창: 공공(하는)철학의 핵심이 되는 문제 중의 하나를 콕 짚어 주셨습니다. 공공(하는)철학을 연구하고 계시는 이른바 공공철학자들 사이에서도 여러 의견·입장·주장이 있습니다. 그래서 간단하게는 말할 수 없습니다만, 어디까지나 저 자신의 개인적인 견해를 말씀드리면 다음과 같습니다.

'공공성'이라고 하면 이념·이론·규범이라는 뉘앙스가 강해집니다. 하지만-학자마다 사용하는 용어는 조금씩 다릅니다만-'공공공간'이랄지 '공공영역'이랄지 '공공권'이라고 하면 장소(場)라는 의미가 강조되겠지요. 그런데 '공공정신'이나 '공공심' 또는 '공공감정'이라고 하면 기질·기품·기풍이라는 뜻이 담기게 되겠지요. 저는 '리(理)로서의 공공', '장(場)으로서의 공공' 그리고 '기(氣)로서의 공공'의 세 가지로 나누어 생각하고 있습니다. 이것은 특히 중국과 일본과 한국을 여러 측면에서 비교검토해 온 경험학습에 기초한 저 나름대로의 기본적인 발상·입장·견해입니다. 거칠게 말하면 중국은 '리'의 문화, 일본은 '장'의 문화 그리고 한국은 '기'의 문화가 각각의 생활문화적 특징·특성·특색이라는 생각이 드는 동시에, 중국에도 일본에도 한국에도 '리'와 '장'과 '기'의 문화가 적당하게 혼재·융합되어 있다는 것이 현실상황이기도 합니다. 따라서 '공공'이라는 것도 '리'·'장'·'기'로 나누어 생각함과 동시에, 상호연관적으로 이해하는 것이 좋다고 생각합니다.

F씨: '리'나 '장'으로서의 공공에 대해서는 뭔가 알 것 같은 느낌이 듭니다만, '기'로서의 공공은 어떠한 것인지요? '기'라는 것은 대체 무엇입니까?

김태창: '기'란 원초적 생명에너지와 그 작용을 말합니다. 생명은 몸과 마음과 얼로 나타납니다. 그래서 '기'는 몸의 작용이기도 하고 마음의 작용이기도 하고 얼의 작용이기도 합니다. 그 작용이 개인의 신체감각적인 소질로 이해되면 '기질'이 됩니다. 그것이 그 나름대로의 품격을 갖추면 '기품'이라고 하고, 사회적 풍토가 되면 '기풍'이라고 말합니다. 그것이 시대의 유행·경향·분위기에 반영되면 '기류'가 됩니다. '기'란 그런 것입니다.

이 모든 것들과 이것 이외의 모든 '기'의 작용의 근본은 '원기'(元氣)입니다. 이것은 우주의 근원에서 작용하는 기입니다. 만물을 낳는 '기'입니다. 여러분 한 사람 한 사람 속에도, 여러분 한 사람 한 사람 사이에도, 그리고 지금 여기에도 원기가 작용하고 있습니다. 그것이 서로 의심하고 질투하고 증오하는 것이면, 의기(疑氣), 투기(妬氣), 증기(憎氣)가 됩니다. 반면에 함께·서로·치우침 없이 대화·공동·개신하는 것을 생각하고 바라고 지향하는 것이면, 이때는 '기'로서의 공공이 작용하게 됩니다. 거기에는 '리'와 '장'이 동반될지도 모릅니다. 아니면 '리'나 '장'과는 무관하게 작동할 수도 있습니다. 그것은 한 사람 한 사람의 것이면서 동시에 자기와 타자가 함께·서로·치우침 없이 행하는 실천·활동·연대로 시작되고·이어지고·확대되어 가는 것입니다.

G씨: '기'로서의 공공은 '리'나 '장'으로서의 공공과는 어떻게 다른가요? 뭔가 지향한다든가 의도하는 것이 다른가요? 굳이 '기'로서의 공공을 상정하는 데에

는 나름대로의 이유가 있다고 생각됩니다만….

　김태창: 예, 물론 저 나름대로의 이유가 있습니다. 지향하는 바도 있습니다. 그리고 의도도 있습니다. 1990년에 일본에 온 이래, 저 나름대로 열심히 일본 학습에 온 힘을 기울였습니다. 수많은 것을 배웠습니다. 그런 와중에도 언제 어디서나 일본과 중국과 한국이 함께 · 서로 · 균형있게 행복해지기 위해서는 무엇이 필요한가 하는 기본과제가, 저의 지(知) · 정(情) · 의(意)에서 떠나지 않았습니다. 특히 한국은 일본이나 중국으로부터의 압력과 침략과 파괴에 의한 비극 · 비참 · 고통을 끊임없이 겪어왔기 때문에, 그러한 상황 · 사태 · 경과를 어떻게 해서든지 근본적으로 바꾸고 싶다는 생각이 강했습니다. 그래서 일본과 중국의 실상을 알고, 그것을 일본과 한국의 '사이', 중국과 한국의 '사이'의 변혁 · 개선 · 향상에 활용하고 싶었습니다. 그것은 일본과 중국의 '사이'에도 직간접적으로 맺어지고 이어지고 살려진다고 생각합니다. 그러기 위해서 '리'를 궁구하는 것도 '장'을 마련하는 것도 중요합니다만, 무엇보다도 '기'를 기르고 · 배양하고 · 소통시킬 필요가 있음을 여러 체험을 통해서 절감했습니다. '기'가 서로 통하는 것은 '리'를 체득하고 '장'을 공유하는 것보다도 근원적인 것이 아닌가 생각했던 것입니다. 특히 일본에서 일본인들과 만나면서 절실하게 느낀 점은, 과하다고 할 정도의 내면 지향적인 경향입니다. 그것은 비(非)일본인의 입장에서 생각하면, 대면 거부이자 대화 차단이자 대응 정지 이외에는 아무것도 아닙니다. 밖에서 보면 일본인의 마음의 내향 · 내면 · 내재는 완전히 불가사의한 세계입니다. 하지만 여기에서 오해하면 안 되는 것은 저는 지금 일본인의 내향 · 내면 · 내재를 문제삼고 있지는 않다는 점입니다. 어떤 민족이든, 어떤 인간집단이든, 어떤 개인이든, 각자의 내향 · 내면 · 내재는 불가사의한 세계이고, 타자의 개입 · 간섭 · 억측을 배척하는 것이 일상의 세태입니다. 세계 어느 곳에 가도 마찬가지입니다. 하지만 그와 같은 각자의 내향 · 내면 · 내재를 인정하고 중시하고 소중히 여기면서, 거기에 매몰되는 것이 아니라 자기의 내면과 타자의 내면 사이에서 무언가 소통 · 개통 · 통달의 회로를 열어주는 작

용이 필요합니다. 모든 것을 자기 내면에 수렴시켜서 사고하고 판단하고 행동하고 책임지게 된다면, 자기에 의한 타자의 동화 · 흡수 · 지배이든가, 아니면 타자에 의한 자기의 병합 · 소멸 · 말살의 길밖에는 없지 않을까요? 자기와 타자 사이를 횡단매개할 수 있는 것은 '기'의 작용-기통(氣通)-이 가장 근본적이라고 생각합니다. 그래서 '기'로서의 공공을 상정하게 된 것입니다.

'기'의 철학, '기'의 이야기

H씨: 결국 선생님의 공공철학은 '리'의 철학이나 '장'의 철학이라기보다는 '기'의 철학이라는 말씀이신지요?

김태창: 예, 그렇게 말할 수 있습니다. '기'의 철학이라고 해도, '원기'(怨氣)나 '악기'(惡氣)나 '살기'(殺氣)의 작용을 '화기'(和氣)나 '선기'(善氣)나 '생기'(生氣)의 작용으로 변화 · 전환 · 환기시키는 '기' 변환의 철학입니다. 그것은 결국 '원기'를 회복 · 재생 · 재동(再動)시키는 것이기도 합니다. 그 '원기'가 인간을 활기차게 하고 희망을 갖게 하고 행복하게 합니다. 플라톤은 철학을 '죽음의 준비'라고 하였습니다. 하이데거는 철학을 '죽음을 미리 맞이하는 것'이고, 이것에 바탕을 둔 '실존적 투기'(投企)라고 했습니다. 저는 철학을 인간에게 있어 '가장 충실한 생(生)'을 실현시키기 위한 진지한 공부'라고 생각합니다. 여기서 '가장 충실한 생'이란 곧 행복을 말합니다. 그것은 도달된 종착지라기보다는 그것을 지향하는 지속적인 탐구의 여정입니다.

공공철학은 자기와 타자가 함께 행복해지기 위한 진지한 공부입니다. '행복'이란 인간의 의지와 무관하게 찾아오거나 떠나가거나 하는 우연한 사건이기도 합니다. 이 중에서 특히 '행'(幸) 부분은 요행과 행운이라고들 합니다. 하지만 행복은 인간의 최선의 심사 · 숙고 · 선행을 통해서 실감할 수 있는, 감동의 메아리-특히 '복'(福) 부분-이기도 합니다. 공공(하는)철학은 함께 행복해지기 위한 '리'와 '장'과 '기'의 탐구 · 구축 · 공유를 지향하는 자기와 타자의 '협동(協働) 코디네이션'이라고 할 수 있겠지요. 공공(하는)철학은 자기와 타자의 공복(共

福)을 공동(共働) 구축하기 위한 심지와 기개와 의지를 갖춘 시민, 즉 지민(志民)의 지민을 위한 지민에 의한, 그리고 지민과 함께하는 철학운동입니다. 공공(하는)철학은 자기와 타자의 사이·관계·만남으로부터 자기와 타자의 생명·생활·생업을 빛나게 하는 철학이라고 생각합니다. 행복이란 생명과 생활과 생업이 빛나는 것입니다. 철학이 없이는 권력도 재력도 지위도 명예도 빛나지 않습니다. 생명과 생활과 생업을 빛나게 하는 공공(하는)철학이란 자기와 타자가 함께·서로·마주보고 각자 자신의 눈으로 분명히 응시하고, 각자 자신의 귀로 또렷하게 듣고, 각자 자신의 몸으로 행하고, 각자 자신의 실심(實心)으로 실감하고, 각자 자신의 발로 서고, 각자 자신의 머리로 생각하고, 각자 자신의 입으로 말하는 것입니다.

G씨: '기'로서의 공공이라는 말씀을 듣고 나니 왠지 한류붐이 생각났습니다. 거기에는 뭔가 기가 서로 통하고 있다는 느낌이 듭니다. '리'도 아니고 그렇다고 '장'이라고 할 수도 없습니다. 역시 '기'가 아닌가 생각합니다. '기'와 한류는 무슨 관계가 있는지요?

김태창: 감사합니다. 저에게는 대단히 중요한 의미를 가진 문제제기를 해 주셨습니다. 일본인 철학자 친구들 중에서도 한국의 드라마를 가지고 공공철학에 관한 대화 수업이나 공동(共働) 학습을 시도한 사람들이 있습니다. '공심'이나 '사심'과는 다른 '공공심'의 구체적이고 실존적인 실례를, 가령 『허준』이나 『대장금』, 『태왕사신기』, 『모래시계』, 『상도』와 같은 드라마나 소설을 보고 읽으면서, 발제·질의토론·감상을 주고받는 식의 방법과 형태를 취한다고 하는데, 반응도 좋은 것 같습니다. 하지만 철학관계 서적이나 사회문제를 소재로 한 문학작품 중에서도 공공(하는)철학을 이해하는 데 도움이 되는 것들이 많은데, 특히 최근 한국 드라마에서는 '기'로서의 공공이라고나 할까, 인간의 '실심'(實心)-진심·본심·성심-으로서의 '공공하는 마음'-대화하는 마음·공동하는 마음·개신하는 마음-이 멋진 이야기로 전개되고 있다는 것입니다. 물론 거기에는 '리'나 '장'의 측면도 있습니다만, 무엇보다도 '기'의 공공(하는) 이야기가 분

명하게 나와 있습니다.

거기에 나와 있는 것은 한 사람 한 사람의 인간 내면에 숨어 있는 마음의 모습뿐만이 아닙니다. 그렇다고 해서 국가나 국민 전체를 위한다고 하는 명분하에, 멸사봉공이 찬양되는 영웅이야기도 아닙니다. 거기에서 묘사되고 있는 것은 다양·다중·다층의 자기와 타자 '사이'에 펼쳐지는 상극·상화·상생의 인간 드라마입니다. '기'로서의 공공의 실례라고도 할 수 있겠지요.

함께 공공하는 철학

A씨: 아까 선생님께서 철학에는 '보고 생각하는' 철학과 '읽고 말하는' 철학과 '듣고 얘기하는' 철학의 세 종류의 철학이 있다고 하셨습니다. 그리고 공공하는 철학은 '듣고 이야기하는' 철학이라고도 하셨습니다. 그럼 '보고 생각하는' 철학이나 '읽고 말하는' 철학이란 구체적으로 어떤 철학을 말씀하시는지 예를 들어 주실 수 있는지요?

김태창: 예. 종래의 철학은, 특히 대학에서의 전문분야로서의 철학의 경우에는, 압도적으로 다수를 점하고, 그 가치와 권위가 인정되는 것은 '보고 생각하는' 철학과 '읽고 말하는' 철학입니다. '보고 생각한다'는 것은, 사태를 직접 자기 눈으로 관찰하고 사실을 확인하기보다는—이것이 과학의 기본자세입니다—일상적인 차원의 육체적 눈은 감은 채 정신적 눈을 열어서 우주만물의 진정한 모습을 관상(觀想)하는 데에 중점을 두는 것을 말합니다. 그리고 "백문이 불여일견"이라는 말은, 『한서(漢書)』조윤국(趙允國) 전기에 나오는 말로, 실제로 자기 눈으로 보는 것이 몇 번이나 듣는 것보다 인식의 확실성을 높인다는 생활철학을 나타낸 말로 이해할 수 있습니다.

한편 '읽고 말하는' 철학이란, 대학이나 연구소 혹은 학회 등에서 자주 볼 수 있는 철학의 모습입니다. 가령 세미나 같은 데에서는 먼저 어떤 텍스트를 정해서 모두에게 나눠준 뒤에, 그것을 읽어 가면서 거기에 대해 자신의 해석·감상·지식을 설명·해설·설교하는 것이 철학으로 여겨지는 경우가 대부분입니다. 즉 일방적인 강의이지요. 이것은 자기가 읽고 이해한 것을 누군가에게 말하는 형태의 철학입니다. 반면에 '공공하는 철학'은 자기와 타자가 함께 · 서로 · 마주보고, 상대의 존재와 대면한 채, 얼굴을 보면서, 눈을 응시하면서, 입을 통해서 나오는 음성과 거기에 담겨 있는 생각 · 바람 · 소망, 아픔 · 고통 · 즐거움, 좋아함 · 기쁨 · 행복을 들어주면서, 자기 쪽에서 경의를 담은 대면과 대응과 응답을 시도하는 상호관계를 개척 · 지속 · 심화시켜 나가는 언어매개적인 행위입니다.

C씨: '함께 공공철학하는 시공'이라는 말은 익숙하지 않은 표현입니다. 뭔가 특별한 의미가 있는지요?

김태창: 그렇습니다. 일본에서는 보통 '공공공간'이라는 말을 자주 사용합니다. 제가 생각하는 공공하는 철학은, 국경 · 민족 · 종교 · 문화 등의 장벽을 넘어서 서로 횡단매개하는 공공(=공간으로서의 공공)과 동시에, 과거세대와 현재세대와 장래세대라는 삼세대 상관매개로서의 공공(=시간으로서의 공공)을 동시병행적으로 생각하기 때문에, 시공간 혹은 시공으로서의 공공이라는 개념을 기본으로 삼고 있습니다. 그리고 사자(死者)와 생자(生者)와 래자(來者. 미래의 인간)의 관계도 공공을 논하는 데 있어 중시되고 있습니다.

E씨: 공공(하는)철학은 백과사전적 지식을 추구하는 것입니까? 공공철학만 알면 모든 문제에 대해서 정답을 알 수 있나요?

김태창: 그렇지는 않습니다. 공공(하는)철학은 우리들의 사고방식 · 생활 방식 · 관찰 방식 · 행동방식 가운데 하나에 지나지 않습니다. 지금까지 별로 주목되지 않았던 일이나 논의되지 않았던 문제 등을 새로운 입장 · 관점 · 지평— '안'과 '밖'을 맺고 · 잇고 · 살리는 '간'(間)(사이 · 만남 · 어울림)—에서 다시 보고 · 다시 생각하고 · 다시 그 의미를 밝히는 철학적 활동입니다. 공공(하는)철학은 전체지(全體知)나 통합지나 전능지를 추구하지는 않습니다. 궁극적인 절대지 · 완전지 · 최고지의 체득(體得) · 오득(悟得) · 각득(覺得)을 추구하는 것도 아닙니다. 보통의 일상생활을 하는 생활인 시민들이 자기와 타자 사이에서 상극을 상

화로, 상화를 상생으로 전환시켜 나가는 가운데 필요한 양질의 민중지·실천지·생활지를 연마하는 실천 과정입니다.

'공'적 기관에 의해서 공교육을 통해서 보급되는 공지(公知)·제도지(制度知)·정해지(正解知)가 아니고, 그렇다고 해서 개개인의 생활 체험에 기초한 사지(私知)·개인지·비전지(秘傳知)도 아닌, 함께·서로·치우침 없이 열어가는 대화지·공동지·개신지가 공공(하는)철학이 지향하는 '지'의 형태입니다. 모든 일에서 하나의 정답을 찾는 것과 같은 퍼즐 맞추기 식의 기술지가 아니라, '사이'에서 새로운 지평을 열기 위한 탐문지(探問知)를 중시하는 것이지요.

공공(하는)철학은 한두 번의 모임으로 정리될 수 있는 것이 아닙니다. 지속적이고 끈기 있는 대화·공동·개신이 필요합니다. 그럼 오늘의 대화는 이것으로 마치겠습니다. 대단히 감사합니다.

(출전: 『公共的良識人』, 쿄토포럼 발행, 2008년 10월호)

2. 동아시아에서의 공공세계의 공동구축을 향해서[*]

'함께' '서로'

먼저 오늘의 강연을 시작하기 전에 저의 개인적인 이야기를 하나 말씀드릴까 합니다. 왜냐하면 그것이 "왜 제가 동아시아에서의 공공세계를 시민주도를 통해서 공동구축해 나가는 데에 힘을 쏟고 있는가?", 그리고 "왜 그것을 다른 것보다도 가장 중요하다고 생각하는가?" 라는 문제와 깊게 연결되어 있기 때문입니다.

[*] 일시: 2003년 3월 14일/ 장소: 크로스10 (니이가타현(新潟縣) 토오카마치시(十日町市))
주최: 에치고 츠마아리(越後妻有) 대지 예술제(大地の藝術祭) 실행위원회

이제 와서 뒤돌아보면, 저는 어렸을 때부터 '사이에서 살아왔다'는 생각이 듭니다. 친일본적이고 현실주의적인 무신론자 아버지와, 친서구적이고 이상주의적인 독실한 기독교 신자인 어머니는, 서로의 인생관·세계관·가치관에서 일상적인 상식에 이르기까지 모든 것이 달랐기 때문에 부부싸움이 빈번하게 일어났습니다. 거기에서 어떻게 하면 두 사람을 모두 웃게 만들 수 있을까 하는 것이 어린 저의 가장 큰 과제였습니다. 부모님의 불화가 저의 불행의 원인이었고, 두 사람의 관계가 변하지 않으면 저의 불행도 해소되지 않는다고 생각했기 때문입니다. 제가 무슨 좋은 일을 해서, 어쩌다 부모님의 얼굴에 한 줄기 미소가 보일 때의 기쁨과 희열은 말로 표현할 수 없을 정도였습니다. 그리고 할아버지와 아버지의 사이도 별로 좋지 않았습니다. 반일적인 한학자로 망국의 비극을 누구보다도 아프게 생각했던 할아버지와, 일본에 살면서 일본인 소학교 시절의 은사 덕분에 실업가로 성공하고, 다소 경제적으로도 풍요로워진 아버지 사이에는, 깊은 정신적 골이 새겨져 있었습니다.

저는 양쪽의 '사이'(間)에서 어떻게 하면 서로를 '함께' 사이좋게 할 수 있는가를 생각할 수밖에 없었습니다. 그러나 그러한 지혜를 획득하기까지의 인생 경험이나 학습 실천을 축적하기도 전에 할아버지는 돌아가셨고, 부모님과도 떨어져서 해외에서의 수학(修學)에 전념하게 되었습니다. 그 후 한국에 있는 '미국경제협력기관'(United States Operation Mission=USOM)이라는 곳에서 기획보좌관으로 일했습니다. 그것은 한국정부에 대한 경제원조를 시행하는 미국정부의 직속 행정기관으로, 제 일은 통역을 포함해서 미국정부와 한국정부로부터 파견된 대표들을 중간에서 매개하는 것이었습니다. 한국농촌의 사회개발을 위해 미국의 경제원조가 어떠해야 하는가를 한국정부(특히 도 단위 행정기관)와 상의하고, 그것을 미국정부가 정책을 결정하는 데 반영하도록 하는 일이었습니다. 거기에서도, 발상의 원점에서 인식·판단·실행의 스타일까지, 모든 것이 완전히 다른 양국 관료의 틈새에서, 어떻게 하면 두 나라가 '함께' '서로' 대화·공동·개신의 관계·과정·노력을 포기하지 않고 지속해 나가도록 할 수 있는가를 생각하는 것이 저의 일상 과제였습니다. 그 후 고등학교 교사나 통신사 기자 등의 경험을 쌓고 대학교수가 되었습니다만, 거기에서 또 비교사상과 국제관계론을 가르치게 되었기 때문에, 교육과 연구에서도 '사이'의 문제를 탐구하게 되었습니다. 그래서 저의 사고와 행동의 근저에는 항상 '사이'라는 관점과 거기에서 양쪽을 '함께' '서로' 행복하게 한다는 과제가 자리 잡고 있습니다.

　제가 당면한 과제는 결국 자기와 타자가 새로운 차원으로 발전할 수 있도록, 그 사이에 서서 양쪽을 세우고 '서로' '함께' 잘 살려서 마침내 양쪽이 목표를 함께 실현하도록 하는 것으로 집약됩니다. 어느 한쪽이 행복하지 않으면 일이 진척되지 않습니다. 어느 한쪽을 편들면 반드시 다른 한쪽의 반감과 저항을 가져올 뿐입니다. 그러한 체험을 쌓아가는 가운데서 '사이로부터의 발상'을 체득하게 되었던 것 같습니다. 그리고 '함께' '서로' 체면이 서는 것을 중시하는 사고법을 갖게 되었습니다. 그 후 저는 여러 가지 직업을 가졌습니다만 항상 매개하는일, 가령 통역이나 중재나 조정 같은 일이 많았습니다.

　일본에 온 이래 지금까지 제가 한 주된 일은 학자와 기업인 사이에서 양자를 함께 행복하게 하는, 새로운 형태의 학문을 찾는 것이었습니다. 그것은 자기만의 세계에 갇혀 있기 쉬운 대학의 학문을 외부의 시민사회로 열고, 시민사회의 물음에 응답하는 학문으로 바꾸고는 것이었습니다. 그러기 위해서는 누군가가 그 사이에서 양쪽을 서로 엮고·잇고·살리는 어려운 역할을 맡지 않으면 안되는데, 그것이 제가 할 일이라는 생각을 하게 된 것이지요.

　이와 같은 개인적인 생활 체험을 통해서, '공복'(共福=함께 행복해진다)이라는 생각을 키우게 되었습니다. 그리고 지금까지의 행복론이 주로 자기 자신의 행복을 지향하든가, 아니면 국가나 공동체(드물게는 세계·인류·우주)의 행복을 바라든가, 둘 중의 하나였다는 인식에 도달하게 되었습니다. 거기서 한 걸음 더 나아가서 세 가지 유형의 행복 추구 행위론을 상정하게 되었습니다. 첫째는 자기 자신만의 행복을 탐구하는 '사'복론(私福論), 둘째는 전체의 행복을 추구하는 '공'복론(公福論), 마지막으로 '사복'(私福)과 '공복'(公福)을 매개병립시키는 방향을 지향하는 '공'복론(共福論)입니다. 그리고, 앞으로의 공동연구의 기본 방향을 조정하기 위해서 행복 문제를 삼차원상관적으로 논의해 나가면 어떨까 하고 생각하고 있습니다.

저는 동아시아에서의 공공세계의 구축은 무엇보다도 먼저 한중일(북한도 포함해서) 사이에, 국민국가라는 틀을 넘은 시민주도에 의한 공복공창(共福共創)의 생활과 의미와 회망의 시공간을 탐구하고 그것의 정착과 지속을 지향하고 공동노력하는 데에서 이루어진다고 생각합니다.

'공공(하는)철학'으로

저는 철이 들면서, 그리고 학문에 힘을 쏟기 시작하면서, 주로 미국이나 유럽에 대한 관심을 바탕으로 연구와 탐색을 계속해 왔습니다. 솔직히 말씀드리면 동아시아-중국이나 일본-는 전혀 저의 인식의 지평 안에 들어와 있지 않았습니다. 동아시아는 머나먼 무관심의 세계였습니다. 달리 말하면 결국 자기의 토대-존재와 생성의 의미와 그것이 원초적으로 성립하고 있는 근거라고도 할 수 있는 것-에 대해서, 전혀 자각이 없었다고 할 수 있겠지요.

모든 것이 1989년 무렵부터 바뀌기 시작했습니다. 1989년 여름의 어느 무더운 날, 파리에서 개최된 국제정치관계 국제회의에서, 지금은 친하게 지내고 있는 일본인 대학교수와 격렬한 논쟁을 벌였습니다. 그것이 계기가 되어 그와 친해졌습니다. 그는 저에게 "일본에 와서 일본에 살면서 일본을 알았으면 좋겠다"고 제안했습니다. 그 후 여러 인연이 작용하여 "그럼 일본을 새롭게 공부해보자!"고 마음먹게 되었고, 그때까지의 경력이나 업적을 전부 버리고 밑바닥으로부터 일본을 공부하기 시작했습니다.

동경대학법학부와 (교토에 있는) 국제일본문화연구센터에서 일본 학습을 시작했습니다. 최초의 2년간은 한국정부로부터 연구비를 받았습니다. 그 후에는 연구비도 생활비도 직접 벌었습니다. 강연이나 번역, 그 외의 여러 가지 일을 했습니다. 그것은 어디까지나 한 사람의 민간인으로서의 입장을 관철시키기 위해서였습니다. 가능한 한 일본정부나 일본인에게 의존하지 않고, 독자적인 입장에서 일본을 철저하게 공부해 보고 싶었기 때문입니다. 정부의 돈을 받으면, 그것이 한국이든 일본이든 일종의 요구 조건이 달려서 저의 독자적인 입장에서 일본을 연구할 수 없게 될지도 모른다는 불안감이 있었기 때문입니다. 그런 가운데 홋카이도(北海道)에서 시작하여 큐슈(九州)에 이르는 여러 대학에서 장기 또는 단기로, 다양한 형태로 가르쳐 보기도 했습니다. 학생이나 일반시민과 대화하고, 여러 분야의 사람들과 함께 한중일의 상호관계를 개선하기 위한 대화 · 공동 · 개신적 실천 운동도 해 보았습니다.

그 후에 수많은 학자나 경영자(가령 사사키 타케시佐々木毅, 전 동경대학총장이나 야자키 카츠히코矢崎勝彦, 주식회사 휄리시모 회장 등)와의 만남을 통해서, 한국인과 일본인이 함께 힘을 합치면 무엇을 할 수 있을까를 실증해 보자는 생각을 갖게 되었습니다. 서로 질책하고 욕하기보다는 각자의 강점과 약점을 보완하면서 힘을 합하면 어떤 일을 할 수 있을까? 그 실험을 위해서 그때까지 한국에서 갖고 있던 직책을 전부 버리고, 개인 차원에서의 한일공동프로젝트라는 꿈에다 남은 여생을 걸겠다고 결심한 것입니다. 그리고 일본에 와서 10여년 동안 학술 연구 활동을 비롯하여, 주로 국경을 넘어서 민족간 · 문화간 · 지역간의 대화 · 공동 · 개신적 민간 활동에 전력투구해 왔습니다. 1990년~1997년까지는 "지금 살고 있는 세대(현재세대)가 과거세대와 장래세대에 대해서 어떤 입장에 서서, 어디까지 책임을 저야하는가?"라는 문제의식 하에, 문자 그대로 오대양 육대주를 두루두루 다니면서, 여러 사람들과 조직 · 단체 · 기관과의 관련을 통해서 '함께' '더불어' '서로' 생각하고, 거기에서 배운 것을 실천에 옮기는 체험을 야자키 카츠히코 씨와 함께 쌓아 왔습니다.

그리고 7년간(1998~2005)은 매달 한번 꼴로 일본에서의 '공'과 '사'와 '공공'이라는 문제를 함께 생각해 왔습니다. 이 연구회는 정부기관이나 대학 주도에 의한 것이 아니라, 다수의 중소기업의 공동지원에 의한 순수 민간 활동입니다. 그리고 무엇보다도 신중한 태도를 취한 것은 특정 정당이나 종교단체와 거리두기였습니다. 금전적으로도 이념적으로도 자립·자급·자영을 지향하였습니다. 그 결과 저 나름대로 도달했던 결론은, 일본을 세계 속에서 세계와 연동된 형태로 이해하기 위해서는, '공'과 '사'와 '공공'이라는 문제가 가장 좋다, 이 문제 속에서 과거의 일본, 현재의 일본 그리고 미래의 일본이 보는 것이 미래 개척적이라는 것이었습니다. 몇몇 사람에게 이 얘기를 해 봤더니, 상황인식과 기본과제를 공감해 주었습니다. 그래서 「공공철학공동연구」가 태동한 것입니다.

그렇게 된 배경에는 "한중일이 어떻게 하면 서로 행복해지는 관계를 구축할 수 있을까, 라는 문제의식이 있었기 때문입니다. 그리고 생활 현장에서의 실존적 차원의 문제들(로컬한 문제들)과, 국민국가라는 틀 속에서 발생하고 지속되는 문제들(내셔널한 문제들), 그리고 세계적·지구적 차원에서 해결해야 하는 문제들(글로벌한 문제들)이 상호간에·복잡하게·동시다발적으로 얽히는 현실에 대응하는, 역동적인 시각 조정이 필요하다고 생각하였습니다. 이러한 차원에서 보이는 문제를 '글로내컬 문제들'이라고 부르고, 거기에 대응하는 우리의 철학적 입장을 '글로내컬 공공철학'이라고 명명한 것입니다. 지금까지 (2003년 현재) 500명 이상의 각 분야의 전문가들이 협력해 주셨습니다.

동아시아의 현실

일본이라는 국가(사회)에서 일본인이 행복하게 되는 것만을 생각하고, 한국이나 중국도 이런 식의 생각만 가지고 있으면, 함께 행복해지는 길은 열리지 않습니다. 그래서 함께 행복해지는 것이 무엇보다도 긴급과제입니다. 그리고 그것을 위해서 지식과 능력과 자원을 총동원해야 합니다. 이러한 시대상황에 대한 철저한 인식과, 그런 인식에 기초한 진실한 행동이 개인 차원에서도 사회 차원에서도 국가 차원에서도 절실하게 필요한데, 그것이 잘 작동되지 않는 것을 보고 뭐라 말할 수 없는 좌절감을 느껴 왔습니다. 얼핏 들으면 상식적이고 당연하게 생각될지 모릅니다만, 상식이나 당연이 사고와 행동의 틀에서 제외되는 것이 비극의 원인이 되는 것입니다.

지금의 현실을 치밀하게 조사해 보면, 최근 3년간 저는 중국과 대만과 홍콩을 돌아 보면서, 모든 분야의 사람들과 만나고 대화하고 상호 이해를 심화시키기 위해서 현상 개선의 실태를 조사하고 있습니다만, 슬프게도 일본이나 한국에 대한 관심은 별로 없습니다. 넓은 의미에서의 지식인의 관심은 거의 미국이나 유럽으로 편향되어 있습니다. 동아시아공동체와 같은 문제를 논의하는 것은, '인식적 소수자'에 지나지 않습니다. 안타깝지만 이것이 현실입니다.

그럼 일본은 어떤가? 제가 알고 지내는 분들은 약 오백에서 육백명 정도 됩니다만, 저와 만나면 예의상 한국문제나 아시아 문제를 이야기하는 경우는 있어도, 진정으로 거기에 관심을 갖고 있는가 하면 꼭 그렇지만은 않습니다. 단순히 직업의식에서 혹은 경제적 이익 계산에서의 경우를 제외하고는, 역시 '인식적 소수자'라는 인상을 받습니다. 우리가 이것을 명백한 사실로 받아들이지 않고 논의를 진행하면 단순한 공리공론이 되고 맙니다.

그럼 대만은 어떤가? 국립대만대학 교수로 한때 정치적으로도 학자로서도 대활약을 한 쉬지에린(許介鱗) 씨나, 일본이나 한국에 관심을 갖고 있는 사람들을 제외하면, 역시 미국과의 연대가 강하게 느껴집니다. 홍콩의 경우도 별로 다를 게 없어서, 동아시아보다는 유럽이나 미국에 경도된 지식인이 수도 많고 발언권이 큰 것 같습니다.

그렇다고 해서 제가 절망만 하는 것은 아닙니다. 가능성과 희망도 있다고 생각합니다. 적어도 저는 여기에 거는 의욕과 정열이 있기 때문에 포기하지 않고 현실개선에 진력하려는 것입니다. 이것이 현실이기 때문에 이러한 현실에 눈감은 상태로 논의를 진행해서는 현실 개선적인 논의가 되지 않습니다. 그래서 우선 현실을 똑바로 인식하자는 것입니다. 가령 내발적인 공동체 구축 의지와 그것을 위해 필수불가결한 현실 개선 능력이 있는가 없는가? 외압적인 요인, 외압적인 변혁에 기대하지 않을 수 없는가, 등등…. 물론 세계화를 강력하게 밀어붙이는 다국적기업의 세계 전략에 대응하는 형태로, 먼저 동아시아의 경제·무역·금융공동체를 생각하는 동향도 있습니다. 그러나 동아시아공동체에 관한 논의는 아직 출발점에 있는 단계이고, 여러 장애요인이 있다는 사실을 인식해야 합니다.

제가 굳이 이런 말씀을 드리는 이유는, 일본에서의 일부 논의가—상대하기 까다로운 중국이나 한국보다는—차라리 복잡한 과거의 굴레가 적은 동남아시아나 태평양 해양국가들과의 우호관계를 강화하는 쪽이 좋지 않은가, 라는 발상·관점·논지로 기울어져 있고, 그 연장선상에서 진행되고 있는 논의가 새로운 탈아입구론(脫亞入歐論)을 불러일으키고 있기 때문입니다. 상대하기 까다로운 관계가 된 원인은 주로 일본 쪽에 있는데도, 그리고 그렇기 때문에 관계개선을 위한 일본쪽의 끈질긴 노력이 필요한데도 말입니다. 그것이야말로 '결자해지'(結者解之)의 책임의식에 걸맞는 실천과제가 아닌지요?

그래서 다시 한 번 잘 생각해 볼 필요가 있습니다. 동아시아 공동체를 만드는 일은 과연 참으로 바람직한 일인가? 저는 공과 사와 공공성의 문제를 줄곧 생각하고, 7년 동안 매달 한 번씩 포럼을 기획해 왔기 때문에, 거기에 참가한 일본 학자나 여러 분야의 리더들의 의견을 들을 기회가 많았습니다. 그런데 토론 중에서 가장 대립이 격렬했던 문제 중의 하나가, 이른바 '공동성'(共同性)과 '공공성'(公共性)에 관한 것이었습니다.

동아시아의 사상자원으로서의 '화'(和)

'공동성'(共同性)이란 문자 그대로 '동'(同)의 논리입니다. 그 '동'의 구체적인 내용이 무엇이든, '동'을 논리의 축에 둔 일종의 생활시공이라고 할까 의미시공이라고 할까 정치시공이라고 할까, 말하자면 그런 것입니다. '동'이란 그것을 아무리 큰 틀에서 논하든 간에 결국에는 배제의 논리가 되고, 차별의 논리가 되고, 말살의 논리가 됩니다. '동'은 같지 않은 것(부동=이질=타자)을 인정하지 않기 때문입니다. 커다란 동(大同)이 더 위험하고 무섭다고 할 수 있습니다.

그래서 저는, 동아시아의 사상 자원 속에서 한중일이 서로 공유하고 재건축할 필요가 있다고 생각되는 것을 함께 찾는 것이 중요하다고 생각하였습니다.

다양한 사상 자원이 있습니다만, '화'(和)라는 사상 자원에 주목했습니다. '화'에 관한 고전적 논의는 두 개의 중국 고전을 통해서 엿볼 수 있습니다.

하나는 춘추시대의 『국어(國語)』라는 고전입니다. 이것은 단순히 국가(국민) 중심의 언어론이 아닙니다. 천하국가의 문제에 관한 다자간의 논의입니다. 실로 공론공의(公論共議)입니다. 그 공론공의 가운데 하나로 "화실생물, 동즉불계" (和實生物, 同則不繼; 서로의 화합이 진실되면 만물이 생생하지만 서로가 완전히'같은 것이 되면 더 이상 이어지지 않는다)라는 말이 있습니다. 이것은 '화'사상의 원점이라고 생각합니다. '화'가 있어야 만물의 생성이 이루어진다. 그러나 '동'이면 생명의 계승과 새로운 탄생이 불가능하게 된다. 그것에 대한 설명 방법으로, 생명 탄생에서의 음양(남녀) 화합의 원리, 요리에서의 다양하고 이질적인 재료의 화합의 원리, 그리고 음악에 있어서의 다성다음의 화합의 원리가 제시되고 있습니다. 당시의 인식 차원에 걸맞게, 남녀문제와 요리문제와 음악문제로 설명되고 있습니다. 당시의 일반대중들도 납득할 만한 논리를 갖고 설명되고 있습니다.

또 하나는 『논어』입니다. "군자는 화이부동하고 소인은 동이불화한다"(君子和而不同, 小人同而不和; 제대로 된 인간은 조화하지만 동조하지 않고, 덜 된 인간은 동조하지만 조화하지 못한다)라는 명제입니다. 저는 21세기의 동아시아는, 그리고 세계도 그렇습니다만, '화이부동'을 중시·실천해야 한다고 생각합니다. 세계화라는 미명 하에 강력한 '동'의 논리의 세계적 확대가 분쟁과 대립과 증오·미움·원한을 증가시키고 있습니다. 서로 다른 타자의 존재와 가치와 의미를 존중해야 합니다.

일본에서는 쇼토쿠태자(聖德太子. 574~622)가 일본이 사상적·종교적·정치적 분열상태에 처했을 때, 국가 존립의 위기에서 벗어나기 위해서 "이화위귀"(以和爲貴; 화를 귀하게 여긴다)라고 하는, '화'에 기초한 국가통합·국민단결·공동체구축의 철학을 처음으로 만들었습니다. 그런데 "이화위귀"까지는 좋았습니다만, 그 다음에 "무오위종"(無忤爲宗; 거스름이 없는 것을 으뜸으로 여긴다)이라는 말이 왜곡·오해되어, 그 이후의 정치권력이 그것을 전부 '동'의 논리로 바꿔치기했습니다. 그때부터 일본인의 사고방식은 '화'를 '동'으로 변질시킴으로써 타자의 이질성—서로 다를 수도 있다는 현실—을 받아들이지 못하고 동질성에 갇히게 되었습니다.

중국에서는 어떤가 하면, 각 분야의 전문가와 논의해 봤습니다만, 사정은 일본과 마찬가지입니다. '화'가 '동'으로 의미 전환되었습니다. 이른바 '대동사상'(大同思想)이라는 것도 재검토할 필요가 있습니다. 대동사상이라면 듣기에는 그럴듯 합니다만, 사실은 일종의 동화사상입니다. 중화 중심의 제국주의로 이어지지 않는다고 단언할 수 없습니다.

그럼 한국에서는 어떤가? 가령 신라시대의 원효(616~686)라는 위대한 승려는 '화쟁'(和諍)과 '회통'(會通)을 역설했습니다. 종교적 신념 대립 상황을 화해와 공생을 지향하는 진정한 대화를 통해서 넘어서고 보다 높은 차원에서 함께 만날 수 있도록 하자는 것입니다.

여기에서 제가 말씀드리는 것은 "아시아는 똑같다"는 착각에서 벗어나서 이질·타자와의 공존이라는 상황적 요청을 확실히 인정하고, 이로부터 보다 현실 개선적인 대응을 함께 실천해 나가는 것이 중요하다는 것입니다. 유럽의 공동체 구축은 기독교와 희랍에서 위대한 인문정신이라는 공동(공통)의 가치유산을 상속·계승하고 있지만, 아시아에서는 이상적으로든 현실적으로든 상당히 다른 방법으로 생각하지 않을 수 없습니다. 유럽에서 형성되고 있는 커뮤니티를 공동체로 이해해도 좋은가 라는 문제도 있습니다. 거기서 작용하는 기본원리는 공동'이 아니라 공통'이 아닌가 하는 것이 저의 생각입니다. 그것은 단순한 언어문제가 아닌가라는 의심이 들지도 모릅니다만, '동'(同)과 '통'(通)의 차이를 인식하는 것은 논리·발상·목표와 관계되는 근본적인 문제입니다. 공통의 토대를 만드는 것과 공동의 토대를 만드는 것은 크게 다릅니다.

동아시아 공공세계의 구축

그래서 '동아시아공동체'보다는 '동아시아공공세계'라고나 할까, 공통의 토대를 대화 · 공동 · 개신의 지속과 축적을 통해서, 상호 이해와 신뢰와 화해를 이루는 방향에서 끈질기게 포기하지 않고 구축해 나가는 것이 선결과제라고 생각합니다. 그것은 한편으로는 세대계승생성적 과제입니다. 과거세대의 부정적 유산에 대한 반성과, 현재세대의 각오와, 장래세대에 대한 희망을, 우리의 사고 · 판단 · 행위 · 책임의 기본으로 삼아야 합니다. 다른 한편으로는 국가(정부, 公)와 한 사람 한 사람의 시민이 국가 간 · 정부 간 · 시민 간의 상호 이해 · 상호신뢰 · 상호 화해를 촉진 · 정착 · 발전시키기 위한 연동변혁을 지향하여, 유지(有志)연합 · 시민연합 · 민제(民際) 활동을 시민 주도로 추진해 나가야 한다고 생각합니다. 이로부터 동아시아에서의 공복공창(共福共創)의 공공세계가, 국경을 넘어서, 문화 간 · 민족 간 · 종교 간 · 지역 간 · 개인 간에 그 사이에서 생성 진화한다고 생각됩니다.

그리고 동아시아에서의 공공세계는 세대계승생성적 체험학습을 끈질기게 추진해 나가는 것이 필요하다는 점을 강조하고 싶습니다. 과거세대의 유산에 대한 반성 · 비판 · 재구축을 통해서 현대세계의 사고와 행동과 연대로 계승하면서, 새로운 세대와 상황으로부터의 요청에 대해서 더 바람직한 세계를 함께 개척해 나가기 위한 의지와 능력과 자원을 축적하는 것입니다. 이것이야말로 현대세대가 안고 있는 장래세대에 대한 가장 막중한 책임이 아닐까요? 동아시아의 인간과 사회가 함께 행복하게 되는 세계를 향해서, 꿈과 뜻의 계승생성을 지향하는 방향으로 실천하자는 것입니다.

마지막으로, 동아시아의 네 나라-한국, 북한, 일본, 러시아-와 거기에서 생활하고 있는 사람들이 직접 연결되어 있는 해수역(海水域)을-과거의 일은 어쨌든지 간에 현실의 정치 · 경제 · 문화 등의 복합관계를 진지하게 응시하면서 생각할 때에-'일본해'라고 하는 일국 중심적인 이름만을 고집한다는 점은 사이를 더없이 막고 깨고 부수는 일로 밖에는 느껴지지 않습니다. 일본 이외의 국가나 주민은, 그 해수공간을 자기 나라 이름을 붙여서 부르자고 누구 한 사람 말하지 않습니다. 그것은 과거에 일본이 한국을 병합하고, 그 연안부의 대부분을 점령하고 있던 '대일본제국시대'나, 그에 앞선 대륙 침략의 역사를, 현재와 장래에도 그대로 이어가려는 욕망으로밖에는 생각되지 않습니다. 그것은 대부분의 일본인의 심정과도 다르지 않나요? 불행한 과거를 다른 나라사람들에게 기억시키기보다는 꿈과 희망과 행복을 함께 하는 해수공간으로 삼기 위해서 저는 '일본해'(日本海)보다는 '푸른 바다'(靑海)라는 명칭을 제안합니다.

(출전: 武蔵誠・北川フラム編, 『이어져 있는 일본해 : 새로운 환일본해문명권(環日本海文明圈)을 건설하기 위해서』, 東京: 現代企劃室, 2007)

3. 한중일을 맺고・잇고・살리는 공공철학*

시작하며

니카이도 요시히로(二階堂善弘): 여러분, 바쁘신데도 불구하고 이렇게 와 주셔서 감사합니다. 학생 여러분, 오늘도 귀중한 강좌를 들으러 이렇게 모이셨다고 생각합니다. 시부자와 에이치 기념재단의 기부강좌는 오늘로 제8회째를 맞이합니다. 오늘은 공공철학공동연구소장인 김태창 선생님을 모시고 말씀을 듣고자 합니다. 소개가 늦었습니다만, 저는 칸사이대학 문학부에 있는 니카이도라고 합니다. 그럼 먼저 개회에 앞서, 문학부 학부장인 아즈마 쥬지 선생님으로부터 인사말을 듣고자 합니다. 아즈마 선생님, 부탁드립니다.

아즈마 쥬지(吾妻重二): 여러분, 잘 오셨습니다. 저는 문학부 학부장을 맡고 있는 아즈마입니다. 저는 대학원 담당이기 때문에, 언제나 처음에 간단하게 인사

---

* 일시: 2008년 11월 12일 / 장소: 칸사이(關西)대학 문학연구과 공동연구실
  주최: 칸사이대학 문화교섭학 교육연구거점 시부자와 에이치(渋沢栄一) 기념재단 기부강좌
  주제: 「중일 관계와 동아시아」 제8회 강연

를 드리고 있습니다. 이 시부자와 강좌에 관해서는, 잘 알고 계시리라 생각합니다만, 근대 일본경제의 기초를 만들어 온 리더 중의 한 사람인 시부자와 에이치 씨를 기념하여 만들어진 시부자와 에이치 기념재단으로부터 저희 칸사이대학이 기부를 받아서, 연속강좌를 열게 된 것입니다.

그래서 매번 동아시아와 관련된 테마로 강좌를 개설하고 있는데, 오늘은 한국의 김태창 선생님을 모셨습니다. 김태창 선생님은 한국은 물론, 일본, 중국, 홍콩, 싱가폴, 나아가서는 서양의 지식인들과 대단히 폭넓은 인맥을 갖고 계시고, 그분들과의 대화를 통해서 동아시아의 과거를 돌아보고 현재의 모습을 생각하며 장래를 내다보는, 그런 시점을 바탕으로 특히 철학 분야에서 다양한 업적을 쌓으신 분입니다. 오늘 선생님의 말씀을 통해서 우리가 사는 동아시아의 과거와 현재와 미래를 생각하는 하나의 좋은 계기로 삼고자 합니다. 이것으로 간단하나마 인사말을 대신하겠습니다.

니카이도 요시히로: 그럼 김태창 선생님을 간단하게 소개드리겠습니다. 김 선생님은 한국에서 연세대학교 정치외교학과를 졸업하시고 대학원에서 정치학 박사학위를 취득하셨습니다. 전공은 공공철학, 국제관계론, 비교사상론 등입니다. 한중일의 여러 대학에서 가르치신 적도 있습니다.

오늘의 자료는 선생님께서 직접 가져오신 『공공적 양식인』이외에도 시리즈 『공공철학』의 특별호로 발간된 『공공철학의 발자취』입니다. 시리즈 『공공철학』은 다양한 테마로 공공철학을 생각하는 새로운 시도로, 학자들 사이에서도 잘 알려져 있습니다. 그리고 이것이 나옴으로써 공공철학에 대한 인식이 근본적으로 바뀌었다고 하여 대단히 큰 평가를 받고 있는 책입니다. 김태창 선생님은 이 시리즈의 편저자이십니다. 그리고 『동아시아 역사대화』나 『일신교란 무엇인가』 그리고 그 이외에도 영어로 된 편저도 있습니다. 수많은 연구자와 교류 혹은 포럼을 개최하시는 등 대단히 정력적으로 활동을 전개하고 계시는 분입니다.

오늘은 강연이긴 합니다만, 그보다는 여기 모인 여러분들과 함께 대화를 하고 싶다고 하십니다. 그래서 먼저 선생님의 생각을 들은 후에 자유롭게 여러분의 의견을 얘기했으면 합니다. 보통의 강연과는 좀 다른 형식이 될지도 모릅니다만 잘 부탁드립니다. 그럼, 선생님 강연 부탁드립니다.

왜 철학대화인가?

김태창: 방금 소개받은 김태창입니다. 저는 1990년에 일본에 온 이래, 일본에서 거주하면서 주로 일본인 학자나 학생들과 철학대화를 계속해 왔습니다. 21세기의 동아시아에서의 상화와 화해와 공복의 실현을 지향하여, 국경과 민족과 문화와 종교의 벽을 뛰어넘는 만남과 대화·공동·개신의 장을 마련해 왔습니다. 21세기의 지구와 인류의 지속가능한 안전과 건강과 행복을 위해서는, 동아시아로부터의 다차원적인 공헌이 필수불가결하기 때문입니다. 그리고 동아시아로부터의 공헌을 실행 가능하게 하기 위해서는, 특히 한중일의 사이에 다양·다중·다층의 대화와 공동과 개신이 없어서는 안 된다고 생각하기 때문입니다.

왜 철학대화인가? 일본에 사는 한 사람의 한국인으로서, 일본인을 비롯하여 일본에 사는 외국인들과 마음을 열고 진솔한 이야기를 하고 싶기 때문입니다. 저에게 철학대화란 자기와 타자가 함께·서로·치우침 없이 진심으로 진실을 말하는 것입니다. 직위나 권위나 명분이 아니라, 인간으로서 생활자로서 시민으로서 꾸밈없이 솔직하게 말하는 것입니다. 너무나 가식이 많고, 허위가 많고·이름뿐인 것이 곳곳에 만연해 있기 때문에, 개인 간·집단 간·조직 간의 신뢰관계가 총체적으로 붕괴되고 있는 현실을 우려하기 때문입니다.

저는 오늘 루프타이를 하고 왔습니다. 이것은 삼족오(三足烏), 즉 세 발 까마귀입니다. 삼족오는 중국에서는 태양 속에 살고 있어서 보통 때는 보이지 않지만, 이것이 나타나면 상서·길조·경사스런 전조라고 이야기하는 전설상의 새입니다. 한국에서는 고조선이 국토를 잃었을 때, 유민이 되어 방황을 계속하던 불행한 백성들을 지도하여 국토를 회복하고 새로운 시대를 연 지도자들에게,

용기를 주고 앞길을 제시해 준 새입니다. 일본에서도 진무천황(神武天皇)을 이끌어 주었다고 하는 까마귀이기도 합니다. 세 발은 한국·중국·일본 혹은 과거·현재·장래를 상징하는 것으로 생각할 수 있습니다. 동아시아 삼국의 사람들이 새로운 시대를 함께 열어가기 위한 지혜와 용기와 신념을 나타내는 것이라고 이해해 주셨으면 좋겠습니다.

오늘 저는 '多勿'(다물)이라는 한자를 쓴 뱃지를 달고 왔습니다. '다물'이란 고조선의 영토 회복을 열망한다는 뜻을 나타냅니다. 순수한 한글말의 한자표기입니다. 오늘 제가 삼족오의 루프타이와 다물 뱃지를 달고 여기에 온 것은, 한중일의 뜻을 같이 하는 시민, 즉 '지민'(志民)들이 역량과 의지와 자원을 효과적으로 결합시켜 현명하게 활용하고, 지속적으로 그 선(善)순환적 발전을 꾀함으로써, 사상과 철학과 문화의 명예회복을 지향하는 마음을 공유하고 싶었기 때문입니다. 근대 서양과의 만남과 거기에서 전개된 근대화의 과정에서 잃어버린 정신적 유산의 재발굴·재조명·재정의에 대한 공통인식과, 거기에 기초한 공동과제선정의 중요성을 호소하고 싶었기 때문입니다.

저는 젊었을 때 미국의 대학에서 국제관계론을 공부한 적이 있습니다. 대학원 박사과정을 수료할 때 제출한 논문은 베트남 전쟁(1960~1975)의 종결에 이르기까지 미국의 대 동아시아 외교정책의 기조(基調)를 분석한 것이었습니다. 특히 미국의 매스컴 보도의 내용을 계량·분석한 것입니다. 거기에서 밝혀진 사실 중의 하나는 동아시아, 특히 한중일이 일치단결하여 미국에게 강력한 위협이 될 가능성을 확실하게 차단한다─분열을 조장하고 상호경쟁적으로 미국에 대한 복종을 획책한다─는 것이 동아시아에 대한 미국외교의 기본 방침이라는 사실이 밝혀졌습니다. 이것은 과거의 대영제국의 분할 지배의 대외정책의 축을 계승·적용한 것이기도 합니다.

저는 결코 동아시아주의자는 아닙니다. 그리고 동아시아공동체를 구상해야 한다고 주장할 생각은 없습니다. 다만 시민 주도의 대화와 공동과 개신을 지속해 나가고 싶습니다. 국경을 넘고 민족을 넘고 문화를 넘어서 행복공창을 지향하는 공공세계의 공동구축을 위한 사상과 철학과 문화를 발굴하고 싶습니다. 어디까지나 시민이 주체가 되어 추진해 나가는 철학운동입니다. 철학하는 시민이 주도하는, 시민사회의 자립과 발전과 성숙을 위한 철학연대입니다. "철학으로 세상을 열어간다."는 '이철창세'(以哲創世)입니다. 국가와 정부와 기업의 역할이 큰 것은 두 말 할 필요도 없습니다. 지금 여기에서 특히 강조하고 싶은 것은 시민력의 함양입니다. 한 사람 한 사람의 시민의 공공영성(公共靈性)−공공이성과 공공감성과 공공의지를 함께 서로·균형 있게 맺고·잇고·살리는 원초적 생명력의 작용−을 기르는 것입니다.

A씨: 일본인과 한국인은 시민 차원에서는 상당히 친하게 지내 왔습니다. 저도 소학교 때부터 한국 친구들과 사이좋게 지냈습니다. 개인적으로는 앞으로도 잘 해 나갈 자신은 있습니다. 하지만 국가나 정부가 개입되면 일이 어려워집니다. 가령 일본이나 일본 정부가 무슨 말을 하면, 대동아공영권의 망령 같은 것이 되살아날 때도 있습니다. 이러한 문제 상황에 대해서는 어떻게 생각하고 계시는지요?

김태창: 질문해 주셔서 감사합니다. 제 생각을 말씀드리겠습니다. 오늘의 세계는 글로내컬한 관점·시점·발상을 요청하고 있습니다. 글로벌×내셔널×로컬의 세 차원이 함께 서로·깊게 이어져 있는 것이 그 특징이기 때문입니다. 그래서 오늘날 우리 일상생활에서 일어나는 모든 일을, 국민국가나 정부를 축으로 해서 생각하는 것은 현실적으로 불충분하고, 시대정신에도 걸맞지 않는다고 생각합니다. 대기업이 중심 역할을 할 수 있는 상황도 아닙니다.

그럼 가장 중요한 역할을 하는 것은 시민사회입니다. 그리고 한 사람 한 사람의 시민입니다. 국가나 기업이 아니라 시민이 주역이 되는 시대라고 생각합니다. 그래서 지금부터는 정치력이나 군사력이나 경제력에 치우친 언설에서, 시민력이나 인간력에 관한 이야기를 하고 싶습니다. 저는 정치가에게는 별로 기대하지 않습니다. 원래는 정치력이 가장 필요한 때인데, 정치가가 가장 불신의 대상이 되고 있습니다. 일본과 중국 그리고 일본과 한국의 불행한 관계를 생각해 보아도, 문제는 대부분 정치가들의 불화(不和)·불인(不仁)·불통(不通)의 언행이 원인이 되고 있습니다. 장기간의 진지한 민간 차원의 노력의 성과가 수준 낮은 정치가들의 비상식적인 망언에 의해서 수포로 돌아가 버립니다. 그런 경우를 너무나 많이 경험했기 때문에, 정치가가 오늘날 우리들에게 과연 필요한가 하는 의문을 갖지 않을 수 없습니다.

저는 오랫동안 학자로 지내 왔고, 주로 대학에서 교수들이나 학생들과 함께 생활하면서 그들과 함께 대화하고 공동하고 개신하는 일에 힘을 기울여 왔습니다. 그리고 그 연장선상에서 정부 관료들이나 기업 경영자들이나 시민지도자들과도 대화·공동·개신을 계속해 왔습니다. 성공한 적도 있고 실패로 끝난 적도 있습니다. 하지만 지난 70여 년 삶을 뒤돌아보면 인생이란 결국 만남과 사귐과 헤어짐의 이야기가 아닌가 생각되기도 합니다.

저는 원래 어느 한 군데에 정주하는 체질이 못됩니다. 아직 정신적으로도 육체적으로도 유랑·표류·방황을 계속하고 있습니다. 정착하는 곳을 찾지 못했기 때문입니다. 인식론적으로도 존재론적으로도 떠돌이–실향자·망향자·탐향자(探鄉者)–라고 할 수 있을지 모릅니다. 그래서 저는 언제 어디서나 그때 거기에서의 만남과 교류와 공동(함께·더불어·서로 하는 일)을 무엇보다도 소중하게 여긴다는 대원칙을 갖고 있습니다. 그러기 위해서는 전지구적인 발상이 필요한 때도 있습니다. 국민국가의 일원으로서의 자세를 명시할 것을 요구받는 경우도 있습니다. 가장 많은 것은 생활현장의 요청에 대해서 성실하게 대응하는 것입니다. 그래서 글로내컬(글로벌·내셔널·로컬)한 마음가짐이 필요하다는 것을 줄곧 절감해왔습니다.

1990년에 일본에 온 이래, 일관되게 긴장감을 늦추지 않았던 것은 '한국인이니까'라거나 '한국인인 주제에'라거나 '한국인 때문에'와 연결되는 경멸·소외·차별에 대한 경계·반성·탈각입니다. 왜냐하면 그런 말을 듣거나 처우를 당하는 것이 가장 싫었기 때문입니다. 저의 바람과 소망과 기원은, 먼저 동아시아에서의 상화와 화해와 공복의 공공세계를 공동구축하는 것입니다. 국가주의나 기업 중심이 아니라, 어디까지나 시민이 주역이 되어, 공동일체화(共同一體化)의 방향이 아닌 다이공동화(多異共働化)를 지향하고, 함께 행복해지는 길을 열기 위한, 시민의·시민을 위한·시민에 의한·시민과 함께하는 철학대화를 끈질기게 지속해 왔고 앞으로도 그렇게 해 나가고자 합니다. 한중일이 각자 따로따로 철학을 하는 것이 아니라, 함께 서로·마주보고, 맺고·잇고·살리기 위해서 철학하는 것입니다. 진실로 한중일이 상관 연동하는 철학대화를 끈질기게 계속해 나가고 싶습니다.

동아시아에서의 상화·화해·공복

B씨: 선생님의 말씀에 대단한 용기를 얻었습니다. 저는 재일교포로, 한반도의 평화통일을 실현하기 위한 운동을 일생의 과업으로 삼고 있습니다. 세계에는 오백만 정도의 한국 해외동포가 있는데, 미국이나 일본에서도 우리 동포들이 활동하고 있습니다. 저는 일본에서, 특히 오사카에서 북한과 일본의 국교정상화를 조기에 실현시키기 위한 운동을 일본의 시민단체 혹은 여성단체, 노동조합 등의 사람들과 연대하여 벌이고 있습니다. 뿐만 아니라 한국의 시민단체와도 연락하고 있습니다만, 지금 북한과 일본의 관계가 악화되어 좀처럼 운동이 진척되지 않아서 고민하고 있습니다. 뭔가 힌트가 없을까요?

김태창: 중요한 문제를 제기해 주셨습니다. 감사합니다. 한반도의 통일과 북한과 일본의 국교정상화의 조기 실현은, 동아시아에서의 상화와 화해와 공복의 공공세계를 공동구축하는 과정에서, 반드시 이루어내야 할 가장 중요한 긴급과제 중의 하나입니다. 저는 1989년 11월의 베를린 장벽 붕괴와, 1990년의 동서독일의 통일을 전후로 해서, 독일을 비롯해서 동서 유럽과 미국의 여러 대학을 돌면서, 유럽에서 일어난 일이 아시아의 한반도에서도 일어날 수 있다는 것을 다각도로 논의한 적이 있습니다. 그래서 표면적으로는 갑자기 일어난 것처럼 보여도, 사실은 서독의 끈질긴 준비 작업이 있었고, 때마침 거기에 국제정세의 대변화가 동반되어 마침내 실현되었다는 의미에서, 상당히 치밀하게 계획

된 정책의 지속과 민간 차원의 운동의 결과라는 사실을 상세하게 알게 되었습니다. 그러나 그와 동시에 당시에 한반도에서의 통일 실현을 향한 준비가 철저히 결여되어 있다는 사실을 알게 되었습니다. 학자들의 논의는 다소 있었지만, 그것이 정치나 경제나 안전보장의 구체적이고 현실적인 대응으로 이어지는 문제제기도 아니었고, 정부나 기업에서도 아직 진지하게 고뇌하고 탐구 실천하는 데까지는 나가지 못했습니다.

한반도에서의 남북통일의 실현을 장래의 목표로 얘기하는 것은 나름대로 의미 있는 일이지만, 그것을 구체적이고 현실적으로 논의하면 문제는 복잡해집니다. 가장 기초적인 문제만을 상정해도, 한국이 북한을 통합할 것인가, 아니면 북한에 의해 한국이 통일될 것인가 하는 문제가 있습니다. 저의 개인적인 견해로는, 현재의 정치 체제를 유지한 상태에서 북한에 의한 한반도 통일을 받아들이는 것은 거의 불가능합니다. 그렇다고 한국이 북한을 흡수통합하는 것이 바람직하다는 입장은 적어도 현재의 북한의 지도층이나 골수분자들에게는 용납되지 않겠지요. 그렇다면 양쪽의 지도자들과 일반 민중의 절대 다수가 납득할 수 있는 상황조건이 나오기 전까지는, 일단 평화공존할 수밖에 없을 것입니다. 평화공존을 통해서 각자의 경제 · 사회 · 문화적 생활의 질을 향상시키는 것이 양쪽 모두에게 가장 현실적인 대응이 되겠지요. 정치적 · 군사적 · 법제적인 문제는 당분간 서로 해결되지 않은 채 대립하는 상태가 계속할 수 밖에 없겠지요.

한반도에서의 남북통일의 실현은 한국과 북한 사이의 문제라기보다는, 한반도 주변의 국제정세에 크게 좌우되는 문제이기도 합니다. 특히 일본 · 중국 · 러시아 그리고 미국의 한반도 정책과도 깊게 관련되어 있습니다. 한국과 북한의 권력자들이 갖고 있는 상호불신도 근본적인 문제입니다만, 주변 여러 나라들의 복잡한 이해 계산이 남북통일의 실현에 반드시 우호적이지는 않다는 것이 큰 문제입니다. 이러한 현실을 고려한 상황에서 제가 생각하는 것은, 민간 주도의 활동 연대를 다양 · 다중 · 다층적으로 형성 · 유지 · 발전시키는 것입니다. 생명 · 생활 · 생업의 공동태를, 한국 · 북한 · 일본 · 중국 그리고 주변 나라들의 시민들이 가능한 한 자주적으로 구축하는 것입니다. 국민국가라는 틀을 넘어서 민간끼리의 상호협력 관계를 발전시키는 것입니다. 지금까지보다도 좀 더 적극적으로 그리고 좀 더 긴밀하게, 상호간에 이익과 공감과 신뢰를 증대하는 활동을 계속하고, 그것의 플러스 효과를 축적하는 것이 중요합니다.

제가 특히 힘을 쏟아온 것은 공공(하는)철학운동입니다. 저는 군인도 아니고 정치가도 아니고 저널리스트도 아닌, 학자입니다. 학문을 통해서 통일 실현을 위한 조건 조성의 준비 작업을 착실하게 계속해 나간다는 것입니다. 그래서 우리의 다음 세대와도 동아시아에서의 상화와 화해와 공복의 공공세계를 함께 만드는 일을 얘기하고 싶습니다. 정치가들에 의한 정치적 결착이 언제 어떠한 형태로 행해질지는 모르겠습니다만, 일상적인 생명과 생활과 생업의 상호의존관계가 긴밀도를 더해 가면, 언젠가 그것의 보호와 유지와 발전을 확고한 것으로 하기 위한 정치적 메카니즘을 생각하지 않을 수 없는 일이 벌어질지도 모릅니다. 그와 같은 객관적인 조건을 끈질기게 형성해 나가는 것이 시민 주도의 활동 과제라고 생각합니다.

특히 일본과 북한의 관계 개선 문제에 대해서 저의 솔직한 생각을 말씀드리겠습니다. '솔직한'이라고 한 것은, 지금의 일본에서의 '공적'(公的) 또는 '공식적'인 견해와는 다르기 때문입니다. 저는 북한의 정치체제나 외교 행위의 기본 양식에는 강한 위화감을 느끼고 있습니다. 그리고 북한이 한국이나 일본에 대해서 행한 과거의 비법(非法)·불법·위법이나 반인권·반인륜·반생명의 언행에 대해서는 단연코 규탄합니다. 이런 입장에서 감히 말씀드립니다만, 현재의 일본 정부의 대북 정책은 현실을 개선하기보다는 오히려 현실을 고착화시키고, 그것을 극단까지 악화시키려고 의도적으로 조작하고 있는 것은 아닌가 하는 생각이 드는 부분도 있습니다.

가령 납치 문제만 봐도, 만약 정부가 납치된 사람들이 무사히 돌아오기를 진정으로 바란다면, 지금까지의 방법으로는 문제 해결을 기대할 수 없다고 생각합니다. 다른 정치적 목적 달성을 위한 포석이라면 얘기는 달라집니다. 하지만 그렇다고 한다면 더더욱 비합리적인 대응으로밖에 생각되지 않습니다. 과거에 일본이 국가 의사 및 정책적 조치에 의해서 직접적 또는 간접적으로 초래한 외국인들의 마음과 신체와 생명의 장해와 파괴와 소멸에 대해서, 일본이 국가나 정부의 주체적인 보상을 실행하고 있지 않다는 사실로부터 분명히 알 수 있듯이, 국가간·정부간에 이런 문제를 해결하는 것은 거의 불가능하다고 생각합니다. 이 문제가 해결되지 않는 한 국교정상화를 하지 않겠다는 것은 결국 국교정상화를 할 생각이 없다는 것과 마찬가지라고 할 수 있습니다. 특히 과거의 식민지 지배에 대한 보상이라는 의미에서 논의되기 시작한 경제협력이, 어느새인가 납치문제의 해결을 촉구하는 압력 수단으로 변질되어 버렸다는 것은, 일본측의 성실성을 높게 평가해 온 입장에서는 실망하지 않을 수 없습니다. 먼저 자기의 반성과 사죄가 있어야 비로소 상대의 반성과 사죄가 있고, 그에 기초한 원상회복의 길도 열리지 않을까요?

제가 오랫동안 미국에 살면서 느낀 것은, 미국에는 여러 결점이 있다는 것입니다. 물론 미국은 천국은 아니니까요. 갖가지 문제가 산적해 있습니다. 하지만 단 하나 미국에서 볼 만한 것은 시민의 힘에 의해서 사회를 바꿀 수 있다는 것입니다. 흑인이 대통령이 되는 일은 불과 2, 3년 전까지만 해도 누구도 상상조차 못했습니다. 도저히 불가능한 일이라고 생각했습니다. 이것은 미국에 살아 보면 잘 압니다. 흑인들이 미국에서 어떤 위치에 있는지, 어떻게 인식되어 왔는지를 이해하면, 그것은 불가능한 환상에 지나지 않는다는 것이 미국의 상식이었습니다. 그런데 흑인 대통령이 내년(2009년) 1월에 탄생합니다. 부시의 미국에는 절망감을 느끼고 있었지만, 오바마의 당선만으로도 미국인에 대한 기대와 신뢰와 희망을 가질 수 있게 되었습니다.

여러분의 생각은 잘 모르겠습니다만, 미국이 변하면 세계가 변할 수 있다는 것이 저의 세계 인식입니다. 일본도 변할 가능성이 보이고 있습니다. 야마토민족의 환상에 기초한 일국내관주의적(一國內觀主義的)인 시각에서 탈피하여, 먼저 동아시아의 이웃나라들과 함께 동아시아에서의 상화와 화해와 공복의 공공세계를 공동구축한다는 꿈과 바람과 소망을 공유하고, 그 실현을 위해서 대화·공동·개신에 전력투구하는 글로네컬한 시민정신이 활발해지는 대변화를 기대할 수 있게 되었습니다. 일본도 언젠가 재일교포가 총리가 될 수 있는 나라로 바뀌기를 바랍니다. 물론 총리라고 하는 특정한 지위를 강조하는 것은 아닙니다. 제도적인 개방성과 다인종·다문화·다언어의 장점을 충분히 살리는 사회-이런 사회야말로 '좋은 사회'입니다-로 바뀌기를 바라기 때문입니다.

대중매체 및 시민활동과 공공철학

C씨: 칸사이대학의 학생입니다. 대만에서 왔습니다. 오늘 멋진 강연을 해주셔서 대단히 감사합니다. 하나 여쭤보고 싶은 게 있습니다. 현재 제 친구들이 대만의 사회운동단체에 들어가서 정력적으로 활동하고 있는데, 그들의 문제는 어떻게 하면 자신들의 이상을 일반 대중에게 전달할까 하는 것입니다. 그것은 역시 매스컴에 의존하지 않을 수 없겠지요. 역시 매스컴의 힘은 크니까요. 그래서 매스컴의 주목을 끌기 위해서 갖은 노력을 하고, 매스컴의 생리를 알지 않으면 안되고, 때로는 국가에 의해 금지되거나 압력을 받거나 합니다. 이 점에 대해서 선생님은 어떻게 생각하고 계시는지요?

김태창: 제 생각에는 먼저 매스컴이라는 것도 하나의 권력, 즉 조직권력이라는 것입니다. 그래서 어떤 목적의 사회운동인가에 따라 매스컴에 대한 대책이 달라지는데, 가령 무엇을 보도하는 것이 매스컴의 영향력을 고양시킬까, 그리고 그 장점이 매스컴 자신에게 느껴질 수 있는지 어떤지를 간파하는 것이 중요합니다. 물론 평상시의 구체적인 관계 강화가 중요합니다만, 어쩔 수 없이 화제성이나 보도 가치나 당시의 분위기에 부합하는가 등을 고려하지 않을 수 없고, 결국 매스컴을 실질적으로 움직이는 배후 세력의 정체를 확인하고 나서 접근하는 것이 최우선 과제입니다. 가령 매스컴 관계자는 정부나 국회나 사법과 대등하거나, 어떤 의미에서는 그 이상의 권력-제4의 권력이라고 말합니다만-이라는 자부심을 갖고 있다는 점을 잘 선용하는 지혜가 필요합니다. 물론 정부 비

판과 정부 옹호를 적당히 혼용하면서 자신들의 존재감을 보여주는 것이 매스컴의 생리입니다만, 그것을 어떻게 활용할 것인가가 관건이 됩니다.

일본의 경우를 보면 텔레비전 채널이 네 개 정도 있습니다. 하지만 각각의 존재 이유를 이해할 수 없습니다. 중요한 정치문제에 대한 토론 프로그램을 보아도, 대부분은 관점이나 입장이나 논지가 분명하지 않습니다. 가령 같은 사람이 같은 순서로 같은 이야기를 하는 경우가 너무 많습니다. 그래서 네 개까지 있을 필요가 있을까 하는 생각이 들 정도입니다. 원래는 각자가 다른 의견을 내서, 국민의 판단에 도움이 되도록 해야 하는데, 대부분이 똑같다면 결국 같은 의견을 확대 재생산해서 국민을 그 방향으로 동조시키자는 것이 아닌가 하는 의문도 생깁니다. 매스컴이란 어떤 의미에서는 대중조작을 위한 권력기관이라는 측면도 있습니다. 별로 좋은 표현은 아닐지 모르지만, 선전기관이 될 가능성도 있지요. 그래서 매스컴의 자각과 매스컴에 대한 시청자나 독자의 인식과 자세의 조정이 필요합니다. 개인적인 견해입니다만, 일본의 매스컴은 대부분 야당과 시민과 운동에 대해서 부정적이고, 그것들에 대해서 상당히 냉담하지 않나 생각합니다. 정부는 그 자체나 주위에 엄청나게 강력한 선전기관을 갖고 있습니다. 야당은 항상 열악한 상황에 놓여 있습니다. 그런데 원래 매스컴이란 정부에는 엄격하고 야당에는 상대적으로 친화적이며 지원하는 태도를 취하는 것이 아닌가요? 미국에서도 유럽에서도 한국에서도 대체로 그런 풍조를 느낍니다. 하지만 일본의 매스컴은 오히려 반대가 아닌가 하는 생각이 듭니다. 그리고 시민사회에 대해서도 비우호적이라는 인상을 받습니다. 그래서 시민운동을 하는 사람들의 현실 개선 지향에 대해서 적극적으로 지지해 줄 것을 기대할 수 없을지 모릅니다.

대만의 경우는 솔직히 잘 모릅니다. 대만인 친구가 몇 명 있고, 대만 텔레비전이나 신문과의 교류도 있습니다만, 그래도 시민 활동에 대해 어떤 자세를 취하고 있는지는 자세하게 알지 못합니다. 한국의 경우에는 일본이나 대만에 비해서, 훨씬 야당이나 시민사회나 시민 운동에 대해서 대체로 개방적이고 우호적이고 적극적으로 지원한다는 입장이라고 생각합니다. 그래서 저 강고한 군사 독재체제와 싸운 민주화운동이 성공한 것도, 매스컴의 지지가 중요한 역할을 했기 때문이라고 생각합니다.

C씨: 일본에서의 정치와 매스컴의 관계는 잘 알 수 없는 부분이 있는데, 선생님은 어떻게 생각하십니까?

김태창: 일본에서의 정치와 매스컴의 관계는, 일본인에게는 어떻게 받아들여지는지 몰라도 저로서는 도무지 이해하기가 어렵습니다. 가령 야당이 여당이나 정치를 비판하면, 비판뿐만 아니라 대안을 내라는 것이 대부분 상례가 되고 있습니다. 하지만 잘 생각해 보면, 기본적으로 야당의 역할은 집권 여당을 비판하는 것입니다. 독단과 독선과 독재를 저지하기 위해서지요. 물론 대안을 내서 여당과 야당 사이의 정책 조정을 꾀하는 것도 중요합니다. 하지만 중요한 문제에 대해서 정권 여당의 대응과 대책이 근본적으로 국민 다수의 지지를 얻지 못하는 경우에는, 야당에 대안의 제시를 요구할 것이 아니라 총선거를 통해서 국민의 신임을 물어야 합니다. 선거 결과가 판명됨과 동시에 여야당 간의 정책논쟁에 대한 민의의 선택이 명시되는 것입니다. 야당의 대안이란 여당의 정권 유지를 정당화하기 위한 보조적인 추가 조정이 아니라, 정권교체의 계기가 되는 것이 민주주의 정치의 기본이라고 생각합니다. 전후의 일본의 정치가 대부분 자민당에 의한 일당체제─연립정권의 경우에도 자민당이 압도적 다수를 점한다─였기 때문에, 다원사회에서의 민주주의를 정치의식으로서도 정치 행위로서도 학습 · 경험 · 실감하지 못한다는 느낌이 듭니다.

제가 가장 위화감을 느낀 것은 2007년 참의원 선거 결과 야당이 참의원에서 다수의석을 획득하게 되자, 중 · 참 양원의 자민당 혹은 집권 여당의 일방적인 운영이 곤란하게 되었다고 해서, '뒤틀린 국회'라는 꼬리표를 달아 모든 정치문제를 '뒤틀린 국회' 탓으로 돌리는 매스컴의 논조였습니다. 중 · 참 양원에서의 다수의석을 자민당 혹은 자민당 중심의 연립이 독점하는 상황에서는 진정한 의미에서의 정치는 필요 없고 건전한 상식 수준의 행정이나 경영만 있으면 됩니다. 양원의 다수당이 서로 다를 때 진정한 정치가의 역할이 요청됩니다. 매스컴에서도 다원사회에서의 매스컴의 역할에 대한 인식이 요청됩니다. 저의 언어로 말하면, 일본의 정치도 매스컴과의 관계도 '공'적 아니면 '사'적 둘 중의 하나이지, '공공'(함께 · 서로 · 마주보고)적이지는 않다고 생각합니다. 21세기형 정치와 매스컴에게는 공공적인 자세가 요구됩니다.

C씨: 한국의 사회운동단체의 기본자세는 공공적입니까?

김태창: 일본의 현실과 비교해보면, 한국에서의 시민활동은 훨씬 활발하다고 할 수 있습니다. 그래서 사회운동 단체도 많고 그들이 하는 운동도 다양합니다. 일본과의 비교이기 때문에 어디까지나 상대적인 얘기입니다만, 국가의 공권력에 대한 불신감이 뿌리 깊습니다. 그래서 일반적으로 멸사봉공적인 정신풍토에는 익숙치 않습니다. 조선왕조시대와 일제식민지시대와 군사독재시대를 경험하는 과정에서, 철저하게 '공'(국가 · 정부 · 체제 · 관청 등등)에 대한 반감이 축적되었다는 역사적 배경이 있습니다. 대기업의 금력 지배에 대한 경계심도 뿌리 깊습니다. 그래서 군사독재도 금권 지배도 거부하는 경향이 분명히 존재합니다. 시민활동은 그러한 풍토에서 생겨나는 것입니다. 국가나 기업과 거리를 두고 자립한 시민들의 연대를 통해서 정부나 기업에 대해 시비를 가리는 것입니다. 물론 그중에는 극단적인 반정부 · 반체제운동도 있습니다. 개인적으로도 조직적으로도 좌경 혹은 우경의 운동이 존재합니다. 하지만 건전하다고나 할까 과격한 행동으로 치닫지 않는 시민운동도 많이 있습니다.

그런데 지금 여기서 논의하는 것은, 그러한 단체들의 기본자세가 공공적인가 하는 것입니다. 여기에서 명백히 해 두고 싶은 것이 있습니다. '공공적'인가라고 할 때의 '공공'은 무엇인가 라는 문제입니다. 제 생각으로는 공공이란 '공공하는 것'을 말합니다. 그리고 그것은 '활사개공'과 '공사공매'와 '행복공창'이라는 세 개의 키워드로 개념화됩니다.

그럼 먼저 '활사개공'이란 무엇인가? 그것은 한 사람 한 사람의 '사'의 생명과 생활과 생업을 무엇보다도 소중히 여기고, 그것을 확보하고 그것의 안전을 지키는 것입니다. 그것이야말로 인간과 사회와 국가와 세계의 최우선과제입니다. 그러고 나서 '공'(국가 · 체제 · 정부 · 공권력)을 생명친화적 · 환경중시적인 방향으로 개방 · 개혁 · 개선하는-즉 '개공'(開公=공을 연다)하는-것입니다. 종래의 '공'이 전체의 질서와 안전과 번영을 우선시하여 한 사람 한 사람의 '사'를 희생시킨-즉 '멸사봉공'한-것과는 목적과 방향과 목표가 완전히 다릅니다. '공'과 '공공'은 이렇게 다릅니다.

그럼 '공사공매'란 무엇인가? 전체와 개체, 국가와 개인, 기업과 사원, 정부와 시민을 그 사이에서 함께 · 서로 · 치우침 없이 맺고 · 잇고 · 살리는 것입니다. 민관공공(民官公共)도 그러한 예입니다. 관존민비(官尊民卑)도 아니고 관민대립(官民對立)도 아닌 민관공존(民官共尊)입니다.

마지막으로 '행복공창'이란 무엇인가? 개개인의 주관적 행복이 아닙니다. 그렇다고 국가에 의한 국민 전체의 행복의 실현을 지향한다고 하는 명분의 행복 강요도 아닙니다. 자기와 타자가 개인적으로도 제도적으로도 함께 · 서로 · 균형 있게 각자의 행복을 실현할 수 있도록 대화 · 공동 · 개신을 지속하는 것입니다. 적어도 이 세 개의 실천활동이 함께 어우러지는 것이 '공공하는' 것입니다. 그럼 한국에서의 사회운동단체의 기본자세는 공공적인가? 이에 대한 저의 답변은 이렇습니다. 이념이나 목표로서는 상당히 명확하게 의식되고는 있다고 생각합니다만, 실천활동의 모습을 보면 아주 잘 되고 있다고 말하기는 어려운 부분이 있습니다. 하지만 그것은 시민사회의 성숙이 전제조건이 되기도 하기 때문에, 좀 더 시간이 걸리지 않을까요? 한국의 문제는 시민주도의 민주화는 어느 정도 수행되었지만 아직 '공공(하다)'은 미숙하다는 점입니다.

반일의 원인

D씨: 제가 잘 알고 있는 좁은 세계의 이야기입니다. 저는 2, 3년 전까지 사업상 중국과 한국에 매달 한 번씩 가서 일을 하고 돌아오곤 했습니다만, 일본의 매스컴에서 자주 떠들어대는 것처럼 역사문제나 매스컴이 자주 다루고 있는

야스쿠니신사 문제나 각지의 반일운동과 같은 분위기를 느낀 적이 없습니다. 실제로는 어떤지요? 일반 서민들이 반일감정을 갖고 있는지요? 이 문제에 대해서 말씀해 주시면 감사하겠습니다.

김태창: 저도 장기간 철학대화를 해오는 과정에서 일본과 중국-대만과 홍콩을 포함해서-과 한국을 빈번하게 왕래해왔습니다. 그런데 일상생활의 현장에서 직접 반일이나 반중이나 반한이라는 심적 태도가 명시되는 일은 거의 없었습니다. 그럼 언제 어디서 그런 감정이 폭발되는가? 가장 많은 것은 이른바 정치가의 실언 · 망언 · 폭언이 원인이 되는 경우입니다. 그중에서도 일본 정치가의 말이 가장 큰 문제입니다. 일본의 정치가가 무책임한 발언을 하지도 않았는데, 갑자기 반일적인 행위나 사건이 일어났다는 경우는 별로 본적도 들은 적도 없습니다. 물론 한중일의 정부나 지방정부가 실행한 정책이나 조치가 반감을 일으키는 원인이 되는 경우도 적지 않습니다. 하지만 그것은 그렇게 자주 발생하는 것은 아닙니다. 또한 기업의 경제활동이 원인이 될 때도 있습니다. 하지만 뭐니뭐니 해도 정치가들의 언동이 가장 심각한 문제입니다. 일부러 상대 나라의 국민감정을 자극하는 발언을 반복하는 경우도 있으니까요. 표를 얻기 위한 선거전략으로 유리할지도 모릅니다. 만약에 그렇다고 한다면 서거민 감각에도 문제가 있다는 이야기가 되겠지요.

한마디 하고 싶은 것이 있습니다. 코이즈미 씨가 총리였을 때의 일로 지금 상황과도 이어지는 문제입니다. 가령 총리가 총리 신분으로 야스쿠니신사에 공식적으로 참배하는 것에 대해서 중국이나 한국이 이러쿵 저러쿵 말하는 것은 내정간섭으로 괘씸한 일이라고 생각하는 부분에 대해서입니다. 야스쿠니참배에 관해서 그만두라고 하는 것은, 야스쿠니신사에 안치된 죽은 영혼들 중에는 중국이나 한국에 내정간섭 수준을 넘어서서 내정 파괴를 자행하고 인명을 살상하고 국토를 유린한 장본인과 그것을 명령한 자들이 들어 있기 때문에, 거기에 굳이 공식적으로 참배하는 것은 그 피해자들의 상처를 더 아프게 하는 것이 아닌가, 그래서 삼가야 하지 않는가, 라고 하는 일종의 청원 행위입니다. 다른 나라의 내정을 철저하게 파괴한 국가의 총리가 굳이 그 불행한 기억을 재생시키는 행동은 삼가해 달라는 청원에 대해서 내정간섭 운운하는 것은, 비리를 넘어서 어처구니 없는 일입니다. 그런 생각을 가진 정치가나 정치 지도자들이 아시아에서 가장 선진국인 일본의 국가적 의사결정에 지대한 영향을 끼치는 지위에 있다는 것이 오늘날 동아시아의 비극 · 비운 · 비통 그 자체입니다. 오늘은 이 정도로 제 얘기를 마칠까 합니다. 경청해 주셔서 대단히 감사합니다.

(출전: 칸사이대학 문학연구과 칸사이대학문화교섭학 교육연구거점 시부야 에이치 기념재단 기부강좌 「일중관계와 동아시아」 제1집, 타오떠민(陶德民). 니카이도 요시히로(二階堂善弘) 편, 『동아시아의 과거, 현재와 미래』, 칸사이대학대학원 문학연구과, 2009년 10월 13일)

4. '공공하는 철학'과 '공공하는 이야기'의 사이*

이성과 감정에 호소하는 철학

오늘의 대화모임은 제64회의 공공철학 교토포럼입니다. 이 모임은 '공공철학'을 중심 의제로 하여 주로 일본에서 행해 왔습니다만, 일본 이외의 지역에서도 몇 차례 개최한 적이 있습니다. 이번 포럼의 테마인 「이야기론」은 세 번째가 되는데, 왜 이제 와서 「이야기론」을 세 번이나 다루는가 하는 점에 대해서 약간의 설명이 필요하다고 생각합니다. '철학'과 '이야기'를 함께 얘기해도 좋지만, 사실 양자는 원래 탄생 배경이 다릅니다. 어떤 의미에서는 상반되는 언설 형태라고도 할 수 있습니다. 특히 그리스나 중국에서는 어떤 주장을 논리나 이론을 써서 상대방의 이성에 호소하는 언설 형태가 있습니다. 다른 한편으로는

* 일시: 2005년 5월 24일 / 장소: 리가 로얄 호텔 교토 / 주최: 공공철학 교토포럼

감성에 호소해서 공감을 얻는 언설이라고나 할까 이야기적인 언설 형태도 있습니다. 우리가 여기서 「이야기론」을 반복해서 다루는 것은, '공공(하는)철학'은 이성과 감성이 함께 어우러지는 철학이어야 한다는 문제의식을 가지고 있기 때문입니다.

지금까지 저희는 사람들이 '공공(하는)철학'을 이해할 수 있도록 논의를 거듭하고 갖은 노력을 다했습니다. 하지만 이성에만 호소하는 논리로 과연 어디까지 참다운 이해를 얻을 수 있을까 라는 의문을 계속 가지고 있었습니다. 역시 이성만으로는 한계가 있을 것입니다. 서양에서 행해지는 공공론은 '공공이성'이 중심이 되어왔습니다. 그러나 차츰 시대상황과 문제의식의 변화로 말미암아 공공감성의 중요성이 주목받기 시작했습니다.

애초부터 동아시아—특히 한중일—에서는 공공이성보다는 공공감성이 더 중요한 역할을 해오지 않았을까 라는 생각이 듭니다. 학자나 전문가의 이론적 담론에서는 공공이성이 중심과제였지만 일반시민들의 의식수준에서는 공공감성쪽이 더 우세했던 것이 아닌가라는 생각입니다. 우리의 행동의 밑바탕에는, 주로 서양에서 논의되어 온 '공공이성'과는 다른 뭔가가 있지 않을까? 가령 '공공감성'이나 '공공의지' 그리고 '공공영성' 등등의 존재와 역할도 숙고해보아야 하지 않을까? 이런 측면에 대해서 막연하게 생각하는 것보다도 구체적인 탐구가 필요하다는 문제의식이 싹트게 되었습니다. 그렇게 되면 넓은 의미에서의 '이야기=설화'가 하나의 유력한 후보가 될 수 있지 않을까? 이것을 모두 함께 생각하고 논의해 볼 만하지 않을까? 라고 생각하게 된 것입니다.

함께 서로 있는 존재

한편에서는 플라톤처럼 "모든 이야기적인 것(플라톤은 '시'라는 말을 사용하였다)은 공화국에서 추방한다"는 태도를 취해야 된다고 주장하는 사람이 있습니다. 플라톤에서 시작되어 하이데거에 이르는 이른바 정통 철학의 노선이 그것입니다. 하지만 서양에서도 여기에 '노'라고 말하고, 다른 길을 찾으려는 노력도 있어 왔습니다. 그 대표적인 예가 한나 아렌트의 생각입니다. 저는 그녀의 사고를 대단히 재미있다고 생각하고 있습니다. 아렌트는 자신은 '철학자'가 아니라 '사고인'이라고 했습니다.

한나 아렌트의 말을 제 나름대로 해석해서, 그리고 한·중·일의 현실을 감안해서 말씀드리면, 다음과 같습니다. 즉 인간과 사회와 세계, 그리고 자기와 타자와 세계에 대해서 일종의 변혁을 이루고자 할 경우에, 다음과 같은 두 가지 시각이 있을 것입니다. 하나는 진정한 의미에서 본래적인 존재의 존재방식은 단독존재(단독실존)라는 생각입니다. 이것으로부터 모든 생각을 전개한다고 하는 이른바 하이데거적인 생각입니다.

다른 한편으로는 최근에 제가 관심=공감을 갖기 시작한 장 뤽 낭시(Jean-Luc Nancy, 1940~)라는 프랑스 철학자의 생각입니다. 낭시는 단독존재로서의 존재방식에 의문을 던지고, 존재 자체가 복수이면서 단수이고, 홀로 있음인 동시에 함께 있음 또는 더불어 있음이라고 말합니다. 특히 제가 주목하는 것은 "함께 서로 있음"이라는 말을 쓰면서 '사이'의 중요성을 강조하는 부분입니다. 즉 존재가체가 '복수와 단수의 공존과 호존'(互存)이라는 복합적인 형태를 취하고 있다는 것입니다. 종래의 철학하는 방식을 이러한 존재론을 바탕으로 바꾸려고 하는 것이지요. 여기에 한나 아렌트적인 생각을 더하면, 마르틴 하이데거의 그것과는 또 다른 언설이 열리지 않을까요?

하이데거가 말하는 단독존재라는 존재방식은 결국 '죽는다'는 것을 미리 상정하고, 거꾸로 거기에서부터 본래의 존재방식을 생각하는 것입니다. 죽음은 단독으로 죽는 것으로, 그것은 대리도 공유도 분유도 불가능합니다. 그래서 철학이 처음부터 홀로 있는 자의 홀로하는 생각일 수 밖에 없다는 측면이 있습니다. 이 '죽음'을 전제로 한 사고는 어떤 의미에서는 서양의 정통적인 형이상학적 철학에서 가장 기본이 되는 사고입니다. 아렌트는 이에 대해 정면으로 대치되는 다른 사고방식을 제시합니다. 그녀는 인간의 '탄생' 쪽에 중점을 둡니다. 인간의 복수성에 기초하여, 은폐되어 있는 상태에서 탄생을 계기로 드러나서,

모든 사람에게 보이고·인식되고·이해되는 상태에 들어가야 비로소 진정한 존재가 된다고 하고 있습니다.

그것을 '논리'를 중심으로 체계화하여 이론화하는 작업도 있습니다만, 또 한편으로는 사람들의 실감에 호소해서, 그것을 바탕으로 공감 가능한 것으로 만드는 이야기 방식도 있습니다. 그것은 종래의 '철학'과는 다릅니다. 그것을 '이야기'로 생각하면 어떨까 싶습니다. 저는 양자가 상호보완적인 관계로 매개되면, 인간의 인식과 행동의 지평이 다양해지고 풍부해지리라는 희망을 갖고 있습니다.

그것이 과연 어디까지 가능할지는 알 수 없습니다. 하지만 적어도 그것을 시도할 가치는 있다고 생각합니다. 이 문제에 관해서는 주로 미야모토 히사오(宮本久雄) 동경대학 교수와 꾸준히 대화를 계속해 왔습니다. 저도 일단 시작하면 결론을 내야 직성이 풀리는 성격이라서, 과연 이것을 몇 번이나 해야 될지는 잘 모르겠습니다. 우선 3회째가 되었습니다. 솔직히 말씀드리면 2회째까지는 뭔가 명쾌하지 않았습니다. 뭔가 안개가 낀 것처럼 분명하지 않아서 '이야기'를 굳이 논의하는 의미를 잘 모르는 상태였습니다. 이것은 공공철학을 '철학한다'는 것과 별로 다를 게 없지 않은가? 주로 철학자가 하기 때문에 그럴지도 모른다는 문제도 있습니다. 그래서 철학자가 아닌 사람을 초대하면 어떨까라고 생각한 적도 있습니다.

이야기하는 존재

그런데 이번에도 「이야기론」에 치우친 느낌입니다. 저는 그것도 중요하다고 생각합니다만, 이와는 별도로 '이야기하다'라는 행위적·실천적 측면을 새롭게 밝히고 싶습니다. 제48회 포럼 때 참가해서 논문을 발표했던 노에 케이치(野家啓一) 교수가 그 뒤에 쓴 논문이나 책에서 '이야기'(명사)와 '이야기하다'(동사)의 차이를 언급하고, 그것을 제 생각과 관련시켜서 논하는 것을 보고 우리 포럼에서의 대화가 어느 정도 효과가 있었음을 느꼈습니다. 제가 생각해온 것과 공명하는 부분이 많았기 때문입니다. 그래서 지금까지의 회의가 완전히 무의미했던 것은 아니구나 하는 생각이 들었습니다. 그리고 '이야기'와 관련해서 인칭성의 문제도 다루어, 비인칭적·무인칭적인 이론과의 대비라는 맥락에서 이야기에서의 인칭성의 문제도 강조하고 있었습니다.

종래의 형이상학은 '죽음'을 중심에 두어, 결국 인간은 죽어야 하는 존재라는 자기확인으로부터 출발합니다. 그렇지만 죽으면 모든 것이 끝인가, 한 사람 한 사람의 죽음을 넘어서 남는 것은 없을까 라고 생각할 수도 있지 않겠습니까? 결국 개인도 공동체도 마찬가지입니다만, 태어나서 어느 기간 살다가 죽은 뒤에도 이야기만은 남지 않을까? 그래서 인간은 옛부터 이야기했고 이야기에 관심을 갖고, 가치를 인정하고, 이야기를 좋아하는 것이 아닐까요? 그런 의미에서 인간은 이야기하는 존재라고도 할 수 있는 거지요. 몸이나 몸에서 나오는 마음과 넋은 그 사람의 육체적인 죽음과 함께 없어진다고 느껴집니다. 그래도 여전히 없어지지 않은 것이 있습니다. 경우에 따라서는 명예가 있고 사업이 있고 돈도 있을 수 있습니다. 우치무라 칸조(内村鑑三, 1861~1930)는 한 사람의 인간이 어떻게 살았는가, 그가 살아간 모습을 남기고 싶다는 말을 했습니다. 그것은 결국 '이야기'를 남긴다는 뜻이 아닐까요?

그 사람의 장례식이나 기일에 동창회 멤버나 친척이 모여서, 고인에 대해서 생각해볼 때 고인의 명예나 업적을 찬양할 수도 있지만 보다 더 기본적인 태도는 그 사람이 살았던 생전의 모습을 진솔하게 되새겨보는 이야기가 아닐까요? 고인의 삶에 대한 여러가지 이야기들이 고인을 추모하는 사람들 사이에 남고 나뉘어 이어지는 것이겠지요. 죽은 자와 살아있는 자 사이에서 양쪽을 더불어 서로 잇고 맺고 살리는 것은 이야기라고 말할 수 있지 않겠습니까?

'공'과 '공공'

그런데 오늘 일본에서 일반적으로 거론되는 공공논의는 혼돈 상태에서 맴돌고 있습니다. 공사혼돈은 도처에서 나타나고 공과 공공의 혼돈도 특히 관료

사회에 두드러진 현상이며 일부의 전문가에서도 볼 수 있습니다. 가령 사이토 준이치(齋藤純一)와세다대학 교수의 『공공성(公共性)』(동경: 岩波書店, 2000)에서는 '공공성'이라는 말의 주된 의미로 ① 국가에 관한 공적인(official) 것 ② 특정인이 아니라 모든 사람과 관계되는 공통의 것(common) ③ 누구에 대해서도 열려 있는 것(open)이라는 세 가지를 들고 있습니다. 하지만 이것이야말로 '공'의 개념 규정으로서 '공공'과는 다르다는 것이 저의 견해입니다.

『코지엔(広辞苑)』을 비롯한 모든 일본어사전을 찾아보면 아실 것입니다만, '공'의 정의는 대부분이 위에서 말한 세 가지 의미로 설명되고 있습니다. 혹은 거기에 약간 추가하는 정도입니다. 이것은 영어의 'public'에서 파생된 번역어적 발상입니다. 그러나 영어의 public과 한자어의 공공은 전혀 다른 역사적 배경에서 나온 어휘이기 때문에 곧바로 연결시킬 수 없습니다. 영어의 public은 한자어의 '공'(公)에 가깝습니다. 대부분의 일본어 사전은 '공'과 public을 거의 동일시해서 설명하고 있는 것입니다. 그러나 그것도 전혀 맞지 않는 측면이 있어서 제대로 이해하는데 도움이 되지 않습니다.

그렇다면 제가 생각하는 '공공(하다)'에는 어떤 뜻이 있는가? 저는 서양의 개념사에서 형성되어 온 public과는 엄연히 다른 동아시아-한국 · 중국 · 일본-의 역사와 전통에서 이루어진-특히 한 · 중 · 일의 고전속에 농축되어 있는-의미를 되새겨본 결과, 일부의 전문가들이 생각하고 있는 것과는 달리, '공'과 '공공'은 의미가 다른 말로 줄곧 사용되어 왔습니다. 그런데 일본이 메이지시대에 들어와서 서양문물을 받아들이면서 새로운 말을 만들 때에, 포루투갈어인 '프블리코스'(publicos)를 번역하는 과정에서 그때까지 사용하고 있던 '공'만으로는 부족하다고 생각하여 '공공'이라는 말을 사용한 것입니다. 이것이 그 후에 여러 가지 혼란을 일으킨 원인(遠因)이 된 것입니다.

'공공'이라는 말은, 일본에서는 18~19세기에 이토 진사이(伊藤仁齋), 야마가 소코(山鹿素行), 요코이 쇼난(橫井小楠), 다나카 쇼조(田中正造), 아라이 오스이(新井奧邃)와 같은 사상가들이 사용하고 있었습니다. 서양에서 공공론이 정치철학적인 문맥에서 본격적으로 논의되기 시작한 것은 20세기에 들어와서의 일입니다. 그래서 '공'과는 다른 개념으로서의 '공공'에 대해서 생각할 경우에, 일본이나 중국 또는 한국의 역사와 사상의 맥락에서 접근할 필요가 있습니다. '공공'에 대한 인식은 19세기 중엽의 일본 사상가들이 서양(사상)과의 접촉을 통해서 새롭게 구축하게 된 것도 있지만, 중국사상, 특히 주자학적인 생각을 계승한 측면도 많다고 생각합니다. 그것의 함의는 크게 세 가지로 정리할 수 있습니다.

먼저 가장 큰 특징은 '공'이 체제와 권력을 의미하는 것과 대조적으로 '공공'은 그런 틀의 외부로부터의 작용을 말합니다. 두 번째는 '공'이라는 이름하에 '공'을 사유화한 정치권력의 행태를 '공공'이라는 입장에서 비판하는 근거 및 그것에 바탕을 둔 활동이라는 문맥 속에서 사용되었습니다. 세 번째는 '공'과 같은 의미로 사용된 경우도 있지만, 그때에도 '공'이 위로부터의 규제와 지시인데 반해 '공공'은 아래로부터의 이의제기라는 방향상의 차이가 있습니다.

그럼 중국에서의 공공의 인식은 어떤가? 가령 기원전 91년 무렵에 쓰여진 『사기』에 "법이란 무엇인가?"라는 물음과 관련된 일화가 있습니다. 그것에 의하면, 법률이란 "천자(=황제)가 천하만민과 함께 공공하는 것(현장=시공)"이라고 하고 있습니다. 이것은 법률 전문가의 법 또는 법률 개념 규정과는 다른 위상에서 법이나 법률을 이해하고 있는 것입니다. 우리는 보통 법이나 법률을 공권력의 강제집행을 정통화·권위화·법전화된 실정법 체계라고 이해하고 있습니다. 하지만 『사기』에서의 이야기적인 이해 방식은 좀 다릅니다. 거기에는 장석지(張釋之)와 한무제(漢武帝)가 하나의 사건에 대해서 서로 의견이 대립되는 가운데, 두 사람이 사전에 생각하고 있던 발상과는 다른 결과가 나오는 과정이 그려지고 있습니다. 일반론이 아니라 구체적인 '때'와 '장소'와 거기에서의 사건을 통해서 '공공'이 얘기되고 있습니다.

공공한다

'공공한다'는 것은 무엇인가? 이문제야말로 철학적 사유와 이야기적 체감이 갈라지는 분기점이 됩니다. 중국 송대의 위대한 유학자인 주희(1130~1200)의 『주자어류』속에 '공공'이라는 말이 나옵니다. 보통 일본에서 주희를 읽을 때에는 인성론이나 이기론(理氣論) 같은 문제에만 초점을 맞추는데, 사실 이 어록은 주자가 지방장관이 되어서 지방행정을 담당했을 때에 발생한 다양한 민생 문제를 처리하던 때에 나눴던 대화를 기록한 것입니다. 거기에 빈번하게 나오는 것이 '공공'이라는 말입니다. 여기에는 두 가지 어귀가 나옵니다. 하나는 '천하공공'(天下公共)입니다. 이것은 주로 천(리)과 민중 사이의 '공공'을 말합니다. 또하나는 '중인공공'(衆人公共)입니다. 이것은 민중과 민중 사이의 '공공'입니다. 이 두 가지 어귀를 통해서 공공의 의미를 이해할 수 있습니다.

그렇다면 이 '공공'은 어떤 의미를 담고 있을까요? 중국 고전 이외에도 일본과 한국 고전까지 포함해서 조사하는 과정에서 제가 알게 된 사실이 두 가지 있습니다. 하나는 '공'과 '사', 그중에서도 특히 '공'은, 하나의 사상언어로서 어느 정도 기본 개념이 공통적으로 이해되어 왔는데 반해, '공공'은 생활언어로 상황관계적으로 사용되었다는 것입니다. 그리고 또 하나는 '공'이 주로 명사나 형용사로 사용되고 가끔씩 보조적으로 동사로 사용되었는데 반해, '공공'은 동사나 부사로 사용되는 경우가 많았다는 것입니다. 이것은 '공'이 규범·영역 개념으로 정착되어 온 것과는 대조적으로, '공공'은 행위 개념으로 시공적으로 유동상태에 있었음을 의미합니다. 이것으로부터 '공공'을 동사적으로 파악해서, 황제·권력자와 일반 민중이 만나서 하나의 문제를 가지고 대면하고 대화해서, 서로 공동(共働)하므로서 그 과정을 통해서 새로운 해석의 길을 찾고 새로운 차원을 연다는 이해가 가능하다고 생각합니다.

그래서 '공공한다'는 대화한다는 것이고 공동한다는 것이고 개신한다는 것이라고 생각합니다. 그리고 중국에 가서 이야기하고 또 서양 사람들과 얘기해 본 결과, '공'과는 다른 '공공'은 '활사개공'과 '공사공매'와 '행복공창'이라는 삼차원 상관연동으로 정리할 수 있다고 생각하게 되었습니다. '공사공매'란 국가나 정부나 관료나 대기업을 상징하는 '공'(公)과 개개인(私)이 함께 대화하고 공동하고 개신한다는 의미입니다. 그리고 그러한 과정이나 거기에서의 사건은 '활사개공'으로, 지금까지의 '멸사봉공'처럼 한 사람 한 사람의 개인이나 사적인 것이 부정되거나 무시되는 것이 아니라, '사'가 살려지고 존중됨으로써 정부가 더 개방적이 되고 국가가 좀 더 국민에게 가까워지게 바뀌게 되는 것입니다. 그리고 행복공창은 국가와 개인 사이에서 양쪽이 행복해지는 길을 함께 찾는다는 것입니다. 결국 '공공(하다)'은 대립되는 두개의 개인간 · 단체간 · 조직간 · 정부간 · 민관간(民官間)의 상극 · 상화 · 상생의 동태(動態)로서 '공공'을 이해하는 것입니다. 물론 철학적으로 논리를 세우고 상대방의 이성에 호소하여 수용하도록 하는 방법이 있습니다. 또 직감이나 감성이나 감정에 호소하여 공감하도록 하는 방법도 있습니다. 그러나 문제는 이해나 공감으로 끝나는 것이 아니라는데 있습니다. 그것을 인간과 국가(사회)와 세계의 연동 변혁의 원동력이 되도록 하는 것이 중요합니다. 그래서 경우에 따라서는 이론이나 학설보다는 '이야기'가 효과적이지 않나 생각합니다. 그렇게 생각하면 '공공철학운동'을 '철학'과 '이야기'의 양면에서 추진해 나가는 것이 좋을 것입니다. '철학하는' 공공철학과 '이야기하는' 공공철학은 각자의 강점과 약점이 있을 것입니다. 문제는 양자 사이를 어떻게 상호연동적으로 발전시키는가가 중요 과제가 된다고 생각합니다.

세 개의 공공이야기

마지막으로 이번 회의에 거는 저의 기대에 관해서 말씀드리겠습니다. 그것은 제가 생각하는 공공이야기의 기본적인 세 형태입니다. 첫째는 '파우스트의 공공이야기'입니다. 인간과 사회와 세계에 관련되는 모든 문제를 인간의 지적 능력으로 해결한다고 하는 확신과 세상에 두려워할 것이 없다는 자신과 무한대로 확대되는 총합적인 전체지를 지향하는, 오만하리만큼 강력한 의지에 기초한 공공이야기입니다. 모든 난제는 공공이성의 기능에 의해 올바른 정답이 준비된다는 자세로부터의 발상이 축이 되는 이야기 방식입니다. 다음은 '햄릿의 공공이야기'입니다. 좋은 의미에서의 회의와 자제입니다. 그리고 부정적으로 파악하면 비판을 위한 비판이나 무조건적인 거부입니다. 항상 거리를 두고 참가·공동·개신을 주저한다는 줄거리의 이야기입니다. 마지막으로 '돈키호테의 공공이야기'입니다. 처음에는 소수의 사람밖에 이해하지 못합니다. 조소와 불신과 몰이해의 한가운데에서 고독한 상황에 몰려서도 자기 나름대로의 꿈과 목표를 추구하는 불굴의 모험 정신에 토대를 둔 이야기입니다. 무슨 일이든, 새로운 생각이나 과거에 대한 새로운 해석에 대해서 사람들은 처음 얼마 동안은 불신의 눈으로 보거나 이해하지 못하거나 무시 또는 경멸하는 경우가 대부분입니다. 하지만 그런 상황에서도 불가능해 보이는 꿈을 쫓는 인간의 지덕행의 상관적인 활동을 이야기하는 것이 중요하다고 믿는 것입니다. '돈키호테'의 낭만적인 도전(=새로운 차원을 열기 위한 모험정신)이 없으면, 세상은 다양성이 풍부한 '사'(의 활동)가 말살된 '공 일색의 사막'이 되어 버릴 것입니다.

'파우스트의 총합적인 전체지를 지향하는 의지'와 '햄릿의 신중한 회의적 이성'과 '돈키호테의 도전적 정열.' 이것들이야말로 '활사개공'과 '공사공매'와 '행복공창'을 삼차원 상관연동의 주축으로 하여 생생화화(生生化化)하는 새로운 '공공'을 개인과 국가·인간과 자연·자기와 타자·자국과 타국, 종교간·문화간·민족간 등등, 수많은 '사이'와 '만남'과 '어울림'에서 일어나는 상극·상화·상생의 이야기를 통해서 함께 실감하고 더불어 체감하고 그래서 깊은 공감이 넓디 넓게 공유되는 세계를 건설하는 희망과 신념과 애정을 꾸준히 지켜 가는 진솔한 인간적 영위요 과제요 책무가 아니겠습니까? 우리가 공공하는 이야기를 엮어 가는 이유가 여기에 있습니다.

(출전: 「公共的良識人」, 교토포럼 발행, 2005년 8월호)

1. '배움을 즐기는 것'(樂學)과 '지혜를 연모하는 것'(戀知)의 사이를 잇는 철학대화*

- 지민(志民)철학자 타케다 야스히로(武田康弘) 씨와의 왕복 서신

시작하며

김태창: 타케다 야스히로 씨는 제가 20년 가까이(1990~2007) 일본에 살면서 만난 유일한, 재야의 기개를 가진 민간철학자이자 시민철학자입니다. 저는 이런 분을 '지민'(志民)—뜻이 있는 백성의 한 사람—이라고 부릅니다. 바닥에서부터 일본을 배우기 시작한 제가 직면했던 여러 문제나 의문에 대해서 솔직하고 명료하게 응접·응답·응대해 주신 덕분에, 오랜만에 재야 기질의 철학자와의 쾌담(快談) 소통이 실현되었습니다. 구체적인 문제에 대한 생각이나 인식에서는 뚜렷한 차이가 있습니다만, 민생지(民生知)를 가지고 제도지(制度知)의 횡포를 바로잡는 것을 중요하게 생각하고, 민생지를 토대로 새로운 일본을 만들기 위해 전력투구하는 자세에는 공감하는 바가 있습니다.

타케다 야스히로: 김태창 선생님과 제가 처음 만난 것은 지금으로부터 2년 전인 2005년 6월입니다. 전혀 모르는 분이었던 김태창 선생님과의 인연은 『공공적 양식인』 2005년 7월호에 쓴 대로, 제가 백화파(白樺派)[2]의 정신을 현대에

---

* 2007년 5월~10월.

되살리고자 하는 취지하에 만든 「백화문학관」[3]의 기본이념을 동경대학의 야마와키 나오시(山脇直司) 교수가 김태창 선생님에게 보낸 데에서 시작됩니다. 지금은 백화문학관이 「백화교육관」으로 바뀌었습니다만, 그 기본이념을 읽고 공감하신 김태창 선생님께서 이곳까지 직접 찾아오셨는데, 그때부터 두 사람의 대화가 시작되었습니다.

김태창 선생님은 모두 네 차례나 백화교육관을 방문하셔서, 백화에 모인 대학생이나 시민들과의 자유로운 대화를 즐기시고 모두에게 커다란 자극을 주셨는데, 그 사이에도 빈번하게 전화로 저와 대화를 계속했습니다. 그것은 종래에 대학에서 행해져 온 '철학=철학사 내의 철학'이 아니라, 좀 더 유용하고 넓은 의미에서의 "철학=생활세계에서 보통 시민이 철학하는 길을 열기 위해서는 어떻게 하면 좋은가를 모색하는 다차원적인 대화"로, 여기에는 왕복서한도 포함됩니다. 그것을 모두에게 보여줌으로써 '철학의 민주화'를 위해서 많은 분들의 힘을 얻을 수 있지 않을까 하는 공통 이해에 도달했기 때문에 공개하기로 한 것입니다.

김 선생님의 기본자세는 '철학한다는 것'은 "배우기를 좋아하고 그것을 즐기는"(好學而樂學) 것인데, 저는 'philosophy'를 어원 그대로 '연지'(戀知)라고 번역하여 여기에 따르자는 입장입니다. '연'(戀)이란 성스러운 광기로, 이 '광기'의 선용만이 인간이 사는 의미와 기쁨의 산출을 가능하게 한다고 생각하고 있기 때문입니다.

제 소개를 하겠습니다. 저는 1952년 5월에 동경의 칸다(神田)에서 태어났고, 대학에서 철학을 공부했는데, 그것은 철학의 전문가가 되기 위해서가 아니라 스스로 철학하기 위한 하나의 도움으로 삼기 위해서입니다. 대학에 다닐 때부터 철학을 현대사회에 살리는 '의미론으로서의 학습'을 행하는 교육기관을 만들기로 결심하고, 1976년에 혼자 힘으로 작은 사설학교(私塾)를 열었습니다. 그것이 「백화교육관」의 전신인 「아비코 아동교실」(我孫子兒童敎室)[4]인데, 여기에서의 교육 실천을 철학하기 위해서 동시에 「아비코 아동교육연구회」를 주최하고, 그것이 나중에 학생들의 모든 것을 학교가 결정하는 '관리교육'을 시정하기 위한 시민운동을 촉진하게 되었습니다(1986년). 그 경위는 이와나미서점(岩波書店)에서 원고 의뢰를 받아「아비코 삭발 광소곡(我孫子丸刈り狂騒曲)」(『世界』 1992년 8월호)이라는 글에 상세하게 적어 놓았습니다. 저는 1986년에 시작된 이 교육개혁운동의 직전인 수년 전에, 철학자인 타케우치 요시로오(竹内芳郎) 선생에게 언어론을 중심으로 종교론과 문학론을 배웠습니다. 1987년 2월부터「철학연구회」를 만들었는데, 주요 멤버였던 사노 치카라(佐野力) 사장의 의뢰로 1999년 2월부터「백화문학관」의 창설에 매진하고, 2001년 1월에 개관했을 때에는 초대 관장을 맡았습니다. 거기에서의 활동을 바탕으로 좀 더 명료하게 당초의 이념을 살리기 위해서 2002년부터 2년간에 걸쳐「백화교육관」을 만들어 지금에 이르고 있습니다.

그럼 자극적인 '낙학'과 '연지'의 철학대화를 부디 마지막까지 읽어주시기 바랍니다.

1) 철학한다는 것은 어떤 것인가? _ 타케다 야스히로(5.10. 목)

저는 "철학한다는 것은 어떤 것인가?"에 대해서 4년 남짓 고민한 결과, 그것은 단지 서재에서 책을 읽는 것이 아니라 자기에게 절실한 인생문제나 사회문제에 부딪힘으로써 살아 움직이는 것이라고 생각하기에 이르렀습니다.

하나의 논리에 따라 사고를 추구하는 것이 아니라 여러 눈으로(複眼的) 사물을 보는 것이 철학하는 것으로, 그러기 위해서는 다양하게 '대립'하는 세계를 살아볼 필요가 있지 않을까요? 몇 가지의 논리가 있을 때 그것을 평면적으로 나열하여 비교해 보아도 안 되고, 입체적으로 파악하는 것이 필요한데, 이 입체적인 시각은 현실문제와 부딪히고 그것을 해결하기 위해 고투하는 가운데서 생겨나는 것 같습니다.

책을 공부하는 것은 사고 훈련으로서는 중요하지만, 그것만을 쌓아나가기만 해서는 의식과 사상을 입체적으로 파악하는 것은 어렵다고 생각합니다. 단지 지식을 늘리고 영역을 확장하는 데에 머물 뿐, 자기라는 중심을 확실하게 세운 입체세계는 만들지 못합니다. 그렇게 되면 철학이란 여러 철학이론을 정보로서 정리하는 것이라는 극단적인 얘기가 되고 마는데, 여기에서 탈출하는 것은 쉽지만은 않습니다. 그것은 일본에서는 어렸을 때부터 정답이 정해진 '객관학'(客觀學)만을 배우지 '주관성의 지'(知)의 육성이 행해지지 않기 때문인데, 이른바 성적 우수자일수록 이런 폐해가 심하고, 게다가 '우수'하기 때문에 이것이 자각되지 않고 오히려 평면적인 앎(知)을 치밀하게 해 나가는 자신이야말로 다른 사람보다 뛰어나다고 오해하기 쉽습니다.

이런 세계에 살게 되면 사람은 모두 실무적인 영역에만 갇혀서 로맨스와 이념을 기르는 입체적인 삶을 열지 못하고, 즉물적인 가치에 지배된 평면적 존재에 빠져 버리고 말 것입니다. 김 선생님의 생각은 어떠신지요?

2) 깨어나서 잠들 때까지 철학하는 것을 즐긴다 _ 김태창 (5.10. 화)

새삼 철학의 원점에 관한 문제제기를 해주셔서 감사하게 생각합니다. 타케다 씨 덕분에 일상생활과 철학하는 것의 관계를 기본에서 다시 생각하게 되었습니다.

저는 현재 철저하게 한 사람의 사인(私人)으로 일본에서 생활하고 있습니다. 그리고 현재 저에게는 철학하는 것이 곧 살아 있다는 것입니다. 아침에 일어나서 저녁에 잠들 때까지의 저의 생활로 말하면, 그 목적도 과정도 수단도 모두 함께 철학하는 것뿐입니다. 문제의식을 공유하는 친구들과 함께 '일본을 철학하는' 것입니다. 제가 일본에서 생활을 계속하고 있는 것은 돈을 벌기 위해서도 종교적인 선교를 위해서도 첩보활동을 위해서도 아닙니다. 어떤 공식적인 직위나 직무나 사명이 있는 것도 아닙니다. 전적으로 사적인 신분입니다. 하나의 사민(私民)입니다. 일본 국적 소유자도 아니기 때문에 일본 국민도 아닙니다. 그래서 저의 생계는 완전히 사적인 활동에 의해 유지되고 있습니다. 그리고 저의 활동은 오로지 저의 사적인 생활에 그 원천이 있습니다. 그것은 곧 저의 사고와 판단과 행위와 책임이, 일체의 직무나 지위에 구속받거나 영향받는 일 없이 자유로운 한 사인(私人) · 생활자 · 서민의 입장에서 이루어지고 있음을 의미합니다. 그런 입장에서 국가와 시장과 시민사회와의 상호 관계를 다시 생각할 필요를 느끼고, 그 생각을 실천을 통해서 심화시키고 남들과 함께 나누고 있습니다.

이국땅에서 하나의 이방인으로 살게 되면, 일본에서 일본인으로 사는 것과는 달라서, 이방인으로 사는 것의 실존적 · 인격적 · 제도적 의미를 깊게 생각하지 않을 수 없습니다. 여기에는 당연히 좌절이 있고 낙담이 있고 비애가 있고 절망이 있습니다. 그런가 하면 의외의 발견이 있고 예상 밖의 사건이 있고 그 무엇과도 바꿀 수 없는 환희가 있습니다. 물론 일본인이 일본에서 생활하는 경우에도 그런 것은 마찬가지라는 반론이 있을지 모릅니다. 하지만 저는 어디까지가 공통되고 어디가 다른지를 확인해 보고 싶습니다.

최근 수년 동안 제가 생각하고 고민하고, 한중일의 친구들과의 대화를 통해서 공동탐구해 온 절실한 문제 중의 하나는 과연 '사'(사리 · 사익 · 사욕 · 사심 · 사사(私事))는 억압 · 부정 · 배제되어야 하는 악인가, 아니면 현명하게 조정 · 관리 · 활용해야 하는 역동인가? 하는 점입니다. '사'(私)는 왜 부정되지 않으면 안 되는가? '사'를 긍정하면 무엇이 문제인가? 이것은 저에게 있어서는 아무래도 상관없는 문제가 아닙니다. 그냥 방치할 수 없는 문제입니다. 그래서 철학하는 것입니다. 타케다 선생은 이 점에 대해서는 어떻게 생각하시는지요?

저는 지금까지 살아온 인생 중에서 40년 간은, 주로 국립대학이나 공적인 교육 · 연구기관에서 정치철학 · 사회철학 · 국제관계철학 · 환경철학 등을 각 분야의 전문가들에게 배우거나 학생들을 가르치면서 살아왔습니다. 그것도 한국과 일본을 포함해서 여러 나라 여러 지역에서. 하지만 거기에서 배우거나 가르친 것은, 가령 소크라테스나 플라톤의 철학이거나 공자나 맹자의 사상이거나 아니면 그들에 대한 문헌학이자 사실학이자 객관학이었습니다. 거기서 저의 생활에 뿌리내린 절실한 문제—사적 · 공적 · 공공적 문제들—를 제 머리로 생각하고 제 마음으로 고민하고 괴로워하고 아파하고 기뻐하고, 제 손발로 실천 활동하는 일은 거의 없었습니다. 그것은 보고 읽고 생각하는 철학이고 어디까 지나 방관자의 철학이었다고 할 수 있겠지요. 그것은 깨닫고 삶을 거기에 터잡 게 하는 철학이 아니고, 인격적 생명체로서의 저의 · 저에 의한 철학적 활동, 즉 철학하는 것이라고 할 수 없는 것이었습니다.

저는 정보지의 양적인 증가와 그것을 머릿속에 축적하는 것이 철학이라고는 생각하지 않습니다. 철학자의 이름을 많이 외우고, 책 제목을 알고, 학설을 해 설하는 것은 철학교육과 그와 관련된 철학연구의 일부이긴 하지만, 그것만으 로 철학한다고 말할 수는 없지 않을까요?

제가 중시하는 것은 타자와 함께 철학하는 것입니다. 저 혼자서 생각하는 철 학이 아니라, 타자와의 만남을 통해서 함께 대화를 나누고 서로 배우는 철학입 니다. 의식과 사고의 철학이라기보다는 만남과 대화의 철학을 소중히 여기는 것이지요. 제가 무엇보다도 누구보다도 관심을 갖는 타자는 현재로서는 일본 과 일본인입니다. 왜냐하면 가장 가까운 곳에 있는 이웃나라 · 이웃사람인데 도 가장 무지하고 무감각하고 무관심했다는 반성이 있기 때문입니다. 반일(反 日) · 증일(憎日) · 극일(克日)이 언젠가 피일(避日) · 기일(棄日) · 무일(無日=일본은 없다)이 되었다고도 할 수 있겠지요. 제가 그랬다는 것은 곧 일본인도 그랬을 거 라고 생각할 수 있습니다. 그래서 피차 마찬가지입니다. 하지만 타자끼리 서로 얘기하고 배우는 데에서 자타상생의 새로운 지평을 열어 나가는 것은 상당히 스릴 있는 공동(共働)이 아닐까요? 저는 그럴 마음자세가 되어 있습니다. 철학이 무엇인지를 아는 자(知學者)는 철학하는 것을 좋아하는 자(好學者)에게는 미치지 못하고, 그것을 좋아하는 자는 타자와 함께 철학하기를 배우고 얘기하는 것을 솔직히 그리고 크게 기뻐하는 자(樂學者)에게는 미치지 못한다는 것이, 저의 기 본자세입니다. 타케다 씨는 어떠신지요?

3) '사'를 깊게 긍정할 수 있는 철학을 _ 타케다 야스히로(5.16. 수)

한낱 관조에 지나지 않는 수동성의 철학이 아니라, 당사자로서의 능동성의 철학을 뛰어난 '이방인'인 김 선생님과 함께 하는 데에서 저는 깊은 기쁨을 느낍니다. '벌거벗은 개인들'끼리의 자유로운 대화를 실컷 '즐기고' 싶습니다.

먼저 '사'는 왜 부정되지 않으면 안 되는가, '사'를 긍정하면 무엇이 문제인가? 라는 김 선생님의 문제제기에 대한 저 나름의 응답입니다. 이 문제는 31년 전에 제가 일본에서 새로운 교육의 필요성을 통감하여 혼자 힘으로 사설학교를 연 이유와도 겹칩니다. 자신의 머리를 써서 생각하는 것, '내'가 깊이 납득할 수 있는 데까지 아는 것이라고 하는 '의미론으로서의 학습'이 아니라, 패턴을 몸에 익히기만 하는 '사실학'이 지배하는 일본의 교육은 가장 반(反)철학적이고, 효율만을 추구하는 교육은 인간을 곤충화한다고 그때부터 저는 생각하고 있었습니다. 일본에서는 윗사람에 따르고 주관성을 소거하는 것, 즉 '사를 부정하는 것'이 '우수자'를 낳게 됩니다만, 인간이 인간이기를 그만두지 않는 한 진정으로 '사'를 부정하는 것은 불가능하기 때문에, 반드시 무시무시한 자타에 대한 공격이나 자폐에 빠지고 맙니다. 개인성을 풍부하게 개화시키는 철학이 자라나지 않기 때문에, 인간애·관계성의 기쁨을 확장하지 못하는 정서부족의 형식 인간이 늘고, 그것이 행복을 빼앗습니다.

지금(2007.5.16) 국회에서의 당대표 토론을 보고 있는데, 아베 수상은 소리 높여 "돈이나 물건의 가치만을 추구하는 지금의 현실을 바꾸기 위해서는 가족·지역·국가를 사랑하는 태도를 기르고자 하는 목표를 세운 교육을 행할 필요가 있다, 그러기 위해서 『교육기본법』을 제정했는데 이것은 전후 체제로부터 벗어남을 의미한다"고 하고 있습니다.

이것은 '사'(실존)로부터의 출발이라고 하는 철학 원리의 부정인데, 가족·지역·국가를 앞세우는 이데올로기에 의해 배후에 감춰진 자아는, 깊은 에고이즘에 빠집니다. '사'의 욕망을 잘 살핌으로써 '사'를 살리려고 하는 노력만이 자아주의로부터의 탈각을 가능하게 하는데, '사'를 넘어선 개념을 만들어 그것에 따르게 하는 사상은, 자아의 불완전연소를 일으키고, 자타에 모두 유해한 언동을 만들어냅니다. 개인의 머리나 마음의 자립·주관성의 깊이와 넓이를 기르는 교육이 없으면, 상명하달식의 엘리트 지배에 도달할 수밖에 없습니다. '가족·지역·국가'를 내세우면서 '나'(私)나 '세계'가 빠져 있는 것은 치명적인 결함입니다.

"이 끝없는 불행에서 벗어나기 위해서는 '사'를 깊이 긍정할 수 있는 철학에 의한 새로운 교육이 필요하다. 그러기 위한 사상의 창조와 교육의 실천에 일생을 걸자! 어린이들과 함께 환희에 넘치는 인생을 개척하자!"라는 결심을 하고, 이러한 결심의 실천은 큰 어려움이 동반되는 것을 처음부터 알고 있지만, 그것이야말로 제가 사는 가치를 느끼는 일이라고 생각해서 사설학교를 시작한 것이 31년 전의 일입니다. 그것이 발전해서 지금은 초등학교 1학년에서 대학생, 나아가서 성인 대상의 「백화철학」에는 76세의 노인까지 다니는, 「백화교육관」이 된 것입니다.

그럼 이제 '사'는 왜 부정되지 않으면 안 되는가에 대해서 말씀드리겠습니다. 저는 일본의 전국시대 말기 이래의 '봉건제사회'에서의 '윗사람에 따르는 것이 잘 사는 것'이라는 도덕과, 섬나라·쇄국에 의한 닫힌 세계가 낳은 '양식주의형' (樣式主義型) 문화' 위에, 메이지의 부국강병을 위해서 서양으로부터 '객관학'으로 수입된 학문 체계가 부각됨으로써 '사'의 사성(私性)은 그 뿌리내릴 곳을 상실했다고 생각합니다.

서양의 학문 체계의 토대는 말할 필요도 없이 철학인데, 사상이나 철학에 있어서는 이른바 '정답'은 없고, 있는 것은 다만 유용하고·풍부하고·매력있는 '생각'이라는 원리를 모른 채, '진리로서 수입된 철학'을 동경대학의 권위와 함께 배우고 암기하는 '관학=권위학'에 빠지게 된 것입니다. 사람들의 생활세계의 문제를 개선하고, 삶을 풍요롭게 하기 위한 학문(그것의 중심은 철학)이 오히려 사람들을 관리하고 권위에 따르게 하기 위한 도구로까지 전락해 버린 것입니다. 한 사람 한 사람의 주관을 풍부하게 기르는 '주관성의 앎'으로서의 철학까지 '객관학'화되어 오늘날에 이르고 있습니다.

물론 나카에 쵸민[5]이나 우에키 에모리[6] 등과 같이 본래의 지(知)의 형태에 충실한 뛰어난 철학도 많이 있습니다. 그들은 '자유민권운동'을 일으켰는데, 메이지의 극단적인 보수주의자로 '천황교'에 의한 국가 운영을 행한 야마가타 아리토모[7] 등에 의해 철저하게 탄압받고 무시당했습니다. 메이지정부는 메이지 중엽인 1890년대 이후에는 '국민교화'라는 이름으로 천황현인신(天皇現人神)[8] 사상을 '천황사로서의 일본사'와 함께 초등학생에게 주입시키고, 종래의 신토(神道)의 내용을 크게 바꾸어 신종교, 즉 '신토의 국가화'도 완성하였습니다. 그 총본산이 '야스쿠니신사'(靖国神社; 메이지 2년에 천황을 위해 죽어간 사람들을 제사지내는 '동경초혼사(東京招魂社)'로서 정부가 만든 시설을 10년 후에 '신사'로 개칭했다)입니다. 이 메이지 근대천황제(천황교)에 대한 비판이 전후에 국민주권의 신헌법으로 바뀐 뒤에도 철학 차원(사회적 정신분석)에서는 대단히 미약했기 때문에, 지금도 여전히 집단동조주의에 지배되어, 철학의 원리인 '나'(私)라는 실존으로부터의 출발=주관성을 찾아 나가는 활동이 결여되고, 왜곡된 객관학인 수험지(受驗知)에 지배되었다고 생각합니다.

결론을 말씀드리면 시민이 각자 느끼고 생각하는 데에서 생각을 만들어내고 그것을 표현한다는 것은 자신들에게는 극히 불리한 일이기 때문에, '주관'은 '악'이라는 상념을 학교교육을 통해 철저하게 주입시켰다는 것이지요. 바꿔 말하면 '양식주의형 문화' 위에 새롭게 수입된 서양학문의 근본인 철학을 '객관학'화시키면서 결합시켜, 본래 주관성의 지(知)인 철학으로부터 그 혼을 빼앗았고, 그것이 형태를 바꿔가면서 계속해서 살아남았다고 생각합니다.

"'사'를 긍정하면 무엇이 안 좋은가?"에 대해서도 이상의 고찰로 이해가 되지 않을까요? 정답이 정해진 공부나 학문만이 아니라, 한 사람 한 사람의 주관성을 풍부하게 기르고 단련시키는 교육이 없는 나라에서는, 집단동조에 의한 동일한 가치관이 지배해 버립니다. 좌파 우파를 불문하고, '사'라는 주관을 긍정하고 거기에서 시작하는 것은 미리 정해진 방침으로 일을 진행시켜 나가는 데는 마이

너스가 된다고 생각합니다. '차이'가 있어서 생각이 강하고 커지고 다채로운 세계가 열린다는, 자유대화에 기초한 사상의 확장과, 그것에 의한 판단이라는 실체험이 없는 세계에 살면, '차이'=이론(異論)·반론은 비생산적인 것이고, 질서를 파괴하는 악으로밖에 느껴지지 않습니다. '사'는 배제해야 하는 것, 조화(和)를 깨트리는 것이 되어 버립니다.

상대를 끌어내리거나 자아 확장의 논쟁밖에 모르고, 대화하는 기쁨이나 생산적 토론의 유용성을 알지 못하면, 인간애—관계성을 넓히고 심화시키는 것의 기쁨과는 무관한 곳에서 살 수밖에 없습니다. 차이가 있으니까 재미있고 다름이 있으니까 비로소 조화가 생긴다는 사실은, '사'라는 중심을 확실하게 세운 입체적인 세계를 살지 않으면 좀처럼 알 수 없습니다. 김 선생님과 마찬가지로 저 역시, 적나라한 '사'에서 시작하지 않으면 모든 것은 사상누각이라고 생각합니다. 이상이 저의 대답입니다만 어떻게 생각하시는지요?

4) '공'과 '사' _ 김태창(5.21. 월)

타케다 씨의 답변에 대한 세 가지 반문을 드리겠습니다.

첫 번째는 "'사실학'이 지배하는 일본 교육은 가장 반(反)철학적이고, 효율만을 추구하는 교육은 인간을 곤충화시킨다"고 하셨는데, 반철학적인 교육이 일본의 사회풍토나 문화적 특징을 반철학으로 만들고 있는지, 아니면 반철학적인 사회풍토와 문화특징이 교육을 반철학적으로 만들고 있는지, 또는 상호강화적인 것인지, 이 점을 어떻게 이해하면 좋을까요? 다수의 일본인 학자나 언론인들이 쓴 것을 읽거나 직접 만나서 이야기를 들어보면, 일본인은 원래 철학이나 사상을 싫어하고, 사물을 만들거나 실제로 경험하는 것을 중요하게 생각하는 것이 특성이라고 합니다. 그것이 일본인의 좋은 점이자 일본문화의 우수한 면이라고 합니다.

저도 1990년에 일본에 온 이래로 일상생활을 통해서 일본인은 즉자적(卽自的)인 경향이 강하고 탈자적(脫自的) 사고는 상대적으로 약하지 않나 하는 것을 실감하고 있습니다. 누구누구의 사상에 대한 즉자적인 연구는 많이 보이는데, 자기의 심층과 극한을 응시하고 거기에서 타자와의 만남을 통해 자타상관의 진실에 이르는 과정을 자기 자신의 마음과 몸과 혼을 걸어서 해명하려는 의지와 바람과 인내의 생생한 역동을 분유·공감·공명할 수 있는 사람이 적고, 그런 의미에서 비철학적인 문화풍토라는 인상을 받았습니다. 하지만 제 감각이 틀릴지도 모르기 때문에 타케다 선생의 생각을 듣고 싶습니다.

두 번째는 타케다 씨는 일본에서 '사'(사사(私事)·사심·사리·사욕·사익)가 부정되지 않으면 안 되었던 것은, 전국시대 말기의 '봉건사회'에서 "윗사람에게 따르는 것이 잘 사는 것"이라고 하는 도덕에, 메이지의 부국강병을 위해 서양으로부터 '객관학'으로 수입된 학문체계가 부각됨으로써 '사'의 사성(私性)이 뿌리 내릴 곳을 잃어버렸기 때문이라고 생각하고 계시는 것처럼 느껴졌는데, 제가 알고 싶은 것은 "윗사람에게 따른다"고 할 때에 윗사람의 '무엇'에 따르는 것인가 하는 점입니다. 그것은 윗사람의 '사'(사사(私事)·사심·사리·사욕·사익)인가요? 아니면 윗사람이 소리 높여 외치는 '공'(공심·사익·공사(公事))인가요? 윗사람을 위해서 철저하게 억압·배제·희생되어야만 했던 일반 시민의 '사'(私)는 윗사람이 내세우는 '공'(公)을 이루기 위해서인가요? 그래서 멸사(滅私)·파사(破私)·무사(無私)가 강조되었던 것인가요?

마지막으로 "한 사람 한 사람의 주관성을 풍부하게 기르고 단련시키는 교육이 없는 나라에서는 집단동조에 의한 동일한 가치가 지배해 버린다"는 것과, 그러한 동일한 가치와는 다른 가치를 지향하는 "'주관'은 악이라고 하는 상념을 학교교육을 통해 철저하게 주입시켰다"고 하신 것에 대해서인데, 이것을 다른 말로 표현해 보면, 한 사람 한 사람의 '사'(사사(私事)·사심·사리·사욕·사익)를 전혀 인정하지 않고, 모든 것이 '공'이고 '공' 이외에는 '주관'이라는 '악'밖에 존재하지 않는 체제야말로 바로 전체주의 체제에 다름 아니라는 말이 됩니다. 그리고 전체주의에 관한 다양한 정의·상정·인식이 있다는 사실을 충분히 인지한 상태에서 질문을 드립니다만, 하나의 '공'—그 실체가 무엇이든—이 모든 '사'를 전부 부정하는―멸사·파사·무사를 강요하는―체제·장치·제도·사상·신념체계는 전체주의적이라고 정리할 수 있겠지요. 이런 이해를 우리 두 사람 사이의 공통인식이라고 생각해도 되겠습니까?

5) 동경대병 하에서 자아의 내적 성장 불가능 _ 타케다 야스히로(5.23. 수)

'사'가 살려지지 않는 일본의 현상을 해명하기 위한 '물음'에 감사드립니다. 첫 번째 문제에 대해서 답변드리면, 결과적으로 양자는 '상호강화적'입니다만, 좀 더 근본적인 원인은 '반철학적인 교육'에 있다고 저는 확신하고 있습니다. 그리고 일본의 현상이 "비철학적인 환경"이라는 지적은 말씀하신 그대로입니다만, "일본인은 원래 철학이나 사상을 싫어하고, 물건을 만드는 일이나 실제로 경험하거나 하는 것을 중요하게 생각한다"는 것은 새빨간 거짓말이라는 생각밖에는 안 듭니다. 일본인 학자나 문인들로부터 이런 견해가 나오는 것은 그들이 사람들의 "침묵하는 코기토(=생각하는 자아)"의 소리를 들을 귀가 없고, 단지 활자화·영상화된 정보에 의지해서 '현실'을 볼 수밖에 없기 때문이겠지요.

두 번째로 "윗사람의 무엇에 따르는가?"에 대해서입니다만, 먼저 "아랫사람의 '사'는 윗사람의 '공'을 위해서 철저하게 억압·배제·희생의 대상이 되어 왔다"는 현실을 바꾸기 위한 김 선생님의 분투노력에 깊은 경의를 표합니다. 제 답변을 말씀드리면, 일본에서의 '윗사람'이란 대부분 '사'로서의 의견을 갖지 않는·말하지 않는 사람입니다. 그렇지 않으면 윗사람이 되지 못합니다. 그들은 자신의 생각을 단련시키는 것이 아니라 윗사람에게 걸맞은 태도를 몸에 익히고, 주위에 잘 맞추는 언동을 연마하는 것이 삶의 기본 행태가 되어 있습니다. 윗사람이 된 사람은 기성 가치의식과 그것을 지탱하는 시스템의 유지와 관리를 자기목적화하고, 대개 그 이상의 일은 하지 않습니다.

이와 같이 내실을 추구하지 않고 형태만을 좇는 것은, 의미론이나 본질론으로서의 학습·학문이 아닌, 단순한 사실학에 지배되는 지(知)의 형태와 부합되고 있습니다만, 그렇기 때문에 출신학교 이름에 의한 단순한 서열주의가 성립합니다. 대부분의 일본인은, 좀 심하게 말하면, 동경대를 정점으로 하는 '학교 서열종교'의 신자라고 할 수 있는데, 이 "서열에 의한 의식의 지배"가 '사'의 발전을 저해해 왔습니다. 철학의 생명인 자유대화가 성립하지 않기 때문입니다. 하지만 저는 아이들이 좋아서 교육을 일로 삼고 있는데, 대부분의 아이들은 '어째서? 왜?'라고 생각하는 것을 싫어하지 않습니다. '사실학'을 효율적으로 습득하는 데 방해가 되는 '질문과 대화'를 싫어하는 부모나 교사의 의향에 따라서 바뀌기 전까지는….

결론을 말씀드리면 이와 같이 형태와 결과를 우선시하고 서열에 기초한 통치가 행해지는 사회에서는, '윗사람'을 따르는 것은 윗사람의 '무엇'(내용)과는 무관하게 단지 그것이 윗사람이기 때문에 따르는 것입니다. 서열주의의 상념은 중학생들이 자주 말하는 "선배의 명령에는 거역할 수 없다"는 말로 상징되고 있습니다.

이상은 마지막 문제=전체주의적 심성 문제와도 관련됩니다. 김 선생님도 강조하셨듯이, 좁은 '사'=에고를 넘어서기 위해서는 철저하게 '사'에 충실한 것이 조건이 되는데, 실패와 시행착오를 싫어하고 정해진 형태에 신속하게 끼워 맞추고자 하는 교육 하에서는, 자아가 내적으로 성장하지 못하고 사(私)가 '사'가 될 수 없기 때문에, 합의 형성의 작업이 시작되지 않고 '공공'이라는 의식도 생겨나지 않습니다. 이런 사회에서는 위로부터의 명령='공'(기존 시스템의 유지에 필요한 권력자의 집합의지)만이 있게 됩니다.

일본의 '엘리트'의 대부분은 수험지(受驗知)에 속박되어 시스템이 명령하는 가치의식에 따를 뿐, 실패를 거듭하면서 자아를 성장시키는 삶을 살아오지 않은 사람들이기 때문에, 그들 자신이 기성제도의 노예에 지나지 않고, 그런 의미에서는 일본은 노예가 노예를 관리하는 사회라고도 할 수 있습니다. 내실이나 내용의 진전이 아니라 제도의 유지 그 자체를 목적으로 하는 시스템 속에서는, 구체적인 현실문제에 대해서는 누구도 책임지지 않으며 또한 책임질 수 없게 되고, 현장에 있는 사람들만 출구 없는 상황으로 몰려 괴로워합니다. 이런 무책임성의 체계를 집단동조주의라고 부르는데, 메이지(明治)에서 쇼와(昭和)의 실패에 이르기까지, 이 사회 시스템의 가장 위에 천황이라는 존재, 그것도 개인으로서의 인간이 아니라 천황제라는 '제도 내 존재=현인신'(現人神)을 좇아간 것입니다. 천황도 개인으로서의 인권을 박탈당한 존재이기 때문에, 현실에 대한 책임은 질 수 없습니다. 빙빙 돌아서 어디에도 누구에게도 책임은 없고, 결국은 무슨 일이든 자연재해로 의식될 수밖에 없고 "어쩔 수 없었어"라는 식이 되고 맙니다.

마지막으로 메이지정부가 만든 '근대천황론'의 정의에 대해서 말씀드리겠습니다. '근대천황제'='국체(國體)사상'이 '전체주의'라는 점은 저도 분명하다고 생각합니다만, '천황교'라고도 할 수 있는 "메이지정부가 만든 의사적(擬似的) 일신교"의 '신'으로 규정한 천황을, 동시에 현실정치의 주권자로 삼았기 때문에 일은 복잡해졌습니다. 저는 이러한 상태를 "국가종교에 기초한 전체주의"라고 부르면 어떨까 생각합니다.

천황에 의한 통치를 지탱하고 실무를 행한 것이 동경대 법학부를 나온 관료들이었기 때문에, 그들은 '천황의 관리'라고 불리고 있었습니다. 아시다시피 메이지정부가 만든 이와 같은 관료제도는 국민주권의 신헌법으로 바뀐 뒤에도, 그 기본 형태를 완전히 바꾸지 못하고 지금에 이르고 있습니다. '관'에 의한 '공'(권력자의 집합의지)을 '민'에 의한 '공공'(시민적인 공통이익)으로 바꿀 필요가 있다고 생각합니다. 민주제사회에서의 '관'은 원래의 주권자인 한 사람 한 사람의 시민 편에 서서 일을 하지 않으면 안 되는데, 여전히 기존 시스템을 유지하기 위한 '공'이라는 장치밖에 없고, 공공세계를 개척한다는 발상에는 이르지 못하고 있습니다. 이런 현실을 바꾸기 위해서는 "민(民)이 여는 공공"이라는 발상에 터잡고 '관'을 새롭게 위치지우는 것 이외에는 달리 방법이 없다고 생각하는데, 이 점에 대해서 김 선생님은 어떻게 생각하시는지요?

6) '관'(官)이라는 거수(巨獸)에 의한 지배 _ 김태창(5.24. 목)

"'침묵하는 코기토'의 소리를 들을 귀가 없는 일본의 학자나 문인의 새빨간 거짓말"이라는 말씀에는 깨달은 바가 많습니다. 하지만 그것은 일본의 학자나 문인에 한정된 고질병은 아니라고 생각합니다. 언어 이전의 침묵의 심층의 바닥에 흐르는 정동(情動)의 마그마를 감지한다는 것은 어중간한 수양으로 되는 일이 아니겠지요. 누구에게나 기대할 수 있는 일이라고는 생각할 수 없습니다. 그래서 어떻게 해서든지 만나는 사람들의 말소리에 겸허하게 귀를 기울이고 그 뜻을 헤아려 보려했습니다만, 일본에서는 이방인인 저의 대화 요청에 마음을 열고 응답해 주는 일이 극히 드뭅니다. 그래서 제가 책에서 읽거나 남에게서 들은 말이 맞는지 틀린지 확인해볼 수 없는 경우가 많습니다.

하지만 타케다 씨는 일본인이 대체로 탈자(脫自)사고나 자타상관사고에 익숙하지 않다고는 생각하지 않으신 건지요? 가령 자기 친척 일이 되면 대단히 요란스럽다가도 일단 남의 일이 되면 냉담해지고 대부분 사고 정지가 된다는 것을 일상생활을 통해서 느끼고 있습니다. 북한에 납치된 친척의 인권은 소리 높여 주장하면서도, 자국의 군대에 의해 짓밟혀진 이웃나라들의 수많은 사인(私人)들의 생명과 존엄의 손상에 대해서는 확실한 물증이 남아 있지 않다는 이유만으로 무시하는데에서 나타나는 불균형 감각이 이해하기 어렵습니다. 인권의 존중이란 자타공통의 주요 과제일 터인데 말입니다. 사태를 자타상관적으로 생각한다는 것, 그리고 자기와 타자 사이에서 사고하는 것이 일본인의 평균 체질에 맞지 않은 것인가요? 이런 사고회로가 충분히 작동하지 않는다는 느낌을 받습니다. 혹시 그것은 '윗사람에게 따른다'는 것이 '윗사람의 구체적인 명령의 내용'을 '자기 머리로 판단해서 복종하기'보다는, '윗사람의 의사'라고 상정하고 그것을 위하는 일이라고 자기 멋대로 판단해서, 자기 앞에 준비된 매뉴얼대로 행동하기만 하는 일이 끊임없이 반복되어 자동으로 확대재생산된 결과일지도 모릅니다. 그래서 개개인은 특별히 자기 문제로서 거기에 구체적으로 관여되어 있다는 사실을 느끼지 못하고, 따라서 자책감도 못 느끼게 되는 것이 아닐까요?

　굳이 말하자면, 모든 것은 나라를 위해 하는 일로, 천황의 나라를 지키기 위한 일이었다는 말로 정당화된다고 생각하고 있는지도 모릅니다. 모든 것은 '공'(=국가 또는 군대)의 대의명분을 위한다고 하는 최종적인 공의식에 의해 죄악감이 소거된다는 것인가요? 그렇다면 처음부터 끝까지 거기에는 시스템=국체='공'만이 실재하고, '사'는 그 속에 융합무화(無化)되기 때문에, 누군가가 책임을 지는 것이 구조적으로 불가능하게 되고 있습니다. 실로 신묘한 무책임·탈책임 체제입니다. 세세하고 사소한 위법행위는 법에 의해 처벌받지만, 거대하고 강력한 반법(反法)행위는 천하에 횡행하고 그것을 통제하는 것은 없다, 제 눈에는 아무래도 이렇게 보입니다.

　"일본에서의 '윗사람'은 '사'로서의 의견을 갖지 않는·말할 수 없는 사람"으로 "그렇지 않으면 '윗사람'이 될 수 없다"는 말도, 일본만의 사정은 아니라고 생각합니다. "자기의 생각을 단련시키는 것이 아니라, 윗사람임을 보여주는 언동을 연마하는 것이 삶의 기본형태가 되어 있다"는 현상도, 어디에서나 볼 수 있는 일상적인 일이라고 생각합니다. 문제는 그러한 '윗사람'들이 자신들의 더러운 '사'(사사(私事)·사심·사리·사욕·사익)를 '공'(공사(公事)·공심·공분·공익)이라는 이름을 빙자해서 일반시민들의 세세하고 작은 '사'를 희생시키는 것입니다. '공'의 실체는 과연 어떤 것인가 라는 것을 냉정하게 생각해 보면, 그것은 결국 타케다 선생이 말씀하신 대로, 윗사람의 명령=기존의 시스템의 유지(관리)에 필요한(그래서 거기에 더 집착하는) 권력자의 집합의사(및 그 장치)에 지나지 않는다는 것입니다. 그것이 국민·시민·개인 전체를 위한다는 구실로, '사'(의 생명·생존·생업)를 철두철미 부정해 왔다는 것이 문제라고 생각합니다.

　저는 '민(民)으로부터 열어가는 공공'이라는 생각에 대해서도, 좀 더 깊게 들어가서 따져볼 필요를 느낍니다. 저는 한 사람 한 사람의 사인(私人)의 '사'(사사私事·사심·사리·사욕·사익)를 죽이는 것이 아니라 살려 나가는 것을 발상과 행위의 원점으로 삼을 필요가 있다고 생각합니다. '사'를 서로 살리는 것이 공공생생(公共生生)의 현장이라는 이해를 기본으로 하는 것입니다.

지금까지 최대의 문제는 '공'이라는 명분을 앞세워 거대하고 강력한 하나의 '사'가 다른 모든 '사'를 탄압·말소·부정했다는 것입니다. 모두를 위한다는 것은 '권력자'의 일방적인 생각에 지나지 않습니다. '모두를 위한다'는 것은 실제는 '어느 누구를 위한 것도 아닌' 것이 되고, 그것이 '선'이라는 착각을 동반하기 때문에 복잡해지는 것입니다. '공'과 '사'는 동일논리의 겉과 속, 대와 소, 강과 약이라는 관계로 상호포섭관계라는 실상이 드러나게 되었습니다.

그래서 저는 그와 같은 거짓에 대한 집착에서 벗어나고, '사'와 '사'의 상극·상화·상생의 과정에서 상호연동 향상을 꾀한다는 의미에서의 공공을 중시하는 것입니다. 이것이야말로 진정한 의미에서의 사민주도의 공사공매이며, 한 사람 한 사람의 사인(私人)의 행복이 복잡한 자타공복의 시동을 가져오고, 그것이 서로의 행복의 선순환작용을 회전시키는 원동력이 되어, 거기에서 행복공창의 공공세계가 열린다고 하는 전망입니다. 여기서만이 진정한 민관공동도 이루어질 수 있겠지요.

저는 '민'(民)이라는 한자의 글뿌리에 담긴 뜻을 잘 생각해 볼 필요가 있다고 생각합니다. 거기에는 눈이 먼 장님 또는 보지 못하게 된 노예라는 뜻입니다. 그래서 굳이 '사인'(私人)이라는 말을 잘 씁니다. 의도적으로 '공인'(公人)이라는 것과 대비하기 위해서입니다. 종래에는 '공인'(公人)이라고 하면 뭔가 대단한 권위가 있는 인간 같은 느낌이 들었는데, '공인'은 결국 '사인'들이 낸 세금으로 사인들의 행복을 실현시키고, 그것을 방해하는 것으로부터 보호하기 위한 생활장치의 관리와 운영을 위탁받은 대리인이라고 할 수 있겠지요. 무시하는 것도 정도껏 해야지, 그것이 지나쳐서 사인들이 분노하기 시작했다는 것이 오늘날 일본사회에 나타난 반(反)관료적 사회심리가 아닐까요? '관'(官)이 그런 현실을 제대로 자각하게 되면 '사인이 여는 공공'이 사회를 바꾸게 된다고 생각합니다.

'사'는 '사리사욕의 결정체'이기 때문에 안 된다는 것이 정통적 도덕론인데, '관'은 합법적으로 정당화된 강자의 '사'의 구조화·조직화에 지나지 않는 한편,

사인들의 '사'는 합법적 정당화의 틀 밖에 방치되어, 구조화 · 조직화되는 길이 차단된 것이 지금의 현실입니다. 여기에서 '관' 우위의 제도적 사고가 생성되고, 그것이 관존민비(官尊民卑)와 멸사봉공이라는 시대착오적 심정윤리에 의해 강화 · 증폭된 것입니다. 그러나 그것이 근대국가라는 이름의 권력장치를 강화하고 정당화하기 위한 사고조작이라고는 생각하지 않는지요? '관'이라는 거수 (巨獸)가 필요로 하는 성장 호르몬 같은 것이 아닐까요?

제 개인적인 견해로는 '공'으로부터는 '공공'으로의 실존적 전환이 거의 불가능합니다. '공'은 통합 · 통제 · 통일의 수직적 역동입니다. '공공'은 그것과는 완전히 달라서, 다양 · 다원 · 다층의 수평적 공동(共働)입니다. 그것은 '공인(公人)의 지시'가 아니라 복수의 상이한 한 사람 한 사람의 남녀노소들의 '사'(사사私事 · 사심 · 사리 · 사욕 · 사익)를 각각의 상극 · 상화 · 상생의 과정을 통해서 함께 향상 · 실현 · 순환시키고자 하는 '사인의 공부'입니다. 그래서 일단 사인의 입장으로 돌아가서 생각하는 것이 선결과제이지요. 거기에서 나오는 사인들의 힘으로 인간을 좀 더 행복하게 하는 사회를 만들기 위해서는 '사'의 재해석 · 재정립에서 시작하는 것이 현실적이라고 생각합니다만, 타케다 선생은 어떻게 생각하는지요?

7) '나' 자신의 내면의 '사'(私) 속의 무한한 우주 _ 타케다 야스히로(5.27. 일)

'사'에서 시작한다고 하는 김 선생님의 생각에는 전적으로 공감합니다. 실존사상은 제 인생 그 자체입니다. 하지만 '사'에서 시작한다고 할 때의 '사'란 제 경우에는 대상화된 자기=자아가 아니라 '사'(=나)[9] 의식의 수면 아래를 보는 데에서 시작됩니다. 자기 자신의 '침묵하는 코기토'의 소리를 듣는 연습이 철학하는 첫 걸음=실존론의 원리라고 생각합니다.

언어화되기 이전의 광대한 상상력의 세계를 느끼는 것, '나' 자신의 내면의 무한한 우주에 놀라고 기뻐하는 것이 철학하는 것의 핵심이라고 생각합니다. 따라서 사=철학의 출발점은 언어화되고 경험화된 차원에서 자아가 된 '나' 자신이 아니라, 침묵의 심층인 '침묵하는 코기토'='광대한 우주'인 것입니다. 그것에 소리를 부여하는 작업, 언어화해 나가는 과정이 철학의 연습이자 현실화라고 생각합니다. 이런 의미에서 '철학한다'는 것은 일본인뿐만 아니라, '나' 자신의 순수의식이 아닌 '나' 자신의 자아에 의한 사상 투쟁에 몰두하는 세계 사람들에게도 대단히 중요한 것이라고 생각합니다.

다음으로 '신묘한 무책임 · 탈책임체제'의 문제 그리고 "세세하고 사소한 위법행위는 법에 의해 처벌되지만, 거대하고 강대한 반법행위는 천하를 횡행하고, 그것을 통제하는 것은 없다"고 하는 선생님의 지적에는 전적으로 동감입니다. 그 이상한 사회의 모습을 바로잡지 못하는 일본인의 문제에 대해서는, 언젠가 블로그에도 쓴 대로 "사상 없는 인간은 곤충의 속성을 드러내는 존재에 지나지 않는다."(「사색의 일기」, 2006.7.30)고 생각합니다. 자기도 의식하지 못하는, 누구나 갖고 있는 사상=가치의식의 다발을 현재화하고 의식화하는 노력의 필요를 호소해 왔습니다. 「백화」에서의 철학 실천도 그런 생각 하에서 행해지고 있습니다.

마지막으로 '공'과 '사'의 문제입니다. '사'는 '이기주의라서 안 된다'는 세속적인 '도덕론'과, 그 사상에 기초한 강자의 '사'에 지나지 않은 '관'에 의한 일본지배의 문제입니다만, 그 현실을 바꾸기 위한 원리적 사상을 『공생사회를 위한 두 개의 인권론』이라는 책에 쓴 김태명 씨가 어제 「백화교육관」의 대학수업에 참가하여 저녁 늦게까지 대화를 계속했습니다. 자기중심성으로부터의 출발은 철학의 원리라는 것, 거기에서 '규칙으로서의 인권'이라는 생각이 도출된다는 발상은, 선생님과 저의 생각과도 완전히 일치한다고 봅니다.

종종 '관료독재국가'로 규정된 일본사회를 안에서 열어 나가는 기본조건은, 김 선생님께서 말씀하신 "'공인'은 결국 '사인'들이 낸 세금으로 사인들의 행복을 실현시키고, 그것을 방해하는 것으로부터 보호하기 위한 생활장치의 관리와 운영을 위탁받은 대리인"이라고 하는 민주사회에서의 '관'의 본질을 모두가 자각하는 것인데, 입헌주의국가에서는 '헌법'의 이념과 조문에 나타난 시민의 의사를 받들고 실현하는 것이 본래의 일이자 직무이어야 하는 공무원, 특히 관료가 그 원칙을 분별하도록 지도할 필요도 있다고 생각합니다. 제가 보는 바로는 그 원칙에 대한 명석하고 투명한 자각을 갖고 있는 사람은 적고, 어리석은 상념, 즉 국가의 지도자의 비위를 맞추는 관료가 많은 것 같습니다. 이것은 깊은 사상의 투쟁인데, 그것을 위해서는 누구나 납득하지 않을 수 없는 원리적 사상(민주사회의 원리)을 제시할 필요가 있다는 것이 저의 입장입니다. 선생님은 어떻게 생각하시는지요?

8) '사를 살린다'는 것과 '사에서 시작한다'는 것 _ 김태창(5. 30. 수)

저는 5월 28일에 서울에 와서 지금 서울에 머물고 있습니다. 먼저 '사'에 대해서입니다만, 어쩌면 다케다 선생의 생각과 저의 생각이 다를지도 모릅니다. 그래서 차근차근 대화할 필요를 느꼈습니다. 저의 기본적인 생각은 "사를 살린다=활사(活私)"에서 공공철학적 사고·판단·행위·책임을 시동시켜야 한다는 것입니다. 그래서 사의 재해석·재정립에서 시작하는 것이지 "사에서 출발한다"는 것은 아니라고 생각합니다. 타케다 선생과 저의 표현법이 약간 다르다는 생각이 듭니다. 일본말로는 제가 말씀드리는 '공사'(公私)의 '사'(私)와 '나' 자신의 일인칭적 호칭인 '나'(我=私)와 같은 말로 쓰기 때문에 '나' 자신과 공사의 '사'가 서로 다른 말로 묘사되는 한국말과의 사이에 차이가 있어서 생각도 서로 다르게 되는 것 같습니다. 여기에서 "사를 살린다"고 할 경우에, 그 '사'는 '자기의 사'가 아니라 '타자의 사'를 우선시하는 것을 말합니다. 자기 자신=자기는 단독으로 저절로 생성되는 것이 아니라, 타자와의 관계 속에서 타자와의 대비를 의식하는 과정에서 생성·형성·조형되는 것—어떤 실체라기보다는 '일·사건·사태'라고 해야 합니다. 지금까지 '사'를 오로지 '자기 자신의 사'에 한정시켜서, 그것에만 집착하고 타자와의 열림·어울림·지어짐을 중시하지 않았기 때문에 '사=이기주의=자아지상주의'라는 이해가 고착화되었다고 생각합니다.

'사를 살린다'(活私)는 것은 먼저 살린다는 것입니다. '타자의 사'를 무시·부정・배제함으로써 성립하는 '자기 자신만의 사'가 아니라 '타자의 사'를 인정하고 존중하고 경의를 표하는 타자에 대한 관심의 농도에 정비례해서 생성・성장・성숙하는 '자기자신의 사'라는 실상에 눈뜨는 데서 출발한다는 것입니다. 그것은 끊임없이 계속되고 자타상극・상화・상생의 연동의 과정이라고도 할 수 있겠지요.

그래서 "자기 자신의 '침묵하는 코기토'의 소리를 듣는 연습이 철학하는 첫 걸음=실존론의 원리"라는 것은, 자기론=자기철학의 축으로서 과거에서 현재에 이르기까지의 정통철학에 의해 강조되어 온 표준적인 철학의 모습이었습니다. 저도 오랫동안 그런 철학의 훈련을 받았고, 또 그렇게 가르쳤습니다. 하지만 1990년에 일본에 온 이래로 일본과 아시아 그리고 일본과 세계의 관계를 정치・경제・무역・안보 등의 측면에 초점을 두고 생각함과 동시에, 진정으로 '함께 철학한다'는 입장에서 그 근본을 다시 생각할 경우에, 역시 걱정이 되는 것은 개인적・집단적・국가적・민족적 자기중심성에 대한 집착에서 생기는 타자무시・탄압・부정이라는 문제입니다. 그것은 자기로부터 타자를 향한 일방적인 심리・행동・태도・판단입니다. 결국 자기중심성의 덫에 빠지는 것이지요.

타케다 씨가 말씀하신 "'사' 속의 무한한 우주에 놀라고 기뻐하는 것이 철학하는 것의 핵심"이란 것이, 자기 자신과는 완전히 다른, 자기 자신의 모든 것을 다해서 최선의 노력을 해도 여전히 이해와 납득의 저편에 있고, 자기 자신의 모든 것을 초월하여 자기 자신에게 질문을 던지는 타자의 존재, 그 속에 감춰져 있는 무한한 미지의 우주에 두려움을 느끼고, 자기 멋대로의 동화(同化)를 경계하며, 언제 어디서나 자기반성・자기비판・자기재생을 촉진시키는 '타자의 사'와, 그것과의 연동작용을 통해 생겨나는 '자기 자신의 사'를 동시에 의미하는 것이라면, 전적으로 동감하는 바입니다. 하지만 지금까지 만나서 얘기한 수많은 국내외 지식인들의 경우에는 대부분이 '자기 자신의 사'의 내면만을 깊고 깊게 찾아 나가는 데에 편중되어 있었습니다.

저는 아직 김태명 씨와는 만난 적이 없고 그분의 책도 읽지 않았기 때문에 뭐라고 말할 수 없습니다만, 이른바 '인권'이란 것은 일반론으로서는 누구나가 일단 그 중요성과 필요성을 인정하면서도, 구체적이고 실천적인 문제로서 '누구의 인권'인가, 그리고 '인간의 공적인 인권'인가, 아니면 '사적 인권=사권'(私權)인가, 어디까지를 염두에 두고 어디까지를 보장한다는 것인가에 대해서도 진지하게 생각해 볼 필요가 있다고 생각합니다. '인권선언'이 '인간과 시민의 인권선언'이라는 표현을 쓰는 것도 '사적 인권'과 '공적 인권'을 제대로 염두에 둔 인권의 공식화와 공인화를 의미하는 것이라고 이해합니다.

저는 여기에 더해서 앞으로 '공공적 인권론'을 다각적으로 논의해 보고 싶습니다. 타케다 선생도 헌법 문제를 언급하셨습니다만, 종래의 헌법론─일본에서의 논의라는 의미입니다─의 인권론은 압도적으로 공적 인권론에 치우쳐 있습니다. 민법에서 '사권'이 존중되는 원칙이 명시되어 있는데, 저는 앞으로 국가와 정부가 일방적으로 공인하는 공적 인권론뿐만 아니라, 한 사람 한 사람의 사인(私人)의 신분에서 국가와 정부에 대해 요구하고, 합당한 존중을 받을 수 있는 인권론(사인권)을 명확하게 정립하고 싶습니다. 거기서부터 어떤 공권력의 명분으로 침해되지 않는 동시에 지나치게 사적권익에 편중되지도 않는 공공적 인권론을 강조하고 싶습니다. 국가와 정부의 자기주장의 일방적인 강제가 아니라, 사인=시민=인간이라는 데에서 시작되는 철학이야말로 공공철학이라고 생각합니다. 왠지 갑자기 딱딱해진 것 같아서 미안합니다. 타케다 선생의 생각을 듣고 싶습니다.

9) '독아론'(獨我論)을 넘어서다 _ 타케다 야스히로(5.31. 목)

서울에서 보내주신 김 선생님의 답장은 한마디로 말하면 '독아론'을 어떻게 극복할까 하는 문제입니다만, 이것은 꽤 어려운 문제로 십수년 전에 제가 기획한 토론회의 테마이기도 했습니다. 사르트르나 메를로 퐁티의 번역자이자 철학자인 다케우치 요시로우(竹內芳郎) 선생과, 당시 문예비평가로 독자적인 후설

독해를 책으로 출판한 타케다 세이지(竹田靑嗣) 씨와 제가 중심이 되었는데, 1년 이상에 걸쳐 모두 6차례의 열띤 논의를 했고, 마지막은 공중분해로 끝났습니다.

김 선생님께서 가장 먼저 제기하신 "저의 기본적인 생각은 '사를 살리는 활사'(活私)에서 공공철학적 사고·판단·행위·책임을 시동시켜야 한다는 것입니다"라는 생각에는 저도 공감하고 찬성합니다. 하지만, 그 '사'를 어떻게 위치 지울까? '자기의 사'=자아(自我)와 '타자의 사'=타아(他我)의 문제를 어떻게 생각할까, 라고 하는 순수하게 철학적 차원의 문제가 되면 확실히 차이가 있다고 생각합니다. 이 복잡한 문제를 '서한'으로 잘 해결할 수 있을까 하는 의문이 듭니다만, 될 수 있는 한 명료하게 표현하도록 노력해 보겠습니다.

먼저 "타자의 사'를 인정하고 존중하고 경의를 표한다"는 생각에도 '자타상극·상화·상생의 연동'이라는 생각에도 전적으로 찬성합니다. 그것은 역시 '나' 자신이 그렇게 생각하고 사고하고 사는 것이기 때문에, '나' 자신의 결단이라는 자각은 항상 필요할 것입니다. '타자의 신뢰'도 '자기의 의식'에서 성립하는 것이라는 자각이 약해지면, 오히려 타자와의 상극·상화·상생도 어렵게 되겠지요. 세계 내에 존재하는 우리는 자기 밖에 있는 세계·다른 것과 함께하지 않으면 생각하는 것도 할 수 없기 때문에 자·타·세계는 연동해서 작용하는데, '사'=자기 생각·행위는 내가 책임을 질 수밖에 없습니다.

확실히 "자기 자신의 사'만을 깊고 깊게 탐색해 나가는" 것은 무익한 일에 지나지 않습니다만, 역으로 '자기의 사'를 포기해 버리면 외적 인간이 되어 버립니다. 저도 줄곧 오랫동안 타자(아이들이나 이성異性)와 함께 철학하고, 그렇게 함으로써 자타를 풍부하게 하는 활동에 온 힘을 기울여 왔습니다만, 자기가 직접 할 수 있는 것은 '자기 생각을 넓히고 심화시키고 풍부하게 하는 것'으로, 타자 또한 마찬가지입니다.

"자기 자신=자기는 단독이고 저절로 생성되는 것이 아니라, 타자와의 관계 속에서 타자와의 대비를 의식하는 과정에서 생성·형성·조형되는 것―'것'이라기보다는 일 · 사건 · 사태라고 해야 합니다"는 말씀에는 전적으로 동감하고 이의는 없습니다. 그리고 제가 말하는 '나' 자신의 내면의 무한한 우주에 놀라고 기뻐하는 것이 철학하는 핵심"이라는 것과 조금도 모순되는 이야기가 아닙니다. 자기 자신=자기의식의 발생 과정을 아는 것, 그 본질을 아는 것과는 차원을 달리하는 얘기입니다. '나' 자신은 '타'가 놀라고 기뻐하는 것을 느끼고 알 수는 없지만, 그 내실은 '나' 자신의 확신이 가져다주는 것 이상은 될 수 없습니다. 타자를 알고 동정 혹은 공감 · 공명할 수는 있지만, 타자의 구체적인 경험을 타자를 대신해서 '나' 자신이 할 수는 없기 때문입니다. 그런 근원적인 사실을 잘 자각하는 것이 밖으로부터의 요청이 아닌 안으로부터 '독아론'을 깨부수는 것이 되는—타자의 사(他我)와 함께 철학함으로써 '나' 자신의 주관을 단련시키고 파고 들어가고 그것의 심화 · 확대를 지향하는 작업이, 객관주의에 빠지지 않고 주관주의(독아론)로의 전락을 막는 유일한 방법이라고 저는 생각합니다. 덧붙여 말하면 독아론이 봉착한 문제는 그것이 자타의 기쁨을 넓힐 수 없는 사상이기 때문입니다.

다음으로 인권사상인데, 선생님께서 주장하시는 '공적 인권'과 '사적 인권'을 아우르는 '공공적 인권'의 내실은, 김태명 씨가 말하는 '규칙으로서의 인권'이라는 사상에 들어 있다고 생각합니다. 그것은 서로의 '자기중심성'을 인정하고, 거기에 의거하면서 안으로부터 그것을 넘어서는 사상입니다.

그럼, 서울 여행으로 피로가 쌓이지 않으시기를 빌고 여행의 안전을 기원하겠습니다.

10) '자기의 사'와 '타자의 사' _ 김태창(6.1. 금)

어젯밤은 6시에서 10시까지 서강대학교 철학과 교수 및 대학원생들과 공공철학의 구체적인 문제를 서로의 마음을 열고 얘기했습니다. 여러 가지 문제가 나왔는데, 타자론=타자의 철학=자타관계론이 순수하게 철학적 차원이라기보다는 현실적 · 실존적 차원에서 상세하게 논의되었습니다.

한반도는 항상 외국=강대국=외부=타자로부터의 직접·간접적인 위협을 받아 왔고, 국내외의 여러 상황이 일본처럼 평온무사하지 않기 때문에, 현장감각이라고나 할까 현실이해가 일본과는 상당히 다릅니다. 십년 전의 일이나 다케우치 요시로우 씨나 타케다 세이지 씨와 지금의 저와는 전혀 다른 입장·차원·관점=문제의식·현실대응에 처해 있습니다. 그래서 '철학하는' 친구이자 공동대화자인 타케다 선생과 일대일로 문통을 계속하는 것도 그들과의 대화와는 방향도 내용도 거기에 거는 기대도 다른 것이 당연합니다.

"독아론을 어떻게 극복할 것인가?"라는 철학적 문제에 대해서는, 타케다 선생과 함께 진술하게 새밝힘을 하고 싶은 문제입니다. 일본인에게 있어서 한국인이나, 한국인에게 있어서 일본인이나, 그 이외의 다양한 자국인=자기 대 외국인=타자가, 세계의 곳곳에서 정치·경제·사회·문화·종교 등 온갖 분야·국면·경우에서 대립·충돌·분쟁하는 원인이 되고 있고, 거기에서 이루 다 말할 수 없는 비극이 생기고 있기 때문에, 10년 전의 논의가 공중분해로 끝났다고 해서 포기할 수는 없습니다.

타케다 씨가 말씀하셨듯이, "'사' 속의 무한한 우주에 놀라고 기뻐하는 것"과 "타자의 '사'의 불가사의하고 이해불가능한 심오함"의 양쪽을 상관매개적으로 생각하는 것이 중요하다는 것을 저 역시 실감하고 있기 때문에, 타케다 선생과 저 사이에 그다지 큰 차이는 없다는 생각이 들었습니다. 다행이라고 생각합니다. 그것은 생각이 서로 비슷하기 때문에 좋다는 것은 아닙니다. 서로 정직한 대화가 이루어져서 다행이라는 것입니다.

"타자의 놀람과 기쁨의 내실은 '나' 자신의 확신이 가져다주는 것 이상은 될 수 없다"고 하였고, "타자의 구체적인 경험을 타자 대신에 '나' 자신이 할 수는 없다"고 해서 자기 자신의 내면에 갇혀 있는 것이 아니라, 그러한 몰이해·불파악의 저편에 있는 타자를 있는 그대로 타자로 존중하는 것이 무엇보다도 중요하다고 생각합니다. 타자를 자기 자신의 이해·납득·해석의 틀 속에 회수·소화·위치 지우려고 하기 때문에, 타자의 타자성을 빼앗게 되는 것이 아닐까요?

물론 '나' 자신의 결단이라고 하는 자각'은 필요하다고 생각하고, "'자기의 사'를 포기해 버린 외적 인간이 되는" 것을 시인하는 것은 결코 아닙니다. '자기 자신의 사'를 강화하기 위해서 '타자의 사'를 희생으로 삼고 배제하고 부정하는 것은 결국 '자기 자신의 사'의 희생·배제·부정을 초래하게도 된다는 것을 말하고 싶습니다. 그래서 '자기 자신의 사'를 제대로 확립하기 위해서도 '타자의 사'를 살리는 것이 무엇보다도 중요한 사고·판단·행동·책임의 원점이 아닌가 라는 물음을 던지고 있을 뿐입니다. 다케다 씨가 말씀하셨듯이 "'자기 자신의 사' 속=내면의 우주만을 깊고 깊게 탐색해 나가는" 것은 무익할 뿐만 아니라 타자를 무시하는 횡포도 되기 때문에, 그것은 현실적·실존적으로 심각한 문제라고 생각합니다.

어젯밤 서강대학교의 여러 사람들과 논의하는 가운데 인권론이 나왔습니다. 군부독재하의 한국에서의 인권 탄압의 극한 상황의 한가운데에서 목숨을 걸고 투쟁을 하여, 어느 정도 성과를 거둔 민주화운동의 산 체험을 한 사람들이기 때문에, 추상적이고 문헌학적인 고찰이 아니라 생생한 체험에 기초한 현실론이었습니다. 타케다 씨에 대해서도 여러분에게 소개했고, 30년 이상 오로지 자력으로 하나의 시민으로서의 철학운동을 전개해 온 '철학하는 시민'의 모습에 깊이 공감하는 것 같습니다.

자기와 타자의 문제는 오늘의 일본학계에서도 중요한 철학적 관심사가 되고 있습니다. 그리고 저도 수십 권의 관련 서적을 읽었습니다. 또한 몇명의 저자들과 대화도 주고받았습니다. 그러나 제가 받은 느낌은 타자부재의 자기론·독아론이든가, 아니면 부분적으로 타자론적 요소도 포함한 자기론이 절대다수를 차지하였고, 본격적인 타자론은 정말 드물고 나아가서 제대로 된 자타상관론은 거의 없었습니다. 이것은 저의 인식부족 때문일까요? 그래서 저도 결코 왕복서한을 통해서 결론이 나리라고는 생각하지 않습니다. 하지만 이 문제가 지금의 저에게는 가장 긴급한 과제 중의 하나이기 때문에 일본에서도 중국이나 한국에서도 함께 얘기해 나갈 생각입니다. 오늘은 아침부터 예정되어 있는

「아시아철학자대회」에 갑니다. 뭔가 토론할 문제가 있으면 또 연락 주십시오.

11) '집단적 독아론'을 극복하다 _ 타케다 야스히로(6.2. 토)

김 선생님, 역시 활약이 대단하시군요. 기쁜 일입니다. 바다를 사이에 두고 실시간으로 주고받는 왕복서한은 대단히 유쾌합니다. 인터넷의 좋은 활용이지요. 그럼 본론으로 들어가겠습니다. 선생님께서 말씀하셨듯이 십수년 전의 독아론을 둘러싼 논쟁과 지금의 선생님과 저와의 대화가, 그 방법·내용·방향을 달리하는 것은 당연합니다만, 그 문제의 본질은 변함이 없다고 생각합니다. 물론 저는 독아론자도 주관주의자도 아니기 때문에 타자의 사(私)를 살리는 것·타자의 타자성의 존중에 대해서는 선생님과 전적으로 생각이 같습니다. 다만 제가 생각하는 '철학한다'는 것은, 그러한 사상이나 이념을 구체적인 현실에 가져오기 위해서는 어떻게 생각하면 좋은가, 라는 것을 모두(저와 보통 일본인의 현실에서 시작되는)의 적나라한 의식의 현장에서 탐색하는 활동입니다.

좀 더 구체적으로 말하면, 이미 있는 이념이나 사상을 전제로 하지 않고 깊게 삶의 현장에서 사상이나 이념을 만들어내는 시도, 단순한 언어적·이론적 정리를 넘어서 모두의 생활 실감에까지 미치도록 '생각'을 진행시키는 것 ─그 활동을 저는 민지(民知)로서의 철학이라고 부릅니다만─거기까지 나아가야 비로소 철학은 현실적인 힘을 지닌다고 생각합니다.

또한 저는 이 '민'(民)이라는 말에 부정적인 의미가 있다는 점은 알고 있습니다만, 그렇기 때문에 군이 '민'을 사용하는 것입니다. 야나기 무네요시[10] 등의 「민예(民藝)」론─고급품이 아닌 보통 사람이 사용하는 물품에는 '쓰임의 미'(美)가 있고, 거기에 보편적인 아름다움이 있다는 생각─을 저는 지지합니다만, 그것과 마찬가지로 '민지'(民知)라는 '쓰임의 지'(知)로서의 철학에서, 학지(學知)로서의 철학 이상의 가치를 보는 것입니다. 전통적인 의미와 가치의 속박에서 자타를 해방시키는 '문화기호학적 가치전도' 활동이라고 할 수 있겠지요.

다시 처음으로 돌아가서 독아론에 관한 문제입니다만, 아무래도 지금의 일본에서는 '논'(論)이라는 차원을 훨씬 넘어서, 사상 따위는 필요없고 주관 그 자체가 악이라는 상념이 만연하고 있는 것 같습니다. 정부가 제시하는 틀=사상에 대해서는 의심하지 않고, 그 틀 안에서 생각하는 것입니다. 교사나 공무원(에 한정되지 않습니다만)은, 정치적 의견을 말해서는 안 된다―라고 많은 사람이 믿고 있는 집단동조의 나라에서는, 사상적인 논쟁 그 자체가 성립하지 않습니다. 사상을 말하는 것은 권력자와 일부 선별된 평론가에게만 허용된 행위인 것 같습니다. 바보같은 얘기입니다만, 독아론이 용해되어 일본주의라는 '집단적 독아론'이 되어 버렸기 때문에 이젠 출구를 잃어버렸습니다. 이 입구도 출구도 없는 상황을 바꾸기 위해서는 보통 시민이 자기가 생각하는 활동을 하기 위한 조건 정비―근본적인 발상전환과 가치전도가 필요하고, 그것이 제가 추진하는 민지(民知)로서의 철학입니다. 종래의 사고법·학(學)을 넘어서 자타의 마음의 본심=침묵하는 코기토에 이르기까지 '생각'을 짜내고 다듬고 진화시키지 않으면 안 된다고 생각하고 있습니다. 그것은 아마도 인류 지성의 형태의 전환이라는 지점에까지 나아가는 것이 아닐까요? 언어 중심주의를 넘는 장대한 상상력의 철학인데, 심신 전체에 의한 터득을 원리로 하기 때문에 온고지신의 시도라고도 할 수 있습니다.

얘기가 약간 빗나갔습니다. 저는 이 '집단적 독아론'이라는 모순된 개념으로 표현되는 사태를 바꿔 나가기 위한 원리는, 자기의 의식 내부를 잘 보는 것, 일부러 철저하게 주관에 충실하는 것이라고 생각합니다. 자아의 껍데기를 깨고 퍼져가는 정신=순수의식은 자신을 깊게 긍정할 수 없으면 제대로 작동하지 않기 때문입니다. 중요한 것은 의식의 이중성의 자각=자아(경험적 차원)와 순수의식(의식의 작용 그 자체)의 차이를 잘 아는 것이겠지요.

원래 의식이란 '무엇에 대한' 의식으로, 그것 자체를 따로 떼어 낼 수는 없기 때문에, 나의 의식을 찬찬히 보는 것은 의식의 내실인 타아·자아·사물·자연을 잘 보고 아는 것이 됩니다. 원래 철학이란 주관성의 지(知)입니다. 많은 사람이 전문지나 사실학에 의한 억압에서 해방되어, 주관을 개발하고 자기 머리로 생각하는 것을 가능하게 하기 위한 '생각'을 만들고 그것을 실천하는 것, 바로 그것이 무엇보다도 긴급하다고 생각합니다.

이번에는 철학을 시작하는 방법=시발점의 문제와, 거기에서 귀결되는 민지(民知)라는 생각=민지로까지 된 철학에 대해서 말하겠습니다. 만약에 생활자에 의한 공공철학이 가능하다고 하면, 그것은 민지(民知)에 의할 수밖에 없다고 생각합니다. 선생님 생각은 어떠신지요?

그럼 오늘은 이 정도로 하겠습니다. 건강에 유념하시고 더 큰 활약을 기대하겠습니다.(출전:「公共的良識人」, 교토포럼 발행, 2007년 7월호)

12) 타자의 타자성의 존엄을 중시한다 _ 김태창(6.4. 월)

어젯밤 오사카에 돌아왔습니다. 이번에 서울에서 있었던 「아시아철학자 국제대회」에 다녀와서 느낀 점이 많습니다. 그중에서도 특히 21세기의 인류와 지구가 안고 있는 철학적 문제상황, 특히 동아시아의 철학적 문제상황을 어떻게 이해하는가 라는 문제를 다시 한번 생각하는 계기가 되었습니다.

먼저 이론적 · 문헌학적 정보 · 지식의 교환에 머무는 것이 아니라, 각 나라와 사회와 인간이 놓인 정치적 · 경제적 · 종교적 · 문화적 그리고 실존적 현실 조건에 기초하여, 한 사람 한 사람의 몸과 마음과 얼을 통해서 실감하는 문제들에 대한 인격적 대응 · 결단 · 책임을 물어야 한다는 생각입니다.

또 하나는 이번에 참가한 서울회의가 너무나도 많은 분과로 세분화되어, 게다가 너무나도 특수화된 주제에 대해서 너무나도 많은 발표자들이 일방적인 논문 발표를 동시에 행한 결과, 상호 대화와 공동과 개신을 위한 시간도 장소도 거의 없었다는 점입니다. 이렇게 해서는 수많은 독고자(獨考者)들이 모여서 자기 생각을 소개하는 것으로 끝나지 않았나 하는 것이 저의 솔직한 감상입니다. 아시아의 철학자들의 진정한 만남과 대화와 공진(共振)을 기대한 저의 생각과 바람은 이루어지지 않은 것이지요.

"타케다 씨는 저의 '철학하는 벗'"이라는 남다른 감정이 있기 때문에 말씀드리는 것입니다만, 십년 전에 하셨다는 독아론에 관한 논의와, 지금의 타케다 선생과 제가 주고받는 대화에서의 문제의 본질은 변함이 없다는 점은, 서로 다시 한 번 잘 검토해 볼 필요가 있다는 생각이 듭니다. 문제는 불변의 본질이라기보다는 발전 · 변화 · 진화를 껴안고 철학하는 것이 아닐까요?

후설도 사르트르도 그리고 메를로 퐁티도 강렬한 집념과 고도의 지성을 총동원해서 이 문제와 씨름했습니다만, 의식철학의 입장에서는 자타의식의 간극을 메우는(매개하는) 것이 결국 불가능하였고, 유일한 대안이라고 하면 자기(의식)의 덫에서 탈출하여 타자를 향하는 초자아적 지향성이라는 의식의 작용에 의지하는 것이었습니다. 그러나 그것이 어떠한 형태로 자기(의식)의 강화 · 연장 · 확대를 통해서 확정되는 영역=세계=우주 속에 타자(의식)를 포섭하는 것이라면, 타자는 그 타자성을 포섭하는 자기의 확대 속에서 소실되고 맙니다. 그것은 자기(의식-의도-목적)의 확립 · 확인 · 확정을 통해서 타자통합 · 동화 · 지배의 전 지구적 확장을 도모하는 파우스트적 · 근대적 의지인간 · 능동적 주체(자아)의 오만불손한 모습입니다. 저로서는 개개인의 자기(의식의 통제) 확립에 치우치는 '입지'(立志)로부터 자타를 서로 인정하는(自他相認) 데에서 시작하는 대화적 '입언'(立言; 발화-회화-대화-소통 행위)으로 강조점을 옮기는 것이 시대적 · 상황적 요청에 부응하는 것이라는 생각이 듭니다. 그것은 타자로부터의 물음과 요청에 귀를 기울이는, 거기에서 자타상대(相待) · 상뢰(相賴) · 상구(相救)의 호존(互存) · 향존(響存) · 상존(相存)이라는 참모습을 자각하는 향응적(響應的) 감성이 풍부한 공감인간=공동적 주체가 탈근대적 인간상의 한 모습으로 다시 주목받게 되었다는 말이기도 합니다. 의식철학은 그것이 특히 의식주의라는 극단화된 입장을 고집하는 한, 자기의식의 타자에로의 투입 · 투영 · 이입은 있어도 타자성을 간직한 채로의 타자와의 상호교류 · 상호공감 · 연동변화가 과연 가능한가, 라는 의문을 떨칠 수 없습니다. 그리고 거기로부터의 돌파구를 언어론적 전환이라는 방향에서 탐색하지 않을 수 없었던 것은 아닌가 생각합니다만, 어떻게 생각하시는지요?

오해하지 않았으면 하는 것은 저 자신이 언어철학으로 회귀하려는게 아니라는 점입니다. 문제의 양상과 요점이 당시와는 바뀌었다는 것이지요. 그래서 우리의 물음 자체도 같지 않다는 것입니다. 저는 동아시아에서, 그중에서도 특히 한중일의 사람들—공민이나 국민이라기보다는 사인이라는 입장에서—이 어떻게 하면 서로 마주보고 함께 행복해지는 세계를 진지하고 솔직하게 논의할 수 있을까, 그리고 거기에서 국민국가라는 자기(중심적) 세계의 궁극적인 모습에 대한 집착에서 해방되어, 좀 더 실존적 행복의 실현이 가능하게 되는 완전히 다른 차원의 세계—저는 '상화와 화해와 공복의 공공세계'라고 부릅니다—를 함께 구축해 나갈 수 있을까 하는 문제를 철학적 대화의 가장 큰 논제로 삼고 있습니다. 그래서 추상론이나 객관학이나 사실학에만 편향된 것과는 다릅니다. 그것은 자타공창(自他共創)의 생활세계이고, 그것을 위한 자타공동의 지·덕·행의 연동 변혁이자 무엇보다도 좋은 의미에서의 자타상생의 철학 대화활동입니다.

타케다 씨의 '민'에 대한 생각도 잘 이해되었습니다. 저도 그런 각도에서 민주화를 민생화(民生化)·민부화(民富化)·민복화(民福化)라는 삼차원상관적으로 이해하고 있으니까요. 그래서 "민(民)이 주인이 된다"는 것은 "민이 주체적으로 산다"·"민이 신체적·심정적·정신적인 부를 쌓는다"·"민이 자기와 타자의 상관공복의 실감을 지향한다"는 실천활동입니다. 지금까지 장님으로 여겨졌던—자주적 판단력을 빼앗긴—노예였던 '민'들이 마침내 스스로의 생명·생활·생업의 참 주인=당사자=결정자라는 사고와 행동과 판단과 책임을 자각·자인·자행하게 되는 것이 무엇보다도 중요하다고 생각합니다.

그러나 그와 동시에 '민'이라는 한자의 본래의 의미와 용례에 대해서 제대로 인식하고, 그것이 초래하는 직접·간접적인 부정적 영향을 경계할 필요성도 염두에 두어야 하겠지요. 가령 관존민비(官尊民卑)나 이관위사(以官爲師='관'을 스승으로 삼는 것)와 같은 발상이나, 오늘날 곳곳에서 볼 수 있는 관치국가적 비리·부정·부패는, 긴 역사를 통해서 축적된 '민'에 대한 차별의식이 아직까지도 남아 있음을 보여주는 것이 아닐까요? 그래서 그 자각이 필요하다고 말하고 있는 것입니다.

저는 타케다 씨가 말씀하신 것을 성실하게 이해하기 위한 노력을 하고 있다고 생각합니다. 그리고 타케다 씨의 입장·신념·활동을 존중합니다. 다만 저는 민족·문화·국경·종교를 달리하는 인간들과의 대화와 공동과 개신을 추진해 나가는 일에 전력투구하고 있기 때문에, 의식철학=주관성의 철학=생각하는 철학과 함께, 대화의 철학=공동의 철학=개신의 철학을 얘기할 필요성을 통감하고 있습니다. 마음이 무엇인가 하는 문제보다는 말에 의한 소통의 문제라는 측면의 비중이 크다고 하는 저의 철학실천에 기초한 체험인식에 영향받고 있을지도 모릅니다. 이것은 먼저 이론=이념=패러다임이 있고 현실을 거기에 합치시키는 것이 아니라, 나날이 부딪히는 문제상황에 대응하는 가운데 자기와 타자가 함께 공부하고·시험하고·시행착오하는 데에서—실로 그런 주고받음의 한가운데에서—이론·이념·패러다임이 시작되는 것이 철학하는 것의 실상이 아닐까요? 이것은 대학이라는 틀=제도=조직 속에서의 철학연구·철학교육·철학탐구뿐만이 아니라, 생활세계에서의 생활자의 철학 실천을 중시하는 입장의 표명이기도 합니다. 바로 여기에 타케다 씨와 저의 공감·공진·공명의 출발점이 있었다고 생각합니다. 왜냐하면 저는 거의 매일같이 그런 문제상황 속에서 살고 있으니까요.

저의 지금까지의 경험에서 말씀드리면, 의식은 순수의식이든 자(기)의식이든, 특정 개인의 내면(성·세계)으로 수렴되는 경향이 있고, 또한 지향성(무엇에 대한·무엇으로 향한 의식작용)이라고 해도 자기에서 타자로 향하는 일방적인 작용이 된다고 하는 한계를 극복할 수 없다고 생각합니다. 저는 타자를 이해하기보다는 이해할 수 없어도 있는 그대로 존경하는 자세·태도·행위가 중요하다고 생각합니다. 원래 타자란 자기의 이해를 넘어선 곳에 있는 성스런 지평이라고 생각하는 데에서 타자의 타자성의 존엄을 중시하는 마음자세가 성립하고, 거기에서 진정한 인권사상도 나온다고 생각합니다.

13) 자유대화를 할 수 없는 사회의 현실을 바꾼다 _ 타케다 야스히로

(2007.6.8. 수; 2년 전 오늘(2005.6.6)은 그때까지 안면이 없던 김태창 선생님으로부터 처음 전화가 왔던 날이다)

'주관성의 지(知)로서의 철학'은 '의식주의'가 아닙니다. 저도 김태창 선생을 '철학하는 벗'이라고 생각하기 때문에 기탄없이 쓰겠습니다.

과거의 독아론 논쟁에 대해서 제가 "문제의 본질은 변하지 않았다"고 한 것은, 인식의 원리론 차원에서 한 말입니다. "무엇이 변하지 않았고 무엇이 달라졌나?"에 대해서는 당시의 토론 자료가 있기 때문에 필요하시면 그것을 참고하실 수도 있습니다.

다음으로 '의식주의의 입장'에 대해서, 저는 물론이고 타케우치 요시로오 선생이나 타케다 세이지 선생도 의식주의자는 아닙니다. 그것을 극복하기 위해서 타케우치 선생은 의식—전의식이나 무의식을 포함해서—의 입체적인 파악을 위해서 언어 차원의 차이에 착안해서 '언어계층화론'을 전개하였고, 타케다 선생도 형식논리의 언어학을 넘어서 살아 있는 현실언어의 의미를 이해하는 '언어본질론'을 확립하였습니다. 둘다 모두 근대의 의식주의와 현대사상=포스트 모더니즘 양쪽을 극복하기 위해 노력을 거듭하고 있습니다.

그리고 국민국가의 문제 및 공생문제는 줄곧 추구해 온 문제이기 때문에, 김 선생님의 국가주의에 대한 비판은 전적으로 동감입니다만, 시민주권의 민주사회에서의 국가의 모습에 대해서 더 깊이있게 생각해 볼 생각입니다.

'민'에 대해서도 선생님과 차이는 없는 것 같은데, 다시 한번 반복하면 저는 '민'의 어원에 관한 모든 것을 인식한 상태에서 굳이 '민'이라는 말을 쓰고 있습니다. 종래의 전통적인 가치를 역으로 이용하여 역전시키는 것(기호학적 가치전도)이 역동적인 변혁을 위해서는 아무래도 필요하다—그것이 강한 사상이다—라는 것이 제 생각입니다.

그리고 '의식의 지향성'(브렌타노의 언어를 발전시킨 후설의 개념—『Ideen I』의 '후기' 참고)이란 인식의 원리와 본질론 차원에서 나오는 개념인데, 이것에 대해서 경험적이고 구체적인 차원에서 '자기에서 타자를 향하는 일방적인 작용이 된다'고 하는 것은 차원의 차이를 넘어선 견해라고 생각합니다.

또한 '이론=이념=패러다임이 먼저 있고 거기에 현실을 합치시키는 것이 아니라, 나날이 부딪히는 문제상황에서 철학해 나가는 것'은 제 인생 그 자체로 전적으로 동감입니다만, 그것과 인식론의 원리를 확실하게 토대로 삼는다는 것은 차원이 다른 이야기입니다.

게다가 이보다 앞서 말씀하신 '의식철학=주관성의 철학=생각하는 철학'이라는 병렬은 의미를 잘 알 수 없습니다. 동시에 '대화의 철학=공동의 철학=개신의 철학을 얘기할 필요성'을 왜 대비시키지 않으면 안 되는가가 저에게는 의문입니다. 제가 주장하는 '주관성의 지(知)로서의 철학'이란 살아 있는 유용한 대화를 가능하게 하는 철학원리입니다. 그것들은 한덩어리이니까요.

마지막으로 '타자를 존경하는 것이 중요하고' '타자는 자기의 이해를 넘어서는 신비―성스러운 지평' '타자의 타자성의 존엄을 중시하는 마음자세'라는 말에는 이견이 없지만, 철학한다는 것은 이런 사상이나 이념이 어떤 조건 하에서 꽃 피우는가를 탐구하는 것이 아닐까요? 좋은 이념을 제시하는 것만으로는 학교가 주창하는 '목표'와 같아져 버립니다.

저의 '민지(民知)에까지 이르는 철학'이나 '주관성의 지(知)로서의 철학'은, 대화야말로 철학의 생명이라거나 기탄없는 의견을 내놓으라고 말로는 하지만 실제로는 자기 입장에 구속되어 자유대화를 할 수 없는 사회현실을 바꾸어 나가기 위한 생각입니다. 타자의 타자성의 존중이나, 생생하게 서로 얘기하고 듣는 자유 활달한 대화나 공동이나 개신 등을 가능하게 하기 위해서는 어떻게 하면 좋은가를 생각하고 실천하는 것이기 때문에 김 선생님의 생각과 다르지는 않습니다. 다만 저는 그것을 저해하는 사고법과 사상을 비판하고, 어떻게 생각하면 그것을 실현시킬 수 있는가를 탐색하고 있는 것입니다. 그것이 저의 철학과 실천=인생 그 자체입니다.

14) 자타관계는 의식에서 언어로의 전환을 요청한다 _ 김태창(6.7. 목)

친절한 설명 감사합니다. 저는 다만, 다케다 씨가 사용하는 몇 가지 용어들이 이른바 현상학의 입장에 과잉 집착하는 게 아닌가, 혹은 그것과는 반대 입장에서 생각하는 사람들에게는 반드시 자명한 것만은 아니지 않은가, 라고 생각했기 때문에 확인해 두고 싶었을 뿐입니다. 덕분에 제가 염두에 두었던 쓸데없는 기우가 사라졌습니다. 저의 일본 인식은 여러 측면에서 미숙하기 때문에 일본인 사이에서 잘 알려져 있는 것조차도 모르는 경우가 많습니다. 이방인인 저로서는 항상 일본의 여러 상황·사정·현상을 제로 지점으로부터 체험 학습한다는 마음자세를 가지고 있기 때문에 잘 부탁드립니다. 그래서 물론 타케우치 선생이나 타케다 선생과도 언젠가 기회가 있으면 만나서 대화하고 싶습니다.

일반적으로는 의식철학으로서의 현상학은 무의식에 대응할 수 없다고 이해되고, 그런 비판을 격렬하게 전개하는 분들도 일본에 계십니다. 그래서 타케다 선생과 저의 입장은 전(前)의식이나 무의식을 포함해서 이성의 외부로 배제되어 온 일상의 생활세계에서의, 한 사람 한 사람의 구체적이고 실존적인 사인(私人)들의 신체감각까지도 입체적=상관적으로 이해하는 것임을 확인해 둘 필요가 있다고 생각했습니다. 저는 타케다 선생만큼 사물을 '원리'나 '본질'로부터 생각하는 입장을 취하지 않기 때문에, 우리 두 사람 사이의 철학실천의 기본자세에서의 차이를 서로 확인하는 것도 중요하다고 생각했던 것입니다. 저는 과거 한때 이른바 이성주의적 관념론자라거나 인식·이론·패러다임 원리주의자가 아닌가 라는 비판과 오해를 받을 정도로 그런 생각에 몰두한 적도 있었습니다. 하지만 점차 철학하는 방법과 자세가 변화했습니다. 그것은 구체적 현실상황을 초월하는 보편적 '원리'나 절대불변의 '본질'을 전제로 해서 성립하는 철학의 좌절과 파산을 빈번하게 실감하지 않을 수 없었던 저의 생활체험사에서 유래한다고밖에 달리 말할 길이 없습니다. 그런 사정을 말해둘 필요를 느낀 것입니다.

타케다 씨가 말씀하신 '기호학적 가치전환'은 매우 중요하고 유효한, 대화와 공동과 개신의 철학의 기본 방법 중 하나이기도 합니다. 그래서 '민'이라는 한 자를 사용하는 타케다 씨의 의도를 충분히 이해합니다. 아울러 제가 '민'과 함께 '사인'이라는 말을 사용하는 의도도 알아주시면 감사하겠습니다.

'의식철학=주관성의 철학=생각하는 철학'이라는 병렬은 옥스퍼드와 캠브리지 두 대학에서 개최했던 공공철학 교토포럼에서 특히 장래세대와 현재세대의 상호관계에 관한 격론이 저와 그쪽 논자들 사이에 전개되는 가운데, 특히 반(反)데카르트주의 입장을 고수하는 사람들의 발언에서 나온 것입니다. 말하자면 데카르트로 대표되는 대륙합리주의 철학을 그렇게 일괄 규정하고 자기들은 그런 것과는 다른 철학적 입장에 서 있다는 것이지요. 흔히 말하는 영국경험론이라는 것입니다. 그래서 저는 옥스퍼드와 캠브리지의 그때 그곳의 분위기를 더 잘 살려서 전향적 발전을 기하기 위해서 우리가 일본에서 추진하고 있는 공공철학은 데카르트-헤겔-칸트로 대표되는 이성 중심의 사고·의식·관념에 편향된 대륙합리론과는 기본적인 에토스가 다르다는 점을 밝혔던 것입니다.

오해의 소지를 충분히 예상하면서 굳이 확언하자면 스코틀랜드 계몽주의와 비슷한 데가 많다고 말씀드렸던 것입니다. 그때 그곳의 반데카르트주의자들과의 진지한 철학대화를 전향적으로 계속해 나가기 위해서는 저의 입장을 그렇게 정리해서 대응하는 것이 대화촉진적이었으니까요. 다시 말하면 제가 추진하고 있는 공공철학의 기본 입장은 어느 쪽인가 하면, 경험론·도덕감정·실천지를 중시하는 철학대화운동이라는 점을 강조한다는 문맥 속에서 다른 때 다른 곳에서도 종종 써 온 대비입니다. 타케다 씨의 마음에는 안 드는 점이 있겠지만 말씀드린 바와 같은 사정에 연유된 입장 표명의 하나라는 것을 이해해 주셨으면 합니다.

타케다 씨가 말씀하신 바와 같이 저 스스로도 '사상이나 이념이 어떤 조건 밑에서 꽃피는가를 추구하는' 철학을 우리 둘이 이야기하고 있다고 생각합니다. 그것을 저지하는 것을 비판하고 그것의 실현 방법을 탐색하는 철학은 과연 어떤 모습일까, 라고. 다만 이때까지 살아온 세계와 거기서 체험해 온 것과 거기서 형성된 자기이해와 세계인식이 서로 다를 수 있기 때문에 상호 이해가 얼른 이루어지지 않을 수도 있지 않을까요? 그러나 그것은 그것대로 의미가 있지 않을까요? 여기서 한 가지만 물어 보겠습니다. 타케다 씨는 '공공성'을 어떻게 생각하시는지요?

15) 자기라는 중심에서 공공성은 살아난다 _ 타케다 야스히로(6.14. 목)

"제가 염두에 두었던 쓸데없는 기우가 사라졌다"는 말씀을 듣고, 대화가 진전된 것 같아서 다행입니다. 한 가지 오해를 없애기 위해, 만일을 위해 덧붙이면, 제가 철학적 사색의 핵심이라고 확신하는 '본질'이나 '원리'는 '절대 · 초월'이라는 발상과는 무관합니다. 다른 사람들끼리 서로 납득할 수 있는 생각을 자유대화(지식이나 이력이나 권력이나 재산 등의 '소유'의 다소多少와는 무관함)에 의해 끌어내고자 하는 노력, "무엇이 보다 좋은 생각인가?"를 찾아가는 노력을 성립시키는 것이 본질("~은 무엇인가?"라는 의미)의 탐구이고 원리적인(=근본으로 돌아가는) 사고라고 생각합니다.

그럼 선생님의 질문—공공성을 어떻게 생각하고 있는가—에 응답하겠습니다. 저는 무슨 일이든 적나라한 마음의 현실에서 시작하지 않으면 사상은 허공에 뜬 허황된 이야기가 되고 만다고 생각합니다. 정직한 마음=자기 욕망의 모습을 잘 들여다보고, 그 지점에서 생각을 쌓아 나가지 않으면 이념성이 강한 '주의'로 빠진다고 생각하기 때문에, 공공성에 대해서도 제 체험에서 시작하려고 합니다.

저의 공공사상 체험은 초등학교 5학년 때의 「일본국헌법」 학습에서 시작됩니다. 저는 당시에 (물론 지금도) 전쟁에 대한 증오와 혐오와 공포를 강하게 느끼고 있었습니다. 정부가 전쟁을 일으켜서 제가 전쟁에 나가는 일은 절대로 인정할 수 없습니다—그런 정부가 생기면 '타도해야 한다'고 생각하고, 만약에 정부를 무너뜨리지 못하면 어떤 방법을 써서라도 "도망가자!"고 마음속 깊이 새기고 있습니다.

저는 무엇보다도 제 목숨이 소중하고, 타자를 위해서 목숨을 버린다는 생각은 조금도 없으며, '나라를 위해서'라는 자기희생 사상은 위험하고 끔찍한 것으로밖에 생각되지 않았습니다. 핵전쟁도 일어날 수 있는 현실 앞에 과거의 도덕이나 사상은 아무런 도움이 안 된다고 명료하게 직관하고 있습니다.

저는 어떤 놀이보다도 「일본국헌법」을 공부하는 것이 재미있었기 때문에, 초등학교 선생님에게 부탁해서 「정치학수업」을 만들어 달라고 했습니다. 왜냐하면 ① 나라의 최고 권력=주권은 국민에게 있다 ② 정부의 교전권(交戰權)을 인정하지 않는 전쟁포기의 평화주의 ③ 기본적 인권이 영원한 권리로서 국민에게 부여되고 있다, 이상의 세 가지를 축으로 하는 민주주의라는 사상이 권력자로부터 나를 지켜준다고 생각했기 때문입니다. 타인을 위해서도 나라를 위해서도 아닌 자기를 위해서 공공성이 존재한다, 그것이 저의 출발점입니다.

이른바 '자기라는 중심'에서 출발한 것인데, 이것은 이기주의와는 다릅니다. 이것도 초등학교 때의 추억인데, 언젠가 담임선생님이 "개인주의는 안 된다"는 말을 했는데, 여기에 대해서 저는 "개인주의와 이기주의는 다릅니다. 자기의 이득만 생각하는 것은 좋지 않지만 자기의 생각에 따라 사는 것은 좋다고 생각합니다"라고 반론하자, 담임선생님이 말문이 막힌 적이 있습니다.

나의 목숨과 생활은 무엇보다도 중요하고, 나의 심신과 상념은 무엇보다도 귀중한 것이라고 저는 줄곧 생각해 왔습니다. 그래서 서로 그 귀중한 세계를 지키고, 즐거움이나 기쁨을 서로 넓히는 것이 필요합니다. 이것이 공공성의 시작으로, '공공성'이란 집단으로 생활하는 인간이 집단에 매몰되는 것을 막고 개개인이 좀 더 커다란 나의 가능성을 열기 위해서 필요한 사상이라고 생각합니다. 인간은 혼자서는 살 수 없기 때문에 단순한 개인성만으로는, 개인의 가능성도 좁아지고 기쁨도 넓혀지지 않습니다. 공공성이란 서로 자신의 가능성을 넓혀 나가기 위해 필요한 현실적 사상이자 사회 속에서 잘 살기 위한 지혜가 아닐까요?

좁게 자신의 이익만을 생각하는 닫힌 자아주의적 사고가 아니라, 넓게 모두에게 공통되는 이익을 생각하는 열린 공공적 사고는 나의 인생을 사회적 현실을 향해서 넓혀 줍니다. 공공선이란 관념적·추상적 차원이 아니라, 현실적·구체적 영역에서 나를 살리는 길이고, 그것은 내 인생의 충실·기쁨·화려함을 열어주는 것입니다.

따라서 공공적 사고는 한 사람 한 사람의 개인이 사적 생활에 갇히는 불행에서 빠져나오기 위한 방법이자 널리 사회 전체를 나의 세계로 삼는 발상이며, 관·정부 권력자·경제적 지배자·지(知)의 독점자로부터 사회·국가·지(知)를 빼앗아서 '사'-'민'에게 되돌려 주는 힘을 가진 것입니다. 공공성의 철학에 의해서 현대의 민주제사회를 사는 우리의 사상 원리를 명료하게 해 나가고 싶습니다.

공공성의 시공을 연다는 것은 많은 보통사람들이 자기의 가능성을 사회적 현실을 향해서 여는 것을 의미하며, 이것이 저의 기본적인 생각입니다. 공공철학의 제일인자이신 선생님께서는 제 생각을 어떻게 보시는지요?

16) '동'(同)과 '일'(一)의 전체주의에 저항하는 공공실천 _ 김태창 (6.18. 월)

6월 15일부터 17일까지 동경에서 「요코이 쇼난(橫井小楠)과 공공세계」라는 테마로 제75회 「공공철학 교토포럼」을 주최했습니다. 여러 측면에서 풍부한 결실을 맺은 연구회였습니다. 가령 형이상적인 리(理)나 도(道)와의 관련에서 '천하공공'을 이해한 주자학적 공공론에 대해서, 구체적인 정체=정치체제의 형태로서의 '공공의 정'(政)—도쿠가와막부를 '사정'(私政)이라고 보고 그것을 극복하고 시정해야 한다는 방향을 명시하는 것으로서—을 일본사상사에서 처음으로 제창했다고 하는 요코이 쇼난의 공공개념사적 의의는 대단히 큽니다. 그것은 이른바 '천지공공의 실리(實理)'를 구현하는, 정치의 바람직한 형태입니다. 막부 말기의 개국론자(開國論者)로서 요코이 쇼난의 공공론은 지금 생각해 보아도 상당히 선구적인 데가 있습니다.

지난번에 제가 편지에서 말씀드린 "유럽의 대륙 관념론보다는 스코틀랜드 계몽주의의 에토스와 비슷하다"고 한 말의 내실을, 옥스퍼드나 캠브리지라는 장소를 떠나서 말해 보면 결국 이런 얘기가 됩니다. 즉 나라는 사람은 인종적으로도 문화(종교)적으로도 소속국가적으로도 상이한 타자와의 만남과 그런 차이에도 불구하고, 함께 살고 일하고 때로는 부딪치면서도 최악의 상황까지는 가지 않고, 어떤 목표를 달성함으로써 함께 살아가지 않을 수 없다는 경험적 사실에 기초하고 있습니다. 무슨 이타적인 윤리라는 목적의식을 전제로 하는 것은 아닙니다. 내가 나인 것=사성(私性)=자기동일성을 자명한 것이라고 당연시하는 것이 아니라, 언제 어디서나 타자와의 관계 속에서 다시 보고 새롭게 정립하고 고정화를 향한 충동에 이끌리는 일이 없도록, 자타상관을 중시해 왔다는 것이지요. 자기 생각대로 되지 않는 상황, 압도적인 다수의 타자들의 한가운데에서 일상생활 · 연구활동 · 사적 공적 교류를 지속해 나가는 것은, 언제 어디서나 내가 아닌, 신체도 사고도 욕망도 목표도 나와는 다르고, 결코 내 것으로 회수 · 동화 · 지배가 불가능한 타자들이, 나를 향해서 나타나는 현상으로, 그것을 제대로 마주보고 나로서의 응답—의도적으로 응답을 거부한다는 응답도 포함해서—을 요청받는 상황 속에서 살아왔다는 실존체험이, 저의 공공인식의 원천이라고도 할 수 있습니다.

그래서 제 입장에서 말씀드리면, 공공생생(公共生生)의 현장과 원점은 (자기)의식의 '내부'(=내면 · 안쪽)가 아니라 자기와 타자가 만나고 · 공동하고 · 개신하는 시공으로서의 '만남' · '사이' · '어울림'이라는 것입니다. 그 만남 · 사이 · 어울림으로부터 자기와 타자를 함께 매개하는—어느 한쪽이 상대방을 일방적으로 매개하는 것이 아닌—작용 · 역동 · 사건이 다름 아닌 '공공'(한다는 것)이라고 생각하는 겁니다. 그리고 그것을 가능케 하는 데는 언어가 가장 중요한 역할을 한다는 것이지요. 그래서 공공(하는)철학은 의식 · 사고 · 관념의 철학이라기보다는 물음 · 대화 · 응답의 철학이라고 말씀드리는 겁니다.

타자와 함께 살아간다는 것은 이타적인 윤리의 입장을 견지한다는 것과 반드시 같은 것은 아닙니다. 인간존재의 원초적 상태 그 자체가 단독존재가 아니라, 단독임과 동시에 복수이기도 한 존재=자타가 서로 얽혀서 존재하는 상호존재이자 관계존재라는 것이지요. 결과적으로 자리(自利)가 이타(利他)가 되는 것도 가능하겠지요. 그렇다고 해서 이타적 도덕론을 고집하려는 것은 아닙니다. 타자와 함께, 타자들 속에서 살아가지 않을 수 없기 때문에 자신을 확인하고 자신의 위치지움·의미지움·시점설정을 분명히 할 필요가 있습니다. 전체·통일·보편이라는 이름의 "'동'(同)과 '일'(一)의 전체주의"에 제압·통합·무화(無化)되지 않기 위해서도, 개체·개별·특수로서의 '나'라는 것의 확인·재확인·재재확인은 불가결한 기본조건이라고 생각합니다. 자기도 타자도 동시에 삼켜 버리는 전체화·통일화·보편화로 나아가는 폭력에 저항하기 위해서도, 유일·대리불가능·환원거부적인 자기와 타자의 상호관계라는 차원의 중요성을 충분히 인지할 필요성을 강조하고 싶습니다.

제가 생각하는 '공공'이란 '공공성'이라는 명사적인 '것'—관념적 파악—이라기보다는 동사적인 '작용'—경험적 체험—입니다. '공공성'이 아닌 '공공하다'는 것이지요. 그래서 "공공성이란 무엇인가?"라는 실체론적 문제 설정은 그것대로 중요한 전문가적 연구과제라고는 생각합니다만, 저는 "공공한다는 것은 어떤 것인가?" 그리고 그것은 "무엇을 위해서 하는 것인가?"라는 작동적·실용적 문제제기에 관심이 있습니다. 저의 공공인식은 이런 문제의식과 상관적입니다. 그리고 그것은 저의 절실한 바람=정직한 마음=욕망에 상관적입니다.

한중일이라는 정치공간에 살아온·살고 있는·살아갈 우리들=시민들=인간들=자기들과 타자들이, 함께 행복해지는 상화(相和)·상생(相生)·공복의 공공세계를 함께 열고 싶다는 욕망입니다. 자기 혼자서 생각해도 타자들이 함께해 주지 않으면 별로 의미가 없겠지요.

그래서 자타가 마주보고 얘기하고·작업하고·새로운 차원을 여는 과정을 쌓아나가는 것이 중요하다고 생각합니다. 대화하고 공동하고 개신하는—그것이 실로 공공한다는 것의 구체적인 의미입니다. 저에게는 타자와의 만남, 타자와 마주보고 서로의 존재를 제대로 인정하고, 그 가치와 존엄에 경의를 표하고,

일방적인 강제 · 지배 · 소유(我有化)를 경계하는 것이 공공하는 것의 전제조건이 됩니다.

저는 타케다 씨와 '철학을 공공한다'는 자세에서, 먼저 대화하는 단계에 들어갔다고 현재의 상황을 이해하고 있습니다. 그래서 타케다 선생의 의견을 묻고, 선생의 생각을 존중하는 동시에 제 생각도 선생에게 말씀드리면서, 우리의 대화를 계속해 나가고 있습니다. 아무쪼록 언젠가는 타케다 선생과도 공동하는 단계로 발전하고, 거기에서 다시 개신하는 단계로까지 이어지기를 기대하고 있습니다. 타자로서의 타케다 선생과 타케다 선생에게 타자로서의 저는, 결코 '동'(同)도 아니고 '일'(一)도 아닌, '이'(異)이자 '다'(多)이면서도 '상화'(相和)를 지향하고, 설령 예상 밖의 불화가 생기는 경우가 있다 해도 '상생을 위한 화해'를 하기 위해 최선을 다하고, 거기에서 '공복'의 시공이 열리기를 저는 희망합니다. 함께 철학하는 벗이여, 이것이 저의 적나라한 마음의 원(原)풍경입니다.

17) 공공하는 주체는 시민입니다 _ 타케다 야스히로(6.29. 수)

동경에서 있었던 제75회 공공철학 교토포럼 「요코이 쇼난과 공공세계」가 풍부한 결실을 맺은 것을 다행스럽게 생각합니다. 고생 많이 하셨습니다. 그럼 본론으로 들어가겠습니다.

제 자신은 물론이고 아이들이 어떻게 하면 공공성의 세계를 열어 나갈 수 있을까를 현실에 즉해서 제대로 보는 것이 무엇보다도 중요하다고 생각하고 있습니다. "아! 그런가? 공공성의 세계 · 사회적 문제를 생각하는 것은 재미있다. 자기의 세계가 넓어지니까 좋구나." 이렇게 생각할 수 있는 사고방식 · 생활방식을 어떻게 만들어낼까, 그것이 핵심입니다.

공공세계를 열기 위해서는 실천적인 사고가 필요하고, 단순한 이론 · 학문 · 지식으로는 아무것도 하지 못합니다. 공공철학을 본래의 공공의 의미인 '모두에게 열린 것'으로 만들기 위해서는, 보통 사람들이 마음의 근저에서 납득할 수 있는 생각을 제시할 필요가 있다는 것이 저의 생각입니다.

물론 김 선생님의 특이하고 귀중한 체험에서 우러나오는 철학이 현재까지 학적 세계에서 멋진 성과를 올린 것에는 깊은 경의를 표합니다만, 앞으로의 젊은 사람들이―저도 아직 한참 젊습니다만(웃음)―공공세계를 자기의 것으로 삼아 열어나가기 위해서는, 평소의 학습이나 생활 속에서 그것을 가까운 것으로 생각할 수 있는 발상과 실천이 요구된다고 확신합니다.

　그런 의미에서 학자 중심의 공공철학은 그 자체로 문제를 안고 있다고 봅니다. 학자는 보통 시민이 좀 더 잘 공공세계를 열어 나갈 수 있도록 도와주는 역할을 해야 하지만, 공공을 담당하는 주체자가 학자가 되어서는 곤란합니다. 그러면 공공이 되지 않기 때문입니다. 덧붙여 말하면 철학도 마찬가지입니다. 어떻게 사는 것이 좋은가, 어떤 사회가 좋은가에 대해 생각하는 사람은 보통 시민입니다. 따라서 철학하는 주체는 시민이지요. 이것을 원리로 하지 않으면 공공도 철학도 죽고 맙니다. 남는 것은 반(反)민주적인 사상과 현학적이고 무의미한 지(知)일 뿐이지요.

　저는 수많은 업적을 내신 뛰어난 학자인 김 선생님과 맨몸뚱이로 교제를 하는 것이 대단히 유쾌합니다. 대화하는 가운데 힘을 합쳐서 새로운 세계를 열어가고 싶은 것이지요. "공공하는 것의 구체적인 의미는 대화하고 공동하고 개신한다"는 것, 그리고 "타자와의 만남·타자와 마주보고 서로의 존재를 제대로 인정하고·그 가치와 존엄에 경의를 표하고·일방적인 강제·지배·소유(我有化)를 경계하는" 것이 공공(하는) 철학의 전제조건라는 점에는 저도 전적으로 찬성합니다.

　'타자의 타자성의 존중'을 말이나 주의(主義)가 아니라, 일상생활이나 일하는 가운데서 자기 자신의 구체적인 언동으로 실천하는 일에 저는 오랫동안 몸담아 왔다고 생각합니다. 그리고 그것이 「백화」(白樺)에서의 초등학생 수업이나 고등학교·대학교·성인들의 자유대화를 방법으로 하는 철학수업으로 결실을 맺고 있다고 자부하고 있습니다.

　종래의 학교(초등학교에서 대학까지) 수업이 아니라, 참가자를 주체자로 끌어올리는 교육 실천은 에로스 넘치는 것인데, 자유로운 분위기 속에서의 대화방식에 의한 학습에서 풍부한 결실을 얻기 위해서는 기초적인 사고 방법(자신의 구체적인 경험을 토대로 의미를 파악하고 본질을 향해서 사고하는 태도)을 확실하게 몸에 익힐(익히게 할) 필요가 있습니다.

그와 같이 종래의 교육상식을 깨는 생각·방법에 의하지 않으면 진정으로 타자를 살리는 교육·철학 실천은 불가능하다고 생각합니다. 교육자·주재자는 도우미에 지나지 않고 참가자가 주체자가 되어 살아 있는 생각을 하고 적극적으로 발언하는 상황을 만드는 것은 확실히 대단히 어렵지만, 그런 방향으로 나아가지 않는 한 미래는 없다고 생각합니다. 오랜 세월, 많은 실천을 해 오신 김 선생님께서는 어떻게 생각하시는지요?

18) 철저하게 시민으로서 철학하는 입장에 선다

- 시민(市民)에서 사민(思民)·지민(志民)·철민(哲民)으로 _ 김태창(6.21. 목)

저도 학자들만이 공공철학의 중심적 역할을 담당한다는 데에는 회의적입니다. 공공하는 주체가 오직 학자밖에 없다는 것은 말도 안 됩니다. 공공하는 철학의 주체는 한 사람 한 사람의 시민이라고 생각합니다. 하지만 학자도 시민이라는 위치를 갖고 있고, 그것을 무엇보다도 중시하는 학자도 있기 때문에, 학자라고 해서 일괄적으로 비판하는 것은 지나치지 않을까요? 오늘날의 반(反)철학적인 일본의 지적 풍토 속에서 철학적 양식을 유지해 오면서 성실하게 철학해 오는 학자=생애학습자=철학실천자도 있습니다. 저는 생각하는 시민-사민(思民)-뜻을 지니고 사는 시민-지민(志民)-철학하는 시민-철민(哲民)을 무엇보다도 중시하는 입장입니다만, 철학하는 학자·관료·정치가·기업인도 있기를 바랍니다.

저는 과거 한때, 정치철학이나 행정철학 및 국제관계철학의 전문학자라고 자처한 적이 있었습니다. 하지만 지금은 일체의 대학 소속이 없는, 한 사람의 사인(私人)·시민으로 철학할 뿐입니다. 제가 생각하고 있는 철학, 즉 공공하는 철학은 사인(私人)=시민의 입장에서 타자와 함께 문제와 씨름하고 그것에 대한 적시적소의 대응을 구체적으로 얘기하는 철학입니다. 상이하고 다양한 전문분야의 학자=철학연구자들도 각각의 전문분야라는 틀에서 벗어나서 한 사람 한 사람의 사인=시민의 입장에서 생각하고 얘기한다는 전제조건의 상호 이해에 기초하여, 발제ㆍ질의ㆍ종합토론ㆍ발전협의라는 과정을 함께 체험해 왔습니다.

저는 철학하는 시민의 한 사람으로서 자신을 위치지우고 의미지우고 있습니다. 저는 과거에 학자였던 시기도 있었지만, 지금은 모든 면에서 학자업계=학계에서 공인된 학자라고는 할 수 없고, 그렇게 불리지도 않습니다. 굳이 말한다면 재야의 호학자(好學者)ㆍ낙학자(樂學者)ㆍ열학자(悅學者)=떠돌이 면학자(勉學者)입니다. 이런 입장을 자각하면서 시민의ㆍ시민에 의한ㆍ시민을 위한ㆍ시민과 함께하는 철학으로서의 '공공하는 철학'을 얘기해 온 것입니다. 철저하게 하나의 사민(私民)=시민으로 영속적으로 배우는 자세를 소중히 여기고 있기 때문에, 백화교육관의 존재와 활동에 경의를 표하고, 저도 거기에서 배우고 싶다고 생각해 왔습니다. 그리고 타케다 씨로부터 저의 지금까지의 학습체험과는 다른 것을 배우기를 바라고 있습니다. 저는 철학을 대학의 독점에서 해방시켜, 생활세계의 공공재(公共財)로 전환시켜 나가는 것이 긴급한 과제라고 생각하고 있습니다. 철학을 민주화하는 것이 오늘날의 철학과제가 아닐까요? 좀 더 민주적인 철학이란 누구든지 마음만 있으면 철학하는 것이 가능한 철학입니다.

하지만 세상 모든 사람들이 철학하게 되는 것이 진정 바람직한 일인가에 대해서는 좀 더 논의할 여지가 있겠지요. 세상 모든 사람들이 정치하는 것은 별로 좋지 않다는 생각이 듭니다. 뭔가 갑자기 세계가 이상해지는 것이 아닌가 하는 불안을 느낍니다. 정치하는 인간은 적은 편이 좋다고 생각합니다. 하지만 철학하는 것은 좀 다릅니다. 철학한다는 것은 자기 머리로 생각하고 자기 마음으로 실감하고 자기 의지로 결정하고 자기 몸으로 실천하고 자기 인격을 걸고 책임지는 것입니다. 타자와 함께 대화하고 공동하고 그로부터 새로운 차원=지평=세계를 열어 나가는 것은 보통의 사인(私人)들=생활자들=시민들의 일상생활 속에서도 언제 어디서나 현실적으로 필요한 것이기 때문에, 그것을 가능한 한 잘해 나가는 것은 바람직한 일이라고 할 수 있겠지요. 그래서 전 세계 사람들이 모두 전문 철학자가 되는 것은 오히려 무서운 일이 될지도 모르지만, 철학하는 것=공공철학하는 것은 모든 사람이 했으면 좋겠습니다. 타케다 씨는 어떻게 생각하시는지요?

물론 지금 당장 모든 사람에게 백퍼센트 기대하는 것은 아니고, 그렇게 해야 한다고 강변할 생각도 없습니다. 단지 철학하는 시민이 좀 더 많이 길러지기를 희망한다는 의미에서입니다. 진정한 의미에서 철학하는 시민이 주도하는 사회가 좋은 사회라고 생각하는데 어떻게 생각하시는지요? 저는 철학이 열어가는 세계에 대해 희망을 갖고 있습니다.

19) 본래의 철학·대화는 생활세계라는 공통항 속에서 하는 것_ 타케다 야스히로(6.22. 금)

사고 방향은 김 선생님과 거의 같다는 느낌입니다. 어떤 분야의 전문가라고 해도 생활자라는 지평에서는 모두 똑같습니다. 학적 세계를 그 일부분으로 포함하는 생활세계를 그 자체로 고찰하는 것은, 다양한 입장과 직업을 넘어서 가장 중요한 활동이라고 생각합니다. 저는 이것을 옛날부터 반복해서 주장하고 실천하고 있습니다만, 올해 1월 18일의 블로그·사색의 일기에는 "모두에게 공통되는 입장은 하나뿐입니다"라고 썼습니다.

가령 관료의 입장에서 생각하고, 학자의 입장에서 생각하고, 기술자의 입장에서 생각하는 것은, 보편적인 이해를 얻을 수 없습니다. 학자의 상식에 기초해서 생각하면 학자들끼리는 통하고, 기술자가 되었든 관료가 되었든 각각의 사회의 통념에서 생각하고 말하면 각각의 세계에 사는 사람들에게는 통하겠지만, 보통 사람들의 공통이해는 얻을 수 없습니다. '집단 오타쿠'의 세계에서 빠져나오지 못하고 '독아론'의 세계에서 헤메일 수밖에 없습니다.

그럼 어떻게 하면 좋은가? 모두에게 공통되는 입장에 서는 것입니다. 그것이외에 답은 없습니다. 그럼 모두에게 공통되는 입장이란 무엇인가? '생활세계의 현장'에서 생각하고 말하고 행위하는 것입니다. 어떤 입장에 서 있는 사람이든 모두에게 공통되는 것이 생활세계입니다. 생활세계가 없는 사람은 없기 때문이죠. 생활세계에서 시작하여 생활세계에서 통용되는 말, 생활세계에 받아들여질 수 있는 태도로 말하고 행위하는 것입니다.

무엇을 말하고 무엇을 행하고자 할 때에 이 원리 중의 원리를 잘 자각하고 실천하는 것이 무엇보다도 가장 먼저 요구되는 사항입니다. 이 원리를 부시하는 왜곡된 '엘리트' 의식에 갇혀 있으면 무엇을 생각하고 무엇을 말하고 무엇을 해도 공허한 독아론의 세계에서 벗어나지 못합니다. 설령 말과 사상으로 독아론이나 자아주의를 비판한다고 해도 그것을 말하는 인간의 '말이나 태도'가 위에서 말한 각각의 세계의 틀 속의 것이면, 그것은 오타쿠에 지나지 않고 보편적인 이해는 얻을 수 없을 것입니다.

인간이나 사회의 문제를 생각하고 해결하고 좋은 인생을 살기 위해서 무엇보다도 필요한 '대화'는, 생활세계라는 공통항 속에서 할 수밖에 없습니다. 이를 깊이 자각하면 대화와 토론은 놀랄 만큼 성과를 거둘 것입니다. 많은 보통사람들의 '사'로부터 나오는 공공성을 담보하는 것이 본래의 공공철학입니다. 무릇 '공공성'이란 보통 시민을 주체자로 삼지 않으면 성립되지 않는 개념이기 때문이죠. 키워드는 생활세계입니다.

생활세계의 입장에서 "철학을 민주화하는 것이 오늘의 과제이다"는 말에는 전적으로 찬성입니다. 철학의 전문가가 되는 것이 아니라, 철학한다(=공공철학한다)는 것에 깊고 커다란 에로스가 있기 때문입니다. 실로 철학은 어원 그대로 '연지'(戀知)입니다.

"'철학'(연지)이 열어가는 세계에 희망을 갖는다"고 하는 김 선생님의 생각에는 저도 동감입니다. 제가 그렇게 생각해서 돈키호테와 같이 작은 학원을 세운 것이 24살 때인데, 벌써 31년이 지났습니다. 간신히 준비 기간이 끝났구나 하는 느낌입니다. 지금부터가 진짜입니다.

20) 공공(한다는 것)의 원천 _ 김태창(6.23. 토)

오늘은 동경대 야스다(安田) 강당에서 개최된 「우이 준(宇井純)[11]을 배운다」라는 모임에 다녀왔습니다. 2002년에 『지구환경과 공공성』(시리즈 『공공철학』, 동경대학출판회, 제9권)을 함께 편집 출간한 적도 있고, 그 전후에 여러 번 직접 만나서 논의한 적도 있었기 때문에, 다시 한번 추모하는 마음을 가슴에 담고 참가했습니다. 2천명 정도의 남녀노소가 오셨더군요.

생전의 우이 선생은 현장주의와 반권위 · 반권력 그리고 생활자=시민의 입장에 투철한 위생공학자였습니다. 서양으로부터의 수입학문에 의존하지 않고, 어디까지나 문제 발생의 현장 상황과, 거기에서 시작되는 시민=주민의 자주적 조사 연구를 중시하고, 그것을 돕는 데에서 전문학자의 존재이유를 확인하였던 지민학자였습니다. 우이 선생이 싫어했던 것은 관료학자=어용학자였습니다. 어떤 의미에서는 '싸우는 학자'였다고도 할 수 있겠지요.

제 생각에는 타케다 씨와 저의 철학대화의 근저에는, 타케다 씨의 '연지'(본래적인 '지'를 연모하는 것)와 저의 '호학'(好學) · '락학'(樂學) · '열학'(悅學; 끊임없이 배우는 과정 자체를 좋아하고 즐기고 기뻐하는 것)이라는 기본 욕망—그것이 경우에 따라서는 '광기'라고도 말해질 정도로 강렬하게 작동합니다—이 향응(響應) · 공진(共振) · 공명(共鳴)하고 있다는 느낌이 듭니다. 그것은 평소의 생활현장에서 사물을 이해하고 생각하고 거기에서 가능하면 사고 · 탐색 · 행동의 새로운 차원=지평을 열어 나가는 기본자세의 공유라고도 할 수 있지요. 하지만 그것은 타케다 선생과 저 사이에 어긋남=차이=거리가 없다는 것은 아니라고 하는 공통이해에 기초하고 나서의 이야기였지요.

이렇게 말하는 것은 지금까지 살아온 상황 · 조건 · 환경이 다르고, 거기에서 생긴 문제의식이나 체험학습도 상당히 이질적인 것이라는 사실을 고려하면, 서로 다른 점이 있는 것이 오히려 당연하겠지요. 제가 생각하는 대화의 의의는 어긋남=차이를 없애는 데에 있는 것이 아니라, 그것을 명확히 하면서 그 다름이 불화의 원인이 되기보다는 공진(共振) · 공동 · 개신의 원동력이 되도록 노력하는 데에서 살려진다는 대화적 역동의 강조에 있습니다.

저는 '공공(한다는 것)의 원천'을 자아와 타자의 만남과 상호 교제와 서로의 살림-상생(相生)-이라고 하는 생활세계의 실존조건에서 찾습니다. 거기에서 대화와 공동과 개신이라고 하는 공공활동의 의의와 그 결과에 대한 기대를 상호 승인하는 공공인식이 생성된다고 생각합니다. 자기 마음속에서 생각한 것이나 깨달은 것을 타자를 향해서 연장·투입·투영하는 것과는 완전히 다릅니다. 설령 그렇게 해서 타자의 마음속에 자기 마음속에 있는 것과 같은 것을 느꼈다고 해도, 그것은 타자를 자기로 동화시킨 것에 지나지 않습니다. 거기에도 어쩌면 '공동(共同+성·체·시공)'이 생성되는 일이 있을지 모릅니다. 물론 공동성(共同性)도 대단히 중요합니다. 하지만 저로서는 '공동성'과는 다른 '공공'(하는 것)의 의의와 필요성을 명확하게 해 두고 싶습니다. 자아에 동화될 수 없는, 자아로의 통합·일치·합일을 거부하는 타자와의 만남을 귀중한 기회로 이해하고, 자아와 타자 사이에서 전개하는 무한한 새 지평을 함께 개벽해 나가는 것이 '공공'(하는 것)이라고 생각합니다. 그런 이해에 기초해서 행동·실천·활동하는 것입니다.

제가 야마와키 나오시(山脇直司) 교수로부터 타케다 씨에 대한 이야기를 듣고서 타케다 씨에 대해서 좀 더 알고 싶다는 생각에서, 저의 의사·바람·희망을 처음으로 전달한 순간이 생각납니다. 완전히 미지의 타자였던 타케다 씨는 저의 지금까지의 체험학습의 범위=세계의 외부에서―그것은 제가 지금까지 익숙해 있던 학교=대학=학회와는 거리가 먼, 자립·자율·자급의 시공간을 자력으로 세우고, 거기에서 제도지(制度知)화된 '관지'(官知)와는 다른―생활자들의 '민지'(民知)를 기르고, 그것을 가지고 생활세계의 자립과 그 질적 향상을 지향하는 철학의 실천활동에 전력투구해 왔다고 하는 그 정열과 애정과 용기에 깊은 공감을 느꼈던 것입니다.

지금까지의 저의 짧지 않은 인생을 뒤돌아보면, 우연히 혹은 어떤 이유에서 다양한 계기를 통해서 만난 타자는 교사=선생=스승이라는 모습으로 나타나는 경우가 많았습니다. 저는 가능하면 평생 학인=끊임없이 배우는 입장에 서 있는 인간이고 싶기 때문에, 앞으로도 다수의 스승으로서의 타자와 만나고 싶습니다. 타자는 저의 이해·인식·판단을 넘어서는 존재이기 때문에 먼저 그 소재=존재방식=생각을 배우는 것 이외에는 접할 길이 없지 않나 생각합니다. 물론 저에게 있어서의 타자의 입장에서 보면·생각하면, 저야말로 그·그녀·그들·그녀들에게 있어서 타자가 되기 때문에, 제 쪽에서 배우는 일도 있을 수 있다고 생각합니다만, 그와 같은 확실성은 누구도 보장할 수 없습니다. 하지만 여기에서 제가 말씀드리고 싶은 것은, 타케다 씨를 통해서 대학교수가 대학에서 가르치는 철학과는 다른 철학의 살아 있는 모습을 목격할 수 있었다는 데에 커다란 의미가 있다는 점입니다. 거기에서 공공(하는)철학의 새로운 가능성을 실감할 수 있었기 때문입니다. 타케다 씨가 제게 보여준=가르쳐 준 것은 실로 백화교육관이라는 이름의 철학실천 현장입니다. 그것은 제가 과거 십여 년 동안 일본에서 일본인과 함께 지속해 온 대화와 공동과 개신의 철학실천 현장과 비슷한 점도 있고 다른 점도 있습니다. 그런 의미에서 다시 생각하게 된 것도 많이 있었습니다.

21) 안과 밖의 '동화'(同化) _ 타케다 야스히로(6.24. 일)

저는 '타자를 자기에게 동화시킨다'는 생각만큼 불쾌하고 무시무시한 것은 없다고 생각합니다. 과거에 우리 일본은 조선을 천황 직속의 조선총독부를 통해 식민지 지배했는데, 그 사상·수법은 '조선을 일본에 동화시킨다'는 것이었습니다. 백화파의 야나기 무네요시(柳宗悦)는 1920년에 이곳 아비코(我孫子)에서 「조선의 친구에게 보내는 편지」("학대하는 사람들 쪽이 죽음의 끝에 가깝다"고 하면서 일본정부의 동화정책을 통렬하게 비판함)를 써서, 잡지 『개조(改造)』, 요미우리신문, 동아일보, The Japan Adversity에 실었고, 이로 인해 관헌(官憲)에 감시를 받는 처지가 되었습니다.

'동화'란 광기의 만행이고, 사과하고 사과해도 다 사과할 수 없는 무서운 정책입니다. 그것을 지지한 '팔굉일우'[12] · '대동아공영권'을 슬로건으로 한 국체 (國體)사상=천황교(天皇教)는, 저에게 있어서도 전혀 인정할 수 없는 원수에 다름 아닙니다. 왜냐하면 메이지시대의 야마가타 아리토모(山縣有朋) 등에 의해서 만들어진 '근대천황제'가 폐기된 지금도 여전히, 개개인의 의사를 초월한 국가=국체(國體)라는 공동환상(共同幻想)을 상정하는 사상이 살아 있고, 그것이 개인의 자유와 책임의 구현을 저해하고 있기 때문입니다(백화교육관 홈페이지 59, 「황족(皇族)의 인권과 시민정신의 함양」을 참조하시기 바랍니다).

'양식 · 틀'(型)에 의해 한 사람 한 사람의 의식의 날갯짓을 억압하는 사상은, 외적 가치를 개인의 내면 가치 위에 두고 살아 있는 인간을 옥죕니다. 돈과 물질이 제아무리 넘쳐나도 '사'의 마음의 충실=기쁨이 용솟음치는 일이 없는 시스템을 만들고 있는 것이 바로, 외적인 가치 · 형식 · 양식 · 틀을 우선시함으로써 '사'로부터의 출발과 자립을 소거하는 이데올로기라고 할 수 있겠지요. 양식에 의한 의식의 지배의 이상적인 틀이 존재한다고 하는 상념은 주관을 소거하는 일본이라는 시스템을 낳고, 개개인으로부터 솟아오르는 에로스를 억누릅니다. 실제로 저는 어렸을 때부터 이 '동화'―윗사람의 의향에 따라 개개인을 동일(同一) · 일색(一色)으로 집단화하는 것―의 사기술과 무언의 압력=집단동조를 만들어 내어 개인의 의식과 언동을 얽어매는 환경 속에서 줄곧 그것과 싸워왔습니다. 5월 16일과 23일의 서신((3)과 (5))에도 썼듯이, '사'에서 시작해서 '사'를 살리는 "'연지'(=철학)의 삶"을 살기 위해서입니다. 그래서 김 선생님이 말씀하신 우이 준 선생의 존재는 저에게도 커다란 마음의 버팀목이었습니다.

마지막으로 제가 "생활세계의 현장에서 생각하고, 거기에서 새로운 지평을 연다"고 하는 김 선생님과 공통되는 철학원리를 갖고 있으면서 동시에 어긋남과 차이가 있다는 것은 대단히 생산적인 일이라고 생각합니다. 왜냐하면 새로운 세계를 여는 '공감과 공명'이 낳는 에너지는 '차이와 어긋남'이 없으면 용솟음치지 않기 때문입니다.

저는 김 선생님과의 이 철학대화를 '연지대화'라고 명명하고 있습니다. 벌써

한 달 남짓 지났고 분량도 상당한 정도가 되었습니다. 이런 내용의 왕복서신에 의한 대화가 가능한 것은 어쩌면 무언가의 시작을 알리는 '사건'일지도 모릅니다. 철학의 민주화―"철학하는 주체는 시민이다"고 하는 원리―를 구현해 나가기 위한 시도는, 이제 겨우 막 시작한 것으로, 지금부터는 다시 길 없는 길을 걸어갈 수밖에 없습니다만, 김태창이라는 뛰어난 이방인과의 만남은 저에게 무한한 용기를 줍니다. 함께 철학하는 벗을 얻은 것은 대단히 기쁜 일입니다. 김 선생님과 저의 만남을 만들어 주신 야마와키 교수님에게도 감사의 말씀을 드립니다. 대단히 감사합니다.

(출전: 『公共的良識人』, 교토포럼 발행, 2007년 8월호)

22) 제 삶과 일을 지탱하는 철학 _ 타케다 야스히로(9.5. 수)

「낙학(樂學)과 연지(戀知)의 철학대화」가 『공공적 양식인』 7월호와 8월호에 실린 것을 보고서, 선생님과의 왕복서신을 재개하고 싶다는 생각이 들었습니다. 재개하기에 앞서 먼저 제가 저의 삶과 일을 지탱하는 철학의 핵심을 피력하고, 그리고 나서 선생님의 생각을 듣고자 합니다.

저는 뭔가를 '아는' 데 있어 무엇보다도 소중한 것은 언어에 의한 정리나 개념화 이전의 '느껴지고 생각되는 세계'라고 생각합니다. '나'의 심신(心身)에 어떻게 느껴지는가? 어떤 느낌이 드는가? 왜냐하면 그 '체험=직관'을 빼놓고 언어를 사용했다고 하면 '죽은 언어'에 지나지 않기 때문입니다. 개념주의에 의한 죽은 언어=느껴지고 생각되는 세계의 언어를 아래로 보는 왜곡된 언어주의('학' 學을 직업으로 하는 사람에게서 종종 볼 수 있음)에 사로잡혀서는, 스스로 생각하는 것 ='연지'는 시작될 길이 없습니다. 이 '언어중심주의'와, 그것과 부합되는 문제이기도 한 양식·틀(型)이 우선시되는 종래의 일본문화―'양식에 의한 의식의 지배'를 바꿔 나가는 것은, 자기가 진정한 자기로 살기(=연지의 삶) 위한 불가피한 작업이라고 저는 확신하고 있습니다.

바꿔 말하면, 자주 보고 잘 듣는 것·자주 만지고 맛보는 것이 사물을 알기 위한 절대적인 기초라고 하는 깊은 자각입니다. 오감을 모두 써서 전신으로 곧바로 알려고=심신전체로 터득하려고 하는 자세입니다. 언어로 속이지 않는, 개념화해서 알았다고 넘기지 않는, 이론으로 도망가지 않는 것이 무엇보다도 중요하다고 생각합니다.

사진작가인 도몬 켄[13]이 말했듯이 "설령 한 장의 소나무를 찍을 때라도 단지 개념으로서 '소나무'만 보아서는 아무리 구도상으로 잘 정리된 사진이라고 해도 '살아 있는 소나무'는 되지 않는다. 안다는 것은 먼저 날카롭게 쏘아보고, 그것이 어떻게 자라나고 있는지를 잘 보고, 소나무를 심중에 깊게 느껴서 아는 것이다. 단지 지식으로서 개념적으로 알기만 해서는 안 되고, 그것으로는 소나무 한 그루도 찍을 수 없다."(요약, 글에 대한 책임은 타케다)

느껴서 아는 세계–광대무한의 이미지의 세계를 개척해 나가는 것이, 언어에 의한 사고와 커뮤니케이션을 살아 있는, 가치 있는 것으로 하기 위한 기본조건이라고 저는 생각하고 있습니다. 인식론의 원리 중의 원리는 '직관=체험'이고, 그것이 제 철학의 전제=기반입니다(그리고 실존론의 원리 중의 원리는 '욕망'이라고 생각합니다만, 이것에 대해서는 나중에 쓰겠습니다).

이상 간결하게 정리한 저의 철학은 백화교육관에 다니는 학부모들에게 보여주고 있는 「심신 전체에 의한 사랑」이라는 아이 양육·교육론과 부합하기 때문에, 이하에 그대로 옮기겠습니다.

"아이 양육-교육의 기본은 심신 전체에 의한 사랑입니다. 글자 그대로의 접촉, 껴안거나 업어주거나 볼을 비비거나 장난치거나 하는 것, 그리고 마음이 담긴 시선이나 감정이 풍부한 억양이 있는 말로 대하는 것, 논리 이전의 신체적인 접촉이야말로 핵심입니다. 단언합니다. 그것이 없으면 제대로 된 인간으로 결코 자라지 못합니다.

사랑이란 심신 전체에 의한 것입니다. 아이가 자기를 마음속 깊은 곳에서 '긍정'할 수 있는 것은, 전신으로 사랑받고 있다고 하는 실감뿐입니다. 아이를 '말'만으로 교육할 수 있다고 생각하는 사람은 너무나도 경박한 사람입니다. 아이가 두드러진 적응장애를 일으키는 것은 '이성'의 부족 때문이 아니라 '사랑'의 부족 때문입니다.

자신을 자신이 긍정하고·받아들이고·사랑하지 못하면 타자를 긍정하고·받아들이고·사랑하는 것은 불가능합니다. 타자를 긍정하지 못하면 내실 있는 사귐=진정한 인간관계는 결코 이루어지지 않습니다. 인간관계란 언어로 교육할 수 있는 것이 아닙니다. 사랑이나 배려나 다정함은 구체적인 태도로 보일 수 있을 뿐입니다. '주입시키는' 것이 불가능한 영역입니다.

어른인 우리가 형태상으로만 타자와 관계 맺는 인간이어서는 좋은 아이가 길러지지 않습니다. 진지하게 속마음으로 타자와 관계 맺는 용기가 필요합니다. 사랑하는 마음이 있으면 '서로 부딪히는' 것은 생산적입니다. 하지만 '승부' 의식이 지배하는 사랑 없는 불행한 마음은 모든 것을 파괴해 버립니다.

'심신 전체에 의한 사랑'은 인간의 다양한 활동을 '좋은' 것으로 만들기 위한 절대조건입니다. 언어-논리가 아니라 실천입니다. 그렇게 사는 것, 태도로 보여주는 것, 그것 이외에 달리 방법이 없습니다. 심신 전체로 사랑하고 살 수 있는 인간을 기르지 않으면 우리 사회는 사막화되고 사는 의미가 사라져 버립니다."

딱딱한 개념으로 살아 있는 인간을 옭아매는 사상을 저는 '언어중심주의'라고 부르는데, 이것은 인간의 행복을 근원에서 빼앗는 암세포와 같은 것입니다. 그것을 넘어서기 위해서는 '운동·감각차원'과 '상상력의 차원'을 개발하는 노력을 의식적으로 하는 것이 중요하고, 그 기반을 넓히고 강화하는 것이 '언어에 의한 사색과 교류'를 가치 있는 것으로 하는 관건이자 전제입니다. 이것이 저의 굳건한 확신입니다.

23) 언어적 매개의 근원성 _ 김태창(9.20. 목)

답장이 대단히 늦어진 점 사과드립니다. 국내외의 여러 일들이 폭주하는 바람에 좀처럼 시간이 나지 않았습니다. 오늘은 오랜만에 마음이 차분해졌기 때문에 타케다 선생의 편지를 찬찬히 읽고 있습니다. 그리고 제가 느낀 점을 솔직히 말씀드리겠습니다.

첫 번째, 타케다 씨와 저 사이에 실재하는 (실재한다고 생각되는) 철학적 관심의 소재의 어긋남=차이입니다. 제가 보는=추측하는 한에서는 타케다 씨의 주된 관심은 타케다 씨 내면의 세계의 심연에 있는 것 같습니다. 그것이 신념이고 상상이고 신체감각이지요. 저도 그런 것들을 타케다 씨의 내면세계로서 전적으로 존중합니다. 하지만 저의 주된 관심은, 그것들이 '나'라고 하는, 타케다 씨에게 있어서의 타자에게 먼저 전해진다고 하는 것은 어떤 형태의 언어적 매개 없이는 불가능하다는 데에 있습니다. 상호 이해는 차치하고 먼저 원초적인 송신·교신·수신이 필수불가결하지 않나 생각합니다. 물론 가족이나 친척이나 동료끼리라면 때때로 이심전심이라는 전(前)언어적 이해가 성립할지도 모릅니다. 저는 그것도 확실한 것이라고는 할 수 없다고 생각하는 입장입니다만.

두 번째, 타케다 씨도 그런지는 잘 모르겠습니다만, 지금까지 만난 다수의 일본인들과 저의 기본적인 언어관의 차이입니다. 일본어에 나타난 일본인의 언어관의 기본이, 일본어의 '코토바'(言葉)가 '코토(言=事:말=사실·사건·사태)의 잎(사귀)(葉=부분: 만편·편린)'을 의미하기 때문에 상당히 왜곡되지 않았을까라는 느낌이 듭니다. 그래서 일본에서는 인간적·사회적·우주적 진실은 언어로는 표현·전달·파악될 수 없다는 언어관이 고착되어 있는 것 같습니다. 하지만 저 자신의 개인적인 언어관은 아주 다릅니다. '코토바'라는 일본말의 한자표기를 '言葉'가 아닌 '言場'(말이 참말이 되는 현장·계기·경우)로 바꾸어 쓰고 그 말뜻도 현장이라는 뜻으로 새밝힘하면 어떨까라고 제안하는 것입니다. 언어는 '일'(こと)이 생기(生起)·분유(分有)·교감되는 '장'(場=시공간: 통로·수단·장치·습관)입니다. 그것은 다름 아닌 자기와 타자의 만남·사이·교제를 공매하는 작용 그 자체라고 생각합니다. 그래서 자기=자아의 내면을 성찰하는데 중점을 둔다면 언어는 제2차적=부차적인 것이겠지만, 자기와 타자의 상호상생적·상의상관적 관계역동에 초점을 맞추어서 살펴본다면 맨 먼저 언어적 매개의 근원성을 인정하지 않을 수 없다고 생각합니다.

세 번째, 저는 언어원리주의자는 아닙니다. 모든 것은 언어의 문제라거나 우주 전체가 언어의 세계에 지나지 않는다는 데까지 나가지는 않습니다. 다만 여기에서 분명히 하고 싶은 것은 현 시점에서의 저의 가장 큰 관심사는 자기와 타자가 함께 행복을 실현할 수 있는 공공세계의 공동구축을 향한 유효한 실천적 자세·방법으로서의 공공(하는)철학이, 무엇보다도 언어의 의미생성력과 거기에서 열리는 신지평=신세계에 대한 기대와 희망과 신념을 그 근거로 한다는 것입니다. 이것으로 타케다 선생의 신념과 저의 신념의 차이가 명시되었는지 모릅니다. 하지만 신념의 문제는 결국 상호존중할 수밖에 없다는 것이 저의 의견입니다.

24) 상상력 차원에 대한 착안 _ 타케다 야스히로(9.20. 목)

김 선생님, 고생하셨습니다. 올 여름의 더위는 예년에 없는 것이기에 너무 무리하지 마시기를…. 그럼 본론으로 들어가서, 지금 생각해보니까 「나의 삶과 일을 지탱하는 철학」이 약간 설명이 부족했던 것 같습니다. 그래서 핵심을 하나로 좁혀서 보충해 보겠습니다.

「나의 삶과 일을 지탱하는 철학」은 종래의 일본적인 이심전심으로의 치우침=언어에 의한 대화나 논의의 경시·언어론적 사고의 취약함과, 서양의 언어중심주의=이념중심주의 쌍방을 넘어서기 위한 사상입니다. 이것은 인간의 삶이나 사회에 대한 '탐구와 대화'에서의 언어의 형태·사용 장치·기능하게 하는 법을 바꾸어 나가려는 생각인데, 그러기 위해서는 인간에게 언어 사용을 가능하게 하는 '상상력의 차원'에 착안하는 것이 관건이 된다고 봅니다.

방대한 '이미지의 세계'를 자각적으로 개발하고 자유롭고 풍부하게 함으로써 나라·지역·전공·입장 등에 갇힌, 굳게 닫혀진 언어세계로부터 의식을 해방시키려는 것입니다. 그것을 위해서는 일상생활 속에서 풍부한 이미지의 세계를 넓히는 실천=창의공부가 필요하다고 생각합니다. 생활세계야말로 선미(善

美)의 무한한 보고이니까요.

저는 이 상상력이야말로 인간의 모든 인간적 활동을 지탱하고 낳는 것으로, 인간을 다른 생물과 결정적으로 구분시키는 가장 큰 능력이라고 생각합니다. (여담입니다만, 인류의 학명을 호모 사피엔스=이성적 동물이 아니라 '호모 이메지네이션'=상상력 동물이라고 하는 것이 적절하다는 것이 저의 오래된 주장입니다).

이차화된 이론상의 일이 아니라 진정으로 타자(어린이에서 어른까지)에게 배우고 타자를 존중하는 것을 가능하게 하는 것도, 이 상상력이라는 능력 덕분입니다. 만약에 이 힘이 약해지면 언어에 의한 사상은 현실화되지 않고 모든 것은 '그림의 떡'의 세계에 머무르는 것이 아닐까요? 상상력의 빈곤은 공상과 독아론밖에 가져오지 않는다고 생각합니다.

언어에 의한 커뮤니케이션을 위해서 무엇보다 필요한 것은 이미지의 세계를 넓히기 위한 의식적인 노력이라고 생각합니다. 이에 대한 자각이 없으면 언제까지나 '학자독아론', '관료독아론', '정치가독아론', '기술자독아론'과 같은 집단독아론의 세계에 갇히게(自閉) 되고, 생활세계의 언어에 의한 자유대화(진정으로 살아있는 대화)와 모두에게 이익이 되는 유용한 대화를 폭넓게 시작할 수 없습니다. 따라서 '연지'로서의 철학=생활자·시민의 철학은 영원히 봉인된 채로 있게 된다고 생각합니다.

넓은 의미의 철학('연지'로서의 철학=민지(民知))은 전문지(개별학문)가 아니라 사람이 자각적으로 살기 위해서 필요한 필수적인 지(知)일 것입니다. 그것을 위해서는 보통 사람들이 마음의 본심으로 얘기하는 생산적인 대화를 수행할 수 있는 조건정비가 요구되는데, 그 기반이 되는 것이 상상력 차원에 대한 주목이고, 그것에 의한 주관성의 단련·심화·개발이 아닌가 생각합니다만, 이 점에 대해서 김 선생님은 어떻게 생각하시는지요?

25) 공공철학적 상상력→구상력 _ 김태창(9.26. 수)

안녕하신지요? 9월 22일~24일까지 고베 포트피아호텔에서 「나카에 쵸민과 공공인간」을 주제로 한 연구회를 개최하였습니다. "옛날부터 지금까지 일본에는 철학이 없었다"고 절규하면서 서양철학(주로 루소의 사상)과 동양 이학(주로 맹자의 사상)의 발전적 융합을 통해서 새로운 일본의 바람직한 모습을 지향한, 나카에 쵸민의 철학 입국에 대한 뜨거운 열망에 새삼 공감하였습니다. 그래서 쌓인 피로가 풀리는 데 다소 시간이 걸렸습니다. 항상 저의 답장이 늦어져서 미안하게 생각합니다.

제가 걱정하는 것은 자기 확대와 타자동화의 방향으로 작동하는 상상력의 두려움과 무서움에 대한 자각이 충분하지 않은 사회풍토나 정치문화입니다. 제가 중시하고자 하는 상상력은 한없이 확대하는 자기 안에 타자를 삼키는 것이 아니라, 자타상관·자타상화·자타상생이라고 하는 생명의 작용을 기르는 상상력입니다. 그런 상상력을 종래의 자기수렴적이고 자기확대적인 상상력과 대비해서, '자타상관적·자타상생적 상상력'이라고 부르고자 합니다. 여기에서 좀 더 구체적으로 타자와 함께 생각하고 행동하면서 새로운 지평을 열어 나가는 과정을 공공철학적 상상력→구상력으로 이해하고 싶습니다.

그래서 한 사람 한 사람의 내면세계를 무한하게 심화시키고(수렴) 넓혀(확대) 나가는 상상력, 자기의 풍부함을 충실하게 하는 상상력이 대단히 중요하다는 사실을 충분히 인정함─저의 '활사'라는 생각의 일부가 됩니다─과 동시에, 자기와 타자 사이를 다차원적으로 매개하는(=맺고·잇고·살리는) '작용'으로서의 상상력→구상력의 필요성에 주목하는 것입니다.

타케다 씨가 말씀하시는 '학자독아론', '관료독아론', '정치가독아론', '기술자독아론' 등의 문제도, 저의 체험에 기초해서 말씀드리면 구체적인 학자·관료·정치가·기술자들의 사고·판단·행동·책임에서 완전히 상상력이 결여된 경우와, 자기확대적인 상상력밖에 없는 경우와, 자타상생적 상상력이 발휘되는 경우가, 어느 정도 명확하게 구별됩니다. 공공철학적 상상력→구상력은 세 번째 경우를 특히 강조한다는 점을 분명히 하고자 합니다.

저의 생각은 독아론─개인적이든 집단적이든─의 문제는, 상상력의 세계를 넓힌다는 의식적인 노력이 자타상생의 방향으로 작동하도록 의식함과 동시에, 생명의 작용이 그 속에서·그것을 통해서·충분히 길러지도록 하는 언어운용법의 체득이 중요하다고 생각합니다. 언어의 매개를 통하지 않는 상상력은 경우에 따라서는 자기내폐(內閉)의 세계를 강화하고 확대하기만 할 위험이 있습니다. 이론상 그렇지 않을까, 라는 것이 아니라 실천활동을 통해서 그런 실감을 갖게 되었다는 것입니다. 타케다 선생의 생각은 어떠신지요?

26) 민주제사회에서의 '관'의 본질 _ 타케다 야스히로(9.28. 금)

김 선생님, 전화로 이전에 말씀하셨던 나카에 쵸민에 대해서 심포지엄을 여셨군요. 심포지엄의 성공, 축하드립니다. 그럼 본론으로 들어가겠습니다.

저는 언어란 광대한 이미지의 세계에서 생겨나는 것으로, 그것을 잘 자각하면 풍부한 이미지를 환기시키는 언어를 사용할 수 있게 되고, 그것이 말로는 하기 어려운 자기와 타자의 마음이나 생각을 나타내는 것을 가능하게 해 준다고 생각합니다. 이미지에서 언어로, 언어에서 이미지로, 왕복운동이 잘 이루어지면 말은 살아서 움직이고=생명을 가질 수 있고, 그런 자유롭고 유연한 살아 있는 말이 아니면 많은 보통 사람에게 공통되는 세계=공공세계를 생각하고 말할 수는 없을 것입니다. 이것이 저의 기본 생각—'연지'로서의 철학='민지'의 입장입니다.

이상의 원리 차원에서의 이미지·상상력의 중요성에 대해서는 선생님과 의견이 같은 것이 확인되었습니다만, 현실 차원에서의 상상력의 행사의 방법과 방향성에 대해서는 당연히 바람직한 형태를 모색할 필요가 있다고 생각합니다. 그리고 상상력—이라고 하면 칸트철학을 의식합니다만, 저는 (그리고 김 선생님도) '철학사 내(內) 철학'이라는 좁은 세계에서 생각하는 어리석음에서 철학을 해방시키고 싶다고 생각하고 실천하는 사람이기 때문에, 서양철학사의 역사적 고찰과는 무관하게, 널리 현대의 생활세계의 한가운데에서 상상력의 중요성= 기저성에 대해서 깊게 자각하고 시각화하면서 언어로 사고하는 것을 실천해 나가고 싶습니다.

　그래서 드디어 이미지 세계와의 왕래를 의식한 풍부한 언어와 사고로 (종래의 '학'의 단단하게 닫혀진 언어가 아니라) '공공세계'에 대해서 이야기해 보지 않으렵니까? 먼저 우리의 (아비코시(我孫子市)에서의 12년간의 실천을 통해 얻은) '사'와 '관'의 이해방식에 대해서 말해 보겠습니다. 이에 대한 김 선생님의 생각을 들려주시기 바랍니다.

　메이지 시기의 대일본제국헌법에서는 주권이 천황에 있었기 때문에 '관'='공'이었고, 관료는 천황의 관리였습니다. 하지만 패전 후의 신헌법(그 기본이 된 것은 민간인 7인에 의한 헌법연구회의 '헌장초안(憲章草案)'이다)에서는 민주주의에 따라 주권은 국민에게 있다고 규정되었습니다. 따라서 전후 민주제사회에서의 '관'은 '공'(내지는 '공공')이 아니라 국민적·시민적인 공통이익이 '공'(내지는 '공공')이 된 것입니다. 그렇다면 '관'이란 국민적·시민적인 공통이익=공공을 밑바닥에서 지탱하는 서비스기관이고, 관료란 국민·시민을 위한 서비스맨일 것입니다.

　이상과 같은 간명한 민주제사회의 국가원리를 토대로, 아비코시에서는 '관'은 '공'(내지는 '공공')이 아니라 시민 서비스를 행하는 기관이고, 시청 직원은 시민 서비스맨으로, '시민적인 공공'을 밑바닥에서 지탱하는 것이 직업이라는 의식을 선명하게 하도록 노력해 왔습니다. 시민자치정신의 구현이지요.

　'공'(내지는 '공공')이란 '사'가 사적인 차원에서가 아니라 사회적인 사건과 문제에 대해 의견을 말하고, 그것을 대화에 의해서 '공론'으로까지 다져 나가는 데에서 나타나는 것이라고 생각합니다. 보통 사람이 모두와 함께 생활하는 데 있어서의 안전이나 쾌적을 공정하게 추구하는 활동을 '공공한다'고 하는 것이지, 어딘가에 공이나 공공이라는 실체가 따로 있는 것은 아닙니다. 지금도 남아 있는 옛 일본의 '관'='공'(내지는 '공공')이라는 생각을 진정으로 없애기 위해서는 민주제사회에 정확히 부합되도록 '관'을 다시 위치 지울 필요가 있다고 생각합니다만, 선생님은 어떻게 생각하시는지요?

27) ‘공’과 ‘공공’은 다른 것 - 천황에 가탁된 주권 _ 김태창(10.2. 화)

타케다 씨의 말을 빌리면, 원리 차원에서의 이미지 · 상상력의 중요성에 대한 우리 두 사람 사이의 공통인식과, 현실 차원에서 상상력의 행사 방법과 방향성에 대한 모색이 더 필요하다는 과제의식도 공유되었다고 생각합니다.

그래서 이번 대화의 핵심은 ‘천황’과 ‘관’과 ‘국민 · 시민’의 관계에 대한 공공철학적인 이해 · 견해 · 생각이라는 문제입니다. ‘관’이란 관료 · 관리임과 동시에 관료조직 · 정부=국가기관이기도 하지요. 먼저 대다수의 일본인은 현재, 천황과 국가와 정부가 ‘공’의 실체라고 이해하고 · 보고 · 생각하는 것 같습니다. 일본어사전도 대체로 그렇게 정의하고 있고요. 그래서 관료 · 관리 · 공무원이 ‘공’의 담당자라고 생각하는 것이 보통 일본인의 상식적인 이해라고 생각합니다. 천황의 관리가 곧 국가의 관리이고, 그것이 정부의 관리가 되는 것이지요. 그리고 ‘사’는 ‘공’이 담당하지 않는 것 · 그 밖에 있는 것 · 거기에서 떨어져 있는 것으로 여겨져 왔습니다. 그것은 서민이자 평민으로, 아무런 공직도 없는 보통 생활자입니다. 그래서 국민이라고 해도 ‘공’의 실체로서의 천황 · 국가 · 정부의 틀 속에 그 존재와 역할과 직무가 공인된 것들과, 그 외부와 주변에 위치 지워진 것들은, 존재론적으로도 가치론적으로도 확연히 구별됩니다. 그 관계는 실로 관존민비(官尊民卑)=공존사비(公尊私卑)입니다. 그것이 결국 ‘멸사봉공’의 논리를 가져오는 필연적인 원천입니다. 그런 생각에 반발한 것이 멸공봉사(滅公奉私)적인 전후의 이기주의 · 사익(私益)지상주의 · 자기 중심 사고라는 견해도 있습니다.

제 생각에는 멸공봉사의 ‘멸공’은 구체적으로는 반(反)관료주의적 사회풍토이고, ‘봉사’는 진정한 ‘사’가 성숙되지 않는 ‘가짜 사’ · ‘거짓 사’ · ‘이름뿐인 사’의 가여운 방랑 · 횡포 · 폭주에 지나지 않는다고 생각합니다. ‘공’만이 강조 · 칭찬 · 미화되는 가운데 ‘사’가 소멸되고 부정되고 말살된 나머지 ‘사’가 쇠약 · 변태 · 고사되었다고 할 수 있겠지요. 정상적인 ‘사’의 존재와 의미와 기능이 완전히 제거되었기 때문입니다.

타케다 씨는 '공'과 '공공'을 거의 동일시하고 계신다는 인상을 받았습니다. 제가 만난 일본인들도 대부분 그랬습니다. 하지만 저는 '공'과 '공공'은 다른 것으로 명확히 구별해서 생각할 필요가 있다고 오랫동안 강조해 왔습니다. 저는 '공공'을 '공'과 '사'를 그 사이에서 다차원적으로 공매(共媒)하는―맺고·잇고·살리는―작용·과정·활동으로 이해합니다. 먼저 한 사람 한 사람의 인간=개인=국민=시민의 '사'를 살리는 것을 통해서·중심으로 해서·과제로 해서 중시함과 동시에, 거기에서·그것을 전제조건으로 해서 '공'을 '열고'·'새롭게 하고'·'바로잡는' 것이 '공공'(한다)입니다. 그래서 천황·국가·정부의 명령·지시·선언에 개인·국민·시민이 일방적으로 복종하는 것이 아니라, 또한 그것이 무엇이든 각각에 대해서 저항·반대·이의제시를 무리하게 강행하는 것도 아닌, 함께 대화·공동·개신하는 것을 도모하고·고민하고·축적해 나가는 것입니다. 그래서 일전에 참의원(2007) 선거 결과를 '뒤틀린 국회'라고 보도하는 매스컴의 발상의 원점에는 공공의 정치로서의 민주정치 이해가 얼마나 결여되었는가가 명확하게 드러나 있습니다. 지금까지의 일본 정치는 자민당 일당에 의한 '공'의 정치였는지는 몰라도, 상이한 정치적 견해·입장·주장이 공평·공정·공명하게 조정된 '공공'의 정치는 아니었다고 생각합니다. 다수의 횡포로 강행 체결을 반복하는 오늘의 국정의 모습에는, 서로 다른 정치적 신념이나 정책 방침의 대립을 대화·공동·개신을 통해서 해결하는 과정이 거의 무시되어 온 것이지요. 그것이 마침내 일정 수준의 대화·공동·개신을 위해서 필수불가결하다고 하는 사실이 명확해진 것입니다. 그것이야말로 민주정치의 정상 상태가 아닌가요? 그런데 왜 그것이 '뒤틀렸다'고 하는 부정적인 말로 표현되는지 이해가 안 됩니다. 민주정치에서는 중의원과 참의원에서 다수당이 달라지는 것은 물론이고 정권 자체가 민의에 기초하여 언제나 교체 가능합니다. 이것이 바로 '공'의 정치가 아닌 '공공'의 정치의 핵심이지요.

다만 여기에서 천황과 국민과 주권의 관계에 대한 제 생각을 말씀드리면, 일본의 현행헌법에 근거를 두고 그것에 충실하게 판단하는 한에서는 문언(文言)

적으로는 국민주권의 기본원칙이 명시되어 있습니다만, 법리(法理)적으로는 국민의 총의에 의한 국민 전체의 상징으로서의 천황이 주권의 귀속 주체가 되어 있다고도 이해할 수 있습니다. 그래서 자민당 총재인 수상이 일본국의 총리로서의 지위전환되는 것도 그가 임명한 장관들의 신분과 직무상의 법적인 정당성이 공인되는 것도 천황의 인정이라는 절차를 통해서 이루어지며 국회의 개회도 천황의 개회의 선언에 의해서 비로소 그 국권 발동으로서의 의회 활동의 공식적 정당성이 형성되는 것이 아니겠습니까? 그래서 공사공매로서의 공공을 현실적으로 담당하는 것은 어떤 의미에서는 현재의 일본에서의 천황이 아닌가 생각합니다. 그래서 메이지헌법 하에서는 천황주의라는 생각이 주류였기 때문에 '천황=공'의 도식이 쉽게 성립했는데, 현재의 주권재민과 상징천황의 헌법적 규정을 냉정하게 고려해볼 때 주권이 국민에게 흩어져 있다기보다는, 그 총의에 기초한 전체의 상징이라는 의미에서 각자의 주권이 한데 모여서 천황에게 가탁·기탁되었다고 보아야 되는 게 아닙니까? 그렇게 되면 '공'은 국가의 구체적인 장치로서의 정부·다수당이고, 그 '공'과 그 외부·주변에 위치 지워진 '사'=한 사람의 국민=시민=사민(私民) 사이를 매개하는 '공공'의 담당자는 여러 가지가 있습니다만, 가장 상징적인 작용이 천황의 '상징천황'이라는 위상에서 추론될 수 있다고도 생각되는데 타케다 씨는 어떻게 보시는지요?

28) 주권자는 '천황'에서 '국민'으로 _ 타케다 야스히로(10.4. 목)

마지막 질문에 대한 답변부터 드리겠습니다. '상징천황과 주권재민'에 대해서입니다만, 일본국헌법 제1조에 천황의 지위는 주권을 가진 일본국민의 총의에 기초한다고 명확하게 규정되어 있는 이상은, 천황은 정치적으로는 의례를 주관하는 자로 그 이상도 이하도 아니라고 생각합니다. 나라를 다스리는 최고의 힘인 주권을 "천황에게 의탁·가탁한다"고 하는 선생님의 견해는 전후 민주주의에서의 국가원리로서는 성립하지 않을 것입니다. 상징천황이란 극히 애매한 존재입니다만, 정치적 힘은 전혀 갖고 있지 않기 때문에 국가권력의 원천인

'주권'에 천황을 관련짓는 해석을 해서는 안 되겠지요. 원리 차원에서 주권자가 변했다고 하는 사실은 극히 무거운 의미를 지니는 것이기 때문에, 이 원리를 철저히 밀고 나가는 것이 공공세계를 여는 최대의 관건이라고 확신하고 있습니다.

다음으로 '주권'의 해석과 연동되어 나오는 '공과 공공의 구별'에 대해서입니다. '공'과 '사'를 매개하는 것으로서의 '공공'이라는 선생님의 기본자세에 대해서는 잘 알고 있습니다만, 주권자를 국민으로 하는 민주제사회에서는 공과 공공을 나눌 수 없다고 생각하고 있습니다. 현대에 사는 보통 일본인에게 '공'이란 중학생 사회교과의 한 과목인 공민(公民)이고 공민관(公民館)이고 공원(公園)이고 공론으로, 이 경우의 '공'은 천황이나 황실과는 결부되지 않고, '관'이나 정부를 가리키는 것도 아닙니다. '공'이란 국민·시민 모두에게 공통되는 이익을 말하지, 실체개념은 아닙니다. '관'은 모두의 공통의 이익을 위해 기능한다는 의미에서 '공'을 지탱하는 기관으로, '관=공'이라는 이해는 부적절하다고 생각합니다. '공'은 모두에게 공통되는 이익이기 때문에 '공공'과 같습니다. 다만 저도 '공'이라고 하기보다는 '공공'이라고 하는 쪽이 용어상으로는 더 좋다고 생각하기 때문에, '공'을 '공공'이라고 바꿔 말할 수 있는 장면에서는 그렇게 하는 데에 찬성합니다.

그리고 '공과 사'라고 할 때의 '공'을 '관'이라고 한다면 '관과 사'라고 해야 하고, 그렇게 하면 오해가 생기지 않을 것입니다. 가령 최근의 사회보험청의 스캔들은 '관'의 문제라고 해야지, '공'의 문제라고 하면 의미가 통하지 않습니다. 원래 민주제사회에서의 정부나 관료조직은 국민·시민의 공통이익·일반의사에 따라 작동하는 것으로, 그 역은 있어서는 안 된다고 생각합니다.

선생님은 "'공공'을 '공'과 '사'를 그 사이에서 다차원적으로 공매(共媒)하는 —맺고·잇고·살리는—작용·과정·활동으로 이해한다"고 하셨는데, 저는 다음과 같이 생각합니다. 먼저, 천황을 주권자로 한 대일본제국헌법(메이지헌법) 하에서는 '관'이 '공'이었지만, 주권자가 국민이 된 전후의 민주제국가에서는 '관'이 '공'을 자칭하는 것은 허용되지 않고, '공'이란 국민 · 시민적인 공통이익 · 일반 의사를 말하고, '관'이란 그것을 지탱하기 위한 기관과 조직이라고 볼 수밖에 없습니다. 그런 의미에서 확실히 '공'이란 '공공'과 바꿔 말해도 되고, 오래된 '공'이라는 말 · 개념을 '공공'이라는 말 · 개념으로 바꿔나갈 필요가 있다고 생각합니다. 그리고 그 공공이라는 열린 민주적 개념을 현실에 유효한 것으로 만들기 위해서는 시민정신(citizenship)을 가진 시민(=공민 · 공공인)의 육성이 필수불가결하고, 그러기 위해서는 초등학생 때부터 차근차근 '자유대화'의 연습=실천이 필요합니다. 저는 이렇게 생각하는데 선생님 생각은 어떠신지요?

29) 일본은 천황제에 기초한 세간공동체적 민주주의 _ 김태창(10.9. 화)

안녕하신지요? '상징천황과 주권재민'에 대한 저의 생각이 오늘날 대다수의 일본인의 정치의식에 위화감을 갖게 한다는 점은 충분히 잘 알고 있습니다. 그래서 타케다 씨의 반론의 본뜻도 잘 이해할 수 있습니다. 하지만 저 자신의 개인적인 견해는 오늘날의 일본인의 정치적 통념을 다른 각도에서 생각해 볼 필요가 있다는 것입니다. 제가 보기에는 일본은 천황제에 역사적 · 문화적 권위의 근거를 둔 세간(世間)공동체적 민주주의 국가 · 사회입니다. 타케다 씨가 말씀하셨듯이, 현재의 천황에게는 제도적으로 정치권력은 일체 없습니다. 실로 일본 국민의 총의에 기초한 상징적 지위로, "정치적으로는 의례를 주관하는 자로, 그 이상도 이하도 아니라"는 타케다 씨의 생각을 공유합니다.

그렇다면 정치적으로 주관하는 의례에는 어떤 뜻이 담겨 있을까요? 아무런 뜻도 없을까요? 국민총의에 기초한다는 것은 일본 국민 한 사람 한 사람의 의사를 개별적으로 나타내는 것이 아니라, 그러한 특수의사와는 다른 차원의 "공통이익 · 일반의사"—타케다 씨의 말을 그대로 빌렸습니다—를 물리적으로가 아니라 상징적으로 구현하는 시스템 · 장치 · 기능으로 존재하는 것이 천황(제)이라는 것이 저의 이해입니다. 왜 그런 제도가 필요한가? 그것은 정치권력의 최고 담당자 · 집행자로서의 수상(총리대신)이 국회, 특히 중의원에서의 다수당에서 선출되어, 그 수상에 의해 내각이 형성되기 때문에, 특정 정당의 특수의사는 대표하지만 그것이 반드시 일반의사의 반영이라고는 할 수 없다고 하는 한계가 있기 때문입니다. 그래서 그것을 다시 한번 국민총의에 기초한 국민통합의 상징인 천황에 의한 인증을 통해서 일반의사를 반영하는 것으로 전환시킬 필요가 있는 것이지요. 그것이 황거(皇居)라는 상징적인 '장'에서 거행되는 인증식의 상징적인 '의미'가 아닐까요? 그 '의미'란 자민당 혹은 다수당의 특수의사에 기초한 것에 지나지 않는 것을 일본국 구성원 전체의 일반의사에 기초한 것으로 정당화하고, 그것을 국민총의—천황에 의해 상징된다—에 의해 인증된 것으로 만든다고 하는, 정치권력의 상징전환이 아니겠습니까?

저는 천황제와 민주주의는 서로 모순된다고 하는 대다수 일본인 논자들의 견해에는 천성할 수 없습니다. 가령 유럽에는 입헌군주제에 기초한 선진민주주의 국가·사회가 현실적으로 실재합니다. 군주 없는 민주주의 국가·사회이면서 전체주의적인 독재국가·사회도 역사적으로 존재했고, 지금도 존재하고 있지 않나요? 유럽의 군주제와 일본의 천황제는 물론 같은 것은 아닙니다만, 유비적으로 생각하는 것은 가능하다고 봅니다.

'공'과 '공공'을 구분해서 그 상호관계를 '사'와 함께 삼차원상관연동적으로 다시 파악하는 것도 오늘날 일본에서는 아직 소수의견입니다. 절대 다수의 일본인은 '공'과 '공공'을 거의 같은 것으로 보고, 그것을 '사'와 상반되는 것으로 이해하고 있습니다. 그리고 '관'(료)의 위치지움이나 의미부여에 대해서도 설이 분분합니다. 하지만 저는 '관'(료)—특히 국가공무원—은 어디까지나 '공'의 담당자라는 의식을 분명하게 가질 필요가 있다고 생각합니다. 문제는 중의원과 참의원 의원들의 의식이 어떤가 하는 것입니다. 정치가로서의 의원의 위치지움과 의미부여입니다. 저는 정치가의 기본적인 역할은 한 사람 한 사람의 국민·시민·사민들의 개별의사와, 일반의사로 인증된 국가의사를, 그 사이에서 맺고·잇고·살리는 것이라고 생각합니다. 거기에 국가의사의 강력하고 유효한 발동과 실행으로서의 행정—통치권의 행사—과는 다른 정치, 즉 민의에 기초해서 통치의 시비와 적부를 판단하고 평가하여, 그 본래의 존재이유에 걸맞은 방향으로의 개선을 끈질기게 모색하고 실현시키는, 동태가 '공'과 다른 '공공'의 모습이라는 것이 저 자신의 '공공(함)'의 이해입니다. 그래서 행정과 정치를 나누고, 관(료)과 정(치가)이 어떻게 다른지를 생각해 보는 경우에도, '공'과 '공공'을 각각 분명하게 나눠서 그 상호관계를 생각할 필요가 있다는 것이 공공철학적 발상의 기본입니다.

오늘날 일본의 심각한 문제 중의 하나는 정치가와 행정가의 역할이 뒤죽박죽되어 있어서 국민·시민·사민과의 바람직한 관계에 대한 의식도 분명히 구별되지 않는다는 것입니다. 그것은 의원내각제의 운용이 너무나 권력의 행사에 경도되어 있어서, 권력행사의 시비를 묻는다고 하는 공공정치의 기능이 발휘되어 오지 못했기 때문이겠지요. 장기간 자민당 일당정치체제가 계속되는 관계로 행정부와 입법부의 기능적 분립의 의미와 기능이 애매해졌기 때문이겠지요. 그리고 다양한 민간단체의 다차원적인 활동이 거의 대부분 어떤 형태로든 직접·간접적으로 정부에 의존하는 상태에 머물러 있어서 진정한 자립에 이르지 못하고 있습니다. 그래서 시민사회가 미성숙한 것이지요. 성숙한 시민사회가 없는 곳에서는 국가와 개인이 직접 부딪히고, 그때 개인은 거의 무력할 수밖에 없습니다. 그래서 국가의 '공'과 국민·시민·사민의 '사'를 그 사이에서 함께 매개하는 시민사회의 '공공'이 기능적으로도 구조적으로도 분화·자립되어 있는 정치적·사회적·문화적 성숙이 미흡하다고 볼 수밖에 없습니다.

30) 천황제와 주권재민에 대해서 _ 타케다 야스히로(10.10. 수)

먼저 천황이 행하는 의례에 대해서입니다만, 기독교 교단의 정치가가 '신의 이름하에'라거나 '신 앞에서'라고 말하는 것과 유사하게, 상징화된 '성'(聖)을 필요로 하는 것은 어느 나라든 마찬가지로, 그런 의미에서는 일본에서 천황이 인증식 등의 의례를 거행하는 것에 별다른 정치상의 문제가 있다고는 할 수 없겠지요. 그리고 시민사회가 성숙해서, 새로운 시민정신을 상징하는 의식이 거행되게 되면 멋진 일이 되겠지요. "천황의 인증을 통해서 의원내각제 하에서의 정당의 의사를 일반의사로 전환시킨다―그것은 국민의 주권이 천황에게 가탁되어 있기 때문이다'라고 하는 선생님의 생각에는 대부분의 사람이 찬성하지 않으리라 생각합니다. 원래 '주권'이라는 정치통치의 최고의 힘은 민주제사회에서는 누구에게도 가탁할 수 없고, '자유대화에 의한 일반의사의 형성'을 보증하고 담보하는 절대불가결한 이념으로 상정된 것입니다. 양도도 분할도 가탁도 불가능한 것이 주권이라는 이념이 아닐까요?

그리고 천황제와 민주주의에 대해서입니다만, 메이지정부가 만든 '근대천황제'(주권자를 천황으로 한다)가 민주주의와 양립하지 않는 것은 논할 필요도 없지만, 전후의 '상징천황제'(국민주권 하에서 의례를 집행하는 천황)가 민주제와 배반되지 않는다는 것은 대다수의 일본인에게 공통되는 이해로, 선생님의 인식은 잘못되었다고 생각합니다. 저도 민주제와 배반된다고까지는 생각하지 않습니다만, 시민사회가 성숙함에 따라서 그 모습을 바꿔 나갈 필요는 있다고 생각합니다 (백화교육관 홈페이지 「황족의 인권과 시민정신의 함양」에 나와 있습니다).

다만 여기에 중대한 사상적 문제가 있는 것은 확실합니다. 정치권력은 없어도 상상력을 기반으로 해서 '문화'를 만들어 내는 인간은 하나의 '상징동물'인데, 상징으로서의 천황과 황실은 지고의 선(善)을 심리적으로 '사'로부터 빼앗아 버린다고도 할 수 있습니다. 가능성으로서는 '지고의 선미'(善美)는 한 사람 한 사람의 '사'('에고'가 아니라 '존재') 속에 있고, 그것을 넘어선 에로스는 아니라는 것이 민주제의 가장 깊은 철학이라고 생각하기 때문에, 시민정신의 찬란함에 비춰진 앞으로의 민주제사회에 걸맞은 상징을 만드는 것은 '열린 사(私)―대화정신이 풍부한 사(私)로서의 시민'에게 있어서 필수적인 활동이 아닐까요? 기독교의 상징은 십자가이지만 열린 시민정신의 상징은 무엇일까요? 그것을 모두 함께 모색하는 것은 상당히 유쾌한 일이라고 생각합니다.

다음으로 이것과는 차원이 다른 문제로 헌법의 해석에 대해서입니다만, 그것의 좋고 나쁨의 판단 기준은 어떻게 읽었을 때에 "자유대화에 의거하는 민주적인 공공세계가 열릴까?"에 있는 것이 아닐까요? 자연과학과 같은 '진리'가 있는 것도 아니기 때문에, 그것을 어떻게 해석하고 운용하면 보통의 다수의 이익이 될까, 그것을 탐구하는 것이 긴급과제입니다. 그런 시점으로부터도 '천황에 가탁된 주권'이라는 견해는 문제가 있다고 생각하는데, 선생님 생각은 어떠신지요? 두 번째 문제인 '공'과 '공공'의 구분에 대해서입니다. "국가공무원은 '공'의 의식을 분명하게 가질 필요가 있다"고 하는 선생님의 생각에 대해서입니다만, 민주제사회에서의 공무원은 국민(시민)에 고용되어 있는 자로, 민(民)의 일반의사에 따라서 일하기 때문에 국민(시민)적인 공공을 실현하는 것이 임무일 것입니다. "민의 공공과는 다른 국가공무원의 '공'"을 상정한다는 생각은 주권재민의 민주제를 전제로 하면 성립하지 않는다고 생각합니다.

그리고 시민사회의 미성숙 문제는 공과 공공을 나누어서 생각하면 된다는 얘기가 아니라, 메이지정부─근대천황제에서의 관(官)=행정권력의 비대화(천황현인신(天皇現人神)·천황사관(天皇史觀)에 의한 철저한 교육이 그 기반)에 의한 '사'의 억압(주관성을 소거하는 사기술)에 그 원인이 있고, 이 관(官)의 비대화를 지탱한 '천황교-야스쿠니(靖國)사상·동경대병·관료주의'가 아직 뿌리깊게 남아있다는 데에 문제가 있다고 생각합니다. 하지만 이런 것으로 관을 만든 것은 '관' 자신이 아니라, 메이지시대의 극단적인 보수주의 정치가인 야마가타 아리토모(山縣有朋) 등이었습니다. 따라서 여기에서 벗어나기 위해서는 민(民)의 일반의사의 '대행자'이어야 하는 정치가가 근본적인 제도개혁을 행하는 것 이외에는 다른 방법이 없습니다(물론 그것을 가능하게 하기 위한 전제는 한 사람 한 사람의 생각과 삶의 변화에 있고, 그 문화적 변혁과 연동하지 않고서는 정치는 무력하고 무가치할 뿐입니다). 주권재민의 민주제사회에서는 선거에 의해 선출되지 않은 공무원이 자립해서 권력을 행사하는 것은 불가능합니다. 공공을 담당하는 정치가(=민의 대행자)가 제시하는 틀과 방향에 따라서 민에 대한 서비스를 제공하는 것이 관=공무원의 일이고, "주권자는 민이다"라는 민주주의의 원리를 체득해서 모두의 공통의 이익을 꾀하는 것이 그들의 사명일 것입니다.

"'일본에서 정치가와 행정가의 역할이 뒤죽박죽되어 있'는 것은 공(관의 역할)과 공공(정치가의 역할)이 나누어져 있지 않기 때문"이 아니라, 주권재민의 민주제의 원리가 철저하지 않은 것이 원인이라고 저는 생각합니다. 시민이란 무엇인가? 우리 한 사람 한 사람이 나라의 주인이라는 의식을 함양하는 교육이 행해지지 않고, 자유대화의 실천도 거의 없기 때문에 민주제가 단순한 다수결이라는 수단으로밖에 이해되지 않고, 나라의 주인인 '사'가 공론을 형성해 나가는 '공공하는 기쁨'에 의해서 '대화정신이 풍부한 열린 사'로 변모해 나갈 수 없는 것입니다. 그것 때문에 정치와 그것을 원활하게 진행하는 제도=관(官)이 구별조차 안 되는 사태에 이르고 있는 것이겠지요. 선생님은 어떻게 생각하시나요?

그럼 기온차가 심한 날씨에 건강에 유의하시기를 바라면서.

(출전:「公共的良識人」, 교토포럼 발행, 2007년 12월호)

철학대화를 마치며

저는 사민(思民)·지민(志民)·철민(哲民)이라는 말을 1990년에 일본에 온 이래로 여러 곳에서 선택적으로 써 왔습니다만, 그것의 의미나 유래에 대해서 설명한 적은 없었다는 사실을 최근에 와서야 새삼스럽게 깨달았습니다. 아마도 낯선 말이라는 생각이 들었을 것입니다. 그래서 뒤늦게나마 그 연유를 말씀드리자면 거기에는 저 나름대로의 이유가 있습니다.

제가 젊었을 때 존경했던 한국인 중에 함석헌이라는 큰 스승이 계셨습니다. 그분은 일제 강점기에도 그리고 조국 독립 후의 군사정권 시절에도 일관된 하나의 시민의 입장에서 체제와 권력과 지배의 시비를 따진 백성철학자입니다. 함석헌 선생이 말씀하신 여러 귀중한 메시지 중에서 특히 제 마음속 깊이 울려 퍼지고 있는 것은 "생각하는 백성이라야 산다"는 말입니다. 나라가 망해도, 강력한 독재 하에서도, 한 사람 한 사람의 씨알=백성이 무엇이 참다움인지를 끊임없이 생각하고, 그것에 기초한 신념을 유지해 나갈 수 있으면, 거기에서 생기는 백성의 에너지에 의해서 나라를 되찾고 민주화를 실현시킬 수 있다고 하는,

씨알에 대한 뜨거운 호소였습니다.

'끊임없이 생각하는 백성'이라는 의미에서의 '사민'(思民)이라는 말을 쓰고, 백성의 생명과 생활과 생업의 자립과 질적 향상을 자주적으로 그리고 함께 힘을 결집해서 실현시킨다고 하는 뜻을 함께 하는 서민·평민·생민이라는 의미에서 '지민'(志民)이라는 조어를 써 본 것입니다. 그리고 한 사람 한 사람의 백성이 스스로의 머리로 성찰하고 가슴으로 느끼고 팔다리로 실행·실천·실지하는 철학의 주체가 되기를 바란다는 의미에서 철민-철학하는 백성-이라는 말도 썼습니다. 그런 생각을 하는 학자가 사민학자이고, 그런 뜻을 속깊이 품은 저널리스트가 지민저널리스트입니다. 그래서 '함께 공공하는 철학'은 '철민으로 가는 길'이기도 하다는 의미에서 21세기의 '철민도'(哲民道)에 다름 아니라고 생각합니다. 물론 이것은 어디까지나 저 자신의 개인적인 체험에 기초한 신조어(新造語)이기 때문에 그러한 저의 심정적 경위를 헤아려서 저의 조어 사용을 너그럽게 양해 해주시기 바랍니다.

(2010년 5월 30일)

2. 신문 / 매스미디어와 NGO / NPO / 자원봉사와 공공철학*

시작하며

세코 카즈호: 안녕하십니까? 오늘 김태창 선생님을 모시고 츠치다 오사무 씨와 제가 〈신문과 NPO의 협동전략으로서의 공공(하는)철학의 중요성〉을 테마로

* 일시: 2009년 3월 11일 / 장소: 호텔 선루트플라자 신쥬큐
　대화: 김태창
　　　츠치다 오사무(土田修, 중일신문사 동경본사 수도권편집부 차장)
　　　세코 카즈호(世古一穂, 특정비영리활동법인 NPO의 연수·정보센터 대표이사)

솔직한 의견을 나누고자 합니다. 구체적으로는 '매스미디어의 공공성'혹은 '매스미디어와 NPO/NGO와 봉사활동의 관계' 그리고 '매스미디어의 변혁 가능성' 등에 대한 대화를 나눌 예정입니다. 이와같은 취지에서 '공공(하는)철학'의 기본에 대한 김태창 선생님의 견해를 경청해보려고 합니다.

일본의 신문과 매스미디어의 위기 상황

츠치다 오사무: 우선 김 선생님에게 오늘의 문제상황을 말씀드리는 것이 도움이 될 것 같습니다. 최근 몇 년 사이에 일본의 신문과 매스미디어는 위기를 맞고 있습니다. 외재적 사실로는 광고 수입의 대폭 감소, 신문 독자의 감소, 인터넷 보급에 의한 정보환경의 변화 등이 그 원인입니다만, 더 심각한 문제는 신문보도를 포함한 매스미디어의 보도 자체에 대한 신뢰가 흔들리고 있다는 점입니다. 과거에《아사히신문》의 한 기자가 오키나와현 이리오모테지마(西表島)의 산호에 쓰여 있는 'K · Y'라는 이니셜을 날조한 사건,[14] 그리고 2005년 8월에 같은《아사히신문》의 나가노(長野) 총국 기자가 신당 결성을 둘러싸고, 당시의 다나카 야스오(田中康夫) 나가노현 지사의 발언을 날조한 사건 등이 기억에 남아 있습니다. 이러한 허위보도나 수많은 오보가 신문보도에 대한 불신감을 더하고 있는 것이 사실입니다.

2002년에 실시한《아사히신문》의 여론조사에서는 이미 60% 이상이 '매스미디어에 대한 불만'을 표명하고 있습니다. 이유는 "인권에 대한 배려가 부족하다"가 32%, "흥미 위주로 보도한다"가 28%, "시각이 일면적이다"가 23%였습니다. 여론조사는 하나의 지침에 지나지 않습니다만, 텔레비전을 포함한 매스미디어 보도에 대한 불신감이 독자들의 신문 이탈의 한 요인이라고 생각됩니다. 이러한 위기를 계기로 신문을 시민 쪽으로 가져와서 시민란을 강화하는 저널리즘으로 전환시키는 것은 어떤가 하는 것이 최초의 문제제기입니다.

세코 카즈호: 특별히 위기라고 하신 것은 어떤 상황을 말하는 것인지요?

츠치다 오사무: 신문의 위기는 광고수입의 감소나 독자의 신문 이탈과 같은

외재적 위기로 끝나지 않습니다. 그보다 더 심각한 위기는 저널리즘의 질이라는 신문의 내재적인 문제에 있다고 생각합니다. 전후 60년 동안 신문은, 언론 보도의 자유를 근거로 국민의 '알 권리'에 부응하기만 하면 된다고 생각해 왔습니다. 신문에서의 '알 권리'란 정부나 행정기관 등의 공적인 정보를 독자에게 전하는 것을 의미합니다. 2001년에는 '알 권리'를 구체적인 청구권으로 인정한 정보공개법이 시행되었는데, 신문은 오로지 매스미디어가 정부 정보의 공개를 요구할 수 있는 권리로만 '알 권리'를 이해하였지, 정보를 공급받는 시민이 정보를 공급하는 신문과 텔레비전의 지면과 방송에 접근하는 권리로서는 이해하지 못했습니다. 시민 참여나 시민센터에 대한 이해가 부족하기 때문입니다.

신문이 공적인 정보를 입수하기 위해서는 정부 고관이나 정치가의 기분을 상하게 하는 일은 좀처럼 할 수 없습니다. 자기네 회사만 정보를 못 얻거나 경쟁 회사에 특종이 흘러 들어갈 우려가 있기 때문입니다. 로마에서 있었던 나카가와 쇼이치(中川昭一, 1953~2009) 전 재무장관의 '몽롱한 기자회견'[15]을, 그 자리에 있던 기자가 즉석에서 보도하지 않은 것은 나가카와 씨나 재무성의 눈치를 봤기 때문이라고 합니다. "(니시마츠 건설에 대한 동경지검의 조사는) 자민당에 미치지 못한다"고 하는 우루마 이와오(漆間 巖) 관방부장관(官房副長官)의 발언(2009.3.5)을 '비공개 간담'이란 이유로 실명보도하지 못했던 것도 정부 관계자의 눈치를 본 결과라고 할 수 있습니다. 내각기자클럽이 정부에 비공개 간담의 해제를 신청하는 사이에, 관방장관이 텔레비전에 출연해서 우루마 씨의 실명을 폭로해 버렸습니다. 신문이나 텔레비전은 '비공개 간담'이 정부 고관이나 유력 정치가로부터 진심이나 극비정보를 이끌어내고, 국민의 '알 권리'에 봉사하는 유효한 취재 방법이라고 변명했지만, '비공개 간담'은 일반시민에게는 알기 어려운 기자클럽 내의 '규정'에 지나지 않습니다. 그것도 일반시민이 알기 어려운 곳에서 당국이 매스미디어를 통제하는 보이지 않는 수단이 되고 있습니다. 이와 같은 정부나 권력에 유착하여 정보가 통제되는 저널리즘의 형태에서는, 신문은 시민의 요청에 부응하기는커녕 시민을 적으로 돌려도 어쩔 수 없는 상황에 왔다고밖에 달리 할 말이 없습니다.

김태창: 결국 경영 부진 문제와 시대적 · 상황적 요청에 대한 응답부실 문제가 있다는 것이군요. 정부로서는 이용가치가 있을지 모릅니다만, 국민 · 시민 · 생활자에게는 다른 선택지—예를 들면 인터넷—를 대량으로 그리고 자유롭게 사용할 수 있게 된 것이 근본적인 문제입니다. 국민 · 시민 · 생활자의 입장에서 생각하면 신문이나 매스미디어가 제공하는 정보에 대한 수요와 내용의 질에 대한 신뢰성의 저하가 경영상의 압박 요인임과 동시에 그것의 존재이유까지 문제시 되게 된 것이 위기의 실상이라고 보아야 하지 않을까요?

츠치다 오사무: 신문과 매스미디어는 자신의 존재이유를 잠깐 멈춰서 생각해 볼 때가 왔다고 생각합니다. 전후 60년 이상이 지나고, 고도 성장기나 거품 경제의 붕괴를 거쳐, 사회는 크게 변화했습니다. 1995년의 한신(阪神) · 아와지(淡路) 대지진에서는 전국에서 고베(神戸)로 수많은 자원봉사자가 몰려왔고, 1998년에는 일본 최초의 '시민입법'인 특정비영리활동촉진법, 이른바 NPO법이 제정되었습니다. 그리고 나서 10년이 지난 지금, NPO법인은 전국에 36,000개를 넘었습니다(재단법인이나 사단법인과 같은 민법의 공익법인은 25,000개). 자유롭게 자립한 시민 활동은 눈부시게 발전했습니다만, 신문이 이러한 시민사회의 움직임에 충분히 대응하고 있다고는 말할 수 없습니다. 여전히 '표현의 자유'나 국민의 '알 권리'에 대한 봉사를 금과옥조로 삼고, 나라나 정부의 공적인 정보를 시민에게 일방적으로 전달할 뿐인 구태의연한 저널리즘을 고집하는 상황을 바꾸려고 하지 않기 때문입니다.

그리고 신문보도에 원래 있어야 하는 '공공성'에 대한 인식이 희박합니다. 신문은 원래 공공적인 존재이어야 합니다. 그런데 정부나 행정기관에 관한 공적인 정보 전달을 중요 업무로 하는 '공적' 저널리즘에 머물러 있습니다. 정치부나 경제부 기자는 여전히 관공청의 발표나 정부 강연, 경제계의 발표자료 등을 기초로 하여, 그날 보도할 만한 뉴스를 정하고 기사를 쓰고 편집과 레이아웃 작업을 거쳐 컨베이어 식으로 지면이 완성되어 갑니다.

그것도 거의 매일같이, 어느 신문을 읽어도 일면 톱기사는 거의 같은 내용의 기사가 게재되고 있습니다. 제목의 뉘앙스에 약간의 차이는 있지만, 매일 획일적인 보도가 행해지는 것은 신문이 공적인 정보를 국민에게 알리기 위한 '공기'(公器)임을 자임하고, 정부나 행정기관과 같은 공적 기관의 발표 정보를 우선시하여 지면화하기 때문입니다. 그런 의미에서 신문이 내재적인 위기에서 벗어나기 위해서는 뉴스의 공공성이 과연 무엇인가를 진지하게 생각하고, 시민에게 눈을 돌려 취재와 보도를 실행하는 데서 시작할 필요가 있습니다. 이때 김 선생님의 '공공(하는)철학'이 나침반 역할을 한다고 생각합니다.

세코 카즈호: 츠치다 씨는 오늘의 신문과 매스미디어의 위기가, 보도에 원래 들어 있어야 하는 '공공성'에 대한 인식이 희박하기 때문이라고 하셨습니다. 그것도 그렇습니다만, 그 근본에는 개개의 신문기자, 미디어 관계자들이 NPO와 NGO 등 시민센터에 대해서 지식이 부족한 것이 더 큰 원인으로 자리 잡고 있다고 생각합니다. 1998년에 일본에서 NPO법이 만들어졌는데, 현재 신문기자가 된 사람을 포함해서 대부분의 성인 일본인이 학교교육을 비롯하여 사회교육에서도 시민센터에 대해 제대로 배울 기회를 갖지 못했다고 생각합니다. 그래서 신문기자는 NPO 활동의 개별 사례를 다루는 일은 있어도 시민센터로서의 역동성이나 그것의 사회적 의미를 전하지는 않습니다.

제가 대표이사를 맡고 있는 (特非)NPO연수·정보센터나 커뮤니티·레스토랑을 취재하러 오시는 기자들은 많습니다만, 대부분은 NPO와 자원봉사의 차이를 모르고 있고, 시민센터를 구축해 나가는 것이 앞으로의 일본사회에 필요하다는 것을 인식한 상태에서 취재하러 온 기자는 전무합니다. 하나같이 개별 사례를 취재하러 오십니다. 기자들은 NPO 활동의 개별 사례를 재료로 기사를 쓰는 일은 잘하는데—물론 개별 사례의 소개도 필요합니다만—시민사회를 NPO와 미디어가 협동해서 만들어 나가는 것의 의의나 역할을 자각하지 못하고 있다고 생각합니다. 취재를 받아도 근본적인 부분을 쓰지 않는다는 답답함이 있습니다. 신문이나 텔레비전의 기자나 편집장, 아나운서와 같은 미디어 관계자 여러분이 먼저 시민사회에 대한 기초적인 지식을 갖기를 바랍니다.

신문과 미디어의 세 가지 문제

김태창: 두 분의 말씀을 듣는 가운데 세 가지 기본적인 문제가 상정되었습니다. 신문을 비롯한 매스미디어와 관련해서, 먼저 '장'(場)의 문제, 그 다음에 '리'(理)의 문제, 그리고 '기'(氣)의 문제가 심각한 상황으로 드러났다고 여겨집니다. 우선 '장'의 문제부터 생각해 봅시다. 어디까지나 저 자신의 개인적인 견해라는 점을 전제하고 말씀드리면, 원래 미디어란 기본적으로 사이 · 중간 · 접점에서 매개 활동을 하기 위해 존재하는 것입니다. 국가 · 정부 · 체제와 개인 · 시민 · 생활자의 사이야말로 공공하는 대중매체가 있어야 할 자리입니다.

문제는 일본의 신문과 미디어가 정부 · 권력 · 체제에 한없이 가까운 곳에 있다는 것입니다. 일반 시민에게서 멀리 떨어져 있는 곳에 자기완결된 세계가 만들어져 제멋대로 작동하고 있다는 생각이 듭니다. 그들이 있는 장소가 오늘날의 시민적 요청에 적합하지 않다는 것이 문제입니다. 고전적으로 말하면, 신문과 미디어는 언론 활동을 위한 통로이자 매체이자 장소입니다. 그리고 언론—인간이든 조직이든 운동이든 그것의 존재이유—은, 시민 · 개인 · 인간의 입장에서 공권력이든 금권력이든 종(敎)권력이든, 그들의 행동과 판단과 의사결정의 시비를 따지는 것이 가장 기본적인 의무가 아닐까요?

언론활동이란 시민 위에 군림하는 것도 아니고 시민 아래에 복종하는 것도 아닙니다. 시민과 함께 국가를 비롯한 체제 권력과 개개인의 생명 · 생활 · 생업 활동의 사이에서 상생적 매개를 꾀하는 것이 언론의 본분이라고 한다면, 그 위치는 실로 사이 · 중간 · 경계일 것입니다.

다음으로 '리'의 문제로 넘어갑시다. '리'란 이념 · 이상 · 이론 그리고 이유입니다. 신문과 미디어의 존재와 역할을 정당화하는 논리를 말합니다. 그것들이 국민 · 시민 · 생활자들에게 수용되고 있는지 아닌지를 말합니다. 메이지 이후에 국민국가의 형성 과정에서 선진국을 따라잡기 위해서 강하고 풍요로운 나라를 만든다는 것이 모든 것을 정당화해 주는 대의명분이었습니다. 신문과 미디어도 그 리(理)에 기초하여 자기 존재와 의의가 허용된 것입니다.

그래서 국가의 의사를 국민에게 널리 · 오류 없이 · 효과적으로 알린다는 입장에서 생각해 보면 공적 기관―주로 국가나 정부의 선전기관이나 광보업자(廣報省)와 같은―에 의한 공보 활동의 확대 · 전개야말로 좀 더 효율적이겠지요. 하지만 오늘날의 일본과 세계의 시대적 · 상황적 요청은, 글로벌한 거대 문제들과 로컬한 구체적 · 실존적 문제들의 복합 · 다발 · 집중 현상에 적절하게 대응할 수 있는 새로운 '리'의 재구축을 긴급과제로 삼으면서, 우리의 심사숙고와 결단을 요구하고 있습니다. 다른 식으로 말하면, 국가이성을 계몽하는 것보다는 민주주의의 원리원칙을 시민윤리의 기초로 해서 생활화 · 신체화 · 행동화시키는 것이야말로 신문과 미디어의 존재이유가 아닐까요?

마지막으로 '기'의 문제입니다. 기란 기분 · 기질 · 기품 · 기개 · 기풍 등을 포괄하는 말입니다. 저널리스트의 기개나 기풍의 문제입니다. 그리고 신문과 미디어의 세계에서의 직업적 기질의 문제도 있습니다. 자신이 하는 일에 대한 건전한 자부심이 있는가 여부가 문제입니다.

츠치다 오사무: 현재 일본에서 대부분의 신문기자는 신문사라는 한 회사의 샐러리맨 역할에 충실하고 있습니다. 일개 사원이라고 생각하지 프로 저널리스트라는 의식은 희박합니다. 입사시험만 통과하면 《아사히신문》 기자'니 '요미우리신문 기자'라는 명함을 가질 수 있는데, "나는 저널리스트다"라는 의식이 없으면 프로 저널리스트는 되지 못합니다. 실제로 회사에서의 출세를 지향하는 기자는 많이 있지만, 프로 저널리스트로 나가려는 기자는 별로 없습니다. 고도 경제성장기에 '멸사봉공'해 온 기업전사와 마찬가지로, 젊은 기자 중에서도 출세를 바라는 기자는 '예스맨'의 길을 걷습니다.

대부분의 신문기자는 자신이 속한 신문사의 발행부수와 사회적 영향력으로 평가받는다고 생각합니다. 기자라는 개인의 존재가 그 기자가 속한 신문사의 이름으로 판단되는 것이라고 믿는 것입니다. 신문사 안에서 "나는 저널리스트다"라고 공언하는 사람은 일단 없습니다. 반대로 "나는 저널리스트라고는 차마 부끄러워서 말할 수 없다"고 말하는 기자가 많은 것은, 그 기자는 개인보다도 회사가 더 중요한 존재라고 생각하기 때문입니다. 프로 저널리스트를 자임하고 저널리즘을 실천하기보다는 '예스맨'으로 회사라는 시스템에 종속되어서 출세 경쟁을 하는 쪽이 훨씬 편하기 때문입니다.

"나는 신문기자다. 저널리스트가 아니다"라는 말 속에는 "나는 회사의 생각에 따를 뿐이다. 내 생각으로 기사를 쓰는 것은 아니다"라는 의사 표시가 담겨 있습니다. 회사에 의존해 있다는 사실을 시인함으로써 자기보신을 꾀하는 것입니다. 서양의 신문에 비해 일본의 신문에 서명기사가 적은 것은, 책임이 기자 개인에게 있는 것이 아니라 회사에 있다는 의식을 단적으로 보여주고 있습니다. 일본에서는 기자가 쓴 기사에 문제가 있는 경우에, 상관이 관리 책임을 집니다. 일본에서 기자는 조직의 톱니바퀴에 지나지 않습니다.

저는 원칙적으로 제가 쓴 기사에는 '츠치다 오사무'라고 이름을 넣습니다. 제가 쓴 기사에 책임을 지기 위해서입니다. 1996년에 페루의 일본대사관이 게릴라에게 점거되었을 때에 저는 일시적으로 외무성 기자 클럽에 소속되었습니다. 그때 기자클럽에서 페루에 사는 일본인에게 전화를 해서 정보를 수집하고 특종기사를 썼습니다. 그런데 한밤중에 보내온 원고를 보니까, 기자의 이름이 페루에 있는 동료기자의 이름으로 되어 있었습니다. 뭔가 잘못됐다고 생각해서 사회부의 편집장에게 연락하자, "현지에 보낸 기자가 있는데 국내에서 전화로 취재했다고 하면 모양새가 나쁘잖아?"라고 하더군요. 겨우 사정해서 서명을 없애고 '국제전화에 의한 취재'라고 고쳐달라고 했습니다. 요컨대 일본의 신문사는 기자 개인이 아니라 회사라는 조직을 우선시하는 가치관에 지배당하고 있습니다. 메이지 이래의 '멸사봉공'이 아직까지 살아 있고, 기자는 저널리스트이기 이전에 샐러리맨이라는 생각이 지배적입니다.

김태창: 한 회사의 샐러리맨에게도 자기의 사고와 판단과 행동과 책임이 있겠지요. 분명 그것들과 관련되는 어떤 기준이 있을 것입니다. 물론 자기 회사

의 분위기와 다른 독자적인 입장을 개인의 견해로 책임 지고 표명하는 것이 얼마나 어려운 일인지는 충분히 짐작할 수 있습니다. 하지만 저널리스트로서의 역할 인식이 분명하지 않으면, 어느 정도 시민의식을 갖고 민주주의의 기본 원칙만은 지킨다는 신념과 용기와 의지가 필요하지요. 민주주의의 기본 원칙으로서 지켜야 할 것은 무엇인가? 그것은 시민 한 사람 한 사람의 생명·생활·생업의 안정과 안전과 안심이 아닐까요? 그것이 부당한 침해를 받는 일이 있으면, 그 시비를 물어서 그것을 바로잡는 것이 중요한 기능이 아닐까요? 그와 같은 신문과 미디어의 성장을 촉진하는 토양으로서의 시민의 건전한 의견과 행동과 판단과 책임의 공동 형성을 지향해야 하지 않을까요?

때때로 직감적으로 걱정이 되는 것은, 오늘날 일본의 신문과 미디어는 대체로 '공적'이기는 해도 결코 '공공하고 있다'고는 말할 수 없다는 점입니다. 정부 기관이나 검찰로부터 받은 정보를 흘려보내는 것만으로는 공적인 기능을 하고 있을 뿐입니다. 국가주의·관료지배를 정착·강화·보급하는 기능일지도 모릅니다만, 민주주의·시민주역의 기풍을 진작시키는 역할의 담당자라고는 말하기 어렵습니다.

츠치다 오사무: '공적'이라는 것이 대체 어떤 것인지 다시 한번 명확하게 말씀해 주시겠습니까?

김태창: '공적'이라는 것은 한 마디로 말하면 정부 중심으로 정보의 일원통합을 꾀한다는 것을 뜻합니다. '공'이란 일원통합화의 중핵—국가·정부·관청—임과 동시에 그것의 기능을 말합니다. 다양하고 서로 다른 관점·견해·평가 등은 전체의 단일성·동일성·동질성·통합성을 해치지 않는 범위 내에서만 인정된다는 사고 풍토이기도 합니다. 거기서 벗어나는 것들은 모두 '사적'이라는 명목하에 제거됩니다. 거기서는 오직 하나의 정론밖에 전달되지 않습니다. 그래서 반론이나 이론 또는 별론(別論) 등이 표명되기는 아주 어렵습니다. 그것들은 모두 사적인 사설(邪說)에 지나지 않는다는 강력한 판단·규정·평가가 두루 작용하기 때문입니다. 그에 반해 '공공적'이라는 것은 두말할 필요도 없이

서로 다른 복수의 개인 의견을 사설(邪說)이 아니라 의미 있는 입언(立言)으로 인정하고, 대화 · 공동 · 개신의 과정을 통해서 공통의견으로 함께 · 서로 · 치우침 없이 명확화 · 의식화 · 여론화해 나간다는 뜻입니다.

여기서 오해하면 안 되는 것은 공적인 것이 모두 나쁘다는 것은 아니라는 점입니다. 그것은 그것대로 대단히 중요합니다. 다만 '공적'이라는 것과 '공공적'이라는 것은 확실히 다르다는 것을 인정함과 동시에, 공적인 것과 사적인 것을 그 사이로부터 함께 · 더불어 · 균형있게 살리고 키우고 열매맺게 하는 것이 '공공'(하다)의 실질적인 기능 · 역할 · 동력이라는 것을 확인하는 일이 중요하고 필요하다는 점을 강조하고 싶습니다. 그것만이 진정한 민주주의에 기초한 시민사회의 자립과 성숙에 필수불가결하다는 것을 분명히 해 둘 필요가 있기 때문입니다.

츠치다 오사무: 신문사 내부에 공통의견을 함께 형성하는 시스템이 없는 것이 큰 문제라고 생각합니다. 가령 신문사에서는 매년 가을쯤에 다음 해의 원단호(元旦號=1월 1일자)에 실을 신년기획안을 모집하기 시작합니다. 지국이나 본사를 포함하여 기자나 편집장 대부분이 편집국장 앞으로 기획안을 제출하는데, 어디에서 누가 어떤 식으로 심사하고 기획안을 채택하는지는 분명하지 않습니다. 저도 몇 번이나 동아시아 시민사회의 발전에 초점을 맞춘 기획안을 제출했는데, 채택되지 않았습니다. 왜 채택되지 않았는지, 어디에 문제가 있었는지 등에 대해서 설명을 들은 기억이 없습니다.

세코 카즈호: 왜 납득하지 못한 것에 대한 해명을 요구하지 않으시는지요? 그것이야말로 '상관'에 대들지 않는 종업원의식과 마찬가지로, 이른바 '상관'의 판단에 거스르지 않는 샐러리맨 근성이 아닐까요? 신문사도 다른 대기업과 마찬가지로 상명하달이 당연시되어 있군요. 모두가 의견을 내놓고 서로 얘기하며 함께 합의하는 습관이 애당초 없는 곳에서, 시민의 눈높이에서 바라본 비판정신에 기초한 논의는 없을 것입니다.

츠치다 오사무: 말씀하신 대로 신문사 안에는 다양한 각도에서 논의를 하고

합의를 형성하고, 그 과정을 중시하는 민주주의적인 수단을 존중하는 자세가 없습니다. 민주주의의 옹호를 표방해야 할 신문사가 내부적으로는 봉건시대와 마찬가지로 '상명하달' 식으로 일을 결정한다는 것은 놀랄 만한 일입니다. 그런 의미에서는 관공서보다도 더 '관공서적'입니다.

김태창: '관공서적'이라고 지적하신 것이 다름아닌 제가 말한 '공적'이라고 표현하는 것을 말합니다. 그리고 그것의 특징은 '모든 결정은 위에서 한다. 그리고 아래는 거기에 따르면 된다'는 것입니다. 그런데 만약 그 결과가 나쁘면 그 책임은 거의 예외 없이 윗사람의 결정에 따라 집행한 아랫사람에게 묻는 것이 공적 기관의 관행이라고 할 수 있겠지요.

그럼 '공공적'이란 어떤 것인가? 위와 아래, 자기와 타자, 안과 밖이 함께·서로·예외 없는 대화·공동·개신의 과정을 통해서 공통인식을 형성하고, 그것에 기초하여 행동하고, 그 결과에 대해서 공평·공정·공분(公分)의 책임을 지는 것을 말합니다. 문제는 신문과 매스미디어가 공적이기는 하지만 공공적이지는 않다는 것입니다. 그래서 솔직하게 말씀드리면 '공'을 가장한 '사', 그것도 대단히 교묘하고 변태적인 '사'로 뭉쳐진 또 하나의 조직권력이라는 인상을 떨칠 수 없습니다.

그리고 또 하나, 1990년에 일본에 온 이래로 줄곧 의아하게 생각한 것은 일본의 신문과 미디어는 야당을 육성하는 일에는 거의 관심이 없다는 것입니다. 오히려 야당이 크는 것을 싫어하는 것은 아닌가 하는 의구심까지 듭니다. 아무리 보아도 정권교체를 옳다고 생각하지 않는 조직역학이 신문과 매스미디어의 논조를 좌우하는 것 같은데, 이것은 저의 착각인가요? 거기에는 정치를 오로지 통치로 이해할 뿐, 자치의 성숙을 통해서 공치(共治)로의 발전을 지향하는 민주주의의 기초 원리에 대한 시민의식을 육성한다는, 저널리스트의 기백·기질(氣質)·기개 같은 것은 전혀 찾아볼 수 없습니다.

츠치다 오사무: 민주당의 대표인 오자와 이치로(小沢一郎) 씨의 비서가 정치자금규정법 위반으로 체포된 사건에 대한 신문보도가 실로 그러했습니다. 아

소(麻生) 정권의 지지율이 계속해서 내려가자 차기 총선거에서 민주당이 승리하고, 정권교체의 가능성이 현실로 다가온 그 타이밍에, 동경지검 특수부가 오자와 대표의 비서를 정치자금규정법 위반이라는 지극히 형식적인 범죄로 체포한 것입니다. 이 조사를 민주당이 "국책(國策)조사다"라며 통렬하게 비판했기 때문에, 서둘러서 특수조사부는 전국에서 검사를 불러서 동북지방으로 파견하고, 니시마츠(西松)건설 관련 공사를 철저하게 조사하기 시작했습니다. 목적은 형식적인 범죄가 아니라 뇌물 수수 사건과 같이 세상이 납득할 만한 중요한 사건을 찾아내는 것이었습니다. 실로 '벼락치기 조사'입니다.

처음에는 신문사에서도 특수조사부의 조사에 비판적인 보도가 있었는데, 도중에 댐건설을 둘러싸고 오자와 측에 자금이 흘러 들어갔다고 비리를 암시하는 보도로 일제히 바뀌었습니다. 동경지검특수부가 수사에 유리하도록 정보를 의도적으로 흘렸다고밖에 볼 수 없습니다. 결국 오자와 씨의 비서는 정치자금규정법 위반죄로 기소되었을 뿐, 다른 혐의는 발견되지 않았습니다. 그런데도 신문과 미디어는 비리 의혹 보도를 반성하기는커녕, 대부분의 신문사설 같은 데에서 "정치자금규정법 위반은 작은 죄가 아니다", "오자와 씨는 사임해야 한다"는 논조를 펼쳤습니다. 그로부터 며칠 후에 있은 통신사의 여론조사에서 '오자와 사임'을 요구하는 목소리가 70%를 차지했습니다. 신문은 그것을 여론의 목소리로 받아들여, 그 후에도 일관되게 오자와 비판을 계속했습니다. 그 결과 아소정권의 지지율은 점점 올라갔습니다. 당국이 신문과 미디어를 통제하고, 신문과 미디어의 보도가 여론을 부채질하고 있습니다. 그야말로 매치 펌프(=자기가 일을 벌이고서 자기가 해결하는 식)[16]입니다.

김태창: 정권교체에 대한 불안을 부채질하기보다도 일당지배의 장기집권이 가져오는 폐해에 대한 인식을 정돈하는 것이, 공적인 신문과 미디어가 아닌, 공공하는 신문과 미디어가 할 역할이라고 생각합니다. 그리고 무엇보다도 정당정치가 민주주의에 없어서는 안 되는 요건임과 동시에, 건전한 정당정치의 성숙을 위해서는 건전한 야당의 자립과 성장이 기본이라고 하는 인식이 부족한

것이 문제가 아닐까요? 제가 가장 궁금한 것은, '여당도 야당도 모두 국민의 신뢰를 잃는다'는 정당 부재가 무엇을 의미하고, 그 정치적 공백이 가져오는 결과가 과연 무엇인가에 대한 진지한 고뇌가 있느냐 하는 점입니다. 건전한 민주주의 시민의 정치의식을 기르는 것도 신문과 미디어의 역할이라고 생각하는데, 야당을 싫어하고 야당 대표를 끌어내리는 일에만 열중하는 신문과 미디어에게 과연 무엇을 기대할 수 있을까요?

츠치다 오사무: 저널리즘은 원래 정부=권력으로부터 거리를 두고, 권력의 폭주를 막고, 시민사회의 자주적·자율적인 발전을 촉진하는 역할을 해야 합니다. 개헌과 북한에 대한 '선제공격론'을 주장하는 극우보수파 정치가를 껴안고 있는 민주당을 지지할 것인가 말 것인가는 별개로 하고, 정치의 수준하락을 회복하고 좀 더 좋은 민주정치를 실현하기 위해서는 정권교체도 하나의 선택지이겠지요. 신문은 '뒤틀린 국회'라는 표현으로 민주정치를 부정하려는 보도를 반복할 것이 아니라, 정책 논쟁이나 다양한 문제에 대한 논의를 심화시킴으로써 과연 바람직한 정치가 무엇인지를 생각하게 하는 보도를 해나가야 한다고 생각합니다.

세코 카즈호: 민주주의의 기본은 다원성과 다양성을 인정하는 것이기 때문에, 중의원과 참의원의 의견이 다른 것이 당연하고, 그것을 '뒤틀렸다'고 표현하는 것 자체가 이상합니다. 신문이나 텔레비전과 같은 미디어는 오히려 그 차이를 정확히 취재하고 보도하여 시민이 스스로 시비를 판단할 수 있는 재료를 제공해야 한다고 생각합니다. 그것이 신문과 미디어의 공공성과 중립성이 아닐까요?

츠치다 오사무: 《아사히신문》이 과거에는 그런 역할을 하였습니다. 아사히 TV의 뉴스 프로그램에서 지속적으로 자민당을 비판하던 《아사히신문》 기자가 주간지에서 대수롭지 않은 스캔들이 폭로되어, 결국 프로그램을 그만두어야 했습니다. NHK의 종군위안부에 관한 BS방송을 둘러싼 《아사히신문》의 보도가 보수파 정치가의 비판을 불러온 적도 있습니다. 아사히 TV의 뉴스 프로그램

해설자도 그렇고, 지금은 집권여당에 비판적인 논조가 자취를 감췄습니다. 최근에 여당에서는 《동경신문》이 가장 좌익적 존재'라고 한다고 합니다. 《아사히신문》의 입장이 친정부 쪽으로 변했기 때문에, 종래의 '중도에서 약간 왼쪽' 정도밖에 되지 않았던 《동경신문》이 상대적으로 '가장 좌익'으로 위치지워지게 되었다고 할 수 있습니다. 《아사히신문》이 종래에 가지고 있던 집권여당에 대한 비판적 자세가 결국에는 꺾인 것이라고 할 수 있지 않을까요?

저널리스트에게 필요한 세 가지 조건

김태창: 물론 꺾인 면도 있겠지만 스스로 변질됐다는 측면도 있지 않을까요? 저널리스트나 저널리즘에는 적어도 세 가지 조건이 갖추어져야 한다고 생각합니다. '담'(膽・胆)과 '신'(信)과 '감'(勘)입니다. '담'이란 담력의 뿌리를 두고 하는 말인데 부정과 불의와 불법에 굴하지 않는 기력・배짱・용기를 포괄하는 것입니다. 그것이 없으면 저널리스트의 일은 애당초 무리입니다. '신'이란 신념이나 신뢰 또는 신앙의 근원입니다. 그것은 기본적으로 인간의 언어활동에 의한 변혁행위―언설과 문자와 사상에 의한 인간과 사회와 세계의 변혁 가능성―에 대한 확신입니다. '말'이 '참'(眞・實・誠)이 되는 것을 일관되게 추구하는 정신자세를 말합니다. 그것은 권력이나 금력이나 폭력이 아니라 언력(言力)에 대한 신뢰입니다. '신'(信)이라는 한자는 인간의 언어에 모든 것을 건다는 의미를 나타냅니다. 그리고 '감'(勘)은 순간적으로 사태의 핵심을 파악하여, 그로부터 신속한 판단을 형성하는 날카로운 직감력을 말합니다. 문제상황의 진상을 총체적으로 포착하고 판별하고 감지하는 본능적 감식 능력이라고도 할 수 있을 것입니다.

저널리스트에게 기대되는 '담'은 결코 권력자의 오만한 독단적 전횡이 아닙니다. 그것은 사회적 약자에게는 겸허하면서 강자의 무도(無道)에는 타협하지 않는 자세입니다. 저널리스트의 '신'은 '관'(官)에 대해서가 아니라 '민'(民)에 대한 것입니다. 기본적으로 시민에 대한 신뢰가 없으면, 그리고 시민사회의 존재가치에 대한 신념이 없으면, 나아가 민주주의의 더 나은 장래에 대한 확신이 없으면, 저널리스트의 역할을 충분히 수행하기는 어렵습니다. 신문과 미디어의 영향력이 희박해졌다고 한다면, 그것은 '담'과 '신'과 '감'이 퇴화했기 때문일 것입니다. 저널리스트는 단선사고 · 직선사고 · 선형사고만으로는 불충분합니다. 이것들은 관료사고의 전형입니다. 저널리스트에게는 비단선사고 · 곡선사고 · 비선형사고가 필요합니다.

츠치다 오사무: 일본에서의 기자 양성은 지국(支局)에서 경찰기사나 행정기사를 쓰는 일에서 출발합니다. 행정기관에서 발표한 자료를 단시간에 솜씨 있게 쓰는 훈련부터 받습니다. 하지만 그것만으로는 위에서 시킨 일을 할 수 있을 뿐, 아직 자기 의견을 쓰지는 못합니다. 사원교육의 일환으로 행해지는 신문사의 현장교육에서는, 회사 입장에서 유효한 단선적 사고력을 집중 양성할 뿐입니다.

김태창: 바로 거기에서 기자의 발상이 공적인 것으로 고착될 가능성이 있습니다. 최초의 단계로부터 공공하는 사고―대화하고 공동하고 개신하는 사고―를 하기 어렵게 되어 있다는 점이 걱정입니다. 특히 국가안보나 행정문제에 관한 기사나 정부에서 제공되는 기삿거리를 단시간에 재빠르게 쓴다는 것은, 자기의 '담력'과 '믿음'과 '직관'을 기르는 것과는 전혀 반대 방향의 기능 강화입니다. 역시 일본의 신문과 미디어가 맨처음 단계에서부터 얼마나 공적인가 하는 점을 보여주는 것이 아닐까요?

츠치다 오사무: 《아사히신문》은 자기가 얻은 정보인데도 그것을 민주당에게 건네줘서 "민주당이 우루마 씨가 그랬다고 보고 국회에서 추궁한다"는 기사를 썼습니다. 기본적으로 정부고관의 이름을 익명으로 쓰는 것을 조건으로 하는 '비공식 간담' 자체가, 기자클럽이라고 하는 '업계의 규정'에 따른 이상한 취재 방법인데도, 그 이상함을 도외시하고, 마치 민주당이 정보의 출처인 것과 같은 형식으로 지면화하는 방식은, 레토릭(=꾸미고 둘러대는 문장법)이 아니라 사기입니다.

김태창: '담'과 '신'과 '감'이 없으면 제대로 된 레토릭을 쓸 수도 없습니다. 그리고 정면대응이 아니라 배후공작을 할 수밖에 없게 됩니다. 그것은 저널리스트에게 있어서는 사도(邪道)입니다.

츠치다 오사무: 레토릭을 가지고 제대로 대응할 수 있어야 했는데…. 레토릭을 쓴다면 왜 쓰는지를 설명할 수 있어야 하지 않을까요?

세코 카즈호:《아사히신문》에 '담'과 '신'과 '감'이 없어서 제대로 된 레토릭조차 없었다는 말은 이해할 수 있겠습니다만, 왜 '오자와 끌어내리기'가 이번처럼 극단적인 방법으로 전개된 것일까요? 시민은 신문이나 텔레비전에 현혹되어, 결국 여론은 '오자와 끌어내리기'의 양상을 보이고, 그 분위기를 신문이나 텔레비전은 활용하여, 결국 오자와를 끌어내려야 한다는 근거로 사용했다는 '매치 펌프'가 되고 만 것입니다.

김태창: 여기에서도 마음에 걸리는 것은 야당을 싫어하는 일본적인 분위기입니다. 실로 일본의 정(政)・관(官)・언(言)이 야합해서 오자와 죽이기를 위해서 뒷구멍에서 짜낸 계획적 모략이 아닐까요? 지금의 신문과 미디어의 보도 행태와 그것에 좌우되는 일반시민의 여론 동향을 보면, 오늘날의 일본은 국민주권의 민주사회라기보다는 검찰주권의 관주(官主)사회가 아닌가 하는 느낌이 들 때가 많습니다. 시민이 주역이 아니라 검찰이 주도하는 사회라는 것입니다. 검찰의 대응으로 정치가의 정치적 생명의 사활이 정해져 버리는 것은, 자칫 대단히 무서운 사회로 변질될 가능성을 부정할 수 없기 때문입니다. 검찰의 판단이 언제나 어디서나 반드시 정당하다는 보장은 어디에도 없습니다. 검찰도 잘못을 저지를 수 있는 평범한 인간 집단에 불과하니까요. 그런데 거기에 절대적 공권력이 부여된 것이지요. 절대적 공권력이 부여된 공적 기관의 폭주만큼 위험하고 무서운 것은 없는데도 말입니다. 그래서 공권력의 집행에는 밖으로부터의, 즉 시민 주도의 엄격한 감시와 제어가 필요한 것입니다.

츠치다 오사무: 민주당 내에서의 자기들끼리의 싸움도 원인이라고 할 수 있지 않을까요?

김태창: 그야 물론 인간의 집단이나 조직이나 단체에는 항상 있는 일입니다. 좋아하고 싫어하는 것은 지극히 인간적인 현상입니다. 문제는 거기에 검찰의 판단이 필요 이상으로 개입된다는 것입니다. 필요 이상이라는 것은 적절한 과정을 거쳐서 적절한 근거를 밝힌 상태에서 모두가 납득할 수 있는 판단을 하고, 그에 대한 적절한 설명을 시민에게 제공한다고 하는 민주주의사회의 기본 원칙이 충분히 준수되고 있지 않다는 뜻입니다.

츠치다 오사무: 신문과 미디어의 논리에 편승하여 치닫는 느낌이 듭니다. 신문과 미디어는 하나같이 '위법 뇌물 사건'이라고 쓰고 있습니다. 아직 아무 것도 법적으로 확인되거나 확정되지 않았는데도, 고작 의혹과 용의의 단계인데도, 마치 명백한 범법 행위가 있었던 것처럼 단정적인 보도를 일방적으로 방출했습니다. 이것은 건전한 민주사회에서는 있을 수 없는, 그리고 있어서는 안 될 인권 침해이자 반민주적 행태입니다.

세코 카즈호: 이번에는 여론이 권력 쪽에 바싹 붙은 매스컴 보도에 의해서 호도되었다고 할 수 있습니다. 미디어에는 행정기관이나 정치가의 시점은 있지만 '시민의 시점'이 결여되어 있다는 것이 명백해졌다고 할 수 있겠지요.

김태창: 신문과 미디어가 시민의 편에서 바라본다는 명확한 자세가 보이지 않습니다. 검찰 쪽의 논리를 검찰보다 앞서서 제기하여, 입증되지 않은 '오자와 악인론'(惡人論)을 흘러 보내고 있습니다. 그로 인해 야당에 대한 기대는 떨어지고, 정당정치의 토대는 확실히 무너지고 있습니다. 이러한 사태의 추이에서 이익을 보는 것은 과연 누구일까요? 민주정치의 기능 부진은 결국 일종의 병영국가나 관영사회를 초래할 뿐이겠지요.

츠치다 오사무: 신문과 미디어의 편향보도 때문입니다.

세코 카즈호: 일본의 보통 사람들은 이른바 '주민'이지, 정부나 행정기관에 대한 비판정신을 지닌 '시민'이라고는 할 수 없습니다. 시민 '부재'에서는 '시민사회'가 구축될 수 없습니다. 사람들이 자립하고 자율적인 생각을 갖고 행동하고 판단할 수 있게 되기 위해서는 신문과 미디어가 공적 체질을 탈피할 필요가 절

실하다고 생각합니다.

김태창: 신문과 미디어의 공적 체질이 친정부적인 정보를 그냥 그대로 믿는 것과 마찬가지로, 국민도 신문과 미디어가 흘리는 정보를 그대로 믿고 있습니다. 여기에서 느껴지는 것은 건전한 민주시민의 건전한 비판적 공공의식의 미성숙입니다.

츠치다 오사무: 신문과 미디어가 아소오(麻生. 일본 자민당 총재) 씨에 대해서 비판적인 기사를 쓰면 쓸수록 내각 지지율은 점점 내려가서, 민주당 대표인 오자와 씨가 수상이 될 가능성이 점점 커졌습니다. 그런데 오자와 씨의 비서가 체포되자 급변해서 "오자와는 물러나라"는 외침이 시작됐고, 아소 때리기는 자취를 감추고 아소 내각의 지지율이 올라가기 시작했습니다. 아소 때리기의 작용과 반작용입니다.

김태창: 그런 면도 있다고 생각합니다. 자민당이나 민주당의 내부, 자민당과 민주당의 사이, 그리고 일본의 정치 전체에 작동하는 정치역학에 대해서는 다양한 이해방식이 있을 수 있다고 생각합니다. 문제는 모든 신문과 미디어가 거의 똑같은 견해를 내보내고 있다는, 강력한 일원적인 통합과 동화의 경향입니다. '공'은 '공동일체화'의 닫힘입니다. 반면에 '공공한다'는 '다이공동화'(多異共働化)의 열림이요 뚫음입니다. 신문과 미디어의 올바른 역할은 공공의 역동을 제대로 시동시킴으로써 닫히고 막힌 데를 뚫고 여는 공공매체로서의 기능을 충실하게 수행하는 것이라고 생각합니다.

진정으로 공공하는 저널리즘의 실천 현장

세코 카즈호: 츠치다 씨가 《동경신문》의 미디어관망에 「하나의 시민이라는 것」이라는 좋은 기사를 쓰셨습니다(세코 카즈호, 츠치다 오사무 공저, 『매스미디어 재생 전략 - NPO · NGO · 시민과의 협동』, 명석서점, 2009 수록)[17]. 그 기사에는 기자로서의 바람직한 모습이 쓰여 있어서 많은 공감을 했습니다.

김태창: 뒤집어 말하면 지금의 일본에서는 '하나의 시민'이라는 것이 결코 간

단하지 않다는 말이기도 하겠지요. 국민국가공동체의 구성원으로서의 '국민'이라는 의식에 비해서, 민주주의 시민사회의 주체·당사자로서의 '시민'이라고 하는 자기 확인이 아직 성숙해 있지 않은 것은 아닌가 하는 생각이 듭니다.

세코 카즈호: 「하나의 시민이라는 것」에 대한 신문사 안팎의 반향은 어땠는지요? 제 주위에서 《동경신문》을 보는 사람들은 상당히 평이 좋았습니다. 제가 주재하는 〈협동 코디네이터 양성강좌〉에서도 그 기사를 다루어 논의했습니다만, "신문기자는 이래야 한다!" "옳은 말 했다!"는 의견이 많았습니다. 저는 대학의 '공공정책' 수업에서도 학생들에게 그 기사를 읽히고 감상문을 쓰게 했는데, 기자가 '하나의 시민'이어야 할 필요성을 평가하는 의견이 압도적이었습니다.

츠치다 오사무: 신문사에서는 거의 무시되었지요.

김태창: 그것은 신문과 미디어의 세계도 국가공무원의 세계와 별 차이가 없기 때문이 아닐까요? 신문사도 '공적' 기관에 지나지 않는다는 것이겠지요.

츠치다 오사무: 오히려 신문이나 미디어 쪽이 더 '공적'이지 않을까요? 신문과 미디어에는 합의 형성 과정이라는 말이 없습니다. 가령 지면개혁만 해도 '상명하달'로 정해집니다. 현장에서 의문이 생겨도 지면개혁에 대해 이의를 제기할 수는 없습니다. 회사나 편집국의 모든 이가 진지하게 논의해서 지면 정책이나 지면 개혁의 방침을 정하는 습관이 없습니다. 편집권은 사장이나, 그 대행자인 편집국장에 있다고 생각하기 때문입니다. 과연 정말로 그런가? 저는 편집권을 가장 넓게 이해해서, 모든 기자나 편집장이 소속부서에 응해서 분산해서 가지고 있다고 생각하는 것이 좋지 않나, 라는 입장입니다. '알 권리'를 국민이 국가나 정부, 행정기관에 관한 공적인 정보를 아는 권리로 이해하는 데서 멈추는 것이 아니라, 가장 폭넓게 시민이 신문이나 미디어에 접근하는 권리로 이해하는 것도 가능합니다. 그렇게 되면 시민에게도 편집권의 일부가 있게 되고, 1980년대에 미국의 CATV(케이블 TV)에서 시작된, 시민이 미디어를 사용해서 직접 정보를 발신하는 권리인 'Public Access Channel'과 같은 발상으로도 이어진다고 생각합니다.

저는 현재, 수도권 전역에 배포되는 지역판 공통 면의 편집장을 맡고 있습니다. 세코 씨가 추진하는 〈커뮤니티 레스토랑 네트워크 운동〉과 같은 NPO/NGO/자원봉사부의 움직임을 적극적으로 다루고, 직접 취재하여 기사를 게재합니다. 제가 관여하는 NPO나 NGO, 자원봉사활동을 직접 취재하여 지면에 싣는 것이지요. 시민부에서 멀어지고, 정부나 행정기관과 밀착했던 종래의 '객관적 보도주의'를 탈피해서, 진정으로 '공공하는' 저널리즘을 실천하는 하나의 실험적인 현장이라고 생각합니다. 지역판은 일면이나 사회면에 비해서 편집상에서 상당한 자유재량이 허용되는 경향이 있습니다.

김태창: 어떤 기사라도 자유롭게 쓸 수 있는 겁니까?

츠치다 오사무: 그렇지는 않습니다. 지역판이라고 해도 독자에게 열린 지면이기 때문에 기본적으로 '공공성 유무'를 기준으로 해서 기사를 싣습니다. 그렇지 않으면 회사 안의 합의를 얻어낼 수 없습니다. 공적인 정보를 독자에게 일방적으로 전달해 온 지금까지의 신문저널리즘의 행태를 바꿔서, 좀 더 시민에게 필요한 정보를 전달하는 '공공하는' 저널리즘으로 신문을 전환해 나가는 계기로 삼으려고 합니다.

김태창: 국가를 위한 신문/미디어나 기업을 위한 신문/미디어가 아니라 어디까지나 시민을 위한 신문/미디어야말로 본래의 모습이 아닐까요? 하지만 현실은 국가를 위한 신문/미디어 아니면 기업을 위한 신문/미디어이지, 시민을 위한 신문/미디어 같은 것은 있을 수 없다고 여겨지고 있지 않나요? 대다수의 저널리스트의 경우에는, 다테마에(겉표현)와 혼네(속마음)라고나 할까, 이상과 현실 사이에서 때로는 괴로워하지 않을 수 없다는 것이 대부분의 양심적인 신문/미디어 관계자들의 처지가 아니겠습니까? 그래서 주어진 상황 조건을 바탕으로, 거기에서 가능한 한 최선을 다하는 것 이외에는 현실적인 길이 별로 없다는 것이 현장의 상식이 아닌가요? 경우에 따라서는 극단적인 행동을 취하지 않을 수 없는 때도 있겠지요. 원래 세계가 변하고 국가가 변하고 사회가 변하고 그리고 인간이 변하는 데에는 엄청난 시간과 노력이 필요합니다. 하지만 절망도 방관

도 냉담도 금물입니다. 지금 여기에서 우선 할 수 있는 일부터 시작하는 것이 중요합니다.

'공'이 압도하는 사회, 아니 실은 '사'가 '공'의 이름을 빌려서 자신의 정체를 숨기면서 온갖 독선을 전횡하는 오늘날의 상황에서, 어떻게 하면 건전한 시민의식을 기르고 그것으로 좋은 사회를 함께 구축해 나가는 것이 가능할까라는 문제야말로 서두르지 않으면 안 되는 '공공하는' 철학의 중요과제입니다. 그것을 위해서 특히 힘을 쏟을 필요가 있는 것이 NGO나 NPO나 자원봉사 그리고 시민활동과 신문 및 미디어의 전략적 연동이자, 그 의지와 역량과 실적의 지속적인 향상입니다. 그것을 위한 민간주도의 자금조달도 중요한 문제입니다. 그런 측면에서 세금문제에 대해서 다시 생각할 필요가 있습니다. 행정기관에는 '시민활동을 위한 자금을 만들었다'는 생각이 있습니다. 관청의 돈을 선별된 시민활동에 대한 특별 배려에 기초해서 배분하였다고 하는 '관공서 근성'의 표출입니다.

세코 카즈호: 말씀하신 그대로입니다. 대부분의 행정직원은 NPO나 시민활동 단체에게 위탁이나 보조금을 줄 때에 '돈을 주었다'는 생각을 갖습니다. 위로부터의 시선, '관공서 의식'은 뿌리 깊습니다. 한편 시민에게도 문제가 있습니다. 원래는 시민의 세금, 즉 자기들의 돈인데도, 행정기관으로부터 위탁받아서 일을 한 경우에 "행정기관으로부터 돈을 받았다"고 하면서 기뻐하는 시민이나 NPO 사람들을 자주 봅니다. 이번에 나온 '정액급부금'도 많은 사람들은 정부로부터 '받았다'고 합니다. 행정기관의 하청 일을 하는 것에 대해서 문제의식을 갖고 있지 않은 NPO도 많습니다. 이것은 실로 행정기관의 '관공서 의식'이 반대로 표출된 것입니다.

김태창: 관료세계에는 이른바 '통설적 견해'라는 것이 있다는 말을 들었습니다. 그것은 바로 자기들, 즉 국가공무원들이야말로 국민 전체의 봉사자라고 하는 자리매김입니다. 그리고 국민 전체에 관한 일의 정당한 사고와 판단과 결정과 집행의 주체라고 하는 생각도 있습니다. 그것의 법적인 근거가 국가공무원

법에 명시되어 있다는 점을 강조합니다. 그래서 자신들이 하는 일은 모두 국민 전체를 위해 법적으로 인정된 정당한 공무행위이고, 자신들이야말로 공공성의 담당자이기도 하다는 논리입니다. 그래서 '공'과 '공공'은 기본적으로 같은 것이고, 그것을 구별할 필요가 없다고 생각하는 것입니다. 일본이 얼마나 장기간에 걸쳐서 관주도의 사회였는가를 단적으로 보여준다고 할 수 있습니다. 국가공무원의 '통설적 견해'를 기준으로 해서 일의 시비·적부·정사(正邪)를 판단하겠다는 것이니까요.

그것은 공무원 세계의 내부기준으로 자기반성을 위해서는 의미가 있다고 해도, 그것을 가지고 관료세계의 외부인 시민사회의 일을 판단하는 기준으로 삼는다는 것은 관료적 발상의 오만에 지나지 않는다고 하지 않을 수 없습니다. 국가공무원법은 어디까지나 국가공무원에게 적용되는 법규이지, 시민사회까지 그것에 따라야 하는 것은 아닙니다. 하물며 학문의 정당성을 그들의 통설적인 견해에 기초해서 판단하는 것은 오늘날의 일본이 얼마나 관료주도적인지를 보여주는 증거가 아닐까요?

세코 카즈호: 일반 시민은 행정기관을 '상관'(오카미)처럼 받들며 의존하고 있습니다. 그렇게 하는 것이 자기들에게 책임이 없고 편하기 때문입니다. 행정기관이 NPO에게 사업을 위탁하면 NPO 사람들은 "행정기관으로부터 일을 받았다. 돈을 받았다. 그래서 불평할 수 없다. 행정기관에 대한 비판은 할 수 없다"고 생각하고, 자기규제해 버리기 십상입니다. 원래는 행정기관이 공공·공익 영역 안에서 공평하고 평등하게 해야 할 일을 시민으로부터 위탁받아서 하는 것입니다. 위탁이라고 해도 행정 담당자는 하나의 창구에 지나지 않는데도, NPO나 시민활동단체 대부분의 사람들은 행정기관이나 행정 담당자로부터 일을 받았다, 돈을 받았다, 라는 식으로 동업자 의식을 갖는 경우가 많습니다. 행정기관을 '상관'으로 생각하는 것은 결국 행정기관에 종속되는 것입니다. 일반 시민이나 NPO뿐만 아니라, 신문과 미디어에도 이런 행정기관을 '상관'으로 여기는 의식이 뿌리 깊게 남아 있습니다. 메이지 이래의 일본문화의 특징이라고

할 수 있을지도 모르겠습니다.

　김태창: 공무원 급료가 시민의 세금으로 지불된다는 엄연한 사실이 전혀 의식되지 않는다는 문제가 있습니다. 국민을 위해 일하는 대가로 시민이 땀 흘려 번 돈을 지불하는데도, 마치 자기들 돈인 것처럼 생각하고 있습니다. 그래서 그 돈의 용도를 자기들 맘대로 정하는 게 당연하다고 생각하는 것입니다. 시민활동에 대한 지원도 자기들의 특별 배려에서 나온 시혜라는 생각이자 태도입니다. 이것은 말도 안 되는 착각입니다. 그래서 근본적인 세제 개혁이 필요한 것입니다. 개혁의 기본은 무엇보다도 먼저 세금은 관료의 돈이 아니라는 점을 명확히 하는 데에서 시작되어야 합니다. 시민의 돈인 것입니다.

　오늘날의 공무원은 '상관'이 아닙니다. 고용주는 국민·시민·주민입니다. 이 단순명쾌한 사실·진실·실상이 제대로 인식되지 않고 있습니다. 이것은 일본국헌법에 명시된 국민주권론과, 그것에 기초한 국가사회의 형태에 대한 무지이자, 그것에 대한 자각도 없는 무치(無恥)이며 무례가 아닐까요? 무지와 무치와 무례를 바로잡는 것이 급선무입니다. 바로 여기에서 선관후민(先官後民)의 사고 자세로서의 '공'과, 민관공동(民官共働)의 실천활동으로서의 '공공'을 분명히 구분할 필요가 생기는 것입니다.

　'공'은 어디까지나 관(官)의 논리입니다. 국민 전체를 상대로 한다는 명분은, 한 사람 한 사람의 인간·주민·서민은 상대할 필요가 없다는 구실이 될 수 있습니다. 전체란 추상적인 개념에 불과합니다. 구체적으로 누구를 말하는지 잘 알 수 없습니다. 결국 관이 일방적으로 국민 전체라고 이름 붙인 것이 국민 전체의 실체로서의 '공적'인 것으로 인정되고, 그 밖의 구체적이고 실생활적인 사항들은 모두 '사적'인 것으로 규정되고 마는 것입니다.

　'공공'은 기본적으로 민(民)의 논리입니다. 한 사람 한 사람의 실질적인 생명과 생활과 생업의 안정·안전·안심의 보장을 최우선시하는 마음자세입니다. 그것은 개개인의 '활사'(活私)를 위한 민간 주도의 나라 건설이라는 의미에서의 '개공'(開公)을 지향하는 실천활동입니다. 그것은 가령 관에 의한 일방적인 결정과 전달이 아니라, 민과 관이 함께·서로·마주보며 진지하고 성실한 대화를 나누면서 공동의 실제 체험을 쌓아 가고, 생활세계의 자립과 질적 향상을 실현해 나가는 '행복공창'의 토대 만들기라는 과정입니다. 함께하는 노력이고 서로하는 고민이고 마주보고 양쪽이 다 납득할 수 있는 새로운 차원·지평·세계를 열어 가는 공동작업이기도 합니다.

'공공한다'는 것은 어디까지나 일반시민의 입장에서의 발상·판단·행위·책임을 바탕으로 하는 것입니다. 그리고 복수의 서로 다른 의견·입장·이해를 명확한 형태로 제시하고 철저하게 논의하고 함께·서로·치우침 없는 공생과 공감과 공복의 지평을 끈질기게 새로 열어 나가는 것입니다. 그래서 '공'과 '공공'은 전혀 다릅니다. 하지만 관의 입장에서 보면 공과 공공을 하나로 묶는 것이 유리하겠지요. 그리고 공공하기 위해서는 먼저 공무원도 기자도 대학교수도 각자의 직무에서 해방된 하나의 시민으로 돌아가야 합니다.

츠치다 오사무: 저도 《동경신문》의 기자이기 이전에 한 사람의 시민으로 생활합니다. 시민사회의 일원이기 때문에 좀 더 좋은 시민사회를 만들어 나가고 싶습니다. 첫째는 한 시민의 입장에서 다양한 사회문제의 해결을 도모하려고 생각합니다. 하지만 신문기자는 국가나 시민과 일정한 거리를 두고 객관적인 입장을 취하지 않으면 안 된다는 '객관적 보도주의'가 신문이나 미디어 속에서 힘을 갖고 있습니다. 게다가 국가나 정부, 행정기관 등의 공적인 정보를 국민에게 전하는 것이 국민의 알 권리에 부응하는 것이라고 생각하는 기자도 많습니다. '권력의 파수꾼론'도 거기에서 나오지요. 정치부나 경제부 같은 신문의 주류라고 하는 기자의 대다수가, 시민사회 쪽에 눈을 돌리지 않는 이유도 거기에 있다고 생각합니다. 그래서 지금과 같은 신문 저널리즘에 편승해 버리면, 시민사회에 눈을 돌린 공공적 기사를 쓸 수 없게 됩니다.

김태창: 시민의 입장에서 쓰는 것과 신문사를 위해서 쓰는 것은 다릅니다. 사원기자가 아니라, 한 사람의 시민 저널리스트의 입장에서 기사를 쓴다는 태도가 기본이 되어야 한다고 생각합니다. 어떤 신문사의 정치철학이나 사회정의에

대한 입장을 표명하는 경우에도, 두 개의 문제를 확실히 자각해야 합니다. 하나는 국가나 정부 혹은 체제권력의 대리자로서의 입장을 취하는 것이고, 또 하나는 스스로 독자적인 공권력의 담당자로서의 입장에 서는 것입니다. 특히 후자는 미디어 지배—영미권에서는 'mediacracy'라고 합니다—로 변질될 위험도 있습니다. 둘 다 공적인 저널리즘의 형태입니다. 하지만 공공하는 저널리즘이라고는 할 수 없습니다. 공공하는 저널리즘이란 어디까지나 시민의 자격 · 위상 · 처지—시민격(格) 혹은 시티즌십이라고 합니다—에 기초하여, 그것에 걸맞는 입장 표명을 하는 것이 중요합니다. 어떤 개인이든, 어떤 단체나 조직이나 기관이든, 각자가 하나의 시민격에 걸맞게 대화와 공동과 개신의 시공에 참가하는 것이 공공하는 것의 가장 중요한 준칙입니다. 그래서 국가도 정부도 관청도 공공하기 위해서는 각자의 시민격을 통해서 거기에 참여할 수 있는 것이 공과는 다른 공공의 특징입니다.

츠치다 오사무: 바로 그 부분이 제가 《동경신문》의 미디어관망의 「하나의 시민이라는 것」에서 말하고 싶었던 내용입니다. 기자가 정부나 행정기관 쪽에만 접근하여, 공적인 정보를 독자에게 일방적으로 내보내는 것이 아니라, 시민의 눈높이에 서서 시민사회를 시야에 넣은 취재보도를 함으로써, 신문에 대한 일반시민의 불신감도 불식시킬 수 있고, 신문도 다양하고 민주적인 언론 공간을 창출하는 본래의 저널리즘으로 되돌아갈 수 있다는 내용을 쓰고 싶었습니다.

'공공하는' 현장을 열다

김태창: 거기에는 츠치다 씨의 '담'과 '신'과 '감'이 잘 나타나 있습니다. 시민이라는 사실을 제대로 생각하려고 하면, 먼저 신민(臣民)이나 공민(公民)이나 국민과는 다른 위상을 분명히 인식하는 것이 중요합니다. 신민이란 천황에 종속하는 인간을 말합니다. 공민이란 국가의 구성원으로 공적으로 인정된 인간을 말합니다. 국민은 국적 소유자입니다. 시민은 국적과는 다른 존재근거에 기초

한 아이덴티티를 말합니다. 시민이란 무엇보다도 자유민이라는 말입니다. 자유민이란 자기 머리로 생각하고 자기 마음으로 느끼고 자기 손발로 행동하고 자기 의지로 책임지는 것을 말합니다. 물론 언제 어디에서나 반드시 그렇게 하는 것은 아닙니다. 인간에게는 다양·다중·다층의 위상이 있습니다. 시민의 위상으로 일원화되고 있는 것은 아닙니다. 단지 공공하는 때와 장소에서는, 그렇게 하는 것이 요구되고 있다는 것입니다. 일반시민에게는 단지 공의 지시에 따르는 것이 편한 경우도 많습니다. 시민이란 자유로운 동시에 책임을 지는 존재이기 때문에 편하다고만은 할 수 없습니다. 하지만 자기만의 생명이고 생활이고 생업이라면 몰라도, 다수·다양·다층의 자기와 타자가 함께·서로·마주보며 생명을 기르고 생활을 영위하고 생업에 전념하기 위해서는, 공과는 다른 공공하는 실천과제가 중요하게 됩니다.

여기에서 다시 한번 함께 숙고할 만한 문제가 있습니다. 특히 저널리스트나 시민사회의 자립과 질적 향상을 바라고, 그것의 실현을 위해서 뭔가 공헌을 하고 싶다고 생각하는 사람들에게는 반드시 필요한 인식입니다. 그것은 정부나 관료들이 입버릇처럼 떠드는 '공적으로 처리한다'(오오야케니 스루)는 것입니다. 이 말의 표면적인 의미는 '모두에게 알린다', '모두의 공통의 관심사로 삼는다', '모두가 지켜야 할 사항으로 정한다'는 것입니다. 그러나 여기서 주의해야 할 것은 '모두에게 알리고', '모두의 공통관심사로 삼고', '모두가 지켜야 할 사항으로 정하는' 주체는 정부나 관료이고 모두로 표상되는 국민·공민·주민은 공적 행위 또는 관적 조치의 대상에 지나지 않는다는 것입니다. 그래서 정부의 의사결정 과정에 유식(有識) 경험자라고 명명된 사람들이 참가했다고 해도, 관에 의해 이미 정해진 일을 정당화하기 위한 교묘한 알리바이 만들기에 지나지 않다는 것입니다.

세코 카즈호: 저도 정부나 자치단체의 심의회나 위원회의 위원이 되어 있습니다만, 정부나 행정기관의 방침이나 생각과는 다른 의견을 가진 사람도 들어가 있다는 '알리바이'에 사용되는 경우가 대부분입니다. 심의회나 위원회에서

정부나 행정기관의 방침과는 다른 의견이 나와서 '민주적'인 논의를 거쳤다고 하는 모양새를 국민들에게 보여주기 위한 것으로, 결국 사무국에서 작성한 사안이 통과되게 되어 있습니다.(웃음)

김태창: 이 알리바이 만들기가 교묘하다고 하는 것은, 여기에 '공(公)으로 한다'(公にする)와 '공공(公共)한다'(公共する)의 중요한 차이를 모호하게 만드는 관(官)의 획책이 은폐되어 있기 때문입니다. 모두에게 알리고·모두의 공통관심사로 하고·모두의 합의사항으로 삼는다는 것의 실질·실체·진실이 과연 어떤 것인가가 문제입니다. 공적으로 결정된—다른 말로 하면 관에 의해 사전에 내부적으로 결정된—사항을 모두에게 알려서 공통의 관심사로 삼고 일방적으로 주지시킨다는 것이 '공으로 한다'는 것의 실상입니다. 그것은 민과 관의 진지한 대화와 공동과 개신의 과정을 통해 상호간의 합의에 입각해서 결정되는—즉 '공공하는'—것과는 너무나 다릅니다.

그래서 '공으로 하기' 전에 먼저 '공공하는' 것이 중요합니다. '공'과 '공공'을 구별할 필요가 없다거나 '공'과 '공공'은 같은 것이라고 하는 것은, 어떤 일을 정할 때 민과 관의 대화·공동·개신—공공한다—이라고 하는 순서·수순·절차를 밟지 않고, 관 주도의 의사결정의 정당성을 주장할 수 있는 이론적 근거가 필요하기 때문입니다. 그래서 온갖 구실을 내세워서 '공공'을 '공' 속에 회수·통합·포섭하고자 하는 것입니다. 그리고 공적인 결정에 대한 반론이나 이의신청이나 반대·저항 등이 없으면 그 상태로 좋고, 만약 그러한 예상 외의 사태가 벌어지면, 공적으로 작성된 결정이 공공적으로도 그 정당성이 담보될 수 있는 과정으로서의 유식 경험자에 의한 협의를 적절하게 거치고 있다는 사실을 제시하므로서 관의 결정이 정당하다는 근거로 사용하는 것입니다.

'알리바이'란 어떤 범죄가 행해졌을 때에, 피의자와 피고인이 그 현장 이외의 장소에 있었다는 사실 혹은 증명입니다. 무죄의 근거가 되지요. 하지만 여기에서 사용되는 알리바이란 공적 결정의 정당성을 증명하는 또 다른 근거가 있다는 의미로 전환된 것입니다.

세코 카즈호: 신문과 미디어나 유식자라고 불리는 사람들 대다수가 '공'과 '공공'을 혼동하고 있습니다. '공'='공공'='행정기관의 일'이라는 인식입니다. '공공철학'을 연구하는 사람들 가운데도 '공·사·공공 삼원론'이라고 말은 해도, '공으로 한다'와 '공공한다'의 차이가 명확하게 인식되고 있는 것 같지 않습니다만….

김태창: 인식되고 있지 않든가 아니면 그 필요성을 실감하고 있지 않는 것이지요. 그저 서양의 문헌을 읽고 해독한 것을 학생에게 가르치는 것이 아니라, 복잡한 현실 속에서 구체적인 민관문제에 부딪히고 거기서 체감하는 문제의식을 체득하고, 관의 의식과 행위가 얼마나 민의 의식과 행위에 어긋나는가를 체험하게 되면 관의 '공'하는 것과 민의 '공공'하는 것과는 아주 다르다는 것을 확인하게 됩니다.

세코 카즈호: 일본의 좋지 않은 전통입니다만, 학자는 실천가보다 위에 있다는 의식이 강해서 실천을 한다고 해도 시민과 함께 독서모임을 갖는다든지 하는 식으로 어디까지나 학문의 연장선상에서가 아닌가요? 실천이란 시민활동을 스스로 하고 '공공하는' 현장을 열어가는 것이라고 생각합니다. 그래서 제가 공공하는 현장으로서 십 수년 동안 해 온 〈협동 코디네이터 양성강좌〉나 〈커뮤니티 레스토랑 프로젝트〉를 소개하겠습니다. 〈협동 코디네이터 양성강좌〉는 NPO와 행정기관, NPO와 기업, NPO와 NGO의 협동을 도모하기 위한 것입니다. 그것은 대등한 입장에서 서로의 차이를 이해하고 인정한 상태에서, 공통의 목표를 달성하기 위해서 협력할 수 있도록 하기 위한 통역 역할을 하는 인재를 '협동 코디네이터'라고 명명하고, 그들을 양성하는 강좌를 십 수년간 개설해 왔습니다. 총 3천명 정도가 수강하였고, 그중에서 50명 이상이 '협동 코디네이터'로 전국 각지에서 활약하고 있습니다.

지역 커뮤니티 재생의 장, 지역의 공공의 장 만들기로 안심하고 안전한 먹거리를 핵심으로 하는 커뮤니티 레스토랑을 친구들과 30년 전에 동경의 고쿠분지(國分寺)에서 열었습니다. 이후 '지산지소'(地産地消=지역생산 지역소비), '신토불이', '순산순식'(旬産旬食=제철에 재배해서 제철에 먹기)을 모토로 한 커뮤니티 레스토랑을 각지에서 열고자 하는 사람들을 지원하고, 네트워크를 만들어 왔습니다. 현재 전국에는 백 개 이상의 커뮤니티 레스토랑이 있습니다. 더 자세한 것은 세코 카즈호 편저 『협동 코디네이터』(행정, 2007)[18]와 세코 카즈호 편저 『커뮤니티 레스토랑』(일본평론사, 2007)[19]를 참고하시기 바랍니다.

김태창: 세코 씨의 말씀을 들으면서 '공공하는 철학'은 '공공적인 철학'이나 '공공성의 철학'과는 다르다는 점을 분명히 할 필요성을 절감했습니다. 문헌을 읽고 학설을 검토하고 해석의 시비와 적부를 논하는 것과, 공공하는 실천활동의 한가운데에서 신체적·심정적으로 체험학습 하는 것과는 근본적으로 다른 일이고, 각각에게 요청되는 지·덕·행의 모습도 다르지 않은가, 라는 생각이 더 확실하게 느껴지기 때문입니다.

세코 카즈호: 저는 가설을 세워서 실천하고, 그것을 이론화하고 다시 실천해 나가는 삶을 의식하면서 살아왔습니다. 실제 활동은 하지 않은 채, 머리로만 생각하고 대학 교단에 서서 얘기만 하면서 그것으로 공공하고 있다고 착각하게 됩니다.

김태창: 공·사·공공의 삼원론이라는 것도 공공철학을 전문으로 하는 일부 학자들도 말하고는 있지만, 공·사·공공의 상관매개(=삼차원상관)가 중요한 포인트입니다. 즉 이원 대립·분열·분쟁을 그 사이에서 상호매개하는 작용으로서의 '공공하는' 일이 중요한데, 거기까지는 언급되고 있지 않습니다. 하지만 '공공(한다)'에 대한 기본적인 입장과 관점과 목표가 다를 경우에도, 대화와 공동과 개신은 가능하다고 생각하기 때문에 여러 분야의 사람들과 함께 대화를 계속하는 것이며 다름 아닌 그와 같은 철학적 활동이야말로 공공하는 철학이라고 생각합니다.

'공공한다'는 점에서 생각하면, 대다수 공공철학자들은 말로는 공공철학이라고 해도 실은 공철학 혹은 사철학을 하고 있는 것이 아닌가 라는 느낌을 받을 때가 많습니다. 공인된 외국 학설의 소개나 자기 한 사람의 생각의 일방통행적인 전달에 지나지 않은 경우가 많기 때문입니다. 단지 모놀로그로 끝날 뿐 거기에는 살아 있는 타자와의 대화도 공동도 개신도 없습니다. '자기 내 대화'는 있을지 모릅니다만 '자타 간 대화'가 별로 없습니다. 그것은 공공적인 문제와 관련된 철학이나 공공성이란 무엇인가에 관한 전문가들의 철학적 연구일지는 모릅니다만, 공공하는—자기와 타자가 대화하고 공동하고 개신하는—철학 실천은 아닙니다.

츠치다 오사무: 공공철학 전문가들의 책을 보면 상당히 계몽적입니다. 위로부터 가르쳐준다는 자세를 강하게 느낍니다.

김태창: '공'철학은 민중을 계몽하고 계도하는 공교육적 성격이 강한 철학입니다. '사'철학은 개인의 소견을 일방적으로 주장하고 전달하는 자기변호적인 철학이 되기 쉽습니다. 거기에는 명확하고 진지한 대화에 대한 의지와 공동(共働)에 대한 성의와 개신에 대한 의욕이 결여되어 있습니다.

세코 카즈호: '공'철학도 '사'철학도 '공공하는' 철학은 아닙니다. 하나같이 시민을 계몽이나 설득의 대상으로 보고 있는 것은 아닌가 생각합니다. 계몽도 설득도 시민을 대등한 대화의 상대로는 생각하지 않기 때문에 가능한 것입니다. 결국 가르쳐 준다는 입장으로, 위로부터의 시선으로 시민을 내려보는 것이 아닌가요?

김태창: 다름아닌 바로 그 점이 공공하는 철학의 핵심과 관련된 문제입니다. 한 사람의 인간—철학자—이 사태를 보고 생각하는 철학도 아니거니와 읽고 말하는 철학도 아닌, 자기와 타자가 함께 대화를 계속하는 철학이 바로 공공하는 철학입니다. 먼저 자기와는 다른·자기의 바깥에·자기와 마주보고, 대립하고 저항하고 반역하기도 하는 타자의 존재와 그의 언설에 대한 경의가 중요합니다. 그리고 자기와 타자의 사이·중간·접점이 있어야 비로소 성립하는 철학적 활동입니다. 물론 여기에서부터 자기와 타자의 언어매개적인 상호행위가 행해지게 됩니다. 단독자의 고독한 독화의 세계에서의 철학연구와는 전혀 다른 자타 간의 대화적·공동적·개신적 실천활동이 공공하는 철학의 핵심입

니다.

세코 카즈호: '공공하는' 실천활동을 상정하지 않은 채, '공'과 '사'와 '공공'이라는 세 개념을 이론적으로 규명하는 데에 전념하는 것만으로는 '사이'로부터의 매개 작용이 없고, 세 개념이 따로따로 병존할 뿐이어서 단순한 상황인식으로 끝나 버리는 것은 아닐까요?

김태창: 제가 사용하는 '삼차원 상관연동'이라는 말은 결코 세 개의 어떤 것이 병존한다는 사태 파악이 아닙니다. 정확히 말하면 상반되는 두 개의 대립물과 그 사이에서 양자를 맺고·잇고·살리는 작용·움직임·행위를 입체연쇄적으로 파악하는 방법과 자세를 말합니다. 그와 같은 세 가지 역동의 상관연동의 동태 포착입니다.

세코 카즈호: 계몽적인 입장, 가령 대학교수가 높은 위치에 있으면서 가르친다는 자세가 아니라, 다양하고 다원적인 활동을 시민과 함께 실제로 하는 것, 현장을 만들고 실제로 현장에서 사람들을 마주보고 의견을 나누고, 함께 행동하는 것이 중요합니다. 다양한 사람들과 여러 생활 현장에서 활동을 계속하다 보면 지금까지 생각하지 못했던 것을 새롭게 배울 수 있는 것이 무수히 많습니다. 함께 괴로워하고 함께 즐기는 데에서 삶의 보람을 느끼는 경우가 많이 있습니다. 거기에 '공공하는 철학'에 대한 공감이 있습니다.

김태창: 함께 하는 실심·실학·실천을 통해서 실감할 수 있는 공공하는 철학에 대한 공감이군요.

세코 카즈호: 그렇습니다. 최근에 '공공철학'이라는 말이 유행하면서 '공공철학'이라고 제목을 달거나 그것과 관련된 출판물도 늘어났습니다만, '공공하는 철학'까지는 아직 인식이 미치고 있지 않습니다.

김태창: 그것이 바로 공공하는 철학의 고민입니다.

세코 카즈호: 이것은 다른 이야기입니다만, NPO 부문을 강화하여 시민사회를 구축하기 위해서는 신문과 미디어의 협동이 중요하다고 생각해서, 『매스미디어 재생 전략』이라는 책을 츠치다 씨와 같이 썼습니다. 신문과 미디어의

NPO 전략을 생각하는 데 있어 신문과 미디어가 '공공하는' 것의 중요성을 인식하지 않으면 안 된다는 사실을 깨달았기 때문입니다. 그래서 김태창 선생님과 이번에 〈매스미디어와 NPO/NGO의 협동〉에 대해서 대화해 보고 싶다는 생각이 들어서, 이렇게 부탁드린 것입니다.

김태창: 그러시다면 역시 '공으로 한다'와 '공공한다'의 차이에 대한 인식 조정이 최초의 과제가 되겠지요. 늘 얘기해 온 바입니다만, '공공한다'는 자기와 타자가 '함께·서로·마주보고' '대화하고 공동하고 개신하는 것'이 기본이 됩니다. 반면에 '공으로 한다'는 공적으로 정해진 것을 '공인화하는 것·공사화(公事化)하는 것·공식화하는 것'입니다. 그것의 주체는 국가·정부·관청이고, 국민·시민·인간은 그 대상이 될 뿐입니다. 그것을 바탕으로 논의하는 것이 공론이고, 그 모든 것을 정당화할 수 있는 근거는 공익에 부합한다는 것입니다. 공익이란 국익이자 관익(官益)입니다. 거기에는 민익(民益)에 대한 배려가 희박합니다. 민익은 사익에 지나지 않는다고 규정되기 때문입니다. 하지만 공익은 악질적인 사익의 위명(僞名)에 지나지 않는 경우도 드물지 않습니다. 공이란 크고 강하지만, 정체를 드러내지 않는 '사'가 변질된 것에 지나지 않는 경우가 많기 때문에, 시민이 공공하는 입장에서 감시하는 것이 필수불가결하다고 생각합니다.

츠치다 오사무: 신문과 미디어의 세계에서도 문제의 본질은 완전히 동일합니다.

상호 대화를 계속하는 문화

김태창: 일본의 사회적·인간적 분위기는, 민주적이라기보다는 관주적(官主的)이 아닌가 생각합니다. 특히 최근에 들어서 사법관료가 지배하는 사회가 되고 있다는 느낌이 듭니다. 영어로 말하면 democracy가 아니라 bureaucracy에서 더 나아가서 juristocracy로 변질되고 있는 것은 아닌가 생각합니다. 그것은 민주사회의 기본원칙으로서의 법치주의와는 전혀 다릅니다. 모든 분쟁을 법률

에 기초하여 그것의 시비・정사(正邪)・적부(適否)를 묻는다는 원칙이 법치주의의 기본정신입니다. 그래서 모든 인간은 법 앞에 평등하다는 것이 기본전제입니다. 반면에 사법관료 지배는 모든 일의 가치판단이 사법관료에 의해서 결정되는 것입니다. 이것은 일견 당연한 듯이 보이는, 거짓된 정당성의 근거에 의한 독선・독결(獨決)・독재에 다름 아닙니다. 물론 민주주의에도 나름대로의 위험과 폐해가 있습니다. 하지만 그렇다고 해서 사법관료 지배가 좋다고 할 수 있을까요? 유능한 법률전문가는 악질적인 이웃이라는 말이 있습니다. 상담하는 상대로서는 필요한 존재일지 모릅니다만 지배자로서는 어떨까요? 일반적으로 전문가, 그중에서도 특히 법률 전문가에게는 계몽적인 전제군주가 되기 쉬운 체질이 있습니다. 자기만이 옳다고 판단하는 능력이나 자질을 갖추고 있다는 과도한 자신감을 가진 경우가 많기 때문입니다. 어떤 의미에서는 유능한 독재자이자 독화자(獨話者)라고 할 수 있습니다.

세코 카즈호: '유능한 독화자들'이라고요? 대화를 하지 않고 일방적으로 자기의 생각을 계몽하려는 사람을 '유능'하다고 할 수 있을까요? 대학교수이든 법률전문가든 상대방이 하는 말에 귀를 기울이고, 대등한 상대로 이야기하는 자세가 되어 있지 않으면 유능하다고는 할 수 없다고 생각합니다.

김태창: 상대방이 하는 말을 성실하게 듣는 자세가 중요합니다. 자기 주장만 생각하는 것이 아니라 상대방이 하는 말을 잘 들은 상태에서, 그에 대한 응답으로 자기 의견이나 견해를 말하는 것이 바람직한 대화자의 모습입니다. 그리고 상대방도 반응하고 자신도 응답하는 가운데 양쪽 의견과 견해가 충돌하고・싸우고・조정되는 것입니다. 그런 과정을 통해서 함께・서로・마주보고 어느 한쪽에 치우치지 않는 새로운 차원・지평・세계를 여는 것입니다. 이것은 '말하다'(言)나 '의사소통하다'(話)와는 다른 '이야기하다'(語)로, 그중에서도 '서로 이야기하다'입니다. 진정한 대화의 자세입니다.

세코 카즈호: 일본에서는 심포지엄이라고 해도 한 사람 한 사람이 자기가 하고 싶은 말을 할 뿐입니다. 실로 독화자(獨話者)의 집합입니다. 서로 다른 의견을

논쟁시켜서 '서로 이야기하는' 일은 거의 없습니다. 일본에서는 원래 의미에서의 '서로 이야기하는' 문화가 자라나지 않는 것 같습니다.

츠치다 오사무: 확실히 대화를 경시하는 경향이 있습니다.

김태창: 1990년에 일본에 온 이래로 일본 학습을 통해서 실감한 것 중의 하나는 말을 가볍게 여기는 경향입니다. 인간의 말은 천금의 가치를 지닌다고 배워온 사람으로서, 대다수의 일본인의 언어 경시 현상은 커다란 문화충격이었습니다. 자기의 말을 무겁게 생각하지 않기 때문에 상대방의 말도 소중하게 여기지 않는 것이 일본인과의 진지한 대화를 어렵게 만드는 문화풍토적 요인이 아닌가라는 생각이 듭니다. 하지만 공공하는 철학은 무엇보다도 말을 값지게 여기고 언어의 대화적 기능을 중시합니다. 바로 여기에 한일 간의 상극을 느낍니다.

세코 카즈호: 말을 중시하지 않는 언어관은 어디에 근본적인 원인이 있는 걸까요? 공공하는 철학이 말을 중시하는 의미를 가르쳐 주십시오.

김태창: 무엇보다도 일본어의 '말'에 해당하는 한자어 '言葉'(코토바)의 이미지가 문제입니다. '코토바'(言葉)는 '言'의 '葉'입니다. 하지만 '코토'(言)는 '코토'(事)이기도 합니다. '葉'은 '端'이기도 합니다. 그래서 言의 葉은 事의 端이기도 합니다. 그것들은 言과 事의 지엽(枝葉)이나 말단(末端)에 지나지 않는다는 것입니다. 어차피 핵심에는 이르지 못하는 부분적·표층적인 파악에 지나지 않는다는 견해와 생각이 '코토바'(言葉·事端)라는 표상에 담겨 있는 것 같습니다. 이 점을 숙지한 상태에서, '고토바'(=말)란 言의 葉이 아니라 '고토'(=言과 事)가 '마코토'(眞·誠·實)가 되는 '바'(=장소나 계기나 매체)라고 이해함으로써 언어 인식을 새롭게 할 필요가 있다고 생각되는데, 어떻게 생각하시는지요?

세코 카즈호: 말을 제대로 사용하기 위해서는 두 가지가 필요하다고 생각합니다. 하나는 시민이 자각해서 자신들의 언어력을 갈고 닦는 것이고, 다른 하나는 관료나 정치가의 언어감각의 문제입니다. 지금의 관료나 정치가에게는 자기 말에 대한 책임감과 국민의 말에 대한 경의가 없는 것이 커다란 문제입니

다. 그리고 현재의 일본의 언어문화의 특징은 권력자의 불성실한 언어 남용이 두드러지고, 시민의 성실한 말이 적다는 것입니다. 진지한 대화의 말이 거의 부재합니다.

김태창: 언력(言力)이 성숙되지 않은 곳에서는 권력이나 금력 혹은 노골적인 폭력이 만연할 뿐입니다. 일상의 인간관계도, 외교정책을 보아도, 기본적으로 대화에 대한 신뢰가 적습니다. 공동에 대한 의지나 개신에 대한 용기는 더더욱 찾아볼 수 없습니다.

세코 카즈호: 요시다 시게루(吉田茂, 1878~1967) 수상이나 이케다 하야토(池田勇人, 1899~1965) 수상은, 좋고 안 좋고는 차치하고 권력자로서의 자각이 있었습니다. 지금은 관료도 정치가도 조직의 일원이라는 의식밖에 없기 때문에, 자신의 말에 대한 자각도 없고 국민의 물음에 제대로 응답할 수 있는 능력도 없습니다. 신문기자도 신문사의 한 사원이라는 의식이 강하고, 저널리스트로서의 자부와 자각이 없는 사람이 대부분입니다. 그래서 자기 말의 중요성을 깨닫지 못하는 것이 아닐까요?

김태창: 유대인 대량학살의 책임자인 아돌프 아이히만의 재판을 처음부터 끝까지 지켜봤던 한나 아렌트가 나중에 증언한 것은, 조직의 일원으로서의 기능과 역할과 임무의 충실한 수행이 자기 자신의 사고와 판단과 책임에 대한 마비현상을 초래함과 동시에, 자기인식을 확증시키는 언어의 말살로 이어지고, 그 언어 부재의 암묵 상태에서 가공할 만한 악이 생길 수 있다는 것이었습니다. 악이란 특별한 사건이라기보다는 극히 평범한 침묵과 부작위의 축적에서 생긴다는 것입니다. 전대미문의 거대한 악도 의외로 일상적인 숙려와 언어의 기능 정지로부터 생겨날 수 있다는 것을 유념할 필요가 있습니다.

세코 카즈호: 일본에서 '공공하는 철학'을 실천해 나가기 위한 과제는, 권력을 갖고 있는 사람들이 자신의 사고와 판단과 책임을 자각하고, 자기 말에 분명히 책임을 지고 시민과 마주보고 대화와 공동과 개신을 지속해 나가는 의지와 능력과 신념을 가질 수 있는가 하는 문제입니다.

김태창: 저는 이렇게 생각합니다. 공무원이든 신문기자든 상인이든, 한 사람의 시민으로서의 위상을 가지고 있습니다. 이들은 건전한 시민의식을 갖는 것이 요청되는 입장에 있습니다. 설령 자기가 국가공무원이라고 해도, 공공하는 실천활동에 참가할 경우에는 공직에 충실한 사고와 행동을 하는 입장에서 일단 떠나서, 즉 '공'(公)의식에서 해방되어 한 시민이라는 입장에 서서 시민과 함께 시민의 시선에서 자기 공직에 기초한 사고나 행동도 포함해서, 사태를 다시 바라보고 다시 생각하고 그리고 행동하고 판단하고 책임지는 태도 즉 '공공'(公共)하는 마음자세가 불가결합니다. 공무―관의 일―로서가 아니라, 시민의 일로서 자기의 책임을 다하는 것입니다.

세코 카즈호: 공직의 입장에서 떠나라는 말의 의미를 알지 못한다고 생각합니다. 아마도 자기들은 공의 입장에서 생각하면 되고, 그것이 자기에게 주어진 임무라는 자의식, 선민의식이 강합니다. 관료, 특히 고급관료일수록 입장을 바꿔서 생각하는, 시민의 시선에서 바라보는 것이 어려운 것 같습니다.

공공하는 철학

김태창: 그래서 '공공하는 철학'은 '공공적 철학'이나 '공공성의 철학'과는 다르고, 실심·실학·실지가 강조되는 것입니다. 17세기 한국 최초의 실심실학자인 명제 윤증(明齊尹拯, 1629-1714)이 역설했듯이 실심(實心)을 다하여 실학(實學)을 하고 그것을 살려서 무실(務實)에 힘써야 한다는 것입니다. 그것은 고매한 공리, 공론을 일삼는 '공'(公)리(理)주창자들이나 오직 자기 이익에만 집착하는 '사'(私)리(理)추구자들과는 다른 '공공'하는 시민-사민·지민·철민-의 기본자세이기도 합니다.

'공공적인 철학'은 '공공적'이라는 것을 '국가나 정부와 관련되는 것', '국가구성원 전체에 관한 것', '널리 일률적으로 알려서 일원화하는 것'으로 해석하고, 그것을 위한 개념과 이론을 규명하는 전문가적인 철학입니다. 정직하게 말하면, 이런 식의 '공공'에 대한 이해에는 동의할 수 없습니다. 그것은 비록 영어의

'public'의 사전적 정의에는 부합합니다만, 한중일의 역사적 경험에 기초해서 생각해 보면, 실로 '공'에 딱 들어맞습니다. 그래서 그런 철학은 저의 표현대로 하면 '공철학'이기는 해도 '공공하는 철학'은 아닙니다. 그리고 '공공성의 철학'은 "공공성이란 무엇인가?"라는 문제를 중심으로 규범적·이론적·문헌적 방법을 축으로 하는 전문가 중심의 철학입니다. 둘 다 기본적으로 독서궁리(讀書窮理)이지 사상연마(事上研磨)는 아닙니다. 제 생각에는 둘 다 '전문가의 학(문)지(學(問)知)를 추구하는 철학'이지 '시민의 공공하는 실(천)지(實(踐)知)를 체득하는 철학'은 아닙니다. 관지(官知)의 철학이지 민지(民知)의 철학은 아닙니다.

'공공하는 철학'이란 먼저 '시민의'·'시민에 의한'·'시민을 위한' 그리고 가장 중요한 것은 '시민과 함께하는' 민주철학입니다. 그래서 가령 "공공성이란 무엇인가?"라는 정의―명사적·실체적 개념 규정―를 이해하는 것이 아니라, 그보다는 '공공하는 마음'―가짜의·거짓된·이름뿐인 마음이 아니라, 참된·성실한·진짜 마음이라는 의미에서 '실심'이라고 한다―이 어떻게 발동하고 우리 삶을 더 뜻있게 하는데 기여하는가를 묻는 데서 출발합니다. 그리고 실제로 '공'―국가든 정부든 공적 기관이든―을 좀 더 시민육성적·환경친화적·장래 세대 배려적으로 개혁·개선·개신(改新)―모두 합쳐서 '개신'(開新)이라고 한다―하기 위한 심사·숙고·반성입니다. 공직을 수행하기 위한 전문가적인 지식의 추구가 아닙니다. 그렇다고 해서 개인적인 경험지의 축적으로 끝나는 것도 아닙니다. 자기와 타자가 생활세계의 자립과 질적 향상을 꾀하기 위한 대화적·공동적·개신적인 지와 행과 덕의 연동진화를 지향하는 실천 철학입니다. 그래서 공공하기 위해서는 전문가라고 해도 한 사람의 시민의 입장·자격·신분으로 돌아가는 것이 대전제입니다.

츠치다 오사무: 신문기자도 역시 '공공적인 철학'이나 '공공성의 철학'에 머물고 있고, 그것도 극히 적은 수에 불과합니다.

NGO / NPO / 자원봉사

세코 카즈호: 지금부터는 신문이나 TV와 같은 매스미디어와 NPO, NGO 그리고 자원봉사자의 시민활동 상의 협동에 대해서 얘기했으면 합니다.

김태창: 신문기자가 NPO나 NGO나 자원봉사자에게 어떤 자세로 대응할 것인가가 문제입니다. 저의 신체감각적인 감상을 말씀드리면, 오늘날의 일본은 시민을 배제하는 국민사회라고 생각합니다. 그래서 신문과 미디어가 인간적으로도 조직적으로도 오로지 공적이라는 현실이, 시민육성적인 언설의 성립을 곤란하게 만들고 있다고 생각합니다. 모두 국가나 정부 그리고 관청에 관한 정보의 일방적·선택적 전달에 치우쳐 있기 때문에, 다양·다중·다층의 시민활동은 오히려 부정적으로 이해되는 경향이 있지 않을까요? 그 활동들은 정치면이 아니라 사회면, 경제면, 문화면에서 다루어질 뿐입니다. 그것은 또 인간과 사회와 세계―국가도 포함해서―를 단순계로 파악한다고 하는 낡은 사고방식에 기초한 보도기관의 기본자세입니다.

단순계에서의 가치기준은 하나의 중심에 모든 것이 회수·통합·수렴되는 것을 좋다고 보는 중앙집권형입니다. 그것이 '공'입니다. 그 안에 가지런히 들어오는 범위 내의 여러 '사'가 편의에 따라서 승인되고, 불편하다고 판단되면 부정·배척·말살되는 것입니다. 전체의 일원성을 지키기 위해서입니다. 반면에 복잡계로서 인간과 사회와 세계―물론 국가도 포함해서―를 새롭게 이해할 경우에, 무엇보다도 다원성―다양성·다중성·다층성―과 차이성과 특수성을 제대로 인식하고 존중하고 보호하는 것이 중요합니다. 그것은 공동일체화(共同一體化)를 지향하는 일극대화적(一極大和的) 가치지향이 아니라, 다이공동화(多異共働化)가 옳다고 생각하는 다극상화적(多極相和的) 가치형성입니다. '공'이 전체의 '대화'(大和)를 추구한다고 하면, '공공'(한다)은 자기와 타자가 함께·서로·치우침 없는 '상화'(相和)를 중시한다고 할 수 있겠지요.

일원화를 지향하는 단순계에서는, 가령 국가·전체·정부와 인간·개별·개인 사이에 아무것도 끼어들지 않는 내적 통일에 기초한 국가-국민 일체가 가장 바람직한 형태입니다. 그것이 실로 '공'의 정신이자 가치이자 기준입니다. 반면에 복잡계에서는 안팎으로 서로 통하는 다양·다중·다층의 시민단체·조직·연대에 의한 자유롭고 활발한 활동·운동·기동(氣動)이 꽃피는 상태가 가장 바람직한 형태입니다. 거기에서야말로 국가와 인간·전체와 개체·정부와 개인을 함께·서로·치우침 없이 맺고·잇고·살리는 '공공'(하는) 정신이 있고 가치가 있고 기준이 있는 것입니다. 그것의 구체적이고 생생한 드러남이 NGO이고 NPO이고 자원봉사입니다.

츠치다 오사무: 신문과 미디어의 세계도 그렇습니다만, 시민활동의 세계를 보아도 역시 공적 사고가 압도적으로 많은 것 같습니다.

세코 카즈호: 그 배경에는 아까 말씀하셨던 행정기관에 '상관'처럼 의존하는 메이지 이래의 전통과, '공' 아래에 하나로 묶이지 않으면 불안해하는 심리가 크게 작용한 것이 아닐까요? 공적인 사고의 문제도 현실에서는 잘 모르는 채로 무의식적으로 하고 있는 것은 아닐까요?

김태창: 최근 제가 주최하는 공공철학 교토포럼에서 〈뇌와 생명과 마음과 나〉라는 의제로 학제 간 대화와 공동과 개신의 시공을 가졌습니다. 거기에서 발표된 내용 중에서 특히 재미있었던 것은, 두 마리의 원숭이의 뇌 사이의 관계와 세 마리의 원숭이의 뇌 사이의 관계의 차이에 관한 실험 결과였습니다. 결론만 말씀드리면 두 마리의 원숭이의 뇌 사이의 관계에서는 안정된 질서가 형성되어 잘 유지되었는데, 일단 질서가 정착되면 거기에서 벗어나는 일이 거의 없었습니다. 하지만 세 마리의 원숭이 관계가 되면, 세 마리째의 원숭이의 뇌의 존재와 기능에 의해서 두 마리의 원숭이의 뇌 사이의 관계에 동요가 생겨, 안정된 질서가 붕괴되고, 그때마다 새로운 질서의 형성이 필요하게 됩니다. 저는 하나의 뇌 안의 현상을 '나'(私), 두 개의 뇌 사이의 현상을 '사공'(私共), 그리고 세 개의 뇌 사이의 현상을 '공공'(公共)의 원형으로 이해하면 어떨까 하는 문제제기를 했습니다. 그리고 다음 번에는 좀 더 타자와의 사이를 중심으로 해서 뇌 사이의 문제를 함께 생각하기로 했습니다. 그래서 공공하기 위해서는 적어도 3차원의

상호관계가 기본이 되어야 합니다. 뇌과학적으로 말하면, 하나의 뇌 안의 현상은 기본적으로 '사(私)하는 뇌'의 문제이고, 두 개의 뇌 사이의 현상은 '사공(私共)하는 뇌'의 문제이고, 세 개의 뇌 사이의 현상은 '공공(公共)하는 뇌'의 문제로 얘기할 수 있습니다. 물론 이것은 극히 초보적인 표현으로 앞으로의 철저한 공동연구가 필요한 과제입니다만….

세코 카즈호: 공공세계는 적어도 서로 입장이 다른 인간이 세 명 이상은 필요하다는 말이군요.

김태창: 그렇습니다. '세 명이 모이면 공계'(公界)라거나 '세 명이 모이면 인중'(人中)이라는 말도 있습니다. 말 그대로 '세 명이 모이면 그곳은 공공시공(時空)이 된다'라는 의미입니다. 사이로부터의 작용·움직임·행위는, 상반되는 두 개의 의견·입장·관점이 대립·갈등·분쟁을 지속하는 경우에, 제3의 상관매개작용이 필요하다는 데에서 요구되는 것입니다. 하지만 무엇이든 모두 하나로 묶는 것은 실로 공적인 발상입니다. 경우에 따라서는 대단히 무서운 생각입니다. 물론 모든 것이 하나로 묶여지는 것이 좋다고 생각할 수도 있습니다. 다만 여기에서 분명히 해 두고 싶은 것은, 하나로 묶여지지 않는·묶을 수 없는·다양한 모습이 좋다는 생각이야말로, 오늘날의 복잡계적인 인간과 사회와 세계에는 더 걸맞지 않나 하는 것이 공공하는 철학의 기본 입장이라는 점입니다. 관(官)은 일률적으로 묶는 일을 잘합니다. 그것도 대단히 중요합니다만 민(民)에게는 다양·다중·다층인 것이 일상생활의 엄연한 실존 조건입니다. 그러한 다양성·다중성·다층성을 어떻게 매개해서, 누구의 '사'도 희생시키는 일 없이 서로 납득할 수 있는 공복(共福)의 토대를 어떻게 하면 구축할 수 있는가가 공공하는 철학의 목표입니다.

세코 카즈호: NPO나 NGO나 자원봉사를 어떻게 이해하는가 하는 것도 중요한 문제라고 생각합니다.

김태창: 일반적으로 NGO는 Non-Governmental Organization, 즉 비정부기관·조직·단체로 이해되고 있습니다. 민간기관이라는 뜻이지요. 제 개인적

인 의견을 말씀드리면, NGO는 New Goal-oriented Organization으로 이해하는 것이 좋다고 생각합니다. 왜냐하면 비정부기관이라고 해도, 정부의 대리·대행·청부기관에 지나지 않는 것들이 많기 때문입니다. 그렇게 되면 정부기관과 별도로 비정부기관을 만들 필요가 없어지게 되지요. 정부가 할 수 없는·하기 어려운·하는 것이 걸맞지 않은 일들—정부와는 다른 목표 추구—을 하는 것이, 원래의 존재이유가 아닌가 생각합니다.

세코 카즈호: NGO나 NPO 또는 자원봉사 활동이 지향하는 것은 무엇이라고 생각하십니까?

김태창: 가령 정부기관이 오로지 공익=국익(=국가체제의 유지·강화·확충)=관익을 전체의 이익이라는 명목 하에 집중 추구하는 단체라고 한다면, 비정부·민간기관은 공공익=생활익=민익이 인간의 실익이라는 정당한 이치에 따라서, 그것의 실현을 지향하는 단체라고 생각하면 어떨까요? 그래서 각각의 기본적인 이익 이해가 서로 다를 수 있다고 전제하는 것이 단순계적 발상에서 복잡계적 발상으로 전환이 요청되는 오늘의 실정에 맞는 것이 아니겠습니까? 여기서 다시 강조해 둘 것은 소위 공익과 공공익은 결코 같지 않다는 점입니다. 그리고 NPO도 Non-Profit Organization, 즉 비영리기관·조직·단체로 이해하는 것이 보통입니다만, 저는 New People-initiative Organization으로 이해하는 것이 좋다고 생각합니다. 단지 비영리이기만 하면 되는 것은 아닙니다. 진정으로 민간의·민간에 의한·민간을 위한·민간과 함께 하는, 그리고 무엇보다도 민간주도의 기관·조직·단체로 제대로 기능하기 위해서는 생활세계의 자립과 질적 향상을 꾀하는 상태에서의 다분야의 전문지식도 시민의 입장·관점·감각에서 상관공매될 필요가 있기 때문입니다. 그래서 NPO도 NGO도 자원봉사도 독자적인 존재와 의의와 목표를 갖는 것으로 자리매김하고 의미 부여할 필요가 있습니다.

결코 비정부·비영리라고 하는 소극적인 의미의 명칭과 이미지에 구애될 필요는 없다고 생각합니다. 특히 자원봉사는 민간주도의 자발적인 공동활동이라는 이해가 중요합니다. 그리고 일반적으로 무료봉사가 강조되는데, 제 개인적인 생각으로는 반대급부를 받지 않는 지원활동만이 자원봉사라고 한다면, 그것은 시간과 경제적인 자원에 여유가 있는 일부 사람들에게 한정되기 쉽습니다. 그래서 시간과 자원과 능력을 현명하게 활용해서 다소의 반대급부를 받으면서 참가 · 활동 · 실천하는 것도 자원봉사에 포함된다고 해석하는 것이 좋지 않을까요?

세코 카즈호: 저는 신문과 NPO나 NGO나 자원봉사와 같은 시민활동이 서로 상대방을 잘 이해하고, 대등한 입장에서 협동하는 파트너라는 인식을 갖고, 협동을 실행할 필요가 있다고 생각합니다. 그러기 위해서는 신문기자가 시민의 눈높이를 갖는 것도 중요하지만, 매일매일의 신문보도를 검증하고, 창조적인 비판을 하고, 바람직한 보도의 모습을 제안하는 능력과 전문성을 지닌 NPO가 필요하다고 생각합니다.

공공하는 신문과 미디어

츠치다 오사무: 프랑스에서는 1995년에 시민이 정부나 기업에 대해서 대규모 파업을 일으킨 것을 계기로, 신문이나 텔레비전 기자, 편집장, 노동조합원, 연구자들이 모여서 보도 행태를 검증하고, 필요하면 비판하는 행동을 일으켜서, 1996년에는 「Action Critique Médias」(보통 'ACRIMED'라고 하며 일본에서 말하는 NPO에 해당한다)이라는 조직이 탄생했습니다.

'미디어를 비판하는 행동'을 의미하는 아크리메드는, 올해(2009) 1월에 있었던 이스라엘의 가자 침공에 대해서, 시민이 참가하는 심포지엄을 열고 신문과 텔레비전의 친정부적인 보도를 비판하고 검증하여, 항의 데모 등의 직접적인 행동에 나섰습니다. 일본의 각 신문사는 전문가에 의한 제3의 기관을 설치하여 지면의 평가를 하고 있습니다만, 이것은 제3의 눈으로 평가받는다는 알리바이 확보 차원으로, 각 신문사의 틀을 넘어서 기자도 시민도 자유롭게 참가하는 프랑스의 아크리메드와 같은 메커니즘은 일본에는 없습니다.

세코 카즈호: 마지막으로 신문과 텔레비전 그리고 신문사의 틀을 넘어서, 기자가 자발적으로 참여할 수 있는 메커니즘은 일본에서도 반드시 필요하다고 생각합니다. 각 신문사의 수직적인 구조를 바꿔서, 회사라는 틀에 속박되어 있는 회사원 기자로부터 진정한 저널리스트를 탄생시켜 나가는 것이 중요합니다. 그리고 그러한 조직에 시민이 자유롭게 참여해서 프로 기자와 대등한 대화를 함으로써 협동형 저널리즘을 창출해 내는 기폭제가 될 가능성이 있다고 생각합니다.

신문 등 미디어를 시민사회에 개방시키고, 본래의 공공성을 지닌 다양하고 다원적인 미디어 형태를 제안하여, NPO와 NGO 그리고 자원봉사와 같은 시민과의 협동을 실현해 나갈 필요가 있습니다. 저는 그것을 위해서 다양한 NPO나 NGO, 자원봉사 활동에 호소하여, 일본판 아크리메드와 같은 새로운 중간 지원형 NPO를 만들어 나가고자 합니다. 김태창 선생님도 부디 '공공하는' 신문과 미디어 재생 활동에 동참해 주셨으면 합니다. 대단히 감사합니다.

(출전:「公共的良識人」, 교토포럼 발행, 2009년 5월호)

1. 국가공무원과 공공철학적 구상력

공공(하는)철학이란 무엇인가?

여러분, 안녕하십니까? 김태창이라고 합니다. 이번에 여러분과 「공공(하는)철학이란 무엇인가?」, 그리고 「국가공무원에게 필요한 공공(하는)철학적 구상력」에 관한 저의 견해를 말씀드리게 된 것을 영광으로 생각합니다.

'공공(하는)철학'이란 어떤 철학인가에 대해서 말씀드리고자 합니다. 공공(하는)철학은 한마디로 요약하면 '매개의 철학'입니다. '공'과 '사'를 그 '사이'(間)에서 함께·더불어·서로 매개하는(=共媒) 철학입니다. 왜 '공'과 '사'를 그 사이에서 매개하는 철학이 필요한가? 그것은 '공'이 무너지고 있기 때문입니다. '사'가 불명확하기 때문입니다. '공'과 '사'가 혼란·혼동·혼합되어 복잡다양한 문제가 생기고 있기 때문입니다. '공'과 '사'를 그 사이에서 매개한다는(=공매) 것은

---

* 이 글은 김태창 소장이 일본의 공무원들을 대상으로 행한 강연의 일부이다. 이 강연은 2006년에 일본의 사이타마현에 있는 공무원 연수원에서 초임급, 중간급, 간부급, 최고 간부급 공무원들을 대상으로 4개 과정에서 총 58시간 동안 진행됐다. 이중에서 특히 일본 공무원 세계의 중추에 해당하는 간부급 공무원, 즉 과장급 이상 공무원들을 대상으로 총 10시간에 걸쳐 행한 강의를, 공무원 연수원의 공식 저널인 『행정연수저널(行政研修ジャーナル)』 편집팀이 강의 녹음과 수강생들의 노트 필기를 바탕으로 정리하여 『행정연수저널』 제37집(人事院公務員研修所, 2006년)에 「국가공무원과 공공철학적 구상력(国家公務員と公共哲学的 構想力)」이라는 제목으로 실었다. 그 후 김태창 소장이 여기에 약간의 자구 수정과 보충 설명을 가하여 동일한 제목으로 이 책에 실었다. 그리고 이 글의 한글 번역은 「월간 공공철학」 제2호 (2011년 2월호)에도 실려 있다.
일시: 2006년 9월 27일/ 장소: 인사원(人事院) 공무원 연수소 / 주최: 행정연수 과장급 제181회

'공'과 '사'를 확실하게 구별하고, 제대로 정리하고, 그 상호관계를 올바로 정립하는 것을 말합니다. 그리고 그와 같은 작용·움직임·노력을 '공공'(한다)이라고 합니다. 반면에 지금까지는 '공'과 '사'의 대립만을 보고, 양자의 매개를 찾으려는 발상이 없었습니다. 단지 '공'과 '사'가 상반·상극·상쟁(相爭)의 관계로만 이해되었습니다. 달리 말하면, '멸사봉공(滅私奉公)' 아니면 '멸공봉사(滅公奉私)'라고 하는 양자택일적인 고정관념이 계속되어 왔다고 할 수 있습니다.

　여기에 '공'이란 무엇인가, 그리고 '사'란 무엇인가 하는 문제가 있습니다. '공'은 전체(=천하세계=국가)이고, '사'는 사기(私己)·개체·개인하고만 관련된 것이라는 양자상반대립적(二極相反對立的)인 견해를 일본에서 처음으로 정립한 것은 에도시대 중기의 유학자인 오규 소라이(荻生徂徠, 1666~1728)입니다. 예를 들면 그는 『논어징(論語徵)』이라는 책의 제2편 「위정(爲政)」에서 다음과 같이 말합니다: "군자란 상층에 있는 유덕자로, 그 마음은 백성을 편안하게 하는 데에 있다. 그래서 '공'(公)이다. 소인이란 하층민을 말하는데, 그 마음은 자기 한 몸을 돌보는 데에 있다. 그래서 '사'(私)이다." 이 문장을 소라이가 다른 곳에서 한 말을 참조하여 해석해 보면, '공(公)이란 백성을 편안하게 하는 것'으로, '천하를 걱정하며 돌보고, 대(代)가 오래도록 전해져서 만민이 영원히 편안하기를 바라며 제도를 세우는' 것을 말합니다. 반면에 '사(私)는 제 한 몸을 돌보는 것'으로 '천하를 걱정하며 돌보려는 마음은 없고, 단지 자기 처지만 생각하는' 것을 말합니다. 이것은 공사이원상반적(公私二元相反的)인 인식구조, 즉 공과 사가 기본적으로 서로 상반되는 것이라는 생각을 보여주고 있습니다. 이러한 생각에는 명시적으로 그리고 암시적으로 '공존사비'(公尊私卑=공은 존귀하고 사는 비천함)와 '관주민종'(官主民從=관이 주가 되고 민이 따름)이라는 온정주의(paternalism)가 강조되고 있습니다. 아무리 선의에서 나온 생각이라고 해도, 그 권위주의적인 행위는 민주주의를 원칙으로 하는 국가·사회·시장에서의 공사관계의 모습으로는 불충분하고 부적당합니다. 그래서 인식론적·가치론적 전환이 필요합니다. 그 전환의 기본으로 '공'과 '사'를 함께(=수평적으로) 매개하는 '공공'(公共)을 상정함으로써 삼차원상관적(三次元相關的)으로 발전시키자는 것입니다.

소라이 이후로 여러 우여곡절이 있었습니다만, '공'과 '사'에 대한 인식이 일단 정리되어, 결국 '공'은 전체 · 천황 · 국가 · 정부 · 관청을 의미하고, '사'는 개인 · 동료 · 친척 · 가족 · 국민을 가리키게 된 것입니다. 그런데 여기서 저는 '공'과 '사'를 제로섬 게임의 관계로 생각하는 것이 아니라 윈윈 게임의 관계로 이해할 것을 제안합니다. 말하자면 소라이적인 공사관을 탈구축 · 재구축하는 것입니다. 사실 제가 생각하는 '철학'이란, 대학에서 철학 수업시간에 배우는 전문적인 학문으로서의 철학이기보다는, 이처럼 어떤 사태를 근본에서부터 다시 바라보고 생각하고 정립하는 실천적인 지덕행의 연관활동입니다.

한편 '공'과 '사'를 공매(共媒)한다는 것은, '공'과 '사'가 대화하고 공동(共働=공동작업)하고 개신(開新=새로운 차원을 연다)하는 것을 말합니다. 결국 다른 말로 하면, 공공(하는)철학이란 '공'과 '사'가 대화하는 철학이고 공동하는 철학이고 개신하는 철학입니다.

그럼 지금부터는 '공'과 '사'를 그 사이에서 공매하는 기능 · 과정 · 방법 · 자세가 '공공'(한다)이라는 것에 대해서 설명을 드리고자 합니다. '공공철학'이란 '공공'(하는) 철학이고, 공공(한다)을 실사(實事) · 실천 · 실행하는 철학이기도 합니다. 그리고 '공공(하는)철학적 구상력'이란 사태를 '공'과 '사'를 매개하는 '공공'이라는 관점에서, 대화적으로 공동적으로 그리고 개신적으로 사고하고 판단하고 행동하고 책임지는 인간력이라고도 할 수 있을 것입니다. 여기에는 종래의 관료적인 사고방식에서 보이는 독화적 · 지시명령적 · 전례답습적인 사고 패턴으로부터의 탈피라는 측면도 포함되어 있습니다.

공과 사의 관계

일본에서의 '공'과 '사'의 관계에 대해서 생각해 봅시다. 현재 대다수의 사람들은 공과 사, 관과 민의 관계를 매개가 없는 상반/상극/상쟁 관계로 이해합니다. 이것은 기본적으로 소라이적인 생각의 연장 · 정착 · 강화입니다. 그 논리·심리·동향이 어떤 계기에 의해서 편향·강화·보급되면, 공은 사를 지배하고 사는 공에 희생되어야 한다는 극단적인 생각으로 발전하게 됩니다. 실제로 과거에 이런 생각이 유행한 적이 있습니다. 일본에서는 '멸사봉공'(滅私奉公=사를 없애고 공을 받든다)이라는 말이, 그리고 중국에서는 '파사입공'(破私立公=사를 없애고 공을 세운다)이라는 말이 사용되었습니다. 둘 다 '공'—이것은 '전체'라는 의미로 그 실질적인 내용은 국가나 정부입니다—을 위해서 '사'—한 사람 한 사람의 인간으로, 실질적으로는 국민이나 시민 또는 주민의 자기 확인으로서의 인격이나 권리를 말합니다—는 희생되는 것이 마땅하다는 생각입니다. '공'을 세우기 위해서는 '사'는 부정되어야 한다는 것입니다. 이런 생각이 공교육을 통해서 계몽되었습니다. 또한 사회적으로도 올바른 사고이자 올바른 윤리의 기본이라고 모든 국민·시민·주민에게 주입되었습니다.

이런 생각이 대체로—비록 나라마다, 그리고 시대와 상황에 따라 차이는 있습니다만—제2차 세계대전이 끝난 뒤에 재고되게 됩니다. 전체를 위해서 개인이 부정되고 희생되고, 경우에 따라서는 말소되어야 한다는 것은 전체주의가 아닌가 라는 의문이 생기게 된 것입니다. 전체주의의 구체적인 사례를 보면, 가령 나찌즘, 파시즘, 스탈린주의가 그것입니다. 제2차 세계대전 직전이나 세계대전이 한창이던 시기의 일본도 군국주의라는 형태를 띤 전체주의 체제였습니다. 이것들은 모두 한마디로 말하면 멸사봉공체제입니다.

그리고 전후가 되면, 이번에는 이것과는 완전히 정반대로, '멸공봉사'(滅公奉私=공을 없애고 사를 받든다)이라는 생각이 사회에 정착·확산·심화됩니다. 이러한 풍조는 이기주의(egoism)나 자기중심주의(meism)라고 일컬어졌습니다. 한마디로 말하면 전체보다는 개인을 우선시하는 사상으로, 공교육을 통해서 새로운 윤리의 기본으로 교육되었습니다. 멸사봉공에서 멸공봉사로 가치가 전환되는 과정에서 종래의 공동체의식은 거의 소멸되었습니다. 과거의 사악한 공동체의 붕괴를 환영하는 사람들도 적지 않습니다. 그것이야말로 망국으로 가는 길에 다름 아니라고 하는 사람들도 있습니다. 일본뿐만 아니라 다른 나라에서도 사정은 별 차이가 없었습니다. 이처럼 '멸사봉공'적인 체제나 사상에 대한 반발은 격렬했습니다.

한편으로는 '멸공봉사'적인 사회심리에도 커다란 폐해가 생기고 있고, 여러 문제의 원인이 바로 여기에 있다는 인식이 정착됨에 따라, '공'과 '사'의 사이를 재조정해야 한다는 생각과 판단이 형성되고 보급되었습니다. 하지만 공과 사의 사이를 재조정한다는 것은 말하기는 쉬워도 행하기는 대단히 어려운 문제입니다. 실제로 미국이나 유럽 그리고 아시아의 여러 나라들을 돌아다녀 보고 나서 느낀 것은, 세계 어느 나라건 모두 이 문제로 고민하고 있다는 사실이었습니다. 이른바 '공'과 '사'의 관계를 재조정한다는 것은 '공'과 '사'의 이원대립(二元對立)을 '공공'으로 해결하는 것을 의미하고, 이것은 또한 공공(한다)을 새롭게 이해하는 문제라고도 할 수 있습니다.

도쿠가와 시대의 일본에서의 공공론의 성립

종래에 '공'과 거의 동일시되어 왔던 '공공'(한다)을 새롭게 바라보고 생각하고 정립하고자 할 때, 가장 먼저 해결해야 할 당면과제로서 '공공'(성)이란 기본적으로 서양에서 수입된 개념이라는 주장에 과연 어떻게 대응해야 할 것인가 라는 문제가 있습니다. 일본사상에 정통한 전문가들 사이에서도 "일본에는 원래 공공이란 것은 없었다. '공'은 실체로 존재했다. '사'는 있기는 했지만 약했다. 특히 시대에 따라 그 모습이 변했다. 특히 근대 일본에서 '사'는 상당히 의도적으로 차별 · 부정 · 말소되었다. 거기에는 '공공'이 들어갈 여지는 없었다"라는 것이 일반적인 인식입니다. 적어도 1989년 무렵까지는…. 그래서 오늘날의 공공론은 서양학자들의 생각과 그들의 문헌에 바탕을 둔 논의가 학계에서도 언론계에서도 주류가 된 것입니다.

그러나 다른 한편으로는—저도 그중의 한 사람입니다만—과연 일본과 동아시아의 역사적 경험에 기초한 '공공'이라는 생각은 없었는가, 라는 문제의식을 갖게 된 사람들도 적지 않습니다. 일본과 중국 그리고 한국으로부터 이 문제에 대한 새로운 학술 연구 그리고 실천 활동 작업이 행해지고 있습니다. 서양에서도 공공성을 '공'(=국가·정부·관료)과 구별해서 '사'(한 사람 한 사람의 국민·시민·주민)의 입장에서 양자의 상호관계를 민주주의적인 원칙으로 고찰한 것은 20세기에 들어와서의 일입니다. 일본의 경우에는 '공공'(한다)이라는 말이 등장하는 것은 17세기 무렵부터입니다.

일본에서 최초로 '공공'이라는 말을 '공'과 구별해서 사용한 것은 야마자키 안사이(山崎闇斎, 1618~1682)인지 이토 진사이(伊藤仁斎, 1627~1705)인지, 아니면 야마가 소코(山鹿素行, 1622~1685)인지 아직 분명하진 않습니다만, 이들의 문헌에 '공'과는 다른 의미의 '공공'이라는 말이 나옵니다. 물론 오늘날 우리가 사용하는 의미와 같다고는 할 수 없습니다.

하지만 가령 안사이는 『대학계발집(大學啓發集)』에서 "리(理)라는 것은 자기와 타자가 함께 말미암는 바로, 이것은 하늘과 땅 사이에서 공공하는 바이기도 하다. 바로 여기에 (공공을) 도라고 하는 이유가 있다"(此理, 人物所共由, 天地間所公共, 所謂之道)고 하는 『주자문집(朱子文集)』 권57에 나오는 문장을 인용하거나, 또는 별도로 "도(道)란 천하가 공공하는 것으로, 성인현자가 깨달아서 자기만의 것으로(=사유화) 해선 안 된다"(道者, 天下之公共而非聖之所得私也, 『垂加草跋訓子帖』)라고 하는 자신의 생각을 피력하고 있습니다.

또한 진사이의 경우에는 『어맹자의(語孟字義)』에서 '권'(權)에 대해 논하면서 "권력의 행사는 혼자서도 할 수 있는 것이기 때문에 천하가 공공하는 바는 아니다. 하지만 도를 바탕으로 생각하거나 행동하는 것은 천하가 공공하는 바이기 때문에 사적인 것이 아니다"(權者, 一人之所能而非天下之公共. 道者, 天下之公共而非一人之私情)라고 하였습니다. 그리고 진사이에 있어서 '도'란, 주자학에서의 '(천)리'가 아니라, '천하가 모두 다 그렇다고 생각하는 바에 따르는 것'입니다. 그래서 진사이는 "도란 천하가 공공하는 바이고, 모든 사람들이 그렇다고 생각하는 바이다"라고 하였습니다. 그리고 진사이에게서 '천하'는 곧 '천하의 인심'(人心)이기도 하기 때문에, 결국 '천하의 공공하는 바'란 천하의 인정(人情)이 서로 공감하고 공명(共鳴)하고 공진(共振)하는 감정의 움직임(情動)이자 상황이라고 할 수 있겠지요. 그것은 '공공'(성)에 대한 심정윤리적이면서 동시에 상황윤리적인 이해·인식·관점이라고도 할 수 있습니다. 이러한 특징은 진사이에도 안사이에도 공통됩니다.

다음으로 야마가 소코의 '공공' 이해를 보면,『야마가어류(山鹿語類)』권36「성학(聖學)」편에 "무릇 도란 그 조리를 가지고 있는데 공공이 바로 이것이다"(凡道者, 有其條理, 而公共底是也)라고 말하였습니다. 또한 그는 "단지 이 공공이란 것은 천지가 어찌할 수 없는 지극한 리이다"(唯這個公共底, 是天地不得已之至理也)라고도 하였습니다. 그리고 "그 근본을 헤아려보면 공공하는 것이지 사유하는 것이 아니다. 이것이 만가지 이치가 이것을 근본으로 삼는 까닭이다"(推其本則公共而不私, 是萬理本此也)라는 문장도 있습니다. 이로부터 소코는, 진사이나 안사이와는 달리, '공공'을 만물을 통합하는 '궁극의 리', 즉 '지리'(至理)로 이해한다는 것을 알 수 있습니다. 바로 여기에서 '천지만물의 통합원리'로서의 '공공'이라는 생각을 읽어낼 수 있습니다. '공공'의 형이상학적 자리매김과 의미지움이라고도 할 수 있겠지요.

특히 주의할 만한 점은,「적거동문(謫居童問)」37에서 소코가 "'충'(忠)의 의미를 살펴보면, 꾀하는 모든 일이 남을 위하고 국가와 천하를 위하고, '사'(私)를 이롭게 하지 않고 '자기'(己)를 인정하지 않는 것, 이것이 바로 '공공의 충'이다. … (한편) 군주를 이롭게 하는 것을 '충'이라고 생각하는 것은, 이것이 '사'를 이롭게 하는 것임을 모르는 것이다"라고 말하는 부분입니다. 여기에서 그는 국가와 천하에 대한 충을 '공공의 충'으로, 군주에 대한 충을 '사'로, 각각 구별하였습니다.

다음으로 모토오리 노리나가(本居宣長. 1730~1801)의 공공언설, 즉 '공공'에 관한 언급을 보면 다음과 같습니다. 그는『우비산답(宇比山答)』이라는 저서에서 "도는 천황으로 하여금 천하를 다스리게 하는 정대공공(正大公共)의 길인데, 그것을 한 개인의 사유물로 여기고서 혼자서 협소하고 작은 이론을 만드니, 단지 무당이 부리는 재주와 같을 뿐이다"라고 하였습니다. 그가 말하는 '사'(私)란 '진

심'이나 '정'(情)과는 다른 것으로, '사지'(私智=자기만을 위한 잔꾀)를 의미합니다. 그
는 '진심'이야말로 정대공명의 도를 실현시키기 위한 필수불가결한 요소라고
주장하였습니다. 노리나가의 '공공'에는 개개인의 잔꾀나 계략 등은 버리고, 깨
끗하고 맑은 대화심(大和心)의 순수한 상태에서 천황이 천하를 다스리는 정대공
공의 길에 따를 것을 강조하는 마음이 느껴집니다. 노리나가의 경우에는 '공공'
의 인격화라고나 할까, 그것을 담당하는 전형적인 인물을 천황에게 의탁하였
다고 할 수 있겠지요.

메이지시대의 일본에서의 공공론의 변용

지금까지의 공공언설은 굳이 말한다면, 일본이 닫혀진 상태에서 구체적인
타자와 만나고, 그로 인해 근본을 뒤흔드는 충돌을 겪기 이전의 무사태평한 시
대에서의 공공인식입니다. 그러니까 제 생각으로는 '공공'(公共)과 '공동'(共同)이
거의 같은 것으로 간주되고, '공'과 '공공'도 명확히 구분되지 않는 시기라고 할
수 있습니다. 그러다가 시대는 바야흐로 막말유신(幕末維新)의 대변동기를 맞이
하게 됩니다. 서양이라는 강하고 거대한 이질적인 타자와 만나게 되는 것이지
요. 이로부터 일본이라는 자기와 서양이라는 타자와의 조우, 그리고 그로부터
파생되는 충돌이 '공공관'에도 변용을 가져옵니다.

먼저 요코이 쇼난(橫井小楠, 1809~1969)의 공공관을 봅시다. 쇼난의 경우에는
진사이, 안사이 그리고 소코나 노리나가와 같은, 천하의 공공하는 도라든가 궁
극의 리를 추구하는 심정윤리적인 순종만으로는 격동의 세계정세에 대응할 수
없다는 상황인식에 기초하여, 좀 더 적극적이고 능동적인 공공론을 전개합니
다. 그것은 '천지공공의 실리'가 유도(有道)·무도(無道)를 막론하고 새롭게 창출
되지 않으면 안 되고, 천하만민과 함께 공공하는 정치/정권/정부를 실현시키
기 위해서는 언로를 크게 열어야 할뿐더러, 국가라고는 해도 그것이 하나의 작
은 '사'가 되어 버리는 '할거견'(割據見)을 초극함으로써, 참다운 공공세계의 구축
을 지향하는 것입니다. 그리고 군신의 의(義)라는 전통적인 상하·수직관계에

서 탈피하여, 수평·상호적인 역동(力働)을 통해서 공공평화의 실현을 사명으로 한다는 비전을 제시하고 있습니다. 쇼난은 문자 그대로 파란만장한 일생을 보냈고, 생의 최후도 암살이라는 비극적인 형태로 끝났기 때문에 체계적인 저작이 남아 있지 않습니다. 그래서 이상은 여기저기에 흩어져 있는 그의 언설을 요약해 본 것입니다.

쇼난의 공공론을 특징짓는 것은 무엇보다도 '공론'(公論)과 전통적인 '공의'(公議)를 구별하여, 그 중요성을 강조하는 점입니다. '공의'는 기존의 '공'과 '사'의 이원대립과 상극구조를 그대로 유지한 채, '사'를 '공'으로 회수·통합·동화시킴으로써 성립하는 현존의 질서를 유지시키고 강화하는 언설 형태를 말합니다. 반면에 '공론'은 그와는 달리, 상이한 입장과 의견을 가진 자기와 타자가 토론을 통해서 실리에 부합하는 여론을 산출하는 것입니다. 근대 일본에 의회제도가 탄생하게 된 배경에는 쇼난의 이와 같은 '공론' 중시의 언설 활동이 어느 정도 영향을 주었다고 생각됩니다.

이 외에도 여러 사람에 의한 여러 공공론이 있습니다만, 마지막으로 다나카 쇼조(田中正造, 1841~1913)의 논의를 보기로 합시다. 다나카 쇼조의 경우에는 아시오광독사건(足尾鑛毒事件)—19세기 말엽 일본의 토치기현과 군마현 주변의 아시오동산(足尾銅山)에서 유출된 광독(鑛毒)으로 인해 야기된 공해를 둘러싼 일련의 사건—의 비참한 폐해를 눈앞에서 목격하고, 지금으로 말하면 한 사람의 시민으로서 환경운동에 참가하고 지속적인 논쟁을 벌였습니다.

쇼조는 중의원 의원직을 버리고, 메이지국가의 정책 추진 과정에서 발생한 문제를 민(民)의 입장에서 직시하고, 그 근본 해결책을 찾았던 것입니다. 그는 "이 한 몸을 공공에 바친다"는 각오를 하고, '공공·협력·상애'(相愛)의 정신을 실천하였습니다. 그야말로 오늘날 우리가 말하는 의미에서의 '시민적 공공'(하는)의, 일본에서의 하나의 모범이 아닌가 생각합니다. 왜냐하면 그의 실천은 '위로부터 아래로'가 아니라 '아래에서 위로'의 역동(力働)이고, '사'가 충분히 발휘되는 상태에서 '공'을 열어냈고, 인간의 고통이 경감되는 길을 지향했다고 할 수 있기 때문입니다.

이상에 의하면 쇼난과 쇼조에서의 '공공'(하다)은, 형이상학적인 '천리'로서라 기보다는 구체적인 현실문제에 직접 관계되는 '실천활동'으로서의 성격이 강조되고, 주로 언론활동을 통한 실현을 겨냥했다고 할 수 있겠지요.

현재 일본에서 공공언설의 문제

오늘날 일본에서의 공공언설은 어떻게 전개되고 있을까요? 역시 오규 소라이적인 공사의 이원적 대립구조가 강하게 남아 있습니다. 도쿠가와시대와 메이지시대 그리고 그 이후에 전개된 다양하고 다채로운 '공공' 언설의 흔적은 거의 소실된 것으로 보입니다. '공'과는 다른 '공공'을 인정하려 하지 않는 사람들이 오히려 주류이자 다수를 차지하고 있습니다. 그러나 저는 '공'과 '공공'의 차이를 강조하는 입장에 서 있습니다. '공'과 '공공'은 그것이 가리키는 대상과 수행하는 기능이 다릅니다. '공'은 전체·국가·정부·권력자를 나타내고, 전체를 하나로 묶는 것이 그 기능입니다. 즉 일원화의 기능입니다. 반면에 '사'는 개인·가족·동료·친척을 말합니다. 그 기능은 '공'으로부터 일탈하고 자립하고 자기보호하는 것입니다. 한편 '공공'은 '공'과 '사' 사이에서 양쪽을 맺고·잇고·살리는 사고·활동·판단·책임의 연동 과정입니다. 달리 말하면 '공'과 '사'를 매개하는 것입니다.

그럼 그러한 사고·판단·행위·책임의 연동 과정으로서의 '공공'(한다)이 어째서 자주적으로 육성되지 못한 채 사라지고, 오히려 서양으로부터 수입되지 않으면 안 되는 지경에 이르렀는가 하는 문제는 진지하게 생각할 필요가 있습니다. 여러 가지 사정을 생각할 수 있습니다만, 그중에서도 중요한 요인 중 하나는 메이지국가의 형성 과정에서 국가 중심의 생각이 지나쳐서 인간을 국가의 중요한 구성원으로서가 아니라 부속물이나 동원해야 할 자원으로 간주하여, 그 무엇과도 바꿀 수 없는 인간의 귀중한 가치를 인정하지 않았다는 데에 있습니다. 국가와 국민의 관계란 오로지 국민이 국가에 동원되고 통합되고 동화되며 절대충성과 무한봉사를 강요당하는 관계였습니다. 철저한 멸사봉공이 강조·강제·강요되었기 때문에, '공'과 '사'를 공평·공정·공명하게 위치 지우고 의미 지우면서 함께·서로·치우침 없이 매개한다고 하는 발상이 거의 없었다고 할 수 있겠지요.

그러한 생각이 갈 데까지 간 것이 전체주의라고 생각합니다. 전체를 위해서는 개인이 희생되어야 한다는 생각이 사회 곳곳에 침투해 있었던 것입니다. 멸사봉공의 극단적인 형태가 독일의 나치즘이고 이탈리아의 파시즘이고 소련의 레닌주의와 스탈린주의입니다. 일본의 경우에는 전쟁 중의 군국주의가 일본형 전체주의였다고 할 수 있겠지요. 전체를 위해서는 모든 것을 바치는 것은 명목상의 슬로건에 지나지 않습니다. 결국 '공'이라는 이름하에, 단지 일부 권력자의 야망을 실현시키기 위해서 수많은 귀중한 생명과 생활과 생업이 희생된 것입니다. 이에 대한 반동으로 일어난 것이 과도한 개인주의입니다. 이러한 사조는 '미이즘'(meism)이라고도 하고 멸공봉사라고도 합니다만, 이번에는 역으로 '사'가 모든 가치의 기준이 되어 '공'이 철저하게 부정되어야 한다는 생각이 사회풍조의 밑바탕이 된 것입니다. 이것이 가져온 폐해에 대한 인식이 정착됨에 따라서, '공'을 망각한 '사'의 횡포가 오늘날 일본사회의 모든 문제의 근본원인이라는 상황진단이 많은 이들의 공감을 얻게 된 것입니다. 그럼 과거의 '공'을 되찾으면 문제가 없어지는가? 멸사봉공을 재건하면 좋은가? 이런 생각을 강조하는 사람들도 있습니다. 저는 여기에서 근본적인 발상의 전환이 필요하다고 생각합니다. '공'(=전체·국가·정부·관료)과 '사'(한 사람 한 사람의 국민·시민·주민 혹은 가족·동료·친척)를 양극상반적으로 이해하여 '사'는 오로지 '공'을 위해서 희생해야 한다거나 '공'은 더 이상 필요없으니까 '사'를 세우는 것만으로 충분하다는 사고를 근본적으로 바꾸는 것이 시대와 상황의 요청이라는 것입니다.

그럼 근본적인 발상의 전환이란 어떤 것인가? 국가의 존속을 위해서는 한 사람 한 사람의 국민의 죽음이 요구된다고 생각하는 것이 아니라, 국가야말로 모든 국민·시민·주민의 '사'(=생명·생활·생업)의 자립과 질적 향상·개선·진화가 충분히 실현되고, 그로 인해 각자의 존재이유가 실감되는 공통선/공통재(共通財)라고 생각하는 것입니다. 국가를 위해서 죽어야 하는 것이 아니라, 국가를 위해서 아무도 죽을 필요가 없는 멋진 국가 · 사회 · 세계를 함께 만들어 가는 것입니다. 이것은 일국중심적인 '할거견'(割據見, 요코이 쇼난의 말)으로는 실현될 수 없기 때문에, 경우에 따라서는 국가의 틀을 넘어서 세계와 함께 상호 이상과 이익과 행복을 공동(共働) 추구하는 것이 지금보다 더 중시됩니다. 그것은 한 사람 한 사람의 인간다운 인격형성(=活私)을 통해서 국가의 모습이 좀 더 인간과 환경에 친화적인 것으로 바뀌어 나가기를(=開公) 지향하는 작업입니다. 그리고 모든 것을 관(官)에 맡기는 것이 아니라, 그렇다고 모든 국민이 자기 멋대로 일을 처리하는 것이 아니라, '공사공매'(公私共媒=官民共働)를 통해 더 좋은 사회를 공동(共働)구축해 나가는 것입니다. 어용도 아니고 반체제도 아닌, '공'과 '사'가 대화 · 공동 · 개신의 과정을 통해서 상극 · 상화 · 상생해 나가는 것이 '공공'한다는 것의 구체적인 내용입니다. 그러한 방향으로의 사고와 활동과 평가가 필요하다고 생각합니다.

한편 '공공'(성)이란 무엇인가라는 문제는 대단히 철학적인 문제로 전문가들의 철저한 논의를 통해서 해명되어 나가리라 생각합니다. 현재의 당면과제는 대화 · 공동 · 개신적 사고와 판단과 활동의 실천능력을 함양하는 것입니다. 그것이 다름 아닌 공공(하는)철학적 구상력이라고 일컬어지는 것입니다.

지금 왜 공공(하는)철학적 구상력인가

여기에서 여러분과 함께 진지하게 생각해 보고 싶은 문제는 이른바 반(反)관료적 사회풍토라는 것입니다. 일본에도 있고 서양의 선진국에도 나타나는 공통적인 현상입니다. 정치가는 특히 선거 때에는 거의 예외 없이 관료 비판에 열을 올립니다. 기업 또한 뭔가 일이 잘 안 되면 관료적 규제 탓으로 돌립니다. 매스컴도 관료 비판이라는 측면에서는 마찬가지입니다. 일반 시민 역시, 아마도 여러 경로를 통해서 직접 또는 간접적으로 영향을 받은 탓이라고 생각합니다만, 관료 불신이 강하지요. 이러한 현실은 모두 여러분과 같은 국가 공무원에게 있어서는 어떤 의미에서는 사활이 달린 문제이기도 합니다.

그럼 왜 이렇게 되었는가 라는 상황인식이 필요하겠지요. 이것을 바탕으로 내부와 외부의 양면으로부터의 대응을 생각할 수 있습니다. 물론 여기에는 여러 문제가 얽혀 있습니다. 가령 제가 개인적으로 충격을 받은 일을 하나 소개하면 다음과 같습니다. 제가 1989년에 일본에 오기 전의 일입니다. 한국을 비롯하여 수많은 나라들의 학자·전문가·지식인들이 하나같이 소리 높여 일본의 관료를 극찬하고 있었습니다. 눈부신 일본의 근대화는 오로지 근면정직하고 우수한 관료들의 정신적 자세(=에토스)에 의한 것이라는 인식이 있었기 때문입니다. 저도 솔직히 말씀드리면 한국의 국가공무원이 연수하는 곳에서 강연을 할 때마다 일본 관료의 우수한 정책능력과 헌신적인 봉사정신을 배워야 한다고 주장했습니다. 그런데 실제로 일본에 와서 목격한 것은 관료들의 부정부패의 연속이자 빈번한 공적 스캔들이었습니다. 그리고 일본사회에 퍼져 있는 관료 불신에는 상상도 못할 정도의 충격을 받았습니다.

그래서 일본에서 일본인과 함께 활동하면서 일본의 진정한 모습을 인식하고 이해하게 되었고, 그것이 계기가 되어 일본과 중국과 한국이 함께 행복해지는 세계―저는 이것을 '행복공창(共創)의 공공세계'라고 부릅니다―를 다음 세대에 전해주는 것이 학자와 연구자로서의 저의 과제라고 생각했고, 그 과제를 수행하고 싶은 마음이 있었기 때문에 그 문제는 남의 일이 아니었습니다. 그래서 일본이라는 국가·사회·풍토의 바람직한 존재방식과 관련해서 관료의 모습도 다시 한 번 생각하게 된 것입니다. 즉, 그것을 '공'과 '사'와 '공공'의 상호관계라는 관점에서 바라보는 공공(하는)철학적 과제로 인식하게 된 것입니다. 그리고 여러 분야의 수많은 전문연구자들의 참여와 협력과 추진을 통한 공공철학 공동연구가 현재(2006년 10월) 65회째를 맞이하고 있습니다. 공공(하는)철학이란 누구 한 사람의 사고의 산물이 아니라 적어도 500명 이상의 여러 분야의 전문가와 연구자들의 공동연구의 산물인 것입니다.

이러한 활동은 일본뿐만 아니라 서양 여러 나라들은 물론 가까운 중국과 한국에서도 활발하게 전개되고 있습니다. 그리고 거기에서 논의되는 것은 종래의 관료 지배체제에 대한 반발이고, 관료적 사고라는 사고 패턴에 대한 비판이며, 관료에 의한 '공'의 독점과 그것에 기초한 '사'의 억압 및 '공'을 '사'유화하는 관료의 부정부패에 대한 국민·시민·주민의 반발·불신·반감입니다. 이것은 관료조직·관료제도·관료세계의 존재이유와 그 정당성과도 관련되는 중요한 문제입니다.

그럼 이른바 관료적 사고와 행동은 과연 무엇이 문제인가? 오해를 무릅쓰고 말씀드리면, 일방통보적·전례규정적·권익방어적인, 민주주의의 기본원리에 위반되는 자세입니다. 한 사람 한 사람의 공무원이 주권자인 국민과의 대화를 더 중시하고, 국민과 함께 생각하고 고민하고 기뻐하고, 국민과 함께 더 좋고 행복한 국가사회의 새로운 지평을 열어 나가고자 하는 정신적 자세를 인식하고 체인했으면 합니다. 그것은 일본의 국가공무원만의 문제는 아닙니다. 어떤 의미에서는 세계에 공통되는 문제이기도 합니다. 하지만 특히 오늘날 일본에서는 하나의 긴급한 과제인 것만큼은 틀림없습니다.

'위하여'에서 '더불어'로의 사고변혁

연수원: 선생님은 가령 국가와 국민의 관계나 국민과 국민의 관계 혹은 국가와 기업의 관계 등에 대해서 하나의 이상이나 이념을 제언하고 계신 건가요? 어떤 국가나 어느 지역에 한정된 것이 아니라 세계 어디에도 통용되는 것이 있어야 하지 않는가 하는 생각에 기초하여, 연구나 교육이나 계몽을 행하고 계신 건가요? 만약에 그렇다면 대단히 어려운 일이 아닌가 하는 생각이 듭니다. 가령 국가와 국민의 관계에 대해서 학문적으로 연구하거나 제언하거나 해도, 정작 복잡다양한 실천현장에서는 수용되거나 실행되는 것은 아니지 않겠습니까? 무시되는 일은 염두에 두지 않으시는지요?

김태창: 말씀하신 그대로, 하나의 이상, 하나의 이념을 말씀드렸다고도 할 수

있습니다. 하지만 이것은 관료조직·관료제도·관료세계의 존재이유와 그 기능·역할·공헌이 정당하고 공평하고 정확하게 이해되고 존중되기 위해서는 필수불가결한 연구와 실천의 기본과제라고 생각합니다. 이것은 학술적인 연구과제이기도 합니다만, 무엇보다도 21세기의 일본이 하나의 국가로서 하나의 사회로서 그리고 그 속의 사람이 한 사람의 일본인으로서, 아울러 일본에 거주하는 외국인들까지 포함해서, 세계로부터 올바로 이해되고 존경받고 세계와 함께 인류와 지구의 안정과 번영과 행복을 실현해 나가기 위해서는, 서로의 능력과 자원과 시간을 들여서 힘써야 하는 공통과제입니다. 이것은 '활사개공'과 '공사공매'를 통해서 지향해야 할 기본목표입니다. 어렵다고 생각하면 무슨 일이든 어렵기 마련입니다. 하지만 종래의 관료적 사고를 공공(하는)철학적 구상력으로 바꿔나가는 것은 시대의 요청이고, 그것이야말로 시민적 민주주의를 지향하는 국가나 사회의 시민정신(=공공정신)의 기본이기 때문에, 국가공무원 여러분에게도 요청되는 것은 당연하다고 생각합니다.

여기에서 중요한 것은 좋은 사회, 존경받는 국가 그리고 멋진 세계는 누군가가—가령 관료가—우리를 위해서 대신 만들어 주는 것이 아니라, 우리가 함께 힘을 합쳐서 만들어 나가는 것이라는 사실입니다. 종래의 관료적 사고가 비판받는 것은, 자신들은 국민을 위해서 모든 것을 희생하고 있다는 발상이 어딘가에 존재하여 국민보다 위에 있다는 의식이 팽배하고, 동시에 자기중심적인 '사'생활을 영위하는 한 사람 한 사람의 국민들과는 달리 자기들은 천하국가의 일을 염려하는 '공'의 중핵을 담당하는 엘리트라는 의식에 빠져있었기 때문일 것입니다.

이것은 정치가에도 적용되는 얘기입니다만, 민주주의란 '인민의 인민을 위한 인민에 의한 정치·정부·정권'이라는 생각에서 한 발 더 나아가서 '인민과 함께'라는 원리원칙의 중요성이 강조되는 것입니다. "너를 위해서 하는 일이기 때문에 불평하지 말고 따라와!"라는 식의 일처리는 이제 더 이상 통용되지 않는 시대입니다. 누군가의 명령으로 움직이는 사회는 아닙니다. 모두가 상의하고 납득하고 함께 고생하면서 각자의 꿈을 좇는 세상입니다.

이러한 현실을 염두에 두면서, 저는 과거 10여 년 동안 59개국을 돌면서 21세기의 자기와 타자와 세계의 여러 문제를 다각도에서 함께 연구 · 논의 · 대응해 왔습니다. 그중에는 국민과 국가와 세계의 문제도 포함되어 있는데, 그러한 시행착오적 · 실천활동적인 맥락에서 국민과 국가와 그 사이에 전개되는 다원 · 다양 · 다층적인 중간매개 네트워크의 문제가 세계 여러 곳에서 주목되고 있습니다.

국가와 개인이 직접 대결하고 그 사이에 아무런 매개도 없는 경우에는, 국가에 의한 모든 존재의 흡수 · 통합 · 지배라고 하는 '공'의 논리를 택하든가, 아니면 반국가 · 반권력 · 반체제가 옳다고 하는 원자론적인 개인주의를 택하든가 하는 양자택일 식의 선택지밖에 주어지지 않게 되고, 이는 근현대의 세계사적 동향에서 보더라도, 21세기의 인간이 체험한 전체주의와 무정부상태의 비극에 의해 실증된 현실입니다. 이것은 전후에 상대적으로 평온무사한 평화의 시대를 살아온 거의 대부분의 일본인에게는 별 실감이 안 가는 얘기일지 모릅니다만, 저를 포함해서 일본 이외의 나라에서 대단히 험난한 격동의 시대를 살아온 사람들에게는 아직까지도 생생한 사건입니다. 결국 인간과 국가와 세계의 문제는 이론의 문제가 아니라 실존의 문제입니다. 국가공무원은 국가의 이상적인 모습에 대해서 누구보다도 큰 역할과 책임이 요구되는 입장에 놓여 있습니다. 자신의 호오와는 무관하게 그러한 위상을 차지하고 있으며, 뜻을 가지고 그 길을 스스로 선택했기 때문에 그러한 기대에 부응하도록 요구되는 것입니다.

그럼 '위하여'에 중점이 놓이는 종래의 '관료적 사고'와 '더불어'를 중시하는 '공공(하는)철학적 구상력'은 어떻게 다른가? 모든 장면에서의 실천 상황이 상정될 수 있습니다만, 기본적인 이해를 촉구한다는 의미에서 하나의 극단적인 사례를 가지고 생각해 보기로 합시다. 제2차 세계대전이 최종단계에 진입한 시기에 제국일본의 최고지도자(=최고의 관료, 정치가 및 군관료)들이 무엇을 생각하였고, 일본이라는 국가와 일본국민이라는 인간의 관계를 어떻게 보고 있었는가

하는 것을, 사실에 기초해서 여러분과 함께 탐색해 보고자 합니다. 공개된 복수의 문헌자료를 토대로 당시의 이른바 최고전쟁지도자회의에서의 종전결정의 경과를 추적해 봅시다.

「최고전쟁지도자회의」는 당시의 최고의사결정기관입니다. 거기에서 결정된 것은 곧 국가의 의사가 되어 그대로 집행이 됩니다. 최고전쟁지도자회의는 전쟁 종결 시에 포괄적인 권한을 위임받는 형태로 의사결정을 맡아서 했고, 그것이 실행된 것입니다. 전쟁 속계인가 아니면 전쟁 중지인가 하는 문제는 최후의 순간까지 합의가 이루어지지 않았습니다. 의견은 둘로 나뉘어 조정불가능한 팽팽한 대립 상태가 계속되었습니다.

한쪽은 군부를 대표하는 육군대장 아나미 고래치카(阿南惟幾. 1887~1945)의 의견입니다. 그는 "일본의 천황제, 국체(國體)를 지키기 위해서 마지막 한 사람까지 싸워야 한다." 즉 전쟁을 끝내는 데에 반대한다고 하였습니다. 다른 한쪽은 외무장관 토고 시게노리(東鄉茂德. 1882~1950)의 견해로, "천황제라는 국체도 국민이 없으면 의미가 없다. 국민이 있고 나서 천황제라는 국체도 의미를 갖는다. 따라서 한 명이라도 많은 일본국민이 살아남아야 한다. 그러기 위해서는 가능한 한 빨리 전쟁을 끝내야 한다. 하루 빨리 종전 교섭에 나가지 않으면 상황은 더욱 악화될 뿐이다"라는 생각이었습니다.

당시 대일본제국헌법에 따르면 천황은 이러한 문제에 개입하지 못하도록 되어 있었기 때문에, 어떻게 해서든지 최고전쟁지도자회의에서 결론을 내지 않으면 안 되는 상황이었습니다. 하지만 몇 차례 회의를 반복해도 마지막까지 합의에 도달하지 못하게 되자, 당시의 스즈키 칸타로(鈴木貫太郎. 1867~1948) 총리는 어쩔 수 없이 천황의 결단을 청하기에 이르렀습니다. 어전회의를 열고 스즈키 총리가 쇼와천황을 향해서 "이런 일까지 천황의 결단을 여쭙는 것은 대단히 유감스럽기 그지없는 일입니다만, 몇 번이나 회의를 반복해도 결론이 나지 않기 때문에 최후의 방법으로 폐하의 결정을 여쭙지 않을 수 없었습니다"라고 머리를 조아렸다. 천황도 평소에는 자신의 의견을 말하는 일이 없었는데, 이때만큼은 예외라고 생각했습니다. 그리고 모든 상황을 생각한 상태에서 "그럼 나의 의견을 말하겠소"라며 입을 열고 "토고 장관의 의견과 같소"라는 결론을 내렸습니다. 더 이상의 국민의 고통이 계속되는 것은 차마 견딜 수 없다는 생각이었습니다. 그러면서 "군부의 충성심이나 전쟁을 위해 죽은 사람들을 생각하면 가슴이 미어지지만, 가슴이 찢어지는 일을 하지 않으면 안 되는 처지에서, 본인은 하루라도 빨리 전쟁을 끝냈으면 합니다"라는 장렬한 결의를 보였습니다. 군부의 반대는 있었지만, 이것으로 제2차 세계대전은 실질적으로 종언을 고하게 된 것입니다.

여기에서 여러분이 생각했으면 하는 것은 애국이라는 것에도 여러 측면이 있다는 것입니다. 저는 둘 다 애국이라고 생각합니다. 그중 하나의 모습이 공적(公的) 애국입니다. 공이란 국가이고 정부이고 이른바 체제, 즉 국체를 말합니다. 국체를 우선시하는 애국인가 아니면 구성원으로서의 국민 · 시민 · 주민(의 생명 · 생활 · 생업)을 소중히 여기는 애국인가? 이것이 이른바 '공'과 '공공'의 궁극적인 차이입니다. 과거의 국가공무원은 '공'을 위해 모든 것을 바치는 '멸사봉공'의 정신이 근간이 되었습니다. 그러나 앞으로의 국가공무원에게는 '공공'의 정신이 필요하다고 생각합니다.

체제의 존립 내지는 그 존속도 물론 중요합니다. 그러나 그 체제라는 것은 결국 체제를 구축하는 인간이 있고 나서의 이야기이지, 인간 없는 체제는 공허한 허구로 의미가 없습니다. 누구를 위한 체제인가? 누구보다도 귀중한 것은 구성원으로서의 한 사람 한 사람의 국민 · 시민 · 주민의 생명과 생활과 생업입니다. 국가(체제)와 국민 · 시민 · 주민과의 공존(共存) · 공존(共尊) · 공신(共信)이 성립 · 확보 · 확신되어야 비로소 그 존재이유가 정당화되는 것이지요. 국가와 국민 · 시민 · 주민은 상호생생(生生)적인 관계로 묶여 있습니다. 바로 여기에 '공'의 정신과 '공공'의 정신의 차이가 있습니다. 적어도 민주주의를 기본원칙으로 하는 경우에는 그렇습니다.

이러한 역사적 사실을 생각해 보면, 일본에서의 '공공'(성)의 구체적인 체현을 천황이 천하를 다스리는 '절대공공의 길'에서 본 모토오리 노리나가(本居宣長, 1730-1801)의 생각이, 비록 한정적이고 조건부이긴 합니다만, 이해되는 측면도 있습니다. 일본국가와 일본인이 가장 어려운 역사적 결단을 요구받았을 때에, 만약에 '공'적 사고에 의한 의사결정을 했다면 과연 어떠한 대참사가 일본과 이웃나라들에게 닥쳤을까 하는 점이 상상이 가지 않기 때문입니다. 불행 중 다행으로 쇼와천황의 공공적─모토오리 노리나가적인 의미에서─의사결정 덕분에 전쟁이 끝났다는 것만큼은 역사적 사실로 기억해 두고 싶습니다.

새로운 국가공무원상

일본은 지금 바람직한 국가공무원상에 대한 토론이 한창입니다. 공무원 비판이 곳곳에서 행해지고 있습니다. 숫자를 줄이라든가, 공무원 관련 예산을 감축해야 한다든가, 심한 경우 공무원의 존재이유가 없다는 폐지론까지도 나오는 실정입니다. 하지만 저는 연구자의 입장에서 외국 여러 나라들의 현상을 조사해 보았습니다. 주로 경영대학원이나 행정대학원 등을 통해서 만들어진 정부기관(의 주요 인사들과의 만남과 대화를 가지면서)을 돌아다녔습니다. 제아무리 무정부주의적인 주장을 하는 사람이라도 공무원(제도), 즉 관료(조직)가 존재하지 않는 국가는 생각할 수 없습니다. 국가가 망한다는 것은 구체적으로는 관료제도가 작동하지 않게 되는 것을 의미합니다. 그러니까 관료 비판은 비판으로서는 성립하지만, 관료제 폐지는 현실적으로 거의 불가능합니다. 일본의 공무원 숫자도 정직하게 말하면 상대적으로 적은 편입니다. 공무원의 문제는 단지 반감·반발·반대만으로 대할 문제가 아니라, 좀 더 냉정하게 생각해야 할 중요한 사안입니다. 하지만 그러한 이성적 판단이 국민에 의해 지지받기 위해서라도 국가공무원─물론 지방자치단체의 공무원도 마찬가지입니다만─의 자주적인 자기변혁이 필요하고 중요합니다.

예를 들면 2001년 9월 11일에 뉴욕에서 발생하였던 대사건 현장에서 소방관과 경찰의 헌신적인 구원 활동을 목격한 미국 국민의 대다수는 공무원에 대한 인식이 크게 바뀌었다고 합니다. 저도 수많은 친구들로부터 들었습니다. 평소에는 잘 몰랐던 그들과 그녀들의 존재이유가 이제서야 분명히 이해되었다고 했습니다. 일부 관료가 부정을 저지르거나 스캔들을 일으키거나 해서 국민의 빈축을 사곤 합니다만, 그렇다고 해서 공무원 전체가 악인으로 간주되는 것은 불건전한 사회풍조입니다. 저는 정부를 기업논리로 재건해야 한다는 생각에는 신중한 입장입니다. 또한 정치가의 관료 비판에도 전면적으로 찬성하지는 않습니다.

여기에서 여러분과 함께 생각해 보아야 할 두 가지 문제가 있습니다. 첫째는 민주주의의 원칙과 자본주의의 원칙에 입각해서 공무원 비판이 행해지는 현실에 대해서입니다. "공무원은 선거에 의해 선출되지는 않기 때문에, 민주주의의 원칙에 기초한 정당성이 없다. 그런 사람들이 권력을 가지고 이리저리 의사결정과 정책 형성을 하는 것은 옳지 않다. 선거에 의해 선출되어 그 정치적 정당성이 인정되는 정치가 아래에서, 그것을 보조하는 역할을 하면 충분하다." 이것이 민주주의 원칙에 기초한 공무원 비판의 골자입니다. 또 하나는 관료제도의 비효율성 문제입니다. 공무원에는 비용 대비 효과라는 발상이 없습니다. 그래서 세금 낭비가 너무 많습니다. '시장화 테스트'라는 말이 있습니다만, 이는 동일한 일을 각각 관과 민에게 시켜 보고 질적인 면에서는 차이가 없고 민간 차원에서 하는 것이 저렴한 경우에는 가급적 민간에게 맡기는 것이 좋다는 생각입니다. 이는 자본주의 원칙에 기초한 발상입니다.

하지만 곰곰이 생각해서 이성적으로 판단해 보면, 일에는 가능한 것과 불가능한 것이 있습니다. 무슨 일이든 싸게만 하면 된다는 발상이 반드시 옳은 것은 아닙니다. 만일 그런 생각의 정당성을 인정한다면 거기에는 어떤 문제가 생기게 되는가? 먼저 민주주의의 원칙에서 생각해 봅시다. 기업의 논리는 기본적으로 민주주의 원칙에 기초하고 있지 않습니다. 기업의 경영자나 사장은 국민/사원의 선거로 선출된 사람들이 아닙니다. 관료가 선거에 의해 선출된 사람이 아니라고 해서 정치가에 의해 비판받습니다만, 관료는 물론이거니와 정치가가 기업의 논리를 기본으로 한다는 것은 무엇을 의미하는 걸까요? 저는 자본주의의 시장원리의 필요성과 그 중요성을 충분히 인정합니다. 하지만 자유시장 지상주의자는 아닙니다. 저는 민주주의의 정치원리와 자본주의의 경제원리가 상극(相克)·상화(相和)·상생(相生)해야 비로소 국민과 국가와 그 사이에서 전개되는 다양한 중간매개활동이 건전하게 성립한다고 생각합니다. 그래서 정부와 관료가 철저한 자기변혁을 추진하는 것이 긴급한 과제입니다만, 그렇다고 해서 그것이 기업의 원리를 그대로 도입·적용·응용하는 것은 아닙니다. 참다운 관료제도의 개변·개혁·개선은 정부조직의 기업화가 아니라, 시장원리에 기초한 발상이나 서비스로는 충분히 대응하고 충족시킬 수 없는 공공재(財)/공공선(善)의 창출과 배분과 발전을 촉진시키는 방향으로 구조변혁하는 것이라고 생각합니다. 무조건 비용절감으로만 모든 것을 결정할 일은 아니라고 봅니다. 기업 논리의 지나침·막힘·폐해·왜곡도 '공'에 의한 규제와 '공공'의 감시에 의해 조정되어야 비로소 국민의 안전과 건강과 행복이 보장된다고 생각합니다.

다시 말해, 국가와 국민, 국가와 기업, 국가와 시민사회의 관계가 철저하게 재고되어야 할 때라는 것입니다. 지금까지와 같이 국가가 가장 위에 있고, 다음에 대기업이 있고, 그 다음에 시민사회가 있고, 제일 밑에 국민이 있다는 수직구조를 근본적으로 바꾸고, 정부든 기업이든 시민사회든 국민·시민·주민이든 모두가 기본적으로는 수평관계가 되어, 국가도 더 이상 군림하거나 지배하거나 통치하는 것이 아니라, 국민·시민·주민과 함께 대화하고 공동하고 개신하는 방향으로의 위상전환이 요청되고 있는 것입니다. 국가와 정부와 관료가 위에서 일방적으로 지배하려고 하면 모든 책임을 지지 않으면 안 될 것입니다. 그래서는 국민·시민·주민의 자립·자율·자급의 의지와 능력이 성장·발달·진화하지 않습니다. 언제까지나 은고주의(恩顧主義=paternalism)에 의한 과잉관여에서 벗어나지 못합니다. 지금 그 빚이 돌아오고 있는 것입니다. 정부와 관료가 모든 것을 통치하고, 잘했든 못했든 관료만능체제를 만들어 왔다고도 할 수 있습니다. 그래서 집중적으로 비판받는 것입니다. 앞으로는 'government'(統治)가 아니라 'governance'(共治)의 시대입니다. 'governance'란 중앙정부에 의한 일방적인 명령과 지배구조가 아니라 다극공존형의 공치연동을 말합니다. 이것은 '구조'라고 하는 고체상태일 뿐만 아니라 '연동'이라는 액체상태이기도 하고 '기풍'(氣風)이라는 기체상태이기도 하다는 삼차원상관적인 이해방식입니다. 지배를 분산시키기 때문에 책임도 분산시킬 수 있습니다. 그렇게 하면 뭔가가 잘못돼도 모든 악의 근원은 공무원이라는 말은 나오지 않겠지요.

'공공'(한다)을 새롭게 해석할 때, 앞에서는 '활사개공'(活私開公)이라고 했습니다만, 여기에 덧붙여 '공사공매'(公私共媒)라고 할 수도 있습니다. 이것은 '공'과 '사'를 그 '사이'에서 함께 매개하는 것을 말합니다. 가령 '공'은 정부, '사'는 민간이라고 했을 때에, 각자가 똑같이 책임을 지면서 함께 문제해결을 도모하는 것입니다. 행정이 모든 문제를 일방적으로 그리고 독단적으로 해결하게 되면, 민(民)은 행정에 따르지만 책임은 행정이 모두 지지 않으면 안 됩니다. 거기에서 행정의 과로증후군이 나타나게 됩니다. '공사공매'는 '민관공동'(民官共働)이라는 형태로 여러 분야에서 실행되고 있습니다. 정부기관과 민간기관, 정부와 기업, 관청과 시민사회가 파트너십을 맺고 문제를 해결해 나갑니다. 통치(統治)는 '멸사봉공'을 기본으로 합니다만, 공치(共治)는 '활사개공'과 '공사공매'를 주축으로 합니다. 한 발 더 들어가서 얘기하면, '활사개공'은 자치(自治)의 논리이고 '공사공매'는 공치(共治)의 논리입니다. '통치'와 '자치'를 매개하는 '공치'의 발전과 정착과 성숙을 지향하는 것이기도 합니다.

다시 말씀드리면, 공무원의 위상전환이 현실화되고 있고, 거기에서 나오는 역할이 지배자의 그것이 아니라, 공동경영자의 위상이자 역할이라는 것입니다. 여기서 통치구조의 일원(一員)이라는 것과 공치연관(共治連關)의 일원이라는 것은 근본적으로 다릅니다. 통치는 일방적·하향적 명령·지시·교도·규제입니다. 반면에 자치는 상향적 제안·주장·이의·반론입니다. 그리고 공치는 상생적·교향적(交響的)·교섭적 대화·공동·개신입니다. 국가공무원은 국가적 관점에서, 그리고 지방자치단체의 공무원은 지방자치단체의 관점에서, 각각 국민·시민·주민의 요망·과제·목표를 대화·공동·개신을 통해서 함께 실현해 나가는 것입니다. 또한 민주주의국가의 정치가는 선거에 의해 그 정당성이 인정되기 때문에, 선거민의 현재의 관심에 민감하지 않을 수 없습니다. 하지만 공무원은 어느 정도는 과거세대와 현재세대와 장래세대의 계승성이라는 관점을 지닐 수 있다고 생각합니다. 그래서 정치가가 '공시적(共時的) 공공(하다)'을 실현시킨다고 하면, 거기에 누락되기 쉬운 '통시적(=世代繼承生生的) 공공(하다)'을 정책 면에서 담보할 수 있는 것은 국가공무원이 되는 것입니다.

국가공무원에게 기대되는 기본적인 능력

연수원: 공무원도 공무원이 된 이상은 비록 정도 차는 있지만, 공시성이나 통시성을 생각하고 있다고 봅니다. 그러한 논의를 할 때에 사용할 수 있는 키워드를 소개해 주시면 저희가 이해하는 데에 도움이 될 것 같습니다.

김태창: 공시성은 현재에 대한 책임이고, 통시성은 (과거와) 미래에 대한 책임이라고 할 수 있습니다. 미래에 대한 책임이란 사고·판단·행동이 초래하는 미래의 결과에 대한 책임이라는 의미입니다. 그래서 어떤 의미에서는 현재의 사고·판단·행동에 의해 미래에 초래될 결과가 과거의 사실로 확인된 경우에, 그것과 어떻게 마주 대할까 하는 문제이기도 하기 때문에, 과거와 현재와 미래의 상관관계가 농축된 의식이라고도 할 수 있습니다. 정치판단이나 행정판단은 개인의, 개인에 의한, 개인을 위한 것으로 끝나는 것이 아니라, 다수의 인간과 국가 (그리고 세계)에 영향을 주기 때문에, 그 책임이 막중합니다. 여기서 책임이란 처벌을 받는다는 의미라기보다는, 확실하게 설명하고 납득시키는 것을 말합니다. 가령 그때의 판단으로는 그 길밖에 없었다는 말로 책임을 면할 수 있다는 생각은 너무나도 안이합니다. 지금이니까 이런 저런 얘기가 가능하지만 그 시점에서는 어쩔 수 없었다, 또 다시 똑같은 상황에 처한다고 해도 동일한 판단을 내렸을 것이다, 라는 정도의 인식으로는 전 국민이 행정 불신에 빠진

다 해도 어쩔 수 없겠지요.

어느 총리가 회고록에서 "궁극적으로는 역사의 법정에 설 각오로 정치에 임한다"라고 하는 자신의 정치적 신념과 그것에 기초한 정치활동의 기본을 국민에게 설명하였습니다. 꼭 정치가가 아니더라도 지도자의 입장에 있는 모든 이에게는 그러한 역사의식에 기초한 정신적 자세가 요구됩니다. 아니 기대된다고 하는 편이 좋을지도 모르겠습니다. 국가공무원의 경우도 마찬가지입니다. 지금까지는 통치권의 행사라는 이유로 공무원의 개인적 책임을 개별적으로 묻는 일은 없었습니다만, 앞으로는 통치학·행정학·조직학·관리학이라는 개념 하에, 공무원의 공무집행이라는 말로는 정당화될 수 없는 방향으로 인식과 대책이 강구되고 있습니다.

여기에 '공무'(公務)란 과연 무엇인가 하는 문제가 있습니다. 종래의 해석으로는 천하국가와 관계되는 업무를 말합니다. 천하국가와 관계되는 업무란 구체적으로 무엇인가? 국익의 수호와 확대라는 의견도 있습니다. 국민의 안전과 행복의 보장이라고도 합니다. 또는 한마디로 말하면 국가체제의 안전보장이라는 주장도 있습니다. 하지만 거기에는 모든 국민을 위해서 관료가 일한다고 하는 관료 중심의 고정관념이 작용하고 있습니다. 그렇게 되면 관료국가이지 민주국가는 아니게 됩니다. 또한 만약에 정부가 전적으로 기업의 논리로만 운영되면 기업국가가 됩니다. 이 또한 민주국가는 아닙니다. 관료가 기업의 논리에 기초하여 정책을 집행하면 기업관료국가가 되어, 민주국가와는 거리가 완전히 멀어지게 됩니다.

그래서 건전한 시민사회의 중요성이 재인식될 필요성이 생기는 것입니다. 일본인들은 무슨 이유에서인지 시민이나 시민사회라는 말을 싫어합니다. 하지만 관료가 군부의 논리에 지배되는 군부관료라든가, 오로지 제국의 논리에 종속된 제국관료, 그리고 오늘날 강화되고 있는 기업관료의 과도화와 그 폐해를 방지·제한·조정하기 위해서는, 시민사회와 항상 대화·공동·개신해 나가는 공공정신을 갖춘 공무원이나 시민정신을 구비한 관료에 대한 요청이 커지게 됩니다. 전체주의 국가관에 의한 멸사봉공 지향의 공무원도 아니고, 그렇다고 해서 무한확장하는 거대기업의 하청업자가 되어 가는 멸공봉사 지향의 공무원도 아닌, 활사개공과 공사공매의 담당자로서의 책임과 역할을 담당하는 '공공(하는) 공무원', 시민감각을 갖고 사고 · 판단 · 결정 · 책임에 충실한 공무원이 요구되는 시기입니다.

여기에서 하나 확인해 두어야 할 것이 있습니다. 그것은 앞으로 '공'은 어떻게 되는가 하는 문제입니다. 오늘날 일본에서는 '공'의 역할과 의미는 소실되었다는 의견과, 역으로 '공'이야말로 무엇보다도 재정립되어야 하는 가장 중요한 과제라는, 상반되는 두 의견이 충돌하고 있습니다. 제 견해로는 '공'은 없어서는 안 되는 귀중한 이념이지만, 그 실제 내용을 새롭게 생각할 필요가 있습니다. 그것은 국민 위에 군림하는 국가 · 정부 · 관료가 아닙니다. 국민을 희생시켜 성립하는 권력 장치도 아닙니다. 국민 · 시민 · 주민의, 국민 · 시민 · 주민을 위한, 국민 · 시민 · 주민에 의한, 그리고 국민 · 시민 · 주민과 함께 존재하는 '공'으로 굳건하게 자리매김해야 합니다.

그러기 위해서는 한 사람 한 사람의 국민 · 시민 · 주민의 생명과 생활과 생업의 안전과 행복의 추구를 가능하게 하는 기본조건을 항상 확보하고, 그것을 충실히 할 필요가 있습니다. 왜냐하면 굳건하게 자리잡은 '공'과 '사'가 있어야 비로소 '공공'이 그 기능을 충분히 발휘할 수 있기 때문입니다. '공'은 현재의 일본에서는 민주주의와 자본주의의 제도적 장치입니다. '사'는 한 사람 한 사람의 일본 국민의 바람이자 욕구이자 권리이자 의무입니다. 양자가 대립 · 갈등 · 반목하는 것이 아니라, 양자의 역학이 상극 · 상화 · 상생하는 방향으로 매개하는 것이 '공공'(하는) 과정입니다. 그것은 활동지침이자 판단기준이자 공동목표(이념)이기도 합니다. 그래서 공무원에게 기대되는 기본적인 능력은 국가의 존재이유와 한 사람 한 사람의 국민 · 시민 · 주민의 필요와 요망을 어떻게 양립 · 매개 · 공진(共振)시키는가 하는 과제를 수행하는 능력입니다. 그것은 상이하고 다양한 요구 · 요망 · 요청을 어떻게 하면 좀 더 높은 차원으로 끌어올리는가

하는 과제의 수행 능력입니다.

국민·시민·주민이 바라는 개혁을 국민·시민·주민과 함께 추진하는 주체가 되는 것이 핵심입니다. 언제까지나 국민·시민·주민을 통치의 객체로 두는 것은 공무원에게도 과잉부담이 될 뿐입니다. 국민·시민·주민과 함께 공공하는 것이 공무원의 일을 좀 더 현실적으로 만드는 길입니다. 그것을 누구보다도 솔선해서 행할 필요가 있습니다. 그래서 대화력·공동력·개신력이 필요한 것입니다.

여기에서 개인적인 경험을 말씀드릴까 합니다. 저는 세계 여러 나라를 다니면서 자문회의에 참가한 적이 있습니다. 그런데 나라마다 조금씩 느낌이 달랐습니다. 가장 재미있었던 것은 스칸디나비아의 나라들이었는데, 자문회의에 속해서 발언한 것이 설사 부분적이었다고 해도, 뭔가 나 자신이 소중하게 여겨지고 있다는 느낌을 받는다고나 할까, 변화에 공헌했다는 일종의 자부심을 느낄 수 있다고나 할까, 어쨌든 특별한 뭔가가 있습니다. 한국에서도 미국에서도 회의에 참가한 의의는 상당히 컸습니다. 하지만 유독 일본에서는 왜 내가 거기에 있었는지조차 알 수 없는 느낌이었습니다.

제가 오늘날의 일본을 보고 느끼는 것은 여러 분야에서 균형이 무너지고 있다는 것입니다. 공무원제도는 국가의 중핵과 관련되는 부분입니다. 국가가 존재하는 한 공무원제도는 없어서는 안 됩니다. 만약에 그것을 근본적으로 바꾼다고 하면, 무엇을 위해서 어떻게 바꾸어야 하는가 하는 문제에 대해서 좀 더 열린 장에서 이성적으로, 현실적으로 그리고 과거와 현재와 장래를 잇는 관점에서, 국민·시민·주민과 함께 생각하고 상의하고 탐구하여 좀 더 좋은 형태를 공동구축해 나가야 합니다. 진정한 정치가는 국민·시민·주민의 신탁 (信託)에 기초해서 국가의 백년대계를 구상하는 법입니다. 그것을 입법화하는 과정에서 여러 정치적 절차를 거칩니다만, 그 과정에서 국가비전의 기본을 설정·제시·설명하고, 그에 대한 국민·시민·주민의 주체적인 사고·판단·행위·책임을 존중하면서 관료세계에 행동을 촉구하게 됩니다. 공무원은 정부

조직의 일원으로 (국민의 대표자인) 정치가가 제시하는 국가목표를 구체화 · 정책화하고, 그것을 법률규정에 따라 실행에 옮겨 나갑니다(이것은 '대리'와는 다른 '매개'입니다). 관료의 독단전횡은 극히 삼가야 합니다.

'관료국가'라는 개념이 있습니다. 관료국가는 관료가 주도하는 국가를 말합니다. 관료국가에서 국민은 관료가 지도 · 계몽 · 조정하는 대상입니다. 이것은 한때 유효한 국가 모델이었습니다만, 지금은 이에 대한 비판이 거세지고 있습니다. 대신 최근의 경향은 기업국가입니다. 이것은 기업(가)이 주도하는 국가입니다. 특히 영어권 국가(미국, 영국, 오스트레일리아, 뉴질랜드)에는 이른바 'New Publc Management'—보통 'NPM'으로 약칭됩니다—라는 생각이 압도적입니다. 그 영향은 제가 느끼기에 일본에도 대단히 큰 것 같습니다.

여러 논의가 있습니다만, 일본은 일본에 걸맞는 제도를 일본 나름대로 만들면 되는 것이지, 미국이나 영국이 하니까 일본도 모방한다는 것은 잘못이라고 봅니다. 제 생각으로는, 영국의 대처나 미국의 레이건을 이제 와서 모델로 삼을 필요는 없을 것입니다. 그런 생각은 기본적으로 후진국적인 발상입니다. 세계에 내로라하는 선진국인 일본이 그런 생각을 갖는 것은 외부인이 보아도 이상합니다. 그것은 역시 누구보다도 공무원들이 나서서 신중하게 검토해야 하지 않을까요?

한편 유럽에 가면 가장 많이 듣는 말은 '공정한 사회', 즉 'fair society'라는 국가상이요 사회상입니다. 가령 사회적인 공평성의 실현도가 세계 어느 나라보다도 높다고 하는 스칸디나비아의 여러 나라들—노르웨이, 스웨덴, 덴마크, 아이슬란드, 핀란드—에서는 태어나서 죽을 때까지 국가가 전부 케어를 해주고, 포괄적 사회복지가 충실하다고 인식되고 있습니다. 하지만 자살자도 대단히 많습니다. 왜냐하면 사는 보람이 없기 때문입니다. 특히 젊은이들의 경우에는 모든 것이 이미 결정되어 있으면 할 일이 없다는 불만이 쌓입니다. 모든 것이 잘 갖추어져 있는 상태가 인간에게 행복을 가져오는가 하면 꼭 그렇지만은 않습니다. 그것은 그 나름대로 불만과 불평과 좌절의 원인이 됩니다. 그래서 어느 정도의 불만·부족·불안에 의한 격차가 있는 것도 그 나름대로 필요하다고 생각합니다.

GNP로만 보면 일본은 확실히 세계 제2위의 경제대국입니다. 하지만 실제로 집사람과 제가 알고 지내는 일본인들과 얘기해 보면, 그들이 반드시 행복한 것만은 아니라는 느낌을 받습니다. 오히려 자신이 확실히 행복하다고 느끼는 사람들은 중국인이나 베트남인이나 타이인 쪽입니다. 왜일까요? 네델란드의 신문기자인 카렐 반 월프렌의 『인간을 행복하게 하지 않는 일본이라는 시스템』이라는 책이 있습니다. 그는 오랫동안의 일본 체류 경험을 토대로, 일본은 경제적으로는 세계 제2위의 초강대국이지만, 구조적으로 풍토적으로 인간의 행복을 느끼게 해준다는 발상이 없다고 하였습니다. 효율을 추구하고 정확함을 지향하고 매뉴얼대로 일을 처리하고, 모든 것이 훌륭하게 정돈되어 있지만 인간의 행복이 어디에도 보이지 않는다, 라는 것입니다.

미국이 지향하는 자유사회는 사회적 조화의 문제를 안고 있습니다. 특히 2001년 9월 11일 이후에는 안전과 안심의 확보가 최대 과제가 되고 있습니다. 미국과 미국인의 자유를 위해서 다른 나라나 다른 나라 사람의 자유를 제대로 존중하지 않는 외교정책은, 결국 미국인 자신의 자유를 제한하고 억제하는 상태를 초래했다고도 할 수 있겠지요. 유럽이 지향하는 공정사회는 사회적 활력의 쇠퇴와 무기력의 심화 문제를 안고 있습니다. 특히 북유럽의 나라에 갈 때마다 느끼는 것은 인간에게는 어느 정도의 격차와 향상 가능성이 필요하다는 사실입니다. 차별과 억압과는 근본적으로 다른 의미에서의 격차입니다. 그것은 심리적이고 행위적인 동기를 제공해 줄 수 있는 격차이자 다양성을 말합니다. 격차가 지나치게 크면 절망과 체념을 초래하지만, 격차가 완전히 사라져도 의욕이나 분발하고자 하는 계기가 없어지게 되는 문제가 생깁니다. 약자 구제는 필요한 정책 과제이지만, 더 바람직한 인생과 사회에 대한 공헌 및 그에 따른 타자로부터의 인정은, 어느 정도 인간적이고 사회적인 격차라는 문맥에서 의미가 있다고 생각합니다.

자유사회와 공정사회로부터는 배울 점이 많습니다. 일본 또한 좀 더 자유롭고 공정한 사회의 구축이라는 목표는 필수불가결합니다. 하지만 일본이 세계를 향해 독자적인 모델을 제시했으면 하는 것은 행복공창(共創)의 공동구축을 지향하는 '공복사회'(共福社會) 모델입니다. 한 사람 한 사람의 일본국민과 외국인, 재일거주자들이 구체적으로 각자의 행복을 추구하고 실현해 나가는 사회입니다. 정부와 시장과 사회가 힘을 합쳐서 국내적으로도 국제적으로도 개인과 집단의 공복 실현을 추진하는 것입니다.

　결국 자유가 되었든 평등이 되었든 안전이 되었든, 이 모든 것은 과연 무엇을 위한 것인가, 라는 기본적인 문제로 귀결됩니다. 그것은 최종적으로는 행복 추구의 문제라고 생각합니다. 행복 실현을 가능하게 하는 조건과 환경을 확보하기 위해서라고 할 수 있습니다. 평민적인, 서민적인 그리고 생민(生民)적인 감각으로 무엇을 위해서 대학에 가는가, 무엇을 위해서 사회에서 일하는가, 무엇을 위해서 고생하는가, 라고 물으면, 한 사람도 예외 없이 궁극적으로는 '행복해지기 위해서'라고 대답합니다. 물론 행복의 구체적인 내용은 무한하게 다양하겠지요. 당연합니다.

　"행복은 너무나도 복잡다양한 것이어서 정의가 거의 불가능하기 때문에 정책목표로 삼기에는 어렵지 않은가?"라는 반문이 종종 들립니다. 하지만 그렇게 말하기로 하면 정작 인간에게 가장 중요한 일은 대부분 정의할 수 없는 것 투성이입니다. 가령 자유란 무엇인가? 자유에는 그야말로 수천 가지 서로 다른 정의가 있습니다. 왜냐하면 자유란 너무나도 귀중해서 그에 대한 사람들의 이해가 좀처럼 일치하지 않기 때문입니다. 그런데도 자유가 중요하다고 하는 데에는 큰 반대가 없겠지요. 평등도 마찬가지입니다. 그렇다면 행복을 정의하기 어렵다고 해서 그것을 우리의 정치적·사회적·경제적 목표·이념·이상으로 삼기에는 좋지 않다고 치부하는 것은 명백히 이치에 어긋나는 일일 것입니다.

　오히려 역으로 저는 간단히 정의할 수 없기 때문에 목표가 된다고 생각합니다. 왜냐하면 시대와 세대를 초월해서 항상 새로운 해석을 해 나갈 가능성이 있기 때문에, 하나의 목표로서 추구할 가치가 있다고 생각되기 때문입니다. 한 시대에 그 정의가 전부 완성되어 버린다면 그 이후에는 과연 무엇을 할 수 있을까요? 그것이 없어져 버리지 않을까요? 무한하게 열려 있는 가능성을 지닌 일종의 가치관, 그것이 사회와 개인 그리고 그 사이에 있는 모든 것을 활기찬 방향으로 이끌어 갑니다. 미국이 자유의 나라라고 하지만 그것은 사실 세계 전체를 제멋대로 휘두르는 자유제국주의에 불과합니다. 그보다는 차라리 인간이 국경과 인종과 문화를 넘어서 함께 행복해질 수 있는 세계상·국가상·사회상·인간상을, 미국 모델도 아니고 중국 모델도 아니고 유럽 모델도 아닌, 일본 모델로 만들어 나간다면 이 얼마나 멋진 일일까요?

함께 생각하는 공공성

연수원: 지금까지의 말씀은 '공'과 '사'의 문제를 사회적인 차원에서 이해하신 것이라고 생각합니다. 가령 '공'은 국가이고 '사'는 개인이라는 관점에서의 이야기였습니다. 하지만 저는 각 개인 속에도 '공'과 '사'라는 두 측면이 있다고 생각합니다. 공무원이든 민간기업의 직원이든, 하나의 제도 속에 편입된 '공'으로서의 자신의 입장, 이른바 '다테마에'(=남에게 보이기 위한 입장)라는 것이 있습니다. 이에 대해 개개인은 지금까지 살아오면서 쌓아온 '사'로서의 사고방식이 있을 것입니다. 지금까지의 사회는, 특히 일본이나 동양사회의 경우에는, 사회적인 생활은 다테마에의 '공'의 생활 속에서 하는 것이 주이지, 거기에다 개성이 다른 개개인의 생각을 집어 넣는 시스템은 아직 마련되지 않은 느낌입니다. 혹시 미국의 관료조직처럼 정치임용제(political appointee)라는 형태라면 또 달라질지 모르겠습니다만, 이 부분은 뭔가 제도적으로 조직 속에다 '사'를 편입시켜, 흡수해 나가는 장치가 필요하다고 생각합니다.

동양의 경우에는, 가령 중국처럼 과거제도를 통해서 관료가 된 세계나 일본과 같은 무사사회를 보면 아무래도 그 부분은 약해서, 제도적으로 어느 곳에 소속되면 조직의 일원이라는 부분을 중시하는 경향이 있다고 생각합니다만, 역으로 동아시아 문화 중에서 개체를 '공'에 편입시켜 나가는 것을 개인 차원에서 수행해 나갈 만한 토대가 있다고 생각하시는지요?

김태창: 그렇습니다. 한 사람 한 사람의 사고나 판단이나 행동이나 책임의 차원에서도 '사'와 '공'과 '공공'의 방향과 기능이 있다고 할 수 있습니다. 그래서 저는 '공'은 국가이고 '사'는 개인이라는 전통적인 '공사이원론'의 입장을 취하지 않습니다. 굳이 말씀드린다면 공과 사와 공공의 삼원상관연동(三元相關連動)이라는 입장에서 사유합니다.

'공'이란 전체 우선의 사고와 판단과 행동과 책임입니다. '사'는 자기우선의 사고와 판단과 행동과 책임입니다. 그런데 '공공'은 활사개공과 공사공매의 사고·판단·행동·책임입니다. 공=전체 우선의 입장에서 보면 무사(無私)·멸사(滅私)·파사(破私)—이것은 결국 '사'의 부정입니다—가 최고의 미덕이 됩니다. 하지만 여전히 "전체란 무엇인가?"라는 문제가 남습니다. 그리고 사=개인 우선의 입장에서 보면 무공(無公)·멸공(滅公)·파공(破公)—결국 '공'의 부정입니다—가 당면과제가 됩니다. 하지만 "진정한 '사'(私)=자기자신이란 무엇인가?"라는 문제가 남게 되고, '자신을 위해서'라는 논리를 철저하게 추구하면 정말로 자신을 위하게 되는 것인가 라는 의문도 생깁니다. 그래서 역시 전체와 개인이란 양자의 매개에 의해서 양립하는—상극·상화·상생하는—관계 속에 있어야 바람직한 방향으로 발전한다고 생각합니다.

여기서 하나 생각나는 것이 있습니다. 독일의 철학자 임마뉴엘 칸트가 한 말입니다만, 이른바 '이성의 사적 이용과 공공적 이용'이라는 문제입니다. 상식적으로 생각하기에는, 가령 재무부의 관료가 재무부라는 조직의 규칙이나 지시나 명령에 따라 그 범위 내에서 사고·판단·행동·책임을 행하는 이성의 '공공적'인 활용이라고 생각할 것입니다. 하지만 칸트는 역으로 그것이야말로 이성의 사적인 활용이라고 했습니다. 재무부라는 틀에서 일단 벗어나서 독립된 하나의 시민의 입장으로 되돌아가, 거기에서 자신의 이성에 입각해서 사고하고·판단하고·행동하고 책임을 져야만 비로소 이성의 공공적 활용이 된다는 것입니다. 칸트 자신은 이렇게 말하지 않습니다만, 제가 추측하기에 "조직의 논리로 생각하는 것은 조직적인 '사'의 논리(=요코이 쇼난이 말하는 '활거견')에 지나지 않는다"는 말이 아닐까요?

　공공윤리에 관한 문제 중에서도 가장 기초적인 것 중의 하나는 구체적으로 일을 실행할 때, 상사의 명령에 어느 정도 복종할 필요가 있는가 라는 문제입니다. 예를 들면, 상사의 명령을 어기자니 자리에서 쫓겨날 것 같고, 그렇다고 명령에 따르자니 양심에 어긋난다고 하는 딜레마에 빠졌을 때 과연 어떻게 해야 할 것인가, 라는 구체적인 문제가 있습니다. 이러한 문제는 지금까지는 별 고민 없이 그냥 명령에 따르기만 하면 된다는 식이었습니다. 하지만 앞으로는 그런 태도는 허용되지 않습니다. 확실하게 자기 머리로 생각한 뒤에 상사의 명령에 따라 의사결정을 한 이상 상사와 함께 책임을 지게 됩니다. 단순히 상사로부터 명령을 받았기 때문에 했다는 말은 변명이 되지 않습니다. 물론 평소의 작은 일에서는 이런 문제는 일어나지 않습니다만….

　그중 가장 좋은 예가 아돌프 아이히만(Karl Adolf Eichmann, 1906~1962)입니다. 이 사람은 유대인 600만 명을 죽인 최고책임자로, 아르헨티나로 도망가서 10년 정도 숨어 살다가 결국 붙잡혀서 예루살렘 법정에 선 뒤 처형당했습니다. 그런데 천하에서 용서받을 수 없는 숱한 악행을 저지른 장본인인 아돌프 아이히만은 악마와 같은 인간이었는가 하면 그렇지도 않습니다. 그는 가정에 돌아가면 베토벤의 음악을 음미할 만큼 수준 높은 교양인이었고, 가족을 그 누구보다도 사랑하는 가정적인 사람이었으며, 그런 의미에서 특이한 인간이 아닌 평범한 인간이었습니다. 그는 히틀러 총통이라는 '뛰어난' 지도자의 지시에 따르는 것이 자신의 의무라고 생각했습니다. 명령받은 일이 올바른 일인지 잘못된 일인지를 생각하지 않고, 단지 히틀러의 명령이니까 거기에 따르는 것이 옳다고 믿은 것이지요. 유대인 정치학자인 한나 아렌트(1906~1975)는 『예루살렘의 아이히만』이라는 책에서 다음과 같이 말했습니다: "악이란 별개 아니다. 지극히 평범한 사람이 '노'라고 말해야 할 때에 '노'라고 말하지 않고, '예스'라고 말해야 할 때에 '예스'라고 말하지 않는 데서 악이 나타난다. 이렇게 한 순간 한 순간의 위기를 모면하는 사이에, 그것이 쌓이고 쌓여서 결국 돌이킬 수 없는 엄청난 악행이 되는 것이다." 이러한 상황을 그녀는 '악의 범용성'이라는 말로 나타내고 있습니다.

결국 앞으로 생각해야 할 것은 "조직의 논리나 상사의 명령이었다는 이유만으로는 결과에 대한 책임에서 벗어날 수 없는 때가 왔다. 그런 상황에서는 자신의 건전한 판단에 의지할 수밖에 없다"는 사실입니다. 제도도 변하지 않으면 안 되고, 공무원 또한 '공'을 위해 헌신하기만 하면 된다는 생각은 더 이상 통용되지 않습니다. 앞으로는 국경을 넘어서 민족을 넘어서 국민·시민·주민과 함께 생각하는 공공(하다)이 판단기준이 될 것입니다. 최근에 일본에서 인구에 회자되는 '자기책임'이라는 말이 있습니다만, 시대는 바야흐로 표면적인 가벼운 의미에서의 자기책임이 아닌, 좀 더 깊은 의미에서의 자기책임이라는 윤리적 자세가 요청되는 시대로 탈바꿈하고 있습니다. 말씀하신 대로 '공공성'이란 밖에 있는 제도적인 것만도 아니고, 그렇다고 오로지 인간의 마음에 관계되는 내면적인 차원의 이야기만도 아닙니다. '공공(하다)'이란 자기와 타자 '사이', 국가와 개인 '사이', 국가와 기업 '사이', 국가와 자연(환경) '사이' 등등, 다중·다층·다원의 '사이'(間)에서 양자의 상극·상화·상생을 매개·촉진·개선시키는 활동·실천·변혁을 말합니다.

공무원에게 요구되는 겸허와 공공철학적 구상력

연수원: 과거에 인간, 인류, 세계의 행복과 평화를 위해서, 탁월한 종교지도자들이 나와서 다양한 종교를 포교하기도 하고, 뛰어난 철학자가 훌륭한 생각을 펼치기도 하였는데, 그것이 정치적 목적으로 이용되었을 때에는 당초의 생각과는 다른 방향으로 가 버립니다. 인류는 그러한 시행착오를 유사 이래 반복해 오지 않았습니까? 그래서 혹시 다원적인 사고방식이나 상대방의 가치를 인정하는 관용을 가진 정치가가 나온다면 이러한 다툼이나 계급이나 계층 같은

것이 없어지는 것은 아닌가 하는 상상입니다. 제 경험으로는 원리보다도 운영 쪽에서 문제가 발생한다는 생각이 듭니다. 그러나 다른 한편으로는 제가 말하는 다원적인 사고방식이라는 것 또한 하나의 '주의'(主義)가 되는 것은 아닌가 하는 회의도 들고, 그런 의미에서 같은 곳을 맴돌고 있다는 느낌도 듭니다. 좋은 의견이 있으시면 알려주시면 감사하겠습니다.

김태창: 무슨 일이든 정치목적화 되면—즉 정치적 목적으로 이용되면—폐해가 커진다는 점에 대해서는 저도 동감입니다. 하지만 여기에서 곰곰이 생각해 볼 필요가 있는 것은, 가령 행복공창을 정치목적화한다고 했을 때, 행복공창이라는 실천과제의 수행이라는 명목 하에 악랄한 정치적 야망이나 조직적 악행을 정당화하고자 하는 경우는 굳이 논할 가치조차 없습니다. 그렇다고 해서 행복공창을 정치의 목표·이념·이상으로 삼는 것이 바람직하지 않다는 말은 아니겠지요. 물론 정치 불신이 뿌리 깊긴 합니다만.

과격한 주장을 하는 사람들은 세상에서 관료가 사라지면 사회가 더 잘 될 것이라고 말합니다. 하지만 저는, 지금은 공무원이 집중적인 비난을 받고 있지만, 과연 정치주도로 바뀌면 사회가 더 좋아지는가 하면, 적어도 지금까지 정치가가 보여준 모습을 보면 간단히 낙관할 수는 없습니다. 정치 주도로 정치나 사회나 경제가 정말로 좋아졌다는 실례가 별로 없기 때문입니다. 그래서 사회의 합리화는 관료제도를 필요로 하고, 관료제도는 사회의 합리화에 기초한다는 견해도 나왔고, 현재도 있습니다. 그렇다고 해서 제가 비관적인가 하면 그렇지는 않습니다. 인간이건 조직이건 자기교정 능력이나 자기개선 의지가 있는가 없는가가 문제입니다. 어떤 정치 행위가 일정 기간 최선의 노력을 통해서 좋은 사회의 실현을 지향하고, 또한 거기에 최선의 행정 행위가 동반되었다고 해도, 여기에 덧붙여서 국민·시민·주민과 함께 교정과 개선의 여지가 있는지를 점검하는 자세가 요청됩니다.

왜 제가 지금 여기에서 이 말씀을 드리는가 하면, 지금까지의 저의 경험과 그것에 기초한 역사적 상상력을 통해서 저 나름대로 본 것이 있기 때문입니다. 그것은 '비극적 아이러니'라고도 할 수 있는 것입니다. 여기서 '비극'이란 '그리스 비극'을 말합니다. 그리고 '아이러니'란 일이 예상이나 기대와는 다른 결과로 드러나는 것을 말합니다. 좀 더 단도직입적으로 말하면, 목적을 달성하는 과정에서 가장 큰 공헌을 한 최우수 승자가 그 성공의 한복판에서 몰락하는 것을 말합니다. 가장 탁월한 영웅이 가장 장렬한 몰락의 운명을 맞이하고, 그런데도 최후의 순간까지 존엄(성)을 잃지 않는다는 점에 영웅의 명예가 있고, 그것이야말로 인간의 최고의 미덕이라고 일컬어지는 것으로, 바로 이로 인해 관객의 심오한 마음속에 더없이 숭고한 감동—카타르시스, 즉 감정 정화라고도 합니다—을 불러일으키는 것입니다.

저는 젊었을 때 풀브라이트 장학금을 받고 미국의 대학에 가서 학습과 연구를 할 기회를 얻었습니다. 그 장학금 제도의 창설자였던 미국의 윌리엄 풀브라이트 상원의원의 저서인 『권력의 오만』에 쓰여 있던 말이 지금도 잊혀지지 않습니다. 그 당시 미국은, 지금도 그렇습니다만, 세계 최강의 나라였습니다. 하지만 "권력에 취하면 오만해진다. 그러면 반드시 몰락한다. 이른바 그리스 비극을 반복하지 않기 위해서 미국에 가장 필요한 것은 겸손이다"라고 강조하던 부분이 인상 깊었습니다.

제가 진심으로 하나 묻고 싶습니다. 150년 동안의 일본의 근대화 과정과 그 눈부신 성공이 가져온 관료신화의 어딘가에 권력의 오만이 있었던 것은 아닌가 하는 점입니다. 어딘가에 자기 과신이 있었고, 그것이 질투나 여러 복잡한 인간심리를 불러일으켜서 오늘날의 반관료적인 사회풍토를 만들어 내지 않았나 하는 생각이 듭니다. 지금은 기업이 사회에서 가장 중시되고 있습니다. 하지만 기업도 전지전능하지는 않기 때문에 전도를 장담할 수는 없습니다. 일본은 오랫동안 관료가 명예와 권력과 재력과 미덕을 거의 독점해 왔습니다. 신분은 보장되고 장래는 경제적으로도 사회적으로도 안전이 확보되어 있었습니다. 유럽의 일부 국가들처럼 귀족제도는 존재하지 않았습니다만, 관료는 일종의 특권계급이었습니다. 하지만 그것은 반드시 인간적·사회심리적 반발을 불러일으키기 마련입니다. 그래서 신분이 높아지면 높아질수록, 특권이 주어지면 주어질수록, 신분과 지위가 보장되면 보장될수록, 책임도 위험부담도 대가도 커진다는 것을 언제 어디서든 염두에 두는 것이 무엇보다도 중요합니다. 정치가는 대중에 영합합니다. 기업은 소비자의 동향에 민감합니다. 하지만 대부분의 대중이나 소비자는 옛날과는 달라서, 요구하는 것이 분명하고 강합니다. 정보와 자원도 이전보다는 훨씬 다양하고 많아졌습니다. 그래서 국가공무원도 과거의 관습이나 관례에 안주해서는 안 됩니다. 자기점검·자기반성·자기수정·자기개선을 할 필요가 있습니다. 그것이 반드시 변화무쌍한 일반대중의 동향에 무작정 따라가는 것을 의미하지는 않지만, 그들의 요구·원망·이익을 완전히 무시하게 되면 민주주의는 성립하지 않고, 자본주의의 토대도 무너지게 됩니다.

국가공무원이 성인군자가 아닌 것은 어떤 의미에서는 당연합니다만, 그렇기 때문에 더더욱 국민·시민·주민보다 위에 있는 입장에 서서 군림·지배·통합하려고 하는 사고방식은 완전히 시대착오적인 발상입니다. 좀 더 근본적인 이야기를 하면, '공'이란 원래는 '사'였던 것이 점점 커지고 강해져서 마침내 '공'을 찬탈하고 그것을 사칭하여, '공'이라는 미명하에 자기 이외의 '사'를 희생시키고 약탈하는 경우가 많습니다. 그것은 '공'을 탈취한 '사'의 횡포이고, 강하고 오만한 '공사 혼동'입니다. 최근에 발생한 관료에 의한 일련의 부정·스캔들·횡령사건들은 대체로 이러한 것으로, 바로 이 때문에 국민·시민·주민의 신뢰가 근본에서부터 붕괴되었다고도 할 수 있습니다. 관료제도의 재고와 건전한 재건은 관료들과 관련자들 자체에 대한 새로운 자기인식·시대인식·책임인식의 재구축에서 시작된다고 생각합니다. 그럼 오늘의 제 얘기는 이것으로 마칠까 합니다. 경청해주셔서 감사합니다.

2. 공무원 윤리와 공공철학*
- 철학하는 국가공무원 아라이 타츠오(荒井達夫) 씨와의 대화

아라이 타츠오 씨의 문제제기

올해(2008) 1월 22일(화)에 참의원 사무국 조사실의 주최로, 공공철학과 공공윤리에 관한 패널 토론이 행해졌습니다. 정식 테마는 「공공철학과 공무원윤리ー민주제 국가에서의 공무원의 본질」로, 패널리스트는 김태창(공공철학공동연구소장), 타케다 야스히로(武田康弘. 시라카바白樺교육관 관장), 야마와키 나오시(山脇直司. 동경대학대학원교수) 그리고 저 아라이 타츠오, 이렇게 네 명이었습니다. 저는 이 토론을 기획 · 입안하고, 토론 당일에는 사회와 패널리스트의 1인 2역을 맡았습니다. 여기에서는 저와 공공철학과의 인연, 그리고 패널토론에 대한 감상 등을 말씀드리고자 합니다.

공공철학과의 인연

먼저 제가 하는 일을 잠깐 말씀드리고자 합니다. 저는 국회의 입법조사 부문의 스태프(국가공무원)로, 의원 등의 의뢰를 받고 담당분야인 행정제도나 공무원

---

* 참의원 총무위원회조사실 차석(次席)조사원인 아라이 타츠오 씨는, 제 입장에서 보면 한 사람의 철학하는 국가공무원입니다. 비록 공무원 윤리나 헌법 해석이나 공공철학의 기본적인 인식에서 서로 상반 · 대립 · 충돌하는 사이이기는 하나, 그럼에도 불구하고 아라이 씨의 철학적 입장을 존중합니다. 한 사람의 공무원이 어떤 철학을 학습하고, 그 철학에 기초한 자신의 소신을 한 사인(私人)으로서가 아니라 공무원의 견해로 명언함과 동시에, 그것과는 다른 의견이나 제언에 대해서는 준엄하게 반론하기를 주저하지 않는 태도는 지금까지 들은 적도 본 적도 없습니다. 그렇기 때문에 제 경험의 범위에서 생각해 보면 아라이 씨 덕분에 대단히 신선한 자극을 받았고, 사고하는 과제를 제공받았습니다. 바라건대 아라이 씨와의 대화를 통해서, 한 사람의 공무원이 개인이나 사인(私人)의 입장에서가 아니라 공인(公人)의 입장에서 하나의 철학을 견지하고, 그것에 부합하지 않는 것을 비판하는 자세의 공과(功過)를 곰곰이 생각해 보는 계기가 될 수 있다면 좋겠다는 생각을 담아서, 좀 더 열린 논의로 발전시킬 필요성을 느끼는 바입니다. 여기에서는 참의원에서 행해진 패널 토론을 마친 아라이 씨가 저에게 제기한 문제를 먼저 싣고, 이어서 그에 대한 저의 응답을 함께 수록함으로써 일본적 양식에 그 시비판단을 맡기기로 합니다.

제도에 대해 조사·분석·제언·입안하는 일을 주로 하고 있습니다. 가령 "공무원 비리가 계속되는 가운데 징계처분이 적절하게 행해지고 있지 않은데, 법제적으로 어디에 문제가 있고, 어떤 법 개정이 필요한가?"라는 조사 의뢰에 대해서, 국회 질문을 위한 충고를 비롯해서 정책안의 골자까지 작성하는 일을 하고 있습니다. 의뢰는 당파를 불문하고 내용도 다양합니다만, 일의 기본은 각 의원들의 요청에 부응한 정보제공, 이것이 전부입니다. 이러한 일을 하고 있으면 '나는 무엇을 위해서, 누구를 향해서 일을 하고 있는가?'라고 생각하는 경우가 자주 있습니다. 그리고 그와 같은 자문자답 없이는 자기의 일을 완벽하게 처리할 수 없다고 생각하고 있습니다. 그때 사고의 토대가 되는 중심사상이 필요하지 않은가, 라고 생각하게 된 것이 제가 공공철학에 관여하게 된 이유 중의 하나입니다.

그리고 최근에는 관제담합(官製談合)의 전국적 만연이나 연금기록의 소실, 연금보험료의 횡령, 방위성(=국방부)의 공무원윤리 위반과 비리사건 등, 심각한 공무원 비리가 계속해서 일어나고 있기 때문에, 민주제 국가에서의 공무원은 어떠해야 하는가, 바람직한 공무원의 모습을 근본에서부터 다시 물어야하지 않는가, 라고 생각하게 되었습니다. 이것이 패널 토론을 계획하고 실시하게 된 가장 큰 동기입니다. 이러한 문제의식은 저 한 사람만의 것이 아니라 사회 전반에 걸쳐 퍼져 가고 있습니다. 국회의원 중에도 이런 문제의식을 갖고, 공공철학에 관한 논의의 중요성을 국회질의에서 다룬 분이 계십니다. 그리고 인사원은 업무의 연차보고나 급여 권고 때의 「공무원 인사관리에 관한 보고」에서 공공철학에 대해 언급하였는데, 이것도 사회 전반적인 문제의식을 반영한 것이라고 생각합니다. 또한 최근에는 총무성(總務省) 등이 '새로운 공공공간'이라는 신조어를 빈번하게 사용하고 있는데, 이것도 공공철학 논의와 무관하지는 않다고 생각합니다.

'공 · 사 · 공공 삼원론'에 대한 의문

공공철학이 공무(公務)의 세계에서 중요성을 더해 가고 있다는 증거인데, 문제는 그 내용이라고 생각합니다. 여기서는 지면관계상 자세한 내용은 쓰지 못합니다만, 그것은 국가공무원법 제96조가 복무의 기본기준으로 "모든 직원은 국민 전체의 봉사자로, 공공의 이익을 위해서 근무하지 않으면 안 된다"라고 규정하고 있는 것과의 관계입니다. 저는 이 규정을 국가공무원은 '전 국민에게 공통되는 사회 일반의 이익'을 위해서 일해야 한다는 뜻이라고 이해하고 있습니다. 국가공무원은 민주제 원리 · 국민주권 원리를 주축으로 하는 헌법정신을 실현하기 위해 있는 것이므로, 이것은 논리상 당연한 것이라고 생각되기 때문입니다. 다수의 보통 공무원들은 대개 이렇게 이해하고 있지 않을까 생각합니다.

하지만 이러한 법해석이 학문으로서의 공공철학의 통설적 견해인 이른바 '공 · 사 · 공공의 삼원론'과 양립하지 않을 가능성이 있습니다. '공 · 사 · 공공의 삼원론'에서는 '정부의 공'과 '시민의 공공'을 논리상 명확하게 구별하기 위해서, 그것과 정합적인 형태로 국가공무원법을 해석한다면, '전 국민에 공통되는 사회 일반의 이익'(=시민의 공공)과는 다른 '정부의 공'을 추구하는 것이 국가공무원이라는, 민주제 원리에 반하는 결론이 되기 때문입니다. 이 점에 대해서는 패널 토론에서 김태창 씨는 "논리상 '시민의 공공'에 반하는 '정부의 공'도 인정한다"는 발언을 하셨기 때문에, 무시할 수 없는 중대한 논점이라는 점이 명백해졌다고 생각합니다.

그리고 김태창 씨는 "주권은 국민에게 귀속되어 있지만 천황에 기탁(寄託)되고 행사된다"고도 주장하는데, 이러한 헌법 해석에 의문과 이론이 있는 것은 명백합니다. 공무원들은 이런 법해석을 하는 사람은 전무하다고 단언할 수 있을 것입니다. 이러한 헌법 해석이 발상의 원천이라고 한다면, '공 · 사 · 공공의 삼원론'의 타당성이 더더욱 문제가 된다고 생각합니다.

이처럼 학문으로서의 공공철학은 무시할 수 없는 중대한 문제를 안고 있고,

지금 그대로 공무(公務)에 도입하는 것은 타당하지 않다고 생각합니다. 또한 패널 토론에서 공공철학은 공무원 시험에 적당치 않다는데 의견이 일치했는데, 이것은 당연한 것이라고 생각합니다. 객관식이든 논문식이든 단순한 철학지식의 확인 작업이 되지 않을 수 없는데, 그렇게 되면 '철학하는' 것과는 무관한 헛수고를 수험생에게 강요하는 셈이 되기 때문입니다. 다만 구술시험에서 헌법이 의거하는 민주제 원리에 대해서 확인하는 과정은 있어도 좋다고 생각합니다. 그리고 패널 토론의 내용 공개에 대해서는, 참의원의 정보지인 『입법과 조사』에 수록하고, 참의원의 홈페이지에 공개하기로 했기 때문에 상세한 내용은 거기에서 확인할 수 있습니다.

공무원이 철학하는 것의 의의

패널 토론에서는 '공·사·공공의 삼원론'의 타당성과 국민주권의 헌법 해석에 관한 논의로 시간을 뺏겨, "철학한다는 것은 무엇인가?", "공공한다는 것은 무엇인가?", "공무원이 철학하는 것의 의의는 무엇인가?"라는 문제에 대해서 논의하지 못했습니다. 공공철학에 대해서 논의하는 것이라면 원래는 여기까지 다루어야 하는데, 이 문제에 대해서 저는 이렇게 생각합니다.

먼저 '철학하는' 것이기 때문에, 사상의 원점을 매일매일 살아가는 인간에게서 찾지 않으면 아무것도 시작되지 않습니다. 그래서 개개인이 모두 다른 욕망을 지닌 존재라는 사실을 있는 그대로 솔직하게 인정해야 합니다. 이에 대한 깊은 자각이 타자에 대한 배려와 존중을 낳고, 거기에서 '공공'이 열린다고 생각합니다. '공공'은 민(=일반시민)으로부터 여는 것 이외에는 달리 방법이 없기 때문에, 한 사람 한 사람이 각자의 주권을 소중하게 여기고, "좋은 인생이란 무엇인가?", "좀 더 좋은 사회는 어떤 사회인가?"라고 깊이 있는 물음을 던지고 대화하는 데에서 '공공'이 열린다는 것입니다. 그리고 발상의 원점을 '나'로부터 여는 '공공'에 두는 것은 시민사회의 원리로, 세계에 통용되는 보편성을 지닌 사상이기 때문에, 이러한 '시민의 공공'은 필연적으로 지구적 규모의 공공인 세계평화로 이어지게 된다고 생각합니다(이것은 타케다 야스히로 씨의 생각입니다. 기본적인 인권의 존중, 특히 사상과 양심의 자유를 핵심으로 하는 일본국 헌법이 전제로 하는 철학사상이라고 생각하여, 이 의견에 찬성합니다).

공무원이 철학하는 경우도 기본은 마찬가지입니다. 이러한 의미에서의 '민(民)이 여는 공공=시민의 공공'을 전제로 해야 비로소 민주제 국가에서의 '전체의 봉사자'인 공무원의 철학이 성립한다고 생각합니다. 공무원이 하는 일은 민주제 국가를 지탱하는 것이기 때문에 항상 '시민의 공공'과 함께 있고, 그것의 실현을 돕는 것이 본래의 임무라고 할 수 있기 때문입니다. 따라서 공무원도 먼저 하나의 시민이라고 하는 깊은 자각 하에, 그런 입장에서 사고하고 행동할 필요가 있습니다. 그렇지 않으면 민주제 국가의 실현은 불가능하다고 생각합니다.

이에 반해 공무원이 민주제 원리를 경시하여, 가령 '공·사·공공 삼원론'을 단순한 철학지식으로 암기만 할 뿐 그것의 의미나 작용에 대해서 깊게 생각하지 않으면, 이전에 일어난 '타운미팅사건'[20]에서의 '미리 짜여진 발언'[21]에서 볼 수 있듯이, 공공성에 반하는 유해한 결과를 초래할 우려가 있을 것입니다. 그리고 김태창 씨가 말씀하시는 '멸사봉공-멸공봉사-활사개공'이라는 사상은 멋지고 예리하며 유용하다고 생각합니다만, 구체적으로 어떻게 하면 '활사개공'이 실현되는가 하면, 역시 아까 말한 타케다 야스히로 씨처럼 생각할 수밖에 없다고 생각합니다.

생각의 정리

이상을 정리하기 위하여, 방위성의 공무원 윤리 위반이나 비리 사건과 같은 현실의 구체적인 문제에 의거해서 서술해 보면 제 생각은 다음과 같습니다. '국민주권(헌법 전문)→전체 봉사자(헌법 제15조)→공무원윤리법'이라는 발상으로 사고하고, '활사개공'의 실현을 지향하여 행정운영을 하는 것입니다. 왜냐하면 개개의 공무원(특히 관료)이 헌법이 의거하는 민주제 원리를 깊게 이해하고 '활사개공'을 철저하게 실천하면, 당연히 '시민의 공공'이 열리고, 그 결과 '진정한 전체의 봉사자'가 되고, '시민의 공공'을 실현하는 기관으로서의 '관'에 의한 '공무의 민주적이고 능률적인 운영'(국가공무원법 제1조)이 실현되게 되기 때문입니다. '공 · 사 · 공공의 삼원론'을 민주제 원리와의 관계에서 정리하고 올바르게 자리매김하는 동시에, 민주제 원리를 축으로 하는 공공철학에 기초하여 공무원 윤리를 구축할 필요가 있다고 생각합니다.

패널 토론에서 특히 김태창 씨와 타케다 야스히로 씨는 첨예하게 의견이 대립하였고 끝내 결론을 보지 못했습니다만, 공무에서의 공공철학의 의의를 생각하는 데 있어 대단히 시사점이 풍부하고 의미 깊은 내용이었다고 생각합니다. 앞으로 다시 있을 패널토론에서 논의가 심화되고 발전되기를 기대하고 있습니다.

아라이 타츠오 씨의 문제제기에 대한 응답 - 김태창

2008년 1월 22일, 참의원 사무국 조사실이 주최한 패널 토론에서의 활발하고 진지한 대화를 통해서, 아라이 타츠오 씨와 저 사이에는 상당히 중요한 공통인식과 함께 뿌리 깊은 견해차가 있음이 분명해졌습니다. 그리고 「공무원과 공공철학에 대해서」라는 글을 읽고서 아라이 씨의 기본적인 입장과 관점과 주장에 대한 저 나름의 이해가 어느 정도 정돈되었습니다. 그래서 지난번 토론회와, 특히 「공무원과 공공철학에 대해서」를 통해서 제기된 의문에 대해서 저 나름의 답변을 제시하고자 합니다.

먼저 말씀드리고 싶은 것은 아라이 씨가 말하는 '공공철학의 통설적 견해'에 대해서입니다. 그것은, 대다수의 공무원이 국가공무원법 제96조의 "모든 직원은 국민 전체의 봉사자로, 공공의 이익을 위해서 근무하지 않으면 안 된다"라는 규정에 지정된 '공공의 이익'을 '전 국민에게 공통되는 사회일반의 이익'으로 이해함과 동시에, "국가공무원법은 민주제 원리 · 국민주권 원리를 핵심으로 하는 헌법을 실시하기 위해 존재한다"고 하는 법해석을 '통설적 견해'의 철학적 근거로 삼는다는 것이었습니다. 이에 대한 저 자신의 개인적인 견해를 세 가지로 요약해서 말씀드리겠습니다.

첫째, 제가 생각하는 공공철학은 굳이 말하면 생활자 기점의 민간(시민-사민(思民)-지민(志民)-철민(哲民)의) 철학입니다. '민생'(民生: 시민 한 사람 한 사람의 생명·생활·생업)·'민권'(民權: 시민 한 사람 한 사람의 기본적인 권리)·'민활'(民活: 시민 한 사람 한 사람의 자유롭고 다양한 활동)의 공평·공정·공명한 보장을 축으로 해서, 정치·경제·문화·종교 등의 주요문제를 다시 생각하고, 거기에서 생활세계와 제도세계의 연동 변혁을 지향하는 철학운동입니다. 관료·관청·공무원과의 관계에 한정해서 말하면, '민'과 '관' 사이의 상극·상화·상생을 다차원상관적으로 음미·심사·숙고하는 것이기도 합니다. 그래서 공무원들의 '통설적 견해'에 따르는 것이 아니라 오히려 그것의 시비·적부·정오(正誤)를, 어디까지나 '민'의 입장에서 되묻는 데에 중점이 놓입니다.

둘째, 다수의 일반 공무원의 공공철학에 관한 통설적 견해는, 공무원 세계의 내부인식입니다. 그래서 그것과는 다른 민간세계의 외부인식과의 상호조정이 요청되는 것입니다. 그리고 대화·공동·개신의 과정을 통한, 서로의 견해에 대한 음미·심사·숙고가 필요하게 되고, 바로 거기에 공공(하는)철학의 핵심이 있다고 생각합니다.

셋째, 국가공무원법 제96조의 규정에만 한정시켜 생각해 보아도, '국민 전체의 봉사자'나 '공공의 이익'에 대한 '통설적 견해'는 너무나 형식논리 차원에 머무르고 있다고 말할 수밖에 없습니다. 국민 전체의 봉사자라는 명분하에, 구체적·실존적·개별적인 국민 한 사람 한 사람의 생명과 생활과 생업이 무시·억압·부정되지 않을 수 없다고 하는 현실적 가능성에 대한 배려와 반성과 개선을 향한 의지가 느껴지지 않습니다. 또한 '공공의 이익'을 '전 국민에게 공통되는 사회 일반의 이익'으로 이해하여, 그것으로 공공철학 운운하는 것은 공공철학에 대한 저 자신의 인식과는 완전히 다른 것입니다. 공공철학적 사고는 법해석적 정합성에서 도덕적·윤리적 적실성으로까지 나아가는 것이 요청됩니다. 그래서 '전 국민에게 공통되는 사회 일반의 이익'이라는 것이 어딘가에 실재하는가? 무엇이 그러한 이익이고, 무엇이 그렇지 않은가를 어떤 기준으로 누가 정하는가? 원래 생명·생활·생업의 공동체적 시공을 진심·본심·성심을 가지고 진지하게 바라보고 생각하고 대응할 경우에, 참으로 '전 국민에게 공통되는 사회 일반의 이익'이란 무엇인가를 공평·공정·공명하게 정하는 것이 구체적으로 어떤 것인가? 등은 자명한 기정사실이 아니라 '민'과 '관'이 서로 지속적인 대화·공동·개신의 과정을 통해서 함께·더불어·새롭게 구축해 나가야 할 공공철학적 실천과제입니다.

그리고 공·사·공공의 삼원론에 대한 격렬한 비판에 대한 저의 답변은 이렇습니다. 그런 사고방식은 다수의 일반 공무원의 '통설적 견해'와 양립되지 않을 가능성이 있다는 지적입니다만, 물론 상반·대립·충돌할 경우가 많겠지요. 바로 그렇기 때문에 생활자 기점의 민간(시민)철학으로서의 공공철학 학습이, 안으로 닫힌 관료적 발상을 열기 위해서 필요한 것이 아닐까요? 공공철학은 '통설'에 부합하기보다는 그것을 재고·재심·재건하는 데에서 출발합니다. 자기 한 사람이 하는 것이 아니라 이질적인 타자와의 대화·공동·개신을 통해서, 서로의 완고한 할거견(割據見=좁은 시각)에서 벗어나는 것입니다. 다수의 일반 공무원의 통설적 견해가, 관료 나르시즘으로 퇴화하지 않도록 하기 위해서는 어떻게 해야 하는가가 주요 과제입니다. 물론 생활자들도 자기도취·자기착각·자기폐쇄에서 깨어날 필요가 있습니다.

아라이 씨는 "국가공무원은 '전 국민에게 공통되는 사회 일반의 이익'을 위해서 일하지 않으면 안 된다"는 입장을 강조하고 있습니다. 국민 전체의 이익을 '위해서' 일하는 것은 '민의 공공성'과 동시에 '국가·정부의 공'에 부합되는 것이기 때문에, '공공'과 '공'을 구별하는 것은 타당성이 없다고 단언합니다. 하지만 그것은 어디까지나 공무원의 자기인식에 지나지 않습니다. 한 사람 한 사람의 국민·시민·주민이 그렇게 생각하는지 아닌지는 별개의 문제입니다. 중요한 것은, '전체를 위해서'라는 것은 '공'(관료)철학적 발상이고, '개별의 타자와 함께(한다)'가 '공공'(민간)철학적 사고의 원점이라는 점입니다. '공'(전체로의 통합·동화·회수)과 '공공'(개별 이타(異他)의 상호매개)은 그 존재방식과 역동효능이 명백하게 다릅니다. 그 차이를 혼동해서는 안 됩니다.

그리고 아라이 씨는 "논리상 '시민의 공공'에 반하는 '정부의 공'을 인정한다"는 저의 발언이 민주제 원리에 반하는 '무시할 수 없는 중요한 논점'이라고 단정했습니다. 민주제 원리에 대한 아라이 씨와 저의 기본인식에는 근본적인 차이가 있는 것 같습니다. 그것의 가장 저변에 있는 것은 직접민주제 혹은 인민민주제 대 간접민주제 혹은 대표민주제와의 대립이 아닌가 생각합니다.

민주제 원리에 대한 저의 이해는 한마디로 말하면 매개의 원리입니다. 아라이 씨는 무매개의 원리로 이해하고 있는 것 같습니다만…. 민주제라고 해도 통합원리로서의 '공'에 중점을 두는가, 매개원리로서의 '공공'을 중심에 두는가에 따라서, 서로 다른 형태로 드러나는 부분도 있다고 생각합니다. '공공'이란 국가 혹은 그 실체적 담당자로서의 관료들에 의해서 규정되고 판단되고 실현되는 국민 전체에 공통되는 사회 일반의 이익과, 국민 한 사람의 구체적·실질적·개별적인 요청·필요·권익 사이에서 생기는 대립·갈등·분쟁을, 가능한 한 대화·공동·개신의 과정을 통해서, 서로의 합의 형성의 가능한 지평을 열어간다는 과정·활동·장치를 중시하는 것입니다. 그것은 관에 의한 민의 통합 지배도 아니고, 관은 단지 민의 의사·요구·바람에 따르면 그것으로 충분하다고 생각하는 것도 아닙니다.

제가 생각하는 민주제 원리의 기본은 '공'(국민 전체의 입장에 선다는 명분에 기초한 관료 사고)과 '사'(국민 한 사람의 개별 私人의 입장에서 무엇보다도 생명·생활·생업의 확보를 통해 안전·안심·안락을 지향하는 생활자 사고)의 사이로부터, '멸사봉공'도 아니고 '멸공봉사'도 아닌 '활사개공'의 방향으로 진전·개선·향상하는 역동이 충분히 가동하도록 하는 데에 있습니다. 그것은 '공사공매'로, '공'과 '사'를 함께 매개하는, 즉 맺고·잇고·살리는 방향을 향해서 다양·다중·다층의 개인적·집단적·조직적 실천·활동·운동을 상호조정하는 것입니다.

정치가—국민이 선거를 통해 선출한다—는 국민의 대표자이고, 공무원은 국민들에 의해 의회에서 의결된 법률규정에 기초해서 그 직무의 담당·집행이 의무임과 동시에 권한이기도 한 직위에 임명된 사람들입니다. 그렇다고 해서 법 규정을 글자 그대로 적용하면 되는 것은 아니라는 점이 중요합니다. 그리고 국민 전체의 이익으로 인정되는 것과 국민 한 사람 한 사람의 이익은, 언제 어디서나 반드시 일치한다고 단언할 수는 없습니다. 그래서 논리적으로도 현실적으로도—국가·정부·관청이 생각하는 '공'익과 개개인이 중시하는 '사'익은 물론입니다만—'공'과 '사'를 사이에서 매개하는 것을 지향하는 생활자 주도의·생활자의 입장에서 생각하는·생활세계의 자립과 질적 향상을 중시하는 민간적(시민적) '공공'(익)과 국익·공익·관익은 상반·분열·대립할 가능성이 많습니다. '민의 공공'에 반하는 '관의 공공'뿐만 아니라, '관'의 공공에 반하는 '민의 공공'이 이론적으로도 실제상으로도 있을 수 있다는 것입니다. 그것은 다원사회에서의 민주제 원리의 기본 중의 기본임에도 불구하고, 뭔가 대단히 위험한 사고인 것처럼 불온시하는 듯한 어딘지 모르게 과거의 한때 성행했던 고등경찰 또는 사상경찰의 흔적이 느껴져서 뒷맛이 개운치 않습니다.

그리고 상징 천황제에 대한 저의 해석과 견해가 공무원에게는 받아들여질 수 없다는 점에 대해서는, 그럼에도 불구하고 저로서는 현재의 일본국헌법에 따르는 한 그렇게 생각하지 않을 수 없다고 말할 수밖에 없습니다. "공공철학이 지금 그대로 공무부문에 도입되는 것은 타당하지 않다"고 하는 아라이 씨의 주장에 대해서 말씀드리면, 공공철학이 지금 그대로이든 아니면 다른 형태로든, 공무부문에 도입되는 것이 적절한지 아닌지는 공무원들끼리 정할 문제는 아니라고 생각합니다. 그것이야말로 다중·다원·다층의 민과 관의 대화·공동·개신 과정을 통해서 음미·심사·숙고해야 할 공공철학적 탐구과제가 아닐까요?

애당초 왜 지금 공공철학을 민간인과 공무원이 얘기하는가 하면, 공무원제도의 발본적 개혁을 위해서는 어쩔 수 없이 민간의 신뢰·요구·기대에 제대로 대응할 필요가 있고, 그것을 위해서는 어떻게 해야 하는가가 지상명령이 되고 있기 때문이 아닌가요? 그리고 이 문제에 대한 저의 견해는 민간철학으로서의 공공철학이 공무원의 통설적 견해에 포섭되어서는 안 된다는 것입니다. 공무원들이 생활자와의 대화를 바라고, 거기에서 배울 필요를 자각할 경우에 한해서, 그 범위 내에서 민과 관의 상생적 관계형성의 토대로 양쪽에서 중시되는 것이 바람직하다는 것입니다. 그 이상도 이하도 아닙니다.

마지막으로 공무원이 무엇을 어떻게 하는가 하는 자기인식의 정리는 대단히 중요한 철학적 과제입니다. 하지만 거기에서 자동적으로 민간적(시민적) 공공성이 열리기 때문에 민간주도의 공공성을 따로 상정할 필요가 없다는 것은, 너무나도 공무원 중심적인 생각입니다. '공공'은 공무원의 자기인식만으로 성립하는 것은 아닙니다. 왜냐하면 그것은 민간인과 공무원의 상호승인을 요구하는 관계이기 때문입니다. 공무원의 사고·판단·행동·책임이 형식논리적으로 합법적이고, 심정윤리적으로 동기가 선하다는 것이 확인되었다고 해도, 거기에 결여된 것은 공무원 세계의 외부에서 그것들이 어떻게 보이는가 하는 문제에 대한 배려입니다. 윤리는 자기자세의 정립이라기보다는 자타상관의 조정이라는 기본인식이 필요합니다. 공무원의 자기변혁이 무엇보다도 우선시되어야 하는 과제이긴 하지만 그것은 어디까지나 민관공동(民官共働)으로 생활세계와 제도세계의 상생적 연동변혁을 지속해 나가기 위한 관계구축을 통해서 실현될 필요가 있다고 생각하는 것입니다.

(출전: 『공공적 양식인』, 교토포럼 발행, 2008년 3월호)

1. 실천적 공공지(公共知=良識)를 지향하여
- 동아시아로부터 시동하는 공공철학으로의 전환

"그렇다면 오늘의 일을 도모함에 있어 우리나라는 이웃나라의 개명(開明)을 기대하면서 함께 아시아를 일으킬 여유는 없을 것이다. 차라리 그 대오에서 벗어나서 서양의 문명국과 진퇴를 함께하고, 중국과 조선을 대하는 법도 이웃나라라고 해서 특별히 배려할 필요는 없고, 실로 서양인들이 그들을 대하는 방식에 따라서 처리하면 될 뿐이다. 악우(惡友)와 친하게 지내는 자는 똑같이 악명(惡名)을 면할 수 없다. 우리는 마음속에서 아시아 동방의 악우를 사절(謝絶)해야 한다."

- 후쿠자와 유키치(福澤諭吉)「탈아론」(脫亞論) 메이지 18년(1885) 3월

"…물론 오늘은 우리도 서양문화를 흡수하지 않으면 안 된다. 서양문화를 배우지

---

* 이 글은 2002년 12월에 도쿄대학에서 개최된 국제회의에서 행한 주제강연이다. 이 강연에는 한국·중국·일본·미국·유럽에서 참가한 학자들의 격론을 통해서 「동아시아발(發) 공공철학」이 다듬어지는 초기 단계의 논의가 반영되어 있다. 특히 '공공지'(公共知)라는 새로운 형태의 '지'(知)가 제시되는 점이 주목할 만한데, '공공지'는 인간과 세계를 효율적으로 지배하기 위한 계산이성적이고 제도설계적인 '전문지'와 대비되는 "대화적·실천적 생명지"를 말한다. 이 강연은 탈아입구적인 '근대지'(近代知)에 앞장서온 서양모방적 학문 형태의 새로운 중심축(=도쿄대학)에서 동아시아적 '공공지'로의 회귀와 창신을 촉구했다는 데에 큰 의의가 있다.
일시: 2002년 12월 14-15일/ 장소: 도쿄대학 고마바 캠퍼스
주제: 동아시아에서 공공지의 창출 - 과거·현재·미래
주최: 도쿄대학 공공철학 세미나 조직위원회

않으면 안 된다. 서양의 무력적 문화를 받아들이지 않으면 안 되지만 우리가 서양문화를 배우는 것은 결코 그것을 가지고 남을 압박하기 위해서가 아니라 단지 우리의 정당방위를 위해서이다. … 우리가 말하는 '대아시아주의'란 곧 문화의 문제로, 이 인의도덕을 중심으로 하는 아시아문명의 부흥을 꾀하여, 이 문명의 힘을 가지고 패도를 중심으로 하는 그들의 문화에 저항하는 것이다. … 당신들 일본민족은 서구의 패도문화를 받아들이고 있으면서 동시에 아시아의 왕도문화의 본질도 갖고 있다. 일본이 앞으로 세계문화의 전도에 있어서 과연 서양 패도의 앞잡이(走狗)가 될 것인가, 아니면 동양 왕도의 수호자(干城)가 될 것인가? 당신들 일본국민이 잘 생각해서 신중하게 선택하는 데에 달려 있다."

- 손문(孫文)의 강연 「대아시아주의」, 大正 13년(1924)

시작하며

메이지 일본은 근대 서양의 '지'(知)에 의거한 개국(開國)으로부터 시작되었습니다. 프란시스 베이컨의 "아는 것이 힘이다"라는 말 속에는 근대 서양 국민국가의 '지'(=國家知)의 본질이 잘 나타나 있습니다. 후쿠자와 유키치(1835~1901)가 말하는 '문명국'과 진퇴를 함께한다는 일본은 하루아침에 동아시아에 위협을 가하는 '강국'(부국강병을 지향하는 국가)으로 변모합니다. 탈아론에서 40년, 손문은 일본국민에 대해서 '패도의 앞잡이'가 될 것인가, '왕도의 수호자'가 될 것인가, '잘 생각해서' '신중하게 선택'하라고 외치면서 인의도덕의 대도 편에 설 것을 권고하였습니다.

손문의 '대아시아주의'에 대해서는 일본과 한국의 전문학자들 중에서 거기에 잠재해 있는 중화·한민족 중심주의 요소 등을 지적하는 형태로 비판을 가하는 경우도 적지 않습니다. 그러나 그것은 별도로 고찰해야 한다고 생각합니다. 왜냐하면 여기에서는 손문의 물음을 가지고 일본뿐만 아니라 중국이나 한국에 대해서도 근대화의 과정을 겸허하게 반성하기 위한 문제의식으로 삼고 싶기 때문입니다. 그 후의 경과는 주지하는 바입니다. 오늘의 일본의 현실적 위상도 그때와 비슷한 역사적 선택의 기로에 서 있다고 생각됩니다. 그 선택의 순간을 맞아서 우리는 다시 한번 손문의 강연에 귀를 기울이고자 합니다. 메이지에서 현대로 면면히 이어지는 '지'(知)의 정체를 여기서 다시 한번 차분히 생각할 필요가 있지 않을까요? 과연 과거의 일본의 어떤 언설 속에 '인'이 있고 '의'가 있고 '덕'이 있었습니까?

일본은 지금 철학의 전환점에 서 있다고 생각됩니다. 새로운 철학 하에 새로운 '지'를 재구축해 나갈 것이 요구되고 있습니다. 근대 이래의 '지'의 오만, 학문의 폐쇄성, 공리주의, 지배지향성, 사물화(私物化), 독화화(獨話化), 단성화(單聲化), 전문화 등등. '지'의 변질이 교육현장에서 시작하여 정치, 문화, 매스컴에 이르기까지 구석구석을 뒤덮고 있습니다. 오만불손한 '지', 저는 이것을 한마디로 '전문지'='관지'(官知)라고 상징적으로 부르고 '생명지'='민지'(民知)와 대비시키고자 합니다.

우리는 1998년 4월부터 '공공철학'을 둘러싼 논의를 거듭해 왔습니다. 4년반을 뒤돌아보면 저 자신을 포함해서 '지식인'이 앓고 있는 고질병의 심각함에 아연실색하지 않을 수 없습니다. 생활현장에 뿌리내린 인간의 목소리와 말에서 동떨어진 내실 없는 레토릭(공언=실행이 수반되지 않는 빈말)만이 날뛰고 있지 않습니까? 전문용어(직업어)를 자유자재로 구사하고, 지적인 대화를 하는 즐거움은 지적 도취의 경지라고도 할 수 있겠지요. 문득 전문지의 유희를 혼자서 즐기고 있는 저 자신의 한심한 모습을 발견하고 부끄러워 못 견디는 심정으로 진지한 언행의 참된 길로 선회하려고 노력하지만 뜻대로 잘 안 되는 경우가 많습니다. 물론 때로는 잘 될 경우도 있습니다만…. 그렇다면 우리 모두가 함께 지향해야 할 방향은 어디인가? 저는 그것을 '공공지'(公共知)='생명지'='민중지'(民衆知)라고 이름짓고자 합니다.

그럼 '공공지'란 어떤 '지'인가? 그것은 생활현장에 즉한 '지'이자 대화적 · 다성적(多聲的) '지'입니다. 생활현장의 필요에 응답하는 '지'이자 상호매개를 지향하는 '지'입니다. '지배지'나 '공리지'와는 이질적인 '공감지'이자 '덕'에 뒷받침된 지식, 즉 '양식'(良識)입니다.

세익스피어는 작품의 인물이 무슨 얘기를 할 때에는 '그 사람의 말로 말하도록' 하였는데, 공감지 또한 보통 생활하는 남녀가 일상어(속어)로 말해서 이해할 수 있는 '지'를 말합니다. 이하의 논의에서 저는 선뜻 눈에 들어오지 않는 말들을 사용할지도 모르는데, 그것은 제가 표현력이 미숙한 때문일 뿐, 적어도 저 자신의 의식 속에서는 실심(實心) · 실학(實學) · 실지(實地)의 방법과 자세를 견지하려고 했습니다.

기초적 견해

일본에서는 지금 새로운 의식의 자각이 일어나고 있습니다. 비록 아직 맹아적이기는 하지만 '지'와 사회의 패러다임이 점차 전환되지 않으면 안 된다는 기운이 감돌고 있습니다. 막말유신(幕末維新) 이래로 서양에서 수입해 온 근대화의 경험을 통해서 일본은 "아는 것이 힘이다"를 배경으로 한 영광과 번영을, 그리고 동시에 좌절과 고통을 맛보고 있습니다. 근대가 '지'의 개화임은 틀림없고, '지'가 봉건사회의 미망을 깨트리고 쇄국과 폐쇄 및 배타적 공동체의 해체와 개명에 공헌한 것은 높게 평가할 수 있습니다. 그러나 '근대'가 반드시 무조건적으로 평가받아야 하는 보편적 가치라고만은 할 수 없다는 사실을 진정 알고 있는 사람은 많지 않습니다. 메이지(明治), 타이쇼오(大正), 쇼오와(昭和), 헤이세이(平成)로 이어지는 시대의 변천 속에서 '근대화'의 이면에도 착안하여, 그 가치관에 이의를 제기하거나 시대의 광기에 저항하며 죽음에 맞서거나 시대로부터 버려진 채 역사에서 사라져 간, 수많은 '반시대적 지사'가 우리의 시야에 들어와 있지 않을 뿐인지도 모릅니다. 이런 인물들을 저는 '공공적 양식인'이라고 부르고 싶습니다. 그럼 21세기 벽두의 '공공적 양식인'은 어떤 모습인가?

먼저 '공공적 양식인'과 비슷하면서도 다른 지식인들의 모습을 살펴봅시다. '시대'는 항상 모순을 낳습니다. 다양한 생각이 항상 혼재되는 '생활세계'와, 동질화 · 일원화 · 단성화(單聲化)의 도를 강화시키는 '제도세계' 사이에는 급속하게 괴리가 진행되고 있습니다. 이런 의미에서의 '제도세계'와 그 '질서'를 신봉하는 언설의 총아들은 '공공적 양식인'과는 배다른 '시대의 총아'들입니다. 이 시대의 조류를 거슬러서 씩씩하게 '생활세계'에 눈을 돌려, 생활자의 자립과 질적 향상을 통해서 생활세계의 본래적 충실과 고양을 위해 봉사하는 지와 덕을 겸비한 양식있는 시민들, 생활세계에 대한 그런 봉사자야말로 21세기의 시대적 · 상황적 요청에 부응하는 공공적 양식인이 아닐까요?

일본의 생활세계는 생태윤리적 타락과 생태미학석 퇴폐로 인해 심각한 상태에 빠져 있습니다. 더 걱정스러운 것은 과학만능주의와 경제지상주의의 논리나 정책을 휘두르는 지식인과 전문가 본래 그들의 논리를 적용해서는 안 되는 분야에까지 무리하게 적용하려고 하는 어처구니없는 상황이 벌어지고 있다는 점입니다. 지금 사람들은 시비선악을 스스로 생각해서 변별하고 비판하는 힘을 상실한 것처럼 보입니다.

국가나 기업의 권력장치가 비윤리적으로 가동되고 있습니다. 시민사회의 건전성을 파괴하는 일에 대해 아무런 통증도 느끼지 않는 권력만능주의나 이윤지상주의가 민중의 머리 위를 활보하고 있습니다. 그들은 자신의 모습에 부끄러움을 느끼는 감각이 없을 뿐만 아니라, 피해자인 민중에게 교훈까지 설파하는 전도된 모습을 보이고 있습니다. 그 결과 긴급하게 필요로 하는 변혁적 · 혁신적 '지'의 재구축이 방해받고, 지지부진한 상태로 뒤로 미루어진 채 지금에 이르고 있는 것입니다.

너그러운 생활세계에 의해 형성되고, 동시에 그것을 형성하는 건전한 제도세계는 건전한 인식생태(認識生態)의 동력에 의해서 유지되고 길러집니다. 그러기 위해서는 현재 주류인 '지'의 형태를 근본적으로 바꾸지 않으면 안 된다고 생각합니다. 생태윤리적 양심과 생태미학적 감성에 의해 지탱되는 '지'(의 양식)로 전환해야 합니다.

제안

일본은 한자문화권이고, 지금도 한자문화가 일상생활 속에 살아 있습니다. 동아시아의 역사는 한자문화와 깊게 관련되어 있고, 거기에서 '지'의 문화전통에는 일정한 역사적인 합의도 볼 수 있습니다. 저는 동아시아의 지금까지의 고정화·고착화된 지리적·정치적·경제적인 차이의 고정화와는 다른 문맥에서, 양식을 함께 생생(生生)하기 위한 '대화적 시공간'을 상정할 것을 제안하고자 합니다. 동아시아는 다른 세계와 깊게 서로 교류하면서도 그 자체가 하나의 독립된 시공간으로 위치 지워질 수 있지 않을까요?

최근에 국가범죄나 기업비리가 급격하게 증가하고 있습니다. 불법행위는 그 자체로 국가나 기업을 불행으로 이끌지만, 그것의 증감이 생활세계나 제도세계에 끼치는 파괴적인 영향도 심대합니다. 문제의 근원에는 '공'과 '사'의 적절한 관계란 무엇인가에 대해서 정신적인 미성숙에서 비롯되는 혼동이 자리잡고 있습니다. 우리는 '공'의식과 '사'감각의 구별을 확실하게 인식하고, 상호관계의 적절한 형태를 한 사람 한 사람의 가슴에 손을 얹고 재확인할 필요가 있습니다.

'덕'과 분리된 '지'로부터 '덕으로서의 지'로의 패러다임 전환이 요구됩니다. 그것은 기술·축재적(蓄財的) 지능에서, 생명·공생·윤리에 중점을 두는 양식 (sensus communis)으로의 전환을 의미합니다. 동아시아의 '지'의 형태를 걱정하는 지식인 중에는 스스로 패러다임 전환의 원동력이 되겠다며 헌신하는 사람도 적지 않습니다. 동아시아는 양식을 생생하기 위한 '대화적 시공간'으로서 세계에서 가장 그 역할이 기대되는 지역입니다.

비대화적 전통

일본으로 되돌아와서 생각해 봅시다. 일본의 지적·도덕적 전통을 되돌아보면 독화적(獨話的)·단성적(單聲的) 경향이 강하다고 하지 않을 수 없습니다. 독화적 정신구조는 차이화(差異化)나 다양화에 격렬하게 저항합니다. 근대 이래로

이 비대화적·독화적 정신구조는 일본뿐만 아니라 동아시아에 대해서도 그대로 말할 수 있습니다. 나아가서 이것은 근대 서양의 '지'의 구조와도 관계되어 있다고 생각합니다. 이 장애를 극복하기 위해서라도 '지'와 사회의 패러다임 변혁이 전지구적 규모로 실행될 필요가 있습니다.

근현대의 일본은 과학적·기술적·경제적 계산이성에 기초한 지식이 주류를 점해 왔습니다. 그리고 이 지식은 군산복합적인 권력연합의 전지구적 복음 전파에 의해 억지로 정당화되어 왔습니다. 이것은 서구와 미국에서 발생한 것이지만 일본의 지식산업시스템에서도 강력하게 지지되어 왔습니다. 이 지식은 무엇보다도 비(非)대화적(독화적) 성격을 지니고 있습니다. 독선적이고 오만한 과학·경제지상주의를 에토스로 하는 사람들은 '생활세계' 사람들의 요구나 바람에 응답하는 의지를 겸비하고 있지 않습니다. 이것은 과학의 객관성과 경제의 합리성이라고 하는 대의명분 아래 우리 모두의 인식과 판단과 실천을 마비시키는, 널리 퍼진 병폐(心術之公患, 『순자』)요 우리 모두의 양심을 가려 버리는 재앙(蔽塞之禍, 『순자』)인 것입니다. 이것은 다름아닌 전문지의 일방적 강행이 빚은 결과이기도 합니다.

일본에는 '침묵은 금'이고 '웅변은 은'이라고 생각하는 전통이 있는데, 긍정적으로 이해하자면 "강직하고 의연하며 질박하고 어눌한 것(剛毅木訥)이 인(仁)에 가깝다"는 『논어』의 말과 통하는 데가 있지만, 부정적으로 해석하면 폐쇄적·쇄국적·대화거부적·자기완결적·부권적(父權的)·보신적(保身的)·정체적·체념적 경향과 결부되어 있습니다. 그 결과 자주적, 자율적인 실존이나 사고를 보기가 어렵습니다. 토론·논쟁·언쟁이나 남과 다른 의견을 강하게 주장하는 것은 환영받지 못하고, 공동체의 '화'(和)를 깨트리는 것이라고 해서 일방적으로 꺼려졌습니다.

이 독화적인 경향에 더해서 비판적인 생각을 지닌 개인, 집단, 조직 그리고 그러한 운동에 대한 뿌리깊은 혐오감이나 배제의식 또는 체제에 비판적인 지식인에 대한 불쾌감이 있습니다. 과거에는 정부에 고용된 권력에 순종적인 학자들만 숭상되어 왔는데, 그런 멘탈리티가 지금도 이어지고 있다고나 할까요? 정부에 순종적인 지금의 어용학자의 '지'는 교조화된 베이컨적 '지'이자 경제합리적 '지'로, '생활세계'나 '생활자'와는 거리가 먼 전문지입니다.

역사와 미래

자기라는 존재가 과거와 미래를 통합한 실존인 것처럼, 우리 생활과 깊게 관계되는 사회나 문화 또는 조직이나 모든 생명 또한 과거와 미래와 연동되어 있습니다. 현재는 과거에 대해서도 미래에 대해서도 상호생생적(相互生生的)이자 상호소실적(相互消失的)입니다. 기억은 현재에 확립되어 결정된 국면이고, 희망은 현재의 한가운데에 있는 미래개방적인 가능성입니다.

현재(세대)는 과거(세대)의 유산을 계승함과 동시에 그 부채를 지지 않으면 안됩니다. 유산이란 역사적인 기억을 말하는데, 기억 중에는 소중히 간직하고 싶은 것이 있는가 하면 부정하고 망각하고 싶은 것도 있습니다. 우리는 살아 있는 이 순간에 자신의 행위가 내일을 위한 유산이 된다는 사실에 유념하고, 주의깊게 내일을 향한 여정을 선택해 나가지 않으면 안 됩니다. 오늘 우리의 선택은 장래(세대의 선택지)를 규정하게 됩니다. 이 인식은 대단히 중요합니다. 양심적인 대화가 이 점을 깨닫게 해 줍니다.

일본이 공적으로 만든 역사를 되돌아보면 대단히 유감스럽게도 날조와 말살이 곳곳에 눈에 띕니다. 식민자도 피식민자도 '공'에 의한 역사의 왜곡을 체험해 왔습니다. 제국주의적인 전쟁과 그것이 가져온 비극에 관해서도 자국의 역사를 거짓으로 꾸미는 일이 행해져 왔습니다. 동아시아에서는 식민지 지배가 끝나고 난 뒤의 화해에 대한 노력도 불충분한 채, 다만 불성실한 변명과 자기정당화만이 되풀이되어 왔습니다. 그 결과 실망과 좌절과 원한의 악순환에서 벗어나지 못하고 있습니다. 어쨌든 인간은 자신과 자신이 관계된 사회의 과거에 대해서 정직하지 않고, 자신의 추함을 직시할 용기를 갖고 있는 것 같지는 않습니다. 하물며 관계자에게 준 피해나 자신들이 일으킨 비극을 정면으로 바라볼 수 있는 사람은 많지 않습니다. 아무래도 우리 현대인은 과거를 청산하고 미래를 향해 전진할 각오가 되어 있는 것 같지는 않습니다. 국가나 민족의 체면을 세우기 위해서 역사적 '사실'을 자기들에게 유리하도록 꾸며내고 불리한 부분은 깨끗이 잊어버리는 기만이 아무런 의심없이 생활 속에 배어 있습니다.

역사는 자기발견의 기록으로서 정체성을 확인하는 작업이라고들 말하는데, 저는 역사란 '자기와 타자의 만남의 증언'이자 '자기와 타자의 대화적 상호작용의 이야기'라고 생각합니다. 우리는 소프트파워의 신세기에 걸맞은 희망과 신뢰와 행복의 이야기를 엮어 내지 않으면 안 됩니다. 지역적인 공동체의 설립은 대단히 어려운 일이지만, 우리는 나라와 나라, 민족과 민족, 문화와 문화 사이에 상호 이해의 다리를 놓기 위해서 끈기 있게 대화공진(共振)을 지속할 필요가 있습니다. 바로 거기에서 국경을 넘은 '공공지'(公共知)의 공동(共働)산출의 길이 열리기 때문입니다. 그것은 실로 시대의 요청이라고 생각합니다. 공감기억으로서의 역사인식이 요구되고 있다는 말입니다.

오늘의 자기와 타자는 어제의 자기와 타자, 그리고 내일의 자기와 타자와 함께 상호연동적으로 형성됩니다. 만약에 과거 기억의 일부를 고의로 조작하거나 선택적으로 자기편의대로 망각하거나 한다면, 현재의 자기와 타자도 필연적으로 왜곡되지 않을 수 없습니다. 또한 만약에 현재의 자기와 타자의 마음속 깊은 곳에 미래에 대한 생각이 없으면, 양자가 함께 성장할 가능성은 사라지고 양자의 관계는 고정화된 현재 속에 갇히게 될 것입니다.

21세기 세계가 양식을 함께 산출하는 대화적 시공간 속에서 건전하게 발전해 나가기 위해서는 공개적으로 인정된 자료에 기초해서 올바른 기억을 계속해서 수집해 나가지 않으면 안 됩니다. 이와 같은 기억은 미래지향의 글로내컬(glonacal) 시민에 의한 대화적 협동체를 통해서 지속적으로 축적되어 나가지 않으면 안 됩니다. 그리고 어떤 상황에서도 이 프로젝트는 국가의 정치적 개입을 피하지 않으면 안될 것입니다.

'공지', '사지' 그리고 '공공지'

'공'(公)이란 원리적으로는 모든 사람들에게 열려 있는 것으로 언제나 접근가능합니다. 이에 반해 '사'(私)는 기본적으로는 특정한 인간·집단·조직에 한정되어 외부에는 닫혀 있습니다. '공'(共)이란 서로의 차이와 다양성에도 불구하고 더불어 통할 수 있는 것을 말합니다.

'공'과 '사'는 전통적으로 상반되고 대립되는 개념으로 생각되어 왔습니다. 그러나 '공'(公)과 '공'(共)을 더불어 잇는(共媒) '공공'(公共)은 '공'과 '사'의 양자를 매개 가능한 것으로 이해하는 시각의 열림이자 역학의 시동입니다. '공'(公)을 동반하지 않는 '공'(共)은 차별적이고 배타적인 것이 될 위험성이 있습니다. 반대로 '공'(共)을 동반하지 않는 '공'(公)은 명분이나 형식 또는 틀로 끝날 가능성이 있습니다. 여기서 특히 중요한 것은 '공'과 '사'는 어느 정도 실체화되고 개념화될 수 있는 명사적인 것인 데 반해, '공공'은 '공'과 '사'를 그 사이에서 서로 맺고 잇고 살리는 작동을 하는 동사적인 것이라는 점입니다.

'공'(公)은 종종 정부나 행정에 의한 규제나 관리의 원칙이나 이념과 결부되어 해석되어 왔습니다. 동시에 일반시민이 서로 작용하는 집단 속에서의 에토스(規範) 혹은 공간이라는 내용이 포함되어 왔습니다. 그러나 정부나 행정에 의한 '공'(公)과, 시민사회에 의한 '공공'(公共)은 구별하지 않으면 안 됩니다. 저는 후자를 '시민적 공공'(公共)이라고 부름으로써 '국가적 공'(公)과 구별해야 한다고 생각하는 것입니다.

'공공'(公共)은 '공'(公)과 '공'(共)을 합친 새 단어입니다. 그런 의미에서 '공공'은 종래의 '공'(公)과 '사'(私)의 이원대립적 구조를 상호생생적인 삼차원구조로 전환시킬 수 있는 의미 연관을 함유하고 있습니다. '공'(公)이 '사'(私)에 의해서, 또는 '사'가 '공'에 의해서 일방적으로 흡수되는 것이 아니라, 양자가 '공공'을 매개로 하여 서로 공매(共媒)되는 것이 가능해집니다. 그런 의미에서 '공공'은 '사이'(間) 또는 '어울림'(際)에서 생생하는 역동(力働)으로 이해하는 것이 좋을 것입니다. 요컨대 '공공'이란 '개념'이기보다는 '활동'이라는 것입니다.

일본의 정신풍토에는 오랫동안 '멸사봉공'(滅私奉公), 즉 '공'(公; 국가의 번영, 민족의 영광, 국가의 부강 등등)을 위해서 '사'(私; 개인의 재산, 이익, 행복)는 부정되어야 한다고 하는, 국가・정부・권력이 만든 슬로건이 만연되어 왔습니다. 이에 대한 반발로서의 '멸공봉사'(滅公奉私), 즉 노골적인 사리사욕 지상주의의 횡행도 성행하였습니다. 그것이 오늘날의 일본이 당면한 '도덕적 위기'의 실상입니다.

'공'과 '사'가 잘못 얽혀진 데서 생겨난 '공사 혼동'이라는 이름의 암세포가 말기적 증세를 강화시키면서 단말마를 연상케 하고 있습니다. 이 병의 근원을 도려내고 쾌유로 나아가게 하는 관건은 다름아닌 깊은 의미에서의 건전한 정신 자세라고 생각합니다. '공공(하는)철학'을 표방하는 우리는 철학적 시각에서 그 에토스를 이해하고, 그 기본이 되는 판단능력을 '공공지'(公共知)라고 부르고자 합니다. 그리고 멸사봉공적인 '공'의 지적 주체를 '공지'(公知), 멸공봉사적인 '사'의 지적 주체를 '사지'(私知)라고 명명합니다.

실은 여기에서 말하는 '공지'와 '사지'는 단지 일본의 사상풍토에만 적용되는 것이 아니라, 근현대를 리드해 온 서양(=세계)의 지배적인 '지'의 형태에 다름 아닙니다. 그 뿌리깊은 병소(病巢)는 공지와 사지가 하나가 되어('공지사지복합체') 국(國)・산(産)・군(軍) 복합체를 언설 차원에서 용인하고 정당화하고 있습니다. 게다가 이 복합체는 '글로벌화'라는 구호에 힘입어 천하무적의 괴물과 같은 권력장치를 낳고 있습니다. '공지'의 근원을 파고 들어가면 베이컨의 "아는 것이 힘이다"로 귀결됩니다. 이 힘은 '지배'를 선호합니다. 이 지배는 정부와 행정기관 및 그것의 공적 통제기관의 공인을 통해서 제도화되고 있습니다. '공지'에서 '타자'는 경쟁상대이자 적입니다. 거기에서 생활하는 구체적인 인간이나 모든 생명활동의 필요성에 대해서 토를 다는 일은 없습니다. 그 오만한 성질은 일방적으로 자신의 가치관을 세계에 강요하는 독화화(獨話化)와 의문과 반대의 소리를 허용하지 않는 단성화(單聲化)에 빠지기 쉽습니다. 또한 '공지'는 '국민적'이자 '공식기억'으로서의 역사인식을 특징으로 합니다. 그리고 '타자'는 동화흡수의 대상으로, 오로지 타자 관리를 위한 행정과 제도만을 추구합니다.

'사지'의 기본적인 지향은 이익(利)입니다. 그래서 이것을 '공리지'(功利知)라고 할 수 있습니다. '사지'의 과학만능주의나 경제지상주의는 계산이성에 의해 정착되고 강화되는데, 이 두 개의 주의는 만인의 주의가 됩니다. 타자에 대해서는 "나는 상관하지 않는다"는 식이고, 장래세대에 대한 책임감도 결여되어 있습니다. 다양하고 상이한 생활세계에서 나오는 소리에 응답하는 일도 없습니다. 그리고 '공지'에서 보여진 독화화(獨話化)와 단성화(單聲化)의 성질이 여기에서는 내향적인 성격을 띠게 됩니다. 또한 '사지'는 사비적(私秘的)인 자기발견의 기록 및 신체기억으로서의 역사인식에 탐닉하고 도취됩니다. 자기보존을 지향하고 전문지의 독점과 축재에 여념이 없기도 합니다.

여기서 새로운 '지'의 형태로 제시하는 '공공지'는 자타상생(自他相生)의 '지'로서, 국가나 국민 같은 틀을 넘어서는 '지'입니다. 경계설정적인 제도지와는 다른 것입니다. 생명·생존·생활의 지평을 열고 넓히고 심화시키는 '지'입니다. 생명적 유연성이 풍부하고 항상 대화적이며 다성적(多聲的)입니다. 그래서 '공감지'라고도 할 수 있는 공공지는 국민도덕이 아니라 인간의 기본적인 덕성을 기르는 것입니다. 또한 공공지는 국가와 기업이 다져 놓은 권력장치와는 대조적으로 글로내컬 시민의 협동네트워크를 통해서 생생(生生)합니다.

여기에서 말하는 '글로내컬'이란 세계·우주·장래세대로 퍼지는 '글로벌'과, 현실의 생활현장인 '로컬'이 상호모순을 안고 있으면서도 내셔널의 차원에서 서로 이어지는 작용을 말합니다. 여기에서는 '타자'는 깊은 관심의 대상으로 생활세계의 필요에 대한 응답을 중시합니다. 그리고 양심에 뿌리내린 '책임' 주체이기도 합니다. 역사인식도 '사지'나 '공지'와는 달리 자기와 타자의 만남의 증언과 공감기억으로서의 역사인식을 특징으로 합니다. '공공지'는 공간축과 시간축의 쌍방에 열린 '지'이기도 합니다. 그리고 과거세대와 현재세대와 장래세대의 삼세대가 함께 더불어 참된 행복—공복(共福)—을 이루려는 '지'를 지향한다는 의미에서 '생명계승생생적공복지'(生命繼承生生的共福知)라고 바꿔 말할 수도 있습니다.

'전문지'와 '공공지'

"무릇 학술이란 고금성현의 학술이며 천하만민이 공공하는 바입니다. 우리 세 사람(육상산, 주희, 왕양명)이 사유화해서는 안 되는 것입니다. 천하의 학술은 마땅히 천하(만민)가 공언하는 것이 되어야 합니다."(夫學術者, 今古聖賢之學術, 天下之所公共. 非吾三人者所私有也. 天下之學術, 當爲天下公言之; 王陽明,『王文成公全集』(外集)「答徐成之」)

'공지사지복합체'의 도구로 전락하고 있는 유학지(儒學知)를 '발본색원'(『전습록』중권「발본색원론」)적으로 바꾸고, 참신한 공공지로 재생시키기 위해서 분연히 일어난 왕양명은 다름아닌 공공적 양식인의 하나의 사표입니다. 양명의 뜨거운 파토스는 '지'의 변혁을 향한 열정이기도 합니다. 양명적 기개가 오늘날에도 필요합니다. 왕양명은 차가운 전문지에서 체온이 느껴지는 공공지로의 전환, 그리고 실천적인 공공적 양식으로의 변혁을 실현시키기 위해서 과감하게 일어선 철학적 혁명가라고도 볼 수 있습니다.

'공공지'는 생태윤리적 양심과 생태미학적 감성을 그 중핵에 둠으로써 생활세계의 필요에 대한 응답과 책임을 되살리는 아주 새로운 '지'의 모습입니다. 따라서 '공공지'는 국가의 융성이나 기업의 이익이 되는 물품의 제조나 기계의 발명에 도움이 되기보다는 생활자의 자립과 그 생활의 질적 향상을 통해서 생활세계를 충실하게 하고 고양시키는 데에 봉사하는 '지'—생명지 · 생활지 · 생업지—입니다.

'공공지'는 대화생생적이기도 합니다. '지'의 사물화(私物化)에 대해 단호히 저항한 왕양명은 천하의 공공(재 · 덕 · 선)으로서의 '지'의 형태를 열린 대화를 통해 확보하고자 하였습니다. 에도시대의 토미나가 나카모토(富永仲基, 1715~1746)도 공개토론을 공공지생생(公共知生生)의 필수조건으로 강조했습니다. 18세기 한국의 실학자인 홍대용(1731~1783)의 '공관병수'(公觀倂受=여러 사상을 공정하게 보고 함께 받아들이자)를 바탕으로 하는 '실심 · 실학 · 실지'의 학문태도와 연관시켜 생각해 보면, 한중일을 아우르는 공공지의 대화성이라는 특징이 서서히 의식화되고 있었던 것입니다. '대화적 성격'이란 다양성이나 이질성에 대해 열려 있음을 그 핵심 특징으로 합니다. 그래서 '공공지'는 타자에 대해 개방되어 있고, 이질적인 것을 존중하는 대화적 세계를 구축하는 기동력으로 작동합니다. '공공지'는 '공지'와 '사지'가 모두 동질성(폐쇄적인 동일성)과 통합성(배타적인 단일성)을 바라는 것과는 상이한 방향으로 움직입니다.

또한 '공지'는 정부와 행정에 의해 통제되고, '사지'는 상품화·상업화·소유화됩니다. '공지'도 '사지'도 그 본질에서는 '지'(知)를 '사'(私)한다는 점에서 비슷합니다. 그것들은 생활자의 '생활지'나 글로내컬 시민의 '공공지'의 생생발달을 억압하는 이데올로기이고, '공지사지복합체'는 '전문지'를 신격화합니다. 현재 일본사회에 군림하는 이데올로기는 국가와 기업의 권력확대장치의 경호원이 되어, 전문가를 몇 겹이나 배치하면서 자신들의 보루를 굳건히 하고 있습니다. 그러나 이 전문지의 본질은 '지'의 사화(私化)에 다름아니고, 권력(力)과 이익(利)이라는 양대가치 패러다임으로 자신을 꾸미고 있습니다. 전문지는 겉치레와 친화성이 있습니다. 반면에 공공철학이 지향하는 '공공지'는 '덕'에 뿌리내리고 있습니다. "전문지에서 공공지(=知德相關知)로!" 이것이 공공철학이 지향하는 '지'의 재구축을 위해 내거는 표어 중 하나입니다.

생명(세대)계승생생과 기본적 덕성으로서의 공공지

'생명(세대)계승생생'은 인간에게 본래 갖추어져 있는 행위적 능력입니다. 그것은 (신체적·사회문화적·우주적인 의미에서의) 생명을 계승하여 새로운 생명을 낳고, 생명의 싸이클이 단절되는 일 없이 지속되도록 장래세대를 보살피고 길러서, 장래세대를 향한 사회적 관심을 불러일으키는 것입니다.

한편 근대적인 의미에서의 창조성이란 지금까지 존재하지 않았던 것을 만들어내는 인간의 능력을 말합니다. '생명(세대)계승생생'은 기본적으로 공동작업입니다. 다른 기능을 갖는 두 사람의 인간(원래의 모델은 두 사람의 남녀) 사이에서 조화를 이룬 상호작업을 해야 비로소 가능해지는 행위라고 할 수 있습니다. 창조라는 작업은 그것과는 대조적으로 한 사람의 인간(원래의 모델은 창조주인 신)에 의해 일방적으로 완성되는 끝없는 물건의 제조작업입니다.

'생명(세대)계승생생'은 운명(섭리)적으로 태어난 것을 보살피고 책임지는 의식을 동반합니다. 태어난 것은 물질적으로도 정신적으로도 하나의 생명으로 간주됩니다. 그리고 공감체(共感體)가 됩니다. 한편 근대적 창조행위가 지향하는 것은 창조자의 허명과 의사(疑似) 달성감입니다. 창조된 것은 창조자의 개인적 소유물로 간주되고, 창조자의 지적·물적 재산으로 자유롭게 처분할 권리를 사회에 표명합니다.

동아시아의 지적·도덕적 전통에서는 모든 덕목 중에서 '인'(仁)이 지고의 것으로 여겨져 왔습니다. '인'은 두 사람의 인간 사이의 친밀한 대화적 관계에서 발생하는 생명(세대)계승생생적 협동과정입니다. 그것은 '인'의 신유학적인 해석이기도 합니다. 즉 만물생생의 '덕'(생명·심리·윤리·우주를 관통하는 선(善)의 잠재력)이라는 생각과도 이어집니다. 우주적 생명의 순환 속에서 새로운 생명을 낳고 기르는 것(=덕)은 각 개인이 나면서부터 갖는 본질적이고 사비적(私秘的)인 본능임과 동시에 사회 전체와 관련된 공공적인 관심사이기도 하고, 모두가 직접·간접적으로 그 형성에 협동하는 공공선이자, 대우주의 생명활동에 참여하는 궁극적인 기쁨(공공행복)이기도 합니다. 최고의 덕으로서의 '인'은 모든 인간과 사회와 세계가 함께 행복해지는 길을 열기 위한 '공공지'를 지탱하는 원동력입니다. '공공하는 철학'은 '지'와 '덕'과 '행'의 상호연관성을 복원하는 철학이지 않으면 안될 것입니다.

지금 지식과 사회의 패러다임의 발본적인 변혁이 요청되는데, 여기에서 요구되는 변혁은 물질과 기계를 창조하는 지적 능력(지식-힘-지배지)에서 생명(세대)계승생생적인 양식(지-덕-공감지)으로의 구조전환입니다. 그리고 독화적(獨話的)이고 단성적(單聲的)인 사회에서 대화적이고 다성적(多聲的)인 사회로의 구조전환이기도 합니다. 창조적인 지식이 인간과 세계에 물질적 진보와 편익을 가져왔다고 한다면, 생명(세대)계승생생적 양식은 생명과 생활의 질적 향상에 이바지한다는 점이 강조되어야 할 것입니다. 생명을 낳고 기르기 위해서는 만물생생의 협동과정에 우리 자신이 관여하고, (모든 의미에서) 태어난 생명의 돌봄을 필요로 합니다. 생명(세대)계승생생적인 '지'는 윤리를 중시하고 미적인 감수성을 기본으로 하는 '지'입니다. 생명(세대)계승생생적인 '지'는 현재세계의 지배적인 지식 패러다임이 일으키고 있는 끔찍한 위협으로부터 '생활세계'를 지키는 지혜이기도 합니다. 새로운 사회의 패러다임 구축은 '공공지'라고도 불리는 이 새로운 '지'를 당사자적인 실존을 통해서 실천하는 데서 시작될 것입니다. 우리가 지향하는 공공하는 철학이란 생활자의 양식이라고도 할 수 있습니다.

⟨실천적 공공지(=양식)로의 패러다임 전환⟩

오늘날 지배적인 지(知)의 형태		새로운 지(知)의 형태
공지사지복합체(公知私知複合體) 독화적·단성적 지(知)		새롭게 생생하는 공공지 대화적·다성적 지(知)
국가와 기업의 권력장치에 의해 지지되고 확대되고 있다		글로내컬 시민의 대화·공동·개신 네트워크를 통해서 생생한다
공지(知=힘=지배지)	사지(知=이익=공리지)	공공지(지-덕-공감지)
정부, 행정기관, 공적통제기관의 공인을 통해서 제도화된다	과학만능주의와 경제지상주의적 계산이성에 의해서 정착·강화된다	생활현장의 필요에 응답하는 '지'의 생생을 지향한다
타자에 대한 적의 다양하고 상이한 생활세계의 필요에 대한 둔감	타자에 대한 무책임 다양하고 상이한 생활세계의 필요에 대한 응답결여	타자에의 깊은 관심과 책임감 다양하고 서로 다른 생활세계의 필요에 대한 응답능력을 중시
글로벌한 독화화·단성화	내향적인 독화화· 단성화(單聲化)	글로내컬한 대화화·다성화(多聲化)
국민적 자기발견의 기록 및 공식기억으로서의 역사인식	사비적 자기발견의 기록 및 신체기억으로서의 역사인식	자기와 타자와의 만남의 증언과 거기서 빚어지는 공감기억으로서의 역사인식
동화흡수지향 행정·관리적 제도지	자기보존지향 기술·축재적 기능지	상호매개적 역동중시 생명(세대)계승생생적 공복지

(출전: 金泰昌「実践的公共知(良識)を目指して ―生活世界に根付いた公共哲学への道筋」) (佐々木毅・山脇直司・村田雄二郎 編『東アジアにおける公共知の創出 ― 過去・現在・未来』(東京: 東京大学出版会, 2003年, 이후에 『월간 공공철학』 제29호, 2013년 5월호에 실림)

2. 동아시아의 전통사상과 동아시아발 공공철학*

공공철학 대화의 과제

미야자키 후미히코: 치바대학의 미야자키입니다. 오늘은 공공철학공동연구소의 김태창 소장님을 모시고 여러분과 철학대화를 갖고자 합니다. 김태창 선생님은 강연이 아니라 대화를 원하시기 때문에 먼저 여러분의 의제제기를 부탁드립니다. 여러분이 제기하신 의제를 중심으로 김태창 선생님이 공공철학적 관점에서 응답을 하겠습니다. 그리고 나서 다시 여러분의 의견이나 질문을 받는 순서로, 오늘의 철학대화를 진행해 나가고자 합니다.

오가와 하루히사: 니쇼가쿠샤대학의 오가와입니다. 먼저 '동아시아발 공공철학'에 대해서 김태창 선생님의 생각을 직접 듣고 싶습니다. 즉 어떤 의미에서 동아시아발 공공철학인가 하는 문제입니다. 동아시아발 공공철학이라는 생각의 사상적 배경이라고나 할까, 어디서 그런 발상이 나온 것인지 말씀해 주시면 감사하겠습니다.

보통 공공철학이라는 말을 접하면, 대개 서양에서 나온 것이라는 인상을 받습니다. 특히 일본의 현실을 보면 미국의 public philosophy의 영향이 크다고 생각합니다, 그러나 유독 선생님은 '동아시아발 공공철학'이라는 말을 강조하고 계십니다. 그리고 public philosophy와는 명백히 다르다고 단언하고 계십니다. 동경대학출판회에서 나온 시리즈『공공철학』전20권에서 하신 말씀이나 『공공적 양식인』에 실린 글들을 읽어 보면, 일관되게 동아시아에서의 상화와

---

* 일시: 2008년 7월 10일 / 장소: 동경공업대학 타마치(田町) 캠퍼스
주최: 시리즈『공공철학』을 읽는 모임, 사무국 아카하네 다카키(赤羽高樹) (Studio Fonte)
사회: 미야자키 후미히코(宮崎文彦. 치바(千葉)대학)
대화: 오가와 하루히사(小川晴久. 니쇼각샤(二松學舍)대학)
　　　츠치다 오사무(土田修. 중일신문사 동경본사)
　　　모리타 아키히코(森田明彦. 동경공업대학)

화해와 공복에 기여하는 철학대화운동이라고 주장하고 계십니다.

2008년 5월에 세 번째로 선생님을 만났을 때, 서양의 공공철학에 관한 연구 성과를 충분히 고려하면서 동아시아의 사상자원의 재평가를 통해서 지구와 인류의 지속가능한 발전과 향상에 공헌할 수 있는 동아시아발 공공철학을 만들어 나간다고 하는 취지의 발언을 듣고 저는 깜짝 놀랐습니다.

그리고 『공공적 양식인』의 2004년 1월호에 '활사개공의 공공철학에서 글로내컬 공공세계로'라는 제목으로 신년인사가 제1면에 나왔는데, 그 첫머리에 "어디까지나 우리의 생활현장(일본 및 동아시아)으로부터의 발상·증험·효험을 토대로 한 지덕행(知德行)의 개조운동이다"라고, 4년 전부터 분명히 말씀하셨습니다. 그리고 2008년 7월호에 "동아시아의 새로운 미래창조에 보탬이 되는 새로운 지평을 연다"라고 하였고, 또 "근대 이후의 동아시아 역사는 불행한 역사로 점철되었는데, 그 불행은 주로 일본에 의한 침략과 그에 대한 저항이라는 형태로 전개된 것임에도 불구하고 일본의 역사청산이 제대로 이루어지지 않았다. 그래서 무엇보다도 동아시아에서의 상화와 화해와 공복을 최우선 과제로 하는 공공철학을 함께 생각해 나갈 필요가 있다"고 하셨습니다.

솔직히 말씀드리면 저는 동아시아발 공공철학이라는 생각 자체가 어떤 의미에서는 문화충격이었습니다. 제 경우에는 동아시아의 좋은 전통과 유산을 17세기에서 19세기 중엽 무렵의 한중일에서의 상당히 성숙한 유학을 토대로 한 사상적 활동 속에서 찾고, 그것을 '실심실학'(實心實學)이라고 명명해 왔습니다. 저는 한중일의 실심실학적 움직임을 음미하고 좋은 점을 찾아내어 살리는 일은 커다란 의미가 있다고 생각합니다. 그래서 동아시아에서의 실심실학이라는 관점에서 교토포럼의 공공철학운동에 관심을 갖고 있습니다.

그런 상황에서 일본은 어떤 공헌을 할 수 있는가가 문제가 됩니다. 근대일본의 공헌은 대단히 어렵다고 생각합니다. 하지만 동아시아발 공공철학을 운운하는 것이라면, 실심실학과의 관계를 진지하게 생각해 볼 필요가 있다고 생각합니다. 처음 만났을 때부터 알았던 것입니다만, 김태창 선생님도 실심실학에 대한 관심이 크시고, 선생님이 생각하고 계시는 공공철학은 21세기에서의 동아시아의 실심실학을 지향한다고까지 단언하십니다. 그렇게까지 말씀하시는 데는 나름대로의 까닭이 있다고 생각합니다. 그래서 선생님의 공공철학적 사고의 원천이라고 할까 출처를 확인하고 싶은 것입니다.

미야자키 후미히코: 오가와 선생님의 말씀은 대단히 중요한 문제제기입니다. 공공철학에 직접 관여하는 사람들 가운에서도 논의되어 온 부분입니다. 특히 일본의 '공공철학'과 서양의 'public philosophy'와의 차이는 대단히 중요한 문제입니다. 서양의 public philosophy와 일본의 공공철학은 공통되는 부분과 상이한 부분의 양면이 있습니다. public philosophy는 말하자면 '공중(公衆. public)의 철학', '일반적(public)으로 널리 알려져 있는 인식'을 가리키는 것이지, 어떤 치밀한 철학이라고는 말할 수 없는 부분이 있습니다. 그에 반해 일본에서 펼쳐지고 있는 공공철학은 공공성에 관해서 파고드는 학제적 연구활동입니다. 게다가 다양한 전문분야에서 진지하게 진행되고 있습니다.

하나는 이론과 실천을 결부시키는 측면입니다. 공공성을 키워드로 다양한 분야의 전문가들이 모여서, 실로 시리즈『공공철학』전20권으로 결실을 보았듯이, 다양한 문제에 대한 논의를 전개하는 것입니다. 공공성에 대한 관심이 철학대화의 공통토대입니다. 또 하나는 특히 김태창 선생님이 주도하고 계시는 '공공하는 철학'이라는 대화활동입니다. 공공한다는 것은 대화한다·공동한다·개신한다는 것을 말합니다. 한 사람의 독화(獨話)가 아니라 다수가 모여서 자기와 타자가 공공세계를 함께 이야기하는 것입니다. 논의를 진행시켜 나가는 과정에서 진실이 드러난다고 하는 생각입니다. 오늘도 그런 의미에서의 철학대화를 생각하고 있습니다.

이번에는 특히 김태창 선생님이 말씀하시는, 동아시아로부터 발신하는 공공하는 철학의 사상적 배경에 대한 질문이 오가와 선생님으로부터 제기되었습니다. 김태창 선생님의 답변을 듣기 전에 다른 질문은 없는지요?

츠치다 오사무:《동경신문》의 츠치다라고 합니다. 저는 일본의 현실적인 문

제제기를 하고자 합니다. 지난번 아키하바라(秋葉原)의 거리에서 「묻지마 살인 사건」[23]이 일어났을 때 현장에 취재하러 갔는데, 사건현장에서 젊은이들이 자유롭게 휴대전화로 사진을 찍어서 다른 휴대전화나 유튜브 또는 동영상 사이트 같은 이른바 인터넷 사이트를 통해서 영상자료를 보내고 있었습니다. 텔레비전이나 신문도 그런 데에서 흥미로운 사진을 싣는 경우도 많이 있습니다. 발신자나 발신원을 확인할 수 없는 것도 있습니다. 종래의 매스 미디어와 인터넷의 혼재가 오늘날의 언론공간의 현실입니다. 과연 언론에서의 공공 공간의 공공성이 어떻게 담보되어야 하는가 하는 문제가 있습니다.

저는 언론이야말로 공공공간의 중핵이라고 생각합니다. 왜냐하면 언론의 공공성, 즉 언론이야말로 공공공간의 공공성의 근거라고 생각하기 때문입니다. 최근에 여러 곳에서 언론의 공공공간이 그 기능부실로 인해 해체되고 있다는 말을 자주 듣습니다. 이런 상황 속에서 과연 어떻게 대처해야 하는가 하는 문제가 있습니다. 언론의 공공성의 문제입니다. 언론의 공공성 문제가 근본적으로 제기되는 상황에서, 선생님이 말씀하시는 공공(하는)철학은 어떤 제언을 할 수 있는지요? 또 하나 여쭤보고 싶은 것은 '멸사봉공'도 '활사개공'도 결국에는 공사이원론처럼 생각됩니다만, 왜 선생님은 '공·사·공공'의 삼차원상관론이라는 생각을 강조하시는지요?

모리타 아키히코: 동경공업대학의 모리타입니다. 저는 특히 공공철학으로서의 상인도(商人道)에 관심이 있습니다. 지난번에 동경대학의 야마와키 나오시 선생이 '정부의 공'과 '민의 공공'을 구별하는 입장에서 공공성의 주된 담당자로 NGO나 NPO 그리고 자원봉사를 강조하셨습니다. 제 관심은 사기업에 있습니다. 사기업의 공공철학적 의의와 역할의 중요성을 다시 한 번 생각해 볼 필요가 있다고 생각하기 때문입니다. 선생님께서는 '상심'(商心)과 '상인도'(商人道)를 대단히 중시한다고 알고 있습니다. 그래서 동아시아의 사상풍토에 걸맞은 공공철학으로서의 상인도에 대해서 의견을 듣고자 합니다.

동아시아발 공공철학의 배경

김태창: 방금 세 분 선생으로부터 제기된 문제는, 하나같이 공공하는 철학의 근간과 관계되는 것들입니다. 먼저 제 생각을 말씀드리고 여러분의 반론을 듣기로 하겠습니다. 제일 먼저 오가와 선생의 문제제기에 감사드립니다. 왜냐하면 지금까지 저의 사상적 배경―특히 한사상·철학·문화와의 관련―에 대해서 허심탄회하게 얘기할 수 있는 분위기가 좀처럼 형성되지 않았었기 때문입니다. 저는 일본의 대다수의 철학대화자들이 서구지향적이어서, 중국이나 일본에 대해서는 어느 정도 지식을 갖고 있어도 한국의 사상·철학·문화에 대해서는 관심이 없거나 무지하다는 현상(現)에 불만과 좌절과 고통을 느껴왔습니다. 그래서 1990년에 일본에 온 이래로 18년 동안 열심히 일본을 배운 뒤에, 이제서야 겨우 제 사상의 근원이 한사상이라는 사실을 솔직하게 말할 수 있게 된 것을 기쁘게 생각합니다.

오가와 선생이 말씀하셨듯이 저는 동아시아산(産)·제(制)·발(發) 공공철학의 공동구축에 힘을 쏟아 왔습니다. 좀 더 구체적으로 말씀드리면, 한중일의 공공하는 철학을 상정하고 그 구체적인 전개를 지향해 왔습니다. 공공한다는 것은 자기와 타자가 함께·서로·마주보고 대화하고·공동하고·개신하는 것을 말합니다. 그래서 일본(인)과 중국(인)과 한국(인)이 다양·다중·다층의 대화·공동·개신을 해 나가는 민간주도의 철학 활동·운동·연동인 것입니다. 오늘날의 한중일에서의 공공성에 대한 연구·언설·실천의 주류가 대부분 서양의 이론·사례·평가에 의존하고 있는 것과는 그 주지와 의도가 다릅니다. 그렇다고 해서 제가 무슨 반(反)서구나 동아시아주의를 주창하고 있는 것은 아닙니다.

다만 한중일의 철학대화 활동의 과거와 현재와 장래를 다차원적으로 매개·중개·공매(共媒)하기 위한 현실개혁적인 심사·숙고·공의(共議)의 붕우(朋友) 강학을 계속해 나가려고 합니다. 물론 한중일에 한정된 지역주의를 제창하는 것도 아닙니다. 저의 개인적인 희망을 말씀드리면, 지금까지는 거의 주목받지 못했던 일본과 중국 그리고 특히 한국의 사상자원에 관심을 갖고, 새롭게 해석하고 · 새롭게 얘기하고 · 새롭게 의미를 부여함으로써, 21세기의 동아시아에서의 상화와 화해와 공복의 공공세계를 공동구축하는 데 있어 그 정신적 기반이 되는 새로운 철학을 함께 탐구하고자 합니다.

다양한 방법론과 자세론을 생각할 수 있습니다. 여러 가지 문제영역이 제시되겠지요. 지금 저에게 요구되는 것은, 제가 얘기해 왔던 동아시아발 공공하는 철학의 바탕이라고도 할 수 있는, 제 자신의 사상적 배경을 말씀드리는 것이라고 생각합니다. 그래서 먼저 저의 한국사상적 배경을 얘기하는 데서 시작할까 합니다. 그리고 다음에는 일본사상과 관련해서 생각한 것을 말씀드리고자 합니다. 어쨌든 저로서는 자기고백적인 얘기가 됩니다.

먼저 저의 철학대화 활동의 근저에는 한겨레의 역사적 집합체험—특히 나라를 빼앗기고 고향에서 쫓겨난 이민(離民) · 난민(難民) · 기민(棄民)이 될 수밖에 없었던 상황에서의 고난 · 비애 · 절망을 견뎌온 체험—이 응축된 민중적 영성(spirituality)으로서의 '한'이 있습니다. 함석헌(1901~1989) 선생이 '씨알'(種粒 · 種子 · 種卵)이라고 부른 역사형성적 주체로서의 기층민의 원초적 의기(意氣)—기력 · 기합 · 기개—라고도 할 수 있습니다. 그것은 사상이나 심리나 의식이나 무의식까지를 그 근저에서 맺고 · 잇고 · 살리는 것입니다. '한'은 '한'(恨)을 그 속에 포함하고 있기는 하지만, 그것보다는 훨씬 더 근원적인 얼의 용트림입니다. 한이란 순수한 한글말인데, 굳이 한자로 표현한다면 '한'(韓) · '환'(桓) · '한'(汗)이 됩니다. 그리고 그 의미는 '하나'(一), '여럿'(多), '가운데'(中), '큰'(大), '대강'(凡)입니다. 다양한 의미의 묘한 맛을 지닌(多義妙味) 언어/사태(고토가라=코토바 · 事場)입니다. 그것은 '하나'(一元同化)와 '여럿'(多元異化)의 상반되는 동력이면서, '하나'와 '여럿'의 '가운데'(中) · '사이'(間) · '만남'(際)를(을) 통해서/에 의해서/를 바탕으로 양자를 횡단매개하고, 거기에서 새로운 지평을 열지만, 그렇다고 해서 결코 결정 · 확정 · 완결되는 것이 아니라 항상 미결 · 미정 · 미완인 작용 · 움직임 · 행위입니다. 말하자면 불확실성의 역동입니다.

그것은 다른 말로 하면 근원적인 생명작용이기도 합니다. 그것은 '기'—원기·생기·정기—입니다. 그것이 비틀리고 억압되면 한(恨)이 되고 원(怨)이 되고 미움(憎)이 됩니다. 그리고 한중일을 왕래하면서 제가 체험한 바에 의한 어디까지나 상대적인 의미에서의 차이에 지나지 않습니다만, 중국(인)의 사상·철학·문화의 주류를 '리'(理; 天理·道理·性理)라고 추정하고, 일본(인)의 사상·철학·문화의 기조를 '장'(場; 내면·안쪽·내향)이라고 추정한다면, 한국(인)의 사상·철학·문화의 근간은 '기'(氣; 기통·기화·기운)라는 직감 또는 체감이, 저의 공공하는 철학사고의 기저에 흐르고 있습니다.

그 원천에는 동서고금의 다양한 사상·철학·문화와의 만남에서 얻어진 체험학습의 영향이 혼재하고 있는데, 그중에서도 가장 심오한 곳에는 16세기 한국의 걸출한 선비—제 언어로 표현하자면 그야말로 '공공하는 양식인'의 원형—서경덕(徐敬德. 1489~1546)의 인간적 매력과 사상적 경지를 경모하는 심정이 자리잡고 있습니다. 그의 자유롭고 활달하며 '삶'·'멋'·'예술'을 발휘한 로맨스 넘치는 인생을, 젊은 시절의 저는 동경했습니다. 특히 그의 '복재'(復齋)라는 아호에서 '복'은 『주역』의 복괘(復卦) 단사(彖辭)에 있는 "복괘에서 천지의 마음을 본다"(復其見天地之心)에서 유래한다고 합니다. "사람이 복(復)을 알면 도는 멀지 않다"는 서경덕의 기본적인 사고 자세는 여기에서 나옵니다. 여기에서 '복'은 본성·천리·정도에 되돌아가는 것으로, "모든 것이 '선'(善)으로 돌아간다"는 것이 성리학적·도학적 해석입니다. 복괘라는 상징에서 나타난 천지인세(天地人世)의 형세도덕(形勢道德)입니다. 물론 전통적인 역학(易學)에는 여러 가지 독법과 해석이 있습니다.

저는 주역의 세계를 복괘에서부터 해독해 나가는 서경덕의 사상적 입장에는 공감합니다만, 그것은 어디까지나 기학적 관점에서의 해석입니다. 저의 경우에는 '복'을 '되돌아간다'나 '돌아간다'가 아니라/그보다는 '되살린다'(蘇·甦)나 '새롭게 살린다'(生·活)로 해석합니다. 그것은 어디엔가 기성·기존·기정의 형태로 실재·선재·전재(前在)하는 본성이나 천리나 정도로 되돌아가는 것이 아니라/그 보다는, 우주에 생생불식(生生不息)하는 원기·영기·생기를 소생시키는 것이자 부활시키는 것이자 개신(改新)시키는 것입니다. 다른 말로 하면, 사물의 생생화화(生生化化)=생화(生化)에서의 최초의 희미한 조짐을 올바르게 파악하여, 그것을 소중히 길러나감으로써 인간과 사회와 세계의 연동변혁에 도움이 되는 역동의 실상을 파악하는 것입니다. 이와 같은 복괘의 형태는 캄캄한 수평선—지평선이라고 해도 좋습니다—저편에서, 바야흐로 태양이 떠오르기 시작하여, 선명한 태양빛이 천지만물을 비추기 시작하는 순간의 광경을 연상시킵니다.

『주역』독법의 전통에 따라서 말하면 철학에는 '기제'(既濟)의 철학과 '미제'(未濟)의 철학이 있는데, 저는 굳이 '복제'(復濟)의 철학을 기본자세로 삼고자 합니다. '기제'란 모든 것이 잘 정비된 때를 말합니다. '미제'는 아무것도 정돈되지 않은 상태를 의미합니다. 모든 것이 붕괴된 사태라고도 할 수 있습니다. '복제'는—제 언어로 표현하면—기제와 미제 사이에서 항상 양자를 매개·중개·공매하는 다양·다중·다층의 작용·운동·행위를 상호연관적으로 이해하는 지·덕·행의 연관공부입니다. 기성의 형이상학에 따르기만 하는 것이 아니라, 그렇다고 해서 철학적 허무주의의 바다에 빠지는 것도 아닌, 절체절명의 한계상황의 바닥에서도 재기·재생·재활의 동기—원기·생기·정기의 최초의 희미한 작용—를 붙잡고서 놓치지 않는 철학적 활동의 기본자세입니다.

정통 역학전문가들의 해독·해석·해설과는 다를지 모릅니다. 하지만 제가 이해하는 『주역』은 기본적으로 음양 두 기운의 상극·상화·상생의 현현·분화·발전이라는 입장에서 모든 것을 궁구하는 것입니다. 다른 말로 하면 음양 두 기의 상대(相對)·상대(相待)·상응(相應)을 축으로 하는 자기인식·타자이해·세계파악입니다. 그것의 상호연동을 포착하는 것입니다. 자연과학, 특히 이론물리학 분야에서는 닐스 보어(1885~1962)의 '상보성' 원리—고전적으로 양립불가능한 속성, 가령 입자성과 파동성, 국소성(局所性)과 비국소성 등을 측정할 때에 한해서 그 존재를 인정하고, 양자를 매개·공매·융합시키는 것—

와도 연결되는 생각입니다. 물리학에서의 고전론과 양자론의 사이에서 양자를 매개하는 상관이론으로 상정된 것이지요. 서경덕은 북송의 대유학자인 장재(1020~1077)의 영향을 받았는데, '기'를 중시하는 제 사고의 어딘가에 장재는 물론, 왕부지(1619~1692)와 같은 중국의 기사상과의 연관성이 있다고 생각합니다. 하지만 뭐니뭐니해도 19세기 한국의 독창적인 기학자 최한기(1803~1877)의 기통(氣通)이 제 사상의 밑바탕에 놓여 있습니다.

　사실 처음에 '공'과는 다른 '공공'을 중시하게 된 경위도, 초기 단계에서는 주로 주희(朱熹. 1130~1200)—특히 그의 『주자어류』(朱子語類)에 보이는 '천하공공'(天下公共)이나 '중인공공'(衆人公共)이라는 용례—로부터 시작된 것입니다만, 거기에서 한 걸음 더 나아가서 16세기 한국의 유학자 이율곡(1536~1584)의『성학집요』(聖學輯要)에 나오는 "공공을 마음으로 삼는 자는 사람들이 반드시 그를 따르고, 사봉(私奉=자기이익)을 마음으로 삼는 자는 사람들이 반드시 그를 등지고 배반한다"(以公共爲心者, 人必樂而從之; 以私奉爲心者, 人必咈而叛之)는 말이나, 정약용(1762~1836)의 『목민심서』(牧民心書)에 나오는 "공공심실, 중의평윤"(公共審實, 衆議平允)이라는 간언으로부터도 많은 계발을 받았습니다. 그리고 19세기 일본의 사상가 요코이 쇼난(橫井小楠, 1809~1869)의 '천지공공의 실리'나 다나카 쇼조(田中正造, 1841~1913)의 '공공·협력·상애'(相愛)나, 아라이 오스이(新井奧邃, 1846~1922)의 '유신공공'(有神公共)·'일대공공'(一大公共)·'우주공공'(宇宙公共)·'천민공공'(天民公共)이라는 말들이 저의 공공철학적 사고발전에 자극제가 되었습니다.

　하지만 주희와 그의 영향을 받은 유학자들이 '리(理)로서의 공공'을 중시한 것과는 대조적으로, 저는 '기(氣)로서의 공공'에 관해서도 얘기해 왔습니다. 물론 거기에는 최한기의 영향이 작용하고 있습니다. 그리고 『주역』에 대한 해석에서도, '기제'(질서유지의 '리'로서)의 공공이나 '미제'(虛·空·無로 향하는 해체의 '장'으로서)의 공공이 아니라/그보다는 '복제'(양극대립의 사이에서 양자의 매개·중개·공매를 통해서 새로운 지평을 여는 '기'의 작용—기질·기품·기풍—으로서)의 공공을 축으로 해서 다시 생각해 보는 입장입니다. 그런데 여기서 새삼 말씀드리고 싶은 것은 중국이나 일본의 공공인식과 다른 저 나름의 한사상에 바탕을 둔 공공체인은 그 연원을 따지자면 단군신화를 새롭게 독해하는 과정에서 상정하게 된 천(신)·지·인 상관연동적인 공공에 연유하는 것입니다.

더 상세하게 말씀드리면, 어디까지나 저의 개인적인 사견입니다만, 단군신화는 ① 천상계에서의 환인신과 환웅신 사이에 주고받은 지상계의 개선향상에 관한 대화·공동·개신 ② 지상계에서의 환웅신과 웅녀—땅이자 자연—와의 대화·공동·개신 ③ 환웅신과 웅녀 사이에 태어난 단군과 환웅신과의 대화·공동·개신이라는 세 이야기로 구성되어 있습니다. 즉 천상계의 '신신공공'(神神公共)과 지상계의 '천지공공'(天地公共)·'신물공공'(神物公共)과 인간계의 '천인공공'(天人公共)·'신인공공'(神人公共)의 삼차원 공공연동입니다. 어떤 의미에서는 아라이 오스이의 '천민공공' 혹은 '유신공공'(有神公共)이라는 언설 속에서 비슷한 생각을 읽어 낼 수 있을지 모릅니다.

하지만 여기에서 중요한 것은, 신에 의한 일방적인 천지창조도 아니고 우주만물의 자생변화도 아닌, 모든 것은 천(신)인(天〈神〉人)의 공동 창조(共創)에 의한다고 하는 사유입니다. 그것은 천(신)이라는 타자와 인간이라는 자기의 대화·공동·개신이야말로 만물생생(萬物生生)의 시작이고 근원이라는 사고이기도 합니다. 거기에는 원초적인 언어적 매개 작용이 있습니다. 폭력에 의한 정복·통합·통치가 아니라 대화에 의한 상통·통변·통달을 무엇보다도 중시하는 것이기도 합니다.

그럼 대화에 의한 상통·통변·통달은 결국 무엇을 지향하는 것인가? 그것은 바로 신천신지(新天新地)의 개벽(New Beginning)입니다. 지금까지 존재하지 않았던 새로운 세계의 구축입니다. 단도직입적으로 말하면, 동아시아에서의 상화와 화해와 공복의 공공세계의 공동구축을 지향하는 한중일의 공공하는 사상·철학·문화의 탐구·구상·운동이 그 목표입니다. 그것은 제 개인적인 꿈입니다만, 그 꿈은 7세기의 한국의 위대한 승려인 원효(617~686)의 꿈이기도 하였습니다. 아니 제가 젊었을 때 원효를 경모했던 이력이, 원효가 지향한 불도

(佛道)의 이상을 어느새인가 제 학문 인생의 이상으로 생각하게 했다고 말하는 편이 더 정확할지 모르겠습니다.

원효의 이상은 너무나도 심원하고 방대합니다. 그래서 여기에서는 동아시아발 공공하는 철학과의 관련에서, 특히 '통'(通)과 '중'(中)과 '화'(和)에 대한 원효의 생각에 한정해서 그 의의를 말해 보겠습니다. 원효의 '통'에 대한 사상·실천·활동은 '통불교'라고 하는 불교개혁의 근본과 관련되는 일입니다. 분립·대립·갈등을 반복하는 종교·종단·종교권력 사이를 회통시키자는 생각입니다. 이것으로부터 동아시아발 공공하는 철학을 '통'의 철학으로 정리하는 생각이 싹틉니다. 그리고 '통'이란 상반대립하는 것 '사이'에서 양쪽을 상통·통변·통달시키는 것이 그 중요한 작용입니다.

여기에서 주의해야 하는 것은 '통'이 '사이'로부터의 작용이라는 점입니다. '안'에서부터도 아니고 '밖'에서부터도 아닌 '사이'에서부터입니다. '통'의 철학은 '사이'의 철학이기도 합니다. 그리고 '공공'은 기본적으로 '사이'에서의 작용으로서의 '통'이라고 할 수 있습니다. 그래서 동아시아발 공공하는 철학은 '사이'로부터의 '통'의 철학이라고도 할 수 있습니다.

또한 원효의 '중'론(中論)에 대한 저 나름의 심사숙고가, '멸사봉공'과 '멸공봉사'의 이원대립·분열·갈등과 그 틀 속에서의 악순환으로부터의 탈출을 꾀하기 위한 '활사개공'과 '공사공매'라고 하는 발상의 원점이라고 할 수 있습니다. 원효사상의 집대성인 『금강삼매경론』의 서론에 나오는 "리변이비중"(離邊而非中. 변두리를 떠나지만 그렇다고 해서 가운데에 머무는 것도 아니다)의 전통적인 해석은, "양변·양단·양극에서 떠남과 동시에 그 중간·중도·중심에도 집착하지 않는다"는 것이었습니다.

하지만 제가 원효사상을 성심으로 탐구해 본 결과, '비중'(非中)이 "중간에 집착하지 않는다"는 말이 아니라/그보다는, "순환의 와중·소용돌이·왕복에 휩쓸리지 않는다"는 의미로 이해하는 것이 좀 더 정확한 것 같습니다. 즉 '공공'은 '공'도 아니고 '사'도 아닐 뿐만 아니라, 그 중간·중도·중심도 아니라는 것입니다. 그리고 거기에서 새롭게 '공'과 '사'의 어느 쪽에도 치우치지 않고 양쪽을 맺고·잇고·살리는 작용이자 움직임이자 행위입니다. '중'이란 위상이 아니라 작동입니다. 바로 이것이 동아시아발 공공철학을 '중(中)의 철학'—'중(中)하는 철학'—이라고 부르고 싶은 까닭이기도 합니다.

그리고 동아시아발 공공철학은 '화(和)의 철학'—화(和)하는 철학—이라고도 합니다. '화'를 이해하는 방식도 다양합니다만, 저는 '중'의 경우와 마찬가지입니다. 그 근거는 원효의 '화'론('和'論)입니다. 즉 원효사상의 핵심 중의 하나라고 할 수 있는 '화쟁론'(和諍論)의 '화'입니다. '화쟁'을 기본적으로 분열·갈등·대립을 무화시키는 동일화·동질화·통합화를 꾀하는 독고(獨考)의 논리로 해석하는 경향과 시기가 있었습니다만, 저는 어디까지나 상극·상생·상대(相待)의 상호 매개를 꾀하는 대화의 논리로 이해합니다. 누군가의 일방적인 '화'의 강요가 아니라, 자기와 타자가 함께·더불어·마주보고 고민·노력·축적하는 역동으로서의 '화'입니다. '화쟁'과 '회통'—상통·상변·통달—은 "대립·분열·갈등을 상화·상해·공복을 향한 착실한 대화를 통해서 해소하는 정도(正道)이다" 라는 사상으로 이어진다고 생각합니다. 이것은 상당히 이단적인 저 나름의 개인적인 원효 이해니까 불교전문가의 전문적인 견해와 맞지 않아도 너무 나무라지 마시기 바랍니다. 그것이야말로 원효적 화심이 아니겠습니까?

'공'과는 서로 다른 '공공'을 '사이'로부터의 '통'(通)과 '중'(中)과 '화'(和)로 이해하는 공공이해—'공공한다'는 것은 통(通)하는 것이고 중(中)하는 것이고 화(和)하는 것이라고 설명하는 것—는 『주역』, 『논어』, 『중용』, 『국어』 등에 서술되고 있는 '통'과 '중'과 '화'의 언설과도 연결됩니다. 오가와 선생님의 문제제기에 대한 적절한 답이 되었는지에 대해서는 자신이 없습니다만, 일단 가장 기초적인 배경의 일부분을 말씀드렸습니다. 이후에 적당한 때와 장소가 주어지면 좀 더 깊은 부분까지 논의할 수 있으리라 생각합니다.

언론의 공공성

다음으로 츠치다 선생이 오늘날 일본의 현실에 기초하여 제기하신 문제입니다만, 이에 대한 저의 답변은 오가와 선생님의 질문에 대한 답변 속에도 들어 있었습니다. 언론의 공공성이 근본에서부터 불신되는 상황에서, 모든 공공론의 의의를 부정하는 해체사고—'미제(未濟)의 공공'—가 아니라, 혼돈의 한가운데에서 새롭게 '공공'을 향한 기동(機動)·기운·연동을 소중하게 살리고 기르고 쌓아가는 '복제(復濟)의 공공'을 말씀드렸습니다. 그것은 모든 것이 제대로 정리된 곳에서 공공을 생각하는 '기제(既濟)의 공공'이 아닙니다. 모든 것이 의심되는 곳에서도 포기하지 않고 다시 출발하는 '복제의 공공'입니다. 그것을 위해서는 공공을 새롭게 구축한다는 각오와 신념과 용기가 필요합니다. 오늘날 일본의 언론계에 그와 같은 각오와 신념과 용기가 있나요?

그리고 '멸사봉공'도 '활사개공'도 결국에는 공사이원론의 틀 속에서의 생각에 지나지 않는데, 어떻게 '공·사·공공'의 삼원론을 강조하는가, 라는 문제제기에 대해서입니다만, 제가 지금까지 얘기해 온 것은 '멸사봉공'과 '멸공봉사'라는 공사이원대립의 사고틀에 갇혀 있는 생각에서 탈피하기 위한 제3의 지평으로서의 '활사개공'입니다. 그것을 상정하고, 그 방향을 향해서 발상의 전환을 꾀한다는 의미에서 삼차원상관사고라는 패러다임을 제시한 것입니다. 여기에서 중요한 것은 '공'과 '공공'을 나누어 생각하는 것입니다. '공공'이란 '공'과 '사'의 이원대립에 의한 폐쇄적 악순환 구조에서 탈출하기 위한 '통'·'중'·'화'의 작용·운동·행위이기 때문에, '공'과는 서로 다르다고 인식·확인·체인할 필요가 있습니다.

실심실학에 기초한 상인도(商人道)

다음은 모리타 선생이 질문하신 상인도에 관해서입니다. 모리타 선생이 말씀하셨듯이, 저는 상심(商心)과 상인도(商人道)를 21세기의 동아시아발 공공철학을 동아시아의 좋은 전통사상인 실심실학에 기초 지운다는 의미에서, 무엇보다도 중시하고 있습니다.

먼저 왜 상심과 상인도를 중시하는가? 단도직입적으로 말하면 '공심'(公心. 관료사고)과는 다른 '사심'(私心. 민간사고)을 '실심'(진심·본심·성심)으로 삼는 '실학'(實事·實語·實行의 학문)을 가장 중시하기 때문입니다. 오늘날의 일본, 동아시아 그리고 세계는 '거짓의'(僞)·'가짜의'(假)·'이름뿐인'(名) 마음(僞心·假心·名心)에 기초한 '위학'(僞學)·'가학'(假學)·'명학'(名學)의 만연에 의해서 다원·다중·다층의 폐해를 입고 있지 않는가, 라는 현실감각이 저에게는 있습니다.

가령 오늘날의 일본은 '위조(僞造)국가'라는 말을 듣고 있습니다. 여러 가지 위조 문제로 골머리를 앓고 있습니다. 여기에서 오해해서는 안 되는 것이 있습니다. '상심'이란 흔히 말하듯이 악덕상인의 저질근성—돈벌이를 위해서라면 물불을 가리지 않는 금전지상주의의 심성 편향—을 장려하자는 것이 아닙니다. 일본어의 '아키나우'(商)의 어원은, "사이에서 맺고·서로 이로워지도록 도모하고·함께 이익이 되도록 배려한다"는 것이라는 학설이 있습니다. 말하자면 유무상통하려는 마음가짐이라는 뜻의 상심(商心)입니다. 진정한 상심을 가진 상인이 걸어야 하는 정도가 상인도(商人道)입니다.

제가 '상심'과 '상인도'를 강조하는 것은, 과거의 일본과 현재의 일본의 일부에 '사무라이 마인드'(侍心)와 무사도를 찬양하는 풍조가 있다는 사실이 꺼림칙하기 때문입니다. '무사도정신'이야말로 공심(公心)—관심(官心)·관료 사고—의 원형이고, 그것은 기본적으로 상관·상사·강자만을 떠받들고, 그 사람과 그 사람이 하는 말에 절대복종함과 동시에, 옆에 있는 인간에게는 거의 무관심하고, 경우에 따라서는 잔혹하기 짝이 없는 것을 특징으로 하는 인간들의 정신상태입니다. 무엇보다도 인명 존중의 관념이나 관습이 체질화되어 있지 않다는 것이 가장 큰 문제입니다. 그것이 관료인간·회사인간·조직인간입니다. 무사도의 찬양·미화·장려는 그 자체만을 보면 긍정적으로 이해되는 부분도 있습니다. 하지만 지금에 와서 무사도를 찬양하는 것은 그 속내를 의심하지 않을 수 없습니다. 무사도는 상무정신입니다. 무력을 중시하고 그것에 의존하고 그것을 사용하는 구실을 찾는 마음입니다.

저는 일본(인)과 중국(인)과 한국(인)의 참마음이라는 것을 비교 검토해 왔습니다. 지금까지의 연구동향과는 달리, 성인이나 군자나 위인 등의 마음이 아닌 일반평민·서민·생민들의 마음에 주목했습니다. 어디까지나 상대적이고 한정적이고 잠정적인 대비입니다만, 거기에서 새로운 사고발전의 가능성을 찾을 수 있으면 하는 바람에서 주목하게 된 것입니다.

문헌을 통해서 확인되는 범위 내에서 비교하면 대체로 중국(인)의 실심은 도심(道心), 일본(인)의 참마음은 성심(誠心), 그리고 한국(인)의 참마음은 통심(通心)이라고 각각의 특징을—어디까지나 작업가설상의 시도입니다만—상정하는 것도 가능하다고 생각합니다. 여러 가지 방법으로 확인해 보았습니다만 크게 틀리지는 않은 것 같습니다. 하지만 현대인의 마음의 실상으로 말하면, 하나같이 모두 다 생심(生心=살고자 하는 마음)·활심(活心=활동하고자 하는 마음)·복심(福心=행복해지고자 하는 마음)이 공통적인 마음의 원풍경이었습니다. 그중에서도 특히 중시된 것은 행복을 추구하는 마음입니다.

행복이란 구체적으로 무엇인가? 그것은 실로 복잡다양합니다. 그래서 좋은 것이 아니겠습니까? 만약에 모두가 추구하는 행복이 같다면 그야말로 걷잡을 수 없는 아귀다툼이 벌어질 것 같습니다. 어떤 의미에서는 대단히 애매하고 정의하기 곤란하다는 점이 행복의 좋은 점이라고 생각하지 않습니까? 모든 사태를 승패로 생각한다고 하면, 자신의 행복을 유지하기 위해서 타자의 행복을 희생시키는 것도 주저하지 않을 것입니다. 그러나 상인은 그런 짓을 할 수 있는 무력을 갖고 있지 않기 때문에, 어디까지나 상호 계산에 기초해서 서로가 이익이 되는 지점에서 함께 행복해지는 길을 찾는 수밖에 없습니다. 물론 악덕상인의 비행은 철저하게 규탄되어야 합니다만.

그런데 오늘날 관료세계에서 자행되는 빈번한 비리와 그 범위의 확대 및 질적인 악랄함을 생각하면, 악덕상인을 일방적으로 비난해서 끝날 문제는 아닙니다. 일부 좋지 않은 사례를 가지고 관료나 상인을 싸잡아서 비판하는 것은 피해야합니다. 공심(公心)—관료사고·공무원기질—은 대체로 지배자 심리로 작동하는 경향이 있습니다. 제멋대로이고 오만하며 무서운 사람 없는 자기정당화의 마음입니다. 그것은 관료가 주도하는 사회에는 유리한 것입니다. 하지만 민간주도에 의한 좋은 사회의 기본은, 상호의 '리'(利)와 '익'(益)과 '득'(得)을 함께 추구하는 상인—상인윤리—입니다. '리'(利)와 '익'(益)과 '득'(得)의 상승효과는 행복의 실현으로 이어집니다. 그래서 진실한 상심에 기초한 상인도야말로 상인과 고객의 행복공창으로 나아가는 상도(常道)라고 생각합니다. 그것은 곧 자기와 타자가 함께·더불어·치우침 없이 행복해지는 공공세계의 공동구축을 지향하는 공공철학의 정도(正道)가 아닌가 생각합니다. 그래서 저는 동아시아발 공공하는 철학의 중심에 상심과 상인도를 놓고, 그 사고발전을 추진해 나가고 싶습니다. 무사의 마음(侍心)은 기본적으로 치자의 위상에서 요청되거나 신하의 마음가짐으로 요구된 것으로서의 치심(治心)의 중핵에 놓임과 동시에, 그것이 공심의 원형으로 굳혀지게 된 것입니다. 이에 반해 상인의 상심은 생민(生民=상인)의 사심임과 동시에/사심이면서 민과 민의 '사이'의 실(實)의 상리상생(相利相生)을 도모하는 것입니다. 그것을 위해서는 함께·더불어·편향됨 없이 대화하고 공동하고 개신하는 것을 주축으로 하는 수평규범의 구축과 그것에 대한 합의의 축적이 현실개선적인 대응이 된다고 생각하지 않습니까? 바로 여기에 공인의 공심의 '공'과는 다른 공공민(公共民)의 공공심(公共心)에 터잡은 '공공'의 기점(起點)·기점(基點)·원점이 있다고 생각합니다.

상화와 상해와 공복의 공공세계

오가와 하루히사: 제가 김태창 선생님의 말씀을 직접 듣거나 읽고 나서 가장 실천하기 어려운 점은, 자기와는 이질적인 타자의 존재를 항상 의식하는 것입니다. 대단히 어렵습니다. 가령 어려운 것 중의 하나는 중재역입니다. 저는 비록 소규모의 그룹이지만 중재역을 하지 않으면 안 될 때가 있는데 정말 하기 싫다는 생각이 듭니다. 자기 주체가 있고 자기 의견은 있다고 생각하는데, 그것과

는 이질적인 생각을 가진 타자가 있고, 그 타자를 존중한 상태에서 공통의 지평을 찾는 마음의 여유가 좀처럼 생기지 않습니다. 이 점이 가장 문제일지도 모릅니다. 자기 의견과 완전히 다른 의견을 가진 타자가 근처에 있다는 것에 대한 관용이 없는 점이 가장 큰 문제가 아닌가 생각합니다.

김태창: 동아시아발 공공하는 철학을 공동구축하는 과제를 수행해 나가는 데 자기와는 다른 타자의 존재와 의미와 존엄을 서로 제대로 인정하는 것이 무엇보다도 중요한 출발점인데, 그것을 실제로 실행하는 것이 쉽지 않다는 점을 인정합니다. 그것은 자기의 확립과 확대 속에서 모든 것을 생각하는 전통이 동아시아의 사상 풍토에 뿌리깊게 정착하고 있어서 그런 게 아닌가, 라고 생각되기도 합니다. 그리고 그런 사고풍토의 저변에는 일군만민적인 정치체제·사회질서·도덕규범의 교육과 강화에 의한 영향이 있습니다. 유교를 '수기치인'과 '내성외왕'적인 성인군자의 도덕학으로 이해하고, 그것을 사대부 계층의 자기형성의 핵심으로 삼아온 것도 결국 일군만민적인 체제를 시인하고 정당화하고 칭찬해 온 치자 중심의 관학 이데올로기에 지나지 않는다는 성격 규정을 부정할 수 없겠지요. 거기에는 자기의 도덕적인 인격완성을 향한 도리는 제시되겠지만, 타자의 존재와 의미와 존엄이 결여되어 있습니다. 그래서 타자인식과 그것에 기초한 윤리적 실천이 동아시아의 내면 중시의 도덕 상황 속에서는 심정적으로 친숙해지지 않는 부분이 있을지도 모릅니다. 그래서 전통 유학의 「수기치인-치심」형(型) 실심실학을 규명·반성·재고함과 동시에 21세기 동아시아의 시대적·상황적 요청에 대응할 수 있는 「자타상생-통심」형(型) 실심실학을 다시 구축할 필요가 있다는 것이 저의 실심실학적 기본과제입니다.

제 경우에는 어렸을 때부터 어머니에 의한 기독교 성서 교육과 그것을 통한 절대적 타자로서의 신에 대한 외경·신심·고백·참회 등, 자기와는 완전히 다른, 자기를 훨씬 초월한, 하지만 자기를 버리지 않고 항상 지켜보는 존재로서의 타자, 즉 신―하나님―은 유일하고 다양한 형태와 작용으로 나타나고, 장소적으로도 시기적으로도 적재적시에 함께 임재(臨在)하고, 그것이 커다란 은혜로 실감되지만, 저의 자유를 방해하는 일 없는 실재를 실감해 왔기 때문에, 그와 같은 저의 기원·근거·근원으로서의 타자를 빼놓고서 자기를 상정하는 것이 오히려 곤란합니다. 그것이 자기가 내향적으로 자기완결되는 것을 막고, 자기 밖에·자기를 초월한 그리고 자기 안과 밖의 '사이'에, 신의 은혜의 작용=성령의 작용=천지생생의 원기의 작용을 낳고, 그것이 자기와 타자와의 상통·변통·통달을 지속하게 한다는 실감·체감·감동이 있습니다. 물론 싫을 때도 있고 피하고 싶은 경우도 있습니다. 하지만 그래도 자기와 타자는 함께·서로·마주보고 존재하고 생존하고 모든 활동을 함께 해 나갈 수밖에 없다는 거의 생리화된 감각이 있습니다.

그래서 저의 경우에는 제가 무언가를 하려고 하면 먼저 타자와의 연관을 생각하지 않을 수 없습니다. 이것은 결코 타자에 대한 의존이나 타자에 의한 지배 같은 것과는 근본적으로 다릅니다. 타자는 나에게 있어 늑대 같은 존재가 아니라 신의 자식이며, 나 또한 신의 자식입니다. 타자와 나는 함께·서로·차별 없이 신의 자식이라는 특별한 관계에 있기 때문에, 거기에서 작용하는 신애(神愛)·성령·기통(氣通)에 의해 맺어지고·이어지고·살려진다고 생각합니다. 그것은 자기의 의지·바람·의도를 훨씬 초월한 저편으로부터의 소리로서 자기 안에 갇혀 있는 데서 벗어나서 타자와 만나고·교제하고·얘기할 것을 촉구하는 호소입니다. 기의 작용이란 그런 것입니다. 그것은 물론 저의 체감입니다. 그것은 타자에 대한 배려나 동정심과도 다릅니다. 배려나 동정은 먼저 자기가 있고 그것이 타자를 배려하거나 동고동락하는 것입니다. 결국 자기에서 타자로 향하는 마음의 작용입니다. 그러한 '자기→타자 관계'가 아니라 '자기⇄타자 관계'입니다. 자타 간의 상호 감은(感恩)·교은(交恩)·보은(報恩)의 정감입니다. 자기의 존재와 의미와 가치가 타자의 존재와 의미와 가치에 직결되어 있다는 사실이 먼저 있고, 그것에 감사하는 마음이 원천이 되고 출발점이 된다고 하는 자타관계입니다. 그것은 물론 대단히 어려운 일입니다. 그렇다고 해서 완전히 불가능한 것도 아닙니다. 제 얘기는 여기까지입니다. 경청해 주셔서 감사합니다.

미야자키 후미히코: 여러분, 오늘의 철학대화는 이것으로 마칠까 합니다.

(출전: 「公共的良識人」, 교토포럼 발행, 2008년 11월호)

3. 일본인의 참마음(實心)이란 무엇인가?[*]
- 공심(公心)·사심(私心) 그리고 공공심(公共心)과의 관계를 묻는다

일본인의 참마음

김태창: 오늘 여러분과 같이 얘기하고자 하는 주제는 「일본인의 참마음(實心) —본심·진심·성심—은 과연 무엇인가?」입니다. 이것은 달리 말하면 일본인의 내면성·주체성의 이해방식에 관한 문제이기도 합니다. 저는 인간의 내면성·주체성을 '사'(私)로 이해하기 때문에, 이 문제는 결국 '사'(私)의 이해방식에 관한 문제라고도 할 수 있겠지요.

1990년에 일본에 온 이래로 저 나름대로 열심히 일본을 공부해 왔다고 생각합니다만, 솔직히 말씀드리면 아직까지도 과연 일본인의 참마음이 무엇인지 잘 모르겠습니다. 이것은 저에게는 대단히 중요한 문제입니다. 왜 그런가 하면 지금까지 제가 살아본 여러 나라 중에서 일본인만큼 마음의 문제를 중시하는 사람들을 만난 적이 없기 때문입니다. 마음의 문제를 대단히 중시하는 일본인들과 일본에서 철학대화를 계속해 오고 있기 때문에, 먼저 일본인의 마음의 참

[*]　일시: 2008년 5월 31일 / 장소: 공공철학공동연구소 오사카 사무실
　　대화: 김태창(공공철학 공동연구소 소장)
　　　　　시미즈 마사유키(清水正之. 세이가쿠인(聖學院)대학 인문학부 일본문화학과 교수)
　　　　　야마모토 후미카(山本史華. 무사시(武藏)공업대학 지식공학부 literacy학군 준교수)
　　　　　카타오카 류(片岡龍. 토호쿠(東北)대학대학원 문학연구과 준교수)

모습이 어떤 것인가를 알고 싶어하는 것은 당연·자연·필연적인 일이 아닐까요?

먼저 이른바 '무사도정신'이 일본인의 참마음의 전형적인 것인지 알고 싶습니다. 무사의 마음이란 무슨 일이 있어도 일단 이기는 것이 중요한 마음입니다. 지는 것보다는 죽는 게 차라리 낫다는 것이 사무라이(侍)의 마음입니다. 그래서 무슨 일이든 죽을 각오로 임하는 정신자세이지요. 그것은 최후에 이기기 위해서입니다. 하지만 그래도 지면 어떻게 하는가? 지면 "졌다"고 하고 승자에게 완전히 복종합니다. 그것이 '모신다'(侍)는 의미이지요. 승자·강자·주군에게 모든 것을 바칩니다. 그것이 이른바 무사라는 자의 마음자세입니다. 제가 여러 책에서 읽은 내용은 대체로 이러하고, 또 여러 일본사상 전문가들로부터 들은 내용도 이와 같습니다.

여기에서 문제는 일본인의 참마음—본심·진심·성심—이 사무라이의 마음(侍心)인가 아닌가 하는 것입니다. 최근에 여기저기에서 무사도·무사도정신·무사의 도덕이 장려·칭찬·미화되고 있습니다. 승자본위의 정신자세가 일본인의 참마음이라고 한다면 "어째서 많은 일본인이 아시아에서는 오만불손한 태도를 숨기지 않으면서 서양에 대해서는 비굴맹종하는 자세를 바꾸지 못하는가"라는 수수께끼가 어느 정도 풀리기는 합니다만, 이렇게 이해해도 되는지요? 이것이 첫 번째 문제제기입니다.

두 번째 문제제기는 옛날부터 말하는 깨끗하고 맑은 마음, 즉 청명심(淸明心)에 대해서입니다. 사심 없는 마음, 즉 정직심(正直心)이라고도 하지요. 그것은 기본적으로 천황이나 주군에 대한 두 마음(二心)·다른 마음(異心)이 없는 마음으로, 순수하고 결백한 충성심입니다. 하지만 그것은 일본인의 자연스런 마음이라기보다는, 천황이나 주군에게 청명심으로 섬기고 받드는 것이 요청·요구·강제된 마음 상태라는 견해가 있습니다. 이것은 동경대학의 사가라 토오루(相良亨. 1921~2000)[24] 명예교수가 한 말입니다. 요컨대 저절로 솟아 나오는 마음이 아니라는 것이지요. 물론 정치적인 필요에 응해서 교육되고 형성되고 장려되는 마음의 형태를 무조건적으로 매도할 생각은 없습니다. 제가 알고 싶은 것은 다름 아닌 여러분이 일본인의 마음을 어떻게 이해하고 있는가 라는 점입니다. 일본인이 생각하는 인본인의 실심이 있다고 한다면, 그것은 청명심인가 하는 것입니다. 만약에 그렇다면 일본인은 수직도덕―특히 상하관계 혹은 강약관계 및 승패관계―은 어느 정도 확립되어 있다고 생각되는데, 왜 수평윤리―대등한 자타 간의 대화관계―는 별로 기능하지 않는지 잘 알 것 같은 느낌이 듭니다. 이런 식으로 이해해도 되는지요?

그리고 세 번째 문제제기는 중국인이나 한국인의 마음을 굳이 '카라 고코로'(唐心·漢心·新羅心)라고 정해 놓고, 그것과는 다른 '야마토 고코로'(大和心)로서의 '무상함'[25](을 아는 마음)을 강조하는 것에 대해서입니다. 모토오리 노리나가는 '무상함'(을 아는 마음)이 일본인의 '참마음'(實情·本情·眞情)이라고 명언했습니다. 저 유명한 "일본의 야마토 정신이 무엇이냐고 물으면 아침 해에 향기롭게 피어나는 산벚꽃이라고 하지"[26]라는 노래는, 실로 노리나가의 '야마토 정신'(大和心)의 정수를 나타내는 것이라고 하지 않습니까? 인생의 기미(機微)나 무상함을 접했을 때에 느끼는 절실한 정취(『広辞苑』)가 일본인의 자연스러운 본래의 마음 모습이라는 것입니다.

노리나가의 실정·본정·실심이란 인간의 꾸밈없는 본래 상태의 마음을 말합니다. 그것은 "즐거움을 바라고 괴로움을 싫어하며, 재미있는 것은 누구나 재미있고 슬픈 것은 누구나 슬퍼하는"[27] 마음입니다. 노리나가는 '남자답고 올바르고 확실한' 것을 좋게 생각하는 불교나 무사도에서 강조하는 마음의 형태를 '강사'(强事; 억지스러운 것)라고 비판했습니다. 그런 것은 "마음을 어지럽히고 외형을 꾸미며 본정(本情)을 숨기는" 것이라고 했습니다. 그런 것은 인간의 실정·본정·실심이 아니라는 것이지요.

제가 도저히 납득할 수 없는 것은 '무상함'(을 아는 마음)이 함께 슬퍼하는 것이라고 한다면, 그것은 한국인의 참마음으로서 무엇보다도 소중히 여기는 천지인이 상통하는 마음, 즉 통심(通心)과 거의 차이가 없다는 느낌이 드는데, 왜 그렇게까지 힘주어 다르다고 주장하는가 하는 점입니다. 저로서는, 죽음의 미학을 찬양하는 사무라이 마음(侍)·무사심·무사도정신이 일본인 특유의 성심(誠心)이고, 그것이 중국인이나 한국인의 마음과는 다르다고 한다면, 그런대로 이해할 수 있습니다. 그리고 천황이나 주군에 대한 '무사심'(無邪心=사특함이 없는 마음)·'무이심'(無異心=다른 마음이 없는 마음)·'무이심'(無二心=두 마음이 없는 마음)의 충성심이 일본 고유의 마음이라고 주장해도 별로 위화감을 느끼지 않습니다. 하지만 "기뻐할 일은 기뻐하고 웃기는 일은 웃고 슬퍼할 일은 슬퍼하고 그리워할 일은 그리워하며, 각각에 대해 감정이 느끼는 무상함을 안다"고 하는 '무상함'(을 아는 마음)이 일본인의 실심이라고 한다면, 그것은 실로 한국인이 한국인의 자연스런 본래의 마음상태로 중시해 온 한마음(韓心) 이해와도 공통되는 점이 있기 때문에, 특별히 일본인의 마음이라고 차별화할 일은 아니지 않는가 하는 생각이 들었습니다만, 어떻게 생각하시는지요?

시미즈 마사유키: 김 선생님께서 제기하신 세 가지 문제제기를 하나로 묶는 것이 바로 '무사'(無私)가 아닌가 생각합니다. 먼저 맨 처음에 말씀하신 사가라 토오루 선생의 예입니다만, 제 생각에는 와츠지 테츠로에서 사가라 토오루 선생으로 이어지는 연구의 흐름 속에서 '성'(誠) 또는 '무사'(無私)가 너무 강조되었다고 봅니다. 즉 '사'(私)를 백퍼센트 억압하는 것은 원래 불가능하고, 또 사상사라는 차원에서 문제를 보았을 때에도 '사'(私)를 버린 '무사'(無私)가 질서나 인간의 윤리에서 유일한, 최상의 가치라고 보는 것은 잘못됐다고 생각합니다.

모토오리 노리나가 이야기가 나와서 한 말씀 덧붙이면, 보통 국학은 지극히 일본적인 사상이라고 하는데도 불구하고 일반적으로 국학에 대해서 말하는 것과는 달리, 사람은 결코 '성'(誠)하지 않고 오히려 성(誠)이 아닌 것으로 사람을 대한다고 하는, 그것은 고대에도 마찬가지였다고 하는, 독특한 일본의 사상상(思想像)을 그가 갖고 있다는 점에 착안하고 싶습니다.

모토오리 노리나가의 '무상함'(모노노 아와래)이라는 개념이 나오기 직전의 그의 청년기의 사색은, 사람과 사람이 허위라고 하는 차이를 갖고 있다는 점에 주목했기 때문에 시작되었습니다. 좀 더 문제를 넓게 이해하면, 와츠지류의 '무사'(無私)의 강조는 근대의 편견이 상당히 작용한 견해라고 할 수 있습니다. 그 것을 좀 더 전개시켜 역사의 흐름으로 이해해 보면 다음과 같습니다.

고대에 '무사'나 '청명심'이 강조된 것은 확실히 부정할 수 없는 일이지만, 당 시는 개인적 차원에서의 심정이나 토로는 사상 차원에서는 거의 행해지지 않 았습니다. 『만엽집』(萬葉集)을 다시 보면 지금까지와는 다른 것이 나올지 모릅 니다만, 어쨌든 고대의 청명심 등의 강조는 국가시스템의 문제로 통치시스템 속에 사람이 어떻게 있어야 하는가를 말한 논의라고 생각합니다. 이것이 이후 에도 영향을 끼쳐 국가의 통치, 국가의 메카니즘이라는 문제가 나왔을 때에 일 본인의 사상의 한 방향으로서 '무사' 쪽으로 나아간다는 점을 먼저 지적해 두고 자 합니다. 대면적인 도덕 문제라기보다는, 또는 자기와 타자 혹은 나와 너와 같은 관계에서의 윤리도덕 차원이라기보다는, 국가의 수호를 위한 시스템이 고, 국가의 근간을 신적인 것으로 이해했을 때에 나오는, 즉 신도(神道)적인 것 과 함께 나오는 태도나 마음이라고 생각합니다.

다음으로 고대적인 장면이 바뀌어 쇼토쿠태자(聖德太子)가 나옵니다. 남아 있 는 자료를 사상 표현으로 볼 경우에, 17조 헌법 등은 지켜야 할 국가나 체제가 어떤 것인가 하는 점은 오히려 언급하지 않고, 거기에 이르는 과정이라는 형태 를 취하고 있습니다. 17조 헌법은 '사'를 없애는 형태로는 말하고 있지 않습니 다. 오히려 인간에게는 없앨 수 없는 '사'가 있기 때문에, 그 토론 과정은 이러이 러하게 진행하라는 구성으로 되어 있습니다. 17조 헌법이 인간의 차이에 대단 히 주목한 구성이 되고 있는 것은, 공평하게 보면 의심할 여지없는 점입니다.

'화'(和)가 본래부터 있어서 '화'란 이런 것이라고 하는 실체적 규정이 아니라, 거기로 가려면 어떤 과정을 거쳐야 하는가, 이기주의적인 성향을 갖고 있는 인 간끼리의 관계에 대해서 언급한 문장으로 독해할 수 있다고 생각합니다. 17조 헌법은 유교적 요소도 있지만 기본은 불교적인 인간 이해입니다. 즉 아까의 '청 명심'은 신도(神道)에서 국가의 근간을 말하고 있습니다. 하지만 쇼토쿠태자는 국가의 근간은 말하고 있지 않습니다. 단지 과정에 지금과 같은 문제가 있다고 하고, 무엇보다도 불교적 인간이해가 기본이 되는 점이 중요합니다. 이것은 나중에 커다란 문제로 나타나리라고 생각합니다. 즉 불교가 개인의 의식을 가지고 들어온 것은 확실합니다. 악을 범했기 때문에 이러이러한 업보를 받는 개인의 존재를 강조함으로써, 신도적인 세계관과는 명백히 다른 요소를 끌어들이고 있습니다. 이 두 가지 미묘한 차이가 나중에 영향을 끼치리라 생각합니다.

　노리나가가 '무상함'을 말한 것은 이분법으로는 간단히 풀 수 없는 헤이안(平安) 시대의, 감성적인 선악관이나 이해방식이 성립한 세계와 깊게 관련되어 있습니다. 중세가 되면 확실히 무사(無私)라는 말이 다시 사용되지만, 불교의 고승인 지엔(慈円. 1155~1225)이 쓴 『우관초』(愚管抄)라는 책에서는 일본역사에는 도리(道理)가 흐르고 있다고 하였습니다. 그는 그 도리에 대해서 사심(私) 없이 그 도리에 따르는 것이 역사에서 올바른 길이라고 하였습니다. 다만 중세의 경우에는 무사(無私)를 주장하는 경우에도, 다른 한편으로 리(理)나 도리(道理)가 명확히 의식되고 있습니다. 구체적인 형체를 띤 것으로서 그런 도리가 존재하기 때문에 그것을 향해서 '사'와 '사심'을 소거하는 것, 없도록 하는 것이 선으로 귀속되는 마음이라고 하였습니다. 그래서 중세에는 도리나 이념적인 것이 엄연하게 있다는 자각을 향한 무사(無私)가 되는 것 같습니다.

　비슷한 문제로서 『신황정통기』(神皇正統記)에 나오는 '정리'(正理)는 기본적으로는 제왕이 지녀야 하는 것으로, 천황은 그것에 대해서 사심(私心)이 없어야 합니다. 그것이 되돌아와서 천황을 섬기는 신하 또한 무사(無私)이어야 하는데, 그것도 방향이 없는 무사가 아니라 『우관초』에서와 마찬가지로 '사'의 밖에 있는 객관적인 '리'에 대한 무사(無私)라고 생각합니다.

　『우관초』는 국가의 근간을 신도(神道)적이라고 생각하여 신(神)이야말로 나라의 중심이라고, 천태의 좌주(座主)였던 사람조차도 와카(和歌) 같은 데에서 그렇게 노래하고 있습니다. 도리가 있다고는 하지만 결국에는 무사(無私)를, 국가의 질서나 시스템이나 근간을 신도적인 것으로 보는 곳으로 끌어당기고 마는 문제는 남는다고 생각합니다. 『우관초』의 저자에게 묻고 싶은 것은, 쇼토쿠태자는 사람은 번뇌의 존재라고 하는데 『우관초』속에서 그 점이 어떻게 이해되는가 하는 점입니다. 그런 지적인 차원에서의 도덕성에 대한 언급을 극구 자제하는 점이 있기 때문에, 왜 불교도인데도 그런 역사관을 만들어 냈을까 하는 점은 분명하게는 알 수 없습니다. 불교도이면서 일본은 신(神)이 만든 나라라고 하는 명확한 판단. 그 부분은 지금 유보해 두고 나중에 다시 언급할 수 있지 않을까 생각합니다.

그리고 근세의 유교 등에 대해서는 카타오카 류(片岡龍) 선생님에게 맡기겠습니다만, 노리나가의 경우에는 최종적으로는 신도적인 세계관과 국가 시스템을 문제로 삼는데, 그는 한편으로는 불교와 친해서 불교를 수용하고 있습니다. 인간이 번뇌의 존재라는 것을 뼛속까지 이해하고 있습니다. 그런 의미에서 기저에는 인간은 따로따로이고 허위를 안고 있는 존재라는 점이 확실히 자리잡고 있다고 생각합니다. 거기에서 다시 그것을 넘어서, 쌍방이 서로 공감하는 길을 노래나 이야기 속에서 찾아 나갔습니다. 『겐지모노가타리』(源氏物語) 자체가 불교적 세계관으로 채색된 책이라는 점은 확실하고, 그것을 노리나가가 가능한 한 불교색을 자제하고 이해하려 했다는 것도, 그 자신이 너무나 불교에 가까웠음을 자각하고 있었기 때문일지도 모릅니다. 그래서 단순히 노리나가의 도덕관이나 윤리관을 '성'(誠)이나 '무사'(無私)라고 할 수는 없다고 생각합니다.

확실히 노리나가는, 엄밀한 그의 용어로 말하면, '아'(我)를 대단히 강하게 부정하고 있습니다. '아'(我)가 부각되어서는 안 된다는 것이지요. 그 말이 노리나가의 "사(私)가 있어서는 안 된다"는 말과 연결되는지 아닌지는 정확하게 생각나지 않습니다만, 그가 '무사'를 말하는 경우가 어느 정도인지 생각해 보면, 지나치게 '사'(私)가 부각되는 것에 대해서는 부정적입니다. 하지만 그것보다도 더 강한 말로 '아'(我)가 부각되는 것, '아'(我)가 나타나는 것은 결코 안 된다는 것을 회화론, 와카론(和歌論) 등에서 몇 번이나 말하고 있습니다. 그가 말하는 '아'(我)와 '사'(私)는 구분되어 쓰이고 있어, 가령 '아'라는 말에는 극히 강한 불교적인 배경이 있다고 보이기 때문에, 단순하게는 이해할 수 없다고 생각합니다. 그때까지의 모든 역사를 한 몸에 짊어진 존재로서 노리나가가 보이게 되는 것은 아닌가 생각합니다. 메이지 시기가 되면 완전히 이야기가 단순해집니다. 즉 국가시스템으로서의 메이지천황을 중심으로 하는 신도적 국가의 재현을 노립니다. 그중에서 고대적인 전체에 대한 규율이 사상적으로 강하게 강조되게 됩니다. 그것이 모종의 결과를 가져오고 모종의 반성을 가져왔습니다. 사가라 토오루 선생과 같은 견해는, 메이지 국가시스템이나 부국강병이라는 시스템 속에서 사(私)를 없앤다(滅)고 하는 새롭게 생긴 체제가 패전으로 인해 붕괴된 후에, 그것을 어떻게 받아들이고 반성해 나갈까 하는 문제의식에서 나온 것으로 역사적으로 위치지워 보고 싶습니다. 그것은 일본사상사의 모든 역사를 아우르는 것은 아니고, 근세의 이해로서도 문제가 남는다고 생각합니다.

김태창: 시미즈 선생의 말씀을 들으면서 느낀 점을 말씀드리면, 한 사람 한 사람의 인간의 내면성이나 주체성보다는 국가체제의 유지와 강화나 사회질서의 확립이나 수호가 우선과제이고, 인간의 자연스런 본래의 마음보다는 국가체제나 사회질서의 요청에 걸맞은 마음의 형태가 중시되었다는 것이군요. 만약에 그렇다면 자연 본래의 마음과 체제에 순응하는 마음 사이의 갈등이라는 문제가 있지 않을까요? 개개인의 내면의 문제로서도 국가체제 속에서의 통합성의 문제로서도.

그리고 마음을 이해하는 경우에도 한 사람 한 사람의 깊은 내면성이나 주체성을, 그 자체로 존중했다고는 할 수 없다는 생각이 듭니다. 『만엽집』 같은 곳에서도 가령 오오토모노 야카모치(大伴家持, 718?~785)[28]의 야마토 노래에서는, 천황 옆에서 죽고 싶다는 마음이 미화되고 있습니다. 결국 인간의 내면이나 주체라기보다는 인간의 전(全)존재가 천황 옆에서 천황을 위해 죽고, 천황과 함께 일체화되고 동일화됨으로써 최고도로 승화되는 것을 최고 가치로 찬미하고 있는 것이 아닐까요? 애국심이나 애향심이라기보다는 지배자나 천황 또는 대군(大君)이라는 특정한 인격적 존재에 대한 복종 · 귀의 · 충성하는 마음입니다.

그것은 결국 멸사봉공의 마음이지요. 그리고 과거의 한 시기의 참마음의 형태라기보다는 그것이 현재의 일본에서도 곳곳에서 다양한 형태로 그대로 남아 있다고 할 수 있지 않을까요? 조직인간이나 회사인간이라고 말해지는 사람들의 마음의 모습은 옛날과 별로 달라지지 않았다고 생각합니다만, 이러한 생각은 잘못된 것인지요?

요컨대 자신보다 큰 것·강한 것·위의 것에 대한 복종이라는 맥락에서 성심(誠心)을 파악하고 그것을 일본인의 참마음으로 본다면, 그것은 계층인간이나 조직인간(homo hierarchus)의 전형이라고도 할 수 있지요. 그러한 성심이 일본인의 참마음이고 그것은 순수한 마음이자 무사(無私)의 마음이라고 한다면, 결국 일본인의 내면성이나 주체성은 순수무사(純粹無私)라는 말이 됩니다. 그런데 내면성이나 주체성이야말로 '사'(私)라는 생각에서 보면, 순수무사는 '사'의 부정이고 그것은 곧 내면성이나 주체성의 배척이 아닌가요?

시미즈 마사유키: 동감입니다. 다만 제가 말씀드리고 싶었던 것은, 그와 같이 '성'(誠)을 지나치게 강조함으로써 그것과는 다른 마음의 다양하고 풍부한 모습이 보이지 않게 되어서도 안 된다는 점입니다. 일본인의 마음의 역사가 온통 '성'(誠)이었다고 말해 버리면, 그 밖의 크고 많은 마음 활동들이 제거될 위험이 있다고 생각합니다.

일본인의 마음의 이중성

카타오카 류: 김 선생님과 시미즈 선생님, 두 분의 말씀을 들으면서 이 좌담회의 대화의 범위와 전개 그리고 그것이 수렴해 나가는 초점의 소재가 어렴풋이나마 보인다는 느낌이 들었습니다. 하지만 거기에 제가 어떻게 참여해야 좋을지는 아직 파악하지 못하고 있습니다.

김 선생님께서는 일본인의 본심·실심·'참마음'을 알고 싶어 하시고, 그것을 우선 '무사 정신'·'청명심'·'무상함'(을 아는 마음)에서 찾으셨습니다. 시미즈 선생님은 그것들을 일본인의 본심이라고 보는 생각은 근대의 편견에 지나지 않고, 사상사적으로 보면 그렇지 않은 마음의 형태도 또 한편에 있기 때문에 양자의 미묘한 관계를 이해해야 하는 필요성을 말씀하셨습니다.

저 자신은 사상사를 전공하고 있기 때문에 아까 시미즈 선생님께서 말씀하신 고대에서 메이지까지의 개괄은 대단히 납득하면서 듣고 있었습니다. 다른 한편으로 김 선생님의 입장에 서서 생각해 보면, 일본인의 본심이 잘 안 보인다는 점에 근본적인 관심을 갖고 계십니다. 이것은 아마도 김 선생님뿐만 아니라 많은 외국인들이 일본에 대해 갖고 있는 의문이라고 생각합니다. 이런 점을 감안했을 때, 과연 정밀한 사상사적 설명이 그런 외국인들에게 어느 정도의 설득력을 가질까 하는 생각도 들었습니다.

문제는 아무래도 일본인의 마음이 잘 안 보인다는 데에 있는 것 같습니다. 그리고 그것은 밖에서뿐만 아니라 실은 우리 일본인도 그것을 명확하게 표현할 말이 아직 없습니다. 즉 '무사 정신'·'청명심'·'무상함'(을 아는 마음)이라는 이해 방식도, 다른 한편으로는 그것뿐만 아니라고 하는 좀 더 미세한 사상사적 설명도, 모두 실제 일본인의 마음과는 아직 상당히 거리가 있다는 것이지요. 그럼 왜 일본인의 마음이 잘 안 보이는가? 이 점을 생각해 볼 필요가 있다고 생각합니다.

아직 생각은 미숙합니다만, 저는 이것을 '일본인의 마음의 이중성'이라는 문제로 제시해 보려고 합니다. 김 선생님은 일본인의 마음에는 '자연 본래의 마음'과 '체제 순응의 마음'의 갈등이라는 문제가 있지 않은가, 라고 말씀하셨습니다. 그리고 시미즈 선생님은 사상사적으로 보면 일본인의 윤리 중에서 두 가지 것, 즉 신도적인 것과 불교적인 것이 있어서 그것들 사이에 미묘한 엇갈림이나 차이가 있고, 이 문제가 고대에서 근대까지 면면히 이어지고 있는 것은 아닌가, 라고 하셨습니다. 김 선생님의 경우에는 권력의 주체성의 문제로서, 시미즈 선생님의 경우에는 윤리사상의 두 가지 원천으로서, 라고 하는 차이는 있지만 두 분의 생각은 모두 일본인의 마음의 이중성으로 이해할 수 있습니다. 이 이중성 문제는 일본에서는 지금까지 종종 '외래사상'과 '고유사상', 혹은 '보편'과 '특수'

라는 각도에서 논의되어 왔습니다. 이런 문제설정 자체의 문제도 실은 있습니다만, '야마토 정신'과 '카라 정신', 즉 '화혼한재'(和魂漢才)적인 논의는 옛날부터 있었고, 일본인이 자신들의 마음을 생각할 때에 외래사상의 짝개념으로 이해하려고 하는 경우가 많았던 것은 사실입니다. 이와 같은 생각은 중국의 '중체서용'(中體西用), 한국의 '동도서기'(東道西器) 등이 있는데, 이들 사이의 같은 점과 다른 점을 비교할 수도 있습니다.

그런데 근대가 되어 이런 각도에서 일본인의 본심을 파악하려고 한 학자로 츠다 소우키치(津田左右吉, 1873~1961)가 있습니다. 츠다의 대표작은 『문학에 나타난 우리 국민사상 연구』입니다. 이 '문학에 나타난'이라는 말의 의미는, '지금까지 일본사상의 역사는 유교나 불교나 기독교 같은 외래사상의 역사를 중심으로 얘기되어 왔지만, 그런 것 속에는 진짜로 일본인의 생활 속에 뿌리내린 사고방식이나 느끼는 방식, 즉 본심은 전혀 반영되어 있지 않다, 일본인의 진짜 사상을 보기 위해서는 오히려 문학을 중심으로 보는 게 좋다'라는 뜻이 전제되어 있습니다.

쯔다는 이런 문제의식에서 근대에서 시작하여 근세·중세·고대에까지 거슬러 올라가서 그것을 탐색했는데, 대단히 흥미로운 것은 이 무렵 이후에 쓰여진 그의 일기를 보면 '일본생활에 뿌리내린 고유의 사상을 찾아내기가 얼마나 어려운가?'라고 하는 고민이 솔직히 쓰여 있다는 점입니다. 즉 일본인의 실심은 일본인 자신도 실은 대단히 알기 어려운 것이 아닌가. 그 원인을 일본인의 마음의 이중성에서 찾는 것이 타당한지 아닌지는 차치하고, 먼저 일본인의 본심이 그렇게 간단하게 보이는 것은 아니라는 사실을 확인해 두고자 합니다.

김태창: 이것저것 찾아봐도 일본인의 생활에 뿌리내린 사상을 찾기가 어렵다는 것과, 일본인의 참마음은 일본인에게 있어서도 대단히 알기 어렵다는 말씀이군요. 장기간에 걸친 다양한 문화교류를 통해서 오늘날의 일본과 일본인이 형성되어 왔다고 한다면, 일본인의 마음을 단일문화라는 문맥 속에서만 얘기하는 것은 거의 불가능하지 않을까요? 그래서 일본인의 마음에 관한 다양한

논의가 있는 것은 새삼 얘기할 필요도 없겠지요? 그리고 대부분의 논지가 무사도정신이거나 청명심이거나 '무상심'(을 아는 마음)에 대한 찬미이기 때문에, 그와 같은 이해에 대한 재고찰·재검토·재논의가 필요하다고 생각하는 것도 무리는 아니겠지요.

여기에서 문제는 마음에 관한 일반론이 아니라 본래의 마음·진짜 마음·진실한 마음에 대한 해명입니다. 일본에서는 '타테마에'(=겉마음)와 '혼네'(=속마음)라는 말이 자주 쓰이는 것은 밖으로 나타나는 마음과 안에 담겨 있는 마음이 반드시 일치하지는 않는다는 점을 나타냅니다. 타인에게 하는 말과 본인이 마음속으로 생각하는 말이 완전히 같지는 않다는 것이기도 하지요. 그리고 안에 담긴 마음이 가장 중요하다는 말도 여러 번 들었습니다. 그래서 그런 마음이 어떤 것인지가 궁금할 수밖에 없습니다. 그래서 재삼재사 일본인의 속마음—본심·진심·성심—이 과연 어떤 것인가, 묻게 됩니다.

말로 전달되는 것은 가짜의(假)·거짓의(僞)·이름(名)뿐인 마음으로, 그것은 진정한·진짜의·본래의 마음은 아니라고 느끼는 경우가 종종 있기 때문입니다. 진정으로 일본을 알고자 할 경우에 먼저 일본인의 본심·진실·성심을 알고 싶어지는 것이 자연스럽다고 생각하는데 어떻습니까? 유교에서든 불교에서든 기독교에서든 아니면 신도(神道)에서든 일본적인 애니미즘에서든, 어디에서든지 좋으니까 일본인의 본심·진심·성심—일본인의 실심—을 해명할 수 있으면 좋겠습니다.

아까 말씀 중에 불교에서 유래하는 '개체' 의식이라는 말이 나왔는데, 일본인의 불교이해의 중심에는 '무아'(無我)가 있어서 '개체' 의식이 부정된다고도 생각되는데 어떻습니까? 전쟁 중의 불교지도자 중에는 불교의 '무아'는 실로 '무심'이고, 그것은 멸사봉공의 성심이고, 천황을 위해서 목숨을 바치는 것이 최고의 영광이라는 억지 논리로 한국의 젊은이들을 전장으로 보내서 죽게 한 나쁜 사람들이 있었습니다. 물론 진짜 불교도는 아니었겠지요. 하지만 불교의 '무아'에 사성(私性) 부정적인 요소가 없다고는 할 수 없다고 생각합니다.

그럼 공공(하는)철학의 공동구축을 위한 철학대화를 지속해 온 제가 왜 이제
와서 일본인의 실심―본심·진심·성심―을 알고 싶어 하는가? 그것은 지금까
지 함께 공공(하는)철학의 대화활동을 진행해 온 공동참가자들 중에 공공(하는)
철학에 대한 '논'(論)은 있어도 거기에 '마음'(心)이 담겨 있지 않다고 생각할 수밖
에 없는 경우가 많았다는 인식과 그것은 대단히 유감스런 일이라는 반성과 고
뇌가 있었기 때문입니다. 아니 '마음'이 전혀 없었다기보다는 진심·본심·성
심이 아니라 가짜의(假)·거짓의(僞)·이름(名)뿐인 마음밖에 없었다는 것이 정
직한 실감입니다. 제아무리 그럴듯한 말을 계속한다고 해도, 그것이 본인의 본
심·진심·성심이 아니라는 것을 알게 되면 더 이상 신뢰할 수 없게 되지요. 그
런 사람들의 학문은 가짜의(假)·거짓의(僞)·이름(名)뿐인 학문에 지나지 않는
것입니다. 저의 걱정은 공공(하는)철학이 가짜의(假)·거짓의(僞)·이름(名)뿐인
유희론이 되어서는 곤란하다는 것입니다.

저는 본심·진심·성심에 기초한 '진실무위'(眞實無僞. 이토 진사이의 말)의 철학
대화 활동에 충실하고자 합니다. 그래서 먼저 일본인의 실심을 알고 싶은 것입
니다. 특히 일본인의 진짜 마음은 '무사'(無私)의 마음이라고 하는 이해방식이
궁금합니다. 정말로 무사심(無私心)이 일본인의 실심인가요? 야마모토 (山本史華)
선생님은 이 문제에 대해서 어떻게 생각하시는지요?

네 가지 차원의 '사'(私)

야마모토 후미카: 먼저 '참마음'(まごころ=마고코로)이라고 할 때의 '참'(ま=마)이
무엇인지를 이해하고 시작하지 않으면 서로 얘기가 어긋날 것 같다는 생각이
듭니다. '참'이라고 할 때에 일본에서 통사적인 시각에서 보편적인 것으로서 무
엇을 이해할 수 있을까, 라는 점을 저는 먼저 생각합니다. 시미즈 선생님도 말
씀하셨듯이, 어쩌면 그것은 통사적으로 이해할 수 없는 것은 아닌가, 즉 '무사'
(無私)라는 것은 국가통치 속에서 생겨난 것이어서 통사적으로는 이해할 수 없
는 것이라는 해석도 가능하겠지요. 카타오카 선생님은 그것을 국가통치의 문

제가 아니라 문화의 문제나 생활에 뿌리내린 문제로도 넓혀서 생각할 수 있다고 하셨습니다. 저는 '참'을 문화의 문제로 다룰 때 '참'을 규정하는 가장 큰 것으로서, 언어 문제를 제외할 수 없을 거라고 생각합니다.

참마음, 일본인의 마음이라고 할 경우에, '참'을 보증하는 것으로서의 일본어, 그리고 일본어와 마음의 관계에 대해서 먼저 생각할 필요가 있습니다. 제가 쓴 책 『무사(無私)와 인칭 - 이인칭생성의 윤리로』[29]에도 나와 있습니다만, 일본어는 'てにをは'(테니오하)[30]를 통어론적 특징으로 갖는 언어로, 노리나가식으로 말하면 그것이 『고사기(古事記)』이래로 바뀌지 않았다고 합니다. 그렇다고 하면 그런 통어론적 구조에 이끌려서 나타난 사고의 특성으로 '무사'의 문제가 있다고 생각합니다.

'무사'에 대해 생각할 때에 '사'라고 하는 영역, '사'란 무엇인가를 생각하는 것이 중요해지는데, '사'가 꼭 '자아'·'자기'라고 바꿔 말할 수 있는 것은 아닙니다. 우리는 '자아'·'자기'를 누구나 갖고 있는 것이라고 생각하기 쉬운데 사실 이것은 근대에 나온 개념으로, 데카르트에서 시작되는 생각에 이끌리고 있습니다. 근대란 공간의 발견이지 않았나 라고 저는 생각합니다. 공간이란 역사성이나 지역성을 잘라내도 성립하는 개념입니다. 가령 자유, 평등, 박애 같은 개념은 어느 시대에만, 어느 지역에만 통용되는 개념이 아닙니다. 시대적이고 장소적인 제한을 넘어서 보편적으로 통용되는 것입니다. 역사나 지역의 특성을 일일이 이야기하지 않아도 알 수 있다고 하는 근대적 개념의 특징이라고 생각하는데, 데카르트는 그런 형태로 '코기토'[31]를 모든 사람 속에서 발견하였습니다. 『방법서설』의 서두에도 나와 있듯이, '양식'(good sense)만 가지고 있으면 '코기토'는 누구에게나 공평하게 찾아볼 수 있는 것입니다. '코기토'라고 하는 라틴어적인 어법이 발화됨에 의해서 코기토가 서양사회 전체 속에서 발견되고, 나아가서 일본사회 속에서도 발견되어 갑니다. 이렇게 해서 코기토 즉 '자아'가 근대에 전 세계에 공유가능한 것이 됩니다.

'사'에 대한 문제는 그런 차원에서 생각할 수 있는 것이 아닙니다. '사'는 어디까지나 일본어입니다. 이처럼 근대 이래의 자기-타자 관계 속에서 이해된 문제와, 일본어의 '사'의 문맥에서 이해하지 않으면 안 되는 문제는 다른 문제라고 생각합니다.

나아가서 '사'의 문제는 적어도 네 가지 차원에서 이해되어야 한다고 생각합니다. 하나는 주어 차원입니다. 이것은 '사'라는 개념어의 인칭성의 차원, 즉 말의 차원입니다. 왜 '나'를 가리키는데 하필 '아'(我)도 아니고 '엄'(俺)도 아니고 '복'(僕)도 아닌 '사'(私)인가, 라고 묻는 경우에는 언어가 문제가 되고 있는데, 이런 차원에서의 '사'가 바로 이것입니다. 다음으로 좀 더 커다란 영역으로, 말하는 사람으로서의 '사'의 차원이 있습니다. '말하는 사람으로서'라는 말을 굳이 사용하는 것은, 언어주체와 대화의 인칭성이라는 차원이 있다고 생각하기 때문입니다. 언어학자 에밀 벵베니스트(Émile Benveniste, 1902~1976) 같은 사람은 인칭성을 문제로 삼을 때에 이 차원에서의 '사'를 강조합니다. 세 번째는 그것보다 더 큰 영역에 커뮤니케이션의 상관항이 되는 '사', 즉 커뮤니케이션 행위의 인칭성 차원에서의 '사'가 있습니다. 행위 차원에서의 인칭성은 기본적으로 언어문제와 분리시켜 생각할 수 있다고 봅니다.

이런 순서로 점점 타당한 영역은 보편적으로 되어 가리라고 생각하는데, 마지막으로 행위보다 더 큰 영역으로서 기억에서의 인칭성이 있습니다. 현재기억과 잠재기억을 모두 포함한 기억의 연속성이 '사'를 '사'이게 한다고 생각하는데, 그와 같은 기억의 전체이자 주체인 '사'가 있습니다. 이 '사'는 '경험의 질로 나타나는 사', '경험의 장으로서의 사'라고도 할 수 있겠지요. 이런 차원에서는 '사'와 마찬가지로 이인칭인 '당신'(あなた=아나타)도 '친밀함'이나 '미워함'과 같은 경험의 질을 동반하는 존재로 나타납니다. 아까 카타오카 선생님이 일본인의 마음의 이중성의 문제를 말씀하셨는데, 이중은커녕 사중의 '사'가 있는 것은 아닌가, 라는 것입니다. 그래서 한마디로 '무사'(無私)라고 해도 사중 혹은 그 이상의 차원에서의 '무사'를 생각할 수 있습니다.

특히 기억 차원에서의 '사'에 대해 생각해 보면, 다른 사람이 이 '사'를 '없애라'

고 한다고 해도 없앨 수 없는 것입니다. 왜냐하면 기억은 연속해 있고, 기억에서 사람은 항상 능동적이 될 수 없기 때문입니다. 기억에 대해서 능동적이 될 수 없는 '사'가 있는데, 이 '사'는 지울 수 없겠지요?

그런데 가령 "'사'라는 말을 쓰지 말라"거나 "언어주체로서의 사를 지워라" 즉 "말하지 말라"고 하는 차원에서는 무사(無私)는 가능하고, 그런 점에서 문제시할 수 없지 않은가, 라고 생각합니다. 그래서 국가통치의 맥락에서 나오는 '멸사봉공'과 같은 윤리적 요청은, 말하는 사람으로서의 '사' 차원에서 말한 것은 아니라고 생각합니다.

여기에서 다시 한번 일본어의 구조로 되돌아가 보면, 통어론적인 차원에서 일본어를 생각하면 언어 속에 들어오는 구조가 됩니다. 이것은 토키에다 모토키(時枝誠記, 1900~1967)의 국어학이나 모리 아리마사(森有正, 1911~1976)의 일본어론에서는 핵심적인 문제입니다.

가령 여기서 모리 아리마사에 즉해서 생각해 보면, "This is a pen"을 우리는 "이것은 펜입니다"라고 번역하는데, 여기에서 말하는 'is'에 해당하는 일본어는 무엇일까요? 보통 그것을 우리는 '입니다'라고 생각하는데, 일본어에서는 이 '입니다'에 해당하는 것을 '이지요?'라고 해도 '이옵니다'라고 해도 '이다'라고 해도 모두 맞습니다. 모리 아리마사에 의하면 'is'에 해당하는 일본어는 'は'(와)[32]이지, '입니다'나 '이지요?'나 '이옵니다'나 '이다'는 없어도 상관없습니다. 이것은 무엇을 나타내는가 하면, 발화주체와 듣는 사람 사이의 관계가 '입니다', '이지요?', '이옵니다', '이다'라는 표현, 즉 '사'(辭)를 통해서 문장(文)에 하나하나 반영된다는 사태입니다. 반드시 발화주체와 듣는 사람 사이의 관계성이 일본어를 말하는 경우에 들어오게 되는 것이지요.

일본어의 구조는 통어론적으로 고대로부터 변하지 않았다고 합니다. 즉 반드시 듣는 사람과의 관계성을 고려하면서 발화하지 않으면 안 된다는 것이지요. 이것은 상당히 번거롭습니다. 그런 번거로움에서 벗어나기 위해서는 침묵하는, 즉 언어주체인 '나'를 스스로 없애는 수밖에 없지 않나? 구문론적으로, 통어론적으로 '무사'(無私)로 가게 되는 구조가 일본어에는 있지 않나, 라고 저는 생각하고 있습니다.

코야스 노부쿠니(子安宣邦) 선생의 노리나가에 대한 책을 읽었는데, 노리나가는 당시에 유교가 주류인 상황에서 국학을 복고시키려 했습니다. 그때 『고사기』(古事記)를 국학에 맞는 형태로 상당히 의도적으로 재해석하지 않았는가, 라는 것이었습니다. 『고사기』는 한자만으로 쓰여 있는데 처음에 나오는 '천지'(天地)를 '텐치'(てんち)라고 읽는 순간, 유교도덕에 얽매이게 되기 때문에 그것을 굳이 '아메츠치'(あめつち)라고 읽었습니다. 그것을 진짜 '아메츠치'로 읽었는지 어땠는지는 아무런 음성기록도 남아 있지 않기 때문에 알 길이 없습니다만, 그것을 굳이 '아메츠치'로 읽음으로써 일본의 야마토 정신이 이어지고 있다는 설명이 됩니다.

이와 동일한 발상으로, '무상심'이라는 것도 『겐지모노가타리』를 무상심의 작품이라고 표현함으로써 그것이 헤이안(平安)시대로부터 마치 이어지고 있는 정감인 것처럼 만든 것은 아닐까요? 마찬가지로 '테니오하'(てにをは)도 그것이 줄곧 변하지 않고 있다는 가설을 만들어서 그것을 강조했기 때문에, 우리는 그것이 마치 진실인 것처럼 믿고 있을 뿐일지도 모릅니다. 그것이 만들어진 것이라고 한다면, '사'의 문제를 일본어의 통어론적 특징으로 해서, 즉 보편적인 문제로서 다루는 것은 불가능해집니다.

김태창: 과연 그럴까요? 고전을 새롭게 읽는다는 것은 새롭게 뜻을 밝힌다는 것이기도 합니다. 가령 '천지'를 '아메츠치'라는 식으로 읽음으로써 거기로부터 열리는 새로운 지평·차원·세계의 뜻을 밝힌다는 것입니다. 한(韓)철학적 어휘로 말씀드리자면 '새밝힘'(開新·新開)이 되겠습니다.

야마모토 후미카: 이 '아메츠치'의 문제라면 큰 문제는 아니라고 생각합니다. '테니오하'가 정말로 변하지 않았는지 변했는지는 대단히 중요한 문제로, 만약에 변하지 않았다고 한다면, 통어론적으로 도출되는 '사'나 '무사'의 문제를 지금이나 과거의 어느 시대의 시점에서도 공통의 문제로 인식할 수 있습니다만,

만약에 바뀌었다고 한다면 '테니오하'는 일본어를 규정하는 근원적인 것이 아니게 되고, 제가 말하는 내용은 근현대까지는 타당하지만 고대에서는 타당하지 않게 됩니다.

김태창: 중국어나 한문은 기본적으로 '테니오하'(=토씨)가 없습니다. 그것을 일본인이 읽을 때에는 거기에 '테니오하'를 넣지 않으면 의미가 통하지 않는 경우가 많습니다. 각 언어에는 특징이 있어서, 지금 우리가 생각하는 '테니오하'가 고대 일본어에도 있었는지 없었는지는 알 수 없지만, 적어도 한자라는 문자매체로 쓰여진 문서를 중국인이 아닌 일본인이 읽는 경우에 일본어로 바꿔서 읽는 조작은 필요했다고 생각합니다. 현대 중국어를 배운 사람은 다르지만, 문화매체로서의 한문의 경우에는 일본에서도 한국에서도 중국어 그대로 읽은 것은 아니라고 생각합니다.

저의 문제의식은 이런 것입니다. 가령 언젠가 어느 대화모임에서 "멸사봉공이 왜 나쁜가?"라고 모리 요시로오(森喜朗) 전 총리가 물었을 때, 저는 "사람이 말을 못하게 해서 결국 침묵을 강요하기 때문"이라고 말한 적이 있습니다. 인간세계란 기본적으로 말 없이는 성립하지 않는다고 생각합니다. 신도 아니고 짐승도 아닌 인간이 여럿이서 공생·공존·공활(共活)해 가는 경우에, 거기에는 아무래도 언어가 필요하고, 언어적 활동이 기본이 된다고 생각합니다. 그래서 언어행위의 주체·당사자·주어자(主語者)의 존재와 그 발화를 부정하는 것은 다름 아닌 비인간화를 강요하는 것이 됩니다. 그것은 사람이 사는 인간세계 그 자체를 부정하는 근원적 폭력이라고 생각합니다.

그것은 결코 시인될 수 있는 일이 아닙니다. 저는 '멸사봉공'이라는 생각은 절대로 수용할 수 없습니다. 복수의 인간이 모이면 여러 입장이나 의견이 부딪치는 일도 있고 시끄러워지는 것이 자연스럽습니다. "시끄러우니까 조용히 해! 그리고 내가 하는 말을 얌전히 듣고 따라!"라는 말은, 과거 한때에는 타당성이 있었는지 모르지만 21세기의 개명천지 일본에서 공언할 수 있는 사항은 아닙니다. 그것은 가장 전형적인 지배자의 논리로, 여기에는 국민·시민·서민은 전혀 존재하지 않습니다. 아니 지배대상으로서의 존재는 가상(假想)되고 있지만 주권의 주체로서의 국민·시민·인간에 대한 인식·경의(敬意)·존중은 흔적조차 없습니다.

　제가 야마모토 후미카 선생의 『무사와 인칭』을 읽고 나서 느낀 점은 '무사심'(無私心)이라는 문제를 통어론상의 인칭성의 차원에서 이해하는 것이 중요하다는 것입니다. '자기'(自己)와 '사'(私)의 차이를 가볍게 보고 넘기는 논자들이 있는데, 저는 '자기'와 '사'는 확실히 다르다고 생각합니다. '자기'란 언어행위론의 입장에서 그 위상을 생각하면 삼인칭이지만, '사'는 일인칭입니다. '사'는 인간의 내면성이자 주체성임과 동시에, 특히 일인칭이라는 측면에서는 발화행위의 주어자(主語者)·당사자·발신자라는 위상이 중요합니다. 그래서 '사'를 없애는 것은 '사'(=사리·사욕·사정(私情))를 제거하는 것으로 정당화되는데, 그것은 어디까지나 공(公)철학의 통치원리로서입니다.

　그러나 누군가가 언어행위의 주어자·발화자·당사자로서의 위상을 부정·거부·박탈된다는 것은 기본적인 인권침해와 관계되는 중대한 문제입니다. 오늘날의 일본은 주권재민의 민주주의를 표방하기 때문에 일본에 사는 사람들의 의사표현의 자유는 실정법적으로 보호되고 있습니다. '멸사봉공'은 이와 같은 일본이라는 나라의 기본원리에 반하는 생각이 아닐까요?

　'사'(=사리·사욕·私情)야말로 인간의 본심·진심·성심의 근저에서 작용하는 것으로, 그것을 어떻게 현명하게 살리는가 하는 것이—억제하고 부정하고 소거시키려는 것이 아니라—우리의 중요과제가 아닐까요? 누군가가 자기 자신의 '사'를 자기의지로 소멸시키는 것, 즉 자주적 멸사(滅私)는 그 사람의 자유의지에 기초한 자기결단으로서 어느 정도 인정된다고 해도, 그러한 생각을 연장·적용·왜곡해서 타자의 '사'를 강제적으로 소멸시키는 것은 말도 안 된다고 생각합니다. 결국 제가 여러분과 함께 얘기하고 싶었던 문제는, 일본인의 실심을 종교론이나 정치론 혹은 정신론으로 이해하기만 하면 빠지게 되는 부분이 있고, 적어도 민주주의를 표방하는 오늘날의 국가나 사회에서는 좀 더 중요한 부분이 안 보이게 되는 것은 아닌가, 라는 점입니다. 물론 일본인의 본심·진심·성심은 '순수·무사·청정'한 마음이라는 실심이해에 대한 공통인식 가능성에 관한 문제이기도 합니다. 사리·사욕·사정(私情)이 제거되고, 내면성·주체성·당사자성·주어성이 부정된 인간이, 그리고 그러한 무사화(無私化)된 인간들로 이루어진 사회가 과연 활기에 넘치는 좋은 사회가 될 수 있을까요? 사람들이 지나치게 활기에 넘치는 것이 바람직하지 않다고 생각하는 사회풍토가 일본의 어딘가에 있다고 생각됩니다만 어떤지요?

시미즈 마사유키: 그렇게 보면 된다고 생각합니다. 처음에 선생님께서 말씀하셨던, 언어로 이해하는 것은 재미있는 발상이라고 생각합니다. 국학자 중에서도 후지타니 미츠에(富士谷御杖, 1768~1823) 같은 사람은, 처음에는 '참마음'이라는 말을 썼지만 그것으로는 사람과 사람의 관계를 나타낼 수 없다고 생각해서 '참마음'(まごころ)을 '참말'(=眞言)로 바꿨습니다. '참마음'이라는 말은 일회적인 통절한 심정의 토로이기는 해도, 기본이 없거나 절박성의 기준이 없습니다. 이쪽에서 참마음이라고 말했다고 해도, 그것이 진짜 참마음인지 아닌지의 기준이 있어야 합니다. 그래서 그는 '참마음' 대신에 '참말'이라는 말을 쓰기로 하고, 언어 쪽으로 기준을 가지고 가는 방식으로 노리나가에 대한 비판을 정착시켜 나갔습니다.

항상 문제가 되는 것은 '기준'이라는 문제입니다. 완전한 것(全きもの)은 무엇인가 하는 문제입니다. 완전한 것, 바꿔 말하면 '오오야케'(=公)란 이러이러해야 한다는 것을 너무 강하게 내세워서, 결과적으로 유약한 마음의 약함을 덮어버리고 그것을 착지(着地)시키는 도달점을 강하게 부각시키면, 결국 '이긴다'와 같은 것이 된다고 생각합니다. 그것은 참마음을 말할 때의 중요한 문제로, 노리나가의 경우에도 그랬을 것이라고 생각합니다. 슬픔이나 기쁨 같은 심정적 세계에 사는 자가, 완전한 것, 이념적인 것을 어디에 착지시킬까 하는 점은 그에게도 커다란 문제였다고 생각합니다. 그것을 그는 '무상함'이라는 말로 착지시켰습니다.

'삼인칭'을 세우다

시미즈 마사유키: '사물'(もの)이 객관성을 띠고 있다고 하셨습니다만, 노리나가가 단지 "무상함을 안다"(あはれをしる)고 하지 않고 "사물의 무상함을 안다"(もののあはれをしる)고 했다는 것은, 어딘가 '나'와 '너' 사이에서 나쁜 방향으로도 흘러갈 수 있는 관계를, 하나의 완전한 것으로 정착시키는 제3항을 설정하려고 했다고도 할 수 있습니다. 그것이 우리가 말하는 '공공'이나 '오오야케'와 같은 것인가? 그리고 앞으로 어떤 말로 말해야 하는가? 공공의 의미를 바꾼다거나 하는 것과 관계된다고 생각합니다. 야마모토 선생님의 책을 읽었을 때 받은 인상은 '무사'(無私)에 빠져서 책을 쓰신 것이 아닌가, 라는 것이었습니다.

여기서 한 가지, 모리 아리마사의 독법 문제에 대해서 말할까 합니다. 노리나가에도 관심을 보인 모리는 삼인칭을 세운다는 이념적 방향을 항상 가지고 있었습니다. 토치오리 쿠미코(栃折久美子)라는 애인과 주고받은 왕복서신 속에서, 애인을 향해 "나와 당신은 서로 삼인칭으로 있고 싶다"고까지 말하는 데서, 그에게 '삼인칭'이라는 것이 얼마나 중요한 문제였는지가 여기에도 나타난다고 생각합니다. 그래서 모리가 말하는 '상호감입적'(相互嵌入的)인 자타관계를 넘어선 제3항을 설정한다는 것은, 곧 내폐적인 두 항(二項)을 빠져나가는 방향을 찾는 것입니다. 심정적인 융화나 참마음이 지닌 문제는, 거기에 완전한 것이나 리(理)가 개입되지 않는 한 그것은 자타만의 유착으로, 그 자체로는 전혀 의미 없는 것이 된다는 것이 아닐까요?

야마모토 후미카: 모리 아리마사가 삼인칭이라고 했을 때에 생각하고 있었던 것은 이항관계를 빠져나가는, 이항관계를 넘어선 곳으로 나가는 것이 아니었을까요? 모리는 '경험'에 대해서 일생 동안 생각한 사상가인데, 서양에서의— 좀 더 정확히 말하면 서양어에서의, 모리의 경우에는 프랑스어입니다만—'경험'은 개인을 정의하지만, 일본어에서의 '경험'은 두 사람의 인간을 정의한다고 지적하고 있습니다. 이것은 아까 말씀드린 '입니다', '이다'라는 '말'(辭)에, 말하는 사람과 듣는 사람의 관계성이 어쩔 수 없이 반영되고 마는 사태를 상상하면

알기 쉽다고 생각합니다. 이것을 '너-너 관계', '이항관계'라는 표현으로 나타내고 있는 것이지요. 중요한 것은 삼인칭을 지향한다고 해서 신적인 것, 초월적인 존재를 먼저 생각하고 있는 것은 아니라는 점입니다.

시미즈 마사유키: 그렇습니다. 신적인 것이 아닙니다. "A는 B이다"라고 말하고 싶은 경우에도 언어의 이항성(二項性)에 들어가 버립니다. 무언가를 진리라고 믿고서 그것을 말로 나타내려고 해도 말로 할 수 없는 구조를 가지고 있을 때에 "A는 B이다"라고 단정하는 방식, 확실히 일본인은 "~이지요"나 "~이겠지요?"라는 식으로 말하지 단정적으로 말하지는 않습니다. 그렇게 말하지 않고 "A는 B입니다"거나 "좋다", "나쁘다"고 단정하는 방식, 이항성에 빠지기 쉬운 인간관계에서 열려 있는 형태를 거기에 개입시키는, 그런 것을 노리고 있었다고는 말할 수 있다고 생각합니다. 그래서 저렇게 열심히 심리과정의 분석을 행했는데, 만약에 그렇게 하지 않았다면 와츠지와 같아졌을 것입니다. 그래서 만년에 아까 말한 여성에 대해서 서로 삼인칭으로 있고 싶다고 한 것도, 사랑보다는 이념이라고 할까, 끈적끈적한 감정적인 관계가 아니라 흐트러지지 않은 남녀관계로 있고 싶다는 말을 한 것이 아닌가 생각합니다.

야마모토 후미카: 그렇습니다. 삼인칭적인 관계라고 해도 모리 자신은 그 관계를 자기-타자 속에서 생각하고, 그중에서 '너-너'가 아닌 '나-너' 관계를 지향한 것은 아닌가 생각합니다. 제가 모리의 주장에서 좀 더 주목해도 좋다고 생각한 것은 '무사'(無私)라고 할 때에 '사'의 소거가 이미 전체와 이어지지 않는다, 즉 신적인 영역으로 나가지 않는다는 점입니다. '무사'는 "그때 그때 문제에 따라 일어난다"거나 "본질적으로 부분적이다"고 모리는 말합니다. 와츠지 테츠로나 니시다 기타로(西田幾多郞, 1870~1945)의 경우에는 '무사'라고 하면 당장 '공'(空)이나 '무'(無)와 연결시키려 합니다. '멸사봉공'이라고 했을 때에 '멸사'가 곧 '봉공'으로 이어지는가 하면, 그렇지 않고 거기에는 커다란 논리의 비약이 있다고 생각합니다. 그런데 와츠지나 니시다에게는 그런 비약에 제동을 건다는 발상이 없습니다. 오히려 그 비약을 받아들이는 게 좋다는 사고 경향이 있습니다. 그런데

모리의 경우에는 절대적으로 '무사'라고 해도, 혹은 서로 삼인칭적 관계가 되어도, 초월하면 그대로 어딘가 전체로 나간다는 것은 생각하지 않으리라 봅니다.

시미즈 마사유키: 제 발언이 오해를 불러온 것 같습니다. 아까 제가 '완전한 것'이라고 한 것은 '초월적'이거나 하나의 '전체로 나간다'는 의미가 아니라, '이데'(Idee=이념) 같은 것을 말한 것입니다. 이항관계, 감정적, 융화적인 것을 바탕으로 해서, 그것을 좋은 것으로 만들기 위한, 그것의 바람직한 형태라는 의미였습니다.

야마모토 후미카: 그렇다면 저도, 그는 바람직한 형태로서 삼인칭적인 것을 모색한 적은 있었다고 생각합니다.

시미즈 마사유키: 일본 사상의 전통 속에도 그런 것이 있다고 생각합니다. '무상함'도 그렇고, 모리가 만년에 그렇게까지 모토오리 노리나가에 관심을 가졌던 것도 그렇고, '무상함'이라는 말 내지는 개념 속에서 결코 이항성 안으로만 닫혀지지 않는, 그렇다고 해서 극단적인 전체성의 방향으로도 나가지 않는, 일종의 흐트러지지 않는 이항관계를 착지시킨다는 의도를 보았다고 생각합니다.

야마모토 후미카: 저도 그렇게 생각합니다. 모리는 그런 방향을 모색했다고 생각하는데, 그의 경우에는 어딘가 체념 같은 것이 있어서 마지막에 남긴 『경험과 사상』의 일본어론을 보아도, 일본어에는 문법이 없다고까지 말하고, 일본어에 대해서 상당히 비관적이었다고 생각하는 면이 있습니다. 그의 할아버지가 "일본어를 폐지하고 영어를 도입하자"고 한 영향도 있었을까요?(웃음) 그렇게는 말해도 역시 일본어로 말할 수밖에 없다는 딜레마를 느끼고 있었음을 알 수 있습니다. 일본어를 사용하면서도 제3항을 지향하는 것이 가능한가에 대해서는 『경험과 사상』의 제2부가 결국 쓰여지지 않았기 때문에 어떻게 이항관계를 해결할 수 있었는지는 알 수 없습니다.

김태창: 아까 시미즈 선생께서 후지타니 미츠에(富士谷御杖)를 언급하셨는데, '참마음'이라는 말만으로는 주관성 또는 주관적이라는 한계를 넘을 수 없기 때문에, '참말'(眞言)이라는 말을 사용함으로써 그 한계를 넘으려고 했다는 말씀으

로 저는 이해했습니다. 저는 후지타니에 대해서는 상세하게는 모릅니다만, 지금 말씀을 듣고나서 '참마음'(眞心)만으로는 자신의 마음에 관한 확인은 될지 모르지만 자타 사이의 상호 이해의 경우에는 역시 말을 통한 매개·중개·공매(共媒)가 필수불가결하다고 하는 저의 생각과 서로 통하는 데가 있다는 느낌을 받았습니다.

이런 문제와도 관련되는데, 일본어에서 '말'을 한자로 표기할 때 '言葉'(고토바)라고 하는데, 저는 여기에 상당한 위화감을 느낍니다. 말을 '고토바'(言葉) 즉 '말'(言)의 '잎'(葉=끝)으로 이해하기 때문에, 말을 소중히 여기지 않는 경향이 생기는 것이 아닐까요? 그래서 자기가 한 말에 대해 자각도 책임도 신뢰도 별로 갖지 않는다고 느낄 때가 많습니다. 하지만 일부 일본인의 언어관이 어떻든지 간에, 적어도 저는 말이란 '일'(事=고토)이 '참'(眞實=마코토)이 되는 '장'(場=바. 즉 현장·국면·경우·처지·시기)이라고 믿고 있습니다. 내면의 깊은 곳에 잠재하는 미묘한 마음의 진짜 모습은 타자에 대해서는 물론이고 자신에 대해서조차도 잘 모르는 것이 인간의 현실이 아닐까요? 그것이 어떻게 해서 이해가 된다고 한다면 기본적으로 언어―여기에서는 이른바 비언어적 언어라고 하는 몸짓이나 표정도 포함해서―의 매개·중개·공매에 의해서 비로소 가능하다고 생각합니다만 어떻게 생각하시는지요?

그리고 모리 아리마사와 토치오리 쿠미코의 왕복서신 속에 쓰여진 "나와 당신은 서로 삼인칭으로 있고 싶다"는 말의 의미에 대한 시미즈 선생님의 견해도 대단히 중요한 지적이라고 생각합니다. 저의 언어로 바꿔 말하면 '나와 너' 즉 일인칭과 이인칭의 관계는 '사공'(私共)입니다. 친밀권이라고도 합니다. 그것이 진짜 서로 사랑하는 상사상애(相思相愛) 관계인지, 아니면 반대로 서로 미워하는 상증상오(相曾相惡) 관계인지는 차치하고, 논리적으로는 '사공' 관계이고 친밀한 관계라고 이해합니다. 그것의 가장 확실한 특징은 삼인칭으로부터의 개입·상관·관찰을 거부하는 것입니다. 그리고 일인칭과 삼인칭은 공동·동화·일체가 도달하는 내향적 폐쇄공간에 갇히고 싶지 않다는 심정―저는 심기(心氣)라고 하고 싶습니다만─의 표출이라고 생각합니다. 전혀 여유가 없고 한 치의 틈도 없는 인간관계는 질식 상태를 가져오지 않나요?

그래서 제 생각에는 '사이'(間)에 다시 주목할 필요가 있습니다. 저는 지금 인칭 문제를 문법 차원보다는 철학 차원에서 논하고 있는 것입니다. 그리고 문법적으로는 삼인칭은 일인칭도 이인칭도 아닌 것─인간이든 인간 이외의 것이든─의 문법적 · 통어론적 위상을 가리키는데, 철학적으로는─제가 생각하는 공공(하는)철학적 입장에서 말하면─'간'(間)로서의 삼인칭, '중'(中)으로서의 삼인칭, '탈'(脫) 혹은 '초'(超)로서의 삼인칭이라는 '위상' · '작용' · '여잉'(余剩=나머지)을 상정하고자 합니다.

지금 여기에서 문제가 되는 것은 '마음'과 '말'의 문제입니다. '마음'은 '말'과는 달라서, 기본적으로 '말'로는 나타낼 수 없다고 하는 언어거부적인 입장을 취하는 사람들에 대해서, '마음'과 '말'은 밀착해서 연동하고 있고, '말'을 통해서 매개 · 중개 · 공매되지 않는 '마음'은─자기에 대해서도 그렇습니다만─특히 자기와 타자 사이의 상호 이해에서는 최대의 아포리아이기 때문에, '말'에 의한 타개(打開: 막힌 것을 헤치고 뚫어냄)에 대한 기대 · 희망 · 기원을 호소한다고도 할 수 있겠지요.

얘기가 약간 빗나갔는데 다시 삼인칭 문제로 돌아가겠습니다. 보통 일인칭이나 이인칭과는 별도로 · 밖에서 · 떨어져서 설정하는 것이 삼인칭인데, 저는 일인칭과 이인칭의 '간'(間)과 '중'(中)과 '탈'(脫) 혹은 '초'(超)의 삼인칭으로 이해하고자 합니다. 삼인칭은 인간도 되고 인간 이외의 그 어떤 것도 되기 때문에, 가령 나와 너 사이에서 나와 너를 맺고 · 잇고 · 살리는 인간들이나 자연적 · 사회적 환경조건을 생각할 수 있습니다. 물론 나와 너를 분리시키고 찢어놓고 가로막는 것도 있습니다. '중'(中)으로서의 삼인칭이란 나와 너의 어느 한쪽에도 치우치지 않고 멋없는 중립을 고집하는 것이 아니라, 양자의 연동/변혁을 요청하는 작용이라고 생각할 수 있습니다. 그리고 '탈' 혹은 '초'로서의 삼인칭은, 나와 너만의 관계에 닫힌 것이 아니라 별도로 · 이외의 · 떨어진 곳을 향해서 자폐 ·

자기도취 · 자기기만(自瞞)의 틀로부터 탈출 · 초월 · 개신하는 계기 · 자각 · 각
성이라고도 할 수 있습니다. 이러한 의미에서 삼인칭이란 일인칭과 이인칭의
관계 속에 회수될 수 없는 나머지(餘剩)이기도 합니다. 나머지가 있어야 비로소
'간' · '중' · '탈' 혹은 '초'의 작용이 작동한다고도 할 수 있겠지요.

　일인칭과 이인칭 '사이'(間)가 일인칭 혹은 이인칭의 어느 한쪽으로 회수 · 동
화되어 하나로 되어 버리면 '사'(私)가 됩니다. 그리고 일인칭과 이인칭만의 닫
힌 구조로 자기완결되면 '사공'(私共)=친밀권(親密圈)이 됩니다. 삼인칭의 '간' ·
'중' · '탈' 혹은 '초'의 작용에 의해서 비로소 '사공'에서 '공공'(公共)으로의 전환이
가능하게 됩니다. 삼인칭은 인간이 될 수도 있고 인간 이외의 것이 될 수도 있
습니다. 하지만 제가 여기에서 말씀드리고 싶은 것은 일인칭과 이인칭만의 관
계는 언어의 역할 · 기능 · 의의는 그 관계의 밀도가 깊어지는 것과 비례해서
감소합니다. 거의 언어무용(無用)의 경지에까지 갈지도 모릅니다. 그러나 삼인
칭의 작용은 언어적 매개가 필수불가결합니다. 그리고 '공'은 비인칭 세계입니
다.

　일본인과 일본인 사이에서는 경우에 따라서는 무언의 소통이 가능할지도 모
릅니다. '이심전심'이라는 것이지요. 그것도 현대 일본사회에서 어느 정도의 실
효가 있을지 모릅니다. 하지만 저와 같은 외국인에게는 어떤 식의 언어적 매개
가 없으면 일본인의 마음이 통하지 않습니다. 거기에 진심이 담겨있지 않은 거
짓의 · 가짜의 · 이름뿐인 말로도, 그것을 가지고서 · 그것에 의지해서 · 그것을
믿고서 일본인의 마음을 이해할 수밖에 달리 방법이 없습니다.

동아시아의 사상전통으로서의 유교

　카타오카 류: 아까 야마모토 선생님이 "일본어는 반드시 듣는 사람과의 관계
성을 고려하면서 발화하지 않으면 안 된다, 그것에 따른 번거로움에서 벗어나
기 위해서 언어주체인 '사'를 지운다, 즉 '무사'로 가는 방향성을 갖고 있다"고 하
신 분석이 대단히 흥미로웠습니다. 그 후의 논의의 큰 흐름은 '무사'로 갇혀지

지 않는, 즉 일인칭과 이인칭의 이항성 안에서만 통하는 마음의 형태—그것의 궁극은 '이심전심'이 됩니다만—에 빠지지 않기 위한 제3항으로서의 언어의 중요성이라는 문제를 향하고 있는 것 같습니다. 이것은 제가 처음에 말한, 실제 일본인의 마음을 표현하는 적확한 말을 아직 일본인 자신이 갖고 있지 않은 것과 관계됩니다.

여기서 문제를 다시 처음으로 되돌리는 것 같습니다만, 언어문제는 일단 차치하고, '이심전심'적인 마음의 형태가 곧 언어에 믿음을 두지 않는 마음의 형태라는 시각은 다시 한번 생각해 볼 필요가 있지 않을까요? 가령 선불교가 되었든, 그것의 영향을 크게 받은 신유학이 되었든, 동아시아의 사상전통에서는 그런 마음의 형태에다 이상을 추구해 왔습니다. 자신의 마음에 집중하는, 그것에 의해서 저절로 자신을 둘러싼 세계도 평화로워진다는, 현대적인 관점에서 보면 말도 안 되는 낙관론입니다만, 실은 역사적으로도 공자나 맹자 시대부터 이미 그런 요원한 이상은 비판받아 왔습니다. 하지만 그런 말도 안 되는 이상론이 동아시아 사상전통의 핵심이 되어 온 것도 사실입니다.

극단적으로 말하면 이인칭도 아닌 일인칭밖에 없는 사상이 됩니다만, 우리의 과거를 모두 부정하는 것이라면 몰라도 그렇지 않은 것이라면, 이런 이상이 역사적으로 널리 받아들여져 온 것의 의의를 다시 한번 생각해볼 필요가 있다고 생각합니다.

노리나가의 '무상함'의 경우에도, 시미즈 선생님이 말씀하신 흐트러지지 않은 이항관계를 착지시키는 제3항으로서의 타자와의 공감이라고 이해할까, 아니면 개인이 어떤 사물이나 사건과 접촉해서 체험함으로써 개인 속에, 즉 일인칭 안에만 나타나는 감정이라고 해석할까로 논의가 갈라진다고 생각합니다. 저는 후자로 해석해도 동아시아 사상전통에서 생각하면 그다지 부정적인 것이라고 생각되지는 않습니다.

유교의 경우에는 '수기치인'이 기본이념이기 때문에 먼저 자기를 닦고 남을 다스립니다. 자기를 닦는 일이 먼저고, 남을 다스리는 것은 그다음이라고 하는 순서가 있습니다. 정통적인 유교의 경우에는 성선론/설의 입장에 서 있는데, 성선론/설이란 자기 마음의 본질에 집중하기만 하면 세계도 평화로워진다고 하는 이상입니다. 그래서 성선론/설을 철저히 밀고 나가면 자기를 닦는 것이 모든 것이 된다는 데까지 이르게 됩니다. 그럼 타자는 전혀 관계가 없는가 하면 그렇지도 않습니다. 자기를 완전히 닦음으로써 자기 속에 획득되는 덕이 주위를 감화시켜 갑니다. 자기에서 타자로 작용을 가하는 것이 아니라 자기 내면에 집중하여 자기의 덕을 완전히 완성시킴으로써 저절로 타자와의 관계 속에서 덕이 발현되어 나가는 것이지요. 이런 이상이 전통적으로 평가되어 온 것의 의의를 강조해 두고 싶습니다.

　김태창: 같은 유교라고 해도, 가령 사서오경 중에서도 어느 경전에 중점을 두고 논하는가에 따라서 논의의 축이 달라진다고 생각합니다. 또 같은 경전의 독법도 시대와 상황에 따라 바뀌기 마련이지요. 어쨌든 한중일 삼국에서 비슷하게 과거 오랫동안 유교는 주로 통치자를 중심으로 한 지배자의 세계관·인간관·가치관으로 정립·정착·정설(定說)되어 온 것이 엄연한 사실이었습니다. 그래서 유교경전에 쓰여 있는 마음의 형태는 대체로 군자(사대부=관료지식층)―'공인'(公人)―에 요구·요청·기대되는 것이었습니다. 그것은 한마디로 말하면 '공인'의 '공심'(公心)입니다. 사심(士心)·신심(臣心)·관심(官心. 관료심리)이라고도 할 수 있습니다. '공심'이란 민(民) 위에 군림하면서 민을 지배하고 지도하는 자로서의 위상에 걸맞은 마음자세·각오·결심입니다.

　카타오카 선생도 말씀하셨듯이, 가령 '수기치인'이나 '내성외왕'도 통치철학이라고 할까 아니면 제왕학이라고 할까, 어쨌든 지배자의 철학의 가장 전형적인 공심도덕(公心道德)이지요. 일본에서는 군자나 사대부(文官)는 원래 그대로의 형태로는 존재하지 않았지만, 거의 같은 위상과 역할과 의의를 무사·사무라이·봉공(인)들이 담당했습니다. 모두 '공인'들이지요. 그리고 주로 주자학의 차용에 의해 무사정신·사무라이 정신(侍心)·봉공심(奉公心)을 '공심'으로 확정하고, 그것을 줄곧 가르쳐 온 것이 아닌가 생각되는데 어떻습니까? 가령 '청명심'

이든 '무이심'(無二心 · 無異心)이든 '무사심'이든, 하나같이 자기보다 위에 있는 사람에 대한 마음자세로, 윗사람의 신뢰만 얻으면 민(民)에 대해서는 자기 멋대로 행동해도 된다는 것이지 않습니까? 오늘날의 관료세계의 정신상태와 너무 똑같지 않습니까?

그래도 거기에는 적어도 자기보다 윗사람이라고 하는, 자기초월적이라고 할까 아니면 자기가 아닌 타자라고 할까, 자기와 자기 가신 · 동료 · 친척의 외부에 실재하는 자/것으로부터의 관찰 · 규제 · 요청이 직접 혹은 간접적으로 작용하고 있습니다. 그래서 완전히 자기 멋대로는 아닌 점도 있습니다.

그러나 모든 것이 내면화되고 주체화되는 것을 옳다고 하는 시대의 풍조를 타고, 모든 초월적 · 외재적 · 타자적 규범 · 규제 · 규율을 전면 거부하고, 오로지 자기 신념 · 자기 판단 · 자기 규제에 의지하는 마음의 형태를 중시하게 되면, 대단히 무서운 상황이 초래될 가능성을 부정할 수 없습니다. 이것은 경계하지 않을 수 없습니다. 특히 권력이나 금력을 가진 인간이 자기 이외에는 아무도 무서운 사람이 없이 오로지 자기 나름의 '동기의 선'(善)과 '무사심'(無私心)이라는 자기 확인만을 발판으로 삼아서 강력하게 일을 추진해 나간다는 것은 실로 강자의 사고이자 통치자의 논리이자 제왕의 심리입니다. 거기에는 '사인'(私人)의 '사심'(私心=서민감각)에 대한 반감이 느껴집니다. 그리고 '공인'의 '편사'(偏私)에 대한 자경(自警=스스로 경계함)이 결여되어 있습니다. 자기가 하는 일은 모두를 위한 것이라고 하는 자신감은 있을지 모르지만, 그것이 지나친 자신감에 의한 독선 · 독단 · 독재로 달리지 않도록 유념하는 자제심이 결여되어 있습니다. 타자배제의 완고한 선의는 공포정치의 심리적 근거가 될 수도 있어서 경계해야 합니다. 그래서 저는 '일본인의 참마음이 무엇인가?'라는 문제를 민심(民心=私心)이라는 시각에서 다시 보고 싶습니다. 보통의 일본인(私人)의 자연스런 마음(私心)의 실상에 가능한 한 접근하고 싶습니다. 보통의 일본인과 중국인과 한국인이 일상의 생활세계에서 아무런 감정의 응어리 없이 함께 · 서로 · 사이좋게 지내는데, 누군가 나타나서 선동적인 악선전이나 정치가의 포퓰리즘이나 정부의 사상계몽이 개입되면, 예상치도 못했던 반감·증오·폭행이 종래의 교류를 변질시키고 마는 경우가 많이 있었습니다.

그럼 '민심'·'생활자의 마음'·'서민의 마음'이란 무엇인가? 그것은 어떤 특정한 의도나 조작이나 왜곡이 끼어들지 않는다면, 모두가 행복하게 살기를 바라는 자연스런 마음이 아닐까요? 자기도 타인도 그리고 가능하면 세계가 행복해지기를 바라는 참마음이겠지요. 이 점에는 일본인도 중국인도 한국인도 거의 차이가 없다고 생각합니다. 하지만 거기에 차이가 생기고 서로 적대시하게 되는 것은 국가가 개입되고 기업이 얽히고 종교가 영향을 끼치는 때라는 생각이 안 드십니까?

그래서 국가나 기업이나 제도종교로부터 어느 정도 자립한 인간으로서의 시민—국가가 아닌 생활세계의 일원으로서의 인간의 위상과 의의를 중심에 두어 시민이라고 부르겠습니다—의 마음의 형태를 생각해 보고 싶은 것입니다. 가능하면 사무라이의 마음(侍心)이 아니라 농민의 마음(農心)·공인의 마음(工心)·상인의 마음(商心)은 어떤 것이었나에 대해서 잘 살펴보고 싶습니다. 어쩌면 모토오리 노리나가(本居宣長)가 생각한 것은 유교나 불교에 의해 이론적으로 무장된 지배자들의 마음이 아니라, 평범한 일본인들의 있는 그대로의 자연스런 마음의 형태를 규명하는 일이었는지 모른다는 생각에서 관심을 갖고 있습니다. 그래서 저는 아까 카타오카 선생이 언급하였던 츠다 소우키치의 "문학을 통해서 일본인의 실심에 다가간다"는 입장이나 방법론에 공감하는 점도 있습니다. 그래서 시미즈 선생과 함께 경영자들과의 공동학습의 장에서 일본 근세의 가론(歌論)을 중심으로 일본인의 참마음에 대해서 생각해 본 적도 있습니다.

어쨌든 저는 일본인의 참마음을 알고 싶습니다. 그것의 실상을 이해하고 싶습니다. 지금까지 배운 일본인의 마음은 굳이 구분하자면 지배자·상위자(上位者)·공인(公人)에게 요구된 것이었습니다. 그리고 그것은 제가 일본인 친구들과 함께 생각해 온 국경과 민족과 종교와 문화의 벽을 넘어서, 함께·더불어·마주보고 상화와 화해와 공복의 공공세계를 공동 구축해 나가기 위한 공공(하는)철학의 마음―함께 대화하는 마음·함께 공동하는 마음·함께 개신하는 마음―과는 잘 맞지 않는다는 느낌을 떨쳐버릴 수 없었습니다.

야마모토 후미카: 아까부터 언어문제를 떠나서 '마음'이 논해지고 있는데, 제가 생각하기에는 '마음'도 '사'(私)나 '무사'(無私)와 마찬가지로 중층적입니다. 말로 표현되는 마음, 행위로 드러나는 마음, 기억 차원에서 논해지는 마음은 서로 겹쳐지면서도 다릅니다. 그렇게 생각하면 가령 '이심전심'은 말로 나타내지 않아도 마음이 타자에게 전달된다는, 행위로서의 마음을 말하는 것이 아닐까요? 그렇다면, 그런 행위가 내면화·습관화되어 있는 일본인끼리나 유교를 배운 사람들끼리는 자연스럽게 전달된다고 해도, 그것은 어디까지나 행위로서의 마음이기 때문에 언어를 달리 하는 사람에게는 직접적으로 전달되지 않는 마음이라는 사실을 인식해 둘 필요가 있다고 생각합니다.

그리고 김 선생님께서 지적하신 일인칭, 이인칭, 삼인칭의 구별에 대한 이야기를 윤리문제와 관련지어서 말해 보면, 일인칭과 이인칭 사이의 윤리 즉 선생님의 말로 하면 '사공(私共)의 윤리'와, 일인칭과 삼인칭 사이의 윤리인 '공공의 윤리'는 역시 구별되면서도 그 어느 쪽도 구축되지 않으면 안 된다고 생각합니다. 양자는 결코 양립될 수 없는 관계는 아니니까요.

이런 관점에 서면 약간 마음에 걸리는 것은 최근 일본인은 땅을 생각할 때 사유지가 아니면 곧장 공유지나 국유지로 생각해 버리는 경향이 있다는 점입니다. 원래는 입회지[33]와 같은 공공지(公共地)가 좀 더 있어도 좋지 않나 생각합니다. 일본의 경우에는 공원을 나라나 지방에서 관리하기 때문에 지역의 공공적인 것이 점점 사라지고 있습니다. 가령 기온마츠리[34]의 야마보코[35]는 지역사회 사람들이 나누어서 부품을 보관하고 있다가 마츠리를 할 때에 그것을 조립합니다. 오늘날의 일본에서는 이런 풍경이 점점 보기 어려워지고 있습니다. 이와 같은 현상이 일본인의 공공윤리의식을 저하시키는 것은 아닌가 걱정됩니다.

또 하나만 말씀드리면, "삼인칭의 작용은 언어적 매개가 필수불가결하다"거나 "제3항으로서의 언어가 중요하다"는 점에는 전혀 이견이 없습니다만, 문제는 거기에서 말하는 '언어'가 과연 무엇인, 가라는 점입니다. 소쉬르적으로 말하면 모든 인간에게 공통적으로 보이는 랑그(langue)인가, 아니면 각 민족이나 공동체에서 보이는 빠롤(parole)인가? 왜 이것이 중요한가 하면 '랑가쥬'(langage)는 어디에도 존재하지 않는 이념적인 것으로, 우리가 실제로 가지고 있는 것은 '랑그'이기 때문입니다. 그리고 랑그에는 역사성이나 문법이 있고, 그것이 인식에 크게 영향을 끼칩니다. 왜냐하면 서로 다른 랑그를 말하는 사람들끼리 대화할 경우에, 삼인칭이나 제3항을 지향할 때에 어쩔 수 없이 랑그의 영향을 받아서 대화가 서로 어긋날 가능성이 있기 때문입니다. 언어는 보편성을 가능하게 함과 동시에 개별성도 가능하게 합니다. 이것은 대단히 복잡한, 하지만 중요한 문제입니다.

김태창: 제가 말씀드린 "삼인칭의 작용은 언어적 매개가 필수불가결하다"는 생각의 근저에 상정된 언어는, 굳이 소쉬르적인 용어를 쓰면 랑가쥬가 아니라 랑그입니다. 즉 우리의 생활세계에서 일상적으로 사용되는 말이지요. 일본어나 중국어나 한국어입니다. 생활현장과의 관계에서 말하면, 칸사이(關西) 방언이고 아키타(秋田) 방언이고 카고시마(鹿兒島) 방언입니다. 그래서 야마모토 선생이 말씀하셨듯이, 역사성이나 문법 그리고 지역성에 의한 인식의 차이 문제를 안고 있습니다.

하지만 제가 좀 더 주목하는 것은 언어의 통역 기능입니다. 언어가 서로 다르기 때문에 의사소통이 잘 안 되는 사람과 사람 사이에 서서, 쌍방의 말을 번역해서 상대에게 전하는 것입니다. 일본에서는 통변(通辯)·통사(通詞)·통사(通辭)·통사(通事)라고도 합니다. 21세기의 일본에서는 일본인끼리도 말이 통하지 않고 마음이 통하지 않는 상황이 빈번하게 일어나고 있습니다. 그래서 사람과 사람 사이의 말과 마음의 통역의 필요성이 늘어나는 일은 있어도 줄어드는 일은 없다고 생각합니다.

그리고 아까 카타오카 선생이 말씀하신 '이심전심'의 재평가 문제입니다. 이심전심으로 자기의 마음과 타자의 마음이 서로 통하면 좋습니다만, 제 입장에서는 군이 말하지 않아도 충분히 전달되었다고 생각했던 일이 실은 상대방에게 전혀 통하지 않았다거나, 분명히 말하지 않았기 때문에 생긴 오해나 불상사가 저의 불성실 탓으로 되돌아오는 경우가 많았다는 실제 체험을 바탕으로 다시 생각해 보면, 그 실효성을 인정한 상태에서 신중해지지 않을 수 없습니다. 그래서 현실적인 문제로서 어쩔 수 없이 '이언전심'(以言傳心)의 필요성을 절실하게 통감하고 있는 저로서는 카타오카 선생과 생각이 다를지도 모릅니다.

그리고 정통 유교의 성선설의 입장에 선다고 해도 "자기 마음의 본질에 집중하기만 하면 세계도 평화롭게 된다"는 이상에 기초하여 '수기치인'을 평가하는 카타오카 선생의 유교 이해를 저는 공유할 수 없습니다. 물론 한중일의 유학자들의 통상적인 견해는 카타오카 선생과 거의 같습니다. 오히려 제 생각이 이론(異論)이라고 할 수 있겠지요. 하지만 저는 인간의 본성이 기본적으로 선하다고 하는 대전제를 수용한다면 먼저 타자를 사악하다고 배제하는 것이 아니라, 자기의 존재와 존엄이 자타공립(自他共立)의 근거가 되기 위해서는 타자의 존재와 존엄을 실심을 담아서 실인(實認)하고, 그다음에 자기와 타자 사이(間)에서 선(善)을 생생하게 충실히 실천해 나가는 것이 선행되어야 한다고 생각합니다.

제가 중시하는 성선설적인 발상은 "자기를 완전히 닦음으로써 자기 속에 획득되는 덕이 주위를 감화시켜 나간다"는 것과는 다릅니다. 그런 이념이나 이상을 부정할 생각은 없습니다. 다만 다른 실리(實理) 인식이 필요하다는 것이지요. 자기가 타자를 감화하는 선(善)이 아니라, 자기와 타자가 함께·서로·치우침 없이 공진(共振)·공명(共鳴)·공감하는 선(善)을 기본으로 하는 것입니다. 이와 같은 발상에 기초한 인간이해·사회파악·세계해석이 필요하다고 생각합니다. 과연 타자란 자기의 심덕(心德)에 의해 감화되는 대상밖에 안 될까요? 타자의 내면성이나 주체성이란 어떤 의미를 지닐까요?

카타오카 류: 현대사회에서의 타자의 내면성과 주체성이라는 문제군요. 아무래도 제가 '이심전심', '수기치인'과 같은 시대착오적인 개념을 끄집어냈기 때문에 논의의 영역을 약간 혼란시킨 것 같습니다. 질문에 답하기 전에 먼저 제

머리를 정리하기 위해서 지금까지의 논의에서 나타난 네 사람의 입장을 한번 확인해 두면, 아무래도 오늘의 논의는 크게 두 진영으로 나뉘는 것 같습니다. 김 선생님과 야마모토 선생님이 한 진영이고 시미즈 선생님과 제가 한 진영입니다.

김 선생님과 야마모토 선생님 사이에서도 언어의 의사소통성에 대한 이해나 공공과 사심의 관계 설정 등에 대한 약간의 차이는 있지만, 두 분 모두 현대에 필요한 철학과 윤리를 구축한다는 각도에서 일본인의 실심문제를 논하고 계십니다.

한편 시미즈 선생님과 저는 아무래도 역사적인 실태라는 각도에서 접근하게 됩니다. 그러나 시미즈 선생님과 저 사이에도 차이는 있습니다. 시미즈 선생님은 역사적으로 보아 '무사심'이 일본인의 실심의 주류(主流)였음을 대체로 시인하면서도 그 이외의 방류(傍流)의 존재도 배려하는 것의 중요성을 말씀하고 있습니다. 저의 경우에는 굳이 말하면 방류를 과대평가하는 것이 아니라 주류는 주류로서 역사적으로 올바르게 위치지워지지 않으면 안 된다는 입장입니다. 물론 이것은 시미즈 선생님이 방류를 과대평가하고 있다는 의미는 아닙니다. 방금도 말했듯이 시미즈 선생님은 주류는 주류로 인정한 상태에서 그 이외의 흐름들의 의의를 평가합니다. 시미즈 선생님이 국학을 전공하고 계시기 때문에 일본사상의 흐름을 중심으로 말하고 있는 데 반해, 저는 유교를 전공하고 있기 때문에 동아시아사상의 흐름을 염두에 두고 발언한다는 차이가 있는 것 같습니다.

저는 결코 '이심전심'과 '수기치인'을, "이것이야말로 일본의 실심으로 재평가해야 한다!"고 말하는 것은 아닙니다. 일본적으로 수육(受肉)된 그것이 역사적으로 보아 많은 문제를 안고 있었다는 생각에 대해서는 저도 찬성합니다. 하지만 그렇다고 해서 동아시아사상 전통으로서 풍부한 의의를 가진 유교나 불교 자체를 통째로 버리는 일에는 반대합니다. 오히려 그것들을 왜곡시키고 근대 동아시아의 비극을 조장한 나라의 자손으로서, 그러한 잘못에 대한 반성의 의의를 상실하고 싶지는 않습니다.

물론 오늘의 주제는 「일본인의 실심」이기 때문에 제가 '동아시아' 운운하는 것은 불필요하게 논의를 혼란시킨다는 점을 잘 알고 있습니다. 하지만 좀 더 얘기를 진행해 보겠습니다. 저의 연구는 에도시대의 이토 진사이(伊藤仁齋, 1627~1705)나 오규 소라이(荻生徂徠. 1666~1728)와 같은 '고학파'(古學派)라는 유학에서 출발했습니다. 실은 처음에 김 선생님께서 "일본인만큼 마음 문제를 중시하는 사람들과 만난 적은 없다"고 하시고, 또 '마음'이 아니라 '언어'를 중시하고 싶다고 하시는 것을 듣고서, '고학파'의 생각과 대단히 비슷하다고 느꼈습니다. 왜냐하면 고학파는 선불교나 그 영향을 받은 주자학과 양명학이 '마음'의 문제에만 집중하는 데 반대하여, 성인이 아닌 일반인이 알 수 있는 것은 단지 '언어' 뿐이라고 생각했기 때문입니다.

제 윗세대의 학자들은 이러한 고학파의 생각을 높게 평가해 왔습니다. 그것은 아마도 김 선생님과 같은 문제의식에서 '무사심'을 중시하는 일본사상의 주류가 근대에 일으킨 비극에 대한 반성에 기초하는 것일 것입니다. 저도 고학파에 대한 애정은 보통 사람을 뛰어넘습니다. 하지만 '마음'을 중시하는 데서 비롯되는 폐해를 일본인의 '마음'의 문제로 한정하지 않고 동아시아의 사상전통의 문제로 고학파가 이해한 것은, 물론 고학파는 당연히 공자나 『논어』와 같은 사상전통까지 부정한 것은 아닙니다만, 역시 잘못이었다고 생각합니다. 다시 한번 근대 이래로 혹은 고학파 이래로 손때가 묻어 버린 동아시아 사상전통에서의 '마음'의 이해방식을 재검토하는 것이 제 연구의 근본적인 문제의식입니다.

김태창: 저는 '수기치인'을 기본으로 하는 『대학』 중심의 유학 이해에는 회의적입니다. 유학의 풍부한 해석학적 가능성을 제왕·성인·군자, 즉 치자(治者)의 도덕학에 수렴시켜서 일원적으로 파악해 온 종래의 유학 연구 및 그것에 기초한 교설을 새롭게 할 필요가 있다고 생각하기 때문입니다. 유심(儒心)의 다원·다중·다층의 동태(動態)를 새밝힘하므로서, 현재와 장래의 동아시아에서

의 시대적·상황적 요청에 성실하게 대응할 수 있도록 혁신(鼎新)하고 거기서 새로운 말과 마음의 지평을 열기 위한 철학적·사상적 붕우강학(朋友講學)을 시동시키고 싶습니다.

가령 『논어』에 나오는 "대저 어진 자는 자기가 서고 싶으면 남을 서게 하고 자기가 달성하고자 하면 남을 달성하게 한다"[36]에서의 어진 자(仁者)의 자타상립(相立)을 도모하는 심적 태도를, '수기치인'이라고 하는 성인·치자의 내성외왕을 지향하는 자기 확립의 심적 태도보다 중시하고 싶습니다. 왜 그런 생각을 하느냐고요? 그것이 지니는 유학 혁신적인 의의가 더 크다고 생각하기 때문입니다. 그렇게 말하는 데에는 무슨 뜻이 담겨 있는가? 저의 유학이해와 그것에 기초한 일본에서의 연구와 언설의 상황에 대한 감상을 말씀드리면, '수기수신(심)'(修己修身(心))의 학으로서의 『소학』이라는 기초학과 그 기반 위에 구축된 『대학』의 상관적 체득이 제대로 되어 있지 않았다는 느낌이 들어서입니다.

그리고 저 자신의 유학적 수양과 교양에 입각해서 말씀드린다면, 좀 더 중요한 것은 『소학』적 '수기'와 『대학』적 '치국평천하' 사이에 '소인의 학'과 '대인의 학'을 매개·중개·공매하는 '중인의 학'으로서의 '중학(中學)'적 인간형성의 단계의 필요성이 충분히 인식되어 있지 않다는 점입니다. '중학'적, '중인'적 수양과 교양의 핵심은 "자기가 서기를 원하면 남을 세우고 자기가 달성하기를 원하면 남을 세운다"는 마음가짐이고, "자기가 원하지 않는 바를 남에게 하지 않는다"[37]는 태도 기르기입니다. 여기서 '대인·중인·소인'은 사회계층적인 인간유형이라기보다는 인간형성의 발달 단계를 상정한 일종의 가설입니다. 제 생각에는 종래의 유학이해에서는 '대인'—성인·군자·사대부—에 중점이 놓여 있었는데 앞으로는 '중인'에 초점이 맞춰져야 합니다. 이런 관점에서 유학을 다시 볼 필요가 있습니다.

여기서 꼭 강조해 두고 싶은 것이 '중'(中)의 의미입니다. '중'은 '중간'이나 '도중'이라기보는, 소인과 대인 '사이'(間)에 몸(身)·마음(心)·뜻(意)을 두고, 거기로부터 '대인'과 '소인'을 함께·더불어·치우침 없이 맺고·잇고·살리는 작용·움직임·배려를 가리킵니다. '중'은 위치라기보다는 작용을 말하는 것입니다. 21세기의 좋은 사회에 필요한 시민정신의 정수는 치자로서의 특정 개인의 내면적·도덕적 완전성에 대한 기대가 아니라, 도덕적 불완전성을 자각하는 평범한 생활자와 시민들이 함께·서로·편향됨 없이 각자의 생명·생활·생업을 소중히 여기고·안정시키고·길러주는 마음과 말의 상관연동이라고 생각하기 때문입니다.

유학이 과거 오랫동안 일군만민체제 내에서의 문제의식에 대해 적절한 응답을 제시해 왔다고 하는 공적은 저도 인정합니다. 지금도 일극(一極)중심적인 통제·통합·통치가 필요하다고 생각되는 곳에서는 유학적 치자의식―'수기치인'―의 재평가가 요청되겠지요. 하지만 저는 어떤 형태로든 일군만민체제적인 발상 자체가 기본적으로 시대착오라고 생각합니다. 오늘과 내일의 상황에 적절하지 않습니다.

최근에 일본의 대표적인 뇌과학자와 대화를 한 적이 있는데, 그때 느낀 것은 뇌의 작용이 중앙집권적이라고 생각해 온 종래의 뇌 이해를 근본적으로 수정할 필요가 있다는 것입니다. 요컨대 뇌의 작용은 정태적이지 않고 동태적이며, 대단히 다양하고 복잡한 신경세포의 작용과 역할이 각각 분리자율적임과 동시에 순환연동적이라는 것입니다. 뇌과학의 연구성과가 시사하는 의미는 대단히 중요하다고 생각합니다. 왜냐하면 인간도 사회도 국가도 세계도 다극(多極)상관적인 것으로 새롭게 이해해야 하는 과제에 직면해 있기 때문입니다. 21세기의 일본과 동아시아와 세계는 앞으로는 일군만민체제적인 생각으로 대응할 수 있는 상황은 아닙니다. 여기서 말씀드리고 싶은 것은, 지금 우리에게는 새로운 문제의식이 필요하고 유학의 모습에 대한 새로운 물음이 요청되고 있다는 사실입니다.

카타오카 류: 확실히 근대 이전과 현대는 사회체제가 근본적으로 다르다는 문제가 있습니다. 일군만민적인 사회체제에서 자라난 철학이 그대로 현대사회에 적용될 수 없다는 것은 두말할 필요도 없습니다.

제가 동아시아 사상전통에서의 '마음'의 이해방식을 다시 검토하고 싶다고 한 것은, 우선 과거가 어떠했는가를 정확히 이해하고 싶기 때문입니다. 과거에는 더러운 것뿐만 아니라 아름다운 것도 있었고, 그것이 그대로 현대에 활용될 수 없다고 해도, 그것은 그것대로 의미가 있다고 생각합니다. 일종의 미술품처럼 동아시아 사상전통을 보는 경향이 저에게는 있습니다. 과거의 예술품도 그것들이 만들어진 시대에는 권력자가 권력을 과시하기 위한 것으로 존재했는지 모릅니다. 그렇다고 해서 예술품 자체에 대한 평가가 없는 것은 아닙니다. 역사가 그것에 딸린 더러운 것들을 씻어 줌으로써 그 자체의 가치가 진정으로 발휘되는 경우도 있습니다.

동아시아 사상전통의 경우에는 아직 역사가 더러움을 씻어 내는 데까지는 이르지 않은 걸까요? 이 점에 대한 무거운 책임은 확실하게 받아들이고 싶습니다. 백년, 이백년이 걸릴지도 모릅니다. 하지만 그래도 여전히 자기 손으로 씻어 내는 노력을 하고 싶습니다. 저는 그만한 아름다움을 동아시아의 사상전통에서 느끼고 있기 때문입니다. 그렇다고 해서 유독 유교만 고집하는 것은 아닙니다. 한 사람이 많은 것을 모두 연구하지 못하기 때문에 자기가 잘하는 분야를 중심으로 말하는 것에 지나지 않습니다. 거기에서는 이인칭도 아닌 일인칭의 철학, 아니 일인칭도 아닐지 모르는 철학이 전개되고 있습니다.

유교의 경우에 자기의 '마음'을 자연의 운행과 일치시키는 것을 목표로 하기 때문에, 실로 '무사심'이고, 그것은 '성'(誠)이라고 불립니다. '성의'(誠意) 즉 작위적 의식을 버리고 마음을 성실하게 함으로써 자기 이외의 타자 · 타물(他物), 즉 우주 전체와 공감 · 공생하는 것을 이상으로 삼았습니다. 물론 유교에서 말하는 자연은 '천리'가 '유행'하는 세계로, 그 '천리'가 상하수직적인 질서를 갖고 있고, 그것이 근대 이전의 사회체제에 적합했던 것은 확실합니다.

하지만 통치철학으로 이용되기 이전의, 자연과의 공생을 지향한다는 이미지는, 동아시아의 생명력 넘치는 농촌사회에서 사물을 느끼는 방법과 생각하는 방법에 기초하고 있다고 생각합니다. 유교도 그것을 기반으로 해서 그 위에 연장자를 중시하고 고전을 소중히 여기는 '학문'이라는 철학을 구축했습니다. 그런 의미에서는 유교가 '타자'에게 전혀 열려 있지 않은 세계라고도 할 수 없습니다. 다만 자기의 '마음'에 집중함으로써 자연과 일체화될 수 있다는 생각은, 지나친 낙관론이자 말도 안 되는 이상론입니다. 하지만 저는 오히려 그러한 낙관론과 이상론에 마음이 끌리고 있습니다.

김태창: 저도 유학이 타자에게 전혀 열려 있지 않은 세계만을 전제한다고 단정할 수 있을 만큼 그렇게 단순한 것은 아니라고 생각합니다. 그래서 유학자의 유심(儒心)이 곧 공인의 공심(公心)이라고 하는 것과 같은 공(公) 편향의 유심(儒心) 이해에 대해서는 적지 않은 불만·이의·반발을 느낍니다. 종래의 유학의 주된 언설의 축이 유학자의 치심치도(治心治道)에 너무 경도되어 왔다는 점이 못마땅하다는 것입니다. 치자의 치심의 근저에 '위민'(爲民=백성을 위한다)의 의향과 변설은 있었다고 해도, '여민'(與民=백성과 함께한다)의 실의(實意)와 실설(實說)은 실재한 적이 없다는 데에 저의 유교혁신적 비판의 연원이 있습니다.

마음과 말의 연동작용

카타오카 류: 반복되는 이야기입니다만, 저도 결코 유교부활론자도 동아시아사상 전통의 복고주의자도 아닙니다. 자기의 '마음'에만 집중하면 세계가 평화로워진다고 한다면, 여기서 이렇게 모여서 대화할 필요도 없겠지요. 과거의 유교나 선불교도 역시 많은 말을 해 왔습니다. 포콕(John G. A. Pocock)이라는 영국의 정치사상연구자는 고대 중국의 유교의 '예'(禮)에 대해서 다음과 같이 말하였습니다. 유교에서는 '예'는 말에 의하지 않고 그 자체가 미적인 체계로 흡인력을 가지며, 일반 서민은 다르지만 군자의 경우에는 '예'를 아름답다고 생각하고, 그 체계 속에 자발적으로 들어간다. 즉 '예'란 말을 필요로 하지 않는 정치질서라는 것이지요. 하지만 포콕이 의문을 제기하는 것은, 그럼 왜 유교에서는 '예'가 그런 것이라고 반복해서 언어로 말하지 않으면 안 되는가 하는 문제입니다.

'마음'에 대해서도 같은 문제가 있는데, '마음'에 집중함으로써 자동적으로 모든 것이 잘 된다면 '마음'이 중요하다는 말 자체가 필요하지 않을 것입니다. 그런데 유교에서는 "'예'는 멋지다", "'마음'의 철학은 훌륭하다"고 계몽하면서 그것과는 다른 생각을 '이단'이라고 규정하고 비판해 왔습니다.

그런 의미에서 유교의 말은 그 이상과는 멀리 동떨어진 빈약한 것이라고도 할 수 있겠지요. 그 말이 자기와는 다른 많은 풍부한 것을 배제해 온 것은 새삼 지적할 필요도 없습니다. 하지만 유교뿐만 아니라 모든 '말'이란 결국 풍부한 전체성을 각각 제거해 버리는 것이 아닐까요? 그렇게 생각하면 동아시아 사상전통이 말의 불충분함을 확실히 인식하고, 항상 풍부한 전체에 도달하려고 하면서, 말로 그것을 호도해 버리는 것을 싫어한 것은 일종의 지혜를 보여주는 것은 아닐까요?

우리는 현재 남아 있는 그들의 말을 고정화해서 이해함으로써 그 이데올로기로서의 불충분함, 문제점을 따지는 것은 가능하지만, 만약에 그들에게 있어서 말은 진리, 풍부한 전체성에 도달하기 위한 어쩔 수 없는 수단이었다고 한다면, 그들이 남긴 흔적을 보는 것이 아니라 그들이 지향하고자 했던 의도에 유의하지 않으면, 놓쳐 버리는 것이 크지 않을까요?

김태창: 말에 의한 설명만으로는 놓치는 것이 크다는 지적은 저도 물론 충분히 유념하고 있는 바입니다. 하지만 말로는 설명할 수 없는 곳에 진실이 있다고 해도 그것을 말을 매개로 해서 자타간의 상호 이해가 성립가능한 것으로 만들어 나가는 것이 철학적·사상적 붕우강학의 기본과제가 아닐까요? 제 생각에는 말을 통해서 접근할 수 없는 것은 신비로운 영역이고, 그것은 주체적·내면적 직감에 의한 깨달음만이 허용될 것입니다.

저는 '참다움'(마코토=진실·진리·사실)은 '참말'(마코토=眞語·實語·誠語)에 의해 전달·해명·공유될 수 있다고 생각합니다. 그리고 말은 진리의 보편성이나 사실의 특수구체성보다는 진실의 횡단매개성에 작용을 가하여 자타간의 상사(相思)·상통(相通)·상달(相達)을 촉발시키는 것이, 그 가장 중요한 작용·효능·역할이 아닌가 생각합니다.

'횡단매개'는 영어권에서는 'transversal'이나 'transversality'라는 말로 논의되어 온 개념입니다. 요컨대 자기와 타자가 서로의 차이를 넘어서 함께·서로·치우침 없이 맺고·잇고·살린다는 것이지요. 이것을 마음과 말의 관계라는 관점에서 다시 생각해 보면, 보편성이나 특수성보다는 횡단매개성이 무엇보다도 중요하다고 생각합니다. 특히 '공'과는 다른 '공공'을 진지하게 생각하게 되고 나서는 '공공'의 핵심을 '횡단매개'로 이해하고, 이런 생각을 말해 왔습니다. '공'은 일원성·통합성·보편성을, '사'는 다원성·분산성·특수성을 지향한다고 하면, '공공'은 '공'과 '사'를 매개·중화·돌파하는 틀·작용·움직임이라고 생각하기 때문입니다.

야마모토 후미카: 'transversal'의 차원에서 대화하려고 하는 시도는 평가하고 싶습니다만, 구체적으로 어떤 윤리원칙, 윤리관을 채택해서 그것을 공공으로 간주할까 하는 것은 대단히 어려운 문제라고 생각합니다. 평소에 응용윤리학을 하면서 생각하는 것인데, 의학·의료윤리·기술윤리는 어떤 의미에서 간단합니다. 윤리강령에 반한 경우에 자격을 박탈한다고 하는 형태의 제재도 있습니다. 그런데 응용윤리학 중에서도 정보윤리는 상당히 어렵습니다. 왜냐하면 전문영역을 무너뜨려 나가는 것이 정보화 사회이기 때문입니다. 이제는 전문가가 아니면 정보를 발신하거나 수신할 수 없는 사회가 아니기 때문에, 여러 사람이 쓰고 여러 일을 하고 있습니다.

'transversality'적인 윤리원칙, 윤리관 같은 것을 정보화 사회에서 쌓아 나가려고 하는 경우에, 정보화 사회는 전 세계를 에워싸고 있기 때문에 거기에서 할 수 있는 일은 결국 진부한 것이 되어 버리지 않을까요? 진부한 것밖에 말할 수 없게 되면 "거짓말 하지마!"와 같은 윤리원칙이 되고 마는데, 물론 그 원칙은 윤리적으로는 대단히 중요하지만, 진부하기 때문에 실효성을 갖지 못하게 됩니다. 공공공간 속에서 진부한 것이 아니라 미래에도 실효성을 갖는 말로 어떤 윤리원칙을 구축할 수 있는가 하는 것은 정보화 사회에서는 상당히 어렵습니다.

어떤 집단 안에서 윤리원칙을 채택하는 것은 그다지 어렵지 않지만, 특정한 틀이 없는 넓은 사회 안에서 윤리원칙을 생각할 경우에 공공윤리의 구축은 어렵습니다. 세계에는 기독교나 유교나 불교와 같은 여러 가치관이 있기 때문이지요. 공공철학의 기본윤리지침을 채택할 경우에 실효성을 갖지 않으면 의미가 없는데, 이 점은 어떻게 생각하시는지요?

김태창: 저는 전문분야 사이의 횡단매개가 결국 진부한 말밖에 할 수 없는 상태를 가져온다고는 생각하지 않습니다. 그리고 제가 횡단매개를 중시하는 것은 주로 말과 마음의 연동작용으로서입니다. 마음과 분리된 말이 인간적·사회적 신뢰의 근간을 무너뜨려 왔고, 말에 의한 매개 없는 마음의 편향이 타자부재의 인간이해·사회파악·세계해석과 폐해를 가져왔다는 것이 제 생각입니다. 실심(實心)과 연결된 실어(實語)에 의해서 진실의 공유·공감·공명이 가능해진다고 생각합니다. 종래의 이른바 '공인'의 '공심'은 치자의 치심일 수는 있지만, '평민'·'서민'·'생민'의 '민심'—'공심'이 아니고/이라기보다는 '사심'이라고 할 수 있겠지요—과는 연결되지 않는다고 생각합니다.

참말(眞言)

시미즈 마사유키: 공심과 사심의 이항대립을 넘어선 것으로서의 실심과 그것과 연결된 실어에서 진실의 공유·공감·공명이 가능하다고 하는 김 선생님의 생각은 잘 이해했습니다. 하지만 그런 사유를 진행할 때에 다시 이항대립 안으로 빨려 들어가지 않는 논리가 필요하겠지요.

아까 카타오카 선생님이 토론의 흐름을 정리해 주신 것과 관련해서 먼저 저의 입장을 말해 두겠습니다. 카타오카 선생님은 제 입장을 역사적인 것을 토대로 한 발언이라는 식으로 정리해 주셨습니다. 저 자신은 사상사 안에서 얻어진 것들을 토대로 윤리학적 관점에서 생각해 보려고 하고 있습니다. 사상사는 역사로서 의미가 있는 것이 아니라, 그 속에서 윤리를 생각하는 몇 개의 교두보를 생각하는 실마리로 삼고 싶은 것입니다. 그런 의미에서의 실마리가 국학사상의 한 측면이고 와츠지 테츠로이고 모리 아리마사의 사색입니다. 그것들은 '사람과 사람 사이'—후지타니 미츠에나 와츠지의 용어입니다만—에서 성립하는 '일상성'의 해석학이라는 의미에서 풍부한 재료를 제공해 줍니다. 그들의 일상성의 해석학, '사람과 사람 사이'를 둘러싼 사색은, 개념에서 시작하는 것이 아니라 인간관계의 기미(機微)에서, 역으로 그것을 파악하는 개념을 자아낸다는 점에서 공통점이 있습니다.

먼저 역사적 사건의 제시가 아닌, 이 도론의 주세와 관련된 하나의 문제를 말해 둘까 합니다. 아까 카타오카 선생께서 제가 주류가 아닌 방류에 착안하고 있다고 표현하신 말씀과 관련됩니다만, 그것은 '마음'이라는 말을 이해하는 방식의 문제입니다. 방금 제가 관심을 갖는 교두보로 든 몇 가지 사상적 활동들은, '마음'이라는 애매한 말을 가지고 그 활동을 시작하고 있지는 않습니다. 오히려 '마음'을 분해하고, 그 심적 과정의 미세한 주름을 파고들어 간다고 할 만한 분석을 보여주고 있습니다. 왜 그렇게 되었는가는 일본어의 '마음'이 이른바 '리'(이법)도 '정'(인정)도 모두 함의하고 있기 때문이라고 할 수 있습니다. 즉 감정과 이성이라는 해부가 불가능한 양의성을 '마음' 자체가 갖고 있기 때문입니다. 그런 의미에서 '마음'은 사상언어는 되지 못합니다. 그래서 그들의 사색은 '마음'을 분해하고 차이화하고 다른 말을 실마리로 삼으려고 합니다. 와츠지의 주관성과는 분리된 기능으로서의 '성실'(誠實)이라는 개념, 모리의 이항방식, 삼인칭 등도 그중의 하나입니다. 역으로 말하면 마음이 이성적인 것과 감정적인 것을 모두 가지고 있다는 것이지요. 그래서 우선 개별적인 마음 자체가 사정(私情)·사심(私心)임과 동시에 '공'도 함께 가지고 있다는 것을 전제로, 마음 자체의 사적인 내지는 사비적(私秘的)인 측면과 공적인 측면을 먼저 해부하는 데 착수한다고 할 수 있겠지요.

사람은 '사심'(私心)을 가지면서 '공신'(公身)으로서 '사람과 사람 사이'에 살고 있다는 것은, 제가 교두보의 하나로 생각하는 후지타니 미츠에가 한 말입니다. 윤리학적 측면에서가 아니라 역사적인 것을 논하는 것이 오늘 이곳에서의 제

역할이라고 생각해서, 미츠에의 논의를 소개하고자 합니다.

그는 노래가 왜 사람들의 공감을 얻을 수 있는가 하는 문제에서 가론(歌論)의 사색을 시작했습니다. 처음에는 '진심'·'성'(誠)이라는 말로 노래의 의미와 효용을 둘러싼 사색을 시작했는데, 그 과정에서 진심·성이라는 용어를 포기했습니다. 아무리 말을 해도 이 용어로는 주관성의 발로에 지나지 않는다는 와카(和歌)의 위치지움에서 벗어날 수 없고, 타자에게 전달되는 공감, 타자와 함께하는 공감이라는 기능, 노래의 이른바 공공적인 기능을 설명할 수 없기 때문입니다. 그래서 미츠에는 마지막에는 '진언'(眞言)이라는 용어에 도달합니다. 가능한 한 간략하게 말하면, 미츠에는 시적 언어가 '사심'에서 나오면서도 타자의 공감을 얻고, 나아가서 공동적인 '사람과 사람 사이'에 울려 퍼지고, 인간에게 '행복'을 주고 충분히 살리는 기능이 '진언'에 있다는 논리를 전개합니다. 덧붙이면 그는 사(私)—공(公)—진(眞)이라는 식으로 발어(發語)와 행위를 계층화하고, '사'보다는 '공'이 '참다움'에서 멀리 있고 일으키는 해악도 많다, 왜냐하면 '공'이라고 주장하는 것이 종종 '사심'에서 나온 것으로, 타자의 승인을 얻으려는 집착이나 치우친 마음을 고조시키기 때문이라는 것이지요.

주관적인 마음의 성실함을 정위(定位)시키기 위해서 출발한 미츠에가 결국에는 '진언'이라는 개념을 '사람과 사람 사이'로 정위시키는 사고 과정에, 그리고 거기에서 개개의 인간이 품고 있는 '사심' 혹은 '욕정'이 공공적으로 성취된다—성취가 어떤 것인지는 다른 문제입니다만, 어쨌든 미츠에는 오로지 도리에만 의존한 정치로는 '욕정'을 갖는 다양한 집합체를 효과적으로 지배할 수 없고, '진언'에 의한 정치야말로 효과적이라고 하였습니다—고 하는 사고 과정에, 저는 납득하는 부분이 많았습니다. 아까 김 선생님께서 말씀하신 '함께·서로·치우침 없이 맺고·잇고·살리는'이라는 표현과 동질의 것을 찾아볼 수 있다고 생각합니다.

다만 앞에서 한 말로 돌아가면, 진언 혹은 김 선생님의 '참다움'—진어(眞語)·실어(實語)·성어(誠語)—과, 개개의 '사'에서의 즉자적인 '참다움'—'인정'이나 미츠에가 말하는 '욕정'도 그중의 하나입니다만—이 어떤 관련이 있는가, 혹은 '활사'(活私)에 의해 성립하는 '공공'이 어떻게 역으로 '사'(私)에 반조(反照)되는가, 일방적이지 않은 상의적(相依的)인 장치를 어떻게 실천적으로 구축해 나갈 수 있는가를 생각할 필요가 있겠지요. 도리에만 의거하는 '공'이 오히려 사람들의 치우친 정념을 고조시킨다는 것은 탁견이라고 생각합니다.

김태창: 그것은 시미즈 선생 본인의 견해입니까?

시미즈 마사유키: 후지타니 미츠에에 입각한 논의입니다. 보통 '공'을 '사'보다 우월하다고 보는 생각을 뒤집어서, 공이 가장 인간을 미혹시키고 치우치게 한다, 선이나 정의를 주장하는 것은 올바름을 주장하는 것으로, 오히려 수습할 수 없는 과도한 정념을 조장한다, 오히려 사적인 심정을 올바른 말에 가탁함으로써 진정한 참다움에 도달하는 것이 아닌가, 라고 주장하였습니다.

김태창: 후지타니 미츠에는 어느 시대 사람인가요?

시미즈 마사유키: 노리나가보다 뒤의 사람이니까 도쿠가와 후기입니다. 1768년에 태어나서 1823년에 죽었습니다. 그뿐만 아니라 국학은 말의 문제에 집착합니다. 가령 마음의 성(誠)과 말의 성(誠)이 어째서 같은 '마코토'(참다움)인가, 라고 하는 일견 하찮게 보이는 문제를 생각하는 것도 케이츄우(契沖, 1640~1701)[38]나 노리나가 등의 국학 계통의 특징입니다. 하지만 그들은 이런 문제들은 한문 문맥에서는 논의할 수 없다고 생각합니다. 물론 선구적인 문제제기이지만, 그들은 이 문제를 풀어내는 개념을 새롭게 만들어내지 않으면 안 되었기 때문에, 근대의 세례를 받은 우리 눈으로 보면 미숙한 사상이기도 합니다. 하지만 메이지 이래로 지금에 이르기까지 좀 더 미세하게 논의되는 논점을, 국학적 사상은 재료로서는 이미 일찍부터 제시하였습니다. 미츠에는 자신의 학문을 '유불(儒佛)의 후학'이라고 부르면서, 유교와 불교에서는 문제화할 수 없는 것을 다루는 것이라고 하였습니다. 주관성이 강한 '진심'이나 '성'(誠)으로는 타자에게 그 본의가 전달되지 않는다고 보고, '진언'에서 그가 말하는 '더러운' 사심을 올바르게 성취시키는 작용을 본다고 한 미츠에는, 오늘의 주제와 깊게 관

련된다고 생각했기 때문에 얘기가 좀 길어졌습니다.

자각적인 '무사'(無私)

김태창: 저의 주된 관심은 '공심'의 대극으로서 차별되고 억압·배제·부정되어 온 '사심'을 다시 보는 것입니다. 과연 '사심'은 사악함으로 규정되어야 하는가 하는 문제이지요. 자타공립(自他共立)의 원천으로 보아서는 안 되는가? 이런 문제의식을 줄곧 가지고 있었기 때문에, 가령 나츠메 소오세키(夏目漱石, 1867~1916)[39]의 '자기 본위의 정신'과 '칙천거사'(則天去私, 하늘을 본받고 사를 제거한다)를 어떻게 헤아리면 일본인의 실심이해로서 의미 있는 것이 될 것인지 알고 싶습니다. 특히 '칙천거사'의 진짜 의미가 무엇인지도 잘 모르겠습니다. 제가 읽어온 문헌에 기초하는 한 '자기본위의 정신'은 소오세키의 명확한 의식의 표현인데, '칙천거사'는 생애의 마지막 단계에서 불쑥 튀어나온 발언이므로, 그의 주변에 있던 사람들 사이에서조차도 의견이 분분합니다.

카타오카 류: 소오세키의 경우에는 그가 평생 단 한 번 말했을까 말까 한 말이 지나치게 부각되고 있는 셈입니다. 문학자 중에서 또 한 사람 '무사'(無私)라는 말과 관련해서 금방 떠오르는 사람이 고바야시 히데오(小林秀雄, 1902~1983)[40]입니다. 고바야시의 경우에는 그의 '무사의 정신'이라는 말이 지나치게 강조되고 있다고 생각하는데, 그는 소세키보다도 '무사'라는 말에 무게를 싣고 있습니다. 이것은 그가 제2차 세계대전 중에 말에 대한 불신이 커져서, 문단에 등을 돌리고 골동미술의 세계에 침잠했다는 사실과도 관련되는데, 이 문제는 고바야시의 전쟁에 대한 태도와도 관련되는 어려운 문제이기 때문에 일단 보류해 두고, 대국적으로 말하면 다음과 같은 간단한 것이라고 생각합니다. 즉 그것은 그가 직업적인 문필가였다는 사실입니다. 「올림픽」이라는 글이 있는데, 거기에서 고바야시는 올림픽에 참가한 스포츠선수들을 텔레비전에서 보고, 그 선수들이 자기 자신 속에 집중함으로써 의식이 없는 상태가 되었을 때, 즉 '무사'가 되었을 때 대단히 아름답게 연기하고 멋진 결과를 낳는다는 사실에 주목하

고 있습니다.

고바야시에게 문필활동이란, 스포츠나 무도(武道)와 마찬가지로, 육체단련의 문제입니다. 자주 이야기하듯이 문장을 쓸 때에 작위적인 의식이 개입되는 것이 아니라, 무아의 상태가 되었을 때에 영감이 떠오르고, 그런 정신 상태를 만들어 내도록 육체를 컨트롤합니다. 이 정도의 의미가 아니었나 생각합니다. 그것이 무도(武道)나 문필을 일로 삼지 않는 일반인의 삶의 방식으로서도 필요하다고까지는 말하고 있지 않습니다.

하지만 저는 여기에 재고할 만한 문제가 있다고 생각합니다. 그것은 우리의 '마음'의 문제를 생각할 때에 도저히 피해갈 수 없는, 피해가서는 안 되는 '육체'의 문제입니다. '마음'은 '육체'와 통하고 있습니다. 적어도 유교에서는 그렇습니다. 자기 '마음'은 자기의 '육체'와 통하고, 자기의 '육체'는 자기 이외의 '육체' 그리고 그 결과 자기 이외의 여러 '마음'과 통하고 있습니다. 그래서 자기의 '마음'에서 출발하여, 그것을 똑바로 응시함으로써 자연 전체 그리고 자연의 '마음'과 일체화될 수 있다고 생각한 것입니다.

하지만 정신과 육체를 이원적으로 이해해 버림으로써 우리는 '육체'에서 즉 자연에서 보내오는 소리에 둔감해졌습니다. '말'도 마찬가지라고 생각합니다. '말'을 관념적인 것으로 생각함으로써 버려진 것이 많이 있다고 생각합니다. 그래서 고바야시가 '육체'와 통하는 것으로서 '말'을 실마리로 '무사'를 추구했다면, 유교에서는 '육체'와 통하는 것으로서 '마음'을 실마리로 '무사'를 추구했고, 그런 의미에서는 비슷한 점이 있다고 생각합니다. 물론 고바야시는 유교를 싫어했습니다만.

야마모토 후미카: 고바야시 히데오는 「무사(無私)의 정신」이라는 짧은 에세이에서 어느 실업가를 평가하였는데, 그 사람은 말로 따지지 않고 소리도 내지 않고 단지 묵묵히 일을 하고 있어도, 보통 실업가와는 다르다고 하였습니다. 남다른 의식가(意識家)이면서 과감한 실행가(實行家)이기도 하지만, 실행은 의식을 죽이는 것이라는 사실을 분명히 알고 있었던 실행가였다고 하였습니다. 의식

을 하지 않는 것은 아니고 의식하고 있지만 묵묵히 일을 하는 것이 '무사'(無私)라는 식으로 말하고 있습니다.

시미즈 마사유키: 아마도 즉자적인 의미에서의 '무사'(無私)는 아니겠지요. 고바야시 히데오는 명확한 자의식을 지닌 이른바 작위적인 사람이기 때문에 자기의식의 컨트롤의 궁극에 '무사'의 필요성을 제시하고 있는 것은 아닐까요? 아까 말한 '마음'의 양의성과 관련해서, '마음'을 의미하는 일본어의 '코코로'(心)에는 마음의 과정을 다시 한번 위에서 내려다보는 기능도 들어 있다고 할 수 있습니다.

가령 제아미(世阿弥, 1363?~1443?)[41]의 노가쿠론(能樂論)에서 말하는 '이견의 견'(離見の見)―한발 떨어진 곳에서 자기를 관찰하는 견식―도 마음의 작용입니다. 모토오리 노리나가도 그의 가론(歌論)에서, "진짜 있는 사실을 그대로 말하는 것도 참다움[마코토]이다. 하지만 거짓말을 해서 상대방의 공감을 얻는 것도 참다움이다. 나아가서 공감을 얻기 위해 수사(修辭)를 쓰는 것은 거짓이 되기 때문에 오히려 있는 그대로를 말하려고 하는 것도 참다움이다"라고 하면서, 초자아와 같은 시선을 자기 안에 두고서 거기에서 가론(歌論)을 구성하였습니다. 만약에 '무사'에 의미가 있다고 한다면, 자기초월적인 구조를 자각적으로 살면서 모든 메카니즘을 자각해서 마지막에 마치 '자연스럽게' '무사'가 나오도록 하는 데에 있지 않을까요? 고바야시의 진의는 어디에 있는지 가르쳐 주셨으면 합니다. 다양한 마음의 과정을 거쳐서 마지막에 나오는 경지로서의 '무사', '무사'에 이르는 과정에 자각적인 '무사'가 있는 것은 아닌가? 일본사상의 역사에서도 즉자적인 '무사'는 말하지 않는다고 할 수 있습니다. 사상적 장면에서는 항상 자각적으로 말해져 왔다고 생각합니다. 이 좌담회의 첫머리에서 '무사'라는 문제 자체에 의문을 제기하는 듯한 말을 한 것도 이런 생각에서입니다.

김태창: 그렇다면 고바야시 히데오가 '무사'를 말했다는 것 자체가 그의 '사'가 가장 잘 표출되고 있다는 것인가요? 그것은 '활사'이지 '무사'가 아니고 '멸사'도 아니라는 말인가요? '무사'를 진정으로 믿고 있다면 아무 말도 하지 않을 것

이라는 건가요? 고바야시 히데오가 '무사'를 말하고 있는 이상 '무사'라는 '사'를 강조한다고 생각해야 비로소 앞뒤가 맞는 것이 아닐까요?

제 생각에는 '무사'는 존재론적으로 한정되는 '사'를 일체 무(無)로 함으로써 아무것에도 메이지 않는 자유를 확보하려는 것이 아닌가, 라는 추측을 하게 됩니다. 보통은 개인적 · 조직적 · 환경적 조건에 제약되거나 구속되어 거기에 집착하지 않을 수 없지만, 그런 존재양식과의 관계를 모두 끊은 무연무애(無緣無礙)의 '사'가 되라고 권유하는 느낌이 듭니다. 저에게 있어서도 일본인들이 말하는 '무사'는 '공'의 논리가 요청하는 말과 마음의 형태로 생각됩니다. 그것은 어디까지나 '사(私)가 없는 사'(私)라는 마음과 말의 형태로, 어떤 의도나 명분에 기초하여 기대 · 요구 · 명령되는 것이지, 결코 저절로 생겨나는 자연 본래의 마음의 모습과 그것의 언어적 표현은 아니라고 생각하는데, 정말로 그렇습니까? 마음이란 인간의 내면성이나 주체성을 말하는데, 일본과 일본인의 특징은 사물을 내면화하고 주체화해서 이해하는 것이라고 주장하는 일본인 유학자가 많이 있습니다. 그렇다면 여기에서 강조되는 '내면'이란 무엇인가? 일본과 일본인의 내면성 중시는 어느 정도 이해할 수 있습니다만, 그것이 주체성 중시이기도 한지 어떤지는 의심스럽습니다. 일본과 일본인에게도 완전히 다른 생각이 있으니까요.

가령 대표적인 환경심리학자 중의 한 사람인 릿교(立敎)대학의 코우노 테츠야(河野哲也) 교수는 마음은 밖에 있다고 주장합니다. 저 자신도 마음은 '내면'에만 있는 것은 아니라고 생각합니다. 내면의 사건이라기보다는 자기와 타자 '사이'(間)에서의 작용이라고 생각합니다. 요즘식으로 말하면 마음을 '뇌 안의 현상'으로만 이해하는—한정하는—입장에 서지 않는 것이지요. 뇌 안과 뇌 밖—자연적 물리적 환경 · 사회적 문화적 환경 · 타자 등—의 사이에서 작용하는 역동이라고 이해합니다. 하지만 지금 우리의 대화에서 가장 중요한 것은 일본인의 실심을 어떻게 이해하는가, 라는 문제이기 때문에, 일본인인 여러분이 사실대로 말씀해 주시는 것이 무엇보다도 중요합니다. 그래서 다시 한번 여쭤보고 싶은데 결국 일본인의 참마음—진심·본심·성심—이란 다름 아닌 '무사(無私)의 마음'인가요?

시미즈 마사유키: 말을 바꾸는 것 같습니다만, 그렇다고 인정할 수밖에 없을 것 같습니다. 적어도 하나의 덕목으로 장려되어 왔다는 것은 엄연한 사실이니까요. 하지만 거듭 말씀드리지만 결코 즉자적인 것은 아니라고 생각합니다. 물론 그것을 대자화해 온 사색의 역사는 있었기 때문에 단순화할 수는 없다고 생각합니다. 가령 기독교적인 가치관의 경우에는 전체에 대한 봉사라고 하는데, 역사적으로 보면 그 '전체'가 무엇인가가 반드시 일정하지는 않습니다. 하지만 전체에 대한 봉사라고 해도 하나의 예를 들면, 테레사 수녀의 행위는 무사이자 멸사로 보입니다만, 반드시 자기를 억제했다는 느낌을 주지 않습니다. 일본어의 '무사', '멸사'에는 자기를 죽인다는 어감이 동반되는 경우가 있습니다. 하지만 이상을 향해서 일체화한다는 의미에서의 '무사' 혹은 '멸사'한다는 전통이 줄곧 있기 때문에, 이 점은 부정할 수 없다고 생각합니다. 이렇게 말하면서도 무사와 멸사는 구분이 필요할지도 모른다고 생각하는데, 어쨌든 멸사든 무사든 부정적인 뉘앙스가 있어서 '무사'라는 말을 듣는 순간, 거절하는 사람이 많은 점도 수긍할 수 있습니다.

또한 역사적인 예를 들면, 중세의 『우관초(愚管抄)』는 그런 의미에서 대단히 재미있는 자료로, 역사에서의 '도리'의 엄연한 존재를 저자는 확신하고 있는데, 이념과 같은 도리를 인식하고 '사(私)가 없이' 행위하는 사람이 현인(賢人)이라고 말합니다. 전체에 맞춰서 자기를 죽이라는 의미가 아니라, 이 도리야말로 공공적인 것이라고 강조합니다. 중세적 세계에는 '도리'라는 말이 유행어가 된 시기가 있습니다. 사적(私的) 관습법이나 사심(私心)에서 나오는 요구를 '도리'라고도 하여—산계사(山階寺)[42]의 무리난제(無理難題)[43]를 사람들은 '도리'라고 불렀다고 합니다—'여러 도리들'(諸道理)의 투쟁이 됩니다. 그래서 '사' 도리가 난립하는 상황이 출현합니다. 하지만 그 '사심'에서 나온 '여러 도리들'(諸道理)의 조정은 '공' 도리를 추구한다고 하는, 이른바 '공공성'을 추구하는 과정으로 왜곡됩니다. 다른 시대와는 상당히 다른 세계입니다.

그런데 도쿠가와 시대나 근대가 되면 무사(無私)의 방향성이 어떤 외부의 압력으로 일원화되었기 때문에, 여전히 그 흐름 속에 있는 현대는 '무사'에 대한 부정적인 감각을 환기시킨다고 할 수 있겠지요. 이념으로의 일체화라는 의미에서의 '무사'는 덕목으로서는 보편적일 것입니다. '무사'라는 말이 양가(兩價)적인 감정을 환기시키는 것은 역사에 원인이 있을지도 모릅니다. 양질의 '무사'가 있었다고는 해도 '활사'로 연결시키는 것은 간단하지는 않습니다.

인격과 인칭

야마모토 후미카: 저는 언어와 관련지어 생각하는 습관이 있기 때문에 '테니오하'(てにをは)의 통어론적인 작용과 무사의 관계성에 대해서 고민하고 있습니다. 제 책에서 인칭의 분류학(taxonomy)을 주장하는데, 인칭에는 네 가지 차원이 있다고 생각합니다. 그 분류를 토대로 윤리를 생각해 왔습니다만, 적어도 언어적 차원에서 윤리를 생각한다면 아무래도 일본어가 어떤 구조로 되어 있는가 하는 문제는 피해 갈 수 없는 문제입니다. 랑그의 문제에 전혀 무감각한 윤리학에는 기만을 느낍니다. 다만 세계에서 지금 요구되고 있는 현실적인 윤리, 즉 응용윤리학이라고 불리는 생명윤리, 의학윤리, 환경윤리, 정보윤리 등에서 요구되는 윤리는 언어적 차원의 윤리가 문제가 되는 것은 아닙니다. 그보다도 커뮤니케이션 차원에서 무엇이 필요하고, 무엇을 공통의 행위 지침으로 삼아야 하는가, 하는 것이 요구되고 있습니다.

언어 차원을 넘어서 커뮤니케이션 차원이나 기억 차원으로 가면 보편적인 얘기가 된다고 생각하고 있습니다. 그래서 먼저 보편적으로 얘기되는 차원에서 시작해서, 어떻게든 윤리를 구축하여 그다음에 거기에서 말한 문제들을 언어와 연결해 나가려고, 즉 커뮤니케이션 행위의 차원에서 언어문제를 포함하는 형태로 사고해 나가려고 생각하고 있습니다.

김태창: 야마모토 선생께서 인칭을 중시하는 것은 무슨 이유에서인지요? 인

칭이야말로 선생님의 윤리탐구에서 가장 중요한 것인가요?

야마모토 후미카: 인격도 인칭도 영어로 말하면 같은 버전으로 구별되지 않지요. 이것은 추측입니다만, 일본어에서는 인간성이 뛰어난 사람에 대해서 "인격이 있는 사람이다"거나 "인격자다"는 말을 하는데, 이것은 칸트윤리학의 영향이 크게 남아 있기 때문일지 모릅니다. 영어로 "He is a person" 또는 "He has a person"이라고 해도 일본어의 의미의 '인격'은 되지 않습니다.

한편 인칭의 경우에는 원래 언어학적인 개념이었던 것도 있고 해서, 나, 너, 그, 그녀와 같은 관계성 속에서 이해하지 않으면 안 됩니다. 이 부분이 인격과 인칭이 크게 다른 점이지요. 그래서 굳이 '인격'이라는 말을 쓰지 않고 '인칭'이라는 관점에서 철학이나 윤리학의 문제를 새롭게 고찰해 보자고 생각하게 된 것입니다. 별로 잘 쓰지는 못했습니다만, 인격의 동일성과 인칭의 동일성을 구별하면서 개인의 정체성(personal identity)을 논하는 시도도 해보았습니다.

저는 인격은 반드시 개인의 문제만은 아니라고 생각하기 때문에 개인의 내면 차원으로 논의가 내려가는 것을 싫어해서, 그것을 열어 나가고 싶은 생각이 있습니다. 그것을 상징적으로 나타내는 개념이 '책임'이라고 생각합니다. 'responsibility'는 원래 'response'하는 'ability'인데, 'ability'라고 말해 버리면 개인의 문제가 되어서, 그것이 있나 없나 라는 이야기가 됩니다. 범죄에서는 '책임성'이 범죄 성립의 세 조건 중의 하나가 되고 있는데, 책임성은 항상 능력의 문제로 해석되고 말기 때문에 반드시 가해자에게 그 능력이 있는지 없는지가 문제가 됩니다.

하지만 책임은 사람과 사람 사이, 인칭관계에서만 성립되는 것은 아니라고 생각합니다. 능력보다도 "누가 누구에게 어떤 response를 하는가"가 윤리에서는 몇 배나 중요합니다. 저는 '누가 누구에게'가 명확한 책임을 '인칭적 책임'이라고 부르고 있습니다. 그런데 그 관점이 빠져 버렸기 때문에 현재의 형사법 체계에서는 책임을 취할 수 없게 되어 있습니다. 그것을 좀 더 열어나가기 위해서 인칭이라는 말을 중시하는 것입니다. 인칭이라고 한 이상, 나와 너와 같은 관계성이 먼저 전제되지 않으면 안 됩니다. 그리고 나와 너라고 할 때에 그것은 자기와 자기 아닌 것을 가리키기 때문에 반드시 비대칭적인 관계라는 사실을 전제로 하지 않으면 안 됩니다. 그 비대칭성을 어떻게 윤리와 연결해 나갈까, 이 문제를 생각하지 않으면 범죄의 문제도 그렇고 모든 것이 개인의 내면으로 왜소화되어 버릴지 모른다는 위기감을 갖고 있습니다.

활사개공의 마음 자세

김태창: 방금 야마모토 선생께서 대단히 중요한 문제를 지적하셨다고 생각합니다. 왜냐하면 저의 문제의식도 인격과 인칭, 그리고 도덕과 윤리를 어떻게 이해하면 좋은가 하는 데에 있기 때문입니다. '인격'이란 개개인의 내면적·주체적 품성·품질·품격을 가리키고, '인칭'이란 언어행위적 관계규칙—보통 문법이라고 합니다만—에서의 위상·역할·기능을 말합니다. 그리고 '도덕'이란 개개인의 내면적·주체수렴적인 심정(心情)규범(=양심)이고, '윤리'란 개인과 개인 '사이'의 관계규범(=仁心)입니다. 물론 인간과 자연, 인간과 기술, 인간과 국가 등, 다양·다중·다층의 '사이'와 관계되는 관계규범이기도 합니다. 그리고 도덕은 반드시 언어적 매개를 필요로 하지는 않지만 윤리는 언제 어디서나 언어적 매개가 필요합니다. 왜인가? 도덕은 기본적으로 자기'내'적 심정규범인데 반해서, 윤리는 타자의 존재와 그 가치를 전제로 해야 비로소 성립 가능한 자타 '간'의 관계규범으로, 자타'간'의 관계규범은 기본적으로 언어적 매개에 의해서 상호승인이 확보되기 때문입니다. 자기'내'적 심정규범은 타자와의 언어적 매개를 요청하지 않아도 성립한다고 하는 생각이 일본에서는 우세하지 않나 생각합니다. 왜 자기'내'적 심정규범과 자타'간'적 관계규범을 나눠서 말하는가? 일본인의 실심을 이해하는 데 있어 중요한 의미가 있다고 생각하기 때문입니다. 특히 실심의 '실'이 무엇인지에 대해 다시 생각할 필요가 있기 때문입니다. '실'이란 '가짜'(假)·'거짓'(僞)·'이름'(名)의 반대개념입니다. '가짜'·'거짓'·'이름'(만)의 마음이 아닌 참된(眞)·진짜(本)·성실한(誠) 마음입니다.

그런데 중요한 문제는 '실'을 '실'이게 하는 것은 무엇인가, 다른 말로 하면 무엇이 '실'을 실이게 하는가 하는 점입니다. 자기'내'적 심정규범에 기초하여 생각하면, 자기 마음이 '가짜' · '거짓' · '이름'(만)의 마음이 아니라고 하는 자기 확인 · 확신 · 확정이 명확하면, 그것으로 좋다고 할 수 있습니다. 하지만 자타'간'의 관계규범의 관점에서 생각하면, 자타'간'의 상호 이해 · 납득 · 승인이 성립해야 비로소 가심(假心) · 위심(僞心) · 명심(名心)이 아닌 진심 · 본심 · 성심이 입증됩니다. 거기에는 어떤 대화에 의한 상호 맺음 · 상호 이음 · 상호 살림이 필요합니다. 물론 자연 본래의 마음이 바로 원래 지향하는 상태입니다.

그럼 '무사(無私)의 마음'은 '실심'이라고 할 수 있는가? 그것이 자연 본래의 마음이면 실심이겠지요. 하지만 권력체제나 제도종교에 의해서 기대 · 요구 · 강제된 것이라면 그것도 실심이라고 할 수 있을까요? 그것은 무사(無私)를 가장한 거짓의 · 가짜의 · 이름뿐인—'부실'(不實)의—마음이 아닐까요? 과거 오랫동안 공인(公人)의 공심(公心)—치자(治者)의 치심(治心)—만이 긍정 · 변호 · 강화됨과 동시에, 한 사람 한 사람의 생활자 시민들의 생명욕(生命欲) · 생활익(生活益) · 생업리(生業利)는 사인(私人)의 사심(私心)—사욕(私欲) · 사익(私益) · 사리(私利)—으로 부정 · 배제 · 억압되어 왔는데, 그것은 지배자 쪽의 자위(自衛)논리 외에 아무 것도 아니라고 생각합니다. 사심(私心)의 부정이야말로 무사(無私) · 멸사(滅私) · 거사(去私)의 마음(상태)의 핵심입니다. 그리고 그것은 공심(公心)의 장려 · 칭찬 · 미화로 가는 수순입니다.

'활사'(活私)를 통해서 '개공'(開公)을 지향하는 마음자세를 가지고 '공사공매'(公私共媒)와 '행복공창'(幸福共創)을 구상하는 '공공심'—함께 · 서로 · 마주보고 대화하는 마음 · 공동하는 마음 · 개신하는 마음—은 치자의 치심이라기보다는/ 치심이 아니라 어디까지나 생민(生民)의 민심에 기초를 두는 것입니다. '공공심'이란 민의(民意)의 실성(實聲)에 귀를 기울이고 그들의 소원이 이루어지기를 도모하는, 민활(民活)의 원천으로서의 민심의 효능이라고 저는 생각합니다.

(출전: 「公共的 良識人」, 교토포럼 발행, 2008년 9 · 10월호)

4. 한일강제병합 백년: 공공철학적 의미와 과제*
- '일체환상'과 '내발적 심복'의 사상체험

올해는 한일강제병합 100년이 되는 해입니다. '한일강제병합'이란 무엇인가에 대해서 전문가들이 여러 각도에서 사실 규명에 힘쓰고 있습니다만, 저는 좀다르게 생각해 보았습니다. 저의 발상은 인간은 사실보다도 오히려 그 의미해석—즉 사상이자 철학이자 문화를 말합니다—에 의해 살아 움직이고 죽는 존재라고 하는 저의 체험적 인간인식에 기초하는 것입니다. 일단 사상(·철학·문화)을 갖게 되면, 그것과 안 맞는 사실이 나타나도 수용하지 않는다고 하는 인간의 본성에 관한 것입니다. 어떤 상황이든 반드시 자기의 사상(·철학·문화)에 부합하는 사실을 생각하고 창출해 냅니다. 그런 의미에서 인간이란 사상하고 철학하고 문화하는 동물이라고 할 수 있지요. 인간은 자기가 발언한 것이 나중에 사실에 반한다는 사실을 분명히 알았다고 해도 좀처럼 수긍하려고 하지 않습니다. 아니 그것이 설령 사실이라고 확인되어도, '그것은 사실의 일부에 지나지 않기 때문에'라고 변명하면서 결국 자기의 사상(·철학·문화)을 정당화하지요.

한일강제병합이라는 역사적 사실에 대한 저의 관심은, 그것에 부여하는 의미와 그 의의를 산출하는 사상적(·철학적·문화적) 활동입니다. 대다수의 전문가들의 다양한 언설을 보고 듣고 읽고 나서 사실인식을 새롭게 한 적도 있습니다만, 항상 마음 한구석에 뭔가 개운치 않은 응어리가 남아 있었습니다. 그것은 국가 간 혹은 민족 간 문제라는 차원의 엄청난 언설이 왠지 공허하게 느껴지기 때문입니다. 그래서 저는 저의 생활기억에 충실한 가족간의 공통체험의 일단을 말하고자 합니다.

---

* 일시: 2010년 1월 22일 / 장소: 공공철학 교토포럼 오사카 회의실
주최: 한일관계의 개선을 바라는 모임

1886년에서 1960년까지 살다 간 할아버지, 1910년에서 1986년까지 살다간 아버지, 1915년에서 1987년까지 살다간 어머니, 그리고 1934년에서 지금까지 살고 있는 저의 생애를 포함한 일가삼대(一家三代)의 실체험에 기초한 사상적(·철학적·문화적) 활동의 이야기입니다. 특히 한일강제병합의 해인 1910년에 태어나서 30년간 일본에서 거주하며 활동한 아버지의 일생이 중심이 됩니다만, 현재 일본에서 일본인과 함께 한중일의 공공하는 철학대화를 진행하고 있는 저 자신의 입장에서 보면, 일제강점기와 그 후 얼마 동안─특히 할아버지와 부모님이 돌아가실 때까지─의 우리 가족은, 한국전통의 유교와 기독교와 일본적 현실주의 사상(과 철학과 문화)의 상극·상화·상생의 시공간으로, 거기에서 저의 개인적인 생명과 생활과 생업의 혼주(魂柱)[44]가 세워졌다고 생각합니다.

한일강제병합을 사상적 활동의 차원에서 생각해 보면, 일본의 건국신화에 내포되어 있는 원초적인 망상이 한일관계에 관한 모든 문제의 시원이라고 할 수 있습니다. 여기에서 '망상'이란 『고사기』(古事記)의 「중쇠기」(仲衰記)와 「응신기」(應身記)에 기술되어 있는 오키나가타라시히메(神功皇后)의 신라·백제·고구려 정벌에 의한 '왕화'(王化), 즉 '일한일체화'(日韓一體化)와 '내발적 심복'(內發的 心服)의 확보라는 꾸며진 이야기에 의한 것입니다. 그런 일체환상(一體幻想)과 내발적 심복의 허상의 계몽과 강제와 침투를 통해서, 신국(神國) 일본의 무위(武威)의 사상과 철학과 문화가 한국·조선의 민중의 생명과 생활과 생업의 기초·기반·기대(基臺)로서의 사상적(·철학적·문화적) 자생개신력(自生開新力)을 철저하고 근본적이고 무법적으로 약화·왜곡·변질시킨 것이, 저에게 있어서 한일강제병합의 의미입니다. 왜냐하면 바로 여기에서 저희 가족·가정·가문의 분열과 갈등과 고뇌가 시작되었기 때문입니다.

한일강제병합이 가져온 가족 분열

저는 일본 동경에서 태어나서 한국의 시골에서 자랐습니다. 유민유자(遺民儒者)의 고집도 한몫해서인지, 가문의 장손인 저만큼은 일제의 나쁜 영향이 적은 곳에서 조상 대대로 전해 오는 유도적(儒道的) 가풍을 체득시키겠다는 할아버지의 의지가 너무나도 확고했기 때문에, 거기에 누구도 정면으로 거역할 수 없었다고 생각합니다. 특히 할아버지는 당시 일본이 강요한 무단통치의 '살기'(殺氣)와 문화정치의 '사기'(邪氣) 그리고 내선일치의 '위기'(僞氣)의 만연에 혐오감을 느끼고 있었던 것 같습니다. 할아버지의 심중을 헤아려보면, 망국과 망천하의 시대이기 때문에 정통 유학자의 '지기'(志氣)・'원기'(元氣)・'정기'(正氣)를 길러 유지하기 위해서도 벽촌에 은거하는 것이 좋다고 생각하셨던 것 같습니다. 할아버지는 한일강제병합 이전의 대한제국 말기에 대해서도 대단히 비판적이었습니다. 특히 당시의 '곡유'(曲儒)들—곡학아세하는 썩은 유학자들(腐儒)—의 망국행위를 반복하지 않겠다는 의미에서 '정유도'(貞儒道)—『논어』의 "군자는 곧고 바르지만 맹목적으로 소신을 고집하지는 않는다"(貞而不諒)에 철저한 중정진유(中貞眞儒)의 도(道)—를 수호전달하는 일에 전력을 다했다고 추측됩니다. 안동 김씨 일가 장손인 저에게 무엇보다도 먼저 정통 유학자의 '지기'・'원기'・'정기'를 몸에 익히기를 바라신 것 같습니다.

그런데 그런 할아버지의 생각은 동경에서 상업을 하면서 일본 학습을 통해 체득한 아버지의 '실생도'(實生道)와는 근본적으로 상반되는 데가 있었습니다. 아버지는 유도(儒道)의 지기・원기・정기보다도 먼저 자립하는 삶과 그 질을 높이는데 도움이 되는 '입기'(立氣)・'활기'(活氣)・'생기'(生氣)의 양육이 필요하다고 주장했습니다. 그것이 원인이 되어 격렬한 기 싸움이 두 사람 사이를 분열시키고, 무슨 일이 있을 때마다 대립과 갈등이 증폭될 뿐이었습니다. 어느 쪽도 쉽게 양보할 수 없었겠지요.

그것이 할아버지가 연로하시고 나서는, 아버지와 어머니의 '기육'(氣育), 즉 '기의 육성'을 둘러싼 방침 대립으로 전화되었습니다. 어머니는 일본적인 것에는 친근감을 느끼지 못했기 때문에 오로지 기독교 신앙을 생명과 생활과 생존의 근거로 삼았습니다. 아버지의 '실생도'—어머니는 저속한 물질주의라고 비판했습니다만—보다는 '기생도'(基生道=Christian life)—신에 대한 믿음을 삶의 근본으로 삼는 삶의 방식—를 자식들에게 가르치려고 했습니다. '입기'·'활기'·'생기'가 돈이나 물질에 사로잡히게 되면 '금력'의 횡포에 휘둘릴 뿐으로, 일본적 '무력'의 횡행과 무엇이 다른가, 라는 신념대립이 두드러졌습니다. 어머니는 저희 칠남매에게 '신기'(信氣)·'망기'(望氣)·'애기'(愛氣)의 효능을 강조하셨습니다. 그 원인이 무엇이든 할아버지와 아버지 그리고 아버지와 어머니의 불화는 가족의 심각한 번뇌를 가져오고 가정의 분위기를 한없이 어둡게 했습니다. 그것은 결국 일제와 어떻게 맞설 것인가 하는 기본자세의 문제로, 그 시대를 살아가는 기력의 작용이 크게 영향 받는다고 믿었기 때문이겠지요. 그렇게 헤아려 보면 할아버지는 반항, 어머니는 초탈 그리고 아버지는 일체화를 통해서 존생(尊生)의 근기를 유지할 수 있었던 것은 아닌가 생각합니다.

덧붙여 말하면 아버지의 '실생'(實生)은 현실에 즉해서 그것과 일체가 되어 사는 것을 말합니다. 그리고 아버지로서는 어떤 의미에서는 '일한일체'(日韓一體) 사상이 내세운 이념에 마지막 기대를 걸고, 거기에서 일가(一家)의 안전과 경제적·사회적 생활기반의 확보와 유지와 개선의 길을 찾을 수밖에 없었다고 생각됩니다. 보통 서민으로서의 생명과 생활과 생업을 유지하고 싶었다고 생각합니다.

미나미 지로(南次郎) 총독의 '내선일체'와 '내발성'

'일한일체'의 환상과 '내발적 심복' 이야기를 구체적인 정책의 기본방침으로 삼은 것이 1936년 9월 5일에 제8대 조선총독으로 부임한 육군대장 미나미 지로(南次郎. 1874~1955)입니다. 조선총독으로서의 그의 정책 방침은 '새로운 조선인'(더욱 완벽한 일본인)을 만들기 위한 일본 정부의 (황민화(皇民化) 요구의) 최종적인 모습'이었습니다. '황민화교육'의 궁극 목표는 아무런 사심(私心) 없이 천황을 위해 죽어 주는 조선인 병사의 출현을 강요함과 동시에, 조선의 젊은이들로부터 병역복무에의 '내발성'(內發性)을 이끌어내는 것이었습니다. 그것은 철저하게 강제로 추진되었습니다. 그것은 '새로운 조선인의 탄생'이라고 불리고, '강인한 민족적 반감'을 억누르기 위한 은밀하고 교묘한 회유책이기도 했습니다.

특히 의견 대립의 원인이 된 것은 미나미 지로의 확신범적인 '내선일체론'과 그것에 대한 '내발적 심복' 사상의 조작입니다. 미나미 자신의 생각에 의하면 '내선일체'는 '반도인(半島人)으로 하여금 충량(忠良)한 황국신민이 되게 하는' 것입니다. 이것은 그의 확고한 식민지 지배를 위한 통치철학이었습니다. 일견 단순명료한 데가 있기 때문에 역으로 다양한 해석이 가능하고, 상황과 사태의 변화에 응해서 자유자재로 그 내용을 바꿀 수 있었다고도 할 만큼 변덕스러운 것이기도 했습니다. 하지만 그것이야말로 한일강제병합 이래의 일본의 조선지배의 최고 통치목표로, 특히 중일전쟁에서 태평양전쟁에 이르는 시기에 일본정부의 조선 지배에 있어서 긴급한 당면과제였던 '동화정책'의 전형적인 것이었습니다. 그것은 일본의 식민지 지배가 단순한 경제적·물질적 수탈이 아니라 한국인의 근원인 자립적·자율적·자존적 긍지와 도량의 전면적인 파괴·근절·소멸을 꾀하는 것이었습니다. 그것은 "대저 사물을 제압하려면 먼저 그 마음을 다스리라"라고 하는 미나미 지로의 평소의 신념과도 이어지는 것입니다.

미나미 지로의 소신의 구체적인 표현은 일본인과 조선인이 "몸도 마음도 피도 모두 일체가 되지 않으면 안 된다"고 하는 절규에 집약되어 있습니다. 일본정부, 그리고 조선총독부는 한국·조선인으로부터 황민화로의 '내발적' 순종을 끌어내기 위한 마지막 근거로서 내선(內鮮)의 '무차별평등'을 선전하고, 그것에 대한 내발적 참여야말로 '차별로부터의 탈출'과 '빈곤으로부터의 해방'을 동시에 해결할 수 있는 확실한 길이라고 믿게 하려고 했습니다. 그것은 한국·조선인이 '일본인 이상의 일본인'이 되어야 비로소 자기들의 미래가 밝아진다고 하는 전망을 일부 한국·조선인들에게 갖게 하는 것이기도 합니다. 개인적으로는 '완전히 일본인이 됨'으로써 좀 더 밝은 미래를 개척한다는 바람을 강요하는 경우도 있었습니다. 제 주위에서도 일본인 이상으로 일본인처럼 되는 것 이외에 다른 선택의 여지가 없다고 생각한 사람들과 대일본제국과는 다른 차원의 생활세계를 상정하고 거기에 은거하는 길을 고수한 사람들의 두 부류가 있었습니다. 제 아버지는 전자에 가깝고, 할아버지와 어머니는 마지막 순간까지 후자의 입장을 관철했습니다.

하지만 문제는 '내선일체'론도 '내발성'의 강조도 처음부터 허위의 언설이었다는 점입니다. 일본정부와 조선총독부는 한국·조선인에게 그것을 철저하고 일방적으로 강요하면서, 일본인 자신에 대해서는 인종적 차별의식을 부채질하는 이중적 입장의 기만정책을 취했습니다. 미나미 지로 자신은 1942년 5월에 조선총독을 사임한 뒤 일본에 돌아와서 추밀고문관(樞密顧問官)이 되고 난 후에도, 어느 정도 자기 확신에 기초한 '내선일체'와 '자발성'의 철학을 주장했는데, 그 심층에는 '민도(民度)의 차이'라는 다른 논리가 준비되어 있고, 그것이 모든 '일체'론과 '내발성'의 심정을 무의미한 것으로 만들었습니다.

가령 조선총독부 기획부 계획과장인 야마나 미키오(山名酒喜男)는, 조선인은 이민족으로, 도저히 일본인이 될 수 없다고 하고, 그것을 전제로 한 상태에서 바람직한 일본인과 조선인의 관계는 일본인이 "항상 앞서서 조선인을 이끌고, 조선인도 내지인(內地人)에게 감사하는 마음을 가지고 배워야한다"고 하였습니다. '내선일체'란 '두 걸음도 세 걸음도 앞을 걸어가는 일본인의 뒤를 감사하는 마음을 느끼면서 온순하게 따라 가는 조선인'이라는 것입니다. 그래서 조선인과 일본인 사이의 거리는 좁혀지는 일은 있어도 결코 나란해지는 일은 있을 수 없다고 하는 차별을 내포한, 앞뒤가 상반되는 거짓 '일체'이자 기만의 '내발'에 의한 사상공작이었습니다. 저는 '일체'나 '내발'이라는 말과 그것의 의미가, 자기반성이나 자기성찰의 경우에 한정되어 사용된다고 한다면 긍정적인 효용을 발휘하는 경우도 있을지 모른다고 생각합니다만, 타자의 행동이나 자세에 대해서 그런 말을 하는 것은 고도의 신중함을 요한다고 생각합니다. 그래서 지금까지 전개해 온 철학대화의 시공에서도 상당히 경계하는 대응을 명시해 왔습니다. 거기에는 일제강점기의 한국·조선민중의 집합적 체험지에 기초한 생리적 거부 반응의 작용이 있기 때문입니다.

그런 상황 속에서 당시의 한국 민중은 어떤 태도를 취했는가? 저는 대중과 민중을 구분합니다. '대중'은 자기의식이 없는 다중(多衆)·군중·중인(衆人)을 말합니다. 그래서 바람이 불면 흔들리고, 자기의 이익에 조금만 부합되면 그쪽으로 나가고, 명확한 자기의식 없이 흔들립니다. 그와 같은 하나의 무리로서의 인간집단을 말합니다. 그에 반해 '민중'은 각자의 신념과 철학을 지닌 사람들의 모임입니다. 저는 이렇게 나눕니다. 민중신학이나 민중사관이라고 할 때의 '민중'은 대체로 이런 의미입니다. 일본에서는 대중과 민중을 구분하지 않기 때문에 잘 이해가 안 되는 부분이 있을 것입니다. 그래서 굳이 '지민'(志民)이라는 말을 사용하는데, 이 말도 일본에서 말하는 '시민'이나 '사민'(私民)과는 달리, 자기 자신의 명확한 의지와 신념을 지닌 다수의 사람들로서의 민중을 의미합니다.

일제의 관리나 경찰과의 대화를 끝내 거부한 할아버지

강대한 일본제국주의의 강점 지배 하에 할아버지와 아버지와 어머니가 어떤 삶을 살았는가를 생각하는 것이 저의 사상적(·철학적·문화적) 활동의 원점입니다. 할아버지는 학문을 하셨지만 입신 출세의 길을 포기하고 농촌의 작은 서당의 훈장이 되셨습니다. 한때는 마을 사람들의 뜻에 따라 마을 촌장으로 추대받은 적도 있었습니다. 하지만 촌장의 일을 할 때에도 일제의 관리나 경찰과의 대화를 한사코 거부하셨습니다. 중국어·일본어·영어를 상당한 정도까지 하셨지만, 일부러 숙부(와세다대학에서 일문학을 전공하고 한국에 돌아옴)를 불러서 통역을 시켰습니다. 그러면서 때때로 잘못된 통역을 지적하셨는데, 그때의 광경은 한 편의 코미디와 같았습니다.

할아버지는 어린 저에게 중국 고전을 가르치는 것을 통해서, 일제의 제도지(制度知)와는 다른 인간지(人間知)를 체득시키려고 했습니다. 할아버지 자신은 물론 일생 동안 동양고전의 세계에 칩거하며 유지일관(儒志一貫)했던 불굴의 한유(韓儒)였습니다. 그것은 당시의 한국·조선의 생각하는 백성, 즉 사민(思民) 또는 뜻있는 백성, 즉 지민(志民)의 생존방식 중의 하나였습니다. 일제권력에 저항하면서도 신변의 안전을 꾀함과 동시에 무도(無道)의 시대를 참아내는 지략이라고도 할 수 있겠지요. 생각해 보면 그것은 부정한 국가권력과는 일체의 타협을 거부하면서 공정한 국가상을 희구하는 일심의 집요한 관철이기도 할 것입니다.

'내선일체'론에 '내발적 심복'하였으나 일본에 배신당한 아버지

아버지는 초등학생 시절에 집안이 너무나도 가난했는데, 그 사정을 보다 못한 일본인 교장선생의 배려로 일본으로 가서 동경의 어느 가게의 견습공이 되어 일하면서 오로지 독학으로 중국과 일본의 고전을 공부하고, 일본적 상인도를 체득함으로써 일본인 이상의 일본인이 됨과 동시에 일본적 상인으로서의 길을 일관되게 걸어갔다고 늘 말씀하셨습니다. 그것이 자기와 가족과 가문의 장래를 개척하는 길이라고 순박하게 믿었던 거지요. 미나미 지로가 말하는 의미에서의 '내선일체'에 '내발적 심복'했기 때문인지, 주변의 일본인들과는 서로 경애하는 관계였다고 합니다. 하지만 아버지의 순박한 신념은 일본의 패전과 함께 일본 국적의 일방적인 박탈이라는 일본정부의 행정조치에 의해 철저하게 배반당했습니다.

그 후에 한국에 돌아가서 다시 사업에 성공하여 상당한 부를 축적했지만, 그것도 6·25 전쟁 때 잿더미로 변했습니다. 게다가 「한일기본조약」으로 인해 일본인이 한국에서 갖고 있는 재산은 물론 한국인이 일본에서 갖고 있는 재산도 모두 포기하도록 되었기 때문에, 결국 아버지가 일본에서 일본인과 함께했던 인간적인 생명·생활·생업 활동이 전부 무의미한 것으로 되고 말았습니다. 그리고 결과적으로 아버지의 '실생도'(實生道)는 전적으로 부정되고, 아버지가 허생도(虛生道)라고 비판했던 할아버지와 어머니의 '정유도'(貞儒道)와 '기생도'(基生道)가 옳았다는 것이 입증된 셈이지요.

신과 성서의 세계에 숨어서 일제와는 단절된 삶을 살다간 어머니

지금 시점에서 되돌아 생각해보면 할아버지는 일본제국주의와는 타협하지 않고 오로지 자신의 신념을 관철시켰습니다. 어머니는 항상 아버지와 말싸움을 하셨습니다. 지금 생각하면 어머니는 아버지가 '일본인 이상으로 일본인이 되는' 것에 신체감각적인 거부감을 느꼈던 것 같습니다. 열렬한 기독교 신자였던 어머니는 오로지 하나님과 신구약성서의 세계에 은거하면서 일제와는 단절된 곳에서 암흑의 시대를 견디어 냈다고 생각됩니다. 그리고 저에게는 훌륭한 사람이 되지 않아도 좋으니까 아버지 같이는 되지 마라 하시고, 미국이나 유럽에서 신학을 공부해서 기독교의 진리를 선파하는 목사가 되기를 바라셨습니다. 결국 할아버지·아버지·어머니, 이 세 사람의 삶의 상관연동을 저 자신이 몸과 마음과 얼로 살고 있는지도 모릅니다. 그래서 목사가 되지 못하고 교수가 되었으나 국민국가라는 테두리 안에 갇히지 않고 그것을 넘어서는 세계를 상정하고, 그 주민으로 살아 왔는지도 모릅니다. 한일강제병합은 한국·조선민중에게 국민국가로부터 자립하는 생존방식을 체득하게 했습니다.

저 또한 한일 강제병합으로 인해 국민국가라는 틀에 얽매이지 않고 철저하게 자립하는 한국인의 생존력을 몸에 터득했습니다. 국가를 너무 믿으면 결국 배신 당하기 때문에 처음부터 무조건 신뢰하려고 하지 않습니다. 설령 능력의 범위 내에서 국가를 위해 최선을 다하는 일은 있어도, 국가권력에 전적으로 의지하거나 국가권력의 혜택을 받으려는 생각은 한순간도 해보지 않았습니다. 되도록 국가권력과 직접 관련되지 않는 생활의 지혜를 축적해 나가는 것이 중요하다는 것을, 할아버지나 아버지나 어머니는 자신들의 삶을 통해서 저에게 체감·체득·체인시키려고 한 것은 아닐까, 라는 느낌이 듭니다. 한편 일본에 거주하면서 이해하게 된 것은, 일본인은 기본적으로 국가나 정부와 같은 '공' 없이는 살지 못하는 경향·습관·관념이 뿌리 깊다는 사실입니다. 그래서 일본인은 모든 것을 국가(권력)와 관련시켜서 생각하려 합니다. 그것이 어디까지나 일본이라는 나라 안에 한정되는 일이라면 달리 거론할 필요도 없을지 모릅니다. 하지만 일본의 밖에 있는 타자들까지도 언제나 어디서나 직접 또는 간접적으로 국가와 결부시키고 국가 속에 회수·동화·통합시키려고 하는 일본적—가령 한일강제병합적—멘탈리티가 그대로 남아 있다는 것이 큰 문제입니다. 일본을 위해서도 세계를 위해서도 그런 정신자세는 반성·수정·개선될 필요가 있다고 생각합니다. 그래서 저 자신의 개인적인 주장은 어디까지나 민(民)본위의 철학적(·사상적·문화적) 활동에 의한 균형조정이 요청된다는 것입니다. 오랫동안 일본의 민중사상을 연구해 오신 민중사상연구자들에 따르면, 일본에서도 민중들은 살아남기 위해서 절대권력과 정면으로 싸우면 당하니까 국가권력에 저항하는 수단으로, 얼버무리고 거짓말을 하고 돌아가고 굽히고 애매해지고 뒤죽박죽되고 상대의 허점을 찌르고 적절한 거리를 유지하면서 농담을 하고 속이고, 극단적인 경우에는 대거 반란을 일으켰다는 것입니다. 공권력의 폭주·폭행·독선이 극단에 이른 경우에 일어난 민중에 의한 최후의 균형 요청이었다는 것이지요.

민생지(民生知)는 지배지(支配知)나 제도지(制度知)를 그대로 받아들이는 일은 없습니다. 먼저 뒤집어서 봅니다. 그렇게 해서 그 참다움을 되묻는 것이 민중지·생활지·체험지의 전략입니다. 한일강제병합이란, 사상적 활동으로서 생각하면, '일체성'과 그것에 대한 '내발적 심복'을 주축으로 하는 '공'과 '관'의 철학을 계몽·강제·보급시켜서, 결과적으로 반항·분열·증오를 촉발·심화·정착시킨, 일본제국주의의 일대(一大) 사상(·철학·문화)의 개조공작에 다름 아닙니다. 그것을 사심 없이 따지지 않고 수용하고 믿은 수많은 선의의 사람들을 희생양으로 삼고 최종적으로 배신한 일본적 '공'사상(·철학·문화)의 부정적인 유산입니다. 결국 일본적 '공'에는 한일 공공(韓日公共)으로 열리는 길이 애당초부터 마련되어 있지 않았던 것입니다. 그리고 그것이 과거의 일시적인 사건으로 끝난 것이 아니라 현재의 일본인의 심리와 일본사회의 구석구석에 여전히 엄존하고 있다는 데 한중일 및 동아시아의 오늘과 내일의 공공(하는)철학적 문제가 있는 것이 아니겠습니까?

(출전: 「公共的良識人」, 교토포럼, 2010년 2월호)

제2부

교육자 및 경영자와
함께 나눈
공공하는 철학대화*

* 공공철학은 우선 타자의 말을 먼저 주의깊게 경청하고 거기에 대한 신중한 응답을 하는데서 이루어지
는 자유롭고 활발한 대화를 통해서 진실이 밝혀진다는 공통인식에 입각한 언어적 영위를 핵심으로
삼는다. 그와 같은 기본 입장의 일단을 보여준다는 의미에서 다음의 대화는 우리에게 시사하는 바가
크다고 생각한다.

1. 무엇이 문제인가?

야마와키 나오시: 오늘 좌담회에서는 작년(2003년) 12월에 개최된 제51회 공공철학 교토포럼「교육과 배움과 공공세계」에서 충분히 논의하지 못한 점이나 좀 더 현장에 즉한 이야기, 구체적으로는 지금 일본의 교육현장에서 어떤 일이 일어나고 어떤 일이 진짜 문제인지 등에 대해서 보충 토론해 보는 것이 주최측의 의도라고 이해합니다. 작년 회의에서 사토 마나부 선생이 제기하신 문제를 다시 돌이켜보면, 교육이란 관점에서 국가의 '공'과는 다른 의미에서의 공공성이나 공공세계를 생각해 봤을 때에, 그것은 위로부터 생각되는 것이 아니라 실로 사람들의 활동에 의해 형성되고 대화에 의해 함께 배우면서 만들어지는 것으로, 교사와 학생이라는 상하관계뿐만 아니라 함께 배워서 열어나가는 것이며, 부모도 공공공간에 참여하여 자기 아이뿐만 아니라 다른 아이에게도 관심을 갖는, 실로 삼인칭의 시점에서 공공공간을 만들어 나가는 것의 중요성이 지적되었습니다.

---

* 일시: 2004년 2월 14일/ 장소: 교토(京都)
    참가자 김태창(金泰昌) 공공철학 공동연구소 소장
         사토 마나부(佐藤學) 동경대학대학원 교육학연구과 교수
         사토 마사아키(佐藤雅彰) 후지시립(富士市立)가쿠요우(岳陽)중학교 교장
         다나카 츠네미(田中每実) 교토대학대학원 교육학연구과 교수
         야마와키 나오시(山脇直司) 동경대학대학원 총합문화연구과 교수
         야자키 카츠히코(矢崎勝彦) 교토포럼 사무국장

현재 교육기본법의 재고가 화제가 되고 있고, 교육을 둘러싼 여러 문제가 대두되고 있습니다. 개인의 존엄과 공공성은 양립하기 어렵기 때문에 현행 교육기본법을 바꿔야 한다는 의견도 있고, 멸사봉공과는 다른 것을 명기해야 한다, 그래서 그것을 대체하는 '활사개공'이라는 말까지 사용하기 시작한 「임시교육심의회」[2]의 멤버도 계신다고 합니다. 실로 교육을 둘러싼 논의가 다양하게 전개되고 있는 현실입니다.

그래서 교육기본법에 대한 사토 마나부 선생의 입장이 독특한 것은, 교육기본법의 개악(改惡)에 반대할 뿐만 아니라 장차 그것은 폐지되어야 하며, 현행교과과정을 근본적으로 바꿔야한다는 등의 대담한 주장을 하고 계신 점입니다. 이런 생각에 자극받아서 저도 곧 간행될 『공공철학이란 무엇인가』[3]의 제5장 교육에 관한 절에서 사토 선생의 생각을 소개했습니다.

'공공철학'이란 꿈을 좇는 이야기가 아니라, 실로 사토 선생이 말씀하셨듯이 정책과학으로 입안할 수 있는 실현가능한 비전을 계속해서 제출하지 않으면 안 되는 학문이라고 저는 생각하기 때문에, 오늘은 사토 선생에게 지금의 교육현장에서 무엇이 일어나고 있는지에 대해서, 그리고 장차 어떤 방향으로 나가는 것이 바람직한지에 대해서 기탄없이 얘기하고자 합니다.

다나카 츠네미 선생은 지난번 포럼에 토론자로 참여하셨고, 'generativity'라는 테마에 관해서 책도 내셨습니다. 오늘은 단지 학교교육이라는 틀을 넘어서 생애학습과 관련해서 좋은 말씀을 들려주시면 감사하겠습니다.

그리고 또 한 분의 토론자는 시즈오카현(靜岡縣) 후지시(富士市)의 중학교 교장이신 사토 마사아키(佐藤雅彰) 선생님입니다. 과연 교육현장에는 어떤 고충들이 있는지, 그리고 형식적인 대책만으로는 해결이 안 되는 일은 무엇인지 등에 대해서 생생한 말씀을 해주시겠습니다.

사토 마나부: 방금 야마와키 선생께서 말씀하셨듯이, 지금의 교육현실을 한마디로 표현하면 '혼미와 혼란'입니다. 즉 교육이 '혼돈' 상태에 있는 것입니다. 게다가 이 혼미와 혼란은 일회성의 것이 아니라 구조적으로 생겨난 것으로, 거

창하게 말하면 일본 근대사 전체와 관련되는, 그중에서도 특히 전후사(戰後事)와 관련되는 문제의 상징으로 나타나고 있다고 생각합니다. 또한 현대라는 시대의 전환기, 산업사회에서 다음 사회로 이동하는 21세기의 전환기에 문제의 상징으로 나타나고 있습니다. 종종 현대는 '앞이 안 보이는 시대'라고 말하고 '답이 없는 시대'라고도 하는데, 저는 오히려 '커다란 전환기', '구조적 전환기'로 이해하고 있습니다. 하지만 그 구조가 아직 분명하게 드러나지 않아서 '혼미와 혼란' 현상이 두드러진다고 보고 있습니다.

이 시점에서 전후(戰後)의 교육에 무엇이 가장 결여되었는가에 대해 반성해 보면, 이것은 교육학자나 교육정책 입안자들 또는 교육 실천에 종사하는 사람들에게 공통적으로 해당된다고 생각합니다만, 교육학이 실천의 과학이자 정책의 과학이자 그에 대한 반성의 철학이라고 한다면, 그것을 관통하는 것으로서 '공공철학'이 결여되어 있었다는 사실을 통감하고 있습니다.

이 점에 대해서는 다나카 선생도 교육학이 전공이시니까 아마 동의하시리라 생각하는데, 교육철학 연구서를 다시 보거나 교육의 정책문서를 검토해보아도 또는 정책결정에 종사한 심의회의 보고서를 보아도, '공공철학'이 논의되는 일은 없었습니다. '공공성'이 논의되게 된 것은 불과 최근의 일입니다. 즉 공공철학이라는 중심축이 없는 상태에서 논의가 행해지고 정책이 결정되고 학교가 조직되고 실천이 전개되어 왔습니다. 이 뿌리깊은 문제에 직면하지 않을 수 없습니다.

그럼 왜 '공공철학'이 전후의 교육정책에서 성숙되지 않았는가? 이 문제와 관련해서 먼저 "일본에는 공공심은 없었는가?"라는 물음에 대해 생각해 보면, 저는 오히려 그 반대라고 생각합니다. 많은 교사들은 공공적인 사명감을 갖고서 매일 매일의 교육을 실천해 왔고, 많은 부모들도 이기주의에 빠지는 일은 있었다고 해도, 지역사회나 일본 사회 전체를 생각하면서 아이들을 길러 왔다고 생각합니다. 그렇게 생각해보면 '공공철학'을 빠트린 것은 교육학이라는 학문으로, 철학과 사상 쪽이 문제였다고 생각합니다. 아울러 '공공철학'을 빠트려 온

정책이나 행정도 문제였다고 생각합니다. 역으로 말하면 '공공철학' 없이도 교육의 학문이나 사상이나 정책이 성립하고 있었던 셈이지요. 이것은 상당히 뿌리깊은 문제입니다.

김태창 선생께서 말씀하시듯이, 국가가 조직하는 '공'과 사람들이 구성해 나가는 '공공'의 관계가 교육에서는 애매한 상태로 있었습니다. 오히려 국가의 '공'에 아부해 왔다고 할 수 있지요. 그 '공'의 반대편에 반쯤 벌거벗은 '사'가 대립하고 있고, 중간영역인 '공공세계'로서의 교육을 만들어 내지 못했다고 생각합니다.

오늘은 다행히 김태창 선생은 정치철학을 전문으로 하시고, 야마와키 선생은 사회철학이 전공이며, 야자키 회장님은 기업 경영자의 입장이고, 다나카 선생과 저는 교육학에 종사하는데 특히 다나카 선생은 임상교육학이라는 분야를 개척해 오셨고, 사토 교장선생은 초등학교와 중학교에서「배움공동체 만들기」를 추진해 오셨기 때문에, 교육의 '공공철학'에 대해서 근본적인 논의가 이루어지리라 기대하고 있습니다.

먼저 사토 교장선생으로부터 중학교의 현실과 개혁 과정에 대해서 얘기를 듣고, 아울러 학교의 현실과 가능성에 대한 비전을 들은 다음에, 본격적으로 이 문제에 관한 논의를 진행할까 생각합니다. 따라서 오늘은 실천 차원, 제도 차원, 정책 차원 그리고 그 근간에 있는 철학과 사상 차원 등의 중층적 문제들을 서로 엮은 논의가 될 수 있다고 생각합니다.

우선 사토 선생을 소개해 드리겠습니다. 저와 사토 선생과의 인연은 벌써 7년이나 됩니다. 사토 선생은 원래 중학교 수학교사인데, 초등학교 교장이 되시자 제가 제창하는「배움공동체 만들기」라는 개혁에 착수하셨습니다. 「배움공동체 만들기」란 "학교를 아이들이 서로 배우는 장소로 재구축할 뿐만 아니라 부모나 시민이 참여하여 배우는 마당으로 재정의하는, 그리고 그렇게 함으로써 학교를 공공공간으로 재조직하고, 그 공공공간에서 자라는 민주주의를 철저하게 몸에 익혀 나가는 원리로 학교개혁을 추진하는 비전"을 말합니다. 사토 선생은 이 「배움공동체 만들기」라는 개혁을 초등학교에서도 중학교에서도 실천해 오셨습니다.

사토 선생이 가쿠요우(岳陽)중학교의 교장으로 계신 지 어언 3년이 다 되어갑니다만, 그 사이에 실로 경이로운 변화가 있었습니다. 학교에 가지 않는 부등교(不登校) 학생이 36명이나 있었는데 2년 만에 7명으로 줄었고, 문제아가 많기로 시내에서도 악명이 높은 학교였는데 1년 뒤에는 완전히 사라졌으며, 학교의 수준도 시내 14개 학교의 하위권에 있었던 것이 단숨에 3위로 올라갔습니다. 그리고 교사들이 서로 배우고 길러주고 학생들도 서로 배우고 길러주며 보호자도 참여해서 서로 배우는 학교만들기가 실현되었고, 그 개혁의 성과 덕분에 전국 많은 교사들의 주목을 받고 있습니다. 그럼 먼저 그 과정부터 얘기해 주셨으면 합니다.

사토 마사아키: 시즈오카현 후지시라는 외진 시골에 있는 평범한 학교의 개혁을 시작한지 꼭 2년 10개월이 되었습니다만, 이 중학교에 부임할 당시에는 학교에 세 가지가 결여되어 있다고 생각했습니다. 하나는 우선 교사들끼리 서로 배우는 일이 없었습니다. 배움의 장이 없었지요. 그것은 당연히 각 교사가 담당하는 교실에도 영향을 주어서, 수업 중에 교실에서 아이들이 서로 배우지 않는 학교였습니다. 두 번째는 교사가 자신의 교실을 다른 사람들에게 열어 놓지 않는 것입니다. 수업을 개방하지 않고 폐쇄적으로 닫힌 공간에서만 진행하였습니다. 교사들에게 물어 보면 "열심히 하고 있어요"라고 대답하는데, 실제로 어떤 배움이 행해지는지 상세히 관찰해보면 미래를 사는 아이들을 기르는 내용은 아니었습니다. 세 번째는 이론이 없었습니다. 이것이 최대의 결점이라고 생각합니다. 여기서 말하는 '이론'이란 학교개혁이나 수업개혁의 이념이나 수업철학 같은 것을 말하는 게 아닙니다. 눈앞에 있는 아이들에게 이런 수업을 하고 싶다고 하는 그런 이론이 없었던 것이지요. 한 가지 더 덧붙이자면, 학부모나 지역주민이 학교에 협력하고 싶어도 그것을 가로막는 체제가 학교 안에 있었습니다. 이것을 어떻게 바꾸어 나갈까 하는 노력이었다고 생각합니다.

그래서 처음에 한 것은 교사들이 기분 좋게 서로 배울 수 있는 장을 만드는 일이었습니다. 갑자기 수업을 바꾼다고 해도 무엇을 어떻게 바꾸면 좋은지 알 수 없으니까요. 보통 '교내 연수'라는 말을 학교에서는 사용하는데, 교내연수에서 어떤 배움을 행하면 아이들을 위한 것이 될까, 그런 배움에서부터 시작했습니다. 그것은, 사토 마나부 선생이 종종 하시는 말씀인데, 아이들 한 사람 한 사람의 배움을 보장하는 배움으로의 전환이었습니다. 구체적으로는 한 시간 수업에서 '활동', '협동', '표현의 공유'라는 세 요소를 집어넣고자 했습니다. 특히 '협동학습'이라고 하는, 대화가 있는 커뮤니케이션을 핵심으로 한 활동을 중요한 키워드로 해서 수업개혁을 시작했습니다. 이 개혁은 2년 정도 걸렸습니다.

다음으로 어떻게 하면 학부모를 학교 안으로 들어오게 할까 하는 것을 생각했습니다. 이 경우에 어려웠던 것은 어디까지 들어오게 할까 하는 문제였습니다. 1년째에는 학부모의 학습 참가만 허용했습니다만, 2년째에는 「학교운영협의회」라는 명칭으로 학부모와 지역주민과 선생과 학생회 대표가 참가하여, "이런 학교라면 학교에 다니고 싶다, 보내고 싶다"라는 테마로 대화의 자리를 마련했습니다. 학부모들은 학교의 제안에 협력하려는 자세였는데 아이들은 의외로 비판적인 의견을 내놓았습니다. 교사의 교육 방법이나 학교의 특징에 대해서 상당히 까다로운 요청을 해서 많은 참고가 되었습니다.

이상이 주된 개혁 내용인데, 지금 와서 문제라고 생각하는 것은 아까 말한 한 사람 한 사람의 배움을 보장하는 것, 또 하나는 시민성을 소유한 탐구심을 지닌 성인으로 기르는 것, 즉 민주주의나 평등과 같은 관점을 가진 아이들을 기르고 싶은데, 현실적으로는 평등이나 민주주의 같은 것이 조금 소외되고 있다고 생각합니다. 가령 '수준별지도'가 급속하게 보급되고 있는데, 대부분의 학교에서는 잘하는 아이와 못하는 아이를 나누어서 가르치고 있습니다. 그리고 어느 집단에 들어갈지는 학부모와 아이들 자신이 선택하게 합니다. 하지만 개인의 선택이라고 해도 아이가 말로는 "아이(자기) 수준에 맞는 지도를 받고 싶다"고 해도 사실 학부모는 '못하는 집단'에 들어가는 것을 싫어합니다. 무의식적으로 차별을 하는 것이지요. 게다가 어떤 학부모들은 "우리 애는 공부하면 할수록 잘해요"라는 말로 학교에 이런저런 요구를 해 옵니다. 그래서 학교는 그런 수요에 응하지 않을 수 없게 됩니다. 그러면 원래의 배움은 조금 변질되어 버립니다. 실제로 그런 요구에 일일이 응하다 보면 학교가 학원화되고 맙니다. 학부모의 희망과 요청에 점점 응하다 보니 어느 새인가 배움의 질이 떨어지고 있다고 생각합니다.

아까 사토 마나부 선생도 말씀하셨는데, 이 점을 교사들은 의외로 잘 모릅니다. 학교가 혼란과 혼미 속에 있는데도 학교는 바뀌지 않습니다. 옛날부터 바뀌려고 하지 않습니다. 저는 이념을 갖고 학교를 바꾸려고 노력하는데, 역시 혼자서는 무력합니다. 게다가 동료 교장들로부터 "너무 나가지 마"라는 비판을 듣는 경우가 있습니다. "모난 돌은 정 맞는다"는 말이 있는데, 요즘은 '너무 모가 나면 정도 안 맞을 것'이라는 생각을 합니다(웃음). 그러면 아무도 불평을 안할 거라는 생각으로 일을 합니다. 실제로 무엇을 할 수 있는지를 실증적으로 설명할 수 있으면 가장 좋은데, 최근에는 그것이 가능하게 되었기 때문에 드디어 인정받기 시작했구나, 라고 생각하는 중입니다.

사토 마나부: 사토 마사아키 선생의 학교에는 800명 이상의 학생이 있습니다. 보통 어느 중학교에 가도 교실에 들어가면 책상에 엎드려 있는 아이, 수업에 참여하지 않는 아이, 어두운 눈을 한 아이가 많은 것이 당연한데, 사토 선생님의 학교에는 그런 학생이 한 명도 없습니다. 물론 어려움을 겪고 있는 학생은 많이 있지만, 배움에 참여하지 않는 학생은 한 사람도 없다는 사실은 수업을 보러 온 사람들을 놀라게 합니다. 그렇다고 해서 결코 딱딱하고 엄숙한 수업이 아니라, 모든 교사와 모든 학생이 자연 그대로입니다. 수업이 시작되어 배움의 장이 되면, 학생 한 사람 한 사람이 자연스런 모습으로 서로 배우고 서로 떠받쳐 주어, 부드러운 분위기가 형성되는 것이 인상적입니다. 뭔가 공공세계가 탄생할 때의 신체의 철학 같은 것을 느낍니다. 기의 흐름이라고나 할까요? 장(場)을 구성하고 흐름을 낳는 기의 세계가 느껴집니다.

먼저 다나카 선생에게 여쭤보고 싶은 문제가 하나 있습니다. 지금 사토 교장 선생이 적절하게 말씀하셨는데, 나중에 야마와키 선생에게도 여쭤보고 싶습니다만, 최근 경향 중에서 학교에 대한 학부모의 요구나 시민의 요구가 강해져서 교육관청도 학교도 대응하지 않을 수 없는 상황이 있습니다. 그런데 아시다시피 신자유주의 논리로 가면 개인의 책임으로 돌아가게 됩니다. 신자유주의 논리에서는 교육관청이나 조직의 책임은 극소화되고 개인의 책임이 극대화됩니다. 책임론이 'responsibility'(응답책임)에서 'accountability'(설명책임)로 이행되는 가운데, 교육이 '책임'에서 '서비스'로 전환하고 있습니다. 즉 책임에서 서비스로 교육이 바뀌는 상황이, 혼란을 조장하는 요인이라고 생각합니다. 학부모가 불만을 말하며 요구합니다. 그러면 교사와 교육관청은 거기에 응답하지 않을 수 없습니다. 하지만 아이들을 기르는 교육이라는 일은 사회적인 임무(mission)이고 '공공성'이라는 것을 생각하면 '공공적 임무'(public mission)에 속하는 것이지요. 그것은 서비스보다도 책임 개념으로 응답하지 않으면 안 되는 문제입니다. 그런 문제는 임상의 장에서는 지금 속속들이 나타나고 있는데, 부등교(不登校)나 왕따에 대한 대응을 보면 교육관청도 교사도 서비스에 사로잡혀 있다고 생각합니다. 하지만 그보다는 책임의 측면에서 대처해야 하지 않을까요?

다나카 츠네미: 일단 이야기를 시작하면 너무 많은 얘기를 하고 싶어지는데, 먼저 저의 경력에 대해서 말씀드리고자 합니다. 저는 에히매(愛媛)대학의 교원양성학부에 2년 가까이 있었습니다. 그 사이에 임상연구회를 2년 정도 주최하고 인카운터그룹을 조직했는데, 이런 일을 한 경력이 있어서 현(縣)의 교육위원회 요청으로 거친 분위기의 학교에 파견되어 조언을 하지 않을 수 없게 되었습니다. 그런데 거기에 가서 무슨 일이 있었는가 하면, 아무리 노력해도 말이 안 나오는 것이었습니다. 조언을 요구하는데 할 말이 없는 거예요. 제가 직접 거친 학교에 몸담고 있지 않아서, 아무리 머리를 쥐어짜도 해 줄 말이 없었던 것이지요. 거친 학교의 교사들은 제가 아무 말도 할 수 없다는 사실을 알고 있으면서도, 굳이 저에게 뭔가 말을 하게 하려고 하고요.

그래서 저는 심히 고통스러웠습니다. 내가 책임을 지고 말할 수 있는 장소는 대체 어디일까를 심각하게 생각했습니다. 그리고 이것을 생각하는 것은 교육학자인 나에게는 대단히 커다란 과제라는 느낌이 들었습니다. 그리고 아무리 해도 말이 잘 안 나오는 곳에서는 될 수 있으면 아무 말도 하지 않겠다고 다짐했습니다. 교토대학으로 옮겨와서 대학교육이라는 현장에 와서 생각하게 된 것은 저로서는 대단한 행운이었습니다. 무엇보다도 여기는 저 자신의 현장이니까요.

먼저 말씀드리고 싶었던 것은 자신이 몸담고 있는 현장에 대해서 말하는 것의 행복과, 현장이 아닌 곳에서 말하는 것의 어려움입니다. 또 하나 말씀드리고 싶었던 것은, 현장에도 상당히 커다란 균열이 있다는 사실입니다. 아이와 교사의 균열, 교사와 학부모 사이의 균열, 교육관청 사람들과 교사와의 균열 들이 있습니다. 교사가 교육관료 조직과 대립하는 경우도 있는데, 교사집단이 바로 이 관료조직의 말단으로만 움직이는 경우도 있습니다. 그래서 어디에서 공동성(共同性)이 성립하는 근거를 찾을 수 있나 하는 것이 대단히 어려운 문제가 되고 있습니다. 지금 사토 마나부 선생님이 던진 질문이 바로 이 점과 관련되어 있습니다.

솔직히 말하면, 학부모의 욕구는 '사적'이라고 잘라 말할 수는 없다고 생각합니다. 자식에 대한 학부모의 욕구나 교육욕구 등을 생각해야, 그리고 그것이 출발점이 되어야 비로소 「배움공동체」라는 것을 만들 수 있습니다. 그럼에도 불구하고 학부모의 교육욕구와 교사의 교육요구가 어째서 어긋나는가? 이런 식으로 생각을 진행시켜 나가면, "과연 어떻게 하면 배움공동체, 교육공공성을 구축할 수 있을까?" 하는 문제는 잘 해결되지 않습니다. "어긋남은 어디에서 생기는가?"라는 질문을 받은 적이 있지요. 이 물음은 지극히 구체적일 뿐만 아니라 실은 대단히 원리적이기도 합니다. 왜 구체적이고 원리적인가? 어긋남의 문제를 생각한다는 것은 결국 어긋남의 해소에 대해 생각하는 것이고, 새로운 연대나 공공성에 대해서 생각하는 것이기도 합니다. 그것은 결국 교육관계의 뿌리에 있는 부모와 자식이라는 구체적인 관계 속에서 어떤 형태로 공공성의 싹이 나올 수 있을까, 라는 원리적인 물음에 대해 생각하는 것입니다. 이것이 실로 'generativity'의 문제입니다. 이런 상황에서 어긋남에 대해서 구체적이고 원리적으로 생각해 나가는 것이 중요하다고 생각합니다. 그런데 유감스럽게도 우리는 이 문제에 제대로 된 답을 낼 수 있는 종래의 사고틀의 커다란 부분을 붕괴시키고 있는 것입니다.

가령 김태창 선생님께서 항상 말씀하시는 '공'과 '공공'의 구별, 특히 시민사회와 국가의 구별이 그렇습니다만, 우리는 종래의 의미에서 시민사회와 국가를 뚜렷이 구별하지 못하는 경우가 대부분입니다. 이것은 자명하다고 생각합니다. 그래서 김 선생님은 이것을 굳이 구별하려고 합니다. 그 마음은 잘 압니다. 하지만 이 구별을 지탱할 만한 실제적인 근거가 붕괴되는 가운데 "과연 어떻게 하면 우리가 그 부분을 논의할 수 있을까?" 라는 문제설정을 하지 않으면 안 된다고 생각합니다. 이 점이 대단히 어려운 부분으로, 안이하게 처방전을 내는 것이 아니라 구체적이고 원리적인 장으로 돌아가서, 생성적인 양심 (generative consciousness) 혹은 생성적인 책임(generative responsibility)이 어디에서 어떻게 성립하고, 그것이 얼마나 현실성을 갖는가, 그 난점(難點)은 어디에 있는가 등을 확실하게 생각하지 않으면 답이 되지 않을 것입니다. 우선 이것이 저의 대답입니다.

야마와키 나오시: 처음에 말씀드렸듯이, 사토 마나부 선생은 근본적으로 학교의 커리큘럼을 바꾸지 않으면 안 된다고 주장해 오셨습니다. 그래서 사토 마사아키 교장선생에게 구체적인 현장에서 일어나는 일을 듣고 싶습니다만, 문부과학성이 의무로 부과하는 수업이나 커리큘럼을 준수하면서 개혁을 하고 계시는지, 커리큘럼이나 지도요강과 개혁 사이의 긴장관계를 현장에서 어떻게 느끼고 계시는지 등을 말씀해 주셨으면 합니다.

사토 마사아키: 실은 그 부분에 대해서입니다만, 아직 교사에게 커리큘럼을 바꿀 만한 힘이 없습니다. 없는 단계에서 해 버리면 어디로 갈지 알 수 없게 됩

니다. 그래서 일단 학습지도요강에 따르기로 했습니다. 기준이 완화되었기 때문에 앞으로 이것을 돌파구로 삼아서 선생님들이 조금씩 스스로 만들어가는 훈련을 해 나가면 좋겠다고 생각합니다. 다만 그런 장을 만들 수 있는지 어떤지가 문제입니다. 저는 "커리큘럼은 학습지도요강에서 벗어나도 좋습니다, 하십시오!"라는 생각입니다다만, 다른 교장선생님들 중에는 그렇지 않은 분들도 많이 있습니다. 굳이 그것을 하면 선생님들이나 교육위원회와 마찰이 생기기 때문에, 그것을 피하기 위해서 아무 말도 하지 않는 것이지요. 이런 문제가 현장에는 있습니다. 이것은 현(縣)에 따라 상당히 다르다고 생각합니다. 다만 시즈오카현(靜岡縣)의 경우에는 교육과정편성에 대한 규제가 비교적 완화되었다고 생각합니다. 2000년부터 뭔가 그런 방향으로 되고 있다고 생각합니다. 그 전에는 상당히 엄격했지요. 물론 조금 완화되었다고는 해도 현(縣)교육위원회의 심사가 있습니다. 최종적으로 교장 재량이라고 해서 인정되지만, 역시 교육과정이나 커리큘럼은 현(縣)교육위원회의 방침이나 학습지도요강에 따라서 만들고 있습니다.

야마와카 나오시: 일본의 교육현장이 현에 따라 다른 것은, 약 20년 전에 제가 독일유학에서 돌아와서 아이치(愛知)와 치바(千葉)의 과도한 관리교육에 대해 들었을 때부터 줄곧 통감하는 점입니다. 왜 현에 따라 이렇게까지 학교문화가 다른지, 이 부분에 많은 관심이 있습니다. 그래서 사토 마나부 선생님이 아까 말씀하신 자기책임, 개인책임의 문제로 들어갈까 생각합니다다만, 제 입장에서 보면 왜 한편으로는 신자유주의적인 방식으로 개인의 책임이 주장되면서 다른 한편으로는 국가제창이나 국기강요가 교육현장에서 일어나는지가 의문입니다. 개인책임을 주장하려면 개인책임으로 국가를 부르지 않으면 되는 것이지요. 신자유주의를 주장하는 분들은 앞뒤가 일관적이었으면 합니다. 국가를 부르고 싶은 사람은 부르고, 부르고 싶지 않은 사람은 부르지 말고, 피아노를 치고 싶지 않은 선생은 치지 말고 치고 싶은 사람만 칩시다, 라고 왜 신자유주의자는 국가주의에 대항해서 강하게 주장하지 않는지요? 그렇게 하지 않으

면 그들이 말하는 자기결정, 자기책임이란 공허한 말에 지나지 않게 됩니다. 이 부분의 사상적 정합성의 문제는 현장에서는 어떻게 되고 있는지요?

사토 마나부: 말씀하신 그대로입니다. 신자유주의와 신보수주의는 모순에 차 있습니다. 어째서 이렇게 대립되는 것이 경합하고 있는가? 이 구조는 1984년의 「임시교육심의회」 이래로 교육정책의 2대 조류가 되고 있습니다. 이른바 공범관계를 만들고 있는 것이지요. 여기에 더해 신자유주의자들과 얘기를 해보면, 그들에게는 놀랄 정도로 정치불신과 인간불신이 있습니다. 신자유주의의 많은 사람들이, 일본만 그런 것은 아닙니다만, 구(舊)좌익의 전향자라는 성격을 갖고 있기 때문에 정치불신이 대단합니다. 인간불신, 사회불신도 엄청나지요. 자기결정, 자기책임이라고 하면서 그들 자신이 무책임하고 무서울 정도로 윤리감각이 없으며 도덕성도 결여되어 있습니다. 우리가 윤리나 도덕에 대한 이야기를 꺼내면 코웃음을 치는 상황입니다.

야마와키 나오시: 냉소주의군요.

사토 마나부: 그렇습니다. 냉소주의입니다. 도덕적 허무주의와 윤리적 냉소주의가 심각합니다. 또 다른 쪽에 있는 신보수주의자들은 과도한 도덕주의이지요. 그래서 교사도 곤란에 처해 있는 게 아닐까요? 학부모도 학생도 곤란을 겪고 있지요. 신자유주의와 신보수주의에서는 도덕이나 윤리에 대해 말하는 것이 완전히 반대입니다. 그것이 공존하는 혼란상태는 심각하다고 생각합니다.

야마와키 나오시: 같은 신자유주의라고 해도 여러 형태가 있다고 생각합니다만, 냉소주의에 빠져 있는 사람들은 국가주의에 대해서, 가령 국가나 국기와 같은 것을 강요받는 사태에 대해서는 어떤 입장을 취하는지요?

사토 마나부: 가령 학교의 경우에는, 커리큘럼 상에서 선택과목을 점점 늘려서 학생들이 스스로 정하게 하고, 능력별로 반을 만들어서 아이들이 분산되어 배우게 합니다. 당연히 교사들도 분산되어 가르치지요. 다른 한편으로 학교조직은 관료주의적, 전체주의적으로 콘트롤되어 갑니다. 그렇게 되면 회의가 늘

고 서류가 증가하고 잡무에 쫓기게 됩니다. 거기에 교장의 '리더십'이 강화됩니다. 그렇게 되면 전체주의의 관료주의와 결과주의의 통제주의가 지배하여 직장은 질식상태에 빠지고 맙니다.

야마와키 나오시: 일교조(日教組)[4]는 그런 상황에 대해 영향력은 없습니까?

사토 마나부: 없습니다.

야마와키 나오시: 전혀 없습니까?

사토 마나부: 그래도 조합이 강했던 때는 모든 것이 논의되었습니다. 하지만 1995년에 일교조와 문부성이 '역사적 화해'를 했습니다. 더 이상 일교조가 문부성에 대립하지 않기 때문에, 직접적으로 현(縣)교육위원회나 시(市)교육위원회의 통제가 학교에 들어옵니다. 그래서 관료주의가 매우 심각합니다.

야마와키 나오시: 김태창 선생께서 말씀해 온 공공철학의 "멸사봉공과 멸공봉사가 서로 공범관계에 있어 왔다"는 테제가 교육현장에서 실증되었다는 느낌이 듭니다.

사토 마나부: 바로 그렇습니다.

야마와키 나오시: '멸사봉공'은 자신을 없애서 나라나 '공'을 위해 바친다는 생각이나 삶의 방식을 말합니다. 한편 '멸공봉사'는, 히다카 로쿠로우(日高六郎)씨가 『전후 사상을 생각한다』[5]라는 책에서 말하기 시작했는데, 타인에게 피해를 주지 않는 한 나만 중요하고 공공성 같은 것은 생각하지 않아도 된다고 하는 삶의 방식을 가리킵니다. 교육현장에서 이 '멸사봉공'과 '멸공봉사'가 보기좋게 공범관계를 맺는 사례가 일본에 있다고 한다면, 어떻게 이런 사태를 타개해야 하는지를 진지하게 고민하지 않으면 안 된다고 생각합니다. 거기서 김태창 선생의 '활사개공'(活私開公. 사를 죽이지 않고 잘 살리는 가운데 공을 열어 간다)이라는 발상이 생겨난 것입니다.

그래서 아까 다나카 선생이 '공'과 '공공'의 구별 문제와, 국가와 시민사회의 구별이 무너져서 이것을 재정립하는 일은 쉽지 않다는 말씀을 하셨기 때문에, 이 문제에 대해서 좀 더 구체적인 말씀을 듣고 싶습니다. 국가와 다른 시민사회라는 개념을 사용해도 무의미하다거나, 혹은 전혀 무시된다거나 하는 의미에서 하신 말씀이신지요? 말을 바꾸면 교육현장에서 이른바 국가나 '공'으로 일원화되는 사고가 지배적이 되고 있다는 의미로 이해해도 되는지요?

다나카 츠네미: 저는 이런 차원의 이야기에는 능숙하지 않습니다만, 가령 국가란 대단히 거대한 경제단위로서 시장에 그 모습을 드러내고 있습니다. 그래서 이 점에서 이미 시민사회와 국가라는 식으로 나누는 것은 불가능합니다. 시민사회 중에서 국가가 커다란 단위로 등장하고 있는 면도 있고, 국가 그 자체에 들어 있는 시민사회적인 것까지 동시에 생각하지 않으면 국가라는 것을 파악할 수 없다는 점이 있습니다. 그래서 가령 국가에 대해서 시민사회적인 것을 대치시키면 일이 끝난다든가, 혹은 국가의 관료적인 조직에 대해서 교원의 조직이 대항해 나간다든가, 혹은 '관'에 대해서 '민'을 대항시켜 나간다고 하는 식의 도식으로 이해해서는 완전히까지는 아니더라도 현실이 잘 파악되지 않는다고 생각합니다. 좀 더 섬세하게 보아 나갈 필요가 있다고 생각합니다. 가령 제가 애히메에 갔을 때의 감각으로 말하면 현(縣) 차원으로 가는 것이 유연합니다. 시(市) 차원으로 내려가면 딱딱해집니다. 현장의 관리직이 되면 더 딱딱해집니다. 문부성이 한마디 하면 아래로 갈수록 점점 딱딱해지는 형태로 전달됩니다. 관료조직의, 위에서 아래로 내려가는 힘에 어떻게 대치하는가가 아니라 오히려 아래에서 위로 관료조직을 만들어 나가는 일상적인 힘에 어떻게 대치할까를 생각하는 것이, 훨씬 현실적이라고 생각합니다. 그렇게 되면 단순히 국가적인 것에 대해서 시민사회적인 것을 대치해 나가는 것이 아니라, 일상적인 차원에서의 관료제를 만들어 나가는 힘에 대해서 어떻게 대항해 나갈까, 라는 식으로 문제를 만들어 나가지 않으면 현실성이 결여된다고 생각합니다.

야마와키 나오시: 아래에서 위로 총동원태세가 갖추어진 전전(戰前)의 총동원체제와 비슷할까요?

사토 마사아키: 위에서 아래로 내려갈수록 강해진다고 하는 다나카 선생의 말씀입니다만, 실은 그렇지도 않다는 생각이 듭니다. 문부성은 비교적 부드러

운 편입니다. 현(縣) 차원에서 상당히 압력이 있습니다. 실은 시교육위원회는 별로 힘이 없습니다.

다나카 츠네미: 대체로 그렇지요.

사토 마사아키: 그런데 교장은 현(縣) 차원에서, 가령 현의 교육감이 현의 방침 같은 것을 발표하면 모두가 일제히 듣습니다. 거기에 이의를 제기하면 '통반석'(一枚岩. 획일적이고 견고한 것)이라는 말을 듣습니다. "통반석을 깨부술 셈인가!"라고요. 하지만 그것은 다르다고 봅니다. '통반석'이란 그런 때 쓰는 말이 아니라고 저는 생각하고 있습니다.

야마와키 나오시: 보통 '통반석'이라고 하면 부정적으로 쓰이는 경우가 많은데 여기서는 긍정적으로 쓰고 있군요(웃음).

사토 마사아키: 그렇습니다. 그런 말로 끝내 버립니다. 그래서 개인이 거기에서 사라져 버립니다. 교장도 역시 한 사람의 개인으로, 아이들을 위해서 어떻게 하면 좋은가를 생각하는데, 자기 안에 두 개의 마음이 있어서 실제로 개인쪽은 약합니다. 그렇게 되면 영원히 보장되지는 않아도 거기에 기대고 있는 편이 편합니다. 이런 딜레마를 항상 느끼고 있습니다.

야마와키 나오시: 기대고 있는 것이 아니라 서로 연대하거나 돕거나 하는 것은 어떤지요?

사토 마사아키: 기대고 있는 쪽이 창조할 필요가 없어서 편하다고 생각합니다. 이의를 제기해서 자기 학교에서 실제로 도전을 해 보려면 주위와의 마찰이나 교원의 지도 등 상당한 노력을 하지 않는 한 어렵다고 생각합니다.

야마와키 나오시: 그것은 상당히 커다란 문제군요. 통반석을 부수는 것은 나쁘다는 말을 듣고 생각났습니다만, 이 공공철학연구회에서도 "'화'(和)란 무엇인가?"에 대해서 토론한 적이 있습니다. 『논어』에서 "군자는 화합하지 동화되지 않고(君子和而不同) 소인은 동화되지 화합하지 않는다"(小人同而不和)고 말하듯이, 개인의 자립을 전제로 한 '조화'가 중요하다는 것이 유교의 전통적인 생각입니다. 하지만 일본의 경우에는 "화를 파괴하지 말라"고 할 경우에는 실은 '동'(同)

에 속하는 것으로, 개인을 전체에 동화시킨다는 의미에서 '화'가 사용되는 경우가 대단히 많습니다. 그런 개인이 집단에 매몰되는 상황을 어떻게 해서든지 타개하는 돌파구 같은 것이 사토 교장선생님이 실천하고 계신 현장에서는 만들어지고 있는지요?

사토 마사아키: 저희 학교에서는 수업개혁에 착수했을 때에 가령 한 사람 한 사람의 배움을 보장한다고 할 경우에 키워드 같은 것을 만들었습니다. '활동', '협동', '표현의 공유' 같은 요소를 수업 속에 넣자는 생각으로 했는데, 그 요소를 어떻게 조합해서 배움을 디자인할까에 대해서는 각 선생님의 자주와 자율에 맡겼습니다. 그런데 대부분의 학교의 교내연수에서는 패턴화된 지도과정을 전체가 만들고, 개인을 그 흐름 속에 따르게 합니다. 그렇게 하면 선생님들의 자립심 같은 것은 거의 길러지지 않습니다. 교내연수는 지도과정대로 됐는지 아닌지를 따지는 검토회가 되어 버립니다.

이에 반해 저희 학교의 경우에는 각자가 자신의 생각으로 자주적으로 지도과정을 만들라고 하였습니다. 그런데 선생님들은 지금까지 그런 식으로 길러지지 않아서, 생각하는 힘이 약화되어 있습니다. 스스로 생각하는 일을 해 오지 않은 것이지요. 아까 말한 관료주의는 아니지만 위의 지시에 따라 새로운 아이디어를 내놓아도, "곤란하다", "곤란하다"고 하는 사이에 문부성으로부터 사례집이 나오기 때문에 그것에 따라 실천하면 되는 것입니다.

야마와키 나오시: 오늘은 교육학부의 선생님 두 분이 참가하고 계십니다만, 현장에는 대체로 교육학부 출신 선생님이 많은 편인가요?

사토 마사아키: 그렇지도 않습니다. 반 정도입니다.

야마와키 나오시: 이 문제는 교육현장에 서면 교사는 어떤 일을 해야 하는가에 대한 문제와도 관련된다고 생각합니다. 사토 마나부 선생님은 좋은 아이디어를 많이 가지고 계십니다만, 실제로 그것을 배운 사람이 현장에 나가서 어떤 활동을 하는지 저 자신도 대단히 흥미롭습니다. 물론 동경대 출신 선생님들은 중학교나 고등학교 교육현장에는 잘 안 나가는지도 모릅니다만…. 그런 것까

지 포함해서 현장에서의 교육활동의 현실에 대해서 사토 마나부 선생님과 다나카 선생님께서 말씀해 주시면 감사하겠습니다.

사토 마나부: 두 가지 문제가 있다고 생각합니다. 하나는 80년대 이래로 진행되고 있는 지방분권화와 규제완화라는 커다란 구조가 있어서, 권한과 책임과 재원을 둘러싸고 논의가 진행되고 있습니다. 일본의 특수한 현상이라고 할 수 있는데, 권한과 책임과 재원은 원래 별개의 논리로 이루어졌는데 현재의 논의는 이 세 가지를 한데 뭉쳐서 하고 있습니다. 이 세 가지를 일체화하는 문부성의 행정은 1930년대 대정익찬회(大政翼贊會)[6]의 파시즘시기 정책에서 단행된 것입니다. 그것이 그대로 이어져 왔습니다. 그래서 문부성의 교육정책은, 대학정책도 그렇습니다만, 돈으로 직접적으로 통제하고 돈과 책임을 함께 다루고 있습니다. 저는 이 세 가지가 일체화되어 정리되어 있지 않는 것이 구조적으로 커다란 문제를 만들어 내고 있다고 생각합니다. 즉 책임을 누가 질 것인가, 재원을 누가 맡을 것인가, 권한은 누가 담당할 것인가 하는 문제를 제대로 나누어서 논의하지 않으면, 현재의 교육개혁문제는 해결되지 않고 혼미해질 뿐이라고 생각합니다. 제대로 된 논의는 하나도 없습니다. 그것은 왜인가 하면 '공공철학'이 없기 때문이지요(웃음).

그것은 그렇다치고, 최근 십 년간을 보면 왜 교사가 이렇게까지 말을 못하게 되었는가? 왜 교사가 이 정도로 사고정지에 빠져 있는가, 라는 문제는 교원양성에 문제가 있어서가 아니라, 교사는 학교라는 현장에서 육성되는데 이 학교라는 장이 변용되었기 때문이라고 생각합니다.

교사의 일은 워낙 복잡해서 마치 서커스에서 몇 개의 공을 동시에 돌리고 있는 것과 같습니다. 이 아이에게 대응하고 있으면 다른 아이가 다른 대처를 요구하고, 학부모는 이렇게 말하고 교장은 저렇게 요구하면서 언제까지 무엇무엇을 하지 않으면 안 된다고 합니다. 마치 서커스의 공돌리기와 같지요. 거기에 교육개혁바람이 불어오면 문부과학성은 쉴새없이 새로운 공을 던지고, 교육위원회로부터 "한 번 더 돌려!" "한 번 더 돌려!"라는 요청이 들어옵니다. 교사는 지금 돌리고 있는 공을 떨어뜨리지 않는 것도 힘든데, 계속해서 날아오는 새 공 때문에 점점 수동적이 됩니다. 서투른 교사는 던져진 공을 정면으로 받다가 지금까지 돌리던 공을 와르르 떨어뜨리고 맙니다. 그것을 주우려고 해도 무엇부터 주우면 좋은지 머리가 멍한 것이 현실입니다.

그럼 이런 혼란이 왜 일어나는가? 그 배경에는 지방분권화에 의한 권한위양이라는 문제가 있다고 생각합니다. 어디에 권한을 위양할까에 대해서는 몇 가지 선택지가 있다고 생각하는데, 가령 도도부현(都道府縣)[7] 교육위원회, 시정촌(市町村)[8] 교육위원회, 교장, 학교, 교사, 학부모와 시민을 생각할 수 있습니다. 어디를 중심으로 권한을 양도하는가에 따라 학교 시스템이 상당히 달라지지요. 현재 권한의 양도는 두 곳에서 일어나고 있습니다. 하나는 도도부현의 교육위원회로, 아직 시정촌의 교육위원회까지는 가고 있지 않습니다. 도도부현의 교육위원회의 권한이 점점 강해지고 있습니다. 도도부현의 교육위원회에 권한이 위양됨으로써, 관료주의적인 통제가 강화되고 있습니다. 다른 한편으로 권한은 학부모와 시민으로 이양되고 있습니다. 학교선택제도가 그 전형적인 예입니다.

교육위원회와 학부모와 시민에게 권한이 이양되었을 때에 행정의 통제와 대중의 통제 양쪽에 끼어서 괴로워하는 것은 학교이자 교장이자 교사입니다. 이 대립구조와 압박상황이 교사의 사고정지상태를 초래하는 최대 요인이라고 생각합니다. 이 문제의 해결에 대해서 다나카 선생님에게 여쭤보고 싶습니다만, 제 생각으로는 학교단위, 시정촌 교육위원회 단위로, 교사의 전문성과 자율성을 수립하지 않는 한 교사는 무너질 뿐입니다. 지금의 구조라면 학부모나 시민의 의견은 충돌하고 시정촌의 교육위원회의 정책은 혼란스러운 사태가 증폭될 뿐입니다. 그래서 지방분권화와 규제완화가 학교에 과연 무엇을 가져오는가에 대해서 검토하지 않으면 안 된다고 생각합니다.

다나카 츠네미: 교사의 사고정지에 대해서는 느낀 점이 많습니다. 적지 않은 교사들이 스스로 충분히 사고하지 못한 상태에서, 게다가 다른 사람에게 "도와

줘!"라는 말도 제대로 못한 채로, 마치 자멸하듯이 망가져 가고 있습니다. 연계나 연대가 잘 되지 않습니다. 그러기 이전에 스스로 사고하는 데 필요한 소재를 모으기 위한 '듣는 힘'(聞力)이 대단히 쇠퇴해 있습니다. 이런 식으로 몇 개의 문제가 있습니다. 듣는 힘이 없고 도와달라고 말하지 못하니까 연계를 취할 수 없습니다. 이런 기본적인 문제가 있는데, 아무리 그렇다고 해도 왜 이렇게 되었는가? 거기에는 교사가 처해 있는 상황도 있을 것이고, 교원양성학부에서의 교육 문제도 있을지 모릅니다.

교원양성학부의 교육에 과연 어떤 문제가 있는가 생각해 보면 바로 머리에 떠오르는 것이 있습니다. 이전에 150명 정도의 학생을 상대로 「도덕교육연구」라는 강의를 한 적이 있습니다. "체벌에 대해서 어떻게 생각하는가?"라고 물었더니, 90퍼센트의 학생이 "경우에 따라서는 체벌도 어쩔 수 없다"고 말하는 것이었습니다. 저는 상당히 놀랐습니다. 그래서 "경우에 따라서는 체벌도 어쩔 수 없다고 한다면, 자신의 힘이나 폭력을 경우에 따라서 나누어 쓸 수 있는 능력을 스스로 갖고 있다고 생각하는가?"라고 물었습니다. 저는 제가 저의 폭력을 잘 통제할 수 없을지도 모른다는 불안감을 상당히 강하게 갖고 있습니다. 그래서 이런 일에는 대단히 겁쟁이가 됩니다. 저처럼 자신의 힘이나 폭력의 통제에 별로 자신이 없다면 폭력이 경우에 따라서는 허용되어야 한다는 말은 하지 못할 것입니다. 그런데 대부분의 학생은 이렇게 단정적으로 말하는 것입니다. 이 부분을 보면 사고정지라고 할까 일종의 스테레오타입 같은 인습적인 사고만을 배워 왔다고 할 수 있을지도 모릅니다.

확실히 교원양성학부는 먼저 규칙성이나 기본 같은 것을 가르치는 편이어서 스테레오타입 같은 사고양식을 배우는 곳이기는 합니다. 경험이 부족한 학생은 먼저 교사로서 가장 초보적인 규칙성이나 기본을 배우지 않으면 안 되기 때문이죠. 하지만 학생들의 답변을 보고 있으면, 이런 규칙성이나 기본을 넘어서 스스로 생각해 나가는 훈련을 어쩌면 시키지 않았을지도 모른다는 반성을 하게 됩니다.

덧붙여 말하면 교사는 불안합니다. 그도 그럴 것이 교실에서는 정비된 매뉴얼도 별로 없고, 많은 아이들을 혼자서 대하고 있으니까요. 그래서 그 불안을 어떻게든 달래줄 '소품'이 필요하게 됩니다. 그것을 문부성이 주면 좋겠지만, 그것과는 별도로 어떤 권위자가 있으면 의지가 될지도 모릅니다. 그런 불안과 그것을 달래줄 장치에 관한 문제도 있습니다.

이런 식으로 여러 가지가 착종되고 있기 때문에 단순하게 말할 수 없지만, 어쨌든 교사 자신이 연계나 연대를 회복해 나가기 위한 최대의 관건이 무엇일까 생각해보면, 그것은 "도와 달라!"고 말할 수 없다는 점이라고 생각합니다. 매사가 제대로 열려지지 않는 것입니다. 이런 능력을 어떻게 회복해 나갈지가 대단히 커다란 문제일 거라고 생각합니다.

야마와키 나오시: 교사 119 같은 것은 없나요?

사토 마나부: 그것으로는 해결이 안 됩니다.

야마와키 나오시: 교사의 사고정지는 커다란 문제로, 그렇게 되지 않을 수 없는 구조가 배후에 존재해서 문제가 더 심각해지고 있는 것 같습니다.

사토 마사아키: 사고정지 이야기가 지금 나왔는데, 역시 훈련이 아닌가 하는 생각이 듭니다. 그런 장(場)이 지금까지 없었지요. 저희 학교의 경우에는 교내연수를 사고훈련의 장으로 삼고 있습니다. 가령 부임해서 1년째 되는 사람은 먼저 "모델을 보여 달라"고 합니다. 그래서 모델을 보여주면 사고정지되어 있는 교사일수록 통째로 그 모델이 되어 버립니다. 결국 형해화된 모델이 되어 버리는 거죠. 그래서 첫 단계에서는 가능한 한 '말'로 수업 설명을 합니다. 당연히 말이 내재화되어 있지 않기 때문에 머리를 싸매며 괴로워하지요. 그 모습을 보고 있으면 지금까지 고민하는 연습을 해 오지 않은 것이 아닌가 하는 생각이 듭니다.

저희 학교 교사는 공개수업을 반드시 연 1회 이상 하지 않으면 안 되는데, 아직 고민 중인 상태에서 수업을 공개하는 경우도 있습니다. 그러면 정면으로 그 선생님의 고민이 드러납니다. 그래서 이렇지 않을까, 저렇지 않을까, 라고 서로 조언을 해줍니다. 어쨌든 실천을 먼저 하지 않으면 안 된다고 생각하는데, "이론을 알고 나서 합시다!"라거나 "나는 아직 이론을 잘 모르니까"라며 물러서는 경향이 교사에게는 있습니다. 그래서 뭐든지 좋으니까 먼저 무대에 서게 하여 반드시 수업연구회를 엽니다. 다른 학교의 경우에는 공개수업을 해도 그 후에 찬찬히 뒤돌아보는 작업은 별로 하지 않습니다. 하지만 이 작업을 하지 않으면 비판적 사고력은 길러지지 않습니다. 이것을 1, 2년 계속하면 배움의 디자인을 스스로 생각할 수 있게 되고, 개인이 집단에 매몰되는 일도 없어집니다.

야마와키 나오시: 옛날에는 "나는 교사가 되겠다"는 사명감을 가진 사람이 많았다고 생각하는데, 지금은 교사로서의 동기라고나 할까 사명감 같은 것이 어떻게 되고 있는지 궁금합니다.

사토 마사아키: 지금은 교사가 되기 위해서는 엄청난 시험을 통과하지 않으면 안 됩니다. 실제로 선생님들은 상당한 동기를 갖고서 학교에 들어온다고 생각합니다. 하지만 지금 현장에서 문제가 되는 것은, 교사는 학력이나 지식면에서는 좋은데 창조성이나 독창성이 약하다는 점입니다. 저희는 교육실습생을 받아서 지도하는데, 그들은 "어떻게 하면 되죠?", "다음은 어떻게 하면 되죠?"가 너무 많습니다. 충분히 스스로 생각할 것이라고 예상한 것까지 물어옵니다. 이런 모습을 보고 있으면 "대학에서 무엇을 하고 있는가?"라는 비판이 현장교사로부터 나오지요.

야마와키 나오시: 그런 훈련이랄까 모의수업 같은 것이 대학의 교과과정에 들어가 있나요? 현장의 모의훈련 같은 것은 교육현장에 서는 사람에게는 필요하다고 생각합니다만….

사토 마나부: 교사교육이라는 생각 자체가 바뀌고 있습니다. 70년대까지는 행동과학이론이 지배적이어서, 교육 프로그램을 기술적으로 통제해 나가는 교사교육이 중심이었습니다. 모델이 되는 교육기술을 훈련한다는 생각입니다. 이 행동과학 모델이 80년대에는 크게 전환됩니다. 이것은 저도 제창하는 바인데, 교사교육을 전문가교육(professional education)으로 다시 생각하는 것입니다.

의학교육의 경우에는 전문가교육의 중심은 임상연구이고 변호사교육의 경우에는 판례연구입니다. 전문가교육에서는 사례연구가 중심방법이 됩니다. 사례연구는 이론과 실천을 잇는 것입니다. 거기에서의 사례는 전형적인 것이지 모범적인 것은 아닙니다. 사례의 검토를 통해서 감추어진 이론을 이끌어내고, 전형으로서의 사례를 다양화해 나갑니다. 철학적으로 말하면 전문가교육의 사례연구는 반성적 사고에 의해서 실천적인 선택과 판단의 기초가 되는 견식(wisdom)을 형성하는 경험과학적인 방법입니다.

이러한 경험과학적인 전문가교육법은 대학의 교사교육 속에 도입되고 있습니다. 문제는 그것이 학교라는 장에서 활용되고 있지 않다는 것이지요. 학교에서는 교내연수가 행해지는데, 종래의 틀에서 행해지기 때문에 가르치는 기술만 논의되고 있습니다. 교실에서 벌어지는 사실이나 경험에서 배우는 스타일이 아닙니다. 사토 교장선생의 개혁의 비결 중의 하나는, 하나하나의 수업의 세세한 부분—아이들이 어느 부분에서 배웠는가, 어디에서 막혔는가, 어떤 작용이 교실을 어떻게 바꾸었는가 등등—을 수업 하나당 두 시간에 걸쳐서 사례연구를 행하는 방법입니다. 실제로 해 보면 교사 한 명 한 명이 활발하게 발언합니다. 이 사례연구를 연간 100회 정도 쌓아나갑니다. 그러면 각 교사의 수업의 원형이 나옵니다. 이 원형을 모두 똑같이 하면 안 되지만, 40명의 교사 한 사람 한 사람이 대략 10분 정도의 원형을 만들어서, 그 속에서 자기 스타일을 만들어 나가는 식으로 연수를 진행합니다. 이런 연수가 성립되면 사고정지에 빠지지는 않습니다.

그럼 교사의 사고정지가 문부성이나 교육위원회의 통제 때문에 생기는가? 저는 그렇게 생각하지는 않습니다. 오히려 그 반대입니다. 미세정치학(micropolitics)적으로 생각해 보면 중학교에서는 교과의 벽, 초등학교에서는 교실의 벽이 권력 시스템으로 기능하고 있습니다. 이것이 교사의 사고정지를 초래하는 벽이 되고 있습니다. 물론 전체적인 상황이 교사를 거기에 몰아넣는 경우도 있다고 생각합니다만, 문제가 혼란스러워질수록 교사는 작은 고도(孤島)

를 만들고 밀실을 만들어서 방어합니다. 교육현장이 소국(小國)이 모인 '발칸반도화'되고 있기 때문에, 교실을 개방하고 교과의 벽을 허물어서 그 구조를 바꾸지 않으면 안 됩니다. 그런 의미에서 학교에서 공공공간, 공공철학이라는 개념은 결코 추상적인 개념이 아닙니다. 학교를 열어서 교육의 공공공간으로 만들어 나가는 것은 모든 학교개혁의 출발점이라고 생각합니다.

다나카 츠네미: 저는 지금 대학의 교육학부센터에 있는데 매주 「공개실험수업」이라는 이름으로 각자의 수업을 공개하고 있습니다. 지금까지 8년간 해 오고 있는데 저 혼자서 한 것은 그중 3년간이고, 매년 20회씩이니까 전부 160회 정도 한 셈입니다. 저는 그중에서 80회 정도 했는데, 이것을 해 온 감각에서 말하면 저는 수업을 잘 못합니다. 릴레이식으로 하면서부터 저 다음에 동경대 출신의 조교수가 한 적이 있는데, 그 교사는 학원에서 가르친 적이 있고 카운슬러이기도 하니까 대단히 수업을 잘합니다. 그때 학생들의 감상 중에 "다나카 선생은 수업을 너무 못하니까 오오야마(大山) 선생을 배웠으면 한다"는 것이 있었습니다.

그래서 그 후의 수업의 검토회, 가령 초등학교나 중학교와 같은 수업의 검토회에 많이 나가 봤는데, 대학은 다릅니다. 왜냐하면 '동료성'이라고나 할까 파트너십 같은 것이 대단히 분명하게 있기 때문입니다. 누군가가 스테레오타입 같은 언설로 모두에게 두루 전달하는 것이 아닙니다. 그래서 대학에서 해 보고서야 비로소 "그렇지 않구나"라는 것을 알았습니다. 대학에서는 자신이 하고 있는 수업에 대한 이야기를 다시 짠다고나 할까, 진정한 의미에서의 검토회를 하고 있다는 감각이 상당히 있습니다. 다만 유감스럽게도 그것이 전파되지 않습니다. "참가해 주세요. 공개하고 있습니다"라고 몇 번이나 말해도 교토대학 사람들은 참여하지 않습니다. 고작 몇 명이 참여해 줄 정도입니다. 그래서 개방해 나간다고 스스로 말하면서도 대학의 교사 자신들이 가장 개방하지 않는 아이러니컬한 상황입니다.

야자키 카츠히코: 지금까지 학교라는 교육현장을 둘러싼 이야기를, 제 체험

이나 주위에서 들은 교육현장의 경험 등을 뒤돌아보면서 듣고 있었습니다. 덕분에 교육현실이나 교육현장이 얼마나 '혼미하고 혼란'하며 '혼돈'스러운가, 그리고 그것들이 얼마나 뿌리깊은 구조에서 비롯되고 있는가를 나름대로 이해할수 있었습니다. 보통 제가 몸담고 있는 기업에서는 초등학생에서 대학생까지 교육과정을 졸업한 분들을, 이른바 '배움의 당사자'로서 입사 후부터 정년까지수십년에 걸쳐서 한솥밥을 먹는 동료로서 받아들입니다. 일단 입사하면 중도퇴직 이외에는 몇 년만에 '졸업'하는 일 없이, 사회인으로서 인생의 대부분을 정년퇴직할 때까지 줄곧 일하게 됩니다.

학교교육의 현장에서 일어나는 문제는 일단 차치하고, 학교를 졸업하고 오신 분들이 기업에 입사한 후에 사회인으로서 인생에서 "무엇을 배움의 본질로삼아야 하는가?"에 대해서 한 사람의 경영자로서 항상 생각하고 있는 점에 대해서 말씀드리고자 합니다.

그중 한 예로서 지금 '벽'에 대한 이야기가 나왔는데, 국가에 의한 제도를 비롯하여 사회적으로 구조화된 여러 차원의 벽이나 개인의 의식 차원의 벽, 나아가서는 조직을 지키는 할거견이라고도 할 수 있는 벽 등등, 인생에서의 여러 인식차원 · 존재차원 · 행위차원의 벽을 이른바 의식의 고차화(高次化)에 의해서초월해 나가는 것이야말로 인생에서 배움의 본질이 아닐까, 사회인으로서의삶에서 소중한 것이 아닐까, 라고 생각하고 있습니다.

그래서 먼저 그런 생각을 조직의 장인 경영자 자신의 과제로 삼기 위해서, 우리 경영자에게 있어서 "21세기 최대과제는 경영자 자신이 그런 차원의 현실의벽에 대해서, 일상생활의 체험 속에서 어떻게 하면 인식의 고차화에 의해 자신의 마음의 벽(=이기주의)이나 조직들의 이기주의를 넘어설 수 있을까?"라는 문제라고 생각해서, 2000년 11월 9일부터 경영자들끼리「배움공동체」(学びの共働体)를 만들어서 각자의 체험을 토대로 배움이나 인식을 서로 심화시키고 있습니다. 아시다시피 11월 9일은 20세기를 양분한 이데올로기의 벽인 베를린 장벽이 붕괴된 날이기도 합니다. 하지만 자본주의가 승리한 것은 아니고, 오히려 어

떤 의미에서 자본주의 이데올로기의 견인역할을 하기도 했던 경영자들이, 서로 오만해지기 쉬운 개인의 사집화나 조직의 할거견과 같은 마음차원의 벽이나 인식차원의 벽을 넘어서는 것의 중요성을 서로 인식했습니다.

그리고 각자의 경영체험을 통한 자각이나 타자의 경험가치를 재인식하는 등, 배움의 장을 공유하면서 개인과 조직과 같은 여러 벽을 넘어서자는 생각에서, 매달 한 번씩 토요일에 모여 하루 종일 대화에 의한 배움의 장을 지속적으로 가졌습니다. 왜 경영자 자신부터 바뀌지 않으면 안 되는가 하면, 기업경영의 경우에는 물론 규모의 차이는 있지만 경영자는 아까 말씀하신 권한과 재원과 책임을 전부 통괄하고 있습니다. 즉 사집화하고 할거견화하기 쉬운 개인이나 조직의 피라미드의 정점에 있는 탓에 가장 오만하기 쉬운 존재이기 때문입니다.

게다가 한 사람 한 사람의 동료의 소중한 인생을 맡고 있는, 생명체로서의 경영체인 기업 그 자체의 운명이나 존속이 경영자 자신에게 달려 있습니다. 경영자의 의사결정이 한 번 잘못되면 그 기업의 존속은 물론이고 관련된 사람들의 존엄의 근원이 되는 인생 자체를 망칠 수도 있습니다. 그래서 경영자 자신이 항상 겸허하게 자기 양심을 열어서 배움공동체, 실천공동체의 리더로서, 체험을 통해서 연마해 나가는 것이 중요하다고 생각합니다. 항상 경영자로서 내면의 양심에 충실하여 판단과 행동을 심화시켜 나가는 참된 의미에서의 리더십을 발휘함으로써, 그 체험을 끊임없이 재해석하고 실천하는 것이 중요하다고 생각합니다. 뿐만 아니라 조직적인 실천을 솔선수범해서 공공적 리더로 이끌어가는 것이 대단히 중요하다고 생각합니다.

저는 사토 마나부 선생님의 저서에서 많은 것을 배웠습니다만, 그중에서도 '진실(진리)의 배움과 성실의 배움'이 실학이라고 하는 말이 특히 마음에 와 닿았습니다. 선생님의 책은 저희 경영자들이 배움의 장을 마련한 다음에 읽었는데, '더 고차원적인 삼위일체를 지향해서 배워나가는 배움공동체'라는 부분은 실로 저희 경영자들이 암중모색해 오던 것에 대해 대단한 용기가 되었습니다.

예로부터 전해 내려오는 「경세(經世)의 학으로서의 실학」으로까지 어떻게 하면 끌어올릴 수 있을까? 경영자 자신이 자기 마음의 변혁을 통해서 기업풍토를 바꾸고, 나아가서는 사회와 관계맺는 방식을 바꾸기 위해서, 자신들이 만들어낸 상품이나 시스템과 같은 생산품까지 포함해서, 항상 좀 더 고차원적으로 열려진 존재방식을 인식차원에서는 물론 실천차원에서도 지향해 나가지 않으면 안 된다고 생각합니다. 동료 한 사람 한 사람의 소중한 존엄성이 실현되고, 각자의 인생이 더 고차원적이고 훨씬 열린 방향으로 승화되기 위해서는 어떻게 해야 하는가? 이런 식으로 서로의 체험이나 실천을 통한 자각을 대화의 장에서 서로 배우고 있습니다.

아까 나온 '나라의 제도' 문제의 경우에는, 삼위일체로 통합되어 더 고차원적인 차원이 안 보이게 되고 각각 분리된 상태의 논의가 많은 것 같은데, 기업경영을 '제도'로 이해할 경우에 경영자는 사적인 제도의 삼위일체라고 하는 더 고차원적인 통합화를 맡고 있는 셈입니다. 그래서 권한·재원·책임을 통괄하여 다루는 문제를 어떻게 좀 더 고차원적으로 공공화시켜 나갈 것인가, 그리고 어떻게 하면 함께 미래를 열어나갈 것인가, 하는 것은 경영자의 최대과제 중의 하나라고 생각합니다.

저희 경영자 모임에서는 이런 대립차원을 변증법적으로 넘어서 더 고차원적으로 공공화하는, 즉 열어 나가는 쪽을 'W', 닫혀 나가는 쪽을 'A'라고 나타내고 있습니다. 이것은 아까 야마와키 선생님이 소개해 주신 '화'(和)를 테마로 한 교토포럼에 유네스코의 마츠우라 코이치로(松浦晃一郎) 사무국장을 초대했을 때, 마츠우라 사무국장이 국제사회에서 유념해 온 것은 "정태적 화(=同)에서 이질적인 타자와 생생적(生生的)으로 발전하는 '동태적 화'"였다고 하셨는데, 그 말을 듣는 순간 제 머릿속에 하나의 이미지가 떠올랐습니다. 'W'와 'A'를 상하로 배열한 상태에서 그 사이에 있는 벽이 분자와 분모를 나누는 것이라고 하면 W/A라는 이미지가 생깁니다. 보통 말하는 피라미드 구조를 A형이라고 부릅니다. A형은 자기를 절대화하고 실체화하고 제도화하기 쉽습니다. 게다가 모든 대립이 닫힌 A 대 A에서 시작하고, 'A'라는 피라미드의 정점에 경영자 자신이 올라가서 권력을 전부 잡고 있으면 닫힌 조직이 될 뿐 열린 조직은 되지 못합니다. 그래서 열린 '나'(V)를 입각점으로 하고, 만나는 타자(V)를 출발점으로 해서 W의 아래쪽에 자기와 타자라고 하는 상대적 관계를 놓고, 함께 좀 더 고차원으로 공공화하기 위해 열린 A의 고차원화를 지향하는, 말하자면 자기와 타자가 'W'의 아래에서 '함께 좀 더 고차원의 미래를 열어 나가는' 관계에서, 이른바 공공화의 차원을 한 차원씩 높여나가면 더 고차원적인 삼위일체의 공공인간으로 나가는 실학이 자신의 배움의 경험가치가 됩니다. 동시에 관계맺는 타자와 함께 자타가 함께 열리는 'W'의 배움의 체험도 되고, 조직 전체에서 함께 열리는 배움의 경험가치를 축적할 수도 있습니다. 나아가서 관계맺는 사회의 사람들과 함께 열리는 배움의 체험도 공유할 수 있습니다. 이와 같은 좀 더 고차원적인 'W'로 공공화를 지향하여, 열리는 W의 경험가치를 서로 실학으로 심화시켜 나갈 수 있습니다. 이 'W'와 'A'는 경영자 모임에서는 상당히 공유되고 있습니다.

이 경영자 모임에서는 매번 대단히 열띤 토론이 밤늦게까지 벌어집니다. 이것은 경영자들에게 있어서도 지금까지처럼 책을 읽거나 누군가의 이야기를 듣는다고 하는 일회성과 일방성의 지식차원의 배움과는 다르기 때문이라고 생각합니다. 이른바 자기변혁과 기업변혁과 사회변혁이 구조적으로 연결되는 새로운 공공화의 실학의 배움이 된다는 것으로, 대화의 장의 질이나 차원도 대단히 높아져서 다른 지역의 경영자들도 자기 지역에서 그와 같은 장을 마련하기 위해서 배우러 올 정도입니다. 실제로 젊은 경영자들은 거기에 참가하는 사람들의 다양한 체험담이나 자각 또는 배움을 접하고서 자신의 경험을 새롭게 이해함으로써 내발적 자각을 심화시키고, 그것이 앞으로의 행동의 계기가 된다고하는, 이른바 개인으로서의 경영자나 기업 내의 경험을 넘어선 상호연마의 배움의 장이 되고 있습니다.

"경험에서 배운다"는 말이 나왔는데, 저 나름대로 그것의 의미를 「바나드[9]의 지(知)의 포괄체」에 가필하여 그림으로 만들어 본 적이 있습니다. 바나드는 언어지(言語知)는 표층적이지만, 언어지의 주위에 지각과 신체지(身體知)와 감각이 있고 그중에서 감각이 가장 크다고 하였습니다. 그리고 행동지(行動知)는 언어지보다 포괄적이고 심층적이라고 합니다. 굳이 말하면 저는 그 심층지(深層知)의 근원이 더 중요하고, 누구나 심층지 속에 자율적 양심이라고 하는 당사자성(當事者性)·주체성의 근원을 갖고 있다고 생각합니다. 이것이 공공성의 원천이라고 가정하면 자율적 양심은 한 사람 한 사람이 자기 내면의 지(知), 당사자지(當事者知)로 자각할 수 있을 것입니다.

타자의 '열린 경험'을 열고 타자와 함께 열어나가는 미래를 공유했을 때, 지금까지의 자신이 '양심'을 닫고 있었음을 깨닫게 됩니다. 실로 자기의 'A'가 타자의 'W'를 엶으로써 W의 방향이 함께 열리고, 자기의 열린 마음이 타자의 닫힌 'A'에게 영향을 줍니다. 경영자이니까 여러 업계의 다양한 경험이 나옵니다. 그러면 지금까지 자기 기업이나 회사라고 하는 벽 안에서의 배움과는 완전히 이질적인 배움으로 열리고, 여러 벽을 넘어선 차원이 다른 문제의식이 떠오르게 됩니다. 이 장을 '성숙한 성인의 당사자로서의 풍요로운 배움의 장'으로 위치지우고, 그런 경영자들끼리의 배움의 장으로 삼으려고 하고 있습니다.

그렇게 되면 '경세(經世)의 학'인 실학으로서의 '동태적 화'(和)를 시스템적으로 경험지(經驗知)로써 배울 수 있는 장이라고나 할까, 'A'에서 'W'를 향해 열린 자신의 미래를 당사자로 시각화해서 배워나갈 수 있다고 생각합니다. 바로 여기가 서로 자율적인 양심과 양심이 공감하는 '상호율'(相互律)이라고 생각합니다. 이렇게 생각해 보면 결국 인간과 인간의 관계에서 일어나는 현상은 대부분이 'W'와 'A'로 설명하거나 추상화할 수 있다고 생각합니다. 하지만 한 사람 한 사람의 '양심'은 열어 나갈 수 있지만, 그것은 일회성에 지나지 않습니다. 자신이 'A'에서 'W'로 열었다고 생각하는 순간 바로 다음의 'A'가 생겨납니다. 이 갈등은 항상 있습니다. 따라서 'W'는 실체화할 수 없습니다. 항상 일회적인 것으로, 내적인 자각과 내적인 배움으로 나타났다 사라지고 나타났다 사라지는 마음속 상태입니다. 여기에서 소크라테스가 말하는 '무지(無知)의 지(知)'의 자각이라는 말이 생각납니다. 자신은 한없이 모른다는 것, 즉 무지하다는 것을 자각해서 함께 아는 공지(共知)의 차원을 점점 높여나가는 것입니다.

경험을 통해서 높인 체험을 새로운 해석을 통해 높이고, 그것을 다시 실천을 통해서 높여나갑니다. 이때 '양심에 충실하게', '양심을 판단기준으로', '양심을 행동기준으로' 삼고 있는가 아닌가가 중요합니다. 각각에 대해서 자신의 양심을 기준으로 항상 되묻습니다. 실체를 만드는 것이 아니라 끊임없이 자신이 양심을 열어가면서, 그 양심의 자각이 일회성임을 자각하면서, 마음의 배움을 지속해 나갑니다. 이것은 실로 왕양명이 말한 '치양지'(致良知), '지행합일'(知行合一), '사상마련'(事上磨鍊)으로 설명할 수 있고, 그것의 목표는 '입지(立志)로서의 성인을 지향하는 것'이라고 생각합니다. 즉 자기 속의 아집화(我執化)인 'A'를 끊임없이 자각하고 다시 한번 'W'화합니다. 이렇게 무한히 나타나는 'A'라는 아집과 서로 대립하는 차원을 넘어서기 위해서, 그것을 'W'로 새롭게 이해하면서 끊임없이 더 고차원의 'W'라고 하는, '부분최적'을 더 고양시키기 위한 방향으로 나아갑니다. 이 끊임없는 'A'에서 'W'로의 고차원화의 반복, 'A'에서 'W'로의 새로운 이해의 끝에, 궁극적인 'W'의 차원이라고 할 만한 '전체최적'이라고 하는, 모든 아집화의 차원이나 벽을 넘어선 성인의 경지가 보이기 시작한다고 생각합니다.

지금까지는 모두가 베이컨이 말하듯이 "아는 것이 힘이다"라고 여겨, 자기실현을 지향하여, 자기의 'A'를 고양시키는 방향으로 나아갔습니다. 이렇게 되면 자기에게는 커다란 세계가 만들어지지만, 사회적으로는 타자나 세계를 아집화 아래에 두고 지배하고 깔아뭉개는 자기실현형 사회구조로 들어가 버립니다. 크게 말하면 사토 마나부 선생님이 서두에 말씀하신 오늘날의 '혼란'의 원인은, 실로 그런 의미에서의 우리 의식구조로서의 '근대화'에 있다고도 할 수 있습니다. 그것은 개개인이 아집화차원에서 'A'를 고양시켜 나가는 사회를 지식적 · 제도적 · 구조적으로 만드는 것을 좋다고 생각하여 실천해 온 우리 어른세대의 무명(無明)에서 오는 것이라고 생각합니다.

그에 반해 '공공세계'라고 하는, 모두가 'W'가 된 상태의 이미지는 점선으로 표시됩니다. 이 경우의 W는 실체가 아닙니다. 'A'의 의식을 이른바 실체화하기 위해서 지식화나 제도화나 시스템화나 조직화를 구조화해 나가는 것입니다. 'W'는 항상 누군가의 내면에 자각이나 배움으로 나타났다 사라지기를 반복하는데, 경험 가치는 개개인에게 저장되는 것이 공공세계나 공공인간의 이미지라고 생각합니다. 이런 것을 회사 내에서도 신입사원연수의 첫 시간에 합니다. 그러면 "사회인으로서 가장 핵심되는 것을 들었다"거나 "지금까지 학교에서 이런 중요한 것은 전혀 들은 적이 없다"고 하는 반응이 돌아옵니다. 이에 "우리는 양심을 갖고 있는 주체다", "나의 주체 중의 주체인 참당사자(眞當事者)가 양심이다. 그것을 예로부터 '주인공'이라고 불러 왔다"고 하는 선어록(禪語錄)을 소개하고, 그 주인공을 발달시켜 나가는 것은 자기 자신밖에 없다는 것을 얘기하면서, "타인의 인권이나 개개인의 존엄을 운운하기 전에 자기 자신의 본래의 인권은 물론이고 인간으로서의 존엄을 가장 무시하여 이른바 자포자기하며 살아온 것이 여러분의 지금까지의 인생이지 않았나요?"라고 저의 인생체험의 반성을 섞어 가며 사회인이 된 첫날에 신입사원에게 말하면, 모두가 충격을 받습니다.

이런 체험은 경영자 모임에서도 공유하고 있습니다. 그러면 경영자 자신의 양심의 각성체험을 통해서 구체적으로 그 조직이 바뀌어 나갑니다. 왜냐하면 한 사람 한 사람의 종업원의 양심이라고 하는 당사자로서의 주체성이 확립되고, 일에 대한 의욕과 방향이 분명해지기 때문이지요. 그리고 그 당사자 의식으로서의 공공적 역할인식을 기업 안에 가두어 두기보다는 기업과 사회의 관계까지 포함한, 더 높은 공공화의 차원으로 넓힘으로써, 개개인의 공공적 역할인식이 점점 높아져 갑니다. 그러면 이것이야말로 당사자로서의 실천으로 이어지고 나아가 조직적 실천으로 이어진다는 사실을 실감하게 됩니다. 이상, 학교교육이라는 현장 밖에서의 기업경영자 사이에서의 자각 차원에서의 체험담을 말씀드렸습니다. 말이 너무 길어져서 죄송합니다.

사토 마나부: 야자키 회장께서 제가 나중에 말하려고 한 것을 대신 말씀해주

신 것 같습니다만, 자기실현적 자기 세계는 근대적 시스템입니다. 근대교육은 대부분 자기실현의 논리로 행해져 왔습니다. 또 하나 중요한 것은 '교육'으로 말하는가 '배움'으로 말하는가 하는 문제인데, 교육으로 말하는 것은 닫힌 시스템이지요. 기본적으로 교육에서는 닫힌 시스템이 필요하고 자기완결성도 중요합니다. 하지만 다른 한편으로 배움의 열린 세계가 교육의 기반에 풍부하게 준비되어 있지 않으면 교육은 폐쇄적으로 되어 버립니다.

야자키 사무국장이 말씀하셨듯이 배움은 끊임없이 이어집니다. 그리고 '배움'과 '공공성'은 떼려야 뗄 수 없는 관계에 있지요. 배움은 본래적으로 닫혀 있지 않습니다. 배움은 열려 있고 끊임없이 차이 속에서 생겨나고 경계를 넘어서는 행위입니다. 그래서 배움은 본래적으로 공공철학적이지 않을 수 없습니다. 확실히 배움에도 수험공부와 같은 공부의 세계가 있고, 거기에서는 닫혀 있습니다. 하지만 본래적으로 배움은 공공에 열려 있고, 사람이 사는 행위의 근간에 있다고 생각하면, 야자키 사무국장이 말씀하셨듯이 공공세계를 기반에 두고 있습니다.

사토 마사아키 선생의 말씀과 연결시켜 보면, 사토 선생이 학교에서 행하신 것은 한 사람 한 사람의 학생의 배움의 실현인데, 그것이 교사의 배움의 실현에 의해 달성되었다는 점이 대단히 재미있다고 생각합니다. 학생들의 배움의 실현인데 왜 교사의 배움의 실현이 되지 않으면 안 되는가 하면, 교사의 세계는 가르치는 게 일이라서 닫힌 세계가 되기 때문입니다. '공교육'이라고 하면서 가르치는 일은 그 자체로는 닫혀져 버립니다. 비익화(秘匿化)되어 버리는 구조를 갖고 있습니다. 야자키 사무국장께서는 배움의 근원성에 관해서 그림으로 알기 쉽게 제시해 주셨습니다.

김태창: 지금까지 여러분의 논의를 통해서 일본의 교육현장에 현존하는 중요문제들의 현황과 거기에 대한 여러분의 대응과 견해와 전망을 대강 파악할 수 있었습니다. 감사합니다. 그리고 마침 학교교육 밖의 이야기가 나왔습니다. 학교교육의 내부와 외부의 양면에서 서로 대화하고 공동하는 쪽으로 나가는

것이 좋다고 생각하기 때문에 그런 방향에서 말씀드릴까 합니다.

저는 공공(하는)철학을 실천하는 입장에서 인간과 국가와 세계를 개선하고 진력하는 학자이지만 한때 중고등학교에서 가르친 적이 있습니다. 신문사의 외신부에서 일한 경험도 있습니다. 한때는 아버지의 회사경영에 참여하여 일부의 책임을 진 적도 있습니다. 그리고 미국 연방정부의 일환인 주한경제협력처(United States Operation Mission. UNOM)에서 미국연방정부관리로 일하기도 했습니다. 그래서 여러 문제를 상호관련적으로 파악하는 것이 체질화되었다고도 할 수 있습니다. 그런 관점에서 보면 사토 마나부 선생께서 말씀하신 혼미나 혼란이나 사토 교장선생이 말씀하신 중학교 현장에서 일어나는 일 등이 저에게는 다음과 같은 문제로 보입니다. 즉 '나라 만들기'와 '부(富) 만들기'와 '사람 만들기'의 상호보완관계가 잘 이루어지지 않는 것이 문제가 아닐까 싶습니다. 오늘날의 인간과 국가와 세계는 이 세 가지를 가장 기본적인 중요과제로 여기고 있습니다. '나라 만들기'는 '정치'이고 '부 만들기'는 '경제'이고 '사람 만들기'는 '교육'입니다. 나라 만들기는 정부나 의회가 하고 부 만들기는 시장에서 기업이 주체가 되어 합니다. 사람 만들기는 학교나 가정이 주된 담당자입니다. 이들이 알맞게 역할을 분담하여 각자 할 일을 제대로 하면 문제는 줄어들 텐데 실제로는 그렇지 못합니다. 서로 자기가 해야 할 일을 하지 않거나 다른 사람이 할 일에 무리하게 끼어들기 때문에 현장이 혼돈스러워집니다.

이 혼돈의 근원은 무엇인가 하면, 어느 시기에는 '나라 만들기'를 위해서 '부 만들기'와 '사람 만들기'를 위한 수단이나 도구로 자리매김했습니다. 최근에는 '부 만들기'를 위해서 나라 만들기와 사람 만들기를 철저하게 수단화 · 도구화시키고 있는 상황입니다. 나아가서 지금 일어나고 있는 또 하나의 문제는 '나라 만들기를 위한 사람 만들기'에서 '부 만들기를 위한 사람 만들기'로 탈바꿈하고 있다는 것입니다. 이것을 교사나 학교나 문부성은 분명하게 의식하고 있지 못합니다. 제대로 된 문제의식을 가지고 임하는 태도도 부족합니다.

바로 여기에 근본적인 문제가 있습니다. 과연 '사람 만들기'가 '나라 만들기'

나 '부 만들기'의 수단일까요? 저는 그렇지 않다고 생각합니다. '사람 만들기'는 사람 만들기 그 자체가 '최고의 가치'이며, '나라 만들기'나 '부 만들기'가 어떤 의미에서는 그것을 보완하는 것입니다. 그런 의식을 가져야 하는데 정작 중요한 교사와 교육현장과 문부성은 오직 '부 만들기'를 위한 '사람 만들기'에 집착합니다. 국가와 학교와 가정이 전부 기업의 논리에 제압당하고 있는 것이지요. 모든 것이 경제합리성이나 회계기준에 따라서 판단되고 있습니다. 그런 상황에서는 교사가 사명감을 갖고 교육에 임하기가 어렵습니다.

교사가 사명감을 실감하는 계기는 '나라 만들기'나 '부 만들기'보다 '사람 만들기'가 더 중요하다고 하는 인식과 태도와 기풍이 사회적 공감대를 형성하고 그것이 실감·체감·체인될 때입니다. 그런데 오늘의 현실은 학교와 교사가 사회적으로 무시되고 정부나 기업으로부터 비난받을 뿐입니다. 그들은 자기들 때문에 일어난 문제도 모두 교육과 교사 탓으로 돌리고 있습니다. 정부의 관료든 기업의 중역이든, 그들도 한 사람의 생활자로 돌아가면 부모이자 형제이자 시민입니다. 그런데도 왜 그런지 그런 공통의 입장에 서서 사물을 보려하지 않고, 관료의 입장이나 경영자의 입장에 서서, "학교가 잘못되었다"고 매도할 뿐입니다. 그래서 학교와 교사들이 정부관료나 정치가 내 기업경영인의 분풀이의 대상이 되고 있습니다.

지금 일본에서 사람이 사람으로 되어 가는 것을 무엇보다 우선시하고, 그것을 값지게 여기는 사회풍토가 조성되어 있습니까? 관료는 권력지향적이고 '조직순응적인 인간' 양성을 강조합니다. 기업은 상품의 개발과 판매에 뛰어난 재주를 가진 인간을 만들 것을 요구합니다. 거기에는 '관료인간'과 '기업인간'밖에 없습니다. 이런 상태에서는 사람을 키우는 올바른 '교육'이 본래의 기능을 수행할 수 없습니다.

바로 여기에서 제가 왜 향후의 중심과제를 '공'과 '사'가 아니라 '공공'에 두었는가 라는 관심으로 설정하는가가 밝혀집니다. '사람 만들기'로서의 교육이 '국가'에 회수되든지 '기업'에 이용되든지 어느 한쪽으로 편향되고, 인간 고유의 품격형성과 그 가치존중이야말로 국가나 기업의 존재이유임을 망각하고 있다고 생각되기 때문입니다. 국가(공)도 기업(사)도 인간의 인격형성과 함께 각자의 존재와 가치를 분유(分有)하고 있습니다. 그리고 그런 상호관계의 발전을 지속가능하게 하기 위해서는 '공'과 '사'의 대화·공동·개신이 필요하고, 그것이 바로 '공공'의 작용입니다.

가령 '나라 만들기'라고 해도 그 나라의 형태가 완전히 달라졌습니다. 이전에는 국민국가에서 모든 주민을 일원화하기 위해서 '동'(同)의 논리로 국민공동체를 건설해 왔습니다. 국민국가를 강하고 풍요롭게 하는 목적을 위해서 모든 인간을 동원해 온 것이지요. 하지만 지금은 '국가' 자체가 다국적·다문화·다인종의 공생사회가 되었기 때문에, 종래와 같은 일원화된 '국민'을 기르기만 하는 '인간 만들기'는 시대착오적일 수 밖에 없습니다. '국가를 위한 인간 만들기'는 더이상 바람직한 목표가 될 수 없습니다. 그리고 '기업을 위한 인간 만들기'도 기업국가적 발상이나 다국적 기업세계를 추진하는 군산 복합적 풍조에 편승하는 의도로 말미암아 교육의 변질과 타락을 촉진시키는 원인이 되고 있습니다. 그래서 다시 한번 교육에 대해서 근본적으로 재고할 필요가 있습니다.

그럼 '교육'이란 무엇인가? 저는 '세대 간의 대화'라고 생각합니다. 노인세대가 축적해 온 지혜나 경험을 새로운 세대에게 일방적으로 전달하는 것이 아니라, 함께하는 세대간 '대화'를 통해서 가능한 한 올바른 형태로 자주적이고 세대생생적(世代生生的)으로 계승·개신하는 것입니다. 그것이 다시 다음 세대로, 제대로 이어지도록 하는 것입니다. 저는 그런 '세대 간 대화'야말로 교육의 본질이라고 생각합니다.

'학습'이란 무엇인가? 종래에는 인간을 'human being'으로 이해해 왔습니다만, 저는 'human becoming'이라고 생각합니다. 태어나서 죽을 때까지 우리는 '인간이 되어 가는' 것입니다. 이것은 그냥 '인간'이라고 하는 정태적인 이해와는 다릅니다. 그리고 '인간이 되어가는 과정'이 실로 '학습과정'입니다. 거기에는 '자기학습'과 '공동학습'이라는 두 측면이 있습니다. 그것을 그냥 따로따로 하는 것이 아니라 동시진행을 실천할 수 있는 기회와 장치를 위한 제도적 보완이 필요합니다.

교육정책에 대한 저의 생각은 사토 마나부 선생과 정확히 일치합니다. 그것을 '정책과학'이 아니라 '정책철학'으로 이해하고 있다는 점에서 일치합니다. 정책과학은 주어진 목표를 달성하기 위해서 무엇이 가장 유효한 모델인지를 탐구합니다. 과학적으로 말하면 '비용 대 효과 분석모델'(cost-benefit analytical model)이 가장 좋습니다. 구태여 말하자면 교육경영적·경영치중적 모델입니다. 하지만 그런 모델 자체가 과연 어떤 의미가 있는가? 그것으로 좋은가? 그것을 묻는 것은 정책과학이 아니라 '정책철학'입니다. 그래서 저는 '공공철학'은 '정책철학'이기도 하다고 생각합니다. 정책과학은 전문가의 일로 맡겨 두면 좋지 않나 생각합니다. '공공(하는)철학'은 기본적으로 '인간철학'과 '정책철학'과 '세계철학'의 세 가지가 있다고 생각합니다. 하지만 지금까지 '정책'에 관해서는 '정책철학'이 별로 없고 '정책과학' 일변도였습니다. 그래서 '교육'문제도 '인간철학'과 '정책철학'과 '세계철학'의 삼차원상극상생적으로 접근할 필요가 있다고 생각합니다.

지금까지의 '교육'의 실태를 살펴보면, 한때 군인화 교육이 강력하게 추진된 시기가 있었습니다. 바람직한 인간은 '군인'이라는 생각입니다. 이것을 저는 '국가전사'의 전성기라고 부르는데, 국가를 위해서 죽을 수 있는 전사를 양성하는 것이 교육이었던 것입니다. 그다음에는 '기업전사'를 만드는 교육이 장려된 시기가 있었습니다. 지금도 그런 풍조가 남아있습니다. 그러나 이제부터는 '생활시민'을 낳고 키우는 교육이 존중되어야 한다고 생각합니다. 먼저 한 사람 한 사람의 자주적인 생명력·생활력·생업능력을 키워서 자립형 인간이 되도록 할 필요가 있습니다. 자립형 인간이 여러 가지 사정이나 자신의 욕구에 따라서 신문기자가 될 수도 있고 관료인간이 될 수도 있고 회사인간이 될 수도 있습니다. 정치가가 되는 경우도 있고 교육자도 될 수 있는 것입니다. 실로 다원적인 인간됨이 필요하고 그것이 바람직한 인간 사회의 기본이라고 생각합니다. 무엇보다 안 좋은 것은 인간의 일원화 · 단일화 · 평준화입니다. 그것은 훈련이요 길들이기이지 참교육이라고 말할 수 없습니다.

그리고 '학습'이란 다원복합적인 아이덴티티 형성과 역할인식과 기능능력을 갖춘 인간형성입니다. 사람마다 여러 가지 사정이 있습니다. 무엇이 있을지 모릅니다. 가령 학교를 졸업한 후에 바로 회사에 들어가야 하나, 혹은 정부에 들어가야 하나, 아니면 자영업을 하는 게 좋은가의 정답이 처음부터 정해져 있는 것은 아닙니다. 그래서 자신이 어떤 상황에 놓여도 혼자서 헤쳐 나갈 수 있는 의지와 능력과 사고 · 판단을 갖춘 '인간 만들기'가 '교육'에서 요청되고 있고, 그런 인간이 되는 것이 학습이라고 생각합니다. 최근에 일종의 유행어처럼 된 '기업논리' 또는 '경제논리'라는 것도 그것을 무턱대고 도입하는 것은 군대논리의 일방적인 강제 못지않게 교육의 황폐화를 가져옵니다. 교육은 어디까지나 '인간논리'와 '생명논리'를 기축으로 하는 '교육'으로 전환되는 것이 중요합니다. '학습'도 자신이 바람직하다고 생각하는 인간이 되기 위한 기본능력의 자기개발이 필요합니다. '교육'은 과거세대에서 장래세대로 이어지는 진지한 '대화'이고, '학습'은 스스로의 기회개발이요 인격형성입니다.

다나카 츠네미: 80년대까지는 국가의 목적이 경제제일주의였습니다. 일본의 경우에는 그것이 붕괴되어 '따라잡기'가 끝나고 나서 앞이 안 보이게 되었습니다.

김태창: 교사들이 사고정지 되고 자부심이 사라지고 교직에 대한 긍지와 사명감이 소멸되고 있습니다. 교육현장에 갈 때마다 느끼는 압도적인 분위기는 '체념'입니다. 그렇게 되면 곤란합니다. 저 역시 중고등학교 교사였던 때가 있었습니다. 지금도 저와 같은 체험을 하는 분들이 제 주위에 계시는데, 모두 상당히 힘이 빠져 있습니다. 특히 중고등학교 교사의 선의와 정열과 희망이 활용될 수 있는 상황조건이 교육현장에 별로 없다는 게 문제입니다.

교육문제는 근원의 문제입니다. 어떤 인간이 세상에 배출되는가 하는 것과 관련되기 때문입니다. 우수한 사람일수록 이런 현실에 대해서 '뭐야, 사회가 너무 이상하잖아!'라고 느끼게 됩니다. 그래서 현실에 절망한 사람들이 마르크스주의로 가거나 신흥종교에 빠지거나 합니다. 한국에서도 마찬가지입니다. 그런 방향으로 가는 사람들을 지배층들은 권력이나 금력으로 누르려고 합니다. 배척하거나 감옥에 넣거나 합니다. 그러면 사람들이 반발합니다. 일본에서 말하면 「일본교직원조합」이 그렇습니다. 한국에도 비슷한 조직을 만들어 조직적으로 반발했습니다. 그 결과 학교도 사회도 모두 어수선해지고 투쟁지향적인 사회가 되었습니다.

저는 마르크스-레닌주의적 공산주의체제에 공감할 수 없습니다. 그래서 이데올로기 논쟁을 많이 했습니다. 하지만 왜 우수한 교사들이 그것에 끌리고 공명하는지를 저도 깊이 생각해 보았습니다. 그들에게는 현실적 불평등과 부정부패가 용서할 수 없는 근본악이라는 신념이 있었고, 그것을 발본색원해야 한다는 사회정의에 대한 정열이 있었습니다. 그러나 최근에는 무감동이 팽배하고 일본교직원조합에 가기보다는 한 사람 한 사람이 원자론적인 냉소주의자가 되어 버린 형편이지요. 이런 사람들이 초등학교나 중학교나 고등학교에서 가르치면, 학생에게도 그런 심적 태도가 옮아갑니다. 미래에 대해서 밝은 의식을 갖고 있는지에 대한 의식조사를 하면, 일본은 라오스나 캄보디아보다도 미래의식 수준이 낮습니다. 말이 안 되는 얘기이지요. 그것은 학생들의 문제라기보다는 학생을 대하는 교사의 문제가 아닐까요? 물론 가정에서는 '부모'의 문제이기도 합니다.

아이들은 컴퓨터 게임에 열중하거나 연예인을 동경합니다. 일본뿐만 아니라 한국, 중국, 나아가 전 세계의 학생들이 학교 교사나 가정의 부모 대신에 컴퓨터 게임이나 텔레비전 연예인의 언행에 영향받고 있습니다. 그리고 '교사의 반역'과 '부모의 좌절'이라는 현상도 있습니다. 교사친화적이지 않은 사회에 대한 교사들의 불만과 원한이 깊어지고, 아이들에 대한 부모들의 자신감 상실과 무관심이 확산되고 있습니다.

저는 정치나 경제보다도 교육과 학습이 가장 큰 공공문제라고 생각합니다. 교육과 학습의 제 기능을 활성화시키는 것이 무엇보다도 중요한 공공과제입니다. 교육과 학습이 잘 정비되지 않으면 아무리 GNP가 올라가고 강한 국가가 되어도 내부붕괴 되고 맙니다. 이 점을 모든 분야의 리더가 자각할 필요가 있는데 그렇지 않아서 실로 위기입니다.

한국에서도 마찬가지입니다. 학교붕괴, 학급붕괴, 교사의 자기혐오 등등. 이전에는 우수하고 사명감 있는 남자가 교사가 되었습니다. 하지만 지금은 남자 교사는 별로 없습니다. 대신 직장에서는 남자보다 불리하다고 하는 여성이 교사가 되는 경우가 많고, 학교 전체가 여성화되고 있습니다. 여성이 교사가 되는 것은 좋은 면도 있습니다만, 전부 여성이 되어 버리면 균형이 깨져서 폐해도 생깁니다.

일본에서는 '경제위기'나 '정치위기'라고들 하는데, 장기적으로 보면 '교육위기'가 더 심각하다고 생각합니다. 그래서 사토 선생이나 다나카 선생과 진지하게 논의를 하고 싶은 것입니다. 일본이 잘되는 것은 세계가 잘되는 것으로 이어지기 때문입니다. 어떻게 하면 현실적으로 잘될 수 있을까요? 저는 먼저 교사가 냉소적이 되어 가는 것이 큰 문제라고 생각합니다. 비판적인 것은 좋지만 냉소적이 되면 폐쇄적이 될 수밖에 없기 때문입니다.

야마와키 나오시: 냉소적인 언동을 하는 사람은 냉소주의라는 범주조차 모르는 경우가 많습니다. 허무주의는 냉소주의에 비해 아직 진지하다고 생각합니다. 깊은 의미에서 인생에 절망하고 있는 것을 자각하고 있다는 의미에서…….

김태창: 허무주의에는 자각증상이 있지만 냉소주의에는 별로 없지요.

야마와키 나오시: 없습니다. 냉소주의의 문제점을 검토하는 것도 공공철학의 중요한 문제입니다.

김태창: 사토 교장선생님께 여쭙겠습니다. 의욕을 가진 중학교 선생님들을 주위에서 격려하는 분위기는 있습니까?

사토 마사아키: 기본적으로는 있다고 생각합니다. 있으면 좋겠다고도 생각하고 있습니다. 그것이 어떠한 문제로 인해 안 된다고 한다면 개혁해야겠지요. 물론 주위에서 격려한다고 해도 교사 자신에게도 문제가 있다고 생각합니다. 겸손한 교사나 아까 나온 '감동하지 않는 교사' 등등, 제 주위에 감동할 수 있는 교사는 그리 많지 않습니다.

사토 마사아키: 결국 감동하지 못하는 것은 교사가 '가르치기만 하는 교사'가 되어 버렸기 때문이라고 생각합니다. 교과서를 그냥 전달할 뿐이지요. 그래서 가르치는 기쁨을 느끼지 못하는 사람들이 많은 게 아닐까요?

김태창: 감동하는 경우에 중요한 것은 마음의 '공시적 감응'이라고 생각합니다. 자신이 감동하지 않으면 자기와 상대방 사이의 감응이 일어나지 않을 것입니다. 단지 교육기술적으로 교과서 속에 있는 것을 주입시키기만 해서는 진정한 의미에서의 인간형성·인격형성·인성변혁(human becoming)으로 이어지지 않는다고 생각합니다. 그것은 사전에 확정된 어떤 목표를 향해서 필요한 조건과 기능을 주입시켜 나가는 제작과정이지, 무한한 가능성을 향해서 자주적으로 자타상극·상생·상화의 생생적 과정을 통해서 인간·인격·인성을 구축·탈구축·재구축해 나가는 것은 아니라고 생각합니다.

'교육'이란 단지 그릇에 물을 붓는 것이 아닙니다. '세대간 대화'가 중요합니다. 그 '대화'도 단지 말하기만 하는 것은 아닙니다. '대화공진'(共振)이 중요합니다. 여기에 '개신'이 더해져야 합니다. 교사도 학생도 함께 새로운 차원이 열린다고 하는 체감을 하면 기쁨이 생깁니다. 새로운 자각과 공감과 기쁨, 그런 것이 없는 기계적인 교육에서는 교사와 학생이 모두 냉소적이 되고 학교를 불신하게 됩니다. 결국 '학교가 재미없어'집니다. 학교가 단지 수업료만 받고 자체 기능만 수행하면, 그런 학교의 존재이유를 학생에게도 지역사회 시민이나 부모에게도 그 누구에게도 납득시키지 못하게 됩니다. 그렇게 되면 결국 공권력으로 무리하게 유지할 수밖에 없게 되고, 점점 학교불신이 증폭되는 방향으로 나가게 됩니다. 이런 사태에 대해서 학교가 그 존재 이유를 다시 납득시킬 필요가 있지 않을까요?

　사토 마나부: 야자키 사무국장과 김태창 선생의 말씀을 들으면서 생각한 건데, 야자키 사무국장께서 말씀하신 경영자가 배움공동체를 만들어 나간다고 하는 경영 개념은 완전히 새로운 것이군요. 종래의 기업경영에는 없었던 개념입니다. 그리고 김태창 선생께서 말씀하신, 지금까지의 교육은 '나라 만들기와 부 만들기를 위한 사람 만들기'였다면 이제부터는 "나라 만들기와 부 만들기가 사람 만들기를 위해 있어야 한다"고 하는 생각도 완전히 새로운 시각입니다. 19세기와 20세기는 생산과정에다 재생산과정을 종속시켜, 교육·양육·복지 등의 모든 것이 생산을 위해 존재하는 구조였는데, 21세기는 반대로 재생산과정을 위해서 생산과정을 종속시키는 구조로 바뀌지 않으면 안 된다고 생각합니다.

　김태창: 그렇게 되는 것이 자연스럽고 당연하며 또 필연적이지 않습니까?

　사토 마나부: 그렇습니다. 그리고 그런 사회를 위한 기반이 지금 만들어지고 있다고 할 수 있습니다. 그렇게 생각하고서 교육의 위기를 볼 경우에, 부분적 수정이나 부분적 변혁이라는 성격의 것이 아니라, 문명사적으로 커다란 전환점에 서 있음을 먼저 인식해야 한다고 생각합니다. 사토 교장선생님의 실천도 '가르치는 교사'에 대해서 '배우는 교사'로 교사를 재정의한 것입니다. 부분적 해결이 아니라, 교육이 교육으로 성립하고 배움이 배움으로 성립해 나가는 제도나 시스템이나 공공철학을 생각했을 때에 과연 무엇이 핵심이 되는가가 문제가 됩니다. 그 핵심문제를 생각하지 않으면 안 되는 시대에 와 있다고 생각합니다.

　여기에서 생각한 것은 유대교에 대해서입니다. 기독교의 최고 가치는 '사랑'이지만 유대교는 '배움'입니다. 유대교는 배움의 철학에 의한 종교입니다. 배움을 최고의 교의로 삼았기 때문에 유대인들은 땅을 빼앗기고 갖은 고난을 겪어도, 민족의 통일성과 연속성을 유지하고 문화의 전승을 이루어 나갑니다. 유대교를 믿느냐 안 믿느냐는 차치하고, 배움을 핵심으로 문화의 전승이나 민족의 자립이나 연대와 같은 새로운 철학을 생각할 가치는 있습니다. 그런 관점에서 모든 것을 새롭게 볼 필요가 있지 않을까요?

김태창: 대단히 중요한 말씀입니다. 일본에서는 유대교도 기독교도 같은 신앙공동체라고 오해되고 있습니다만, 기독교가 '신앙공동체'를 지향하는 성격이 강하다고 한다면 유대교는 '학습공동체'의 형성을 중시하는 성격이 특징이라고 할 수 있겠지요. 그래서 유대적인 발상으로는 '신'은 '지고의 교육자'로 이해되는 경우도 있습니다.

사토 마나부: 유대교의 목사를 '랍비'라고 하는데, 그 의미는 '개시자'(initiator)입니다. 사토 교장선생님이 계시는 중학교 교사들이 변해가는 과정을 보아도, 교사들이 랍비적인 교사로 변해간 측면이 있습니다. 아이들의 배움에 불을 붙이는 '시작'(initiation)을 준비한 것입니다.

김태창: 랍비는 기독교의 목사처럼, 반드시 신학교를 나온 신학전문가일 필요는 없습니다. 신자 중에서 선발됩니다. 성경도 본래의 텍스트와 세대계승생생적인 대화·공동·개신의 기록이라는 이차원 구성으로 되어 있습니다.

사토 마나부: 랍비가 갖고 있는 텍스트는 몇 권이나 되는 방대한 분량입니다. 책을 펼치면 한가운데에 텍스트가 있고 주변에 동심원으로 밖을 향해서 700년마다의 정통해석이 기록되어 있습니다. 랍비는 그것을 모두 알고 있습니다. 그 해석을 배움으로써 연대를 형성하는 말 그대로 배움공동체입니다.

학교를 역사적으로 보면, 이 랍비에 의한 유대교회와 같은 모습을 하거나 고대의 아카데미와 같은 형태를 취하거나, 중세의 수도원이나 대학과 같은 여러 형태가 있습니다. 여기에는 일관된 세 가지 핵심이 있다고 생각합니다. 첫째는 '교양'(literacy)입니다. 텍스트와 그것의 공유이지요. 이것이 흔들리면 문화의 전승은 불가능해집니다. 둘째는 '민주주의'(democracy)입니다. 시민이 사회를 구성하고 참가해 나갑니다. 이것은 시대에 따라 바뀝니다. 고대의 아카데미에서는 명백히 민주주의를 담당하는 시민이 형성되었고, 공교육이 아카데미에서 제도화되어 가는 가운데 요구된 것은 '양식 있는 선거민'으로서의 공민(公民, civic)의 형성이었습니다. 민주주의 사회에서의 시민권(citizenship)의 자립과 연대를 형성하는 이념이 없는 곳에서 학교교육은 성립하지 않습니다. 세 번째는 '공동체'(community)입니다. 배움에 뜻을 둔 자들의 연대, 배움에 희망을 건 사람들의 연대, 배움에 기도를 하는 사람들의 연대가 없으면 학교는 기능하지 않습니다.

현재의 학교가 위기를 안고 있다면, 이 '교양'·'민주주의'·'공동체'라고 하는 세 가지 핵심이 붕괴되고 있기 때문이라고 생각합니다. 역으로 말하면 이 세 가지 핵심을 어떻게 하면 각각의 장소에다 구축해 나갈 수 있을까가 교육에서의 공공철학의 중심과제라는 가설을 저는 세우고 있습니다. 이 점에 대해서 좀 더 논의를 했으면 합니다.

김태창: 제 개인적인 생각으로는 다음과 같이 세 가지 핵심을 재정리할 수 있을 것 같습니다. 먼저 인간의 기본능력으로서의 기호(문자기호·수량기호·음성기호·영상기호 및 다양한 상징기호)의 활용(이해·표현·전달) 능력의 개발과 향상입니다. 둘째는 시민의 기본덕목으로서의 대화·공동·개신능력의 개발과 향상입니다. 자타관계의 건전한 발달은 자기와 타자의 상극·상화·상생관계의 정립·성장·성숙입니다. 한 사람 한 사람의 인간으로서의 기본능력은 복수의 서로 다른 인간과 인간의 상호관계 속에서 요청되는 기본능력과 연동발달합니다. 셋째는 생명·생존·생업의 세대계승생생공동체의 일원으로서의 기초능력의 개발과 향상입니다. 종래의 교육과 학습에서는 이 문제의 중요성이 충분히 고려되지 않았다고 생각합니다. 지금의 교육과 학습상황을 부정적으로 비판하는 것도 중요하지만, 새로운 방향으로의 전환과제와 그것을 위한 실천전략을 구상하는 것도 중요하다고 생각하기 때문에, 저 나름대로의 의제를 제시해 보았습니다.

야마와키 나오시: 제가 이해하기로는 '덕'도 어떤 의미에서는 힘입니다. 내발적이고 응답적인 생활 에너지로서의 힘인데, 일본에서 '덕'이라고 하면 설교로 들립니다.

김태창: 제 생각을 말씀드리면, 기호활용능력은 기본적으로 '지'(知)의 능력

입니다. 그에 반해 대화·공동·개신능력은 '덕'(德)의 능력입니다. 그리고 생활·생존·생업의 세대계승생생능력은 '행'(行)의 능력입니다. 여기에서 제가 생각하는 능력이란 수용적인 기량의 차원과 능동적인 발동의 차원과 그 양쪽을 연동시키는 매개의 차원을 복합상관적으로 파악하는 것입니다. 아마르티아 센(Amartya Sen)의 '능력'(capability)이라는 생각에 가깝다고도 할 수 있는데, 그것보다도 다차원적인 것입니다. 그래서 저는 '덕'도 '힘'이기도 하지만 인간적 '능력'으로 이해하면 더 좋지 않을까, 라고 생각하는 것입니다.

야마와키 나오시: 그렇군요. 'capability'라는 의미에서의 '능력'이군요. 'moral'이라는 표현도 의욕이나 사기나 덕(virtue)과 관련됩니다. '덕' 가운데 지금 가장 중요한 것은 신뢰이자 의욕이자 응답인데, 이러한 것을 교육현장에서 전혀 가르치지 않는 것이 문제라고 생각합니다. 그럼 교육현장에서 윤리교육은 대체 무엇을 하고 있는가 하면 '학설사'를 가르치고 있습니다. 게다가 동경대의 경우에는 윤리가 수험과목이 아니기 때문에, 그것이 일반적인 동경대생의 지(知)의 체계적인 왜곡과도 통하고 있습니다. 저는 나쁜 의미에서의 위로부터의 도덕에 대항할 수 있는 것은 그와 같은 아래로부터의 도덕적 힘(moral power)이라고 생각합니다. 그래서 현장에서 '도덕적'이라는 범주가 어떻게 사용되고 있는지 사토 마사아키 선생님께 여쭤보고 싶습니다.

사토 마사아키: 덕이나 도덕과 같은 것은 '마음의 교육' 같은 형태로 학교에서는 다룹니다. 하지만 이 마음의 교육이 아까 나온 한 사람의 자립형 인간을 만들어 나가는, 그리고 양심을 길러 나가는 것이 아니라, 어떤 형태 속에 끼워넣으려는 식의 교육이 되고 있습니다. 혹은 '나라를 사랑하는 마음'과 같은 방향으로 향하기 때문에, 이 점을 걱정하고 있습니다. 아까 나온 '대화적 지성을 갖춘 인간'을 기른다는 의미에서는 없다고 할 수 있습니다.

김태창: 없군요.

사토 마나부: 일본의 교사들은 교육에서의 윤리를 정면으로 물은 적이 없습니다. 전전(戰前)에는 「교육칙어」가 있었고 전후에는 「교육기본법」이 있기 때

문에 자신의 문제로는 묻지 않았습니다.

김태창: 그것은 '국가윤리'이기는 해도 '인간윤리'나 '시민윤리'라고는 말할 수 없겠지요. 왜 그렇게들 국가를 좋아하는지요? 저는 가끔 존 듀이에 관해서 생각하곤 합니다. 한때 듀이를 너무 존경해서 말년에는 얼굴이 거의 듀이와 똑같이 된 선배 교수가 한 분 계셨고, 그분과 만나서 이야기하곤 했던 기억이 있어서입니다. 다른 것은 잘 몰라도 국가중심의 교육이나 국민윤리와 같은 발상과는 거리가 멀었던 것 같습니다. 저는 솔직히 국가나 기업에 너무 종속되는 교육이나 학습을 비판해 왔고, 그래서 듀이의 실용주의나 도구주의 그리고 실험학습의 진의를 제대로 밝혀 볼 필요가 있습니다.

사토 마나부: 듀이의 맥락에서 말하자면 국가까지도 하나의 도구로 생각하는 것이 필요합니다. 교육의 관점에서는 국가나 교육위원회와 같은 제도를 철저하게 도구로 생각합니다. 아이들의 배움에 있어서 국가가 어떻게 이용되고 활용될 수 있는가, 라는 식으로 생각하지 않으면 안 됩니다. '나라 만들기를 위한 사람 만들기'라는 생각은 거기서는 어불성설입니다. 국가는 '사람 만들기'를 위한 유용한 도구에 불과하니까요.

그리고 지성과 도덕을 어떻게 연결시킬까에 대해서입니다만, 듀이의 말로 하면 '습관의 형성'입니다. 듀이는 교육을 습관(habit)의 형성이라고 생각합니다. 여기서 말하는 습관은 일상적인 습관이 아니라 배우는 것이나 판단하는 것 또는 사고하는 것이나 대화적으로 커뮤니케이션하는 것의 습관을 말합니다. 이런 습관을 형성하는 교육 속에, 둘로 갈라진 지와 덕을 연결하는 관건이 있다고 생각합니다.

김태창: 듀이에게는 사람 만들기가 실용적 기본능력의 양성이었다고 생각됩니다. 그것이 거의 습관화되는 정도까지 발달하기를 겨냥했다고 보는 것입니다. 듀이의 교육관을 저 나름대로 재해석하면 '기초활용적 상상능력'과 '대화·공동·개신적 덕성능력'과 '세대계승생생적 관계능력'이 개개인의 일상적 생활습관으로 신체화되는 것이 바람직하다는 것입니다.

다나카 츠네미: 아무래도 아주 새로운 개념이 만들어지고 있는 것 같습니다. 처음에 사토 선생이 혼돈과 혼미가 있다고 하셨고, 마지막에는 생산주의에서 재생산주의로의 전환이 필요하다고 하셨습니다. 그렇다면 혼란이나 혼미란 새로운 것을 창조해 나가는 장이 만들어진다는 의미이군요. 그리고 재생산이란 결국 '사는 것'이고, 생산이란 '살기 위한 수단을 버는 것'이지요. 따라서 생산주의에서 재생산주의로의 전환은 '사는 것이 수단화되는 상황'에서 '사는 것을 목적으로 하는 상황'으로 전환해 나가는 것입니다. 무엇이 혼란스러운가 하면, 지금까지는 사는 의미가 주어져 왔습니다. 그것은 가령 생산이거나 경제이거나 국가였습니다. 하지만 지금은 그것들이 크게 힘을 잃게 되었습니다. 그리고 벌거벗은 형태로 한 사람 한 사람이 사는 일에 직면해 있습니다. 이런 때에 사는 의미를 어떤 형태로 찾아낼까, 이것이 문제입니다.

여기에서는 구조적으로 보면 교육의 기본적인 구조가 사라져 버립니다. 즉 뭔가 이미 있는 것을 가르치는 사람들이 있고 그것을 배우는 사람들이 있다고 하는, 가장 기본적인 구조가 사라져 버립니다. 그 대신에 학부모도 교사도 학생들도 하나같이 '사는 것'의 의미를 탐색해 나갑니다. 그것이야말로 배움공동체입니다. 이러한 공동체를 어떻게 만들어 나갈 수 있을까 하는 것을 논의해 나가지 않으면 안 되는 상황에 놓여있습니다.

한발 더 나가 봅시다. 이와 관련해서 제가 줄곧 문제의식을 갖고 재미있다고 생각하는 것이 있습니다. 우리는 가령 배움공동체에서 배움을 통해서 '과거의 유산을 계승'하고 '미래의 세대를 창조'해 나갑니다. 이와 같이 과거의 계승으로서의 배움이 미래세대의 창조와 관련된다고 한다면, 여기에서는 사실은 '과거의 유산'은 '미래로부터 맡겨진 것'으로 이해하지 않으면 안 됩니다. 배움 혹은 교육이라는 관점에서 본 '과거 유산의 계승'에는 언제나 이런 '계승이 미래로부터 맡겨진 것'이라는 반전구조가 있습니다. 다만 이러한 당연한 일이 오늘날에는 어느 정도 사실성을 가질 수 있는가? 이것을 잘 생각하지 않으면 안 되겠지요. 즉 시간적인 계열 속에서 공공성을 생각할 경우에, 과거의 유산을 미래의 위탁으로서 계승한다고 할 때의 '사실성의 근거'가 대체 어디에 있는가를 잘 생각하지 않으면 안 됩니다. 여기가 가장 중요한 대목이라고 생각합니다. 교육뿐만 아니라 윤리에 대해서도 마찬가지지요.

가령 부모와 자식 관계에서 생각해 보면, 이것은 지극히 자명한 이야기입니다. 아이는 부모의 사유물(私物)이 아닙니다. 부모는 아이 속에 자신의 생명을 넘어서 존속되고 있는 것을 보고 있기 때문이지요. 그래서 부모자식 관계에서도 사실은 아이가 촉구하는 형태로 미래로부터의 위탁이 있습니다. 과거를 계승한다고 하는 교육이라는 행위 자체가 원래 미래로부터의 위탁입니다. 이 자명한 사실을 교육 당사자들이 잘 이해하고 있는가, 바로 이것이 핵심이라고 생각합니다. 이 문제를 기본적으로 생각하지 않으면 시간적인 공공성 문제는 풀릴 수 없을 것입니다.

어느 문화인류학자의 보고 중에서 인디언 거주지 주변이 개발 때문에 황폐화될 때의 이야기가 있습니다. 이것을 본 인디언 마을 사람들은 한 자리에 모여서 울었다고 합니다. 왜냐하면 거주지 주변에 있는 것, 가령 나무에는 몇 세대 동안의 기억이 있으니까요. 이 나무 아래에서 대대로 누구와 누가 만나서 결혼했다거나, 몇 세대 전에 부상당한 전사가 여기에서 힘이 다해서 숨을 거두었다거나…. 결국 거주지의 주변공간은 '시간화된 공간'인 것입니다. 그것이 무너진다는 것은 그들에게 있어서는 자기들의 시간이, 즉 역사가 사라져 가는 것을 의미합니다. 이러한 역사로서의 자기 자신이 상실되어 간다고 볼 수도 있겠지요. 다만 이것은 전통적인 사회니까 여기에는 과거에 누적된 공간은 있지만 미래가 환하게 보이는 공간은 없습니다.

그럼 고도로 문명화된 우리는 어떤 형태로 '시간화된 공간'을 만날 수 있을까? 이것을 상상하는 것은 그리 간단한 일이 아닙니다. 아마도 우리는 아이들과 만남으로써 미래와 과거를 함께 포함하는 '공간화된 시간'과 만날 수 있다고 생각합니다. 그럼 우리는 아이들이라고 하는 '공간화된 시간'을 통해서 미래로부터의 위탁을 어떻게 받아들여야 하는가? 여기에 어떤 사실성과 근거가 있을 수 있을까? 이것을 생각하지 않으면 안 될 것입니다.

우리는 자칫하면 교육의 구조가 지금처럼 계속되리라고 생각하기 쉬워서, 바람직한 교육의 형태라거나 학교교육의 형태는 어떻다는 것에 대해서 논의하기 쉽습니다. 하지만 유감스럽게도 아마 그렇지는 않을 것입니다. 우리는 교육의 구조가 전혀 보존되어 있지 않은 배움공동체에서 과거의 계승을 미래의 위탁으로 받아들인다고 하는 소중한 일을 수행하지 않으면 안 됩니다. 그 방식과 근거가 잘 보이지 않기 때문에 우리는 곤란에 처해 있는 것입니다. 가장 원점에 있는 것은 무엇인가? 그것은 아마 미래로부터의 위탁일 것입니다만, 바로 여기로 논의가 귀결되어야 한다는 생각이 듭니다.

김태창: 이 좌담회가 있기 직전에 「일신교와 공공세계」를 공통의제로 한 공동연구회를 개최했습니다. 기독교 성서학, 특히 신약학의 최고 권위자로 널리 알려진 동경대학의 오오누키 타카시(大貫隆) 교수의 발표와 관련된 논의가 있었습니다. 유대교의 종말론과 기독교의 종말론은 같은 '종말론'이라고 해도 생각이 좀 다릅니다. 거기에서 제가 느낀 것은, 예수가 한 일을 공공하는 철학에서 보면 철저하게 공공활동으로 일관했다고 볼 수 있습니다. 그때까지의 종교는 공적인 종교였습니다. 신의 말씀을 들은 예언자가 "신이 이렇게 말씀하셨다"고 상의하달식으로 전달하는 것입니다. 그것은 전적으로 공적인 언행입니다. 그러나 예수의 경우에는 "나는 이렇게 말한다"고 하였습니다. 그것은 신과 인간의 사이에 서서 신과 인간을 매개하는 것입니다. 그래서 '공'에서 '사'로 한번 전환하고, 거기에서 '공공'세계를 향해서 발언을 합니다. 그 책임은 십자가에 못박힐 정도의 커다란 책임입니다.

예수가 죽은 뒤에 (제자들이) 예수와 대면해서 '나'와 '너'라고 하는 일인칭 관계(친밀권 관계)가 생깁니다. 이것을 저는 '사공(私共)관계'라고 합니다만, '사공관계'로 묶인 것은 관계당사자의 죽음에 의해 사라져 버립니다. 관계당사자만의 관계이기 때문이지요. 그래서 삼인칭으로의 열림이 필요하게 됩니다. 이인칭적 관계에는 없었던 바울이 삼인칭의 입장에서 예수의 메시지를 다시 한번 일인칭화(바울 자신의 메시지의 전환)하고, 여기로부터 '유대민족공동체'(共同體)에서 '인류공동태'(共働體)로의 차원전환을 지향합니다. 여기에서 두 개의 '미래관'의 차이를 상정할 수 있다고 생각합니다.

만약 예수의 메시지에 "미래로부터 발신된 요청에 응답한다"고 하는 측면이 없이, 다만 과거의 연장선상에서만 미래를 생각했다고 한다면 예수에 의한 '신의 나라'라는 메시지가 세계종교로까지 되는 일은 없었을지 모릅니다. '미래에 실현되는 신의 나라'라고 하는 강렬한 미래로부터의 위탁에 대한 감수능력이 없었다면, 십자가에서의 예수의 죽음으로 인해 생긴 절망으로부터 새로운 '신의 나라'로의 희망과 활력의 부활은 불가능했을지도 모릅니다. 물론 이것은 어디까지나 인간적인 차원에서의 생각입니다. 하지만 '미래에 실현되는 신의 나라'라고 하는 미래로부터의 강렬한 촉구에 응답한다는 방향성이 있었기 때문에, 모든 것이 실패한 것처럼 일시적으로는 보여도, 그것은 그것을 전달하는 메시지가 발효되는 기간이었을 뿐, 직접 예수와 만나지 않은 제3자에게 미래건설의 과업이 위탁되어 그것이 계승생생된 것이라고 생각해 볼 수 있습니다.

그래서 오오누키 교수와 저는 장래세대와의 관계라는 생각에서 차이가 있습니다. 저는 장래세대총합연구소 소장으로서 '장래세대관점'의 중요성을 이전부터 줄곧 주장해 오고 있습니다. 지금까지 '양심'은 과거와의 관련에서 이해되어 왔습니다. 하지만 "장래세대로부터의 요청에 응답한다"는 것이야말로 양심에 대한 하나의 새로운 이해방식이 아닐까요? '양심'(良心)이란 '좋은 마음'이 아닙니다. 한자의 의미와는 조금 다르게 영어의 'conscience'는 '함께 안다'(共知)는 것입니다. '혼자서 아는' 것이 아니라 장래세대로부터의 제시되는 과제에 응답하는 자신, 지금은 아직 존재하지 않지만 반드시 생겨나는 장래세대와 '함께 아는' 것이요 '함께 공명하는 지'(知)라고 할 수 있을 것입니다. 이런 관점에서 생각하면, 종래의 '양심'에 대한 이해방식으로는 말할 수 없었던 부분을 표현할 수 있다고 생각합니다.

그래서 다나카 선생께서 말씀하셨듯이, 에릭슨[10]으로부터 배울 수 있는 것은, 개체의 생명은 육체적으로는 죽지만 장래세대를 통해서 지속된다는 우주적 진실입니다. 바로 여기에 'creativity'가 아닌 'generativity'의 근거가 있습니다. 현재 일본이라는 국가사회에 살고 있는 사람들은 모두 언젠가는 죽지만, 장차 새로운 세대가 차례로 태어납니다. 새로운 생명의 탄생에 의해서 세대교체가 이루어지는데, 이 '탄생'의 의미도 지금까지는 '사적인 것'으로밖에 이해하지 않았습니다. 하지만 저는 공적인 것까지는 아니지만 공공적인 것이라고는 생각합니다. 사람이 태어난다는 것은 공적인 일이 아니라 (과거 한때는 공적인 것으로 일원화되어 정부의 관리와 감시 하에 놓인 적도 있었습니다만) 공공적인 것으로 모두로부터 축복받고, 신에 의해 축복받는 일로 재인식 되게 되었습니다. '탄생'은 공사(公私)상관적인 것이라고 할 수 있습니다.

'사망'은 일인칭적인 것은 아닙니다. 일인칭은 '죽는' 일이 없습니다. 이인칭, 삼인칭만이 죽습니다. 하지만 태어나서 생명활동을 계속해 나가는 것은 일인칭입니다. 산다는 것은 뛰어난 의미에서 일인칭의 과업입니다. 그리고 미래(의 가능성)를 과거(의 기성사실)로 전환시키면서 현재(의 현실)를 살아가는 것입니다. 그래서 그것은 먼저 사비적(私秘的)인 일입니다. 하지만 저의 생명·생존·생업으로서의 생활은 모든 인간의 생명·생존·생업에 공통되는 것이라는 의미에서 공공적인 것이기도 합니다.

야마와키 나오시: 어떻습니까? 다나카 선생님. 현장에 계시는 교사들도 '세대간 교육' 같은 것을 의식하고 계시는지요?

다나카 츠네미: 현재의 일본의 교육현장에는 두 개의 커다란 난점이 있습니다. 미래로부터의 위탁이나 장래세대에 대한 응답에 대해서 생각하면, 그것들이 잘 성립하지 않는 근거는 두 가지입니다. 하나는 교육세계로부터 초월성 같은 것이 완전히 제외되어 왔다는 것입니다. 이런 얘기를 하면 어쩔 수 없이 종교적인 이야기가 됩니다만, '지금 여기에' 구속된 채로는 곤란합니다. '지금 여기'의 생활을 어떻게 할까, 라는 것만으로는 곤란합니다. 이래서는 미래로부터의 위탁이나 장래세대에 대한 응답성은 성립할 수 없습니다. 그게 아니라 '지금

여기'가 시간적 · 공간적인 마디이자 무한한 확산의 기점이 되는 '지금 여기'라는 시공감각이 요구됩니다. 하지만 이 시공감각은 지금까지의 교육에서는 결국 잘 길러지지 않았습니다. 이런 애로사항이 있습니다. 이것이 미래로부터의 위탁에 응할 수 없는 가장 큰 원인 중의 하나라고 생각합니다.

또 있습니다. 교육세계에서 무엇이 문제인가 하면, 교육은 사실 철저히 능동적인 것입니다. 그런데 교사가 어떻게 작용을 가하면 좋은가, 부모가 어떻게 작용을 가하면 좋은가 하는 것만 이야기하다 끝납니다. 이런 논의에 무엇이 근원적으로 결여되어 있는가 하면, 다름아닌 들을 수 있는 능력입니다. 무언가를 '지금 여기'에서 받아들이는 힘, 수동적인 힘, 무언가를 확실히 듣고 보는 힘, 그런 수동적인 것이 지금까지는 대단히 경시되어 왔다고 생각합니다.

'초월성'과 '수동성'이 경시되어 온 탓에, 능동적으로 해도 안 되었던 부분을 또 다시 능동적으로 하려고 해서 문제가 점점 심각해지고 결국 악순환으로 인해 무너져 갑니다. 교육문제의 대부분은 이런 '악몽으로서의 능동성'이라는 형태를 취하고 있다고 생각합니다.

미래로부터의 위탁에 응해 나가기 위한 기본적인 조건은 초월성을 어떻게 회복시킬 수 있는가와 소극성을 어떤 식으로 살릴 수 있는가 하는 데에 있습니다. 이 두 가지는 종교적인 문제로 서로 연결된다고 생각합니다.

김태창: 또 하나, 일본의 교육과 관련해서 생각해야 할 점이 있습니다. 그것은 「교육과 유토피아」라는 문제입니다. 유토피아란 원래는 '없는 것'입니다. 장소적으로도 관념적으로도 없는 것이 유토피아입니다. 그 '없는 것'을, 앞 세대와 뒤 세대가 '세대간 대화'를 통해서 함께 만들어 갑니다. '과거'도, 지금 세대와 앞 세대 사이에 대화를 하는 것이라고 이해하면, 그 '대화'를 통해서 무엇을 하는가 하면, 지금은 없는 것을 함께 만들어 내는 것입니다. 거기에 필요한 것은 희망입니다. 「희망의 교육학」이라는 문제도 여러 곳에서 논의되고 있습니다. 지금 상태보다 좋은 것을 지향하는 유토피아에 대한 바람과 그것이 언젠가 반드시 실현된다고 하는 장래에 대한 희망은 교육에 필수불가결하다고 생각합니

다. 그런데 지금 교육에서는 이것이 빠져 있습니다. 실용성이나 경제적 합리성을 너무 강조하면 교육의 감동이나 학습의 기쁨이 사라지고, '교육' 본래의 존재이유가 불명확해집니다. 가르치는 양을 부여받아서, 그것을 단지 기계적으로 수행하는 것으로 끝나 버리면 아무런 감동도 얻을 수 없습니다. 오히려 고통스러울 뿐입니다.

한때 마르크스주의의 전투적인 운동이 교사들 속에도 많이 침투했던 적이 있는데, 저는 그때 그들과 매일 싸웠습니다. 그때는 '교육'이 '노동'으로, 교사는 '노동자'로 위치지워졌습니다. 그렇게 된 순간 교육은 더 이상 '교육'이 아니게 되었습니다. 물건 만드는 논리를 그대로 사람 만들기로 가지고 갔기 때문이지요. 제 생각은 약간 보수적일지는 모릅니다만, 과연 '물건 만들기' 논리와 '사람 만들기' 논리를 같은 것으로 보아도 좋은지 의문이 듭니다. 제가 학교의 법인화에 반대하는 이유는 다른 게 아니라, 그렇게 되면 '물건 만들기'의 논리가 그대로 '사람 만들기'의 논리와 일체화되어 버리기 때문입니다. 바로 여기에서 위험을 느끼고 있습니다. 결국 이렇게 되면 인간은 전부 '물건=상품'이 되어 버립니다. '인격'도 없고 '인칭성'도 없어지고 전부가 상품 취급 당합니다. 그렇게 되면 실로 '교육'이 아니라 품질관리밖에 남지 않는 거지요.

야마와키 나오시: 초월성 문제는 기독교 계열의 사립학교에서는 많이 얘기되지만 공립학교에서는 어떤지요? 윤리나 사회의 수업 같은 데서 학설사로서는 논의됩니다만…. 사토 선생님은 「기도공동체」의 필요성도 말씀하시는데, 이 표현은 공립학교의 이념에 저촉되는 것이 아닌가 하는 생각도 듭니다. 현장에서는 어떤지요?

다나카 츠네미: 제가 사실성이 있다고 생각하는 것은 아까 말한 부모와 자식의 관계입니다. 엄마와 아이나 아빠와 아이 관계를 모델로 하는 모든 교육관계를 생각하면, 여기에서는 초월성은 당연하지요. 그래서 너무나 당연하고 일상적인 것이어서 특정 종교문제는 아니라고 생각합니다.

야마와키 나오시: 오히려 철학문제라는 생각이 듭니다. 제가 보기에는 철학

교육이 현장교육에서 완전히 무시되고 있습니다. 그래서 현재 대학의 철학과에서 철학이라고 일컬어지는 것은 주로 과거의 철학자에 대한 문헌학입니다. 문학부 안에 철학과가 있는데, 거기에서 행해지는 철학은 현실과 유리된 어려운 이론이라는 이미지가 재생산되고 있는 것이 현실입니다. 진짜 철학은 인생의 의미를 둘러싼 대화이고, 극히 당연한 생활 속에 '초월성'이라고 일컬어지는 것을 발견한다든가 '지금 여기'라고 할 때의 시간이란 무엇인가에 대해서 생각한다든가, 이런 물음이나 대화나 토론이야말로 철학이라고 생각합니다. 하지만 현실에서는 그런 의미의 철학이 부재하지요.

사토 마사아키: 얘기를 들으면서 계속 고민하고 있습니다만, 미래로부터의 위탁 같은 것은 현장에서는 거의 생각하는 일이 없습니다. 그래서 자기 나름대로 이렇게 되었으면 한다는 생각이 있어도, 그것이 전체의 공공적인 힘이 되는 것이 아니라 그냥 혼자 생각하는 차원에서 끝나는 것이 현실입니다.

다나카 선생님의 말씀을 듣고 공감한 것은, 초월성을 빼앗는 것은 교사가 아닐까요? 가령 초등학교 일학년에 막 들어갔을 때에는 아이들이 자유롭게 여러 가지를 생각합니다. 그런데 그것을 교사들이 점점 사고를 강요하는 것이지요. "그것은 아니에요," "그것은 좀 있다가 생각할 일이에요"라는 식으로. 그러는 사이에 점점 아이들은 조용해집니다.

역시 교사가 받아들이는 힘, 대화하는 능력이 없는 것이 문제입니다. 지금까지의 선생님들의 삶의 방식을 보고 있으면, 기술적 합리성만 추구할 뿐 전문가로서의 교사의 형성은 별로 생각해 오지 않았습니다. 뿐만 아니라 이런 점을 지적하는 사람도 적습니다. 물론 사토 마나부 선생님은 자주 말씀하십니다만…. 저희 학교의 경우에는 "전문가로서의 교사 형성을 어떻게 할까?"라는 문제에 대해서 행동 시스템을 재구축하여 도전하고 있는데, 일본 전국에서 이런 실천을 하고 있는 학교는 적습니다.

김태창: '초월성'이란 언제 어디서나 반드시 '신'을 연상하는 것만을 의미하지 않습니다. 그리고 '유토피아'는 '초월'입니다. '희망'도 '초월'입니다. '꿈'도 '초월'

이지요. '마음의 교육'이라는 말만으로는 '초월'의 차원이 불충분합니다. 종종 말하는 '마음교육'이라고 하면 뭔가 반이성적이고 반지성적인 느낌이 듭니다. 물론 저도 이성만능이나 지성우위의 교육만이 최선의 교육이라고는 생각하지 않습니다. 하지만 인간의 기본능력으로서 지성이나 이성의 개발과 향상이 불가결하다는 것 또한 엄연한 사실입니다. 물론 감성과 이성을 상호보완적으로 맺고·잇고·살리는 것을 '영성'이라고 이해한다면, 이성교육(지성교육)·감성교육·영성교육이라는 삼차원상관적 교육을 생각하는 것이 중요하겠지요. 그래서 '마음교육'이라는 차원에서의 논의와는 반드시 같은 것은 아니라고 생각합니다.

야마와키 나오시: 누가 「마음교육의 철학적 빈곤」에 대해서 써주시면 좋겠습니다(웃음). 지금 "철학이 없으니까 철학이 필요하다"고 여기저기에서 말하고 있는 것은 나카소네 야스히로(中曾根康弘) 전 수상으로, 그는 강연에서 "코이즈미에게는 철학이 없다"고 비판하는데, 실제로 그가 무엇을 지향하고 있는가 하면, 그것은 실로 공공철학과는 다른 '공철학'이자 '국가철학'입니다. 그런 입장에서 그는 목숨을 걸고 교육기본법을 개정하겠다고 하고 있는 것입니다. 하지만 이에 대한 철학적 대항축이 형성되고 있지 않은 것이 큰 문제입니다. 그래서 결국 '공공성'이라는 개념은 교육현장에서는 전혀 얘기되고 있지 않은 개념인가요?

사토 마나부: 공공성이라는 개념은 90년대에 처음으로 나온 개념입니다. 물론 공공철학적인 것은 옛날부터 있었다고 생각합니다만, 명확한 형태로 거론된 것은 최근 몇 년 사이의 일입니다. 현장에서는 사고정지 상태가 지나치다는 것은 알았습니다만, 그것을 돌파하기 위한 정치적 구조적인 문제가 있지 않을까요?

김태창: 저는 사토 선생이 말씀하신 정치구조적인 문제는 일부 사람들에게는 좌절·실망·절망을 가져오기도 하지만, 다른 사람들에게는 그것이야말로 분연히 일어날 수 있는 하나의 계기가 될 수도 있다고 생각합니다. 오히려 그런

방향으로 이해했을 때 "장차 일본이 어떻게 될까?"라는 것이 좀 더 중요한 문제가 아닐까요? 그런 문제를 '윗사람'(오카미)의 판단과 처분에 맡기는 것이 아니라, 한 사람 한 사람의 시민이 자각적이고 자주적인 사고·판단·행동을 통해 바람직한 일본교육의 모습을 함께 논의하고 탐구하고 구축해 나가는 것이 다름 아닌 공공철학적 실천이라고 생각합니다.

사토 마나부: 아까 나온 '세대계승생생성'의 문제로 돌아가면, 세대계승성은 공공성의 핵심개념입니다. 즉 공공성을 최소한으로 정의하면 '공동체의 유지와 발전에 필수불가결한 것'이라고 할 수 있으니까, 이것이 바로 '세대계승성'이 됩니다. 그것이 교육현장에서 안 보입니다. 어느 시기까지는 상당히 선명했다고 생각하는데, 가령 전통적인 공동체가 존속하고 있을 때에는 '이 마을의 미래는 아이들에게'라는 의식이 부모들에게 확실하게 뿌리내리고 있었다고 생각합니다. 그 시대에는 가령 교사가 마을에 부임하면 이장과 역장이 역에서 마중 나오고 마을에서도 대환영을 합니다. 환영회에서는 이장 옆에 젊은 교사를 앉혔다고 합니다. 이렇게 마을이나 동네의 가장 중요한 인물로 교사는 대접받았고, 그런 사명을 짊어지고 있었습니다.

이 전통이 고도 성장기에 붕괴되어, 지금은 교사는 '공복'(公僕), 즉 대중의 '하인'이 되어 버렸습니다. 사회의 '그림자 직업'[11]을 떠맡고서 의지할 곳도 없어졌습니다. 공적인 임무의 성립기반인 세대계승성이, 실로 다나카 선생님이 말씀하신 사실성에 대한 문제가, 찾아보기 어렵게 되었습니다. 김 선생님께서 말씀하신 문제도 유토피아를 사실화해 나가는 방법입니다. 저는 이 해결책에 길이 없다고는 생각하지 않습니다. 가령 고유명사로 말하고 추상명사로는 말하지 않는 것입니다. 추상적으로 이해하면 세대성도 역사도 문화도 안 보이게 됩니다. 사람은 한 사람 한 사람이 고유명사로 등장하고 고유의 역사를 지닌 사회를 짊어지고 문화를 짊어진 존재입니다. 아이들도 마찬가지입니다. 한 사람 한 사람의 고유명사로 아이들의 존재를 이해하고 교육을 말할 필요가 있습니다.

그리고 '물건'(物)을 등장시킬 필요가 있습니다. 종종 물건이 범람하고 있다고 하는데, 실은 '상품'이 범람하고 있을 뿐 '물건'은 등장하는 것이 아닙니다. 가령 오늘 저는 '나마 야츠바시'[12]를 하나 샀습니다. 제가 이것을 집에 가지고 가면 사적 소유물로 끝납니다. 하지만 교실에 가지고 가면 단번에 공적인 것이 됩니다. '나마 야츠바시'를 만든 장인의 기예는 하나의 역사의 문화이지요. 이럴 때 세대계승성이 단숨에 화제가 됩니다. 즉 개별적인 물건에 즉한 배움으로 전환함으로써 추상화된 것을 구상화하고, 사물의 배후에 있는 역사나 문화나 세대계승성을 부각시켜 나갑니다. 일부 총합학습에서는 이것이 실현되고 있습니다. 그 매력이 교사를 불타오르게 하고 아이들을 의욕적으로 만들고 있습니다.

하지만 이것만으로는 세대계승성을 말할 수 없는 부분이 있습니다. 이것은 세대간의 연속성일 뿐이지요. 그래서 이것과 함께 세대계승성의 초월성 문제가 있어야 한다고 생각합니다. 현실과 과거의 연장선상에서 '지금 여기'뿐만 아니라, 그 현실을 넘어서려고 하는 세대계승성입니다. 그것을 '미래로부터의 촉구'라고 하면 "좀 기다려"라고 하는 느낌은 듭니다만, 초월성의 감각은 평소에 아이들을 기르거나 교사가 교실에서 느끼는 실감과 비슷하다고 생각합니다. 가령 아무리 교사와 아이가 노력해도 어떤 벽을 돌파할 수 없습니다. 이런 벽은 교육에서는 늘 있습니다. 교사가 해결할 수 있는 학생들 문제의 극히 일부에 지나지 않습니다. 교육에서는 성취가 곧 좌절이고, 그 좌절이 다시 성취가 됩니다. 교육은 그런 취약함과 불충분한 것에 대한 연민을 늘 안고 있습니다.

교사도 학생도 그렇습니다만, 교육에서는 항상 무언가에 맡기는, 가령 미래에 맡긴다거나 사회에 맡긴다거나 하는, 여러 의미에서 스스로의 무력감과 불완전함을 견딘다는 성격을 갖고 있습니다. 여기에서 생겨나는 것을 '기도'라는 말로 저는 표현하고 있습니다만, 교육은 불완전함을 견디고 미래에 맡기지 않을 수 없다는 의미에서 기도하지 않을 수 없는 활동이라고 생각합니다. 지금 문제가 되는 것은 이 '기도'를 냉소주의에서는 모두 없애고 있다는 점입니다. 이 '기도'를 어떻게 복권시킬까 하는 문제에 늘 부딪히는데, 여기로 가는 길은 두 가지로 하나는 타자의 소리를 '듣는 힘'입니다. 그리고 가장 듣지 않으면 안 되는 것은 죽은 자의 소리라고 생각합니다. 죽은 자의 소리에 귀를 기울인 채 역사를 책임진다는 마음으로 교육현장에 서 있느냐 아니냐가 문제입니다. 그런 점에서 아이들에게도 죽은 자의 소리가 들리게 하는가 아닌가가 중요합니다. 학교에서 가르치는 역사는 연도와 사건을 암기하고 있을 뿐, 오히려 죽은 자의 이야기가 면면히 역사의 저변에 흐르고 있다는 사실을 배울 필요가 있습니다.

또 하나는 현실성(actuality)의 복권입니다. 아까 나온 말로 하면 '공진'(共振)이지요. 아이들이 발버둥치고 있고, 주어진 과제를 달성하거나 거기에 좌절하거나 하고 있습니다. 여기에 부모와 교사가 관여합니다. 그 발버둥이나 관여를 현실적으로 느끼는 능력이 요구되고 있습니다. 이 부분을 쉽게 일반화하지 않고, 현실적인 이야기로 인식해서 기도를 해 나가는 상상력이 요구된다고 생각합니다. 그것은 대화적 상상력이라고 해도 좋고, 김 선생님께서 말씀하신 '해석학적 상상력'이라고 해도 좋습니다.

여기에 실은 교육사상의 문제가 숨어 있다고 생각하는데, 저는 교육사상이란 본래 유토피아 사상이라고 생각합니다. 플라톤 이래로 그렇습니다. 그런데 현재의 과학적인 교육언설로는, 특히 교육학자가 그렇습니다만, 유토피아를 말하는 사람은 '낭만주의'라고 비판받고, "낭만주의의 덫에 걸렸다"는 말을 듣곤 합니다. 하지만 교육사상과 유토피아 사상과의 연결은 다시 한번 부활시킬 필요가 있다고 생각합니다.

야마와키 나오시: 이상주의와 현실을 서로 대립적으로 파악하는 것이 잘못됐습니다. 저는 『공공철학의 지평』(시리즈 『공공철학』 제10권)에 수록된 논문에서, '이상주의적 이상주의'와 '현실주의적 이상주의'와 '이상주의적 현실주의' 그리고 '현실주의적 현실주의'의 네 가지를 유형화하지 않으면 안 되고, 그중에서 '이상주의적 현실주의'와 '현실주의적 이상주의'의 두 가지가 공공철학의 방법론이 될 수 있다고 주장하였습니다. '실제로 있는' 차원과 '꿈을 꾸어야 하는' 차원과 '그것이 가능한' 차원, 이 세 가지를 서로 분리시키지 않고 생각하는 것이 공공철학이라고 생각합니다.

반면에 단순히 '이상인가 현실인가'라는 대립축을 설정하는 데에서 사고의 오류가 생깁니다. '현실주의적 현실주의'란 현실이 이렇기 때문에 현실은 바꿀 수 없고, 바꾸려고 하는 것은 무리라는 입장입니다. 냉소주의나 실증주의, 나쁜 의미에서의 과학주의가 여기에 해당됩니다. 반대로 '이상주의적 이상주의'는 탁상공론으로 끝나고 꿈만 얘기할 뿐 실제적인 실효성을 생각하지 않습니다. 이 두 가지는 공공철학이 될 수 없겠지요. 그에 반해 사회과학자가 먼저 사회의 현실인식에서 출발하여, 그것을 토대로 좀 더 좋은 사회를 향한 옵션이나 선택을 생각해 나간다면, 그것은 사회과학에서 공공철학으로 가는 길이라는 의미에서 '이상주의적 현실주의'라고 불러도 되겠지요.

한편 먼저 이념이나 꿈을 말하면서 현실을 냉정하게 분석하고, 그것에 비추어서 이념의 실현가능성을 생각해 나간다고 하면, 그것은 '이상주의적 현실주의'라고 불릴 수 있겠지요. 여기에는 철학이나 윤리학으로부터 들어가는 길과, 사회의 실증연구로부터 들어가는 길, 두 가지가 있다고 생각합니다. 이것은 아까 말한 것처럼 '실제로 있는 것'의 실증분석, 그리고 '꿈'이나 '당위'라고 하는 '이념'이나 '규범' 문제, 마지막으로 그 '실현가능성'을 추구하는 정책론, 이 세 가지 구성요소가 있어서 공공철학이 성립한다고 생각합니다. 이러한 공공철학적 관점에서 보면 "그것은 현실주의에 지나지 않는다"거나 "이상주의에 지나지 않는다"고 하는 생각은, 사고 그 자체가 퇴폐적이고 잘못되어 있다고 생각합니다.

사토 마나부: '공상적 사회주의'라고 불리는 생시몽이든 푸리에이든 오엔이든[13] 당시의 사회사상에서 보면 가장 현실주의자입니다.

야마와키 나오시: 제 수업에서는 반복해서 말하고 있습니다만, 『유토피아』를 쓴 토마스 모어는 사형폐지론의 선구자로도 간주되고 있고, 법과 형법을 생각하는 데서는 모어를 공상주의자라고 비판한 엥겔스보다도 훨씬 현실주의자였다고 생각합니다. 실제로 모어에 비해 엥겔스의 과학적 사회주의라는 낙천적인 생각이 훨씬 공상적이라고 생각됩니다. 그런데도 그의『공상에서 과학으

로』를 한때 진지하게 믿은 사람들이 대단히 많았다는 사실이 지금 생각하면 아이러니컬합니다.

김태창: 저는 인간 집합체의 발달단계의 한 측면을 이렇게 생각합니다. 먼저 원시공동체를 상정하고, 그것이 붕괴되는 가운데 군사협동체-산업경동체(競働體)-정보공동체(共働體)라는 방향으로 변화하고 발달해 왔다고 생각합니다. 물론 일직선으로 발전했다기보다는 중층적으로 병행적으로 주도전환이 행해져 왔다고 생각합니다.

먼저 원시공동체에서는 나이 먹은 원로가 가장 존경받았습니다. 그것이 붕괴되고 해체되어 어떤 때에는 통시적으로 또 어떤 때에는 공시적으로 서로 뒤섞여서 군사협동체가 생깁니다. 이것은 군사력을 가진 '동'(同)의 논리에 의해서 평화 또는 갈등의 제거를 지향하는 인간집합체입니다. 여기서는 전사(군인)가 가장 중요하게 여겨집니다.

그다음은 산업경동체입니다. 이것은 생산과 판매를 위해 경쟁하는 시스템입니다. 여기에서는 자본가와 기업(회사)인이 가장 주목을 끌게 되지요. 그리고 현재는 정보공동체로 매스컴이 중심입니다. 연예인이나 언론인이 사회적인 명성을 얻고 수입도 많습니다. 이러한 현실 속에서 바람직한 교사의 모습을 다시 한번 생각해야 합니다. 교사는 어떤 방향을 지향해야 하는가? 국가든 기업이든 좋습니다만, 인간 집합체의 모습은 지금 말한 것처럼 근본적으로 바뀌고 뒤섞이고 서로 엮여 있습니다. 그래서 거기에서 바람직하다고 기대되는 인간상도, 사회의 요청에 따라 바뀌지 않을 수 없습니다.

'행동'이나 '행위'라는 말의 의미를 다시 한번 생각해 볼 필요가 있습니다. '행동'이란 자극과 반응모델의 관점에서 파악된 것을 말합니다. 인간의 사고·판단·결정·책임을 연관시키지 않고서 변화와 운동을 생각하는 입장입니다. 그리고 '행위'는 어디까지나 인간의 의도적이고 의식적인 측면을 강조하는 말입니다. 그래서 행동지상주의는 위험하다는 것이 저의 생각입니다.

저는 "의식이나 목적이나 가치를 전제로 하지 않는, 단지 행동만 있으면 된다"고 하는 행동을 위한 행동, 실천을 위한 실천은 이론을 위한 이론이나 관념을 위한 관념과 마찬가지로 공허하다고 생각합니다. 행위와 사고는 상극·상화·상생(하는) 관계에 있습니다. 어느 한쪽을 지나치게 강조하면 일종의 자기도취와 자기만족은 느낄지 모르지만, 사회에서도 개인도 장기적이고 지속적인 의미를 전혀 갖지 못합니다. 더 심하게 말하면 스탈린이나 히틀러처럼 될 수도 있고 폭주족이 될 수도 있습니다. 그들에게는 '행동'이 넘칩니다. 하지만 '사고'는 없지요.

아까 사토 마나부 선생은 현장의 교사들에게 이론이 없다고 하셨습니다. 일부에서는 이론을 부정적으로 보는 시각이 있습니다만, 저는 사토 선생에게 자극받아서 다시 한번 존 듀이를 읽어 보았습니다. 그도 어디에선가 "이론 없이 행동만 있는 교육은 위험하다. 이것은 백해무익하다"는 말을 하였습니다. 지금 교사들이 교육현장에서 이론을 전혀 생각하지 않고 그냥 그날 그날 자기에게 주어진 수업을 수행하는 행동으로 일관해서, 단지 지식을 전달하기만 하면 된다고 생각할지 모릅니다. 하지만 사실은 지금 자신이 하는 것은 무엇을 위해서 어떤 의미가 있는가? 그것을 항상 생각해야 할 필요가 있습니다. 하고 있는 일의 의미를 찾는 것이 이론입니다. 그래서 '이론없는 행동'은 위험합니다. '교육'의 경우에는 특히 더 그렇습니다. 자신이 좋다고 생각해서 한 일이 상대에게 피해를 주는 경우도 있습니다. 자기반성적으로 이론과 실천(행동)을 상호보완적으로 항상 신중히 공진(共進)해 나가지 않으면 매우 위험합니다. 그래서 사토 마나부 선생이 현장에서 느끼신 것은 좀 더 거리를 두고 보아도 대단한 의미를 지니는 것이라고 생각합니다.

최근에 '기초능력 향상교육'이나 '직업교육' 또는 '국제경쟁력 향상교육' 같은 말들이 회자되고 있습니다. 이것들은 모두 국가나 기업을 위한 것입니다. 물론 그것도 필요합니다만, 인간적인 능력으로 지금 가장 결여되어 있는 것은 '대화력'입니다. 먼저 타자와 대화하는 대화력, 그 다음에 서로 다른 영역에서 나온 예지를 '매개하는 능력'이 필요하다고 생각합니다. 공공하는 인간에게 필요한 것은 매개 능력입니다. 상대의 슬픔이나 고통 또는 아픔에 공감하는 능력이 필요합니다. 교사라는 사람이 괴로워하는 학생을 보아도 아무렇지도 않게 생각하는 것은 곤란합니다.

지금 필요한 긴급과제는, 제 경험에서 보면 역시 '대화력'과 '매개력' 그리고 '공감력'입니다. 이것이 모든 인간에게 필요합니다만, 그중에서도 특히 교사에게 요구되는 것들입니다.

사토 마사아키: 공감력과 대화력에 대해서입니다만, 요즘 학교에 안 가는 아이나 거친 아이가 많은데, 그 아이들의 마음을 먼저 자기 속에 통째로 받아들인다는 생각이 선생님에게는 없는 것 같습니다. 좀 만져 보다 도망가는 식이라고 할까요? 저희 학교 아이들의 가정환경을 보면 아이들이 난폭해질 수밖에 없는 상황입니다. 가령 '가족'(family)은 있는데 '가정'(home)이 없습니다. 이런 환경에 사는 아이들과 얘기해 보면 아이들은 역시 제대로 살고 싶다고 생각하고 있습니다. 오히려 부모가 문제라고 걱정하는 아이들도 있습니다. 그리고 가정 안에서는 자신이 살아온 것을 실감할 수 없습니다. 요컨대 세상이 필요로 해서 살아왔다는 것을 실감할 수 없는 것이지요. 그런 아이들이 배움에서 점점 탈락됩니다. 이런 상황에서 그들은 무력합니다. 이런 아이들을 어떻게 배움의 장으로 끌어들일 수 있을까? 그러기 위해서는 선생님들에게 대화력이 없으면 안 됩니다. 그런데 선생님의 대화력도 너무 약해서, 결국 "무엇 무엇을 해야 한다"가 되고 맙니다. "이렇게 해야 한다"거나 "이렇게 해라"라고 가르치고 있을 뿐입니다.

김태창: 그렇습니다. 그것이 위험합니다.

사토 마사아키: 예. 그래서 저는 선생님들에게 "아이들을 한 사람의 성인으로 다루세요"라고 말하곤 합니다. 성인으로 다루는 것은, 먼저 위에서 가르친다는 입장이 아니라 아이들과 같은 눈높이에서 함께 생각하는 것을 말합니다. 그리고 어른에게는 책임과 의미가 있기 때문에 아이들에게 자유롭게 말하게 하는 대신에 의무도 가르치는 대화가 되었으면 합니다.

다음으로 매개 능력에 대해서입니다. 사토 마나부 선생님도 종종 '물건(敎具)의 도입'이라고 하는 현실적인 이야기를 하십니다만, 국어수업 같은 것은 대부분 사실성이 없습니다. 단지 어떻게 읽을 것인가 하는 독해 이야기가 되고 있을 뿐입니다. 수업시간에 교구가 준비되는 것으로 인해 엄청난 배움의 세계가 펼쳐집니다. 배우는 것은 재미있다고 아이들이 생각할 것입니다. 그런데 실은 중학교에는 큰 문제가 있습니다. 그것은 수험과 시간축의 문제입니다. 물론 고등학교도 그렇다고 생각합니다만, 수험을 중심으로 한 3년간이라는 시간축과 배움의 질을 고양시키는 것, 이 양자를 균형잡는 것이 어렵습니다. 현장 선생님들은 이 부분의 균형을 어떻게 할까 고민하고 있습니다.

김태창: 일본의 가장 근원적인 문제를 상징적으로 말하면 유치원에서 초등학교, 중학교, 고등학교까지의 모든 교육이 "동경대에 들어가는가 못 들어가는가"에 따라서 판단 · 평가 · 서열화되는 교육이 되고 있다는 점입니다. 이런 점에서는 한국의 현상과 다르지 않습니다. 공통 난제이기도 합니다. 그래서 양국에서 동시에 거론되는 극단적인 논리의 한가닥이 동경대학—서울대학—을 없애 버리면 유치원과 초중고교의 교육을 개선시킬 수 있는 현실변혁적인 하나의 방법이 되지 않겠느냐, 라는 것입니다. 그렇지 않으면 교육이 전부 망가진다는 것입니다.

하지만 이것은 역시 현실적으로는 어렵고, 항상 동경대나 서울대에 합격하는 학생의 수가 어느 정도인가에 따라 학부모의 희비가 결정된다는 현실을 외면할 수 없는 것입니다. 학부모들은 그 데이터를 보고 생활이나 거주지를 바꾸면서까지 평판이 좋은 고등학교 근처로 이사하기까지 합니다. 이것이 사회적인 문제가 될 정도입니다. 이런 현실 속에서 중학교에서 대학 입시가 아닌 인성교육 같은 것이 실제로 어느 정도 확보될 수 있을까요?

사토 마사아키: 28시간 중에 2~3시간 정도일까요?

김태창: 그렇습니까?

사토 마사아키: 일단 시간은 있지만 지도는 형해화되고 있지요.

야마와키 나오시: 수험체제의 압력 같은 폐해가 현장에는 있겠지요?

사토 마사아키: 폐해는 정말 많습니다. 가령 부모의 요청을 들어보면 "학생들의 학력수준을 올렸으면 좋겠다"는 것뿐입니다. 그래서 선생님들도 그것에 응하려고 하지요. 배움의 본질이나 배움의 기쁨, 아니면 꿈을 갖게 하는 교육을 했을 때에 그것을 받아줄 보호자도 있지만, 대부분은 "○○고등학교에 갈 수 있는가 없는가"가 압도적인 요청입니다.

김태창: 그래서 '학력'이라고 말하지만, 실제로는 단지 시험에서 합격하는 능력을 말할 뿐이지요. 바른 의미에서의 학력은 아닙니다.

사토 마아사키: 가령 학력을 '배워 온 역사'라고 이해하는 사람은 먼저 일반인 중에는 없습니다. 학력은 '학교력'으로, 배운 역사는 아직 시민권을 얻고 있지 못합니다. 배운 역사라면 우리도 마음이 편해집니다만. 사회가 받아주지 않으면 안 되지요.

김태창: 가령 정부기관이나 기업이 채용기준을 학력에 두는 것이 아니라 대화력이나 매개력 또는 공감력과 같은 인간의 본질적인 능력에 중점을 둔다면, 학교가 별로 무리를 하지 않아도 상황이 좋아집니다. 어떤 의미에서는 학교도 저절로 바뀔 거라고 생각합니다. 학교에 대해서만 "입시교육이 나쁘다"거나 "학력중심의 교육은 나쁘다"고 말해 놓고, 현실적으로 채용하는 쪽에 있는 정부기관이나 중간조직이나 유력기업에서 그런 기준으로 사람을 고용하고 있으니까 학교 현장에서도 어쩔 수 없습니다. 기관과 조직과 기업의 기본방침이 크게 바뀌면 그 변화가 교육의 건전화로 이어질 수 있다고 생각합니다. 여기서 야자키 사무국장께서 그 가능성에 대한 이야기를 해 주시면 교육현장도 힘이 나지 않을까요?

야자키 카츠히코: 지금 저도 한명의 학생으로 참가하고 있는 배움공동체가 있는데, 전국에 약 3천명 규모의 경영자 네트워크가 있고, 각 부(府)와 현(縣)에 대체로 50~100명의 회원이 있습니다. 회원은 모두 경영자들로 각 지역에서 이런 배움공동체를 운영하고 있습니다. 경영자의 리더십 하에 조직 전원의 의식

이 바뀌고 기업이 바뀌고, 나아가서는 기업이 지역사회와 어떻게 관계 맺고, 그것을 어떻게 바꿔나갈까? 경영자들이 각자 지향하는 이념이나 실천을 통한 소중한 자각을 진정으로 공유할 수 있으면, 그 배움공동체로서의 기업의 네트워크가 기업이라는 틀을 넘어서 지역사회에 공헌하는 자세가 분명히 보이게 된다고 생각합니다. 나아가서 지역사회에 대한 공헌이 네트워크를 통해서 각각 열린 학교나 교실 같은 곳에서 발전해 나가면, 지역사회 또한 그런 열린 체험을 서로 배우는 지역문화를 기르는 장 같은 형태가 되어가지 않을까요?

실제로 관동지방과 관서지방에 각각 하나씩 초등학교부터 일관된 유니크한 교육을 하는 학교가 생기고 있습니다. 구체적으로는 장래에 세대계승적인 경영자를 지향하는 학생들을 받아들이는 사학(私學)입니다. 지금까지 학교에서 배우는 아이들에게는 의사가 되기 위해서라거나 동경대에 가기 위해서 라는 식의 목표밖에 없었습니다. 특히 부모세대에게 있어서 사업의 세대간 계승은 인생에서 대단히 커다란 과제입니다.

그래서 좀 더 훌륭한 차세대 경영자를 기르고 싶다는 부모의 의향과 "그런 기대에 부응하고 싶다"는 아이들의 마음을 함께 좀 더 고차원적인 공공화를 지향하여 열어 나가게 할 수 있다면, 그 전국적인 규모의 배움공동체의 네트워크는 자각과 실천과 경험가치를 재인식하는 상호 편집의 장으로 발전할 수 있다고 생각합니다. 그리고 기업의 사원의 채용기준을 좀 더 고차원적인 공공화를 지향하는 이른바 공공인간으로서의 배움과 공공철학적 관점을 가진 인재찾기에 둔다면, 일상 업무의 조직적 실천을 통해서 좀 더 고차원적인 공공화를 지향하여 자기와 관계된 타자와 함께 W화에 대한 자각과 배움을 실천해 나가는 경험가치를 축적한 사람이나 조직이 길러지리라 생각합니다. 그리고 그런 배움을 조직적으로 갈고 닦아 계승해 나감으로써 지역사회와 함께 변혁해 나갈 수 있을 것입니다.

종래의 근대화 사회가 만들어 낸 이른바 "아는 것이 힘이다"고 하는 A형의 개인차원에서의 자기실현형의 지적인 엘리트와는 다른 타입의, 자기와 타자를 함께 더 고차원적인 공공화의 차원으로 유도하고 매개하는 W형의 공공세계를 지향하는 공공인간이나 공공공동체(公共共働體)나 공공조직으로 가치관의 전환을 촉구하는 패러다임전환이 이루어지리라 생각합니다. 그러면 이른바 수험이라고 하는 이정표에 도달하기 위해 하나의 방향으로만 지식을 늘리는 교육에서, 본래의 인간성에 뿌리내린 다차원적으로 열린 공공적 가능성을 지닌 인간상호에 의한 배움과 실천공동체로 조직과 지역사회를 변혁시키는 역동점(dynamic point)이 만들어지리라 생각합니다.

일정한 조직이나 지역에다 배움의 장을 특정화하는 것이 아니라, 가령 통신회선으로 이어서 언제 어디서나 모두가 배울 수 있게 하는 것입니다. 아까 김 선생님께서 기준 만들기에 대해서 말씀하셨습니다. 나중에 재교육을 하기보다는, 기업은 이미 사회와 관계되어 있기 때문에 사회와의 관계를 좀 더 열려 있는 공공적인 것으로 하기 위한 자각과 체험을 배우는 장으로 방향 지움으로써, 한 사람의 자각과 배움의 차원에서 끝나게 하는 것이 아니라, 그것을 모두가 함께 배우고 공유하는 네트워크로 기능하게 하는 것도 불가능하지는 않다고 생각합니다.

김태창: 야자키 사무국장의 말씀은 실천에 터잡은 희망에 넘쳐 있습니다. 지금 미국, 영국, 일본 등을 보아도 국가가 기업국가가 되고 있습니다. 영국에서는 'captive nation'이라는 말을 쓰는 사람도 있습니다. 즉 '기업의 노예가 된 나라'라는 의미이지요. 그것이 감춰져 있는 국가상입니다. 그래서 국가를 포함한 모든 조직이나 기구가 '기업논리'에 지배되어, 기업이 만드는 기준이 사회기준이나 교육기준이 된다는 말이 나오고 있습니다. 기업경영의 원칙이 사회 전체의 원칙을 일원화하는 것이지요. 그럼 기업은 무엇을 추구하는가? 기업에 충실한 인간과 시장개발이나 국제경쟁력이 있는 회사인간입니다.

저는 진정으로 인간적인 능력을 가진 사람이야말로 회사에 도움이 된다고 생각합니다. 그래서 채용 기준도, 영국의 경우에는 옥스퍼드와 캠브리지, 일본은 동경대와 경도대, 한국은 서울대와 연·고대가 독차지하는 것이 아니라, 인간적인 능력을 가진 사람이 들어오도록 기준을 바꿔나가야 한다고 생각합니다. 그렇게 하지 않으면 지금처럼 사정이 있어 일류대학에 못 간 사람은 계속해서 낙오자 취급을 받을 것입니다. 그래서 그들에게는 일할 의욕도 인간으로서의 자부심도 없고 오직 열등감만 남을 뿐입니다. 이렇게 하면 일부 예외를 제외하고 전부 냉소주의에 빠질 수밖에 없을 것입니다.

이런 상황은 상당히 큰 공공적 문제입니다. 그래서 야자키 회장 같은 분이 늘어나서, 먼저 기업에서 새로운 기준 만들기에 동참하면 '교육'은 그것과 연동해서 자연히 좋아지리라고 생각합니다. 지금의 사회적 상황에서 보면 학교의 힘만 가지고는 큰 영향력을 발휘할 수 없습니다. 학교는 학교 나름대로 자주적으로 노력해야 하지만, 그와 동시에 사회 전체가 근본적으로 바뀌지 않으면 이런 경향이 강화될 뿐입니다. 그런 의미에서도 교육 내부의 이야기와 교육 외부의 이야기를 서로서로 아우르는 '대화'가 필요하다고 생각합니다.

야자키 카츠히코: 보충발언을 하고자 합니다. 경제학과 공공성의 관계에 대해서 생각해 보면, 경제학자들은 "경제학은 절대로 공공적이 될 수 없다"고 합니다. 하지만 실제로 경제의 실체에 종사하는 경영자나 생활자인 우리는 경제(활동)가 공공적이 될 수 있다는 사실을 이른바 경험적으로 알고 있습니다. 가령 어느 상가에 무농약 야채나 무첨가물 식품과, 싸긴 하지만 농약을 사용한 야채나 첨가물이 들어간 식품을 진열해 놓고 있다고 합시다. 이 경우에 가격이 저렴한 쪽만, 즉 경제합리성만으로 상품을 선택하는 사람도 있지만, 다른 한편으로 신중한 생활자는 무농약이나 무첨가식품을 사려고 합니다. 이것이 생산농가의 공공성과 유통단계의 공공성을 기르는 것이 됩니다. 이것을 의식적으로 알고 있는가 무의식적으로 느끼고 있는가는 차치하고, 일단 하나의 구매행동으로서 행위하는 것은 가능합니다. 유통업자는 무농약, 무첨가 식품과 같은 이른바 공공적인 선택과, 싸면 좋다고 하는 경제합리성만을 판단기준으로 하는 사적인 선택의 두 가지 선택지를 제시하는 것입니다. 결국 경제학자가 그런 식으로 경제행위를 보는 관점을 갖고 있는가 아닌가의 문제입니다. 이 점을 보지 않고 경

제주체로부터의 내부경제화에 역점을 두고, 즉 소비라고 하는 일방적인 흐름이나 가격이라는 경제합리성의 일면만을 보고 있으면, 경제라는 것은 단지 거대한 상품만 내놓을 뿐 결코 공공적이 되지는 않는다고 생각하겠지요. 하지만 상품이 유통업자의 판단에 의해 그와 같이 가치를 목적화하고 선별되도록 진열됨으로써 확실히 생산농가의 의식은 공공적으로 바뀌고, 생활자의 의식도 공공적으로 바뀌게 됩니다.

그리고 우리 경영자 모임 멤버 중에서 실제로 주식을 상장한 회사의 경영자가 있는데, 그는 운영하는 슈퍼와 그것을 이용하는 생활자의 가치목적성의 'W'를 동시에 열 수 없을까 생각해서, 수돗물로는 맛있는 요리를 만들기 어렵기 때문에 맛있는 요리를 만들 수 있도록 슈퍼 앞에 '조리수 자판기'를 설치하고 "가져가세요. 무료입니다"라고 했다고 하네요. 그러자 가게 앞이 장사진을 칠 정도의 엄청난 행렬이 생겼다고 합니다. 그래서 슈퍼도 더 좋아졌다고 하고요. 기업 존속의 가장 큰 요체는 고객의 창조와 유지입니다. 지금의 예는 '함께 열어가는 공공성'의 차원을 높여 나가는 'W'방향 쪽으로 생활세계를 매개해서 이끌어 나가면, 생활세계로부터 공감을 얻게 된다는 사실을 보여주는 예라고 생각합니다.

우리 경영자 모임에서는 경제학을 'A'라고 합니다. '사'(기업이나 가계)든 '공'(국가)이든 경제활동의 주체가 '내부경제화'만을 추구하면 각각 외부불경제화(外部不經濟化)가 생기고, 그것들을 내부화하지 못해서 밖에서 일어나는 현상이 지구환경문제이고, 기업이나 조직 내부에서 일어나는 것이 내부고발 문제입니다. 그러나 현실적으로 경제학 용어로 '외부경제화'라는 말이 있습니다. '교육'이란 실로 이 외부경제화 중에서 가장 큰 것입니다. 교육에 대해서 내부경제화라는 면만 가지고 "민영화는 안 된다"고 하는, '교육'을 성역화하는 논리가 통하고 있습니다만, 역으로 지금 경영자들은 이 'W'를 기르는 이른바 활사개공형 경제를 좀 더 현실화할 수 있다고 생각하기 시작했습니다. 그리고 그런 W형 인간을 통해서 W형 의식이나 W형 체험 등, W형의 경험가치를 길러 나가는 것이야말로 진정한 의미의 인간성 발달을 축으로 한 'sustainable development 사회'로 이어지는 변혁 가능성임을 알기 시작했습니다.

'sustainable development'는 일본에서는 '지속가능한 개발'로 번역됩니다. 저희 교토포럼에서는 1992년에 브라질의 리우데자네이루에서 개최된 UNCED 「환경과 개발에 관한 국제연합회의」, 이른바 「지구정상회담」(Earth Summit)에서, 미국의 재단과 「지구정상회담 소식지」(《EARTH SUMMIT TIMES》)라고 하는 UNCED 공식 일간신문을 발행하고, 국가원수가 한 자리에 모인 「환경과 개발에 관한 국제연합회의」의 동향과 '지속가능한 개발' 개념을 널리 알리기 위해서 활동을 계속해 왔습니다.

원래 이 영어에 포함되어 있는 의미는 '영속적 발전(발달)'입니다. 진정한 '영속적 발달'이란 무엇인가? 경영자들과 공유한 결론은 "A를 계속하면 절대로 영속적으로 발달할 수 없다"는 것입니다. 'W형 기업'으로 하지 않으면 언젠가 사회로부터 불필요하게 됩니다. 그래서 경영자들은 자신들의 사업도 영속적 발달형으로 하고 싶다고 생각하게 된 것입니다. 그렇게 되면 거기에서 일하는 사람들의 마음도 열리게 되고, 그래서 내부고발 같은 것을 하지 않아도 마음이 풀리는 상태를 각자가 양심의 자각을 바탕으로 만들어 나갈 수 있다는 사실을 알게 될 것입니다. 누구보다도 경영자 자신이 'A'와 'W'라는 갈등의 가장 정점에 있습니다. 그래서 제일 잘 알고 있는 것입니다. A형으로 머물러 있는 한 물건이나 경제발전은 있어도, 인간이나 그것의 집단인 기업도 사회도 단지 물건이나 화폐의 경제발전에 수단화될 뿐이라는 사실을 잘 알고 있습니다. 그렇게 되면 W형의 '함께 여는 세계'를 경영자 자신이 솔선해서 열어 나가려는 생각을 하게 됩니다. 실제로 지금 그런 경영이나 경제의 실체가 태동되고 있습니다.

하나의 사회인으로서 인간으로서 가장 공유하기 쉬운 것은 '양심을 여는 것'입니다. '지속가능한 개발'의 본질을 생각하면, 객체의 지속가능에서 주체의 지속가능으로, 다시 주객합일의 지속가능으로, 어디까지나 양심을 가진 인간이 양심에 충실하고, 양심을 판단기준과 행동기준으로 삼아서 좀 더 고차원적인 공공화의 차원을 지향하여, 인식차원에서도 존재차원에서도 현실의 체험을 통해서 자기와 타자가 서로 양심을 가진 인간으로서의 가능성을 함께 열어 나가는 데에 관건이 있다고 생각합니다.

이러한 W형의 영속적인 발달가능성을 가진 경제나 경영은, 지금과 같이 A형의 물건이나 화폐를 최우선시하는 내부경제합리성 일변도의, 여러 차원의 부분최적화라는 벽에 갇힌 회사의 눈에는 보이지 않습니다. 이 점이 문제라고 생각합니다. 그런 A에서 W로의 자각을 서로의 체험을 통한 배움에 의해 공유하여, 좀 더 고차원적으로 공공화하는 방향으로 열려 있는 회사를 지향하면서, 각 경영자가 경제활동의 실천을 통해서 시장원리에 의한 공공세계로 나가는 데 있어 일익을 담당할 가능성도 보이기 시작했습니다.

김태창: 이것이 '국가'(公)가 아니라 '공공(하는) 세계'에서만 가능하다는 것이 야자키 회장과 대화할 때마다 항상 느끼는 실감입니다. 건전한 중소기업에는 희망을 걸 수 있습니다. 문제는 대기업입니다. 대기업은 '자기완결'되어 있습니다. 그들은 전부 자기들끼리만 하기 때문에, 타자와의 대화·공동·개신의 필요성을 느끼지 않습니다. 그리고 자신들의 시장을 국내에서만 여는 것으로는 만족하지 못하고 세계적으로 확대하려고 합니다. 그들에게 필요한 이데올로기는 '신자유주의'입니다. 규제완화 운운하는 논리는 전문적인 이야기이고, 실은 자신들의 시장을 확대하는 데에 방해가 되는 규제는 모두 철폐해야 한다는 것에 다름 아닙니다. 말하자면 대기업이 어디에서도 자유롭게 시장을 개척하고 판로를 확장하여 막대한 이익을 올릴 수 있는 가능성을 열어나가려는 것이지요. 일본의 대기업도 마찬가지입니다. 지금 이런 논리로 세계화가 진행되고 있고, 일본 전체를 그런 방향으로 가지고 가려고 하는 것이 정부의 대책입니다.

그래서 저는 건전한 중소기업에다 작은 희망을 걸고 있습니다. 가령 야자키 회장이 말씀하셨듯이, 3천 명이면 3천 명이 연대하여 위로부터의 일방적인 논리가 압도하지 않도록, 이른바 '경제의 공공화'가 계속 현실화되도록 하는 것입니다. 정부에는 별로 기대하지 않습니다. 지금의 국가는 대기업과 하나가 되고 있으니까요. 과거 '멸사봉공형 국가'에서 지금은 '멸공봉사형 국가'가 되었습니다. 겉으로는 '국가'가 '공'을 담당하는 것처럼 보이지만, 사실은 권력 엘리트들이 대기업의 사적 이익 확대에 직간접적으로 연루되어 있습니다.

미국도 마찬가지입니다. 이라크전쟁 같은 것을 보면 겉으로는 애국심에 기초한 미국의 국익을 지킨다고 하면서도, 실제로는 부시 대통령을 비롯하여 체니 부통령, 람즈펠트 국방장관 등, 거의 모든 신보수주의자들이 다국적기업과 연결되어 있습니다. 가령 체니 부통령 등은 이라크 부흥사업 중에서 가장 돈벌이가 잘 되는 사업과 관련되어 있습니다. 최근에 어느 주간지에서 본 내용인데, 일본에서 자위대의 이라크 파견에 누구보다도 적극적인 사람 또한, 이라크 북부에 있는 유전 개발과 깊게 관여되고 있다고 합니다.

대기업 간의 시장과 자원 쟁탈전이 실로 비참한 전쟁의 원인이 되고 있다는 현실을 직시할 필요가 있습니다. 저는 마르크스주의자는 아니기 때문에 자본주의나 기업활동을 '악'이라고는 생각하지 않습니다. 하지만 대기업의 막대한 자본력이 국민(인간)의 행복을 희생시키면서까지, 시장 확대 및 그것에 기초한 이윤증식을 국익이라는 이름으로 추구하는 것은 반대하지 않을 수 없습니다. 그것은 거대한 '사'(=사리사욕)가 국가의 '공' 뿐만 아니라 국민·시민·인간의 '공공'까지도 소멸시키는, '멸공봉사' 중에서 가장 큰 것이기 때문입니다.

중소기업이 좀 더 힘을 발휘해서 '멸공봉사형' 경제를 '활사개공형'으로 바꿀 필요가 있습니다. 그러기 위해서는 생활중시형 경제로 전환하는 힘을 중소기업의 기업활동에서 끄집어내야 합니다. 그리고 그것이 교육에도 영향을 끼치게 됩니다. 진정한 의미에서의 인간 만들기의 교육이 될 가능성이 거기에서 나올 거라고 생각합니다. 저는 진정으로 야자키 회장의 활동에 기대하고 있습니다. 부디 그것이 일본의 하나의 원동력이 되었으면 합니다.

야마와키 나오시: 경제학자의 사익(私益)의 정의나 패러다임 자체가 이상한데도, 그것이 대학교육 현장에서 재생산되고 있기 때문에 문제입니다. 야자키 회장이 기업인의 입장에서 "경제학자가 경제학을 모른다"는 책이라도 써 주시

면 제일 좋겠습니다만(웃음). 경제학부에서 잘못된 사회관을 학생들에게 가르치고 있는 것은 정말로 문제입니다.

다나카 츠네미: 드디어 전체적인 흐름이 보이기 시작했습니다만, 덧붙이자면 교육이란 낙관주의 없이는 성립하지 않는다는 것입니다. 그럼 이 낙관주의의 근거는 어디에 있는가? 지금 제 주위에 있는 젊은 교육학자들은 낙관주의를 하나하나 깨트리고 있습니다. 여기에는 이유가 없는 것은 아닙니다. 왜냐하면 지금까지의 교육세계에서는 무반성적인 과도한 낙관주의가 만연해 있었기 때문입니다. 가령 '아이들의 무한한 가능성' 같은 말도 안 되고 바보같은 이야기를 하면서, 아이들을 마치 무한하게 가공할 수 있는 소재인 것처럼 간주하여 노력만능주의라는 억압을 가해 왔습니다. 그래서 무반성적인 낙관주의로는 곤란합니다. 하지만 낙관주의 없이 교육이 가능한가? 오늘 말하지 못한 문제는 바로 이점이라고 생각합니다.

저도 기본적으로는 낙관적으로 가르쳐도 되지 않나 생각합니다. 가령 아이들을 키우려면 많은 손이 가지만, 우리가 이렇게 살아 있다는 것은 지금까지 이 귀찮은 아이 양육에 헌신해 온 사람들이 있기 때문입니다. 그래서 우리는 여기에 이렇게 있을 수 있지요. 아동학대 문제 중에서 '학대의 연쇄'라는 말이 있습니다. 하지만 진정으로 연쇄가 있다면 아동학대는 점점 더 일상적인 일이 되어야 할 것입니다. 그런데 실제로는 그렇지 않습니다. 우리 안에는 그런 부정적인 연쇄보다는 그것을 끊는 힘이 훨씬 강하게 들어 있습니다. 이런 식으로 생각하지 않으면 이 현실을 잘 설명할 수 없다고 생각합니다.

아이들에게 있어서 부모나 교사의 존재는 결정적으로 중요합니다. 부모나 교사는 사실은 대단히 어려운 일인데도 지금까지 그것을 꽤 손쉽게 해 왔습니다. 그래서 모두가 이런 식으로 살고 있는 것이지요. 그런 일종의 '일상적인 것이 지니는 힘' 같은 것이 있다고 생각합니다. 지금 우리는 살아갈 근거로 삼는 상당 부분이 '무(無)'가 된 상태에서, 교육의 세계를 다시 한번 재정립하고 있는 중입니다. 이런 때의 원동력으로서 실로 이 '일상적인 힘' 같은 것이 있다는 느낌을 받습니다. 이 점은 믿어도 된다고 생각합니다. 이런 식으로 신뢰하는 것은 별로 억압적인 문제가 아니라고 생각합니다. 최근에 특히 젊은 교육철학자들의 대다수는 낙관주의를 깨트리는 일에만 몰두한 감이 있습니다. 그래서 이런 상황에서 어떤 식으로 낙관주의를 다시 한번 수립해 나갈까가 정말로 중요한 문제라고 생각합니다.

야마와키 나오시: 낙관주의는 라이프니츠의 『변신론(辯神論)』에 나옵니다. 거기에서 라이프니치는 약간 지나치게 낙관적이라는 문제도 있지만, "이 세계에는 악이 있지만 인생은 그보다 멋진 것이다"라는 생각을 피력합니다. 이 사상을 저는 받아들이지 않는데, 제가 말하고 싶은 것은 악의 문제나 생과 사의 의미 같은 일들은 누구에게나 현실성을 띠고 있고 누구나 구체적으로 안고 있는 일생의 문제이기 때문에, 이런 문제를 생각하는 장을 적어도 없애지는 말고, 자발적으로 그런 문제의식을 갖는 학생이 나왔을 때에 거기에 응답할 수 있는 배움의 장이 확보되어야 한다는 것입니다. 그것이 제가 말하는 교육철학인데, 지금의 일본에서는 이 점이 결여되어 있다고 생각합니다. 「공공철학 교토포럼」에서도 '행복'이라는 문제를 다룬 적이 있는데, 인생의 충실이라는 의미에서의 행복에 대해서도 현장에서 말할 수 있는 분위기를 만들지 않으면 냉소주의가 확산될 뿐이겠지요.

또 하나 중요한 것은 세대계승성이나 기억의 문제입니다. 'public memory'(공공적 기억)란 과연 무엇인가? 단순히 'official memory'(공식적인 기억)도 'private memory'(사적인 기억)도 아닌 'public memory'는 대체 무엇인가, 라는 문제가 공공철학에서는 중요합니다. 이것은 'transnational'한 장에서 논의해 나가지 않으면 안 되는 중요한 문제입니다.

아울러 '믿음(信)과 앎(知)의 문제'도 현장에서 이야기되어야 할 중요한 테마입니다. 지식이 얄팍한 것은 신앙이 없는 것의 반증에 지나지 않는 경우도 적지 않다고 생각합니다. 이것은 중세철학자 안젤무스 이래의 거대한 테마로, 이해하기 위해서 믿는다고 하는 열린 지식의 형태와 관련됩니다. 이러한 근원적인 철학적인 문제를 지금의 철학과에서는 거의 다루지 않습니다. 그래서 학과철학이 아닌 형태로 그런 철학적 문제를 생각하기 위한 장을 만들어야 합니다. 벽은 대학의 학부 구성에도 있고 학회조직에도 있습니다. 그것들에 구속받지 않는 장을, 야자키 회장이 좋아하는 말을 빌리면, 요코이 쇼난(橫井小楠, 1809~1869)의 '할거견에 구속되지 않는 지(知)의 인식'이라는 관점에서 만들어 가는 것이 공공철학 교토포럼이라고 저는 확신하고 있습니다. 어쨌든 현존하는 지(知)의 벽을 점점 무너뜨리고, 그것도 단순히 무너뜨릴 뿐만 아니라 창조적이고 창발적인 네트워크를 만들어 나가는 것이 지금 진정으로 필요한 것이 아닌가 생각합니다.

배움이란 학교에서만 행해지는 것은 아닌데도, 학교 이외의 배움의 장이 청소년들에게는 별로 없습니다. 유대교의 시나고그(Synagogue=유대교 공동체의 예배당) 같은 것도 없고, 교회도 힘이 없습니다. 그래서 이른바 학습학원과는 다른 배움의 장을, 어떤 공간으로 만들어 나갈 것인가가 대단히 커다란 문제가 되리라 생각합니다. 하지만 또 다른 의미에서 교육이란 어쩌면 무서운 장치가 될 수도 있습니다. 이데올로기 교육 같은 것이 실로 그렇습니다. 그래서 그런 위험성까지 염두에 둔 상태에서 현장에 축적되어 있는 문제가 어떤 것인가, 단순히 안이한 해답을 주는 것이 아니라 어디에 진짜 쟁점이나 문제가 있는가를 제기하는 것이 특히 중요합니다.

오늘은 인터넷에 대해서는 별로 언급하지 않았는데, 인터넷과 휴대폰이 현장에서 문제가 되고 있습니다. 이것이 어떤 식으로 젊은 세대의 문제로 남아 있는가에 대해서는 오늘은 다루지 않았습니다만, 이런 문제도 앞으로 생각해 나가지 않으면 안 된다고 생각합니다.

사토 마사아키: 대단히 감사합니다. 오늘은 일단「공공교육이란 무엇일까?」에 대해 생각해 보았습니다. 특히 이념이나 철학을 갖고 교육에 임하지 않으면 안 된다는 사실을 실감했습니다. 이념이라고 해도 어떤 이념을 가지는가, 그리고 그것을 갖는 방법에 의해 방향이 바뀌게 됩니다. 그런 의미에서도 김 선생님

께서 말씀하신 세 가지 능력은 소중히 여기고 싶습니다. 오늘 대화를 통해서 제가 지금 학교에서 하고 있는 '대화 있는 배움'은 적어도 방향으로서는 틀림없다는 확신을 가질 수 있었습니다. 다만 학교개혁을 단행하려고 해도 조직은 완고합니다. 그래서 어떻게 하면 선생님들이 이런 점을 알고 배움공동체를 구축해나갈 수 있을까, 바로 이것이 향후의 과제입니다.

또 하나는 학교만으로는 어렵다는 것입니다. 아까 야자키 선생님이 '기업 네트워크'라는 말씀을 하셨는데, 우리도 생각과 방법이 같은 학교를 네트워크화해서 함께 돕는 힘을 찾아나가야 합니다. 그러지 않고 자기 학교에서만 하면 '지반침하'하게 될 거라고 생각합니다. 오늘은 변변찮은 말만 한 것 같아서 죄송합니다만, 어쨌든 대단히 고맙습니다.

야마와키 나오시: 사토 교장선생님과 생각을 같이 하는 젊은 교사들이 많이 나오면 좋겠습니다. 사토 교장선생께서 세대계승성의 차원에서 그런 분들을 좀 더 많이 길러내고, 그것을 다시 매스컴이 다루어서 "이런 실험이 있다"는 것을 사회에 알려서 파급효과가 생기기를 바랍니다.

사토 마나부: 저는 마지막으로 두 가지를 말씀드리고자 합니다. 하나는 「희망의 교육학」이라는 주제입니다. 사람들은 종종 "교육에 절망했다"고 하는데 여기에는 역설이 있습니다. 교육에 절망할 수 있는 사람은 충분히 교육을 받을 수 있는 사람이고, 교육에 희망을 걸지 않으면 안 되는 사람은 교육에서 가장 소외된 사람들입니다. 이런 굴절된 구조가 있습니다. 이 굴절된 구조가 항상 함정이 되기 때문에 더더욱 희망의 교육학을 말하지 않으면 안 된다고 생각합니다.

희망의 교육학을 말하는 데 가장 필요한 것은 상상력입니다. 그것은 교육을 가장 필요로 하고 배우는 것을 가장 필요로 하고 거기에 희망을 걸고 있는 사람들이 다수 있다는 것을 상상할 수 있는 힘입니다. 우리가 상정하는 이상으로 그런 상황에 처해 있는 사람이 많이 있어서, 교육으로부터도 배움으로부터도 소외받고 있습니다. 이러한 현실성에 대한 상상력을 계속해서 갖는 것이 모든 교육문제를 논의하는 대전제가 되어야 한다고 생각합니다. 교육을 냉소주의적 태도로 말하는 사람은 이와 같은 역설을 깨닫지 못하고 있고, 이러한 상상력을 갖고 있지 않습니다. 자기의 좁은 경험만으로 지금의 교육은 이렇다고 단정하거나, 자신의 학교시대의 경험을 교사나 학교에 투영시키고 있는 것에 지나지 않습니다. 그와 같은 시각에 대한 비판적 혹은 반성적 상상력이 이 역설의 함정을 극복하는 관건이 된다고 생각합니다.

또 하나는, 이번에는 충분히 이야기하지 못했습니다만, 교육에서의 공공철학의 문제의 하나의 핵심이 되는 것은 '시민성(citizenship)의 교육'이라고 생각합니다. 21세기는 '국민의 교육'에서 '시민의 교육'으로의 거대한 전환이 일어나는 시대입니다. 여기에서 제가 말하고 있는 '시민의 교육'이란 세 가지 층으로 구성되어 있는데, 먼저 자신이 속해 있는 지역사회에서의 시민교육이고, 또 하나는 일본사회에서의 시민교육, 마지막은 지구사회에서의 시민교육입니다. 이 삼층구조를 지닌 시민성 교육을 일상생활의 실천 속에서 의미지우고 구조화해나가지 않으면 안 됩니다.

이 문제를 생각하는데 있어 '교육의 위기'의 근저에 시민사회의 골격인 '사회계약'의 붕괴가 있다고 생각합니다. 알기 쉽게 얘기하면 '신뢰' 관계가 붕괴되고 있는 것입니다. 아이가 교사를 신뢰하지 않고 교사가 아이를 신뢰하지 않습니다. 학부모가 교사를 신뢰하지 않고 교사가 부모를 신뢰하지 않습니다. 교사가 교장을 믿지 않고 교장이 교사를 믿지 않습니다. 교장이 교육청을 믿지 않고 교육청이 교장을 믿지 않습니다. 이렇게 몇 겹이나 단절된 불신의 구조를 어떻게 신뢰의 구조로 바꿔나갈까? 이것을 매일 매일의 개혁실천의 축으로 삼고자 합니다. 지금까지 '신뢰'라고 하면 일반적인 인간관계의 문제로 논의되어 왔습니다만, 사회계약이 붕괴되고 시민사회 자체가 위기에 직면해 있는 상황 속에서 공공철학을 구상하고 실천하는 전략적 개념으로 신뢰회복을 내세우고 신뢰형성을 추진할 필요가 있다고 생각합니다.

야마와키 나오시: 중요한 문제입니다. 저도 「카와사키(川崎) 시민아카데미」

라는 곳에서 정치학자인 시노하라 하지메(篠原一) 선생의 소개로 수업을 한 적이 있습니다만(2004년 4월~7월), 들은 얘기에 의하면 시민교육 같은 것을 점점 예산을 삭감해서 없애려고 하는 움직임도 있다고 합니다. 제가 지금 기대하는 것은 이미 퇴직하신 분들을 상대로 수업하는 것입니다. 그것은 제 자신을 위해서 좋을 것이기 때문에, 실로 상호학습의 장이 열릴 거라고 생각합니다.

사토 마나부: 신뢰를 형성하는 데 있어 가장 중요한 것은 배움의 실천이라고 생각합니다. 배움은 차이에서 성립하고, 거기에서 유대를 형성해 가지요.

야마와키 나오시: 대학에 있는 선생님들도 대학 이외의 장에서 단련되면서, 서로 배우는 일을 게을리하면 안 되겠지요. 한편으로는 현실을 모르고 추상론을 논하는 교수가 있고, 다른 한편으로는 학문을 멸시하는 분이 낙하산인사로 대학 교수가 되는 지금의 구조는 정말로 불건전하다고 생각합니다.

야자키 카츠히코: 오늘은 일본교육과 공공성을 주제로 멋지고 밀도 있는 배움의 기회를 갖게 된 것을 대단히 감사하게 생각합니다. 이곳에서의 자각을 실제로 실천으로 가지고 가는 데 있어, 교육현장에서도 몇 겹의 벽이 있다고 생각합니다. 제 경험을 되돌아보아도 이런 자각을 실천과 어떻게 연결시킬까 생각해 보면, 대단히 두꺼운 사회의 구조화된 벽이나 사람들의 마음의 벽이 몇 겹이나 있었고, 제 자신의 사심(私心) 차원에서의 벽도 A로도 W로도 작용합니다. 즉 습관화되고 구조화된 사심뿐만 아니라 한 사람 한 사람 속에 있는 '상대를 배려하는 사심' 같은 것까지 포함시키면, 이 'A'의 의식이나 행동의 구조는 상당히 만만치 않다고 생각합니다. 그런 만큼 아까 사토 마나부 선생님이 말씀하신 '신뢰의 회복'을 위해서는 한 사람 한 사람이 자신의 '양심'을 기준으로 해서 철저하게 상대와 이야기하고, '대화'와 '공동'과 같은 체험에 기초하여 열려 나가는 장이 중요한 의미를 지닌다고 생각합니다.

'양심'을 축으로 하면 상대방의 사심이 매우 잘 보입니다. 뒤집어 말하면 상대방의 양심으로부터도 자신의 사심은 보입니다. 'A에서 W'를 하나의 모토로 해서, 서로의 자각을 공유해 나가는 공공적인 장이 만들어지면, 그 장에서의 일은 나중에도 응어리가 남지 않고 서로가 'A'에서 'W'를 의식해서 대화·공동·개신하는 배움의 장과 기회가 됩니다. 저희 경영인 모임에서 항상 밤늦게까지 계속 대화하게 되는 것도 바로 이 때문이라고 생각합니다.

회사에 돌아가면 모두 'A'의 정점을 행하기 때문에, 배움의 장에서 대화하는 시간만으로도 기분이 대단히 상쾌해지는 것을 느낍니다. 이런 체험을 통해서 우리도 단지 '자각'으로 끝나게 하는 것이 아니라, 앞으로는 실천으로 어떻게 활학(活學)해 나갈 것인가, 그래서 경영자인 자신이 어떻게 변하고 조직 전체가 어떻게 바뀌어 나갔는가를 구체적인 실천을 통한 상호 경험가치로서 서로 배우고, 한층 고차원적인 실천이라는 과제를 공유해 나갔으면 합니다.

마지막으로 공공성의 전제가 되는 '당사자성'(當事者性)을 생각하는 데 있어 어떤 의미에서 중요한 힌트가 된다고 생각해서 한마디만 덧붙이고자 합니다. 키에르케고르의 '야생오리' 이야기를 들어본 적이 있는지요? 어느 노인이 철새인 야생오리에게 먹이를 주고 길들인 탓에 야생오리가 연못에서 떠나지 못하게 되었습니다. 그런데 어느 겨울에 연못이 얼어서 먹이를 주던 노인이 죽게 됩니다. 그때 야생오리는 원래의 철새로서의 삶을 이미 잊어버렸기 때문에 날고 싶은 생각이 들지 않아서 결국 죽고 말았다는 이야기입니다.

이 비유는 오늘날 일본이라는 국가와 국민이 처해 있는 연금문제에도 해당된다고 생각합니다. 먹이로 길들였다고 생각하는 연금납부자가 무수히 많을 거라고 생각했는데, 어느 날 이들이 사라져서 연금제도가 시행되지 못하고 있는 것입니다. 돌이켜보면 에도시대에는 한 사람 한 사람의 농민이나 상인과 장인이 자립형 생활자였는데, 메이지유신 이래로 국가권력을 배경으로 개개인의 생활영역에 관(官)이 개입함으로써 국민이 점점 의존하는 의식이 체질화되도록 하였습니다. 말하자면 국가에 대한 국민의 의존을 확장해 나가는 사회구조를 관(官)이 일의 영역에서 확대재생산해 온 것입니다.

그것이 아까 사토 선생님이 말씀하신, 한 사람 한 사람의 생활자나 생활세계가 본래 가지고 있던 '재생산구조'가 역으로 국가에 의해서 침식되게 된 문제의 가장 근원에 있다고 생각합니다. 그래서 다시 한번 이 생활세계의 재생산구조를 회복하는 것은, 야생오리의 비유로 말하면 야생오리가 철새로서의 습성을 잊고 길들여짐으로 인해 생긴 비극적 결말을 되돌리는 것이라고 생각합니다. 우리는 인간으로서의 존엄을 갖고 인간의 지성과 감성으로 회복해야 합니다. 즉 근대화에 의해 초래된 인간과 사회의 분열을 민주주의나 시장원리를 수단으로 해서 본래의 인간과 사회의 전체성을 회복하는 길로 삼아야 한다고 생각합니다.

인간의 존엄에 의한 인간의 전체성 회복에 대한 하나의 힌트로, 피터 드러커 (Peter Drucker)의 책에 나오는 다음과 같은 이야기가 있습니다. 미국에서 실제로 있었던 이야기라고 하는데, 정부에서 노숙자를 위한 주거지와 식사 제공이 어렵다고 해서 어느 재단이 주거지와 식사를 제공하게 되었습니다. 처음에 노숙자들은 모두 기뻐했습니다. 따뜻한 잠자리가 생기고 영양가 높고 균형잡힌 식사가 나오니까요. 그런데 나중에 노숙자들이 화를 내며 나가 버렸다고 합니다. 저는 이 문제가 시사하고 있는 것은 '야생오리'와 '인간'의 차이라고 생각합니다. 인간은 계속해서 받기만 하면 '인간의 존엄'이 상처받고, 이것이 반동적인 자각이 되어 결국 '받는다'는 환경에서 나가 버리는 것입니다.

나아가서 인간의 전체성 회복을 통한 사회의 전체성 회복을 생각하는 한가지 힌트로서, 일본의 관서지방에서 생각해낸 노숙자 자립지원 프로젝트가 있습니다. 노숙자에게 『Big Issue』라는 책을 팔게 하는 것입니다. 그 책을 팔면 자립을 위한 최소한의 지원금으로 110엔을 받습니다. 이런 움직임이 전국으로 확산되고 있습니다. 그 결과 재미있는 현상이 일어났는데, 노숙자 자신이 받은 지원금을 가지고 향후의 목표를 세우기 시작한 것입니다. 가령 돈을 모아서 라면집을 한다거나 뭔가를 하겠다는 것이지요.

결국 모두가 '고용주에게 고용된다'고 하는 의존관계에서 인생을 살아왔고, 어떤 식의 좌절을 경험했습니다. 그래서 노숙자 생활을 하고 있는 것이지요. 이렇게 해서 다시 한번 스스로 무언가를 파는 것에 의해서 생계가 성립한다는 것을, 즉 자립할 수 있는 가능성을 알았습니다. 게다가 노숙자가 판 매체를 산 손님은 지금까지 공공적인 일에 당사자 의식을 갖고 있지 않고, "노숙자는 더러운 존재다"고 생각하고 있었는데, 그들이 일하는 모습을 보고 거꾸로 자신들이 기업에 철저하게 의존하고 있다는 사실을 깨닫고 자립이나 공공성을 자각하는 식으로, 자각이 점점 확대되고 있습니다. 그리고 젊은이들 사이에서는 『Big Issue』를 가지고 다니는 것이 하나의 유행이라고 합니다.

저는 이 현상이 지금 시대를 대단히 상징적으로 나타낸다고 생각합니다. 세대간 격차는 있습니다만, 지금 젊은 세대는 『Big Issue』를 갖고 다니는 것이 하나의 브랜드를 갖고 다니는 것과 마찬가지로 "멋있다"고 여겨지고 있습니다. 바로 여기에 이 사회의 소중한 자각이 있다고 생각합니다.

어쨌든 당사자성의 근원이 되는 주체성의 의식을 저는 '양심'이라고 말합니다. 그 '양심'의 각성체험을 동반하는 당사자의식이 싹트지 않으면 진정한 교육도 배움도 시작되지 않는다고 생각합니다. 나아가서 취직의 의미도 지식차원의 협소한 것으로 한정되고 만다고 생각합니다. 즉 '취업'도 '지식'도, 나아가서는 사회인으로서 인생의 의미도, 그것을 출발점으로 하지 않으면 안 된다고 생각합니다. 하지만 '양심'이 일단 각성되고 나면, 그때부터는 행동을 하지 않으면 자신의 기분이 나빠지고 여러 차원의 'A'형 구조가 마음에 걸려 양심에 충실하게 되고 양심을 판단기준과 행동기준으로 삼게 됩니다. 그리하여 함께 '무지의 지'를 자각하고 함께 알기 위해서 자기 안의 타자인 양심의 감수성을 연마하고 행동할 수 있게 됩니다. 바로 이 부분이 교육과 배움의, 즉 취학(就學)에서 시작해서 취직(就勞)에서 요구되는 사회인으로서의 인생의 의식개혁이나 구조개혁의 중요한 관건이 아닌가 생각합니다.

김태창: 아까 사토 선생께서 말씀하신 '신뢰'가 엄청나게 중요하다는 사실이 여러 분야에서 주목 받기 시작하였습니다. 그래서 하나만 덧붙이면, 제가 생각하기에 '일본적 신뢰'는 삶을 함께하고 더불어 대화를 나누는 데서가 아니라, 거의 침묵에 가까운 상태에서의 '이심전심'을 통해서 성립하고, 동질적인 '공동체

적 신뢰'의 수준에 머물고 있는 것 같습니다. 하지만 저는 '글로내컬한 공공신뢰'야말로 필요하다고 생각하고 있습니다. '글로내컬'(glonacal)이란 전지구 · 전인류적인(global) 차원과 국민국가적인(national) 차원 그리고 생활현장(지방)적인(local) 차원의 상호연관적 관계사고입니다.

한편으로는 국가에 의해서 일원화된 의식형태가 있고, 거기에서 성립하는 신뢰가 있겠지요. 다른 한편으로는 다양화 · 다원화 · 다층화된 생활현장(=지방)에서의 의식의 차이라는 문제도 있다고 생각합니다. 또 다른 한편으로는 시점을 국경을 넘어서 세계 전체로 넓혀 가면, 일본은 여럿가운데 '하나의 국가'로 상대화됩니다. 이런 글로벌한 시점과 로컬한 시점의 양쪽에서 상호매개적으로 생각하면, 이심전심형의 신뢰만으로는 부족합니다. 문화와 전통과 역사를 공유하지 않는 인간과 인간 사이의 신뢰를 어떻게 쌓아갈 수 있을까를 생각하지 않으면 안 됩니다. 실로 글로내컬 공공하는 철학의 공동학습 같은 것이 아니면 안 되는 것이지요. 지금의 공교육에서는 '나라를 사랑하는 마음'이나 '애국심'이나 '국민' 형성에 중점이 놓여있습니다. 이런 방향으로 나가면 나갈수록 다른 것끼리의 '대화'는 어떤 의미에서는 무의미해지고, 이심전심형의 신뢰 이상의 신뢰를 쌓는 길이 열리지 못합니다. 그래서 '공공(하는)철학'을 굳이 '글로내컬 공공(하는)철학'이라고도 부르고 있는 것입니다. '학습'은 이와 같이 열리는 것인데 '교육'은 아무래도 일원화 · 통합화 · 동질화로 작용하기 쉽습니다. 일종의 표준이나 기준을 만들어서 거기에 수렴시키도록 인간을 만들려고 합니다. 동화와 통합과 통일을 중시하는 사고에서는 다양화 · 다원화 · 다층화를 촉진하는 역동이 억제되고 배제되고 부정되고 맙니다.

'교육'을 어떻게 하면 좀 더 다원적이고 복합적이고 중층적으로 작동하는 것으로 만들 것인가? 이것은 어떤 의미에서는 '교육'이라기보다는 '학습'에 중점이 놓여야 하고, 그렇게 함으로써 자타상호형성적이 된다고 생각합니다. 이제까지는 자기확립, 자기확대, 자기강화, 자기실현이라는 말로 얘기되어 왔습니다. 그러나 이제부터는 자타 상극 · 상화 · 상생쪽에 강조점을 두어야 되겠습니다.

그리고 "어떻게 하면 타자와 유대를 만들어 함께 행복해지는 길을 모색할까?" 바로 여기에 '학습'과 '교육' 모두의 기본과제가 있다고 생각합니다.

마지막으로 한마디 말씀드리고 싶은 것은 아까 사토 선생께서 말씀하신 '죽은 자의 소리'입니다. 이것은 보통 과거로부터의 소리로 이해되기 쉽습니다만, 유대교적 발상에서 보면, 어떤 의미에서는 '미래로부터의 소리'입니다. 보통 죽은 자는 '과거'로 여겨집니다. 하지만 이것은 유대교나 성서적인 발상일지도 모릅니다만, 예수가 추구한 신의 나라의 나타남으로서 이미 죽었다고 생각한 예언자나 모세가 천국에서 신과 함께 파티를 열고, 사람이 죽어서 그곳으로 오는 것을 기다리고 있습니다. 이 이야기 속에서는 "죽은 자는 결코 과거가 아니다. 오히려 미래다"고 말하고 있습니다. 인간은 모두 죽습니다. '죽음'은 결국 인간에게 있어서는 '미래'입니다. 그래서 미래에 죽은 자와 만납니다. 그 죽은 자로부터의 소리는 단지 일방적으로 과거로부터 들려오는 소리가 아니라 오히려 미래로부터의 소리라고 보는 이해도 있습니다.

제2차 세계대전 때에 죽은 일본의 젊은 군인들은 어떤 생각으로 죽어간 것일까요? 무엇을 말하고 싶었을까요? 저는 진심으로 그들의 생각을 느끼고 싶다고 생각했습니다. 그래서 몇 권의 수기를 읽어 보았습니다. 쓴 사람의 이름은 기억하고 있지 않지만, 그들이 절실하게 말하고 있는 것은 결코 과거의 소리가 아니라, 현재의 소리이자 미래의 소리라고 생각했습니다.

사토 마나부: 『들어라! 바다의 소리』[14]를 말씀시는 건가요?

김태창: 제 기억이 분명하지 않아서 정확히는 모르겠습니다. 다만 지금도 기억에 남는 것은, 일부 사람들이 그것을 어떻게 해석하는가 하면 "결국 저 전쟁은 잘못되지 않았다"거나 "정의를 위한 전쟁이었다"는 식으로 자기에게 유리한 대로 해석한다는 것입니다. 하지만 제가 읽은 당시의 감상은 자기들은 어쩔 수 없이 죽어 가지만, 일본의 전쟁행위를 정당화하거나 "일본제국만세!"는 아니었다는 것입니다. 그것은 '전쟁의 찬미'가 아니라 오히려 "평화로운 일본을 바라는 진솔한 호소"였다는 것입니다.

이와 같은 이해에 입각해서 우리의 삶과 세대간 대화로서의 교육과 학습에 대해서 다시 생각해 보면, 과거와 현재와 장래가 직선적으로 연속되고 있다기 보다는 매일매일의 생활 속에서 상극·상화·상생적으로 연동하고 있다고 볼 수 있습니다. 그래서 '과거'가 '현재'로 이어지고, '현재'가 '미래'로 이어지고, '미래'가 다시 '과거'로 이어집니다. 단순반복의 원이 아니라 항상 새로운 또 하나의 차원이 열리는 나선형으로 이어지고 있다고 생각합니다. 유토피아나 희망이 항상 하나의 원 속에 회수되고 마는 것이 아니라, 일부는 원형구조처럼 보이지만 또 한편으로는 외부로의 열림이 있습니다. 그 열림으로부터 새로운 차원이 열립니다. 이곳이 바로 '유토피아'이고 '희망'이고 '초월'이고, 바로 이것이야말로 '경제'나 '정치'와는 다른 '교육'과 '학습'의 멋진 부분이라고 생각합니다.

저는 비판을 받을 것을 각오하고 말씀드립니다만, 가장 좋은 사회는 가장 훌륭한 사람들이 스승이 되고 스승에 대한 진정한 존경이 참마음의 기본이 되고 모든 사람이 태어나서 죽을 때까지 함께·더불어·서로 배우고 또 배우는 생활공간이라고 생각하는 것입니다. 그렇기 때문에 저는 누가 뭐라고 해도 생애학인(生涯學人)—평생 공동학습의 길을 걸어온 인간—이었고, 이고, 일 것을 겸허한 마음으로 최고의 보람으로 믿습니다.

2. 오늘날 일본 교육에서의 교사의 위상과 과제*

김태창: 오늘은 교육 분야의 여러 전문가들을 모시고 「일본 교육에서의 교사

---

* 사토 마나부 동경대학 교육학부장은 오늘날 일본의 교육철학과 교육실천의 양방면에서 가히 제일인자라고 말할 수 있다. 또한 여기에 초대된 넬 노딩스 스탠포드대학 명예교수는 미국을 대표하는 교육철학자이며, 그 외의 다른 분들은 사토 교수가 주도하는 「배움의 공동체」 운동의 중요협력자들이다.

의 위상과 과제」라는 주제로 대화를 나누고자 합니다. 이번 주제는 사토 마나부 선생이 제안해 주셨습니다. 특히 이번에는 미국에 계시는 넬 노딩스 선생을 초대하였습니다. 세계적으로 유명한 노딩스 선생의 말씀을 직접 들을 수 있는 것은 대단히 기쁜 일입니다. 그리고 중·고등학교의 교육현장에서의 교육실천에 오랜 경험이 있는 이시이 준지 선생과 쿠사카와 타카토 선생께도 여쭤보고 싶은 게 많습니다. 아울러 교육실천의 초년생 입장에 있는 우에노 마사미치 씨와 아직 연구 중인 이이즈카 타츠히토 씨 또한 대화에 적극적으로 참가해 주셨으면 합니다. 그럼 먼저 야자키 회장의 인사말부터 듣기로 하겠습니다.

야자키 카츠히코: 오늘은 바쁘신데도 좌담회를 위해서 멀리서 와 주셔서 대단히 감사합니다. 사토 마나부 선생과는 이전에 '교육'에 관한 공공철학 교토 포럼을 한 차례 한 적이 있고, 이번에도 어제까지 노딩스 선생님을 모시고 「배움과 케어와 행복」이라는 주제로 포럼을 개최했습니다. 일전에 좌담회도 한 차례 한 적이 있는데 그 내용은 소책자로 간행되어 있습니다.[15]

'교육' 문제는 이른바 '영원한 과제'입니다. 배우는 자는 인격자에게 교육을 받고서 멋진 인격 완성을 지향합니다. 그런 것이 바로 학교라는 교육제도에서의 배움이라고 생각합니다. 한편 저처럼 기업을 경영하는 사람은 학교에서 교육받은 분들을 회사로 모셔서, 그분들과 함께 '사회발전'을 지향하게 됩니다. 이 또한 교육으로, '교육과 배움'이야말로 모든 인간형성, 인격형성의 원점이라고 생각합니다. 그런 의미에서 오늘의 이 좌담회가 결실 있는 대화의 장이 되기

일시: 2005년 11월 23일(수) / 장소: 교토포럼 회의실
대담자: 김태창(공공철학공동연구소 소장)
　　　　사토 마나부(佐藤學, 동경대학대학원 교육학연구과 교수)
　　　　넬 노딩스(Nel Noddings, 스탠포드대학 명예교수)
　　　　쿠사카와 타카토(草川剛人, 동경대학 교육학부부속 중등교육학교 부교장)
　　　　이시이 준지(石井順治, 동해(東海) 국어교육을 배우는 모임)
　　　　이이즈카 타츠히토(飯塚立人, 스탠포드대학 교육학대학원 박사과정)
　　　　우에노 마사미치(上野正道, 대동(大東)문화대학 전임강사)
　　　　야자키 카츠히코(矢崎勝彦, 교토포럼 사무국장, 주식회사 휄리시모 대표이사)

를 바랍니다.

  넬 노딩스: 그럼 먼저 제가 몇 가지 말씀드리겠습니다. 교육문제를 논함에 있어 먼저 "교사란 무엇인가?"에 대해서 생각해 보고자 합니다. 여기서 중요한 것은 교사란 단순한 가르치는 사람이 아니라는 점입니다. 그럼에도 불구하고 실제로는, 뭔가 가르쳐야 하는 대상이 있고, 그것을 이른바 교과서에서 학생의 머리로 옮기는 것이 유일한 일이라고 생각하고 있는 교사가 많이 있습니다. 하지만 교사에게는 그 이상의 일이 있을 것입니다. 여기에 앉아 계시는 여러분도 그점에 대해서는 충분히 알고 계신다고 생각합니다. 교사는 학생들에게 있어서 교육을 받은 인간의 하나의 모델입니다. 이 점은 그다지 높은 교육을 받지 않은 가정에서 온 아이들은 대단히 중요합니다. 그래서 저는 교사들이 자신의 가르치는 전문 분야 이상의 것들을 알고 있을 필요가 있다고 생각합니다.

  일본도 마찬가지라고 생각합니다만, 미국의 고교 프로그램은 통상 학생들은 몇 개의 과목을 학습하도록 되어 있습니다. 학생들은 다섯 과목이나 여섯 과목을 '공부하는' 데, 그것들을 가르치는 교사가 한 과목 밖에 가르칠 수 없다는 것은 이상하다고 생각합니다. 미국의 경우에는 대단히 오랜 기간에 걸쳐서 '전문가'라는 전통이 있었습니다. 그리고 거기에 합격하는 것은 어렵습니다. 그래서 교사는 비교적 하나의 구멍에 집어넣기 쉽습니다. 저도 과거에 고등학교에서 수학을 가르친 적이 있는데, 젊은 수학 교사들은 먼저 "나는 수학자다"는 생각을 갖고 있었습니다. 물론 수학자들의 모임인 학회에 가면 고교 교사들은 '수학자'로는 간주되지 않습니다. 그런 의미에서는 작은 아이덴티티에 사로잡혀 있는 사람들이 많은 게 아닐까요? 그럼 그런 경향에 대해서 어떻게 하면 좋을까요? 이것은 제 생각입니다만, 교사는 이른바 르네상스적인 인간으로서의 아이덴티티를 회복해야 한다고 생각합니다.

르네상스적인 인간으로서의 교사

  오늘날 르네상스적 인간이 요구되고 있습니다. 그리고 교사는 그런 인간이

환영받는 유일한 직업이라고 생각합니다. 교사가 르네상스적 인간이 됨으로써 몇 가지 문제를 해결할 수 있습니다. 먼저, 고교의 커리큘럼의 분산화를 줄임과 동시에 '의미'를 추구하는 데에 크게 기여할 수 있습니다. 그것은 일종의 정치적인 효과도 있을 것입니다. 즉 교사의 모습이 이전보다 더 칭찬의 대상이 되어 학생들의 눈에 비치게 될 것입니다. 르네상스적인 교사와 학생들이 함께 작업을 했을 때에 학생들은 "한 사람의 인간이 이렇게 많은 것을 알고 있다니"라고 놀라고, 존경하는 마음을 품게 되겠지요.

사토 마나부: 오늘은 특히 노딩스 선생을 모신 좌담회이기 때문에, 미국과 일본에서 서로 공유할 수 있고, 나아가서 앞으로의 교사에게 있어 중요한 문제를 제기하고자 합니다. 아시다시피 노딩스 교수는 최근의 저서에서 『행복과 교육』[16]이라는 도전적인 테마를 논하고 계십니다. 일반적으로 '행복'과 '교육'은 양립하기 어려운 관계에 있는데, 왜 그런가 하는 물음을 던지고 계십니다. 실은 저도 최근에 『배움의 쾌락』[17]이라는 책을 썼습니다. '배움'과 '쾌락'도 불행하게도 학교교육에서는 좀처럼 양립되지 않습니다.

우선 미국과 일본의 공통성에 대해서 말씀드리면, 제일 먼저 제 머리에 떠오른 것은 지금 우리는 사회의 거대한 전환점에 있다는 사실입니다. 미국의 경우에는 4천만 이상의 사람들이 의료에서 제외되고 있습니다. 이 '배제'(exclusion)라는 문제는 중요합니다. 어느 경제학자가 "지금은 착취의 시대가 아니다. 착취의 경우에는 그래도 아직 인간으로 인정받고 있다. 그러나 배제의 시대의 배제되는 인간은 인간으로 인정조차 받지 못한다"고 했습니다. 그런 문제가 배제 속에서 발생하고 있는 것입니다.

실은 같은 문제가 일본에서도 발생하고 있습니다. 나라마다 빈곤층은 어느 정도인가에 대한 OECD의 올해 조사가 있습니다. 이 조사에서는 각 나라의 급여평균이 나오는데, 연수입이 그것의 반에 못미치는 사람들을 '빈곤층'으로 정의하고 있습니다. 조사에 의하면 실로 일본은 OECD 30개국 가운데 아래에서 다섯 번째입니다. 가장 빈곤한 사람이 많은 나라는 멕시코입니다. 그 다음이

터키, 세 번째가 아이슬란드, 네 번째가 미국, 그리고 다섯 번째가 일본입니다. 미국은 빈곤층이 17.8%, 일본은 15.4%를 차지하고 있습니다.

일본은 과거에 '평등한 사회'로 유명했습니다. 그러나 냉전구조가 붕괴된 후에 과격한 변화가 일본사회에 일어나고 있습니다. 아이들의 빈곤층이 급속하게 늘어나고 있고, 학교에 갈 나이가 된 아동의 경우에는 20%를 넘습니다. 특히 이 오사카에서는 놀랄 정도의 숫자가 나오고 있습니다. 24%의 고교생이 수업료를 못 내고 있습니다. 이것은 전후(戰後)에 가장 높은 수치입니다. 이런 커다란 사회적 변화와 아이의 생활환경의 변화가 교사들의 고민과 고뇌를 심화시키고 있습니다. 그래서 일본의 교사들이 직면한 위기상황을 세 가지로 지적하고자 합니다.

첫 번째는 공적인 임무(public mission)의 위기입니다. 교사들이 자신들이 행하는 일의 의미를 찾기 어려운 상황입니다. 전후의 일본교사들은 세 가지 규범으로 지탱되고 있었습니다. 하나는 '평화로운 국가'와 '평화로운 사회'를 만드는 것입니다. 두 번째는 '민주주의 사회'를 만드는 것입니다. 세 번째는 '차별 없는 평등한 사회'를 만드는 것입니다. 아시다시피 이 세 가지 규범의 중심에 있는 것이 교육기본법입니다. 이 법은 1947년에 제정되었는데, 2년 전부터 정치가들의 최대의 공격대상이 되고 있습니다. 지금 국회에서는 그 이념의 모든 것이 부정되게 되었습니다. 그리고 현재 여론에 의해 교사들에게 부여되고 있는 규범은 다음의 세 가지입니다. 하나는 국익에 봉사하는 교육. 이것은 경제력입니다. 두 번째는 경쟁적인 환경에 의해 능력을 닦을 것. 세 번째는 능력에 따른 교육으로 대응하라는 것입니다. 이 세 가지는 아까 말한 세 가지 규범과는 대체로 일치하지 않습니다. 대부분의 교사는 이 틈새에 끼어서 자신들의 사명을 정리하지 못하고 있는 상황입니다.

두 번째 위기는 교사들의 일이 탈전문직화되고 있다는 점입니다. 전문가로서의 능력이 박탈되어 가고 있는 상황입니다. 그러나 이것은 대단히 기묘한 일입니다. 왜냐하면 포스트 산업주의사회는 곧 지식사회입니다. 교사들의 전문성과 지식의 고도화가 추구되어야 하는데, 여론이나 실제 정치적 현상을 보면 교육은 누구나 할 수 있는 일처럼 말해지고 있습니다. 교실에 가면 수치목표에 의한 학력관리가 행해지고 있습니다. 교사들은 개의 조련사처럼 스톱워치를 들고서 연습을 시키고 있습니다. 다른 한편으로는 본의 아니게 일본의 초등학교의 70% 이상, 중학교의 60% 이상이 능력별 편성제를 도입하고 있습니다. 최근 3년간, 종래의 평등한 교육에서 벗어나고 있습니다. 나아가서 지금의 교사들의 커다란 문제는 관료적인 평가가 강해지고 있다는 사실입니다. 큰 목소리로 수업을 했는지 아닌지, 아이들을 잘 훈련시켰는지 아닌지, 칠판에 글씨를 크게 썼는지 아닌지 등등. 이런 형식적인 평가가 성행하고 있습니다.

세 번째 위기는 교사 업무의 실상이 점점 보이지 않고 있다는 것으로, 이것을 '그림자 일'(shadow work)이라고 부릅니다. 가령 일본의 교사는 초등학교든 중학교든 고등학교든 모두 평균 주당 50시간 이상을 일하므로, 노동기준법의 40시간을 훨씬 넘습니다. 물론 그에 걸맞은 보수가 주어지는 것은 아닙니다. 현재 정년까지 일할 수 있는 교사는 40%에 지나지 않습니다. 특히 여성의 경우에는 40대 후반이나 50대 전반이면 대부분 퇴직하게 됩니다.

넬 노딩스: 지금 말씀하신 것과 똑같은 상황이 미국에서도 일어나고 있습니다. 역시 '시험 중시'라는 데에서 스트레스를 받습니다. 교사들로서는 많은 시간을 들여서 시험에서 좋은 점수를 받도록 아이들을 특훈시키지 않으면 안 됩니다. 그래서 여성 교사의 경우에는 50대가 되면 "더 이상 할 수 없다"면서 사직하는 사람이 많지요.

사토 마나부: 교사들이 그만두는 것은 아이들에게 절망해서가 아닙니다. 그들이 절망하는 것은 학교의 상황과 교육 행정과 교사들의 일에 무지한 사회에 대해서입니다. 교사는 이전에는 민주적인 지식인이었기 때문에, 그 성격을 다시 한 번 생각했으면 합니다. 이러한 상황 속에서 아까 말씀드린 세 가지 위기, 즉 첫째는 공적 임무로서의 교사의 역할, 둘째는 '가르치는 전문가'라기보다도 '배움의 전문가'로 재정의할 필요가 있다는 것, 셋째는—이것이 아마 가장 중심

문제라고 생각합니다만—교사들의 존엄을 되찾기 위해서는 어떻게 하면 좋은 가에 대해서 생각해 볼 필요가 있습니다.

　이시이 쥰지: 두 분 말씀을 들으면서 줄곧 생각했던 것은 과연 나에게 교사로서의 자부심은 무엇이었는가, 그리고 교사란 무엇이었는가, 라는 점입니다. 오늘날에는 교사들이 있을 자리가 없어지고 있다는 말씀이었습니다만, 제가 수업을 하고 있었을 당시의 교사는, 사토 마나부 선생님이 말씀하셨듯이, 세 가지 규범을 어떻게 구현할까를 고민하면서 살고 있었다고 생각합니다. 그런데 3년 전에 제가 퇴직했을 무렵에는 교사들의 상황이나 의식에 변화의 조짐이 있었습니다. 교사들은 하나같이 "수업을 잘 하고 싶다", "아이들과 좋은 관계를 맺고 싶다"고 생각하고 있었습니다. 지금도 마찬가지입니다. 하지만 많은 교사들은 지쳐 있습니다. 왜 그렇게 됐는지에 대한 두 분 말씀을 들으면서 많은 교사들을 책임지는 학교 교장이라는 입장에 있던 저로서는 이런 저런 생각이 들었습니다. 교장으로서 교사들의 에너지가 안심하고 지속적으로 아이들을 향할 수 있도록, 이른바 방파제와 같은 일을 과연 어느 정도 했을까 하는 점을 다시 한번 생각했습니다.

배움의 전문가로서의 교사

　노딩스 교수께서 처음에 교사는 단순한 가르치는 사람이 아니다, 지식이나 기능을 단지 옮겨 주는 사람이 아니다, 라고 하셨는데 아무래도 일본의 교사는 가르치는 사람의 길을 걸어왔다고 생각합니다. 지금 저는 사토 선생과 연락을 하면서 몇몇 학교개혁과 수업개혁을 도와주는 일을 하고 있습니다. '수업 만들기'에 대한 교사들의 의욕을 높이고 싶다, 그리고 그 수업은 단지 지식을 옮기는 수업이 아니라 아이들과 함께 만들고 배우는 수업이었으면 한다, 그리고 그런 수업을 핵심으로 하고 있는 학교로 만들고 싶다, 이런 바람을 갖고서 활동하고 있습니다. 그것이 지금 말씀하신 공적 임무의 길이라고 생각합니다. 일본의 학교에서는 그런 길을 걷기 위해서는 상당한 벽이 있다고 생각하는데, 이미 전국에 작은 싹이 몇 개 싹트고 있습니다.

쿠사카와 타카토: 저는 '동경대학 교육학부 부속중등교육학교'라고 하는 중고교 통합 6년제 교육학교에 있습니다. 사토 마나부 선생이 계신 학부의 부속학교로, 저는 그곳의 부교장을 하면서 학생들에게 두 시간씩 일본사를 가르치고 있습니다. 직접 수업을 해 보면 교사들이 수업에서 하시는 일을 알 수 있습니다. 사토 선생과는 십수년 전에 처음 만났는데, 진짜로 만난 것은 아마 작년의 일이라고 생각합니다.

노딩스 교수가 아까 교사는 르네상스적인 인간으로서의 아이덴티티를 회복해야 한다는 말씀을 했습니다만, 줄곧 저는 그 반대를 생각하고 있었습니다. 즉 학생은 여러 과목을 배우기 때문에 르네상스적이 된다. 저는 일본사 선생이기 때문에 일본사만을 가르치면 된다고 생각하고 있었습니다. 하지만 지금은 그렇지 않다는 것을 알았습니다.

제가 있는 학교는 동경대학 교육학부라는 국립대학의 부속교이기 때문에 실험연구학교입니다. 그래서 공교육에 유익한 연구와 실험을 하지 않으면 안 된다고 생각해 왔습니다만, 그것이 역시 지금 시대에는 맞지 않는 불충분한 상태가 되었습니다. 그것이 무엇인가 하면 학생은 수업시간에 진정으로 배우고 있지 않다고 생각하게 된 것입니다. 가령 일본사 수업을 위해서 나라(奈良)시대 (710~784)의 판서노트를 집에서 만듭니다. 그리고 교실에 갑니다. 그것을 칠판에 쓰면서 설명합니다. 학생들과 몇 차례 질문과 대답은 있습니다만, 그것으로 수업은 끝납니다. 학생은 그것을 칠판에서 옮겨 쓸 뿐입니다. 학생들이 진정으로 배우고 있다고는 느낄 수 없습니다. 하지만 저는 32년 동안 이 사실을 전혀 모르고 있었습니다.

그러한 깨달음의 계기가 된 것은 사토 선생의 권유로 후지시립가쿠요우중학교(富士市立岳陽中學校)에 견학 갔을 때입니다. 그때 저는 처음으로 "내가 지금까지 무엇을 했지?"라고 생각했습니다. 즉 작년 11월 25일에 사토 선생님의 동료인 아키타 키요미(秋田喜代美) 선생님이 제 수업을 보러 왔습니다. 저는 교육실험생이 됐다고 생각하고 열심히 수업을 했습니다. 아마 지금까지 제 수업 중에서는 꽤 좋은 수업이었다고 생각합니다. 그리고 3일 후에 사토 선생을 만났더니, "쿠사카와 선생, 교사의 책임은 좋은 수업을 하는 데에 있는 것이 아닙니다. 교실에 있는 학생들 한 사람 한 사람의 배움을 보장하는 데에 있습니다"라고 하셨습니다. 그 말에 저는 갑자기 화가 치밀어 올랐습니다. "왜 저런 말을 할까"하면서 -. 그래서 저는 가쿠요우중학교에 갔는데, 거기에서 비로소 사토 선생께서 하신 말의 의미를 알았습니다. 그것은 저로서는 극적인 사건이었습니다.

우에노 마사미치: 저는 아까 이시이 준지 선생께서 말씀하신 '함께 만들어가는 배움'이라는 생각에 대단히 공감을 했습니다. 저는 학교의 전환기에 학생으로서 수업을 받았고 지금은 제가 수업을 하고 있는 입장입니다만, 아이들과 함께 만들어가는 배움이 지금은 어려워지고 있다고 생각합니다.

거기에는 몇 가지 이유가 있을 텐데, 먼저 교육이라는 활동이 시장논리 속에 해소되어 이해되는 상황이 있지 않나 걱정하고 있습니다. 90년대 이래 신자유주의의 석권을 배경으로 해서, 학교가 경쟁이나 선발이나 선택과 같은 경제적인 시장 개념에 사로잡혀 있다고 생각합니다. 그리고 학교와 가정의 관계로 말하면, 서비스를 제공하는 자와 해소하는 자의 관계로 재정의되고 있다고 생각합니다. 기업에서는 가령 매출을 늘린다는 형태로 어느 정도 수치화할 수 있는 목표가 있거나, 그것을 위해서 경쟁이나 선택이 유효하게 기능하는 일이 있겠지만, 학교가 과연 시장원리로 잘 돌아갈지는 의문입니다.

일전에 오사카부(大阪府)의 어느 중학교를 방문한 적이 있습니다. 아까 사토 선생께서 배제와 빈곤의 문제를 지적하셨는데, 마침 부락(部落)[18] 문제를 안고 있는 지역의 학교였습니다. 그래서 여러 선생님들의 말씀을 들었는데, 함께 만들어 가는 데 여러 어려움도 안고 있었습니다. 즉 교사와 학생 사이에 협동적인 배움의 창조를 시도하면서도 아이들이 배움의 동기를 유지하는 것이 곤란하거나, 때로는 거기에서 일탈해 가는 상황이 반복되어 보인다는 것입니다. 함께 만들어가는 것이 얼마나 어려운가를 절실하게 실감했습니다.

그래서 느낀 것은 아무래도 교사들은 결과를 빨리 내리려고 한다는 것입니다. 가령 영어수업에서는 초시계를 사용해서 아이들이 문장을 암기하는 속도를 경쟁시키고 있었습니다. 배움에 대한 동기를 유지하면서 수업에 집중시키기 위해서, 경쟁적인 게임 형식을 도입하여 아이들의 주의를 끌려 하고 있었습니다. 확실히 타인과의 경쟁을 통해서 아이들의 의욕이 일단은 늘어나는 것은 사실입니다. 하지만 그것으로 진정으로 배웠다는 실감이나 풍부한 탐구가 실현되고 있는가는 회의적입니다.

이와 관련해서 어느 초등학교에 간 적이 있는데, 산수 시간에 그룹 학습 형태로 책상을 배열하고 각각의 어린이들의 계산의 속도를 경쟁시키고 있었습니다. 그때의 결과가 어땠는가 하면 아이들이 각자 자신의 세계에 빠져서 서로가 서로를 의식하면서 같은 그룹의 멤버인데도 다른 아이들에게는 자기의 답안을 보여주지 않는 것이었습니다. 최근에 학생들의 학력차에 따라 반을 나눠서 가르치는 '익숙도별'(習熟度別) 지도가 일부에서 침투하고 있는데, 이런 배움의 형태로는 대화도 공동(共働)도 전혀 생겨나지 않는다고 생각합니다.

이런 교실들에서 공통으로 보이는 것은 시장경쟁원리와 친화성을 갖고 있다는 점입니다. 거기에서는 게임처럼 서로를 경쟁시키는 형태로 학습이 진행되어 갑니다. 그리고 지식을 획득하기 위한 효율적인 전달방법이 뛰어난 교수법으로 침투됩니다. 하지만 이런 발상으로는 함께 만들어 나가는 배움이 성숙해지기는 영원히 곤란하겠지요.

그럼 무엇으로 아이들의 배움에 대한 참가를 만들어 나갈 것인가? 저는 좀 더 충분히 시간을 갖고서 '서로 배운다'는 관점에서 수업을 만들어 나가는 것이 중요하다고 생각합니다. 바꿔 말하면 그런 실패와 시도의 연속 속에서 차근차근 성장하고 획득되는 것이 있다고 생각합니다. 교사나 선생의 입장에서가 아니라 아이들의 배움에 즉한 공동성과 공공성의 생성을 축으로 해서, 학교를 재구축해 나가는 것이 중요한 과제가 되리라고 생각합니다.

이이즈카 타츠히토: 이대로라면 제 인생은 가르치기보다는 가르침을 받는

시간이 압도적으로 많아지게 되는데, 배운 자의 입장에서 얘기를 해 보겠습니다. 노딩스 선생님의 말씀에서 가장 인상에 남았던 것은 '르네상스적 인간으로서의 교사'라는 말입니다.

제가 여러 학교에서 배운 체험을 회고해보면 그중에서 가장 부정적이었던 것은 1980년대에 다닌 교원양성학교(=교육대학)에서의 체험입니다. 실은 저는 중학교와 고등학교는 그 대학의 부속교에 다녔습니다. 시대적인 이유도 있겠습니다만, 그 당시 부속고등학교 교육 프로그램은 상당히 여유 있는 커리큘럼이었다고 생각합니다. 그리고 선생님들에게는 연구실이 마련되어 있어서, 교사와는 별도로 연구자로서도 인정받는다는 느낌이 있었습니다. 그런 일이 있어서인지도 모르겠습니다만, 학교에는 일종의 배움에 대한 자유로운 분위기가 있어서, 그것이 꽤 학생들에게 좋은 영향을 주고 있었습니다. 가령 오후부터는 수업을 빠지고 가벼운 마음으로 박물관이나 영화관에 갈 수 있는 식이었습니다.

그런데 부속고등학교를 졸업하고 교육대학에 들어간 순간, 갑자기 배움의 질이 중학생이나 초등학생으로 돌아간 느낌이었습니다. 교육대학은, 당시의 이야기입니다만, 제1회 졸업생 때부터 대단히 세세한 것을 배운다는 느낌이었습니다. 초등학교와 중학교 교과에 대처하는 수업이 필수로 있고 그것과 병행해서 일반교양이 있는데, 선택의 폭이 좁은데다 커리큘럼 자체가 빡빡합니다. 다른 대학에 비해 일견 르네상스적입니다만, 각각의 교육 내용은 단편적이어서 전체적으로는 잡다하게 모아 놓은 느낌이었습니다. 불만이 있으면 대학 밖에서 자유롭게 배우면 되고, 실제로 그렇게 하기도 했는데, 종합대학에 비해 융통성이 없는 전문학교적인 커리큘럼 구성 때문에 상당히 제약받고 있는 실정이었습니다.

지금 생각해보면 교육대학은 배움의 이념을 그 중심에 갖고 있지 않았다고 생각합니다. 교원양성이라는 이름하에 실제로는 가르치기 위한 교육 혹은 교원자격을 위한 교육만을 조직화하는 개념만 갖고 있었는지 모릅니다. 교육대학에서의 배움은 학교에서 가르치기 위해서 배운다고 하는 '가르친다'는 것을 전제로 하는 배움이 되어 버립니다. 물론 가르치면서 배우는 것도 가능한데, 그것이 아니라 배우는 것이 '가르치기' 위해서라고 하는 족쇄를 차고 있는 느낌이 있습니다. 종래의 '평가되기' 위한 족쇄를 찬 배움과 마찬가지로, 배움은 외적인 것으로 머물러 버립니다. 그 결과 배움에 의한 자유로운 체험이나 그것과 결부된 자기신뢰가 상실된 상태가 됩니다. 물론 거기까지는 생각하지 않았는데, 교육대학의 커리큘럼에 의해 어딘가 바보 취급을 받고 있는 느낌이었습니다. 극히 소수에 지나지 않았던 르네상스적 교수와의 교류가 구원이었는데, 그와 같은 일종의 부정적인 배움의 경험이 지금도 저 안에 남아 있습니다.

노딩스 교수는 '배움'에 더해서 '케어'나 '행복'을 논해 오셨습니다. 케어를 받음으로써 비로소 케어할 수 있는 자가 될 수 있다는 말씀, 혹은 교사 자신이 행복하지 않은 상태에서 아이들의 행복을 이끌 수 있을까 하는 이야기를 들으면서, 교육대학에서 배운 교사 자신이 르네상스적 인간이 되지 못한 상태에서 아이들을 가르치는데 과연 르네상스적 인간 형성이 가능할까 하는 의문이 들었습니다. 물론 사토 선생님을 비롯한 여러 선생님들이 노력하고 계시듯이, 교육현장에서 교사의 배움에 많은 변화가 일어나고 있다고 생각합니다만, 역시 '교원양성'의 부분도 대단히 중요하다고 생각합니다. 교육대학에는 교사가 되는 방향으로 이미 아이덴티티를 정하고 있는 사람이 많이 있는데, 교사가 된다고 해도 교육이라는 목적의식이 무화되는 배움의 체험, 아이덴티티를 넘어서는 배움의 체험은 소중하다고 생각합니다. 르네상스적인 인간으로서의 교사의 근본에는 그런 배움의 체험이 있지 않을까요?

야자키 카츠히코: 교사 혹은 학생이 안고 있는 대단히 큰 과제에 대해서 말씀해 주셨습니다. 실제로 현장에 계시는 교사들의 노고 속에서 깊은 깨달음이 있었구나 하는 것을 절실하게 느끼면서 들었습니다. 저와 같은 기업경영자는 역으로 학교를 졸업하신 분들과 함께 일하는 입장입니다. 아까 학교교육과 대비하는 과정에서 매출에 대한 이야기가 나왔습니다만, '매출'의 전제가 되는 것은

역시 '상품'입니다. 그렇다면 교육현장에서 하시는 일은, 꾸중들을 것을 무릅쓰고 말씀드리면, 결국 활동으로서 인식하면—대단히 비유적으로 말하면—'상품력으로서의 인간'을 만들어 내고 계신다고 생각합니다.

저희도 그것을 '학력'이나 '학교 이름'으로 받아들이고 있는 부분이 현실적으로 존재한다고 생각합니다. 그렇다면 상품력 이상의 것을 어떻게 학교 현장에서 기대할 것인가 하는 점이 관건이 된다고 생각합니다. 회사경영으로 말하면 당연히 (그런 의미에서의) 상품력만으로 회사를 경영할 수 있는 것은 아닙니다. 좀 더 종합적인 힘, 즉 '인간력'을 조직적인 실천과 종합적으로 결부시킴으로써 매출의 숫자 혹은 수익이나 고객과의 관계, 나아가서는 회사와의 관계 같은 것을 어떻게 만들어 나갈까? 바로 이런 것들이 차례차례로 과제가 되는 것입니다.

종종 얘기되는 것이 벽돌쌓기 사례입니다. 벽돌쌓는 장인이 '임금'만을 목적으로 하는 차원에서 자기가 하는 일을 바라보는 것과, 그 마을에 벽돌로 만든 교회가 생긴다는 자부심을 갖고 벽돌쌓기에 정력을 쏟는 것과는 작업의 의미가 달라집니다. 저희 기업경영자들로서는 이념이 중요합니다. 마찬가지로 학교현장에서도 "어떤 사회를 만들 것인가?" 또는 "무엇을 위해서 배우는가?"라고 하는 기본적인 이념이 확실하게 세워지는 것이 상품력으로서의 과목 점수 이상으로 중요하다고 생각합니다.

노딩스 교수께서 르네상스적 인간에 대해서 말씀하셨는데, 그런 교사에 의해 지도받고 육성된 한 사람 한 사람의 배운이가 마침내 회사인이 되어 회사 전체가 르네상스적으로 변해가는 이미지를 떠올리면서 얘기를 들었습니다. 성스런 학교교육 현장을 그런 것에 비유하다니! 하면서 꾸중을 하실지 모릅니다만, 그런 시각을 가짐으로써 경영자로서 무엇이 중요한가에 대해서 역으로 생각하게 되었습니다.

김태창: 저의 경우에는 고교교사 5년, 그리고 대학교수 30년, 모두 합해서 인생의 35년을 교사로서 살았습니다. 나머지 인생도 학문연구와 관련된 삶을 살아왔습니다. 그리고 지금은 학교교육의 제일선에서 물러났는데, 넓은 의미에

서의 사회적 공동학습에 종사한다고 할 수 있습니다. 그런 입장에서 자기반성을 겸해서 교사 일반론이 아니라 그야말로 '당사자로서의 교사'에 대한 저 자신의 개인적인 소견을 말씀드리고자 합니다. "저는 제 경험에 기초해서 이렇게 생각한다"고 하는 이야기 방식도 필요하다고 생각합니다.

교육과 교사의 의미를 다시 생각한다

여러 인생행로 중에서 특히 교사로 살아가는 경우에는 무엇이 필요한가에 대해서 생각했습니다. 저는 먼저 교사의 '교'(敎)라는 한자를 싫어합니다. 왜냐하면 『논어』에 나오는 용례를 보아도 알 수 있듯이 '교'는 지배자 또는 윗사람이 채찍을 써서 피지배자 혹은 아랫사람을 일방적으로 만들어 나간다는 것이 원래의 의미이기 때문입니다. '교'와의 대비로 사용된 한자는 '회'(誨)입니다. 그것은 인격자 사이의 대화를 통한 설득과 납득과 감화입니다. 제 할아버지는 '교육'은 신민의 훈련강도(强導)로, 진정한 인간형성은 '회육'(誨育)이요 '생육'(生育)이라고 생각하였습니다. 그런 영향을 받아서인지 저는 '교'육과 '교'사의 의미를 다시 생각할 필요를 강하게 느꼈습니다. 그리고 저는 자신을 공동생활·실천·수양을 통한 공동(대화)학습자 또는 공동수양자라고 생각하고 싶었습니다.

이런 입장에 서 있는 인간에게는 무엇이 필요한가? 그 하나는 '여심'(旅心) 즉 함께 여행하는 마음입니다. 가르치는 것이나 배우는 것은 다름 아닌 사람이 되는 여행으로, 여로에는 그 여행을 충분히 음미하는 '여심'(旅心)이 필요하다고 생각합니다. '회육'(誨育)이란 인생의 모든 것이 이미 정해진 운명이라고 생각하여 단지 따르기만 하는 것이 아니라, 언제 어디서나 새로운 지평을 열어나가는 것을 서로 실감하는 체험의 축적이 아닐까요? 저 자신 지금 뒤돌아보면 그렇다고 생각합니다. 그래서 '여심'이란 무엇인가? 내향적이 되어 자기밖에 모르는 사람, 자기 속에서 방황하고 고뇌하고 슬퍼하고 기뻐하는 사람에 대해서 "우리가 살고 있는 세계는 세계의 전부가 아니라 극히 작은 일부에 지나지 않는다. 좀더 멋지고 크고 열려진 다른 세계도 있다. 함께 여행하지 않겠는가?" 외부 세계,

다른 세계, 한층 더 넓은 세계를 보고싶어하는 간절한 여심을 지니는 것이 필요하고 중요하다는 것입니다.

그런 마음을 연마하기 위해서는 먼저 자기 자신에게 먼 곳, 넓은 곳, 멋진 곳을 동경하는 마음의 충동이 없으면 안 됩니다. 이쪽에 마음의 울림이 없으면 만나는 한 사람 한 사람의 젊은 학생과 그런 공명의 관계가 만들어질 리가 없다고 생각합니다.

저는 1년 동안의 수업이 끝나면 항상 학생들로부터 감상문을 받았습니다. 그때 자주 들은 말이 "잘 모르겠지만 선생님과 함께 있으면 즐겁다. 선생님과 함께 마음의 여행을 하고 있는 사이에 넓은 세계를 보는 눈이 열린 느낌이 든다"는 감상이었습니다. 딱히 구체적으로 무언가를 가르치는 것이 아니라 "그대가 내면으로 닫고 있는 마음을 밖을 향해 열고서 여행하는 마음을 가지면 좀 더 넓고 멋진 세계가 보인다. 마음만 열면 그런 세계는 바로 가까운 곳에 있는데, 왜 마음을 닫고 있는가?"라는 문답을 지속하였습니다.

그리고 '가심'(歌心) 즉 '함께 노래하는 마음'이 필요합니다. 우리가 살아가는 가운데 모든 조건이 갖춰질 리가 없습니다. 괴로운 일, 슬픈 일, 아픈 일, 부족한 것이 많습니다. 언제 어디서나 여러 불만이 있습니다. 하지만 불만을 토하기 시작하면 끝이 없습니다. 언제 이상적인 세계가 만들어질까요? 저 역시 여러분이 말씀하시는 조건보다 더 어려운 상황 속에서 교사직을 수행했습니다. 일본은 그래도 조건과 상황이 좋은 편이라고 생각합니다. 상황이 어려워서 주위가 암흑이어도 마음속을 풍요롭게 하고 밝게 하는 것이 '가심'입니다. 때때로 저는 마음 한구석에서 낮은 목소리로 다른 사람에게 피해를 주지 않고 혼자서 노래를 부르면서 제 마음을 위로합니다. 내가 학생이나 아이들과 접하는 동안만큼은 가능한 한 밝아지자, 가능하면 학생이 희망을 가질 수 있도록 하자. 정직하게 말씀드리면 저는 항상 함께 노래하는 마음으로 학생들과의 공동학습에 임했습니다. 스스로를 위로하고 격려하기 위해서는 노래가 필요했습니다.

그리고 그 노래(시)는 어머니가 찾아준 유럽의 클래식 음악이나 한국의 전통

음악입니다. 제 개인적인 취향으로 말하면 베토벤과 모차르트와 쇼팽의 음악을 좋아합니다. 굳이 말하자면, 베토벤으로부터 살아가는 용기를, 모차르트로부터는 몸과 마음과 영혼의 치유를, 그리고 쇼팽으로부터는 좀 더 좋은 미래에 대한 바람을, 그들의 음악을 들을 때마다 몸소 느꼈습니다.

일본의 전통가요 중에 와카(和歌)가 있습니다. 최근에 『와카의 힘』(和歌の力, 岩波書店, 2005)이라는 책을 읽었습니다. 와카는 "야마토(大和)의 노래"(大和の歌)라기보다는 "완화의 노래"(和らぎの歌)라는 것입니다. 노래를 부르고, 노래를 들음으로써 얻어지는 상승효과는 무엇인가? 자연과 인간 사이에 감응하는 마음을 완화시키고, 그 완화된 마음이 인간과 인간 사이를 완화시키고, 그것이 결국 세계를 완화시키는 방향으로 작용합니다. 이것이 노래라는 것입니다. 그 책에는 이와 같은 해설이 소개되어 있었습니다.

또 하나 없어서는 안 되는 것은 '연심'(戀心)입니다. 서로 사랑하고 애틋하게 여기는 마음이 필요합니다. '연인 대하듯 하는' 마음입니다. '연'(戀)이란 상대방의 사람됨을 있는 그대로 수용하고, 그 최고·최선·최미(最美)의 가능성을 인정하고 바라는 것입니다. 그것과 병행해서 자기에게 있어서의 최고·최선·최미(最美)의 가능성을 찾아내는 것입니다. 그러기 위해서는 주위의 조건에 별로 구속받지 않아야 합니다. 그것은 남성에게는 여성, 여성에게는 남성이라고 하는 이성의 인간에 대한 정애(情愛)로 이해되는 것이 보통입니다. 하지만 그것뿐만이 아닙니다. 제가 여기에서 말하는 '연심'이란 서로 가르치고 함께 배우는 관계를 포함한 다양한 자타 관계를 통해서 함께 행복해지는 세계를 꿈꾸는 것입니다. 그것의 실현을 위해서 최선을 다하는 것입니다. 그것은 인간과 국가와 세계의 진실을 사랑하는 것이고, 인간과 국가와 세계의 미래를 믿는 것이고, 인간과 국가와 세계의 행복을 바라는 것입니다. 보통 '르네상스적 인간'이란 폭넓은 지식과 교양의 소유자이자 이상적으로는 모든 학문과 예술에 정통한 사람을 일컫는 말로, 바람직한 교사상의 하나의 지표는 될 수 있다고 생각합니다. 하지만 지금까지의 공동학습자로서의 제 생활과 경험에 기초하여 개인적인 견해를 말씀드리면, 지식이나 교양이나 예술적 감성 이전에, 상이한 다양한 가능성에 대한 희망과 신념·진실에 대한 애정과 성의·행복공창(共創)에 대한 공감과 노력을 지속적으로 갖는 '마음의 습관'—로버트 벨라의 말을 빌립니다—이 필요하다고 생각합니다. 이것은 어디까지나 저의 견해와 생각에 지나지 않기 때문에 여러분의 의견을 존중하고 듣는 것을 전제로 드린 말씀입니다.

사토 마나부: 우리는 한 사람의 교사를 만날 때에 사물의 일면만을 보기 십상입니다. 하지만 배운다고 할 때에는 역시 양면을 보지 않으면 안 됩니다. 특히 자기와는 이질적인 사람에게서 배우는 폭넓음을 갖지 않으면 안 됩니다. 지금 김태창 선생께서 말씀하신 이야기를 노딩스 선생님의 '르네상스적 인간'과 연결시켜 보고자 합니다. 르네상스 시기의 교육의 중심은 수도원이자 자유도시의 '컬리지'(college)입니다. '컬리지'는 '동료'를 의미합니다. 그 무렵 대학에서는 학생들은 이곳 저곳을 편력하고 여행을 다녔습니다. 그래서 배움은 여행이었습니다.

이것은 에도시대 말기의 일본에서도 마찬가지입니다. 막말유신 시기에 일본의 근대화를 담당한 정치가, 경제인 혹은 학자들의 대부분은 여행을 하고 있습니다. 1840년대에서 60년대 무렵에 걸쳐서 지방도시에 있는 번교(藩校)를 돌면서 양학(洋學)의 지식이나 중국, 일본의 학문을 진지하게 배웠습니다. 거기에 우수한 교사들이 몇 사람 있었습니다. 이 시기의 일본인의 배움의 힘은 국제적으로 봐도 규모 면에서 아마 최고 수준이었을 것입니다. 그런 배움의 네트워크가 일본 근대화의 최대 추진력이 되었다고 보고 있습니다.

배움의 네트워크에는 사무라이뿐만 아니라 돈 있는 농민들도 여행에 동반하고 동행했습니다. 그 무렵 지방에 만들어진 학교의 대다수는 번교(藩校)가 아니라 '향학'(鄕學)이라고 합니다. '공립'(共立. public)이라고 불립니다. 즉 일본의 학교교육은 미국이나 프랑스에서 학교제도를 도입하기 전에 이미 '배움의 공공권'을 형성하고 있었습니다. 미국에서의 'common school'과 같은 것을 좀 더 대대적이고 한층 지적으로 전개하고 있었다고 말할 수 있습니다.

그 무렵은 한 사람 한 사람의 교사가 지극히 개성 있는 존재였다고 생각합니다. 그래서 이시이 선생 밑에서 배우는 것과 쿠사카와 선생 밑에서 배우는 것과 김 선생 밑에서 배우는 것은 모두 다릅니다. 여행을 하는 사람은 어떤 선생 밑에서 배우겠다고 뜻을 세우고 여행을 떠납니다. 아마도 이것은 서양에서 말하는 르네상스적인 인간을 기르는 교사상과 근접한다고 생각합니다. 르네상스적 인간이 왜 코스모폴리탄으로, 스페셜리스트가 아니라 제너럴리스트인가 하면, 그것을 배움으로써 '우주의 질서'를 배웠기 때문입니다. 그래서 철학과 세계관을 갖고 있는 것입니다. 그런데 지금의 학교교육은 교과 단위로 되어 있습니다. 수학은 수학교사한테 배우고 역사는 역사교사에게 배우는 식입니다만, 지금 필요한 것은 르네상스적인 제너럴리스트입니다. 교사들이 학생과 함께 여행할 수 있으면 학생들의 여행의 전체를 함께 추진할 수 있습니다.

김태창: 저는 교육이란 함께 배우고 함께 생각하는 것이자, 함께 인생을 이야기하는 가운데 서로 배워나가는 공동학습이라고 생각해 왔습니다. 제가 그렇게 생각한 것은 '교사'(敎師)는 '공적인 인간=관료교사(교관)'이지만 '스승'은 '공공(하는)인간=삶을 함께하고 더불어 대화하고 서로 배워나가는 인간'이라고 이해했기 때문입니다. 교사는 어느 확정된 '공'의 진리·교리·선을 일방적으로 교시·지시·전달합니다. 그것도 어느 단계에서는 필요할지 모릅니다만, 그보다 더 근본적인 것은 학생과 함께 자기와 타자와 세계의 모습을 탐구하고, 그 속에서 자기가 있을 곳과 살아가는 의미를 발견해 나가는 영속적인 과정이라고 생각합니다.

과거의 관료교사는 '멸사봉공'을 교육의 기본으로 삼았습니다. 그것은 '공' 교육에서의 교사의 역할이었습니다. 하지만 오늘날의 민주주의 사회에 걸맞은 인간형성의 기본은 '활사개공'(活私開公)을 기본으로 삼아야 한다는 것이 제 생각입니다. 그것은 '멸사봉공'이나 '멸공봉사'(滅公奉私)의 교육의 폐해를 시정하기 위한 방법이기도 합니다. 인간 형성은, 심신발달의 상이한 단계에 따른 적절한 기술론이 있기는 하지만, 역시 그 기본이 되는 것은 인격과 인격의 만남에서 시작되는, 대화적·공동적·개신적 자타공진화와 국가발전과 세계생생이라고 생각합니다. 그것은 교사가 제자의 인간형성을 일방적으로 독화(獨話. monologue)를 통해서 제작해 나가는 것이 아닙니다. 인간과 인간이 때와 장소를 공유하고 꿈과 바람과 소망을 서로 주고받으면서 함께·더불어 자기와 타자와 세계의 이야기를 나누어 가는 것이라고 생각합니다.

저는 예루살렘에 몇 차례 간 적이 있습니다. 그때 예루살렘에서 들은 이야기가 제 마음속 어딘가에 울려 퍼지고 있습니다. 그것은 예루살렘의 세 사람의 석공 이야기입니다. 어느 훌륭한 랍비(유대교·유대사회의 종교지도자)가 산 속에 칩거하면서 명상을 하고 있는데, 신으로부터 "예루살렘 시내를 한 바퀴 돌고 오라"는 계시를 받습니다. 신의 계시에 따라서 그는 예루살렘 시내를 둘러보는 과정에서 세 사람의 석공을 만났습니다. 그는 세 사람의 석공에게 똑같은 질문을 해 보았습니다. 제일 처음 만난 석공에게 "당신은 무엇때문에 매일 돌을 세공하고 있습니까?"라고 물었습니다. 그러자 "돈을 벌기 위해서"라는 대답이 돌아왔습니다. 그다음에 만난 석공에게도 같은 질문을 했습니다. 그 사람의 대답은 "지금 제가 할 수 있는 것은 이것밖에 없기 때문"이라는 것이었습니다. 세 번째 만난 석공에게 같은 질문을 하자 "이 일이 즐겁기 때문"이라는 대답이었습니다. 그래서 랍비가 "무엇이 즐겁습니까?"라고 묻자 석공은 이렇게 대답했습니다.

"제가 하나하나 깎고 다듬은 돌이 때로는 신전의 주춧돌이 되고 때로는 한 집의 기둥이 되고, 때로는 도로나 다리로 쓰입니다. 휴일에 거리에 나가면 제가 손질한 돌이 예루살렘 시내의 곳곳에 여러 형태로 사용되고 있습니다. 제 일이 다른 사람을 위하고 나라를 위하고 세상을 위해서 쓰이고 있다는 것을 실감할 수 있습니다. 그래서 저는 기쁩니다. 힘이 납니다. 그래서 이 일이 즐겁습니다."

가르치고 배우는 데에도 세 종류의 마음자세가 있을지 모릅니다. 즉 경제적인 이유에서인가, 기능적인 적성에서인가, 아니면 하는 일 자체가 가져다주는 기쁨을 위해서인가의 차이가 있습니다. 제가 왜 이 이야기를 하는가 하면 제 제자 중에서 교사가 되거나 국회의원이 되거나 기업가가 된 사람들이 상당한 세월이 흐른 뒤에 저에게 해 준 말이 잊혀지지 않기 때문입니다. 그것은 제 수업 중에서 배운 교과목의 내용은 거의 기억에 남아 있지 않지만, 가령 예루살렘의 세 사람의 석공이야기와 같은 이야기는 저의 인상과 함께 언제 어디서나 남아 있다는 말이었습니다. 자신들도 여러 인생체험을 해 나가는 가운데 자기와 타자와 세계의 모습을 다시 한번 생각할 필요에 직면했을 때에 비슷한 자문자답을 몇 번이고 되풀이해보고, 그때마다 이 이야기를 생각했다는 것입니다.

물론 예루살렘의 세 사람의 석공이야기뿐만 아닙니다. 그야말로 무수한 이야기가 각자의 체험학습을 가져왔습니다. 곰곰이 생각해 보면 인간이란 이 세상에 태어나서 이 세상을 떠날 때까지, 언제 어디서나 다수의 이야기를 하는 가운데 자기와 타자와 세계가 상상되고 구축되고 해체되었다가 다시 재건되는 것이 아닌가 생각합니다. 그것이야말로 대화를 통해서 지속되는 가르치는 사람과 배우는 사람의 공동학습이라고 생각합니다.

배움의 종교와 스승의 가르침

사토 마나부: 기독교의 최고의 가치는 '사랑'입니다. 유대교의 경우에는 '배움'입니다. 유대교는 배움의 종교이지요. 기독교에서의 '사랑'과 같은 정도의 위치에 '배움'이 있습니다. 그래서 인생의 교사를 찾는 것이 절대적으로 중요합니다. 교사는 지식을 가르치는 것만은 아닙니다. 세계관에서 인생관에 이르기까지 전부를 가르칩니다.

아마도 랍비의 사상과 가까운 것이 동양사상에서의 '사'(師)라고 생각합니다. 일본에서의 시쇼우(師匠)를 전통적으로 말하면, 단지 지식만을 가르치지는 않았을 것입니다. 시쇼우는 세계관을 가르치고 삶의 방식을 가르칩니다. 이런 경향은 한국에서 더 강하다고 생각합니다. 중국의 유교문화의 전통에서는 더 강합니다. 유교문화에서는 모든 지식은 곧 철학을 가르치는 일에 해당합니다. 일본의 경우에는 철학을 가르치기보다는 사는 길을 가르칩니다. '가르칠 수 없었던 것에 의한 교육'의 의미를, 지금 다시 교사들은 떠맡고 짊어지고 나가지 않으면 안 됩니다. 교사는 말하지 않는 세계를 갖고 있어야 합니다. 요컨대 제가 말하고 싶은 것은 이런 것입니다. '가르칠 수 없었던 것에 의한 교육'이란 교사는 가르치는 것 이상의 것을 학생으로부터 배우고 있습니다. 교사는 언제나 그런 역할을 스스로에게 부여하지 않으면 안 됩니다. 이것이 지금은 사라지고 있습니다. 그리고 가질 수 없게 되고 있습니다.

저는 중·고등학교 6년 동안 수업시간에 한마디도 안 하는 조용한 아이였습니다. 교실에서 거의 이야기한 적이 없습니다. 결코 어두운 학생은 아니었습니다. 지금과 마찬가지로 밝게 웃는 학생이었습니다. 재미있는 이야기가 하나 있습니다. 일전에 제가 고등학교 교사와 전화로 얘기한 적이 있습니다. 몇몇 교사들이 저를 기억해 주고 계신다는 것이었는데 저로서는 의외였습니다. 어느 때는 성적이 매우 좋아서 기억하시기도 할 것입니다. 하지만 성적이 항상 최고 수준이었던 것은 아니었기 때문에 어떻게 기억하는지 여쭤봤습니다. 저에게 영향을 주신 선생이 세 분 계십니다. 한 분은 국어 선생입니다. 또 한 분은 생물 선생. 그리고 마지막 한 분은 음악 선생입니다. 세 분 선생이 하나같이 말씀하신 것이 눈이 번쩍번쩍 빛났다는 것입니다. 그리고 미소가 멋졌다고 합니다.

먼저 국어 선생의 말씀을 간단히 하겠습니다. 새로 부임한 선생이었는데 문학 담당이었습니다. 가령 수업시간에 텍스트를 읽습니다. 나츠메 소세키(夏目漱石), 미시마 유키오(三島由紀夫), 카와바타 야스나리(川端康成) 등등. 선생은 텍스트의 한마디 한마디에 반응해서 자신이 웃음을 터트리는 것입니다. 대단히 감수성이 풍부합니다. 그런 식이기 때문에 수업이 안 됩니다. 교실은 어수선해집니다. 선생은 처음 얼마 동안은 학생들을 향하고 있는데, 일단 텍스트에 들어가면 문학의 언어들이 너무나 재미있어서 학생들이 사라져 버리는 것입니다. 이렇게 문학에 몰입되어 자신을 콘트롤하지 못하는 것은 다른 교사들이 볼 때는 무능한 교사입니다. 권력적인 교사는 대체로 이와 정반대입니다. 하지만 학생인 저는 그것을 보면서 그 선생을 존경하였습니다. "말은 살아 있다!"고 생각하면서. 그래서 저는 미요시 타츠지(三好達治)를 비롯해서 일본의 시가(詩歌)를 암송할 정도로 읽었습니다. 그때까지는 살아 있는 말을 만나지 못했습니다. 문학언어는 살아 있는 것입니다. 이것이 지금 저의 문장력과 사고력의 가장 큰 토대를 만들어 주었습니다.

애기가 길어지기 때문에 생물 선생 한 분만 더 소개하고 끝내겠습니다. 대단히 잘 생겼고 자상하고 조용한 분이었습니다. 그 선생은 놀랍게도 1년 동안 DNA와 RNA만 가르쳤습니다. 1965년의 일입니다. DNA나 RNA는 물론 당시의 교과서에는 실려 있지 않았습니다. 그 선생은 BSCS라고 하는, 과학교육의 교육학자이자 생물학인 죠셉 슈와브(Joseph Schwab, 1909~1988)라는 분이 미국에서 편집한 두꺼운 교과서를 학생들 전원에게 사게 해서 수업을 하였습니다. 저는 그 선생에게 질문을 하나 했습니다. 교실에서는 말할 수 없는 내용이라서 교무실에 갔습니다. "선생님은 벌써 50에 가까우신데 왜 결혼을 하지 않으시는지요?" 그러자 그 선생은 솔직하게 말씀해 주셨습니다. "몇 번이나 고민했다. 결혼하지 않은 이유는 젊었을 때부터 줄곧 폐렴을 앓았기 때문이다. 옛날에는 폐렴은 불치의 병으로 나을 수 없기 때문에 반드시 배우자를 불행하게 할 것이다. 애인은 있었지만 결국 결혼은 하지 않았다. 그래서 지금 생명의 소중함을 가르치고 있고, 생명을 과학적으로 생각하는 것을 소중히 여기면서 생물을 가르치고 있다."

김태창: 아까 사토 선생도 말씀하셨는데, 제 경험에 기초한 견해를 말씀드리면, 유교야말로 생애학습을 핵심과제로 한 신념체계라고 생각합니다. 그리고 공자는 실로 대화학습자의 전형적인 실례로서 여러 각도에서 새롭게 살펴볼 필요가 있을 것입니다. 저는 어렸을 때에 할아버지로부터 중국고전을 배웠는데, 그중에서 지금도 기억하고 있는 생생한 인상은 ① 인간이란 죽을 때까지 계속해서 배우는 것이 무엇보다도 중요하다 ② 배운다는 것은 언제 어디서나 함께 배우는 것으로, 서로 격려하는 벗과의 사귐이 필요하다 ③ 배움이란 국가에 의

존하지 않아도 살아갈 수 있는 자립의 힘을 몸에 익히는 것이다 ④ 계속해서 배우는다는 것은 자기와 타자와 세계가 함께 행복해지는 길을 탐구하는 것이다, 라는 것을 뜨겁게 강조하셨던 학습입명(學習立命)에의 자력 계발이었습니다.

　저의 할아버지는 불우한 재야의 한학자였습니다. 동시에 시골 서당의 훈장이기도 했습니다. 대일본제국의 식민지시대였기 때문에 대부분의 학교는 제국신민의 '공'교육기관·관립학교이고, 교원은 전원 교관·관료교원이었는데, 그런 교육 상황 속에서 결코 '공'교육으로 공인된 적이 없는 '사'교육에 대한 신념을 고집스럽게 관철하셨습니다. 신민(臣民)·황민(皇民)·공민(公民)교육과는 다른 '생민육성'—개개인의 생명·생활·생업의 현장수련—이라는 일상의 실천으로서 당시의 사정에서 가능한 선택지로서 그가 실행한 길은, 중국고전의 공동학습을 통한 생민(生民)·천민(天民)·학민(學民)으로서의 인간형성이었다고 생각합니다. 저의 할아버지는 국가와는 다른 차원에서 자립적인 생활능력을 체득할 것을 바랐던 것 같습니다. 그것은 국경에 구애되지 않는 학습공동체[화이부동(和而不同)의 공생연대(共生連帶)]의 공동구축자로서의 인간의 삶을 장래세대인 저에게 기대하고 있었던 것이 아닌가 생각됩니다. 망국의 한학자가 구상한 최선의 활동 형태였다는 생각이 듭니다.

　쿠사카와 타카토: 저는 사토 선생의 지도를 받으면서 '배움공동체 만들기'를 올해 4월부터 시작했습니다. 그것은 교사가 일방적으로 말하는 수업이 아니라 학생들이 함께 배우는 수업을 하자는 운동입니다. 그리고 수업연구를 바꿨습니다. 지금까지의 수업연구는 교사만을 비디오로 찍어서 좋은 수업을 했는지 아닌지 평가하고 있었습니다. 하지만 우리는 선생은 수업을 잘못해도 좋으니까, 어쨌든 학생들이 배우고 있는 수업 전체를 교사 모두가 보기로 하자고 하였습니다.

　본교의 교사 3분의 1 이상이 아까 말한 후지시립가쿠요우중학교로 견학을 갔습니다. 모두 "대단해!"라는 탄성을 질렀습니다. 내일도 학교연수공개가 있기 때문에 선생님들이 견학하러 갑니다. 그것은 무슨 말인가 하면 지금까지 교사는 수업을 공개하지 않았습니다. 수업을 잘하는지 못하는지를 사람들에게 보여주는 것은 자존심이 허락하지 않는다는 것이었습니다. 그래서 그러지 말고 학교 전체가 수업을 공개하자고 뜻을 모았습니다. 일부만 하는 것이 아니라 전체가 하자는 운동을 4월부터 시작한 것입니다. 시작하기 전까지는 힘들었습니다. 교사들의 저항이 대단했기 때문입니다. 당장 하는 말이 "왜 새로운 것을 하는가?"라는 것이었습니다. 교사는 새로운 것을 하려고 하면 대단히 보수적이 됩니다. 또 하나는 "우리가 수업을 제대로 하고 있는 것을 부교장인 쿠사카와는 믿지 못하는가?"라는 것이었습니다.

저희 학교는 초등학생이 입학해서 중학생이 되고, 고교입시가 없어서 6년에 졸업합니다. 그때 고교생 720명 가운데 120명에서 140명의 성적미달자가 나옵니다. 이들에게 편지를 쓰는 것이 부교장의 일입니다. 저는 정말로 괴로웠습니다. 그래서 이것을 어떻게든 바꾸지 않으면 안 된다고 생각해서 교사들에게 말했습니다. "왜 이런 학생들이 나오는 건가요?" 그러자 교사들은 "학생들이 공부하지 않기 때문입니다"라고 대답하더군요. 교사들은 자신들의 수업에 대해 반성이 없었습니다. 이것을 바꾸기 위해서 가쿠요우중학교에서 배운대로 학교 전체가 수업을 공개하자고 제안했습니다. 반대하던 선생들도 실제로 해보자 "이거 좋은데!"라고 하였습니다. 무엇보다도 학생들이 "좋다"고 말해주었습니다. 학부모들도 마찬가지였습니다.

칠판을 향해서 앉지 않고 'ㄷ'자 형태로 앉게 했습니다. 일방적으로 이야기하는 것은 가능한 한 자제하고 그룹 활동을 집어넣었습니다. 이것은 본교에서는 획기적인 일이었습니다. 교사들은 자기 수업을 돌아보는 일은 하지 않았는데 이것을 계기로 수업을 공개함으로써 교사 한 사람 한 사람이 자신의 수업을 돌아보게 되고, 이로부터 아이들의 배움이 보이게 되었습니다. 그것이 교사들의 거대한 변화라고 생각합니다. 다만 이것은 몇 년간 지속해서 하지 않으면 안 되기 때문에 이것을 계속해 나가는 것은 대단히 어려우리라 생각합니다. 지금 교사들이 제일 걱정하는 것은 아이들이 공부를 안 하게 되면 부모들로부터 이런 저런 말을 듣는 것입니다. 이 점을 매우 걱정하고 있습니다. 단지 학생들이 어떻게 배우고 있는지를 선생들 모두가 토론하게 되었다고 해서 학교가 안으로 열리게 되는 것일까요? 교사들 스스로가 커뮤니케이션이 되었다, 바로 이것이 대단히 좋은 점이라고 생각합니다.

가쿠요우중학교에 견학하러 간 것은 작년 이맘때였는데, 그것은 혹시 미리 짜 놓은 것이 아닌가 하는 의심이 들었습니다(웃음). 사토 선생과 함께 돌아다니면서 여러 교사들에게 물어보니, 아무래도 이것은 미리 짜놓은 것은 아니라는 확신이 들었습니다. 그래서 저는 그날부터 완전히 달라졌습니다. 수업공개가 실현된 원인은 무엇인가? 그것은, 저는 부교장입니다만, 역시 리더가 비전을 제시하는 것이라고 생각합니다.

사토 선생으로부터 "비전이 없으면 변하지 않는다"는 말을 듣고, 여러 차례 상담을 하면서 비전을 만들었습니다. 지금도 '배움공동체' 만들기 2년째를 맞아서 수업공개를 모든 교실에서 실현하려고 생각하고 있습니다. 교사들은 대단히 불안해합니다. 급격한 사회의 변화 속에서 과연 자신감을 갖고 가르칠 수 있을까…. 무엇이 교사들의 불안을 크게 하고 있는가 하면, 그것은 "저 사람의 수업은 좋다"거나 "저 수업은 문제가 있었다"라며 언제나 경쟁하고 있으면서, 서로가 말하지 못하는 데에서 오고 있습니다. 그런데 그것이 어떤 의미에서 말할 수 있게 된 점이 대단히 좋았다고 하고 있습니다.

사토 선생이 부속학교에 와 주신 것이 벌써 세 번째가 됩니다. 사토 선생은 지금의 교육상황을 말씀해 주시고, "교사가 일방적으로 말하는 수업은 그만두고 '배움공동체' 만들기를 하자"고 말씀해 주셨는데, 처음에 교사들은 "못합니다"고 대답했습니다. 그래서 사토 선생은 "부속학교의 교사인 한 철학을 바꾸세요"라고 하셨습니다. 그래서 "그만두고 싶다"는 선생도 나왔습니다. 그래도 그 교사들이 지금 그것을 하고 있습니다. 저희 학교에서는 지금 정말로 새로운 움직임이 일어나고 있습니다. 하길 잘했다고 저도 생각하고 있습니다.

김태창: 새로운 것을 하자고 하면 관료도 저항하고 기업도 역원들은 반대합

니다. 그런데 방금 교사도 저항한다고 하셨습니다. 교사의 경우에는 새로운 것에 저항하는 이유가 무엇이라고 생각하십니까?

쿠사카와 타카토: 먼저 교원의 조직 자체가 피라미드형이 아닙니다. 이른바 '냄비뚜껑조직'이라고 있지요. 냄비뚜껑의 손잡이가 교장과 교감입니다. 그래서 전체가 반대하면 냄비뚜껑은 움직이지 못합니다. 저항하는 이유는 일이 늘어나기 때문입니다. 가령 "이번에는 이 일을 하기 위해서 다른 일을 줄였습니다." 그러면 "꼭 그럴 필요 없잖아?"라는 식입니다. 원래의 일을 그대로 둔 채 새로운 일을 하는 것은 정말 안됐다고 생각합니다. 사토 선생으로부터 일주일에 52시간 일을 하고 있다는 말씀을 들었는데, 그중 반에 해당하는 26시간은 수업 이외의 잡무입니다. 수업이 중심이 되기 위해서는 잡일을 좀 더 줄이지 않으면 안 된다고 저도 생각하고 있습니다.

김태창: 줄인다고 해도 누군가가 하지 않으면 안 되는 원래의 수업 이외의 업무가 있습니다. 그래서 그런 종류의 일과 원래 불필요한 잡일, 이 두 가지가 있다고 생각합니다. 잡일은 대부분 버리면 되지만, 누군가가 하지 않으면 안 되는 일은 어떻게 처리 됩니까?

쿠사카와 타카토: 교사의 일을 다시 생각할 필요가 있습니다. 누군가가 하지 않으면 안 되는 일도 진짜로 그 일이 필요한가? 이런 문제를 제기하는 사람이 아무도 없습니다. 그래서 교장과 교감이 "이것은 필요합니까?"라고 묻지 않으면 안 됩니다. 그때에 '아래에서 위로'(bottom up)라는 생각을 할 수 있습니다. 선생님들의 의견을 모아서 일을 하는 것이 바로 민주주의라는 생각이지요. 하지만 이런 식으로는 아무리 시간이 지나도 안 됩니다. 가령 교무회의에서 뭔가를 정할 때 선생님들은 반드시 "누가 하지요?"라고 되묻습니다. 자신들은 절대로 책임을 지고 싶지 않다는 것이지요. 그래서 저는 손을 들고 "예! 제가 하겠습니다. 제가 계획을 짜겠습니다!"고 말합니다. 가능하면 선생님들 자신이 계획을 짜서 "이런 식으로 하고 싶다"고 말하면 좋은데, 아직 거기까지는 이르지 못하고 않습니다. 역시 앞으로는 선생님들이 계획을 짜서 하고 싶은 일에 몰두할 수

있는 시스템을 만들어 가야 한다고 생각합니다.

김태창: 넬 노딩스 교수가 쓰신 책에서, 궁극적인 케어의 거점은 베스트 홈(best home)이고, '베스트 홈'이란 "I am here"라고 말해주는 누군가가 있는 곳이라는 생각을 설명하고 계십니다. 저는 항상 그 구절을 염두에 두고 있습니다. 쿠사카와 선생이 "이대로라면 선생님들이 안됐다. 새로운 일을 하기 위해서는 잡무를 줄여서…"라고 말씀하시는 것은, 말하자면 "이대로는 좋지 않다. 어떻게 해서든 바꾸고 싶다"라는 마음자세입니다. 그러면 교사들이 "누가 합니까?"라고 반드시 물어옵니다. 그때 모두가 가만히 있으면 아무 일도 못하지만, 쿠사카와 선생이 싱글벙글 웃으면서 "그럼, 제가 하겠습니다"라고 손을 들고 말을 하고 실천을 시작한다는 말씀이군요.

쿠사카와 타카토: 예, 그렇습니다.

김태창: 저는 대부분의 변화는 바로 거기에서 일어난다고 생각합니다. 아무리 시간이 지나도 변화가 일어나지 않는 것은 누군가 대신 바꿔줬으면 하며 남 일처럼 생각하고 자기 스스로는 아무 일도 하지 않기 때문입니다. "제가 여기에 있습니다(I am here)"라고 손을 드는 데에서 변화라는 과정이 시작됩니다. 물론 시간이 걸리고 일도 늘어나겠지요. 그러나 "그것은 제가 할 테니까 걱정 마십시오. 새로운 일을 함께하지 않겠습니까?"라는 사람이 필요합니다. 변화의 계기를 만드는 사람입니다. 사람들의 마음을 움직이는 리더라고도 할 수 있습니다. 리더십이란 여러 비용과 위험을 자신이 지는 것입니다. 아까 사토 선생께서 말씀하셨듯이 '짊어지고' 가는 누군가가 나오는 것이 무엇보다도 중요하다고 생각합니다. 누군가가 나서서 초기 조건을 설정하면 진지한 대화를 시작할 수 있는 분위기가 조성될 수 있는 것이 아니겠습니까?

수업개혁 · 학교개혁

이시이 쥰지: 현재 제가 협력하고 있는 학교 이야기입니다. 아까도 말씀드렸듯이 저는 수업개혁과 학교개혁을 지향하며 힘쓰는 20여 개 학교와 관계를 맺

고 있습니다. 그중에서 두 학교에서 실제로 일어난 두 사람의 교사의, 교사로서의 변화와 그 변화가 생긴 배경에 대해서 이야기를 하고자 합니다.

먼저 첫 번째는 베테랑 교사의 이야기입니다. 저는 그 학교에 3년간 관계맺고 있었습니다. 처음 1년째에 갔을 때에 그 교사를 만났는데, 수업에 대해서 많은 이야기를 해 주었습니다. 아이들에게 무언가를 가르치는 지도력으로 말하면, 대단히 힘 있는 선생님이라고 할 수 있습니다. 그것은 어떻게 하면 알기 쉽게 가르칠 수 있는가를 추구해 온 일본의 교사들이 이상으로 삼아온 교사의 모습이라고 할 수 있을지 모릅니다. 하지만 저는 "그렇지 않은 게 아닌가? 과연 그것이 교사의 진정한 일인가? 그것이 아이들의 학습의욕과 힘을 이끌어내는 수업인가…"라는 문제제기를 했습니다.

그렇게 해서 그 학교에 1년에 3번씩 3년 동안 갔습니다. 그리고 지난 번에 3년을 정리하는 공개연구회가 열렸습니다. 공개연구회에서는 모든 학급의 수업이 공개되는데, 그 선생님의 수업은 모든 교사들이 보고 협의하는 지정중심수업(指定中心授業)으로 행해졌습니다. 교실에 들어가서 아이들과 그 교사의 질문과 대답을 보고 있는 동안에, 저는 마음속 깊은 곳에서 뜨거운 무언가가 치솟아 오르는 감동을 느꼈습니다. 아이들이 차례대로 "나는 이렇게 생각한다", "이 책에서 이런 것을 읽었다"고 말하는 것이었습니다. 그리고 교사는 아이들용 의자에 앉아서 줄곧 아이들의 이야기를 듣고 있었습니다. 그 듣고 있는 표정이 실로 기쁘고 만족해하는 모습이었습니다. 그것은 3년 전과는 전혀 다른 모습이었습니다.

연구회가 끝나고 교장실에서 쉬고 있는데 그 선생님이 찾아와서 이런저런 얘기를 할 기회가 있었는데, 그때 "이 나이가 돼서 자신의 수업이 변하리라고는 생각하지 못했습니다"고 하더군요. 베테랑의 경지에 도달한 교사가 자신의 수업을 바꾼다는 것은 그리 간단한 일은 아니기 때문에 저는 그 말을 감동하면서 들었습니다. 그리고 그 선생님은 '배움'을, 배우는 아이의 입장에서 생각하게 되었다고 하였습니다. 베테랑이기 때문에 더더욱 의미있는 전환이라고 생각했습니다.

또 한 사람은 교사가 된 지 3년이 되는 젊은 교사입니다. 그날 저는 모든 학급을 짧게나마 모두 돌아보았습니다. 그러니까 그 교사의 수업에도 길어야 10분 정도밖에 있지 못했습니다. 그날 학교 연구 일정이 끝나고 5시가 지날 무렵, 제가 교장실에 있으니까 그 교사가 제 앞에 앉아서 이야기를 시작한 지 얼마 안 돼서 뚝뚝 눈물을 흘리기 시작했습니다. 그리고 "아이들과 마음이 안 맞습니다. 아이들이 제 말대로 움직이지 않습니다. 마음에 그리고 있는 대로 수업이 안 됩니다"고 하는 것이었습니다. 얘기를 듣고나서 저는 먼저 이렇게 물었습니다: "오늘 모든 학급의 수업을 보았지만, 이 학교에는 학생들과 멋진 관계를 맺고 있는 선생님이 몇 분 계십니다. 그런 선생님에게 당신의 고민을 말해본 적이 있습니까?" 그러자 "별로 한 적이 없습니다"고 하더군요. 그래서 적극적으로 고민을 털어놓으라고 권하였습니다. 그리고 나서 "선생님은 아이들과 잘 놀고 있나요?"라고 물었습니다. 그러자 깜짝 놀라는 표정을 짓더군요. 그래서 "아이들과는 같이 노는 가운데 마음이 통하게 됩니다. 아이들과 놀거나 동료 교사와 대화를 하면서 자기 쪽에서 먼저 자신을 열어나가는 것이 좋지 않을까요?"라는 말을 해 주었습니다. 그리고 "당신과 같은 고민을 하고 있는 젊은 선생님들이 서로 배우는 연구회가 있으니까 거기에 한 번 가보세요"라고 권유했습니다. 이 이야기는 6월경에 있었던 일인데, 그 다음해 2월에 그 학교에 갔을 때에 그 선생님이 지정중심수업을 하였습니다. 저는 그녀가 어떤 수업을 할까, 아이들과 어떤 관계를 맺을까, 기대하고 있습니다.

텍스트로 쓴 것은 항상 아이를 꾸짖기만 하는 엄마가 아이를 '소중한 보물'이라고 말하면서 껴안아 주자, 아이가 "내가 보물이야?"라고 되묻는 이야기였습니다. 수업은 텍스트에 따라 진행되었고 주인공인 아이의 마음은 물론 엄마에 대해서도 다루었습니다. 그리고 수업시간이 10분 정도 남았을 때, 선생님이 학생들을 향해 "여러분 중 두 사람에게 집에서 편지가 와 있습니다"고 알려주더군요. 그리고 나서 서서히 갈색봉투에서 편지를 꺼내더니 읽기 시작했습니다.

그 편지는 그녀가 지금까지 어떻게 다루어야할지 고민하고 있던 아이의 엄마가 쓴 것이었습니다. 편지에는 아이에게 보내는 엄마의 따뜻한 말이 구구절절이 쓰여 있었습니다. 그리고 그 아이는 혼잣말로 "에이, 거짓말! 그런 얘기 들은 적 없어!"라거나 "언제 쓴 거야?"라고 중얼거리고 있었습니다. 아마 동요하고 있는 것일 터인데, 그것을 보며 저는 기뻐서 가슴이 뛰고 있었습니다.

사실은 부모로부터 편지가 온 것은 이 아이뿐만이 아니었습니다. 모든 학생들에게 편지가 와 있었습니다. 이 사실을 말해주자 아이들은 "진짜?" "어디에 있는데?" 하며 찾기 시작했습니다. "책상 안을 보렴." 그래도 학생들이 못 찾자 선생님이 "국어 교과서를 보렴"이라고 하였습니다. 학생들이 꺼낸 교과서에서 갈색봉투가 나왔습니다. 절묘한 연출입니다. 나중에 들으니까 아이들이 교실에 없는 체육시간에 살짝 숨겨놓았다고 합니다. 편지를 읽는 아이들의 눈은 빛나고 있었습니다. 몰래 감추면서 읽는 아이도 있고, 활짝 펴서 몇 번이나 읽는 아이도 읽고, 몇 번이나 꺼냈다가 다시 넣고 넣었다고 다시 꺼내어 읽는 아이도 있었습니다. 그러는 와중에 여기저기서 하나씩 둘씩 울음을 터트리기 시작했습니다. 기쁨의 눈물을 흘리고 있었던 것이지요.

수업의 마지막에 선생님이 "오늘은 집에 돌아가면 가족과 함께 편지를 읽고 '고마워요'라고 말하세요"라고 하자, 제 앞에서 편지를 읽던 아까 그 학생이 "꼭 말할게요!"(웃음)라고 하는 것이었습니다. 이렇게 해서 수업은 끝났는데, 그 후에 저에게는 예상치도 못한 해프닝이 벌어졌습니다. 그 학생이 "선생님, 이것 읽을래요?"라면서 저에게 편지를 보여주는 것이었습니다. 저는 그 학교의 교사가 아닌, 말하자면 손님입니다. 그런데도 불구하고 이 아이는 저에게 편지를 보여주러 온 것이지요. 그만큼 기뻤던 게지요. 제가 "괜찮니?"라고 묻자 "괜찮아요"라며 편지를 보여줘서 읽었습니다. 거기에는 엄마의 사랑이 실로 정성어린 글씨로 쓰여 있었습니다. 그 편지를 읽으면서 너무나도 기뻐서 어쩔줄 몰랐습니다.

그 후 수업에 대해서 검토하는 회의가 있었는데, 거기에서 이 수업에 대해 여러 이야기가 나왔습니다. 그 학교의 선생님들은 그녀가 고생해서 열심히 해 왔다는 사실을 모두 알고 있었기 때문에, 자기 일처럼 기뻐하며 따뜻한 말을 건네주었습니다. 그중에서 그녀와 같은 학년을 담당하는 다른 선생님이 하는 말을 듣고 저는 더더욱 기뻤습니다. 그것은 이런 이야기입니다: "2학기 무렵 S선생님(=수업을 한 선생님)의 교실 앞을 지날 때 선생님의 무릎 위에 그 아이(=편지를 읽은 아이)가 있는 것을 몇 번이나 보았습니다."

교사가 성장하거나 자신의 일을 자랑스럽게 생각하거나 기뻐하게 되는 근저에는, 이 교사가 처음에 안고 있던 고민이나 초조함도 있습니다. 하지만 이 교사는 그 뒤 반년 후에 아이들과 이와 같이 멋진 관계를 보여주었습니다. 거기에는 방금 쿠사카와 선생님께서 말씀하셨듯이, 교사들끼리의 배움이 있었습니다. 교사가 교사로 성장하기 위해서는 학교 전체의 힘이 필요합니다. 개개의 교사에게는 각각 다른 고민이 있고, 거기에서 생겨나는 도전이 있습니다. 거기에 다가갈 동료가 있는지 없는지, 그것은 기본적으로 중요한 일이라고 생각합니다. 학교가 진정으로 학교가 되기 위해서는….

제가 관여한 학교에서 생긴 사례를 바탕으로, 베테랑 교사와 경험이 적은 젊은 교사의 서로 다른 수업 방식과 전환 그리고 성장에 대해서 말씀드렸습니다. 아까 제가 일본의 교사에게 있을 곳이 없어지게 된 상황이 존재한다고 했는데, 다른 한편으로 경험이 많고 적고에 상관없이 이런 일이 일어나는 힘을 일본의 학교가 갖고 있다는 것도 사실입니다. 생각해 보면 저는 이런 사실이 일어날 것을 기대하면서 매일 각지의 학교를 다니는 것 같습니다. 역시 교사란 아이들과 함께 "아, 이거다!"라고 생각하기를 바라고 있습니다. 그 일이 일어남으로써 사는 보람과 기쁨을 느낀다고 생각합니다.

배움에 대한 활력이나 흥분이 생겨나는 수업을

우에노 마사미치: 제가 초등학교와 중학교를 다닌 것은 1980년대입니다. 그 무렵의 교육은 선생님들도 아시다시피 학교폭력을 비롯한 여러 교내문제들이

발생하여 관리가 엄격해진 시대였습니다. 그리고 제2차 베이비붐세대이기도 해서 수험경쟁이 격화되어 사회문제화되던 시기이기도 합니다. 그런 환경에서 교육을 받아왔는데, 저는 중학생 시절에 어느 선생님이 수업시간에 하신 말씀이 인상에 남았습니다. 그것은 "저는 원래 무대배우가 되고 싶었습니다"고 하는 여자선생님의 한마디였습니다. 그 선생님은 '무대배우'라는 말대로, 교실을 일종의 무대와 같은 형태로 꾸미고, 학생들에게 연극을 보여주듯이 수업을 하였습니다. 사회를 가르치는 선생님이었는데, 항상 자신의 지식이나 경험을 논리정연하게 이야기해주었습니다. 학생들은 전통예능이나 무대연극을 감상하듯이, 꼼짝하지 않고 듣고 있었습니다.

생각해보면 이런 수업은 그 선생님 한 사람에게 한정되는 것은 아니었습니다. 고등학교 때 세계사나 일본사 수업에서 차례차례로 쏟아져 나오는 매니아적인 지식들은 마치 퀴즈프로그램을 방불케 하였고, 수학시간은 일종의 난제 풀기 시간처럼 꾸며졌습니다. 당시 학교에서는 그런 수업광경을 흔히 볼 수 있었습니다. 교사와 학생이 함께 수업을 만들어 가거나 배움을 열어가기보다는 학생들은 연극이나 티브이 프로그램을 보는 느낌이었습니다.

거기에서는 교사의 노력이란 자신의 어조를 높이는 것으로, 초점이 어떻게든 아이들의 시선을 끌려고 하는 데에 맞춰져 있었습니다. 열성적인 지도와 뛰어난 전달방식에 의해 수업을 잘하면, 아이들은 수업을 따라와 줄 것이라고 생각하고 있었던 것이지요. 하지만 그렇게 하면 할수록 교사 앞에서 조용히 무대를 보는 청중으로서의 학생이 늘어날 뿐입니다. 역설적이게도 학생이 청중이 됨에 따라서 교사는 더욱 목청을 높이지 않으면 안 되는데, 그 앞에서 학생들은 단지 수업을 참관하고 있다고 생각합니다(웃음). 일전에 어느 선생님이 하시는 말씀이, 수업 중에 텔레비전 채널을 리모콘으로 돌리는 흉내를 내는 학생까지 나왔다는 것이었습니다. 이것은 대단히 상징적인 의미를 갖고 있다고 생각합니다.

그럼 이런 교실에서 무엇이 문제인가 하면, 대부분의 경우에 아이들의 탐구나 배움이 생겨나지 않는다는 것입니다. 많은 아이들의 경우에는, 수업 시간에 칠판에 쓰여진 것을 노트에 옮겨 쓰거나 지명되었을 때에 대답을 하는 게 전부이고, 나머지는 얌전히 수업을 듣거나 아니면 듣는 척만 잘하면 결국에는 선생님이 답을 가르쳐 줄 거라고 암묵적으로 생각하고 있습니다. 거기에는 창조적인 사고나 탐구 그 자체가 정지되어 있는 것이 문제입니다. 하물며 배움에의 활력이나 흥분이 생겨날 여지는 거의 없겠지요.

말은 이렇게 해도, 이것은 제가 강의를 하면서 알게 된 사실인데, 저도 수업을 하면 자기도 모르게 혼자서 얘기하고 있었습니다. 이것을 가르치고 싶다, 저것을 전달해주고 싶다는 생각을 하는 것은 교사로서 자연스런 현상이고, 그러기 위해서는 미리 수업계획과 진행을 꼼꼼하게 짜서, 당초의 의도에 따라서 수업을 진행해야지, 라고 생각하는 것은 지극히 당연합니다. 그리고 당초의 계획대로 수업이 진행되면 좋은 수업이 되었다고 생각하는 경향이 있다는 것을, 저 자신이 알게 되었습니다. 그러나 중요한 것은, 이 내용은 수업에서 가르쳤다거나 저 내용에 대해서도 이야기했다는 식으로 수업의 족적을 남기기보다는, 아이들의 탐구나 배움이 어느 정도 깊어지고 풍부해졌는가 하는 관점에서 생각하는 것입니다.

지금까지는 일본에서의 경험을 소개했는데, 제가 경험한 또 하나의 학교의 모습으로서 미국의 초등학교의 예를 들어보겠습니다. 저는 1984년부터 85년까지 아버지 일 때문에 미국에서 지냈습니다. 오레곤주의 작은 시골마을에 있는 공립초등학교를 다녔습니다. 인상적인 것은 제가 지금까지 일본에서 다닌 학교와는 완전히 다르다는 것입니다. 그중 하나는 교실의 수업이 무대나 텔레비전 프로그램같은 공간이 아니라 항상 협동 생성한다는 점입니다. 그리고 그것을 지탱하는 지역이나 커뮤니티의 존재가 중요한 역할을 하고 있다는 점입니다.

저는 영어를 거의 못합니다. 저 말고도 영어를 못하는 아이가 있었습니다. 중국이나 베트남, 멕시코에서 전학온 학생들이었습니다. 그리고 같은 미국인이라고 해도 초등학교 4학년에 12살에서 9살까지의 폭이 있었습니다. 그곳이 만약 극장의 무대였다고 한다면 영어의 이해가 충분하지 않은 저로서는 대단히 재미없었을 것입니다. 아니면 자칫 잘못하면 배제의 대상이 되었어도 전혀 이상하지 않았습니다. 저 말고 일본인은 없는 학교였기 때문에, 저는 말하자면 마이너리티였던 셈이지요. 하지만 저는 뭔가 그 이상의 것을 몸으로 느꼈습니다. 교실의 배움에 참가하고 있다는 느낌이라고나 할까, 저 자신이 "I am here" 라고 말할 수 있는 기회가 주어지고 있었다고 생각합니다. 비좁은 의자 안에 갇혀서 얌전하게 선생님의 말을 듣고 있는 것이 아니라, 항상 아이들의 탐구 활동이 행해지고 서로 촉발하는 교류와 사고가 작동하고 있었습니다. 나는 여기에 있다고 말할 수 있는, 한 사람 한 사람의 아이들의 존재가 소중하게 여겨지고 있었습니다.

가령 영어시간에는 교실 구석에 있는 서가를 중심으로 둥글게 모여서 낭독합니다. 그리고 그 내용에 대해서 의견을 교환합니다. 한 반에 20명 정도의 아이들이 의자를 한쪽으로 치워 놓고 작은 공간에 둥글게 원을 만들어 앉기 때문에 소리를 높일 필요도 없고, 상대방의 소리에 귀를 기울이고 서로 공명하는 환경이 갖춰집니다. 일본에서는 큰소리로 읽는 것이 뭔가 잘하는 발표라고 여겨지기 때문에, 조용한 아이들은 자기 생각을 말하기 어렵거나 토론에 참여하기 어려운 면이 있습니다만, 여기에서는 아이들의 목소리나 관계맺음이 대단히 부드럽고, 서로의 이야기와 배움에서 조용히 학습이 이루어지고 있었습니다. 조용하고 차분하지만 서서히 깊이를 더하면서 수업이 진행됩니다. 게다가 그것이 자연스럽고 당연한 것으로 여겨지는 것을 지금도 기억하고 있습니다.

당시 미국은 레이건 대통령 정권하인 1983년으로 『위기에 처한 국가』가 출간되는 등, 사회 전체가 보수화 되어가는 시대였습니다. 아이들 중심의 교육에 대한 비판의 소리가 높아지고, 학력과 텍스트를 중시하는 정책이 하나씩 둘씩 제기되는 시대였습니다. 그런 분위기였는데도 불구하고 "I am here"라고 할 수 있는 환경이 마련되어 있었습니다. 영어를 충분히 이해하지 못하는 저에게는

ESL 시간이 따로 마련되었고, 오케스트라에 들어가 많은 학교를 방문하며 연주하거나, 지역 커뮤니티활동에 참가하거나, 사회적인 자원에 대해서 평등하게 접근할 수 있는 등의 권리가 보장되어 있었습니다.

이런 것들을 지탱하고 있는 것이 교사와 아이들이 함께 만들어 나가는 발전적인 전통에 뿌리내리고 있는 학교의 이념이었다고 생각합니다. 나아가서 아이들의 교육을 지역이나 커뮤니티 전체가 지원하고 옹호해 나가는, 그리고 모든 어른들이 교육에 책임을 지고 하나가 되어 사회를 만들어 나간다는 일반시민의 의식과 행동이 그 기반에 있었다고 생각합니다. 지금 생각해보면 이것은 대단히 굉장한 일입니다.

듣는 수업에 대한 중요성이 지적되고 있지만, 듣는 것은 단순히 교사로부터의 일방적인 지식의 전달을 수동적으로 듣고서 노트 필기를 하는 작업이 아니라, 사고와 탐구활동을 통해서 새롭게 언어를 만들어 내고 배움에 참여해 나가는, 대단히 살아 있는 것입니다. 교사와 아이들의 정태적이고 일방적인 관계가 아니라, 역동적인 상호작용에서 생겨나는 상호촉발과 배움의 실천이 교실을 부활시킨다고 생각합니다. 그런 의미에서는, 아까 함께 만들어가는 것이 어렵다고 했습니다만, 지극히 단순한 배움의 방식이라는 생각도 듭니다. 미국 학교에서의 체험이 지금도 저의 교육의 이상으로 살아 있습니다. 오레곤주는 비교적 자유로운 분위기가 강한 곳이었는데, 함께 만들어가는 배움을 어떻게 구성해 나가는가를 지금도 줄곧 묻고 있습니다.

이이즈카 타츠히토: 지금, 제가 배운 몇 분의 선생님들에 대해서 생각하고 있는데, 저에게 있어 교사라고 할 수 있는 존재에게 공통되는 것은 '경계의 사람'인 것 같습니다. 어린 시절에 커다란 영향을 받은 것은 어느 신부님이었습니다. 초등학교 옆에 성당이 있었는데 그곳의 일요학교에 다녔습니다. 거기에는 이태리 신부님이 계셨는데, 가톨릭에 대해서는 잘 몰랐지만, 미사 시간도 좋았고 이태리의 독특한 과자도 주고 이태리 놀이도 가르쳐 주셔서 끌렸습니다. 지금 생각해보면, 성당이라는 장소와 신부라는 사람에 대한 접근방식에, 뭔가 확

실한 것에 기초하는 외경 같은 것이 존재하고 있었던 느낌이 들고, 그것에서 근본적인 영향을 받은 것 같습니다.

토요일에는 화가가 오서서 인근 아이들 10여 명에게 그림 그리는 것을 가르쳤습니다. 그분은 제가 다니던 초등학교의 미술선생님처럼 지도하거나, '이렇게 그려라'는 따위의 말은 전혀 하지 않고, 단지 색이나 형태나 선으로 표현이 생겨나는 것을 가르쳐 주었습니다. 나중에 성인이 되어서 안 사실이지만 그분은 정신병을 앓고 계셨다고 합니다. 하지만 우리는 전혀 위화감을 느끼지 않았고, 그림 그리기는 독특한 해방감을 주는 시간이었습니다.

또 한 사람은 고등학교 때 국어 선생님입니다. 이분은 자신을 노인이라고 자칭하셨습니다. 수업시간에는 표현시간이 있어서 학생이 매회 한 사람씩 발표합니다. 이 발표는 퍼포먼스나 복장 등을 포함한 토탈 표현으로, 어쨌든 학생들 앞에 서서 무언가를 해야 합니다. 우연히 참관수업 시간에 제가 맡게 되었습니다. 저는 선생님으로부터 복장부터 생각하라는 말을 들었기 때문에, 궁극적으로 생각해서 상반신 누드로 발표를 했습니다(웃음). 당시에 미국이나 유럽의 서브컬쳐(subculture)를 동경하고 있었기 때문에 팝송에 대해서 발표를 했는데, 그때는 너무나 긴장해서 무슨 말을 했는지 전혀 기억이 나지 않습니다. 너무나 열중해서 정신을 차렸을 때에는 선생님이 "이제 됐어"라는 듯이 눈앞에 서 있었습니다. 그 후 삼일동안은 멍한 상태로 초췌하게 보냈습니다. 하지만 그것이 뭔가 저에게 있어서는 경계를 넘은 커다란 체험이었습니다. 모든 것을 다 보여주려고 했는데 왜 그런 일을 했는가 하면 그것을 요구하고 받아줄 사람이 있어서였지요.

처음에 '경계의 사람'이라고 했는데, 그것은 이쪽의 고정된 사고방식(mind-set)을 해방시켜 주는 사람으로, 그런 사람은 저쪽 세계와 이쪽 세계의 경계에 있는 것과 같은 사람이라는 의미이기도 합니다. 그런 의미에서 대학원에서 만난 노딩스 교수도 저에게 있어서는 경계의 사람입니다. 만날 때마다 이쪽의 뻣뻣함이 풀어지고 뭔가 열리는 느낌이 듭니다. 아까 두 분 선생의 말씀이 있었는데,

노딩스 교수 자신도 초등학교에서 대학원까지 가르치셨을 뿐만 아니라 관리자 (administrator)라는 입장도 갖고 계십니다. 가령 대학원에서는 학장을 하셨고, 그런 관리자의 입장에서도 개혁적인 일을 하고 계신다는 느낌을 받았기 때문에, 그 개혁의 어려움이나 방향 같은 것에 대해서 말씀해 주실 수 있지 않나 생각합니다.

언젠가 노딩스 교수께서 하신 말씀 중에 '시너지'라는 말이 있습니다. 공명 (共鳴)이나 공진(共振)이라는 말이라고 생각하는데, 그것은 개인이 비전을 갖거나 이야기하는 것이 아니라, 그것에 대해서—가령 아까 얘기 중에 나온 예로 젊은 사람들이 호응해 줘서 내가 하겠다고 손을 들 수 있듯이—동기나 의지까지도 공감을 해서 내발적인 것의 공진에 의해서 변화가 실제로 일어난다고 하는, 일종의 주변 현상이라고나 할까 관계의 역동성을 가리키는 말이라고 생각합니다. 노딩스 교수에게 꼭 부탁드리고 싶은 것은 교사의 입장에서뿐만 아니라 관리자의 입장에서도 뭔가 얘기를 해주셨으면 감사하겠다는 것입니다.

넬 노딩스: 제 책에 대한 언급이 나와서 제 의견을 말씀드리겠습니다. 변화를 추구한다고 해서 "그럼 이것을 하세요"라고 리더십을 발휘하여 거기에 있는 사람들을 모두 같은 틀에 끼워 맞추는 것은 좋지 않다고 생각합니다.

가령 "오늘의 과제는 행복입니다. 이것에 대해서 배워봅시다"라고 시작해서, 마지막에 "그럼 오늘 배운 것에 대해서 시험을 보겠습니다"라는 식으로 끝내는 것은 너무 이상합니다. '변화'에 대해서도 이와 동일한 말을 할 수 있습니다. 관리자로서 비전이 있고 그 비전을 실천합니다. 하지만 동시에 다른 사람들에게도 비전이 있습니다. 그래서 우리가 할 수 있는 것은 "당신이 갖고 있는 비전을 공유합시다"라는 것이 아닌가 생각합니다. 먼저 "왜 나는 내 생각이나 비전을 좋다고 생각하는가?", 이것에 대해서 설명합니다. 그러면 다른 선생님들이 왜 각자 자기 생각이 전부라고 생각하는가? 각자 이유를 말해 봐라. 이런 형태로 서로 대화와 협상의 과정을 반복합니다. 그렇다고 해서 "변화하고 싶다"는 희망이나 바람을 부정하는 것은 아닙니다.

규범감 · 사명감 · 책임감을 잃어버리지 않는 비전이 필요

사토 마나부: 방금 노딩스 교수의 말씀에는 전적으로 동감합니다. 제가 항상 얘기하는 것은 학교의 비전을 가져야 한다는 것입니다. 교사에게는 비전과 철학이 필요합니다. 그러나 대부분의 교사는 그렇게 생각하지 않습니다. 교사들의 얘기를 들어보면 "돈도 시간도 없다"고 합니다. 하지만 가장 결여되어 있는 것은 비전과 철학입니다.

왜 이런 말을 하는가 하면, 그것은 가르치는 일의 본질과 관련된 문제라고 생각하기 때문입니다. 가르치는 일은 곡예입니다. 두세 개의 구슬을 한꺼번에 돌립니다. 교직은 대단히 복잡한 일입니다. 제가 교사들에게 요구하는 것은 세 가지입니다. 첫째는 한 사람 한 사람의 아이의 존엄을 존중할 것. 둘째는 문화나 학문의 발전성이나 응용성을 소중히 여길 것. 셋째는 자기 자신의 교육철학을 확립할 것. 그런데 이 세 가지는 실제 실천에서는 대부분의 경우에 충돌됩니다. 한 가지만 지키는 것은 간단합니다. 하지만 타협하지 않고서 세 가지를 다 하려고 하면 곡예가 되지 않을 수 없습니다.

가령 내일 수학시험이 있어서 시험공부를 하지 않으면 안 됩니다. 그런데 어떤 아이는 수학시험은 고사하고 가족문제로 엉엉 울고 있습니다. 이런 경우에 어떻게 하시겠습니까? 이것이 현실입니다. 교무실도 마찬가지입니다. 교장과 교사는 사이가 안 좋습니다. 어떤 교사는 지칠 대로 지쳐서 "그만둬야지"라고 말합니다. 젊은 교사는 아무것도 몰라서 초보적인 문제를 질문합니다. 이것이 교무실의 현실입니다. 이 곡예를 통합하여 상승효과를 만들어 나가는데 있어 가장 중요한 것은 무엇인가? '비전'입니다.

무엇을 소중히 여기고 무엇을 버리는가? 가령 저는 세 가지 이상의 물건을 동시에 옮기는 일은 못합니다. 반드시 네 번째 물건은 잊어버리기 때문이죠. 논문을 쓸 때도 마찬가지입니다. 세 가지 결론은 생각할 수 있는데, 네 가지를 쓰면 헷갈려집니다. 즉 저는 하나, 둘, 셋으로, 셋까지밖에 못 셉니다. 여러분도 마찬가지일 거라고 생각합니다. 현재의 교육개혁의 논조는 넷까지 셀 것을 요구합니다. 다섯까지 셀 것을 요구합니다. 그것이 교육의 현실과 정책의 모습입니다.

그중에서 규범을 잃지 않고 사명감을 잃지 않고 책임을 잃지 않기 위해서는 절대적으로 비전이 필요합니다. 교장에게는 자신의 교육의 비전과 동시에 학교의 비전도 필요합니다. 또 하나는 철학이 필요합니다. 철학이란 의미와 가치의 체계입니다. 자기들이 하고 있는 경험에 의미를 부여하지 않으면 안 되고, 타자의 경험에서도 의미를 찾아내지 않으면 안 됩니다.

그와 동시에 아까 노딩스 선생님이 말씀하신 문제가 있습니다. 배움과 캐어의 관계가 성립하기 위해서는 '동일성'에서 자유로워지지 않으면 안 됩니다. 왜냐하면 배움과 캐어는 서로의 차이의 다양성 속에서 생겨나기 때문입니다. 그래서 교사가 모두 같은 말을 하면 그 학교는 비전이 생겨나지 않습니다. '다양성'과 '차이'가 중요합니다. 차이로부터 서로 배우고 차이를 존중하여 서로 캐어하는 관계, 이것은 대단히 인내력을 요구하는 실천입니다. 그 인내의 중심에 교장이 없으면 안 됩니다. 리더십이란 그 문제라고 생각합니다.

학교의 교사가 활기에 찼던 시대가 있었습니다. 하나는 1920년대, 또 하나는 1950년대입니다. 미국도 그랬습니다. 1950년대의 교육과 1970년대의 교육, 즉 학생운동시대입니다. 그 시대를 낭만적으로 이야기하는 사람이 많습니다. 하지만 과거에 낭만적인 좋은 교육의 시대가 있었다고 하는 식의 이야기를 저는 별로 믿지 않습니다.

왜 그런가 하면 학생운동시대는 활기에 찼지만 아무것도 만들어내지 못했습니다. 지쳤을 뿐이지요. '민주주의에 지쳤던' 것입니다. 이것은 오히려 "민주주의라는 개념을 잘못 알고 있었다"고 생각해야 합니다. 그것을 일본어로는 '백가쟁명'(百家爭鳴)이라고 합니다. 서로 토론을 합니다. 논쟁을 합니다. 교사도 모이면 논의를 합니다. 교실에 가면 학생도 열심히 논의를 합니다. 하지만 거기에는 "배움이 없습니다." 자기 주장이 있고 모놀로그의 말은 있어도 다이얼로그는 하나도 없습니다.

저도 그렇습니다만, 우리 세대에 사람들이 교육학 연구에 뛰어든 것은 정치적 지향 때문이었습니다. 일본사회에 민주주의를 어떻게 성립시킬 수 있을까? 학생운동에서 좌절하고 있었으니까요. 학생운동의 최대문제는 무엇이었는가? 학생운동은 대학에 민주주의를 심지 못했습니다. 우리는 1969년에 대대적인 역설을 체험하고 있습니다. '대학을 바꿀 수 없었다.' 대학은 학생이 생각하고 있던 것보다도 그 실태는 훨씬 관료적이었고, 훨씬 권위적이었던 것이지요. 대학 분쟁 후에 대학은 한층 경쟁의 장이 되어 버렸습니다.

이와 동일한 문제가 지금 학교에서 일어나고 있습니다. 앞으로 생각하지 않으면 안 되는 것은 다양성이나 차이를 서로 존중하면서 어떻게 하면 서로 배울 수 있는가 하는 문제입니다. 토론(debating)이 아니라 공유(sharing)가 시너지를 만들어낼 수 있습니다. 시너지란 에너지(=기세, 활기)를 동시에 발생하게 한다(synchronize)는 말입니다. 일본어로 말하면 에너지가 공명하는 것입니다. 이것은 고대 그리스의 '에네르게이아'입니다. 이 에네르게이아를 일본어로 하면 '기'나 '혼'이 됩니다. 교류에 의해 여러 현실성이 발생하는 장(場)이라고나 할까요? 시너지 공간은 어수선한 장(場)이 아닙니다. 민주주의는 소란스런 장소에서는 생겨나지 않습니다. 서로를 더욱 존중하는 평온한 곳에서, 그리고 어려운 대화가 아니라 좀 더 소박한 언어에 의한 자연스런 교류에서 생겨나는 것이 아닌가 하는 것이 저의 결론입니다.

또 하나, 쿠사카와 선생님과 이시이 선생님의 말씀을 들으면서 생각한 것인데, '교사의 배움'은 'triple learning'(세 개의 바퀴에 의한 배움)입니다. 아이로부터 배우고 동료로부터 배우고 자신의 경험으로부터 배웁니다. 이 세 개의 사이클이 잘 회전되는 곳에서 교사들이 자라나는 학교공간이 만들어지는 것이 아닌가 생각합니다. 그래서 노딩스 선생님이 말씀하셨듯이, 학교는 바꾸는 것이 아니라 바뀌는 것입니다.

많은 교사는 교사의 힘만으로 학교를 바꾸려고 합니다. 하지만 학교는 교사만으로는 바뀌지 않습니다. 아이도 주인공이고 부모도 주인공이고 시민도 주인공이고 교장도 주인공입니다. 'protagonist'(주인공)라는 말이 있습니다만, 각자가 주인공이 되어 공명합니다. 시너지를 창출합니다. 노딩스 선생님은 그런 공동체를 말하고 계신다고 생각합니다. 제가 말하는 '배움'의 응답성이나 대화의 성질 그리고 듣는다고 하는, 리스닝에서 시작되는 관계가 중요한데, 결국 노딩스 선생님이 말해 온 보살핌(caring)의 응답성이나 순환성의 성격이 관건이 되지 않을까요? 이런 것들을 지금까지의 논의에서 배웠습니다.

야자키 카츠히코: 저는 오늘 여러분의 말씀을 듣고서 다시 한 번 지난번 좌담회에서 제가 드린 말씀이 역시 원점이라는 생각이 들었습니다. 그것은 교육의 원점이자 원동력이 되는 것은 슈프랑거(Eduard Spranger, 1882~1963)가 말하는 '양심의 각성 체험'이라는 것입니다. 저의 학창시절의 경험을 양심의 각성 체험을 통해서 뒤돌아보았는데, 특히 지금 기억에 남는다고 할 만한 것은 없습니다. 오히려 사회인이 되고 조직의 장이 되고 난 뒤에야 많은 각성 체험을 하였습니다. 결국 '조직' 전체에는 '양심'은 없지만, 경영자가 자신의 양심에 충실하게 연마해 나갈 때에 변혁을 향한 커다란 에너지가 생겨납니다. 조직은 엄청나게 많은 문제를 안고 있습니다. 사토 교수께서 방금 철학과 비전의 중요함을 말씀하셨는데, 감히 덧붙인다면 기업의 경우에는 '이념'이 아닌가 생각합니다. 하지만 이 부분이 제대로 되어 있지 않습니다.

학교의 경우에는 교육기본법 같은 형태로 이념이 확실하게 있습니다. 각 기업이 자신들은 어떻게 사회와 관계 맺을 것인가를 먼저 분명하게 내놓을 수 있으면, 그것이 구체적인 상품도 되고, 또 그것이 시장의 평가를 얻을 때는 매출과 수익도 된다고 생각합니다. 기업의 존속 여부는 자신들의 이념과 철학과 비전이 어느 정도 시장과 부합되었나 하는데 달려 있다고 생각합니다. 그런 관점에서 생각해 보면 학교교육에서 다시 한번 '양심의 각성체험'에 주의를 기울이면 학교교육과 기업의 존속발전이 이어지게 된다고 생각합니다.

이전에 사토 교수는, 자신의 이름이 '배움'이라고 하면서 에도시대의 실학을 '진실(진리)의 배움과 성실의 배움'이라고 표현하셨습니다. 이것은 대단히 깊은 의미가 있다고 생각합니다. 일본어로 '마코토'(=참)라고 하면, 여기에는 진실의 '진'(眞)과 성실의 '성'(誠)이라는 두 가지 한자가 대응됩니다. 저는 좀 더 새로운 공공화의 차원이 열리는 것(WA)을 W(열린다), A(닫힌다)로 표현합니다만, 이 'W' 아래에 '진실'과 '성실'을 놓으면 실로 격물치지(格物致知)가 됩니다. 실은 '격물치지'는 예로부터 '배움'을 의미하는 말이었습니다.

그런데 근대 이래로 격물치지 부분이 날아가고 오로지 지식이나 기술 쪽으로 치달았습니다. 그래서 '배움'이 그 본질에서부터 점점 멀어지고 있습니다. 저는 'W' 아래에다 진실과 성실을 놓아서, 좀 더 열린 고차원을 향한 도를 배우는 것이 '실학'이라고 생각합니다. 경세제민(經世濟民)의 학은 실로 여기에 있었습니다. 진실과 성실을 항상 내면에서 물으면서 격물치지를 통해 배워 나가면, 배우면 배울수록 자기 자신이 행복을 자각하게 됩니다. '배움'이 '행복'으로 이어지는 것은 바로 여기에 있다고 생각합니다.

그런데 지금의 제도나 지식의 교육에서부터 들어가면, 그 원점 부분이 보이지 않게 됩니다. 기업경영을 하고 있으면 그런 것을 습관적으로 생각하게 됩니다. 약간 비약일지 모릅니다만 그 부분이 대단히 중요하다는 느낌이 듭니다. 제가 말한 '양심의 각성 체험'은 동서를 불문하고 본래적인 자기와 만나는 계기가 되기 때문에 자기를 점점 심화시키게 됩니다. 자기가 실로 '행복'을 실감하게 되지요. 이것이야말로 실학이자, 예로부터 말해지는 '수신제가치국평천하'로까지 이어지는 것이라고 생각합니다. 방금 말씀드린 대로 지금의 학교제도 속에서 역으로 어떻게 전달해나갈까? 중학교 2, 3학년이 되면 이 부분의 핵심을 말해주면 확실하게 바뀝니다. 이것은 실감으로 알 수 있습니다. 그 나이 무렵이면 실학에 대한 이야기를 알아들을 수 있습니다. 저는 개인적으로는 이것을 느끼고 있는데, 이것이 아직 교과서처럼 객체화되어 있지 않습니다. 혹은 제도화되기만 하면 좀 더 열리는 부분이 있지 않나 생각합니다.

또 한 가지 말씀드리면, 지난 번에 사토 교수께서 생산과정에 재생산과정이 편입되었다고 하셨는데, 이것을 다시 한번 재생산과정 쪽에서 편입하지 않으면 안 된다고 생각합니다. 저는 이것이 줄곧 과제라고 생각하여, 그 이후에 계속해서 생각해 왔는데, 어제 노딩스 교수의 말씀과 이번에 삼일간의 토론을 듣고서 느낀 것은, 확실히 농업의 단순재생산 시대에는 촌락에도 지역에도 가정에도 문화가 확실히 있었습니다. 그런데 지금 그것이 왜 사라졌는가 하면, 확대재생산 구조가 이른바 공업화에서 산업화가 되고, 문명이 확대재생간의 틀로 점점 전환되고 있습니다. 하지만 산업사회의 확대재생산을 다시 한번 더 큰 틀에서, 경제자본의 재생산에서 문화자본의 재생산 쪽으로 가지고 가면, 브르디외가 말하는 신체화의 차원에서 실감할 수 있습니다. 나아가서 그것이 객체화되고 제도화되는 데까지 가면 학교제도가 크게 바뀔 가능성이 있습니다. 이 정도의 에너지와 이 정도의 뜨거운 정열을 쏟아붓는 학교교육이 있기 때문에 좀더 풍부한 결실을 맺을 것입니다. 저는 오늘의 말씀을 듣고 대단한 용기를 얻었습니다.

사토 마나부: 야자키 사무국장의 말씀을 듣고 생각났는데, 교육의 커다란 문제 중의 하나로 '경제'와 '교육'의 관계가 좋지 않다는 점이 있습니다. 일본은 그 대표적인 나라라고 생각합니다. 그 때문에 일본의 교사들은 경제계를 신뢰하지 않습니다. 경제계에 대해서 불신감을 갖고 있습니다. 경제계의 요구는 모두 불신한다고 할 수 있을 정도입니다. 마찬가지로 재계 역시 '교육'을 불신합니다. 이것은 대단히 불행한 관계라고 생각합니다. 지금은 '경제적인 경영'에 대한 논의가 많아지고 있습니다.

이것은 약간의 브레인스토밍입니다만, 일본에서는 'economy'를 '경제'라고 번역합니다. '경제'라는 말은 아까 야자키 사무국장이 말씀하셨던 '경제제민'(經世濟民)에서 왔습니다. 요컨대 인간관계라는 것이지요. 인간관계를 운영하여 백성을 구제한다. 이 '경세제민'의 기치를 내건 공공공간이 18세기에 오사카에 만들어졌습니다. 유명한 '회덕당'(懷德堂)[19]입니다. 상인들의 아카데미이지요. 이 회덕당은 완전한 공공공간으로, 상인뿐만 아니라 마을에 사는 누구든지 와서 배울 수 있는 학교로, 이곳에서 경제와 교육은 행복한 관계를 만들어내고 있었습니다. 상인들은 자신들의 미래의 번영만을 목적으로 한 것이 아니라, 마을 전체의 경제를 풍요롭게 하고 싶다고 생각했습니다. 자기들이 번 자금력으로 배움의 공공공간을 만들고, 모든 아이들이 지식을 몸에 익히게 하였습니다. 그런 교육의 뒷받침에 의해서 상업도 더욱 발전해 나갔습니다. 이런 순환이 오사카에서 형성되고 있었습니다. 상인이 만들어 낸 공공공간으로서의 아카데미가 회덕당이었습니다.

이 전통이 무엇에 의해서 뒷받침되었는가? 혹은 지금과 어떻게 이어지고 있는가 생각해 보면, 가령 일본에는 신용금고가 많이 있습니다. 일본의 금융시스템의 최대 특징은, 작은 금융기관이 많이 있다는 점입니다. 1,400개의 은행이 있습니다. 이것이 세계화의 흐름 속에서 시장개방되어 문을 닫지 않으면 안 되는 대상이 된 것이지요. 코이즈미 수상은 지금 이 일을 하고 있습니다. '국제적으로 경쟁력 있는 은행'으로 통합할 목적으로, 지금 작은 은행이 수없이 무너지고 있습니다. 하지만 왜 일본에 1,400개나 되는 작은 은행이 있는가? 바로 사회의 전통 속에서 '돌보는 관계'(caring relation)가 있었기 때문입니다. 서로 돕는 상호부조관계를 경제적으로 구축하였던 것이지요. 이 기반이 일본 경제력을 뒷받침하였고, 폭넓은 교육 수준을 유지한 것입니다.

생각해 보면 영어의 'economy'도 원래는 'oikos'로 '가정경제'를 의미하였습니다. 보살피는(caring) 관계이지요. 우리가 갖고 있는 '경제'라는 이미지를 다시 생각해서, '교육'을 통해서 어떻게 경제를 구축할 것인가? 어떤 사회를 만들 것인가? 거기에서 교사는 어떤 역할을 해야 하는가를 물을 필요가 있습니다. 지금 가장 불행한 것은 미국이든 일본이든 기업 가운데 회덕당과 같은 경세제민의 뜻을 가진 기업가들이 거의 없어졌다는 점입니다. 교육을 공공공간으로 만들고, 경제활동과 공공철학을 연계해 나갈 수 있는 기업가들이 없다는 것이 지금 최대의 문제가 되고 있습니다.

일본의 기업가들은 잘못하고 있습니다. 두 가지 잘못을 범하고 있습니다. 하나는 거품경제가 깨짐으로써 경제가 붕괴되었지 않습니까? 그런데 이것을 교육의 탓으로 돌리고 있는 겁니다. 그런데 학교는 망하지 않았습니다. 기업이야 말로 반성하지 않으면 안 됩니다. 두 번째 잘못은 그 망한 기업의 모델을 학교로 가지고 오려고 하는 것입니다. 일본의 교사들은 이 냉엄한 경제위기 속에서 발걸음을 멈추고 아이들을 지탱하고 있습니다.

저는 서두에서 일본은 이제 빈부 차이가 미국에 버금간다고 하였습니다. 다른 한편으로 OECD 국제조사가 밝히는 것은, 일본의 학교는 아이의 학력과 사회문화적 배경과의 상관성이 낮고, 차별을 극복하고 평등을 실현하는 장치로서 아직까지도 기능하고 있다는 사실입니다. 거품경제가 붕괴된 후의 최근 5년 간을 보았을 때, 일본의 학교는 아직도 민주주의를 유지하고 사람들의 자립을 지탱하고 있습니다. 그런 교육이 실현되고 있다는 것입니다.

개혁을 향한 교육 - 살아 있는 학교

우에노 마사미치: 저는 '변화'(change)가 중요하다고 생각합니다. 하지만 변화를 과연 어디에서 일으켜 나갈 것인가 하는 점이 문제입니다. 노딩스 교수가 비판하셨듯이, 관리자나 기술관료(technocrat)에 의한 위에서 아래로의 변화가 아니라, 교육현장에서의 교사와 아이의 갈등이나, 아이가 직면하고 있는 곤란을 출발점으로 해서 변화를 일으켜서, 그들의 배움을 지원해 나갈 필요가 있습니다. 또 하나는 학교와 기업, 교육과 경제의 관계에 대한 이야기가 있었는데, 이 것도 역시 '변화'와 밀접하게 관련되고 있습니다. 무슨 말인가 하면, 학교가 단독으로 '변화의 수행자'(change agent)라는 것도 아니고, 또는 교사가 단독으로 그 것을 담당한다는 것도 아닙니다. 그렇다고 해서 시장이나 경쟁원리를 축으로 해서 교육을 바꿔 나가는 것도 아닙니다. 교사, 학생, 학부모, 기업 경영자, 노동자 그리고 여러 전문가, 시민 등, 지역에는 다양한 사람들이 있는데, 그들이 어떻게 관계적인 협동이나 네트워크를 구축하고 그것으로 사회변화를 일으켜 나가는가가 관건이 된다고 생각합니다. 학교는 확정된 문화의 재생산에 기여하는 것이 아니라, 사회형성과 문화창조를 담당하는 중요한 수행자 중의 하나

입니다. 즉 학교를 고정화된 정태적인 장소로서가 아니라 사회와 문화를 창조하는 살아 있는 공간으로 이해할 필요가 있습니다. 저는 미국에서의 학교생활의 경험으로 듀이의 공공철학에 관심을 갖게 되었습니다. 거기에서 배운 것은 공공적인 것과 사적인 것의 관계는 선험적인 이항대립이 아니라, 인간의 상호행위의 관점에서 연속적으로 파악되어야 한다는 것이었습니다. 사토 선생님으로부터 'oikos'와 'economy'에 대한 말씀이 있었는데 그것과 관련해서 말하면, 역사적으로는 경제나 가정은 사적 영역으로 간주되는 경향이 강했고, 국가적인 것과 결부되어 이해된 공공적인 것과는 대립된다고 생각되어 왔습니다. 하지만 그 반대로 공공적인 것과 사적인 것은 많은 모순이나 갈등을 안고 있으면서도 연속해 있다는 시점이 중요하다고 생각합니다. 게다가 그것은 국가나 시장의 선험적인 영역으로 실체화되는 것이 아닙니다. 이런 의미에서 김 선생님께서 말씀하신 '활사개공'이라는 생각은 대단히 흥미롭습니다.

저는 이전에 어느 현의 교육센터에서 교육상담 일을 한 적이 있는데, 아이들이나 학부모의 상담의 대부분은, 일견 대단히 사적인 내용처럼 들립니다. 하지만 학교에서 생기는 고민이나 난제는 사적인 것으로 들려도, 진정으로 사적이고 개인적인 것은 아닙니다. 즉 가족이나 친구와의 대인관계이거나 학습과제를 하는 데 있어서의 어려움, 학교와 다른 기관의 연대 부족에서 생기는 문제 등등, 대부분은 사회적으로 구성된 것으로, 이것들을 해결하기 위해서는 공공적인 것의 원조나 재형성을 필요로 하는 경우가 대부분입니다. 일견 사적인 것으로 보이는 것도 실은 근저에서는 공공적인 문제와 밀접하게 이어져 있습니다. 이런 각도에서 교육의 공공성을 생각하면 '공'이란 시장이나 국가의 통제적·효율적인 관점에서가 아니라, 교사와 학생들이 살고 있는 교실의 배움과 그 과제, 곤란을 미리 앞서서 바라보고 생각할 필요가 있습니다. 배움을 출발점으로 해서 학교가 지역이나 기업이나 시민사회 사이에 협동과 네트워크를 구축해 나갑니다. "I am here"라고 말할 수 있는 학교공간도, '변화 수행자'라는 생각도, 바로 여기에서 성숙되어 가는 것이라고 생각합니다. 교육의 공공철학은 학교와 사회의 이와 같은 새로운 비전을 준비하고 주도하는 가능성을 갖는 데에 그 혁신적인 의미가 있다고 생각합니다.

김태창: 오늘은 특히 교사의 위상과 역할과 교사에 거는 기대를 주된 테마로 해서 대화가 진행되었습니다. 당연하다면 당연한 것입니다만, 토론 주제를 제안하신 사토 선생의 말씀을 중심으로 노딩스 선생의 발언과 연관시켜서 여러분의 다양한 의견이 나왔습니다. 이번에 특별히 느꼈던 것은 일본의 교육에서의 교사가 처해 있는 교육현장의 조건과 교사 자신의 인간형성적 상황조건의 상호연관적 고찰이 앞으로, 지금보다도 더욱 더 구체적이고 실천적으로 행해질 필요가 있다는 점입니다. 제도개혁과 동시에 의식개혁이 필요합니다. 그것은 일본의 교육에서의 학교와 시민사회와 정부(국가)와 시장경제주체―가령 기업―의 대화 · 공동 · 개신을 어떻게 촉진하는가 하는 과제이기도 합니다. 학교를 출발점으로 하는 다원적 상호관계가 압도적으로 불신과 의혹과 비방에 경사되고 있다는 것이 심각한 문제입니다. 그래서 교사의 존재이유와 적정 역할과 사기 앙양이 제대로 고려되지 않는다는 교육사회적 사고정지에서 생겨나게 된 것이 아닌가라는 느낌이 있습니다. 그와 같은 근본적인 문제들을 허심탄회하게 대화하고 공동하고 개신하려는 정신자세가 생활문화 속에 정착되어 있지 않다는 감이 있습니다. 여기서 좌절하지 말고 계속해서 노력할 필요가 있습니다.

(출전:「公共的良識人」제178호, 2006년 9월)

3. 교육은 인간과 사회의 행복에 공헌하는가?*

김태창: 지금까지 '교육'이라고 하면 대개 국가나 사회 또는 개인의 출세를 위한 것이 대부분이었습니다. 하지만 원래 교육이란 '인간과 공동체의 행복'에 공헌하기 위한 것입니다. 그럼에도 불구하고 이 근본적인 문제에 대해서는 지금까지 별로 고려되거나 논의된 적이 없지 않나 생각합니다. 그래서 오늘은 이 대단히 원초적이라고도 할 수 있는 문제로 돌아가서, 교육현장에서 오랫동안 실천과 이론을 겸해 오신 두 분의 전문가들을 모시고 교육과 행복에 관한 대화를 나누고자 합니다. 한 분은 전 뉴욕시 교육위원회의 특별프로젝트 평가사정부장을 역임하신 마나 레빈 씨 그리고, 다른 한 분은 오사카 부립대학에 계신 요시다 아츠히코(吉田敦彦) 교수이십니다.

---

* 이 글은 서양의 정의론이 아닌 동양적 공복론(共福論)을 중심으로 21세기 시민사회에 걸맞은 새로운 동아시아발 공공하는 철학을 모색하는 초창기 교토포럼의 고뇌와 노력이 고스란히 담겨 있는 대화활동이다. 그것이 지향하는 바는 '정의' 논리에 기초한 정치철학이 아니라 대승적인 '공복' 사상에 토대를 둔 사회철학으로, 동아시아의 역사적 체험에 바탕을 둔 새로운 형태의 '공복(共福) 인문학'이다. '공복 인문학'은 자칫하면 대학입시나 교양 습득이라고 하는 목적의 계산적 이익에 충실하기 쉬운 '사복(私福) 인문학'과는 달리, 자기와 타자가 함께 행복해지는 길을 모색하는 '대승(大乘) 인문학'으로, 구체적으로는 이성에 바탕을 둔 철학과 감성에 호소하는 문학의 어우러짐에 의해 얻어지는 지적 행복과 공감적 행복을 타자와의 만남과 대화를 통해서 공유하는 '공공(公共) 인문학'이다. 지구상에서 교육열이 높은 나라라고 자부할 만한 한국이 왜 최근 들어 높은 자살율과 이혼율, 저출산 등으로 어려움을 겪어야만 하는지, 과연 우리 교육의 문제점은 어디에 있는지 등의 난제에 대해서 생각해 볼 수 있는 참고자료가 되기를 바란다.

일시: 2005년 7월 5일 / 장소: 공공철학 공동연구소(오사카)

대담자: 김태창(공공철학공동연구소장)
　　　　마나 레빈(전 뉴욕시 교육위원회 특별프로젝트 평가사정부장)
　　　　요시다 아츠히코(吉田敦彦, 오사카부립대학 인간사회학부 교수)
　　　　코다마 마유미(児玉真由美, 오사카부립대학 대학원 인간사회학연구과 박사과정)
　　　　하워드 레빈(장래세대 국제재단연구원 · H&H Global, Inc 사장)
　　　　야자키 카츠히코(矢崎勝彦, 교토포럼 사무국장)
통역: 사사키 에츠코(佐々木悅子, 주식회사 Intergroup)

지식은 인간을 행복하게 하는가?

마나 레빈: 오늘 여러분을 만나뵙게 된 것을 대단히 기쁘게 생각합니다. 여기에 오기 전에, 제가 오늘 이 자리에 초대받게 된 이유를 나름대로 곰곰이 생각해 보았습니다. 아마도 제가 교육자로서 오랫동안 교사로 있었고, 대학의 학장 일도 맡은 적이 있어서인 것 같습니다. 제가 생각하기에 오늘의 주제인 "교육은 행복에 공헌하는가?"에 대해서 생각하기에 앞서 먼저 자문자답하지 않으면 안되는 것은 "행복이란 무엇인가?"라는 문제입니다.

사전에는 '행복'에 대해서 '웰빙'(well-being), '만족'(satisfaction), '행운'(good fortune)이라고 정의되어 있습니다. 그럼 여기에 교육이 공헌하기 위해서는 과연 무엇이 필요한가를 생각해 보아야 합니다. 교육을 하는 우리는 '지식'을 갖고 있습니다. 지식은 그 자체로 '가치'이지만 그것이 '행동'(behavior)은 아닙니다. 교육자는 지식을 갖고 있지만, 이보다 더 중요한 것은 그 지식을 어떻게 활용하는가입니다. 우리는 이 문제를 진지하게 생각할 필요가 있습니다.

지식은 우리에게 힘을 줍니다. 지식 덕분에 우리는 자신에게도 다른 사람에게도 좀 더 좋은 행동을 할 수 있습니다. 지식은 우리의 기본적인 수요를 충족시켜 주는 열쇠이기도 합니다. 즉 자유, 귀속의식 그리고 심신의 건강을 촉진하고 즐거움을 가져다줍니다. 그뿐만 아니라 지식은 개인의 자존심에도 공헌합니다. 자신에게 좋은 감정을 가짐으로써 타인을 존경할 수 있고, 타인에 대해서도 좋은 감정을 가질 수 있습니다. 이를 위해 필요한 기본적인 요건은 '행동'입니다. 이것을 우리는 배워 나가지 않으면 안 됩니다. 그래서 행복의 필수조건은 인격자가 되는 것, 덕을 지니는 것입니다. 저는 이것이 교육의 필수조건이라고 생각합니다. 지식과 덕성을 얻음으로써 우리는 많은 선택지와 기회를 얻을 수 있습니다.

지식이 있으면 자기와 다른 사람에게 좀 더 좋은 환경을 만들거나, 자기와 다른 세계를 넓힐 수 있습니다. 그래서 우리가 오늘 여기에 모여서 얘기를 하고 있는 것입니다. 즉 지식이 행복에 기여하는 것입니다. 하지만 지식이 있다고 해서 행복이 보장되는 것은 아닙니다. 행복을 얻는 열쇠를 찾는 데 필요한 것이 지식일 뿐입니다. 인간은 전인적이고 인격적이지 않으면 안 됩니다. 인간의 전체성을 생각할 필요가 있습니다. 때로는 사회적 존재로 풍부한 감성을 갖지 않으면 안 됩니다. 지식뿐만 아니라 이런 감성을 지님으로써 인간은 완전한 존재로 발전해 나갑니다. 그렇게 함으로써 행복을 달성할 수 있는 것입니다.

요시다 아츠히코: 일본은 지금 레빈 여사께서 말씀하신 '지식'을 어떻게 이해해야 하는가 라는 문제를 놓고 논의가 한창입니다. 이른바 '학력문제'가 그것입니다. 일본에서는 아시다시피, 과학기술을 발전시키는 지식교육이 특히 고도경제성장기인 1960년대에서 1980년대에 걸쳐 대대적으로 행해졌습니다. 그러나 이에 대한 비판이 '주입식 교육'이라는 말로 행해지면서, 그런 좁은 의미의 지식은 결코 아이들을 행복하게 하지 않는다는 것을 깨닫게 되었다고 생각합니다. 방금 레빈 여사의 말씀을 들으니, 여사께서 생각하시는 '지식'은 그렇게 제한되고 좁은 것이 아니라, 한층 넓고 크고 전체적인 것이라는 점을 잘 알 수 있습니다. 문제는 그렇게 전체적으로 이해한, 감성적이고 사회적인 것도 포함한 '지식'과 학문적인 '지식' 사이를 이어가는 것이 어렵다는 것입니다. 옛말에 "말하기는 쉬워도 행하기는 어렵다"는 말이 있는데, 이 말이 마음에 와 닿습니다. 일본에서는 아까 말한 좁은 의미의 학력지식을 1990년대부터 반성하기 시작하여, 다음의 세 가지 키워드로 교육개혁이 행해졌습니다. 이것은 문부성이나 교육위원회와 같은 정부기관 차원에서 실시된 것으로, '종합학습'과 '사는 힘' 그리고 '여유 있는 교육'(문부성에서 말하는 '마음의 교육')이 그것입니다. 이 세 가지가 공교육과 학교교육에 도입되려는 움직임이 있습니다.

그런데 다른 한편으로는 지금까지 국제적으로 높은 수준에 있었던 일본의 학력이 작년에 저하되는 현상이 발생했습니다. 이에 대해 종합학습과 여유있는 교육에 지나치게 힘을 기울인 나머지, 아카데믹한 교육이 소홀해졌다는 논의가 대두되었습니다. 그래서 지금은 좁은 지식교육으로 다시 돌아가려는 상황에 있습니다. 이런 일본의 상황에 대해서 레빈 여사의 말씀을 대단히 흥미롭게 들었습니다.

지식이란 무엇인가?

김태창: 레빈 여사와 요시다 교수의 문제제기를 토대로 토론의 주제를 넓혀 가고자 합니다.

먼저 논의하고 싶은 것은 "지식이란 무엇인가?"라는 문제입니다. 이른바 학문적인 전문지는 정부에 의해서 필요성이 공인된 지식, 시험이나 국가 비교를 위해서 제도적으로 중시되는 지식을 말합니다. 이것을 가지고 지식의 기준으로 삼는다면, 일본에서 모처럼 행해진 교육개혁은 의미가 없었다는 말이 되고, 다시 과거로 되돌아가자는 것이 됩니다. 그러나 지금은 "지식이란 과연 그런 것인가?"라고 되묻고 있는 시점입니다. 이 점에 대해서 생각해 볼 필요가 있다고 생각합니다.

마나 레빈: 요시다 교수가 총합학습의 중요성을 말씀하셨듯이, 역시 학문적인 지식과 다른 분야의 지식을 총합해 나가지 않으면 안 된다고 생각합니다. 어느 한쪽에 치우쳐서는 결코 성공으로 이어질 수 없습니다. 학문적인 지식과 다른 능력과의 균형을 취해야 모든 분야에서 성공할 수 있다고 생각합니다.

요시다 아츠히코: 전적으로 옳은 말씀이라고 생각합니다. 역시 두 개의 다른 것 사이에서 균형을 취하기보다는 그것들 '사이'를 잇는 것이 중요합니다. 가령 지식(knowledge)과 감정(emotion)과 의지(willing)에 대해서 생각해 보면, 그것들이 아이들의 성장발달에서 혹은 각각의 교과과정 속에서 어떻게 하나로 엮어질 수 있는가를 실천적으로 생각할 필요가 있다고 생각합니다. 이 점에 대해서 뭔가 좋은 의견이 있으시면 알려주시면 감사하겠습니다.

도덕교육 - 지육(知育)·덕육(德育)·체육(體育)

김태창: 아까 레빈 여사의 말씀 중에 '도덕교육'이라는 말이 있었습니다. 일본뿐만 아니라 동아시아 전체가 그렇습니다만, 지금까지 '교육'이라고 할 때에

는 지육과 덕육과 체육의 세 가지가 총합적으로 행해져 왔습니다. 구체적으로 지육은 주로 전문지의 육성, 덕육은 도덕적 자질 배양, 체육은 신체적 건강 양성이었습니다.

동양인문학에서는 인간에게 가장 중요한 것은 지(知)와 인(仁)과 용(勇)이라는 말이 있습니다. 이 세 가지가 없으면 '덕을 갖춘 인간'으로 전일적인(holistic) 인격이 될 수 없습니다. 지는 선악을 판단하고 인은 타자를 사랑하며 용은 자신의 신념에 따라 행동하는 것을 말합니다. 이러 저리 방황하지 않고 자기가 옳다고 생각하면 그대로 실천하는 것입니다. 이 세 가지가 기본적으로 인간에게 필요하다고 하여 지육, 덕육 그리고 체육이 있었던 것이지요. 그것이 최근에는 전문화되어 지육 일변도가 되었습니다. 그래서 오늘날 우리가 안고 있는 여러 문제들이 발생한 것이 아닌가 생각합니다.

코우케츠 요시코: 레빈 여사가 말씀하신 '도덕교육'은 미국에서 어떤 형태를 취하고 있는지 궁금합니다. 일본에서 '도덕교육'이라고 하면 '도덕 시간'이 한 과목으로 별도로 마련되어 있어서, 이 시간에는 설교까지는 아니지만, 말로서 '도덕'(moral)을 가르치는데, 사실 이것은 대단히 비도덕적입니다. 여사께서 말씀하시는 도덕교육이 어떤 것인지 말씀해 주셨으면 합니다.

마나 레빈: 두 가지 방법이 있습니다. 먼저 교사가 따로 과목을 만들어서 도덕을 가르치는 방법입니다. 이 경우에는 다른 과목과는 별도로, 아이들이 잘 했을 때에는 용기를 북돋워 주는 형태를 취합니다. 또 하나는 커리큘럼 속에 도덕교육을 포함시키는 방법입니다. 이것의 고전적인 예가 '사회교육'(social study)입니다. 그중에 도덕교육이 포함되어 있습니다. 이 방법이 현실적으로는 좀 더 성공적입니다.

김태창: '도덕교육'에서는 무엇을 가르치는지요? 그 내용은 무엇입니까?

마나 레빈: 도덕교육의 가장 좋은 방법은 자기 자신이 모델이 되는 것입니다. 즉 모범을 보이는 것이지요. 학교에서의 구체적인 예로는 아침 인사가 있습니다. 조례 같은 게 있는데 그때에는 모두가 한 자리에 모여서 국기에 대한 맹세

를 하고 국가를 제창합니다.

김태창: 미국인이 '미국'이라는 나라를 과도하게 사랑하는 까닭에 세계 곳곳에 갖가지 피해를 주고 있습니다. '자기 나라를 사랑한다'는 것은 고귀한 것이지만, 그것이 지나치면 다른 나라에 엄청난 고통을 가져다주기도 합니다. 그것을 도덕교육에서 가르칠 경우에 어떻게 가르칠까요? 인류애는 미국의 문제만이 아니라 전세계의 문제입니다. 이 점을 어떻게 생각하시는지요?

마나 레빈: 그것이 진실인가 아닌가가 문제일 것입니다만(웃음), 먼저 미국인이 자국애가 지나치게 강한가에 대해서는 의문입니다. 저는 뉴욕에 대해서 잘 알고 있기 때문에 말씀드립니다만, 아시다시피 뉴욕에는 여러 나라에서 온 다양한 민족적 배경을 가진 아이들이 모여 있습니다. 아이들뿐만 아니라 교사도 상황은 마찬가지로, 이런 상황에서 교사가 가르치는 것은 "각각의 배경을 존중하라"는 것입니다. 즉 겸손한 마음을 갖고 타자를 이해하도록 노력하라는 것입니다. 그런 의미에서도 다문화 교육을 실시하고 있고, 국경일에도 미국의 국경일뿐만 아니라 다른 나라의 국경일에 대해서도 경의를 표하고 있습니다.

김태창: 저도 제 딸이 뉴욕에서 자랐기 때문에 뉴욕이 얼마나 국제적인지는 잘 알고 있습니다. 하지만 지금 일부 미국인 중에는 정도를 넘은 애국주의자가 있어서, 그것이 어떤 의미에서는 세계에 비극을 가져오는 측면이 있습니다. 교육자로서 그것을 어떻게 생각하시는지를 듣고 싶었습니다. 뉴욕이 전혀 그런 도시가 아니라는 점에서는, 오사카도 마찬가지라고 생각합니다.

코다마 마유미: 지금 말씀을 듣고 보니 일본에서는 '도덕'과 '자존감을 기르는 것'이 별개의 것이 아닌가 하는 생각이 들었습니다. 저는 일본의 '자유학교'(Free School)라는 곳에 잠깐 있었는데, 역시 자존감이 없는 아이들이 대단히 많았습니다. 그래서 미국의 자존감을 기르는 도덕교육은 멋지다고 생각했습니다. 그것을 어떻게 해 나갈까가 지금 일본에서 요구되고 있다고 생각합니다.

마나 레빈: 코아마씨의 말씀을 듣고 저는 대단히 놀랐습니다. 아이들에게 '도전'의 중요성을 가르치고, 그들의 성공을 기대하는 자세가 필요합니다. 그리고

아이들이 그것을 달성했을 때에는 칭찬해 줍니다. 설정된 목표를 달성할 수 있었다는 사실에 대해서 충분히 칭찬을 합니다. 그 결과 자신에 대해서도 자존감을 확립할 수 있습니다.

행복이란 무엇인가? - 웰빙 · 만족 · 행운?

김태창: '지식'과 '도덕'이 논의되고 있는데, 오늘 특히 얘기하고 싶은 것은 '자존감정'입니다. 레빈 여사께서는 사전에 의거하여 '행복'을 웰빙과 만족과 행운으로 이해하셨습니다. 이 문제를 좀 더 생각하고 싶습니다. 요시다 교수의 의견을 듣고 싶습니다.

요시다 아츠히코: 사전을 트집 잡을 정도의 용기를 가지고 있지는 않습니다만(웃음), 직감적으로 웰빙과 만족과 행운이라는 말을 들었을 때에, 과연 '누구의 만족인가?', '누구의 행운인가?'라는 의문이 들었습니다. 이 세 가지 요소는 '내가 만족하고 있다'에 대단히 중점이 놓여 있다는 생각이 들었습니다. '개인적'(personal)을 넘어서 '사적'(private)이라는 느낌이 들었습니다만, 그런 느낌은 없었는지요?

마나 레빈: 실로 자기와 타자라는 관점에서 이 정의를 생각해 나가지 않으면 안 됩니다. 즉 자신의 행복을 생각할 경우에도, 그 전에 먼저 자신을 넘어선 타자에 대해서 혹은 자신 밖에 있는 존재의 행복을 생각해야 '전체의 행복'을 생각할 수 있습니다.

아까 저는 '웰빙'과 '만족'과 '행운'의 세 가지 요소를 말했습니다. 미국인은 아마 알아차리지 못하겠지만, 김태창 선생께서 말씀하신 지 · 덕 · 체와 그 토대에 있는, 김태창 선생의 표현을 빌리면, 동양인문학적 발상은 이 세 가지가 건전한 행복을 형성하는 인간적 품성이라고 생각합니다. 이 세 가지가 완성되어야 전인적 인간으로 완성되게 됩니다.

요시다 아츠히코: 사전에 나와 있는 세 가지는 어떻습니까?

하워드 레빈: 사전에 나와 있는 세 가지 행복의 요소는 너무나 범위가 넓어서,

오히려 개인에게는 초점이 맞춰져 있지 않다는 생각이 듭니다. 그리고 다른 사전을 보면 반대로 개인에게만 관심이 가 있어 대단히 좁은 의미의 정의가 되고 있습니다. 그래서 저는 'happy event'라는 말을 생각해 보았습니다. 사전을 찾아보면 재밌게도 '아이의 탄생'의 예가 실려 있었습니다. 아마도 아이의 탄생에 관여한 두 사람 혹은 그 이상의 사람들에 의해 달성되는 행복한 사건을 말하는 것 같습니다. 아까 김태창 선생께서 말씀하셨듯이, 애국심과 인류애는 어떤 의미에서 서로 반대되는 관계에 있을 수 있습니다. 이것은 마치 '진자가 좌우로 크게 흔들리는' 것과 같은데, '행복한 일'은 그런 사람들이 하나가 됨으로써 행복한 일이 되는 것이 아닌가 생각합니다.

김태창: 여기까지의 논의를 야자키 사무국장은 어떻게 느끼셨는지요?

야자키 카츠히코: 교육에 대한 얘기와 행복에 대한 정의에서 저도 비슷한 인상을 받았습니다. 특히 요시다 교수의 경우에는 전일주의(holism)를 연구하고 계시기 때문에, 역시 그쪽 관점에서의 행복이 아니면 뭔가 허전하다고 생각하시는 게 아닌가 싶습니다. 교육이라고 할 때에도 아이들의 지식교육에 논의의 초점이 맞춰지고 있는데, 성인들의 교육도 포함해서 생각해 보면 좀 더 논의의 폭이 넓어지지 않을까 하는 생각을 해 보았습니다.

오늘 이 자리에는 교육에 종사하는 분들만 모이셨기 때문에 어쩔 수 없이 가르치는 입장에서 보는 교육론이 되지 않을까 하는 점이 마음에 걸립니다. 애국심이나 인류애에 대해서도 마찬가지인데, 진정한 도덕교육은 배우는 쪽의 '배우는 힘'이 길러져야 비로소 완성되는 것이 아닐까요? 이것은 행복론에 대해서도 마찬가지로, 결국 배우는 쪽이 지식을 전인적으로 취해서 자신의 감정이나 의지까지도 포함해서 자신의 인격을 고양시키는 방향으로 배워나가는 것이 중요하다고 생각합니다. 제가 교육자가 아니라서 그런지, 교육을 행하는 쪽에서 보는 교육론이라는 느낌을 떨칠 수 없습니다.

더불어 만드는 행복- 석복(惜福) · 분복(分福) · 식복(植福)

김태창: 지금까지의 논의 중에서 먼저 세 가지를 정리하고 다음으로 넘어가고자 합니다. 하나는 지금 야자키 사무국장이 지적하셨듯이, 지금까지는 '교육'이라고 하면 선생이 학생에게 가르치는 측면이 중심이 되었는데, 역시 선생과 학생이 더불어 배우고, 시민과 정치가가 서로 배우고, 경영자와 사원이 함께 배우는 공동(共働)학습이 중요하다고 생각합니다. 지금까지는 일반적으로는 학교에 있는 교사가 아니면 가르치는 일에 종사하지 않는다는 인식이 강했는데, 사실은 부모나 선배 혹은 경영자도 가족이나 후배 또는 사원들과 서로 가르치고 배우는 관계에 있습니다. 우리는 '교사'이면서 동시에 '학생'이라는 측면을 갖고 있는 것이지요. 그래서 '공동(共働)학습자'라고 말할 수 있습니다. 이 두 면으로부터 생각할 필요가 있다는 입장입니다만, 이 점에 대해서 논의를 더 진행했으면 합니다.

다음으로 저는 행복을 웰빙과 만족과 행운으로 정의하는 것은 영어권의 일반적인 인식이라고 이해합니다. 그런데 과연 그럴까? 하는 것이 저의 솔직한 의문입니다. 저는 이 정의에 도전하고 싶습니다. 그래서 행복을 '웰빙'(well-being)이 아니라 '웰비커밍'(well-becoming)으로 좀 더 역동적으로 이해하고자 합니다. 아울러 '만족'(satisfaction)이 아니라 자기와 타자가 더불어 감동하는 '공감'(sympathy)과 '공고락'(共苦樂. compassion)으로 여기고 싶습니다. 여기서 '공고락'은 아픔도 고통도 즐거움도 기쁨도 함께 한다는 말입니다. '행운'은 밖에서 오는 것을 그냥 받는 것으로 파악되기 쉽습니다. 하지만 이보다는 행복을 함께 키워가는 것으로 생각하고 싶습니다. 그래서 '행복공창'(幸福共創) 즉 'co-generation'이지요. 여기서 창(創)은 창조가 아닌 창발(創發: 지금은 보이지 않는 것을 나타나게 함)이라는 발상전환이 중요합니다. 우리에게는 행복을 함께 생성하도록 한다는 (co-generating happiness) 실천의지가 필요합니다. 그것이 실로 공동(共働)학습의 핵심이라고 생각합니다. 또한 인간은 'well-being'이 아니라 'well-becoming'을 지향하는 존재로, 항상 'becoming well'을 공동학습하는 것이 필요하다고 할 수 있습니다.

한 사람이든 여러 사람이든 현실에 만족하는가 만족하지 못하는가가 문제가 아니라, 어느 정도 공감을 갖고 함께 살고 살릴 수 있는가가 더 중요하다고 생각합니다. 결국 수동적으로 행운이 오기를 기다리는 것이 아니라, 공동학습을 통해서 가능한 한 happy event를 함께 일으켜 나가는 것입니다. 가령 가난한 사람을 줄이고 배제되는 사람을 없애며 학대받는 사람이 사라지도록 하려면, 그런 상황이 오기를 그냥 기다리고만 있는 것이 아니라, 우리가 자주적으로 할 수 있는 모든 일들을 해서 그런 현실이 이루어지도록 하는 것이 필요하고 중요합니다. 저는 이것이 공동학습의 내용이라고 생각합니다.

같은 '행복'이라고 해도, 일본어의 '시아와세'(幸せ)에는 영어의 'happiness'에는 없는 독특한 의미가 들어 있습니다. 그것은 여러가지 조건들이 갖추어져서 잠재능력이 활짝 피어 최적의 사태에 이르렀다는 의미입니다. 구태여 영어로 번역하자면 well-doing 또는 well-managing이라고나 할까요. 인위적인 요소가 들어 있습니다. 그것이 한 사람 한 사람의 성취감으로 이어지기도 합니다.

한편 '사이와이'(幸い)라는 말도 있습니다. 이 말이야말로 우연히 재앙을 모면하게 된 상태를 의미한다는 뜻에서 영어의 happiness와 비슷한 데가 있습니다. 그러나 좀 더 깊이 살펴보면 '사이와이'라는 말에는 '사끼아우'(많은 여러가지 꽃들이 함께 핀다)라는 뜻이 있어서 공복(共福)의 이미지도 있어서 구태여 영어로 표현하면 'Happiness Together'라고 말할 수 있습니다.

메이지시대에서 쇼와시대에 걸쳐서 활약한 코우다 로한(幸田露伴, 1867~1947)이라는 작가가 '시아와세'보다는 '사이와이' 쪽에 중점을 두어야 한다고 말한 적이 있는데, 저 역시 그렇게 생각합니다. '사이와이'에 대해서 생각할 때에 염두에 두어야 할 것은, 먼저 '석복'(惜福) 즉 행복을 아깝게 여기고 절약하는 것, 마구 낭비하지 않도록 하는 것이고, 또 하나는 '분복'(分福) 즉 행복을 가능한 한 타자와 함께 나누는 것입니다. 하지만 이 두 가지만 가지고는 주어진 행복이 없어지고 맙니다. 그래서 항상 '식복'(植福) 즉 행복을 심는 것이 중요합니다. 장래를 대비해서 항상 행복을 심는 마음과 행동이 필요하다는 것입니다. 지금까지의 행복에 더해서 행복의 씨앗을 항상 뿌림으로써 행복은 지속가능하게 됩니다. 저는 서양의 행복론을 이것저것 읽어봤는데, 이 코우다 로한과 같은 행복론은 아직 접한 적이 없습니다. 그래서 이런 생각을 살려서 교육에 공헌하는 행복론으로 삼으면 좋지 않을까 생각합니다.

하워드 레빈: 지금 하신 김태창 선생의 말씀을 한꺼번에 전부 소화하는 것은 어려울 것 같은데, 아까 말씀드렸듯이 'happiness'는 결코 협의의 개인적인 의미로만 파악해서도 안 되고, 막연하고 광범위한 의미로만 이해해서도 안 된다고 생각합니다. 즉 '사이와이'(=사키와이)란 그런 몇 가지 요소가 모여서 전체로 느낄 수 있는 것이라고 생각합니다. 아까 말씀드린 아이의 탄생의 예를 들면, 아이가 태어났을 때 아이 자체는 결코 행복한 상황을 이해하고 있는 것도 아니고, 그것을 느끼고 있는 것도 아닙니다. 하지만 그것을 둘러싼 환경 혹은 그것에 종사하고 있는 사람들이 모여서 그것을 행복한(=사이와이의) 일로 수용하고 이해하고 있다고 생각합니다.

그리고 '행복'에 대한 관점도 시점을 바꾸면 얼마든지 다르게 보일 수 있다고 생각합니다. 가령 일본에서의 교육제도를 보면, 지나치게 학문적인 지식향상에 초점이 맞춰져 있습니다. 그러나 그런 학문적인 지식을 얻음으로써 행복하다고 생각할 수 있을지 모릅니다. 미국에서 행복을 생각할 경우에는, 애국심이나 즐거운 일에 집중함으로써 좀 더 큰 행복을 느낄 수도 있다고 생각합니다.

이 토론에서도 미국의 행복에 대한 생각이나 일본의 행복에 대한 생각 등, 여러 의견을 교환함으로써 아까 말씀드렸듯이 진자가 좌우의 양극단으로 흔들릴지도 모릅니다. 그러나 이렇게 '서로 이야기하는' 것을 통해서 혹시 '중용'의 행복(사이와이)을 알 수 있을지 모르고, 미국의 생각을 앎으로써 일본의 행복을 고양시킬 수 있을지 모릅니다. 반대로 일본의 '사이와이'를 앎으로써 미국이 느끼는 행복을 고양시키고 더 넓힐 수 있다고 생각합니다.

요시다 아츠히코: 방금 하워드 씨가 드신 '행복한 일'의 예입니다만, 아이의

탄생의 이미지는 '사이와이', '사키와이'의 이미지로서 대단히 강렬하게 다가왔습니다. 오늘은 제 머릿속에서 그것이 줄곧 테마로 남을 것 같습니다. 역시 교육에 대해 생각할 때의 원점은, 아이가 탄생한 순간에 주위 사람들이 행복을 느낀다고 하는, 그리고 여기에서 떠나지 않고 한 걸음 더 나아감으로써 행복이 하나가 될 수 있다는 것으로, 거기에는 '인간은 혼자서는 행복해질 수 없다'고 하는 진리가 들어 있다고 생각합니다. 그리고 그 상대는 세대를 넘어서 있습니다. 아까 김 선생님께서 행복은 'well-being'이 아니라 'well-becoming'이라고 하셨을 때의 'being'과 'becoming'의 차이에 대해서입니다만, 'becoming'으로 이해하는 경우에는 세대와 세대가 끊임없이 맞물리면서 다음 단계로 나아간다고 하는 커다란 시간의 흐름 속에서 생기는 것을 '교육'으로 이해하고 싶습니다. 즉 사람이 이미 만들어져 '있는' 것이 아니라, 끊임없이 성장해 나가는 것입니다. 끊임없이 새롭게 움직이는 것입니다. 여기에 참여할 때 기쁨을 느낀다고 하는 '사이와이'의 이미지는 '교육'에 대해 생각할 때에 대단히 중요한 점이라고 생각합니다.

김태창: 왜 '아이의 탄생'은 행복한 일인가에 대해서 하워드 씨는 어떻게 생각하고 계시는지요?

하워드 레빈: '아이의 탄생'이 행복을 나타내는 데 가장 적절하다고 생각한 것은, 아이의 탄생은 개인적인 이벤트로 한정되는 일도 아니고, 그렇다고 해서 너무 광범위한 사건도 아니기 때문입니다. 대단히 구체성이 있고, 게다가 모든 사람이 참여할 수 있습니다. 문화의 차이를 넘어서 같이할 수 있고, 전인류에 공통되는 자연현상이라는 점에서 구체성이 있고, 사람들을 불러서 함께 행복을 느낄 수 있는 구체적인 일이라고 생각했기 때문입니다.

코다마 마유미: 하워드 씨가 말씀하신 '아이의 탄생' 얘기를 듣고 저도 대단히 행복한 기분이 들었습니다. 왜냐하면 자존감이 없는 아이들이 많기 때문에, 만약에 주위의 어른들이 "네가 태어난 것이 대단히 행복한 일이었단다"라고 그 아이에게 전해주거나, 부모가 그렇게 느꼈다는 점을 표현하여, 거기를 축으로

아이들과 관계를 맺어 나가면 좋을 것이라는 생각이 떠올랐기 때문입니다. 그렇게 되면 아이들도 분명 지금과 같은 느낌은 들지 않았을 거라고 생각하면서 들었습니다.

마나 레빈: 아까 김태창 선생께서 말씀하신 '석복'(惜福) 즉 '행복을 아낀다'는 것에 대해 줄곧 생각하고 있었습니다. 저는 스스로 대단히 행복한 사람이라고 생각하고 있습니다. 결코 행복한 일이 있어서가 아닙니다. 오히려 행복한 일이 있다고 하면 저는 반드시 행복한 사람이라고 할 수는 없겠지요.

여기서 다시 다른 말을 소개할까 합니다. '낙관적'이라는 말입니다. 미국에서 낙관주의라고 하면, 가령 낙관적인 사람은 똑같이 컵을 보아도 여기에 "물이 가득 들어 있다"고 보는 반면에, 비관적인 사람은 "별로 들어 있지 않다"고 보기 마련입니다. 저는 낙관적인 편이어서 항상 사물의 밝은 측면을 보려고 합니다. 그래서 저는 행복을 나눌 수 있다고 생각합니다. 즉 이 행복을 무한한 사람들과 나눌 수 있는 것입니다. 그렇다고 해서 다 써서 없어지는 것은 아니라고 생각합니다. 그래서 저는 '석복'이라는 말에 약간 혼란을 느끼고 있습니다.

김태창: 그것은 실로 미국적인 사고의 전형적인 표출입니다. 대단히 재미있는 대비라고 생각합니다. 어떤 의미에서는 동아시아나 일본적인 생각과의 차이가 멋지게 드러나고 있습니다. 동아시아나 일본에서는 먼저 '자기가 행복한 사람이다'고 말할 수 있는 사람은 그리 많지 않겠지요(웃음). 그것은 왜인가 하면, 인생에는 갖가지 일이 있을 수 있고, 변화무상이라는 생각 속에서 살고 있기 때문입니다. 그래서 자신의 일이든 타인의 일이든 어느 한 시기 한 상태를 일면적으로 판단하지 않습니다.

'행복을 아낀다'는 것은 자기가 지금 행복하다고 해서 우쭐대고 과시하지 않고 겸손하게 자중한다는 뜻입니다. 그래서 그것을 다른 사람 앞에서 분별없이 자랑하지 않는다는 것을 의미합니다. 행복한 때가 있으면 불행한 때도 있는 것이 인생과 세상의 모습이기 때문에, 항상 사태를—행복과 불행을 포함해서—상관상생적으로 파악하는 것입니다. 그것을 코우다 로한은 '석복'이라는 말로 표현했다고 생각합니다.

레빈 여사 식으로 말하면, 저는 아침에는 낙관주의자지만 낮에는 회의주의자가 됩니다. 그러다가 하루를 마치고 밤에 혼자서 침대에 누우면 비관적이 됩니다. 왜냐하면 아침에는 각오와 희망을 갖고 일을 시작해도 저녁에는 그것이 100% 실현되었다고 볼 수 없기 때문입니다. 그래서 '역시 나는 아무것도 할 수 없구나'라고 비관적이 됩니다. 이것의 반복입니다. 그래서 처음부터 끝까지 줄곧 낙관주의자가 되지는 못하는 것입니다. 아마도 이점에 있어서는 중국인도 한국인도 일본인도 마찬가지라고 생각합니다. 그래서 레빈 여사께서 "저는 낙관주의자입니다"라고 단정하시는 것이, 한편으로는 부럽기도 하면서도 다른 한편으로는 그렇게 될 수 없는 역사적 배경과 현실이 있다는 점에서 차이를 느낍니다.

아이의 탄생이 왜 행복한가? 저는 좀 생각이 다릅니다. 결국 인간이란 개인적으로도 집단적으로도 생명에는 한계가 있는 법입니다. 언젠가는 자신의 생명이 다하지만, 아이가 태어나는 것은 완전히 새로운 차원이 열리는 것입니다. 그래서 생명이 이어집니다. 개인적이든 집단적이든 생명이 이어짐으로써 언젠가는 사라질 개개인의 생명의 한계를 뛰어 넘습니다. 바로 여기에 영속적으로 발전하고 진화하는 생명의 참모습이 있다고 생각합니다. 그래서 아이의 탄생은 그 아이를 낳은 당사자뿐만 아니라, 가까이 그리고 멀리 있는 사람들과 함께 나눌 수 있는 공공의 행복의 현실적이고 주체적인 사건(event)이라고 이해할 수 있습니다.

이전에 국제회의를 했을 때의 일입니다. 거기에 모인 사람들의 '행복'의 정의가 워낙 천차만별이어서 좀처럼 합의가 이루어지지 않았던 적이 있습니다. 그러나 참가자 중 한 사람이 고국으로부터 "부인이 아이를 낳았다"는 연락을 받았다는 말을 했습니다. 이 일에 대해서는 모두가 '행복한 일'이라고 의견이 일치했습니다. 그것은 왜인가 하면, 거의 끝나가고 있는 한 세대의 생명이 갓 태어난 새로운 세대에 의해 계승되고, 새로운 의미가 생성되는 것에 대해 모두가 공감했기 때문입니다.

암묵지 · 경험지 · 신체지

김태창: 레빈 여사께서 지식은 '행동'(behavior)이 아니라 '가치'라고 하셨습니다. 그리고 "지식은 인간에게 힘을 준다"고도 하셨습니다. 실로 프란시스 베이컨적인 "아는 것이 힘이다"는 생각입니다. 과연 그것으로 좋은지 어떤지는 생각해 볼 필요가 있습니다. 왜냐하면 '지'는 '행동'과 함께 가는 것이라고 생각하기 때문입니다. 동양인문학에서는 '지행합일'이라는 생각이 뿌리 깊습니다. 서양에서도 어떤 의미에서는 '지행합일'이라는 생각이 있습니다. 그러나 레빈 여사께서는 지식은 행동이 아니라 가치라고 하셨습니다. 이 점에 대해서 좀 더 논의를 했으면 합니다. 먼저 레빈 여사께서 그렇게 말씀하신 배경과 의미를 듣고, 그것을 토대로 각자의 생각을 교환하면 어떨까요?

마나 레빈: '지식'이란 지금까지 배워 온 것이나 교육 받아온 것 모두의 조합(combination)이라고 생각합니다. 그래서 많은 사람들은 지식과 힘을 얻기 위해서 필사적으로 노력을 합니다. 지식과 힘을 통해서 비로소 '선행'을 행할 수 있는 것입니다. 이것이 "지식이 가치"라고 말한 이유입니다.

요시다 아츠히코: 그런 의미는 '지혜'(wisdom)라고 하면 딱 와 닿습니다.

마나 레빈: 물론 '지식' 속에는 '지혜'도 포함되어 있다고 생각합니다.

야자키 카츠히코: 저는 이 경우에 '지혜'는 '암묵지'와 '경험지'라고 하는 편이 알기 쉽다고 생각합니다. '지식'을 '형식지로서의 지식'이라고 이해하고 있기 때문에, '지혜'는 언어화되지 않는 '암묵지'나 '경험지'라고 이해하는 쪽이 안에서 펼쳐지는 세계의 이미지가 된다고 생각합니다. 지금 말씀하고 계신 '지식'은 형식지화 · 언어화 · 개념화된 것이라고 저는 이해하고 있습니다.

마나 레빈: '지혜' 속에 '암묵지'나 '경험지'가 들어간다고 생각합니다.

요시다 아츠히코: 레빈 여사께서 학교 교육에 종사해 오신 입장에서 '지식'을 강조하고, 그 '지식'을 좀 더 풍부한 것으로 만들어 가려는 생각을 갖고 계신 것

은 잘 알았습니다. 근대 학교제도가 생기기 전에는 '지혜'가 문화의 토대가 되어 있었다고 생각합니다. 그리고 합일된 '지행'의 토대에는 '지혜'가 있었습니다. 반면에 위로부터 '지식'을 가르치는 시스템으로 근대적 학교가 생겼습니다. 이 둘의 관계를 어떻게 생각하시는지 듣고 싶습니다.

마나 레빈: 말씀하신 그대로라고 생각합니다. '지식'이라는 말을 할 때에는 실제로 그 지식의 다양한 측면을 생각해야 한다고 봅니다. 그것이 아까 말씀하신 경험지이고, 이 외에도 방법으로서의 지식, 즉 어떻게 이 지식을 살려 나갈 것인가라고 하는 암묵지(지혜)도 있습니다. 이 두 측면이 모두 필요하다고 생각합니다. 이 두 측면을 다 살려야 비로소 교육에 반영할 수 있습니다. 즉 교육자에게는 정보를 얻을 수 있도록 지도할 책임이 있고, 그리고 그렇게 얻은 정보를 어떻게 적용해 나갈지를 가르칠 책임이 있다고 생각합니다.

무엇을 위한 교육인가?

김태창: 여기에서 잠시 역사적인 배경을 생각하고자 합니다. 일본은 막말유신을 거쳐 메이지 시기에 새롭게 국민국가를 만들었는데, 이때 '학교'를 통해 실현하고자 했던 교육의 목표는 부국강병에 도움이 되는 인간이었습니다. 그래서 겉으로는 한 사람 한 사람의 인격에 대해서 말하고 있었지만, 속으로는 나라를 위해 죽어줄 병사와 공장에서 일해 줄 노동자가 필요했던 것입니다. 물건을 만들고 최종적으로는 나라를 위해 죽어 줄 사람. 극히 제한된 귀족을 제외한 보통 사람에 대해서는 그런 능력을 몸에 익히는 것 이상의 내용은 교육에 별로 반영되지 않았다고 생각합니다.

전쟁이 끝나고 나서는 상황이 바뀌었습니다. 그러나 최근에는 다시 사회에 나가서 돈버는 데 도움이 되는 능력을 몸에 익히게 하는 것이 교육의 목적이 되고 있는 것은 아닌가 싶습니다. 그래서 언제나 교육에서 빠져 있는 것이 '인간'입니다. '인격 형성'은 항상 뒷전으로 밀려나 있었습니다. 어떤 의미에서는 정부도 기업도 모두 '인간'을 마치 물건을 만들고 돈을 버는 기계처럼 보는 면이 있습니다. 전부가 그렇다고는 할 수 없지만, 상당히 중요한 부분이 그렇게 되어 있습니다.

그러나 요즘 들어서 "교육이란 사람을 키우는 것이고, 학교는 인격 형성을 하는 곳이다"라는 의식이 한쪽에서 생기고 있습니다. 어떻게 하면 전인적인 인간을 기를 수 있는가 하는 문제에 대해서, 적어도 학자들 사이에서는 공감대가 형성되고 있습니다. 하지만 정부의 정책이나 기업의 실상은 여전히 기업전사적인 인간을 요청하고 있습니다. 이런 사정이 있기에 전인적인 인간 형성으로서의 교육이 좀처럼 진전되지 않는 것입니다.

대학까지도 지금 법인화되려 하고 있습니다. 이것은 기업의 논리로 대학을 운영하려는 것입니다. 그래서 앞으로는 인간 형성의 연구 같은 것은 점점 제외될지도 모릅니다. 요시다 교수도 고생에 고생을 거듭하면서 이 분야에 종사해 오셨지만, 실제로 이것이 언제까지 가능할지는 의문입니다. 이와 유사한 경향이 유럽이나 미국에도 있지 않나요? 그것이 하나의 강한 흐름으로 현실적으로 존재하는 것은 아닌가요? 저는 이 부분이 걱정입니다.

유능한 관리나 뛰어난 기업인이 되기 전에 먼저 선량한 시민이 되어야 합니다. 선량한 시민이 되어야 유능한 관료도 될 수 있고, 탁월한 기업인도 될 수 있습니다. 그것이 지금은 거꾸로 되어 있습니다. 유능한 관료나 기업인이 이상적 인간형의 모델로 간주되고, 선량한 시민이 된다는 것은 별로 염두에 두지 않습니다. 그러기는커녕 일본에서는 '선량한 시민'이라는 감각이 거의 없고, 정부관계자나 권력자는 '시민'이라는 말조차 싫어합니다. 있는 것은 말 잘 듣는 신민이요 물건 팔아주는 소비자들뿐입니다. 그래서 일부 관료와 기업인이 있으면 되고, 나머지는 모두 비생산적인 잉여인간 취급받고 있습니다. 미국에 있는 친구에게 들은 얘기인데, 유행어 중에 "돈은 말을 하지만 시민은 침묵한다"는 말이 있다고 합니다. 큰 일은 기업에서 하면 되고, 한 사람 한 사람이 일일이 할 필요는 없다는 것이지요. 이런 생각이 있기 때문에 한 사람 한 사람의 자주성이나 시민성, 인격과 개성, 권리 등은 거의 경시·홀시·무시됩니다. '시민교육'

이라는 말조차 지금의 일본에는 없습니다.

그런 상황에서 '경제 합리성'만이 지나치게 강조되면, 철저하게 공적인 세계가 되어 버려, '인간적 합리성'은 사라지게 됩니다. 공공성이 거의 상실된 상태가 됩니다. 지식의 형태도 정부에 의해 공인되고 장려되는 지식만이 중시되고, 진정으로 인간이 인간답게 되는데 필요한 지식(지혜)은 거의 거론되지 않습니다. 그래서 저는 '덕으로서의 지'가 아니라 '힘으로서의 지식'으로 일원화되고 있는 현실을 개선하는 것이 긴급한 과제라고 생각합니다.

하워드 레빈: 지금 대단히 중요한 말씀을 하셨다고 생각합니다. 지식을 얻음으로써 각 개인에게는 큰 힘이 부여되지만, 그 지식에 덕이 동반되지 않으면 의미가 없습니다. 즉 지식을 사회의 선을 위해 생산적으로 사용하기 위해서는 어떻게 하면 좋은가? 그 '어떻게'가 없으면 아무리 지식을 축적했다고 해도 의미 없는 것이 되어 버립니다. 바로 여기에 넓은 의미에서의 '우산으로서의 지혜'가 필요하게 됩니다. 즉 어떻게 지식을 이용할까? 제 해석으로는 지식은 지혜를 가지고 선별적으로 사용함으로써 힘이 붙는다고 생각합니다.

김태창: 동아시아의 고전을 바탕으로 다시 한번 생각해보면, 지식의 종류에는 먼저 '학문지'가 있습니다. 이것은 책을 읽어서 아는 문헌중시적인 지식입니다. 다음으로 실천을 통해서 항상 축적해 가는 지가 있습니다. 이것은 실천지나 경험지라고 할 수 있습니다만, 이것도 어디까지나 지식입니다. 하지만 '지혜'는 이런 것과는 약간 차원이 다릅니다. 이것은 어떤 의미에서는 전인격적인 자각으로, 거의 본능에 가까운 것입니다. 극단적으로 말하면 동물적인 생명력에 기초해서, 어떤 문제 상황에 대해서 신체감각으로 대응할 때에 나오는 일종의 생명발진적 지행(知行)이라는 측면이 있습니다. 이것은 학문지와 실천지를 포함하는 의미에서의 '지식'과는 그 질이 다른 것입니다. 한중일 동아시아 고전에서 사용되는 '지식'과 '지혜'(예지)의 차이는 바로 이런 것입니다. 그것은 '학문지'와 '생활지'의 차이와도 관계됩니다.

그래서 지혜는 책을 읽거나 교사에게 배워서 얻을 수 있는 것이 아닙니다. 그것은 생명체가 살아 있는 가운데 거의 본능적인 차원에서 획득한, 굳이 '지'라는 말을 사용하면 '신체지'라고 할 수 있습니다. 몸이 저절로 축적해 온 문제상황에 대한 대응능력입니다.

하워드 레빈: 질문이 있습니다. 제 인상으로는 '지혜'는 서양보다도 동양에서 광범위하게 사용되어 왔습니다. 아마 그것은 유교의 영향이 크다고 생각합니다만, 그 개념 자체는 서양에서도 동일하게 이해될 수 있다고 봅니다. 다만 사용법이 다르지 않나 하는 생각이 듭니다. 지혜는 아까 말씀하셨듯이 가르쳐지는 것이 아닙니다. 경험을 통해서 안에서 축적되는 것으로, 어떤 상황에 대해서 신체적인 대응으로 본능적으로 형성되어 나가는 것입니다.

그런데 제가 말하고자 하는 것은 어떤 차원에서는 '지혜'도 가르쳐지는 것이 아닌가 하는 점입니다. 즉 모범을 보임으로써 지혜를 전수하는 것도 가능하다는 것입니다. 비록 전통적인 학문을 닦는 것과 같은 형태는 아닐지 모릅니다만, 실천을 통한 모범으로 지혜가 전해지는 경우도 있다고 생각합니다.

김태창: 그것을 중국 고전의 표현으로 말하면, "지혜는 지식으로 가르쳐진다. 그러나 가르침을 받은 쪽이 그 지식을 지혜로 전환할 경우에 보다 고도의 차원에서 이것에 눈을 뜬다"고 할 수 있습니다. 다시 한 번 그것을 지혜로서 자신의 것으로 깨닫는 순간이, 지식을 지혜로 전환하는 순간입니다. 이것을 요즘 말로 하면, 이성을 통해서 가르쳐진 것을, 이번에는 공통감각 즉 지성뿐만 아니라 감성과 의지를 포함해서 전인격적으로 새롭게 탈바꿈시킨다고 할 수 있습니다. 이것을 '눈을 뜬다'고 합니다만, 바로 이것이 지식이 지혜로 차원 전환되는 매우 중요한 계기입니다. 그래서 가르침을 받는 것은 어디까지나 지식으로 배우는 것이지만, 그것이 지혜가 되는지 마는지는 그것이 전인적 생명감각으로 변환될 수 있는가 없는가에 달려 있습니다. 이런 점에서 '가르침을 받는다'는 말은 이해합니다만, 의미는 약간 다릅니다.

다른 말로 하면, 우수한 논문은 지식을 전달하지만 탁월한 문학작품은 지혜를 전달한다고도 할 수 있습니다. 논문은 이성과 지성에 호소하여 진리를 전합니다. 진리를 획득하면 지식이 됩니다. 반면에 소설이나 시는 인생의 진실을 전합니다. 진실에 눈을 뜨는 것이 지혜입니다. 그래서 굳이 말하면 인문학은 지혜를 전달하고 과학은 지식을 제공한다고 할 수 있습니다.

마나 레빈: 지혜는 지식을 넘어선 것입니다. 아무리 지식을 갖고 있어도 지혜가 없으면 소용이 없습니다.

김태창: 그래서 지식을 축적해서 하늘에 닿을 정도가 되어도, 그것이 곧 지혜가 된다고는 할 수 없습니다. 세상에는 방대한 지식을 갖고 있는 사람은 많이 있습니다. 그런데도 지혜가 없어서 그 지식이 인간과 세계를 한없이 불행하게 만드는 경우가 많지 않나요?

코우케츠 요시코: 저도 오랫동안 공립중학교에서 가르친 적이 있는데, 학교에서 "인간을 형성하고 있다"는 의식으로 일하기는 무척 어려웠습니다. 직원회도 시간도 많이 걸리지만, 다른 일처리하는 데 드는 시간도 만만찮습니다. 진정으로 "이 아이를 어떻게 하지?" 이런 이야기를 하는 것은 현실적으로 어렵습니다. 위에서 내려오는 정부의 지도요령은 그때 그때 바뀌고, 그것을 소화하는 것은 보통 일이 아닙니다. 현장에서는 아이들 돌보느라 정신이 없습니다. 교사는 바쁘게 일하고 있지만 "인간을 형성하는 중요한 일을 하고 있다"는 감각이 희박하고, 이런 일로 서로 얘기할 시간도 없습니다.

그래도 유일한 구원은 그런 와중에도 어떻게든 해보려고 노력하는 교사의 모습을 아이들이 보고 배운다는 점이었습니다. 교사의 배후에 있는 생각을 접하면서 아이들이 자라나는 것은 좋았다고 생각합니다.

김태창: 무엇이 좋았다는 말씀인지요.

코우케츠 요시코: 학교에서는 "교사는 이런 식으로 생각하시오"라고 정해져 있습니다. 그것을 넘어서 자유롭게 생각하는 것은 불가능합니다만, 그 제한 속에서 어떻게든 교습법을 짜내려고 노력하는 어른—학생들을 위해서 노력하는 교사—의 모습을 보면서 아이들이 자랍니다. 그런 점이 유일한 '인간 형성'다운 부분이 아닌가 하고 공립학교에 있을 때에 생각했습니다.

코다마 마유미: 사람이 배우는 곳은 학교뿐만은 아닙니다. 가령 제가 있었던 대안학교(alternative school)의 경우에는, 처음에는 "그런 학교를 만드니까 아이들이 돌아오지 않게 된다"라고 많은 비판을 받았습니다. 하지만 아이들이 늘어나면서 그런 학교를 만드는 쪽으로 행정정책이 바뀌었습니다. 그래도 그들은 여전히 지식의 근저에 있어야 할 '생명'을 잊고 있습니다. 생명을 불어넣어야 비로소 지식은 지혜가 되어 가는게 아닌가 생각합니다.

학교는 불필요한가?

김태창: 배우는 장소는 학교만은 아니라는 말씀에는 저도 동감입니다. 그렇지만 학교가 없는 사회는 지금까지 없었습니다. 그래서 학교라는 것의 존재이유가 어딘가에 있다고 생각합니다. 확실히 학교 이외의 배움의 장소는 여러 군데 있습니다. 가정도 있고 직장도 있고 다른 곳도 있습니다. 하지만 저는 그런 곳에서는 충족되지 않는 '학교'에서만이 가능한 배움이 따로 있다고 생각합니다.

코다마 마유미: 학교에는 복수의 아이들이 있어서 거기에서 인간관계를 배우는 측면이 있다고 생각합니다. 역설적으로 말하면 배우고 싶지 않은 아이도 함께 배우는 배움이 있습니다. 제가 말씀드린 대안학교에서는 아이가 의무교육을 받을 나이인데도 불구하고 부모가 전부 돈을 부담합니다. 이 부분을 보장해 주는 것도 관(官)이 할 일이 아닌가 생각합니다. 그런 의미에서 학교가 아닌 곳도 '배움의 장소'라고 인정하지 않으면 안 된다고 생각합니다.

김태창: 요시다 교수는 어떻게 생각하는지요? 최근에는 학교나 교사에 대한 비난도 대단하지 않나요? 그럼 교사 이외의 다른 사람들은 지금까지 잘해 왔다는 말인가요? 정치가나 경제인들이 자기네 목적 달성을 위해 제멋대로 교육을 휘저어 놓고, 학교의 황폐화에 대해서는 전부 교사나 학교 탓으로 돌리고 있습니다. 그들이 입버릇처럼 떠들어대는 것처럼, 오늘날의 사회해체적 현상을 전부 잘못된 교육 탓이라고 할 수 있을까요?

역으로 저는 "그럼 학교를 전부 없애버리면 되는가?"라고 반문하고 싶습니다. 인류 역사가 시작된 이래로 어떤 형태로든 학교가 없던 시기는 한 번도 없었습니다. 지금이야말로 학교의 중요성이 재고되어야 할 시기인데도 교사는 할 말을 잃었습니다. 학교 역시 침묵하고 있습니다. 저는 학교는 학교가 아니면 안 되는 뭔가가 있다고 생각하는데, 그것은 과연 무엇일까요?

요시다 아츠히코: 한마디로 말하기는 어렵습니다만, 학교의 존재 이유 중의 하나는 '공공성을 배우는 곳'이라고 생각합니다. 다양한 사람들이 같은 공간에 모여서 대화를 거듭하면서 함께 공공성을 창출해 나갑니다. 바로 이 점이 가정과는 다른 부분입니다. 지금 비판되어야 할 것은 부국강병을 위해서 위로부터 공식적으로 만들어져 온 관적(官的)·공적(公的)인 학교입니다. 그러나 그것을 비판하는 데 에너지를 소모하기보다는, 오히려 시민이 자신들의 힘으로 학교를 만들어 내는 쪽에 에너지를 써야 한다고 생각합니다.

다시 한 번 아래에서 시민의 손으로 학교를 만들어 나갈 수 있을 때에, 단순히 '사'도 아니고 '공'도 아닌, 그렇다고 해서 위로부터 부여된 '관'에 의한 공간도 아닌, 다양한 시민이 힘을 합쳐서 만들어 나가는 학교, 실로 어른들이 이런 식으로 해서 학교를 만들어 나가는 과정 그 자체가 공동(共働)학습의 장이 되고 있습니다. 그런 학교가 지금 생겨나고 있는 것이 아닐까요?

김태창: 저는 이 문제에 대해서 상당히 심각하게 생각하고 있습니다. 그것도 외국의 사례보다는 일본의 역사에 즉해서 이해를 새롭게 하고 싶습니다. 여러 가지 문헌이나 역사적 사례를 찾아보았습니다. 이 문제에 가장 근접한 논의를 한 것은 요코이 쇼난(橫井小楠, 1809~1869)이라고 생각합니다. 그는 한 사람 한 사람의 시민이 상하관계나 특수한 목적으로부터 자립하여, 어떻게 하면 진정으로 좋은 국가와 사회를 만들어 나갈 것인가를 논의하지 않으면 안 된다고 생각했습니다. "모두가 평등한 관계에서 논의를 하고, 그 성과를 정책으로 실현시키는 장소는 과연 어디인가?"라는 문제를 스스로 제기하고, 이에 대해 "그것은 정부도 사회도 아닌 학교이다"라는 결론에 도달했습니다.

서양에서 공공성의 원천은 카페나 살롱 같은 장소였습니다. 거기에서 자유롭고 활발하게 논의를 하고 그것을 정책에까지 반영시키는 과정에서 이른바 진정한 공공성이 길러졌다고 합니다. 그러나 일본의 경우에는 살롱도 카페도 없었습니다. 일본 역사에서 그곳이 어딘가 하면 역시 '학교'였습니다.

과거 일본사회는 상하관계가 엄연히 존재했습니다. 무사(귀족)와 상민으로 나뉘어져 있었지요. 하지만 학교의 경우에는―어디까지나 상대적인 얘기입니다만―신분이나 가문 또는 빈부의 차이에 상관없이, 모두가 대등한 입장에서 한 자리에 모여 공부할 수 있었습니다. 이런 곳에서 공공성을 기르는 것이 가능성으로서는 가장 큽니다.

또 하나는 사회에서 살아가기 위해서는 기초적인 능력이 필요하게 됩니다. 가령 주산이나 문자해독 혹은 한 사람의 시민과 국민으로서의 기본적인 소양 등이 그것입니다. 그런데 가정에서는 가풍이나 관습에 따라 가르치기 쉽고, 그렇게 되면 '사적'이 되어 버립니다. 또한 회사의 경우에는 회사의 창립 목적에 걸맞은 인간을 만들려고 합니다. 반면에 학교는 일반 시민의 공통된 기초적 자질을 기르고 익히게 하여, 어떤 상황에서도 그것을 사용할 수 있는 인간의 기본을 만드는 곳입니다.

학교 외에 그런 일을 할 수 있는 곳이 있을까요? 지금의 학교가 실제로 그런 일을 하고 있는지는 또 다른 문제입니다만, 역시 학교는 필요하다고 생각합니다. 저도 제 딸에게 모든 것을 가르칠 시간도, 능력도 없습니다. 그래서 학교에 보내어 필요한 것을 배우게 합니다. 그리고 나서 부모로서 또는 인생 선배로서 부족한 부분을 보충해 주고 있습니다. 뿐만 아니라 학교는 교사나 친구들을 만나고 사귀어서 더불어 살아가는 경험지를 학습·축적·활용하는 곳이기도 합니다. 결국 정부(公)의 지배에 의지하는 인간도 아니고, 사적 감정에 의한 자기 혼자만의 목적달성을 위한 인간도 아닌, 천하국가나 지구와 인류에 공헌하는 인간을 배양하는 문제를 생각했을 때에, 가장 기초 단계는 역시 학교 이외에는 별다른 지속가능한 시공간이 없다고 생각합니다.

요시다 교수께서 방금 말씀하셨듯이, 이런 일에 걸맞은 학교를 만드는 작업이 요청되고 있다고 생각합니다. 종래와 같은 관제학교 일변도가 아니라 또 하나의 대안으로 시민주도로 공동학습의 장을 다양하게 만들어내는 것입니다. 예를 들면 서당 같은 곳 말입니다. 거기에서 아이와 교사가 공동학습하는 방향으로 나갈 필요가 있습니다. 그것은 "학교가 필요하지 않다"는 것과는 차원이 다릅니다. 학교는 있어야 합니다. 다만 학교의 형태를 바꾸어 나가자는 것입니다.

영국 철학자 존 스튜어트 밀의 자서전을 보면, 아버지가 "학교보다는 가정에서 배우는 게 좋다"고 생각해서 학교교육을 못 받게 했다는 이야기가 나옵니다. 그래서 밀은 유명한 학자는 되었지만, 그는 자서전에서 "나의 최대의 불행은 학교에 가지 못했던 것이다. 나는 학교에 가서 다른 사람과 만나고, 나와는 완전히 다른 신분의 사람들과 함께 생활하며 인생 경험을 쌓지 못했다. 그래서 아버지 뜻에 맞는 인간이 되었는지는 몰라도, 나와는 다른 타자와 만나서, 그들을 이해하는 경험은 하지 못했다. 그런 의미에서는 행복하지 못했다. 만약에 내가 돌아가신 아버지를 다시 만날 수 있다면, '아이는 반드시 학교에 보내야 합니다, 학교에서 자신과는 완전히 다른 사람들과 어울리며, 그들과 함께 인생의 고통과 슬픔과 즐거움을 공유하는 과정이 인간의 성숙에 있어서 중요합니다'라고 말하고 싶다"는 얘기를 합니다.

그렇다고 해서 지금의 학교가 완벽하다거나 학교가 모든 문제를 해결해 준다는 말은 아닙니다. 너무나 치우친 학교나 교사에 대한 비난에 대해서 적절히 균형을 잡자는 것입니다. 그래서 단지 학교를 일방적으로 비난하기만 할 것이 아니라 교사들의 고충을 이해하고 그들을 공동학습자로 장려하면서, 어떻게 하면 좀 더 좋은 학교를 만들어 나갈까, 좀 더 멋진 교사를 함께 기르기 위해서는 어떻게 해야 하는가? 라는 문제를 같이 고민해 나가는 것이 중요하다고 생각합니다.

마나 레빈: 저는 밀의 말에 100% 동의합니다. 미국에서도 가정에서 교육하

는 경우가 있습니다. 부모가 아이에게 직접 교육을 시키는 것이지요. 실제로 저도 과거에 한때이긴 합니다만, 가정에서의 교육을 감독하는 입장에 있었습니다. 하지만 아이가 가정에서만 교육을 받으면 아이에게 불리한 점이 반드시 나오게 됩니다. 좀 더 폭넓게 말하면, 사회 전체가 아이들을 교육시킬 책임이 있다고 생각합니다. 즉 부모와 사회인이 함께 각자의 행동과 지식을 통해서 아이들을 교육시킬 책임이 있는 것입니다. 먼저 학교의 책임을 다하기 위해서 우리는 교육자로서 훈련을 받습니다. 학교에서의 교육이 우리의 직무이자 사명입니다. 그리고 그것을 성공시키기 위해서는 부모나 지역공동체, 나아가서는 회사로부터 지원을 얻는 것이 바람직하다고 생각합니다.

미국 기업의 경우에는 학교와 연대하여 교육을 한층 강화시키기 위해서 협력하는 경우가 많이 있습니다. 기업이 학교와의 연대를 강화함으로써 지금 학교가 어떻게 돌아가고 있는가, 아이들의 상태가 어떤가 등을 좀 더 잘 알 수 있습니다. 학교로서는 그런 지원을 받음으로써 한층 더 양질의 교육을 실시할 수 있습니다. 우리 역시 책임을 다할 수 있게 됩니다.

사회와 학교, 기업과 학교와의 바람직한 관계

김태창: 학교와 기업의 공동작업이군요. 그럼 여기서 오랫동안 기업경영에 몸담아 오신 야자키 사무국장으로부터 기업과 학교의 바람직한 관계나 실천에 대해서 한 말씀 듣고자 합니다.

야자키 카츠히코: 학교와 기업의 차이는 과연 무엇일까, 라는 생각을 하면서 듣고 있었습니다. 나라에 의해 관리되는 학교와는 달리, 대안적인 학교를 민의에 의해서 만들어 나가려는 움직임이 있습니다. 한편 기업의 경우에는 국영기업이 아닌 한, 완전히 자발적으로 민간의 한 기업으로 출발하고 있습니다. 그런 가운데 교육을 하면서 '기업의 발전'이라는 공동목표 하에 모두가 열심히 일하고 있습니다. 학교와 기업은 '지식의 재생산'과 '이익의 재생산'이라는 차이가 있습니다. 구조적으로 이런 출발상의 차이가 있습니다.

이때 기업체에서의 주체는 어떤 것일까? 보통 '주체'라고 하면 개개인이 담당하고 있는 것처럼 보입니다만, 기업체의 경우에는 개개인이 소속된 단위(공동체)에서 주체가 형성되고 있습니다. 이 점이 가장 큰 차이라고 생각합니다. 그러니까 끊임없이 공동체를 자각하며 일하는 것입니다. 그에 반해, 학교에서의 교육은 공동체에서의 교육이라기보다는 개개인의 지식의 양을 얼마나 늘릴까 하는 데에 역점이 놓여 있다고 생각합니다. 그렇게 되면 학교와 기업은 동일하게 논의되기 쉬운데, 실제로는 상당히 달라진다고 생각합니다. 입각점이 다르기 때문에 자기관이나 인간관도 달라지지 않을까요?

그런데 미국에서 대단히 성과를 올린 성과주의를 일본을 대표하는 세계적인 기업이 스톡 옵션까지 포함해서 채용하였는데 하나같이 실패로 끝났습니다. 이에 관해서는 책으로도 나와 있기 때문에 잘 알고 계시리라 생각합니다만, 성과주의가 일본의 대기업에서 실패한 것은 개인을 평가하는 장치가 잘 안 됐기 때문입니다. 우리는 그것을 하기 전부터 그 문제점을 간파하고 있었습니다.

왜냐하면 공동체에서 일을 하는데 한 사람 한 사람의 보수에 보답하는 형태를 취하면 반드시 팀웍이 깨져서 공동체가 붕괴되고 개개인이 돌출됩니다. 그 돌출된 개개인이 다른 사람을 이끌어 가면 좋지만, 역으로 주위와 가치관을 공유하지 못하게 됩니다. 주위의 입장에서 보면 "저 사람은 어차피 팀웍을 깬다"고 하는 공동체의 파괴자가 되어 버립니다. 일본에서는 성과주의를 채택한 기업은 공동체 그 자체를 유지하지 못하게 됩니다. 최근에는 그런 위기감에 눈을 뜨고, 다시 옛날식의 종신고용제와 같은 영속적인 공동체 형태가 소중하다고 하는 쪽으로 평가가 바뀌고 있습니다.

학교와 같은 교육현장에 계신 분은 아마도 이것을 지식으로는 알고 있을 것입니다. 지금 만약에 학교에서 성과주의에 치우친 평가 형태를 취한다면, 기업 사회가 먼저 경험한 것을 또 한번 어린이사회에서 반복하게 되지 않을까요? 어른사회에서의 성과주의의 실패는 그래도 회복이 가능합니다. 하지만 아이들의 경우에는 회복 불가능한 인생을 만들 위험이 있습니다.

일본에서의 이러한 경험이 세계의 사조와 어떻게 이어지는가 하면, 먼저 인간관이라고 생각합니다. 슈프랑거(Eduard Spranger, 1882~1963)는 '양심의 각성 체험'이 출발점이 되지 않으면 진정한 교육은 시작되지 않는다고 하였습니다. 슈프랑거 자신이 나치의 체험을 한 만큼, 이 말에는 대단히 무게가 실려 있다고 생각합니다.

그런데 작년에 교토포럼에 오신 이시카와 후미야스(石川文康) 교수가 '양심'이라는 일본어 번역은 잘못되었다고 하셨습니다. 어원을 거슬러 올라가면 원래는 '함께 안다'(共知)는 것이라고 합니다. 이 점을 밀고 나가면 '공동체로서의 자기'가 양심이라고까지 하셨습니다. 만약에 공동체로서의 자기가 교육의 출발점이 된다면, 그것이 기업이 될지 사회가 될지는 별도로 하더라도, 거기에서는 공동체로서의 자기가 만들어 내는 행복을 지향하게 됩니다. 이에 대한 자각이 교육 속에 점점 축적되어 갈 때에 진정한 교육이 행해질 것이고, 그것이 자기 자신의 행복한 체험 혹은 자신과 주위의 행복한 체험의 축적도 되지 않을까 생각해 보았습니다.

그것을 저는 'A'와 'W'라는 형태로 나타내고 있습니다. 이것은 저의 사내교육에도 사용하고 있는데, 여기서 A는 '닫힌 자아'를, W는 '열린 자아'를 상징합니다. 이기주의 속에 사실은 공동체로서의 자기(W)가 있는데, 자아가 만드는 벽(A)을 넘어서 공동체로서의 W를 끊임없이 자각해서 일을 해 나갈 때에 기쁨을 동반한 행복 체험이 된다고 생각합니다. 이것이 일본어에서 말하는 '和'(WA)가 됩니다. '和'는 사실은 일원적인 것이 아니라, 자기와 타자—혹은 '자기 내 타자'라고 해도 좋습니다—가 함께 변증법적으로 만들어 나가는 상위의 차원을 말합니다. 사실은 이 열린 상태가 교육의 원점도 되고, 인간이 일을 하는 기쁨의 원점도 되지 않을까요?

아까 김태창 선생께서 요코이 쇼난의 예를 드셨는데, 실제로 일본에서 400년간 이어져 온 공동체로서의 교육 시스템이 있습니다. 그것은 카고시마(鹿児島)의 고쥬교육(郷中教育)입니다. 걸스카웃은 그것의 세계적인 모델입니다. 그런데

히틀러가 그것을 흉내냈기 때문에 전후에는 이것을 다루지 않게 된 것이지요. 400년 전에 세키가하라(關ヶ原)에서 이른바 '천명의 군단'이 적진을 돌파해서 도망쳐 돌아왔습니다. 그때의 경험이 다음 세대에까지 줄곧 전해져 내려온 것입니다. 지금도 그 적진 돌파의 비석이 있습니다. 도망쳐 돌아온 행군 경험을 이후에 줄곧 가슴에 새겨온 것입니다.

이 교육의 특징은 문무양도(文武兩道)인데, 저는 그것의 핵심이 의지의 단련이라고 생각합니다. 의지를 철저하게 단련시키는 것, 그것이 요즘의 '페어 학습' 같은 시스템으로 이어지고 있습니다. 이것은 일본에서 생겨난 세계와 공유할 수 있는 교육시스템이라고 생각하고 있습니다. 문부성에서 파견되어 유네스코에 다녀온 문부성 출신의 한 엘리트가 교토포럼에 오셔서 고쥬학교의 얘기를 하실 기회가 있었는데, 저는 그때까지 전혀 모르고 있어서 약간 의외의 느낌이 들었습니다. 의지의 단련까지를 포함한 이 문무양도의 교육 실천을 철저히 하여, 공동체로서의 자기를 항상 양심의 각성 체험을 출발점으로 하여 'W'의 형태로 만들어 나간다면, 대단히 강력한 것이 되지 않을까요? 다만 그것이 진주만 공격과 같은 나쁜 사례가 되기도 했다는 데에 문제가 있는데, 그 부정적인 부분을 과연 어떻게 극복해서 새롭게 만들어 나갈까가 중요하다고 생각합니다.

요시다 아츠히코: 김태창 선생께서 '학교는 타자성을 배우는 곳'이라고 하신 말씀이 중요하다고 생각합니다. 그래서 공공적인 가치가 있는 것입니다. 특히 일본 학교에서는 이 점이 중요하지 않나 하는 생각이 들었습니다. 일본 학교의 '모두가 함께주의'는 '튀는 놈은 얻어맞고', 조금만 다르면 튕겨져 나가 왕따 당합니다. 모두 '같지' 않으면 안 된다고 하는 압박이 대단히 강합니다. 이 점은 또 미국의 개인주의와도 다르기 때문에 서로 배울 수 있을지 모릅니다. 야자키 사무국장이 말씀하신 성과주의의 실패는 흥미롭네요. 일본에서는 지금 소학교에서 대학까지 미국으로부터 성과주의를 열심히 배워서 도입하고 있는데, 기업에 있는 분들은 먼저 도입하여 실패도 충분히 맛보고 계십니다. 우리는 그런 부분을 확실히 배울 필요가 있겠지요.

미국식의 개인의 업적 달성주의를 그대로 진행시켜 나가면 어디에 도달하는 가? 다른 사람과 협력하지 않는 형태의 개인주의적인 성과주의의 문제점을 자 각하고, "자, 그럼 어디로 가는가?"라고 물으면서, 일본의 공동체적 경영을 다시 한 번 새로운 시점에서 바라보자는 말씀이셨습니다. 공공철학 교토포럼에서는 '멸사봉공'의 문제를 줄곧 지적해 왔습니다만, 말씀하신 W와 A의 관계는 A가 W에 대해서, 마치 부분이 전체에 대하는 것처럼 봉사하는 관계는 아니겠지요. 함께 일하는 사람들이 서로 다르기 때문에 일하기 좋은 환경을 만들어 나가는 노력을 하는 것으로, 이 점은 학교에서도 기업에서도 대단히 중요하다고 생각 합니다.

야자키 카츠히코: 구체적인 사례를 가지고 말하는 편이 알기 쉽겠군요. 지금 의 자본주의는 말하자면 '학교공동체' 전체와 같은 것입니다. 그에 반해 좀 더 작은 얼굴이 보이는 관계를 생각해 봅시다. 소집단의 성원을 작은 그룹으로 나 눕니다. 이때, 자기가 속한 공동체가 뭔가 성과를 내는 것은 자기들의 자존심을 만족시킬 뿐입니다. 딱히 구체적인 보수가 있는 것은 아닙니다. 시간당 생산성 을 올리는 경쟁을 팀별로 하여, 현실적으로 성공하고 있는 예가 '쿄세라'(京セラ) 기업입니다.

이 아메바 시스템은 얼굴이 보이는 소단위의 관계입니다. 자기가 속해 있는 아메바가 단위시간당 생산성이 가령 오천엔인데 반해 다른 곳은 사천엔이라고 합시다. 그러면 자기들의 방식이 좋다고 해서 그것을 모두의 앞에서 발표하는 데, 이것이 한편으로는 자랑할 만한 체험이 되지만 다른 한편으로는 다른 사람 들에게 기술 이전이 되는 것입니다. 그렇게 되면 회사 전체의 수준이 올라가게 됩니다. 이것을 갑자기 큰 단위에서 하려고 하면 '공동체'가 되어 버립니다. 하 지만 소단위의 얼굴이 보이는 관계에서 경쟁하면 반대로 인격까지 바뀌게 됩 니다. 이 일본식 관리법은 실은 고쥬교육이 힌트가 되어 만들어진 것입니다.

마나 레빈: 그와 같이 소그룹으로 나누는 것은 미국에서도 하고 있습니다. 다른 차원의 사람 또는 다른 민족 출신의 사람들이 모여서 작은 그룹을 만듭니

다. 하지만 목적은 같습니다. 미국에서는 이 시스템을 '공동(共働)적인 학습그룹'으로 위치지우고 있습니다. 이 그룹에서 성공한 점은 단지 배우는 데에 그치는 것이 아니라 행복을 느낄 수 있다는 점입니다.

맺으며

김태창: 여러 가지 문제제기와 거기에 대한 응답모델이 제시되었습니다. 제 개인적으로는 아무리 좋은 생각이라고 해도 어느 한 군데에서 나온 것을 사회 전체에 그대로 응용하는 것은 좋지 않다고 생각합니다. 이 사회에는 정부도 있고 기업도 있고 학교도 있습니다. 각자 독자적인 발전 형태가 있고, 그것이 상화·상생하는 가운데 함께 공진화하는 것이 가장 좋습니다. 가령 정부가 기업 논리를 도입한다거나 그것을 학교에 그대로 응용하는 것은 좋은 점도 있지만 위험하기도 합니다. 그 반대도 마찬가지입니다. 이렇게 하면 사회가 관료화되거나 기업화되어 버리지 않을까요? 그래서 사회적 다원성은 소멸되고 말 것입니다. 야자키 사무국장의 말씀 중에서 특히 중요한 것은, 고쥬교육이 대단히 멋진 면이 있었음에도 불구하고 히틀러에게 사용되었다는 점입니다. 고쥬교육은 원래 그렇지 않은데도 히틀러가 악용했다고도 할 수 있습니다. 그러나 뒤집어서 말하면, 히틀러가 자기 의도에 맞춰서 사용하기 쉬운 면이 있었기 때문에 가져다 썼다고도 할 수 있겠지요.

기업이 '공동체'라고 하는 지적은 대단히 중요하다고 생각합니다. 하지만 우리가 생각하지 않으면 안 되는 것은 '과연 학교도 공동체여야 하는가?'입니다. 왜냐하면 지나치게 공동체적인 교육이 되면, 인간의 삶의 방식을 어렸을 때부터 어느 한 방향으로 정해 버리기 때문입니다. 역시 기업과 학교는 다릅니다. 학교는 기업이 요구하는 것 이상의 목적이 있기 때문입니다.

기업은 대개 18세 이상의 인간을 채용하고 있습니다. 반면에 학교는 그 전단계부터 인간이 어떻게 하면 한 사람의 인간으로 타자와의 관계에서 제대로 인간이 될 수 있는가, 라는 가장 기초적인 부분을 소중히 여깁니다. 한 사람 한 사람의 인간의 소중함을 알아야 아까 말씀하신 자기확인과 자기긍정이 성립합니다. 그 의식이 어느 정도 조정된 상태에서 기업인이 될까 아니면 관료가 될까 또는 학자가 될까를 선택해서 그 방향으로 매진할 수 있겠지요. 학교에서는 공동학습을 통한 인간 형성에 힘을 기울여 다원사회에 공헌할 수 있도록 해야 합니다. 공동체가 먼저 있다고 하는 발상은 일본적인 사상에는 맞을지 몰라도, 일본을 넘어서서 좀 더 넓게 보면 과연 어떨까 하는 의문도 듭니다.

가령 일본적인 공동체에 너무 익숙해지면, 어떤 연유로 인해 일본이 아닌 다른 나라에서 살거나 일하지 않으면 안 되는 상황에서는, 너무나 일본적인 것이 생활의 장애가 되는 경우도 있습니다. 인간의 무한한 가능성을 살리는 방향으로 인격 형성이 행해지는 것이 중요합니다. 즉, 좀 더 실용적이고 가소성(可塑性)이 높은 인간 양성이 먼저 있고, 그다음에 기업공동체를 포함한 각자의 공동체에 걸맞은 인격 형성이 있으면 어떨까 하는 생각이 듭니다.

야자키 사무국장과 뜻을 함께하는 대단히 양심적인 중소기업들은 사회에 공헌할 수 있는 공공성이 높은 기업경영을 열심히 실행하고 계십니다. 그러나 일본의 대다수의 기업, 특히 대기업의 힘 있는 경영자들은, 그런 방향으로 가지 않고 일본사회를 통째로 기업공동체로 만들려고 하고 있습니다. 그것도 미국 대기업에게 유리하도록 일본 전체를 시장화하려 하고 있습니다. 이런 연장선 상에서 성과주의가 나온 것입니다. 일본의 기업이 그것을 정부에 건의하여, 기업과 정부의 밀착에 의해서 일본의 교육을 그렇게 가져가려고 하고 있습니다. 이렇게 정부는 방향이 거꾸로 되어 있습니다. 일본을 '신자유주의'라는 방향으로 전면적으로 개혁하려고 하고 있습니다. 여기에 제동을 걸기 위해서는 시민사회와 학교가 함께 노력하지 않으면 안됩니다.

고쥬교육은 좋은 점도 많지만 그 논리를 악용하는 사람들이 있다는 점에 유념해야 합니다. 저는 항상 "지옥에 가는 길은 선의로 포장되어 있다"고 말하곤 합니다. 부분적으로는 선의(善意)가 있지만 그 논리를 그대로 연장하면 결국 지옥이 됩니다. 요컨대 제아무리 좋은 논리라고 해도, 기업이나 정부의 논리가 사회 전체를 일원화하는 것은 위험하다는 것입니다. 정부와 기업 그리고 학교가 각자의 독자성을 지니면서 서로를 존중하는 자세가 필요합니다.

오늘은 여러분들을 모시고 "교육이란 무엇을 위한 것인가?"라는 문제를 가지고 생각해 보았습니다. 그것은 가령 '부국강병'이라는 국가정책에 충실한 인간을 만들기 위한 것인가? 세계를 시장화해서 맹렬하게 이윤확대를 추구하는 기업에 필요한 인재를 만들기 위한 것인가? 아니면 인간다운 인간을 만들기 위한 것인가? 만약에 그것이 인간다운 인간 양성을 지향한다면, 인간다운 인간이란 과연 어떤 인간인가? 저는 그런 인간을 'human being'이 아니라 'human becoming'으로 이해합니다. 왜냐하면 인간은 태어나서 죽을 때까지 '사람'이 되어 가기 때문입니다. 그래서 중요한 것은 공동(共働)학습, 즉 서로 배우는 것입니다. 자기와 타자는 물론, 기업과 정부와 시민사회가 서로 배우는 것입니다. 이것이 바람직한 국가사회의 모습이라고 생각합니다. 그럼 이때 인간다운 인간은 무엇을 추구하는가? 저는 국익을 추구하는 국가와 시장확대를 지향하는 기업의 논리를 적절하게 조화시키는 것이 시민사회의 역할이라고 생각합니다. 그리고 바람직한 시민사회는 단지 자기의 행복뿐만 아니라 남의 행복도 함께 만들어 나가는 '공공행복'—이것을 저는 '공복'(共福, co-happiness)이라고 부릅니다. 그리고 이런 행복을 더불어 만들어 나가는 것을 '행복공창'(幸福共創)이라고 합니다—이 실현되는 사회입니다. 개인의 행복은 사적인 욕구이기도 하지만 그것을 공적으로 억제하기만 하는 것이 아니라 나와 남이 더불어 가꾸고 키워나가는 공공실천의 기본과제로 삼아서 끈기와 인내를 갖고 지켜나가는 것이 참교육의 옳은 방향이 아닐까요? '교육이 인간과 사회의 행복에 기여하는가?'라는 문제는 우리 모두가 인간과 국가와 세계의 행복실현에 이바지하는 행복공창의 공동학습을 진지하게 실천해 나가는 가운데 보장된다고 하는 신념과 노력과 성의에 의해서 긍정적인 해답을 얻을 수 있다고 생각합니다.

[원제: 共に公共哲学する開新座談会 1「教育は幸福に貢献するだろうか: ニュ—ヨ—クか
らマ—ナ—・レヴィ—ン氏をお迎えして」(『公共的良識人』 제168호, 2005년 11월 1일)]

1. 실심실학(實心實學)이란 무엇인가?

안녕하십니까? 건강하신지요? 행복하신지요? 희망에 넘치고 있습니까? 여러분의 건강과 행복과 희망을 기원합니다. 여러분이 건강하고 행복하고 희망에 넘쳐 있으면 저도 건강하고 행복하고 희망이 충만하기 때문입니다. 이번에 오사카·칸사이 지역의 중소기업의 오너경영자 여러분과 만나서 대화할 수 있게 된 것을 대단히 기쁘게 생각합니다.

먼저 제 말씀을 시작하기에 앞서 오늘 여러분과 저의 대화의 주제인 '기업경영자와 실심실학적 구상력'에 대해서 한 말씀드리고자 합니다. 실은 지금부터 약 1년전(2006년 9월 27일)에 인사원 국가공무원연수소에서 '국가공무원과 공공철학적 구상력'이라는 주제로 국가공무원들과 대화를 나눈 적이 있습니다.[21]

---

* 김태창 선생이 오사카에 있는 '세이와쥬크'(盛和塾)에서 경영인들을 대상으로 '실심실학'을 주제로 행한 강연이다. '세이와쥬크'는 1983년에 교토의 젊은 경영인들이 경영철학을 배우고자 하는 공통의 문제의식을 가지고 설립한 배움의 장으로, 현재(2007) 일본 국내에 54개, 국외에 16개가 있으며, 총 회원수는 7천명이 넘고 있다. '실심실학'은 전통시대의 일본이나 중국에는 등장하지 않고 조선사상사에만 나타나는 학문과 사상의 독특한 성향으로서, 도덕성을 결여하고 기술합리성에만 집착하는 '실용실학'이나 '실리실학'과는 근본적으로 차원을 달리하는 학사적(學思的) 에토스이다. 김태창 선생은 이 강연에서 동아시아의 사상 자원으로서의 '실심실학'을 바탕으로 이 시대에 걸맞은 공공적인 경영철학을 전개하고 있다. 실학에 대한 새로운 이해와 그것에 바탕을 둔 경영철학이 지금 우리 사회에도 절실히 요청된다고 생각되어 이 책에 싣는다.
일시: 2007년 10월 14일/ 장소: 오사카부립(大阪府立) 국제회의장
주최: 세이와쥬크(盛和塾) 오사카 추계특별연구회

그것과 관련해서 주식회사 휠리시모의 야자키 카즈히코 명예회장이 설정한 문제제기에 대해서 저의 솔직한 응답을 기대한다는 뜻을 전해왔기 때문에 제가 오늘 이 자리에 서게 된 것입니다. 미국과 유럽의 경영사상에 대한 이론 소개나 해설은 시중에 홍수처럼 넘쳐나고 있습니다만, 동아시아의 사상과 철학을 배우고 생각할 필요도 있지 않나 하는 것이 야자키 카즈히코 회장의 평소의 문제의식인 것을 저도 잘 알고 있어서, 여러분을 대표하는 자리에 계신 분의 요청에 기쁘게 응하게 된 것이지요.

동아시아의 전통적인 사상과 철학을 중시하는 야자키 회장의 생각에 기초해서, 춘계특별연구회에서는 오늘날 일본에서의 중국학의 명실상부한 최고권위자이신 미조구치 유조(溝口雄三, 1932~2010) 선생을 모시고 '본래적 자기'에 관한 고견을 경청하셨다고 들었습니다. '본래적 자기'를 규명하고, 거기에서 모든 인간적 활동의 의미와 천하국가의 개물성무(開物成務)를 심사숙고하는 것이 정통 유학의 '수기치인'이고, 특히 양명학의 '치양지'(致良知)의 기본자세이기도 합니다. 그래서 저도 그 범위 내에서는 공명·공감하는 바입니다.

그러나 1990년에 일본에 온 이래, 일본 국내외에서 다양한 여러 문제 공유자들과 함께 공구공론(共究共論)해 온 공공하는 철학의 입장에서 생각하면, 어쩔 수 없이 외람스럽게도 양명학과는 다른 이야기를 하지 않을 수 없습니다. 이런 사정을 잘 알고 계시는 야자키 카즈히코 회장이 동아시아발(發) 공공(하는)철학의 바탕이 되어온 실심실학의 중요한 한 측면을 경영자들과 함께 진지하게 생각해보는 것도 실천적 의의가 크다고 하셨기 때문에 저도 소견의 일단을 말씀드리게 된 것입니다.

지금까지 일본에서도 중국에서도 '실학'은 상당히 논의되어 왔습니다. 그것들은 대체로 '실용실학'·'실리실학'·'실업실학'이었습니다. 후쿠자와 유키치(福澤諭吉, 1834~1901)의 실학론은 그 전형적인 사례의 하나입니다. 하지만 '실심실학'은 17세기에서 19세기에 이르는 조선왕조에 나타난 새로운 학문경향입니다. 그것은 '실심·실학·실지'(實地)의 방법자세를 주축으로 하는 것입니다.

여기에서 특히 '실지'는 생활현장에서의 일상적 실천 활동을 말합니다. 그렇다면 실심실학의 특징은 무엇인가? 학문에 실심·실무·실덕을 담고, 거기서 실덕·실효·실현을 낳으려는 학문적 자세를 기본으로 하는 것입니다. 그것은 참을 찾는 삶과 참을 이루려는 뜻과 참을 연모하는 얼을 지닌 실천자의 자세이기도 합니다. 그러나 지금 여기에서 여러분과 함께 실심실학을 얘기하는 것이 17세기에서 19세기까지의 한국사상으로 되돌아가는 것은 결코 아닙니다. '실심실학'이라는 말과는 별도로 실심실학적 사고와 실천은 시대를 넘어서 어디에서든 가능하다고 생각하고, 그것의 오늘과 내일에 있어서의 의의를 여러분과 함께 다시 새김질해 보자는 것입니다. 그리고 동아시아발(發) 공공하는 철학을 공동구축하는 데 있어서 귀중한 사상자원으로 되살리는 것이 중요하다는 입장에서 주자학이나 양명학 그리고 일본사상의 다양한 측면도 그런 각도에서 다시 조명해 볼 필요가 있습니다.

정통유학적인 견식에 기초해서 생각하면 기업경영자 개인의 내면적 주체성의 강조는 지극히 당연합니다. 그리고 특히 경영자의 내면적 주체가 확립되지 않으면 모든 사고·실천·활동의 원천·근거가 애매해져 버리기 때문에, 먼저 이 과제야말로 가장 중요하다고 말하는 것도 이해할 수 있습니다. 그래서 '본래적 자기'의 규명이나 확립이 원초적 문제가 된다는 것에 대해서 전혀 이해할 수 없다는 입장은 아닙니다. 그렇지만 저 개인의 실심실학적 사고실천은 개인의 내면적 주체성이라기보다는/주체성이 아니라, 자기와 타자의 사이에서 이루어지는 상호관련적 주체성의 생성과 발전과 진화의 규명으로부터 전개됩니다. 그리고 실심을 의식내재적 현상으로서가 아니라 의식매개적 역동으로 이해하는 것입니다.

저의 개인적인 생각을 말씀드리면 '본래적 자기'가 실체로서 어딘가에 실재하고, 거기에서 사고·실천·활동이 시작되는 것은 아니라는 겁니다. 만약에 진짜 자기라는 것이 있다고 한다면 그것은 자기와 타자의 지속적인 상극·상화·상생의 상관연동을 통해서 생성·발전·진화한다고 생각합니다. 사고와 실천과 활동의 원천·근거·유래가 자기의 내면이 아니라 자기와 타자의 만남·사이·교제에 있다는 것입니다. 일군만민체제와 같은 시스템에서는 군주한 사람의 내면적 자질이 바람직한 미덕으로 육성·성장·성숙하면 성군이 되고, 다른 모든 사람은 충신·신민·양민으로 거기에 따르면 모든 일이 잘 된다고 상정하는 것도 가능하겠지요. 하지만 오늘날의 현실은 정치적·사회적·경제적 상황변화에 동반되어 통합지배의 시대에서 교환교섭의 시대로의 전환이 다양·다원·다층적으로 요구되고 있습니다. 자기우선의 생각만으로는 제대로 대응할 수 없는 문제상황이 빈번히 일어나고 있습니다. 교환교섭의 시대에는 자타간의 상호승인이 기본입니다. 기업경영자는 일종의 리더입니다. 리더라는 사람이 자기 자신의 도덕적 탁월성을 수단으로 해서 타자의 추종을 요구하는 일은 더 이상 통용되지 않게 되었습니다. 리더가 군림하는 지도자·지배자·통합자의 시대와는 다릅니다. '모두를 위해서'라는 명분에 기초한 자기 한 사람의 소신을 일방적으로 요구하는 것은 더 이상 통하지 않기 때문입니다.

서론이 좀 길어졌습니다만, 지금부터 21세기의 기업경영자에게 기대되는 실심실학적 구상력의 내용에 들어가겠습니다. 실심실학적 구상의 역동은 학습뿐만 아니라 학습(學習)과 학사(學思)와 호학(好學)의 상관연동을 통해서 시발·회전·창달됩니다. 그래서 먼저 학습과 학사와 호학의 각각에 대해서 잘 살펴보고 동시에 그것들이 어떻게 상관연동하는가를 잘 헤아려 볼 필요가 있습니다. 20세기는 명실공히 미국의 세기였습니다. 하지만 21세기는 한중일을 포함한 동아시아의 세기가 되지 않을까 하는 느낌이 듭니다. 왜냐하면 동아시아의 정치·경제·군사적 위상이 고도로 향상됨과 동시에 그 사상적·철학적·문화적 영향력이 크게 증가되고 있다고 생각되기 때문입니다. 그리고 동아시아로부터의 사상적·철학적·문화적 기여가 급속하게 확대될 것이고, 그 중요성이 세계적 공통인식이 된다고 생각하기 때문입니다. 그래서 동아시아의 사상적·철학적·문화적 자원과 유산—고전을 포함해서—의 재발굴과 재활학(再活學)과 재창신이 긴급과제인 것입니다.

왜 학사(學思)하는가?

동아시아의 사상과 철학과 문화를 이야기하는 경우에 『논어』를 그 출발점으로 삼는 것도 좋을 것 같습니다. 왜냐하면 여러분께서도 이미 잘 알고 계실 것 같아서입니다. 그래서 동아시아의 사상적·철학적·문화적 전통유산에 유래하면서 그것을 잘 살리면서도 진일보시켰던 실심실학적 사고실천도 『논어』의 독해와 해석과 연결시켜서 이야기를 이어가는 것이 여러분과의 대화를 위해서 좋을 것 같다고 생각하는데 어떻습니까? 먼저 머릿속에 떠오르는 것은 「학이」편의 첫머리입니다.

"선생께서 말씀하셨다: 배우고 때로 익히면 참으로 기쁘지 아니한가! 벗이 멀리서 찾아오면 참으로 즐겁지 아니한가! 남이 알아주지 않아도 화내지 않으면 참으로 군자답지 아니한가!"(子曰: 學而時習之, 不亦說乎! 有朋自遠方來, 不亦樂乎! 人不知而不慍, 不亦君子乎!)

'독학독습'(獨學獨習)의 기쁨과 '공학공습'(共學共習)의 즐거움을 학습 행위의 기본으로 자리매김하고, 그것의 의미를 개인내재적 희열과 자타 간의 공락(共樂)을 가져오는 것으로 연결시킨 것입니다. 세상 사람들이 그 성과를 인정해 주지 않아도 화내지(慍·恨·怨·憾) 않는 것이 학문의 길을 걷는 자의 미덕이 아니겠는가? 여기에 유학의 학자관과 학문관이 제시되고 있습니다. 그뿐만 아니라 배우고 익히는 데에 참된 기쁨과 즐거움이 있다고 하는 행복관의 핵심도 표명되어 있습니다.

하지만 저는 언제나 "학습하는 것만으로는 부족하다"고 말합니다. '학사(學思)하는' 것이 중요하다는 점을 강조합니다. '학사한다'는 것은 그저 '배우기만' 하는 것이 아니라 '배우면서 동시에 생각하는' 것입니다. 배우면서 동시에 생각하는 것이 왜 필요할까요? 「위정」편에서 공자는 이렇게 답하고 있습니다.

"배우기만 하고 생각하지 않으면 어둡고, 생각하기만 하고 배우지 않으면 위태롭다."(學而不思則罔, 思而不學則殆)

항상 '배우기'만 하고 스스로 머리로 생각하지 않는 것은 지식만 늘어날 뿐

방향성이 정해지지 않습니다. 책만 많이 읽는 것이 중요한 것은 아닙니다. 박학다식한 것이 자랑은 아닙니다. 그런 거라면 백과사전으로 충분하지 않나요? 수십 종류의 백과사전이 컴퓨터 속에 들어 있습니다. 컴퓨터와 기억력을 경쟁해서 이기는 것이 인간의 두뇌에 부여된 사명은 아닙니다.

컴퓨터와 인간 두뇌의 차이는 컴퓨터는 입력된 것밖에 내놓지 못하지만, 인간의 두뇌는 사용법에 따라서는 입력되지 않은 것까지도 상상력을 발휘해서 무한한 것을 생각할 수 있다는 점입니다. 그리고 그것을 실천에 옮겨 나갈 수 있습니다. 그런 놀랄 만한 멋진 능력을 인간의 뇌가 갖고 있습니다. 그것의 작용을 방해하는 '기억'이라고 하는 지식의 축적은 별 의미가 없습니다.

어릴 적에 할아버지로부터 자주 들은 이야기입니다만, 훌륭한 스승을 만나는 것이 인생의 가장 큰 행운이라고 합니다. 그것은 그 사람으로부터 '지식'을 얻을 수 있기 때문이 아닙니다. 배우면서 생각하고, 생각한 것이 고착되지 않도록 다시 배우는 학습과 학사의 상관연동의 인격화된 실상에 접할 수 있기 때문입니다. 가까운 곳에서 그 살아 있는 모습을 볼 수 있기 때문입니다. 하지만 자기 멋대로 생각하기만 하고 제대로 배우는 것을 게을리하면 이번에는 위태롭게 됩니다. 어처구니없는 일을 저지르는 경우도 있지요. "나는 이 정도로 충분하다. 더 이상 배울 게 없다"고 생각하는 순간 위험하게 됩니다. 그것이 그 사람 개인만의 일이라면 자업자득으로 끝나게 되지만, 주위 사람들 전부를 끌어들여서 커다란 비극을 일으킬 가능성이 있기 때문에 그 위험성이 심각합니다. 그래서 '배우는' 것과 '생각하는' 것이 동시공진하는 것이 중요합니다. 그것을 '학사한다'는 말로 제시해 본 것입니다.

그럼 어째서 학습과 학사의 동시병진이 필요한가? 그것은 '지'와 '덕'과 '행'의 상호관련적인 균형이 잘 잡히기 때문입니다. 그리고 그것들이 호학과 어떻게 이어지는가가 「양화」편에 공자에 의해서 설명되고 있습니다. 좀 집요한 데가 있지만 심사숙고할 만한 가치가 있습니다.

"어짊을 좋아하되 배움을 좋아하지 않으면 어리석은 폐단에 빠진다. 앎을 좋아하되 배움을 좋아하지 않으면 황망한 폐단에 빠진다. 믿음을 좋아하되 배움을 좋아하지 않으면 배반하는 폐단에 빠진다. 곧음을 좋아하되 배움을 좋아하지 않으면 옹색하게 되는 폐단에 빠진다. 용기를 좋아하되 배움을 좋아하지 않으면 난폭한 폐단에 빠진다. 강함을 좋아하되 배움을 좋아하지 않으면 망동하는 폐단에 빠진다."(好仁不好學, 其蔽也愚; 好知不好學, 其蔽也蕩; 好信不好學, 其蔽也賊; 好直不好學, 其蔽也絞; 好勇不好學, 其蔽也亂; 好剛不好學, 其蔽也狂.)

이 말의 의미를 좀 더 풀어보면, 어떠한 미덕이라고 해도 그것을 항상 새롭게 다시 배우는 것을 좋아하는 '호학'의 마음자세가 뒷받침되지 않으면 그 미덕으로서의 본래의 작용을 방해하게 된다. 가령 어진 것만 좋아하고 계속해서 배워나가는 것을 좋아하지 않으면 남한테 속거나 미혹되거나 마땅함을 얻지 못하게 된다. 이것을 '어리석음의 폐단'이라고 한다. 아는 것만 좋아하고 계속해서 배워나가는 것을 좋아하지 않으면 쓸데없이 고매한 데로 빠져서 끊임없이 박학을 자랑하게 된다. 이것을 '황망의 폐단'이라고 한다. 믿는 것만 좋아하고 계속해서 배워나가는 것을 좋아하지 않으면 과신·경신·미신이 되어서 자기를 해치고 남에게도 상처를 주게 된다. 이것을 '배반하는 폐단'이라고 한다. 곧은 것만 좋아하고 계속해서 배워나가는 것을 좋아하지 않으면 남을 책망하고 자기를 자책하는 것이 급박하고 지나치게 엄격하게 될 뿐이다. 이것을 '옹색하게 되는 폐단'이라고 한다. 용감한 것만 좋아하고 계속해서 배워나가는 것을 좋아하지 않으면 혈기만 넘치는 난폭한 폭군이 될 뿐이다. 이것을 '난폭한 폐단'이라고 한다. 강한 것만 좋아하고 계속해서 배워나가는 것을 좋아하지 않으면 경거망동하여 광기에 빠진다. 이것을 '망동하는 폐단'이라고 한다.

여기서 주의할 것은 호기심과 호학심의 차이를 잘 구분하는 것입니다. '인'(仁)에 대한 호기심에서 '인'에 대한 지식이 증가하여 일정한 지식이 성립합니다. 하지만 항상 반성·재고·재확인하는 일을 좋아하는 것이 동반되지 않으면 어느 지점에서 그것이 고정화되고 절대화되고 마침내 반가치·반도덕이 되고 맙니다. 그래서 '인'(仁)이 결국 '불인'(不仁)이 되어 버리는 것입니다.

저는 '호학'이란 주로 한 사람 한 사람의 학습과 학사와의 관련에서 말해지는 것인데 반해서, 자타 간의 공학공습(共學共習)이라는 맥락에서 논의되는 것은 '낙학'(樂學)으로, 양자를 나누어서 생각할 필요가 있다고 생각합니다. 개개인의 자기내재적 심정으로서의 희열과 자타간매적(自他間媒的) 심기로서의 공락(共樂)의 차이를 체험하는 것이 중요하기 때문입니다. 왜냐하면 학문의 도가 개개인의 주관적 행복으로 이어진다는 것과 자타간의 공환적(共歡的) 행복과 연동한다는 것은, 서로 다른 인식과 실천의 지평이기 때문입니다.

무엇을 학사하는가?

항상 새롭게 배워 나가면서 잘 생각하는 것이 중요합니다. 이번 모임의 과제는 기업경영자의 실심실학적 구상력을 '학사마련'(學思磨鍊)하는 것입니다. 왕양명이 '사상마련'(事上磨鍊)을 강조했다면 주자학은 '사상마련' 못지않게 '리상마련'(理上磨鍊)이 필수불가결하다는 점을 확언했습니다. '사상마련'과 '라상마련'의 양쪽이 조정되는 방향으로 나아가는 공부가 더없이 중요하고, 그것을 '학사마련'이라고 부를 수 있다는 것이 저의 생각인데, 여러분께서는 어떻게 생각하시는지요?

실천활동은 올바른 사리에 반하지 않는 것이 중요합니다. 실천활동은 항상 반성과 개신을 필요로 하기 때문입니다. 반성이 없는 실천은 위험합니다. 왜냐하면 그것은 독선적인 폭력이 될 가능성이 있기 때문입니다. '실학'이란 '실용·실익·실업·실리의 학'이라고 이해하는 경향이 있습니다. 이것은 일본에서는 후쿠자와 유키치(福沢諭吉. 1834~1901)와 마루야마 마사오(丸山真男, 1914~1996)의 실학 이해입니다. '도리'(道理)보다는 '물리'(物理)를 중시하는 실학이 강조되었습니다. 지금까지 너무나 도학적이고 도덕적인 이치가 강조되었기 때문에 앞으로는 그 실용·실리를 중시해야 한다고 하는 문맥에서 '실학'이 논의되었습니다. 기업경영자의 말을 빌리면 '기업이윤'이나 '기업번창'을 생각하는 것이 실학적 사고와 실천의 내용이 되겠지요. 이것이야말로 실용실학의 핵심입니다. 하지만 최근에 들어와서 '기업책임'이라는 문제가 부각되었습니다. 인간의 마음 상태나 인간과 인간의 관계, 인간과 사회의 관계를 근본적으로 다시 생각할 필요가 생겨서 기업경영자의 실심이 문제시된 것이지요. 실용실학만으로는 일일이 다 대응할 수 없는 문제상황에 대한 실학적 대응자세의 심사숙고가 우리에게 요구되고 있습니다. 그것은 실로 실심실학적 중요과제입니다. 그럼 실심실학이란 과연 무엇인가에 대해서 진지하게 공구공의(共究共議)하기로 합시다. 먼저 실학이란 무엇인가부터 생각해 봅시다.

① 진실무위(無僞)의 인간(의식)학과 경세제민(經世濟民)의 세계(경영)학 ② 입세(入世)·경세(經世)의 학(공복고심(空腹高心)의 학에 대한 비판) ③ '활사'(活私)의 인간(의식) 개조와 '개공'(開公)의 세계(경영) 개선의 상관연동연구와 실천활동.

중국에서는 실학 이전의 학을 '공복고심의 학'이라고 비판했습니다. "배는 고파도 마음만은 높다"고 말하는 학문은 아무런 쓸모가 없다, 학자의 오만에 지나지 않는다고 비판하면서 '입세·경세의 학'이라고 한 것입니다. '입세'는 불교의 '출세간'의 반대입니다. 세간에서 탈출하는 불자(佛者)의 삶에 대해서 '아니다'라고 말하고, "어디까지나 인간세계 속에 몸담고 있어야 한다"라는 것이 입세입니다. 그 인간세계를 '경영'하는 학문이야말로 진정한 학문으로, 그것이야말로 실학이라는 것이 중국에서의 실학인식의 한 유형이었습니다.

또한 일본에서도 후쿠자와 유키치류의 실용실학과 요코이 쇼난(橫井小楠, 1809~1869)류의 실사실학(實事實學)이 실학의 양대산맥처럼 계승되어 왔습니다. 도쿠가와 시대에서 메이지 시대까지의 일입니다. 중국에서도 일본에서도 실학이라고 하면 실용·실사·실증·실리·실효의 학이라는 성격과 목표가 그 특징입니다.

저는 '무위자연의 물학'(物學)과 '진실당위의 심학'(心學) 혹은 '(인간)의식학'과 '경세제민(經世濟民)의 세계(경영)학'의 상관탐구·실천활동이 아닌가 생각합니다. 그와 같은 삼차원연동의 학습과 학사의 활동을 실심·실학·실천한다는 의미를 담아서 '실심실학'이라고 부르는 것입니다. 그것은 바꿔 말하면 인간(의식)의 변혁, 즉 '활'(活)을 통해서 세계의 모습을 개선하는 것, 즉 개공(開公)을 지향하는 지·덕·행의 삼화역동(三和力働)을 탐구하는 것이기도 합니다. 다른 말로 하면 제가 주창해 온 공공하는 철학의 근저에 숨어 있는 하나의 실천적 사상이기도 합니다.

'실심실학'이라는 학사적(學思的) 경향은 17~18세기 조선에서 올바른 학문과 실천에 매진했던 윤증(尹拯, 1629~1714)에 의해서 제대로 정리되었다고 저는 보고 있습니다. 그리고 저는 여기에서 정제두(鄭齊斗, 1649~1736)나 홍대용(洪大容, 1731~1783)으로 이어지는 실심실학의 실사구시적 학사력(學思力)을 오늘과 내일의 기업경영자의 경영실학적 구상력의 기본으로 활학(活學)·활용(活用)·활개(活開)함으로써 현실개혁적이고 미래건설적인 실천력으로 기르면 어떻겠는가, 라고 여러분께 여쭙고 있는 것입니다.

왜냐하면 기업경영자의 지향과 판단과 행동과 책임은 물학적·심학적·실학적 학사마련에 기초해야 비로소 건전성과 현실성과 창조성이 살아난다고 생각하기 때문입니다. 물학적 학사는 자연환경에 대한 배려를 충실하게 합니다. 심학적 학사는 인간의 진심·실심·성심의 원천과 그 작용을 체득하게 합니다. 그리고 경세제민학은 자기와 타자와 세계의 복잡한 관계에 대한 깊은 이해를 가져다줍니다. 기업경영자는 인간과 자원과 시간을 합리적으로 조직화하여 기업목표를 달성하는 것이 그 역할이기 때문에, 실심실학의 삼차원상관적인 학사마련이 없어서는 안 되는 기본 조건입니다.

학사는 진심으로 하는가?

어떤 일이든 진심으로 하는가 건성으로 하는가가 중요한 문제입니다. 기업경영자가 자신의 경영을 진심으로 하고 있는가? 그 '진심'이란 무엇인가? 보통 생각으로는 성심성의입니다. 그것이 진심이고 '실심'입니다. 왕양명의 '양지'라고도 할 수 있습니다. 하지만 저는 그것만으로는 아직 '진심'이라고는 할 수 없다고 생각합니다.

'진심'이란 자신의 생명의 작용에까지 이어지는 것입니다. 목숨을 걸고 하는 것입니다. 그것은 동시에 타자의 생명 작용과도 겹쳐져야 비로소 자타상생의 작용이 되는 것입니다. 저의 개인적인 견해입니다만 '실심실학'의 '실심'은 생명을 기르는 마음의 작용으로 이해해야 합니다. 생명의 작용과 직결되지 않는 마음이라면 아직 추상적·관념적이라고 하지 않을 수 없습니다.

여기서 일본의 기업경영자들 사이에서 많은 팬을 가지고 있는 두 사람의 역사적 인물의 생각을 여러분과 함께 공론공의(共論共議)해 보기로 합시다. 이것은 어디까지나 하나의 사례입니다. 그 이상도 그 이하도 아닙니다. 에도시대 후기의 유학자인 사또 잇사이(佐藤一齋, 1772~1859)와 막말유신기의 정치가인 사이고 다카모리(西鄕隆盛, 1827~1877)에서의 '하늘'(天)과 '자기'(己)와 '타자'(人)의 상호관계에 대해 다시 한번 사상의 흔적을 더듬어 보는 것입니다.

사또 잇사이는 '하늘'(天)과 '자기'(己)의 연결을 기본으로 하면서 '타자'(人)와의 관계가 그것에 종속되는 것이라고 이해합니다. 그리고 '하늘'과 '자기'의 연결을 통해서 '고금제일등(古今第一等)의 인간'이 되기를 지향합니다. 그러기 위해서는 '극기'가 전제되어야 한다고 생각합니다. '자기를 이긴다'는 목표를 달성하려고 하는 것이지요. '하늘'과 '자기'가 이어지고, 그 '자기'가 주위로부터의 자극으로 요동치는 것을 막고 제대로 정립되기 위해서는 항상 자신을 이겨야 합니다. 자신의 무엇에 이기는가? 자신의 '마음'과 '몸' 즉 신체의 욕망에 이기는 것입니다. 그리고 하늘로 이어지는 마음을 작용하게 하는 것입니다. 그것은 하늘의 마음이 자기를 통해서 작용하는 것이기도 하고, 자기 마음이 곧 하늘의 마음이기도 하다는 것이 되겠지요. 이것이 '경천극기'(敬天克己)라는 생각의 기본입니다.

사이고 다카모리는 동시대의 서양학자인 나카무라 마사나오(中村正直, 1832~1891)의 '경천애인설'(敬天愛人說, 1868)의 영향을 받아서, '경천애인'을 기본신조로 삼기에 이르렀다고 합니다. 사또 잇사이가 '경천'을 '극기'의 근거로 삼은 것과는 달리, 사이고 다카모리는 '경천'을 '애인'의 원천으로 삼았습니다. 사또 잇사이는 '천'을 자기확립의 근거로 삼았는데, 사이고 다카모리는 '천'을 자기와 타자의 관계의 원천으로 삼은 것이지요. 제가 이해하기로는 '극기'는 어디까지나 자기의 내면적인 차원의 이야기입니다. 자기 내면 속에 천명에 대한 각성과 신체의 욕망이라는 상반대립되는 두 개의 작용이 있어서 각각이 갈등을 일으키는 것인데, 천(天)의 작용을 가지고 욕(欲)의 작용에 이기는 것이 바로 극기입니다. 그래서 '천'이야말로 진정한 자기가 확립되는 근거이고, 거기에서 모든 인간적 활동이 수행된다고 생각하는 것입니다.

그러나 사이고 다카모리는 상당히 다릅니다. 사또 잇사이로부터 배운 바가 많은데, 자기자신의 체험에 기초한 심사숙려와 사상마련을 거친 뒤에 '경천'이 곧 '애인'임을 깨닫고 잇사이의 경지에서 한 걸음 더 나아간 것입니다. 경천하는 것은 자기자신의 자기를 확립하는 것이라는 것과, 경천하는 것은 타자를 사랑하는 것이라는 것은, 그 사상적·행위적 연관이 전연 다릅니다.

사이고 다카모리가 사또 잇사이로부터 진지하게 배우면서도 그로부터 일정한 거리를 둔 것은 하늘(天)에 대한 이해가 달랐기 때문입니다. '하늘'은 '자기'와 '타자'의 공통원천입니다. 자기와 타자가 함께·서로·치우침없이 그로부터 출생(出生)·출래(出來)·출성(出成)하는 원천입니다. 그래서 자기확립의 근거인 것만은 아닙니다. 하늘을 공경하는 자기는 자기의 마음과 하늘의 마음이 향화(響和)하는 마음의 작용입니다. '천'이란 자기와 타자의 상극·상화·상생을 통해서 자타상애(自他相愛)의 마음이 작용하게 되는 심지(心志)의 근원입니다. 그 작용을 방해하는 것이 있다고 한다면, 그것은 타자부재의 자기확립에 편향되는 마음의 치우침입니다. 그래서 사이고 다카모리는 '경천애인'에서 무엇보다도 경계해야 할 것은 "자기를 사랑하는 것이다"고 연명한 것입니다. 즉 '경천'은 자기의 내면적 자세라기보다는 자타와의 사이에서 작용하는 심기(心機)의 원점이라는 것입니다.

저의 개인적인 견해입니다만, 사또 잇사이의 '경천극기'는 하나의 뛰어난 사철학(私哲學) 즉 자기확립 철학의 기초만들기였다고 할 수 있습니다. 본래적 자기는 어떠해야 하는가, 라는 문제에 대한 그 나름대로의 진지한 응답이었다고 생각됩니다. 아직 자기라는 생각이 충분히 성숙되지 않았던 시대의 중요한 사상과제에 몰두했다는 의미는 결코 적지 않습니다. 그러나 그것만으로는 자기형성의 철학은 되지만 자타상생의 철학은 되지 않습니다. 그것과 대비해서 이해하면, 사이고 다카모리의 '경천애인'은 자기와 타자와 세계를 상호관련적으로 생각하는 공공하는 철학과의 관련성을 실감할 수 있습니다. 그것은 자기와 타자를 통째로 국가 속에 회수·동화·통합시키는 공철학·국가철학과도 다릅니다.

사이고 다카모리도 메이지 시기의 국가 형성 과정에서 중요한 역할을 수행한 역사적 거인 중의 한 사람입니다. 그러나 가령 동시대의 동향 출신의 정치가인 오오쿠보 토시미치(大久保利通, 1830~1878)의 눈부신 영달과 비교하면, 그는 도중에 실패한 인간에 불과합니다. 그럼에도 불구하고 오늘날의 일본인은 메이지유신의 주역들보다도 사이고 다카모리를 변함없이 경애하고 있지요. 이러한 애착의 근거는 무엇일까요?

그것은 사이고 다카모리가 자기 속에 갇힌 인간이 아니었기 때문이 아닐까요? 그는 '자기를 세우기 위해서 하늘(天)을 공경한' 것이 아니라 '자기와 타자를 함께 세우기' 위해서 '천'이라는 궁극적인 근원을 상정하고, 그로부터 자기와 타자와 세계가 상경상애(相敬相愛)하는 새로운 세계를 그리고 있었던 것은 아닐까요? "자기가 선다"는 것은 중요합니다. 그것이 없으면 사고와 행동의 원점이 정해지지 않기 때문입니다. 하지만 그것은 어디까지나 사고의 하나의 출발점입니다. 거기에서 열리는 지평이 중요합니다. 그것은 자타상생의 지평입니다. 특히 기업경영자는 자기경영과 인간(타자)경영과 세계경영의 상극·상화·상생의 실천적 지덕행의 긴밀한 상관연동을 체득할 필요가 있습니다. 사이고 다카모리의 '경천애인'의 깊은 의미를 이해하는 것이 무엇보다도 중요하다고 생각합니다.

'경천애인'은 한 세대의 과제는 아닙니다. 세세대대로 계승생생해야 할 세대횡단매개적인 과제입니다. 그리고 저의 개인적인 견해라서 조심스럽습니다만,

'경천애인'을 현대의 우리의 생활감각에 기초해서 말해보면, 기업이념이라는 천명에 따르는 것을 한 사람 한 사람의 '참마음' 즉 실심·성심·진심의 근본으로 삼으면서, 경영책임자와 종업원이 함께·서로·치우침없이 생명의 존엄을 존중함과 동시에, 그것이 놓인 지역과 문화·전통·가치를 소중히 여기는 가운데 기업체의 영속적 발전을 지향하는 것이 됩니다. 그래서 무엇보다도 중요한 것은 자타 간의 상호경애라고 하는 실심의 작용입니다.

종종 "기업은 사람이다"고 말합니다. 이 말은 기업은 결국 최고책임자의 인격·견식·결단력에 좌우된다고 해석되는 것이 정설입니다. 하지만 저의 해석은 다릅니다. 최고책임자의 문제일 뿐만 아니라 거기에 모이고 거기에서 만나고 함께 일하는 인간들의 자타상생의 역동형태의 문제입니다. 자기와 타자가 함께·서로·마주보고 어떻게 서로를 살리는가의 문제이지, 최고책임자의 인격 형성만의 문제로 끝나는 것은 아닙니다.

마지막으로 자기란 무엇인가, 라는 문제가 있습니다. 기업경영자에게도 대단히 중요한 문제입니다. 자기를 어떻게 이해·인식·확정하는가가 경영을 포함한 모든 인간적 활동에 대한 실심실학적 학사실행의 전제가 되기 때문입니다. 여기에서 감히 저의 사견을 말씀드리면, 기본적으로 세 종류의 자기파악 방법이 있다고 생각합니다.

먼저 "나는 나다"라는 자기이해입니다. '자기동일적 자기'라는 것이지요. 모든 타자 개입을 거부·배제·부정하는 자립·자력·자작의 자기확정입니다. 사토 잇사이의 자기관은 이것에 가깝습니다. 그다음으로 "나는 내가 아닌 데서 나이다"라고 하는 자기이해입니다. 자기가 자기이기 위해서는 자기부정의 계기가 필요하다고 하는 자기이해입니다. 사이고 다카모리의 자기관의 경우는 '하늘'이 자기동일성의 고정화를 부정하는 계기가 되어 자기를 타자쪽으로 엶과 동시에 더 나아가서 타자를 사랑한다고 하는 심지(心志)의 작용이라고 생각하면 어떨까요? 이렇게 생각한 것이 아닐까요? 마지막은, 먼저 '자기동일적 자기'와 '자기부정적 자기'의 두 계기를 포월(包越)하는 자기를 생각해 볼 수 있습니다. 그것은 '이미 있는 자기' 또는 어떤 모습으로 '틀잡혀진 자기'라기보다는 '생화(生生化化)하는 자기' 또는 '되어 가는 자기'라고 말할 수 있습니다. "자기란 타자와 함께 · 서로 · 교류함을 통해서 자기가 되어 간다"고 하는 자기이해이지요. 자기란 자신의 자기일 뿐만 아니라 타자의 자기와의 상극 · 상화 · 상생을 통해서 형성 · 발달 · 향상된다고 하는 자기관 혹은 자타관입니다. 가령 에도중기의 상인학자인 이시다 바이간(石田梅岩, 1685~1744)과 그 문하생들의 상인적 자기관 내지는 자타관의 핵심인 "상대방도 서고 나도 선다"고 하는 입장과도 연결되는 것입니다. "내가 서기 위해서 다른 사람을 제압한다"고 하는 무사적 자기와는 다른 상인적 자기의 모습이 아닌가 생각합니다.

실심실학적 구상력을 두사람의 사상가를 통해서 학사마련한다

여기서 저는 여러분에게 두 사람의 사상가를 소개하고, 각자의 실심실학적 구상력의 실례를 놓고 여러분과 함께 공동학사를 시도해 보려고 합니다. 그 두 사람이란 앞서 말씀드렸던 이시다 바이간과 19세기 말 센다이(仙台) 출신의 종교사상가인 아라이 오스이(新井奥邃, 1845~1922)입니다.

우선 이시다 바이간의 '상심상학'(商心商學)의 공동학사(共働學思)부터 살펴보기로 합시다.

1) "본성을 아는 것은 학문의 강령이다. 마음을 아는 것을 학문의 시작이라고 한다. 그런데 (사람들은) 심성에 대한 논의 이외에도 학문이 있는 줄은 모른다. 본성을 알면 사심이 없다. 사심이 없으면 허공과 같다. 자기와 타인을 방해하는 욕심을 제거하게 되면 온 천지가 내 마음이 된다. 내 마음(私心)도 (천지와) 한 몸(一體)이기 때문에 무슨 일이든 되는대로 맡긴다. 되는대로 맡겨도 되는 것을 가지고 마음(私心)을 써서 고민하는 것은 쓸데없는 짓이다." (『어록』 19)

이시다 바이간의 학문의 목표는 '본성을 아는 것'으로, 그것은 먼저 '마음을 아는' 데에서 시작합니다. '본성'은 규범적 · 도덕적인 마음의 모습이고, '마음'

은 실존적·일상적인 마음의 드러남이라고도 생각할 수 있습니다. 그리고 본성은 마음의 체(體) 혹은 본체로서 천지만물을 관통하는 것으로, 개개인의 기질적 차이와 동시에 시대나 국경의 차이를 초월하는 보편적인 동일성의 근거로 상정된 것입니다. 마음이 '생'(生)의 드러남이라고 하면, 한 사람 한 사람의 자기·자아·사심이 천지만물이나 타자와 잘 매개가 될 터인데, 그것이 여러 형태로 방해받는 것은 마음이 본성에서 벗어나서 사심·사욕·욕심으로 변질되었을 때의 작용에 의한다는 것입니다.

바이간의 학문의 목적은 '본성을 아는 것'이고, 바로 그것이 '본성을 알면 행하기 쉬운 도'(「도비문답(都鄙問答)의 단락」)가 되기 때문입니다. 그것은 결국 "학문의 지극함이란 마음을 다하고 본성을 아는 것으로, 본성을 알면 하늘을 안다. 하늘을 알면 그것이 곧 공맹의 마음"임과 동시에 "마음을 알게 되면 천리는 그 속에 갖추어진다"(「어떤 학자가 상인의 학문을 비난한다는 단락」)는 것입니다. 그리고 "본성을 알고 싶어서 수행하는 자는 얻지 못한 바를 괴로워하고, 이것을 어떻게 하나 이것을 어떻게 하나, 하며 아침저녁으로 괴로워하는 사이에 홀연히 열린다. 그때의 기쁨을 비유해서 말하면 죽은 부모가 살아나서 다시 돌아온다고 해도 이 기쁨에는 못 미친다"(「성리문답(性理問答)의 단락」)라며 깨달음의 환희가 강조되고 있습니다. 인식의 열락(悅樂)이라는 것이지요.

2) "참된 상인은 상대방도 세우고 자기도 서는 것을 생각한다."(「도비문답(都鄙問答)』권2)

"내 몸을 기르고 고객을 소홀히 대하지 않고 진실하게 대하면, 결국에는 고객의 마음에 부합하게 된다."(上同)

"상인은 계산을 꼼꼼하게 하고 현재의 생업에 충실한 자라면 돈 한푼도 가볍다고 해서는 안 된다. 이것을 거듭해서 부(富)를 이루는 것이 상인의 도이다. 부(富)의 주인은 천하의 사람들이다. 주인의 마음도 내 마음과 같기 때문에 내가 한푼이라도 아끼는 마음을 헤아려서, 물건 사는 데에 주의를 기울이고 조금이라도 실수가 없게 해서 팔면 사는 사람의 마음도 처음에는 돈이 아깝다고 생각해도, 물건이 좋은 것을 보면 아까워하는 마음이 저절로 그친다. 아까워하는 마음이 그치면 선으로 변할 수밖에 없다."(「어떤 학자가 상인의 학문을 논하는 단락」)

이시다 바이간이 탐구한 것은 상인의 실심인 상심(商心)과 그 상심이 여는 상학상도(商學商道)의 세계였다는 것이 저의 개인적인 바이간 이해입니다. 그래서 먼저 '상'(商=아키나이)이 무엇인지 잘 생각해 볼 필요가 있습니다. '아키나우'(アキナフ)라고 하는 순일본어(和語)의 어원에 관해서는 설이 분분합니다만, 오오시마 마사타카(大島正健, 1859~1938)라고 하는 국어학자의 학설이 가장 설득력이 있다고 생각됩니다. 그것에 따르면 '아'(ア)는 '아이다'(間=사이)이고, '아키'(アキ)는 '사이에 서다'는 뜻, 그리고 '나우'(ナフ)는 몇 개의 볏짚을 엮어서 새끼를 꼬는 것이라고 합니다.

그렇다면 '아키나우'란 자기와 타자의 사이에 서서 양쪽을 함께·서로·치우침없이 매개하고, 공립(共立)·공리(共利)·공익(共益)을 이루는 것입니다. '상대방도 서고 나도 서는' 것이지요. '파는 쪽과 사는 쪽 모두의 손익을 헤아리는 것'입니다. 에도시대 말기의 독농가(篤農家)인 니노미아 손토크(二宮尊德, 1787~1856)의 말 중에, 그의 제자인 후꾸즈미 마사에(福住正兄)가 편집한 『니노미아옹야화(二宮翁夜話)』에 수록되어 있는 "상법(商法)은 팔아서 기쁘고 사서 기쁘도록 해야한다. 팔아서 기쁘고 사서 기뻐하지 않는 것은 도가 아니다. 사서 기쁘고 팔아서 기뻐하지 않는 것도 도가 아니다"(권2)라는 것도 '아키나우'의 본래 의미를 잘 나타내는 것이라고 생각됩니다.

상심(商心)이란 '아키나우' 마음입니다. 자기와 타자, 파는 쪽과 사는 쪽, 공급자와 수요자 등의 만남·사이·교류를 양자의 상립(相立)·상리(相利)·상열(相悅)·상희(相喜)의 방향을 향해서 중개·중매·중화(中和)하는 심지(心志)입니다. 상인의 마음이 거짓의·가짜의·이름뿐인 것이 아니라, 참된·진짜의·진실한 마음이면 상인의 실심으로서의 상인심(商人心) 혹은 상심(商心)인 것입니다. 자기 자신만의 이(利)·익(益)·열(悅)을 추구하는 것은 실로 위심(僞心)·가심(假

心)·명심(名心)으로서 타락한 상심(商心)입니다. 상인의 학문으로서의 상학(商學) 혹은 상인의 도리로서의 상도(商道)가 참된·진짜의·진실한 상심(商心)에 기초한 것이어야 비로소 실심실학으로서의 상심상학(商心商學) 혹은 상심상도(商心商道)라고 할 수 있겠지요.

3) "세공인에게 제작비(作料)를 하사하는 것은 공인(工)의 봉록(祿)이다. 농민에게 소작료(作間)를 하사하는 것도 사무라이(士)의 봉록에 해당한다. 천하만민이 생업(産業) 없이 무엇으로 자립하겠는가! 상인의 이익도 천하가 허락한 봉록이다."(「어떤 학자가 상인의 학문을 논하는 단락」)

"일본에서도 중국에서도 매매로부터 이익을 얻는 것은 (사회적) 규정이다. 규정된 이익을 얻어서 직분에 힘쓰면 그 자체로 천하의 쓰임이 된다."(上同)

이시다 바이간이 무엇보다도 신경을 썼던 것은 당시의 사회적인 상식이 영리에 대해서 부정적이었다는 점입니다. 현재도 '리'(利)에 대한 인식이 거의 제대로 정리되어 있지 않습니다. 이시다 바이간은 먼저 당시의 사회적 지도자로서 공인되고 있던 무사들의 봉록과 상인의 이익이 근본적으로 같은 종류(同類)의 것임을 근거로 그것의 도덕적 정당성을 주장한 것입니다. 그리고 그것이 당시의 국제적 정견(定見)이기도 하다고 언명하였습니다. 올바른 영리행위를 시인하는 것이 상업사회의 기본이라는 견해를 표명한 것이지요. 지배통합의 시대에서 교환교섭의 시대로의 전환은 생각만큼 순조롭게는 진행되지 않습니다. 민주주의와 자본주의가 성행하는 21세기에도 교환교섭보다는 지배통합의 멘탈리티에 매달리는 시대착오적 인간들이 적지 않습니다. 이시다 바이간의 고뇌가 컸다고 생각됩니다.

다음에는 아라이 오스이의 기심기학(基心基學)의 공동학사로 넘어가겠습니다.

1) '기심'(基心)이란 '기독교신자의 마음' 또는 '크리스찬 마인드'를 말합니다.

그리고 '기학'(基學)이란 기독교신학 혹은 기독교사상학이라는 의미입니다. 물론 실심실학과의 연관에서 말씀드리고 있습니다. 아리아 오스이의 본명은 쯔네노신 야스요시(常之進安静)이고 태어난 곳은 센다이(仙台)입니다. 막말(幕末)의 격동기에서 제1차 세계대전 후까지 살다간 독특한 기독교인으로, 기유공공(基儒公共)을 지향하는 종교사상가이자 조용한 명상가이며 기독교적 실천자이기도 하였습니다. 세간의 이목을 끄는 활동가도 아니었습니다. 하지만 그는 다나카 쇼조(田中正造), 요코이 쇼난(橫井小楠), 모리 아리노리(森有禮)와 같은 사람들과도 깊은 관계가 있습니다. 최근에 들어와서 일본 국적의 미국인인 다니엘 콜 씨를 비롯한 몇명의 노력에 의해서 전10권의 저작집이 간행되었습니다. 여러분에게도 꼭 소개하고 싶습니다. 제가 1990년에 일본에 온 이래 일본 학습 과정에서 만난 수많은 사상가 가운데 가장 친근감을 느끼는 인물입니다.

2) "경제의 근본은 위생(衛生)에 있고 위생이 없으면 경제는 망한다." (『아라이 오스이 저작집』 제1권 81쪽)

이것은 대단한 말입니다. 지금까지 이런 말을 한 사람은 없습니다. 여기에서 말하는 '경제'는 '경세제민'(經世濟民)을 말합니다. '매니지먼트'와는 다른 의미의 경영입니다. 메니지먼트는 조직론인데 경영은 생명론입니다. '위생'(衛生)이란 '생명을 기르는 것'입니다. 생명을 존중하는 것이지요. 돈을 버는 것은 그 수단입니다. "위생이 없으면 경제가 망한다." 생명을 지키고 기르는 것이 없으면 결국 '경영' 같은 것은 성립하지 않습니다. 그래서 참다운 경영은 '위생경영'입니다. 생명을 기르는 경영이라는 것이지요.

"위생의 도는 협화(協和)에 있고 협화가 없으면 생명은 거칠어진다." 생명을 기른다는 것은 함께·서로·마주보고 공화(共和)·호화(互和)·상화(相和)하는 것입니다. 그런 화심(和心)·화어(和語)·화행(和行)이 없으면 생명의 정상적인 탄생과 존속과 진화가 불가능해진다는 것입니다.

중국 춘추전국시대(기원전 770~221)의 나라별 기록을 모은 『국어(國語)』라는 고

전에는 '화실생물'(和實生物)이라는 말이 나옵니다. 모든 일은 진정한 조화(和)의 결실 · 결정 · 결과라는 것입니다. 가령 여성과 남성의 진정한 조화(和)가 없으면 아이는 생겨나지 않습니다. 생명의 탄생이 위태로워지는 것이지요. 지금은 인공임신도 가능하지만, 그래도 원리적으로 말하면 남성원리와 여성원리의 조화가 없으면 새로운 생명의 생생(生生)은 있을 수 없습니다.

"협화의 방법은 애양(愛養)에 있다." 생명을 기르는 협화의 가장 중요한 방법은 탄생한 새로운 생명을 '함께 사랑하고(愛) 함께 기르는(養)' 것입니다. 탄생한 새로운 생명이 존속 · 생성 · 진화하기 위해서는 성의를 담은 애착이 필요합니다. '사랑'(愛)만으로는 부족합니다. '기르는'(養) 것이 중요합니다. 그래서 "애양이 없으면 협화가 되지 않는다. 그래서 사람을 조화시키는 데에는 반드시 애양을 가지고 하고, 생을 지키는 데에는 반드시 협화를 가지고 하며, 사람들을 구제하는 데에는 반드시 포생(葡生)을 가지고 한다"라며 위생과 협화와 애양의 긴밀한 상관연동이 위생경영의 핵심임이 명시되고 있습니다.

아라이 오스이의 실심은 그리스도의 마음 즉 기심(基心)이고, 그것은 생명을 사랑하고 기르는 마음입니다. 타자의 생명을 소중히 여기는 것이 자신의 생명을 소중히 여기는 것이 된다고 하는 마음자세입니다. 경제도 경영도 정치도 모든 것이 먼저 사람들의 생명을 소중히 여겨야 합니다. 생명이란 생명의 힘이자 생명의 작용입니다. 그래서 생명의 힘과 생명의 작용을 지키고 사랑하고 기르고 육성하는 것이 경영의 본질이라는 것입니다.

3) "진실한 생명의 개신(開新)에 앞서는(前行) 것은 믿음(信)이다." (『아라이 오스이 저작집』 제1권 131쪽)

'믿음'(信)에는 여러 정의가 있지만, 진정한 생명을 새롭게 전개해 나가는데 있어 그것의 전제가 되는 것이 바로 믿음이라는 말입니다. 생명은 언제 어디서나 새롭게 열리는 것이 본래의 모습입니다. 어딘가가 막히면 생명은 고갈되어 죽어 버립니다.

4) "공쾌공락(公快共樂)의 영향이 공쾌공락의 신천신지(新天新地)."(『아라이 오스이 저작집』제2권 132~133쪽)

'개신'(開新)이란 '새로운 지평을 연다' '새로운 지평이 열린다'는 뜻입니다. 그래서 '위생경영'(衛生經營)도 항상 새로운 지평을 여는 인간적 활동이 되는 것입니다. 항상 열어나가는 새로운 지평이란 '공쾌공락의 영향'이자 '공쾌공락의 신천신지'입니다. '공쾌공락'이 가장 중요한 키워드입니다. 저 자신의 말로 하면 '공공행복'입니다. '공쾌공락'의 '쾌'(快)는 생명의 힘과 작용이 충실한 것입니다. 생명의 힘과 작용이 충실해지면 거기에서 진정한 기쁨이 샘솟습니다. "아~ 진짜 살아 있구나!"라고 하는 진정한 환희가 넘쳐흐릅니다. 그런 기쁨을 만들어내는 것이 참된 경영입니다. 기쁨을 누구 한 사람의 것으로 하는 것이 아니라 타자에게 열려 있는 상태에서 타자와 나누도록 하는 것입니다. 기쁨이 아유화(我有化)·사유화(私有化)·사물화(私物化)되는 것을 경계하는(戒·誡·警·縛) 것입니다. 그래서 '공쾌'(公快)입니다. '사쾌'(私快)가 아닙니다.

그리고 '공락'(共樂)입니다. 기쁨이 샘솟는 것을 자기 혼자서 가두는 것이 아니라 타자와 함께·서로·치우침없이 즐기는 것입니다. 그래서 '공쾌공락'이란 기쁨을 타자에게 열어서 나누고 타자와 함께·더불어·치우치지 않고 즐기는 것입니다. '공쾌공락'은 행복에 대한 오스이적인 표현입니다. 한 사람 한 사람의 행복 즉 '사복'도 아니고, 자기와 타자가 함께·서로·치우침없이 공감·공명·공유한다는 의미에서의 '공복'입니다. 그런 공쾌공락이 꽃피는(咲·榮·盛) 곳(所·処·場)이야말로 나날이 새롭고 또 새로워지는(日新又日新) 공부이자 노력이자 구축과 해체와 재건의 영속적 개신운동으로, 거기에서 생신(生新)으로 개벽해 나가는 차원·지평·세계입니다. 실로 '공쾌공락의 신천신지'이지요. 가정·지역·국가·지구가 '공쾌공락의 영향'이 되었으면 합니다. 참다운 경영이란 개인·기업·조직·단체·연대 등이 언제 어디서나 항상 '공쾌공락의 신천신지'가 되어가도록 심사숙려하고 거경궁리하고 사상마련하고 공구공의(共究共議)하고 개물성무(開物成務)하는 인간적 활동입니다. 자기와 타자가 몸과 마음과 얼을 엮어서 지속하는 대화와 공동과 개신의 상관연동적인 활동입니다.

저는 일본에 온 이래로 여러 곳에서 행복공창(幸福共創)의 공공철학을 여러 분들과 얘기해 왔습니다. 한중일의 동아시아가 그리고 세계가 신뢰와 희망과 행복의 심연을 공유하는 것이 중요하다는 사실을 함께 · 서로 · 마주보고 확인하고 공진(共振)하고 축적해 온 것입니다. 그들의 다양한 인간적 활동은 자기경영이자 자타경영이자 가정경영, 조직경영, 단체경영, 지역경영, 국가경영, 지구경영 등과 같은 '경영'의 문제로 다시 이해할 필요가 있다는 사실에 눈을 떠 가는 과정이었습니다. 그러나 경영이란 근본적으로 관리와는 다르다는 점을 깨달아가는 여정이기도 했습니다. 최근에 일본에서 거의 신흥종교처럼 되고 있는 '메니지먼트 신앙'은 진정한 경영과는 완전히 다른 일시적인 유행현상에 지나지 않은데, 그것의 지나침이나 치우침에는 신중한 경계가 필요합니다.

실심실학적 구상력이란 먼저 자기와 타자의 경영마인드가 진정 · 진심 · 진짜인지를 함께 · 서로 · 마주보고 진지하게 확인해가는 공동 의지 능력에서 시작됩니다. 그것은 상호의 '실심확인지능'(實心確認知能)이기도 합니다. 그것은 자기와 타자의 만남 · 사이 · 교류를 통해서 길러지는 '인격상생지능'(人格相生知能)이기도 합니다. 자기와 타자의 참된 인격은 지속적인 자타 간의 상극 · 상화 · 상생을 통해서 형성된다는 사실을 분명하게 체감 · 체험 · 체득하는 지능(知能)에 의해서 성장 · 성숙 · 진화됩니다. 바로 여기에서부터 자기와 타자의 '공쾌공락지능'(公快共樂知能)이 싹트고 꽃피고 열매맺습니다. 경영자에게 필요한 실심실학적 구상력이란 위생의 경영을 지향하는 각오에 기초하여 자타 간의 '실심확인지능'과 '인격상생지능'과 '공쾌공락지능'을 상관연동적으로 파악 · 발양 · 진화시키는 기량(器量) · 기량(技量) · 도량(度量)입니다. 그럼 이것으로 제 얘기를 마치고자 합니다.

(출전: 『勝己の友』 제45호, 盛和塾 大阪 발행, 2008년)

2. 학자와 기업인과 공무원이 나눈 공공(하는)철학대화*[22]
- 건전하고 적극적인 상호 이해를 위하여

김태창: 오늘날 일본에서 가장 두드러지는 현상 중의 하나는 상당히 뿌리깊은 '반(反)관료 정서'입니다. 그것은 사회심리라고도 할 수 있고 사회풍토라고도 할 수 있습니다. 제가 여러 통로를 통해서 개인적으로 조사한 범위에서 말씀드리면, '관'(公)과 그 담당자로서의 공무원에 대한 인식의 재조정이 충분히 이루어지지 않은 데에도 그 원인이 있지 않나 생각합니다.

일반적으로 '관'(公)은 주로 국가·정부·권력과 연결된 형태로 연상됩니다. 반관료 감정은 이에 대한 불만·실망·좌절의 견문의 축적에 기초한 심리적 반발과 반감에서 나온 것이지요. 그것은 관료제도에 대한 비판임과 동시에 공무원이라는 인간상에 대한 불신이기도 합니다. 하지만 솔직하게 말씀드리면 공무원만 비판받아야 한다고는 생각하지 않습니다. 기업인도 학자도 그리고 그 외의 국민과 시민들도 각자 자기반성이 요청되고 있다고 생각합니다. 그리고 정확한 상호 이해도 필요합니다. 특히 정치가에 의한 관료비판에는 하나같

* 한때 일본의 성공적인 근대화의 견인차는 유능하고 청렴하며 사명감이 투철한 관료들, 즉 국가공무원이었다는 말이 일본 국내외에서 인구에 회자된 적이 있었다. 그러나 1990년대부터 일본에서는 관료에 대한 비판이 격렬해졌고, 공적 기관에도 기업원리가 도입됨으로써 능률과 사회적 책임을 강화해야 한다는 관료 조직에 대한 혹독한 재조정이 철저하고도 광범위하게 행해지기 시작했다. 그러다가 최근에는 다시 관료 조직력이 여기저기에서 보이지 않는 영향력을 행사하고 있다. 바로 여기에 "관료와 관료 조직을 어떻게 보아야 하는가?"라는 물음이 제기된다. 교토포럼에서도 일찍부터 이 문제에 관심을 갖고 주목해 왔는데, 여기에서는 비교적 초기에 나누었던 대화의 일단을 소개하고자 한다.
일시: 2006년 3월 8일 / 장소: 교토포럼 사무실
대담자: 김태창(공공철학공동연구소 소장)
  이나가키 히사카즈(稲垣久和, 동경기독교대학 교수)
  이토 히로노리(伊藤洋典, 쿠마모토(熊本)대학 법학부 교수)
  오오무라 켄조(大村賢三, 인사원(人事院)공무원연수소 소장)
  야마시타 노리히데(山下宣英, 인사원공무원연수소 교무제일과 주사(主査))
  야자키 카츠히코(矢崎勝彦, 주식회사 휄리시모 회장·교토포럼 사무국장)

이 납득할 수 있는 것만 있는 것은 아닙니다. 정치가야말로 다른 누구보다도 철저한 자기비판이 필요하다고 생각하기 때문입니다. 이 점은 기업인의 경우에도 크게 다르지 않다고 생각됩니다만 어떠신지요?

그래서 오늘은 두 분의 현역 국가공무원을 모시고 솔직한 대화를 나누어 보고자 합니다. 바쁘신 가운데 일부러 오사카까지 와 주셔서 대단히 감사합니다. 잘 부탁드립니다. 그러면 우선 공무원이 되고자 하는 사람은 대체 어떤 동기로 그 길을 선택하는지, 무수히 많은 직업 중에서 왜 하필이면 공무원의 길을 택하는지 알고 싶습니다. 먼저 젊은 야마시타 씨부터 말씀해 주시면 감사하겠습니다.

직업 선택의 동기

야마시타 노리히데: 제 경우에는 무엇보다도 봉사하고 싶다는 마음이 어딘가에 있었다고 생각합니다. 공무에 종사하는 일을 다양한 방식으로 말하는 사람이 많습니다만, 그 근저에는 '봉사하고 싶다'는 모종의 '자원봉사정신'같은 것이 깔려 있다는 것이 저의 실감입니다.

김태창: '봉사하고 싶다'는 것은 구체적으로 무엇에 봉사하고 싶다는 것인가요?

야마시카 노리히데: 종종 공무원을 '전체'에 대한 봉사자라고 말하곤 하는데, 국민을 위해서 뭔가 도움이 되는 일을 할 수 있으면 좋겠다는 속뜻이 들어있지 않나 생각합니다. 제 경우는 그랬습니다.

김태창: 국민에게 뭔가 도움이 되고 싶었다는 말씀인가요?

야마시카 노리히데: 예, 그렇습니다.

김태창: 그것은 대학에 들어간 뒤에 그렇게 생각하게 된 건가요? 아니면 그 전부터 그런 생각을 갖고 있었나요?

야마시타 노리히데: 제 경우는 대학에 들어가서였는데, 경우에 따라서는 초등학교나 고등학교 때부터 그런 생각을 하는 사람도 있는 것 같습니다.

김태창: 실례지만, 대학은 어디에서 무엇을 공부하셨는지요?

야마시타 노리히데: 와세다대학의 상학부입니다.

김태창: 그럼 다음으로 오오무라 소장님에게 여쭤보겠습니다. 방금 야마시타 씨가 말씀하신 내용에 대한 소장님의 감상과 함께 본인의 경우에는 어땠는지에 대해서 말씀해 주실 수 있으신지요?

오오무라 켄조: 방금 야마시타 씨가 '전체'에 대한 봉사라고 하셨는데, 제 경험에 비추어서 말씀드리면, 저는 1974년에 공무원이 되었는데 당시는 일본이 고도성장이 한창인 때로, 특히 기업이 절정을 달리던 시기였습니다. 하지만 행정 쪽도 나라 안에서 상당히 다양한 역할을 하고 있었기 때문에, 우수한 인재가 뜻을 두었다고 생각합니다.

저는 민간의 기업활동보다도 공적인 분야가 나의 인간적인 멘탈리티에 맞지 않을까, 그리고 지나치게 경제적인 이해득실의 분야보다도 좀 더 소박한 분야가 적성에 맞지 않을까 생각해서 이 직업을 선택했습니다. 그래서 지금 야마시타 씨가 말씀하신 '전체'에 대한 봉사와 같은 숭고한 이념은 없었습니다. 그것보다는 이런 일이 성격에 맞지 않을까라는 생각이 있었던 것지요.

최근에 문득 든 생각이, 32년 전에는 은행 같은 곳이 장래도 유망하고 대우도 좋았던 인기직종이었습니다. 국제화가 진행되는 시대에 일본항공사 같은 데에 들어가는 것도 참 좋겠다고 생각했습니다(웃음). 그때만 해도 해외에 갈 기회가 적었던 시대였고 달러쇼크가 1971년에 있었기 때문에, 당시는 아직 엔이 약세이던 때라서 좀처럼 해외로 나갈 수 없었지요. 그런 면에서 보면 민간 쪽이 해외에 나갈 기회도 많았고, 그래서 동경의 대상이기도 했습니다.

저는 홋카이도(北海道)대학 출신인데, 홋카이도에서 큰 기업이라고 하면 타쿠쇼크(拓殖)은행이었습니다. 최근에는 일본항공사도 내분으로 갈등을 겪고 있는 모양인데, 30여 년이란 세월은 인생에 많은 변화를 가져오는구나, 라는 생각이 들기도 합니다. 공무원 사회도 30년을 뒤돌아보면, 처음 15년 정도는 상승세였습니다. 1990년 무렵까지는요. 당시에 상승세였던 시기의 공무원으로서의 의식과, 90년 이후에 하락세였던 공무원으로서의 인생은, 살고 있던 공간이 상당히 달랐다는 느낌이 듭니다.

90년 이전에는 사회가 공무원을 보는 눈도 지금과는 달랐고, 당시는 '관료'라는 말도 별로 위화감이 없는 시대였습니다. 그런데 90년 무렵부터 '관료'라고 하면 뭔가 입지가 좁아지게 되었습니다. 지금은 그런 시대에 살고 있는 것이 아닌가 생각합니다. 그리고 "지금 관료, 행정관은 과연 어떤 존재인가?"라는 점에 대해서 심각한 문제의식을 갖고 있습니다.

김태창: 선배이자 상사인 오오무라 소장님의 말씀을 들으면서 젊은 세대를 대표하는 공무원의 한 사람으로서 야마시타 씨는 어떤 생각이 들었나요?

야마시타 노리히데: 오오무라 소장님께서 지금 직업을 선택하시게 된 계기가 그 일이 적성에 맞았기 때문이라고 하셨는데, 확실히 제 주위에도 그렇게 생각하는 사람들이 있습니다. 가령 제 어린 시절은 이른바 '거품경제'의 시대였습니다. 확실히 아버지는 지금보다 훨씬 돈을 많이 벌었지만 집에 귀가하는 시간도 대단히 늦었지요. 당시에 그와 같은 기업의 모습을 보고, 이런 가치관은 억지일지 모릅니다만, 기업에 들어가서 이윤추구를 위해 인생을 소비하는 것은 자기 안의 어떤 것을 희생하지 않으면 안 되는 것이 아닌가, 라고 생각하는 사람들이 주위에 있었습니다. 이런 사람들은 좀 다른 시각에서 직업을 생각하여, 어차피 일할 바에는 '공공'적인 것에 공헌하고 싶다고 생각했습니다. 물론 기업체도 기업활동을 통해서 '공공'에 공헌을 한다고 생각합니다만, 그것과는 다른 형태로 공헌하고 싶다고 생각하는 사람도 분명히 있었던 것 같습니다.

김태창: 두 분의 말씀을 듣고 기업경영에 직접 종사하고 계시는 야자키 카쓰히코 회장님은 어떤 생각이 드셨는지요?

야자키 카츠히코: 방금 두 분으로부터 공무원이란 직업을 선택하신 이유를 들었습니다만, 저와는 동기 면에서 상당한 차이가 있구나, 라는 생각이 들었습니다. 가령 제 경우에는 23세 때에 아버지로부터 정관작성의 기초부터 시작해 보라는 말씀을 듣고, 그때까지 아버지께서 개인적으로 운영해 오던 회사를 주

식회사로 법인화하는 데에서 출발했습니다. 지금 뒤돌아보면 전체에 대한 봉사와 같은 숭고한 차원과는 달리 단순한 사리사욕에서 출발했는지 모릅니다. 즉 초창기에는 자신과 가족의 생활을 지키기 위해서, 그 뒤에는 인연이 되어 회사에 들어온 사람들의 생활을 위해서 사업의 계속성을 진지하게 생각하였고, 마침내 기업으로서의 영속성을 모색해 나가게 되었습니다.

31세 때 석유쇼크를 체험했는데, 석유제품이 아닌 상품까지도 순식간에 가격이 올라서, 창업한 지 얼마 안 되는 영세기업의 슬픔입니다만, 상품은 물론이고 출하에 필요한 부원료조차도 팔지 못하는 상황이 계속되었습니다. 이때 이 사회가 얼마나 석유와 깊이 관련되어 있는지 알게 되었습니다. 그 석유쇼크 체험으로 기업의 영속성을 근본에서부터 다시 생각하게 되었고, 나아가서 기업의 존립기반 그 자체의 영속성으로 의식이 전환되게 되었습니다.

가령 지금까지 전혀 자각이 없었던 '경제화'라는 말만 보아도, 그것은 단지 내부의 경제화일 뿐으로, 외부는 불(不)경제화하는 자원고갈이나 환경오염을 초래한다는 사실에 대한 자각이나, 내부에 비(非)윤리를 가져오고 있음을 크게 반성하게 되었습니다. 이렇게 해서 기업활동의 사회에 대한 책임과 의식이 밖으로 향하는 한편, 조직의 리더인 경영자로서 자신의 내면을 깊게 들여다보는 체험도 했습니다. 그것은 한 권의 책과의 우연한 만남으로 이루어진 참선수행 덕분이었는데, 오로지 자기를 넘어서기 위해서 한 순간의 호흡에다 자신의 전부를 쏟아 부었습니다. 그렇게 아침 5시에서 밤 11시까지 좌선에만 전념했습니다. 그러기를 3일, 5일, 6일…. 아집을 넘어선 주체적인 자연이라는 체험을 자신의 신체감각을 통해서 실감할 수 있었습니다. 이 체험 이래로 이른바 에고이즘을 넘어선 주인공으로서의 자기인식의 심화는 그 후에도 하나의 경험가치로서, 자기인식의 입각점이 되어 갔습니다.

그리고 1989년 11월 3일 '문화의 날'에 교토에서 '과학과 종교의 대화'를 첫 테마로 「교토포럼」을 발족시키고, 사무국장을 맡기로 했습니다. 국내외의 학식경험자가 모여서 전지구적인 문제를 논의하는 포럼을 발족시키는 계기가 된 것은, 그해 9월에 프랑스의 부르고뉴에 있는 베네딕트파 수도원 방문이었습니다. 거기에서 수행하는 모습을 보고서 같이 동행하였던 이노우에 키도(井上希道) 선사(禪師)와 물리학자 시미즈 사카에(淸水榮) 교수가, "우리의 생활은 모두 무한하게 높은 목적을 성취하기 위한 수단에 지나지 않는다. 그럼에도 불구하고 인간은 이 수단 중에서도 당장 손에 잡히는 수단으로 행위하고, 수단에 지나지 않는 눈앞의 목적을 자기목적화하여 눈먼 채로 살고 있다"라고 말씀하시는 것을 듣고 실로 커다란 깨달음을 얻었습니다.

이 교토포럼 활동을 통해서 특히 큰 자각을 하게 된 것은, 1992년에 브라질의 리오데자네이루에서 있었던 '리우회의'(Earth Summit)에서 미국재단과 공동으로 현지에서 여러 활동을 했을 때였습니다. 이 '리우회의'에서 재인식된 개념인 '영속적 발전'(sustainable development)은, 결국에는 장래세대의 관점에서 영속적 발전의 방향으로 지금을 다시 바라보아야 한다는 것이고, 나아가서 지금을 근본적으로 변혁하는 것이 얼마나 중요한지를 자각하게 해 주었습니다. 그래서 그 다음 달에 미국에 「장래세대국제재단」을 설립했습니다. 그 후에도 여러 활동을 통해서 작금의 여러 문제들이 공사의 이원적인 대립에서 일어나고 있다는 사실을 알고, 1998년 4월부터 「공공철학공동연구회」를 발족시켰고, 그것이 지금의 공공철학 교토포럼으로 이어지게 된 것입니다. 즉 사리사욕에서 출발한 지 30년 이상이 지나서야 늦게나마 간신히 공공성을 생각하게 된 것이지요.

한편 이윤이 동기의 모든 것이라고 생각되는 경제행위 없이는 국가의 번영도 국민생활도 존재하지 않습니다. 경제활동이 영속적 발전적으로 확실한 이윤을 낳음으로써 기업도 존재하고 각각 일하는 사람들의 생활도 가능하고 국가의 경영도 공무원의 일도 생활도 성립합니다. 그래서 밖에서 보면 기업이란 이윤을 위해서 모든 것을 걸고 있는 조직처럼 보이지만, 사실 그 이윤을 계속해서 얻기 위해서라도 영속적 발전적인 사회라는 존립 기반이 필요하고, 기본적으로는 인간과 인간의 활동으로서 영속적 발전적인 활동이기 위해서도 실로 성실한 기업체가 아니면 안 된다고 생각합니다. 사회와의 관계에서도 윤리적인 것을 포함해서 자신들의 경영 그 자체가 좀 더 열린 공공경영을 지향하지 않으면 안 됩니다. 그것이 지향하는 경제행위도 좀 더 열린 공공경제 같은 것을 지향해 나가지 않으면, 서로가 영속적으로 발전하는 것은 환상에 지나지 않는다는 것을 알게 되었지요.

중국 고전에 의하면, 원래 '공'의 역할이 생긴 것은 모두가 사적인 쪽으로만 움직이기 때문에, 공의 역할을 담당하는 존재의 필요성을 실감하게 되었고, 그것이 사회제도화된 결과라고 생각합니다. 그래서 공무원이 한층 고차원의 공공성을 열어나가지 않으면 안 됨과 동시에, 생활자도 사적인 생활의 차원에서 만족하지 않고, 한 사람 한 사람의 내발적 공공성을 바탕으로, 김태창 선생의 말씀을 빌리면 '활사개공'(活私開公)해 나가는 길을 각자가 찾지 않으면, 영속적 발전적인 생활도 사회도 있을 수 없을 것입니다. 역시 공과 사, 양쪽의 역할이 대단히 소중하다고 생각합니다.

하지만 그 어느 쪽도 공의 역할, 사의 역할에 머물지 말고 한 사람 한 사람이 함께 열린 공공의 차원을 지향한다는 데에 뜻을 같이 하면서 같은 곳을 향해 나아가야 합니다. 아까 공무원의 길을 선택한 이유를 그렇게 말씀하셨기 때문에, 다소 저의 이해와는 다를 수 있습니다만, 한층 고차원의 공공을 지향한다는 점에서는 관(官)도 민(民)도 공(公)도 사(私)도 다 같다고 생각합니다.

관도 민도 지향하는 방향은 같다

김태창: 야마시타 씨, 야자키 회장의 말씀을 듣고 어떤 생각이 드셨나요?

야마시타 노리히데: 기업의 경우에도 확실히 기업활동을 통해서 공공에 공헌하기 때문에 지향하는 방향은 일치한다고 생각합니다. 경제의 번영 없이 나라의 번영은 없다는 야자키 회장님의 말씀에도 공감합니다.

오오무라 켄조: 민간기업의 활동도 결국은 사회에 유익한 것을 제공함으로써 기업으로서의 존재가치가 인정되고 있습니다. 기업이 법인으로 존재할 수 있는 것도 사회적으로 유익한 서비스를 제공할 수 있기 때문으로, 이것을 못하

게 되면 도산하기도 합니다. 그래서 그런 의미에서는 기업을 비롯하여 시장에서 활동하는 사람은 사회적으로 유익한 것을 산출해 내고, 그것이 금전적인 교환의 토대가 됩니다.

한편 공무원의 경우에는 금전적 평가에 따르는 것 이외의 것일지라도 사회적으로 가치 있는 것을 상호보완적으로 지향함으로써 사회를 지탱해 나가는 것이 아닌가 생각합니다. 그래서 민(私)의 활동도 관(公)의 활동도 서로 사회적으로 유익한, 사회를 좀 더 좋은 쪽으로 만들어 나간다는 면에서는 마찬가지라고 생각합니다.

그래서 민이 못하는 것은 관이 합니다. 다만 최근에는 원래 민이 하는 게 좋은 것을 관이 하는 경우가 있기 때문에 관이 비효율적이 되었다는 말도 합니다. 이것은 시대의 조류라고 생각합니다만, 역시 관과 민은 각각의 존재의의가 있기 때문에 사회적으로 공존한다고 생각합니다.

야자키 카츠히코: 함께 좀 더 열린, 좀 더 고차원의 공공화에 대해서 깊게 생각하게 된 저 나름대로의 체험이 있기 때문에 소개하고자 합니다.

중국의 귀주성(貴州省) 수문현(修文縣) 용장(龍場)에 양명동(陽明洞)이라는 곳이 있습니다. 이곳은 왕양명(王陽明)이라는 사상가가 대오(大悟)한 곳이자 그 후에 강학한 장소입니다만, 저희는 1997년에 「국제양명학 교토회의」라는 국제회의를 개최한 인연으로, 이 지역 정부의 요청도 있고 해서 왕양명의 상(像)을 복원하여 기증했습니다. 지난번에 그곳에 갈 기회가 있었는데, 그 상은 마치 본존(本尊)처럼 소중하게 모셔져 있었습니다. 게다가 그 양명사(陽明祠) 주위는 깨끗한 공원이 되었고, 그 공원 주위에는 대로와 대문 그리고 주택가가 생겼고, 왕양명기념관이나 비림(碑林) 등도 생겼더군요. 「양명상(陽明像)」이라는 혼이 그곳에 들어감으로써 주변이 모두 발전한 것입니다.

이처럼 왕양명상이 계기가 되어 그 지역이 점점 발전했다는 이유는, 그 상이 국제적인 공공물(公共物)이었기 때문이 아닌가 생각했습니다. 실은 우리는 그 상에다 「국제양명학 교토회의」의 참가자 전원의 서명을 넣어서 기증했습니다.

제 개인 자격으로 기증하는 것도 가능했습니다. 회사 차원에서 기증하는 것도 생각해 보았습니다. 하지만 그보다는 국제적으로 많은 사람들과 함께 기증함으로써 그 상을 한층 고차원의 공공화인 국제적인 공공물로 만드는 것이 중요하다고 생각한 것이지요. 말하자면 국제적 양명학자들의 공명(共鳴)과 공동(共働)으로 상이 기증됨으로써, 그 지역 주민들이 그 상을 계속해서 지켜나간다는 것은 지역의 공공성은 물론 국경을 초월한 공공성, 나아가서 세대를 초월한 공공성에 대한 하나의 응답이 된 것이 아닌가 생각합니다. 이렇게 항상 함께 공공성을 열고, 좀 더 고차원의 공공성을 지향하는 것이 얼마나 중요한 지를 그곳에 가 보고 실감하고 재인식했습니다.

김태창: 이나가키 교수와 이토 교수는 지금까지의 이야기를 어떻게 들으셨는지요?

전체에의 봉사자란?

이나가키 히사카즈: 여느 때의 회의와는 달리 극히 실천적인 내용이군요(웃음). 제가 생각하기에도 가령 어째서 공무원을 지향했는가, 라는 동기에 대한 질문을 받으면 '전체에의 봉사자'와 같은 나름대로의 대의명분 같은 게 있는 것 같습니다.

그렇다면 학자, 학문세계의 탐구자의 경우는 어떤가에 대해 생각해 보았습니다. 그것은 역시, 좀 진부한 말입니다만, '진리 탐구'라고 생각합니다. 저는 확실히 어렸을 때부터 진리를 탐구하는 일에 관심이 있어서, 종교적 진리라든가 우주 전체의 진리, 우주론이나 과학적 진리 등에 호기심을 가졌습니다. 이렇게 시작해서 진리 탐구 그리고 그것이 세상을 위하는, 남을 위하는 일이 될 거라고 하는 대의명분 하에 학문에 뜻을 두게 되었습니다.

먼저 야마시타 씨가 전체에의 봉사자를 지향해서, 어떤 의미에서는 봉사하고 싶다, 요즘식으로 말하면 자원봉사정신을 발휘하고 싶어서 공무원이 되었다고 말하셨습니다. 동시에 방금 경영인인 야자키 회장께서 이득의 추구라는 상인

활동이 없으면 사회 전체도 성립하지 않을 거라는 지적을 하셨습니다. 그런데 학문연구자로서의 학자의 입장에서 생각해보면, 먼저 공무원이 전체에의 봉사자라고 할 때의 '전체'란 과연 무엇인가 라는 의문이 생깁니다. 이점이 정말로 궁금합니다. 왜냐하면 역시 부분에 대해서 전체, 전체에 대해서 부분이란 것 자체가 철학적 대논쟁이 되는 테마이니까요. 물론 '전체에의 봉사자'라는 말로 말하고자 하는 것이 무엇인지는 막연하게나마 알 것 같습니다만, 그럼 전체가 먼저 있고 부분은 나중에 있는 것인가? 국가가 먼저 있고 한 사람 한 사람의 인간은 나중에 있는 것인가? 이런 의문이 곧장 생깁니다.

그리고 오늘날 자원봉사 정신은 대단히 중요하다고 생각합니다만, 이른바 '무상의 자원봉사'라는 발상은 지금도 있다고 생각해요. 아까 야마시타 씨는 '자원봉사정신'이라는 말로 표현하셨는데, 그럼 무상으로라도 그 일을 하려고 생각하는지요? 역시 무상으로는 안 되겠지요. 공무원은 월급을 받으니까요. 그럼 무상의 자원봉사정신과 공무원 정신은 무엇이 같고 무엇이 다른가에 대해서도 여쭤보고 싶습니다.

나아가서 '국민을 위해서' 무언가 도움이 되었으면 한다고 하셨는데, 최근에는 '국민을 위해서'라는 말은 이른바 가부장제의 잔존 같은 것으로 생각되는 경우도 있습니다. 그보다는 그 속에 들어가서, 위로부터가 아니라 아래로부터 함께해 나가는 것, 국민을 위해서가 아니라 '국민과 함께' 하는 것이 필요하지 않을까요? 이 점에 대해서는 어떻게 생각하시는지요?

김태창: 저 자신의 개인적인 견해입니다만, 공무원은 전체에의 봉사자라기보다는 '국민의 대리인으로서의 정치가'와 '국민' 사이의 매개자로 이해해야 한다고 생각하는데 어떻게 받아들이십니까?

이토 히로노리: 방금 이나가키 교수께서 연구자가 되신 동기로 '진리 탐구'라는 말을 하셨는데, 제 경우에는 그런 것을 생각해서 연구자가 된 것은 아니고, 성격적으로 사람들 앞에 나서는 것을 좋아하지 않아서 안 나서도 되는 분야가 적성에 맞지 않을까 생각했고, 그래서 연구실에서 책만 읽고 있으면 될 것 같은

학문 연구의 길에 들어서게 되었다고 말씀드릴 수 있습니다.

다만 아까 야마시타 씨가 '세상에 도움이 되고 싶어서'라는 말씀을 하셨는데, 정도의 차는 있지만 제 안에도 점점 그런 생각이 싹트게 되었습니다. 학자란 사회에 어떤 쓸모가 있을까에 대해서 생각하게 된 것이지요. 뭔가 사회에 도움이 되고 싶다, 공헌하고 싶다는 마음은 많든 적든, 어떤 형태로든 누구에게나 있다고 생각합니다.

이것은 아마도 기업에 취직할 때에도, 입사 당시에는 별로 생각하지 않을지 모르지만 일을 하다 보면 사회와의 접점이 생기는 가운데 뭔가 사회에 도움이 되는 일을 하고 싶다, 혹은 자신이 하는 일이 뭔가 도움이 된다고 하는 프라이드도 가지게 되는, 그런 부분이 있지 않나 생각합니다. 그래서 "전체에의 봉사자가 되고 싶다"는 식으로 말하면, 좀 거창한 말처럼 들릴 수도 있지만, 심정적으로는 공통점이 있다는 느낌을 받았습니다.

그리고 지방대학에 있으면서 드는 생각은, 학생들 중에서 국가공무원을 지향하는 사람은 그리 많지 않습니다. 그보다는 지방공무원을 지향하는 학생이 압도적으로 많은데, 처음에 그런 동기를 제공한 것 중에서 가장 많은 것은 '부모가 지방공무원이어서'나 '안정된 직종이라서'가 대부분입니다. 그래서 좀 더 일에 대한 애정이 있었으면 좋겠다고 생각한 적이 있습니다. 지방공무원과 국가공무원의 일에 어떤 차이가 있는지는 저로서는 잘 모릅니다만, 그런 멘탈리티의 차이가 있지 않을까 하는 의문이 들었습니다.

그리고 또 하나, 오오무라 씨가 말씀하신 것과 관련해서인데, 1990년대 이전은 '관료'라는 말이 살아 있던 시대였지만 그 이후는 사람들의 시선이 좀 변했다고 생각합니다. 공무원의 일 중에서 실제적인 차이가 생겼는지, 그리고 그런 것을 느끼고 계신지 아닌지에 대해서 여쭤보고 싶습니다.

사회성립에서의 일본과 미국의 차이

오오무라 켄조: 두 분의 말씀 중에서 관심이 갔던 부분 한두 가지를 소개하고

자 합니다. 아까 '전체에의 봉사자'라는 말이 나왔는데, 이것은 국가공무원법에도 나와 있어서 언뜻 보기에는 알 것 같지만 실은 잘 모르는 말입니다.

저의 이해로는 국가공무원법의 근거가 되는 일본국 헌법은 이른바 '점령시대'에 미국의 제안으로 만들어진 것으로, 발상의 뿌리는 미국에 있습니다. 지금의 헌법의 영역에서 '전체에의 봉사자'의 '전체'는 'community'로 되어 있습니다. 미국이라는 나라는 도시가 모여 주(州)를 이루고, 주(州)가 모여 나라를 이룹니다. 행정은 압도적으로 도시와 주(州) 차원에서 행해지고, 그중 대부분은 '주' 차원에서 이루어지고 있습니다. 그래서 주에 따라서는 사형제도가 있는 곳도 있고 없는 곳도 있습니다. 그래서 미국에서 전체=community라고 할 때의 공무원은 그 커뮤니티 속의 누군가가 대표나 대리가 되어, 그 커뮤니티의 공통사항을 처리하기 위해서 선발된, 커뮤니티의 'servant'라는 의미가 아닌가 생각합니다.

그러나 일본 사회는 나라가 현(縣)을 만들고, 현이 도시와 농촌을 만든, 즉 나라가 현을 폐번(廢藩) 조치 하고서 하부구조가 각각 생겨나게 된 것으로, 먼저 국가가 있다는 식의 사회였습니다. 미국과는 정반대입니다. 헌법제정과 관련되는 일본인의 멘탈리티 입장에서 생각해보면, 아무래도 커뮤니티의 대표라는 의미보다는 천하국가를 대리(代理)하는 이미지가 아닌가 생각합니다. '대리한다'는 말에는 권력적인, 간접적인 함축이 들어 있다고 생각합니다.

미국에서는 공무원의 지위가 낮습니다(이렇게 말하면 화낼지도 모르겠습니다만). 지역을 중심으로 나라가 이루어져 있어서, 그 지역에서 누군가가 대표가 되어 공공적인 문제를 처리한다는 의미이기 때문에 달리 특별한 의미가 있는 것은 아닙니다. 그냥 우리 지역사회의 대리인이자 대표자라는 인식입니다. 하지만 일본에서는 위에서 나라가 아래를 향해 지시하는 형태가 메이지시기부터 있었기 때문에 전후(戰後)에 '전체에의 봉사자'라는 말이 헌법에 들어가기는 했어도 오랜 전통은 상당 부분 그대로 남아 있었다고 생각합니다.

그러는 가운데 새로운 헌법이 시작되었는데, 얼마 동안은 연합군이 종래의 관료기구와 행정기구를 통해서 간접적으로 일본을 통치한 것이 아니라, 모두 일본의 행정기관을 이용해서 처리했습니다. 연합군의 대리인으로서 점령정책을 수행하는 것이 관료였기 때문입니다. 그리고 독립한 후에도 마찬가지 인식에서 일본의 재건을 이끌어 온 것이 관료이고, 그러한 배경에서 전후의 관료적 멘탈리티가 줄곧 오랜 동안 남아 있고, 또 그것이 어떤 면에서는 실제로 일본이라는 나라가 발전하는 견인 역할도 했다고 생각합니다. 그런 차이가 있기 때문에 '전체에의 봉사자'라는 의미도 미국적인 시각과 일본적인 시각은 좀 다르지 않나, 라는 생각이 요즘에 와서는 들기도 합니다.

1990년은 거품경제가 무너지고 동서냉전이 종식되는 등 여러 사건이 일어난 역사의 전환점이기도 한데, 그 전까지는 이른바 관이 일본경제를 끌고 가는 시대가 오랫동안 잘 지속되고 있었습니다. 하지만 1990년 무렵부터 잘 안되기 시작하여 민의 힘을 끌어냄으로써 나라의 부를 늘려 나가는 것이 중요하다고 하는 지금의 시대에 이르게 되었고, 관에 대한 평가도 달라졌습니다.

비근한 예로 인사원에서는 공무원급료의 권고(=정부기관에 급료에 관한 의견을 제출하는 것)를 행하기 위해서 민간조사를 합니다. 그런데 관의 조사에 대한 기업 협력의 정도도 옛날과는 상당히 달라졌습니다. 관이 하는 일에 협력할 수 없다, 바빠서 시간이 없다(웃음)는 식으로…. 그래서 고생을 하고 있는데, 그렇다고 해서 참여율이 그렇게 낮아서는 신뢰감이 없습니다.

이것은 아마도 다른 여러 공무원 세계에서 하는 각종 조사에도 해당한다고 생각합니다. 전형적인 것은 얼마 전에 국세조사가 있었는데, 나라가 쓸데없는 일을 하고 있다는 반응이 국민들로부터 상당히 나온 것 같습니다. 그런 면에서도 공무의 세계, '공'이나 '관'이 하는 일을 보는 눈이 상당히 달라졌습니다. 그래서 지금까지는 관의 소관 범위가 넓었는데, 지금은 별로 필요가 없다거나 쓸데없는 일은 하지 않아도 된다거나 지금은 그런 시대가 아니라거나 하는 반응입니다. 우리가 하는 일에서도 일상적으로 느끼고 있습니다.

김태창: 지금까지의 말씀을 듣고 저도 두세 가지 소견을 피력해 보고자 합니

다. 먼저 저는 어릴 때부터 교사가 되고 싶다는 바람이 있었습니다. 그것은 아마도 일제 식민지라는 상황 속에서 직업선택의 폭이 그렇게 넓지도 않아서 그랬겠지만, 할아버지는 정통 한학자로 시골 서당의 훈장을 하셨기 때문에 그 모습을 자주 보고 자랐다는 데서 동기형성이 이루어졌는지도 모르겠습니다. 어쨌든 교사가 되겠다는 생각이 있었습니다.

초등학교 3학년 때에 한국이 해방되자, 정치적 자기정의가 자신의 뜻과는 무관하게 변하고 말았다는 이상한 체험을 하게 됩니다. '나라'란 무엇이고 진정한 나는 누구인가 라는 문제를 진지하게 생각하지 않을 수 없었습니다. 그때까지의 저는 대일본제국(皇國)의 신민(臣民)이었는데, 앞으로는 대한민국의 국민이라는 것이지요. 그것이 그렇게 간단한 일은 아니었습니다.

진정한 한국인이 되기 위해서는 진정한 '나'가 아니었던 일본인의 부분을 철저하게 제거하고, 새로운 '나'로 거듭 태어나지 않으면 안 되었습니다. 일본어는 원래 잘하는 편이 아니어서 놀랄 정도로 빨리 잊어버렸습니다. 그리고 이른바 '왜색'을 철저하게 없애기 위해서 필사적인 노력을 했습니다. 그런데도 아버지가 일본에서 사업가로 성공하고, 경제적으로 풍요로운 생활을 해서 친일파라는 비판을 받았습니다. 상당히 왕따를 당했습니다.

그런 상황이었기 때문에 대학에 들어갈 때에 정치나 관료의 길로 나아가 입신출세를 지향하는 것은 단념했습니다. 친일파라는 말 한마디로 다 끝나니까요. 이런 사정이 있어서 학자의 길을 택했습니다.

학문에 전념하게 되고서는 진정한 한국인이란 무엇인가, 라는 문제보다는 진정한 인간이란 무엇인가, 라는 문제에 골몰하게 되었습니다. 그리고 자신의 생활현장이 바뀔 때마다 '나'에 대한 이해도 바뀐다는 사실을 실감했습니다. '나'란 일원적인 것이 아니라 다원·다중·다층적으로 형성된다는 사실을 반복해서 확인해왔다고도 할 수 있습니다. 이를 테면 저는 청주인(淸州人)·충청인(忠淸人)·한국인·동아시아인 그리고 지구인이라는 서로 어긋나기도 하면서 서로 아우러지는 요소로 구성된 복합적인 아이덴티티입니다. 그러나 일본에 와서 살게 되면서는 오사카인이라는 요소가 첨가되었습니다.

그리고 저에게도, 뭔가 도움이 되고 싶다, 뭔가 봉사하고 싶다는 마음이 있었습니다. 제 경우에는 학문을 통해서 뒤처진 나라인 한국의 발전에 도움이 되고 싶다는 생각이 있었습니다. 정치가를 보아도 "정치가로는 안 된다!"라는 절망감을 느꼈고, 상인을 보아도 저렇게 해서 나라를 구할 수 있겠느냐는 의구심이 강했습니다. 역시 제대로 학문을 해서 선진국을 제대로 배우고, 돌아와서 그것으로 지역과 국가의 선진화에 공헌하고 싶다는 생각이 있었습니다. 그래서 귀국해서는 대학교수로서 연구 · 교육 · 사회봉사에 전력투구한 것입니다.

솔직하게 말하면 저 자신은 공무원이나 기업인보다는 학자의 공공정신이 더 투철했는지 아닌지는 잘 모르겠습니다. 하지만 아버지가 상인이었고 상당히 큰 기업을 경영하고 계셨기 때문에 기업의 내부도 눈여겨 볼 수 있었습니다. 아버지 자신은 여러 가지 생각이 있었다고 생각합니다만, 당시에는 회사에서 일하는 사람들이 국민 전체에 봉사하고 있다거나 공공을 위해서 일하고 있다는 의식이 거의 없었습니다. 정치가 하는 일을 보아도 분노를 일으키는 것뿐이었습니다. 관료는 부패할 대로 부패해 있었습니다. 시대의 변화와 함께 학자도 어느 새인가 그 개인적 · 집단적 이기주의와 오만과 명예욕에 의해 학문연구가 결국 사물화 · 사리사욕화의 방향으로 변질되어 버린 것을 깊게 반성하고 있습니다.

공무원이란 무엇인가?

마지막으로 그 후에 한국을 비롯한 여러 나라의 공무원제도의 비교조사를 통해서 공무원제도와 공무원상이라는 문제를 학술적으로 연구하고, 그 개혁에 몰두한 적이 있습니다. 여러 나라의 사정도 조사했습니다. 그래서 공무원이 일반 시민과 무엇이 다른가에 대해서도 생각하게 되었습니다. 그 결과, 결국 공무원이란 특별 권력 관계 속에 있는 존재인 반면에, 다른 직업인은 민법상의 계약관계 속에 있는 존재라는 차이가 가장 크다는 사실을 알게 되었습니다. 그래서 공무원에게는 공권력의 행사가 허용되고 있습니다. 그 지위에 올라간 순간 공권력을 행사할 수 있는 권한을 갖게 되지요. 이로부터 국민과 시민에 대한 지배자라는 감각이 따라오게 되겠지요. 그 이외의 직업은 모두 민법상의 계약관계이기 때문에 지배·피지배의 관계라는 인식은 성립하지 않는다고 생각합니다.

또한 전능(全能)국가라는 국가관에 기초한 전능관료라는 인식이 형성되었다고도 할 수 있습니다. 거기에 국가성선설(性善說)과 같은 생각이 관료성선설을 보급시켰다는 측면도 있겠지요. 그것은 실로 국가신화와 일체가 된 관료신화인 것입니다. 하지만 신화는 언젠가 붕괴됩니다. 외부로부터의 파괴라기보다는 자기내적인 붕괴가 시작됩니다. 일련의 부정·횡령·불법·부패에 의해 신뢰와 권위를 상실하는 것입니다. 그리고 급격한 사회변동에 의해 관료보다도 기업이나 시민사회가 격변하는 세계에 재빠르게 대응해 나가는 가운데 공무원만이 시대와 상황의 변화로부터 발생하는 요청에 무감각·무반응인 것이 아닌가, 라고 해서 비판·공격받게 되었다고 생각합니다.

여기에서 대체 공무원이란 무엇인가 라는 문제를 냉정하게 생각해볼 필요가 있습니다. 인식 조정을 위해서입니다. 오해나 과장이나 왜곡을 시정하기 위해서입니다. 먼저 확실하게 말할 수 있는 것은 공무원은 성인군자가 아니라는 점입니다. 당연한 일입니다만, 이 점이 현실적인 공무원관의 첫걸음이라고 생각합니다. 대개 세가지 공무원관이 있다고 생각합니다. 하나는 경제인이라는 관점으로, 자신의 이익을 추구하는 인간이라고 보는 것이지요. 자본주의 경제 사회에서는 공무원도 경제인이어야 한다는 견해입니다. 두번째는 조직인이라는 생각입니다. 조직을 통해서 자기실현을 지향하는 인간이라는 것입니다. 마지막은 행정인입니다. 무슨 일이든 예산의 확보에서 시작된다는 인식에 기초하여 최대한의 예산 획득을 지향하는 인간이라는 생각입니다. 고전적인, 청렴결백하고 뜻이 높은 사대부적인 관료상과는 거리가 먼 인간상입니다. 이러한 현실을 어떻게 이해하고, 그것에 어떻게 대응할 것인가가 당면한 문제라고 생각합니다.

야마시타 노리히데: 그렇군요….

김태창: 지금까지는 공무원의 이야기였는데 기업가의 경우는 어떤지요?

야자키 카츠히코: 저 자신 기업활동을 하면서 이른바 NPO의 체험을 통해서 '공공성을 담당하고 있다, 즉 좋은 일을 하고 있다는 오만한 자신'을 깨닫고 철저하게 반성한 경험이 있습니다.

15년쯤 전부터 인도에서 식목활동을 하고 있는데, 이 활동은 우리 회사의 젊은 사원의 제안이 계기가 되었습니다. 손님으로부터 매달 100엔을 모금해서 하자고 해서 시작했는데, 당시는 거품경제의 절정기로 일본에서는 못해도 인도에서는 식목활동이 가능하지 않을까, 라는 생각에서 시작했습니다.

그래서 인도를 방문하여 현지 담당자와 교섭을 했는데, 처음에는 자기도 모르는 사이에 "좋은 일을 해 주겠다"는 오만한 마음이 있었기 때문에, 그것이 말이나 태도로 드러났는지, 현지 사람들과의 교섭이 잘 안 되었습니다. 그날 밤 그 일을 반성하면서 서로 이야기하는 가운데, 그 젊은 사원에게 "나무를 심어서 그것이 울창하게 자란 모습을 자기 아이들에게 보여준다는 생각으로 해보면 어떨까?"라는 쪽으로 우리의 마음자세를 바꿔보자는 말이 나왔을 때, 그 젊은 사원은 울음을 터트렸습니다. 자신이 하는 일의 진정한 의미를 알게 된 것이지요.

그때까지는 아무래도 (인도를 위해서) '해 준다'는 느낌이었는데, 그것을 (인도 사람과) '(함께) 한다'는 쪽으로 바꾸자고…. 같이 일을 하지 못하면 자기 아이들에게 그 성과를 보여줄 수 없기 때문이죠. 이런 자세로 다음날 교섭을 해 보았더니 상대방의 태도가 완전히 바뀌더군요. 이런 인도에서의 체험을 통해서 '좋은 일을 한다는 오만한 자신'을 깊게 반성하게 되었습니다. 결국 생각해보면 고객 여러분으로부터 받은 기금으로 활동하는 것이기 때문에 다른 사람 돈을 이용해서 자신이 '좋은 일'을 하고 있었을 뿐인데, 그것을 깨닫지 못하고 그만 '좋은 일을 해 주고 있다'는 무자각적인 오만 때문에 상대방의 인간으로서의 존엄에 상처를 주고 만 것입니다.

이때의 반성을 토대로 지금 행하는 중국에서의 자립지원활동에서는 처음부터 '삼륜청정'(三輪清淨)이라고 해서, 주는 쪽도 받는 쪽도 사이를 이어주는 금품도 모든 것이 청정하다는 불교의 가르침을 활동 선언으로 삼아서, 함께 행복해지고 행복을 공유하는 활동으로 공동체험하고 있습니다.

기업은 무엇을 지향하는가?

김태창: NGO·NPO의 활동 사례를 들려주셨습니다만, 기업의 고유 기능이라고 할까, 정부와 시민사회와는 다른 기업이 지향하는 바는 무엇인지요?

야자키 카츠히코: 우선 기업은 자립적인 구조를 만들지 않으면 안 된다고 생각합니다. 즉 더 이상 의존하는 구조여서는 안 되는 상황입니다. 모두가 의존하는게 편하다는 것은 경험적으로 알고 있습니다. 하지만 의존하는 구조가 하루아침에 조직이 되면, 그것이 분업에 의해 전문직을 만들어서 점점 확대재생산해 나갑니다. 이런 조직이 더욱 그런 의존하는 구조의 사회를 확대재생산하여 의존형사회를 만들어 나가게 됩니다. 즉 좀 더 하위의 수단을 목적화하는 사회가 되어 갈 뿐, 모두가 열심히 노력해도 그 누구도 '전체최적'을 위해서 사는 것이 아니라 무자각적으로 '부분최적'으로 산다고 하는, 실로 분업에 의한 '유아화(幼兒化) 확대재생산 사회 만들기'를 위해 살게 되는 식이 되지 않나 생각합니다. 그와 같이 전문분화된 분업에 의한 의존구조의 확대재생산을 타파하는 하나의 방향으로, 기업의 자립구조가 있고, 민영화의 흐름이 있다고 생각합니다. 전문분화된 분업에 의한 의존구조에서는 자신들이 하는 일이 점점 대증요법화(對症療法化)하여 시야가 협소해지고 권위를 내세우고 오만해지고 비굴해져 가는 경향이 있습니다.

기본적으로 의존구조이기 때문에 사람들에게 주체성이 생겨날 리가 없습니다. 그에 반해 자립구조로 해 나가면 더 큰 전체에서 생각하고 한층 포괄적으로 생각하는 방향으로, 문제의식이 높아져 간다고 생각합니다. 양심에 충실하여 스스로 서고, 경제적 자립과 사회적 자립 나아가서는 진정한 정신적 자립도 포함해서, 그런 것들을 한 사람 한 사람의 사회인으로서의, 인간으로서의 전체성 회복의 기반이 없으면 모든 것을 누군가에게 의존해도 된다고 하는 분업화에 의한 유아화 확대재생산 구조에 빠지게 되지 않을까요?

구체적으로 말하면 자립구조와 의존구조의 차이는 자립은 주체적 주관을 가진 당사자의식을 기르고, 문제의식이 실천을 통해서 좀 더 고차원화해 나가는 것이라고 생각합니다. 의존구조에서는 당사자의식이 길러지지 않습니다. 그에 반해 기업의 경우에는 자신들이 살아남지 않으면 안 되기 때문에 기본적으로 당사자의식이 생깁니다. 민(民)의 활력의 원천인 주체적인 주관을, 능동적 주체를 한 사람 한 사람의 문제의식을 토대로 당사자로서 상호함양해 나감으로써 결과적으로 기업의 영속적 발전성을 만들어 내는 것으로 이어진다고 생각합니다. 바로 여기에 자립구조가 한층 견고해지는 원리가 있고, 구조적으로도 기업경영의 본질이 있다고 생각합니다.

특히 민간인의 경우에는 자기 이외에 의지할 사람은 아무도 없다는 것이 전제가 되기 때문에, 즉 아무것도 없으니까 더욱 자립해서 스스로 만든 것만이 자신이 갖고 있는 힘이 되고 지혜가 되고 신용이 되고 자금이 됩니다. 그러나 공무원이라는 입장에서 처음부터 그것이 주어진다는 것이 전제가 되면, 한 사람의 인간으로서의 자립과 기업의 존속을 건 자립구조화라는 관점에서 생존을 걸고 매일매일 사상연마(事上鍊磨)하여 살아남는 기업과는 구조적으로 다르다고 생각합니다.

또 하나는 현실사회를 보는 눈이 현실과는 격리된 제3자적이고 객관적이 되기 쉽다고 생각합니다. 그리고 같은 주관이라고 해도 다른 사람을 책망하는 주관으로는 건설적인 개혁은 어렵다고 봅니다. 바로 이 부분에 사기업과 공무원의 평소의 의식차원에서 커다란 차이가 있고, 사기업으로서 우리가 기업의 존속과 자기존망을 걸고 실천하는, 주체적 주관을 지닌 당사자의식과의 차이라고 생각합니다.

공무원과 기업의 차이

김태창: 솔직히 공무원과 기업인 혹은 정부와 기업이 지향하는 바가 다른 것이 어떤 의미에서는 당연하다고 생각합니다. 완전히 같다면 인식과 실천에 있어서 오해나 혼동을 일으킬 필요도 없다는 생각도 들기 때문입니다.

개인적인 생각으로는 좋은 사회란 먼저 다원적 사회라고 생각합니다. 각자 목표인식과 실천전략이 서로 다른 역할 담당의 당사자가 다양·복잡·상이한 형태로 존재하는 것이 좋다고 생각합니다. 간단하게 말씀드리면 정치는 '나라 만들기'에, 기업은 '부(富) 만들기'에, 그리고 교육은 '사람 키우기'에 각자의 목표와 과제와 방법자세를 설정하고, 각자 최선을 다하는 것이 바람직하다고 생각합니다.

그리고 정치와 경제와 교육을 적절하고 유효하게 통합·관리·조정하는 것이 시장이고 경영이고 행정이라고 생각합니다. 일반적인 생각은 꼭 이렇지만은 않겠습니다만, 적어도 저는 이렇게 생각합니다. 그럼 시장과 경영과 행정은 어떻게 다르고, 어디에 공통점이 있는가가 다음 문제가 됩니다.

시장과 경영과 행정의 삼차원상관사고와 동시에 경영과 행정을 하나로 하여, 시장과 관리와 전문(가)기능의 삼차원상관사고를 상정하는 것도 가능합니다. 요컨대 시장은 개개인(기본적으로 소비자로 이해한다)의 자유선택과 수요와 공급의 균형에 기초하는 조정의 장이고, 경영은 이윤확대와 그것의 최적분배를 기본으로 하는 조정의 조직이고, 행정은 권한과 전례와 규칙에 의한 조정기관입니다. 그러나 현대사회에서 인간활동의 모든 분야가 조직화되고 거대화되는 가운데, 거대조직의 운영원리로서 경영과 행정이 관리에 통합·동화되는 경향이 있습니다. 가령 정부관료와 기업관리직이 실질적으로 같게 되어, 상호교류·교환·대치도 빈번하게 행해지고 있습니다. 그런 동향 속에서 거대조직의 횡포와 부정에서 생활자의 생명·생존·생업을 지킴과 동시에 개개인의 자유선택이 명목뿐으로, 실질적으로는 극단적인 약육강식의 자연 상태에 빠지는 일이 없도록 하기 위해서, 공평한 제3의 조정자(개인 및 기업)가 필요하다고 생각하여, 그것이야말로 참다운 전문가(집단)라고 하는 견해도 있습니다. 저 자신의 개인적인 견해로는 현재 일본의 상황은 행정전문가가 경영전문가에게 사회조정의 주역으로서의 위상을 뺏기고 있다는 것입니다. 그리고 양자의 연합이 관리전문가로서 생활세계를 지배하고 있다고 할 수 있습니다.

국가공무원이 지향하는 것

이나가키 히사카즈: 오오무라씨의 말씀을 듣고서 생각났는데, 앞으로는 특히 국가공무원으로서 무엇을 하면 좋은가에 대해서는 자기 마을이나 현(縣=한국의 도(道)에 해당) 차원에서 할 수 있는 일은 거기에 맡기고, 거기에서 하지 못하는 것을 나라가 한다고 생각할 수 있는데, 이런 식으로 지방에서 남는 일을 나라가 한다고 생각하면 나라의 역할이 축소되어 버립니다.

그래서 그것보다는 다른 나라, 즉 국제적인 관계에서 지방 차원에서는 할 수 없는 일을 국가 차원에서 해 나간다고 생각하는 것입니다. 글로벌한 문제에는 역시 나라가 관여하지 않을 수 없습니다. 이런 측면이 앞으로 더 늘어나리라고 생각합니다만, 다만 제가 여기에서 우려하는 것은 국가가 그런 형태로 동아시아와 세계를 향해서 글로벌하게 뻗어나갔을 때, 일종의 국가의 정체성 문제가 생긴다는 것이지요. 그래서 글로벌화에 대비해서 이른바 '내셔널 아이덴티티'가 강해지는 배경 속에서, 국가공무원으로서의 방향이 어떻게 가늠될지 궁금합니다.

또 하나는 역시 나라가 아니면 하지 못하는 일들이 있다는 것입니다. 가령 세금을 징수하여 재분배하는 것은 어떤 의미에서 공권력이 없으면 하지 못합니다. 오늘날에는 사회보장이 대단히 문제되고 있는데, 가령 지금 복지국가론도 예산이 없어서 파탄상태입니다만, 역시 복지는 국가가 다루지 않을 수 없는 문제입니다. 저는 권력장치로서의 국가의 측면과 동시에 복지장치로서의 국가가 또 다른 측면에 있다고 보고, 이 두 측면을 다 생각해야 한다는 입장입니다.

그럼 '복지'란 과연 무엇인가? 한마디로 '잘 사는 것'입니다. 잘 산다는 것은 한 사람 한 사람이 인간답게 사는 것을 말합니다. 한 사람 한 사람이 인간다운 행복을 추구하며 사는 것이 복지의 원점이라고 생각하기 때문에, 그 외적인 틀을 국가가 만들지 않으면 안 됩니다. 국가 차원에서의 정체성 문제와 인간이 인간답게 사는 것을 외면적으로 어느 정도 보증할 수 있는 시스템이 국가의 역할이라고 생각합니다.

사람 만들기의 원점의 문제

여기에서 문제인 것은, 그럼 정체성이나 한 사람 한 사람의 인간이 잘 사는 것, 복지, 행복은 어디에서 보장되는가 하는 것입니다. 바로 김태창 선생께서 말씀하신 '사람 만들기'에서의 사람이란 무엇인가 하는 문제, 그것을 담당하는 교육문제와 관계된다고 생각합니다. 그래서 "사람은 사람과의 관계 속에서 사람이 되어 가기 때문에 인간(人間)은 '사람(人) 사이(間)'라고 쓴다"고 종종 말하는데, 한 사람이 아니라 모두가 함께 있다는 데에 먼저 인간이 인간다운 사회를 형성하는 원점이 있다고 생각합니다.

그때 "나란 무엇인가?"라고 하는, 나의 정체성 문제가 생기고, 또한 '내'가 속해 있는 커뮤니티의 정체성 문제가 나옵니다. 여기에는 역시 교육이 관련됩니다. 한 사람 한 사람의 정체성은 모두 다릅니다. 거기에 각 커뮤니티에서 서로 다른 정체성을 묶고, 나아가서 내셔널 아이덴티티를 강요합니다. 여기에 실로 내셔널리즘(민족주의)의 문제가 생기는데, 내셔널리즘보다 앞서는 것이 '사람'과 '사람'입니다. '내'가 '나'인 정체성, '커뮤니티'가 '커뮤니티'인 정체성을 어떻게 형성해 나가는가가 제가 교육자의 한 사람으로서 관련되어 있는 분야입니다.

이때 "그럼 인간이란 무엇인가?"라고 하는 고차원적인 철학적 논의로 들어가면, 이성이라든가 하는 그리스 이래의 철학사의 테마가 되거나, 아니면 김태창 선생이 항상 말씀하시는 감정이나 의지 혹은 영성 같은 것에 의해서 인간은 존재하고 있고, 서로가 공존해 나간다, 바로 이런 존재가 아닌가 라는 자각이 늘어나고 있다고 생각합니다.

일본의 전후(戰後)교육을 예로 들어 말씀드리면, 거품경제가 붕괴된 1990년 이후와 이전으로 나뉘는 것은 교육도 마찬가지입니다. 90년 이후의 교육은 참담하다는 느낌입니다. 요컨대 인간으로서의 정체성과 같은 자신감이 거의 사라져 버렸습니다. 과거에는 사회 전체를 좋게 만들어가자는 생각에서 일본의 지식인들은 마르크시즘 같은 것에 끌렸습니다만, 지금은 그것도 쇠퇴해 버렸습니다. 그 대신 90년 이후에 무엇이 생겼는가 하면 바로 '컬트'(신흥종교)입니다. 옴진리교가 그 전형적인 예인데, 이것이 젊은이들을 사로잡아서 그들이 인생의 가치관 같은 것을 모색할 때에 잘 흡수해 나갔습니다.

종교와 교육

그것을 제 시각에서 보면, 역시 전후 일본은 종교를 진지하게 다루어 오지 않았다는 문제가 있습니다. 종교교육을 교육에서 철저하게 배제했기 때문에 역으로 반대 방향으로 나간 것이지요. 종교를 진지하게 생각하면서 교육을 했어야 했고, 앞으로도 그래야 된다고 저는 생각합니다.

그런데 일본의 경우에는 여러 가지 어려운 문제가 가로놓여 있습니다. 전전(戰前)의 교육이 먼저 있었는데, 종교교육이나 마음교육이라고 하면 곧장 내셔널 아이덴티티라고 하는, 잘못된 애국심을 고취시키는 것으로 생각합니다. 이런 상황이 바로 나타나는 것은 대단히 불행하다고 생각합니다.

외국의 예로는 유럽은 과거에, 아시아도 그럴지 모릅니다만, 종교교육을 대단히 중시하여 "종교란 무엇인가?"라고 하면 엄청난 논의가 일어납니다. 우선은 세계의 대종교에 관한 지식 정도는 확실하게 가르치는 「종교」 과목이 커리큘럼 속에 있어도 좋을 것입니다. 이런 것이 전부 배제되는 인간은 인간이라는 정체성의 한 측면, 가령 영성이라고 할까, 이런 것이 빠지게 됩니다. 지적, 이성적인 교육 일변도로 나가면 이성에 편중되어 마음의 문제, 감정의 문제가 분출되고, 그 감정이 다시 민족주의적 감정 같은 것이 되어 가는, 대단히 불행한 상황이 초래됩니다. 그래서 지성과 감성의 균형을 회복해야 합니다. 가장 근원적인 것으로는 영성에 대한 의식도 가져야 하지만, 유감스럽게도 지식인 사이에 서조차 거의 없는 것이 현실입니다.

그럼 공무원은 이 문제와 어떻게 관련되는가? 대단히 어려운 문제가 있어서, 헌법 제20조나 제89조에 공무원의 신분으로는 특정 종교교육은 할 수 없고, 공금을 그런 것에 지출하는 것도 안 됩니다. 하지만 그것은 전후(戰後) 헌법이 전전(戰前)에 대한 반동으로 나온 것이기 때문에, 저는 헌법개정론자는 아니지만, 총합적으로 나라의 형태를 생각할 때에 좀 더 그런 논의를 해야 한다고 생각합니다.

서두에서 야마시타 씨가 말씀하셨듯이, 자원봉사정신이나 봉사정신은 나라가 교육으로 고쳐시키는 것이 아니라, 자발적으로 커뮤니티나 그 하위 차원의 자원봉사조직 같은 자발적인 봉사그룹에서 자연발생적으로, 어렸을 때부터 길러지는 것이라고 생각합니다. 이런 것이 교육의 중요한 부분입니다.

물론 이런 것을 필수과목으로 만들거나 커리큘럼에 넣게 되면 이야기가 복잡해집니다. 하지만 인간이 인간답게 사는, 그리고 그와 같은 인간을 형성하는 교육은 1990년대 이래로 21세기에 들어선 지금까지 비참한 상황에 처해 있다고 생각합니다. 이에 대해서 물론 뜻이 있는 분들의 움직임이 시작되고 있지만, 그것은 아직 소수에 지나지 않습니다. 그럼 공무원의 경우에는 이 문제를 과연 어떻게 생각할 것인가는 대단히 흥미있는 부분입니다.

이토 히로노리: 원래 처음 출발은 국가공무원은 무엇을 하는가 라는 이야기였다고 생각합니다만, 단순하게 말하면 나라는 돈을 내는 곳, 지방은 돈을 쓰는 곳, 혹은 중앙은 계획을 만드는 곳, 지방은 그것을 실행하는 곳이라는 이미지가 있습니다. 가령 아까 이나가키 교수가 복지국가 이야기를 하셨는데, 복지국가라고 해도 실제로 그것을 실무적으로 행하는 것은 보건소 간호사나 다른 여러 분들이 계십니다만, 대부분 지방자치단체가 안고 있는 부분이기 때문에 왠지 그런 이미지가 있습니다.

그리고 또 하나는 대학입니다. 김태창 선생께서 말씀하신 '사람 만들기'는 대학에서는 대단히 어렵습니다. 아까 공무원 지망 대학생이 꽤 많다는 이야기가 나왔습니다만, "그럼, 왜 공무원이 되고 싶은가?"라고 물으면 대부분이 단지 '부모가 하라고 해서'라든가 '안정적이어서'라는 식으로, 실제로 자신들의 사회가 어떤 문제를 안고 있는지는 잘 모릅니다. 그래서 몇 년 전부터 저는 대학원생들을 데리고 여러 자치단체에 찾아가서, 며칠 동안 자치단체 관계자나 지역주민들과 이야기를 하면서, 지금 실제로 어떤 문제가 어떤 형태로 일어나고 있는가를 학생들이 알도록 하고, 거기에서 공무원의 역할이 무엇인지를 생각하도록 하고 있습니다.

공무원뿐만 아니라 민간에서도 그런 역할을 실제로 행하고 느껴보는 것이 중요하다고 생각합니다. 지역사회가 안고 있는 문제는 어떻게 해결되고, 어떻게 의식화되고 있는가를, 짧은 기간이지만 학생들에게 실제로 보고 알도록 하는 일을 하고 있습니다. 법학부의 교육은 법률론, 해석론이 중심이 되어 있기 때문에 대단히 폐쇄적이고, 저 자신도 그랬습니다만, 사회와 동떨어져 있다는 느낌을 받았기 때문에, 뭔가 접점을 찾고 싶다는 생각이 들었습니다.

오오무라 씨가 커뮤니티에 대해서 말씀하셨는데 대단히 감명을 받았습니다. 거기에는 미국적 공동체주의(communitarianism)에 입각한 공동체이론도 관계되리라고 생각합니다만, 공동체라는 말을 들었을 때 가장 먼저 떠오르는 이미지는 역시 일종의 지역사회로, 가령 커뮤니티 봉사자의 경우를 보면 어느 생활공간이 안고 있는 문제를 어떻게 해결할 것인가가 테마가 되지 않나 하는 느낌이 들었습니다.

쿠마모토(熊本)나 큐슈(九州)의 경우에는 60년대, 70년대부터 공해나 여러 문제가 발생해서 생활세계가 적지않게 파괴되었습니다. "지방의 일은 지방이!"라는 말이 있습니다만, 지방의 테마라고 해도 여러 가지가 있는데 그중 하나가 자신들의 생활공간을 어떻게 재생할 것인가, 지킬 것인가, 만들어 갈 것인가 라는 큰 문제이기 때문에, 역시 이것은 커뮤니티라는 말이 가장 딱 맞는 테마구나 라고 생각하면서 듣고 있었습니다. 그런 커뮤니티 속에서 활동함으로써 공공정신이 싹트게 되지 않을까 하고 생각했습니다.

시골에 가보면 '공공정신'이라고 해야 좋을지, 지역사회의 공동체의식이라고 해야 좋을지 잘 모르겠지만, 보건소 간호사나 여러분들이 활동을 해도 사람들의 의식은 옛날 행정의 작은 단위에서 좀처럼 벗어나지 못합니다. 조금만 걸으면 바로 옆에 마을이 있는데도 거기까지 가지 않고 이쪽에서 뭔가 해 버릴까 하는 식이어서 좀처럼 공공정신이라고는 말하기 어렵습니다. 아마도 사회와의 접점 속에서 그런 정신이 나오지 않나 하는 느낌이 들었습니다.

그래서 대학 안에서의 사람 만들기가 어렵다는 느낌과, 커뮤니티를 지금부터 어떻게 만들어 나갈 것인가 하는 것이 지역문제로, 이 문제는 아마도 국가공무원들이 지금부터의 나라의 방향을 생각할 때도 커다란 테마로 위치지우고 있지 않을까 생각합니다. 지금 지방에서는 합병이나 도주제(道州制, 지금의 부현제府縣制를 수정해서 광역지역으로 묶는 제도)가 대단히 뜨거운 이슈가 되고 있기 때문에 이런 부분이 앞으로의 테마라고 생각합니다.

오오무라 켄조: '전체에의 봉사자'로서, 그리고 부분 속에도 전체가 있다는 식으로, 세계는 누층적으로 이루어져 있다고 하는 발상이 있는데, 그런 의미에서 말하면 전체의 봉사자라고 할 때의 전체란 반드시 부분이 나오게 되고, 그 부분을 잘 보면 다시 전체가 나오게 됩니다. 불교에서 말하는 '만다라' 구조이지요. 복잡계라든가 여러 논의가 최근에 유행하고 있지만 간단히 말하면 그런 것입니다.

전체에의 봉사자라는 말에다 좀 더 오늘날에 부합하는 철학적 의미를 부여하면, 전체를 보기 위해서는 부분을 제대로 보는 것이 반드시 필요하게 되고, 부분을 제대로 보기 위해서는 전체가 필요하게 되는, 그런 복안적(複眼的)인 관점이 된다고 생각합니다. 전체에의 봉사자란 실은 커뮤니티에의 봉사자가 아니라 '매개자'라는 말을 아까 듣고서 이 또한 대단히 재미있는 문제라고 생각했습니다만, 이 전체에의 봉사자라는 말을 다른 형태로 해석해 나감으로써 국가공무원의 자리매김이 좀 더 풍요로워지리라 생각합니다.

매개자로서의 공무원

김태창: 전체에의 봉사자라는 말은 여러 가지로 문제가 있는 개념이기 때문에 앞으로의 공무원의 새로운 모습의 표현으로서는 어딘가 걸맞지 않다는 느낌이 듭니다. 저 자신의 개인적인 생각입니다만, 행정이든 경영이든 종래의 통치·지시·명령이 아니라, 그렇다고 해서 자치·자율·자결(自決)만도 아닌, 어떻게 하면 이 양쪽을 맺고·잇고·살릴(매개할) 것인가가 중요한 역할이 되리라고 생각합니다. 그리고 '공'(국가)과 '사'(한 사람 한 사람의 인간·국가·시민)의 사이에서 양쪽을 매개하는 역할을 공무원이 담당하는 것이 마땅하지 않을까요? 그것은 주로 법치·행정국가적인 관점에서 보아온 공무원상을 탈바꿈하는 것입니다. 종래의 공무원은 주로 법규 집행의 전문가라는 이미지가 있었던 것도 바로 이런 맥락에서 이해할 수 있습니다만, 이제는 공사공매의 실무자라는 위상이 명확히 되어야 할 것입니다.

경영자의 매개 작용은 자본주의국가나 경제사회의 기본을 중시하는 경우에는 필수불가결합니다. 하지만 그것은 법인자본주의이자 국가적·제도규제적 경제사회의 이야기입니다. 자유주의 시장경제의 원칙에서 보면 시장에 작동하는 보이지 않는 손에 의한 자동조정에 가능한 한 개입하지 않는 형태의 매개작용에 기대하게 되지요.

오오무라 켄조: 그것이 지금의 국가공무원에 의해서 이루어지고 있는가 라는 문제인가요?

김태창: 지금 이 상태에서는 잘 안 되고 있어요. 그래서 앞으로 역할 인식을 바꿔 나갈 필요가 있다고 생각합니다. 종래의 행정은 통합·관리·조정이 기본입니다. 간단하게 말하면 지배의 논리였습니다. 하지만 앞으로는 대화·공동·개신이 기본이 되지 않을 수 없습니다. 그것은 지배나 통치가 아니라 '매개·공치'(共治)의 논리입니다. 매개·공치적 발상과 행위가 요청되는 것이지요.

이토 히로노리: 공무원이 종래보다 더욱 적극적으로 실제 생활세계 현장에

서 일정한 작용을 해야 한다는 것은 오히려 지방에 있는 저에게는 잘 이해가 됩니다. 국가보다는 현, 현보다는 마을이 많은 경우에 현장에 가까운 입장에 있을 테니까요. 그렇기 때문에 국가공무원이, 아니 공무원 전반의 모습에 대한 앞으로의 문제제기로서 김태창 선생의 말씀을 받아드리고자 합니다.

가령 중앙관청은 자주 '수직적'이라는 말을 듣듯이 여러 일들 사이에서의 연대가 희박하다는 인상을 받습니다만, 이것이 작은 자치단체가 되면 전문 섹션으로 나뉘기보다는 생활상의 문제의 다양한 측면이나 이해조정이 종합적으로 행해지는 장이 행정입니다. 의료나 복지 문제 하나를 보더라도, 뭔가를 하려고 하면 의사나 병원 문제에서 법적인 문제, 경제적인 문제에 이르기까지 여러 문제가 관련되기 때문에, 연대하여 해결해 나가면서 목표를 실현하지 않으면 안 됩니다.

물론 지방에서도 섹션주의는 있겠지만, 가능성으로서는 수직적 관계를 초월할 가능성을 크게 지니고 있다고 생각합니다. 그렇기 때문에 공무원은 주민의 의견대립이나 이해대립의 조정역할이라고 말하는데, 이것이야말로 매개역할이 될 수 있는 가능성을 갖고 있다고 생각합니다.

그런데 문제는 가령 자치단체와 시민을 생각했을 때에, 행정과 시민은 의외로 사이가 나쁜 경우가 많습니다. 공공사업이든 무엇이든 의견이 대립하는 경우가 꽤 있다는 것입니다. 어째서 그런지는 잘 모르는 부분이 있습니다만, 여기에는 역시 합의 형성 철학과 절차가 필요하다고 생각합니다. 즉 '공공'이란 행정만이라든가 시민만이라는 형태로는 담당될 수 없기 때문에 함께 담당한다는 의식이 필요하다고 생각합니다. 공공철학 시리즈에서는 줄곧 이 문제를 논의해 왔는데, 실천적인 성과는 지금부터의 문제가 아닐까요?

야마시타 노리히데: 매개와는 다른 문제일지 모릅니다만, 일전에 연구자들을 대상으로 하는 연수 시간에 세계표준규격에 대한 이야기를 어느 전문가가 강의해 주셨습니다. 가령 차세대 DVD라고 하면 블루레이(Blu-ray)나 HD라든가, 과거에는 비디오로 VHS나 베타라든가, 하는 식입니다. 세계표준규격은 이른바

조약 같은 것이어서 세계표준이 정해져 버리면 국내표준규격도 다시 검토하게 됩니다. 그래서 세계표준규격이 되는 제품을 개발한 나라는 대단히 유리합니다. 이 점이 대단히 중요합니다, 라는 말씀이셨습니다.

여기서부터가 문제가 되는데, 그럼 그 세계표준규격이 되는 제품을 개발하는데 있어 일본이 세계에 진출할 때에 이른바 누가 '결정할' 것인가 라는 문제가 논쟁이 되었습니다. 기업은 세계표준규격에 아직 관심이 낮은 것 같아서, 가령 막대한 투자를 해서 그것으로 이기면 좋지만 이기지 못할 때의 손실은 대단히 큽니다. 그것을 보상하는 시스템도 찾기 어렵습니다. 그때 국가가 "그럼 이 방식으로 우리는 노력해 갑시다!"라고 정해서 어떤 형태의 제도를 만들면, 기업도 안심하고 기업활동에 전념할 수 있겠지요. 기업의 생각으로는 세계표준규격에 한해서 말하면 나라가 정해줬으면 좋겠다는 것이, 강의의 내용이었습니다. 누군가가 정하지 않으면 안 되는데, 저 사람이 하면 모두가 "자, 그럼 합시다!" 하게 되는 일도 있지 않을까요? 물론 지금의 예는 '매개'의 경우와는 약간 벗어날지도 모릅니다만….

매개의 이미지는 '마음을 여는' 것

야자키 카츠히코: 매개의 이미지를 좀 더 공유하기 위해서 일부러 구조적으로 설명해 보고자 합니다. 마음을 닫은 형태가 A와 A의 신념 대립 차원입니다. 이 A가 큰지 작은지를 힘의 논리로 겨루고 있는 것이 현실세계라고 생각합니다. 이원론적 대립을 삼원론으로 하자는 것은 말로는 할 수 있지만, 실제로 실천 차원의 메커니즘에서는 작용하기 어렵습니다. 이것을 타개하기 위해서는 일종의 '변증법'이 필요하다고 생각하는데, 정반합(正反合)이 아니라 정반합전(正反合轉)까지 가는 변증법입니다. 이것을 W로 표현합니다. 이 W와 A를 합치면 WA(和)가 됩니다. '와(和)의 나라'의 '와'이지요(웃음).

A와 A의 대립이 일어나면 이것은 아무리 논의해도 결론이 나지 않기 때문에, 거기에서 한번 판단을 중지합니다. 판단을 중지하여 서로가 마음을 열어보면,

중요한 부분이 관심의 상관성으로서 보이게 됩니다. 그럼 "서로의 공통목적은 무엇인가?"라는 대화를 하면 의외로 매개의 이미지가 보이기 쉬워집니다. 하나는 먼저 '마음을 연다'는 부분으로, 실제는 이곳이 보이지 않아서 줄곧 이원론적 대립형의 논의를 하고 있습니다. 마음을 열어서 좀 더 고차원화해 보면 자신이 얼마나 마음을 닫고 있었는지를 알게 될 것입니다. 이 알아차림이야말로 내발적 공공성으로, 공공하는 철학의 입각점은 바로 여기에 있다고 생각합니다.

한 사람 한 사람의 공무원이 마음을 닫고, 공(公)의 입장에서 민(民)을 통치하는 것이 아니라 한 번쯤 "과연 무엇을 위해서 공무원으로서의 공의 입장이 있는가?"를 근본에서부터 물어보면, 이 관심상관성의 차원, 실로 한층 고차원의 공공성이 열리게 됩니다. '바보의 벽'도 쉽게 넘을 수 있다고 생각합니다(웃음. 『바보의 벽』은 2003년에 나온 동경대학의 요로 타케시(養老孟司. 전공 해부학) 명예교수의 책 제목으로 400만부가 넘는 초대형 베스트셀러가 되었다).

젊은 연구자가 쓴 논문을 저 나름대로 이미지로 공유하기 쉽도록 A와 W라는 구조로 만들어 보았습니다. 이렇게 하면 화(和. WA)의 나라의 새로운 공공화 차원은 그렇게 어렵지 않지 않을까? 매개라고 할 때도 이 공통목적의 차원을 못 본 상태에서 논의하면, 관심상관성을 알아차리지 못합니다.

요컨대 평면교차신호가 없는 교차점에서의 혼란을 이미지로 나타내면, A와 A의 대립상태입니다. 이때 길을 입체교차로 하면 문제가 해결됩니다. 한 차원 높은 곳으로 끌고 가는 것이 사실은 대단히 중요하다고 생각합니다.

히로나카 헤이스케(廣中平祐) 선생이 수학의 노벨상이라고 불리는 필드상을 수상하신 것도 대단히 간단한 원리였다고 합니다. 차원을 하나 높였을 뿐이라고. 고차원화해서 단순화한다고. 아래로 잘게 쪼개(breakdown) 나가면 복잡해질 뿐인 것은 수학의 세계에서도 마찬가지인가 봅니다. 점점 세분화해 나가면 나갈수록 복잡해질 뿐이라고 합니다. 반면에 돌파해서(breakthrough) 한층 고차원화해서 단순화하면 아주 간단하게 답이 보인다는 말씀이었습니다. 이 말을 듣고 '내 생각과 똑같구나'라고 느꼈습니다.

야마시카 노리히데: 지금 야자키 회장님께서 이미지를 공유하는 것에 대해 이야기를 하셔서 하나 확인하고자 합니다. 아까 나라에서 해주었으면 하는 일의 구체적인 예의 하나로, 세계표준규격을 추진하는 데에 참하하는 일에 관해서 나라가 정해주었으면 한다는 요망이 있다는 말씀을 드렸습니다. 가령 그런 일을 나라가 거들었다고 하면, 그것은 이른바 글로벌과 내셔널 사이에서 매개한 것이 되고, 동시에 기업체 사이의 일도 매개했다고 말할 수 있는지요? 그런 이미지인가요?

진정한 공공성은 보다 높은 차원을 연다

야자키 카츠히코: 공무원이 진정한 의미에서의 공공적인 존재가 되는 것이 출발 단계에서 대단히 중요하다고 생각합니다. 지금 공무원의 일부 모습은 진정한 의미에서 공공적이라고 생각합니다. 진정한 공공성이란 A에서 좀 더 고차원의 A로 점점 뜻이 고차원화되는 이미지입니다. 좀 더 고차원의 통합화로 향하는 것이 진정한 공공성이 본래 의미하는 바라고 생각합니다. 관계된 사람이 모두 기쁨을 느끼고, 한 사람 한 사람이 사회와 함께 전체성을 회복하면서 그 일에 관여하는 것이 좀 더 고도한 공공화 차원입니다.

하지만 지금의 관(官)의 실태를 보면 이른바 '공'과 '사'의 사용법이 애매해서, '공'의 입장에서 '사'를 닫고 지배하는 닫혀진 A형의 '공'이 아닌가 걱정됩니다. 일례로 공무원의 역할을 국민에게서 세금을 걷어 재분배하는 일이라고만 생각하는 것이 아니라, '옆집의 불'이라는 비유를 들어서 함께 생각해 보고자 합니다. 옆집에 불이 나면 각각의 입장, "나는 공무원이다"라거나 "나는 회사원이다"라는 것 따위는 상관 없게 됩니다. 우리 집에도 불이 붙을지 모르니까요. 그렇게 되면 이웃집 사람들이 모두 물통을 들고와서 불을 꺼줍니다. 즉 돈을 쓰지 않고 해결하는 방법을 실천적으로 할 수 있는 것이지요.

그런데 이런 긴급사태에, 비유적으로 말하면, 공무원이 생각하는 것은 먼저 소방서를 만듭시다, 소방자동차를 삽시다, 소방서의 인원을 늘립시다, 정치가들이 어딘가 장소를 정해 주세요, 저희가 예산을 가져왔습니다, 라는 식으로 최종적으로 '불을 끄기' 위한 비용과 그 의사결정에 이르는 다양한 절차가 필요하고, 그것을 위해서 막대한 시간이 걸리게 됩니다. 하지만 이러고 있으면 당장 눈앞의 화재를 진화할 기회를 놓치게 됩니다.

이 예처럼 생활자가 항상 답답함을 느끼는 것은 당사자로서 지금 옆집에 불이 났는데 예산이 어떻다거나 절차가 어떻다, 권한이 어떻다는 논의가 끝없이 수직적인 행정 속에서 관청과 관청 사이나 관청 내의 부서들 사이에서 일어나기 때문입니다. 도로공단을 보아도 연금문제를 보아도, 저렇게 많은 시간을 들여서 논의가 행해져도 결국 정해진 것은 알맹이 없는 제도뿐입니다. 이런 사태를 보고 있으면 우수한 사람이 전체에 대한 봉사에 뜻을 두고서 공무원이 되는 것은 알겠지만, 왜 시스템이 좀 더 열린 것으로, 좀 더 뛰어난 것으로 안 되는가, 라는 점에 대단히 의문을 갖는 경우가 많습니다.

공공성을 여는 것을 저해하는 구조의 문제

제가 생각하는 현재 공무원제도의 가장 구조적인 문제는, 경영모델이 된 무력에 의한 군대나 이익에 의한 민간기업과 같은 상의하달(上意下達) 식의, 즉 '위에서 아래'(topdown)로의 A형 피라미드 구조이자 전문분화된 분업구조라고 생각합니다. 나누어서 생각함으로써, 즉 분별하고 전문분화하여 생각하고 행동함으로써, 무의식 중에 주체적 주관으로서의 공공성과는 반대 방향의, 객체로서의 일의 효율성만을 추구하는 방향으로 나간다고 생각합니다.

이러한 구조에서는 국민을 위한 공공성이 아니라, 공무원이 분업화, 전문분화, 조직화된 일의 대상으로 여겨져서 인간의 전체성이 분단·분열되어 가는 것이 아닐까요? 즉 인간의 전체성을 회복한다고 하는 본래의 공공성과는 전적으로 반대 방향으로 나가게 되는 것이지요.

공무원을 선택한 것도 사적으로 거드름을 피우고 싶거나 또는 부분최적적인 일을 하고 싶어서 그런 것은 아니라고 생각합니다. '전체에 대한 봉사자'에서의

'전체'의 틀을 좀 더 포괄적으로, 좀 더 크게 보아서, 그리고 그 전체의 바람직한 모습을 긴 시간축으로 보아서, 자신의 인간적인 전체성도 한층 고차원으로 기를 수 있었으면 합니다. 결국 분업과 의존구조 속에서 수행하는 공무원의 일이 점점 국소적으로 협소해져서, 그때 그때만 적당히 넘기려고 하는 일회적인 것으로 되어가는 데 대한 발본적인 구조개혁이 긴급한 과제라고 생각합니다.

앞에서 예로 든, 마을에 불이 났을 때 한 줄로 늘어서서 물통을 서로 건네주는 것으로부터도 알 수 있듯이, 결국 한 사람 한 사람이 지니고 있는 "이 상황을 어떻게든 하지 않으면 안 되겠다"라고 하는 부득이한 감정―저는 이것을 "내발적(內發的) 공공성"이라고 부릅니다만―이 바탕이 되면 한 사람 한 사람은 원래는 'W'의 하나의 주체로서 당사자가 될 수 있습니다.

인간이 진짜 맘먹고 무언가를 하려고 하면 봉사활동을 하는 것도 전혀 꺼리지 않으리라 생각합니다. 그러한 국민에 대해서 자신의 자립의 차원을 한층 더 높이면서 인간의 전체성과 사회의 전체성을 회복하는, 참다운 의미에서의 공공화하는 방향으로 이끌어 주는 것이 공무원의 가장 중요한 역할일 것입니다. 이와 같은 '아래에서 위로'(bottom-up)의 형식으로 함께 길러야 하는 공공성이 결국, 군대나 기업과 같은 경영효율성 일변도의 '위에서 아래로'의 'A'형 피라미드 구조라는 조직구조에 의해서 자신들의 좁은 분업의 틀이나 입장에 제한되게 되어, 구조적으로 한 사람 한 사람의 내발적 공공성이나 참다운 공공성은 아무리 시간이 지나도 길러지지 않는다고 생각합니다.

공공성 실천의 선도자로서

국민 한 사람 한 사람이 지닌 내발적 공공성을 기르는 것이 공무원 교육에서 대단히 중요한 부분입니다. 원래는 먼저 공무원들이 비근한 일상생활에서 공공성을 실천하고 솔선수범해 보이는, 조직적 실천을 통해서 보여주는 공무원으로서의 리더십을 발휘해서 보여주는 것이, 국민도 좋아지고 공무원도 더불어 좋아지게 되어 서로가 지향하는 바가 보이게 된다고 생각합니다.

나아가서 그것이 한 세대로 끝나는 공공성이라면 결과적으로 아무것도 안 되게 되지만, 그것을 내발적 공공성이라는 점에서 보면 달라집니다. 어느 중국 사회학자가 중국의 연안부와 광동성을 비교한 적이 있는데, 과거에 광동성은 외부로부터 홍콩 경유로 지식이나 기술 또는 돈이나 사람을 가지고 왔는데, 지금은 성 자체가 엄청나게 피폐해 있다고 합니다. 유능한 사람은 모두 밖으로 빠져나간다고 합니다. 이런 식의 외발적 발전은 일시적으로는 좋습니다만, 계속적 즉 세대계승적으로 보면 유능한 사람이 전부 원천을 찾아서 밖으로 나가는 것이 됩니다. 지식도 돈도 기술도 사람도 모두 밖을 찾아서.

반면에 연안부의 발전은 내발적이어서, 그 지역에 뿌리내린 농산물이나 가공품 등으로 발전했기 때문에, 조상을 소중히 여기고 나아가서 자신이 배우고 기억한 것을 다음 세대로 전해주는 세대생생(世代生生)이라는 관점도 있습니다. 이렇게 대비적으로 보면 내발성이라는 것이 얼마나 중요한지 알 수 있습니다. 외발적인 발전은 일시적으로 외견상으로는 발전할 수 있을지 모르지만, 메이지 44년(1911년)에 나쯔메 소세키(夏目漱石)가 「현대 일본의 개화(開化)」라는 글에서 지적한 문제가 바로 지금 우리 세대에게 현실로 다가오고 있다고 생각합니다. 부디 이번 대화가 좀 더 열려져서 한층 더 고차원화되는 공공세계를 서로 기대하는 계기가 되었으면 좋겠습니다.

김태창: 야마시타 씨, 지금 말씀을 듣고 느끼신 점을 말씀해 주십시오.

야마시타 노리히데: 대단히 좋은 기회였습니다. 왜냐하면 서두에서 원래 공무원이 된 계기로 이야기를 시작했는데, 제 머릿속에서 잊혀지고 있었던 당시의 생각을 떠올리게 하였고, 그리고 여러분으로부터 여러 의견을 들었습니다. 원점으로 돌아간다는 것은 아무리 나이를 먹어도 중요한 일이라고 생각합니다. 전체에 대한 봉사자라는 생각은 단지 순수한 마음으로 도움이 되었으면 좋겠다는 마음뿐이었습니다. 다만 제가 봉사자라고 했을 때에 듣는 쪽에서 보면 자원봉사자 정신에 대해 문제가 있거나 온정주의와 관련된 문제가 있다는 점을 알게 되었고, 그런 의미에서 다시 한번 원점을 돌아보는 기회가 되었습니다. 감

사합니다.

오오무라 켄조: 우리 연수소는 각 중앙 관청에서 일하는 공무원들의 합동연수를 행하는 곳입니다. 각각의 행정관청은 독자적인 연수기관을 갖고 있어서, 거기에서 각자의 관청의 업무를 공무원들에게 가르칩니다. 반면에 우리는 관청의 벽을 넘어서 공무원들이 일체가 되어 배우는 장이기 때문에, 지식을 늘리기보다도 정부 전체의 관청을 관통하는 복합적인 문제를 생각하거나, 행정의 이상적 형태, 요컨대 행정과 정치라든가 리더십의 이상적 형태, 말하자면 인간학과 같은 것을 하나의 테마로 삼고 있습니다.

몇 년 전부터 과장급 공무원들을 대상으로 고전을 읽으면서 강사와 대화하는 커리큘럼을 실시하고 있습니다. 참가자가 평소에 별로 고전을 읽지 않는다고 해서, 강사로 오시는 선생님들에게 고전을 배우는 것이 어떤 의미가 있는가, 지금 어떤 식으로 고전을 읽으면 좋은가에 대해서 글을 써 달라고 부탁하여 소책자를 만들었습니다. 일본문헌이나 중국문헌 또는 서양문헌을 연구하는 선생님들에게 각자의 고전 독해법이나 고전을 배우는 의미에 대해 써달라고 부탁했습니다.

저는 공무원의 기본소양으로 실학적 측면과 허학적 측면의 양쪽이 다 필요하다고 생각합니다. 양자에 주목할 필요가 있습니다. 다만 저도 젊었을 때에는 실학지향적이어서, 영어를 습득하거나 제도에 대해서 배우는 등, 요컨대 곧장 써먹을 수 있는 지식을 흡수하는 데에만 오로지 관심이 있었습니다. 그러다가 점점 나이를 먹으면서 마흔 무렵부터 관리직이 되자, 과연 리더라는 것은 어떤 것인가 하는 문제를 생각할 필요성이 생겼습니다.

그러다가 문득 깨닫게 된 것은, 우리는 여러 가지 학문을 배워왔는데 정작 다른 사람 위에서 사람들을 리드해 나가는 것은 배우지 않았다는 것입니다. 그래서 그런 것을 몸에 익혀야겠다고 생각하게 되었고, 점점 사상과 철학 그리고 종교 분야에 관심을 갖게 되었습니다.

그러다 보니까 동양고전이 좋다는 사실을 알게 되었죠. 서양고전은 잘 이해가 안 되었습니다(웃음). 젊었을 때에는 '동양은 왠지 시시해, 폐쇄 지역이니까…' 라면서 서양지향적이었는데 점점 나이를 먹어감에 따라서 서양은 내 마음에는 안 맞는구나, 라고 느끼게 되었습니다. 내셔널리즘 취향인지 모르겠지만, 동양 사상을 읽다 보면 참 좋다는 느낌을 받습니다.

실학과 허학 이야기를 하다 말았는데, 최근에 『국가의 품격』이라는 책을 쓴 후지와라 마사히코(藤原正彦. 수학자) 씨가 신문에서 하는 말이, 역시 뭔가 목표를 정하거나 어떤 것에 가치를 두거나 하는 문제는 실학으로부터는 답이 나오지 않는다, 문화나 전통 혹은 미학이나 역사나 고전과 같이 당장에는 쓸모없어 보이는 지식 속에서 나온다는 것이었습니다. 요컨대 목표를 정할 때에는 이런 학문 이외에는 얻을 수 없다는 것입니다. 정한 목표에 어떻게 도달하는가는 실학의 세계입니다. 우리는 읽고 쓰고 셈하는 것과 같은 여러 기술을 배움으로써 목표에 도달할 수 있습니다. 하지만 문제는 그 목표를 정하는 선택, 즉 가치판단이 잘 행해지는가 아닌가에 있다고 봅니다.

가령 옴진리교 사람들은 대단히 학력이 높은데, 그 사람들은 목표를 잘못 정했습니다. 다만 머리가 대단히 좋기 때문에 목표를 달성하기 위해서는 무슨 일이든 할 수 있습니다. '사린' 같은 독가스까지 만들어서. 하지만 문제는 인생의 목표 선택을 제대로 하기 위해서는 역시 교양이 필요합니다. 그런 의미에서는 저는 실학보다도 어느 정도 허학이라고나 할까, 당장에는 쓸모가 없는 그런 학문이 대단히 중요하다는 문제의식을 갖고 있습니다.

이나가키 히사카즈: 맞는 말씀입니다. 특히 공무원연수소는 각 관청을 횡단해서 연수한다고 하셨는데, 일본의 관청은 자기의 이익만 생각하고 국익은 고려하지 않는다는 말을 자주 듣습니다. 그럼 국익은 과연 누가 대표하는가 하면 그리 간단하지 않습니다. 부디 관청과 관청을 횡단해서 교육이나 연수 부문에서 넓은 시야를 가진 지식인을 교육해 나가기를 바랍니다. 그리고 그런 연수소에서 공공철학을 열심히 배우는 것은 대단히 기쁜 일입니다.

야자키 카츠히코: 지금 두분의 감상을 듣고 저는 '원점회귀'가 대단히 중요한

키워드라고 생각했습니다. 하지만 '원점회귀'에 있어서 좀 더 중요한 것은 일과 직업의 '원점회귀'를 넘어서 직업 이전의, 그 직업을 선택한 인간으로서의 원점회귀라고 생각합니다. 가장 근원적인, 자신이 인간으로 태어나서 지금 존재하고 있는 것의 의미의 '원점회귀'에 대해서 생각하면, 고전을 배우는 것도 인간의 존엄과 관련되게 된다고 생각합니다. 바꿔 말하면 양심의 각성체험이야말로 참다운 의미에서의 원점회귀가 아닌가 생각합니다.

저는 모든 자립의 가장 근원이 되는 것은 양심이라고 생각합니다. 그 양심의 각성체험과 관련해서 미국사회의 홈리스 이야기를 소개하면, 이것은 피터 드러커(Peter F. Drucker)의 책 속에도 소개되어 있는 내용인데, 홈리스는 먹을 것도 없고 살 곳도 없으니까 어느 미국재단이 나서서 먹을 것과 살 곳을 충분히 제공해 주는 일을 했습니다. 그러자 일시적으로는 모두 기뻐했습니다. 하지만 며칠 지나자 그들은 불만을 토로하면서 거리로 나가 버렸습니다. 왜냐하면 인간으로서의 존엄이 손상되었기 때문입니다. 비슷한 경우가 일본의 양로원에 들어간 사람들이 "이러려고 온 것은 아니었다"고 불만을 토로하는 사례입니다. 이런 얘기를 통해서 인간은 자신의 양심에 충실하게 자립된 생활을 함으로써 인간으로서의 존엄이 유지되고, 그래서 인간성을 높여 나가는 것이 인간으로서 직업선택 이전에 가장 중요한 활동이 아닌가, 라는 생각이 들었습니다. 바쁘신 가운데 오랜 시간동안 마음을 열고 대화에 임해주신 덕분에 많은 점을 배우고 느꼈습니다. 대단히 감사합니다.

김태창: 오늘은 왠지 공무원에 대한 요청 쪽이 대화의 중심이 되었다는 느낌이 드는데, 원래의 주지는 상호 이해와 상호 반성이었습니다. 설령 공무원이 여러 문제를 안고 있다고 해도 그것은 공무원을 포함한 사회 전체의 문제로 생각해서, 그것의 근본적인 시정을 꾀하는 가운데 바람직한 공무원의 모습도 같이 생각하는 것이 중요하지 않을까요?

공무원의 부정부패는 국가기강의 문제이자 사회윤리의 문제이며, 동시에 가정교육과 개인의 인격 문제이기도 하니까요. 뿐만 아니라 학교교육의 문제와도 연결됩니다. 관(官)이 하는 것보다는 민(民)에게 맡기는 쪽이 좀 더 효율적이라고 해서 민영화를 추진해 나갔더니, 이번에는 민간 쪽에서 부정부패가 속출하는 현실을 보고 있으니까요. 그래서 부정적으로 보면 관도 민도 그리고 정부도 기업도 시민사회도 모두 문제투성이입니다. 그러나 우리가 지금 몸담고 살고 있는 일본사회와 그 속에서 함께 생활하고 있는 인간들이 바로 그런 문제의 당사자들입니다. 누가 누구를 비난해서 될 상황이 아닙니다. 그래서 우리가 서로 최선을 다해서 좀 더 좋은 방향으로의 전진을 꾀하는 수밖에 없겠지요.

한때는 '공'(전체·국가·정부)을 위해서 필요하면 '사'(개인·가족·친지)는 희생해야 된다는 생각을 기초로 해서 부국강병을 추진했습니다. 그 후에 '부국강상'(富國强商)이 강조되고 고도경제성장이 목표가 되었습니다. 어느 쪽이 되었든 인간의 생명·생존·생업은 독자적인 가치와 존엄이 인정되지 않고 오로지 국가나 기업을 위해서 동원·활용·관리되는 자원에 지나지 않았다고밖에 말할 수 없습니다. 그래서 '공'을 향한 '사'의 반란이 일어난 것이 '멸사봉공'에 대한 '멸공봉사'로의 대전환입니다.

이러한 '공'과 '사'의 대립·반전·충돌 상황이 돌파구가 보이지 않는 악순환을 반복하는 가운데 다양한 문제가 악화·증식·축적될 뿐이었습니다. 결국 '공'과 '사'라는 이원대립적인 폐쇄상황에서 벗어나서 완전히 새로운 차원을 열고, 이로부터 '공'과 '사'를 함께 연동변혁·개선·재조정할 수밖에 없다고 생각하게 되었습니다. 그러기 위해서는 공무원도 기업인도 학자도 근본적으로 자기변혁을 할 수밖에 없습니다. 물론 정치가도 교육자도 종교가도 마찬가지이지요. 그런 의미에서 오늘의 대화는 솔직한 의견교환으로 끝나는 것이 아니라 우리들의 자기변혁의 첫걸음이 되기를 기대합니다.

그럼 오오무라 소장님에게 마지막으로 정리하는 말씀을 부탁드립니다.

오오무라 켄죠: 작년 가을 이래로 공무원의 존재의의라고나 할까 중핵이 되는 행정관의 존재를 이리저리 생각해 왔습니다만, 좀처럼 좋은 말로 그것을 설명할 수 없었습니다. 공공철학 이야기도 마찬가지일지 모르겠습니다만, 역시

사람이 살아가는 데서는 개인의 시점으로 보는 문제 이외에도 사람과 사람 사이의 공간에 여러 가지 문제가 있어서, 그런 문제를 어떤 시점에서 보는가가 역시 중요한 테마라고 생각합니다. 이런 문제들에 대해서 행정이 국가차원에서 해야 할 일이 있지 않나 생각합니다. 다만 시대와 함께 공공의 질서도 다시 생각되고 있어서, 지금은 그것이 대단히 커다란 과도기의 단계라고 생각합니다. 그래서 새로운 공공의 질서가 형성될 때에는 역시 새로운 행정의 역할이 있다고 생각합니다. 이런 점들을 좋은 말로 잘 표현하고 싶다고 생각하고 있었는데, 오늘은 여러 가지로 많은 참고가 되었기 때문에 앞으로의 문제의식에 활용하고자 합니다. 대단히 감사합니다.

(출전:『公共的良識人』175호, 2006년 6월)

3. 생명과 입지 그리고 생기와 공복 경영을 다시 생각한다* [23]

60년 전의 한반도

오늘 칸사이(關西)지역의 중견기업경영자 여러분과 함께 "경영이란 무엇인가?"라는 문제를 인간의 생명과 입지를 중시하는 입장에서 근본에서부터 다시 생각해 보는 귀중한 자리를 갖게 된 것을 대단히 기쁘게 생각합니다.

그럼 먼저 시간과 공간을 조금 거슬러 올라가서 지금으로부터 약 60년 전의

＊ 약 300명에 달하는 칸사이(關西)지역의 중견기업 경영자들을 상대로 행한 주제 강연이다. 여기에서 김태창 선생은 생명을 귀히 여기는 마음과 생명가치를 온전히 약동시키는데서 함께 하는 행복을 더불어 실현시키겠다는 의지를 세우고 지키는 것이야말로 올바른 경영의 핵심이라고 강조하였다. 세이와쥬끄(盛和塾) 측으로부터 요청받은 강연 주제에 충실하면서도 자신의 공공하는 철학에 입각한 생기(生氣)와 공복(共福)의 경영실학을 피력하고 있다.
일시: 2010년 7월 10일 / 장소: 국립교토국제회관
주최: 세이와쥬크(盛和塾) 오사카 추계공동학습회

한반도로 여러분을 안내하고자 합니다. 당시 한반도는 처절한 전쟁으로 인한 겨레의 일대 수난기였습니다. 제 동년배들은 '6·25동란'이라고 부르는데, 이 전쟁은 1950년 6월 25일에 북한의 갑작스런 남침으로 발발하여 1953년 7월 27일의 휴전협정에 이르기까지, 남북한 합쳐서 약 150만 명의 사망자와 360만 명의 부상자를 낸, 나라가 온통 초토화된 엄청난 비극이었습니다.

남북한의 초반 격전이 한창이던 당시에 저는 중학교 3학년이었는데, 그때 제가 어쩔 수 없이 체험하게 된 한 사건을 소개하면서 오늘 얘기를 시작할까 합니다. 저희 집은 충청북도 청주라는 도시에 있었습니다. 청주는 아름답고 조용한 교육도시로 유명한 곳입니다. 그런데 그곳이 순식간에 북한의 인민군에 의해 점령되었습니다. 부모님과 저 이외의 형제자매는 모두 신속하게 피난했는데, 저만은 무슨 사정이 있었는지 잘 기억이 나지 않습니다만 홀로 남겨지게 되었습니다. 그래서 그대로는 위험하다고 생각되어 시골에 있는 친척 집으로 피신했습니다. 그런데 가는 도중에—충청북도와 충청남도의 경계에 있는 산 속에서—뜻밖에도 북한 인민해방군에게 포위되고 말았습니다. 그들은 한국군 잔류병과 첩자를 찾는데 혈안이 되어 있었습니다.

전쟁영화는 본 적이 있지만 전쟁터에서 직접 적병과 마주친 경험은 없었기 때문에 어떻게 해야 좋을지 전혀 감이 잡히지 않았습니다. 그때 문득 상대방을 보니까, 한 사람은 장교이고 다른 두 사람은 사병인데, 그들 눈에는 '말이 필요 없다', '적을 보면 반드시 죽인다'라는 살기로 가득 차 있었습니다. 그 절체절명의 한계상황 속에서 저는 단지 '하고 싶은 일이 너무 많이 남아 있기 때문에 여기서 죽을 수는 없다! 어떻게 해서든 살아남지 않으면 안된다'는 일념으로 목숨을 걸고 그들 앞에 서 있었습니다.

그때 제가 갖고 있었던 것은 아주 우연히 한 미국 병사로부터 건네받은 한권의 포켓북이었습니다. 영어로 쓰여진 스탈린의 전기였는데, 그 표지에는 스탈린의 사진이 있었습니다. 저의 소지품은 그 책 한 권뿐이었습니다. 돈도 음식도 아무것도 없었습니다. 인민군 장교가 그 책을 보더니 무슨 책이냐면서 펼쳐보았습니다. 그 순간 저는 아무 생각 없이 "스탈린 전기입니다"라고 대답했습니다. 인민군 장교는 러시아 말은 알아도 영어는 모르는 것 같았습니다. 그 책을 보고 "이것은 어느 나라 말인가?"라고 묻길래 "영어입니다"라고 대답하자, "뭐라고 쓰여 있는가?"라고 다시 물었습니다. 그 책 제목은 '붉은 혁명의 지도자 스탈린'이었는데, 저도 모르게 '붉은 혁명의 영웅 스탈린'이라고 대답했습니다.

생사를 나눈 극적인 한마디

그러자 신기하게도 인민군 장교의 눈에 기세등등하던 살기가 약간 누그러지는 느낌이었습니다. 다른 인민군들의 눈은 아직도 적의가 가득차 있었습니다. 순간 이 변화를 잘 활용하지 않으면 제가 살 길은 없다는 생각이 본능적으로 들더군요. 그래서 "스탈린 대원수의 위대한 정의의 전쟁이 승리로 끝날지 어떨지 두 눈으로 직접 보고서, 그것을 다음 세대에게 생생하게 전해주기 위해서 저는 반드시 살아남지 않으면 안 됩니다"라고 젖먹던 힘까지 총동원해서 열변을 토했습니다.

그러자 그 인민군 장교가 하는 말이 "아, 그래? 우리도 붉은 혁명을 성공시키기 위해서, 전 조선인민을 미국제국주의로부터 해방시키기 위해서, 전력을 다해 정의의 전쟁을 감행하고 있다. 너 같은 애가 살아남아서 역사의 증언을 행하는 것도 나쁘지 않겠구나"라고 중얼거리는 것이었습니다. 지금 생각해 보면 실심(實心)을 담은 실어(實語)가 통심통의(通心通意)의 기적을 가져온 순간입니다. 그때서야 비로소 '간신히 살았다. 죽지 않고 이 고비를 넘길 수 있을 것 같다'는 생각이 머릿속을 스쳤습니다. 그 뒤의 일은 잘 기억이 안 납니다. 어쨌든 그렇게 해서 저는 간신히 살아남을 수 있었습니다.

열다섯 살 때 제가 느낀 것은 우연히 가지고 있던 한 권의 책 덕분에 이러지도 저러지도 못하는 상황에서 탈출할 수 있었다라는 고마움입니다. 그 책은 미군 병사에게 받기만 하고 읽지는 않은 것이었습니다. 그래서 내용도 모릅니다. 하지만 그 책의 내용이 아니라 표지에 있는 스탈린의 초상화가 계기가 되어 인민군 장교와 저 사이에는 대화가 시작되었고, 그 과정에서 인민군 장교의 심경에 변화가 일어나 결국에 저는 사지에서 벗어날 수 있었습니다.

만약에 제가 무기를 갖고 있었다면 그 자리에서 죽었을 것입니다. 그것이 칼이든 총이든 상관없습니다. 또한 돈을 아무리 많이 가지고 있어도 당시의 대한민국은 주권행사가 정지된 전쟁 상태의 한가운데에 놓여 있었기 때문에 통화로서의 기능이 거의 상실된 무용지물에 지나지 않았습니다.

그런 절망적인 순간에 제 목숨을 지켜준 것은 무엇이었을까, 라고 나중에 생각해 보았습니다. 인간이 야수가 되는 전장에서, 죽느냐 사느냐의 갈림길에서, 저를 사는 쪽 길로 이끌어준 것은 순간적으로 생각난 한마디였습니다. 제가 갖고 있던 책의 제목은 "Joseph Stalin: A Red Revolutionary Leader"였습니다. 하지만 저는 저도 의식하지 못하는 사이에, 인민군 장교에게 '붉은 혁명의 영웅 스탈린'이라고 쓰여 있다고 설명하고 말았던 것입니다. '지도자'를 '영웅'으로 바꾼 것이지요. 왜 그랬는지는 잘 설명할 수 없습니다만, 즉석에서 입밖으로 튀어나온 이 '영웅'이라는 한마디가 제 운명을 바꾸는 결정적인 계기가 되었던 것 같습니다.

당시 북한에는 영웅숭배 풍조가 팽배해 있었다고 나중에 들었습니다. '혁명의 영웅'이라는 말에 일종의 카타르시스적 감동을 주는 힘이 있었다는 사실을 한참 후에야 알았습니다. 혁명의 마력에 끌리는 사람들에게는 최고의 인간적 가치의 구현이라고 생각된 모양입니다. 붉은 혁명의 영웅이라는 말에 깃들여 있는 영력(靈力)—'언령'(言靈)이라고도 합니다—이 인민군 장교를 위대한 스탈린 대원수와 자기동일화시켜서 기분을 좋게 했는지도 모릅니다.

15세의 소년을 죽음의 공포에서 구출하여 새삶의 기적을 가져다준 것은 다름 아닌 '말'의 힘입니다. '진정한 말', 목숨을 건 '실어'(實語) · '진어'(眞語) · '성어'(誠語)에는 신기한 힘이 있음을 실감했습니다. '실심' · '진심' · '성심'이 담긴 말로 서로의 마음이 통하면, 상상을 초월하는 기적이 일어나는 것도 가능하다는 것을 실제로 체험한 것이지요. 이 일이 저의 언어 중시의 원점에 들어앉아 있는

지도 모릅니다. 어쨌든 말 속에는 사람과 사람 사이의 여러 벽을 부수고 마음과 마음이 상통하도록 하는 효능이 있다고 생각하게 되었습니다.

불치병이라고 선언받은 중병으로부터의 소생

그리고 마침내 전쟁이 끝났습니다. 전쟁은 너무나 처참한 것이었습니다. 어느 날 오후의 일이었습니다. 저는 갑자기 전신에 견딜 수 없을 정도의 통증을 느끼면서 쓰러졌습니다. 나중에 의사에게서 들은 이야기인데, 그때 저는 중증 척추염을 앓고 있었다고 합니다. 척추염증이 급속도로 악화되어 3일 동안 머리에서 발끝까지 극도의 통증에 시달리다가 결국 전신불수가 되었습니다. 정상으로 회복될 가망은 없다는 선고를 받았습니다. 그런 상황에서 "치료방법이 없다"는 말을 들은 저는 다시 절체절명의 나락에 떨어졌습니다. 매일매일이 실의의 밑바닥으로 가라앉는 날이었습니다. 그러다가 어느 날, 저희 집에서 별로 멀지 않은 곳에 훌륭한 한의사가 계시다는 말을 우연히 듣고, 아버지가 필사적으로 그 한의사에게 부탁을 하여 저희 집에 모셔왔습니다. 그 의사는 제 병 상태를 상세하게 진단했습니다. 무언의 30분이었습니다. 그리고 조용히 부모님을 불러서 다른 방으로 갔습니다.

불안과 의문에 휩싸여 있으면서도 '아직 해야 할 일이 남아 있다. 여기에서 죽어서는 안 된다. 인민해방군의 갑작스런 포위에도 살아남았는데, 여기에서 병마에게 져서 죽는다면 억울하기 짝이 없다. 무슨 일이 있어도 반드시 살아남을 수 있도록 '대우주의 생명력이 작용할 것이다'라는 강한 생명의지를 불태우고 있었습니다. 그러는 사이에 한의사와 부모님이 제가 있는 방으로 돌아왔습니다. 한의사가 저를 보는 눈과 저의 눈이 딱 마주친 그 순간, 신기하게도 '나는 산다. 이 의사가 나를 살려준다'는 확신이 생겼습니다.

의사가 돌아간 후에 그가 처방했다고 하는 약을 먹었습니다. 그로부터 이틀간 저는 의식을 완전히 잃었습니다. 그리고 이틀 후에 제 의식이 돌아왔을 때에는 전신마비가 풀려 있었습니다. 전신이 탈진 상태였습니다. 하지만 뭐라고 말할 수 없는 심리적 평온함도 느끼고 있었습니다. 정말로 오랜만에 맛보는 안정감이었습니다.

한참 뒤에야 그때 무슨 일이 일어났는지 들을 수 있었습니다. "보통의 치료법으로는 대처할 수 없는 심각한 병이라서 극약처방을 쓸 수밖에 없다. 하지만 그러기 위해서는 가족의 동의가 필요하다"고 의사로부터 통보를 받은 아버지와 어머니가 서로 상의한 끝에 특별치료에 동의했다고 합니다. 무슨 독약을 명태에 싸서 물에 넣고 2시간 정도 끓인 후에, 독약을 꺼내어 며칠 동안 나누어 마시게 하라는 것이었다고 합니다. 저는 명태를 아주 좋아했기 때문에 기분좋게 마셨습니다. 실은 독을 명태로 감싼 것은 어머니가 제가 좋아하는 음식을 의사에게 알려 줘서 의사가 그런 처방을 생각해 냈다고 하더군요. 덕분에 맹독이 천하 제일의 양약이 되어 저를 황천길에서 구해준 것이지요.

독을 약으로 바꾸다(變毒爲藥)

병에서 완전히 해방되었을 때 감사의 마음을 전하기 위해서 그 의사를 찾아갔더니, 꿈을 이루지 못하고 죽는 소년을 그냥 보고만 있을 수 없는 심정이라서 어떻게 해서든지 건강을 회복하도록 도와주고 싶다는 강한 바람을 갖게 되었지만, 솔직히 결과에 대해서는 자신이 없어서 설령 무슨 일이 일어나도 책임을 묻지 않겠다는 약속을 부모님으로부터 받아냈다는 것이었습니다. 부모님도 당시의 상황에서는 어쩔 수 없었기 때문에 무슨 일이 일어나도 그 결과에 승복하겠다는 약속을 할 수밖에 없었다고 합니다.

그리고 그 독이 얼마나 위험한 것이었는지 제게 보여주었습니다. 제가 먹은 독약을 명태에 싸지 않은 상태에서 10분의 1 정도만 실험용 쥐에게 먹였는데도 그 자리에서 즉사했습니다. 그런 맹독이 저를 병마에서 구해준 것입니다. 전쟁이 끝나고 병이 다 나았는데도 저는 어려서부터 허약한 체질인지라 고등학교 때는 학교에 거의 가지 못하고 집에서 혼자 독학했습니다. 담임교사가 대학진학은 준비 부족으로 포기하는 게 좋겠다고 하시더군요. 하지만 지금도 그렇지만, 당시에도 한국에서는 일류대학에 가지 못하면 꿈을 이루는 것이 대단히 어렵습니다. 어떻게 해서든지 명문대학에 합격하지 않으면 안 되었습니다. 그것이 당시의 저에게는 지상명령이었습니다.

전심전력으로 공부에 집중

저는 오로지 '대학에 가겠다!'는 일념으로 몸상태가 좋은 몇 시간 동안만이라도 최선을 다해서 영어와 수학을 공부했습니다. 하루 24시간 중에 제가 공부할 수 있는 시간은 한두 시간에 불과했습니다. 그 짧은 시간 동안 학교 교사나 가정교사의 도움 없이, 저 혼자서 전심전력으로 공부에 전념했습니다. 나머지 시간은 병약한 몸을 돌보는 데 쓸 수밖에 없었습니다.

입시 당일의 일입니다. 첫 시간은 영어시험이었습니다. 시험지를 받고 문제를 읽어보았는데 무슨 말인지 통 알 수가 없더군요. 아무것도 생각이 안 나는 것이었습니다. 그래서 눈을 감았습니다. 태어나서 처음으로 필사적으로 하느님께 기도를 드렸습니다. '기도한다'는 것의 소중함은 어머니로부터 종종 들었습니다. 어머니께서 하느님께 기도하시는 모습을 항상 보고는 있었지만, 막상 저 자신이 기도한 적은 없었습니다. 그런데 그때는 진심으로 기도했습니다. '부디 저를 도와주십시오'라는 하느님을 향한 간절한 기도였습니다.

"대학에 반드시 들어가지 않으면 안 된다"는 강한 의지는 있었지만 첫 시간의 영어 시험지에 아무런 답을 쓸 수 없었던 거지요. 이 절망의 한계상황에서 제가 할 수 있는 것이라고는 오로지 하느님께 기도하는 것밖에 없었습니다. 저라는 존재의 철저한 무능무력을 절실하게 통감했습니다. '자력'이니 '능동'이니 하는 멋있는 말들을 빈번하게 사용하는 사람들이 많이 있지만, 과연 그 의미를 잘 생각하고 있는지는 의문이 듭니다. 저의 개인적인 견해로는 능동과 수동, 그리고 자력과 타력의 균형의 최적화야말로 가장 중요하다고 생각합니다. 할아버지께서 항상 이렇게 가르쳐 주셨습니다. 하지만 때와 장소에 따라서는 절대 수동의 타력신뢰로 기울지 않을 수 없는 경우도 있습니다.

줄탁동기(啐啄同機)

시간이 얼마나 흘렀는지는 알 수 없습니다. 시험 감독관이 와서 "너 뭐 하고 있니?"라며 저를 흔들어 깨우는 바람에 비로소 눈을 떴습니다. 그리고 시험지를 다시 읽었습니다. 순간 너무나 놀랐습니다. 신기하게도 답이 저절로 나오는 것이 아니겠습니까! 그래서 신속하게 답을 쓰고 답안지를 제출했습니다. 60분 시험시간 중에 40여 분 동안 답을 쓰고서 수험장에서 나왔다는 것을 나중에야 알았습니다. 그 후에 들은 얘기인데, 그때 시험감독이 세 명 있었는데 다들 제가 도중에 포기했다고 생각하고 있었다고 하더군요.

면접 때 면접관으로부터 영어시험에서는 제가 최고득점자였다는 말을 들었습니다. 그리고 이 일이 줄곧 화제가 되었습니다. 선가(禪家)에 '줄탁동기'(啐啄同機)라는 말이 있습니다. 이것은 알에서 병아리로 바뀌는 성장과정을 나타내는 말로, 병아리가 껍질을 깨고 밖으로 나오려고 할 때에 그것을 알아차린 어미닭이 밖에서 부리로 톡톡 껍질을 쪼아서 새로운 생명을 탄생시키는 것을 말합니다. '줄'은 병아리가 껍질을 쪼는 소리를, '탁'은 어미닭이 그 소리를 듣고서 '탁'하고 부리로 쪼는 소리를 나타냅니다. 이 둘 중에 어느 하나라도 시기를 놓치면 병아리는 죽고 말지요. 이것은 자연의 섭리여서, 인간이 인위적으로 조작하거나 계산해서 되는 일이 아닙니다. 길고도 긴 생물의 진화 과정을 통해서 이루어진 생명의 위대한 지혜이지요.

물론 저는 최선을 다해서 입시를 준비했다고 생각합니다. 하지만 정신적으로 과도한 긴장상태에 있었기 때문에 기의 흐름이 좋지 않아서 능동적인 사고력이 저하된 것이지요. 그래서 답이 전혀 생각나지 않았던 것 같습니다. 그런 상황 속에서 하느님께 기도 드린다는 것은 저 자신의 자력능동이 한계에 부딪혀서 기능정지 되었을 때에, 저절로 절대수동으로 전환하여 거기에서 신의 타력능동이 작용하여 저의 생기(生氣)와 신의 영기(靈氣)의 '줄탁동기'가 현현하여 정답의 연발을 시동시킨 것이라고 생각합니다.

자력과 능동에 경사된 인간은 타력과 수동의 효능을 알 수 없고, 타력과 수동에 빠진 사람들은 자력과 능동의 활력을 실감할 수 없습니다. 그 사람의 삶의 방식이나 가정환경 또는 받은 교육의 특징 등의 영향에 의해서 어느 한쪽으로 편향되는 경우가 많은데, 타력과 자력 그리고 수동과 능동을 그 사이에서 함께·서로·치우침없이 맺고·잇고·살리는 '호력'(互力)·'중동'(中動)의 지혜를 발휘하는 것이 무엇보다도 중요하다는 것이 저의 개인적인 체험지(體驗知)입니다. 이것은 동아시아 전통사상의 핵심을 '천지인상관연동'(天地人相關連動)으로 이해하는 저의 동아시아 인문학적 상상력을 중시하는 입장에 기초한 생각입니다.

중국이나 일본에서는 '천인합일'(天人合一)이나 '천인감응'(天人感應)이 빈번하게 논의되어 왔습니다만, 한국에서는 고대로부터 천지인을 상관연동적으로 파악하는 사상이 핵심이 되어 왔습니다. '한사상'의 고전 중의 하나인 『천부경』에는 '인중천지일'(人中天地一)이라는 표현이 있습니다. 이 문장은 일본사상의 특징이라고 할 수 있는 '장소론'적인 독법을 하면 "사람의 안쪽에서, 즉 내면 깊숙한 곳에서 하늘과 땅이 하나가 된다"고 해석할 수 있습니다. 또 중국인들의 중화사상적 독해에 따르면 "사람이 중심이 되어 하늘과 땅을 합일시킨다"라고도 생각할 수 있겠지요. 한국인 학자 중에는 두가지 독법 중에서 어느 한쪽만을 고집하는 성향이 두드러집니다.

그러나 저 자신의 개인적인 사상마련과 심사숙려의 결과에 의하면 "사람이 하늘과 땅 사이에서 하늘과 땅을 '한으로'('하나'로가 아님) 모으고 통하게 한다"(會通)라고 읽어야 합니다. '인중천지일'(人中天地一)의 '일'(一)을 단순히 '하나'라는 의미로만 이해해서는 안 되고, 한겨레 고유의 '흔' 또는 '한'의 한자표기로 받아들여 '한'의 본래 의미인 '일'(一)·'다'(多)·'중'(中)·'대'(大)·'범'(凡)에 충실하게 독해해야 합니다. 그래서 '인중천지일'의 올바른 독법은 "인간은 하늘과 땅을 그 사이에서 함께·서로·치우침없이 중개·중매·중화함으로써 일원화하기도 하고 다원화하기도 하고, 무한대로 확대하기도 하고 중심화를 꾀하기도 하지만, 결코 확정·결정·고정되는 일은 없다"는 의미가 됩니다.

'매니지먼트'에서 '경영'으로!

이번 합숙 테마를 잘 생각해 보면, '회사의 조직과 인간의 경영을 어떻게 하면 현명하게 생명이 넘치는 형태로 지속해 나갈 수 있을까'라는 것입니다. 동아시아의 역사와 전통을 통해서 배양된 '경영'(經營)이라는 말과, 서양에서 줄곧 사용되어 온 '매니지먼트'(management)라는 말은 그 의미가 다릅니다.

'매니지먼트'란 어떤 정해진 목표를 가장 효율적으로 달성하기 위해서 최소한의 비용이라는 인풋으로 최대한의 수익이라는 아웃풋을 내는 계산과 조작에 기초한 시스템관리적 활동입니다. '시스템관리적'이란 먼저 시스템이 있고, 그 존속과 발전이라는 최종목표로부터 모든 부분적 사고와 행위의 의미와 방향을 연역한다고 하는 '기하학 정신'(파스칼)의 구현태입니다. 매니지먼트는 전체 최적화 우선시와 미래의 확실성 담보를 가장 중시하는 사고 메커니즘입니다. 확실한 전체의 최적점을 사전에 설정하고, 거기에서 모든 것을 부감(俯瞰)하고 역산(逆算)하는 것이 매니지먼트적 방법자세의 진수이지요.

그럼 동아시아에서 배양된 '경영'이란 과연 어떤 것일까요? 그것은 뛰어난 의미에서 도덕적 · 인격적 활동입니다. 한 사람을 도덕적 인격적 인간으로 기르는, 즉 도덕적 · 인격적 공동태(共働態)의 실현을 지향하는 기본원칙으로서의 '경'(經)과, 현실적 · 현장적 상황조건의 요청에 대한 최적대응으로서의 '영'(營)을 함께 · 서로 · 치우침없이 중개 · 중매 · 중화하는 지 · 덕 · 행의 삼차원상관 연동입니다. 그것은 복잡한 현상을 다수의 세세한 조리를 통해서 느끼는(感得) 유연성이 넘치는 감수능력이라는 의미에서의 '섬세한 정신'(파스칼)의 현현태입니다.

그것은 또한 시스템의 관리뿐만 아니라/관리이기보다는 인격과 공동체의 상극 · 상화 · 상생에 대한 기여입니다. 전체의 최적화를 우선시하고, 거기에서 부분의 최적화를 역산하는 것이 아니라, 전체와 부분의 '사이'(間)에서 서로의 '사귐'(際)으로의 역동(力働)을 최적화하는 데에 힘쓰는 것입니다. '사이'란 기존(旣存) · 기성(旣成) · 기결(旣決)의 관계기구를 말하고, '서로 사귐'은 거기에서 생성·발전·진화되는 새로운 관계형성의 동태적인 모습입니다.

물론 현실세계에서는 관리와 경영, 관리자와 경영자가 구분되지 않고 한 사람 한 사람의 인격형성을 통해서 공존경합하고 있습니다. 좀 더 관리자적인 경영자가 있는가 하면 경영자적인 관리자도 있습니다. 그런 것을 충분히 인식한 상태에서 굳이 '관리'와 '경영'의 차이에 대해서 말씀드리는 것은 매니지먼트 신앙·도취·숭배가 유행하고 있는 오늘날의 상황 속에서 그것이 놓치고 있는 본래의 경영의 깊은 의미 차원을 체득하는 것이 더 중요하다고 생각하기 때문입니다.

그래서 '경영자'라는 말에는 '매니저' 즉 '관리자'라는 말보다는 훨씬 깊고 넓은 의미연관이 담겨 있습니다. 심오하고 함축적인 말입니다. 오해받을 것을 무릅쓰고 굳이 구분해 보면, '매니저'에는 자력능동의 역량이 뛰어난 통합적 관점에서 효율적으로 의도한 결과(물)를 산출하는데 전념하는 공학적 사고의 이성인간이라는 이미지가 들어 있습니다. 독립자존의 파우스트적인 인간상을 불러일으키는 타입이지요. 반면에 원래 의미의 경영자란 오르페우스적인 인간상의 전형이라고 생각합니다. 오르페우스는 그가 연주하는 음악이 천지만물과 모든 인간들을 감동시키고, 세계를 더욱 조화와 공감과 공복(共福)이 꽃피게 했다고 하는 그리스신화에 등장하는 최고의 예술가입니다.

개인적인 견해입니다만, 진정한 경영자란 여러 사람의 마음을 움직여서 한 사람 한 사람의 생명과 생활과 생업의 자립과 질적 향상을 꾀함과 동시에 자기와 타자가 함께·서로·치우침없이 행복하게 되는 세계를 그리면서, 그 조형화를 지향하는 미학적 사고의 공감인간이 아닌가 생각합니다.

최근에 저는 어떤 목적이 있어서 일본에서 출판된 경영관련 책 중에서 30권을 표본으로 선별해서 조사해 보았습니다. 그런데 대부분은 미국류의 매니지먼트의 소개·해설·장려였습니다. 이 30권의 표본문헌들을 무리인 줄 알지만 굳이 요약해 보면, 기업의 존재이유로서의 이윤최대화에 도움이 되는 기업체의 기풍진작에 중점이 놓인 '조직개혁론'이나, 아니면 사원의 의욕을 고취시키고 그것이 기업체의 인간적인 측면의 개선과 기업 발전으로 이어진다고 하는 '인간개발론'이라고 하는 이원대립의 추세가 두드러졌습니다. 그러나 그런 양극단의 사이에서 양자의 공립공달(共立共達)을 꾀하는 '중'(中; 매개 · 중개 · 중매)과 '화'(和; 상극 · 상화 · 상생) 중시의 발상은 부족하였습니다.

'사이'의 정태(靜態)에서 '사귐'의 동태(動態)로

'매니지먼트'가 매니저의 자력과 능력을 주축으로 하는 전체우선의 부감역산적(俯瞰逆算的)인 사고와 행동의 역량을 중시한다고 한다면, 진정한 '경영'은 경영자의 호력(互力)과 중동(中動)─자력과 타력의 상호관련력(相互關連力)과 능동과 수동의 상관중동력(相關中動力)─을 통해서 '사이'에서 '사귐'으로의 동태적 발전진화를 가장 중시하는 희망적산적(希望積算的)인 사고와 행동의 인간적 도량을 소중히 여긴다고 양자를 구분할 수 있다고 생각합니다.

여기에서 굳이 동아시아의 역사와 전통에서 배양된 사상용어를 사용하면, 건(乾)=천(天)=양(기)의 신묘한 절대능동에 대한 겸허한 수동과, 곤(坤)=지(地)=음(기)의 관대한 무한수동에 대한 신중한 능동을 두루 만물생생의 방향으로 맺고 · 잇고 · 살리는 충기(沖氣)의 중요성에 대한 새로운 각성과, 그것에 기초하여 살고 · 생각하고 · 행동한다고 하는 각오가 필요합니다. 여기에서 관점을 바꿔서 고대 일본의 신화적 상상력을 가지고 생각하면, '아마노미나카누시노카미'(天御中主神)와 '타카미무스히노카미'(高御産巣日神)와 '카미무스히노카미'(神産巣日神)라고 하는 '조화삼신'(造化三神)에 의한 만물생생의 근원력으로서의 '무스히'(産靈)─'무스'는 산(産) · 생(生)의 의미, '히'는 천지만물을 생성시키는 영묘한 힘─가 신의 조화가 아니라 실은 인간적 활동이라고 하는 인식전환이 필요하고 또 중요합니다. 여기에서 '타카미무스히노카미'(高御産巣日神)는 무한한 자력과 능동의 생생력이고, '카미무스히노카미'(神産巣日神)는 무한한 타력과 수동의 포용력이고, '아마노미나카누시노카미'(天御中主神)는 무한한 호력(互力)과 중동(中動)─중개 ·

중매·중화—의 개신력(開新力)이라고, 저 자신의 개인적인 견해로서 말씀드리고자 합니다. 바꿔 말하면 새로운 가치를 낳는 새로운 공동체의 공동구축에 뜻을 둔 경영자는 『고사기』(古事記)나 『일본서기』(日本書紀)에 기록되어 있는 삼주(三柱)의 무스히노카미(産靈神)들의 바람과 선의와 도량의 현대적 구현체라고 할 수 있는데, 여러분은 어떻게 생각하시는지요?

오늘 이 자리에 모인 기업경영자 한 사람 한 사람에게는 각자의 실존적인 상황이 있을 것입니다. 각자의 문제가 있고 그것에 임해야 하는 요청이 있겠지요. 거기에서 느끼는 '체험'이나 '학습'이 있다고 생각합니다. 그것들은 꼭 같다고는 할 수 없을 것입니다. 그것을 충분히 배려하면서도 가장 중요한 것은, 한 사람 한 사람의 실존적인 경험과 학습과 선인의 노고의 성과에 기초한 결단과 책임입니다. 여기에서 '책임'은 '죄가 가해진다'고 하는 의미에서의 책임이라기보다는 '응답한다'고 하는 의사와 능력을 말합니다.

그 상황과 시대의 요청에 대해서 확실하게 응답하고, 필요하면 그것에 대해 제대로 설명을 합니다. 그리고 자기와 타자의 양쪽이 서로 납득하고, 그 납득에 기초하여 사람과 일을 움직이고 자원을 분배하고, 각각의 때와 장소에 요구되는 목표를 달성해 나갑니다. 그것도 일회로 끝나는 것이 아니라 죽을 때까지 계속해 나갑니다. 죽은 다음에도 그 기업은 살아남아서 대대로 존속·발전·진화합니다. 그러기 위해서는 결국 한 사람 한 사람의 '뜻'(志)이 중요하다고 생각합니다. '뜻'에 대해서는 한자문화권의 기본소양이 있는 사람이라면 옛날부터 전해져 내려온 의미를 굳이 말하지 않아도 어느 정도는 알 수 있으리라 생각합니다.

여기에서 중요한 키워드는 '뜻'과 '양심'이고, 그것에 기초한 '실심·실학·실천'입니다. 먼저 '뜻'을 알기 쉽게 말하면 '마음이 지향하는 바'입니다. 마음의 작용이 어떤 방향을 지향하는가? 그 마음의 방향을 정하는 것을 '뜻을 세운다', 즉 '입지'(立志)라는 말로 표현합니다. 공자는 15세에 '학문'을 마음이 지향하는 바로 정했습니다.

'말'로 남도 살리고 나도 사는 길에 뜻을 두다

좀 거창하게 말해서 죄송합니다만, 저는 15세 무렵의 체험학습을 통해서 먼저 자타상생을 지향하는 것의 중요함을 깨달았습니다. '지생'(志生)에 대한 각성이라고도 할 수 있는 일입니다. 무엇보다도 먼저 상생에 대한 의지가 저의 인생경영에서 최초의 체인(體認) 과제였습니다. 타자를 살림으로써 자신도 살 수 있음과 동시에, 그것은 결국 타자와 자기가 진지하게 말을 주고받는데서 시작되는 것이기도 합니다. 이것은 저 자신이 개인적으로 엄연한 인생과 세계의 현실에 눈을 뜬 것으로, 이런 현실 속에서 살아가는 가운데 '이언활생'(以言活生)에 뜻(志)을 두게 되었습니다. 즉 "말의 힘을 가지고 생명·생활·생업의 자립과 그 질적 향상을 지향한다"는 목표를 설정하게 되었습니다.

'뜻'(志)에 대해서는 여러 가지 설명이 있습니다만 저의 원(原)체험에 기초해서 말씀드리면, 그것은 마음이 지향하는 원점 설정입니다. 그것은 기본적으로 세 차원의 상관연동입니다. 하나는 "상대를 살리고 나도 산다"고 하는 '서로 살린다는 뜻'입니다. 자신의 마음의 지향을 "상대를 살림으로써 자신도 산다"고 하는 '상생'(相生)에 진력하겠다는 의지의 강조입니다. 사원을 살리는 것이 사장이나 임원도 사는 것이고, 그것이 회사를 살리게 된다고 하는 인식공유를 축으로 하는 공동의지의 확립입니다. 한마디로 하면 '지어생'(志於生), 즉 '지생'(志生)입니다.

그 다음에 중요한 것은 '서로 이롭게 하는 것'을 지향하는 마음가짐입니다. '지어상리'(志於相利) 즉 '지리'(志利)라고도 할 수 있겠지요. 저는 지금까지 일본의 여러 경영자가 남긴 기록을 읽어 보았습니다만, 특히 마츠시타 코노스케(松下幸之助, 1894~1989)가 남긴 방대한 언행록에 매료되었습니다. 이번에는 그것을 전부 다시 읽어볼 시간이 없었기 때문에 우선 가장 만년의 언행에 관심을 갖고 관련 부분을 읽어 보았습니다. 그러다가 "경영이란 종합예술이다"라는 마츠시타의 말을 접했습니다. 그가 말하는 '종합예술'이란 무엇인가? 보통 우리는 '진·선·미'를 말하는데 그것이 '리'(利)로 이어지지 않으면 지속되지 않으므로, 진과 선과 미가 리(利)와 상관연동하게 되는 것이 종합예술로서의 경영의 핵심이라는 것입니다. 그 '리'가 자신만의 리로 끝나는 경영은 오래 가지 못합니다. 먼저 상대방을 이롭게 함과 동시에 자신도 이롭게 되는, '서로 이로워지는' 것이 그 속에 들어가야 비로소 단지 한 번으로 끝나는 진ㆍ선ㆍ미가 아니라 언제나 지속되는 진ㆍ선ㆍ미가 성립됩니다. 그래서 '경영'이란 결국 '종합예술'이라는 말을 하고 있습니다. 제가 보기에 이것은 매니지먼트라기보다는 진정한 경영을 염두에 둔 생각이 아닌가 싶습니다.

그러나 그것으로 충분한가 라는 문제가 남습니다. 저는 지금까지 살아오면서 진짜 멋진 '인생의 달인들'을 만났습니다. 그 덕분에 저에게 싹튼 하나의 자각이라고나 할까 통찰이 있습니다. 그것은 요컨대 '서로 살리는 뜻'도 '서로 이롭게 하는 뜻'도 중요하지만, 거기에서 한 걸음 더 나아가는 것이 중요하다는 것입니다. 그것은 '서로 행복하게 하는' 마음가짐의 방향 설정입니다. 그것은 '지어공복'(志於共福) 즉 '지복'(志福)이라고 할 수 있겠지요. 서로 살리고 서로 이롭게 할 수는 있어도 진정한 의미에서 서로 행복하게 할 수 없으면, 결국 '서로 살리는' 것이 되지 않고 '서로 이롭게 하는' 것도 되지 않는다는 것이 저의 체험지(體驗知)입니다.

여러분들이 최고 지도자로 모시는 쿄세라의 이나모리 카즈오(稲盛和夫) 명예회장이 어디에선가 "경영의 목적은 사원을 행복하게 하는 것이다"라고 주장했다는 말을 들었습니다만, 이것도 결국에는 비슷한 인식이 아닌가 생각됩니다. 그리고 제가 경애하는 친구인 야자키 카즈히코(矢崎勝彦) 씨와 그분의 동생인 야자키 카즈히코(矢崎和彦) 씨가 대표인 주식회사 휄리시모의 "모든 사람에게 최고의 행복을 제공한다"라는 경영이념에는 깊은 공감을 느끼고 있습니다. 왜냐하면 회사의 이름 자체가 최고의 행복을 공유(共有)ㆍ분유(分有)ㆍ호유(互有)한다 라는 지복(至福)이 기본이 되고 있기 때문입니다.

그것은 에도시대 중기의 상인학자인 이시다 바이간(石田梅岩, 1685~1744)이 제창하기 시작한 석문심학(石門心學)의 상인도(商人道)의 정수가 "파는 쪽도 기쁘고 사는 쪽도 기쁘고 세상도 기쁘게 되는 것이 옳다"고 하는 칸사이(關西)상인들의 전통적인 가치관으로도 이어지고, 그것이야말로 참다운 상생(相生) · 상리(相利) · 상복(相福)에의 뜻세움(立志)이라고 말할 수 있습니다.

이 이외에도 제가 만난 많은 분들의 기업이념이, 비록 표현은 다르지만 이와 비슷합니다. 제가 일본에 와서 제일 처음에 만난 분은 장난감회사인 '산료'의 사장이었습니다. 그분이 제게 한 말은 "어머니를 행복하게 해주기 위해서, 어머니가 기뻐하시는 일을 하고 싶어서, 어머니가 항상 좋아하시는 아기장난감 만드는 일에 일생을 걸었다"는 것이었습니다.

이 외에도 많은 분들과 만났는데 그 분들로부터 들은 말의 요점은 "사람을 행복하게 하는 일이 돌고 돌아서 자신의 행복이 된다"는 것으로, 결국 그것이 쌓이면 세상이 진정으로 행복해진다는 것입니다. 실은 이 생각은 아리스토텔레스 시대부터 줄곧 이어져 내려온 '참된 행복'에 대한 언설로, 어떤 의미에서는 그것이야말로 동아시아 전통에서도 여러 형태로 강조되어 온 진정한 행복의 근본입니다. 이것을 저는 '서로 행복하게 하는 일'에 성의를 다하겠다는 뜻(志)으로 이해합니다. 이 세 가지 뜻을 주축으로 하는 뜻을 세우는 것이 진정한 의미에서 '양심에 기초한 입지'(立志)라고 생각합니다. 서로가 행복해지는 것이 '공공행복'이지요.

종래에 '양심'이라는 말은 '타고난 마음의 본래 상태'로 이해해 왔습니다. 하지만 동서가 이어지고 세계화가 진행되고 있는 이 시대에 그런 양심관으로 괜찮을까요? 저는 동아시아와 유럽 그리고 그 밖의 지구상의 모든 지역에서 오랫동안 축적되어 온 인류의 지혜를 상생(相生) · 상리(相利) · 상복(相福)의 방향에서 다시 바라보는 것이 현재 우리에게 주어진 기본과제라고 생각합니다. 그래서 '양심'의 예를 들면, 대개 선악을 판단해서 선을 행하고 악을 물리치는 생득적인 도덕의식이라고 보통 이해되고 있지요. 하지만 일본에서는 그것을 한 사람 한 사람의 내면과 관계되는 개인내재적 의식현상으로 이해하는 경향이 주류인 점이 마음에 걸립니다. 개인적인 연구에 기초해서 말씀드리면 양심이란 사람과 사람 사이에 작용하는 의식현상입니다. 그것은 '자신이 알고 타자가 알고 신이 아는' 혹은 '하늘이 알고 땅이 알고 사람이 아는' 것으로 '함께 아는'(共知) 것입니다.

가령 영어의 'conscience'의 원래 의미는 '공지'(共知)·'공유지'(共有知)·'공감지'(共感知)입니다. 동서양의 양심이해를 상호매개적으로 생각하면, 양심이란 한 사람 한 사람이 자신의 내면에서 자기 나름대로 길러온 진심의 모습과 그 작용임과 동시에, 자기와 타자가 그 만남·사이·어울림으로부터 상생·상리·상복을 꾀하는 심지(心志)의 작용으로 이해하는 것이 좋지 않을까요? 그것은 자신의 마음속에서 자신의 동기가 선한지 아닌지 심사숙려하면 그것으로 끝나는 것이 아니라, 그로부터 비롯되는 자신의 사고와 판단과 행동이 타자에게 미치는 영향과 결과가 선인지 아닌지에 대한 진지한 배려·반성·재고가 좀 더 중요하지 않을까요? 그런 마음상태가 기본이 되어 마음의 방향을 정하고, 그 정해진 방향에 기초해서 사람을 움직이고 자신도 움직여서, 자기와 타자의 역동의 최적화를 지향합니다. 그리고 그것이 자신을 바꾸고 타자를 바꾸고 세계를 바꿔서, 모든 사람에게 진정한 행복의 근원이 되도록 만들어 나갑니다. 바로 이것이야말로 적어도 제가 일본에 와서 20년 가까이 주창해 온 진정한 의미에서의 '공공'이 아닌가 생각합니다.

행복이 저 혼자의 행복으로 끝나면 그것은 '사복'(私福)이고, 그것이 국가나 회사와 같은 '전체의 행복'이라는 의미가 되면 '공복'(公福)이 됩니다. 하지만 사원과 회사, 회사와 시민사회, 시민사회와 국가, 국가와 인류, 그리고 지구와 우주 전체가 서로 행복해지기를 지향하면 그것이야말로 '공공행복'(公共幸福)이 되겠지요. '공공행복'을 지향할 때에 비로소 마음의 방향이 '공공의 뜻'(志)이 됩니다. 그리고 그 양심은 '공공하는 양심'이 되고, 그 기업은 '공공하는 기업'이 되고, 그 시장은 '공공하는 시장'이 됩니다. 요코이 쇼난(横井小楠, 1809~1869)은 일본은 바로 이것을 지향하는 국가가 되어야 한다고 평생 외치다 죽었습니다. 진정한 공공의 정치를 기르는 국가가 되어야 한다는 것이지요.

막말유신 시기에 이미 요코이 쇼난은 '참된 공공의 정치를 지향하는 국가'의 모습을 동경했습니다. 그러나 그 후 쇼난은 국수주의자들의 손에 암살당했고, 그의 꿈과는 정반대로 나아간 일본은, 일본인을 고통스럽게 했을 뿐만 아니라 수백만의 아시아인들을 죽이는 전쟁으로 치달았습니다. 그때 나름대로의 사정이 있어서 어쩔 수 없었다고 해도 그런 어리석은 짓을 다시 반복할 필요는 없지 않겠습니까?

이러한 역사의 교훈을 진지하게 받아들이고 국경을 초월하고 민족의 벽을 넘고 문화와 종교의 경계를 뛰어넘어, 가능하면 한 사람 한 사람의 인간이 진정한 행복을 실현하고, 그것이 개인과 개인, 민족과 민족, 국가와 국가, 문화와 문화의 만남·사이·어울림을 함께·서로·치우침없이 행복하게 하도록 노력·궁리·공동(共働)해 나가는 것이야말로 지금 여기에서 우리에게 기대되고 있는 바가 아니겠습니까?

지금까지는 그런 것은 성인군자라고 하는 특별한 사람들 혹은 군주나 황제와 같은 최고 권력자가 하는 일로, 한 사람 한 사람의 민중에게는 그런 힘이 없어서 불가능하다고 단념해 왔습니다. 하지만 그렇게 생각해서는 몇 백 년이 지나도 발전이 없습니다. 그것을 언제나 '내맡긴 채' 기다리고 있기만 하면 아무 것도 달라지지 않습니다. 결국 한 사람 한 사람의 인간(=민중)이 가까운 데에서부터 바뀌 나갈 수밖에 없습니다.

이때 조직력·자금력·이념력을 갖춘 중견 오너기업경영자의 역할이 크게 기대됩니다. 사람의 마음을 움직이고 세상을 바꿔 나가기 위해서는 마음을 움직이는 뜻과 힘이 있어야 하고, 그런 자리를 마련할 수 있는 힘이 있어야 합니다. 그리고 거기에 관계되는 개개인이 자신의 목표를 살림과 동시에 서로의 목적을 살리고자 하는 의욕을 갖고 공동실천하는 것이 중요합니다. 결코 포기하지 않고 설령 좌절한다고 해도 거기에서 주저앉는 것이 아니라 끈질기고 인내력 있게 지속해 나가는 강인한 의지를 가진 사람이 필요합니다.

성선설적 낙관론

참된 '경영자'란 실로 그런 사람입니다. 어떤 상황에 처해도 좀 더 좋은 미래에 대한 희망을 잃지 않는 낙관주의자임과 동시에, 인간은 근본적으로 선하다고 하는 신념으로 살아가는 성선설의 입장에 서는 인간이기도 합니다. 저는 그런 사람들의 사상적 특성을 '성선설적 낙관론'이라고 부릅니다. 경영자에게는 건전한 성선설적 낙관론이 필요합니다. 시대가 아무리 어두워도, 아니 어두우면 어두울수록 새벽에 가깝다는 말이 되기 때문에 새벽에 대한 기대를 아무리 어려운 상황 속에서도 포기하지 않고 끈질기고 낙관적으로 전진해 나가는 신념을 가진 사람이야말로 '경영자'의 진정한 모습이라고 생각하기 때문입니다.

모두가 부분적인 것에 대한 언급밖에 하고 있지 않습니다. 하지만 경영자에 관해서 선인들이 남긴 부분적인 말들을 지금 이 시점에서 정리하여 모아보면, 결국 피터 드러커(Peter F. Drucker)가 말한 것도 그렇고 마츠시타 코노스케가 말한 것도 그렇고, 그리고 동서의 다른 훌륭한 경영자들이 말한 것도 그렇습니다만, '미래에 대한 신념을 포기하지 않는 사람'이야말로 지금 이 시대에 필요한 경영자의 모습이라는 것입니다. 그것은 결국 한마디로 말하면 자기와 타자의 공동의 의지에서 싹터 나오는 실심·실학·실천의 연동이라고 생각합니다. 한 번으로 끝나는 것이 아닙니다. 영속적으로 지속해 나가는 것으로, 그것이야말로 시공을 초월한 진정한 경영이 되고, 그 경영을 영속시키는 데에 '입지'(立志)의 근거가 있다고 생각합니다. 그리고 그런 입지가 칸사이(關西) 지역의 중견경영자들의 경영활동의 원동력이라고 하는 상호 확인이 이번 연수회의 주지가 아닐까요? 지금까지 경청해주셔서 감사합니다.

전체 회의가 끝난 후에 있었던 대표자들과의 대화*

1) '생명'의 소중함에 대한 자각

타나가미 히로시: 오늘은 특별히 15세의 중학교시절의 실체험을 바탕으로 얘기를 들려주서서 대단히 감사합니다. 최근에 저는 NHK의 「료마덴(龍馬傳)」 (사카모토 료마(坂本龍馬, 1836~1867)의 일생을 그린 드라마)을 보고 있는데 어느 장면에서 저도 모르게 눈물이 나왔습니다. 그것을 본 딸이 "왜 우세요?"라고 묻길래, '왜 그랬을까?'라고 생각하고 있었는데, 며칠 전에 우연히 『승기(勝己)의 우(友)』 (세와쥬끄가 발행하는 정기간행물) 제45호 「김태창 선생 특집호」의 55쪽을 읽다가 저의 눈물의 의미를 알게 되었습니다. 잠깐 소개해 보겠습니다.

"'생명으로서의 나'를 소중히 여기는 데에서 시작해야 합니다. 자신의 생명이 소중하면 상대방의 생명도 소중한 법입니다. 이 세상에서 가장 좋은 것은 '생명을 구하는 일'입니다." 실로 이 '생명'의 소중함이 제 마음속의 문제의식으로 있지 않았나, 라는 것을 깨닫게 되었습니다. 오늘 김 선생님께서 '생명의 소중함'에 대한 이야기로 시작해 주셨는데, 여러분들은 일본의 현재 상황을 객관적으로 평가받은 소감이 어떠신지요?

또 하나는 김 선생님께서 강연 중에 '시공에서의 최대한의 마음의 표현'이라는 말씀을 하셨습니다. 이번 합숙의 테마가 '영속적 발전을 만들어내는 입지(立志)의 경영'인데, 저희는 세와쥬끄에서의 배움에서 먼저 자기 회사를 좋게 만드는 것, 그리고 사원의 물심(物心) 양면을 채워주는 것, 나아가서 손님에 대한 생각까지 자기 머릿속에서 그릴 수 있는 것을 목표로 하고 있습니다. 오늘은 여기에서 더 나아가서 사회, 국가, 인류, 우주로 확장되어야 한다는 말씀을 들었습

* 참석자: 김태창(공공철학 공동연구소 소장)/ 이나다 니치무(稻田二千武)/ 야자키 카츠히코 (矢崎勝彦)/ 이시모토 미치히코(石本導彦)/ 스에나가 하루히데(末永春秀)/ 사토 에이테츠 (佐藤英哲. 사회자) (이상은 모두 〈세와쥬끄 오사카〉 (盛和塾 大阪)의 대표 간사)/ 타니가미 히로시 (谷上浩司, 합숙통괄위원장)

니다. 미래를 어디까지 넓혀 나가는가에 따라서 앞으로의 삶이나 행동이 바뀐다고 생각합니다. 이 문제와 관련해서 '입지의 범위'를 과연 어디까지 생각하면 좋을까요? 이상의 두 가지 점에 대해서 가르쳐 주셨으면 감사하겠습니다.

김태창: 먼저 '생명의 소중함'에 대해서 생각해 보면, 저는 "일본은 좋은 나라"라고 생각하고 있습니다. 제가 외국에 가면 어떤 의미에서는 일본인보다도 더 많이 일본의 좋은 점을 얘기하곤 합니다. 하지만 그렇다고 해서 일본에 문제가 전혀 없다는 것은 아닙니다. 그렇다면 문제는 무엇인가? 구태여 말씀드리자면 개개인의 주관적인 생명존중도 있고 전체적·객관적인 생명존중도 어느 정도 있지만, 개인과 개인·개인과 조직·조직과 국가·국가와 국가와의 사이와 사귐에서 서로·함께·더불어 생명을 귀히 여긴다는 생각이 부족하다고 느껴진다는 것입니다.

2) '함께 사는 것'에서 '서로 살리는 것'으로

최근에 저는 전문가와 학자들의 모임에서 '일본'을 정면에서 바라보고 이것을 바탕으로 장래의 일본상(日本像)을 생각할 때 반드시 필요한 과제가 한가지 있다는 말을 한 적이 있습니다. 한 사람 한 사람이 생명을 소중히 여기고 생활과 생업의 자립의 질적 향상에 최대한의 노력을 기울이고 있다는 것은 실감됩니다. 그리고 그것이 자기와 자타가 함께하는 공생(共生)을 지향해야 한다는 주장과 성찰이 있어 온 것도 사실입니다. 아직 부족하긴 하지만요.

하지만 최근 일본의 가정상황이나 여러 통계조사를 보면, 결혼해서 함께 살고 있는 부부조차도 '당신은 당신, 나는 나'라며 개별적인 삶을 사는 경우가 많다고 합니다. 거기에는 사귐이 없습니다. 세탁도 따로 하고 식사도 따로 합니다. 이렇게 모든 것을 따로 한다면 설령 한 지붕 아래에서 함께 살고 있어도 '서로 살리는' 것은 아닙니다. 그래서 먼저 새로운 생명의 탄생이 없습니다. 그 다음에는 "당신이 있으니까 내가 있다"든가 "당신이 행복해지는 것을 보면 나도 행복하다"와 같은 서로에 대한 배려나 서로를 아끼는 것이 아주 희박한 상황이 되고 있습니다. 이기주의와 사(私)중심주의가 압도하는 것은 기본적인 삶의 방식에서 온다고 생각합니다.

'혼자서 살아가는' 것과 '함께 사는' 것까지는 있지만, 정작 중요한 "서로 살리는" 것이 없습니다. 생명은 서로를 살림으로써 비로소 같은 생명을 만들어 냅니다. 거기에 진정한 행복이 느껴지지요. 자신이 열심히 일함으로써 가족이나 주위 사람들을 행복하게 하는 것이 실감될 때에 일하는 의욕도 생기고 일하는 의미도 느낄 수 있습니다. 그것이 사회를 좀 더 활기차게 하는 원기를 가져다주는데, 지금의 일본에서는 이런 모습을 별로 찾아볼 수 없는 것이 문제라고 생각합니다.

단순히 경제적인 상황만 보면 세계에는 일본보다 어려운 곳이 대단히 많습니다. 하지만 그곳 사람들은 오히려 더 생기 있고 발랄하고 미래에 대한 기대를 품고 있습니다. 일본은 반대로 사람들이 미래를 어둡게 생각하고 생기가 없습니다. 점점 쇠퇴해 간다고 하는 비관주의가 사회에 팽배하고 우울증이 유행하고 정신병이 많은 것은 일본을 위해서 좋지 않습니다. 여기에서 꼭 하나 부탁드리고 싶은 것은, 생명은 반드시 서로를 살림으로써 비로소 생기있고 활기 있게 된다는 것, 그리고 여기에서 진정한 행복을 느낄 수 있다는 사실을 인식해 주었으면 하는 점입니다.

3) '야망'은 불행의 원인이 된다

다음으로 '입지'의 범위에 대해서입니다. 물론 사람들에 따라서는 좁은 범위의 입지를 충실하게 실현시키겠다고 생각하는 사람도 있습니다. 하지만 뜻은 크면 클수록 좋다는 생각이 뜻에 대한 하나의 이해이기도 합니다.

"소년이여, 큰뜻(大望)을 가져라!" 이 말은 1877년에 클라크 박사(William Smith Clark, 1826~1886)가 홋카이도대학(北海道大學, 당시에는 삿포로농학교(札幌農學校))을 떠날 때에 당시 일본의 젊은이들을 향해서 한 말입니다. 하지만 이 말의 영어 원문은 "Be ambitious"입니다. 'ambitious'라는 말은 실은 '야망'을 말하지요. 그래서 "젊은이여, 야망을 가져라!"는 뜻이 되겠지요.

그러나 그것이 야욕이 되고 부국강병의 국가적 요구로 변질되었을 때 결국 국가와 국민의 파국을 가져오고 말았다는 것이 일본현대사의 비극이지 않겠습니까? 입지가, 뜻세움이 경영에 있어서, 그리고 경영자에게 대단히 중요하다는 것과 그것이 기왕이면 크고 넓고 깊은 것이 더 좋다는 말씀을 드렸습니다. 그러나 그것은 입지의 기본방향이 자기와 타자가 서로 살리고 살며 서로 이롭게 되며 서로·함께·더불어 진실한 행복(共福)을 실현하는 쪽으로 수렴될 때 비로소 선의지(善意志)로 작용한다는 것을 잊지 말아야 합니다.

사토 에이테츠: 참고로 김태창 선생님이 칠판에 쓰신 '입지'의 세 가지 차원을 다시 한 번 정리해 드리면, 첫번째는 "지어생"(志於生) 즉 '생지'(生志)이고, 두 번째는 "지어리"(志於利) 즉 '리지'(利志)이고, 마지막은 "지어복"(志於福) 즉 '복지'(福志)입니다.

타니가미 히로시: 제 체험 속에서 '뜻'이 지니는 에너지의 강렬함을 생각했을 때에, 그것은 미래를 포함하는 행동이 과거를 통합한 데에서 오는 것이지 않으면 에너지가 강렬해지지 않는다고 생각합니다. 지난번에 「시코쿠」(四國)의 숙장예회(塾長例會)에서 돌아오는 길에 야자키 대표로부터 여러 가르침을 받았습니다. 그리고 저 자신은 과거의 경험에서가 아니라 미래자족을 향해서 살겠노라고 다짐했습니다. 하지만 국가, 인류, 우주라고 하면 터무니없이 멀다는 느낌이 듭니다. 여기에 대해서 우리 기업경영자들은 어떤 방향의 생각을 가지면 될까요?

사토 에이테츠: 세와쥬꼬의 회원들은 중소기업 경영자가 많기 때문에 어쩔 수 없이 눈앞의 작은 일에 사로잡히기 십상입니다. 우리 경영자들의 시점을 좀 더 많은 분들의 행복을 함께 만들어 나간다고 하는 고차원적인 뜻으로 높여 나가는 데에, 무언가 시사를 받을 수 있으면 대단히 기쁘겠습니다.

김태창: 이 문제는 양면이 있다고 생각합니다. "등잔밑이 어둡다"는 말이 있듯이, 등잔불은 주변을 볼 수 있게 해주지만 그 밑바탕을 비춰주지는 않습니다.

옛날 희랍의 탈레스라는 철학자이자 수학자는 하늘만 쳐다보다가 시궁창에 빠졌다는 이야기가 전해지고 있습니다. 정말 중요한 깨달음은 항상 가까운 곳에서 시작된다고 생각합니다. 갑자기 '세계'나 '인류'에서 시작하면 추상적으로 될수 있지요. 물론 간혹가다 그런 사람도 있지만 대부분의 사람들은 먼저 자기와 가장 가까운 데에서 시작합니다. 중국에는 맹자와 묵자의 논쟁이 있었습니다. 먼저 부모를 중시하고 형제를 중시하는 데에서 시작하여 점차 범위를 넓혀가서 마침내는 전 인류를 소중히 생각하는 마음상태가 올바르다는 것이 맹자의 생각입니다. 반면에 묵자의 생각은 그런 것에 구애받아서는 '전 인류를 중시하는' 데로 나아갈 수 없다는 것입니다. 그래서 처음부터 전 인류를 사랑하는 마음에서 시작해야 한다는 생각입니다. 이 두가지 생각은 계속해서 대립해 왔습니다.

하지만 그러고 나서 한참 후에 나온 생각은 결국 어느 한쪽에 치우쳐서는 진정한 사랑이 못 된다는 것입니다. 한편으로는 항상 가까운 곳을 보고서 함께 행복해지는 마음을 길러나가면서도, 다른 한편으로는 눈에 보이지 않는 멀리 있는 사람들을 중시하는 것으로 언제나 이어지도록 하자는 것이지요.

4) '가까운 이웃'과 '먼 이웃'

기독교의 가르침에서는 '가까운 이웃'과 '먼 이웃'이라는 두 가지 생각이 있습니다. 가까운 이웃만을 중시하면 가령 아프리카 시골에 살고 있어서 제대로 된 생활을 도저히 기대할 수 없는 사람들에 대해서는 완전히 무관심해질 수 있습니다. 그래서 가까이에 있는 사람에 대한 사랑의 마음과 동시에 보이지 않는 먼 곳에 사는 사람에 대해서도 자신에게 능력과 계기만 있으면 마음을 쓴다는 생각입니다.

돈을 많이 벌고 있는 가수나 배우들의 경우에도 가까운 곳을 살피는 사람은 많다고 생각합니다. 하지만 그중에는 먼 곳까지는 좀처럼 마음을 쓰지 못하는 자신을 자책하면서 굳이 아프리카의 벽지에 가거나 지구 끝에 있는 미개발의 오지에까지 가서, 그곳에 있는 어린이들에게 행복의 씨앗을 뿌리는 사람도 있습니다. 그것은 양쪽이 있어야 비로소 성립하는 것이기 때문에 뜻세움의 범위는 그 사람이 처한 상황과 껴안고 있는 과제를 해결하는 과정에서 현실적으로 조정해 나가는 방법밖에 없다고 생각합니다. 처음부터 너무 먼 이야기가 되면 현실감이 생기지 않겠지요.

사토 에이테츠: 저희 경영자들의 경우에는, 평소에 세와쥬끄에서 배우고 있는 '이념'을 제창하는 것이 뜻을 높이는 것이라고 한다면, 자기 주위를 밝히면서 한 발 한 발 나아가는 것은 그 이념의 실천이고, 그것이 가령 사업전략이나 전술 부분이 된다고 저는 이해했습니다.

이시모토 미치히코: 저는 두 가지 질문을 드리고자 합니다. 먼저 '뜻세움'에 대한 세 가지 가르침 중의 하나로서 상대방도 살리고 자신도 사는 '상생을 지향하는 뜻세움'을 가르쳐 주셨습니다. 저는 이전에 김 선생님으로부터 '생명지'(生命知)와 '생기'(生氣)에 대해서 배운 적이 있는데, "항상 우주의 생기와 개체의 생기가 함께 어우러지면 사람 사이에도 무한한 상생능력이 작동하게 되고, 그것이 기업경영, 지역경영, 국가경영, 세계경영의 원동력이 되도록 하는 것이 바람직합니다. 그리고 개개인이 그와 같은 우주 생기와 개체 생기의 상관연동에 올바르게 참여할 때 거기서 진정한 공복(共福)이 이루어집니다"라는 말씀을 지금도 기억하고 있습니다. 이 기회에 다시 한번 '생기'에 대해서 설명해 주시면 감사하겠습니다.

5) 우주 생기의 작용을 탄다

김태창: '기'를 제대로 얘기하려면 긴 시간이 필요하지만, 오늘은 간단하게 하도록 하겠습니다. '기'는 오늘날의 말로 하면 생명 에너지입니다. 이것은 물질만도 아니고 마음만도 아닙니다. 물질이면서 동시에 정신이기도 합니다. 동아시아의 독특한 생각으로 서양철학으로는 좀처럼 설명할 수 없는 개념입니다. 형태를 취하면 물질이 되지만 형태가 없는 경우에는 에너지가 됩니다. 천지만

물을 움직이는 기가 한쪽에 있고, 다른 한쪽에는 한 사람 한 사람의 인간을 살리는 기가 있습니다. 이 두 기가 따로 떨어지면 한 사람 한 사람의 기의 한계로 끝나버리지만, 그것이 제대로 어우러지고 살려지면 개개인의 한계를 넘어서 우주 생기의 작용을 탈 수 있습니다.

인류사에서 기적적인 업적을 남긴 사람들의 대부분은 한 사람의 생기와 우주 생기가 절묘하게 공시역동(共時力働=synchronization)하는 데서 나온 신비스런 힘(19세기의 기학자 최한기의 신기통(神氣通))의 실재를 증언하고 있습니다.

6) '개신'(開新)은 '서로 사귐'에서 생겨나는 새로운 세계

음악의 세계를 보아도 베토벤이나 모차르트의 음악에서 그런 점을 찾을 수 있습니다. 화가의 세계에서도 명작을 남긴 작가들의 말을 들어보면, 그 작품을 만들 때에는 자기가 한 것이라기보다는 어떤 힘이 자신을 대신해서 작업하게 해서 작품이 만들어졌다고 합니다. 그것은 그들이 느낀 방식으로 얘기한 것인데, 실제로는 천지만물을 움직이는 위대한 기의 작용과, 그 사람이 줄곧 학습·체험·수행하면서 길러온 기가, 같은 시간과 공간에 공시역동했기 때문이라고 말할 수 있습니다. 이것을 저는 '개신'(開新)이라고 부릅니다. 이전에는 없었던 새로운 세계가 열렸다는 뜻입니다. 이것은 실제로 체험해 보지 않고서는 알 수 없습니다. 저는 대학입시 때에 나름대로 실감했습니다. 제가 아무리 시험준비를 했다고 해도 준비를 한 힘만으로는 안 됩니다. 병 치료와 요양에 대부분의 시간을 소비하면서 해 온 준비만으로는 그때의 그 시험에 합격하는 것은 도저히 기대할 수 없었습니다.

7) 최선을 다하면 천지만물이 돕는다

불가사의하게도 그때에 천지만물을 창조하고 그것을 길러주고 있는 위대한 우주의 생기가 저를 통해 작동해주었기 때문에 그런 일이 가능했다고 생각합니다. 저는 이때까지 짧지 않은 인생을 살아오면서 저의 몸과 마음과 영혼의 한계를 넘어선 넓고 크고 깊은 생기의 역동을 실감했던 적이 많습니다. 그때마다 어떤 일이든 자기 혼자의 힘만으로 되는 것은 아니다. 자기가 최선을 다하면 반드시 천지만물이 자기편이 되어 준다고 하는 깊고 깊은 감사의 마음이 저절로 나오게 되고, 그 감사의 마음을 계속해서 가지면 우리 교토포럼이 표어로 삼고 있는 '감은'(感恩=과거세대에게 은혜를 느끼고 감사함)·'호은'(互恩=같은 시대를 함께 살아가는 사람들끼리 서로의 은혜를 느끼고 감사함)·'보은'(報恩=과거세대와 현재세대로부터 받은 은혜를 장래세대에게 갚음)이라고 하는 삼세대 간의 은혜와 감사의 상관연동을 실감할 수 있게 됩니다.

자기 혼자서 모든 것을 했다고 하는 쪽으로 생각이 굳어지면 '은혜'라는 생각은 나오지 않습니다. '은혜'라는 생각은 자신도 열심히 하지만 그와 동시에 천지만물이 자기와 함께해 준다는 것을 느끼는 마음으로, 그때 비로소 감사의 마음이 생기고 신념이 확립되고 흔들리지 않는 용기가 나오는 것입니다. 그리고 동아시아에서 가장 존귀한 인간의 삶의 방식이라고 말해져 온 '인'(仁)·'용'(勇)·'지'(知)의 삼차원상관의 차원에 도달하게 됩니다. 그래야 비로소 생기의 작용이 실감되지요. 최근에 일본에서 상영되어 화제가 된 〈바인더〉라는 영화가 있습니다.

영화의 줄거리는, 지금까지 인류는 석유·석탄·원자력과 같은 갖은 에너지를 사용해 왔는데, 이 모든 것들이 문명을 파괴하는 방향으로 나아가서 구제의 희망이 보이지 않게 됩니다. 그러다가 최후의 위기상황을 앞두고 12세의 어린이가 나옵니다. 천지만물을 조정하는 그 아이의 기를 가지고 세계를 구제한다는 것입니다.

서양에서도 '기'의 작용을 진지하게 생각하기 시작했다는 것을 이런 작품을 통해서도 엿볼 수 있습니다. '기'는 전적으로 동아시아 사상의 보물입니다. 우리가 이것을 충분히 이해한 상태에서 현명하게 활용하면 경영분야에서도 상당히 중요한 역할을 할 수 있지 않나 생각합니다.

8) 동아시아의 경영도(經營道)

이시모토 미치히코: 저희들은 우리의 최고지도자인 이나모리 카즈오 선생으로부터 '이념을 높게 갖는 것'에 대해서 매일같이 배우고 있습니다. 김 선생님으로부터는 이전에 동아시아철학에 대해 배운 적이 있습니다만, 그때 '자기'와 '타자'와의 '사이'(間)를 열어가는 일의 중요성에 대한 말씀을 들은 바가 있습니다. 그것은 이나모리 선생이 말씀하시는 '삼방선'(三方善, 나에게도 좋고 세상에도 좋음, 원래는 특히 에도시대에 활약한 오우미(近江) 상인들의 상도정신)과도 통한다는 느낌을 받았습니다. 여기서 '동아시아의 경영철학'에 대한 선생님의 생각을 말씀해 주시면 감사하겠습니다.

김태창: 글쎄요. 동아시아에는 '실학'이라는 학문관이 전통적으로 존중되어 왔기 때문에 이번 기회에는 경영실학이라는 관점에서 세 가지만 말씀드리겠습니다. 첫째는 세와쥬끄 쪽에서 저에게 요청하신 제목이 '생명과 입지의 경영철학'이었지만 그것을 저는 '생기와 지기의 경영실학'으로 받아들이고, 제가 생각해 온 공공기학(公共氣學)이라는 각도에서 재조명·재해석해 보려고 했습니다. 그것은 경영을 비롯해서 여러 가지 인간적 영위에 있어서 '공공한다'는 것을 '리'(理)와 '기'(氣)와 '령'(靈)의 작용과 연결시켜서 공공리학(公共理學, 이퇴계가 그 전형)과 공공기학(公共氣學, 최한기가 그 전형)과 공공영학(公共靈學, 최제우가 그 전형)으로 정리했으며, 그러한 저 자신의 '공공하는 철학'('공공철학'이 아님)에 입각해서 생기와 지기와의 상관연동에서 이루어지는 경영실학의 모습을 그려본 것입니다.

둘째는 같은 기학이라고 해도 중국에서는 밖으로 확산·진전되는 기의 운행을 강조한데 비해서(물론 안으로 수렴·집중하는 기도 중시), 일본에서는 역으로 인간의 내면 깊숙한 곳에 수렴·집중되는 기의 작용에 주목했습니다. 그런데 한국에서는 안과 밖의 사이에서 확산·진전과 수렴·집중을 매개·순환·연동하는 기, 그것도 특히 물질과 정신과 생명의 상관연동적인 생기의 역동으로 파악해 왔습니다. 그래서 은연중에 한사상적인 기철학이 저의 이야기의 중심이 되었을 것을 말씀드립니다.

셋째로 서양에서 개발된 기계론적인 관리학 측면이 강한 경영철학과는 여러모로 다른 동아시아발(發) 생명론적 경영실학의 재발굴·재정립·재조명을 염두에 두고 말씀드렸다는 점을 밝혀 둡니다. 결국 제가 이번에 여러분에게 제시한 경영의 본 모습은 인간의 생기를 옳게 그리고 온전히 살리는 쪽으로 뜻을 세우고 그 뜻을 끈질기게 지켜나가는 가운데서 자기와 타자가 함께·서로·균형 있게 행복해지는 세계를 더불어 구축해나가는 개인적·집합적 공동체 형성 행위라는 것입니다. 또 이시모토 씨의 질문에 답하자면 제가 생각하는 동아시아 경영철학은 '기와 공복의 공공(하는) 경영실학'이라는 것입니다.

이시모토 미치히코: 한 가지 덧붙여서 여쭙고 싶습니다. 선생님께서는 '기'란 무엇이라고 생각하십니까?

김태창: 제 생각으로는 '기'란 근원적인 생명력입니다. 그것은 우주에 꽉 차 있으면서 인간은 물론이고 만물만생의 하나하나에도 침투해서 그것들을 생생화화시킨다고 보는 것이지요.

9) 니시카와 죠켄의 탁견과 이시다 바이간의 심학

김태창: '기'의 올바른 이해는 '생명우주'(biocosmos)론의 기본이라는 의미에서 대단히 중요합니다. 종래의 우주론은 기계론적이며 무기적(無機的)인 것이었습니다. 그렇지만 최근에 와서는 생명론적 전환 요청이 있습니다. 우주적이고 근원적인 생명에너지로서의 '기'는 환경친화적이고 온화겸허하게 작용한다는 것이 그 특징입니다.

니시카와 죠켄(西川如見, 1648~1724)이라고 하는 막말유신시기의 상인학자가 상인에게 가장 중요한 것은 '양'(讓)이라고 하였습니다. '양'은 '양보한다' 또는 '사양한다'는 뜻입니다. 겸허한 마음자세입니다. 여기서 겸허는 단지 허리가 부드러워 잘 굽실거린다는 뜻이기보다는 '우주·세계·타자에 대해서 활짝 열린 마음자세를 가지고 그 소리를 경청하는 심적 태도'를 말하는 것입니다.

우주생명의 작용을 거부하는 것이 아니라 그것의 숨결에 솔직하게 마음을 열고, 그것이 자기 속에서 아무런 장애없이 작동하도록 하는 것입니다. 그래서 그것은 '부패'나 '오만'과는 반대입니다. 마음이 오만해지면 설령 우주 생명의 기운이 아주 가까운 데까지 다가온다고 해도, "이런 자는 필요없다"라면서 다른 곳으로 가 버립니다.

이시다 바이간(石田梅岩)의 석문심학(石門心學)도 그 정수는 '양'(讓)의 발전태라고 할 수 있습니다. 나가사키(長崎)의 서양학자로 당시의 국제정세에도 정통했던 니시카와 죠켄과 거의 같은 시기에 교토(京都)에서는 일본적 도덕감정에 기초한 상인상(商人像)과 상인들에 의한 도덕적·윤리적 공동태(共働態)의 실현을 지향한 이시다 바이간이 제창·강학·전수하고, 테지마 토안(手島堵庵, 1718~1786)을 비롯한 다수의 바이간 문하생들이 계승발전시킨 것이 석문심학(石門心學)으로, 그 핵심은 상인도(商人道)입니다. 이 상인도의 사상적 중심은 상업의 세계는 기본적으로 은혜의 세계로, 거기에서 무엇보다도 중요한 마음자세는 '감은보사'(感恩報謝), 즉 모든 일은 자연과 인간과 세계 덕분이다. 따라서 언제 어디서든 그 은혜를 잊지 말고 마음속에 간직하고 있으면서 그 고마움을 생각하는 마음을 갖고 손님을 대해야 한다는 것입니다. 그리고 배은망덕이야말로 망상폐업(亡商廢業)의 근본 원인이라는 것입니다.

10) 자기 중심적 생각이 최대의 적

'자만은 자멸의 시작'이란 속담의 뜻은, 모처럼 우주의 생기(生氣)가 당신에게 다가와서 작동하려고 하고 있는데, 일부러 문을 닫아버리는 것을 말합니다. 그렇게 되면 우주생명의 신기(神氣)는 "아, 그렇습니까? 당신에게는 도움이 안 되나요? 그럼…."이라며 다른 곳으로 가 버립니다. 이 오만의 어리석음을 알지 않으면 안 됩니다.

'오만은 최대의 죄악'이라는 말은 동서의 여기저기에서 말해지고 있습니다. 영웅은 멋진 인간이지만 자신의 업적에 취해서 오만해지면 결국 비참한 결말에 이르게 된다는 것이 그리스비극의 테마입니다. 성경에서도 인간의 가장 큰 죄는 '신의 은혜를 거절하는 교만'입니다. 실로 스스로 우쭐해진 자기중심적 마음자세가 최대의 죄라는 것이지요.

이와 반대되는 생각은 항상 자기 마음을 활짝 열어서, 우주생명의 신기가 자기 안에서 작동하도록 하는 것입니다. 열린 마음상태가 진정한 의미에서의 겸손으로, 그것을 '겸'(謙)이라고 합니다. '양'(讓)은 진정으로 훌륭한 상인도 정신의 핵심이라고 생각합니다.

사토 에이테츠: 자신을 살리고 상대방을 살린다고 하는 '상생사상'에 기초한 입지가 우주 전체의 '기'까지도 자기편으로 돌려서, 그것이 '감사'의 마음을 낳고, 그 감사를 장래세대에게 '보은'해 나갑니다. 이것이 영속적 발전으로 이어지는 경영자로서의 입지가 아닌가, 라는 식으로 점점 모든 것들이 연결되는 느낌입니다.

11) 대화 · 공동 · 개신으로 가는 길

스에나가 하루히데: '입지'는 어디에서 생겨서 어디로 가는가? 그 과정과 방향성을 제시해 주셨습니다. 그리고 경영자로서의 입지가 진짜인가 아닌가, 라는 물음이 우리에게 던져지고 있습니다. 이 점이 중요하구나, 라고 말씀을 듣고서 생각했습니다. 그것이 진짜이면 경영의 모든 부분에 현실의 모습으로 살아가는 것이지요.

그렇게 생각했을 때에, 선생님께서는 '자기'와 '타자'의 관계에서 '사귐'이라는 말을 책에 쓰셨습니다만, 우리가 사원들과의 관계를 '입지'에 기초하여 한층 고차원화해 나가는 관계로 발전시키려고 할 때 '대화 · 공동 · 개신'을 어떤 형태로 실천하면 되는지요? 이 부분에 대한 가르침을 받고자 합니다.

김태창: 이것도 정말로 중요한 문제입니다. 저는 모든 인간관계는 '만남'에서 시작된다고 생각합니다. 만남이 우연이든 필연이든 결국 인간은 혼자서 살 수는 없습니다. 만남은 때와 장소에 상관없이 다양한 형태가 있을 수 있습니다.

가령 그 회사에서 일하고 싶다는 의지가 있어서 입사지원을 합니다. 그리고 여러 절차를 거쳐서 사원이 됩니다. 이것은 무엇과도 바꿀 수 없는 소중한 '만남'이라고 생각합니다. 그 '만남'에서 이번에는 '관계'가 형성됩니다. 가령 사장과 간부가 있으면, 그 사이에 사원이 들어옵니다. 그 사원이 어떻게 생각하는지와는 상관없이, 거기에 관계가 이미 만들어져 있는 것이지요. 그것을 저는 '사이'라고 부릅니다. '사이'는 사장과 사원 사이, 간부사원과 신입사원 사이, 또는 경영자와 노동자 사이 같은 것을 말합니다. 이런 사이는, 부모와 자식 사이나, 상사와 간부 사이처럼, 이미 정해진 사이입니다. 이것은 이것대로 중요합니다.

12) '만남'과 '사이'에서 '사귐'으로

'만남'을 통해서 '사이'가 되는 것으로 끝나버리면, '행복'이나 "이 회사에서 일하기를 잘했다"라는 데까지는 이어지지 않는다고 생각합니다. 단지 정해진 일을 하는 것으로 끝나고, 그럭저럭 생활만 되면 그것으로 족하다는 식이 되어 버리면, 이런 회사는 활기없는 죽은 회사입니다. 저는 그것이 회사이든 다른 조직이든, 거기에 속해 있는 사람들이 활기를 느끼고 "여기에 오기를 잘했다"라며 행복을 느낄 수 있기 위해서는, '사이'에서 '사귐'으로의 발전이 필요하다고 생각합니다.

이미 만들어진 관계는 '사이'입니다. 그 사이를 좀 더 심화시키고 고양시키고 넓히는 방향으로 끊임없이 개신해 나가는 과정을 저는 '사귐'이라고 말합니다. 이 '사귐'은 '만남'이 쌓여서 계속해서 형성되어 갑니다. 가령 사장과 사원의 '만남'에서 사장과 사원의 '사이'까지는 거의 대부분의 사람이 도달합니다. 하지만 그 '만남'과 '사이'가 쌓여서 때로는 사장과 엘리베이터 안에서 간단한 대화를 나눈다거나, 어떤 회의에서 그 사원이 평소에 생각하고 있던 것을 사장 앞에서 발언한다거나, 그것을 들은 사장이 그때까지는 관심을 갖지 않았던 일에 관심을 갖게 된다거나 하는 등의 여러 계기나 경우를 통해서, 두 사람 사이에 그 때까지와는 다른 새로운 인간관계가 싹트고, 서로 배려하고 서로 관심을 갖고 서로 격려하게 되면, 거기에 '사귐'이 생기게 됩니다.

그 '사귐' 여하에 따라서는, 그 사원이 그 회사에 오기를 잘했다, 그 사장을 만나서 다행이다, 나는 이 회사를 위해서라면 온몸을 바치겠다는 생각으로까지 이어질 수도 있습니다. 하지만 정반대로 그 사람과는 두 번 다시 만나고 싶지 않다는 부정적인 '사귐'도 있을 수 있습니다. 사원과 사장의 '만남'이 '사이'를 통해서 '사귐'으로 발전해 나가는 과정에서 어떤 진전이 펼쳐질지는 오로지, 두 사람 사이에 전개되는 사귐에 좌우된다고 생각합니다. 그래서 이것을 소중히 여기자는 것이지요.

13) 한 사람 한 사람의 사원을 살리는 '사귐'

그래서 '만남'과 '사이'와 '사귐'의 삼차원이 항상 얽혀서 역동적으로 작동해 나가는 것이 바로 회사라는 사실을 사원은 숙지하고 있어야 합니다. 특히 경영자는 '사귐'이야말로 사원 한 사람 한 사람을 살리고 회사를 살리는 중요한 관계이고, 바로 여기에서 경영자도 살게 된다는 사실을 명심해야 합니다. 그래서 '사귐'을 소중히 여기는 것은 '경영'의 기본조건 중의 하나입니다.

저는 지금까지 일본사상을 공부해 오면서 특히 '스스로'와 '저절로'라는 말에 큰 관심을 가져왔는데, '스스로'와 '저절로'의 '사귐'에서 일어나는 일들의 연속에 의해서 그것이 서로 살리는 관계가 되기도 하고 서로 죽이는 관계가 되기도 합니다. 그 부분을 잘 생각해 보자는 의미에서, 이 주제에 관해서 일본에서 가장 깊게 연구한 분과 제가 함께 편집한 책이 최근에 나왔습니다.

14) '사귐'의 최적화가 경영자의 사명

그 '사귐'에 대해서 요즘 다시 생각해 보고 있습니다. '사귐'이 서로를 살리고 서로를 이롭게 하고 서로를 행복하게 하는 '사귐'이 되어야 비로소 '참된 공공'이 살아나고, 그것이 항상 살아나는 회사가 '공공하는 회사', '공공하는 기업'이 됩니다.

단지 국가만 공공하는 것은 아닙니다. '공'인 국가는 전체적 최적화를 지향하는 조직으로, 한 사람 한 사람의 개인이나 가정이 부분적 최적화를 지향한다고 하면, '회사'든 '기업'이든 그런 것들이 전체(국가)와 개인 사이에서 작동하는 '사귐'을 한층 최적의 것으로 만들어 나갑니다. 그런 것을 신경쓰는 것이 경영자의 사명이자 과제가 아닌가 생각합니다. 그래서 저는 지금 말씀하신 '사귐'을 대단히 소중하게 생각하고 있습니다.

스에나가 하루히데: 선생님께서 가르쳐주신 '사귐'을 만들어 나감으로써 '대화'하고 '공동'하는 것이 장차 좀 더 고차원의 '개신'으로 이어진다고 생각해도 되는지요?

김태창: 기업에서 사원과 경영자(사장)의 '사귐'을 길러나가는 것에 대해 좀 더 구체적으로 말하면, 항상 대화하고, 그 대화에 기초하여 공동하는(=함께 일하는) 영역을 넓혀 갑니다. 그럼으로써 이전에는 없었던 새로운 차원이 항상 열리게 됩니다. 바로 이것이야말로 '사귐'이 사귐이 되는 까닭입니다. 이것이(=대화와 공동을 거쳐 개신하는 것) '만남'과도 '사이'와도 다른 '사귐'의 핵심입니다. 그래서 그 것은 '대화한다 공동한다 개신한다'고 하는 동사적인 역동적 과정입니다.

사토 에이테츠: 이 '사귐'에서 '서로 살리는 관계'를 어떻게 형성해 나갈 것인가? 여기에는 물론 경영자와 종업원의 마음의 '사귐'도 있지만, 가령 사원과 손님의 경우에도 거래를 통해서 사이의 관계에서 사귐으로까지 발전하게 되고, 그것이 손님의 손님으로까지 점점 확대되어 갑니다. 이렇게 '사귐'을 서로 넓혀서, 점점 확장되어 가는 세계를 어떻게 만들어 나가면 좋은가? 혹시 이것이야말로 우리 경영자가 지향해야 하는 '입지'가 아닌가 하는 생각이 문득 들었습니다.

15) 인간의 근저에 있는 사랑

이나다 니치무: 김 선생님의 말씀은 지금까지 수차례 들었습니다만, 그때마다 많은 공부가 됩니다. 오늘의 말씀도 상당히 심오하다고 생각합니다. 너무

이론적인 이야기만 하는 것이 아니고, 현실 쪽에서 실천하고 계시는 학문에 공감하는 바가 큽니다.

저는 김 선생님의 경우에는 항상 실천(과 일체가 되는 철학을 추구한다는 뜻에서) 하는 학자라고 생각합니다. 그래서 오늘 말씀을 듣고도, 생사를 건 소년시대의 실체험이나 병마와의 싸움 또는 학문에의 길과 같은 파란만장한 삶과 체험 그리고 암묵지(暗黙知)로부터 형식지(形式知)를 창조해 내고, 그것을 학문으로 만들어 내고 계신다는 생각이 들었습니다.

그래서 제가 선생님의 말씀을 듣고 표면에 드러난 말만 이해해서, '입지'나 '양심'이나 '상대를 살린다'고 말하면 표면상은 어느 정도 알 수 있고 그렇구나 하고 생각합니다만, 역시 선생님께서 말씀하시는 인간 본심의 심연에는 한층 복잡다단한 측면이 있다고 느꼈습니다. 그 부분을 느끼지 못하고 단지 겉으로 표현된 말만 기억해서 표현하는 것은 의미가 적다고 생각합니다.

왜 그렇게 생각하는가 하면, 역시 최종적으로 '상대를 생각한다'는 것은―이나모리 숙장(塾長)께서도 말씀하셨듯이―'사랑'으로, 인간의 근저에 있는 '사랑'이 어떤 형태로 표현되고 살려지는가의 문제라고 생각합니다. 사랑이 표현되고 살려지는 것은 보통의 노력이나 생각으로는 안 됩니다.

회사에서도 사원들에게는 다양한 생각이 있고 다양한 삶의 방식이 있습니다. 그리고 여러 사람들이 있습니다. 가령 외국에서 일본을 보면, 우리가 "이렇게 고민하고 이렇게 일하고 있는데…'라고 생각하는 것에 대해서도, 다르게 이해하는 경우도 있습니다. 역시 사회 환경이 동떨어져 있고 연령이 동떨어져 있고 생활이 다르면 가치관도 달라집니다.

모든 일에서 가치관이 다른 사람들끼리의 사랑이란 어떤 것일까를 확실하게 생각해 두지 않으면, 막연히 '좋겠지'라고 생각하는 일이 별로 좋지 않은 경우도 있습니다. 자기만 위로 올라가서 '나는 이렇게 좋은 일을 하고 있다'고 생각하고 있어도, 그것이 생각만큼 (종업원에게) 공감을 얻지 못하는 것에 대해서는 저 스스로 항상 반성하고 있습니다.

자기가 열심히 생각해서 하고 있는 일에 공감하는 사람은 공감하지만, 좀처럼 공감해주지 않는 경우도 있고, (본심을) 말해주지 않는 경우도 있습니다. 게다가 모든 것은 변화하고 있다고 생각합니다. 서로 변화하고 있는 것이지요. 지금은 좋은 관계일지 몰라도 내일은 어떤 관계가 될까, 차례차례 변화하는 현실에 대해서 어떻게 대응해야 할까? 우리는 정말로 (인간다운) 인간이 되어 있는 걸까? 이런 생각을 하면 어려워집니다.

16) 인간은 기본적으로 선하다

김태창: 이나다 대표님의 말씀은 언제나 저에게 큰 자극을 던져 줍니다. 세상일이란 그렇게 말처럼 간단한 것은 아니고 실은 복잡다단하지 않는가, 라고 말씀하셨는데, 정말로 그렇습니다. 보통 이상의 고통이 따르는 법이지요. 그러면 이번에는 변화에 의한 허무함이 괴롭습니다. 아무리 최선을 다해도 상황의 변화에 따르는 인간 마음의 변덕에 결국 좌절감을 느끼고, 때로는 배반당했다고 생각하여 괴로워하는 경우도 있습니다.

저는 일본에 와서 지금까지 나름대로 최선을 다했다고 생각합니다만, 그래도 저의 본심을 몰라주고 이곳저곳에서 뜻밖의 말을 하고 다니는 사람도 있습니다. 그것은 마음을 슬프게 하는 일입니다. 하지만 그럼에도 불구하고 제가 지금까지 살아오면서 마음속에 간직한 신념이 하나 있습니다. 그것은 진심을 담아서 최선을 다하면 반드시 감응한다, 응답한다는 것입니다. 100번 배신 당해도 101번 '믿는다'는 마음가짐으로 지금까지 살아왔습니다. 지금도 그 과정 중에 있습니다.

이나다 사장님께서 말씀하셨듯이 복잡다단한 현실을 눈앞에 두고 있음에도 불구하고 우리가 미래에 기대를 갖고 포기하지 않고 '인간은 기본적으로 선하다'는 것과 '미래는 반드시 좀 더 밝아진다'고 하는 흔들림 없는 성선설(性善說)과 낙관론을 입지의 토대로 삼아 나가지 않으면 지속가능한 '경영'은 성립하지 않는다고 생각합니다. '교육'도 성립하지 않고 인간적인 활동의 모든 것이 그 의미를 상실하게 된다고 생각합니다.

17) 100번 넘어져도 101번 일어난다

알베르 까뮈라는 프랑스 작가의 「시지프스의 신화」에 보면, 시지프스라는 신이 제우스 신의 미움을 받아서 벌을 받습니다. 그 벌은 무거운 돌을 어렵게 산꼭대기까지 나르면 정상에 도착하는 순간 다시 데굴데굴 아래로 떨어져 버립니다. 그래서 다시 온갖 힘을 다해서 돌을 짊어지고 산의 정상에 올라가면 이번에도 어김없이 돌이 굴러 떨어집니다.

이것은 일견 헛수고처럼 보입니다. 그래도 포기하지 않고 100번 넘어지면 101번 일어나는 강인한 의지는 과연 어디에서 나오는 것일까요? 인간은 '뜻'이 있어야 비로소 마음대로 되지 않는 세상을 살아갈 수 있다고 하는 까뮈의 작품에서, 까뮈 자신의 의도와는 관계없이, 젊은 시절의 제가 나름대로 느낀 바가 컸습니다.

저는 이 작품으로부터 받은 감동을 메시지를 지금도 기억하고 있습니다. 지금도 때때로 저의 본심이 통하지 않고, 터무니없는 오해는 물론이고 중상모략까지 받아도, 왜 나는 이런 말까지 들으면서 일본에 있지 않으면 안 되나, 자문자답할 때가 빈번하게 있습니다. 그런 때마다 절망에 빠진 적이 있습니다. 그래도 마음을 고쳐먹고 100번 절망에 빠지면 101번 다시 일어나리라는 마음가짐으로 살아왔습니다.

18) 불확실하니까 희망의 가능성이 있다

이나다 사장님의 말씀 중에 또 하나 중요한 것은 '바뀐다'는 말입니다. 세상도 바뀌고 인간의 마음도 바뀝니다. 지금 이 시점에서 '이것으로 되겠지!'라고 생각해도, 내일 어떻게 될까? 인간이 진실하게 산다고 해도 이 세상은 고도의 불확실성이 압도하고 있습니다.

우리는 불확실한 세상을 살고 있습니다. 거기에 미혹되어 자신의 인생을 망치지 않고 흔들리지 않는 신념을 유지하기 위해서는, 불확실을 '불안'의 요소로 삼는 것이 아니라 '희망의 가능성'으로 바꾸는 것입니다. 불안정하기 때문에 우리가 내일에 거는 희망에 의미가 있는 것입니다. 모든 것이 확정되어 있으면 내가 할 일은 없지 않을까요?

모든 것이 불확실하고 변화무쌍하여 내일 어떻게 될지 모릅니다. 그렇기 때문에 거기에 '나'의 역할이 있고, 내가 할 기회가 있는 것이지요. 그 기회를 살려서 인식과 행위의 새로운 지평을 여는 것입니다. 그것은 자기와 타자가 국경을 넘고 민족과 문화와 종교의 벽을 넘어서 함께·서로·치우침없이 행복해지는 세계입니다. 그것을 다른 사람들은 폭력이나 권력이나 금력으로 하지만, 저는 '언력'(言力) 즉 '말의 힘'으로 한다는 뜻을 세워서 지금까지 살아왔습니다. 저의 개인적인 말로 표현하면 '활언개신(活言開新)에의 입지'입니다. 그러기 위해서는 어떻게 하면 되는가, 라는 것이 제가 살아있는 동안에 실천해야 할 저의 공공하는 철학의 기본과제라고 생각합니다.

진정한 경영자는 어떤 사람일까요? 회사가 돈을 벌어서 이윤을 올리는 것은 그것대로 좋습니다. 하지만 거기에서의 경영자의 역할은 최고의 의사결정자라는 지위의 힘이 아니라, 한 사람의 인간으로서 타자에게 말로 감동시켜서 실심으로 공동할 수 있는 사원과 사풍(社風)을 기르는 것입니다.

이렇게 사람의 마음을 움직이는 힘에 대해서 최근에는 '감화력'이나 '언어력'이나 '물어력'(物語力=이야기의 힘)이라는 말을 써서 표현하는 사람이 있습니다만, 요컨대 지금의 경영자는 그 지위와 권한만으로 사람을 움직이는 것은 아닙니다. 그런 것은 사람들의 거부감을 일으키고 반발심만 더할 뿐입니다. 결국 자신의 진심을 담은 말로 상대방의 마음을 움직이고, 움직여진 마음의 당사자가 진심으로 "회사를 함께 세워 나가자!"는 마음이 생길 때, 그 회사는 멋진 회사가 된다고 생각합니다.

이나다 니치무: 핵심을 찌르는 말이라고 생각합니다. 선생님의 말씀의 의미는, 우리가 끊임없이 노력해서 진심으로 상대방을 위해서 '이타'(利他)의 정신으

로 일을 해 나가야 하지만, 그것을 관철시켜 나가려면 여러 문제가 생겨서 어렵다, 하지만 '어려운' 것은 지극히 당연한 것으로, 진심을 담은 '대화'를 중심으로 영혼의 노력을 지속해 나감으로써 문제점은 기본적으로 해결된다, 해결되지 않으면 다시 도전해 나간다, 그런 것이 지금까지의 역사나 학문의 하나의 결론이다, 이런 뜻이지요?

19) 고생할 수 있는 기쁨

하지만 그렇게 하고 있어도 또 환경의 변화가 찾아옵니다. 그것으로 인해 새로운 문제가 나오는 것은 곧 불안정하다는 것인데, '불안정'하다는 것은 달리 말하면 거기서 '희망'의 가능성을 찾을 수 있지 않을까요? 그래서 다음에는 안정된 생활이 찾아오게 되는데, 뒤집어 말하면 항상 안정적인 곳에는 희망도 생겨나지 않을지 모릅니다. 그렇게 생각하면 우리는 기쁨을, 행복을, 희망을, 그리고 영원한 기쁨을 '내일'에 그리면서 살아감으로써 행복을 느낄 수 있는 것은 아닐까요? 방금 선생님 말씀으로부터 이런 것을 시사받았다고 생각합니다. 그렇게 되면 고생이 다시 기쁨이 된다고 생각합니다. 그리고 고생할 수 있습니다. 다음에 또 도전을 해서 조금이라도 도움이 되면이라는 마음으로 변화에 대응하는 자신을 만들어 나간다는 식으로 느껴도 될까요?

김태창: 이나다 사장님은 항상 현실의 핵심에서 문제제기를 하시는군요. 항상 논리사고의 한계를 지적하고, 그것이 실천사고로 이어지는 것의 중요성을 강조하고 계십니다. 오늘은 저도 처음부터 책이나 문헌을 토대로 한 생각이 아니라, 저 자신의 개인적인 실체험에 기초하여 학득(學得)·체득·각성한 실생지(實生知)를 가지고 대화와 공동과 개신의 시공에 한명의 참가자로서 동참하고 있습니다.

20) '사명'과 '천명'과 '입명'의 관계

사토 에이테츠: 자신도 상대방도 세상도 변해가는데, 그 변화의 속도가 빨라

지고 있는 시대이기 때문에 밝은 미래를 믿고, 인간은 반드시 선하다는 믿음을 가지고 미래지향적으로 계속해서 나아가라는 말씀이군요.

여기서 한 가지만 질문드리고자 합니다. 세이와쥬꾸 학생 가운데에는 세대계승이라고 할까, 2대 · 3대라는 형태로 사업을 물려받고 있는 경영자가 많이 계십니다. 과거의 집적체인 현재의 자신, 혹은 부모에게 물려받은 자신, 혹은 지금 세상에 있는 자신을 가령 '사명'(使命)이라고 한다면, 그 사명을 어떻게 받아들여서 천명(天命)을 세우고, 그리고 입명(立命)해 나갈 것인가? 이 '천명' · '입명'이라는 부분에 대해서 (이전에) 말씀해 주셨습니다만, 이번에는 선생님의 저서 이외에도 명나라의 원료범(袁了凡, 1533~1606)의 『음즐록』(陰騭錄)을 교재로 정했습니다. 원료범은 (운명론을 버리고) 스스로 '적선'(積善) 즉 선을 쌓음으로써 미래를 만들어 나가 입명(立命)했다는 것이 책의 내용이었다고 생각합니다. 그래서 이 '사명'과 '천명'과 '입명'의 관계에 대해서 조금 설명해 주시면 감사하겠습니다.

21) 세대계승의 보석

김태창: 저는 '선'을 믿고 '밝은 미래'에 기대를 가지며 절대로 포기하지 않는다는 말로 표현했습니다만, 좀 더 구체적으로 말씀드리면, 가능한 한 '선을 거듭 쌓는다'는 적선속행(積善續行)이라는 심지(心志)의 삶을 말하고 있는 것입니다. 악이 횡행하는 세상 속에서도 매일같이 선을 쌓아 나가겠다고 마음을 먹는 것입니다. 하나하나의 선행은 별로 대단하지 않아도, 그것이 쌓여서 어느정도의 효과를 가져오게 되면, 이 '적선효과'는 엄청나게 큰 것이 됩니다. 선대(先代)로부터 물려받은 기업의 경우에는 특히 필요한 사명감이 아닐까요? 그 기업에서 선대가 이룬 업적 중에서 최선의 부분을 명확히 하고, 그 계승발전의 공능을 최적화하는 것이지요.

창업자의 경우에는 제로에서 시작합니다. 모든 것은 자기 생각대로 할 수 있습니다. 하지만 수성(守成)의 경우에는 선대가 이룩한 업적 위에 그것을 좀 더 발전향상 시키는 것이 사명입니다. 그때 우리가 반드시 생각해야 하는 것은 '세대계승의 보석'입니다. 진정한 보석은 세대계승이 되어야 비로소 갈고 닦여집니다. 그래서 그 가치는 오래 지속되면 지속될수록 높아집니다.

다른 한편으로는 일상의 활동에서 가능한한 '선'을 쌓도록 하는 것입니다. 서양적 사고방식은 하나하나의 경영의 실천이 가져오는 '이윤' 등을 계산해서, 그 계산의 결과를 쌓아가면 확실한 효과를 낼 수 있다는 생각입니다. 이것은 '적리효과'라고 하는, 철저하게 현실적이고 계산적인 생각입니다. 이에 반해 동양사상에 기초한 사고방식은, '선'(이 가치의 척도)으로, 그 선이 나날이 쌓임으로써 축적되는 가운데서도 건실한 적선효과가 나타나고 거기서 상생적인 이윤이 나오게 된다는 것입니다. 그 후에 (이윤으로서) 나온다는 생각입니다.

시간이 없기 때문에 다 말할 수는 없지만, 제가 지금까지 살아온 가운데 느낀 것은, 이 적선효과는 단순계산으로는 파악하기 어려울만큼 크다는 것입니다. 그때 그 장소에서는 눈에 보이지 않아도, 그것이 시간적으로 지속되고 공간적으로 확충되면, 전혀 예상치 못한 곳에서 커다란 효험을 발휘하는 것을 저는 수도 없이 보아 왔습니다. 저는 적선효과에 대한 신념은 줄곧 갖고 있습니다.

그래서 '세대계승의 보석'을 갈고 닦아 나가서, 매일 매일의 경영 활동이 '선'의 방향으로 축적되면, 그 양쪽에서 나오는 효과나 효험은, 그런 것을 경험 · 체험하지 않으면 실감할 수 없을 정도로 현실적인 것입니다.

저는 오늘 여기에 모인 여러분들이, 창업하신 분이든 수성하신 분이든 할 것 없이, 함께 생각해야 할 과제로서 오늘의 말씀을 드렸다고 생각합니다. 그것은 여러분에게 주어진 천명의 지각으로서의 '지명'(知命)이고, 그 '천명'을 자기자신의 사상마련(事上磨鍊)을 통해서 지속적으로 개정진선(改正進善)하는 '개명'(改命)이고, 신명을 다해서 그 실현성취를 도모하는 '성명'(成命)입니다. '지명'과 '개명'과 '성명'은 각각 개별적인 사명임과 동시에 상관연동하는 생(生)과 행(行)과 지(志)의 발달과제입니다.

22) 원료범에서 시작되는 도덕공동체운동

야자키 카츠히코: 저희들을 대단히 높은 차원으로 이끌어 주셨기 때문에 간단히 소개드리겠습니다. 이나모리 숙장께서는 원료범에 대해 자주 말씀하셨습니다. 원료범의『음즐록』은 자기 자식에게 "자신은 운명의 인생에서 입명의 인생으로 바뀌었다"는 말을 전하고 있습니다. 그러나 그 사상은 자기 당대로 끝나는 것은 아니라는 점이야말로 중요하다고 생각합니다. 그리고 실은 (원료범의 각성체험은) 미조구치 유우조(溝口雄三, 1932~2010, 전 동경대학 교수)의 연구에 의하면, 그 후에 얼굴을 마주하는 촌락공동체의 '향약운동'이라는 형태가 되어 이른바 '도덕공동체'로서 중국 전역에 퍼져나가는데, 그것이 500년이 지난 지금도 중국의 대부분의 공공사업의 연원이 되고 있다고 합니다.

미조구치 선생은 "중국의 공공사업의 연원은 원료범에서 시작된다"고 하는 연구성과를『중국사상사』(동경대학출판회, 2007)에서 소개하고 계십니다. 이것은 우리 경영자가 개인으로서 사상을 배우는 차원이 아니라, '도덕공동체'인 기업의 사상사의 발전사례로서 대단히 중요한 부분이라고 생각합니다.

즉 한 사람 한 사람이 '도덕주체'로 산다고 하면 '개인' 당대로 끝나게 된다고 생각합니다. 하지만 그것이 '도덕공동체'가 됨으로써 비로소 공동체의 동료가 서로 양심을 갈고 닦게 됩니다. 한 사람 한 사람이 도덕주체로 산다는 것은 대단히 어렵고 무거운 느낌이 있습니다. 하지만 그것이 '공동체'(共同體)나 '공동태'(共働態)가 되면, 서로가 격려하고 양심을 높여나갈 수 있습니다. 그리고 그것을 실천한 결과, 실로 지금 김 선생님께서 말씀하신 '적선효과'가, 지역공동체로 공유되어 나가게 되지요. 서로가 격려함으로써 모두가 동기부여되고, 그것이 중국 각지에서 다리를 놓거나 학교를 만들거나 하는 식의 여러 형태로 발전하는데, 최후에는 손문의 신해혁명으로까지 이어졌다고 하는『중국사상사』의 역사관만큼은 반드시 여기에서 같이 공유하고 싶습니다.

23) '경영술'에서 '경영도'로의 승화

다음에는 이 배움의 장에 대해서인데,「세이와쥬꾸 오사카」의 합숙은 이번이 15회째가 됩니다. 전국대회가 17회이기 때문에 오사카가 이런 배움의 장을 얼마나 조기 단계에서 시작했는지 알 수 있습니다. 그럼 여기에서의 배움의 의도는 무엇일까요? 제가 이나모리 숙장과 처음 만났을 때에 숙장께서는 "내가 경영자로서 해 온 일은 이념을 높여가는 하루하루였다"고 말씀하셨습니다. 그 때까지의 저는, 적어도 '경영'이란 '술'이라고 생각하고 있었습니다. 그런데 숙장께서는 "경영이란 경영자 자신이 마음을 높여감으로써 도가 된다"고 하시면서, '술'에서 '도'로의 경영으로 이끌어주셨고, 그 배움을 실심실학하게 되었습니다.

그 이후에 제가 유념해 온 것은 '양심'으로 배운다, 즉 자기 자신의 '마음'으로 사심(私心)과 양심을 배우는 것입니다. '실심실학'이란 자기의 사심을 넘은 '양심'의 차원이라는 본래적 자기의 차원에서 배워나가는 데에 뜻을 두고, 그것에 의한 적선효과를 자기자신의 삶의 경험가치로 축적하면서 배워나가고 실천해 나가서 실리를 발견하는 것이라고 생각합니다. 숙장께서는 이 도를 한결같이 실사(實事) 상에서 실천하시면서 실리를 추구하는 길을 걸어오셨습니다. 예로부터 말해지는 '성인으로 가는 길'이란 실로 이것이었구나, 라고 그 후에 하나하나 배움을 쌓아감에 따라 실감하게 되었습니다.

24) 자신의 양심으로 당사자로서 듣는다

제가 이 배움의 장에서 여러분과 공유하고 싶은 것은, '지식'으로 배우는 것이 아니라는 점입니다. 김 선생님도 자신의 생사를 오간 체험에서 말씀을 해주셨습니다. 그 이야기를 듣고 자신의 양심이 움직이지 않고, '그것은 김 선생님의 체험이니까'라고 자신과 상관없는 일이라고 치부해 버려서는 안 됩니다. 자신의 경험가치 속에도 김 선생님과 마찬가지로 생사를 오간 체험은 없었는가? 혹은 자신이 그런 것에 조우했다면, 당사자로서의 자신이라면, 자신의 양심이라면 어떠했을까? 라는 실심실학하는 자세야말로 우리가 숙장님으로부터 배운 것이라고 생각합니다.

즉 양심에서 배우는 것입니다. 양심을 자기 자신이 사상마련해 나갑니다. '지'와 '행'이 (분단되어) 온통 사심(私心)과 분별지(分別知)로 가득 차서 양심이 조각조각나지는 않았는가, 라고 자신 속에서 확인하면서, 하나하나의 배움을 다시 생각해 나가는 것이야말로 대단히 중요하다고 생각하고 있습니다.

가령 작년 합숙 마지막 날에, 이틀 동안 무엇을 가장 느꼈는지를 그룹의 대표분에게 각각 체험발표하는 시간을 가졌습니다. 그때 어느 누구의 발표도 똑같지 않았습니다. 그것은 그때 같이 계셨던 여러분도 느끼셨을 것입니다. 앞으로의 이틀 동안도 아마 누구 하나 동일한 배움은 없을 것입니다.

교과서나 책에서 '지식'으로 배울 때에는 획일적인 배움밖에 되지 않습니다. 하지만 우리가 양심을 축으로 세울 때에는 그 배움은 자신에게 있어서의 실심실학으로서의 '활학'(活學)이 됩니다. 자기 자신의 경험가치가 되살아나서, 자신에게 있어서의 양심의 지향이 될 것입니다. 이 부분의 차이만큼은 여러분과 분명하게 공유하고 싶습니다.

우리는 여기에서 김 선생님의 말씀을 듣고 있습니다. 말씀을 "양심에서 배운다"는 것이 하나 있습니다. 말씀을 듣고 있으면 자기 자신의 여러 경험가치가 머리를 스치고 지나갑니다. 그것이 나왔을 때에 그것을 사심이나 분별지의 차원에서 차단하는 것이 아니라, 그 스치고 지나간 '알아차림'을 '다시 생각'해보는 것이 중요하다고 생각합니다.

25) 다시 생각해서 미래를 지향한다

'다시 생각한다'는 개념은 원래 키에르케고르의 말입니다. 그가 경험한 실연(失戀)은 주위의 방관자의 눈으로 보면 대단히 얕은 경험일지 모릅니다만, 본인의 입장에서는 깊은 당사자로서의 경험입니다. 그때의 본인에게는 생사를 오갈 정도의 체험이었겠지요. 그러나 실연의 사실은 바뀌지 않지만, 그 실연을 미래

지향적으로 진취적으로 그리고 긍정적으로 재해석할 수 있는가? 아니면 언제까지나 실연이라는 과거를 생각하면서, 과거를 살 것인가? 키에르케고르는 과거에 이끌려서 사는 삶과 단절하기 위해서 굳이 '다시 생각한다'는 개념을 제시한 것입니다.

우리는 경영위원회에서 체험발표회를 엽니다. 발표하신 분은 한 달 뒤에 그것을 '다시 생각하는' 자리를 마련합니다. 이것을 모두가 공유하는데, 이것은 반드시 진취적이고 미래지향적이고 긍정적이지 않으면 의미가 없습니다. 그리고 과거로 되돌아가는 것이면 체험발표를 한 경험가치가 살려지지 않는다고 생각합니다. 그런 의미에서 '배움의 자세'만은 공유하고 싶습니다.

이 합숙연수회라는 장에서 모두가 앞으로 배우는 것에 대해서는 다양한 이해가 있을 것입니다. 각자가 어제까지와는 다른 경험가치를 갖고 있을 것입니다. 다만, 여기에서 실제로 일어나는 것, 즉 '실사'를 자신의 양심을 기준으로 해서 '실심・실학'해서 배운 것은, 저에게 있어서는 귀중한 재산이 되고, 그 무엇과도 바꾸기 어려운 경험가치가 될 것입니다. 그 경험가치를 끊임없이 다시 생각하면서 진취적이고 긍정적이고 미래지향적으로 살아가면, 배운 것이 모두 활용되는 인생으로 바뀐다고 생각합니다.

26) 공공의 정치에서 공공의 상업, 공공의 삶으로

오늘 김 선생님은 성선설적 낙관론을 중심으로 선생님의 인간관을 말씀해 주셨습니다. 저 자신이 오늘 이 장에서 그 뜻을 가지면, 한 사람 한 사람이 능동적 도덕주체가 될 수 있습니다. 선생님 자신의 생사를 오가는 체험을 섞어가면서 말씀해 주신 오늘의 배움을, '지식'이나 매니지먼트 차원의 '술'(術)의 차원에서 배우는 것이 아니라, 경영의 '도'(道)로서 어떻게 살려야 하는가에 대해서, 다시 한 번 꼭 자신의 '양심의 배움'으로 실심실학해서, 깊이 생각했으면 좋겠다는 마음이 강하게 들었습니다.

마지막은 요코이 쇼난(橫井小楠)의 '공공의 정치'에 대한 얘기가 나왔습니다.

요코이 쇼난이 꿈꾼 것은 미국식 민주주의였습니다. 쇼난은 민주주의란 '공공의 정치'를 만드는 데에 대단히 중요한 요체라고 생각했습니다. 하지만 그 미국의 민주주의는 지금 어떤 결말을 맞고 있는가? 적어도 현실에서 어떤 문제를 안고 있는지를 지금 우리는 경영자로서 그리고 장래세대로서 알고 있습니다. 그렇다면 제 자신이 언제까지나 '공공의 정치'의 차원에서 끝나게 하는 것이 아니라, 주권재민의 주권자인 우리 한 사람 한 사람의 '공공의 행동' 혹은 '공공의 상업'을 혹은 '공공의 삶'으로 발전시켜 나갈 수는 없는가, 하는 뜻을 갖고 오늘의 배움을 다시 생각해보고 싶습니다.

27) 능동적 도덕공동태의 네트워크

한 사람 한 사람이 '생명'과 '생활'을 지키는 전제가 되는 것이 '생업'이라는 말씀을 하셨습니다. 이 '생업'은 단지 자신이 먹고 사는 차원의 생업으로 좋은가? 아니면 자식이나 손자를 먹여살리는 차원에서 끝나야 하는가? 우리는 그것을 좀 더 세상과 공유하고 세대생생(世代生生)해 나가기 위해서 밤낮으로 노력하고 있는 것이 아닌가요? 왜 휴일에 아침 일찍부터 교토까지 와서 배우는가? 그것은 '생업의 차원'을 '학업의 차원'으로, '가업의 차원'을 '사업의 차원'으로, '사업의 차원'을 '기업의 차원'으로, '기업의 차원'을 '산업의 차원'으로, 끌어올리고자 하는 실업인으로서의 발달과제를 한 사람 한 사람이 안고서 경영을 하고 있기 때문에, 그런 문제의식의 차원에서 모여서 공부하고 있다고 생각합니다.

오늘 김 선생님께서 민중 한 사람 한 사람이 주인공이 되는 시대가 오고 있다고 하는 깨우침을 저희에게 주셨습니다. 한 사람 한 사람이 주인공으로서 '시장원리'라는 열려진 원리로 공공하는 사업을 할 수 있습니다. 공공하는 경영을 할 수 있습니다. 공공하는 경세제민의 실업을 할 수 있습니다. 이것을 우리는 오늘의 깨우침에서 공유할 수 있었다고 생각합니다.

저는 그것을 경영자로서의 입지의 차원에서 끝내지 말고, 기업 안에서 함께 일하는 사람들의 이른바 '공동태의 입지'로서, 혹은 기업을 넘어선 세이와쥬꾸

라는 경영자들 사이의 네트워크의 입지로서, 이것을 배워서 어떻게 심화시키고 높이고 넓혀 나갈까? 이 배움을 어떻게 살려 나갈까? 능동적 도덕공동태로서의 우리 기업체를 그런 집합체로 보았을 때에, 그 기업체의 앞날에는 능동적 도덕공동태의 네트워크가 가능한 것은 아닐까요? 회사에서 그 네트워크를 넓혀 나가고, 공공화된 시장원리를 통해서 그것을 잘 길러나가는 공공세계는 꼭 꿈 같은 이야기만은 아닐 것입니다.

28) 시공을 초월한 말의 나그네

작년에 있었던 나카노 이쿠지로(野中郁次郞. 히토츠바시대학 명예교수) 선생님과의 대화에서는 암묵지를 형식지로 바꾸는 것이 중요함을 배웠습니다. 그러기 위해서는 말을 갈고 닦지 않으면 안됩니다. 우리는 일본항공(JAL)의 응원으로 '말의 연마'로부터 '양심의 연마'를 해 왔습니다. 이것을 개체 속의 암묵지로 끝내는 것이 아니라, 더 나아가서 자기 자신의 말로 하는 것입니다. 실제로 석가모니나 공자는 그것을 제자들에게 말함으로써 2,500년이 지난 지금도 우리는 그 정신세계를 접할 수 있지 않습니까? 만약 공자나 석가모니가 자기라는 개체 안에다 그 암묵지를 담아 두고 있었다면, 지금 우리는 그것을 알 길이 없었을 것입니다. 하지만 암묵지를 넘어서 분명하게 말을 연마해서 사제간에 전해주었기 때문에 지금 우리는 경전으로 그것을 배울 수가 있는 것입니다.

경영자가 자신의 영혼으로 느낀 것을 '개체를 넘어서는' 차원에서 "시공을 넘어선 말의 나그네의 원초체가 자신이다"고 하는 자각을 가졌을 때에 한 사람 한 사람의 말의 연마가 왜 필요한가? 암묵지를 형식지로 바꾸는 것이 왜 중요한가를 알 수 있다고 생각합니다. 왜 우리는 실학노트를 쓰고, 다른 사람이 지금 무엇을 느끼고 있는가를 배울 필요가 있을까요? 그 의미를 모두가 공유했을 때에 비로소 '공동체'가 한층 고차원의 '공동태'로 발전하는 방향을 지향해서 서로가 절차탁마해 나가지 않을까요?

오늘은 그것을 '기'(氣)의 예를 들어 말씀해 주셨습니다. '기'도 마찬가지라고 생각합니다. 개체 속에 느낀 '기'를 개체 속에 담아서 '가둬 두는' 것이 아니라, 사방으로 넓혀 나감으로써 말에 패기가 나온다고 생각합니다. 맹자는 제자와의 대화 중에서 '호연지기를 기르는' 것에 대해서 "나는 말을 안다(吾知言)"고 하고 있습니다. '말을 안다'는 것은 무엇인가? 호연지기를 기르면 "설령 천만 명이 반대한다고 해도 나는 앞으로 나가리라(雖千萬人, 吾往矣)"는 말도 나오고 있습니다. 이것이 언령(言靈), 즉 '말의 살아 있는 힘'입니다.

저는 17년 동안 세이와쥬꾸의 소식지의 편집장을 맡아 왔습니다만, 그중에서 가장 어려웠던 것은 이나모리 숙장의 언령(言靈)을 활학(活學)으로 삼는 것이었습니다. 저는 알기 어렵고 글자도 작기로 악명 높았던 「후기」를, 숙장의 언령(言靈)을 조금이라도 모두와 공유하고 싶다는 마음으로 써 왔습니다.

우리는 암묵지를 자신을 넘어서 개체를 넘어선 형식지로 어떻게 해서든지 전달하고 싶다는 마음에서, 그것을 문자화하고 문장화하고 활자화했는데, 이 언령의 작용이 좀 더 넓은 공간에 파동되어 전달되었으면 하는 바람이 있었습니다. 지금 여기에서 전부를 공유할 수는 없지만, 이것을 출발점으로 삼아서 김 선생님과는 앞으로 더 깊은 대화를 나누고, 깨달음을 가능한한 여러분과 공유할 수 있도록 해 나가고자 합니다. 구체적으로는 여러분 한 사람 한 사람이 지금 이 장에서 일어나고 있는 양심의 깨달음, 사업의 깨달음을 혹은 경영의 과제와 같은 것들을, 개체를 넘어서 나아가서 시공을 넘은 언령의 여행으로서의 깨달음으로 삼아서, 자신의 암묵지의 차원에 있는 것을 전부 끌어내어 언령으로 삼았으면 합니다.

여러분 속에 있는 불성(佛性)은, 실로 그 아픔의 상태에서 출발을 기다리고 있습니다. 여러분이 말로 하기를 기다리고 있습니다. 모두가 문자가 되기를 기다리고 있습니다. 그것을 가능한한 모두가 함께 엮어서 김 선생님과의 대화를 한층 심화시키고, 실로 이 곳에서 시작되는 '개신'의 차원을 모두가 함께 엮어나갈 수 있도록, 능동적 도덕공동태의 언령이 주고받는 동적인 배움의 출발의 장으로 만들고 싶다는 간절한 바람입니다. 대단히 감사합니다.

29) 리인위미(里仁爲美)

김태창: 야자키 회장의 말씀 속에 제 말씀의 대부분이 요약되어 있습니다. 공동태의 이야기도, 미조구치 선생의 이야기도, 저 자신이 말씀드린 것과 공진(共振)하는 데가 있습니다. 그것들을 다른 말로 요약하면,『논어』에서 공자가 말한 "리인위미(里仁爲美)"라고 표현해도 좋을 것 같습니다. "리(里)가 인(仁)하면 아름답다"는 말입니다. 여기서 '리'는 사회이고 기업입니다. 그리고 가정이고 지역사회이고 시민사회이고 국가이고 민족입니다. 다양·다중·다종의 공동태를 '리'라고 하는 한자로 나타낸 것이지요. 거기에 '인'의 정신이 꽃피면 도덕적·윤리적 이상사회가 실현된다는 말입니다. 누가 저에게 '경영철학'을 네 글자로 요약하라고 한다면, 저는 이 '리인위미'를 제시하겠습니다. 공자의 말씀이 아닌 저 자신이 터득한 것을 요구하신다면 '상생공복(相生共福)'입니다. 서로가 상대를 살리려는 마음자세가 회사에 충만하면, 그 회사가 사원과 중역과 사장이 함께 행복해지고 거기서 기업과 시민사회와 국가가 더불어 행복해지는 가운데서 공복공동태가 실현될 수 있다고 생각하기 때문입니다.

30) 염리예토(厭離穢土) 흔구정토(欣求淨土)

"경영이란 무엇인가?"라는 문제에 대한 대답을 '염리예토(厭離穢土) 흔구정토(欣求淨土)'라는 여덟 글자로 된 불교의 가르침으로 요약하는 것도 좋지 않을까요? 여러분 가운데 불교신자가 많이 계신다는 말씀을 들었기 때문입니다. 이 혼탁한 인간세계를 모두의 힘을 합쳐서 바람직하고 청정한 세계로 바꾼다는 것이 원래의 의미입니다만, 저 자신의 개인적인 해석으로는 현재의 사회의 모습에 대한 철저한 반성과 함께 새로운 사회로의 발전가능성을 지속적으로 실현시켜 나간다는 것입니다. 결국 현존하는 인간과 사회의 모습에 집착하는 것이 아니라, 항상 새로운 세계의 모습을 어떤 상황 속에서도 희망과 기대와 신념을 가지고 개신해 나간다는 것이지요. 그럼 이것으로 오늘의 대화를 마치겠습니다. 감사합니다. (출전: 『월간 공공철학』 제22·23호(2012년 10월·11월))

1. 일본에 오기 전에 있었던 일

유니버스 · 멀티버스 · 트랜스버스(universe · multiverse · transverse)

안녕하십니까? 오늘 이곳에서 여러분을 만나뵙고 함께 대화할 기회가 주어진 것을 진심으로 고맙게 생각합니다. 제가 오늘 말씀드리고자 하는 것은 보편타당성을 빙자한 이념이나 고매한 교리가 아닙니다. 이 어리석은 저의 몸과 마음이 서로 뒤엉켜서 실체험하고, 그것을 저 나름대로 이해해서, 거기에서 스스로 터득한 얼의 각성을 정직하게 말씀드리고, 나아가서 여러분의 비판을 받을 수 있으면 하는 바람입니다.

먼저 1990년에 일본에 오기 전의 저에 대해서 말씀드리겠습니다. 저는 UNDP(국제개발계획)의 요청과 한국 정부의 지원 그리고 아프리카 케냐공화국의 양해를 얻어, 나이로비 교외에 있는 한 농촌에서 당시 한국에서 성행했던 민관공동(民官共働)의 농촌개발운동(=새마을운동)을 소개하고, 현지 사람들과 함께 자원봉사 활동을 한 적이 있습니다. 상세한 이야기는 생략하고 에피소드 한 가지만 말씀드리고자 합니다. 그것은 현지 사람들의 모임에 처음으로 참가하고, 거기에서 대화를 주고받는 과정에서 저 자신이 받은 질문입니다.

---

* 이 글은 2012년 10월 20일에 1200만 신도를 자랑하는 일본 교토 니시혼간지(西本願寺) 전도원(傳道院)에서 개최된 「종문교학회의(宗門教學會議)」에서 행한 특별강연과 질의응답이다. 일본의 대표적인 불교종파인 죠도신슈(淨土眞宗)와의 대화를 통해서 '공공하는 철학'이 새로운 지평을 열어가는 현장 감각을 공유했으면 하는 바람이다.

그것은 "당신은 어느 우주에서 왔습니까?"라는 예상 외의 물음이었습니다. 나중에 안 사실입니다만, 그들이 살고 있는 우주는 제가 지금까지 익숙해 온 것과는 상당히 달랐습니다. 먼저 피부색과 표정과 동작에서 기본적인 세계 감각과 삶의 기분의 수용방식에 이르는 다양한 장면에서 실감한 차이의 실재와, 그 영향의 깊이와 넓이에서 우선 당혹감을 느끼고, 거기에서 여러 대응방법을 궁리하게 되었습니다.

그리고 그러한 당혹감과 궁리를 거듭하는 가운데 우주는 결코 하나가 아니라 적어도 둘 이상은 있다는 것과, 하나의 우주 안에서 통용되는 이념이나 원리를 갖고 다른 우주에서도 그것이 그대로 통용되리라고 생각해도 되는지에 대해서 다시 한번 심사숙고하게 되었습니다. 지배자나 권력자에 의한 통합이나 통괄이 아니라 함께 · 더불어 · 서로 더 나은 미래를 낳고 기르는 경우에는 더더욱 그렇습니다.

그 후에 천문학이나 천체물리학 분야에서도 '유니버스(universe)에서 멀티버스(multiverse)로'라고 하는 새로운 기본가설이 제시되었고, '패러럴버스'(parallelverse) 즉 평행우주(복수의 우주의 동시평행적 생성진화)라는 것도 상정되기에 이르렀습니다. 그러나 저 자신이 케냐의 마을사람들과의 공동작업을 통해서 체득한 대단히 소중한 것은, 제가 지금까지 막연하게나마 익숙하게 지내온 것과는 다른 우주의 주민들과 만나고, 그들과 함께 잘 지내기 위해서 서로간에 개재하는 간격을 상대방에 대한 충분한 경의를 갖고 극복해 나가는 사고 · 판단 · 행위 · 감정 · 표현 · 말투—물론 통역을 통해서입니다만—등이 일상생활에서 언제 어디서나 그때 그때 필수불가결하다는 것에 대한 완전히 새로운 감각과, 그것에 기초한 서로의 신체활동의 재조정이었습니다. 그것은 하나의 우주와 다른 하나의 우주 사이를 맺고 · 잇고 · 살리는, 즉 횡단매개하는 제3의 우주의 생성진화에 대한 자각이기도 했습니다. 이것이야말로 '트랜스버스'(transverse) 즉 횡단매개한다는 동사의 의미와, 트랜스버스 즉 횡단매개하는 시공이라는 명사의 의미를 맺고 · 잇고 · 살려서 횡단매개하는 우주라고 하는 저 나름대로의 작업가설적 구상을 세웠습니다.

바꿔 말하면 그와 같은 자각의 진행을 단일한 우주, 즉 유니버스(universe)에서 다수다원의 우주, 즉 멀티버스(multiverse)를 거쳐서, 그것들을 그 사이에서 횡단매개하는 우주생성, 즉 트랜스버스(transverse)를 포함한 세 우주 '사이'의 상관연동작용을 상정하는 것입니다. 그것은 하나의 원리로 모든 것을 일방적으로 통괄하는 유니버설리티(universality)도 아니고, 그렇다고 해서 복수의 원리의 평행존재를 인정하는 멀티버설리티(multiversality)도 아닌, 그 사이에서 양자의 어느 한쪽에 치우치지 않고 가능한 한 양립양전(兩立兩全)을 꾀하는 트랜스버설리티(transversality)라고 하는 존재론적·인식론적·가치론적 기축을 상정할 필요가 있고, 그것이 중요하다고 하는 실감입니다.

이때부터 줄곧 지구상의 여러 곳에서 여러 사람들과 만나고 배우고 얘기하는 가운데 자설(自說)의 보편타당성보다는 자설과 타설(他說)의 상호소통·상호이해·상호승인을 공유가능한 것으로 전환시키기 위해서 서로간에 경의를 가지고 함께 노력한다고 하는 횡단매개성에 대한 공감력이야말로 새로운 시대와 상황으로부터의 도전에 대한 주도적인 대응전진이 아닌가라고 생각하게 되었습니다만, 어떻게 생각하시는지요?

제가 생각해온 '공공하는 철학'이란 종래의 이른바 보편성을 지향하는 유니버설한 철학이라기보다는 다양·다원·다중(多重)의 상이한 것—'사물'(物)이기도 하고 '사람'(者)이기도 하다—들의 '안'(內)에서부터도 아니고 '밖'(外)에서부터도 아닌 '사이'(間)에서 양자를 함께·서로·치우치지 않고, 맺고·잇고·살리는 것을 지향하는 트랜스버설한 철학입니다.

그래서 공공하는 철학이 지향하는 인간은 트랜스버설한 인간이고, 그러한 인간들이 공동구축에 힘쓰는 우주는 트랜스버설한 우주라고 생각합니다. 그것은 유니버설이나 멀티버설과는 처음부터 끝까지 상당히 다른 발상입니다. 중간단계에서는 다양·다중·다층의 만남·어울림·되어감이 있습니다. 여기에서 "그렇다면 어떻게 할 것인가?"라는 것이 현실적인 문제가 됩니다. 그래서 다양성·상이성·독자성의 평행실재를 인정하는 멀티버설한 철학과도 다른 것입니다.

장래세대와 함께

1990년에 일본에 온 뒤로 동경대학법학부와 교토에 있는 〈국제일본문화학연구센터〉를 연구거점으로 삼고서, 진지하게 제로로부터 일본의 참모습을 살펴보려고 하는 가운데 저의 일본 체류사에 하나의 커다란 전환점이 찾아왔습니다. 1992년에 일본의 대표적인 공공지향의 기업인 주식회사 휄리시모(FELISSIMO)의 야자키 카츠히코(矢崎勝彦) 회장과의 만남입니다. 야자키 회장은 브라질의 리오데자네이로에서 개최된 「환경과 개발에 관한 국제회의」에 참가하면서 생긴 문제의식에 기초하여 뉴욕에 장래세대국제재단, 그리고 교토에 장래세대총합연구소를 각각 설립했습니다. 그리고 인류가 안고 있는 모든 전지구적인 문제들을 장래세대의 관점에서 생각할 필요가 있다고 하는 문제제기를 하였는데, 저는 이 문제제기에 공명하여 적극적으로 참여하게 되었습니다. 나아가서 여러분들의 참가와 공동을 촉구하면서 지구상의 여러 곳을 함께 돌면서 장래세대 관점의 소중함과, 그 공유연대의 확대를 지향하고, 다원·다층·다중의 대화의 시공을 제공해 왔습니다. 그 활동과 그것을 위한 연구가 저의 일본 체류 기간을 연장시킨 계기가 된 것입니다.

저는 일본에서의 인연과 거의 같은 시기에, WFSF 즉 「세계미래연구협의회」의 국제집행위원에 선임되어, 그 자격으로 세계 여러 곳에서 좋은 정치·경제·사회·문화와 인류의 미래상에 대한 공동연구와 대화모임에 참여했습니다. 그 과정에서 우크라이나공화국의 수도인 키에프에서 우크라이나 국립아카데미와 국립우크라이나대학이 공동으로 개최한 특별강연회의 발제자 중 한 사람으로 지구와 인류의 관점에서 수행하는 미래연구의 중요성에 대해서 이야기하고, 그 후에 질의응답을 했는데, 이때의 에피소드를 저의 두 번째 이야기로 말씀드리고자 합니다.

저로서는 성의를 다해서 진지한 문제의식을 말했다고 생각했는데, 청중석을 향해 질문을 해달라는 사회자의 발언이 끝나자마자 어떤 대학원생―여학생―이 의외의 코멘트를 했습니다. 그것이 너무나 충격적이어서 그때까지의 저의 생각에 커다란 전환을 가져오게 되었습니다. 저의 마음을 심하게 동요시킨 그녀의 발언의 요지는 다음과 같습니다: "우크라이나의 보통 시민들은 아무리 괴롭고 슬프고 고통스러운 현실상황의 한가운데에서도 미래의 노동자를 위한 천국건설이라고 하는 원대하고 고상한 정치이념을 강조하는 위대한 지도자들을 믿고, 1917년의 러시아혁명 이래로 줄곧 인내에 인내를 거듭하면서 오로지 그 미래가 실현되는 날을 지금까지 학수고대해 왔다. 그런데 지금처럼 한조각의 빵을 사기 위해서 몇 시간이나 줄을 서서 기다리다가 마침내 자기 차례가 되었을 때 새삼 깨닫게 되는 것은 더 이상 빵은 남아 있지 않다는 현실이다. 이것은 '미래의 기만' 이외에 아무것도 아니다."

우크라이나의 평민감각에서 보면 미래를 말하는 자는 누구를 막론하고 고도의 사기꾼임에 틀림없다고 하는 신랄한 미래학 비판이었습니다. 저의 미래학적 사고의 중대한 결함을 깨닫고서 저 자신이 대단히 부끄러워졌습니다. 덕분에 저는 추상적인 인간부재의 미래일반이론이 얼마나 반(反)생명적이고 살아 있는 인간을 무시하는 것인가 라는 뼈저린 반성과 참회와 함께, 현재세대의 사고와 행위와 판단이 장래세대의 생명과 생활과 생업에 깊게 이어짐과 동시에 행복의 질과 양에도 크게 영향을 끼친다고 하는 자각의 필요성과 중요성에 대한 각성을 할 수 있었습니다.

그 자각과 각성을 계기로 삼아서 세계미래연구협의회 안에 장래세대연구부회를 설치하고 교토에 있는 장래세대총합연구소와 함께 다국간(間)·다문화간(間), 다분야간(間)의 횡단매개적인 대화활동을 전개하고, 특히 캐나다·오스트리아·노르웨이·타일랜드·말레이시아·인도네시아 그리고 남아프리카공화국에서의 회의에 대한 현지로부터의 반응이 지극히 공감촉진적(共感促進的)이었습니다.

'장래세대'라고 하는 말도 처음에는 일본에서는 물론이고 중국과 한국에서도 익숙지 않은 말이라고 해서 반응이 별로 좋지 않았습니다. 하지만 10년 정도 전부터 마침내 여러 장면에서 사용되기에 이르렀습니다. 우리의 사고와 행위와 판단이 현재세대의 세대이기주의에 대한 집착에서 벗어나서, 한편으로는 과거세대와의 연결을 재구축하고, 다른 한편으로는 장래세대와의 연대감을 재확인함으로써 삼세대간 상관연동을 축으로 한 상화(相和)와 상생(相生)과 공복(共福)을 꾀한다는 입장과 관점과 지향에서 상황을 파악하고, 그것에 대응하고자 하는 동향이 여기저기에서 감지되기에 이르렀습니다.

현재세대인 우리가 장래세대를 '위해서' 뭔가 좋은 일을 한다는 것이 아닙니다. 무슨 일을 해도 장래세대와 '함께'한다라는 마음가짐이 중요합니다. '공공하는 철학'이란 '위해서 하는 철학'이 아니라 '함께하는 철학'입니다. "내가 너를 위해서 하는 일이니까 너는 그냥 따라오기만 하면 된다"고 하는 것이 우크라이나공화국 지도자들의 정치철학이었습니다만, 그것은 일반시민의 각성체험에 의해서 그 기만성이 폭로되고, 마침내 파탄에 이르렀습니다. 저 자신은 거기에서 모두가 함께 · 서로 삼세대간' 계승 및 생생을 꾀하면서 대화하고 · 공동하고 · 개신하는─새로운 지평을 여는─철학을 공동구축하는 것이 얼마나 중요한지를 통감했습니다.

일본에 와서 신란(親鸞)을 만나다

세 번째 이야기입니다. 1990년에 일본에 온 이래로 저는 먼저 무전제로부터의 일본학습에 힘을 기울였습니다. 그다음에는 일본 국내외의 관심공유자들과 함께 장래세대관점의 확인과 공유의 심화와 확충에 힘쓰고, 그 연장선상에서 공공하는 철학의 공동구축을 지향해 왔습니다. 그리고 지금은 공공하는 경영의 실천학습을 중견기업의 오너경영자들과 공동학습을 지속하면서 허심탄회한 절차탁마와 사상마련(事上磨鍊)을 계속하고 있습니다. 양지양능(良知良能)은 실천실행을 통해서만 순화향상된다고 생각하기 때문입니다.

공공하는 철학의 공동구축을 지향하는 구체적인 철학대화가 실제로 개시된 것은 1998년 4월입니다. 초기 대화과정에서 분명해진 저의 문제 관심은, 먼저 전전(戰前)·전중(戰中)의 이른바 '멸사봉공'(滅私奉公)과 전후(戰後)의 '멸공봉사'(滅公奉私)의 양극대립으로부터의 탈피와, 거기에서 다시 새로운 제3의 지평을 여는 '활사개공'(活私開公)에 대한 발상·발안·발언이었습니다.

그래서 이성과 사유와 이론보다는 감각과 궁리와 행위를 중시하는 철학을 제시하고, 그것을 전문분야 횡단적으로 상호매개를 통해서 상호 이해를 도모하며, 공감각(共感覺)·공궁리(共工夫)·공행위(共行爲)를 실제로 실행해 나가는 자세를 관철해 왔습니다. 그래도 저 자신의 개인적인 사견이라는 전제로 제시한 '활사개공'(活私開公)으로서의 공공'이라는 생각은 좀처럼 이해받지 못했습니다. '활사'는 사리사욕의 긍정이기 때문에 결국 이기주의이다. 따라서 '공공'과는 정반대에 지나지 않는다는 비판에서, '활사'보다는 '활개'(活個)나 '활기'(活己) 또는 '발사'(發私)나 '발개'(發個) 혹은 '발기'(發己)라고 해야 하지 않는가, 라는 이론이나 반론이 속출했습니다. '개공'(開公)에 대해서는 아직까지 이렇다 할 이의제기는 없는 상태입니다.

그러나 일이란 게 항상 그렇습니다만, 우연이 당연이 되고 필연도 되는 것이 세상이치인지도 모릅니다. 어느 날 완전히 우연한 계기에 유이엔(唯円)이 쓴 『탄이초』(歎異抄)가 눈에 들어왔고, 유이엔에 의한 충실한 기억재생과 개신적 해석을 통해서 그의 스승인 신란(親鸞, 1173~1262)—그의 삶과 언행—을 만나 깊은 감동을 느꼈습니다. 특히 '악인정기'(惡人〈自覺者〉正機〈因〉, 자기 자신은 도저히 구원받을 수 없는 악인이라는 자각이 있을 때에 비로소 구원의 길이 열리게 된다는 믿음)의 깊은 의미에 온몸으로 공진(共振)·공명(共鳴)·공감(共感)했습니다. 『신약성서』에 나오는 사도 바울의 비감한 고백과도 어딘가 깊은 곳에서 통하지 않나 하는 느낌도 있었습니다.

솔직히, 한겨레의 고유사상에 기초한 한철학적 상상력과 한철학적 실지실행(實地實行)이라는 맥락에서 발안(發案)한 '활사'(活私)를 일본사상의 문맥으로 바꿔서 설명하는 것의 곤란함에 상당한 좌절을 느끼지 않을 수 없었던 어려운 처지로부터 단숨에 구출될 수 있었습니다. 그것은 다름 아닌 '선인정기'(善人正機)와 '악인정기'(惡人正機)의 대비를 통해서, '악인정기'야말로 아미타불의 본원성취(本願成就)에 걸맞은 근기(根機)임을 절대적으로 믿었던 신란의 문사개오(問思開悟)의 체험과정을 끈기 있게 쫓아가는 가운데, 저에게도 희미하게나마 번뜩이는 것이 있었고, 그로부터 '활사'의 의미를 일본적 사고양식에 좀 더 걸맞게 설명할 수 있는 길이 열렸기 때문입니다.

제가 제시한 '활사개공'의 '활사'는 '자신의 사'를 살리는 데에서 시작되는 "자기'내'개오"(自己內開悟)라기보다는, '상대방의 사'를 살리는 데에서 열리는 새로운 자타'간' 공오호득(共悟互得)이라는 것이 대단히 중요한 초기인식입니다. 그것은 결코 자신이 공공의 담당자·당사자·주체라는 자기인식을 근거로 하고, 거기서부터 사리사욕의 포로인 타자·민중·시민을 계도한다고 하는 공인적(公人的)·관인적(官人的)·공무원적(役人的) 의식형태와는 정반대의 발상입니다. 그것은 실로 자기야말로 근본적으로 사욕심중(私欲深重)의 범부에 지나지 않는다고 하는 철저한 자기정시(自己正視)에 기초하여 자기보다는 타자를 우선시하고 경의를 갖고 타자와 함께 진지한 대화·공동·개신의 수행과정을 통해서 함께·서로·성의를 다해가면서 상호 소통·상호 이해·상호 승인을 축적함으로써 상화·상생·공복의 실현을 지향해 나가는 정신자세입니다. 이와 같이 저는 마음으로 깨달았습니다. 그것은 불교적이라기보다는 공공하는 철학적 이해에 지나지 않는다는 비판을 받을지도 모릅니다만.

일본의 국가공무원들과 함께 대화를 나누고서 실감한 것 중 하나는 국가공무원으로서의 '공'의 정신을 스스로 의식하고 있는 정도가 강하면 강할수록 일방적인 자력작선(自力作善)의 경향이 현저하다는 현실입니다. 그것은 민중의 '사'는 사리사욕의 '사'라고 단정하고 그것을 멸함으로써 '공'을 세우고 받드는 자신의 직업을 완수하는 것이 자기에게 주어진 책무라고 확신하는 것입니다. 이와 같은 관료적 사고양식에서는 다름 아닌 '선인정기'(善人正機=자기 자신은 본래부터 선하기 때문에 당연히 구원받을 수 있다는 믿음)적인 허위의식이 느껴집니다. 그와 같은 심성을 가지고서는 '공공성'이라는 이념의 지해(知解)에 의한 자기'내' 입공(立公)의 인식조정은 가능하겠지만, '공공한다'고 하는 자타공동에 의한 자타'간' 개공(開公)으로의 지평전환은 생성되지 않는다는 것이 지금까지의 철학대화를 통해서 체감한 것입니다.

이와 같은 비공공·반공공·위공공(僞公共)의 에토스—진정으로 공공하는 심성·사고·판단·행위의 결여·결핍·결손—는 비단 관료집단에서만 볼 수 있는 것이 아니고, 어떤 의미에서는 더욱 강고한 형태로 기업경영자들에게서도 나타난다는 것을 실감했습니다.

먼저 자신의 내면에 확립된 입공(立公)에서 시작하여, 그것을 밖으로 확충하는 것—내발적 봉공(內發的奉公)—이란 결국 외부에 실재하는 타자를 자기 안으로 회수·동화·변질시키는 것에 지나지 않습니다. 그것은 '공'에 의한 사의통합입니다. 그것은 자타간의 만남·사이·어울림에서 생성진화하는 시공·사건·우주로의 열림인 '간'발적 개공(間發的開公)과는 질적으로 서로 다른 것입니다. 그것은 다른 말로 하면 '외발적 개공'(外發的開公)이기도 합니다. 참다운 '공공한다'는 '안'으로부터도 아니고 '밖'으로부터도 아닌 '사이'로부터의 작용이라는 것이 핵심입니다.

나의 2011년 3월 11일

네 번째 이야기로 넘어가겠습니다. 13세기 이탈리아의 상인 마르코폴로가 옥중에서 구술한 『동방견문록』(특히 제1602장)에는 일본으로 상정되는 황금의 이상향이 묘사되고 있습니다. 그 이름이 'Zipangu'이고, 여기에서 'Japan'이라는 국명이 유래했기 때문인지도 모르지만, 오랫동안 '금만일본'(金滿日本) 또는 '세계 제2의 경제대국'이라는 이미지가 국내외를 불문하고 공유되어 왔습니다. 그것은 일본인의 자기인식의 근거이기도 하고, 대외적 자신감의 원천이기도 하였습니다. 저 자신도 '밖'에서 일본을 보고 있을 때는 그 정도의 일본 이해로 끝나고 있었습니다. 하지만 '안'에 들어와서 '안'에서 일본인과 함께 먹고 살고 일하는 종합적인 생활체험을 통해서 좀 더 현실적이고 신체감각적인 일본 이해를 심화시키는 가운데서 그런 표층적인 일본과는 다른 심층의 실상을 조금이나마 볼 수 있게 되었습니다. 물론 아직도 미숙하고 부족한 점이 많다고도 생각하고 있습니다만.

그래서 2011년 3월 11일의 동일본대지진과 후쿠시마 제1원전사고의 전말을 목격하는 과정에서 정말로 여러 가지를 다시 보고 다시 생각했습니다. 그것을 여기서 상세하게 논하는 것은 불가능하고 또 적합하지도 않기 때문에 단 한 가지만 저 나름의 간절한 제언(切言)을 드리고자 합니다. 그것은 인간과 사회 그리고 국가와 세계의 진정한 풍요로움이란 무엇인가 라는 물음과, 이에 대한 저 나름대로의 고뇌와 문사(聞思)와 거경과 궁리의 연속반복입니다.

여기에서 먼저 떠오르는 것이 두 번 정도 만나서 대화해 본 우자와 히로후미(宇沢弘文) 선생의 '사회적 공통자본'이라는 생각에 의한 풍요로움의 재구축입니다. 선생은 풍요로운 경제생활을 영위하고 뛰어난 문화를 전개하고 인간적으로 매력적인 사회를 안정적으로 유지하는 것, 이 모든 것을 가능하게 하는 사회적 '장치'를 '사회적 공통자본'이라고 정의하고, 이것을 충실하게 갖추는 것이야말로 진정한 풍요로움이라고 생각하였습니다. 그런 관점에서 농업·도시·의료·교육 그리고 금융제도와 지구환경과 같은 현실적인 중요 문제들을 다시 보고 진지한 대응을 촉구한 것입니다. 일본인 경제학자의 혼신의 힘을 다한 입언(立言)·발언(發言)·제언(提言)이었다고 할 수 있겠지요.

이에 더해 해외에서는 주로 정치학자나 사회학자 그리고 인류학자들에 의해서 '장치'보다는 '관계'—유대나 연대나 상호부조—에 초점을 맞춰서 다시 생각하는 방법 자세가 강조되게 되었습니다. 그것이 '사회적 관계자본'(social capital)이라는 명칭 하에 학술연구와 정책논의의 양방면에서 고찰 실시되게 된 것입니다. 가령 화폐와 언어, 통로와 신용, 형태와 마음 등등, 다양·다중·다층의 시간과 장소와 위치에서 진정한 풍요로움이란 무엇인가, 라는 문제의식을 심화시켜 나가는 기본적인 방향설정과 관계되는 문제영역의 두 측면을 양립시킨다는 의욕의 표출이 아닌가 생각합니다.

이런 사고발전의 과정을 염두에 두고 다시 한번 생각해 보면 동일본대지진에 의해 파괴되고 상실된 것은 '장치'이고, 그럼에도 불구하고 살아남아서 작동한 것은 '유대'라고도 할 수 있지 않을까요? 그리고 그것이야말로 세계에 감동을 주고 다시 한번 일본과 일본인이 높게 평가받는 계기가 된 것은 아닌가 생각합니다. 이로부터 진정한 풍요로움이 화폐적 '수량'의 증식에서 사회적 '장치'의 정비로 바뀌고, 거기에서 다시 사회적 '유대'의 충실로 바뀌어 나가는 풍요로움의 감각과 인식의 진화를 볼 수 있지 않을까요? 이와 같은 흐름을 염두에 두고서 우자와 선생의 '사회적 공통자본'—굳이 말하자면 'infrastructure'와 같은 하드한 인상이 강하다—과의 차별화를 꾀한다는 의미도 포함해서 '사회적 관계자본'이라는 번역어를 가지고 말하게 되었다고도 할 수 있을지 모릅니다.

왜 지금 여기에서 '사회적 관계자본'을 말하는가? 그것은 가령 니시혼간지(西本願寺)를 어떻게 자리매김하고 또 뜻매김할 것인가 하는 문제와 관련되기 때문입니다. 그리고 저 자신의 개인적인 사견임을 전제한 상태에서, 한편으로는 이념추구형 조직이라는 견해의 중요성을 충분히 인정하면서도, 다른 한편으로는 사회적 관계자본이라는 이해의 필요성을 굳이 강조하는 것은 양쪽의 공진화(共進化)를 꾀하는 데에서 진정한 풍요로움에 대한 동태적 파악이 가능하다고 생각하기 때문입니다.

특히 '조직'보다도 '자본'으로 새롭게 이해하면 다음과 같은 장점이 있다는 인식도 중요하기 때문입니다. '조직'은 설령 그것이 이익추구형이 아니라 이념추구형(동경대학 최고경영자 과정의 책임주재자인 요코야마 요시노리(橫山禎德) 교수의 발제)이라고 할지라도 여전히 조직논리가 우선시되어, 그 속에 내장된 이념의 순화와 보급에 소속자들을 동원시키는 '동원형조직'으로 변질될 경향을 부정할 수 없습니다. 저의 개인적인 체험감각과 동시대의 타자들과 어느 정도 공유가능한 세대감각에서 보면, 이념형 추구 조직이란 어쩔 수 없이 나치나 스탈린에 의해 강행된 이데올로기 정치체제를 연상시키게 됩니다.

이것과의 대비에서 생각하면, 자본이란 그 형성 원천으로서 유산과 투자를 상정합니다. 여기에서 유산이란 역사적으로 축적된 가치의 저장과 계승이고, 투자란 개개의 관계자의 시간과 능력과 소유의 의도적 투입입니다. 그리고 그 '가치'—니시혼간지의 경우에는 궁극적인 안심입명이라는 종교적 가치—의 창출과 그것의 공동선용(共働善用)에 의해 공유의 증감이 결정적으로 영향받는 동태적인 자본 쪽이 정태적인 조직보다도 가치공창적(価値共創的)이라고 생각되기 때문입니다. 물론 오해받을 가능성이 있는 것도 충분히 인정한 상태에서의 제언이기는 합니다만. 그리고 '사회적'이란 '관' 주도가 아니라 '민' 주도라는 지향을 강조하는 어법입니다. 국가적·정부적, 즉 공적 지향과는 차별화된 시민적·민간적, 즉 공공적 지향으로 특화시키기 위한 표현양식입니다. 이로부터 사회적 공통자본에서 사회적 관계자본으로의 인식재조명의 이유가 명료해지는 것입니다.

앞으로 여러분과 함께 해보고 싶은 것

이제부터 마지막 이야기로 들어갑니다. 저는 무슨 일이든 발전 도중에 있는 것으로 이해합니다. 이 세상의 어떤 것이든 그것이 그대로 절대불변의 고체상으로 좋다고는 생각하지 않습니다. 반드시 언제 어디에선가 어떤 계기에 의해서 고체상에서 액체상으로, 그리고 액체상에서 기체상으로, 그리고 다시 고체상으로 순환·변동·변환하고, 이로부터 진화의 동력이 생기는 것이 아닌가 생각합니다. 여기에는 공간이동이라는 측면도 있지만 시간이동이라는 측면도 생각할 수 있습니다. 그래서 니시혼간지 '안'에 있는 여러분과 '밖'에 있는 저와의 내외상통(內外相通)을 꾀하는 대화·공동·개신의 필요성과 중요성에 대해서 말씀드렸습니다. 제가 '밖'이라고 하는 것은 일본인의 밖으로서의 한국인이고, 죠도신슈(淨土眞宗) 신자들의 '밖'으로서의 비신자라는 이중적인 의미에서입니다.

그럼 구체적으로 무엇을 함께 해보고 싶은가라는 반문이 생기겠지요. 오늘은 두 가지만 말씀드리겠습니다. 첫째는 조직이든 유대이든 내부의 결속을 다지면 다질수록 외부와의 상통상달(相通相達)이 약해지게 마련입니다. 역으로 외부와의 교통교환을 강화하면 강화할수록 내부결속이 약화될 수도 있습니다. 과거에 에도시대 중기의 의사이자 사회사상가인 안도 쇼에키(安藤昌益)가 '활진호성'(活眞互性)이라는 말로 표현한 이 세상의 '살아 있는 참됨'이란 실로 상반되는 동력의 상관연동태를 말합니다. 그래서 설령 여러분과 저의 생각과 지향이 상반되는 것이라고 해도, 그것이 장애요인이 되는 것이 아니라 양자의 사이에서 양립양전(兩立兩全)을 꾀하는 것이 무엇보다도 중요하다는 공통인식을 상호승인하면서 자유활발한 대화를, 특히 저보다 젊은 세대와 함께 지속해 나가고 싶습니다.

두 번째는 무엇을 지향하는 대화인가, 라는 문제와도 관계됩니다. 가령 니시혼간지의 자리매김과 뜻매김과도 관련되는 것입니다만, 자신이 소속된 조직이나 자신에게 있어서나 모두에게 있어서나 실질적으로 가치 있는, 그리고 장점을 실감할 수 있는 장치나 관계라고 한다면, 거기에서 상정되는 가치란 무엇인가, 라는 문제입니다. 여러 가지 다양·다중·다원적인 각도로부터의 입론·이론·반론이 있으리라 생각됩니다. 하지만 그와 같은 여러 장점이 실감되게되었다고 해도, 다시 그것들이 무엇을 위한 것인가, 라는 물음에 부딪히겠지요. 이른바 무한후퇴의 연쇄에 걸리게 됩니다. 하지만 보통사람들도 전문적인 철학자들도 아리스토텔레스에서 현대의 사상가·실천가·활동가들에 이르기까지, 대체로 그것의 궁극적·최종적인 모든 것을 '위한', '대근본을 위한', '목적의목적' 혹은 '가치의 메타가치'란 결국 행복이라고 말해져 왔고, 또 말해지고 있는 것이 아닐까요?

그래서 일단 니시혼간지를 사회관계자본이라는 이해에서 한 걸음 더 나아가서 '행복공창자본'(幸福共創資本)이라고 생각함과 동시에, 신란 이래로 세대계승적으로 축적되어 온 여러 가치자원—유산—을 다시 한번 자기본위의 행복보다는 자기와 타자와 함께 · 서로 · 치우침없이 진정으로 행복해질 수 있는 사회를 길러내기 위한 공동사업의 밑천으로 삼는(=자본화하는) 현재세대의 선택행위(=투자)를 통해서 과거세대와의 생명의 연속―'생명정보'나 '생명기억' 아니면 단도직입적으로 'DNA'의 계승과 생생―을 재확인하면서 장래세대와의 상화 · 상생 · 공복의 가치자원을 한층 더 풍부하게 하는 것입니다. 그것은 달리 말하면 수복자본(樹福資本)의 현명한 공동운용을 통해서, 그것이 산복(産福)과 육복(育福)과 홍복(弘福)의 상관연동을, 개체생명의 '안'에 수렴시키는 것으로 끝나는 것이 아니라, 개체생명과 개체생명의 '사이'와 동시에, 개체생명과 계통생명의 '사이'에서 생생하는 사건으로 이해할 필요가 있습니다. 그것은 여러 형태로 우리 주위에 존재하는 행복자원을 수복자본화함으로써 일본과 동아시아와 세계의 참된 행복을 실현시키는 공동경영을 통해서, 이로부터 산육(産育)되는 공복을 함께 · 서로 · 치우침없이 나누어 가지는 것이기도 합니다. 지금까지 경청해 주셔서 대단히 감사합니다.

토론

질문: 오늘날 일본에서 '공공철학'이나 그것이 문제삼고 있는 '공공성'이란 필요하고도 고상한 이념이기는 하지만 현실과는 거리가 먼 낯선 관념론이 아닌가요?

답변: 서양에서 수입해온 '공공성'이라는 개념은 일본의 역사적 전통에 뿌리박은 생활감각과는 동떨어진 것이라는 의미에서 추상적 관념에 불과하다는 느낌이 들겠지요. 그래서 적실성의 결핍을 느끼겠지요. "공공성이란 무엇인가?"를 규범 이론적으로 접근하는 공공철학도 순수학문적 활동으로서는 의미가 있을지 모르지만 현실문제에 대한 실천적 대응이라는 측면에서는 뭔가 걸맞지 않는다는 생각이 들 것입니다.

그러나 저 자신이 지난 10여 년에 걸쳐 일본 내외에서 전개해 온 철학대화를 통해서 강조해 온 '공공하는 철학'은 일본역사의 전통 속에서 선인들이 남겨 놓은 기록과 문헌 속에 남겨진 '공'과 '사' 그리고 '공공'을 찾아내고, 그것들이 어떤 의미로 어떤 문맥 속에서 어떤 의도를 가지고 쓰여졌는지를 살펴보는 작업을 단초로 해서 논의해 왔고, 이와 동시병행적으로 중국과 한국의 경우도 상세하게 '공관병수'(公觀併受, 18세기 한국의 실학자 홍대용의 말)해 왔습니다. 즉 '공평무사한(公) 눈으로(觀) 다른 사상도(併) 받아들여'(受) 왔습니다. 다르다고 해서 무시하거나 배척하지 않는다는 뜻입니다.

물론 일본과 중국과 한국의 경우에 공통점도 있고 차이점도 있습니다. 그러나 가장 기본적인 공통점은 '공'(公)과 '사'(私)의 이원적 대립구도와는 별개로 '공공'(公共)이라는 인식과 실천의 지평이 열려 있었다는 것입니다. 그것은 이념·개념·규범이라는 명사적 관념이라기보다는 절대 권력의 독단전횡을 견제하기 위한 간언·충언·제언이라는 언어적 상호행위를 통한 상황 전환이 구체적으로 기술되어 있습니다. 굳이 차이점을 말한다면 그 강도와 빈도에 있어서 일본이 가장 약하고 적으며 한국이 가장 강하고 많으며 중국이 그 중간 정도라고 할 수 있습니다. 그래서 저 자신은 '공공철학'이 아니라 '공공하는 철학'이라는 명칭을 내세워 온 것입니다.

질문: 유명한 일본인 정치학자가 『공공성』이라는 자신의 저서 속에서 하나의 신념에 자기동일화하는 것은 공공성에 어긋난다는 취지의 말씀을 하였습니다. 그러나 저와 같은 종교인, 즉 죠도신슈(淨土眞宗) 신자의 입장에서 보면 신앙인은 공공성과는 거리가 멀다는 말로 해석되는데, 그래서 고민하기도 하는데 이 점에 대해서는 어떻게 생각하시는지요?

답변: 저도 그분을 잘 알고 교토포럼에도 두어 차례 오신 적이 있습니다. 그분의 공공성 이해는 주로 서양 학설의 도입과 적용에 중점을 둔 공공철학입니다. 그래서 그분이 정리하고 정립한 공공성의 이념형적 개념규정에 충실하게 부응하는 사고와 판단을 전개하는 한, 현실적으로 하나의 신념체계 대한 철저한 자기동일화는 원칙 위반의 사례라고 판단할 수밖에 없겠지요. 그러나 제가 제시하는 '공공하는 철학'의 기본입장은 '활사개공'(活私開公)인데 그 취지는 개

개인의 신념체계를 온전히 살리는 가운데 타자와의 관계를 열어간다는 것입니다. 자기 자신의 주체성 확립의 근거를 하나의 신념체계에 두는 것이 문제가 되는 것이 아니라, 그 신념체계를 타자에게 강요하고 그것을 수용하지 않으면 부정·말살·배제하려는 사고와 행위가 공공하는 지평으로 나아가는 길을 닫아버리기 때문에 문제가 된다고 보는 것입니다.

질문: 강연 마지막 부분에서 행복에 관한 말씀을 하셨습니다만, '공공하는 철학'의 입장에서 생각하는 행복이란 과연 어떤 것인가에 대해서 좀 더 설명해 주셨으면 합니다.

답변: 중요한 질문을 해주셔서 감사합니다. 세 가지로 요약해서 말씀드리겠습니다. 첫째, '공공하는 철학'의 세 개의 표어는 '활사개공'(活私開公)·'공사공매'(公私共媒)·'행복공창'(幸福共創) 또는 '공복공육'(共福共育)입니다. 개개인의 '사'를 온전히 살리는 가운데 타자와의 공존공생(共存共生), 즉 상생의 바탕틀(='공')을 닫지 않고 열어가는 것이지요. 달리 말하면 '공'과 '사'의 어느 한쪽에도 편향되지 않는 방향에서 끊임없는 상호매개를 통해서 너와 내가 지역과 국가와 민족의 벽을 넘어 함께·더불어·서로서로 진정으로 행복(=共福)해지는 길을 만들거나 산출·육성·확산시켜 간다는 뜻입니다. 그렇게 노력하고 궁리하고 실천하는 것이 다름 아닌 '공공하는 철학'의 참모습이라는 것이지요. 둘째, 종래의 행복은 압도적으로 나만의 행복감을 다루어 왔습니다. 미국이나 유럽에서는 소위 'SWB'(=subjective well-being), 즉 주관적 행복에 막대한 예산을 투입해서 연구하고 있습니다. 흔히 "당신은 현재 행복하십니까?"라든가 이와 관련된 상세한 질문지를 작성하고, 그것에 대한 응답을 모아서 통계 처리하는 방법을 통해서 인간 개개인의 행복 감정의 현 상태를 측정하는 것입니다. 그것은 어디까지나 행복을 사감(私感) 내지 사사(私事)로만 여기는 것입니다. 그렇다고 해서 국가가 정책이나 제도를 통해서 국가중심의 행복지수를 작성하고 그것을 여러 방법을 동원해서 측정하여 국가적 행복도(幸福度)를 제시하게 되면 이번에는 공적 행복의 강조가 사적 행복의 희생·억제·배제를 야기할 수 있습니다. 그

래서 저는 공복(公福)과 사복(私福) 사이를 상호매개하는 방향에서 함께 · 더불어 · 서로서로 행복해지는 공복(共福)을 중시하자는 것입니다. 셋째, 진정한 행복이란 개개인의 감정만도 아니고 정책과제만도 아닌, 너와 나와 우리 모두가 함께 · 더불어 · 서로서로 그 씨를 뿌리고 싹을 틔우고 줄기를 키우고 꽃을 피우고 열매를 맺게 해서 그 꽃의 아름다움과 열매의 효능을 되도록 많은 사람들과 나누고 즐기며 생명과 생활과 생업의 자립과 질적 향상에 이바지하도록 진력하는 상생공복의 지속적 실심 · 실학 · 실지라고 생각합니다.

2. 부탄 왕국의 '국민총행복'*

'국민총행복' - 부탄왕국의 기본철학

김태창: 저는 상당히 오래전부터 행복공창(共創)의 공공철학을 생각해 왔습

* 이 글은 2005년에 '행복'을 주제로 한 대담의 전문으로, 구체적으로는 부탄 왕국의 전문가인 니시미즈 미에코 씨를 모시고 부탄의 '국민총행복' 정책에 대해 나눈 이야기이다. 국민 한 사람 한 사람의 행복실현을 구체적으로 정책에 반영하여 실현시키고자 할 때 과연 어떤 모습이 될 수 있는지를 엿볼 수 있는 귀중한 사례라고 생각되어 여기에 싣는다. 최근에 부탄왕국의 젊은 왕과 왕비가 일본을 방문하여 대단한 화제를 불러일으킨 적이 있다. 한국에서도 몇년 전부터 부탄의 GNH(국민총행복) 개념과 부탄 국왕의 결혼식이 매스컴에 소개된 적이 있다. 뿐만 아니라 전세계적으로도 세상에서 가장 행복한 나라로 부탄이 주목받고 있고, 그 원인으로 GNH 개념에 대한 관심이 커지고 있는 것을 보면, 7년 전에 나눴던 공공철학대화가 단지 우연한 사건이 아니라 미래를 내다본 선견지명이었다는 생각이 든다.
일시: 2005년 11월 19일 / 장소: 교토 다카라가이케 프린스호텔
대담자: 김태창(공공철학 공동연구소장)
　　　　니시미즈 미에코(西水美恵子, 전(前) 세계은행 남아시아 담당 부총재)
　　　　미야모토 히사오(宮本久雄, 동경대학대학원 총합문화연구과 교수)
　　　　야마카기 나오시(山脇直司, 동경대학대학원 총합문화연구과 교수)
　　　　다케나카 히데토시(竹中英俊, 동경대학출판회 상무이사)
　　　　사토 카즈에(佐藤一絵, 동경대학출판회)
　　　　야자키 카츠히코(矢崎勝彦, 교토포럼 사무국장)

니다. 공공철학은 지식론에서 시작해서 정책론에까지 이르는 지·덕·행의 연동변혁운동입니다. 행복공창을 국책의 기본으로 삼고 있는 부탄 왕국에 대해서는, 몇년 전부터 관심을 갖고 있었습니다.

부탄왕국에서는 국왕의 지도하에 GNH 즉 '국민총행복'(Gross National Happiness)이 국가발전의 기본철학이 되어, ① 경제성장과 개발 ② 문화유산의 보호와 진흥 ③ 환경보전과 지속가능한 이용 ④ 좋은 거버넌스, 라고 하는 4대 정책을 통해 진행되고 있다는 얘기를 들었습니다.

니시미즈 미에코: 그것은 벌써 30년 넘게 지속되고 있습니다. 구체적인 '정책'이라는 측면도 있지만, 모든 정책의 기본이 되는 '철학'이 되고 있습니다. 말로 하는 것은 간단하지만, 구체적으로 실행하는 것은 대단히 어렵습니다. 결국 국민과 지도자들의 마인드(心)를 바꾸려는 것으로, 국왕 자신이 줄곧 지도해 왔습니다. 경제정책과 교육정책을 포함한 모든 면에서 국민이 개인의 행복을 추구하기 위해서 공적인 장애를 제거하는 것, 이것이야말로 정부의 근본적인 역할입니다.

김태창: 실로 '활사개공'(活私開公)의 실천이군요. 국민 한 사람 한 사람의 '사'를 살리면서 '공'을 연다고 하는, 제가 생각하는 '공공성'의 모습입니다.

국민의 눈높이에서 본 행정

니시미즈 미에코: 말하자면 국민의 눈높이에서 본 배려 있는 행정이지요. 가족의 평화나 마을의 발전도 국민의 눈에서 보고 생각합니다. 관청이 정책을 실시할 때에는 민간의 지도자들의 철학이 존중되고 있습니다.

가령 부탄에서는 한센병의 원인은 사라졌지만, 한 사람 한 사람에 대한 치료 행정이 대단히 잘 되어 있습니다. 산에 둘러싸인 험한 지형의 나라이기 때문에, 약을 받으러 가려면 길도 나지 않은 곳을 1주일에서 3주일이나 걸려서 걸어 가야합니다. 환자가 약을 받으러 오지 못하는 경우에는 공무원이 직접 모든 환자들에게 일일이 약을 전해줍니다. 한센병 환자가 생기면, 한센병이 어떤 병인지를 마을 전체에 정확하게 설명합니다. 일상생활을 하면서 병을 치료하는 환경을 만들기 위해서, 스님들에게도 설명한 다음에 치료합니다.

처음에 병에 걸린 환자수는 일본에 비하면 적습니다. 하지만 인구비례로 따져보면 비슷합니다. 그래서 상당한 노력이 기울여집니다. 지나친 행정서비스라는 말을 듣기도 하지만, 정부의 철학적 입장에서는 정부가 선두에 서는 것이 당연하다는 생각입니다. 그렇게 하지 않으면 국민 모두가 행복을 추구한다고 하는 국왕의 정책 실현이 불가능해지기 때문입니다. 이것은 아주 사소한 예에 불과한 것으로, 이런 일은 여러 정책에 시행되고 있습니다.

"그렇다면 일본과 다를 게 없지 않은가?"라고 반문할지도 모릅니다만, 일본 국민이 피부로 느끼는 '행정'과는 대단히 큰 차이가 있습니다. 서양이나 일본의 행정관리의 태도에는 그런 감각은 전혀 찾아볼 수 없습니다. 항상 '위로부터 아래로'라는 식입니다. 부탄도 원래는 그런 나라였는데, 1972년에 지그메 싱기에 왕추쿠(Jigme Singye Wangchuck, 재위 1972~2006) 국왕이 왕위에 오르자, 문화적으로 상하관계를 뒤집기 위한 노력을 시작했습니다.

물질의 풍요보다는 마음의 풍요

지그메 싱기에 국왕이 즉위했을 당시의 부탄은 물물교환경제에 가까운 나라였습니다. 그는 근대화를 위한 5개년 계획을 세우는데, 먼저 국민들의 희망이나 요망을 직접 들으러 다녔습니다. 그 결과, 국민은 물건은 없어도 마음은 풍요롭다, 근대화가 만약 이 '마음의 풍요'를 파괴한다면 부탄이라는 나라 자체가 위험하게 된다, 이런 점을 대단히 크게 느꼈습니다. 중국과 인도라는 대국에 끼어있는 소국 부탄이, 100년 뒤, 200년 뒤에 살아남기 위해서는 무엇을 중심에 두어야 하는가? 이 문제에 대해 생각할 때에 결국 최종적으로 도달하게 되는 결론은 "나라란 '인간'들의 모임"이라는 사실입니다. 국민 한 사람 한 사람이 '야, 부탄인으로 태어나길 잘했다.'라고 자랑스럽게 생각할 수 있는 나라를 만들지 않으면 안 됩니다. 이것이 출발선상에 있던 생각이었습니다.

대화로 정신적 태도를 바꾸다

어쨌든 고집있는 국왕이니까요(웃음). 한번 이거라고 생각하면 끝까지 철저하게 하는 사람입니다. 먼저 지도자에 대한 국민의 태도를 바꾸는 것부터 시작했습니다. 윗사람이 하는 말은 뭐든지 "예, 예!" 하면서 듣는 문화에서, 다른 의견이 있으면 국왕에게조차도 거침없이 말할 수 있는, 평등하고 개방된 문화로 바꾸지 않으면 안 되었습니다. 그런 노력을 스스로 해 왔습니다.

관료와 국회의원들의 정신적 태도를 바꾸기 위해 입술이 닳도록 설명하면서 다녔습니다. '서로 얘기하는' 일을 지속해 온 것이지요. 커뮤니케이션을 하지 않으면 문화는 향상되지 않는다고 생각하고, 그 일환으로 정치개혁도 착수했습니다. 생각한 것은 곧장 행동에 옮기는 사람입니다. 국민이 최고의 행복을 최대한 추구할 수 있는 정치시스템은 민주주의라고 확신하고, 그것을 만들기 위해서 30년이나 노력해 왔습니다. 그리고 지금 그 헌법초안이 완성되었습니다. 군주제 하에서 민주정당에 의한 민주주의체제로 전환한다는 것으로, 최근 몇 달간은 국왕 자신이 전국을 돌면서 국민 의견을 듣고 있습니다.

국왕·지도자와 국민 사이의 신뢰 구축

이 30년 동안 무슨 일이 일어났는가? 가족의 생활에 기반을 둔 환경정책이나, 자신들이 옛날부터 계승해 온 예술과 문화를 소중히 여기는 정책을 취해 온 국왕과 지도자를, 국민이 강하게 신뢰하게 되었습니다. 결국 그것은 정부와 행정이 지속해 온 정책 하나하나의 작은 축적의 결실입니다. 부탄의 지도자는 국왕을 필두로 백성을 믿고 있고, 국왕도 국민도 인간으로서 절대적으로 대등하다고 하는 철학이 정치적으로 성립하는 사회가 된 것입니다.

저는 부탄에 가 보고 부럽다고 생각했습니다. 일본 같으면 정치가를 떠올리면, 코이즈미 수상은 믿을 수 없어~(웃음) 같은 반응, 회사 역시 사장은 신뢰할 수 없어, 어쨌든 "지도자는 믿음이 안 가!"라는 전제에서 출발합니다. 부탄은 정반대입니다. 물론 예외도 있습니다. 하지만 시작부터 "지도자는 믿을 수 있다.

우리를 믿어 주고, 우리가 잘 설명하지 못하는 점까지 들어준다"고 국민들은 생각하고 있습니다.

산간벽지와 같이 아무리 먼 곳에도 반드시 소학교가 있습니다. 소학교에서 수학교사가 지참하고 있는 지도요강의 첫 페이지에는 "당신은 수학을 가르치기 위해서 교단에 서 있는 것이 아니다"라고 쓰여 있습니다. 이어서 "부탄의 장래를 담당하는 인간을 만들기 위해서, 그 수단의 하나로 수학을 가르치는 것이다. 결과적으로 국민 한 사람 한 사람이 행복을 추구할 수 있도록 하는 것이 당신의 역할이다"라고 쓰여 있습니다.

김태창: 그 사람들이 추구하는 '행복'은 구체적으로 어떤 것인지요?

니시미즈 미에코: 사람마다 다릅니다. 공동체가 형성되면 자신의 행복보다는 가족의 행복, 마을 사람들의 행복, 커뮤니티의 행복을 생각합니다. 오랜 세월 동안 '정치'라는 것을 마을이나 자치단체에 침투시켜 온 결과, 자신들 스스로 경제개발계획을 만들고, 왜 그렇게 되는지를 정확하게 설명하고 있습니다. 모두에게 공통되는 꿈과 희망은, 세계 어느 나라 사람들도 그러하듯이, 아이들에게 좋은 교육을 받게 하는 것과 가족을 행복하게 하는 것입니다. 그들의 '정신적인 행복'과 평균적인 일본인이 추구하는 '행복'의 차이는, 일본인은 물질로부터 들어가는데 반해, 불교가 생활에 밀착해 있는 부탄 사람들의 경우에는 불교적인 행복을 추구하기 위한 수단으로 물질이 필요하다고 생각합니다. 그들은 인간이 진정 바라는 것은 '행복'이라고 생각합니다. 그 '행복'을 정의하는 것은 어렵고, 행복한 느낌은 개인마다 다릅니다. 설사 같은 사람이라고 해도 시간이 지나면 느끼는게 달라집니다. '행복'은 끊임없이 변화해 갑니다. 그래서 '공'(=정부)은 그 '변화해 가는 행복'을 누구나가 언제든지 추구할 수 있도록, 수단을 제공하고 장애를 제거해 나가지 않으면 안 됩니다.

경제성장은 국민의 행복을 위한 '수단'

국왕이 어느 한 저널리스트에게 'GNP'라는 말에서 따온 'GNH'라는 개념을 설명한 것이 정착되었습니다. 세계 모든 나라가 경제성장을 추구하고 있지만, "경제성장이란 국민이 행복해지기 위한 '수단'에 불과하지 그 자체로 '목적'이 되어서는 안 된다." 이런 생각은 모든 부탄국민 사이에, 심지어는 아이들 사이에서도 정착해 있습니다. 첩첩산중 외진 마을의 소학교에 다니는 아이들과 얘기해 보아도, 자기도 모르게 그런 생각이 저절로 나옵니다. 국왕이 뉴욕타임즈인가 어딘가의 인터뷰에 답한 것이 발단으로, 부탄의 아이들은 GNH에 관한 얘기를 아주 좋아합니다. 대부분의 학교 교실에는 "GNP보다는 GNH가 중요하다"고 쓰여진 표어가 있고, 그 주위에 아이들이 자발적으로 그린 그림이 붙어 있습니다.

　김태창: 그럼, 그런 생각은 국왕이 먼저 한 다음에 그것을 국민에게 계몽시킨 것인가요, 아니면 국왕이 전국을 돌면서 국민과 얘기를 해 보고 나서 민중의 소리를 국책으로 정한 것인가요?

　니시미즈 미에코: 후자입니다. 히말라야 산맥 기슭에 자리잡은 부탄에는 티벳밀교가 성행하고 있는데, GNH는 바로 그 철학에서 나온 생각입니다. 국왕이 전국의 모든 마을을 돌면서 국민의 얘기를 듣고 가르침을 받았다고 이해하고 있습니다. 회사의 경영자가 들으면 바로 알 수 있을 거라고 생각합니다만, 좋은 기업은 기업문화를 소중히 여깁니다. 사원들에게 비전과 가치관을 침투시킴으로써 리더십을 발휘하지요. 그것을 국왕은 나라에서 실행한 셈입니다. 저는 세계은행에서 '문혁'(文革)을 단행했습니다. 모든 직원의 마음자세를 바꾸지 않으면 개발도상국을 제대로 도와줄 수 없다고 생각했습니다. 그래서 세계은행 내부의 '위로부터 아래로'라고 하는 수직관계를 거꾸로 뒤집었습니다. 그 일을 막 시작했을 때에 지그메 싱기에 국왕을 만나 의기투합했고, 서로가 하는 일을 알 수 있었습니다.

인간을 기르는 '양식' 문화의 침투

　결국 그것은 양식(良識. common sense)입니다. 나라에서도 회사에서도 인간이 모이는 데는 문화가 있고, 그것이 나라를 움직이고 있습니다. 그 문화에 눈을 돌려, 어떻게 하면 인간을 기를 수 있을지를 리더와 함께 생각하지 않으면 안 됩니다. 스키에서 A에서 B까지 가는데 직선으로는 못 갑니다. 활강하는 과정을 모두 함께 학습하는 것이야말로 가장 중요한 일입니다. 그렇게 하기 위해서는 한 사람의 리더가 정확한 비전을 갖고 이끌어가야 합니다.

정책과제로서의 '행복'

김태창: '행복'이라고 하면 곧장 종교나 철학의 문제가 되기 쉽습니다만, 행복을 정책의 일환으로 생각한 것은 부탄 왕국이 최초가 아닌가 싶습니다. 그런 의미에서 저는 공공(하는)철학적 관심에서 부탄왕국을 보고 있습니다. 그래서 여러 사람들로부터 얘기를 듣고 있는데, 지금 니시미즈 씨의 말씀을 듣고 느낀 것은 부탄왕국에서의 GNH 정책 역시 실제로는 여러 문제가 있었고, 시행착오나 싸움도 있었다는 사실입니다.

그리고 공공(하는)철학과 관련해서 제가 생각하고 있는 것은 이렇습니다. '행복'을 한 사람 한 사람의 인간이 사적으로 추구하는 것, 이것은 어디에나 있습니다. 이것을 '사적 행복의 추구'라고 할 수 있습니다. 반대로 국가나 통치자가 "너희를 행복하게 해 줄 테니 따라와!"라는 식으로 전체의 행복을 실현시킨다고 합시다. 이것은 '공적 행복의 추구'에 해당합니다. 여기에 '공적 행복'이나 '사적 행복'과는 다른 '공공(하는) 행복'을 생각하면, 그것은 '공'(국가)과 '사'(국민 개개인)가 서로를 위해 공동하고 개신(開新)하는 것입니다. 이것은 공권력으로 강제하거나 자기만 아는 이기주의로 나가는 것이 아니라, '행복을 모두와 함께 만드는 행복공창'에 중점을 두고 정책을 추진해 나가는 것입니다. 그러나 여기에는 상당한 저항이나 반대가 있을 것입니다. 그럼에도 불구하고 30년이나 이런 노선을 유지해 왔다는 말인가요?

니시미즈 미에코: 그렇습니다. 그것은 모두가 항상 노력해 나가지 않으면 안 되는 것이지요. 그래서 지도자의 리더십의 역할이 대단히 중요해집니다. 결국

이론이 아니라, 구체적으로 공무원이 일을 할 때에 어떤 태도를 취할 것인가, 교육 지도자를 만들기 위해서 어떤 교사교육을 해야 하는가, 그 커리큘럼을 어떻게 만들 것인가, 사실은 이런 대단히 세세한 부분이 중요합니다.

행복공창과 권력투쟁

김태창: 저도 여러 나라를 돌아보고서 느낀 것인데, 부탄처럼 탁월한 지도자가 있어 명확한 비전을 갖고 국민과 대화를 하면서 그것을 실천해 나가는 것과, 정기적으로 선거를 해서 대표를 선출하지 않으면 안 되는 상황과는 엄청나게 큰 차이가 있다고 생각합니다.

설령 행복공창이라고 하는 비전을 갖고 '대통령'이 되었다고 해도, 선거가 가까워지면 대부분 권력투쟁에 휘말리게 되고, 거기에서 이기기 위해서는 온갖 수단과 방법을 동원하게 됩니다. 그렇게 되면 정치는 행복공창보다는 정권 유지와 확대 및 강화 쪽에 중점이 쏠리게 되고, 권력자의 사적 목적이 공적 명분화해서 '공'(公)을 '사'(私)하는 정치부패가 일어나게 되지요.

미야모토 히사오: 자신의 권력기반을 공고히 하기보다는 국민 한 사람 한 사람의 행복을 소중히 여기는 일에 전념하는 것은 부탄 국왕의 인격의 훌륭함이라고 생각합니다.

니시미즈 미에코: 멋진 리더가 30년 넘게 통치한다는 것은 드문 경우로, 희소가치가 있는 일이라고 생각합니다. 하지만 "선거가 있으니까 안 된다"기보다는 "선거에 돈이 필요하니까 문제가 생긴다"는 말씀이겠지요. 결국 정치가가 타락하는 것은 '정치가'가 '직업'이 되었기 때문입니다. 그래서 선거에 막대한 자금이 들어가는 것이지요. 지금 부탄에서도 국민들이 매우 걱정하고 있습니다. 그래도 국왕은 민주주의 발전을 위해 국민이 스스로 위정자를 선출하지 않으면 안 된다고 국민들을 설득하고 있습니다. 전 세계의 선거제도 등을 조사해서, 정당이 선거에서 쓰는 비용은 모두 국가가 부담한다는 법률을 만들었습니다. 정치가가 비전을 잃고 직업화하여 돈 버는 일로 나가는 일이 일어나지 않도록 하

기 위해서지요.

미야모토 히사오: 부탄의 경우에는 내부적으로 여러 문제가 있었다고 생각합니다만, 말씀을 들어보니 권력투쟁 같은 것은 전혀 없었던 것 같군요.

니시미즈 미에코: 아마 부탄이 유일할 것입니다. 권력욕이나 물질욕이 전혀 없는 사람이 국왕으로 산 나라는, "나라가 가난하니까 궁전에 살 수 없다"고 하고, 통나무집에 살면서 검소한 생활을 하고 있지요. 인간에게는 이상상이 필요합니다. 부탄 사람들은 '우연'이라는 말은 하지 않습니다. 부탄 사람들은 국왕폐하는 석가의 환생이라고 생각합니다. 그렇게 말하면 국왕은 쓴웃음을 지으면서 "나는 석가가 아니니까 괜찮다"고 합니다. 부탄에서는 오랫동안, 국왕의 모든 언행이 초등학생에서 어른에 이르기까지 전 국민에게 롤모델이 되고 있습니다.

그래서 모두 국왕에게 목숨을 바친다고나 할까, 일종의 교사와 학생 관계, 부모와 자식 관계 같습니다. 바로 이것 때문에 가능했던 것이 아닐까요? 부탄에도 나쁜 사람은 많이 있습니다. 그러나 굳건한 신념을 관철하고, 국민만을 생각하는 이상상이 언제나 있으므로, 정화가 이루어집니다. 그것이 근본적으로 부탄의 행운이라고 생각합니다. 부탄 국왕은 항상 "그래서 힘들다. 지쳤다. 빨리 그만두고 싶다"(웃음)고 말합니다.

남의 말을 경청하는 '보살왕'

김태창: 지그메 싱기에 국왕은 어떤 사람인가요?

니시미즈 미에코: 16살 때 왕위에 올라서, 올해로 꼭 50세가 됩니다. 대학은 다니지 않았고요. 부모형제의 사랑이 넘치는 대단히 행복한 가정에서 자랐습니다. 장난꾸러기이면서 반항하는 아이였던 것 같아요. 그것을 잘 이끌어준 가정교사는 예수회 소속 신부입니다. 부탄의 교육제도를 만든 것은 맥케이라고하는 캐나다 사람인데, 그 역시 얼마 동안 가정교사로 국왕 교육에 종사했습니다. 이 외에도 스코틀랜드 사람으로 대단히 훌륭한 가정교사가 줄곧 딸려 있었

습니다. 결국 쇼와천황이 하셨던 것보다는 약간 민주적인 왕도교육을 제대로 받은 셈이지요. 그것도 쇼화천황과는 달리 대단히 열려 있는 사랑이 넘치는 가정 속에서 행해졌습니다.

국왕은 독서가이자 노력형이면서 머리도 좋은 사람입니다. 하지만 그가 갖고 있는 여러 재능 중에서 가장 중요하다고 생각하는 것은 '남의 말을 들을 줄 아는 능력'입니다. 겸손한 사람입니다. 상대가 무슨 말을 하는지 마음을 비우고 듣습니다. 그보다 더 중요한 것은 그는 상대가 어떤 말을 하고 싶은데 하지 않는 것까지 들을 수 있다는 것입니다. 제6감, 제7감이 있지요. 그것은 선대 국왕에게도 있었던 것 같은데, 선천적인 것이 아닌가 생각합니다.

김태창: 역사를 돌아보면, 서양의 '철인왕'이란 자기 자신이 일종의 철학을 갖고 있어서, 국민들을 계몽시켜 그것을 실현시키려고 합니다. 한편 유학에서 말하는 '성인왕'은 새로운 제도를 만들어서, 국민이 그것에 따르도록 합니다. 불교에서 말하는 '보살왕'은 모두가 깨달아서 구원받을 때까지 기다리는 자세를 취합니다. 말씀을 들어보니 부탄국왕은 철인왕이나 성인왕 타입보다는 보살왕에 가깝다는 생각이 듭니다. 국민 한 사람 한 사람과의 대면·대화·공명을 통해서 국민 스스로가 행복공창을 실현해 나가도록 하는 것이지요. 모든 부탄 사람들이 불교신자인지는 모르겠습니다만, 국왕 자신이 확실한 철학을 갖고 관(官)과 민(民)이 하나가 되어, 국가발전의 궁극적인 목적은 국민총생산의 증대가 아니라 국민행복과 생활의 충실이라는 점을 국민 한 사람 한 사람이 실감할 수 있는 정책을 끈질기게 추진해 온 셈이군요.

니시미즈 미에코: 그렇습니다. 국왕은 먼저 진지하게 국민을 설득하는 행동을 합니다. 가령 이번 성문협법 초안에 관해서 국민과 논의한 기록을 보아도, 처음에는 국왕의 정년을 65세로 하는 것을 모든 국민이 대대적으로 반대하였습니다. 그러자 국왕은 왜 이것이 나라를 위하는 일인지를 당당하게 설명하였습니다. "내가 다 늙어 빠져서 국왕으로 있으면 좋은가?"라는 식으로요. 하지만 최종적으로 국민이 납득하게 된 것은 국왕이 "나는 가장 사랑하는 아버지가 돌

아가셨을 때에 국왕이 되지 않으면 안 되었다. 이것처럼 슬픈 일은 없다. 이 일만큼은 내 아들에게 시키고 싶지 않다. 이 점을 알아줬으면 한다"면서 눈물을 흘렸습니다. 이 말을 듣고 국민은 "알았다"고 했지요.

이 이야기의 뒷면에는, 결국 아무리 좋은 국왕이라고 해도 너무 오래 자리에 있으면 나라를 위하는 일이 아니라고 하는 생각이 깔려 있습니다. 그러면 국민은 "당신만은 권력에 물들지 않습니다"고 합니다만, 국왕은 웃으면서 "아니, 그것은 몰라요"라고 대답합니다.

김태창: 국왕을 보좌하는 관료의 생각이나 국민에 대한 태도 혹은 말투 같은 데서 이른바 '관료병'은 안 보이는지요?

니시미즈 미에코: 지금 현재로는 없습니다. 하지만 그런 위험성은 언제나 있겠지요.

김태창: GNH가 GNP보다 좋은 생각이라는 것은 공교육을 통해서 교육되고 있나요?

니시미즈 미에코: 초등학교에 들어가기 전부터 마을 사람들이 하는 얘기를 듣습니다. 마을의 경제계획을 세울 때에 먼저 수도에 있는 계획청에서 사람이 와서, 국가 차원의 장기적인 비전을 모두에게 설명합니다. 그러면서 마을의 비전이나 가치관 또는 목적 등에 대해 서로 얘기하고, 여러 프로젝트를 내놓습니다. 그러면 그 일을 마을 사람들이 실행에 옮기는 것이지요.

그런 회의를 직접 본 적이 있는데, 들판에 둥글게 앉아서 밥을 먹어 가면서 기탄없이 논의를 하더군요. 아이들도 같이 앉아서 듣고 있습니다. '행복추구, 행복추구' 하면서 모두가 열심이었습니다. '우리의 행복은 무엇일까? 전기가 필요한 이유는 전기가 들어오게 되면 전기스토브를 쓸 수 있고, 그러면 장작연기에 의한 실내공기의 오염도 없어진다. 그러면 아이들과 엄마들의 건강도 좋아지기 때문에 행복해진다.' 이런 이야기를 열심히 하고 있었습니다. 그 척도가 '자신들의 행복'입니다. 그것을 자신들이 어떤 형태로든 구체적으로 만들려고 하고 있습니다.

GNH(국민총행복) 지표

김태창: 국가(정부)가 지시한 GNH의 수치목표나 지표 같은 것이 있는지요? 그것을 기준으로 GNH 정책이 잘 실시되고 있는지 아닌지를 검증하기도 합니까?

니시미즈 미에코: 달리 지표는 없습니다. 근본적으로 만들 수 없는 것이기 때문이지요. 국가가 개개인의 행복을 설계하는 것은 불가능하겠지요? 하지만 가령 5개년 계획의 결과를 평가하는 한 수단으로, 사람들의 행복도에 대해 얘기하는 자리가 있는 것 같습니다. 그것에 더해서, 올해 처음으로 행해진 국세(國勢)조사의 질문 중에서 "당신은 행복합니까?"라는 항목이 있었습니다.

저는 이것이 진정으로 올바른 측정법이라고 생각합니다. 수학적으로도 지수적으로도 그것밖에 없습니다. 앞으로도 계속해서 매년 "당신은 행복합니까?"라는 조사가 실시됩니다. 그것을 하나의 측정기준으로 삼는 것이지요. 몇년 전인가 일본정부에서 지구사회의 행복도 같은 것을 조사하기 위해서 가령 "공원이 몇 개 있으면 행복한가?"라는 식의 질문을 했습니다. 물질로 행복을 측정하는 것이지요. 결국 '공원이 생기면 행복하니까'라며 공원을 만들기 시작했습니다. GNH는 물질을 지표로 삼아선 안됩니다.

김태창: 부탄에도 남녀간의 성차별 같은 문제가 있나요? 가령 남성중심적인 사고나 제도에 의한 여성 차별과 불행 같은 것 말입니다.

니시미즈 미에코: 부탄의 경우에는 여계(女係)사회입니다. 여자가 강하지요 (웃음). 최근에는 거의 사라졌지만, 과거의 일본처럼 결혼 후에도 부부가 같이 살지 않고 남편이나 아내 집에 찾아가야 만나는 왕래혼입니다. 재산도 여자에게 상속됩니다. 하지만 역시 정치나 '공'(公) 쪽에는 남성이 압도적으로 많습니다. 부탄 여성의 말을 빌리면, 우리는 바빠서 그런 거 할 시간이 없다, 대신 우리가 남자를 출산하고 있다는 것입니다. 여러 면에서 여성의원이 더 나오지 않으면 안 된다는 논의가 행해지고 있지만, 일본처럼 남존여비로 고정된 사회는 절대로 아닙니다. 오히려 그 반대이지요.

김태창: 부탄왕국을 몇 번이나 방문하여 취재한 어느 저널리스트의 기사를 읽은 적이 있습니다. 그 기사에서 특히 강조되고 있던 것은 부탄이 일본과 꼭 닮았다는 것이었습니다.

니시미즈 미에코: 저도 그렇게 생각합니다.

김태창: 인심도 그렇고 자연풍경도 100년 전의 일본을 그대로 보존하고 있다는 기사였습니다.

니시미즈 미에코: 글쎄요. 저는 100년 전의 일본은 잘 모릅니다만, "뭔가 옛날이 그리워진다"는 느낌은 늘 받습니다. 하지만 꼭 일본인이라고 해서 그렇게 생각하는 것은 아닙니다. 가령 제가 세계은행에 있을 때에 부탄 관련 일을 하던 사람들은, 스위스 사람, 미국 사람, 독일 사람, 프랑스 사람, 아프리카 사람 등등 다양한 나라에서 온 사람들이었지만 하나같이 부탄에 가면 "옛날 생각이 난다"고 하였습니다. 건축양식이 일본과 비슷하고 계단밭이 있으며, 적미(赤米)를 먹고 벼농사를 하며 낫토를 먹습니다. 춤은 일본의 봉오도리(盆踊り)와 비슷해서, 제가 들어가도 쉽게 출 수가 있어서 다들 깜짝 놀란 적도 있습니다. 그래서 어디에서 이어지고 있는지는 모르지만, 부탄의 '낯익음'은 세계적이어서 "인간의 마음의 고향"이라는 느낌이 듭니다. 그것은 역시 지역사회 사람들의 부드러움과 배려이지요. 설사 길에서 넘어져 다친다고 해도 누군가는 반드시 도와주니까 괜찮다고 하는 안도감이 있습니다.

김태창: 그것은 과거에 대한 일종의 향수일지도 모르네요. 인간에게는 어디서나 찾아볼 수 있는 원초적이고 원시적인 것에 대한 향수나 동경 같은 것 말입니다.

니시미즈 미에코: 부탄에 한번 가 보셔도 좋을 것 같습니다. 최근에 어느 분이 'GNH연구소' 같은 것을 세웠다고도 하더군요.

김태창: 부탄왕국과 일본 외무성이 공동으로 'GNH 연구회' 같은 것을 개최한다는 말은 들었습니다.

니시미즈 미에코: 예 저도 들었습니다. 그리고 얼마 전에 실제로 했다고 합니

다. 2006년은 부탄과 일본의 국교수립 20주년이라서, 그런 행사가 열릴 가능성은 높습니다.

김태창: 네델란드의 에라스무스 대학에 루트 휀호벤(Ruut Veenhoven)이라는 세계적인 행복연구자가 있습니다. 2003년 봄에 휀호벤 교수를 만나 저녁식사를 하면서 행복연구에 대해서 얘기한 적이 있는데, 그때 부탄왕국의 GNH 정책도 언급되었습니다. 저보고 부탄에 꼭 한번 가보라고 하더군요. 휀호벤 교수의 연구는 주로 계량연구여서, 다양한 자료를 전 세계에서 수집하고 있었습니다.

니시미즈 미에코: 작년에 수도인 팀부에서 부탄의 연구소가 주최하여, GNH에 관한 국제회의를 열었습니다. 저도 갔는데, 기억은 확실하지 않지만 아마 그분도 오셨던 것 같습니다.

김태창: 스위스에는 브루노 프라이(Bruno S. Frey)라고 하는 경제학자가 있습니다. 그와는 2003년에 취리히 시내에서 직접 만나, 행복과 경제 문제에 대해 얘기를 나눈 적이 있습니다. 그는 알로이스 스터처(Alois Stutzer)와 Happiness and Economics (Princeton University, 2001)라는 책을 썼는데, 이 책의 서문에도 부탄의 GNH에 대해 언급하고 있습니다. 그리고 제1장에는 일본에 대한 얘기가 나오는데, 기적적인 경제발전에 의한 소득증대에도 불구하고 행복수준은 그것에 비례하지 않는다는 지적을 하고 있습니다. 역시 실제로 부탄에 가서 사람들의 마음상태나 생활현장을 체험해 보지 않고서는 아무 말도 할 수 없다고 생각합니다. 그런데 부탄 정부 내에 GNH 담당장관 같은 직책이 있는지요?

니시미즈 미에코: 그것은 부탄의 모든 지도자들입니다. 그것을 학술적으로 정리하기 위한 'Center of Bhutan Studies'라는 연구소도 있습니다.

김태창: 부탄에서는 국민총행복을 추진해 나가는 데 있어 승려들의 역할도 크지 않나요?

니시미즈 미에코: 그들은 국민의 커다란 정신적 버팀목입니다. 그래서 특별한 대접을 받습니다. 가장 훌륭한 승려는 국왕급의 대접을 받으니까요.

김태창: 티벳의 최고지도자인 달라이 라마에게도 『The Art of Happiness: A

Handbook for Living』(Sydney: Hoodder, 1998)이라는 책이 있습니다. 그는 종교적인 입장에서 인간의 행복에 대해서 쓰고 있는데, 그가 티벳에서 나오기 전에 행복을 정책의 기준으로 삼았다는 말은 들은 적이 없습니다. 그러나 부탄의 경우는 다릅니다. 개개인이 행복하게 되는 길은 세계 어디에도 많이 있지만, 한 국가의 방침으로 정해서, 위에서 강요하는 것이 아니라, 한 사람 한 사람이 지닌 잠재능력을 살리면서 국민과 함께 모두가 행복을 구축할 수 있는 조건과 환경을 정책적으로 추진해 나간 사례는, 제가 아는 한 부탄 이외에는 없습니다. 그런데 궁금한 것은 국왕의 이런 방침에 반하는 비리사건 같은 것은 없는지요?

니시미즈 미에코: 부탄에도 관료의 비리 같은 것은 있습니다. 하지만 정도가 다르지요. 일단 비리를 저지르면 곧바로 체포되고 파면됩니다. 인도나 파키스탄이나 방글라데시의 경우에는 귀화하여 범죄화되고 있습니다. 마피아가 밀착되어 있어 어디를 어떻게 찔러야 할지 모를 정도입니다.

김태창: 권력자는 대부분 자신이 '신'이 되는 경향이 있습니다. 오다 노부나가(織田信長)도 토요토미 히데요시(豊臣秀吉)도 그렇습니다. 저도 한국에서 여러 경우를 보았습니다만, 이제 막 '신'이 되려는 순간에 갑자기 권력을 떠나는 결단을 내릴 수 있는 사람과, 그렇지 못한 사람이 있습니다. 결단을 내리지 못하고 그냥 그대로 끌려 가다보면, 결국 자기는 물론이거니와 주위 사람들까지도 전부 파멸의 길로 몰아넣게 됩니다. 지금 말씀을 듣고 보니 부탄은 이런 점은 없는 것 같군요.

니시미즈 미에코: 윤리나 가치관의 문제이지요. 저도 지도자의 자질 중에서 가장 중요한 것은 바로 이 부분이라고 생각합니다. 물러날 때를 아는 것이지요. 이것은 단지 사장을 그만둔다거나 자리에서 물러난다거나 하는 차원의 문제가 아니라, 자신이 갖고 있는 권력을 조직이나 나라 전체의 지혜나 지식으로 누구나가 공유할 수 있도록 노력하는가 하지 않는가 하는 문제라고 생각합니다.

김태창: 지그메 싱기에 국왕에게 가장 큰 영향을 끼친 것은 누구인지요?

니시미즈 미에코: 그것은 선대 국왕이라고 생각합니다.

김태창: 무슨 기록 같은 것도 있나요? 가령 부탄판 제왕학 같은….

니시미즈 미에코: 따로 제왕학은 없습니다. 국왕은 "이것은 양식(common sense)이야"라고 하고 있습니다. 그는 영어로 "Common sense is not common practice"(양식은 일반적인 습관에 따르기만 하는 것은 아니다)라고 합니다.

부탄의 영어교육

김태창: 일본보다 부탄이 영어가 잘 통한다고 쓰여 있었습니다.

니시미즈 미에코: 영어가 교육언어가 되어 있습니다. 부탄 사람들의 영어는 아주 유창합니다. 부탄에는 크게 나누어도 24~25개의 민족언어가 있습니다. 국어로 정해진 종카어는 티벳에서 온 생불(生佛)이 가지고 들어온 지배자의 언어입니다. 그래서 그것을 교육언어로 채택하는 것은 정치적으로 불가능했습니다. 50~60년 전에 최초로 학교제도를 만들었을 때에는 인도의 교육제도에 크게 의지하고 있었지요. 하지만 '힌두어를 교육언어로 사용하게 되면 나라가 위태로워진다. 인도에 흡수되어 버린다. 그럼 어떻게 하면 좋을까?'라는 문제가 생기게 되었지요. 선대 국왕은 선견지명이 있어서 "영어다!"라고 분명하게 말했습니다. '영어라면 부탄어와는 동떨어져 있다. 그래서 영어가 부탄의 문화를 파괴하는 일은 없다. 그 대신에 부탄어를 종카어로 삼아서 제대로 가르치지 않으면 안 된다. 장차 부탄 국민이 국제적인 무대에서 대국과 대등하게 논의할 수 있으려면 지금부터 영어교육을 하지 않으면 안된다.' 이렇게 선대 국왕은 생각했습니다. 아직 부탄이 물물교환을 하던 시대였던 점을 감안하면, 선대 국왕의 탁월한 지혜였던 셈이지요. 사실 제가 여러 국제회의에서 의장 같은 것을 해 보아도, 부탄 사람들의 발언력은 정말 대단합니다. 그런 무대는 나라의 대소와는 무관하니까요. 일본의 관료가 서툰 영어로 말하는 것과는 하늘과 땅 차이입니다. "자~ 그럼 여러분 회의를 시작합시다~"라는 말이 떨어지기가 무섭게 치고 들어오는 것이 부탄, 인도, 파키스탄, 영국 사람입니다.

"조직의 멘탈리티를 바꾸는" 의식

야마와키 나오시: 일본 관리의 문제점은 무엇인가요?

니시미즈 미에코: 하나는 근본적으로 영어 실력이 부족하다는 것이고, 또 하나는 관료제도의 경직성입니다. 그도 그럴 것이 국제회의에서 일본을 '대표'하는데도, 대장성과 외무성이 '자리를 두 개 원한다'면서 싸우고 있으니까요. 이런 것을 보면 너무나 슬프고 창피합니다. 영어를 잘하고 못하고를 떠나서, 일단 자기 말로 자기 의사를 분명히 표현하겠다는 의지가 부족합니다.

김태창: 일본에 오랫동안 체류 중인 카렐 월프렌(Karel van Wolferen)이라는 네덜란드인 저널리스트가 '인간을 행복하게 하지 않는 일본이라는 시스템'이라는 말을 했습니다. 그 말에 대한 시비는 일단 접어두고, 부탄에서는 인간을 행복하게 하는 시스템을 국왕과 국민과 사회가 함께 만들고 있는 셈이군요.

다케나카 히데토시: 인간이 행복한가 불행한가는 어디까지나 주관적인 문제로, 누구도 외부에서는 판단할 수 없습니다. 그리고 시스템의 문제로 일률적으로 말할 수 없는 부분이 있고요. 하지만 일본에 사는 외국인의 눈에 그렇게 보였다면 그것은 참고해야 한다고 생각합니다.

니시미즈 미에코: 정말로 하나의 조직이, 그것이 작든 크든, '조직의 의식을 바꾸는' 것은 뼈를 깎는 것과 같다고 생각합니다. 그것은 '리더'가 할 수 있는 일입니다. 회사는 10년 걸려서 조직을 개혁할 여유 같은 것은 없습니다.

국가재정문제의 해결책

야마와키 나오시: 부탄은 국가재정의 삼분의 일 정도는 해외원조에 의지한다고 하는데, 그런 의미에서는 아직 재정적으로 자립하지는 못했군요.

니시미즈 미에코: 예, 그렇습니다. 부탄은 급류를 이용한 수력발전으로 만든 전기를 인도에 수출하고 있습니다. 그것이 가장 큰 외화수입원인데, 이제 곧 엄청나게 큰 수력발전소가 두세 군데 생깁니다. 그것이 생기면 자립은 거의 확보됩니다.

야마와키 나오시: 하지만 어떤 자료를 보니까, 그 발전소는 대부분이 인도사람이 만든 것으로 인도인이 담당하고 있다고 하는데, 그럼 그것이 부탄 사람에게 옮겨오고 있다는 말인가요?

니시미즈 미에코: 그렇습니다. 이 발전소는 인도정부가 투자해서, 인도의 기술자와 부탄의 팀이 공동으로 운영하고 있습니다. 하지만 근래 10년 동안 가동되고 있는 발전소는 모두 부탄 사람들이 운영해 왔습니다.

김태창: 아까 힌두어를 국어로 하면 인근 대국과의 관계가 위험해지기 때문에 군이 영어를 채택했다고 하셨습니다. 그런 측면에서 보면, 국가의 가장 큰 재정원이 인도인에 의해 만들어지고, 인도인 기술자가 어느 정도 담당하고 있었다는 것은 어떤 의미에서는 모순된다는 생각이 드는군요. 인도에 대한 경계감이 당연히 있겠지요? 어느 나라든 안전보장은 최대의 관심사입니다. 그런데도 불구하고 국가의 기간산업 중에서 가장 크다고 하는 수력발전을, 그것도 인접해 있는 대국으로부터 기술원조와 재정적인 지원을 받아서, 그것으로 국가 재정이 성립하고 있다는 것은 어지간히 조심하지 않으면 안 되지 않을까요?

니시미즈 미에코: 대영 제국시대 때부터 시작된 이야기입니다. 부탄은 그 때 대영제국과의 전쟁에서 패했습니다. 그래서 맺은 조약이, 부탄은 독립국이지만 외교정책은 대영제국에 보호받는다는 것이었습니다. 어떤 의미에서 영국의 보호국과 같은 시대가 있었던 셈이지요. 인도가 독립한 시점에서도 그 조약은 그대로 국제조약으로 이어져 왔습니다. 처음에 물물교환 같은 상태에서 경제 개발을 시작했을 때에는, 어쩔 수 없이 정부의 관료나 기술자, 학교 선생 등은 온통 인도인들이었지요. 부탄 사람들은 그때부터 대단한 노력을 해 왔습니다. 불평등한 조약도 개정되었습니다. 20여 년 전까지만 해도 인도 외무성이 비자를 내주지 않으면 부탄에 들어갈 수 없었습니다. 그것도 이제는 바뀌어서 상당히 고도의 지식을 갖춘 기술자가 아니면 인도인은 없습니다. 인도 정부도 간디, 네루 시대 때부터 선대 국왕과 지금의 지그메 싱기에 국왕을 개인적으로 대단히 존경하고 있었습니다. 네루 수상이 선대 국왕에게 완전히 반한 것이지요.

그래서 보호령 같은 조약도 해결된 것입니다. 네루 수상이 반했다고 해서 부탄에 대해서는 정당(政黨)도 '대국' 취급을 하였고, 그것은 지금도 마찬가지입니다.

김태창: 부탄인은 영어가 유창하다고 하셨는데, 그런 부탄 사람들이 외국에 유학해서 새로운 지식이나 기술을 익히고 돌아왔을 때에 나라를 위해 일을 하는 자리나 조건 등은 어떤가요?

니시미즈 미에코: 일단 많은 사람들이 귀국해서 일하고 있습니다.

김태창: 주로 어느 나라로 유학가는지요?

니시미즈 미에코: 캐나다나 미국, 영국, 호주, 뉴질랜드, 일본 등입니다. 일본에도 부탄에서 온 유학생이 꽤 있습니다.

김태창: 귀국을 거부하는 일도 있나요?

니시미즈 미에코: 계속 미국에서 살면 매우 좋은 직장을 얻을 수 있는 사람조차도 반드시 부탄에 돌아옵니다. 달리 무슨 규정이 있어서가 아니라 본인이 돌아오고 싶어서 돌아오는 것입니다.

김태창: 제가 영국이나 미국에서 유학할 때에는 이스라엘 사람들에 대한 평가가 그랬습니다. 부탄의 젊은이도 그런가요?

니시미즈 미에코: 제가 대학원에 다닐 때에 시애틀에서 온 동급생이 많이 있었는데, 모두 하버드 같은 곳에서 들어온 제안을 뿌리치고 시애틀로 돌아왔습니다. 시애틀이 아주 멋진 곳이라서 그렇지요. 이와 비슷합니다.

김태창: 내일부터 「배움과 캐어와 행복」이라는 주제로 회의가 열립니다만, 기본 취지는 이렇습니다. '공공(하는)철학'이란 종래의 철학과는 달리 인식론에서 정책론에 이르기까지 모두 하나로 이어진 철학입니다. 하지만 아무래도 정책지향은 취약하다는 약점이 있습니다. 우리가 지금까지 '행복'에 대해 많은 이야기를 나눴지만, 아무래도 한 사람 한 사람의 사적인 행복론으로 끝나 버릴 가능성이 있습니다. 그래서 정책지향과의 연결은 어떠한가 라는 점을 모색해 왔는데, 이번에는 특별히 교육학의 전문가인 사토 마나부(佐藤學) 교수와의 공동

개최이기 때문에, '교육과 캐어와 행복'이라는 문제를 설정해 본 것입니다. 교육이나 캐어를 정책적이고 실천적인 과제라는 맥락에서, 행복문제의 일환으로 생각해 보기로 한 것입니다. 부탄에 관한 니시미즈 선생의 말씀을 듣고 느낀 것 중의 하나는, 행복의 정책적 실현을 지향하는 구체적인 노력의 예를 제 눈으로 직접 보고 느끼고 싶다는 것입니다. 부탄에는 그런 예들이 많이 있습니다. 그것이 얼마나 성공했고 실패했는지에 대한 판단은 차치하고, 그런 시도 자체는 엄연히 존재하고 있습니다. 부탄에서 훌륭한 국왕이 나와서 사명감을 갖고 여러 가지 일을 해왔는데, 그 30년이라는 세월 속에서 축적된 것을 배우고 싶은 마음이 저로서는 한층 강해졌습니다. 부탄의 GNH 실무담당자를 만나고 싶은데, 부탄에는 어떻게 갈 수 있나요?

니시미즈 미에코: 반드시 부탄의 여행사를 통해야 합니다. 여행사는 부탄에 있고, 누구나 인터넷으로 신청할 수 있습니다. 다른 방법은 사실상 없습니다. 비자도 없고, 일단 거기에 도착하면 자동차와 안내자가 필요하니까요. 단체여행이 아니라 혼자서 갈 때에도 그렇게 해야 합니다.

김태창: 저에게 행복은 가장 큰 문제 중의 하나입니다. 우리가 하고 있는 공공(하는)철학에는 또 하나의 '화'와 '화해'의 문제가 있습니다. 저에게는 행복과 화해와 상생의 문제가 무엇보다도 중요한데, 그것은 이론적이고 추상적인 관념이기보다는 제가 지금까지 살아온 인생체험과 거기에서 나온 평생의 연구실천 과제입니다. 그것이 회사의 이념이 되고 사회의 이념이 되며, 나아가서는 국가와 인류와 지구의 이념이 되기를 바라고 있습니다. 이것이 부탄에서는 국왕과 국민과 사회의 공동(共働)을 통해서 실현되고 있는데, 그것을 제눈으로 직접 확인하고 싶은 것입니다.

니시미즈 미에코: 대부분 영어가 통하지만, 영어교육을 받지 않은 어른들도 있습니다. 그래서 역시 통역은 필요합니다.

김태창: 위험한 곳도 있나요?

니시미즈 미에코: 지역에 따라 다릅니다. 대부분은 해발 2,000미터에서 7,000

미터까지로, 산이나 계곡도 있습니다. 파로공항은 해발 2,300미터 정도이고, 수도는 2,700미터 정도입니다. 대체로 이 정도의 지역이 기후가 가장 좋습니다. 저도 여러 번 다녀왔지만 특별히 문제는 없었습니다. 하지만 아직 개발도상국이니까요. 참고로 동양의학은 세계 최고 수준입니다. 수술은 무리일지 모릅니다만.

김태창: 오늘 말씀을 듣고 새삼 느낀 것은, 행복이든 화해든 상생이든, 공공(하는)철학적 실천과제로 생각해 가려고 하면, 공공이성뿐만 아니라 공공감성이나 공공의지 나아가서는 공공영성의 작용까지 포함해서 다차원 상관적으로 대응하지 않을 수 없다는 사실입니다. 무엇보다도 감동하는 것이 중요하고, 그것은 이해, 납득, 공감, 실천, 계승 등으로 이어진다고 생각하니까요. 그럼 오늘의 대담은 이것으로 마칠까 합니다. 니시미즈 선생을 비롯하여 오늘 참석해 주신 모든 분들께 감사드립니다.

(원제:「政策課題としての幸福を共創 ― 西水美恵子氏をお招きしてブータン王国のGNH政策を語る」,『公共的良識人』제171호. 2006년 2월 1일)

3. 진정한 행복이란 무엇인가?[*]
- 사복(私福)·공복(公福)→공복(共福)과 간복(間福)·공복(共福)→향복(響福)의 상관연동

다케나카 히데토시: 안녕하십니까? 오늘은 2013년 12월 9일입니다. 어제 저

일시: 2013년 12월 9일 / 장소: 오사카에키마에(大阪驛前) 제3빌딩 수복서원(樹福書院) 회의실
참가자: 김태창(수복서원원장. 공공철학공동연구소장)
　　　　미야모토 히사오(宮本久雄, 일본 죠치(上智)대학교수, 동경대학명예교수, 카톨릭 신부)
　　　　카타오카 류(片岡龍, 토호쿠(東北)대학대학원 문학연구과 준교수)
사회: 다케나카 히데토시(竹中英俊, 동경대학출판회 상임고문)

| 일본에서 일본인들과 나눈 공공철학 대화

는 1년에 한 번씩 바늘공양[24]을 하고 있는 교토(京都)의 법륜사(法輪寺)에 다녀왔습니다. 마침 어제는 태평양전쟁이 시작된 지 73년이 되는 날이기도 했습니다. 오늘 대화의 주제는 '슈페만(R. Spaemann)의 행복론'입니다. 11월 3일에 교토포럼 25주년을 기념하는 모임이 있었습니다만, 공공철학도 첫 번째 공동연구회가 시작된 지 벌써 15년이 지났습니다. 그 성과로 30권 정도의 책을 간행했는데, 그중에서 큰 주제로 행복을 다루고 있습니다. 그것의 한 시도로서 슈페만의 행복론의 번역 출판을 계획했습니다. 출판에 즈음하여 그 내용을 알기 쉽게 독자들에게 제공한다는 의미와, 그것으로부터 무엇을 이끌어낼 수 있을까? 그리고 그것을 사회적 실천과 어떻게 결부시킬 수 있을까? 오늘은 이러한 점들을 자유롭게 이야기해 보자는 취지로 모였습니다.

오늘 좌담회는 전체 3부로 나눠서 진행합니다. 어제 예비모임에서 정한 순서를 바꿔서, 처음에는 슈페만의 행복론에 즉해서 논의를 하고, 그다음에 오후부터는 행복론과 공공(하는)철학과의 관련성에 대해서 이야기하는 시간을 갖겠습니다. 5시까지 마라톤 대화가 되겠습니다만, 여기 모이신 분들은 모두 에너지가 넘치기 때문에 문제없으리라 생각합니다. 전체의 목차 구성 등은 이미 배포하였습니다. 오늘은 특히 토호쿠대학의 카타오카 류 교수께서 오셨는데, 지금까지 진행된 번역이나 출판 경위에는 직접 관여하지 않으셨기 때문에, 이 좌담회를 위해서 미리 원고를 읽어 오시도록 부탁드렸습니다. 그래서 카타오카 교수가 독자를 대표한다는 의미에서 어떤 감상을 가지셨는지를 먼저 들어보는 것이 좋다고 생각합니다. 그리고 나서 미야모토 교수로부터 슈페만의 행복론에 대한 말씀을 듣고자 합니다. 그럼 카타오카 교수께서 시작해 주시기 바랍니다.

카타오카 류: 저는 일본사상을 연구하고 있는데, 특히 아시아라는 좀 더 넓은 시각에서 접근하는 입장을 취하고 있습니다. 그런 의미에서 이번 슈페만의 책은 서양철학에 관한 소양이 거의 없는 저로서는 대단히 읽기가 힘들었다는 것이 솔직한 소감입니다. 하지만 어려운 가운데에서도 느껴지는 바가 있었습니다. 왜냐하면 저는 센다이(仙台)에 살고 있는데, 2011년 3월 11일에 동일본대지

진을 직접 경험했기 때문입니다. 주로 지진이나 쓰나미와 같은 자연재해를 경험했는데, 그런 점에서 슈페만이 재해나 위기가 대단히 많은 현대 사회에서 새삼 행복을 어떻게 이해하는가, 라는 문제의식에서 연구하고 있다는 점이 마음에 강렬하게 다가왔습니다. 이 부분에 대해서 여러분과의 대화를 통해서 좀 더 명확하게 하고 싶은 것이 첫 번째 바람입니다.

또 하나는 일본사상을 아시아에서 이해하는 관점에서 연구해 온 입장에서 말씀드리면, 서양철학의 대단히 광범위한 사상적인 배경으로부터, 그리고 현대의 현실적인 문제에로부터 영양분을 얻으면서 대처해 나가려고 하는 슈페만의 자세를 동아시아와 일본에 어떻게 연결시킬까 하는 문제의식입니다. 오늘의 주제와는 약간 동떨어져 있다고 생각합니다만, 동아시아와 일본에 현대서양의 행복론을 접목시키기 위한 힌트를 얻었으면 하는 것이 또 하나의 바람입니다.

두 번째 희망에 대해서 말씀드리면, 아시아로부터 일본을 보는 것의 중요성은 지금까지도 간간히 지적되어 왔습니다만, 현실이 아직 못 쫓아가는 점이 있었습니다. 그러나 현재에는 세계화의 흐름 속에서 동아시아 사람들의 이동은 일이십년 전에 비해 격세지감이 있습니다. 특히 대학에서 가르치고 있으면, 대학원생의 반 정도가 동아시아를 중심으로 하는 유학생이 되고 있습니다. 학부단계에서 일본에 오는 유학생도 두드러지고 있습니다. 국제결혼도 도시에서는 열 쌍 중에 한 쌍 꼴에 이르고, 부모 중에 적어도 한쪽이 외국 국적인 자녀들은 삼 십명 중 한 명의 비율에 달하고 있다고 합니다.

이와 같이 현실이 크게 변화했는데도 사람들의 생각은 아직 충분히 적응하지 못하고 있습니다. 근대 이래로 패전에 이르기까지의 일본의 정신사는, 한편으로는 서양에 순응하는 방향으로, 다른 한편으로는 그 반동으로서의 일본의 순수성을 강조하는 방향으로, 그리고 이 양자의 파탄으로 인해 전후(戰後)에는 다양성이나 잡종성의 중요성이 강조되었습니다. 그럼에도 불구하고 경제 불황이 지속되는 가운데 다시 단일화의 방향으로 되돌아가고 있습니다. 전쟁 직후에는 해외에 자유롭게 여행하는 것도 어려웠고, 오늘날 사회의 지도적 위치에 있는 사람들이 청년기였던 70년대가 되어서야 비로소 해외여행이 일반화되었습니다. 그런 점에서는 지금까지 좀처럼 생각이 바뀌지 않은 것도 어쩔 수 없는 일인지 모릅니다.

그러나 앞으로는 다양한 세계에서, 특히 일본을 포함한 동아시아의 사상적 배경에서 다양한 문제를 함께 생각해 나가는 것이 중요하다고 생각합니다. 슈페만은 독일 사람이어서 서양철학의 경우에는 당연하겠습니다만, 그리스에서 시작하여 기독교, 그리고 근현대의 서양철학에 이르기까지, 종횡무진으로 영양분을 흡수해 가면서 자신의 사색을 빚어내고 있습니다. 오늘날의 동아시아에는 그런 사상적 배경이 결여되어 있다고 생각하기 때문에, 대단히 부럽다는 생각이 들었습니다.

그렇다고는 하지만, 이것도 자주 지적되는 점입니다만, 일본이 동아시아와 유대를 다시 맺기 위해서는 과거의 전쟁 책임과 전후 책임 문제를 피해갈 수 없습니다. 전쟁 책임 문제를 줄곧 애매하게 놓아둔 것이 오늘날 아시아의, 특히 한중일 삼국의 좋지 않은 정치적·경제적·사회적 상황의 복선이 되고 있다고 생각합니다. 독일의 경우에는 슈페만이 제2차 세계대전을 어떻게 경험하고, 아우슈비츠라는 근원악의 문제에 어떻게 대처해 나가려고 하고 있는가? 독일과 다른 유럽 국가들과의 유대를 어떻게 다시 맺으려고 노력해 왔는가? 그것을 일본인으로서 배우고 싶은 마음이 있습니다.

이상, 우선 이번 좌담회에 임하는 저의 입장만 밝혀보았습니다.

다케나카 히데토시: 상당히 깊은 일본사상, 또는 동아시아의 전통과의 관련성이라고 하는 데에까지 관심을 보여주셨습니다. 이것을 바탕으로 미야모토 교수에게는 먼저 슈페만의 의도에 대해서 설명을 듣는 것이 좋지 않을까 생각합니다.

「행복론 좌담회(1)」 슈페만 행복론을 일본에 소개하는 의도

미야모토 히사오: 슈페만의 이번 책에 담긴 의도는 과연 '행복'이라는 번역으로 좋을지 어떨지는 잘 모르겠습니다만, 아까 카타오카 교수께서 말씀하셨듯 이 현대세계는 위기에 직면해 있습니다. 어떤 의미에서 어느 시대에도 위기가 있었습니다만, 특히 슈페만의 경우에도 그렇지만 유럽의 지식인은 이 물의 행성이라고 하는, 인류에게 남겨진 최후의 거주지 전체가 대단히 위기상황에 있다고 생각하고 있습니다.

그중 하나는 상징적인 의미에서 전 세계적으로 또 다른 아우슈비츠 이야기가 이어지고 있고, 원자폭탄이나 핵전쟁 문제, 그리고 원자력 오염문제와 같은 종말론적인 위기감이 만연하고 있습니다. 그렇다면 이런 근본적인 위기들을 어떻게 극복해 나갈까? 이 책에는 우리 한 사람 한 사람의 행복 혹은 가정과 지역의 행복에서 시작하여, 잘 되면 인류의 행복에까지 시야에 넣고자 하는 의도가 숨어 있는 것이 아닌가 생각합니다. 전체의 구성은 이 책의 제1부는 유다이모니아론이 중심입니다. '유다이모니아'(eudaimonia)는 그리스어로 보통 '행복'이라고 번역되는 말입니다.

그런데 슈페만이 다루고 있는 것은 쾌락주의나 스토아학파에서의 현자의 행복과 같이 여러 가지 덕을 지닌 현자의 덕을 말합니다. 스토아학파의 경우에는 부동심이 덕이 되고 있습니다. 개인의 행복으로 말하면 성공한 인생이고, 운동선수의 경우에는 올림픽에 나가는 것입니다. 크고 작은 행복감이 있지만 행복이라고 할 때에는 대단히 상황이 다양하고, 경우에 따라서는 우연한 성격도 지니고 있습니다. 한마디로 말하면, 누구나가 긍정하는 보편적인 행복은 대단히 이끌어내기 어렵다는 것입니다. 그래서 여러 내용은 있지만 보편성은 없습니다. 그것이 결함입니다.

이것을 극복하려고 하는 고전적인 철학자가 칸트입니다. 그래서 칸트가 근대 윤리학의 총수라고나 할까 보스가 되는 것입니다. 칸트는 역으로 보편적인 실천적 도덕률, 도덕법칙을 우리 실천이성의 사실의 전제로서 끌어냅니다. 도덕법칙은 단적으로 "무엇을 하라!"는 명령이자 명법입니다. 보통 행복론이라고 하면 "만약에 부자가 되고 싶으면 이렇게 하라", "만약에 행복해지고 싶으면 노력하라", "만약에 그녀와 결혼하고 싶으면 이런 식으로 하라"라고 하는 가언적이고 가정적인 명법입니다.

이에 반해 "무엇을 하라!"고 하는 것은 정언명령으로, 동기나 목적 또는 쾌감 등을 일체 배제하고 단적으로 "무엇을 하라!"는 것이기 때문에 의무적인 윤리가 됩니다. 그래서 대단히 형식적인, 그리고 내용없는 의무윤리학이 나오고, 거기에서는 개개의 행복은 일체 배제됩니다. 그래서 도덕법칙을 끄집어내면 행복과는 동떨어진 엄격한 의무윤리가 등장하게 됩니다. 반면에, 행복론으로 가면 역으로 보편성이 상실되어, 자신은 이것이 행복이라고 생각하는 식의 다양성이 나오게 됩니다. 이 사이에 대단히 모순이 있습니다.

그러나 칸트는 보편성을 추구하는 의무윤리에 행복을 넣으려고 생각하여, 개개의 인간이 도덕법칙과 일치되어 사는 것을 최고선이라고 생각합니다. 개개의 인간이 도덕법칙과 일치되어 사는 것이 만약에 가능하다면, 거기에는 당연한 권리로 행복이 부여되지 않으면 안 되기 때문에, 여기에서 행복을 가지고 오는 것입니다. 행복은 아까 말씀드렸듯이 '만약에 무엇이라면'이라는 세계에서 통용되는 행복입니다. 이에 반해 최고선은 '무엇을 하라!'고 하는 단적인 것이기 때문에, 둘 다 아까 말씀드렸듯이 모순입니다. 이 둘을 접목시키기 위해서 칸트는 전지전능한 신을 끌어들입니다. 전지전능하기 때문에 단적으로 "무엇을 하라!"고 하는 정언명법과 "만약에 무엇이라면, 가령 행복해지고 싶다면, 이렇게 하라!"고 하는 가언명법이 가능해진다고 합니다만, 이것은 명백히 무리하게 결합시킨 것이기 때문에 실패하게 됩니다.

그래서 슈페만은 유다이모니아, 즉 행복과 보편적인 도덕을 어떻게 결부시킬까를 고민하면서 제3의 길을 모색합니다. 그 결과 행복을, 이 책의 제1장의 제목에 있는 것처럼, '자기실현'으로 이해합니다. 여기에서 뉘앙스가 좀 달라지는데, 그는 자신의 실현과 타자의 실현을 전부 포함한 것을 궁극적인 목적으로 이해하고, 그것이 실현되기 위한 여러 조건을 생각해 보자고 합니다.

이것을 위해서 어떤 방법을 취할 것인가? 행복주의의 경우에는 아까 말씀드렸듯이, '만약에 행복해지고 싶으면 이런 저런 노력을 하지 않으면 안 된다.'는 조건을 제시합니다. 그래서 가장 보편적인 것이라고 일견 생각되는 것은 현인들의 행복감을 모델로 하는 것입니다. 아마도 행복주의가 제출할 수 있는 최고의 행복모델은 현자, 현인들의 덕에 가득 찬 행복감이라고 생각합니다. 보편주의의 경우에는 가능한 한 보편적인 도덕을 제시하고, 그런 도덕을 실제로 실천해 나가고자 합니다.

슈페만은 행복주의도 보편주의 이전에 '각득'(覺得)이 있어야 합니다. '각득'은 번역으로는 '지각'이라고 되어 있는데 지각이라고 하면 감각적인 대상파악이 되어 버립니다. '각득'의 원어는 'warnehmen'(바르네멘)으로, 'wahr'는 '진실, 진리'이고, 'nehem'은 '파악하다'는 의미입니다. 저는 그런 의미에서 '각득'(覺得)이라는 번역어를 만들었습니다. 각득은 가장 실재적이고 현실적인 것을 자각해 나가는 것을 말합니다.

그럼 무엇이 가장 현실적인가 하면 유럽철학의 본령인 Sein(자인), 즉 존재를 끄집어냅니다. 이것은 나중에 말씀드리겠습니다만, 존재라고 해도 유럽철학에서 그리스에서 시작하여 현대의 하이데거에 이르기까지는 여러 존재감이 있고, 그 존재감에 의해 행복감은 다양하게 나뉘어 왔습니다.

슈페만의 경우에는 존재를 무조건적인 것이라고 생각합니다. 가령 무조건적으로 타자를 있게 하고, 무조건적으로 자기를 줍니다. 이것은 하이데거도 말한 것인데, 독일어로 Es gibt(에스 기프트)는 "있다, 존재한다"는 의미입니다. 그 안에 '준다'는 말이 이미 들어 있습니다. 그래서 무조건적인 것은 자신의 존재를 무상으로 줍니다. 자기증여를 하는 것입니다. 어떤 의미에서는 사랑으로 가득찬 것으로 존재의 성격을 이해해 나갑니다.

인간은 어떤 존재인가 하면, Selbstsein이라고 하여 존재가 거기에 깃듭니다. 또는 존재가 거기에 드러납니다. 그것이 인간이라고 말하는 것으로, 인간은 존재 그 자체를 획득할 수 있는 것도 아닙니다. 또는 인간의 지식으로 존재를 대상화하거나, 심지어는 소유하거나 이용하거나 마음대로 파괴할 수 없습니다. 존재는 고유한 것인데, 그것이 나타나는 것은 장소로서의 인간입니다. 그래서 어떤 의미에서 인간은 존재의 상(像)입니다. 인간은 존재의 모사(模寫)입니다. 그래서 인간은 물화되거나 양화되지 않는, 또는 상품화되지 않는 고귀한 것을 지니고 있다고 위치지워 나갑니다.

그리고 인간은 '자기 존재가 드러나는 장소'라는 사실을 '각득'(warnehmen)하고, 타자도 실로 그런 존재가 드러나는 장소라는 점을 자각하여, 서로 무상(無償)으로 삽니다. 즉 무상으로 서로 주는 행복한 창생(創生)의 지평이, 거기에 열리게 되는 것입니다. 이와 같이 무상으로 서로 주는 것을 이 책에서는 '선의'(善意)로 번역하였습니다만, 어쩌면 일본어로는 '자비'라고 해도 좋을지 모르겠습니다. 성서적으로 말하면 '아가페', 즉 사랑이라고 할 수도 있습니다. 인간은 무상으로 서로 주는 세계에 초대되어 있는데, 현실적으로 사는 인간에게는 가정이 있고 아이도 있고 우정관계도 있고 직장이 있다고 하는 유한한 상황에 살고 있기 때문에, 거기에서는 가까운 사람과 먼 사람의 차이가 생기게 됩니다. 아이가 강물에 빠졌을 때에 엄마는 자기 자식을 먼저 구합니다. 다른 아이보다 자기 아이를 먼저 구하는 것이 인간에게 있어서 자연스러운 일입니다. 인간은 그런 '가까움'을 갖고 있습니다. 그래서 유한한 가운데에도 가까운 것부터 사랑하면서 점점 먼 것으로 사랑을 확장해 나가는 사랑의 질서가 성립하게 됩니다.

거기에는 가정에서의 사랑이나 향토애 또는 직장에서의 협조 등, 경우에 따라서는 국가까지 들어갈지 모릅니다만, 인간은 존재의 모사로서 무한하게 그리고 무상으로 준다고 여겨지고 있습니다. 그의 선의도 그 나름대로의 확장범위를 갖고 있습니다. 그래서 사랑의 질서를 넘어서 인류적인, 지금으로 말하면 전 지구적인, 행복에 대한 책임을 지고 있습니다.

특히 그가 강조하는 것은 장래세대를 타자로 보고 장래세대에 대한 책임을 자각해 나가는 것이 대단히 중요하다는 것입니다. 그와 동시에 자연을 타자로 인정하면 환경문제와도 이어진다고 생각합니다. 자연과의 상생문제까지 시야에 넣는 것입니다. 유럽철학으로 말하면 존재론과 윤리학 그리고 행복론이 서로 침투해 나가는 형태로, 아까 말씀드린 행복주의와 보편주의를 조정한 제3의 장소를 만들고자 하는 것이, 거칠게 말하면 슈페만의 행복론의 개요라고 할 수 있습니다.

다케나카 히데토시: 미야모토 교수께서 슈페만의 의도와 방법에 대해 말씀해 주셨습니다. 다음에는 이것을 토대로 김태창 선생께서 내용을 좀 더 풍부하게 해주시면 감사하겠습니다.

김태창: 내용이 풍부해질지 어떨지는 잘 모르겠습니다만, 지금 여기에서 여러분과 함께 슈페만의 행복론을 공공하는 철학의 입장에서 저 자신의 개인적인 견해로 말씀드리겠습니다. 그리고 이것은 슈페만의 행복론을 주제로 한 여러분과 저의 대화 전개를 위해서 제가 말머리를 꺼내는 것이기도 합니다. 먼저 여러분과의 대화의 방향을 잡기 위해서, 저 자신은 어떻게 슈페만의 행복론에 접했는지를 말씀드리겠습니다. 그것은 기본적으로 '느낌'(感)과 '논의'(論)와 '실천'(行)의 삼상연관(三相連關)의 동태적 접근을 시도하는 것입니다. 달리 말하면 실심(實心)·실학(實學)·실지(實地)를 아우르는 입장에서 슈페만의 행복론을 이해하는 방법자세입니다.

먼저 '느낌'(感)입니다. 슈페만의 존재감각과 그것에 대한 저의 실심감각의 공감범위라고 하는 문제감각입니다. 슈페만은 시대와 상황으로부터 무엇을 어떻게 느끼고 행복의 문제를 생각하게 되었는가? 그리고 저의 개인적인 실심감각을 통해서 어느 정도, 그리고 어느 범위에서 공감공명할 수 있는가 하는 것입니다. 다음으로 '논의'(論)입니다. 슈페만의 철학적 논의의 주지를 저의 실학실론을 통해서 어디까지 공통이해에 도달하고, 어느 정도 상호승인할 수 있는가라는 문제논구입니다. 그리고 '실천'(行)입니다. 슈페만의 철학실천과 저의 개인적인 실지(實地), 즉 생활현장에서의 실심실학의 실행과의 공동(共働) 가능성의 정도와 범위를 도모하는 문제궁행(躬行)입니다.

여기에서 다시 '느낌'(感)의 차원으로 되돌아갑니다만, 슈페만은 그가 태어나고 자란 그리고 몸에 익힌 서양사상과 철학발전의 한계를 실감하고, 거기에서 엄습해 오는 답답함에서 벗어나기 위한 고뇌와 탈출에 대한 열망이 오늘 우리가 이야기하는 『Glück und Wohlwollen』(Stuttgart: Kletta-gotta, 1989) 속에 농축되어 있지 않나, 라는 것이 저의 솔직한 감득(感得)이고, 그것은 실로 저의 한국·중국·일본의 현실에 대한 철학적 곤궁감과도 공명하는 것입니다. 그것은 이보다 2년 전에 출간된 『das Natürliche und Vernünftige』(Munich und Zurich: Piper)로부터도 읽어낼 수 있는 감각·감정·감성이기도 합니다. 그것은 자연적인 것과 이성적인 것 사이에서 생기는 상극·상화·상생에 대한 철학적 대응의 곤궁감이자 좌절감이기도 합니다. 자연적인 것과 이성적인 것의 이원대립을 초극하는 무언가가 절실하게 요청되는데 명확하게 파악한 것이 없다는 결핍감을 말하는 것입니다. 그것은 슈페만이 살아온, 그리고 살고 있는 독일이나 유럽의 시대적·상황적 존재조건에 직접적으로, 그리고 간접적으로 영향받은 감응작용이라는 의미의 존재감각입니다. 그 변화와 발전의 실상을 읽어내고자 하는 것입니다. 그러한 관점에서 슈페만을 읽었습니다. 1996년에 출판된 『Personen: Versuche über den Unterschied zwischen 'Etwas' und 'Jemand'』(Stuttgart: Kletta-Lotta)를 통해서, '자연적인 것'과 '이성적인 것'의 이원대립적 갈등상황에서 생기는 폐쇄감을 돌파하는, 그리고 별개의 것으로의 열림이 구체화되었다고 느끼는 것입니다만, 그것이 다름 아닌 '인격적인 것'이라는 차원이라는 데에 저도 공감하는 것입니다. 자연적인 '것'(物)과 이성적인 '것'(物)의 사이에서 인격적인 '것'(事)의 지평을 열어나가는 방향을 향해 신중하게 그리고 대담하게 나아갈 필요성을 통감한 슈페만의 모습이, 저의 심중에도 울려 퍼졌습니다.

그러나 여기에서 유럽적인 감각과 동아시아적이라고 할까, 아니면 일본적이라고 하는 편이 좋을지 모르는, 그런 감각과의 차이·어긋남·뒤얽힘이 두드러집니다. 여기에서 우선 '인격'이라고 나타낸 말은 '페르존'이라고 하는 독일어의 번역어로, 라틴어 '페르소나'에서 파생된 것입니다. 유럽 여러 나라들의 언어와도 공통되고 있는데, 그 본래의 의미는 '함께 서로 울리는(響) 존재'를 말합니다. 저 자신의 개인적인 해석입니다만 '교향존재태'(交響存在態)라고 하면 어떨까요? 생명과 마음이 말에 의해서 함께 · 서로 · 치우침없이 만나고 · 통하고 · 울리는 '사이' 존재의 양상을 가리킵니다.

그리고 한중일 공통의 '인격'이라는 한자어에는 이상적 인간으로서 도덕적으로 완벽한 경지에 도달한 '사람됨'(爲人)이라는 의미가 부착되어 있습니다. 여기에서 새삼 주의할 필요가 있습니다. 유럽의 페르존이 기본적으로 존재와 존재의 '사이 · 가운데 · 경계'에서 생생하는 '만남 · 어울림 · 관계'의 신체간(間)적 감응이라고 한다면, 한중일 공통의 한자어인 '인격'은 개별존재의 '내부 · 안 · 속'에 응결하는 '몸짓 · 소행 · 행위'의 신체내적 감각이라는 것입니다.

슈페만의 논지에 대해서는 미야모토 교수의 견해에 이견은 없습니다. 다만 저 나름대로의 논점을 군이 제시할 필요가 있다고 한다면, 철학이라는 것이 결코 어떤 정답을 인정하고 그것을 전달하거나 재확인하는 것이 아니라, 어디까지나 문제의식을 심화시키면서 과학이나 이데올로기 혹은 정설이나 상식에서 제출된 정답을 항상 다시 묻는 끊임없는 탐문행위라는 것입니다.

그래서 슈페만은 가령 행복문제도 모종의 정답을 제출하고, 그것을 가지고 우리를 설득하려고 하기보다는 자신의 (유럽적인) 존재감각에 기초한 문제관심을 그 나름대로의 성의를 다해서 입론을 시도하고, 그것을 통해서 독자들의 반응을 기다림과 동시에, 거기에서 발언자와 문언자(聞言者)의 진지한 철학대화를 기대한 것이 아닐까요? 앞서 말씀드린 슈페만의 세 권의 저작을 동시에 공관(共觀)하는 방법자세로 다시 한번 말씀드리면, 행복이란 한 사람 한 사람의 주관 내발적 자연감각이나 도덕감정이 아닙니다. 그렇다고 해서 타율적 혹은 자율적 규범 · 법칙 · 원리를 충실하게 지키는 심사실행의 성과 · 결실 · 귀결이라는 '것'(物)도 아닙니다. 그야말로 페르존과 페르존의 사이, 인격과 인격의 만남에서 일어나는 생명과 마음이 말에 의해서 함께 · 서로 · 치우침없이 서로 닿고 함께 울리고 더불어 새롭게 되는 '것'(事)입니다. 행복이란 소유 · 점유 · 확보하는 '사물'(物)이 아니라 발생·생성·출현하는 '일'(事)이라는 것이 저의 개인적인 실심공감입니다만 어떠신지요?

　다른 식으로 말하면, 한 사람 한 사람의 자연감각에서 도덕감정으로, 그리고 거기에서 '간'(間) 인격적 상호공감으로 상(相) 전환하는 행복의 실상을 터득한 상태에서, 행복 '느낌'(感)에서 행복 '논의'(論)를 통해서 행복 '실천'(行)으로 진전한다는 것이 저의 재해석입니다. 행복을 감각·감성·감정에 기초하여 한 사람 한 사람이 주관내향적으로 실감하는 '것'(物)에서 이성적이고 이론적으로 각자가 논구하는 '것'(事)으로 문제관심의 초점을 이전시켜서, 거기에서 자기(인격)와 타자(인격)의 간(間) 인격적 상호보완의 언어교환행위에 의한 공감형성의 차원으로 실현되는 공복(共福)—함께·서로·치우침없이 공유·공육(共育)·공진(共振)할 수 있는 참된 행복—의 공동구축을 지향하는 행복실천을 말합니다.

　그것은 '행복을 느낀다'에서 '행복을 논한다'를 거쳐 '행복을 실천한다'고 하는 행복의 차원 전환입니다. 행복을 실천한다는 것은 일본어로는 '시아와스'라고 합니다(여기에서 '시아와세'라는 명사가 나옵니다). 원래 의미는 "행복의 성립조건을 갖춘다"는 뜻입니다. 이러한 관점에서 슈페만의 행복론을 다시 읽고, 거기에서 독해된 것을 제 나름대로 말하면 다음과 같은 문제관심으로 되살아납니다(蘇·甦). '시아와스' 혹은 '행복을 실천한다'는 것은 일종의 심리적 만족상태에 도달하기 위한 경과적 행위인가, 아니면 항상 좀 더 높고 깊고 넓은 지평을 개신해 가는 행위 그 자체인가 하는 문제입니다. 그리고 그것은 자기내발적(自己內發的) 목적적 행위(자력)인가, 아니면 최종적으로는 타자로부터의 작용에 의해 자기의 한계가 돌파되어 자기초월의 차원이 저편으로부터 열리게 되는 자타간발적(自他間發的) 상대(相待)행위(타력)인가 하는 문제입니다. 그리고 '행복을 실천하는' 것은 결국 당연을 사는 것인가, 아니면 우연을 사는 것인가라는 문제이기도 합니다.

　여기서 하나 덧붙이고 싶은 것은 '행복을 실천하는' 것이 인간적 행위인가, 아니면 시민적 행위인가의 문제입니다. 달리 말하면, 개개인의 자기 내 심적 욕망의 충족으로서의 행복에 전념하는 사복(私福) 추구 행위인가, 아니면 자기와 타자 사이에서 함께·서로·치우침없이 성립하고 진화하는 행복—공복(共福)—의 공진(共振) 구축 행위인가 하는 관심의 영역과도 관련됩니다.

마지막으로 말씀드리고 싶은 것은 이번에는 일단 슈페만을 중심으로 서양사상사의 흐름이나 사조를 중시하고, 그것을 가능한 한 성실하게 이해한 상태에서 슈페만의 사상과 철학에 접하며, 이중에서 특히 행복문제를 가지고 여러분과 함께하는 공공하는 철학의 실행을 시도하고자 합니다. 물론 행복문제는 서양사상이나 서양철학의 전유물은 아니며, 가령 동아시아 사상이나 철학의 시각에서 논하면 전혀 다른 관점이나 입장으로부터의 논의가 필요하겠지요. 그래서 오늘의 대화는 그 한계와 약점과 결함을 충분히 인정하는 지점에서 앞으로의 동아시아 사상·철학·문화로부터의 행복론을 기대하면서, 우선은 서양사상과 철학전통에서 길러진 슈페만의 언설에 초점을 두고 철학대화를 전개하는 것이 저의 기본자세입니다. 그리고 그런 자세를 여러분과 공유한다는 전제에서 서로 다를 수도 있는 견해를 자유롭고 활발하게 표명하고 교환하자는 것입니다.

그래서 여기에서는 각자의 입장과 견해를 서로 인정한다는 사전의 양해가 전제되고 있습니다. 이곳은 불립문자의 좌선도장도 아니고 문답무용(問答無用)의 무사수업을 수행하는 곳도 아닙니다. 이곳은 자기와 타자가 함께·서로·치우침없이 각자의 사언(私言)·사어(私語)·사론(私論)을 솔직하게 나누는 공유공간입니다. 말을 매개로 진지하게 마주대하는 공공의 시공간입니다. (公)권력이나 (私)금력(金力)의 영향을 철저하게 배제하고 오로지 말을 주고받는 것만을 으뜸(宗·旨)으로 하는 경지입니다. 여러분과 함께 말을 통해서 열리는 공복(共福)의 지평을 슈페만을 주제로 이야기 하는 것입니다.

다케나카 히데토시: 그럼 이번에는 다시 돌아와서 카타오카 교수의 말씀을 듣겠습니다.

카타오카 류: 먼저 현재 우리가 사는 사회가 위기로 가득 차 있다는 점에 대

해서 말씀드리면, 확실히 어느 시대이건 인간은 위기 속에서 살아왔다고도 할 수 있습니다. 한 인간의 생명은 극히 미약하고 의지할 데가 없습니다. 단지 몇 분만 숨을 멈춰도 한순간에 죽고 맙니다. 그래서 그런 위험이 가능한 한 개인을 직접 엄습하지 않도록 사람들은 서로 돕고 위험으로부터 몸을 보호하기 위한 보호막을 만들어 온 것이 아닐까요? 그러나 울리히 벡(Ulrich Beck)이 말했듯이, 근대에는 그런 보호막의 역할을 해온 국민국가 · 시민사회 · 핵가족은 자기붕괴를 시작하고 있습니다. 근대로 이행하는 과정에서 파괴되어 온 중세적인 인간관계로 되돌아갈 수는 물론 없습니다만, 또 하나의 근대의 가능성으로서 과거의 동아시아의 인간관과 사회관을 행복론을 중심으로 다시 읽는 것도 중요하다고 생각하고 있습니다.

방금 미야모토 교수와 김태창 선생의 말씀을 듣고서, 슈페만의 행복론의 대강은 쾌락주의나 스토아의 현자의 행복 등, 한 사람 한 사람의 주관내발적 자연감각 혹은 도덕감정만으로는 부족하고, 칸트적인 타율적 혹은 자립적 규범 · 법칙 · 원리만으로도 불충분하며, 자연적인 것과 이성적인 것이 예정조화되는 것에 대한 "정말로 그럴까?"라는 위기감 속에서 제3의 길인 자연적인 것과 이성적인 것 사이의 중간적인 부분을, 유다이모니아의 재해석을 통해서 열어보고자 하는 것이라는 큰 틀은 충분히 잘 알았습니다.

다만 그 유다이모니아라는 말의 어감이 잘 와 닿지 않습니다. '다이몬' (Demon)이란 가령 동아시아에서 일반적으로 '령'(靈), '귀신'같은 것과 통하는 것인가요? 왜냐하면 '행복'이라는 말은 비교적 새로운 말로, 그 이전의 동아시아에서는 가령 '복지'라는 말이 '행복'이라는 뜻으로 사용되어 왔습니다. '복지'라는 말의 '복'(福)도 '지'(祉)도 모두 '보일 시'(示) 변입니다. '시'라는 글자는 신(神)이나 령(靈)이 깃든 나무나 돌로 만들어진 신주(神主)를 형상화한 것이라고 합니다. '시'(示)로 이루어진 글자는 귀신이나 제사, 제기, 길흉화복과 관련된 의미를 지닙니다. 이 부분이 우리가 유다이모니아와 동아시아의 행복론을 연결해서 생각할 때의 하나의 관건이 된다고 생각하기 때문에, 먼저 유다이모니아의 어감을 알고 싶습니다.

다케나카 히데토시: 그럼 먼저 미야모토 교수께서 유다이모니아의 어감을 말씀해 주시겠습니까?

미야모토 히사오: 슈페만은 아까 말씀드렸듯이 유다이모니아를 '자기실현'이라고 해석했습니다. 자기실현이 이루어졌을 때 드러나는 행복입니다. 이 경우에 자기는 무엇인가 하면 아까 김 선생께서 말씀하신 '페르소나'입니다. 다른 말로 하면, 인간은 존재가 드러나는 장소, 즉 Sein이 드러나는 da sein입니다. da는 '드러난다'는 의미이기 때문에 그렇게 말한 것입니다.

동시에 '존재의 모사'라는 말을 합니다. 그 배후에는 인간은 신에 의해 만들어진 신의 모사, 이마고 데이(Imago Dei)라는 기독교적인 배경이 있습니다. 달리 말하면, 자기실현이라고 하는 '자기'가 그와 같이 존재의 모사나 존재가 거기에 드러나는 장소를 달리 말한 것이 바로 '인격'입니다.

인격은 페르소나라고 하는데, 이것은 라틴어로 'per'와 'sonare'로 분해할 수 있습니다. per는 '무엇 무엇을 통해서', sonare는 '울린다'는 의미로, 소리가 거기에서 울려나오는 것을 말합니다. 인격이란 무엇인가 하면 이 세계의 근원적인 말, 즉 이 세계에 일관되고 있는, 불교적으로 말하면 관음의 소리이고 기독교적으로 말하면 로고스입니다. 그런 근원적인 말, 호소가 그 사람을 통해서 울리는 것이 인격이라고 생각하는 것입니다.

그런 인격과 인격이 서로의 소리를 듣고, 서로 귀를 기울이는 것은 우리의 일상회화입니다. 여학생들이 하는 이야기를 들으면, 대개 "거기 옷은 아주 좋아해", "지금의 패션은 이래", "카타오카 선생은 멋지다"라는 식으로, 대강 이 정도로 멈춥니다. 대개 신문을 보아도 이런 저런 사설이 있고, 사회상황이나 정치상황, 문화상황 등을 알려줍니다.

페르소나와 페르소나가 서로 이야기를 듣는 것은, 상대가 지금 말하는 사실 자체에서 멈추는 것이 아니라 상대를 그렇게 말하게 하는, 좀 더 깊은 그 사람의 존재의 뿌리 같은 데까지 도달하는 것입니다. 좀 더 설명하면, 그 사람이 아무리 잘난 척을 하여 이쪽으로 하여금 욕이 나오게 해도, 그 사람에게는 고귀한 것이 깃들어 있습니다. 지금은 이래도 장차 이 사람이 고귀한 인간이 될 때까지 서로 이야기를 들어주는 것입니다.

친구관계에서도 같은 말을 할 수 있을 것입니다. 적대관계로 서로를 미워하는 상황에서 만약에 페르소나와 상대를 인정하는 경우에는, 자신을 "더 이상 안 된다. 나는 이런 인간이다"라고 폄하할 때에 "아니 당신은 실은 그런 모습이 아니다. 좀 더 가능성이 높은 미래를 갖고 있다"고 위로해주는 것입니다. 이것이 선의입니다.

김태창 선생이 말씀하신 실심・실감・감수가 슈페만의 '바르네멘'(warnehmen)이라는 말의 참뜻에 부합하고 그것이 슈페만 사고의 원점에 있습니다. 그것은 보통 우리가 어감으로 느끼는 것보다도 더 깊은 '감수'(感受)입니다. 그런 차원에까지 도달한 실감이야말로 인격의 상호 배려로, 거기까지 내려가야 비로소 '적까지 사랑한다'는 말도 가능해집니다. 그래서 진정으로 인격에 귀를 기울이면, 적까지 사랑하라, 배려하라는 말에 공감을 하게 됩니다. 기독교사상가인 토마스 아퀴나스나 스미스의 경우에는 'natura'라는 말을 사용합니다. 영어로 'nature'라고 하면 '자연'이나 인간의 '자연본성'이라고 번역할 수 있는데, 사실 인간의 nature는 상당히 파괴되어 있습니다. 금이 가 있다고는 해도 그런 깊이를 지니고 있습니다. 즉 '존재의 모사'가 뿌리내리고 있는 것이 인간의 nature라고 생각합니다. 그래서 '자연'이라는 말도 여러 단계가 있어서, 이른바 보통의 자연, 또는 물리적인 자연이라는 의미에서 시작하여, 근원적인 뭔가 고귀한 것이 거기에 깃들어 있어서 그것이 드러나는 장소라는 의미의 nature까지 있습니다. 이처럼 nature는 여러 중층적인 의미를 지니고 있다고 생각합니다.

김태창: 카타오카 선생의 문제제기와 미야모토 선생의 말씀을 바탕으로 우리 이야기를 한 걸음 더 진전시키고자 합니다. 먼저 아리스토텔레스가 다룬 유다이모니아의 의미를 잘 이해하는 것이 서양사상사의 흐름에서 행복의 문제를 공구공론(共究共論)하기 위한 최초의 과제입니다. '유다이모니아'라는 그리스어

는 '유'(좋은)와 '다이몬'(영력)의 합성어로, 좋은 영력이—개개인의 마음의 내면 또는 인간과 인간의 사이에서—작용하는 상황·사태·동향을 가리킵니다. 그 것을 개개인의 당사자적인 자기실현으로 볼 것인가, 아니면 개개인을 통해서 현현하는 초개인(체)적인 의미실현으로 볼 것인가 하는 문제를 놓고 생각해 볼 필요가 있습니다. 그리고 존재가 드러나는 장소로서의 인간—'Da sein'이라는 독일어는 바로 그와 같은 인간 존재의 모습을 의미합니다—이라는 인식상(認 識像)을 순일본어로 나타내면 '히'(靈·日·火)와 '토'(所·處·戶)의 합성어인 '히토' (人)—천지만물에 널리 작동하는 영력이 나타나는 장소—라는 어감상(語感像)과 거의 합치하기 때문에, 공통이해가 쉽게 되지 않을까 하는 것이 저의 개인적인 실심감각입니다.

여기에서 미야모토 교수가 말씀하신 '존재'를 종래의 형이상학적인 존재론 에 입각해서 명사적 실체로 이해하지 않고, 하이데거의 새로운 존재이해에 기 초해서 '존재한다고 하는 작용'이라는 동사적인 역능(力能)으로 이해하면, 존재 가 드러나는 장소로서의 'Da sein'이라는 인간상과 영력이 현현하는 장소로서 의 '히토'라는 인간상은 극히 유사하지 않을까요? 이런 점을 보면 서양과 일본 의 사상·철학·문화가 서로 접근하는 영역이나 측면이 있다는 사실도 충분히 인정되지 않을까요?

또 하나는 미야모토 교수도 언급하셨던 슈페만의 '바르네멘'(warnehmen)이라 는 핵심어와 관련해서 말씀하신 인간과 행복에 대한 개인적인 견해를 제시하 고자 합니다. 미야모토 교수이 바르네멘을 사전적인 직역인 '지각'이나 문자대 로의 해석인 '진리파악'이 아니라, '진실을 자각한다'거나 '가장 실재적인 것, 가 장 현실적인 것을 감수한다'고 이해한 점에 실심의 공진(共振)을 느낍니다. 이로 부터 진리(실재·존재)를 지각(파악)하는 인간이라기보다는 진실(자기 존재)을 자 각하는 인간, 그리고 자기 존재가 드러나는 장소로서의 인간이라는 인간이해 의 전환이 설파되고 있는 부분에도 실감의 공명을 느낍니다. 그것을 확인한 상 태에서 다시 말씀드리면, 진리·실재·존재를 성(誠=참됨)·성지(誠之=참되게 하다)·생생(生生=생명의 작용)이라고 이해하면 어떨까 하는 것이 저 자신의 개인적인 문제관심입니다.

그렇게 되면 성(誠)을 자각하고 성(誠)이 실행되고 만물생생(생명의 작용)이 드러나는 작용으로서의 인간이해가 성립됩니다. 이것은 어디까지나 저 자신의 개인적인 견해입니다만, 성(誠)은 우주생명의 작용이고 성지(誠之)는 개체생명의 작용이라고 가정하고, 우주생명과 개체생명의 공진·공명·공동(共働)이 생생, 즉 생명의 작용이라고 상정하는 것입니다. 그러면 생명의 작용을 자각하는 인간, 생명의 작용이 드러나는 장소로서의 인간, 나아가서 우주생명과 개체생명이 함께·서로·치우침없이 만나고 통하고 울리는 장소·현장·토대로서의 인간이라는 인간상이 출현할 수 있습니다. '생명'에 해당하는 '이노치'라는 일본말이 혼(魂)·명(命)·생(生) 그리고 영(靈)이라는 한자어로 표기되어 온 전통과 관례를 고려하면, 아까 말씀드린 '히토'—영력이 드러나는 장소로서의 인간—와도 근저에서 통하게 됩니다. 이런 인간이해가 정리되면 유다이모니아를 좀 더 잘 이해하는 유효한 단서가 된다고 생각합니다.

유다이모니아란 우주생명과 개체생명이 잘·제대로·어긋남없이 공명·공진·향동(響動)하는 상황·사태·경우라고 할 수 있습니다. 우주생명의 작용은 인간의 의도·바람·계획과는 다른 차원의 역동이기 때문에 인간에게는 의외의 일·돌발사태·우연한 사건이기도 합니다. 개체생명의 작용은 기본적으로 개개 인간의 주체적·능동적·자주적 작위의 범위 안에서 조정해야 한다는 것은 당연한 일입니다. 그런 의미에서 유다이모니아는 우연과 당연이 미묘하게 얽힌 것이라는 의미에서 한자어의 '행복'이나 일본어의 '시아와세'와도 통저(通底)하는 바가 있습니다.

'행'(幸)은 재난이나 위험을 간신히 피했다는 우연한 사정을, 그리고 '복'(福)은 신의 은혜를 받기 위한 인간의 진심을 담은 제례적 당위적 공부의 결과로서 장수나 재산이나 다남(多男) 등의 보장을 각각 의미하는데 이 두 가지 의미가 담겨 있는 것이 '행복'입니다. 그래서 행복과 유다이모니아는 의미연관적으로 서로 이어지는 바가 있습니다. '시아와세'도 그 말의 어원을 생각해보면 역시 우연과 당위의 만남이라는 뜻이 담겨있기 때문에, 서로의 유사점이 있다고 생각하는데 어떠신지요?

그래서 유다이모니아는 인간의 당위적 공부의 결과로 보는 경우에는 뛰어난 의미에서의 자기실현입니다. 이것은 개체생명의 작용이라고 하는 자력(自力)이 가져온 당연한 노력의 결과입니다. 하지만 유다이모니아는 선량한 다이몬, 즉 영력의 작용이라고 하는 타력에 의해 초래된 우연한 사건이기도 합니다. 그래서 그것은 개체생명의 자기실현임과 동시에 우주생명의 의미실현이기도 합니다.

우주생명을 신(神), 그리고 개체생명을 인(人)이라고 하면, 유다이모니아는 신인공동(神人共働)의 최적화로서의 의미실현이라고 할 수 있지 않을까요? 그것을 유다이모니아(eudaimonia)라는 명사적 실체로서가 아니라 '유다이모네인'(eudaimonein)이라고 하는 동사적 역능(力能)으로 이해하여 일본어의 '시아와스'나 고대 중국에서의 '행'(幸)이 '이루어진다'고 하는 의미, 그리고 '행복'이란 복(福)의 바람이 이루어진다는 의미의 동사였다는 설도 있다는 점까지 감안하여 새롭게 해석해 보면, 양자 사이에 상당한 유사성이 보이지 않을까요?

아리스토텔레스의 유다이모니아론에는 'euzen'(잘 산다)이나 'euplattein'(좋은 행위를 한다)이라고 하는 당위적 행위와의 긴밀한 상관연동이 특히 강조되고 있습니다. 아리스토텔레스는 우연한 사건과 당연한 노력의 양면을 중시하고 있습니다. 그래서 칸트는 인간행위의 목적으로서의 행복—칸트는 이것을 '행복주의'라고 불렀습니다—을 비판하고, 도덕적(=당위적) 행위의 결과로서의 행복—그러나 필연적 결과로 보장되지는 않는다—은 일단 인정하지만, 그래도 행복보다는 의무가 우선시되어야 한다는 생각으로 전환할 소지가 처음부터 있었다고 볼 필요가 있습니다. 그런 의미에서는 칸트를 아리스토텔레스로부터의 이탈과 대립의 상(相)으로서가 아니라, 상극·상화·상생의 차원전환으로 대비시키는 것이 좋다고 생각하는데 어떻습니까?

이상과 같은 유다이모니아의 이해를 바탕으로 아리스토텔레스에서 시작되는 서양사상의 행복론을 좀 더 잘 부감하기 위해서는, 먼저 서양사상의 내재적 이해를 넓히기 위한 최소한의 가늠으로서 독일관념론과 영국경험론—특히 스코틀랜드 계몽사상—의 양면에서 행복문제를 공관공찰(共觀共察)할 필요가 있습니다. 그리고 문화간 비교이해를 좀 더 심화시키기 위한 실마리로서 유교와 불교에서의 행복문제를 공시논구(共時論究)하는 것이 대단히 중요합니다.

　하지만 이번에는 일본의 오사카에서 슈페만의 언설을 중심으로 이야기를 하고 있기 때문에 슈페만이 다룬 아리스토텔레스의 유다이모니아와 붓다의 니르바나와의 대비가 방법상으로 좋지 않나 생각하는데 어떠신지요? 그것은 인도에서 시작되어 중국과 한국 그리고 일본을 포함한 동아시아에 지대한 영향을 끼치고 있음과 동시에, 특히 일본에서 니르바나의 논의가 다양하게 전개되었기 때문에 그것을 정리·이해·심화시킬 필요가 있기 때문입니다. 유다이모니아가 우주생명과 개체생명의 공동최적화(共働最適化)를 통해서 개체생명의 작용이 빛나는 것이라고 한다면, 니르바나는 우주생명과의 융합일체화를 통해서 개체생명이 무화(無化)·공화(空化)하는 경지에 이르는 것입니다. 개체생명이 우주생명 속에 회귀안식한다는 것이기도 합니다. 이와 같은 대비참조를 통해서 유다이모니아의 내실이 종래의 서양사상에 대한 이해와는 맛이 다른 이해가 될 수 있지 않을까요?

　카타오카 류: 미야모토 교수의 말씀으로부터, 유다이모니아를 생각할 때에는 '인격'과 함께 생각해야 하는데, 여기서 인격이란 페르소나라고 하는 '공명'(共鳴)이자 타자의 소리가 울리고 들리는 것이고, 이때의 타자란 존재의 근원에서 울려 퍼지는 것이라는 점에 대해서 잘 알았습니다. 그리고 김태창 선생으로부터 유다이모니아는 우주적 생명과 개체적 생명이 조화되어 최적화되어가는 가운데서 파악되는 역동적인 행복이라는 점도 대단히 쉽게 이해할 수 있었습니다. 존재의 뿌리에서 울려 퍼진다는 점에 관해서는 동일본대지진이 일어났을 때에 내 생명이 사는 것도 중요하지만, 내 생명과는 다른 타자의 생명도 있

고, 그런 생명들끼리 확실히 울려 퍼진다고 하는 실감은 있었습니다. 다만 제 경우에는 그것이 그다지 길게 지속되지는 못했습니다. 2개월 정도밖에 지속되지 못했는데 지금까지의 모든 허식적(虛飾的)인 것이 벗겨진 상태에서 서로의 생명이 울려 퍼지는 생명의 무리의 파동과 고동이라고도 할 만한 공통감각이 있어서, 인간의 원풍경이 보였다는 느낌이 들었습니다. 그런 체험과 상통하는 점이 있다고 생각합니다.

김태창: 아리스토텔레스에게는 인간이나 시민이라고 하는 인간이해는 있습니다만, 인격—페르소나라고 하는 의미에서의—개념은 아직 뚜렷하지 않습니다. 그리스어에 '프로소파'(prosopa)나 '프로소폰'(prosopon)이라는 말이 있지만, 주로 극장에서 사용된 말입니다. 배우가 쓰는 가면이나 배역의 연출을 의미하는 말입니다. 그것이 이후에 라틴어로 페르소나(persona)라고 불리게 되었기 때문에, 서서히 자기와 타자 사이가 서로의 진지한 말의 자유활발한 교환을 통해서 함께·서로·치우침없이 서로 만나고·서로 통하고·서로 울리는 상관연동적인 '간'(間) 주체로서의 인간의 모습을 나타낸다고 하는 의미전환이 일어난 것입니다.

그리스시대의 에토스(정신풍토)에 의하면, 로고스(참·말)를 지닌 생명체로서의 인간들이 로고스의 분유·공유·공용을 통해서 형성되는 정치공동체의 일원으로서의 역할과 기능을 충분히 수행하는 것이 가장 중요한 과제였습니다. 거기에서 상기된 것이 '폴리테스'(polites, 시민(市民))입니다. 시민 이전의 자연적 생명체로서의 사람들은 '이디오테스'(idiotes, 사민(私民))라고 하여 시민과는 엄밀하게 구별·차별되었습니다. 그래서 아리스토텔레스의 유다이모니아는 자연적 생명체로서의 사민보다는 언어교환적 주체로서 정치공동체의 구성원이라는 입장에서 정치철학적 대화활동에의 참가자로서의 의식변혁에 중점이 놓여지고, 새로운 생활 방식·사고방식·행동방식의 생성을 말하는 것이 아닌가 하는 것이 저 자신의 개인적인 이해입니다.

그래서 어디까지나 개개인의 의식내재적인 발전인데, 이것은 페르소나와 페르소나가 공명하는 경지와는 상이하지 않나요? 페르소나 사이의 공향(共響=함께 울림)은 신의 진심·말씀이 사이에서 작용하여 생명활동의 최심층까지 파고듦으로써, 함께·서로·치우침없이 만나고·통하고·관계맺는 존재와 존재 사이에서 생기(生起)하는 사건이기 때문에, 이것은 전형적인 기독교적 인간관·인간상·인간 이해입니다. 이것은 로마시대에 라틴어로 로마법이 제정되고, 기독교 신학의 기본교리가 정리되는 과정을 통해서 형성된 것입니다.

그리고 그러한 신의 참됨·말씀이 서로 통하고·서로 울리고·거기서 서로 새로워지는 페르소나와 페르소나의 사이에서 서로 만나고·함께 어울리고·더불어 말씀을 나누는 일을 현현(顯現)하는 몸과 맘과 얼의 공동태(共働態)를 '커뮤니언'(Communion)이라고 합니다. 그런데 아리스토텔레스의 유다이모니아는 시민적·공동체형성적 주체들의 집합적 전체의 최적화에서 생기(生起)하는 것입니다. 그것은 개개인의 내심(內心)과 관계됨과 동시에 개개인을 그 속에서 감싸안으면서 외부에 실재하는 전체와도 관계한다는 이중구성의 행복입니다. 바로 이것이야말로 유다이모니아적 행복이라고 할 수 있습니다.

그러나 아담(남자)이라는 하나의 인격적 생명체가 이브(여자)라는 다른 하나의 인격적 생명체와 만나서 진지한 대화를 통해 서로의 개신(開新)을 도모하면서, 함께 신적 우주생명의 활동에 공동참가하고, 그 작용의 분유·공유·공육(共育)이 최적화되는 데에서 생겨나는 '間'(간)주체적·간발적(間發的) 공동태(共働態)를 커뮤니언이라고 부르는 것입니다. 그리고 자기와 타자가 서로·함께·더불어 아파하고·슬퍼하고·기뻐하는 데서 울려퍼지는 행복을 '커뮤니언적 행복'이라고 합니다.

이렇게 비교해보면 유다이모니아적 행복과 커뮤니언적 행복의 차이가 분명해지지 않나요? 그리고 거기에서 한 걸음 더 나아가서 니르바나적 행복과 비교 고찰하면 니르바나적 행복은 인격과 인격 사이에서 참됨의 궁극으로서의 신의 말씀이 공명하는 행복이 아니라, 모든 번뇌구족적(具足的) 개체생명체의 가상(假想)이 무(상)화(無〈相〉化)·공(상)화(空〈相〉化)되는 데서 비로소 현현하는 여실지견

(如實知見)의 법열(法悅)이자 법희(法喜)입니다. 이것이야말로 실로 불교적 행복의 핵심이 아닐까요?

여기에서 여러분과 함께 꼭 공구공론(共究共論)해 보고 싶은 또 하나의 관심사는 악의 문제입니다. 특히 악 중에서도 악의 근본인 '근본악' 혹은 '근원악'의 문제입니다. 왜냐하면 두 가지 문제를 탐구해 볼 필요성을 느끼기 때문입니다. 그 중 하나는 오늘 우리가 다루는 슈페만의 저작의 표제가 『행복과 선의』인 것으로부터 극히 자연스런 흐름으로서 '불행과 악의' 혹은 '불행과 근본악'이 연상되고, 또한 인간과 공동체에 불행을 가져오는 악의 근원에 있는 것, 즉 근원악이란 무엇인가 하는 문제에까지 생각이 미치기 때문입니다.

그리고 서양사상사에서의 행복론의 주류가 아리스토텔레스에 의한 '유다이모니아'—'선령(善靈)의 작용에 의해 지켜진 경우'를 의미하는 그리스어—의 활용에서 시작되었기 때문에, 불행에 관한 서양사상적 발상의 원류를 '카코다이모니아'—'악령의 계략에 빠진 곤경'을 의미하는 그리스어—의 고찰에서 시작하는 것도 좋지 않나 생각합니다. 카코다이몬(악령)이란 초인간적 귀신이나 자연의 위력의 표상입니다. 그 망동에 의해서 초래되는 악운·불운·비운이 카코다이모니아입니다. 어딘가 일본어의 '와자와이'(불행)와 비슷합니다. 와자와이도 그 본래 의미는 '사악한 귀신의 소행이 가져오는 불행한 일'을 가리키기 때문입니다.

여기에서 한 번 더 생각해 보면, 서양사상사의 주요 흐름에서 새삼 느낄 수 있는 것은 악의 근본은 로고스(참됨 혹은 그것의 표명으로서의 말)를 배반하는(背·叛) 것이자 거역하는(逆) 것이라는 고정관념입니다. 그중에서도 그리스적인 근원악은 자연의 로고스에 반하는 것, 그리고 기독교적인 그것은 유일하고 절대적인 신의 로고스에 대한 반역·불신·불복(不服)이라고 할 수 있겠지요. 거기에서 가령 칸트와 같이 어떤 정언명령적인 도덕률에 반한다는 생각으로 발전하는 것입니다.

공공철학 교토포럼에서도 악의 문제에 대한 논의를 전개해 왔습니다만, 개인적으로 가장 인상 깊었던 것은 학습원대학(學習院大學)의 나카무라 이쿠오(中村生雄) 교수의 "일본에서의 근원악은 '반(反)천황·반(反)권력'이다"라고 하는 명언(明言)입니다. 그때 나카무라 교수의 "한국의 경우는 어떻습니까?"라는 반문에 대해서 제가 '반(反)민중·반(反)민심'이라고 대답했던 기억이 납니다. 천황의 마음이나 생각과는 다른 마음을 품거나(包·懷) 다른 말을 하는(吐) 것, 그리고 공권력(천황·정부·체제의 의지의 발동)에 따르지 않는 것이 일본에서의 근원악의 모습이라고 한다면, 한국의 경우에는 민중감성의 동향—가령 "헌법보다도 국민감정법이 우선된다"고도 합니다—을 무시하는 것이야말로 공분(公憤)을 일으키는 악 중의 악이 아닌가 생각됩니다. 그리고 중국의 경우에는 천리(天理)를 떠나서 인욕(人欲)에 굴복하는 것이 근원악으로 상정되고 있지 않나 하는 인상을 받습니다.

그리고 현시점에서 저 자신의 개인적인 견해는 한 마디로 말하면 '반(反)생명'—'목숨'(生)의 '부름'(命)을 거역하는 것—이야말로 모든 악의 근원입니다. 그것은 거기에서 생명의 작용이 드러나는 장소—최근에는 '에코시스템'이라고 합니다—를 파괴하는 것, 그리고 그 장소에서 생겨나는 생명의 힘을 말살하는 것입니다. 그리고 바로 그것이 근본원인이 되어 다양한 조건 하에 모든 장해·역병·천재지변·재난·비참과 같은 악한 사건이 일어나는 것이 아닌가요? 또한 거기에서 다종·다층·다중의 인간적 공동태적 불행—악운·불운·비운—이 생기하는 것이 아닌가요? 슈페만의 '행복과 선의'라는 표제에 담긴 깊은 생각을 정확히 읽어내기 위해서는 그 이면의 사정으로, 가령 '불행과 악의(악령·자연·제도·권력·인욕 등)'에 대해서도 제대로 파악해 둘 필요가 있다고 생각합니다만 어떠신지요?

미야모토 히사오: 그 전에 좀 더 슈페만이 생각하는 근본악, 가령 아우슈비츠에 대해서 조금 언급하고 싶고, 그가 『원자력시대의 오만』에서 어떻게 이야기하고 있는지에 대해서도 나중에 다루고 싶습니다. 이성과 생명의 문제가 나왔기 때문에 이 책의 전반은 유다이모니아를 중심으로 제1부가 있고, 제2부부터

드디어 선의로 들어가고 있습니다. 그 도입부에서 마침 이성과 생명 문제를 다루고 있기 때문에 그 문제를 좀 더 생각해보고자 합니다. 현대 서양철학은—근현대라고 해도 됩니다만—이성을 도구로 사용하고 과학기술로 대표되듯이 인간중심문명을 건설해 왔습니다. 다른 한편으로 그런 이성에 대한 불신감은 포스트모던철학에 오게 되면 더 이상 이성을 신용하지 않게 됩니다. 즉 이성이 지닌 존엄이 대단히 희박해진 것이지요. 그럼 슈페만은 이성이나 생명을 어떻게 이해하고 있는지 좀 더 살펴봅시다. 그는 현대철학에서처럼 이성을 무기적(無機的)인 도구로 보는 것이 아니라 인간 생명으로 이해합니다. 이성이라고 하면 과거에는 라틴어로 'conceptus'라고 하였습니다. 영어에서의 conception이지요. conception이라고 하면 여성의 임신을 말합니다. 이성은 생명체이기 때문에 다양한 타자와 만나서 그 타자를 생명을 가진 것으로 자신의 몸에 잉태시킵니다. 이성은 자신 속에 잉태하는 것입니다. 그리고 자신 속에 잉태한 여러 개념(conception)을 품고 있으면서, 그것으로부터 새로운 언어나 사상을 낳는, 대단히 생명적인 것이 이성입니다.

이러한 배경에서 자기중심주의의 이성은 근대 유럽에서는 이성에 의해 세계를 구성합니다. 칸트의 『순수이성비판』은 이성을 중심으로 그 개념으로 세계를 만들어 버린다는 것입니다. 또는 훗설과 같이 세계 전체를 이성 속에 집어넣고서 구성하는 구성주의가 성행하게 되는데, 그것은 자기중심주의입니다. 이성은 생명으로서 타자와 만나면 타자의 시점에서 자신을 보거나, 타자는 타자인 것으로, 즉 자기의 개념으로 환원할 수 없는 것으로 받아들입니다. 어떤 의미에서 그와 같이 타자가 되어 가는 하나의 생명적인 것이라고 생각합니다.

김 선생께서 '사람'을 언급하시면서 그런 우주적 생명이 깃든다고 말씀하셨습니다만, 그것을 약간 다르게 말하면, 성서에서 사도행전이라는 교회공동체가 성립한 최초의 사건은 바람과 같은 소리가 '획~' 하고 나서 불이 한 사람 한 사람에게 머물자, 각자가 각각 다른 언어, 가령 시리아어나 그리스어나 라틴어, 콥트어 등의 다양한 언어로 말하게 됩니다. 다양한 언어를 말하는 곳에 하나의 공동체가 성립할 수 있다는 희망이 있는 것이지요.

이것은 무엇을 말하고 있는가 하면, 바벨탑이라는 구약의 이야기를 보면, 당시에 인간은 하나의 언어를 말하고 있었는데, 신에게 필적하려고 기술을 사용해서 신을 내려다보려는 생각으로 거대한 탑을 세웠습니다. 이것은 인간의 오만인데, 그리스어로 는 'hubris'라고 합니다. 'hubris'는 그리스문화에서는 '오만'이나 '폭력'이라는 의미로 쓰이고 있습니다. 그런 인간의 오만을 보고 언어를 따로 따로 쓰게 하자 인류가 서로 전쟁을 하게 된 것입니다.

불이 멈추자 한 사람 한 사람이 다른 언어를 쓰게 되고, 그것이 바탕이 되어 다양한 언어를 쓰는 사람들이 하나의 공동체를 만들어 나가는 것이 최초의 사건입니다. 즉 행복이란 다른 언어를 사용하고 있어도 거기에 뭔가 통하는 것이 있다는 것입니다. 거기에 인간과 인간의 노력이 있고, 서로의 장벽을 극복해 나가는 것이 필요하다고 생각합니다. '사람'이라는 말로부터 아까 통찰을 받은 것은, 어떤 이는 불이 멈추는 것이 '사람'이라고 생각했습니다. 불은 무엇을 말하는가 하면 아까 김태창 선생께서 말씀하신 우주생명입니다. 헤라클레이토스는 "우주는 영원한 불이다"라고 하였습니다. '령'(靈)이라고 해도 좋습니다만, 그 우주적 생명인 불이 그 사람에게 머물고 있습니다. 그것이 사람입니다. 그래서 그런 불에 대한 감수성을 갖는 것이 이성이라는 것입니다. 이에 반해 슈페만은 생명을 어떻게 이해하는가 하면 보통의 유기적인 생명을 먼저 생각합니다. 자연본성까지 포함한 생명입니다. 자신의 생명을 영위하기 위해서는 만나는 것을 전부 자신의 생명으로 삼는 것입니다. 그것을 먹거나 흡수해서 자신의 식량으로 삼는다는 의미에서 어쩔 수 없이 일종의 자기중심성이 나오게 됩니다. 만나는 세계를 자신이 살기 쉬운 환경으로 바꿉니다. 좀 더 강하게 말하면 '자기 구역'이 됩니다만, 그런 자기보존적인 의미를 어쩔 수 없이 지니고 있습니다.

그러나 그것은 유기적인 생명이기 때문에 거기에 머물러 있으면 인간은 가난해지게 됩니다. 그래서 그 생명의 자기보존의 닫힌 원을 전복시켜서 열고, 생명이 개심(改心)하여 이성의 지혜에 서로 협력하면서 변용해 나가는 것이 이성과 생명의 관계가 된다고 생각합니다. 예를 들면 먹는 것도 동물의 경우에는 먹이를 취해서 자신의 먹이로 먹습니다. 가령 여기에 맛있는 고기가 있다고 합시다. 개들은 서로 싸우면서 커다란 고깃덩어리를 입에 물게 되면 방 한 구석으로 가서 자기만 먹습니다. 하지만 인간은 식탁을 둘러싸고 함께 우정을 나누면서 먹지요. "천국의 식탁에서는 긴 젓가락을 쓴다"는 말이 있습니다. 무슨 말인가 하면 젓가락이 너무 길면 음식을 자기 입에 넣을 수 없기 때문에 상대방의 입에 넣는 것입니다. 상대방은 긴 젓가락을 써서 나에게 음식을 먹게 해 준다, 즉 나눔이 있는 곳이지요.

그리고 문화적으로도 여성은 꽃을 기르거나 멋진 식탁보를 만들거나 여러 가지 문화적인 노력을 기울입니다. 반면에 음식재료의 경우에는 요즘은 농약을 너무 많이 쓰기 때문에 과연 이것으로 좋은가 하는 비판도 나옵니다. 이처럼 먹는다고 하는 생명활동이 이성에 의해서 다양한 타자의 무한한 장면과 만나면 대단히 적극적인 내용이 있는 세계를 만들게 됩니다. 나아가 슈페만은 축제가 그런 것이라고 말합니다. 축제에서는 신들에게 그 해의 농작물 등을 바치고 사람들은 그것을 축하하면서 행복한 공동체(共働體)를 만들어 나갑니다. 이것은 독일어로 'Hochzeit'라고 합니다만, 축제의 전형적인 것은 남녀의 결혼입니다. 남녀의 결혼에서 생명적인 것과 정신적인 사랑이 멋지게 조화된 행복의 세계가 생겨나는 것입니다. 슈페만은 이성과 생명은 서로 다른 작용을 갖고 있지만 서로 협력해서 축제, 특히 남녀의 결혼이라는 세계를 행복의 최고의 원점이라고 생각합니다.

김 선생님께서 성서에 대해서 말씀하셨는데, 창세기에서는 아담과 이브라는 남자와 여자가 만들어집니다. 남자나 여자만으로는 어중간하기 때문에, 남녀가 일체가 되어야 존귀한 신이 나타나게 됩니다. 아까 말씀드린 인격은 남자와 여자가 하나가 되어 인격이 드러난다고 하는 대단히 깊은 성서사상으로, 그것이 지금까지도 줄곧 이어지고 있는 것입니다. 그런 의미에서 남녀관계가 어떤 관계인가 하면, 또 하나 멋진 표현이 있는데 얼굴과 얼굴을 마주하는 것이라는 것입니다. 그것은 대화를 하고 자식도 남아서, 이 세계를 사랑에 가득 찬 공동체(共働體)로 만들어 가는 것입니다. 그러나 거기에는 조건이 있는데, 우주생명의 소리에 귀를 기울인다는 것입니다. 즉 우주생명도 인격이라고 생각하면 이야기하는 존재가 되는 것입니다. 근원적인 언어를 이야기하는 것입니다. 그 말에 귀를 기울이는 한 남자와 한 여자는 조화가 이루어진 대단히 행복한 관계를 지니는 조건이 됩니다.

이성이 원래 타인의 시점을 취하는 것도 그리스어로는 '이성'이라는 말에 '언어'라는 의미도 들어 있기 때문입니다. 언어의 진정한 사용은 자신을 넘어서는 것입니다. 자신을 넘어서면서 타자의 말을 흡수하고 함께 새로운 말을 만들어 나가는 것입니다. 이것이 창조가 됩니다. 그래서 이성과 언어는 깊은 인격의 조건이 된다고 생각합니다.

여기에서 슈페만이 '관용'이라는 말을 합니다. 존재론적인 관용이 있습니다. 인간은 유한한 존재로서 생명을 갖고 가정을 갖고 그것을 유지하지 않으면 안됩니다. 이것은 인간이 갖고 태어난 존재의 한계이기 때문에 존재론적인 관용은 어떤 인간이든 모종의 한계를 갖고 있다는 것을 인정하는 데서 출발하는 것입니다.

윤리학적인 관용은 차원이 달라지는데 인간끼리 서로 증오하고 싸우는 것입니다. 앞에서 언급했습니다만, 인간이 싸울 때에는 자신에 대한 깊은 절망이 있습니다. 원래는 사랑하고 싶지만 사랑하는 것은 무력하다는 깊은 절망을 인간은 안고 있습니다. 즉 자신은 자기중심적인 것을 넘을 수 없다고 하는 절망이 있습니다. 그에 반해 "지금의 당신은 원래의 당신이 아니다. 당신의 모습 중에는 존귀한 우주적 생명이 깃들어 있다"고 하는 것이 윤리적 관용이라고 하는 것입니다. 그래서 자기로부터 나와서 축제의 세계로 나아가고, 거기에서 서로 행복을 맛보고 행복한 세계를 만들어 나가는 것이 윤리적 관용과 행복이 이어지는 것이 됩니다. 그래서 슈페만은 존재와 윤리와 행복은 대단히 깊게 연결되어 있다고 말합니다. 여기에서 존재에 대해서 슈페만은 여러 가지를 말하는데, 가령 구약성서에 나오는 야훼라는 신은 자기로부터 나와서 노예의 처지에 있는 고통받는 백성들이 있는 곳으로 가서, 자기를 증여하고 자유로운 백성, 행복한 백성으로 만들어 나갑니다. 그 지표로 십계라고 불리는 계율을 줍니다.

예수도 "나는 ~이다"(ego eimi)라고 말하고 있습니다. 예수는 신이면서도 자신을 텅 비워서 노예의 모습으로 인간이 되어 인간과 연대하여 섬겼다고 하는 표현이 있습니다. 섬긴다는 것 중에는 특히 식탁을 만든다는 것이 있습니다. 즉 예수는 술고래이거나 대식가라고 말해지고 있습니다. 보통 예수 그리스도라고 하면 인격이 원만한 사람을 말합니다. 인격이 원만하다고 하면 저에게는 독도 되지 않고 약도 되지 않는 인간이 연상됩니다. 그가 무엇을 했는가 하면 원래 유대교의 성스런 식탁은 성스런 인간만이 관여해야 하는데, 예수는 병자나 노인 등 약한 사람도 모아서 함께 식사를 한 것입니다. 그래서 진정한 행복을 나눈 것입니다. 하지만 유대교에서는 확실히 선택받은 백성, 즉 선민, 엘리트만이 식사를 하고 만족해합니다. 거기에서 탈락된 사람들과 함께 식사를 했다고 해서 예수는 박해받게 됩니다.

'존재'는 예수의 '~이다'(ego eimi)도, 규약성서에서의 신의 '에이미'도, 자기로부터 나와서 약한 사람들 밑에서 삽니다. 그런 삶에 초대되어 우리는 존재하고 행복한 공동체(共働體)를 만듭니다. 이것이 구약성서, 신약성서의 '존재'의 의미입니다. 혹은 중세의 그리스 교부나 아우구스티누스나 토마스 아퀴나스도 '존재'는 타자의 창조를 향하는 것으로, 그것은 은총으로 드러납니다. 형제애로 드러나는 것입니다. 전형적인 것은 수도원이라는 공동체입니다. 힌두교의 경우에는 아쉬람입니다. 그런 공동체는 불교에도 있습니다. 아우구스티누스는 '아우구스티누스의 규칙'을 만들어 남녀노소와 공동생활을 하였습니다. 프란시스코도 그런 공동체를 만들었습니다. 중세의 도미니크회 헌법(Constitution)에서 대단히 신기한 것은 선거제도를 도입하고 있다는 점입니다. 그리고 이것이 미국 헌법에 큰 영향을 주었다는 설도 있습니다. 그래서 민주주의의 기초는 중세의 형제애에 가득 찬 행복을 만드는 헌법(Constitution)에 있다는 말도 있습니다.

근세 이후가 되면 존재는 어떤 경우에는 절대부동자의 존재가 됩니다. 그래서 인간에게는 전혀 무관심한 절대자가 되고, 그 영향을 받은 인간도 타자에게 무관심한 인간이 됩니다. 자기만 행복하면 된다는 것이지요. 그 존재도 사르트르 등의 말을 빌리면, 음식물을 토하듯이 구토물이라는 형태로 존재를 자기 자신이 구체적으로 체험합니다. 인간은 의식을 갖고 있기 때문에, 베드로와 같이 하나에 사로잡힌 존재와는 달리, 자유롭게 미래를 산다는 것이 사르트르 실존철학의 본질이 됩니다. 그렇게 되면 인간관계는 약육강식의 자유의 쟁탈이 되고, 서로가 서로를 새디즘이나 매조키즘에 의해 억압합니다. 여기에서 자신의 자유를 지키는 것이 사르트르의 인간관이 됩니다.

그런 의미에서 존재감에 의해 행복감이 상당히 달라진다고 할 수 있지요. 슈페만의 존재는 무조건적으로 자신을 주는 존재를 받은 인간도 그런 삶을 살면서 자비를 매개로 진정으로 행복한 세계를 만들어 나가는 것입니다. 이것이 슈페만의 하나의 존재하는 방식입니다.

김태창: 미야모토 교수의 말씀을 들으면서 세 가지 키워드가 떠올랐습니다. 존재와 생명과 이성입니다. 여기에서는 특히 행복과의 관련 속에서 이것들을 새롭게 이해할 필요가 있습니다. 먼저 존재에 대해서입니다만, 지금까지의 공공철학 교토포럼을 통해서 '존재 대 실존'(특히 키에르케고르), '존재 대 향존'(響存; 특히 스즈키 토오루鈴木亨), '존재 대 탈재'(특히 미야모토 히사오), '존재 대 존재한다'(특히 하이데거), 그리고 '홀로 있음 대 함께 있음'(김태창)과 같은 문제관심이 제기되었고, 자유롭고 활발한 토론이 전개되었습니다.

이러한 공구공론(共究共論)이 왜 중요한가 하면, 가령 행복이란 인간존재방식의 객관적인 인식문제인가 아니면 개개인의 실존체험의 주관적인 감득(感得)문제인가, 라는 문제설정과 깊게 관계되기 때문입니다. 그리고 행복이라는 것이 존재내재적 현상인가, 존재탈각적 사태인가, 라는 문제의식과도 연관될 뿐만 아니라, 행복을 한 사람 한 사람의 고립적 독존자의 주관내발적 심리현상으로 이해할 것인가, 아니면 상관연동하는 복수의 상이한 간재자(間在者)들의 간발적

(間發的) 상호호응으로 파악할 것인가, 라고 하는 방법자세와도 관계되기 때문입니다.

두 번째는 생명입니다. 먼저 아리스토텔레스의 논지에 따르는 방향에서 생각해 보면, 단지 '산다'('zen'이라는 개념으로 표현됩니다)와 '함께 산다'는 것을 언제(何時) · 어디서(何處) · 어떻게(如何) '살릴까'(活; 'bios'라는 다른 개념으로 논해집니다)라는 두 측면을 동시병행적으로 행복과 관련지어서 이해할 필요가 있습니다. 아리스토텔레스에 의하면 행복이란 먼저 '잘 산다'(eu zen)이고, 그것은 다름 아닌 '잘 행한다'(eu prattein)이기도 합니다. 그리고 '산다'를 적시에 · 적소에 · 적당하게 다양한 시민적 · 정치공동체 형성적 대화행위를 통해서 살리는 '활동적 생활'과 함께 신적 궁극적 진리의 이성적 파악을 통해서 살리는 '관상적 생활'을 공관공의(共觀共議)한 상태에서, 최종적으로는 후자에게 좀 더 높은 가치를 인정한 것이 아닌가 생각합니다. 그래서 아리스토텔레스의 행복생명관계론에 의하면 기본적으로 활동적 생명활동의 적의(適宜)의 충실로부터 감득되는 행복─활동최적화에 의한 행복─과 관상적(觀想的) 생명활동의 궁극에서 체득되는 행복─인식궁극화에 의한 행복─의 양론이 병행되고 있습니다만, 결국 후자를 찬양하고 있는 것처럼 읽혀집니다.

여기에서 다시 한 번 단지 '산다', 그리고 '잘 산다'를 '살린다'와 분리시켜서 생각할 필요가 있지 않나 생각합니다. 왜냐하면 '살린다'라는 인간의 의도적 목적적 행위와는 무관한 데에서 생기하는 생명작용과 거기에서 감득되는 적의(適宜)의 작용상태로서의 행복, 즉 "'사는 행복'이 '살리는 행복'보다 선행한다"고 상정할 수 있기 때문입니다. 달리 말하면 우주생명과 개체생명이 적시에 · 적소에 · 적절히 서로 작용하고 · 서로 만나고 · 서로 울리는 사태가 먼저 있고, 그 상태에서 다양 · 다중 · 다층의 인간적 공동체적 생명활동이 성립하기 때문입니다. 이것은 아리스토텔레스의 행복철학이 먼저 『니코마코스윤리학』에서 논구되고, 거기에서 다시 『정치학』의 논의로 진전된다는 사실로부터도 읽어낼 수 있습니다. 한 사람 한 사람의 생명이 찬란하게 빛나는 행복과 함께 정치공동체 전체의 생명력이 고루·두루·한껏, 발휘·발동·발화(發花)되는 행복이 동시병행적으로 논의되고 있는데 군이 말하자면 전자가 후자에 우선한다는 논리구성이 되고 있습니다.

세 번째는 이성입니다. 아리스토텔레스의 행복이성관계론에 의하면 일종의 행복계층이 상정되고 있습니다. 먼저 최저의 행복은 본능적 욕망의 충족으로서의 쾌락―'hedone'라는 말로 표현된다―입니다. 다음으로는 전적으로 우연에 의한 행운―'tyche'(운명의 여신 및 그 작용에 의한 행운)라는 말로 나타낸다―입니다. 그리고 최고의 지위에는 이성―아리스토텔레스는 'nous'라는 말을 사용한다―이라는 인간 본유의 탁월한 능력이 적시에·적소에·적절하게 발휘되는 활동에 의한 지복(至福)―유다이모니아―이 위치하고 있습니다. 그것은 신적 이성 혹은 신의 로고스와 인간적 이성 혹은 인간의 로고스가 서로 공명하는 신인교향(神人交響)의 경지입니다. 동양사상의 언어로 말하면, 하늘의 성(誠)과 인간의 성(誠)이 공명하는 경지라고도 할 수 있겠지요. '성'이라는 한자의 형태를 보면, 말(言)이 그대로 이루어진다(成)는 의미이므로, 본래적으로 언어적 현상이라고 보는 것이 좋지 않을까요?

미야모토 히사오: 그 '성'(誠)이 공명할 때에 '말'(言)이 '이루어지는'(成) 것이지요. 그래서 진정으로 공명했을 때에 새로운 사건이 창조되고 일어납니다.

김태창: 아까 미야모토 교수께서 개념―concept와 conception―은 임신 혹은 회임이라는 의미를 함유한다고 하셨지요. 남성과 여성 사이에서 참말과 참말의 진술한 교류가 있으면 거기에서 새 생명의 태동이 시작되고 마침내 그 탄생이 실현되는 것처럼, 참과 참 사이에서의 진정한 울림으로부터 새로운 참이 탄생한다는 데에서도 뚜렷한 유사성이 보이지 않습니까? 말과 말의 진지한 주고받음―대화와 공동(共働)―에서 새로운 말이 탄생하는―개신(開新)―것도 완전히 동일한 유형의 사전·사태·사실이겠지요. 어떻게 생각하시는지요?

다카네카 히데토시: 벌써 2시간 이상 계속되고 있습니다. 지금 주제에 대해서 카타오카 교수께서 한 말씀하시고 오전 대담을 마치고자 합니다. 그럼 부탁

드립니다.

카타오카 류: 먼저 저의 부족함은 제쳐두고 말씀을 드리면, 지금까지 서양철학의 문턱이 높아서 따라가기 어려웠던 이유는 다름 아닌 번역어의 문제 때문이었다는 사실을 새삼 실감했습니다. 메이지 초기 근대일본에서 그때 그때 노력해서 한 작업이라고 생각합니다만, 그것을 다시 한번 재검토할 필요가 있다고 생각합니다. 가령 '인격'이라고 하면 인간의 지위를 말하고 있는 것처럼 느껴지고, 또 도덕적 규칙에 의해서 사방팔방으로 자신을 묶는 이미지가 강합니다. 그것이 다양한 사람들과 식탁을 함께할 때처럼 공명하는 존재를 말한다고 한다면 금방 이해됩니다. 그리고 '개념'(conception)이란 '잉태하다', '회임하다'는 뜻으로, 상대방의 말이 자기 속으로 들어와서, 거기에서 자신의 새로운 말이 생겨난다는 것도 대단히 알기 쉽습니다.

이런 식으로 이해할 수 있으면 동아시아의 사상과 이어지는 부분도 보입니다. 가령 'conception'에 대해서 말하면, 오리구치 시노부(折口信夫, 1887~1953)는 일본의 고대 '사랑'에 대해 말하면서, 그것은 상대방의 '혼'을 '구하는' 것이고, 사모하는 사람의 혼의 일부를 불러서 자기 몸속에 맞이하기 위해서 행하는 것이 '무스비'(결합)이고, 그 기술이 '타마후리'(영혼에 활력을 주어 재생시키는 주술)입니다만, 그 주술의 위력을 발양시키는 말로부터 노래나 이야기가 발생했다고 했는데, 이것과도 어딘가 통하는 것 같습니다.

그런데 여기에서 오리구치가 '혼'이라고 한 것은 '생명'을 말하고, 다른 말로 하면 '령'입니다. 바로 여기에 미야모토 교수께서 인간을 Selbstsein, 즉 존재가 거기에 깃드는 것이라고 하신 것, 그리고 김 선생이 '히토'(靈止=사람)를 영력(靈力)=근원적 생명력이 머무르는 곳으로서의 존재양상이라고 설명하신 것과 서로 공명하고 있습니다.

최근에 저는 일본의 신불습합(神佛習合=일본 고유의 신도와 외래불교의 융합)의 시작의 문제에 흥미를 갖고 있습니다만, 신불습합은 결코 붓다의 일방적인 인도에 의해서도 아니고, 역으로 신의 일방적인 수용에 의해서도 아닌, '령'이라는 생각을 매개로 해서 신과 붓다의 대립 갈등의 화해 시도에 의해 시작된 것이 아닌가 생각하고 있습니다. 이 경우에 신과 령의 차이를 분명하게 하는 것이 좋다고 생각하는데, 양자의 차이를 굳이 말씀드리자면 애니마티즘(animatism, 비인격적인 초자연적 힘에 대한 신앙)과 애니미즘(animism, 만물에 깃들고, 나아가서 깃든 것으로부터 독립해서 존재할 수 있는 영혼이나 정령에 관한 관념·신념)의 차이와 같은 것이라고 생각합니다. 즉 신은 비인격적인데 반해 령은 인격적이라고 생각합니다.

이 '령'이라는 생각의 도입(아마도 그것은 도래인에 의한 한반도에서의 주술-종교의례의 영향이라고 생각됨)에 의해서 그때까지는 오로지 두려워하고 삼갈 수밖에 없었던 신(자연재해는 신의 분노이자 재앙이라고 생각됨)의 인격화가 가능해지고, 그 나쁜 작용(악령·원령)을 피하고 선한 작용(선령·수호령)을 가져온다는 발상이 성립했다는 것입니다. 즉 '기복제재'(祈福除災)라는 것으로 그때까지 오로지 신의 노여움을 두려워한다는 소극적인 행복관에 대해서, 적극적인 행복관이 '령'이라는 생각의 도입에서 시작되었다는 것입니다. 오리구치가 말하는 '구하다', '결합', '타마후리'도 모든 만물에 깃들고, 게다가 깃든 것에서 독립적으로 존재할 수 있는 '령'이라는 생각 위에 성립하는 것입니다. 이 '령'에 의한 신의 인격화로부터 시작되는 과정, 즉 먼저 신은 고뇌하는 '중생'의 신분에서 불법의 구원을 구하기 시작하고(8세기), 마침내 불법의 공덕에 의해 인간을 넘어선 '보살'이 되고(10세기), 나아가서 깨달음을 얻어서 '부처'가 되고, 특정한 부처와 특정한 신이 결합된 '본지수적설'(本地垂迹說)의 성립(10세기)에 이른다는 것이 신불습합의 흐름입니다.

행복론이라는 관점에서 말하면, '신→령→부처'라는 신불습합의 전개에서 중요한 것은 자연감각적인 '신'에 대한 외경심(도덕감정)만도 아니고 '부처'의 열반적 행복만도 아닌, 독립된 '생명'끼리의 공명인 '령'에 의해서 다양한 생명이 살고 있는 이 세계의 조화·최적화가 가능해지는 것이 아닌가라는 점입니다. 이런 관점에서 말하면 '이성'이라는 말도 처음에는 행복과 아무런 관계도 없는 것처럼 생각했는데 역시 그것도 번역어라서 그랬던 것 같습니다. 이번에 독일어의 '이성'이라는 말의 내실을 조금 이해하고 싶어서 볼노브(O.F. Bollnow, 1903~1991)의 「이성과 비조리(非條理)」라는 글을 읽어 보았습니다. 거기에서는 독일어의 경우에는 '이성' 이외에 '오성'이라는 말도 있는데, '오성'은 계산적인 것이고 기술적인 의미도 들어 있는 데 반해, '이성'은 '공동성(共同性)의 매개', 즉 마찰이 없는 공존가능성을 만드는 것, 유화시키는 것, 그리고 생명을 인간답게 한다는 의미라고 설명하고 있었습니다. 그리고 집을 예로 들어 말하면 '오성'은 '건축하는' 것에 해당하고, '이성'은 '사는 것'에 해당한다고 하고 있습니다. 이와 같이 이해하면 '이성'이란 다양한 생명이 살고 있는 이 세계의 조화와 최적화의 능력이라고도 생각할 수 있습니다. 그것이 이성이라는 번역어만으로는 도저히 전달되기 어렵기 때문에 다시 한번 번역어를 재검토할 필요가 있다고 느꼈습니다.

김태창: 카타오카 교수께서 말씀하신 볼노브를 포함해서 유럽사상의 문맥에 따라 개관하면, 원래 라틴어의 ratio에서 이성에 해당하는 reason(영어), raison(불어), Vernunft(독어) 등이 파생되었습니다만, 그 근본이 되는 ratio라는 말 자체에 법칙이나 원리 또는 말이라는 의미 이외에도 계산이나 도구라는 의미가 포함되어 있습니다. 그 후에 시대와 상황의 변화에 따라서 계산이성이나 도구이성이라는 측면이 두드러지게 된 경위가 있습니다. 그래서 거기에는 이성이라는 한자어로는 다 드러낼 수 없는 의미차원이 있습니다. 그리고 우주와 인간·인간과 인간·인간과 공동체 사이의 매개라고 하는 본래의 능력은 영성—spirituality(영어)·spiritualité(불어)·Geistigkeit(독어) 등등—에 양보하게 되었던 것이 아닌가 하는 생각이 듭니다.

미야모토 히사오: 그렇군요. 대단히 중요한 점입니다. 그래서 번역문제도 관계되게 됩니다. 어쨌든 원어보다도 일본어 번역이 이해하기 곤란하기 때문입니다.

카타오카 류: 저도 미야모토 교수께서 말씀하신 번역문제가 대단히 중요하다고 생각합니다.

미야모토 히사오: 그래서 아마도 메이지 이래 오랫동안 행해진 사상관계의 번역은 정말로 새로 수정할 필요가 있습니다.

다케나카 히데토시: 자, 그럼 오전 대화는 이것으로 끝내겠습니다. 대단히 감사합니다.

행복론 좌담회⑵ - 근원악에 대해서

다케나카 히데토시: 오전에 거론된 큰 주제 중에 근원악이 있었는데, 그것은 슈페만과 밀접한 관련이 있기 때문에 여기에 대해서 미야모토 교수께서 먼저 말씀해 주셨으면 합니다. 그럼 부탁드립니다.

미야모토 히사오: 근원악에서 가장 문제가 되는 것은 뭐니뭐니해도 아우슈비츠 문제라고 생각합니다. 슈페만은 독일인으로서 나치시대의 체험을 하고 있습니다만, 나치는 아시다시피 유대인을 대량 학살했습니다. 그리고 당시의 우생학에 기초하여 열성 유전을 지닌 태아나 아이들을 처치했습니다. 당시 의학계에서는 심장병이나 폐병도 유전한다고 생각하고 있었습니다. 그런 가족의 태아나 아이를 낙태하거나 안락사 시킨 경험이 있기 때문에, 전후에 그들이 낙태나 안락사를 반대하는 것은 그런 동기에서 나온 것입니다.

지금의 임신중절은 거기까지는 생각하지 않습니다만, 그런 국가의 의사가 유전적으로 우수하지 않은 결함이 있는 아이들이 나왔을 경우에, 다시 똑같은 일을 되풀이할 수 있는 나치시대의 경험이 있는 것입니다. 특히 아우슈비츠로 대표되는 '절멸의 우리'가 문제가 됩니다. 보통은 '강제수용소'라고 번역되고 있는데 독일어로는 'Vernichtungslager'라고 합니다. '절멸시키는 우리'라는 뜻이지요. 동물을 넣는 우리에 유대인을 비롯하여 로마니―지금은 집시라고 하는 차별어로 로마니라고 합니다만―기독교인이나 공산주의자를 집어넣은 것입니다.

이것은 전쟁 수행에서는 대단히 마이너스입니다. 수천 명, 수만 명의 인간을 유럽 각지에서 열차로 실어 와서 강제수용소에서 일하게 하는 것인데, 대부분

생산성이 없는 노동에 종사시키고 있습니다. 그리고 인원을 나눠서 노동을 시키고 살육하였습니다. 그 사상적 배경에는 살 자격이 없다는 관념을 만들어서 살 자격이 없을 정도로 인간을 몰고 가기 위해서는 도덕적 인격을 빼앗는 것입니다. 도덕적 인격을 뺏는다는 것은 모두가 협력해서 행복한 공동체를 만들어 나가는 인간으로 인정하지 않는 것을 의미합니다. 그리고 나서 법적인 인격을 빼앗습니다. 법적 인격은 법률 하에서 재판을 받을 권리를 지니고 있다는 의미입니다. 가령 살인을 한 사람은 경우에 따라서는 법정에서 재판을 받고 사형 판결을 받습니다만, 법적 인격을 빼앗는다는 것은 재판조차도 하지 않고 사형 판결조차도 받을 가치가 없다는 의미입니다.

마지막으로는 생명의 자발성을 빼앗습니다. 그러기 위해서는 극한 상황에서 먹을 것을 주지 않은 채 중노동을 시켜서, 인간의 존엄을 빼앗는 짓을 합니다. 결국 그런 사람들은 어떻게 되는가 하면 언어를 잃어 버리게 됩니다. 즉 주위에서 사람들이 하나 둘 죽어가기 때문에 그런 공포 속에서 자신의 이야기를 만드는 것도 이야기하는 것도 불가능한 인간이 되어 가는 것입니다.

우리는 보통 아무렇지도 않게 생활하고 있을 때에는 여러 사람들과 만나서 자신의 이야기를 확인하면서 살고 있습니다. "다나카 씨, 어떻게 지내요? "변함없이 출판계에서 상임고문으로 일하고 있지요?" 철학을 하는 우리 야마모토 군과 출판 계획을 세우고 있는데 작년에는 다른 데에 가 있었고, 제 퇴관기념 때에는 함께 나루코(鳴子)까지 갔어요…" 등등 아무렇지도 않게 기억을 주고받으면서 자신의 인생 이야기를 하고 미래에 어떻게 할 것인지를 설계합니다. 이런 식으로 인간의 자기동일성을 정리하게 되는 것이지요.

즉 말을 함으로써 인간은 인간의 자기동일성, 존엄을 만들어 가는 면이 있고, 말씀드렸듯이 인격은 사람의 말을 듣고 그것을 자기에게 잉태시켜 새로운 이야기를 만들어 내는 식으로 서로 협력해 나가는 이야기 세계, 이야기론적으로 행복한 세계를 만들 수 있습니다만, 그것을 전부 빼앗겨 버린 것이지요. 산송장으로 만들어서 죽으면 소각장에서 태워 버립니다. 가령 그 사람이 예술가이면 예술작품을 전부 불태우거나, 심지어는 그 가족까지 죽임으로써 그 사람의 기억을 전부 빼앗는 수법으로 모든 사람으로부터 잊혀지게 됩니다. 마치 이 세계에 살지 않았던 것처럼 하는 것이 거대한 아우슈비츠 수용소의 기능입니다.

그것은 삶을 빼앗는 것입니다만, 동시에 그렇게 자신의 아이덴티티를 갖지 못하는, 그리고 말도 할 수 없는, 인간으로서 살 수 없는 사람은 진정으로 죽음에 직면할 수도 없는 것입니다. 그래서 인간이란 '죽을 때가 꽃'이라고나 할까, 그 사람의 인생의 완성 같은 것으로, 예수가 십자가 위에서 죽는다는 것은 그 인생의 완성이고, 소크라테스도 독배를 마시고 죽는 것이 그의 철학의 완성인 것입니다.

그것이 인간적인 죽음인데, 아우슈비츠에서의 죽음은 수많은 살아 있는 시체가 단지 목숨을 잃는 것입니다. 사람들을 갑자기 어디론가 데려감으로써 그들이 진정으로 인간적으로 죽을 기회를 빼앗아 버립니다. 그래서 삶도 빼앗고 죽음도 빼앗는 기계입니다. 그런 기계는 인간을 산송장으로 만들고 살 자격이 없는 셈 친다는 의미에서는 거기에 살고 있는 인간은 완전히 하나의 거대한 무, 허무 속에 빨려들어 가는 것입니다. 그 거대한 강제수용소라는 기계 자체가 대단히 허무적인, 단지 사람을 죽이는 것이 자기목적화된다는 의미에서 비생산적인 것을 목적으로 하는 이상, 그 자체가 다시 무목적적인 거대한 허무의 기계가 되고 있는 것입니다. 그런 의미에서 근원악은 인간을 인간답게, 즉 타자성을 빼앗아서 망각의 구멍이라고 하는 허무 속에 매장시켜서 두 번 다시 이 세계에 태어나는 일이 없게 합니다. 그것이 아우슈비츠적인 의미입니다.

그런 의미에서는 서구의 역사가 축적해 온 이성적인 전통이나 휴머니즘이나 계몽주의, 기독교적인 가치관, 민주주의, 예술과 같은 일체의 가치를 전부 허무의 기계 속에 집어넣어서 '무'라고 했다는 것입니다. 그런 것이 근원악의 하나입니다. 근원악이라는 말은 칸트가 쓴 말입니다. 칸트는 도덕률이라고 하는 "무엇 무엇을 하라"고 하는 보편적인 규범에 대해서 "나는 이런 것을 하고 싶다. 이런 목적이 있다"고 하는 도덕률에 거스르는 자애심을 근원악이라고 정의

했습니다.

그러나 아우슈비츠의 경우에는 자애심 같은 것이 아니라 거대한 모든 것을 허무화시키는 기구로, 그 배후에는 이코노・테크노・뷰로크라시(경제・기술・관료기구)라는 전체주의적인 기구가 있고, 거기에서 그런 허무의 기계인 아우슈비츠가 생겨난 것입니다. 이에 반해 슈페만의 유다이모니아의 자유나 사랑의 질서, 존재, 인격과 같은 윤리적인 언어 또는 행복론을 필사적으로 수립하려고 한 것은 역시 그런 허무에 대해서 인격은 살아남을 수 있는가, 혹은 허무에 대해서 이성은 아직 존엄을 갖고 저항할 수 있는가, 라는 문제를 책을 통해서 생각하고 있는 것입니다.

그가 말하는 것 중에서 대단히 재미있는 것은 근현대는 인간의 이성을 도구로 삼아서 인류의 진보를 위해서 사용한다는 것입니다. 다른 한편으로 이성은 더 이상 신뢰할 수 없게 되었습니다. 전쟁을 일으키거나 유럽 역사 중에서 불행한 결말을 낳은 이성에 대한 불신감이, 데리다도 그렇습니다만, 포스트모던철학 속에 있습니다. 그럼에도 불구하고 슈페만이 이성의 존엄을 인간에게 인정하는 것은 신앙이기 때문입니다. 신앙과 이성은 상반되는 것이지만, 이성은 단순한 인간적 기원, 혹은 진화론적인 결말로서의 이성이 아니라, 신과 같은 어떤 존재로부터 생겨나고 있다, 즉 신적인 기원을 갖는다는 것입니다. 그 신적인 기원은 이 세계를 좋게 하고 사랑하고자 했던 신이기 때문에, 유일한 신에 대한 신앙에서 이성이 역으로 현대에서도 유지되는 것이 아닌가라고 하고 있습니다.

그런 의미에서 그의 머릿속에는 토마스 아퀴나스라는 철학자가 있다고 생각하는데 신앙과 이성은 서로 대립되는 것처럼 보여도 서로가 돕는 것으로, 토마스의 경우에는 『신학대전』이라는 대작을 쓰고, 그 책 속에서 인간의 행복을 여러 차원에서 제시하고 있습니다. 이성에 있어서 일견 대립하고 적으로 보이는 것 같은 신앙이야말로 이성을 최후까지 지탱하는 보루라고 슈페만은 말하고 있습니다.

그런 의미에서 아우슈비츠의 근원악에 대해서 그 나름대로의 저항은 하고 있다고 생각합니다만, 저는 그것이 과연 어느 정도나 성공하였는지 대단히 의문스럽습니다. 그런 아우슈비츠의 근원악 속에서는 오히려 레비나스가 말한 것처럼, 윤리적인 말, 행복에 이끄는 말로서 케노시스, 즉 자기를 무화시킵니다. 죽음이나 고뇌나 겸손이나 가난이나 무국적이나 난민이나 희망 등과 같은 말이 다시 한번 재음미될 필요가 있지 않나 생각합니다.

그러나 슈페만에게 그것을 어느 정도 요구할 수 있는지에 대해서는 아직 충분히 사색하지 못하고 있고, 지금으로서는 의문 상태로 남겨두고 있습니다. 당분간은 아도르노가 말했듯이, "아우슈비츠 이후에는 시도 예술도 만들 수 없다. 인간이 인간답게 살 수 있을까?"라는 물음을 어떻게 해서든지 극복하지 않으면 안 되는 상태에 우리는 내몰리고 있습니다. 거기에 더해서 행복론을 이야기하지 않으면 안 되는 처지에 놓여있다고 보아도 될까요?

다케나카 히데토시: 김 선생님께서 말씀해 주시지요.

김태창: 근원악을 생각할 경우에 여기에서는 주로 슈페만의 논의에 따라 이야기를 하고 있기 때문에, 미야모토 교수의 말씀을 참고하면서 제 나름대로의 이해를 시도하고자 합니다.

먼저 아우슈비츠 사건입니다만, 이 사건으로부터 우리가 무엇을 배울 것인가 라는 문제가 있습니다. 그것은 과거의 한 시기에 특정 상황에서 일어난 일로 지금은 어쩔 수 없는 역사적 사건으로 학습하는 것도 중요합니다만, 특히 근원악과 불행의 상호관계를 다시 생각한다는 입장에서 한나 아렌트의 『에루살렘의 아이히만』에서의 논지를 다루고자 합니다. 그것은 기본적으로 두 가지입니다.

하나는 근원악이란 뭔가 끔찍한 괴물같은 것이라거나, 너무나 무서운 얼굴을 한 악마같은 존재의 악업에 의해 인간과 세계가 괴롭힘을 당하는 것이 아니라는 것입니다. 극히 평범한 행위의 축적이 가져오는 예상 밖의 결과에 지나지 않는다는 것입니다. 일상생활 속에서 행해지는 극히 평범하고 악이라는 느낌조차 들지 않는 일들이 별 생각없이 그저 되풀이되고 그대로 지속되면, 어느 시점에서 갑자기, 돌연히, 의외로 엄청나게 큰 악업, 불행, 비극이 되어 버린다는 것입니다.

이것은 서양사상사의 흐름에서 보면 어김없는 비주류·반주류·역주류적인 생각인 것 같습니다. 서양사상적 발상의 근저에는 '악령의 소행'이라는 생각이 들어 있기 때문입니다. 그것이 지금도 상당히 강력한 영향을 끼치고 있다고 생각합니다. 그런 현실의 사정도 있고 해서 아렌트는 여러 사람들로부터 격렬한 비판을 받았습니다. 그러나 탁월한 지성과 풍부한 감성을 겸비한 망명유대인 여성정치철학자의 예리한 관찰의 눈에 비친 아돌프 아이히만—유대인 절멸계획이라는 극악무도한 범죄행위를 수행한 장본인—의 모습은 누구나가 인정하는 교양을 몸에 익힌 중류계층의 보통 사람이었습니다.

그는 가족을 소중히 여기는 좋은 가정인이자 베토벤의 애호가임과 동시에 직무에 충실한 군 관료이기도 했습니다. 그러나 나치 친위대 중령으로 히틀러 총통의 나치 독일이 진행한 유대인 대량학살에 최고책임자로 가담하고 난 뒤의 행적에는 너무나 무기적(無機的)인 작위(作爲)와 부작위(不作爲)의, 너무나 기계적인 경로회전 속에서 완벽하기까지 한 사고정지와 판단중지가 두드러집니다. 필요한 때에 해야 할 일을 하지 않고, 필요한 곳에서 해서는 안 되는 일을 합니다. 오로지 최고지도자의 명령에 따를 뿐이라고 하는 유일무이의 행동기준을 내면화하고, 그것을 견지하는 가운데 인문교양에 기초한 적절한 균형감각과 건전한 판단능력이 마비되었다고밖에 할 수 없습니다. 협소한 의무감과 편협한 충성심에 사로잡히면 위만 잘 보이고, 옆과 아래 그리고 앞과 뒤가 전혀 보이지 않게 됩니다. 상사의 의향을 듣는 것에만 전념한 나머지 주위 사람들의 생명과 생활과 생업에 대한 감각과 인식과 배려가 둔화되고, 마침내 거의 완전히 사라지게 됩니다. 이러한 양상은 아이히만의 사례에서 잘 찾아볼 수 있습니다.

광주민주화항쟁에 관한 국회 주최의 청문회에 출두했던 과거의 권력자들의 답변을 시종일관 듣고 있었을 때에도 동일한 경험을 했습니다. 대체로 고위고 관들에게 기대되는 책임감·사고력·판단력·윤리의식 등의 결핍과 그것이 가져오는 심각한 인격적·공동체적 재난·고통·불행에 대한 공고공통(共苦共痛)의 감각·감응·공감이 철저하게 결여되어 있음을 실감할 수 있습니다. 저는 이것을 '아이히만증후군'이라고 부릅니다. 일본에서도 여전히 동일한 현상을 여러 곳에서 빈번하게 목격할 수 있지 않나요? 근원악이란 무엇보다도 인간과 사회와 자연의 생명활동을 멈추게 하고 소멸시키는 것입니다. 한마디로 하면 생명을 빼앗는 것입니다. 그것이야말로 궁극적인 불행의 근원이지요. 그리고 행복부정의 근원적 양태입니다.

또 하나는 근원악의 직접적인 피해자―사망자·행방불명자·수고자(受苦者) 등―와 관계자 이외의 사람들 또는 사회 전체는 의외로 무관심한 경우가 많고, 특히 가해자들의 선택적 망각과 마치 아무 일도 없었다는 듯이 일상으로 돌아감으로 인해 그 악사성(惡事性)이 급속하게 풍화(風化)되어 버린다는 문제입니다. 그러나 거기서 빚어지는 아픔과 슬픔과 괴로움은 이루 말할 수 없이 깊고 크고 오래갑니다. 인간적으로도 사회적으로도 그리고 세대계승이라는 측면에서도 그렇습니다. 그것은 무엇보다도 말의 의미상실입니다. 종래의 언어적 의미형성이 모두 허무해지는 것입니다. 그것은 인격의 파괴입니다. 사람과 사람 사이에서 말이 통하지 않게 됩니다. 과거에 정토진종(淨土眞宗)의 학승인 소가 료진(曾我量深, 1875~1971) 선생이 말씀하신 것이 생각납니다: "천국은 말이 필요 없다. 지옥은 말이 통하지 않는다. 인간세계는 말이 통하는 곳이다." 그래서 결국 지옥이 우리들의 한복판에 나타난다는 것이 아닐까요? 그것이야말로 불행의 극치이자 행복의 소멸이 아니겠습니까?

여기에서 동일본대지진과 후쿠시마 원전사고와 관련해서 근원악과 불행의 문제를 공구공론(共究共論)해 보면 어떨까요? 지진은 명백히 천재(天災), 즉 자연 악이지만, 원전사고는 인재(人災), 즉 제도악 혹은 이성악입니다. 자연악이나 이성악이라는 말이 여러분에게는 익숙지 않은 말일 것입니다. 하지만 근원악은 자연현상의 폭위(暴威)로부터, 그리고 인간이성의 간계로부터 엄습해 온다는 사실을 분명히 인식해 두는 것이 대단히 중요합니다.

미야모토 히사오: 카타오카 선생님의 3·11 체험에 관해서 이야기하기 전에 김태창 선생님의 말씀을 다시 한 번 슈페만과 아렌트와 관련지어서 이야기하고자 합니다. 아렌트는 『에루살렘의 아이히만』에서 아이히만이 사고력을 잃은 평범한 인간이라고 하면서 근원악을 진부한 악이라고 규정했는데, 이것 때문에 시오니스트나 유대인으로부터 엄청난 비난을 받았습니다. 하지만 여기에서 중요한 것은 사고력 제로, 판단력 제로라는 문제입니다.

그녀도 이 문제에 대해서 곳곳에서 썼습니다만, 슈페만과 관련지어 말하면 타자 혹은 친구는 세 번째 상대라는 것입니다. 왜 그런가 하면 아렌트는, 슈페만도 그렇습니다만, 인격은 원이 아니라 타원으로 초점이 두 개 있다고 생각합니다. 즉 자신 속에 또 한 사람의 자신이 있는데, 양자 간의 끊임없는 대화가 가능한 인간이 인격자이자 자립해 있다고 생각합니다. 거기에서 존재가 드러나는 것을 슈페만은 '생각한다'고 말합니다. 자기 속에 자기와 존재가 끊임없이 교류합니다. 즉 자기 속의 존재의 소리를 듣는 것입니다. 이 두 가지 초점을 갖고 있는 것이 인격이라는 형태입니다. 그런 인격은 판단이나 제대로 된 사고가 가능합니다. 거기에는 언어, 대화가 근원적이라는 생각이 나오게 됩니다.

그리고 또 하나는―저는 아우슈비츠 같은 문제를 논할 때에는 별로 말하지 않습니다만, 당연히 배후에는 일본이 제2차 세계대전 때에 아시아에서 행한 일은 끊임없이 염두에 두고 있습니다―전후문제를 처리할 때에 독일이 국내에서 여러 언론과 토의를 거쳐서 다른 나라들과 화해해 나가기 위한 절차를 철학적으로 제대로 쌓아 갔던 데 반해서, 우리는 그런 논의를 하지 않았습니다. 화해를 위한 논의 같은 것은 하지 않고, 일본적인 '저절로'라고 하는 커다란 흐름 속에서 '스스로'·자기라고 하는 것을 그 속에다 맡긴 채, 카타오카 선생님께서도 지적하신 전후의 전쟁 책임 같은 것은 제대로 논의하지 않은 것이 문제입니다.

일본에게 필요한 것은 페르소나(인격)가 길러짐에 의해서 민주주의 시민의 모습이 분명해지는 것이고, 만약에 그런 것이 없다면 여전히 윤리적인 책임감조차도 생겨나지 않는다는 느낌이 듭니다. 그래서 전후 일본의 그런 문제에서도 인격이라는 슈페만의 생각은 기여하는 바가 크다고 생각합니다.

또 하나는 김태창 선생님이 말씀하신 아우슈비츠의 생명파괴라고 하는 근원악의 문제를 저 나름대로 표현해 보면, 그것은 '존재의 망각'입니다. 슈페만식으로 말하면, 존재는 생명이자 궁극적인 우주생명입니다. 그것을 망각하는것은 인간의 커다란 오만(hubris)이고, 그런 오만이 존재망각으로 이어집니다. 그래서 가장 기본적인 오만이란 바로 인간이 자신을 신이나 절대자라고 할 정도로 자신을 높이 받드는 것입니다. 그 상징이 근대 이후를 담당해 온 문명으로 드러나고 있다고 생각합니다. 그런 의미에서 일본적인 악은 '관'(官)을 거역하면 안 된다고 하는 조건이 문제입니다. 이것을 넘어선 근원악을 생각하지 않으면 진정한 행복은 바랄 수 없다는 것이 저의 생각입니다.

김태창: 미야모토 선생님이 말씀하신 '존재의 망각'과 '인간의 오만'(그리스어로 휴브리스)과 '근원악'을 연결시켜서 생각하는 것에 저도 이해를 같이하고 있습니다. 그래서 슈페만의 존재는 생명이고 궁극적인 우주생명이라는 이해에 대한 저 자신의 개인적인 견해를 말씀드리고자 합니다. 제 언어감각으로는 '존재'는 명사적 실체로서의 인식 대상입니다. 그것은 어디까지나 방관자적인 입장에서 삼인칭적으로 대상을 파악한다는 개념이 아닐까요? 왠지 거기에 간직된 정태성에 위화감을 느낀 하이데거가 좀 더 동태적으로 이해하기 위해서 '존재한다'고 하는 동사적 역능(力能)으로 바꿔 말했다고 생각합니다.

그리고 '존재한다'와 '존재하는 것'(者·物)도 각각 구별하여 '존재하는 것'에 대한 고찰에 주력해 온 종래의 형이상학적인 존재론에서 탈형이상학적 존재론으로의 진전을 꾀한 것이 아닐까요? 저의 개인적인 입장에서 숙고해보면, 나의 몸과 맘과 얼의 상관연동으로 '살고 있다'는 것이 '존재'나 '존재한다'는 말로는 아무리 해도 다 표현해낼 수 없는 것입니다. 당사자적인 실감이 없는 것이지요. 물론 사물을 인식대상으로서 객관적으로 이해하는 것도 대단히 중요합니다. 그래서 서양철학의 주류는 그러한 입장과 생각을 이천년 이상이나 견지해 온 것이지요. 하지만 사물이 아니라 생명에 대해 진지한 철학대화를 진행해 나가는 때와 장소에서는 객관적 삼인칭적 대상 인식에 더해서, 아니 그보다도 우선적으로 주체적·당사자적인 일인칭적 체감·체인·체득이 필요하지 않나 생각합니다. 그래서 저 자신의 개인적인 견해로는 '존재'론에서 '존재하는'론을 거쳐서 '사는'론으로 전환하고, 거기에서 근원악의 문제와 씨름하는 것이 요청되지 않나 생각합니다.

미야모토 히사오: 슈페만을 변호하고 싶습니다만, Sein은 대상화되지 않는다고 분명하고 말하고 있습니다. 여기에서는 존재론적인 언어를 사용하기 때문에 저 같은 일본인의 입장에서 보면 객관적으로 보입니다만, Selbstsein(자기존재)라고 말할 때에는 자기 타자입니다. 그의 머릿속에 있는 것은, 가령 아우슈비츠에서 사람들을 위해 대신 죽은 마리아 콜베(Maria Kolbe, 1894~1941) 신부나 카르멜회 수녀였던 유명한 독일의 여성철학자 에디트 슈타인(Edith Stein, 1891~1942)입니다. 에디트 슈타인은 훗설의 제자로 만약에 살아 있었다면 하이데거 이상의 제자가 되었을 것입니다. 하이데거를 뛰어넘는 인물인데 유감스럽게도 유대인이라는 이유만으로 아우슈비츠에서 이슬로 사라졌고, 하이데거는 대학에 남았습니다.

슈페만은 독일인인데다 종교도 가톨릭이기 때문에 그런 예를 많이 알고 있었을 것입니다. 그래서 그런 용어를 쓴 것입니다. 그는 처음부터 존재를 생각했던 것이 아니라, 여러 사람들의 무지하고 무상(無償)한 모습을 보고서 그 근원에는 무조건적인 무언가가 작동하고 있다고 보았습니다. 제 설명방식이 나빠서 Sein을 먼저 설명하고 Selbstsein으로 넘어갔기 때문에, 일견 존재를 대상화하는 것처럼 되었습니다만, 좀처럼 구체적인 체험을 말하지 않는 것이 철학자의 나쁜 습성입니다. 바로 그렇기 때문에 아우슈비츠에 관해서 슈페만은 그만큼의 고통을 느끼면서 이런 말을 한 것입니다. 그것이 3·11 동일본대지진 때에 자연 속에서 어떻게 드러났는가 하는가가 문제입니다.

김태창: 그렇군요. 하이데거의 경우에는 Sein을 Seiende와 동일시하는 종래의 존재파악으로 이해하면서 '존재'·'존재라는 것'·'존재자' 같은 추상명사로 나타내는 개념의 객관적·삼인칭적 인식이 초중기의 중심과제였습니다. 그러나 후기에는 Sein과는 별도로 Seyn으로 표기하거나 '존재하는 것'·'드러나는 것'·'나오는 것' 같은 동사 혹은 동명사로 나타내는 사건의 당사자적 일인칭적 체인이 가장 중요한 관심사가 됩니다. 그래서 행복과 근원악의 문제도 인식대상으로서 아는 '것'에서 한 걸음 더 나아가서 체인 주체로서 사는 '일'로 그 진상 파악의 위상을 근본적으로 전환할 필요가 있습니다.

여기에서 제 견해를 추가하면, 똑같이 하이데거의 논의 속에서 생각한다고 해도 저의 경우에는 Sein이나 Seyn보다도 Mitsein('함께 존재한다')과 In-der-Welt-sein('세계내존재') 쪽에 더 주목합니다. 공공하는 철학의 입장에서 다시 생각해보면, 자기와 타자의 공(共)존재·공생명·공생활·공생업의 공체험·공실감·공실천이 무엇보다도 중요하기 때문입니다. 그리고 자기와 타자의 '사이'에서 서로가 함께·더불어·성심으로 몸과 맘과 얼의 말씀을 나누는 일, 이와 같은 일=사건=사태=사실이야말로 무엇보다도 근본적인 공공하는 인간의 참모습이며 이와 같은 인간들이 모여사는 곳이 공공하는 세계라고 생각하는 것입니다. 그리고 그와 같은 세계에서 비로소 공공하는 인간들의 공공하는 행복이 공감·공유·공진된다고 생각합니다.

다케나카 히데토시: 그럼 카타오카 교수께서, 방금 근원악에 대한 논의 가운데 나온 3·11과 행복의 문제와 관련해서 센다이(仙台)에서 체험하신 것과, 그 후 여러 운동을 통해서 느끼신 것들을 좀 말씀해주시면 어떨까요?

카타오카 류: 오전에는 번역어의 선택에 의한 문제가 화제가 되었습니다. 그런데 오후의 '근원악'이라는 번역어 자체는 그렇게 이해하기 어렵지는 않습니다. 그래서 '근원악' 문제는 아마도 그런 발상이 동아시아, 특히 일본에서는 약했다, 있었다고 해도 충분히 자각되고 다루어지고 발전되지 않았다고 생각합니다. 하지만 현대에는 '근원악'이라는 말로 이해하지 않으면, 그것과 제대로

마주하거나 대응해 나갈 수 없는 문제가 많이 있다고 생각합니다. 제2차 세계대전에서 일본이 아시아에 저지른 일을 비롯하여 미나마타병(水俣病)과 같은 공해문제, 그리고 이번 원전사고, 또는 오옴진리교사건, 코베(神戶) 아동연속살상사건, 아키하바라(秋葉原) 묻지마 살인사건과 같은 대형사건은 물론, 생활주변에서 일어나는 왕따나 학대, 자살, 빈곤근로자문제, 가짜식품문제 등등은 모두 오전에 김태창 선생께서 근원악의 정의라고 하신 '반생명(反生命) 반인명(反人命)'적 사건이라고 생각합니다. 어째서 이런 '반생명 반인명'이라는 근원악이 반복되는가, 그것을 자각하고 진지하게 마주 대할 필요성이 실감되기 시작했다고 생각합니다.

한나 아렌트의 『에루살렘의 아이히만』을 주제로 한 영화 '한나 아렌트'가 각지에서 상영되어 특별한 선전도 하지 않았는데도 매일 만원이라고 합니다. 그것은 아마도 무의식 중에 지금은 이런 것이 필요하다고 모두가 느끼고 있기 때문이라고 생각합니다. 이 영화의 메시지는 '사고'의 정지가 평범한 인간을 잔학행위로 치닫게 한다는 데에 있습니다. 다만 '사고'라고 하면 벌써 어렵습니다. 알기 쉽게 말하면 또 한 사람의 자신과의 끊임없는 대화입니다. 자신은 또 한 사람의 자신과 조화되거나 때로는 조화되지 않거나 하지만, 자신과 계속해서 이야기함으로써 자신을 속이지 않고 지낼 수 있는 것입니다.

또 한 사람의 자신을 아렌트는 '과거와 현재의 인물이나 사건의 모범'이라고도 합니다. 즉 살아 있는 사람이든 죽은 사람이든 또는 이야기 속의 사람이든 아니면 사건이든, 자기 영혼 속에 각인되어 있는 타자의 영혼을 말합니다. 그런 타자의 영혼, 모범을 통해서 사고함으로써 자신이 생활을 함께 하고 싶은 타자가 생겨난다고 합니다. 아렌트가 '사고는 활동'이라고 한 것은 이렇게 해서 생활을 함께 하고 싶은 타자와의 관계가 시작된다는 의미입니다.

실로 그녀는 "공통감각의 타당성은 사람들과의 교류 속에서 생겨난다"고 한 다음에, "자신의 사상 속에 떠올릴 수 있는 사람들의 의견의 수가 많으면 많을수록 그것은 더욱 대표적인 것이 된다"고 하였습니다(한나 아렌트, 『책임과 판단』,

筑摩書房, 2007). 제가 오늘날 일본에서 큰 문제라고 생각하는 것은 자신 속에 또한 사람의 자신을 갖기 어렵다는 사실 즉 모범으로서 자신의 영혼 속에 각인하고 싶은 과거나 현재의 인물·사건이 적다는 사실입니다. 그 원인은 전쟁책임 문제 등을 모두 애매하게 속여왔기 때문이라고 생각합니다.

그것으로 인해 현재 중국이나 한국과의 관계가 좀처럼 좋아지지 않을 뿐만 아니라, 국내에서도 세대간의 간극이 좀처럼 메워지지 않습니다. 전후세대는 전쟁세대에게 존경심을 갖지 않고, 그다음 세대 또한 그런 전후세대에게 존경심을 갖지 않는다고 하는 악순환입니다. 이미 반세기도 더 이전의 일입니다만, 과거의 청산이 충분히 되지 않은 점이 오늘날까지 그 여파가 남아서 치명적인 영향을 끼치고 있다는 느낌이 듭니다.

슈페만도 '고대인에게 가장 신뢰할 수 있는 행복의 조건은 친구를 갖는 것'이라거나, '사람은 도움을 받아야 비로소 자기 자신을 돕는 것을 배운다'고 말합니다. 행복의 조건이 친구를 갖는 것이라고 한다면, 전후의 일본은 국가 차원에서 보면 친구를 갖지 못했습니다. 특히 한국과의 관계에서 친구관계를 구축하지 못했고, 그래서 행복이 좀처럼 실감되지 못합니다. 그것이 점점 국가관계뿐만 아니라, 지금의 젊은 학생들을 보아도 친구가 없기 때문에 행복을 실감하기 어려운 상황에 처해있다고 생각합니다.

종종 일본과 독일의 전쟁책임에 대한 태도의 차이가 언급되는데, 독일 역시 완전히 자발적인 선의만으로 피해민족에 대한 보상을 해 온 것은 아닙니다. 폴란드의 전 최고재판소 장관은 독일의 일련의 대응은 폴란드를 비롯한 각국 국민들이 요구에 요구를 거듭한 결과이기도 하다고 대답합니다(《아사히신문》 전후 보상문제 취재반, 『전후보상이란 무엇인가』, 1999). 일본에서도 90년대 무렵부터 피해국 사람들로부터의 요구가 성행했습니다. 그 요청에 부응하는 것이 중요하다고 생각합니다. 자신의 영혼에 각인되는 타자의 영혼은 꼭 자국 내의 전사자가 아니어도 되지 않을까요? 동경대학의 다카하시 테츠야(高橋哲哉) 교수도 말하듯이 '종군위안부들의 증언은 단순히 자기 자신의 피해를 호소하는 소리일 뿐만 아니라, 이미 전쟁터에서 살해된 피해자들을 대신하는 호소'(高橋哲哉, 『전후책임론』, 1999)이기도 합니다.

국가라는 틀에 너무 얽매이지 않고, 모두가 다 전쟁 피해자라는 점에 공진공명(共振共鳴)하는 데에서 시작하는 것은 가능하다고 생각합니다. 실제로 일본에서 종군위안부들의 호소에 응답한 것은 전 아사이신문(朝日新聞) 편집위원인 마쓰이(松井)나 요리 씨와 같이 여성해방운동(Women's Liberation Movement)의 흐름을 잇는 여성들이었습니다. 여기서 'woman'이라는 단수형이 아니라 'women'이라는 복수형인 점이 핵심입니다. 시스터후드(sisterhood)라고도 할 수 있듯이, 남성사회에서 비슷한 고통과 고민을 가진 여성들이 분단된 연대를 회복하는 데서부터 이 운동은 시작되었습니다. 그래서 국경을 초월한 여성들의 연대를 쌓는 것이 가능했던 것입니다. 일본의 여성해방운동의 실질적인 리더였던 다나카 미츠(田中美津) 씨는 "한 사람의 인간 속에는 서로 모순되는 속마음이 항상 동거하고 있고, 양자가 서로 어우러진 지점이 '여기에 있는 여성'이라는 존재이다. '여자들로부터 여자들에게로'라고 하는 생각도 속마음, 하지만 자칫 잘못하면 여자들로부터 눈을 피하고 싶다고 하는 생각이 있는 것도 속마음이다. 여성해방운동은 항상 두 가지 속마음으로부터 출발한다. 그 사이의 흐트러짐으로부터 출발한다. '여기에 있는 여자'의 두 가지 속마음 사이에서 흐트러지는 그 '현재' 속에, 살기 어려운 역사 속에, 다양하게 굴절되지 않을 수 없었던 살아 있는 여자의 확실한 온기가 배태되어 있다"고 말합니다(田中美津, 『생명의 여자들로-여성해방운동론』). 이것도 '생명' 차원에서 '반(反)생명'이라는 근원악을 마주 대하고자 하는 시도라고 할 수 있습니다. 이야기가 왔다갔다 하는 것 같습니다만, 아까 미야모토 선생님이 전후 독일에서는 다양한 철학적 논의를 축적하면서 여러 나라와의 화해를 제대로 했는데 일본에서는 그것이 충분히 이루어지지 않았다고 하셨습니다. 저도 그렇게 생각합니다. 다만 전후에 역방향이 되기 이전까지, 특히 일본 지식인의 전쟁책임이라고 하는 것이 다양하게 논의되기 시작했을 때에, 죄송한 짓을 했다고 하는 '회한(悔恨)공동체'가 있었다고 마루야마

마사오(丸山眞南)는 말합니다.

회한공동체를 저 나름대로 이해하면, 서바이벌 콤플렉스(생존증후군)에 기초한 연대라고 생각합니다. '자신만 살아남았다, 자기 이외의 사람들은 죽었다, 혹은 외국 사람들은 불행해지고, 자기만 살아남았다'는 것에 대한 후회의 감정이 널리 공유되던 시기가 있었습니다. 이것도 어떤 의미에서는 개체의 '생명' 작용의 고유함에 대한 자각에 의한 공명이라고 생각합니다.

그때까지의 일본에서의 개인은 오로지 국가에 종속되기만 하는 주체('신민')였습니다. 거기에서 새로운 '생명' 주체의 확립으로 나아가야 했는데, 유감스럽게도 그 후에 시작된 고도경제성장 속에서 이번에는 단순히 경제에 종속되기만 하는 주체('소비자')가 되어 버렸습니다. 그런 흐름 속에서 '생명'에 대한 자각도 결국에는 풍화되고 만 것이 아닐까요?

역시 미야모토 교수께서 말씀하셨듯이 망각하는 것의 오만함입니다. 이번 지진의 경우에도 2년, 3년이 지나도 저에게 가장 절실한 문제가 된 것은 역시 풍화(風化)라는 문제입니다. 자기 자신 속에서도 풍화되는 곳이 있고, 실제로 거기에서 죽은 사람이 있는데 나만 살아남았다는 감각이 있으면서도 시간이 지남에 따라 잊혀져 가는 것이 지금의 자신의 직접적인 문제관심입니다. 이런 문제와 제대로 마주하기 위해서도 '근원악'을 다시 한 번 정리할 필요가 있다는 김태창 선생의 말씀에는 대단히 공감합니다.

자연은 선만 있는 것이 아니라 선악이 모두 있습니다. 실제로 쓰나미로 가족을 잃은 분들의 이야기를 들었을 때 "나는 쓰나미 자체를 원망하지는 않는다"라고 하더군요. 그들에게 자연에 대한 원망이나 분노는 느낄 수 없었습니다. 그것은 자연으로부터 혜택을 얻고 있다는 신뢰가 대단히 크기 때문이라고 생각했습니다. 확실히 '자연의 악'이라고 하면 일본인으로서 감이 잘 안 오는 부분이 있습니다. 다만 그때 알게 된 것은 자연은 이와 같이 대단한 재해도 가져오는 무서운 존재이기도 하다는 공포심, 자연을 두려워하는 외경심을 우리는 잃어가고 있다는 점입니다. 옛날 사람들은 자연의 혜택에 대한 감사와 함께 자연을 외경하는 마음도 동시에 가지고 있었는데, 지금은 외경심은 잃고 자연은 항상 은혜만을 주는 존재라고 안이하게 생각하는 부분이 있습니다. 노력을 하지 않아도 행복은 자연스럽게 하늘에서 내려온다는 생각이 특히 고도경제성장 이후에 강해진 것은 아닌가 생각합니다.

김태창: 여기에서 다시 한 번 3·11 지진을 특히 행불행과 선악의 상관연동이라고 하는 문제관심에 기초해서 생각해 보고자 합니다. 거기에는 기본적으로 두 개의 서로 다른, 하지만 긴밀하게 연동되는 문제가 있습니다. 저 자신의 개인적인 표현을 쓰면, 동일본대지진은 자연악의 문제이고, 후쿠시마 원전사고는 국가악의 문제라고 생각합니다. 이러한 문제설정은 종래의 도덕론적·윤리론적 선악관이라는 틀에서 벗어난 발상입니다. 굳이 말씀드리자면 생명공감적 심사숙려입니다.

먼저 대지진 당시에 국내외의 가능한 많은 TV 보도에 시시각각 귀를 기울이고 몇 번이고 반복해서 거기에 비친 영상을 응시하고 있었습니다. 바닷물이 맹렬한 속도로 엄습하자마자 집이건 사람이건 자동차건 무엇이건 모든 것이 한순간에 삼켜지고 닥치는 대로 파괴되었습니다. 실로 지옥과 같은 참상에서 음침한, 정체를 알 수 없는 악마적인 악업의 무서운 폭위를 실감했습니다. 보통 때의 자비로운 자연의 모습과는 전혀 다른 자연의 악상(惡相=무서운 모습)이 마음 깊은 곳에 각인된 것입니다.

자연이란 은혜로운 여신처럼 따뜻한 손을 내밀어 주며 무한하고 풍요로운 혜택을 만물에게 차별없이 베푸는 대선(大善)이지만, 동시에 살아 있는 모든 것을 순식간에 사라지게 하는 거악(巨惡)이기도 하다고 하는 엄연한 사실을 새삼 확인한 것입니다. 자연악은 특히 일본인의 감각에는 익숙지 않을 것입니다. 그러나 저 자신의 개인적인 소감을 말씀드리면, 일본인의 자연관의 근저에는 자연에 대한 과도한 응석과 체념이 두드러집니다. 엄마에 대한 애착과 비슷하지요. 그러나 대형지진과 그것에 의해 일어난 대형 쓰나미는 많은 인명을 빼앗았고 광대한 생태계를 파괴했으며 막대한 사회적·경제적·문화적 손실을 가져

왔습니다. 사망자나 행방불명자는 극도로 참기 어려운 악사(惡事)입니다. 다행히 살아남은 사람들의 경우에도 그 충격과 고통과 손실은 상상을 초월하는 불상사·악연·악업이라고밖에 달리 할 말이 없습니다. 이것은 도덕이나 윤리의 차원과는 다른, 실로 반생명의 근원악에 다름 아닙니다. 너무나도 많은 사람들의 처참한 불행을 일으켰으니까요. 실로 행복의 근본적인 부정이기 때문입니다.

한편 후쿠시마 원전사고는 다름아닌 국가의 기본정책의 추진에 따른 엄청난 대악보(大惡報)입니다. 제도악이자 조직악이자 메이지 이래의 문명개화노선의 과도함이 초래했다는 의미에서는 문명이라는 미명의 근원악 이외에 아무것도 아니라고 할 수 있지요. 원전사고에 의한 여러 악업은 공간적으로도 시간적으로도 그리고 세대계승생생적으로도 그 파급범위가 상상 외로 광대하기 때문에, 그것에 의해 생기는 불행의 양과 질을 곰곰이 생각해 보면, 그 지구적 인류적 악사성(惡事性)·악업성(惡業性)·악과성(惡果性)이 심대합니다.

이 국가악이라는 개념도 일본인의 상식에서 벗어나는 것이라고 생각하겠지요. 이것도 저 자신의 개인적인 소감을 말씀드리면 자연의 경우와 마찬가지로 일본인의 국가관에는 어디까지나 국가에 대한 응석과 체념이 작동하고 있다는 느낌이 듭니다. 국가성선설 같은 생각이 있어서, 무슨 불상사가 일어나기만 하면 먼저 민간인을 의심하는 경향이 있습니다. 그리고 국가기관의 책임과 자각과 반성이 철저하게 부재합니다.

최근에 재미있는 사실을 알게 되었습니다. 한국에는 일상적으로 자주 쓰이지만 일본에서는 전혀 쓰이지 않고, 일본어사전에도 실려 있지 않은 말이 있습니다. '관폐'와 '민폐'입니다. 관폐(官弊)란 국가기관이나 지방자치단체 공무원의 부정행위 등에 의한 폐해를 말합니다. 그리고 민폐(民弊)란 민(民)이 입은 폐해를 말합니다. 대표적인 일본어 사전인 『코지엔(広辞苑)』에 '공해'(公害)라는 말이 실려 있는데, 그 설명을 보면 오로지 민간기업에 의한 지역주민에 대한 폐해라고만 되어 있습니다. 한국어사전에서의 '공해'에 대한 설명은 대체로 국가기관이든 민간기업이든 부정행위가 국민에게 끼치는 해악이라고 나와 있습니다. 《아사히신문》의 원로기자 중의 한 사람이 공공철학 교토포럼에 참가하여 관폐와 민폐에 관한 제 이야기를 듣고 나서, 이 두 말마디를 배운 것만으로도 포럼에 참가한 의미가 크다는 말씀을 하셨습니다. 거기에서 새로운 문제의식과 지평전망이 보이게 되었다는 것이었습니다. 역시 말이 있어야 비로소 발상의 지평이 새롭게 열린다는 것입니다. 자연악과 국가악에 대해서도 동일한 추리가 가능합니다.

　　미야모토 히사오: 사람들이 거대한 쓰나미에 휩쓸렸을 때 일본인의 경우에는 대부분 자연을 저주하는 일이 없다고 카타오카 교수께서 말씀하셨습니다만, 감정적으로는 역시 커다란 슬픔이겠지요. 무수한 사람들이 파도에 휩쓸려 죽어갔으니까요. 갑자기 세상을 떠났기 때문에 이별의 말도 한마디 없었습니다. 장례를 지낸다는 것은 자신들은 남았지만 죽은 자와 어떤 형태로든 이어지고 있다고 하는 사자와의 공동체(共働體)를 의미한다고 봅니다. 이 부분은 어떻게 생각하시는지요?

　　카타오카 류: 이것은 나카지마 타케시(中島岳志) 씨의 한신대지진 체험담으로부터 들은 이야기입니다만, 당시에 그는 고교생이었는데 지진현장에 가 보니까 상당히 복구가 진행된 공터에서 한 아저씨가 연을 날리고 있었다고 합니다. 지진 후에 화재로 부인을 잃은 분이었다고 하는데, 나카지마 씨가 다가가서 "무엇을 하고 계시는지요?"라고 묻자, 그 아저씨는 "나는 아는 것은 별로 없지만, 그냥 이렇게 연을 날리며 실을 잡고 있으면 죽은 아내와 손을 잡고 있는 느낌이 들어서요"라고 대답했다고 합니다. 그래서 죽은 사람과 이어지는 것을 인간은 대단히 절실하게 추구하고 있다는 생각을 하였습니다.

　　미야모토 히사오: 같은 이야기가 만화에 나옵니다. 『카마쿠라이야기』를 좋아하는데, 연으로 죽은 아내와 교류하는 이야기입니다. 어느 쪽이 먼저인지는 알 수 없습니다만, 여기저기에 의외로 연을 통해서 죽은 자와 교류한다고 하는 이야기가 있는 것 같습니다. 또 하나는, 거대한 쓰나미는 자연악일지 모르지만,

남겨진 사람들의 감각으로는, 일신교가 아닌 경우에는, 그런 거대한 악도 행하지만 동시에 은혜를 주는 대자연의 품의 어딘가에 안정감 같은 느낌은 없을까요?

카타오카 류: 방금 말씀을 듣고 생각난 것이 하나 있습니다. 확실히 쓰나미를 원망하지는 않는다는 사람이 많았습니다만, 왜 그럴까를 곰곰이 생각해보면 바다의 경우에는 다음날에는 다시 대단히 평온한 바다로 돌아오니까요. 한순간의 엄청난 악마와 같은 쓰나미가 실제로 있었지만, 다음날에는 너무나도 평온한 잔잔한 바다가 되기 때문에 어떤 의미에서는 자연의 악을 망각해 버리는 것이라고 생각합니다.

그러나 뒤돌아보면 바다는 평온한 상태로 돌아와도 쓰나미가 엄습한 육지는 건물 잔해가 산더미처럼 쌓여 마치 황야와 같은 상태가 얼마 동안 지속되기 때문에, 그런 광경을 보면 확실히 자연의 악을 실감하게 됩니다. 일본의 복구 방법의 문제점 중의 하나는 망각을 기반으로 복구한다는 방식입니다. 실은 여기에 많은 생명이 빼앗겼다고 하는 근원악에 의한 단절이 있는데도 이것을 다시 연속시켜서, 대단히 연속적인 이해가 되고 있습니다. 그러나 여기에 일단 엄청난 단절이 있다는 것을 분명하게 자각해야 합니다. 실로 근원악을 제대로 파악할 필요가 있고, 이 단절감을 망각한 채 안이하게 연속시키지 않는 것이 중요하다고 생각합니다.

김태창: 국가악의 경우도 마찬가지입니다. 자기 형편에 의한 선택적 망각과 급속한 풍화에 의해 아무 일도 없었던 것처럼 대부분 무기적(無機的)이라고 할 수 있는 일상성으로 돌아오는 현상입니다. 그리고 오늘날의 일본에서 어쩔 수 없이 실감하게 되는 제도악과 조직악의 모습은 거대한 경제기술관료 지배체제의 사고정지·판단중지·도덕마비에 의한 반생명의 체질이 아닌가 생각하는데 어떻게 보시는지요?

미야모토 히사오: 그것은 '망각의 함정'이라고 생각합니다.

김태창: 망각과 풍화의 함정이지요.

카타오카 류: 두 분의 말씀을 들으면서 생각이 점점 명료해지고 있는데 그것은 '자연'과 '생명'을 분명하게 구별하는 것의 중요성입니다. '자연'이란 역시 인간에게 은혜(행복)를 주든가, 아니면 재난(불행)을 가져오든가, 어느 쪽이든 주는 일방적인 존재인데 반해 인간은 오로지 그것을 받는 일밖에 할 수 없다는 것입니다. 아니 사실은 준다거나 받는다는 것도 인간의 형편에 맞게 말하는 것으로, 따라서 그것을 행·불행이라고 이해하는 것도 인간의 문제일 뿐입니다. 자연은 특별히 인간에게 혜택을 주려고도 재난을 주려고도 의도하지 않습니다. 단지 오로지 '자연스럽게' 운행하고 있을 뿐이지요.

이 자연을 재난을 피하고 은혜를 주도록 제어하려고 해서는 안 됩니다. 자연관의 전환이 필요합니다. 안도 쇼에키(安藤昌益)는 '자연'을 '스스로 한다'고 읽었습니다. 이것은 인간의 주체성을 강조한다는 의미에서 확실히 그때까지의 자연관과는 다른 커다란 전환입니다만, 실은 그러한 전환이 가능하기 위해서는 역시 '저절로'와 '스스로'를 매개하는 계기가 필요하게 된다고 생각합니다. 쇼에키의 경우에는 '활진호성'(活眞互性), 즉 서로 다른 '생명' 작용의 교류로부터 살아 있는 진실이 탄생한다고 생각했습니다.

오전에는 '카미'와 '령'(靈)의 차이에 대해서 이야기했는데, 마찬가지로 '자연'과 '생명'을 구별할 필요가 있습니다. '카미'도 '자연'도 인간은 그것에 대해서 오로지 수동적일 수밖에 없습니다('저절로'). 그에 반해 '령'과 '생명'은 그 공명과 이어짐을 통해서 '카미'나 '자연'에 작용을 가하고 재난을 없애며 행복을 기원하는 것을 가능하게 해줍니다('저절로'와 '스스로'의 어우러짐). 이것으로부터 붓다를 지향하거나 자연을 개조하는 방향으로도 나아갈 수 있지만('스스로'), 이것이 지나치면 역으로 행복을 추구하기 위한 것이 불행의 원인이 되고 마는 일도 생깁니다. 국가악, 제도악, 조직악도 마찬가지일지 모릅니다. 그것은 스스로 자동화하는 것에 의한 '반(反)생명'화이기 때문입니다.

지금 우리에게 필요한 것은 역시 '저절로'와 '스스로'의 어우러짐으로, 신중하게 숙려하면서 함께 세계를 갱신해 나가는 '제재기복'(除災祈福)적 태도가 아닐까요? 어쨌든지 간에 근원악은 자신은 악이라고 의식하지 않는 작은 행위, 부작위(不作爲)의 축적에 의해 일어납니다. 그것을 자각한 상태에서 그것과는 정반대의 선순환을 궁리하면서 함께 만들어 나가야 합니다. 이런 생각을 확실히 공유해 나갈 필요가 있다고 생각합니다.

미야모토 히사오: 슈페만의 원자력에 들어가기 전에 지금 이야기를 뒤집어서 말하면, 우주전체를 생각하면 금성이나 목성은 뜨겁게 작열하는 혹성입니다. 어떤 별은 영하 수십 도까지 내려갑니다. 그리고 우주는 방사능에 가득차 있어서 거의 산소가 없습니다. 우리는 별을 보고 있으면 아름답다고 하지만, 우주 전체는 항상 폭발하고 생성되며 팽창하고 있는 상태로, 이 은하계에서 적어도 생명이 사는 곳은 뒤집어 말하면 지구밖에 없다는 것이지요.

그렇다면 우주 전체에서 보면 우리 지구는 암흑에 쌓인 아주 작은 생명활동을 하고 있는 유일한 장소라고 생각합니다. 유일한 장소라는 사실을 잊고 원자력이나 기술을 자랑하는 인간의 오만으로 자연의 공포, 악에 가득 차고 적의에 가득 찬 자연과 원자력이 어딘가에서 이어진다는 느낌이 듭니다.

다케나카 히데토시: 여기서 10분 휴식하고 슈페만의 『원자력시대의 오만』으로 넘어가겠습니다.

행복좌담회(3): 이야기론과의 관계

다케나카 히데토시: 오후의 후반에 들어갑니다. 오늘은 5시에는 끝내야 하기 때문에 잘 협력해 주시면 감사하겠습니다. 그럼 먼저 미야모토 교수께서 말씀해주십시오.

미야모토 히사오: 슈페만은 아까 김태창 선생님이 열거하신 삼부작을 중심으로 한 일련의 사색을 통해서, 독일에서 구체적인 지식인으로서의 다양한 활동을 하고 있습니다. 독일이라는 일국의 영역을 넘어서 세계적으로 다양한 영향을 끼치고 있는데, 그중에서도 가장 중요한 것은 반(反)원전 사상으로, 독일에서도 하버마스와 나란히 커다란 영향을 끼치고 있는 것 같습니다. 저는 몇 년

전에 김태창 선생과 시리즈 『이야기론』을 편집한 적이 있는데, 결국 원자력 문제는 일단은 과학기술의 측면을 지니고 있지만, 다른 한편으로는 신화화되어 대단히 이야기론적인 문제성도 포함하고 있다고 생각하기 때문에, 그런 측점에서 생각해 보고자 합니다.

이른바 프로메테우스가 제우스가 사는 곳에 가서 불을 훔쳐 와서 인류에게 전해 주었는데, 불의 사용법, 즉 기술과 함께 불을 인류에게 주었기 때문에 그는 제우스에게 벌을 받고 산에 감금되어 고난을 겪습니다. 헤시오도스는 주로 그런 신화를 그리고 있습니다. 헤시오도스에 의하면 인류의 역사는 신의 불, 제우스의 불에 의해서 인간은 광물을 녹이고 다양한 시대를 만들어 왔는데, 최초의 시대는 '황금시대'로, 이 시대의 인간은 신들처럼 살면서 불사의 존재로 살았는데, 결국에는 잠자는 듯이 죽어 갑니다. 그 사이에 곡물은 결실을 맺고 평화롭고 행복한 시대가 지나갑니다. 다음에 제우스는 '은의 시대'를 초래했다고 합니다. 은의 시대가 되면 신들에게 제물을 바치는 것을 잊고 대단히 열악한 사람들이 만연하며, 이어서 '청동기시대'에 이르게 됩니다. 청동기시대는 둘로 나뉘어지는데, 두 번째는 '영웅의 시대'로 트로이전쟁과 같은 전쟁의 시대입니다. 마지막으로 '철의 시대'가 오는데, hubris라고 하는 인간의 오만이 최고에 달하게 됩니다. 이때부터 신들에게 반격을 가하여 인간이 기술문명을 만든다는 것이 헤시오도스의 대지의 프로메테우스의 불의 이야기입니다.

이것을 좀 더 폭넓은 시점에서, 이토 순타로(伊東俊太郎)라고 하는 과학철학자가, 기본적으로는 5단계인데, 이른바 '6단계 혁명설'을 주창하였습니다. 이 이야기는 5번째에 있습니다. 우선 인류가 이 세계에 태어난 지 얼마나 될까요? 현생인류의 직접적인 조상이 태어난 시기는….

다케나카 히데토시: 5만 년이나 10만 년 아닐까요?

미야모토 히사오: 거껏해야 10만 년 정도이지요. 인류가 태어난 것은. 그 인류가 농업을 일으킨 것이 농업혁명입니다. 이 무렵에는 가축도 기르기 시작했습니다. 농업에서 여러 잉여생산물을 축적하고 권력자와 비권력자의 차이가

생기게 되고, 문자가 발명되면 도시혁명이 일어납니다. 이것은 B.C. 3,500년 정도의 일입니다. 도시가 발전함에 따라서 정신혁명이 일어난 것은 대체로 B.C. 6세기경으로, 그리스, 인도, 중국, 유대, 이슬람에서 발생했습니다. 그리스에서는 그리스철학, 소크라테스, 플라톤, 아리스토텔레스가 나타났고, 인도에서는 불교의 토대가 되는 힌두교의 역사 속에서 불교가 탄생합니다. 중국에서는 유교, 이슬람에서는 유대교와 기독교가 생겨납니다. 여기에서 고전어를 중심으로 보면 여러 성전(聖典)이 편집되고, 그것은 근원적인 전통지(傳統知)로서, 현재까지 전해지고 있습니다.

특히 기술혁명이 대체로 17세기에 유럽에서 일어나는데, 이것은 이른바 산업혁명을 포함하고, 오늘날에는 정보혁명까지 포함하는데, 산업혁명에 의해 제국주의와 자본주의가 생기고, 그로 인해 전쟁이나 혁명이 발발하게 됩니다. 이것에 반발하여 수정자본주의라고 하는, 사회주의를 받아들인 자본주의가 생기고, 이것이 오늘날의 자본주의 형태가 되었다고는 하지만, IT혁명에 의해 금융자본주의가 수십 조나 되는 돈을 일거에 움직이는 자본주의가 도래하여 전 지구적으로 돈이 움직이기 시작했습니다. 이로 인해 지구 전체 자연환경과 자연물이 상품이 되어 소비되는 무서운 소비경제가 찾아오고, 지구는 그런 인류가 만든 쓰레기 폐기물을 떠맡음으로써 정화하는 능력을 상실하고, 그로 인해 자연사(自然史)는 점점 멸망하고 있습니다. 이런 이유로 오늘날 환경혁명이 지향되고 있다는 것이 이토 선생의 혁명론인데 슈페만도 그런 의미에서 일종의 위기감을 갖고 있습니다. 즉 지금 지구가 대단히 고통받고, 그곳이 멸망한다고 하는 문제가 아니라, 인간이 사는 우주에서 유일하게 물이 있고 산소가 생기며 식물이 자라는, 그런 기본적인 조건을 갖춘 이 혹성이 암흑의 우주 속에서 사라진다는 것이 슈페만의 생각입니다.

그는 서양의 지식인으로서 대학에 적을 두면서 다양한 심포지엄을 여는 등, 독일 전체 또는 여러 나라에 경종을 울리고 있습니다. 동시에 가톨릭교회의 한 지식인으로 베네딕트 16세의 친구이기도 하고, 교회를 통해서 전 세계에 원전

반대운동, 아니 그보다는 장래세대를 중시하는 휴머니즘을 전파하기 위해서 활약하고 있습니다. 활동무대는 독일에서 출발하여 전 세계에 이르고 있습니다. 그러고 보면 일본의 지식인은 일본에서조차 발언력이나 영향력이 그다지 있는 편은 아닌데, 국제적 차원에서는 더 말할 것도 없지요. 게다가 종교적으로 불교적 지식인이거나 유교적 지식인이고, 설령 기독교적 지식인이라고 해도 일본의 틀을 벗어나서 전 세계를 향해서 여러 나라에 초대되어 발언하는 데까지는 아직 이르지 못하고 있습니다. 그래서 슈페만의 지식인으로서의 실천적 태도는 하나의 모델이 된다고 생각합니다. 반복해서 말씀드리면 인간은 우주의 무한한 생명의 모사로서 생명이 드러나는 곳입니다. 서로의 생명에 감동하는 것, 공명하는 것이 페르소나이고, 이것이 서로를 인정해 나갑니다. 페르소나는 개인주의의 개인과는 전혀 다릅니다. 개인주의의 개인은 결국 계약사회, 자유경쟁사회를 만들고, 인간 중심 문명을 만들었다고 해도 과언이 아닌데, 이에 반해 슈페만은 인격주의를 내걸고 유럽의 문맥에서 그것을 극복하려고 하고 있습니다. 특히 원자력에너지에 대해서 위기감을 갖고 활약하고 있는 상황입니다.

다케나카 히데토시: 행복론을 쓴 슈페만이 있는가 하면 원자력 문제와 같은 현실에 참여하는 슈페만도 있군요. 이에 대해서 김태창 선생께서 한 말씀 해주시지요.

김태창: 미야모토 교수가 말씀하셨듯이 슈페만은, 전형적인 유럽적 지식인이고, 다른 의미에서는 독일적 지식입니다. 게다가 가톨릭 신자입니다. 독일을 대표하는 공공하는 지식인이기도 합니다. 여기에서 '독일적'이라고 한 것은, 가령 스코틀랜드 계몽주의철학―특히 데이비드 흄과 아담 스미스―의 상호공감 중시와 거기에서 자신의 행복과 타자의 행복의 공시(共時)실현을 지향하는 생각에 친근감을 갖고 있던 저 자신의 개인적인 관점과는 차이가 있다는 점을 일단 밝혀둘 필요가 있다고 생각했기 때문입니다.

그리고 특히 아리스토텔레스와 칸트를 잇는 것이 중심축이 되는 슈페만의 사고전개의 특징이 상당히 독일적이라고 느꼈기 때문입니다. 저는 개인적으로, 아리스토텔레스에서 데이비드 흄과 아담 스미스를 거쳐, 기본적으로 개개의 인격생명체 '사이'의 상호작용적 공감에서 생겨나는 행복, 즉 공복(共福)에 주목해 왔습니다. 상호공감으로서의 행복과 내관적(內觀的)·주관적 행복=사복(私福)과 외관적(外觀的) 객관적 행복=공복(公福)을 한 축으로 하고, 사복과 공복 사이를 함께·더불어·서로 아우르는 데에서 나타나는 행복=공공하는 행복(共福)을 또 하나의 축으로 하면, 그 두 개의 축 사이에는 근본적인 차이가 있습니다.

미야모토 교수께서는 주로 사상과 철학의 관점에서 말씀하셨습니다만, 저는 신화·설화의 관점에서 말해 보겠습니다. 아까 카타오카 교수도 말씀하셨던 에도시대 중기의 의사이자 사회사상가인 안도 쇼에키(安藤昌益)의 '활진호성'(活眞互性)―상반되는 두 작용의 충돌로부터 살아 있는 진실이 생겨난다―이라는 생각에 터를 잡고 사복·공복·공공복의 상관 연동을 심사숙고해 보기도 그래서, 그리스비극이나 그 원천인 그리스신화에서 몇 개의 이야기를 선별 참조하면서, 행복과 불행의 문제에 대해 생각나는 대로 말해 보겠습니다. 철학과 이야기, 그리고 행복과 불행, 그 활진호성을 활용해 보고자 하는 것입니다.

먼저 비극입니다. 그리스 삼대 비극시인(아이스킬로스·소포클레스·에우리피데스)이 남긴 명작들이 전해준 인간과 사회와 국가의 불행·비운·악운과 관계되는 설화·전설·일화입니다. 행복을 긍정적으로 생각한 것이 아리스토텔레스의 철학이라고 한다면, 행복이 불행으로 전환되는 원인을 탐색한 것이 그리스비극입니다. 철학은 이성의 올바른 작용을 자극해서 올바른 인식을 도출하는데 반해 이야기는 감성에 호소하여 감동을 불러일으키는 데에 각각의 특징이 있다고 할 수 있겠지요. 철학이 로고스(참과 말)에 의거한 이성주도적 언설이라고 한다면, 이야기는 파토스(감정·극장·정동(情動))에 작용을 가하는 정념발동적 설화가 아닌가 생각합니다.

그리스 삼대 비극시인의 비극 작품에서 읽어낼 수 있는 공통 주제는 이상적

인간상으로서의 영웅의 운명적 불행의 근원이 신들에 대한 불손으로서의 오만—휴브리스—에 있다는 것입니다. 탁월한 능력과 고매한 정신과 발군의 기개를 갖춘 영웅이 신들이 내린 규범과 규칙에 따르는 것을 거부하고, 무엄하게도 신의 뜻에 도전함으로써 결국에는 비극적 종말을 맞이하게 된다는 것입니다. 하지만 실로 멸망의 순간까지도 영웅적 존엄을 견지합니다. 행복보다도 존엄·품격·품위의 가치가 훨씬 높다는 것은 동서고금을 불문하고 우리의 사고와 행동과 판단에 지대한 영향을 끼쳐왔습니다. 하지만 오늘 여기서는 행복, 그리고 그 이면의 불행 이야기를 하고 있기 때문에, 그런 관점에서 보면 '적의'·'중용'·'균형'이 행복에, 그리고 '한계무시'·'교만'(傲·奢·驕)·'지나침'이 각각 불행과 깊게 연관되어 있음을 알 수 있습니다. 그리스신화에서 특히 두 이야기를 다루고자 합니다. 헤파이스토스 이야기와 마이더스왕 이야기입니다.

먼저 헤파이스토스는 불의 신입니다. 그리고 대장간의 원조입니다. 일하는 곳은 한가운데에 있습니다. 그리고 다리를 절었기 때문에 뒤뚱뒤뚱 걸었다고 합니다. 얼굴이 못 생겨서 절세의 미신(美神)인 아프로디테와 결혼하여 일단 신들과 인간들의 동경의 대상이 되었는데 군신(軍神) 아레스 등과의 불륜소동이 잇달아 일어나서 마음 편한 상황이 아니었던 것 같습니다.

헤파이스토스는 신들이나 인간들의 수요에 응해서 멋진 물품을 만드는 탁월한 기술자입니다. 특히 불을 자유자재로 사용하였습니다. 그러나 저의 개인적 관심사는 헤파이스토스가 그리스 신계(神界)의 최고신인 제우스의 특명에 응해서 제작한 전대미문의 절품(絕品) 판도라입니다. 지상최초의 여성이지요. 판도라란 '신으로부터 모든 하사품을 내려받은 여자'라는 뜻입니다. 그런데 제우스신이 판도라를 인간계에 내려보냈을 때 가지고 가게 한 것이 판도라의 상자입니다. 무슨 일이 있어도 그것을 열어 보면 안 된다고 하는 제우스 신의 경고를 무시하고 그것을 연 순간, 거기에서 온갖 재난이 생겨났습니다. 그때부터 모든 인간과 세계의 불행이 시작되었다는 것입니다.

두 번째는 마이더스왕입니다. 마이더스왕은 소아시아 프리기아(Phrygia)의 통치자입니다. 손에 닿는 것은 모두 그 자리에서 황금으로 변했으면 좋겠다는 욕심에 사로잡혀 있었습니다. 그 소원이 이루어지자 먼저 먹을 것이 전부 황금으로 변해 버렸기 때문에 배고픔을 참을 수 없었습니다. 그리고 사랑스런 딸과 아내마저도 차가운 금속으로 변해 버려 고독과 추위도 견디기 어려워졌습니다. 그래서 자신의 철없음과 허영심의 포로가 된 것을 부끄러워하고 자신의 과오를 뉘우쳤다고 합니다. 지나친 황금욕의 일방적인 추구는 자기 자신에게도 공동체에게도 심각한 불행을 가져온다는 것이 아닐까요?

여기에서 왜 서양철학의 흐름에 충실하면서도 기독교의 성서에 기초한 미야모토 교수의 이야기를 이어서 고대 그리스의 비극과 신화를 다루었는지 말씀드리고자 합니다. 바로 동일본대지진과도 후쿠시마 원전사고와도 깊게 연결되는 부분이 있기 때문입니다. 먼저 세 가지로 좁혀서 말씀드리면, 첫째, 정치지도자·엘리트 관료·유명학자 그리고 정보관련전문가 등등의 의식적·무의식적 '한계무시'·'오만'·'지나침'의 반성없는 횡행과 그것에 의해 초래된 관폐(官弊)와 민폐(民弊)에 대한 자각이 완전히 결여되어 있을 뿐만 아니라, 지도자적 입장에 있으면서 나름대로의 사회적 대우를 받아온 것에 비해서 최소한의 품격·품위·기품조차 보여주지 못했다는 점에서 일본적 희비극의 일단을 보는 듯한 느낌이 생깁니다. 여기에 이 시대의 비극의 실상을 직시하게 되는 것 같습니다.

둘째, 원자력이라고 하는 궁극의 에너지원의 하나인 불에 대한 취급에 관한 것입니다. 불의 신이 절름발이라는 것은 발의 길이가 좌우가 다르다는 것입니다. 그것은 한 짝이 되어야 하는 것이 나란하지 않음으로써 나타나는 기능부전(不全)이고, 거기에서 생겨나는 불의의 사건까지 상징하는 것입니다. 추남이지만 아름다운 여신과 결혼했다는 것은 그 가공할 만한 위력—파괴력도 창조력도—의 전유, 전용에 악마적인 매력이 있다는 뜻입니다. 그러나 그 최고의 걸작인 판도라(원자력 발전)는 일체의 산업사회적 인간과 사회와 국가의 수요를 충분히 달성할 수 있다고 하는 환상에 너무 매달려서 오용과 예상치 못한 재난과 비참참을 일으키고, 상상을 초월하는 불행·비운·악운의 근본원인이 된다는 것입니다.

셋째, 마이더스왕의 일화입니다. 우리 주변에 꿈틀대는 크고 작은 21세기형 마이더스왕들이 자신뿐만 아니라 인간과 사회와 국가를 한없이 불행하게 하고 있다는 것입니다. 지금까지 여러 곳에서 여러 사람들을 만나고, 함께 살고 배우고 가르치는 가운데 저 나름대로 인생의 희로애락을 맛보아 왔습니다. 그중에서도 아무리해도 친숙해지지 못한 것이 (공)권력이나 (사)금력으로 사람을 사용인 취급하는 못된 자들의 파렴치한 행위입니다. 그리고 더욱 혐오감을 불러일으키는 것은 제 잇속만 차리는 자들의 자력작선적(自力作善的)인 견강부회입니다. 거대한 지진과 원전사고의 피해자들의 악운과 고통과 역경까지도 도박의 도구로 악용하면서 마치 사람을 위해, 세상을 위해 커다란 선업(善業)이라도 쌓았다고 하는 괘씸한 행태를 보고 있으면 너무나도 심한 후안무치에 어이가 없을 뿐입니다. 그런 소행은 명백히 악업입니다. 혼신의 힘을 다해 살려고 하는 수많은 생활자 시민들로부터 참된 삶의 보람을 빼앗기 때문입니다. 그리고 명백하게 반생명적인 악업임에도 불구하고 대부분 무자각·무반성이기 때문입니다.

다케나카 히데토시: 이쯤에서 마지막으로 '공공하는 행복'에 대한 이야기를 했으면 합니다.

김태창: 이번 슈페만의 Glück und Wohlwollen을 발판으로 삼아 유럽적 혹은 독일적 행복철학에 대한 학자들의 철학대화를 시도한다고 사전에 합의하였습니다. 그래서 가령 정치가나 경영자의 관점이나 입장에 기초한 논의와는 동떨어져 있다고 할지도 모릅니다. 그리고 일단 유럽의 사상과 철학과 역사에 대한 기본적인 소양을 전제로 하고 있기 때문에, 그쪽 용어나 사고방식에 익숙하지 않은 부분도 있겠지요. 그래서 가능하면 우리의 언어감각과 사고방식으로 바꿔서 이야기하려고 노력했습니다. 그래서 적절한 번역어 선별의 중요성을 다시 한 번 실감했습니다. 그러나 이 지점에서 공공하는 철학의 입장에서 공공하

는 행복에 대한 이야기로 연결시켰으면 좋겠다는 요청이 있었기 때문에, 일단 응급처치적으로 세 개의 중요관심사를 말씀드리는 것이 좋을 것 같습니다.

첫 번째는 공공하는 철학 혹은 공공철학한다는 것이 어떤 것인가에 대한 인식조정입니다. 그것은 일정한 객관적 보편성에 대한 요구의 공인가능성을 공의공론(公議公論)하는 것은 아닙니다. 복수의 상이한 개개인의 '사견'(私見)을 함께·서로·치우침 없이 제시하고·충돌시키고·겨루는 가운데 실로 '간'(間)인격적 상호승인의 공유가능성을 공의공론하는 것입니다. 그리고 그 공의공론에 참가하는 사람들의 입장이나 관점이나 주장은 함께·서로·치우침 없이 각자 일개 '사견'이라는 자각에 기초하여 타자들의 사견을 어디까지나 공정·공평·공명하게 존중하고, 결코 자설(自說)로 회수동화를 꾀해서는 안 된다는 것을 항상 경계할 필요가 있습니다. 그런 입장을 존중하기 때문에 지금까지 줄곧 '저 자신의 개인적 견해'라는 말을 견지해 왔습니다. 제가 말씀드리는 것은 어디까지나 저 자신의 개인적 견해—사견—에 지나지 않는다는 자계적(自戒的)인 태도를 명시한 것입니다.

두 번째는 방금 말씀드린 입장과 관점과 관심에서 이번에 다룬 슈페만의 독일어 저작을 영역본과 대조하고 일본어 번역본이 편하게 읽을 수 있게 되어 있는가를 가늠하는 가운데 알게 된 사실입니다. 여러 가지가 있습니다만 한 가지만 말씀드리겠습니다. 제 나름대로 표현하면, 제1부가 개개인의 주관적·의식내감적 행복의 논의에 중점을 두는데 반해, 제2부는 타자와의 관계에 주목하면서 자기에서 타자로의 감정이입적 행복의 논구(論究)에 힘을 기울이고 있다는 인상을 받았습니다. 여기서 특히 저의 개인적인 소감을 말씀드리면, 'Wohlwollen'—영역본에서는 'benevolentia'라는 라틴어에서 유래한 'benevolence'로 되어 있습니다—를 '선의'라는 한자어로 바꾼 것에 관해서입니다. 특히 독일어 Wohlwollen에서 'Wohl'은 '좋은 것', '좋은' 상태나 흐름이나 결과를, 그리고 'Wollen'은 의지·의욕·의도 등을 의미하는데, 가령 인간의 마음의 작용을 '지·정·의'라고 한다면 그중에서도 가장 능동적인 자기의식성이 강한 측면을 나타내는 말입니다. 그래서 자신의 의지를 가지고 자기로부터 타자의 행복실현에 작용을 가한다는 뉘앙스가 느껴집니다.

한자어의 '선의'라는 말도 타인을 위하여 좋은 것을 바란다 · 생각한다고 하는, '위하여' 작용하는 자신의 정동(情動)입니다. 그것은 선악을 인간의 의지의 문제로 이해하는 아우구스티누스의 생각과 가깝습니다. 가령 선악을 인간의 사고 문제로서, 특히 악을 사고정지 혹은 무사고로 이해한 한나 아렌트와는 다릅니다. 하지만 저는 개인적으로 제재기복(除災祈福)이라고 하는 공감의 문제로 이해하고자 합니다. 자기와 타자 사이 · 관계 · 교류에서 함께 · 서로 · 치우침 없이 행복을 기원하고 재악(災惡)을 제거하는 공감의 작용이 일어난다고 하는 공감사상(共感事象)이 아닌가 생각합니다. 그래서 Wohlwollen을 함께 · 서로 · 치우침없이 기복제재하는 것이라고 새롭게 이해하면 어떨까 생각합니다. 이와 비슷한 사례는 이 외에도 많이 있습니다.

세 번째는 역시 근본악의 문제입니다. 독일어로는 'Schadenfreude'라는 말이 있습니다. 타인의 불행이나 재해를 기뻐하는 마음을 의미합니다. '악의'라는 한자어에 해당하는 독일어는 'Übelwollen'입니다. 그리고 라틴어의 malevolentia에서 유래하는 malevolence라는 영어나 불어도 있습니다. 다른 사람에게 안 좋은 일이 일어나기를 바라는 감정이입적이고 타자조작적 정동(情動)의 발로입니다. 여기에 대한 자각이 없는 데에서 모든 불행과 악업이 생기게 된다는 생각이 있는 것입니다. 이것은 정토진종의 창립자인 신란(親鸞)의 번뇌구족의 범인이자 죄악 깊은 악인이라는 인간 파악의 심층에 있는 근원악의 자각과도 연결되는 부분이 있습니다. 선의나 양심만으로 행복의 지평이 열리는 것이 아니라 근원악의 작동에도 충분히 신경을 쓰면서 서로 공명 · 공진 · 공감하는 몸과 맘과 얼의 상호연동이 작동하는 데에서 공공하는 행복이 실현된다는 것이 슈페만을 계기로 느껴진 바입니다.

공공하는 철학의 입장에서 생각해 볼 때 슈페만의 행복론은 주관적 의식내재적 행복, 그리고 그것이 타자를 향해서 작동하는 때의 심리작용으로서의 선의가 일으키는 행복을 이야기했다는 의미에서 어디까지나 '사복'(私福)론의 틀에 머무르고 있다고 생각합니다. 물론 거기에서 끝나는 것이 아니라 공동체나 국가의 전체 최적을 꾀하는 '공복'(公福)론과도 이어진다는 독법도 있을 수 있다고 생각합니다. 그러나 무엇보다도 자기와 타자의 사이에서 상관연동의 최적화를 지향하는 '공공하는' 행복 혹은 '공복'(共福)론이 필요하다는 것이 저의 개인적인 문제관심입니다. 그리고 공복이 공복다워지기 위해서는 자기와 타자 사이에 몸과 맘과 얼이 함께·더불어·서로 공진·공명·공향(共響)되는 향복(響福)으로 나타나야 하지 않을까요?

카타오카 류: 과학기술에 대해서입니다만, 제가 매우 특징적이라고 생각하는 것은 과학기술이 발전하면 발전할수록 인간은 생각을 별로 안 하게 되고, 편리한 기계가 발명되면 버튼 하나로 세탁까지 해결해 줍니다. 그런데 그것의 절정이 원전(原電)이 아닌가 생각합니다. 버튼 하나로 모든 것을 지탱하는데, 각 기계의 내부는 블랙박스처럼 되어 있어서, 안에는 엄청난 지식이 가득 차 있을 텐데, 전문가 이외에는 알 수 없고, 전문가라고 해도 전혀 다른 분야에 대해서는 하나도 모릅니다.

저는 센다이(仙台)라서 원전사고의 직접적인 피해는 없었습니다만, 당시에 여러 위험이 있었고 피난했던 사람도 상당히 많았습니다. 그때 느낀 솔직한 심정은 무엇을 해야 좋을지 모르겠다, 손을 댈 수 없다는 것입니다. 제가 뭔가 말을 한다고 해도 원전이 멈출 일도 없을 것이고, 어떤 식으로 대처하면 좋을지 몰랐습니다. 이것에 대해서 지금까지 저는 아무 생각도 하지 않았다는 의미에서의 무력감을 절실하게 느꼈습니다.

행복을 내재적 상태로 파악할 것인가, 아니면 공동적(共働的) 활동으로 파악할 것인가의 문제입니다만, 행복을 외재적 제도가 보장하는 내재적 상태라고 이해하고 행복한 상태가 유지되도록 한다는 발상의 전형적인 경우가 '원전'으로 드러나는 것이 아닌가 생각합니다. 그러나 그 결과는 개개인에 있어서의 절망적 무력감입니다. 행복이 하나의 상태로 고정되어 그것의 유지만 원하고 있기 때문에, 여기에는 생명의 갱신 같은 것은 없습니다.

한편 '공동적 활동'이란 함께 괴로워하면서 함께 기뻐할 수 있도록 세계가 갱신되기를 바라는 활동이라고 생각합니다. 여기에는 세대간 릴레이라고 하는 생각도 들어 있습니다. 두 분의 말씀을 들으면서 역시 진지하게 숙고하면서 세계를 갱신해 나가는 것이 대단히 중요하다는 생각이 들었습니다. 슈페만은 자기가 모르는 것이 존재한다는 것을 아는 것으로부터 이성은 시작된다고 말하는데, 이것은 모르는 것을 아는 척 하지 않고 모른다고 하는 것이야말로 진정으로 아는 것이라고 하는 공자의 말과도 통하는 데가 있습니다.

오늘 여러 가지로 배운 덕분에 서양과 동양에서 통하는 부분이 있고, 서로 통하기 위해서는 상당한 노력도 필요하다는 것, 그리고 이쪽에 없는 것도 있고 저쪽에 없는 것도 있기 때문에 이런 것들은 서로 배우고, 그렇게 배움으로써 거기에서 새로운 것이 만들어지고, 그것을 자각화·언어화해 나가는 것의 중요함을 실감할 수 있었습니다. 일본은 지금까지 중국이나 한국, 인도로부터 배워서 자신의 것으로 만드는 일을 대단히 잘해 왔다고 생각하는데, 그것이 어느 시기부터 약해져 버렸습니다. 게다가 근대 이후에는 서양으로부터 배웠는데, 이것도 역시 경제중심과 기술중심이었기 때문에 경제적으로 성공해 버리면 더 이상 서양에서 배우지도 않고 오만해져 버립니다. 아직 서양으로부터 배울 것이 많이 있는데도 말입니다. 특히 사상적인 면에서. 그리고 그것을 배운다는 것은 자신의 것으로 한다, 동화된다는 것이 아니라 서로 다른 점을 존중하고 다른 개성의 어우러짐으로부터 새로운 것을 낳는 것을 의미합니다. '자득'이라는 말은 바로 이것을 말합니다. 그러기 위해서는 먼저 이번에 배운 슈페만의 행복론을 동아시아의 행복행(行)과 어떻게 연결지어 나갈 것인가, 이 문제에 대해 단서를 얻었다고 생각합니다. 그러기 위해서는 동아시아의 행복'행'을 저 나름대로 좀 더 잘 정리하지 않으면 안 되고, 그런 상태에서 새로운 행복'행'을 쌓아가야 한다고 생각합니다. 그것은 하루 아침에, 그리고 한 사람이 할 수 있는 것은 결코 아닙니다. 이런 생각을 공유하고 계속하고 계승해 나가지 않으면 안 된다는 과제도 남았습니다.

미야모토 히사오: 저는 '지평'이라는 말을 좋아합니다. 지평은 걸어감에 따라 새로운 지평선이 다시 나옵니다. 그래서 지평이라는 생각의 근저에는 우리는 나그네라는 생각이 깔려 있습니다. 아까 지식인으로서 슈페만은 살아 있다고 한 것은 그의 책도 나그네가 쓴 책이고, 그 자신도 나그네로서 항상 새로운 세계의 열림, 즉 지평을 걸어가면서 새로운 지평, 보이지 않는 것과 만난다는 의미입니다. 그런 의미에서 슈페만이 수용하고 있는 것은 역시 어른들이 보이지 않기 때문에 소홀히 하고 있는 태아의 생명이나 어린이 혹은 장애자나 장래세대 그리고 지금은 눈에 보이지 않지만 걸으면 보이게 되는 것들입니다. 그와 같은 나그네의 존재방식이 결국 지식인의 핵심을 이루고 있다고 생각합니다. 어쨌든 슈페만을 발판으로 삼아서 결국 근원악의 문제도 나왔고, 그것을 어떻게 극복할 것인가 하면 인격으로서, 그러나 거기에도 여러 가지 무력감에 사로잡힐 때에 우리는 무엇에 의지할 것인가 하면 역시 생명의 무상(無償)의 어떤 것에 의지한다고 하는 대략적인 위탁 같은 것이 없으면 해 나갈 수 없습니다. 슈페만은 자기를 지탱하는 상대를, 역시 유럽이기 때문에 존재론적인 언어로 말하지 않을 수 없었던 측면도 있습니다만, 무한한 생명의 무상의 은혜라고 이해하여, 무력감에 사로잡히면서도 나그네로 걸어갈 수밖에 없다고 생각했습니다. 오늘의 토론을 통해서 저도 앞으로 그런 식으로 걸어가고 싶다는 것을 느꼈습니다.

김태창: 국가나 공동체의 전체 최적화를 지향하는 '공복'(公福)론의 구체적인 모습은 일본에 온 지 얼마 안 되었을 때에 황실에서 개최되는 연초의 노래모임에 초대받았을 때 천황가 여러분들의 와카(和歌)를 듣고서 실감했습니다. 일본국헌법에는 천황은 일본국의 상징이자 일본국민총합의 상징(제1조)이라고 명기되어 있는 것과 상응하여, 천황가 여러분들의 노래에는 일본국과 일본국민 전체, 그리고 세계전체의 행복을 염원하는 진심이 절실하게 담겨 있었습니다. 실로 '공복'(公福)에 대한 염원이 구현되고 있었습니다. 이것은 국민전체를 '위한' '공복' 철학의 표현입니다. 또 미야자와 켄지(宮澤賢治, 1896~1933, 시인, 동화작가)의,

우주전체가 행복해지지 않는 동안에는 나의 행복도 있을 수 없다는 생각도 같은 맥락에서 이해될 수 있습니다.

하지만 개개인이 자신을 '위하는' 사복(私福)철학도 아니고, 공동체 전체를 '위하는' 공복(公福)철학도 아니고, 각자의 상이한 독자성이 충분히 존중받고, 자기와 타자가 아픔을 함께 나누고(mitleiden) 기쁨을 더불어하고(mitfreuden) 서로의 안전을 정성을 다해 기도하는(mitbeten) 가운데에서 함께·따로 따로·고르고 바르게 참된 행복이 이루어지도록 하려는 '간복'(間福)철학·'공복'(共福)철학·'향복'(響福)철학이 필요하다는 것입니다. 그것은 언제나 어디에서나 확정되고 공인되고 공지되는 정통 정설에 안주하는 정주자들의 '공복'(公福) 철학적 체계화 활동이 아니라, 그런 고체상(固體相)이 아니라 언제 어디서나 대화·공동·개신을 통해서 끊임없는 공진공화(共進共化)의 지평을 열어나가는 이주자들, 즉 노마드들의 '공복'(共福)철학적 탐문행위입니다. 바꿔 말하면 항상 젊은 유연성─액체상(液體相) 또는 기체상(氣體相)─의 행복입니다. 그것은 '안'이나 '밖'에서 오는 것이 아니라 사이에서 느껴지는 행복이고 자기 혼자서 향유하는 행복이 아니라 함께 나누는 행복이며 마음에 침잠하는 행복이 아니라 마음과 마음이 더불어 교향(交響)하는 행복을 살려나가는 실심실학실행(實心實學實行)입니다. 니노미야 손토크(二宮尊德, 1787~1856, 농학자, 농촌개발자)의 너도 행복하고 나도 행복하고 세상도 행복하기를 바란다는 농민철학과도 통하는 바가 있습니다.

다케나카 히데토시: 감사합니다. 아침 10시부터 줄곧 대화를 진행하고 있는데, 슈페만에 즉해서이기는 합니다만 행복론에 대한 여러 과제가 제시되고 유익한 토론이 되었다고 생각합니다. 물론 오늘의 논의가 행복론의 전부인 것은 아니지만 중요한 논점은 파악할 수 있지 않았나 생각합니다. 그것을 실제로 책의 편집에 반영함으로써 한층 풍요로운 체제가 될 수 있을 것 같습니다. 감사드립니다. 그런데 하나 확인하고 싶은 것이 있는데, 이것이 시리즈 『공공하는 행복』의 제1권이 되는 것인가요?

김태창: 시리즈 『공공하는 행복』의 본격적인 철학대화에 들어가기 직전의

논의입니다. 그래서 '0권'이라고 하는 게 좋지 않을까요? 처음부터 슈페만을 축으로 유럽에서의 행복철학의 흐름을 소개한다는 의도를 깔고 시작했으니까요. 그 이상도 이하도 아닙니다.

다케나카 히데토시: 중요한 지적을 해 주셔서 감사합니다. 다음에는 동경대학의 나카지마 다카히로(中島隆博) 교수나 오구라 키조(小倉紀藏) 교수도 참여해서 동아시아에서의 행복문제를 논의할 기회가 주어지면 매우 좋겠다고 생각하고 있습니다.

김태창: 처음부터 시리즈『공공하는 행복』10권에 대한 저의 개인적인 구상과 계획은 있었습니다. 언젠가 어떤 형태로 여러분과 함께 대화·공동·개신의 과정을 통해서 최종적으로 결정할 생각인데 , 최초의 발안사항으로서 일단 다음과 같은 의제영역을 상정하고 있었습니다. 다만 여러 가지 사정의 변경에 의해서 실현될 전망이 아직 보이지 않는 것은 유감입니다만, 언제 어디서든 누군가에 의해서 추진되었으면 하는 바람입니다. 10권의 대략적인 주제는 다음과 같습니다: 제1권『사상·철학과 공공하는 행복』, 제2권『역사와 공공하는 행복』, 제3권『이야기와 공공하는 행복』, 제4권『정치와 공공하는 행복』, 제5권『경제·경영과 공공하는 행복』, 제6권『사회와 공공하는 행복』, 제7권『문화와 공공하는 행복』, 제8권『종교와 공공하는 행복』, 제9권『의료와 공공하는 행복』, 제10권『환경과 공공하는 행복』.

제3부

김태창,
그는 누구인가?

야마모토 쿄시(山本恭司)_ 월간 「未來共創新聞」 발행인 및 편집주간

서론

1990년 2월부터 일본에 거주하는 한국인 사상가 김태창 선생이 1992년 10월
에 낸 한 권의 책이 있다. 『공복의 사상(共福の思想)』(合同出版)이다. 1990년에서
91년에 걸쳐 일본의 여러 군데에서 강연한 기록이다. 한국에서의 경력과 업적
을 모두 포기하고 일본에 온 김태창 선생은, 한 사람의 한민(한 백성) 학자의 입
장에서 본 일본과 일본인에 대해서 이 책에서 진술하게 말하고 있다. 그는 역사
의 아이러니로 인해 1934년에 충청북도 청주에서 '일본인' 카네다 세이치(金田成
一)로 태어났다. 1945년 8월 15일에 일본이 전쟁에서 패하자, 이 날을 계기로 그
는 한국인 '김태창'으로 다시 태어난다. 그러나 그의 본바탕은 변함없이 한국의

---

* 이 글은 일본의 양심적인 언론인 야마모토 쿄시(山本恭司) 씨가 동일본대지진 직후에 보내온
김태창론이다. 일본 사회에서 김태창이 지니는 의미에 대해서 진술하고 신중하게 저널리스트
감각으로 자기 견해를 피력하고 있다. 야마모토 씨는 오랫동안 사상·종교·철학 분야의
전문기자 활동을 하다가 마침내 독립선언을 한 퍼블릭 저널리스트이다. 퍼블릭 저널리스트란
야마모토 씨에 의하면, "군산(軍産)복합체 하에서 영혼을 빼앗긴 매스컴에 소속되지
않고, 지구와 인류가 영속적으로 발전해 나가는 문명으로 '패러다임 전환'하기를 바라는
'홀로서는·자립하는·독립하는 언론인"을 말한다고 한다. 또한 퍼블릭 저널리스트는 "자율적
양심에 입각해서 어떠한 단체나 조직과도 타협하지 않고, 공명·공정·자유로운 언론활동에 의해
하늘이 부여한 사명을 다하고, 단순히 사실을 좇는 것이 아니라 철학적 깊이를 바탕으로 사실의
배후에 있는 진실·진상·본질을 통찰하고, '양심'에 눈을 뜬 동지와 공동(共働)해서 도리(道理)가
통하는 공공세계의 공창(共創)을 위해 힘쓴다"고 한다. 야마모토 씨는 이와 같은 '공공(하는)
언론' 정신 하에 「미래공창신문」이라는 독립신문을 발행하고 있고, 「월간 공공철학」에 '교토포럼
20년을 돌아보며'(제4호, 2011년 4월)라는 글을 기고한 적이 있다.

애국자인 김구 선생이나 김좌진 장군과 같은 안동 김씨 가문에 속하는 명문가 출신이라는 데서 찾아야 할 것이다. 『공복의 사상』이 나온 1992년은 일본의 거품경제가 걷히기 시작한 때이다. 김태창 선생은 이 책에서 당시에 경제대국으로 분위기가 한껏 고조되어 있던 일본인에 대해서 해외에서는 일본에 대해 비판적인 시선으로 바라보고 있으며 일본의 장래에 대해서 비관론이나 부정론이 확산되고 있다고 지적했다.

그는 '교육자'다. 그리고 인간의 궁극적인 선성(善性)을 믿고 있다. "가장 우수하고 뛰어난, 그 나라 최고 중의 최고인 사람이 교사가 되지 않으면 그 나라에는 장래가 없다." 이것이 그의 신념이다. "카르타고, 앗시리아, 잉카와 같은 나라들의 멸망의 원인을 조사했을 때 내가 발견한 것은, 인간에 대한 신념이 없어지고 물자에 대한 신념이 인간에 대한 신념보다도 강해졌을 때에 멸망한다는 것이다"라면서, 일본은 카르타고의 전철을 밟아서는 안 된다고 경종을 울렸다. 그리고 20년이 지난 지금, 그의 경종은 현실화 되고 있다.

거품경제가 걷힌 일본은 그 후 매년 국력이 저하되고 있다. 젊은이는 일본의 정치경제에 실망하고, 자신의 장래에 꿈을 그리지 못하고 있다. 아시아의 다른 나라 학생들의 자신감에 넘친 표정과는 대조적이다. 설상가상으로 올해(2011년) 3월 11일에 일어난 동일본대지진은 일본을 더더욱 궁지로 몰아넣었다. 아직까지 수습의 전망이 보이지 않는 후쿠시마의 원전사고. 이 사고는 '원자력마을'을 좌지우지하고 있던 일본의 지배계급들이 매스컴을 구슬려서 일본의 풍요로운 국토와 바다의 수확과 인간의 안전을 무시해 온 사실을 온 천하에 드러냈다.

동일본이 괴멸한다고 해도 서일본이 있다. 하지만 만약에 후쿠이현(福井県) 와카사만(若狹湾)에 늘어선 14기의 원자력발전소에 연쇄적 대형사고가 일어난다면, 칸사이(関西)의 인구밀집지대 전체가 방사능에 오염되어 치명적인 타격을 입는다. 또한 아오모리현(青森県) 롯카쇼마을(六ヶ所村)에는 방대한 양의 방사성 핵폐기물이 모여 있어서, 이곳이 지진 등에 의해 통제불가능하게 되면 동북지역은 괴멸한다. 극히 위험한 일본의 현실이 보이고 있다.

하지만 일이 여기에 이르러도 아무 일도 아니라는 듯이 어느 때처럼 살고 있는 일본인은 대체 어떤 사람들인가? 후쿠시마의 원전사고를 보고「탈(脫)원전 정책」에 착수한 독일이나 이태리와의 차이는 너무나도 크다. 일본 한 나라만 망한다면 자업자득으로 끝날 것이다. 그러나 현실적으로 원전사고는 세계에 방사능을 확산시키고 있다. 그것도 후쿠시마의 참사를 넘는 시한폭탄을 안고 있다. '둔감'은 '오만'과 표리를 이룬다. 이런 일본인의 멘탈리티에 대해서 김태창 선생은「공공(하는)철학」이라는 철학적 차원에서 학식자(學識者)와 대화하며 병의 뿌리에 메스를 가해 왔다.

그가 교토포럼을 거점으로 일본 국내외에서 전 지구적·전 인류적 시각을 가지면서도 특히 동양인문학적 양식에 뿌리를 두고 발언해 온 것 가운데, 특히 공공철학공동연구회에서의 발언록의 일부가 동경대학출판회에서 시리즈『공공철학』(전20권)으로 간행되었다. 이어서 시리즈『공공하는 인간』(전5권)도 순차적으로 간행되고 있다. 국내외의 유식자(有識者) 가운데에서는 김태창 씨의 발언에 공감하는 분위기가 확산되고 있다. 그래서 나는 김태창이라는 인물과 그의 사상을 이해하는 데 조금이라도 참고가 되었으면 하는 바람으로 이 글을 쓰게 된 것이다.

나는 다행히 1992년 이래로 오늘까지 김태창 씨의 얘기를 직접 들을 기회를 여러 차례 가질 수 있었다. 1998년에 시작된「공공철학공동(共同)연구회」(그 후「공공철학공동(共働)연구회」로 개칭)에 참가하여 취재할 기회를 얻었다. 그리고 '공공세계'와 '공공인간'을 탐색하는 포럼에도 참가할 수 있었다. 나아가서 포럼 참가자의 발언과 발표를 기사로 정리하면서, 김태창 선생의 사상철학을 살아 있는 육성(言靈)으로 들어 왔다. 내가 김태창 선생을 '논한다'는 것은 참월하기 짝이 없는 일이다. 하지만 지금 이 시기에 이런 기회를 놓치게 되면 후세에 뭔가 소중한 것을 전해주지 못하게 되지 않나 하는 두려움이 있어서 용기를 내어 쓰기로 하였다.

내가「김태창론」을 쓰게 된 동기는 그를 평가하기 위해서가 아니다. 그런 독화론(獨話論)을 펴는 것은 역으로 김태창철학을 이해하지 못하고 있다는 증거라고 생각한다. 이 졸문이 김태창철학의 핵심이라고 할 만한 "함께·더불어·서로 철학한다", "함께·더불어·서로 공공한다"를 독자와 함께, 그리고 현재 활약하고 계시는 김태창 선생과 함께, 동아시아와 세계의 사람들과 함께, 나아가서 지금은 존재하지 않는 장래세대와 함께 '행동'하기 위해서이다. 이 글이 대화-공동하여 만인(萬人)이 함께 행복해지는(共福) 세계를 개신(開新)하는 데 도움이 되기를 바란다.

무시할 수 없는 이웃나라 일본

불타는 애국심을 안고 풀브라이트장학생으로 미국유학의 길에 오른 청년 김태창은, 그 후 영국, 프랑스, 독일 등에서도 그의 전공인 인간철학과 정치철학·사회철학의 연구에 몰두한다. 그는 '어떤 의미에서 의식적으로 일본이라는 나라를 무시'(『공복의 사상』. 이하 마찬가지)해 왔다. 그것은 '과거에 일본이 한국을 무시하고 경멸하고 침략한 것에 대한 반동에서'였다. '한국의 지식인의 한 사람으로서 일본을 무시하기 위해서는, 일본을 이기지 않으면 안 된다. 일본에 이기기 위해서는 일본보다 더 나라를 발전시켜서, 수준 높은 학문을 닦고 일본 학자보다 뛰어난 학자가 되지 않으면 안 된다'고 마음에 새겼다. 김태창 박사는 학자로서 충북대학교 사회과학대 학장을 역임하고, 하늘이 부여한 사명인 교육 방면에서는 대형 강의실에 몰려든 학생들에게 정열을 담아 메시지를 전달했다. 학생운동이 한창인 학내에서 제자들로부터는 체제옹호적이라고 비난을 받았고, 반대로 국가권력으로부터는 체제비판적이라는 의심을 받았으며, 한때는 체포감금되어 심한 고문을 받고 목숨을 잃을 뻔도 했다. 격동하는 한국 사회에서 고뇌하고 신음했다. 하지만 누구보다도 희망을 이야기하는 지식인이다.

김태창 선생은 자신의 생애의 뜻을 일본 경영자들을 상대로 얘기한 적이 있다. 병약했던 15세의 소년 김태창은 치유불가능이라는 선고를 받고 병상에 누워 있었는데, 거기서 그는 새삼스럽게 깨달았다고 한다. 만약 기적이 일어나서 살아남는다면 "말을 가지고 세상에 이바지하고 싶다"고. 그는 극심한 병고 속에서 가진 것이라곤 언어능력밖에 없다는 자기 인식을 뚜렷이 했다는 것이다 (세와쥬크 오사카, 盛和塾大阪, 『자기를 이긴 벗(勝己の友)』 113호). 매일 매일 가느다란 삶에의 의지를 지키며 '오직 말로서'라는 신념을 전신전념으로 다짐했다. 세계를 좋게 하는 것은 제도도 과학기술도 법률도 부(富)도 아니다. 말을 통한 공감의 확대가 세계를 좋은 방향으로 이끈다고 김태창 선생은 확신했던 것이다. 말에 의한 활동의 기본은 진지한 '대화'이다. 세계의 4대 성인이라고 불리는 석가, 예수, 공자, 소크라테스가 남긴 '대화' 기록이 과거 2500년에 걸쳐 인류사회에 빛을 가져다 준 것을 생각하면, '말'에 의해 세상에 공헌하겠다고 결심한 김태창 선생의 뜻은 높고 존귀하다.

김태창 선생은 한국에서는 명강의로 대학 내외에서 유명했고, 국제학술회의에서는 발군의 어학능력으로 명성을 떨쳤다. 수많은 나라의 수많은 대학이나 연구소들을 다니면서 세계를 알고 국제 감각을 연마한 김태창 선생은 1980년대 후반부터 일본에 대한 관심을 심화시키게 된다. 그럴 무렵에 그는 나중에 동경대학총장이 되는 사사키 타케시(佐々木毅) 법학부 교수와 한국에서 해후하게 된다. 사사키 교수는 해박한 지식을 가진 김태창 교수가 '일본을 깊게 아는' 것의 중요성을 직감하지 않았을까? 사사키 교수 등의 도움으로 김태창 선생은 1990년에 동경대학 법학부 객원연구원으로 일본에 온다. 사실 김태창 선생은 지금까지 일본과 인연이 없었던 것은 아니다. 부친은 일본 식민지시대의 일본인학교 교장에게 장래가 촉망된다고 평가받아, 일본에 와서 상업을 하고 대성공을 거둔다. 부친이 생전에 경애한 일본인은 니노미아 손토쿠(二宮尊德, 1787~1856)라고 한다. 아버지는 손토쿠의 인간미 넘치는 얘기를 자주 들려주셨다. 어머니는 영시를 사랑하는 경건한 기독교인이었다. 할아버지는 한학자였다. 김태창 선생의 가정은 다문화가 혼재해 있었다. 김태창 선생이 일본에 와서 일본인과 접하며 느낀 결과 '밖에서 본 일본보다도 안에 들어와서 직접 살면서 본 일본이 비교할 수 없을 정도로 좋은 나라'(『공복의 사상』)였다. 김태창 선생

안에 있던 일본 무시의 감정은 엄격한 비판적 시각에서 나오는 일본 존중으로
바뀌었다. 그는 한국과 일본을 잇는 '징검다리'가 되었다.

'민(民)의 공공' 또는 '관(官)의 공공'

메이지 이후에 일본에 와서 일본을 사랑한 외국인은 많다. 그러나 라프카디
오 한(Patrick Lafcadio Hearn, 1850~1904)[1]을 비롯해 많은 친일본적인 외국인이 체험
한 것보다 훨씬 넓고 깊고 많이 일본을 살피고 일본인과 대화를 나누었으며 일
본의 참모습을 탐구했다. 그런 가운데 김태창 선생이 절실하게 느끼게 된 것은
'언어 경시'의 일본과 '타자 부재'의 일본이다. 그 두 개의 일본상은 결국 '닫혀진
일본'이다. '일본인'이라는 동질의 이웃 이외에는 모두 경원과 제외의 대상으로
서의 '이질적인 타자'이다. 도쿠가와 시대에 쇄국을 했던 영향도 있을 것이다.
최근에는 상당히 바뀌었다고는 하지만, 일본인의 외국인에 대한 이질감이라고
할 만한 심성은 어떤 계기가 생기면 불쑥 튀어나오곤 한다. 그것은 가령 일본도
를 만졌을 때의 그 싸늘한 감각일까?

김태창 선생은 그런 일본을 타자에게 열린 사회로 바꾸기 위한 철학대화를
시도한 것이다. 김태창 선생의 눈에는 일본이 옹색한 공적(公的) 사회로 비치게
된다. 일본의 '공'은 서양의 'public'처럼 열려 있다는 느낌이 희박하다. 1990년
대 중반부터 일본에서는 규범개념으로서의 '공공'이 빈번하게 논의되게 된다.
만화가인 고바야시 요시노리(小林よしのり) 씨는 좌익을 깎아내리는 발언 속에
서, '공'보다도 이기주의의 '사'로 기우는 전후 일본의 세태를 비판한다. 그리고
"공을 되찾자!"고 하는 사조가 "일본사회는 공공(성)을 되찾아야 한다"는 논조가
되어 퍼져나간다. '공'과 '공공'이 선이고 '사'는 악이라는 것이다.

그런 사상적 분위기 속에서 김태창 선생을 코디네이터로 하는 제1회 공공철
학공동연구회가 열린 것은 1998년 4월이다. 주제는 「공과 사의 사상사」. '공'
은 공간적으로 열리고 '사'는 닫힌다고 하는 논의다. 중국에는 '공은 선이고 사
는 악'이라는 가치서열이 있어서, 그것이 현대중국의 '파사입공'(破私立公)이라

는 슬로건으로 이어지고 있다고 김태창 선생은 지적한다. 즉 '공'은 규범 개념이고 '사'는 반규범 개념이라는 분류가 된다. 그리고 '공공'은 '공'에 친밀성이 있고, '사'의 반대에 위치한다는 것이 제1회 연구회의 기조를 이루었다. 나는 김태창 선생에게는 속깊은 전략이 있었다고 생각한다. 앞으로 서술하겠지만 거품경제가 붕괴된 후의 일본에는 '공공'이라는 이름하에 '관료사회'의 특징인 '공'을 강화해야 한다는 논조가 있었다. '공' 쪽에 있는 지배계급이 '선'(善)을 독점하고, '사'인 민중은 대수롭지 않게 여겨진다. 그런 전전(戰前), 메이지, 에도시대로의 회귀를 꿈꾸는 향수가 꿈틀거리기 시작했다. 그래서 김태창 선생은 먼저 '공'의 긍정적인 측면에 초점을 맞추고, '사'의 부정적인 면을 보아온 중국이나 일본의 문화적·정치적 경향성을 과거의 사실로서 인정한다. 대륙인인 김태창 선생의 깊은 생각이라고 보아도 좋을 것이다.

그러나 그 후 공공철학공동연구회의 논의 과정에서 김태창 선생은 '활사개공'(活私開公)이라는 슬로건을 제시하고, '공' 쪽에 편향된 일본인들의 정신풍토에 변화를 일으키고 '사'의 긍정적인 측면을 점차 부각시켜 나간다. 그리고 '사'를 살아 있는 개개인의 원초적 행복의지로 재해석하고 그것이야말로 제도적 지배가치에 우선하는 참된 인간적 가치의 자연적 기반이 아니겠느냐는 문제를 제기한다. '공천하국가'(公天下國家)로서의 일본을 송두리째 탈구축하려는 심산이다. 그러는 과정에서 기본적으로 공적 성향이 강한 제도권 학자들의 반발과 적개심을 사기도 해서 충돌과 불화도 적지 않았다.

그럼에도 불구하고 '공'에서 '사'로 비중이 이동하는 가운데, 포럼 참가자로부터 '공공'(公共)보다도 '사공'(私共)이 보다 바람직하다는 견해가 표출하게 된다. 와세다 대학의 사토 쥰이치 교수가 부르짖는 친밀권 논의같은 것이다. 그러나 어쨌든 중요한 것은 '관의 공공'에서 '민의 공공'으로, '공공'의 위상이 민(=인간) 쪽으로 이동하게 되었다는 인식 변화다.

그런 맥락에서 『사기(史記)』에 소개된 일화를 인용하면서 중국 고전에 나오는 '공공'의 용례가 "천하만민과 함께 공공한다"는 의미임을 상기시키고, '공공'

이 '관'보다도 '민'(=천하) 쪽에 중심이 놓인 실천 개념임을 밝혀 나간다. 또한 메이지유신의 사상적 근거를 제공한 요코이 쇼난(橫井小楠)이 '천지공공의 실리'(天地公共の實理)라고 한 '공공'은 '일본'이라는 틀을 넘어, 만국(=세계)에 열린 보편적인 가치 개념이 되었다고 지적한다. 여기에 이르러 '공'에 포섭되려고 했던 '공공'을, '민'의 '사'쪽으로 끌어당기면서 서양의 'public'과도 다른, 동아시아발(發)의 (백성과 함께) '공공한다'는 논의에 도달한다. 이것이 '공'·'사'·'공공'의 삼차원상관관계이다. 과연 이 정도 스케일의 사상적 구축 활동이 근대 이후의 일본에서 행해진 적이 있었을까?

그뿐만 아니라 공공철학공동연구회의 논의는 '사상사'에만 머물지 않고, 시민사회, 국가, 경제, 중간집단, 과학기술, 지구환경, 자치, 법률, 도시, 리더십, 종교, 지식인, 조직, 경영, 건강, 의료, 세대간 관계, 자기론(自己論), 매스미디어, 언어, 교육, 비교사상, 각 나라별 공사문제, 고도정보화사회, 세대계승생생성(世代繼承生生性. generativity), 성차(性差)의 문제 등, 모든 분야에 걸쳐 각 분야의 제일선에서 활약하는 학자·지식인을 초대하여 '공공'의 시점과 관점에서 학제간 토론을 매달 일회의 빈도를 지키며 3일 간에 걸쳐서, 아침 9시부터 저녁 6시까지 중간에 점심시간으로 1시간만 쉬는, 시종일관 변함없는 빡빡한 대화일정을 지속해 왔다.

적어도 내가 참가한 모든 포럼에서는 김태창 선생의 논의는, 양심적인 성실함에 입각한 거시적·복안적(複眼的)·철학적·윤리적·실천적인 대화력에 뒷받침되어, 각 분야의 최고급 전문학자들과도 당당하게 높은 수준의 대화를 해나가는 데 조금도 굽힘이나 주저함이 없었다. 공자가 말하는 '대인 유학자'(大人儒)로서의 인간적 기초 위에 학문을 쌓아온 김태창 선생은 모든 분야의 학문의 본질과 과제를 '공공'의 시점에서 꿰뚫어보는 안목을 갖고 있었다. '공공철학'에 대한 공감은 일본 내의 유식자(有識者)뿐만 아니라 한자문화 발상지인 중국을 비롯하여 대만·홍콩·싱가폴에까지도 확대되는 가운데, 시리즈 『공공철학』 전10권의 중국어판이 2009년에 북경에 있는 인민출판사에서 출간되었다.

그러나 김태창 선생의 탁월함은 '대화력'에만 있는 것은 아니다. 실천력과 발신력에도 있다고 나는 생각한다. 그것은 한국의 새마을운동을 비롯한 다양한 국제적 학술활동에서 김태창 선생이 이론적 지도자로 활약한 때의 업적을 보아도 분명하다. 그리고 일본 국내외의 2천여 명에 달하는 일급 전문학자들을 참가시키면서 주도해 온 공공철학 교토포럼을 통해서 손색없이 발휘한 조직력·추진력·포용력도 가히 경탄할 만하다.

황폐한 땅에 뿌린 씨앗은 싹이 나도 금방 말라버리지만, 풍요로운 토양에 뿌린 씨앗은 뿌리를 깊게 내리고 크게 자라서 많은 열매를 맺는다. 이것은 예수가 든 비유인데, 김태창 선생이 오로지 대화, 대화, 대화를 해 온 것은 실은 밭을 갈고, 씨를 뿌리고 그 뿌리를 깊고 깊게 땅 속에 뿌리내리게 하는 철학대화 활동이었다. 에도시대를 포함해서 300년 이상에 걸쳐 '공'이 일원적으로 민(民)을 짓눌러온 일본에서 '공공'을 '민과 함께 하는 공공'으로 의미변용시키기 위해서는 철저한 이론 문장이 필요하다. 갑자기 '민의 공공'을 표방하여 실천해봤자 모두가 달려들어 짓밟으려 할 것이 뻔하다. 일본에서 '관의 공'을 탈구축하는 싸움은 5년이나 10년으로 승부가 날 일이 아니다. 공공(하는)철학을 동아시아 삼국의 범위에서 확실하게 구축한 상태에서 공동실천으로 들어간다는 전략이다. 동일본이 미증유의 천재(天災)와 인재(人災)를 입은 지금이 그 때이다. 지금부터 일본에서 '공'과 (민의) '공공'의 언론전(言論戰)이 시작된다. 그 향방은 세계문명의 전환이 되는가 못 되는가와도 관계된다. 일본사상사의 '세키가하라'(関ヶ原)[2]이자 터닝 포인트이다.

무위국가(武威国家)

전전(戰前)의 일본에서는 '멸사봉공'(滅私奉公)이라는 슬로건이 주창되었다. '나'와 '사'는 '공'을 받들고 '공'에 목숨을 바쳐야 한다는 것이다. 태평양전쟁 때의 일본에서 '공'이란 국가이자 천황이었다. 이것은 '관'(官)신앙의 히스테리적 고양으로, 인간의 존엄성을 전면 부인하는 이데올로기에 다름 아니다. 전후에 미국으로부터 민주주의가 들어오게 되자 '멸사봉공'은 '멸공봉사'(滅公奉私)로 180도 바뀌었다. 전자가 '공의 사사화'(私事化)라고 한다면 후자는 '사의 사사화'(私事化)이다. '사사화'라는 도덕적 위기는 그대로이다. 우리가 지향해야 할 것은 (民의) 사사화가 아니라 민(民)의 공공화이다.

일본에는 '꽃은 사쿠라, 사람은 무사'라는 말이 있다. 많은 일본인은 일본에는 '무사도'(武士道)라고 하는, 세계에 자랑할 만한 정신문화가 있다고 믿고 있다. 왕벚나무는 바람에 미련없이 흩어진다. 그것은 마치 깨끗하게 할복하는 무사처럼 아름답다고 한다. 무사도를 특징짓는 것이 할복일 것이다. 할복은 카마쿠라시대(1192년~) 무렵부터 널리 퍼졌다고 한다. 토요토미 히데요시(豊臣秀吉)는 센노 리큐우(千利休, 1522~1591)에게 할복할 것을 명령하고, 오우슈우(奧州)의 패자인 다테 마사무네(伊達政宗, 1567~1636)의 신하들은 마사무네의 뒤를 따라 할복했다(15명 이상).

도쿠가와 막부가 무사에 대한 형벌로 정한 것이 할복이다. 그런데 이 할복은 겉으로는 '주군에 대한 충성(忠義)의 증거'로 여겨져 왔다. 자기가 범한 죄를 배를 가름으로써(自死) 속죄하는 것인데, 주군으로부터 할복의 명을 받고 자살하는 것을 '죽음을 하사받다'라고 한다. 그 의미는 원래는 멸문지화를 당하고 효수형에 처해져야 하는데 주군에 의해서 죄를 감면받은 결과가 할복이라는 것이다. 할복은 자비로운 주군에 대한 충성(忠義)의 증거이자 명예로운 행위로까지 여겨진다. 불충(혹은 법률위반)을 사죄하는 가장 큰 방법이 이 자학사(自虐死)였다.

이 가혹하기 짝이 없는 형벌제도는 "주군의 은혜(恩義)를 목숨 바쳐 갚는다"라는 '일본문화'가 되었는데, 그 '은의'(恩義)란 실제로 베풀어졌다고 하는 사실에 뒷받침된 은혜는 결코 아니다. 주군과 무사는 단순한 태생의 차이이다. 실로 주군을 섬기는 무사의 인간으로서의 '사'는 인정되지 않고 막부제도라는 상자 속에서 무사는 주군에 대한 백퍼센트의 충성, 즉 '멸사봉공'(滅私奉公)이 의사(疑似) 규범이 되었다. '사'가 '윗사람'을 상대할 때에 '사'는 무가치가 되고 '공'이 일방적으로 절대가치가 되는 것이다. 그런 일본을 김태창 선생은 '무위국가'(武威国家)라고 본다. 무위국가 체제는 메이지유신 이후에도 계속되어, 제2차 세계대전에서 일본이 패하고 일본국헌법이 공표될 때까지 계속되었다.

쌀쌀한 비도리세계(非道理世界)에 등을 돌리고 여행을 떠난 마츠오 바쇼(松尾芭蕉, 1644~1694)는 "키소님(木曾殿)과 등을 맞대고 지내는 밤의 추위로다", "말을 하면 입술이 찬 가을바람"이라고 읊었다. 에도시대 270년의 '평화'는 무위에 의해 완전 억압된 '침묵'에 지나지 않았다. 덧붙여 말하면 몽테스퀴외는 『법의 정신』(1748)에서 도쿠가와(德川)시대 일본의 전제정치에 대해서 "곳곳에서 두려움에 떨어 한층 잔학해진 영혼은, 한층 커다란 잔학에 의하지 않으면 이끌리지 않게 되었다"라고 쓰고, "이것이 일본 법률의 기원이자 정신이다"(野田良之외 역, 『法の精神』, 岩波文庫, 1989)라고, 무시무시한 도쿠가와 독재국가의 본질을 간파하였다.

이른바 '태생'에 의해서 사농공상의 '사'(士)의 신분을 보증받았던 사무라이만이 칼의 휴대가 허용되었다. 한편 당시의 한반도에서는 조선왕조 500년간 선비라고 불리는 유학자(儒士)가 민중의 존경을 받고 있었다. '선비'는 유학에 밝은 문인학자로, 문덕(文德)에 의해 타자를 감화한다. 때로는 비도(非道)·비리(非理)를 바로잡기 위해서 목숨을 버리고 싸우는 용사이기도 했다. 대표적인 예가 동학농민운동으로, 그것의 윤리적 근거는 '도리'였다. 일본의 무위에는 '도리'와 같은 윤리적 근거가 없다. 일본의 무위가 한반도 사람들에게 고통을 준 역사로 토요토미 히데요시의 조선침략(임진왜란)이 있고, 근대에는 한일합방(식민지지배)이 있다. 동학운동의 지민(志民, 김태창 선생의 조어)들은 나라가 처한 존망의 위기에 일본의 무위세력과 싸웠지만 진압되었고, 일본은 무위를 강요했다. 히데요시 절대주의가 도쿠가와 절대주의로, 그리고 일본 절대주의로 발전했지만, 그 어느 것에도 도덕적·윤리적 근거는 없었다.

공사공매(公私共媒)

김태창 선생의 철학은 어느 한쪽을 비판하는 것이 아니라, 각각 일리가 있다고 생각하고 각각의 한계를 극복하려고 한다. 서로의 장점과 결점을 잘 파악하고, 어느 한쪽에 치우치는 것이 아니라 그 사이(間)에서 간주관적으로 좀 더 높은 가치를 선택하고 그것을 지켜 나간다. 이러한 행위를 김태창 선생은 '간발'(間發)이라고도 한다. 차이를 부정적으로 파악하는 것이 아니라, 차이야말로 그 사이에서 무언가 더 좋은 것이 나타날 가능성의 근거라고 본다. '사이'를 소중하게 생각하는 사상은 일본에 없는 것은 아니다. 랜가(連歌)는[3] '사이의 문학'이라고도 할 수 있다. 그 어긋남의 사이에서, 그 관계성 속에서 쌍방이 호립(互立)하면서 행동해 나가는 것이 '간발'로, 이 간발의 원리는 '공'과 '사' 사이에서도 작동할 수 있다. 이것을 김태창 선생은 '공사공매'(公私共媒)라고 한다.

일본적 사고의 패턴의 특징은 A가 아니면 B, B가 아니면 A, '공'이 아니면 '사', '사'가 아니면 '공'이라는 식으로 '공'과 '사'의 어느 하나를 선택하는 이원론이다. 이에 대해 김태창철학의 특징은 '공사공매'이다. '공'과 '사', '사'와 '사'가 격렬하게 대립(相克)하는 것을 무시하는 것은 아니지만, 동시에 상대를 수용하고 이해하는 끈질김(相和)이 있어 상대를 서로 살린다(相生). 이렇게 서로 매개하고 계발하여, 어느 한쪽에 편향되지 않고서 새로운 관계를 서로 만들어 내는 것이 공매(共媒)의 작용이다.

'공사공매'라는 발상은 '멸사봉공'이나 '멸공봉사'가 아니라, '공'과 '사'의 '가운데'에서 새로운 상호관계로 '바꾸는'(변혁·전환·신구축) 것이기도 하다(『公共哲学』 제20권, 430쪽). 이런 관계를 김태창 선생은 '활사개공·공사공매'라고 부른다.

활사개공(活私開公)

'활사개공'이라는 실천철학은 한반도의 역사에 비추어보면 이해하기 쉬울지도 모른다. 한반도 사람들은 서로는 거대국가 중국의 역대왕조와의 관계에 신경을 쓰고, 동으로는 무위국가 일본과의 문화교류 유지에 힘씀으로써 자국의 안전과 안녕을 보존하기에 노력해 왔다. 민중의 일상은 '타자'와의 관계에서 끊임없이 서로 의사가 통할 수 있도록 의견조정할 필요가 있었다. '활사개공'이라고 할 때에 살려지는 대상('사')은 자신이 아니라 타자이다. 타자를 살리는 것이 곧 자신을 살리는 길이라는 의식이 무의식에까지 스며들어 있는 것 같다.

열려져야 하는 '공'은 에도시대로 말하면 도쿠가와 막부체제라는 대의(大義) 없는 사적 권력이었다. 물론 '정이대장군'(征夷大將軍)이라고 하는 직책을 천황으로부터 받은 것을 대의라고 한다면 대의가 있는 셈이다. 하지만 그것은 이적(夷狄)을 물리치고 조정(천황과 황실)을 지키는 역할을 수행한다는 형식적인 명분으로서의 '대의'였다. 도쿠가와시대의 천황은 독재권력에게 의사(擬似)종교적 정당성을 인상지우기 위한 장식에 지나지 않았다.

그 장식을 '신'(神)에 빗대어 붉은 비단의 깃발(錦の御旗) 아래 새롭게 수립된 일원적 절대권력체제가 '근대적 단장을 한 막부'인 메이지정부였다. 즉 메이지 이후부터 오늘에 이르기까지 열려야 하는 '공'은 민중억압의 행정(국가)권력이라는 '공'인 것이다. 관료중재라고 하는 일본의 특질은 2011년의 노다(野田)정권 탄생 시점(2011.9.2)에도 바뀌지 않고 있다. 김태창 선생이 말하는 '개공'(開公)은 작금의 과제로, 그 원동력이 되는 것이 활성화된 '사'이다. 관료중재는 비단 행정권력에 한하지 않는다. 중앙관료가 만든 근대의 여러 제도들, 가령 학교제도, 의료제도, 연금제도, 농림수산제도, 공무원제도 등은 모두 민중의 시점에서 민(民)주도로 열어나가지 않으면 안 된다. 이 운동이 일본 변혁의 중심세력이 되었을 때에 일본은 비로소 일본국헌법의 민주주의적 이념을 명실공히 자기화했다고 할 수 있을 것이다.

일본인은 지금도 중앙정부와 지방정부의 공무원을 야유하는 말투로 '오카미'(위어른)라고 한다. '오카미'는 "민이 일방적으로 받들어야 하는 존재다. 그래서 이것저것을 알리지 않는 것이 좋다."(民可使由之, 不可使知之, 『논어』「태백」)를 기본자세로 삼는다. '오카미'은 국민에게 필요한 정보를 공개하지 않고, 기득권을 놓지 않고 '무위집단'의 상위에 위치해 있는 자들이다. 민간에서 '오카미'의 흉내를 내는 것이 원자력마을에 군림해 온 동경전력이고, 좀 더 넓게는 전기사업연합회이다. 그들은 원전사고에 관한 중요한 정보를 공개하지 않고 기득권을 사수하려고 하고 있다. 일본대지진 이후에도 이 견고하고 대규모적인 '오카미공동체'는 꿈쩍도 하지 않는다. '원자력마을' 사람들은 일본국민의 생존권과 인류의 장래를 찬탈하고 있다고까지 할 수 있다. 그 해악은 일본 국내에 한하지 않는다. 전 지구를 오염시키는 원흉이 되고 있다.

이 마을의 해체는 동아시아삼국의 과제이기도 했다. 먼저 삼국 중에서 자각한 사람들이 연대하고, 대화 · 공동하여 신속하게 마을의 해체작업에 착수하지 않으면 안 된다. 이러한 이익독점구조에 안주하고 있는 자들은 오만한 '독불장군'이자 '우물 안 개구리'로, 세계에는 에베레스트와 같은 고봉이나 태평양같은 대양이 있는 줄도 모르고, 또 알려고도 하지 않는다. 그리고 어리석게도 자기들의 기득권은 현재의 연장선상에서 지킬 수 있다고 착각하고 있다. 그들은 '무사도'라는 냉혹하고 강압적인 전제적 반도덕체제가 낳은 시대착오적인 프랑켄쉬타인으로, 지금도 무사도야말로 일본의 독자적인 뛰어난 문화라고 굳게 믿으려 하고 있다. 나는 무사도를 전면적으로 부정하고 있는 것은 아니다. 다만 지금의 일본에 만연한 '무사도미신'을 타파하는 것이 일본과 세계의 미래를 위해 필요하다고 생각하고 있을 뿐이다.

공공하는 철학

김태창 선생은 '공공'과 '법'이 직접 연결된 중국고전의 문장을 『사기』에서 발견했다. "법이란 천자가 천하만민과 더불어 공공하는 바이다"(法者, 天子所與天下公共也)가 그것이다. 이 말이 사용된 배경이 되는 이야기는 생략하겠지만, 여기에서 말하는 '바'(所)는 '시공'이나 '장소'라는 의미이다. '법'이란 천자라고 해도 천하만민과 함께 공공하는 현장에서 성립한다고 해석하지 않으면 문장의 의미가 들어오지 않는다고 김태창 선생은 말한다. 즉 '공공'이라는 용어가 명사로서가 아니라 '공공한다'라는 동사로 사용되고 있다는 것이다. 그런데 일본 학자에 의한 일본어 번역의 대부분은 "법은 공공의 것으로서 지켜야 한다"는 식으로

'공공'을 명사적인 규범 개념으로 해석해서 사용하고 있다고 한다. 그러나 『사기』의 저자인 사마천은 '공공'이라는 말을 서양의 '법'이나 'public'과 같은 정태적(靜態的)이고 고정적인 규범 개념으로서가 아니라 동태적인 실천규범으로 사용하고 있다고 보는 것이다.

또한 김태창 선생은 인도유럽계 언어가 존재론적인데 반해 한국어나 일본어와 같은 몽골계 언어는 생성론적이라고 지적하고 있다. 그리스철학의 희랍어나 로마 법학의 라틴어의 특색이 존재론적인 데 반해 희브리어로 된 예수의 말은 생명론적이고 생성론적이라고 그는 지적한다. 동아시아에서도 중국의 한자는 명사와 형용사가 주도하는 정태적 세계를 표상하는데 비해서, 한국어는 동사 표현에 의한 동태적 세계를 그리는 측면이 분명하고, 일본어는 그 중간쯤이 아닌가, 라고 김태창 선생은 생각한다.

서양에서 명사적이고 존재론적으로 사용되는 'public'(대개 '공'이나 '공공'의 어느 하나의 의미로 사용)과, 동아시아의 동사적 실천개념으로서의 '공공하다'와의 차이는, 서양의 가설-분석-결론과 같은 과학적 진리추구형과, 동아시아의 경험-체험-증험을 통한 체득-체인-체화를 축으로 하는 진실각성형과의 차이라고도 볼 수 있다. 정태적 '공공철학'을 동태적 '공공하는 철학'으로 의미변용시킨 데에 김태창 선생의 형안이 있다.

리(理) · 기(氣) · 장(場)

김태창 선생은 중국의 에토스(윤리적인 심적 태도)가 '리'라고 한다면, 한국은 '기'이고, 일본은 '장'이라고 자신의 실체험에 입각해서 가설적 분류를 시도한다. 그리고 한국 철학을 한마디로 '한철학'이라고 한다. '한'에 대해서는 다양한 설명이 있지만, 여기서는 한중일 동아시아삼국의 사상적 특징을 김태창 선생의 언설에 따라 살펴보면서 한국의 '한'에 접근하고자 한다.

리(理)

'리'·'기'·'장'의 차이는 한중일의 민중의 생활태도에 현저하게 드러난다고 김태창 선생은 말한다. 중국인은 남자건 여자건 말이 많고 따지기를 좋아한다. 공자는 지나치게 논리적이어서 덕을 해치는 사람에게 "말이 그럴듯하고 표정이 위선적인 사람 중에 어진 자는 드물다"(巧言令色鮮矣仁)라고 했는데, 대단히 변론적인 중국인의 장점도 그것이 사사화(私事化)되면 단점이 된다. 인도에서 들어온 불교나 중국에서 생겨난 유교와 노장사상을 거대한 이론체계로 구축한 중국인의 문화생성력은 동아시아는 물론이고 서양에서도 높게 평가되고 있다. 한자라고 하는 세계 최고의 표의문자를 만든 중국인은 구체적인 현상의 배후에서 보편적인 원리를 보고, 그것을 '천리'(天理)라고 하는 보편적 리(理)의 차원으로 고양시켰다. 그와 동시에 "왕은 백성을 천하로 삼는다"(『한서(漢書)』)라고 하는 것처럼, 백성의 생활을 보장하는 것이 왕권의 정당성을 뒷받침한다(『공공철학』 제1권, 39쪽). 즉 중국의 '공'은 권력자의 일원적 지배를 말하면서도 그 정당성의 근거를 천제의 명령 즉 천리에서 찾았다. 말하자면 '천리공공'의 이치가 고대로부터 확립되고 있었다.

인민출판사의 철학분야 담당자가 일본에 와서 우연히 서점에서 시리즈 『공공철학』(전10권)을 사고는, 그 자리에서 이 책이 중국어로 번역되어 출판되어야하는 책이라고 그 가치를 평가한 식견은 인정할 만하다. 그가 이 시리즈에서 찾아낸 가치는 높은 지적 수준이기도 할 것이다. 다루는 분야가 광범위한데도 불구하고 그 어떤 논의도 일본이나 아시아에 닫혀 있지 않고 세계의 역사, 철학, 종교 등 광범위한 시야에서 행해지는 것에 놀랐을 것이라고 생각된다. 『공공철학』 제1기 10권이 중국어로 출판되기 위해서는 5년이라는 세월이 요구되었다. 이것은 중국에서의 출판이 일본처럼 자유롭지 않다는 점과도 관련되어 있다. 뿐만 아니라 산스크리트어로 된 불교경전의 한역 출판과도 비교될만한 대단한 작업이었다고 생각된다. 중국은 인도에서 들어온 불교를 한자로 번역했을 뿐만 아니라 석가모니 일대의 설법을 시간축을 가미한 체계로 만들어냈던

(천태 지의의 '오시팔교설(五時八敎說)'), 인도에서조차 하지 못했던 수준에 도달했던 점과 어딘가 유사하다는 생각이 든다.

그리고 송학(宋學)이나 신유학에서는 과거의 문화유산을 활용하여 이론적이고 자료적으로 그 사상을 재구축해 나가는 활동이 계승되고 있다. 그런 중국의 이론화하고 체계화하는 힘을 생각해도, 중국 독서계에 『공공철학』이 공개(=출판)됨으로써 일본발(發) 공공철학이 마침내 중국의 지식인과의 대화와 공동에 의해 새로운 차원으로 개신되어 나가지 않을까 하는 예감이 든다. 이 대화와 공동과 개신 활동에 한국의 지식층이 더해져서 동아시아 삼국의 민중과 지식인이 함께 공공하게 되면, 공공(하는)철학이 사상적 뿌리가 되어 장차 '아시아판 EU'가 실현될지도 모른다. 물론 거기에는 북한도 들어간다. 러시아도 들어가면 더 좋다. 거기서 동아시아발 공공(하는)철학으로 발전하기를 바란다.

장(場)

일본의 에토스는 '장'에서 작용한다고 김태창 선생은 말한다. 그것은 어떤 의미일까? 내 견해는 이러하다. 근대 이래 일본이 낳은 독창적인 철학자로 알려진 니시다 기타로(西田幾多郎, 1870~1945)의 너무나 일본적인 철학의 특징은 '장소의 철학'으로 알려져 있다. 가령 니시다는 '자기'를 '절대무(絶對無)의 장소'로 이해한다. 니시다철학에는 니시다의 절친한 친구로 '일본적 영성'을 부르짖은 스즈키 다이세츠(鈴木大拙, 1870~1966)가 일생 동안 탐구한 '선'(禪)의 실천적 표현이라는 일면이 있다. 가령 니시다가 주창한 '주객미분의 순수경험'은 "머무는 곳 없이 그 마음이 생겨나야 한다"(應無所住而生其心)의 사변적 표현이라고도 할 수 있다고 생각하는데, 그 실존이 정태적인지 동태적인지를 불문하고 '장소'라고 하는 공간개념에서 '선'(善)의 근거를 찾는다. 그러나 원래 '선'이라는 것이 '장소'라는 무기질적인 공간개념과 어울리는 것일까?

니시다철학에서 볼 수 있는 장소론적 특징은 일본인의 일상생활에서 어떻게 나타나고 있을까? "장(場)의 공기(空気=분위기)를 읽는다"는 말이 바로 그것일 것이다. 일본사회에서는 그 장의 '공기를 읽지 못하는', 즉 '분위기 파악을 하지 못하는' 사람을 'KY'[4]라는 은어로 경시하고 배제하는 암묵적인 이해가 있어서, 그것이 어른사회에서도 어린이사회에서도 만연하고 있다. '공기를 읽을 수 있는'(=분위기 파악을 하는) 인간이 '화'(和)하는 선인(善人)이고, '공기를 읽지 못하는'(=분위기 파악을 하지 못하는) 사람은 '화'(和)를 어지럽힌다. 즉 대화의 상대가 되지 않는 이질적인 타자라는 말이다.

스즈키 다이세츠가 탐구한 '선'(禪)은 전장에 임하는 무사(武士)들의 마음의 의지처가 되어 중세에 널리 퍼졌다. '선'과 '무사도'는 친화성이 있다. 좌선삼매경으로 '색즉시공'의 '공'과 '무'의 경지에 이른 무사는, 생사일여(生死一如)의 심경으로 전장에 나간다. 그러나 이 '무'가 진정으로 생사를 초월한 경지일까? 아니다. 이것은 강력한 자기암시에 걸린 정신상태에 지나지 않는다고 생각한다. 일본의 선불교가 하나같이 태평양전쟁에 전면 협력했던 반(反)윤리성은, 시대(=장)의 공기(=분위기)를 읽을 수 있는 약삭빠름 말고 또 뭐가 있었을까? 전후에 데시마루 타이센(第子丸泰仙, 1914~1982)과 같은 일본의 선승이 유럽에 선불교를 전파했지만, 동양적 신비체험(禪)에는 윤리적 시점이 없고 현상을 '무'라고 하는 주문 속에서 전적으로 긍정하는 가치붕괴는 허무주의에 빠진다. '무'라는 장소의 철학과 무사도와 군국주의는 하나같이 '윤리'와 무관하다고 하는 점에서는 동류였다. 전후에 교토학파(京都學派) 가운데에서 전쟁협력에 대한 반성과 참회의 언설이 거의 들리지 않았던 것은 '장소의 논리'의 한계를 말해주고 있다.

장소의 논리에는 '찰나적'이라는 특징도 있다. 윤리적 감각이 결여된 '자기 내 침잠'의 순수경험은 대승불교의 '이타'(利他)적 정신과는 방향이 다르다. 좋게 말하면 소승과 대승의 혼합이다. 그것은 소승에서 대승으로 이동하는 '번뇌가 곧 깨달음'(煩惱卽菩提)이라기보다는, 겉으로는 대승을 표방하면서 사실은 소승에 가깝다. 자기 내 침잠의 철학에는 장래세대적 관점이 희박하다. 자기구제에는 열심이지만 타자구제나 세상과 세계의 현실과제가 시야에 들어오기는 어렵다.

선불교에 '담판한'(擔板漢)[5]이라는 말이 있는데, 선사 중에는 시야가 좁은 '담판한'이 많다. 세상 사람들과의 '대화'가 지극히 어렵다. '선문답'은 재미있지만 무슨 말인지 알 수 없는 언어유희라고도 할 수 있다. '장래세대'라는 시간축과 '글로벌'이라고 하는 공간축 사이에 '무'라는 장벽이 놓여 있어 대화를 가로막고 있다.

기(氣)

김태창 선생은 한국의 '기'를 어떻게 이해하고 있을까? '존재론적 자기'가 고체적 또는 액체적 자기라고 한다면, 실존적 자기의 위상은 기체적 · 기적(氣的)이라고 할 수 있다. 이 '기'는 일본의 지배억압적인 '공기'와는 정반대로, 자기와 타자 사이의 '기화적'(氣化的) 해방 또는 개방을 촉진시킨다. 기가 작용하는 데에서 서로의 생각이 통하고, 그래서 상호간에 기탄없는 주장이 있고 격론이 있고 대립이 있고 화해가 있고 사랑이 있고 노래가 있고 춤이 있다. 그리고 생기(生氣)적이며 기통(氣通)적 자기의 개방과 해방이 있다. 이 자기개방과 자기해방은 몰윤리(沒倫理)의 그것과는 다르다. 한국 역사를 통해서 길러져 온 한사상은 조선왕조말기에 와서 동학이라는 형태로 분출하지만 그것은 '기의 철학'이라는 측면이 있고, 동학을 체화한 선비는 유학(주자학)적 정의로 뒷받침된 문인이었다. 선비는 때로는 지배자나 침략자의 희생이 되어 피눈물을 흘리며 애통해하는 민중과 연대하여 궐기한다.

성신여대의 최민자 교수에 의하면 '한'은 보편성임과 동시에 특수성이고 전일성임과 동시에 다양성이다(「公共的良識人」 2009.10). 김태창 선생은 "'한'은 '일'(一) · '다'(多) · '중'(中) · '대'(大) · '범'(凡)이라고 하는 다양상관적인 한겨레(韓民)의 집단무의식"이고, "'한마음'은 그러한 무의식이 의식화되어 현생(顯生)하는 심기의 작용"이다. 그리고 "이것은 명백히 서양의 철학적 활동의 특징인 이성중심주의적인 (독화나 그것의 단순한 왕래로서의) 철학과는 다르다"(이상 「公共的良識人」 2010년 8월호)는 것이다. 또한 '한'은 '사변철학'이 아니라 천지인(天地人) 삼재(三才)를 그 '사이'에서 함께 · 더불어 · 서로 매개하는 근원적 생명력을 밝히는 철학이라는 것이다. 그래서 이원론이 아니라 삼원연동론이라는 것이다.

최민자 교수에 의하면, 동학사상의 '후천개벽'은 지구적 질서의 재편성이라는 차원을 넘어서, 우주적 질서의 재편으로 열린다고 한다. 그 방향은 '영원한 생명'의 차원으로 생각된다. '한'사상은 '장래세대'라는 시간축을 넣은 자기관이 가능해지고, 21세기의 오늘에도 통용된다. 그 점에서 찰나적인 '선'(禪)사상과는 좋은 대조를 이루고 있다.

일본의 쇼토쿠태자(聖德太子, 574~622)가 「17조 헌법」에서, 민(民)을 다스리는 입장에 있는 관(官)의 윤리로 '화'(和)를 제창했던 시기와 거의 동시에, 한국의 승려 원효(元曉, 617~686)도 '화'(和諍)를 제창했다. 당시에 한반도에서는 고구려·백제·신라의 삼국의 싸움에 더해서, 서쪽의 당나라나 동쪽의 일본과의 관계에서도 전란의 기운이 팽배해 있었다. 불교사상계도 구마라즙 등의 구(舊)불교에 대해서 원측(613~696)이 당나라에서 신유식(新唯識)을 가지고 돌아오면서 신구불교가 대립하였다. 격렬한 대립 속에서 원효는 '상극'·'상화'·'상생'·'상통'을 제창하고, '무(無)의 입장'이 아닌 '무입장의 입장'에 서서, 어떤 언설에도 일리가 있음을 인정했다. 쇼토쿠태자가 국가통합의 이념으로서의 '화'를 위로부터 (헌법으로서) 내세웠던 데 반해서, 원효의 '화쟁회통'(和諍會通)사상은 '민'(民)의 입장에서 주창되었다. 원효는 '이질적인 타자'와의 대화(和諍)도 촉구했다. 그리고 신구 불교의 최대 쟁점이 된 제9식(아라야식=전일적인 청정한 식)을 인정하고, 그것을 '본각'(本覺)과 '일심'(一心)이라는 말로 바꿔 말하면서 구마라즙의 구불교를 옹호했다.

김태창 선생은 원효의 화쟁회통사상에 깊게 공감하고 있는데, 그가 공공철학에서 말하는 '대화·공동·개신'이라는 인간성에 대한 무한한 신뢰와 성선설에 기초한 행동원리는 신라시대의 민중승려 '원효'에 그 사상적 원천의 일단이 있다고 생각된다. 아마도 그는 한국불교사에서 원효를 하나의 정점에 도달했다고 보는 것 같다. 일본불교사에서 원효와 함께 김태창 선생이 높게 평가하는 고승은, 원효보다 훨씬 시대가 내려온 카마쿠라(鎌倉) 시대의 신란(親鸞,

1173~1262)과 니치렌(日蓮, 1222~1282)이다. 한반도가 원효를 낳고 일본열도가 신란과 니치렌을 낳은 것은, 유라시아대륙의 동단(東端)의 반도국과 동해의 소도(小島)의 문화적 수준의 높이와 불교적 식견의 넓이를 보여주고 있다.

대화

김태창 선생은 공공(하는) 철학의 세 요소로 '대화'·'공동'·'개신'을 든다. '대화'는 문자 그대로 상대와 자기가 마주보고 말을 주고받는 것이다. 그럼 이 '말'이란 무엇인가? 김태창 선생은 일본의 대표적인 고전인 『만엽집』(万葉集)에 나오는 '말의 영적 에너지가 꽃피는 나라'(言霊の幸はふ国. 事霊のさきはふ国)라는 표현을 대단히 좋아한다. 말 하나하나에 생명이 깃들어 있고, 말의 주고받음 자체가 수많은 서로 다른 꽃들의 생명으로 피어 어울리면 그 아름다움이 보는 사람들의 마음속에 행복감을 낳게 하는 나라를 그리는 것이다. 앞에서 김태창 선생은 "한국어나 일본어는 생성론적이다"라는 견해를 갖고 있다고 했는데 나라(奈良)시대의 민중이 일상생활에서 사용하고 있던 말에는 참된 행복을 공진(共振)시키는 울림이 있었던 것이 아닐까? 가령 양질의 와카(和歌-고대 일본의 노래)에서 나타난 바와 같은 것이다.

한편 카키노모토노 히토마로(柿本人麻呂, 대략 660~720)는 『만엽집』에서 "싱싱한 벼이삭의 나라는 신의 나라이자 말꼬리를 잡지 않는 나라"라고 노래하고 있다. 여기서 "말꼬리를 잡지 않는다"(言挙げせぬ)는 "오만한 생각을 갖지 않는다"는 의미라고도 하는데, 유감스럽게도 근대의 학교교육 현장은 교사의 절대적인 말만 있고 학생들은 고요한 "억압적인 '침묵'의 공간"으로 변질되고 말았다. 최근의 일본의 학교교육 현장의 일부가 카오스의 양상을 띠고 있는 것은 '멸사봉공'이 '멸공봉사'로 뒤바뀌었기 때문일 것이다. 오늘의 일본은 용기 있는 '활사개공'의 말도 행동도 희미하다. 근대 이후에 생성론적인 일본어의 생명은 점점 사라지고, 무기질의 과학용어(=지식)가 말의 영적 에너지(言霊)의 세계를 구석으로 내몰고 있다.

한편 일제 식민지에서 해방된 전후(戰後)의 한국은 '과학'을 중시하고 일본을 뛰어넘을 기세로 발전하고 있는데, 한국인의 대화공간에는 일본과 같은 폐쇄감은 없다. 상대와 소통하고 있다. 일본과 한국의 교회에 가 보면 그 차이를 분명하게 알 수 있다고 김태창 선생은 말한다. 음악으로 말하면, 한국의 교회에는 폴리포닉한(polyphonic=다음성적인) 자유와 생명의 차원으로부터의 활음(活音=살아 있는 인간들의 목소리)이 약동하고 있는데, 일본의 교회는 모노포닉한(monophonic=단성음악적인) 정음(靜音=가라앉은 조용한 소리)이나 자기만의 내향(內響=안으로 울려 퍼짐)이 지배하고, 침묵이 주위를 압도하고 있다. 한국의 유명한 가톨릭교회는 군사정권이 문민정권으로 이동할 때에 민중이 연대하여 기세를 올리는 무대가 되었다. 교회는 민중과 함께 노래하고 함께 춤추고 함께 희망을 얘기하는 전진하는 '공공공간'이 되었다. '공기'(=분위기)라고 하는 정체를 알 수 없는 '공공간'(公空間) 내지는 '사공간'(私空間) 속에서 위축되는 일본과는 너무나 간극이 크다.

한국에서 벌어지는 '대화'에는 격론이 있고 일대일의 진검승부가 있다. 그러나 일본에서 행해지는 '대화'는 극히 예정조화적이고 정해진 틀로부터의 일탈은 인정되지 않는다. 일본에서의 심포지엄은 참가자 각자의 의견이 옆으로 나열되어 있을 뿐, 대화와 토론에 의한 자타의 상호변용은 예상하지 않는다. 그러나 '대화'의 원래 의미는 서로의 주장의 차이점이 대화에 의해 발견되고, 서로가 좀 더 고차원의 자기로 전환하고 비약하는 데에 있을 것이다. 그것이 자기개벽이고 사회적으로는 사회개벽이자 지구차원에서의 세계개벽이기도 하다. 즉 '대화'는 서로 '같은' 것을 의례적으로 확인하는 장이 아니라 서로가 '다르기' 때문에 때로는 상극 갈등하고, 자기와 타자가 한층 높은 차원으로 지양·변용·탈자(脫自)하는 시공간적인 것이다.

김태창 선생이 코디네이터가 되어 온갖 분야의 일인자를 초대하여 펼쳐진 대화(공공철학 교토포럼)는, 일본에서 획기적인 공공적 대화공간을 공창(共創)하는 시도가 되었다. 시리즈 『공공철학』이 일본 국내뿐만 아니라 중국과 구미의 권위자들로부터 높게 평가받고 있는 것은, 이 대화 기록의 곳곳에 '말의 영적 에너지가 꽃피는' 공공공간이 실현되고 있기 때문이 아닐까 생각한다.

일본에서 대화(다이얼로그)가 이루어지기 어려운 원인 중의 하나로, '말'을 중시하지 않는 일본인의 성향을 들 수 있다. 국가의 최고 지도자가 아무렇지도 않게 거짓말을 하고 말을 바꾸며 앞에서 하는 말과 뒤에서 하는 말이 다르다. 중국의 경구에 '윤언여한'(綸言如汗, 땀이 다시 몸속으로 들어갈 수 없는 것처럼 한번 내린 임금의 말은 취소하기 어렵다)이라는 말이 있듯이, 일국의 총리의 한마디 한마디는 원래 나라를 짊어지는 무게가 있어야 한다. 그런데 최근 일본에서 가장 인기를 누린 총리는, 과거의 후생연금부정가입을 국회에서 추궁받자 "인생도 가지가지, 회사도 가지가지…"라며 사람들을 바보취급하는 식의 '얼버무리기 답변'으로 빠져나갔다. 국회의 질의가 '대화'가 되지 않는 것이다. 장차의 총리로 촉망받는 정치가나 전(前) 총리의 '신념의 말'이 이리저리 뒤바뀐다. 민주주의 국가의 '선량'(選良=국회의원)의 얄팍함은 차마 볼 수 없을 정도이다. '참'을 의미하는 한자 '誠'은 "말(言)이 말대로 이루어진다(成)"는 글자로 이루어져 있는데, '마코토'(=참=誠)를 일본적 최고 가치라고 하면서도 그것이 없는 곳이 일본이다.

말을 중시하지 않는 일본에는 '이심전심'(以心傳心)이나 '두 사람의 호흡'(阿吽の呼吸)이나 "말은 뜻을 다 전달하지 못한다"(言不盡意)와 같이 "말을 하게 하는 '마음'이 중요하다"는 생각이 있다. 이것은 맞는 말이다. 하지만 우리의 마음이 무언가를 생각하고, 생각한 것을 상대방에게 전달할 때의 유일한 도구는 '말'이다. 우리는 자기 생각이 대화 상대자나 제3자에게 좀 더 정확하게 이해되도록 하기 위해서, 자기 마음속을 '말'로 재구축한다. 인간이 '이질적인 타자'와 맺고 · 잊고 · 살릴 수 있기 위한 유일한 공유문화자원으로서의 말에 대한 신뢰는, 그 말을 하는 인간에 대한 신뢰로 이어진다. 그러나 '진심'(誠)이 아니라 '말'을 경시하는 사람들끼리는 말의 영적 에너지(言靈)가 공명하는 '대화'는 성립되지 않는다.

말은 어차피 방편이지 본질이 아니라고 주장하는 사람의 마음에는 '실'(實=실심)이 없다. 말을 경시하는 풍조가 일본에 있다고 한다면, 그 토양에서 생겨나는 것은 실심실학(實心實學)이 아닌 허심허학(虛心虛學)에 다름 아니다. 1899년에 28년 만에 미국에서 일본으로 돌아온 기독교인 아라이 오스이(新井奧邃)는 '유신무아'(有神無我)를 주장하고, 아시오광독(足尾鉱毒) 사건을 둘러싸고 투쟁한 다나카 쇼조(田中正造)와 친분을 맺었다. 일본은 전국시대에서 시작해서 도쿠가와 시대가 확립되어 가는 과정에서 유신(有神)도 유불(有佛)도 철저하게 탄압되어 '무신무불'(無神無佛)이 되었다.

'무신무불'이기 때문에 '무아'(無我)가 아니라 '위아'(僞我)이다. '아'(我)가 거짓인 인간의 말은 실어(實語)가 아니라 위어(僞語)일 수밖에 없다. '위어'의 문화 속에 '실어'(實語)를 뿌리내리게 하기 위해서 김태창 선생은 오늘에 이르기까지 전심전력을 기울여 왔다. 일본인이 말을 되찾기 위해서는 먼저 자신을, 인간을, 그 선성(善性)을 믿어야 하지 않을까? 권력 앞에 위축되는 겁 많은 자신을 극복하고, 용기있는 사랑의 말을 해야 하지 않을까? 그런 '사'로 거듭 태어나야 비로소 진정한 실어를 나누는 '대화'가 실현될 수 있고 '공동'과 '개신'으로 발전해 나갈 수 있다.

김태창 선생이 중시하는 '대화'에는 여러 형태(相)가 있다. 일대일 대화, 공공철학 교토포럼과 같은 복수의 인간들 사이의 대화, 혹은 토인비가 말하는 자연환경이나 인간적 환경으로부터의 도전에 대한 인간의 응전(response), 문명 간 대화 등등. 일본에는 '침묵은 금'이라고 하는 격언이 있다. 나는 일본인은 무사도적인 냄새를 띤 이 격언을 버리고 '대화는 인간의 공복사회를 공창(共創)하는 시작'이라는 인식전환을 감행해야 된다고 생각한다.

지금의 매스컴은 내부경제합리성을 최우선시하는 자신들의 입장을 감추고서 스폰서의 이익을 대변하고 있다. 이것을 대신하는 또 하나의 대화형 매스컴이 필요하다. 매스컴이 본래 지향해야 하는 것은 민중이 함께 행복해지는 세계의 공창(共創)으로, 장래세대와 함께 영속적이고 발전적인 세계를 공동구축하는 것이다. 매스컴은 그것을 위한 공공(하는) 토론의 장을 제공하지 않으면 안 된다. 즉 매스컴은 그것이 활자매체이든 영상매체이든, 사람들의 예지를 끌어내는 대화를 촉진시켜 공공(하는) 시공간을 공창(共創)하는 매체가 되는 것이 본래의 역할일 것이다. 오늘날 텔레비전의 이념과 방향은 공공하는 철학의 첫 번째 계기인 '대화'를 소외하고 있다는 생각까지 든다. 이 문제는 앞으로 한국이나 중국에도 생길 것이다. '대화부재'로 향하는 세태를 개선하기 위해서는 뜻있는 자들이 함께 손을 잡고 일어나서, 민중과 장래세대의 행복(=공복) 실현을 향해서 '새로운 매스컴'을 만들 수밖에 없다. 김태창 씨 자신이 새로운 매스컴의 출현을 강력하게 원하고 있다.

공동(共働)

여기저기서 대화적 공공(하는) 공간이 자율적으로 성립되면 다음 단계인 '공동'으로 나아간다. '공동'(共働)이란 뜻을 같이하는 자들끼리 경제적 기반을 부분적으로 혹은 전면적으로 공유한 상태에서 공공(하는) 세계를 창발개신하기 위해 동지적인 연대를 구축하려는 공동작업이다.

인간은 '삶(生)에의 의지'를 갖고 태어났다. 살기 위해서는 먹지 않으면 안 된다. 의식주를 얻기 위해서 사람은 일하고 경제활동을 한다. 그런 생활활동을 다른 집단에 위협받는 일 없이 자타상생적으로 유지 발전시켜가기 위해서 사람들은 도시를 만들고 나라를 세우고 합의에 의해 지도자(왕)를 정했다. 중국에는 "백성들은 먹거리를 하늘로 여긴다"(民以食爲天, 『한서(漢書)』)는 생민관(生民觀)이 있다. 이것은 "(백성이) 먹을 수 있는가 없는가를 원점에 놓고 모든 것을 생각한다"(미조구치 유조(溝口雄三) 전 동경대학 교수의 말)는 발상이다. 인간이 보편적으로 갖고 있는 '삶에의 의지'는 동시에 지구상의 모든 생물이 갖고 있는 본능적 의지이기도 한다.

인간은 살기 위해 일을 한다. 이 '노동'은 원죄를 범한 인간에 부여된 '고역'(苦役)이 아니다. 삶을 유지하는 조건이자 국가가 보장해야 하는 인간의 권리이다. 근대화를 받아들인 선진국에서 '노동'은 기업경영자의 관리하에 행해지고, 노동의 대가로 얻어지는 임금으로 의식주가 성립하고 '살아'갈 수 있다. 지금 세계에는 마르크스가 꿈꾼 이상적인 공산주의국가는 하나도 없다. '산업주의'를 기치로 하는 나라를 포함해서, 경제합리성이 인간의 모든 활동을 규정한다. 좀 더 직접적으로 말하면, 지금 세계 사람들은 군수산업과 자본주의 속에서 성공을 거둔 거대기업의 뜻에 따라 하루하루를 보내고 있다.

김태창 선생이 주창하는 '공동'은, 그것이 '내부경제'인지 '외부경제'인지를 불문하고, '경제합리성'이라는 원리와는 다른 '공공(하는) 원리'에 의거한 작용을 가리키고 있다고 생각한다. 아담 스미스 이래로 서양에서 생겨난 자본주의는 '신의 보이지 않는 손'에 대한 전폭적인 신뢰를 전제로 하고 있다. 그러나 근대는 그 '신'을 상대화하는 계기이기도 했다. 포이엘바하는 "신이 인간을 만든 것이 아니라 인간이 신을 만들었다"고 절규했고 니체는 "신은 죽었다"고 선언했는데, '경제합리성 지상주의'의 전제가 되는 '신의 손'이 흔들리기 시작한 것도 근대이다. 실제로 전 인류가 안고 있는 지구환경문제는 경제합리성만으로는 해결할 수 없고, 그것을 해결하기 위해서는 과학을 철학하는 새로운 환경철학의 확립이 필요하다.

또한 시간축을 가미한 장래세대관점이 필요하게 되었다. 공공(하는)철학이 지향하는 것이 현재세대와 장래세대가 함께 행복하게 되는 세계의 실현으로—이것을 '공공(하는)세계'라고 부른다고 한다면—공공(하는)세계는 유토피아적 미래관이나 '현재세대 지상주의'와 같은 근·현대의 가치관을 초탈한 세계관이지 않으면 안 될 것이다. 1992년에 「장래세대국제재단」과 「장래세대총합연구소」가 창설된 의미는 바로 여기에 있다.

김태창 선생의 수많은 동지들과 함께 1992년부터 6년 동안, 세계의 대학이나 연구소를 돌면서 학식자들 사이에서 여러 차례의 장래세대국제포럼을 개최해 왔다. 그 문제의식은 시간과 공간의 할거견(割據見=좁은 시야)을 어떻게 극복하는가였다. 바꿔 말하면, 근대의 특징인 '단절'을 어떻게 초극하는가에 대해서 공공토론을 전개해 왔다. 레오나르드 다빈치의 시대는 과학에 해박한 '전체인간'

이 가능했다. 그러나 근대과학문명의 진보는 '인간성'이나 '인격' 혹은 '인덕'과 무관한 '부분인간'을 낳았고, 부분인간의 대명사인 전문가로 일컬어지는 사람들이 각자의 분야에서 지엽적인 것들을 절대화해 갔다.

전문가는 문명 전체의 행방을 보는 전체관(全体觀)과는 무관하게, 전문영역을 깊고 좁게 탐구하면서 시대의 최첨단을 달려왔다. 그러나 나무만 보고 숲은 보지 못하는 전문가가 길을 잃었을 때에 인류가 나아가야 할 길을 제시할 수 있는 것은 숲을 보는 전체인간 이외에는 아무도 없다. 르네상스적 보편인간이다.

그렇다면 '전체인간'이란 과연 어떤 인간일까? 장래세대 국제재단과 장래세대 총합연구소의 문제의식에 즉해서 말하면, '전체인간'이란 유구한 시간과 무한한 공간을 과학적 가설과 자아로 나누어 편리를 추구하는 것을 '진보'라고 불러온 근대의 협소한 시야를 깨닫고, 그 깨달음을 기점으로 하는 인간사회의 미래의 가능성을 타자와의 진지한 '대화'와 '공동'을 통해서 공창(共創)하는 인간이라고 할 수 있을 것이다.

수만년, 수십만년 이후까지 지구상의 생물의 생존환경을 위협하고 있는 원자력(발전·핵무기)의 공포를 사람들에게 알리고, 원자력을 지구상에서 폐기시키는 것은 전체인간이 '대화'와 '공동'해야 할 긴급한 테마이다. 그러나 사람들은 후쿠시마 원전사고(3기가 전부 녹았을 가능성이 높다)를 당한 지금도, 단호한 탈(脫)원전에 이르지 못하고 있다. 민중들이 진실에 눈뜨지 못하도록 하는 매스컴의 죄는 심히 무겁다. 매스컴의 책무에 대해서 공공철학 교토포럼은 수년전에 「매스컴과 공공성」을 테마로 대화하였다. 우리는 그 대화기록으로부터 새로운 매스컴을 공창(共創)하기 위한 힌트를 얻을 수 있을 것이다.

독자와 시청자 그리고 편집자와의 대화형 매스컴으로의 탈구축이 긴급과제임이 분명해졌다. 다만 경제합리성 속에 용해되어 버린 기존의 매스컴에서 자기변혁을 기대하는 것은 나무에 올라가서 고기를 찾는 것과 같다. 그렇다면 새롭게 매스컴을 만들 수밖에 없다. 새로운 매스컴은 후쿠시마 원전사고를 기점으로 원자력 폐기를 바라는 민(民)의 소리를 결집하고, 민과 민의 연대를 세계의 연대와 이어나가지 않으면 안 된다. 장래세대를 포함한 인류와 지구에 비참한 화근을 남기는 원자력을 폐기하는 것은 한시도 지체할 수 없는 인류의 선택이다. 과학기술문명이라는 허약체질 문명에서 심신이 모두 건강한 새로운 문명을 공창(共創)하는 오피니언 리더가 필요해졌다. 새로운 매스컴은 그 오피니언 리더를 기르는 모체이기도 하다.

지금 세상은 하나같이 '과학교'(科學敎), '과학지상주의'에 지배당하고 있다고 김태창 선생은 지적하고 있다(『공공철학』 제8권 「과학기술과 공공성」 290쪽). 그는 유카와 히데키(湯川秀樹, 1907~1981)와 우메사오 타다오(梅棹忠夫, 1920~2010)의 대담 『인간에게 과학이란 무엇인가』(人間にとって科学とはなにか, 中公新書, 1967)에 나오는 두 사람 사이에서, 현대는 '고도과학전문가 시대·과학절대주의 시대'가 되어가고 있는데 과연 이대로 좋은가?라고 묻고 있다. 학문, 사회, 세대, 가치관, 철학 등, 모든 분야에 걸쳐서 현대인은 과학시대의 병폐라고 할 수 있는 '단절'과 '할거견'(=좁은 시야)이라는 함정에 빠져 있는데 그것을 모르고 있다. '할거견'이라는 고질병을 자각하고 세상을 바로잡기 위해서 '천지공공의 도리'를 주창하고 메이지유신의 정신적 지침 역할을 한 요코이 쇼난(橫井小楠)은, 일본사에서 찬란하게 빛났다가 암살로 장렬하게 사라졌다. 김태창 선생이 시리즈 『공공하는 인간』(公共する人間)에서 요코이 쇼난을 선택한 것은 탁견이다. 요코이 쇼난의 발견은 메이지유신의 의미를 다시 생각하게 한다.

공공세계의 개신을 향해서 뜻을 같이하는 자들이 함께(共) 일하는(働) 것이 김태창 선생이 주창하는 '공동'(共働)의 본뜻이라고 나는 생각한다. 현재세대는 '이익지상주의'에 입각한 기업에서 일하고 있다. 우리는 일용할 식량을 얻기 위해서 직장을 떠날 수는 없다. 치열한 경영환경 속에서 많은 중소기업 경영자들은 회사의 서바이벌을 위해 필사적이다. 그러나 모두가 그렇게 해서는 현실은 변하지 않을 뿐만 아니라 한 걸음 더 나아가서 전 지구의 환경오염을 초래하게 된다. 공자는 "먼 생각(遠慮)이 없으면 반드시 가까운 근심이 있다"(『논어』)라고 했는데, 공자가 말하는 '원려'(遠慮), 김태창 선생이 말하는 '장래세대관점'을 가진 매스컴의 창설과 그것을 응원하는 '양심의 네트워크'는 긴급한 시대적 요청이다.

장래세대관점에 선 매스컴의 공창과 공동은 전례가 없다. 과학교(科學教)시대에 과학교의 탈구축을 지향하는 '반시대적' 소수파의 결집은, 군함에 송곳으로 구멍을 뚫으려고 하는 것일지도 모른다. 그러나 역사의 회전은 항상 '담설매정'(擔雪埋井, 눈을 날라다 우물을 메우다)하는 의지에서 시작된다. 북경의 한 마리의 나비가 뉴욕의 허리케인이 되듯이, 사명감에 불타는 작은 팀의 공동(共働)이 점차 공감을 불러일으켜 인류의 운명을 바꾼다. 나사렛의 한 사람의 뜻이 인류사를 풍부하게 하고, 한 사람의 붓다의 깨달음이 동방에 빛을 비췄다. 인류의 장래를 생각하는 소수자가 사명감에 불타서 공동하면 반드시 거기에서 세계사가 바뀐다. 김태창 선생은 최근에 '한사상'을 말하면서 자기개벽, 타자개벽, 인간사회개벽, 세계개벽과 같이 개벽의 차원이 진전되는 것이 필요하다고 했는데, 세계개벽으로의 중요한 단계로서 '대화'와 '공동'이 있다.

개신(開新)

'공'을 열어서 공공세계를 새롭게 연다. 이것을 '개신'(開新)이라고 한다. '공'이란 구조화된 가부장주의(paternalism)이자 고정관념이자 고착주의(=이데올로기)이자 할거견이자 '사'(인간) 없는 체제이자 '사'(인간) 없는 국가의지이자, 민(民)을 사물화(私物化)하는 지배자 이기주의이다. 이러한 '공'이라는 이름의 이기주의 구조에 틈새를 내어(開公) 공사공매(公私共媒)와 활사개공(活私開公)의 길을 여는 것은 인간이다. 인간은 한 사람으로는 존재할 수 없다. 타자 없이 자기는 없다. 자타가 서로 영향을 주고 함께 배우고 좋은 것을 함께 만들며(共創), 인류의 의지와 우주적 근원적 생명력과 공진하므로서 공동하도록 만들어져 있는 것이 인간이다.

'개신'을 마음의 차원에 즉해서 말하면 '깨달음의 체험'이다. 선(禪)의 깨달음에는 돈오와 점수가 있다. 붓다는 새벽별을 보고 갑자기 대오(大悟)했다고 한다. 이것이 '돈오'(頓悟)라고 한다면, 예수의 산상수훈에 공감하여 완전히 새로운 경지가 열린 민중들의 희열은 '점수'(漸修)라고 할 수 있을 것이다. 마음 깊은 곳에 숨 쉬는 진실의 자기(양심)에 눈을 뜨는 체험을 해본 자는, 그 후에 방황하는 일은 있어도 결코 깨달음의 체험을 잊는 일은 없다.

사람의 마음은 복잡미묘하여 변하기 쉽다. 그러나 한 방울의 물이 모여서 강이 되고, 바다로 흘러 들어간 물이 강으로 돌아가지 않듯이, 세상의 평화를 기도하는 마음으로 대화하고 고결한 뜻으로 모여서 공동하는 자는, 처음에는 한두 사람일지라도 반드시 다른 공감자를 만나고 맺어져 새로운 활력이 생겨, 공감의 폭이 확대되어 전 세계를 바꾼다. 바위 물이 계곡으로 흘러 들어가고 계곡물이 마침내 대하가 되어 대지를 적시고 풍요로운 토양을 만들어 가듯이, 뜻있는 사람끼리의 대화와 공동은 인간의 저력에 눈 뜨게 하여 혼미하는 세계를 상적광토(常寂光土. 법신불이 살고 있는 정토세계)로 바꾼다. 예토(더럽혀진 땅)는 마침내 정토(맑고 깨끗한 땅)가 된다. 그런 희망에 찬 세계를 공창(共創)해 나가는 것이 김태창 선생이 말하는 '개신'이라고 생각한다. '색'(色=환경)과 '심'(사람의 마음)이 다르지 않는(色心不二) 이상, 사람 마음의 개신은 환경도 개신할 것이다.

여기에서 중요한 것은 일본만의 개신은 불가능하다는 것이다. 한중일 동아시아 삼국의 민중이 함께 손을 잡고, 활사개공의 공공(하는) 철학을 실천하는 데에서 개신의 실효가 나타날 것이다. 동아시아에서는 '공공한다'는 사상적·철학적·실천적 배움이 전파되어 왔다. 그 실천은 무엇 무엇을 '위하여'가 아니라, 모두와 '함께'이지 않으면 안 된다. 아시아에서 제일 먼저 서양근대를 수용한 일본은 '일본을 위해서', '천황을 위해서'의 '위하여'론으로 군비를 증강하고 이웃나라를 침략했다. 전후(戰後)에는 '회사를 위하여' 일해서 기적적인 경제부흥을 이루었다. 그러나 동일본대지진으로 큰 타격을 입은 일본은 앞으로도 '일본을 위하여'로만 존속하는 것은 더 이상 불가능하다. 동아시아 삼국은 물론이고 인도, 동남아시아, 오스트레일리아, 유럽, 남북아메리카, 러시아, 중동, 아프리카 등등, 세계 각국과 '함께' 공영하는 길을 찾는 것 말고 일본이 살아남을 길은 없다. 그 '함께'의 철학인 공공(하는)철학은 '위하여'에서 막혀 있는 세계를 '함께'로 개신해야 하는 사명을 갖고 있다.

불교에서는 "중생과 함께 불도(佛道)를 이루자!"고 외친다. 동아시아가 '모두 함께' 상생철학의 공유 · 공진을 통해서 함께 행복하게 되겠다는 마음가짐을 가지고 대화하고 공동하고 개신한다면, 동아시아는 21세기에 세계의 새벽빛이 될 수 있을 것이다. 다행히도 일본인은 20년간에 걸쳐 그 해박한 지식과 예지로 '공공하는 철학'을 일관되게 주창해 온 김태창 선생의 가르침을 직접 들을 기회를 지금도 얻고 있다. 김태창 선생과 함께 동아시아의 개신을 향해서 대화 · 공동 · 개신해 나가는 것이 지금 절실하게 요구되고 있다.

에도시대의 일본 민중은 조선통신사를 존경했다. 무위(武威)의 나라인 일본이 문덕(文德)의 나라인 조선으로부터 배우고 싶다고 하는 겸허한 심정이 서민 사이에서 넘치고 있었다. 에도시대의 민중은 문화의 대은인(大恩人)인 중국이나 한반도 사람들을 경모하는 마음을 갖고 있었던 것이다. 그러나 메이지에 들어와 '탈아입구'(脫我入歐)라는 계몽주의와, 서양문명 편향 도입에 의해서 큰 은혜를 입은 한국과 중국 사람들을 모욕하고 무력으로 짓밟았다. 오만한 일본의 해독은 나라 안에 퍼져서, 지금은 세계 사람들의 미움을 받고 있다. 이대로 가면 일본이라는 문명은 멸망한다. 그러나 역사는 숙명도 섭리도 아니다. 절대절명의 현실을 타개하고, 일본과 세계에 희망을 가져오는 것 또한 우리 인간이다. "뜻은 기를 이끌고 기는 몸에 충만해 있다"(夫志氣之帥也. 氣體之充也, 『맹자』). 이제 우리는 김태창 선생으로부터 뜻을 확실하게 이어 받아서 먼저 동아시아로부터 공공(하는) 세계를 열어 나가야 하지 않겠는가!

(출전 : 『월간 공공철학』 제33호(2013년 9월))

오가와 하루히사(小川晴久)_ 니쇼각샤(二松學舍)대학 대학원 교수

저자 소개

오가와 교수는 실학을 '근대 이전의 실학'과 '근대 이후의 실학'으로 나누고, 근대 이후의 실학은 근대 이전의 실학이 지녔던 '실심'을 상실했다고 본다. 그래서 그는 현대인이 잃어버린 실심을 회복해야 한다고 주장한다. 따라서 그의 실심실학 연구는 기본적으로 실천적 관심에서 출발했다고 볼 수 있다. 실제로 오가와 교수는 이 글에서 북한여성의 인권신장을 위한 시민운동을 전개하고 있다고 밝히고, 그것이 전통 유학에서 말하는 '천도'(天道)의 실천이라고 말한다.

이 글에서 우리는 오가와 교수가 김태창 선생과의 첫 만남에서 받은 강렬한 인상은 물론이고, '실학'을 찾아 한국에 유학온 사연, 그리고 홍대용을 현대가 본받아야 할 실심실학자로 평가하는 이유, 마지막으로 서강대 철학과 정인재 교수를 통해서 정제두의 실심실학과 만나게 된 인연 등등, 흥미진진한 체험담을 접할 수 있다. 번역을 하는 과정에서 특히 인상적이었던 부분은, 1930년대에

---

*   이 글은 전 동경대학 교수이며 현재 닛쇼각샤대학대학원 교수인 오가와 하루히사 씨가 2007년
    여름에 김태창 선생과 처음 만나 공공하는 철학과 실심실학에 관한 대화를 나누었을 때의 일을
    회고하며 쓴 감상문이다. 오가와 교수는 오랫동안 일본 땅에 한국사상을 알려왔으며, 특히 그가
    한국 유학 시절에 발견한 실심실학을 중점적으로 연구하였다.

정인보, 안재홍, 문일평 등을 중심으로 '조선학 운동'의 일환으로 시작된 '실학 연구'가 다분히 민족주의적이고 근대편향적인 시각에 치우쳤다는 우리 학계의 비판적인 입장과는 달리, 일본의 현실과 비교하면서 실천적 차원에서 긍정적으로 평가하고 있다는 점이 신선하게 다가왔다.

역자는 오가와 교수를 교토포럼에서 직접 뵌 적이 있다. 최한기를 다룬 포럼으로 기억하는데, 한국에서 온 발표자들을 배려해 토론 시간에 더듬거리는 한국말로 힘들게 말하는 모습이 인상적이었다. 그렇게 애쓰는 모습이야말로 오가와 교수 자신이 말하는 '실심실학'의 실천이 아닐까 생각한다.

들어가며: 김태창 선생과의 만남

전례에 없는 더웠던 올 여름(2007), 너무나도 고맙고 기쁜 만남이 있었다. 공공(하는)철학운동 추진자인 김태창 선생으로부터 전화가 온 것이다. 작년 가을, 우리의 작은 연구회(일본동아시아실학연구회)가 세상에 내놓은 『실심실학의 발견 - 다시 부활하는 에도시대의 사상』(論創社, 2006)과 일전에 출간한 나의 『조선실학과 일본』(花傳社, 1994), 『남쪽의 발견과 자립』(花傳社, 1996)을 보시고 전화를 주신 것이다. 아마도 선생으로부터 연락이 오지 않았다면 이 만남은 아직도 이루어지지 않았을 것이다. 선생의 존함과 시리즈 『공공철학』 전20권의 존재는 동경대학출판회에서 발간하는 『UP』를 통해서 익히 알고 있었지만, 나는 자신이 설정한 영역 안에서 열심히 사는 것만으로도 버거운 처지다.

김태창 선생을 직접 만나고서 알게 된 것은 선생은 '끊임없이 대화하는 철학자'라는 사실이다. 지칠 줄 모르고 대화 상대를 찾아서 공공(하는)철학의 중요성을 함께 인식하고 더불어 실천하기를 바라는 선생이기에, 상대가 누구든 먼저 말을 건네는 것이 체질과 습성이 되어버린 것 같다. 선생은 일본에서 공공(하는)철학대화를 시작하기 이전부터 이미 실심실학을 마음속 깊이 담아두고 있었다고 한다. 일본에서 그것을 연구하는 모임이 있다는 사실을 『UP』를 통해서 알고 나서, 놀라움과 기쁨을 억누르지 못하고 서둘러서 연락을 하신 것 같다.

2007년 9월 4일, 선생이 중국에서 귀국하는 길에 동경에 들름으로써 만남의 장이 마련되었다. 선생은 73세, 나는 66세였다. 나는 실심실학에 도달하기까지의 나의 이력을 소개하였고, 선생은 주로 공공철학과 실심실학의 관계를 설명하였다. 나에게는 선생에 관한 지식이 전무하였기 때문에 선생의 전부에 관심이 있었다. 그래서 시간이 허락하는 범위 안에서 여러 가지 질문을 하였고, 중요한 사실을 몇 가지 알았으며 가르침도 받았다. 나는 선생과의 만남을 마음속 깊이 감사드린다. 그리고 이곳에 실심실학에 이르기까지의 나의 여정과 도달점을 간결하게 소개할 기회를 주신 점에 대해서도 진심으로 감사드린다.

1) 두 개의 실학

'실심실학'이란 '실심을 중시하는 실학'이다. 그렇다면 실심(實心)이란 무엇인가? 그것은 진실을 사랑하고 불의를 미워하는 마음 또는 정신이라고 할 수 있다. 내가 실학이나 그 개념 속에서 실심을 만나기까지의 과정은 대단히 길었다. 이것은 단지 나 한 사람에게만 적용되는 것이 아니라, 근대 일본, 나아가서는 현대 일본에 살고 있는 사람 모두에게 해당된다.

동아시아 세계에 두 개의 실학이 존재했다는 사실을 현대의 일본인은 얼마나 알고 있을까? 하나의 실학은 지금 일본에 살아 있는 실학, 저 메이지(明治) 26년에 후쿠자와 유키치(福澤諭吉, 1835~1901)가 제창한 '실업(實業)의 학'으로서의 실학, 'How To'에 관한 학이다. 이것은 누구나 알고 있다. 그러나 또 한 가지, 근대 이전의 동아시아에 유학(주자학, 양명학)을 의미하는, 유학의 대명사로서의 실학이 존재하였다. 나는 이것에 대해서 37세에 한국에 유학하기 전까지는 전혀 모르고 있었다. 석사과정까지 동양사학과에서 연구하다가 박사과정부터는 중국철학과로 적을 옮겼음에도 불구하고, 유학의 별칭으로서의 실학 개념을 나는 알지 못했다.

일반적으로 유학을 실학으로 인식한 최초의 인물은 북송(北宋)시대의 학자 정이천(程伊川)이라고 알려져 있다(주희, 『사서집주』「중용장구」첫머리). 그러나 좀 더 조사해 보면 한대(후한초)의 왕충(王充)의 『논형』(論衡)으로까지 거슬러 올라갈 수 있다.

한편, 유학에 대한 가장 간결한 규정은 '수기치인(修己治人)의 학'이다(『논어』에 이런 규정의 원형이 있다. 가령 "수기이안인(修己以安人)" 등). '삼사육부(三事六府)의 학'이라는 규정도 있다(『서경』「대우모」). 정덕(正德)·이용(利用)·후생(厚生)이 '삼사'(三事)이고, 수화금목토곡(水火金木土穀)이 '육부'(六府)이다. 이 규정들 가운데 수기가 실심에 해당하고 치인이 오늘날 말하는 실학에 해당한다. 정덕이 실심에 해당하고, 이용과 후생(육부는 재료·수단)이 실학에 해당한다. 즉 유학은 실심실학인 것이다. 위정자가 남을 다스리는데 있어서 먼저 자기를 닦지 않으면 남이 납득하지 않는다. 공자는 무엇보다도 자신을 닦으라고 설파했다. 이것을 확인하면 유학이 실심을 중시하는(=수기를 중시하는) 실학이라는 사실은 자명하다. 단지 유학이 실학이라고 불렸다는 사실이 망각되고 있었을 뿐이다.

그런데 오늘날 우리가 실심과 무관해진 데에는, 단지 전근대 사회로부터 멀어졌다는 사실뿐만 아니라 근대가 실심을 저버리는 계기를 원동력으로 삼고 있었다는 역사적 요인도 작용하고 있다. 근대가 되어 산업의 중심은 농업에서 공업으로 이행하였다. 산업혁명에 의해 기계제 대공업이 등장하고, 학문도 수학, 물리, 화학과 같이 자연과학, 총칭해서 'science'가 주류가 되었다. 한나 아렌트가 말하는 지구소외적 인식(대수학과 망원경(實測)의 결합)의 등장이고, 마루야마 마사오(丸山眞男)가 말하는 '윤리에서 물리로'의 실학의 전환이다. 근대의 실학은 기술학으로, 학을 담당하는 사람의 마음은 사상되었다. 학문에 요구되던 성실함은 인간에서 수학이나 기계로 이동되었다. 급기야는 "지성은 매춘부 같은 것, 누구와도 잔다"(니콜라우스 쿠자누스, 1401~1464)는 말까지 나오게 되었다(眞下信一, 『학문과 인생』, 저작집1, 98쪽).

학문이 세분화되면 될수록 '학문적 정신'이라는 말이 사라져 갔다. 이것도 실학에서 실심이 근대에 겪어야 할 운명의 증거이다. 오늘날 실심을 주제로 탐구하지 않으면 안 되는 까닭이 바로 여기에 있다.

2) 전근대 실학과의 만남

김태창 선생이 나 자신을 충분히 알지 못하고, 또 그것이 당연하다고 생각하기 때문에, 우선 나의 개인적인 이야기를 해두는 것이 좋을 것 같다. 나는 청년 시절에 지독한 서양 콤플렉스 속에서 살았다. 서양의 과학적 정신과 논리적 정신에 깊게 매료되었고, 상대적으로 일본에는 그리고 동아시아의 전근대에는 그것이 약한 것을 슬퍼하였다. 자연을 대상화하는 서양의 기계론적 자연관을 높게 평가하고, 자연과 일체가 되는 동양의 유기체적 자연관에 만족할 수 없었다.

그래서 나는 근대 이전의 동아시아에서 서양에 내놓아도 통용되는 과학적 정신의 주인을 찾지 않을 수 없었다. 일본으로 말하면 난학(蘭學)의 영향을 받기 이전이지 않으면 안 된다. 1963년 11월(석사과정 1년년), 철학자 사이구사 히로토(三枝博音, 1892~1963)의 죽음을 계기로 미우라 바이엔(三浦梅園, 1723~1789)과 만났다. 이후 오늘에 이르기까지 바이엔은 내 연구의 커다란 기둥이 되었다. 17세기 중국의 자연철학자 방이지(方以智)나 왕부지(王夫之)와 만난 것도 그 직후였다.

또 하나 중요한 사건은 18세기 조선의 천문학자 홍대용과의 만남이다. 1964~1965년 무렵, 평양에서 나온 『조선철학사』 일본어판(弘文堂, 1962)을 통해서였다. 홍대용은 지동설에 도달하지는 않았지만(티코 브라헤(1546~1601)의 체계 하에 있었음), 괄목할 만한 무한 우주에 대한 인식을 개척하였다. 나의 홍대용 평가는 서양에 통용되는 우주무한론의 천문학자라는 측면에 집중되어 있었다.

그런데 『조선철학사』에서는 조선의 17세기에서 19세기 전반까지의 반(反)주자학의 신사조(신학풍)를 실학사조로 파악하고, 홍대용을 실학사상가의 대표주자로 위치지우고 있었기 때문에, 나는 동시에 근대 이전의 실학이라는 것과 만나게 되었다. 하지만 북한에서 나온 이 책은 반주자학이란 부분에 역점을 두고 있고, 근대를 지향하는 요소에 주목하고 있었기 때문에, 실학사조의 이해방식은 마르크스-레닌주의에 기초하는 근대주의적인 것이지, 실심실학에 속하는 것은 아니었다.

나는 홍대용의 우주무한론에 매료되어 37세인 1968년에 1년 동안 한국으로 유학을 떠났다. 한국으로 유학간 것은 한국실학연구의 홍수 속에 발을 담그는 것을 의미했다. 유학을 계기로 홍대용뿐만 아니라 16세기의 양대학자인 이퇴계와 이율곡도 만날 수 있었고, 조선유학 전체와 접하게 되었다. 조선실학과의 만남이라고 해도 좋다. 그러나 유학 후 몇 년이 지나도록 조선의 실심실학과의 진정한 만남은 없었다.

3) 지구환경문제와 남쪽의 발견

근대 이전의 실학과의 만남은 조선실학·조선유학이 우선 매개가 되었지만, 실심실학에 눈을 뜨게 된 것은 1980년대에 들어와서 지구환경문제에 관심을 갖고 나서의 일이다. 1980년 4월에 동경대학교 교양학부의 한문교사가 된 나는 '전학(全學) 세미나'라는 수업을 열게 되었다. 이 수업은 전공 이외의 주제를 다룰 수 있다고 하는 대단히 독특한 것으로, 나는 동료와 함께 '자립과 개발'이라는 남북문제의 수업과, 소화(昭和)천황이 죽은 뒤에는 '천황제와 전쟁 책임'이라는 수업도 열었다. 21년간 코마바 캠퍼스의 신세를 졌던 후반기에는 동시에 두 개의 수업을 진행하는 힘든 나날도 있었다.

화학자 야나기사와 마사쿠니(柳沢正圀) 주도로 시작된 개발원조의 남북문제를 다룬 수업은, 나에게 체질개선을 요구하는 커다란 의미를 지녔다. 2000년까지 지구의 생태계가 위험하다고 경고한 국제연합의 브란트(Brandt) 위원회의 보고서나, 이누카이 미치코(犬養道子) 씨의 『인간의 대지』, 요한 갈퉁(Johan Galtung)의 '구조적 폭력' 개념, 이반 일리이치의 "개발은 폭력이다"라고 하는 개발관, 그리고 동료인 야나기사와 마사쿠니 교수로부터 많은 것을 배웠다. 환경문제에 눈을 뜬 것은 곧 '남쪽'의 요소나 개념의 발견으로, 이것은 1996년에 『남쪽의 발견과 자립』이라는 책으로 결실을 맺었다. 게다가 후반에는 한나 아렌트의 지구소외 개념과도 만나게 되어서(『인간의 조건』), 근대 이전을 보는 눈이 크게 바꿔었다. 1980년대와 1990년대의 20년은 나의 역사관을 크게 바꾸었고, 앞에서 언급한 17~18세기를 중심으로 한 백과전서파(방이지, 왕부지, 홍대용, 미우라 바이엔) 연구에도 큰 변화를 주게 되었다.

4) 동아시아실학 국제회의가 시작되다

1990년 11월, 성균관대학교 대동문화연구원에서 동아시아의 실학사상을 테마로 국제심포지엄을 개최하였다. 17~19세기의 사조로서의 실학이다. 한국과 중국은 국교수립 일년 전이었지만, 중국사회과학원을 중심으로 몇 명의 학자가 초대되었다. 일본에서 미나모토 료엔(源了圓) 선생을 비롯해서 세 명이 초대되었는데 나도 그 중 한 사람이었다. 그런데 중국대표는 개회식에서 이후 2년에 한 번씩 세 나라가 돌아가면서 실학사상을 주제로 국제심포지엄을 개최하자고 제안했다. 나는 당혹스러웠다. 일본에서 온 우리에게는 두 나라의 학자를 초대할 경제적 여유가 없었기 때문이다. 그러나 일본은 가난한 나라라고는 할수 없다. 이렇게 해서 2년에 한 번씩 열리는 국제심포지엄이 시작되었다. 작년(2006) 10월에 있었던 일본에서의 심포지엄까지 총 9회가 열렸다. 그 사이에 일본에서는 세 번 개최되었다(1994, 2000, 2006).

1991년에 한국실학연구회, 1992년에 중국실학연구회, 1993년에 일본동아시아실학연구회가 발족되었다. 한국의 실학연구는 70년 남짓의 역사가 있다. 사회경제사 연구자들을 중심으로 구성된, 대학 강사 이상만이 회원이 될 수 있는, 총 회원 100명으로 구성된 훌륭한 학회이다. 중국의 실학연구회는 실로 국가적인 규모로, 이사만도 수백 명이 된다고 한다. 반면에 일본의 실학연구회는 회원이 불과 열 명 전후로, 대표를 맡은 내가 회원을 늘리는 노력을 게을리 한 까닭에 소규모의 모임에 머무르고 있다. 삼국의 실학연구회를 비교하면, 삼국 간에 전근대 실학연구의 힘의 차이는 현저하다.

상세한 것은 나의 『조선실학과 일본』의 「시작하며-지금 왜 실학인가?」, 서장 「조선실학과 일본」을 참고하기 바라는데, 한마디 덧붙이자면 중국실학연구회는 발족 당시에는 17~19세기의 명청시기 초기계몽사상을 실학사조로 파악하고 한국·일본과 발을 맞추고 있었는데, 제2대 회장인 거룽쩐(葛榮眞) 씨 이후에는 실학사조의 시대를 11세기 북송 시기부터 잡고('실학'을 '실체달용(實體達用)의 학'으로 규정), 명청 시기의 그것을 최전성기로 위치지웠다. 주자학의 별칭이 실학인 이상 나름대로 근거는 있지만, 그 대신 동아시아 삼국의 협력체제는 흐트러졌다. 한국과 일본에서 개최할 때는 17~19세기의 실학으로 주제를 한정하고 있다.

9회에 이르는 국제심포지엄에서 일본연구회는 점차 '실심'에 중점을 두는 발표를 하게 되었다. 2000년, 두 번째 일본 개최 때의 주제는 「화폐지배문명의 극복과 동아시아의 실심실학」이었고, 작년에는 「실심실학사상과 국민문화의 형성」이라는 주제를 가지고, 근세(일본에서는 17~19세기를 '근세'라고 부른다) 고유의 실심실학의 가치에 직접 육박하는 자세를 강하게 표방하고 있다.

2006년 10월, 니쇼각샤(二松學舍)대학에서 개최된 일본에서 세 번째로 열린 국제심포지엄에서는 동아시아 삼국의 17~19세기의 양심적인 사조를 공통으로 실심실학으로 부르자고 국내외에 제안하고, 일본측은 『실심실학의 발견-다시 부활하는 에도시기의 사상』을 간행하였다. 2006년 심포지엄의 자료집에는 방대한 내용을 담았기 때문에 독자 여러분의 많은 관심을 바란다. 비매품이어서 발송료만 받는 형태로 보내드리고 있다.

5) 실심실학의 전형: 홍대용과 미우라 바이엔

근대의 실학, 후쿠자와 유키치가 제창한 실학, 실용의 학, 응용의 학으로서의 실학밖에 몰랐던 내가 근대 이전의 실심실학에 눈을 뜨게 된 계기는 한국을 대표하는 학자 중의 한 사람인 정인보(1892~1950)의 대표작 『양명학연론』을 접하고 나서였다. '양명학이 옳다고 해서 올바름의 기준을 왕양명의 테제에 두어서는 안 된다, 올바름을 판정하는 주체는 어디까지나 나의 본심'이라고 하는 강렬한 메시지가 이 책의 생명인데, 이 책이 나와 깊은 관련을 갖는 이유는 정인보가 홍대용을 양명학자로 위치지웠기 때문이다. 홍대용 자신이 양명학의 인식론을 비판하고 있기 때문에 나는 홍대용을 양명학자라고 인정하지는 않지만, 이 책을 계기로 홍대용의 다음과 같은 지적에 눈을 뜨게 되었다. 그는 배타적이고 독존적인 "근세 도학의 척도는 실로 심히 싫어할 만하다"고 지적한 다음에 다음과 같이 말하고 있다.

"오직 실심과 실사로 날마다 실지를 밟아야 한다. 먼저 이 진실한 본령이 있은 연후에 비로소 저 주경·치지·수기·치인의 술(術)을 쓸 곳이 생기고 헛된 그림자가 되지 않는다(惟其實心實事, 日踏實地. 先有此眞實本領, 然後凡主敬致知修己治人之述, 方有所措置而不歸於虛影. 『담헌서』 외집, 권1 「答朱朗齋文藻書」).

실심실사로 나날이 실지를 밟는 이 태도가 진실의 본령이라고 한다. 무슨 일을 하든지 이것이 언제나 필요하다고 생각했다. 주경·치지가 거경·궁리를 말한다고 한다면, 그것은 주자학의 수양론, 아니 주자학 그 자체라고 보아도 좋다. 수기·치인을 포함해서 이것들은 모두 '술'로 여겨지고 있다. '술'이란 방법이자 기술이다. 이것들을 실천하기 전에 실심실사로 나날이 실지를 밟는 태도가 요구된 것이다. 이것은 진실의 본령으로 여겨지고 있다. 즉 진실을 무엇보다도 중시하는 태도이자, 실행하고 실천하는 태도인 것이다. 나날이 실지를 밟는다는 규정에는 항상 현실을 마주 대한다는 의미와 함께 단지 관념적으로 머릿속에만 담아두는 것이 아니라 실제로 실천한다는 뜻이 담겨 있다. 실천의 '천'(踐)은 '밟는다'는 뜻이다. 이 사람들(이지함과 조헌)의 성취는 이와 같다. 모두 실심으로 실학을 하였다(皆以其實心實學也). 실천하지 않고 단지 공언만 일삼는다면 당시에 그 업을 이루는 것도 없고, 후세에 그 이름을 남기는 것도 없다. 이것은 이른바 학문이 아니다(所謂非學也)."

여기에 '실심실학'이라는 규정이 등장한다. 이어지는 문맥에서는 '실천의학'이라는 함축이 강하다. '진실본령'이라고 하는 전자의 규정은 학문적 정신이라고 바꿔 말해도 좋다. 이 학문은 실천을 중시하는 학이다. 그 어느 것이든 양명학적 모멘트 내지는 원시유교, 공자의 학으로의 복귀가 느껴진다.

실심실학에 관한 홍대용의 규정에 내가 눈이 뜨이고 오늘날까지 매료되고 있는 것은, 진실본령이라는 규정도 물론 멋지지만, 무엇보다도 수학자이자 천문학자, 즉 과학자의 학문관, 과학자의 실심실학론이라는 데에 더 큰 이유가 있다. 현대의 우리가 필요로 하는 것은 과학적인 넓은 시야를 가지면서도 불의와 부정을 무엇보다도 싫어하는 인간의 마음을 풍부하게 지닌 인간이다. 지구의 생태계를 유지한다고 하는 21세기 인류의 최대의 과제를 완수해 나가기 위해서는, 생태계의 신비한 구조를 해명하는 과학의 마음과 생태계를 지키는데 필요한 인간의 마음의 두 마음이 필요하다. 홍대용은 이 두 마음을 겸비하고 있었다. 그것이 그의 실심실학이다. 이러한 실심실학을 개척하고 구비한 사람은 동시대인 18세기의 일본에도 있었다. 다름아닌 미우라 바이엔(三浦梅園)이다. 바이엔은 실심실학이라는 말을 사용하지는 않았다. 그는 '실'(實) 대신에 '성'(誠)이라는 말을 중시한 실심실학자이다.

서양 콤플렉스에 빠졌던 당시의 나는 "성실함은 하늘의 도이고, 성실하고자 하는 것은 사람의 도이다"(誠者天之道也. 誠之者人之道也)라고 하는 『중용』의 명제는 너무나도 뒤쳐진 자연 이해라고 생각하고 있었다. '성'(誠)을 윤리적이고 인간적인 개념으로 보고 있는 것이다. 그러나 1980년대에 들어와서 나는 「성설(誠說)」이라고 하는 바이엔의 수필을 통해서 '성' 개념의 자연과학적 이해를 만나고, 천도(天道)로서의 '성'에 눈을 뜬 것이다.

바이엔은 '성'(誠)에 대해서 '신'(信)을 대치시키고, '거짓을 말하지 않는' 신(信)보다도 '거짓 없는' 성(誠) 쪽이 훨씬 크다고 하였다. '성'이란 거짓이 없다는 말로, 때로는 거짓을 말하는 인간을 제외한 자연계(天)는 모두 성(誠)으로 규정할 수 있다는 사실을 알았다. '신'은 작고 '성'은 크다. 이것으로 인간적인 개념이라고 생각된 요소는 '신'이 떠맡고, '성'으로부터 인간적인 냄새, 윤리적인 냄새는 일소되었다.

성(誠)은 천도(天道)이다. 바이엔은 식물의 열매가 생장해 나가는 과정이 '성' 그 자체이고, 열매와 '성'이 깊은 관계를 갖는다고 지적하고 있다. 이로부터 나는 천도로서의 '성'은 식물의 윤리이고, 유기체 세계(생태계)의 윤리임을 깨닫게 되었다. 한 가지 더 주목할 만한 점은 바이엔의 인간 규정이다. 그는 인간을 '인도(人道)로 사람이 되는' 측면(A)과 '천도(天道)에 따라 사람이 되는' 측면(B)의 통일로 이해했다. A와 B는 각각 다음과 같이도 규정되었다.

"예문(禮文)으로 인간을 닦는다." (A)

"성실로 인간을 완성한다." (B)

'인도'(人道)란 교(敎), 학(學), 예(禮), 문(文)과 같은 인간의 후천적인 작위(作爲)를 말한다. '천도'(天道)란 성(誠)으로, 이것에 따르는 가운데 인간 안에 충(忠), 실(實), 진(眞), 량(諒)—이것들은 모두 진실을 의미한다—이 형성되어 간다.

바이엔은 작위를 대단히 중시한 철학자인데, A보다도 B가 더 고귀하다고 보았다. 인도를 중시하면서도 인도보다는 천도가 더 고귀하다고 한 것이다. 나는 오랫동안 B의 규정의 의미를 알지 못했다. 천도에 따라서 인간을 완성한다, 성실로 인간을 완성한다는 것이 어떤 것인지 잘 몰랐다. 아마도 대부분의 현대인은 나와 마찬가지일 것이다. 이것은 현대인들이 실심실학의 실심이 무엇인지 알지 못하는 것과 같은 이치이다. 근대 이후의 인간은 A의 활동에 전력을 기울여 왔다. B의 활동은 상대적으로 약해지고, 지금은 의식상에서도 사라져 버렸다. 내가 오랫동안 B가 무엇을 의미하는지 몰랐던 것도 당연하다. B가 무엇을 의미하는지 이해하는 길이 실심을 회복하는 길이다. 10여 년에 걸친 탐구 결과, 나의 이해는 어디까지 왔을까? 중요한 점을 두 가지만 서술한다.

B의 내용 중 하나는 생물로서의 인간의 자연스런 활동과 그것에 대한 자각이다. 힌트는 바이엔이 든 식물의 활동이다. 종자(열매)가 발아되어 잎이 달리고 꽃을 피우며 열매를 맺는, 이러한 식물의 일생과 동일한 일생을 인간도 보내고 있다. "유(幼)→소(少)→청(靑)→장(壯)→노(老)". 유년답게, 소년답게, 청년답게, 장년답게, 노년답게 살다가 일생을 마친다. 이것이 천도에 따라서 인간을 완성하고, 성실로써 인간을 완성하는 것의 한 가지 내용이다. 성실이란 이 '답

게'에 해당한다. 각각을 '건강하게'로 바꿔 말해도 된다. 그런데 인간은 식물과 달리 의식이 있기 때문에 자연의 섭리, 활동을 어지럽힌다. 인간이 건강하게 살기 위해서는 적당한 수면, 식사, 노동이 필요하다. 깨끗한 공기와 맛좋은 물과 햇볕이 필요하다. 인간은 환경을 오염시키고 규칙적인 생활(식생활을 포함해서)을 할 수 없게 되었다. 풍요로움, 업적, 명성을 추구하기 위해서 정상적인 삶을 어지럽히는 것이다. 식물과 같은 성실한 삶은 지극히 어려운 기술이다. 그렇기 때문에 천도에 따라서 인간을 완성하고, 성실로 인간이 되는 측면이 완전히 알 수 없게 된 것이다. 그것을 지키지 않은 지 오래되었기 때문이다. 현대인의 바람이 건강이라고 한다면, 이 잃어버린 B의 요소의 회복을 무의식적으로 추구하고 있는 것이다.

B가 지니는 또 하나의 내용은 타인의 생명을 구하는 실천이다. 나는 14년 전부터 산 속의 지옥과 같은 북한의 강제수용소를 없애자는 인권운동에 참여하고 있는데, 지난 9월 16일에도 북한 여성의 일상적인 인권 상황을 알자, 알려 주자는 취지에서 한국으로부터 여성탈북자 한 사람을 초대하여 강연회를 열었다. 나 한 사람이 한 것이 아니라 내가 속한 NGO가 맡아서 해주었는데, 나는 한 사람이라도 더 많은 사람이 참가할 수 있도록 친구들에게 편지를 썼다. 명함을 주고받은 매스컴 기자에게도 편지를 썼다. 2일 후인 18일에는 국회의원회관에서 국회의원들의 인식을 고양하기 위해 원내증언집회를 가졌다. 중의원과 참의원 합쳐서 80명에 달하는 여성국회의원에게는 의원회관 안에 있는 사무소를 하나 하나 돌면서 자필의 요청문을 첨가하여 참가를 촉구하였다. 한국에서 훌륭한 여성증언자를 모셔왔기 때문에 일본의 여성의원들이 꼭 이 기회를 살렸으면 하는 마음이었다. 그것이 인간으로서의, 인간의 존엄에 대한 예의라고 생각했기 때문이다.

반응은 80명 중에 단 2명이었다. 출석이 한 사람, 메시지 전보가 한 사람. 725명에 달하는 의원 중에서 출석은 4명이었다. 여성의원의 무관심에는 커다란 충격과 함께 강한 분노를 느꼈는데, 지금 여기서 말하고자 하는 것은 그런 것이 아니다. 집회참여를 촉구하는 편지를 3일간에 걸쳐 80통 정도 쓰고, 그것을 우체국에서 보내고 돌아오면서 이런 실천이 천도에 따라 인간이 되고, 성실로써 인간을 완성하는 실천이 아닐까, 라고 깨달은 것이다. 북한의 13세 이상의 여학생들이 연간 120일 이상에 이르는 농촌동원 가운데 당하는 강간, 젊은 여성들이 건설 등의 중노동(돌격대 생활) 중에 당하는 성폭행, 노동당 입당을 먹이로 하는 성상납, 열악한 가사조건 등등, 북한 여성들이 입고 있는 일상적인 인권 침해에 분노하는 것은 자신 속의 성(誠)을 발휘하는 것이고, 그것을 한 사람이라도 더 많은 사람에게 알려서 해결되도록 노력하는 것은 자신 속의 성(誠)을 더욱 강하게 만들어 가는 활동이라는 것을 알게 된 것이다. 이번 실천을 계기로 지금까지의 B측면의 이해는 한층 두터워졌다.

북한의 여성차별은 천도(天道)에 반하는 행위이다. 반대로 생명을 지키고 인간의 존엄을 지키는 것은 천도에 따르는 일이다. 북한 여성의 인권을 위해서 노력하는 것은 내 안에 있는 성(誠)을 만들어 나가는 실천 중의 하나이다. 이로부터 일반화할 수 있는 것은 인간의 존엄(특히 육체적이고 정신적인 생명)을 지키기 위한 노력은 B측면의 중요한 내용이라는 사실이다. 여기에서 핵심은 타인의 존엄을 지키는 활동이라는 데에 있다.

이상으로 B의 내용을 두 가지 들었는데, 첫 번째는 자신의 생명(건강)을 지키는 활동이고, 두 번째는 타인의 생명을 지키는 노력이다. 양자에 공통되는 것은 생명의 옹호이다. 이중 첫 번째는 자신의 생명유지라는 점에서 소극적이고, 두 번째는 타인의 생명 옹호라는 점에서 적극적이다. 타인의 생명을 위해 노력하는 것이 자기 안의 '성'(誠)을 만들어 나가는 데 있어 대단히 중요한 일이라는 가르침을 인권운동의 실천이 가르쳐 주었다.

B의 활동이 A의 업적주의와는 전혀 무관하다는 사실이 새삼 분명해졌다. B는 인간다운 생활의 토대이자 전제조건이고, 인간으로서의 동일한 출발선상을 의미한다. 북한 사람들도 우리와 같은 출발선상에 섰으면 한다. 바이엔이 본 인간의 A의 요소와 B의 요소는, A는 인위(人), B는 자연(天)으로, 그 관계는 인간

(人)도 자연(天)의 일부이기 때문에 A는 B에 포섭된다. 그러나 근대 이후에 A가 비대해지고, B의 자연은 쇠퇴하였다. B의 내실은 천도로서의 성(誠)이기 때문에, 성(誠)을 거짓됨이 없음을 의미하는 '실심'으로 바꿀 수 있다. 이 B+A의 자각적 활동을 실심실학이라고 명명하고, 일본에서의 실심실학의 자각의 전형으로 삼고자 한다.

6) 오늘날 한중일 삼국에서의 실학 개념의 차이

작년 10월에 제9회 동아시아실학국제심포지엄을 마치고 알게 된 사실이 하나 있다. 그것은 현대 일본의 실학관, 즉 후쿠자와 유키치적인 실업과 실용의 학은 대륙 중국에서는 자라나지 못하였다는 것이다. 후쿠자와가 실업론을 쓰고, 실업적 실학의 중요성을 호소한 것은 메이지 26년(1893)의 일이었다. 반면에 중국은 양무운동 이후에 민국의 성립, 국공(國共)의 대립, 전쟁, 사회주의 중국의 탄생, 문화대혁명으로 이어지고, 자본주의가 충분히 발달하지 못했다.

그런데 근대적 실학 개념은 자본주의의 발달과 함께 형성되어, 사회에 정착해 나간다. 자본주의의 발달이 불충분하면 근대적 실학 개념은 사회의식으로 형성되지 못하고, 존재하는 것은 전근대의 유학적 실학 개념뿐이다. 1980년대 후반부터 시작된 대륙 중국의 실학 연구는 시종일관 근대 이전의 실학 연구로 일관하고, 일본처럼 근대의 실학 개념을 극복하기 위해 전근대의 실학 개념에 주목하고, 재평가한다는 발상과 구도는 중국에서는 성립하지 않는다. 이런 사실을 지금에서야 비로소 알아차리고, 한참 동안 멍해 있는 상태이다. 이것을 알게 해 준 것은 후쿠자와 유키치였다.

한편, 한국에서는 '실학'이라고 하면 17~9세기의 학문을 의미한다. 일본적으로 말하면 근세의 실학, 일본의 도쿠가와시대에 해당하는 조선후기의 학문을 실학으로 이해하고, 우선 그것을 머리에 떠올린다. 일본인이 실학이라고 하면 근현대의 실학밖에 의식하지 않는 것과는 커다란 차이이다. 한국에서는 모순은 없는 것일까?

사실 그런 걱정은 없다. 한국에서의 17~19세기의 실학은 국정교과서에는 민생안정과 부국강병, 그리고 근대를 지향한 '학'으로 기술되어 있어서, 내용은 근현대의 실학과 같은 것이다. 실심실학이 아닌 것이다. 그래서 현대의 생활 속에서 모순은 없다. 반면에 일본에서는 후쿠자와적인 실학, 근대의 실학 개념만이 견고하게 정착하고 있어서, 역으로 전근대의 실학 개념은 완전히 잊혀지고 사라져 버렸다.

일본과 대륙 중국이 완전히 정반대의 상황에 있는 것이다. 한국은 근대를 일본에 뺏기고, 그것을 정신적으로 메꾸기 위해서 17~19세기에 근대적 실학의 맹아=전사(前史)를 찾고 있었다. 그 시기의 학문을 강렬하게 '실학'(실은 '근대적 실학의 맹아')이라고 명명하고, 1930년대에서 지금에 이르는 70여 년 간에 걸친 활동과 실학 연구가 전국적으로 행해져 왔다. 그러나 그것의 본질은 실심실학연구가 아니라는 점에 특징이 있다. 이런 삼국의 차이를 잘 이해하고서 삼국의 실학연구를 살펴볼 필요가 있다는 사실은 새로운 공동연구의 출발점에서 지적해두고 싶다.

7) 김태창 선생의 실심실학 이해

위에서 밝혔던 것과 같은 개인적인 배경을 가지고, 지난 9월 4일에 나는 김태창 선생과 만나서 선생의 실심실학 이해와 공공철학과의 관련성에 대해 상세한 설명을 들을 수 있었다. 그것의 구체적인 내용은 『공공적 양식인』(제190호)에 실려 있는 거룽찐(葛榮晉) 교수와의 대화에서 김태창 선생 자신이 상세하게 얘기하고 있기 때문에 여기에서는 생략하고자 한다. 다만 내가 촉발받은 세 가지 점만 밝히고자 한다.

김태창 선생은 부지런히 쌓아 오신 공공철학의 공공심(公共心)을 실심실학의 실심(實心)과 연관시키고, 그 내실을 '공공하는 생명지'(生命知), '생명의 작용을 자타공동(共働)을 통해 발휘하는 본심'으로 파악했다. 실심이나 공공심의 핵심에다 생명을 두는 착안은 멋지다는 생각이 들었다. 미우라 바이엔의 경우에도 생명이 핵심이라는 사실을 알고 있었는데, 바로 그 점에서 선생과 '실심'관을 공유할 수 있다는 사실을 새삼 확인할 수 있었다.

선생은 '공공'을 '장(場)으로서의 공공', '기(氣)로서의 공공', '리(理)로서의 공공'의 세 가지로 나누고, 실심은 '기로서의 공공'의 내용이라고 하였다. '기로서의 공공'이 '공공심'이라는 점은 방금 확인한 바인데, '기'라는 규정은 날카롭다. 용기(勇氣), 의기(意氣) 등, 기로서의 공공이라는 이해방식에는 그 본질에 다가가는 박력이 있다. 실심이 기로서의 공공과 등치되면 실심에 기백이 넘치게 된다. '장'이 뛰어난 것은 일본이고, '리'에 대해서는 중국이, 그리고 '기'는 한국의 특기라는 것이 선생의 지론인데, 이런 위치지움에도 경의를 표하고 싶다.

세 번째는 김태창 선생을 통해서 알게 된 한국의 양명학 연구자 정인재 교수로부터 받은 가르침이다. 한국에서 실심실학의 최초의 제창자는 하곡 정제두(1649~1736)로, 담헌 홍대용(1731~1783)보다 반세기는 빠르다는 지적이다. 이 가르침에 따라서 『하곡집』에서 확인한 바로는, 제자들이 하곡의 서원을 설립하고 나서 영조에게 원액(院額)의 하사를 청하는 상소를 하는데, 그 재소(再疏) 속에서 자기들의 스승인 하곡의 학문은 '실심실학'으로 당대 유학의 으뜸이라는 것이었다(惟我先正實心實學爲一世之儒宗).

그 근거를 확인한 상태에서 나는 정인재의 학설에 동의한다. 다만 홍대용은 김원행을 스승으로 하는 다른 계통에서 독자적으로 실심실학을 구축하였다. 그리고 서양 콤플렉스를 불식시켜 줄 정도의 매력이 있는 자연과학자이면서 동시에 실심도 대단히 중시하는 학자에게서 이상상을 찾고 싶기 때문에 홍대용을 중시하고 싶지만, 정제두의 매력 역시 대단히 크다. 실은 이번에 그에게서 탁월한 화폐경제비판의 글이 있다는 사실을 알고서 대단히 놀라고 있다. 오는 3월에 내가 속해 있는 니쇼각샤대학(二松學舍大學)의 '동아시아학술총합연구소 양명학연구부'(=양명학연구소의 후신)에서 『양명학』 제19호를 내는데, 조선·한국 양명학 특집호이다. 거기에서도 정제두의 매력이 언급되고 있고, 게재된 연구문헌목록에서 하곡 연구의 기세와 부활을 느낄 수 있다. 나 역시 하곡 공부를 시작했는데, 이 지면을 빌려서 『양명학』 제19호의 활용도 권하고 싶다.

마치며

일본의 실학연구회의 연구 활동은 다음 달이면 벌써 11년째가 된다. 2000년 6월에 부정기 회보 『자연과 실학』을 창간하고, 2002년에 3호를 낸 것을 마지막으로 중지 상태이다. 작년(2006) 10월의 실학심포지엄 준비와 『실심실학의 발견』 간행으로 바빴기 때문이다. 일본에서의 실심실학연구의 어려움은 일본인 전체가 후쿠자와의 실학, 근현대의 실학의 은혜를 입고 있고, 게다가 그것의 성숙은 본질적으로 속물적이기 때문에 은혜를 입으면서도 그것을 정신적으로 경멸한다는 점에 첫 번째 요인이 있다. 근현대의 실학이 실심(誠)의 요소를 결여한 것이다. 어려움의 두 번째 요인은 근현대의 발전에 만족하여 근세=에도시대를 진지하게 돌아볼 필요를 느끼지 않는다는 점이다. 한국은 일본에 나라를 뺏긴 상태에서도 17~18세기의 학문에서 실사구시의 학문을 발견하고, 정체사관과 타율사관을 극복하기 위해서 실학연구를 시작하였다. 이미 1930년대부터 조선후기에 뜨거운 시선을 보내온 것이다.

지금의 일본인이 에도시대에 뜨거운 시선을 보내는 세계사적인 요인은 지구의 생태계 위기 때문이다. 현대의 생활양식과 삶의 방식을 근본적으로 바꾸지 않는 한, 일본의 그리고 지구의 미래는 없다. 잃어버린, 아니 스스로 내던진 실심을 회복하지 않으면 안 된다. 그러기 위해서는 에도시대의 실심실학을 발견하고, 서둘러서 그것으로부터 실심을 배워야 한다. 작은 연구단체이지만 열심히 살아 왔다. 거기에다 이번에 공공철학운동의 리더 중 한 사람인 김태창 선생으로부터 연락을 받았다. 상대가 다름아닌 한국의 총명한 지식인 김태창 선생이라는 데에 깊은 의미가 있다. 왜냐하면 선생은 동아시아의 미래에 공동(共働)의 시선을 보내오신, 수준 높은 실천적 철학자이기 때문이다.

(원제: 小川晴久, 「実心実学とは何か」(「公共的良識人」제191호, 2007년 10월). 이후 『월간 공공철학』 제35호(2013년 11월)에 '공공하는 철학과 실심실학'이라는 제목으로 번역되어 실림.)

제3장 | 김태창과 동아시아의 미래*

오구라 키조(小倉紀藏) _ 교토대학 교수

교과서적으로 말하면 현재(2013)의 EU(유럽연합)의 출발점은 유럽에서의 석탄·철강 관리를 어떻게 할 것인가, 라는 논의에서 시작되었다고 할 수 있다. 1950년의 슈만선언(Schuman Declaration) 및 1952년의 유럽석탄철강공동체의 성립이 그것이다. 그러나 이 설명은 잘못되었다. 지금과 같은 유럽의 통합은 결코 자원의 공동관리와 같은 기능적인 문제에서 시작한 것이 아니다.

물론 직접적인 현상은 제2차 세계대전 때에 이미 시작된 유럽 통합에 관한 다양한 논의나, 그 후의 자원공동관리라는 발상으로부터 유럽의 통합이 현실화된 것은 확실할 것이다. 그러나 그 사상적 연원은 이미 30년 전쟁 중에 '인간'을 둘러싸고 철학적인 고민을 전개한 데카르트나, 영구평화의 철학적 기반을 둘러싸고 사색을 거듭한 칸트 부근에서 시작되었다고 생각하지 않을 수 없다. 만약에 데카르트나 칸트가 '인간'이나 '유럽'이라는 틀을 둘러싸고 독창적인 사색

---

* 1996년까지 서울대학교 철학과에서 유학하였고, 그 뒤 일본에 귀국하여 쓴 『한국은 하나의 철학이다』가 베스트셀러가 되었다. 오랫동안 NHK TV에서 한국어를 가르쳤고, 북한에도 다녀온 적이 있는 이른바 일본 최고의 한국통으로 알려져 있다. 역자는 일본에서 공부하고 있을 때 오구라 교수를 찾아뵌 적이 있고, 저자의 학문적 방법론을 익히기 위해서 『한국은 하나의 철학이다』를 한국어로 번역해 보기도 하였다.(도서출판 모시는사람들에서 2017년에 출판 예정) 한국 학계와도 긴밀한 관계를 유지하면서 활발하게 활동하고 있는데, 2013년에는 박맹수 교수와 함께 「장래세대가 창조하는 동아시아와 한국학-차세대포럼」을 기획 및 개최하였다. 이 글에는 일본의 양심적인 지식인이 본 한국인 철학자의 솔직담백한 모습과 함께 동아시아의 미래에 대한 우려와 기대가 동시에 담겨 있다. 김태창이라는 철학자와 그의 공공(하는)철학, 그리고 이에 대한 일본학자의 생각을 보다 '생생하게' 알고 싶어 하는 분들께 일독을 권한다.

을 전개하지 않았다고 한다면―물론 그 사색의 내용에 관해서는 다양한 비판이 있을 수 있지만―현재의 유럽은 성립하지 않았을 것이다.

그래서 제2차 세계대전 후의 석탄과 철강의 공동관리 같은 것은 '유럽통합'이라는 프로젝트에 관한 한 종반에 접어든 시기의 사건이라고 생각하는 것이 낫지 않을까? 물론 '유럽통합'이라는 미완의 프로젝트는 앞으로도 커다란 시행착오와 우여곡절을 반복하면서 계속될 것이다. 어떤 때에는 재분열의 위기를 경험하거나, 때로는 붕괴 직전까지 가는 사태가 앞으로 벌어질지도 모른다. 그러나 중요한 것은 "유럽은 어쨌든 통합되었다"는 사실이다. 이 역사적인 사건의 중요성을 유럽 사람들은 앞으로도 결코 잊을 수 없을 것이다. 그리고 그 사실의 연원은 멀리 근대 초기의 철학적 사색으로까지 거슬러 올라갈 수 있다는 것도 아마 잊을 수 없을 것이다.

그렇다면 동아시아는 어떠한가?

이 지역에서는 아직까지 민족주의가 맹위를 떨치면서 각 나라의 틀을 견고화하고 있으며, 이에 대한 학문적 반성은 반복되고 있지만 그 반성이 현실적·정치적인 영향력을 발휘하는 데에는 이르지 못하고 있다. 더 문제인 것은 민족주의 비판의 역사라는 의미에서 가장 진지하고 심도 있는 학문적 성과를 축적해 왔을 일본이 최근 20여 년 동안 또 다시 서서히 민족주의의 길을 걷고 있다는 상황이다.

물론 현재 일본의 민족주의에 대해서는 한국이나 중국 등으로부터의 비판의 무효성이라는 문제도 있다. 왜냐하면 한국이나 중국은 일본의 '우경화'를 제대로 분석하지 못하고 있기 때문이다. 일본의 현재의 '우경화'는 '포스트모던을 거친 우경화'라는 성격이 강하다. 모던한(=근대적인) 국가주의와는 성격을 달리하고 있는 것이다. 이것을 정확하게 분석하지 못하는 한국이나 중국의 아카데미즘에 대해서 우리 일본학자들은 커다란 실망감을 갖고 있다.

그렇다면 역으로 일본인이 한국에 대해서 정확하게 분석하고 인식하고 있는가 하면, 전혀 그렇지 않다. 하나는 학문의 세분화에 의해 한국사회의 극히 세부를 잘라낸 것 같은 분석만이 대량으로 생산됨으로써, 또 하나는 한국이라는 사회의 특수성을 무시하고 서양류의 방법론만으로 이 사회를 이해할 수 있다는 오해에 의해서, 일본에서의 한국 인식은 오히려 후퇴하고 있다고 할 수 있다. 이것은 물론 바람직한 일은 아니다.

그러나 더더욱 실망스러운 것은 우리 동아시아에는 국가의 틀을 넘어서, 그것도 유럽의 방법론을 떠나서, 동아시아를 구축하고자 하는 진지한 학문적 노력이 거의 행해지고 있지 않다는 사실이다. 동아시아에도 비서양적인 방법론이 전혀 없는 것은 아니지만, 거의 대부분의 경우에는 국가라는 틀 안에서만 통용되는 것들뿐이다. 또한 국가의 틀을 넘어서고자 하는 시도가 최근 많아지고 있는 것은 분명하지만, 그것들은 대부분의 경우에 서양의 방법론에 의해서 행해지고 있다. 물론 서양의 방법론이 틀렸다는 것은 아니다.

그러나 데카르트나 칸트 등이 '유럽'이나 '인간'과 같은 개념을 진지하게 생각했을 때에, 그것은 자신들의 말과 관념에 의해서 생각한 것으로, 오히려 그러한 노력이 시작됨으로써 '유럽'이나 '인간'이 비로소 생겨났다고 할 수 있다. 즉 자신들의 말과 관념에 의해 생각하지 않는 한, '동아시아'나 (서양인이라는 인간과는 다른) '인간'이라는 개념은 결코 생겨나지 않는다는 것이다.

동아시아의 인간은 이것을 충분히 알고 있을 터인데도 불구하고 왜 그것을 과감하게 행하려고 하는 인물이 좀처럼 나타나지 않는 것일까? 동아시아의 대학이라는 제도 속에서는 자신들의 말로 말하는 것이 좀처럼 어려운 것은 분명하다. 그러나 자신들의 말로 말한다고 해서 추방되는 것은 아닐 것이다. 그런데도 왜 그것을 하지 않는가? "아카데미즘의 세계에서는 자신들의 말로 생각하는 일을 하지 않는다"고 하는 자기규제가 우리가 생각하는 것보다 훨씬 강하게 지배하고 있기 때문인 것이다. 이와 더불어 또 하나 중요한 것은 동아시아에서는 '자기들의 말'이 배타적이 되고 있다는 사실이다. '자기들의 말'은 '자기들의 본질'에서 나온다고 착각하고 있다. 그것은 '자기들과 타자들의 사이'에서 나온다고 하는 통찰이 동아시아에서는 결정적으로 부족한 것이다.

김태창 선생은 실로 그와 같은 동아시아의 지(知)의 '사이'에 홀연히 나타난 인물이라고 생각한다. 내가 김태창 선생을 만난 지는 아직 7년 정도밖에 되지 않지만, 그동안 얼마나 많이 배웠는지는 이루 헤아릴 수 없다. 지칠 줄 모르는 맑은 샘물처럼 계속되는 선명한 이미지의 연쇄로 '지'(知)를 이어나가는 그 이야기는 매번 접할 때마다 '놀람' 그 자체이다. 개념이라는 것에 생명력이 있다고 한다면 김태창 선생의 이야기는 마치 생명력의 구슬꿰기와 같은 생명감을 동반하고 있다. 악보가 없는 강렬한 '생명'의 음악과 같다.

선생은 항상 초조와 위화감을 말씀하신다. 그것은 일본에 대한 비판, 세계에 대한 비판이라는 표현은 취하고 있지만 좀 더 근원적으로는 생명을 짓밟으려고 하는 모든 행위와 사상에 대한 생명적인 대항이다. 한국과 일본의 '틈새'에 이와 같은 철학적 생명 그 자체가 활화산의 분화구처럼 분출되고 있다는 것 자체가 하나의 거대한 사건이 아닐까?

데카르트도 칸트도 그들의 이야기가 수 세기 후에 유럽의 통합이라는 사실을 낳게 되리라는 확신과 함께 동시대인에게 인식되었던 것은 아닐 것이다. 그러나 예민한 감수성을 지닌 사람들에게는, 뭔가 그 이야기의 비범함이, 그 비범한 에너지가 시대의 태동을 알리고 있었는지도 모른다. 나는 예민한 감수성의 소유자라고 말할 자신은 없지만, 김태창 선생의 이야기의 소용돌이 속에 몸을 맡기고 있으면, 그 말의 생명에너지가 장래에 우리 세계를 근원적으로 변혁하는 '무언가'를 자아내고 있다는 감각이 엄습해 온다. 그런 감각을 나에게 갖게 한 사람은 내 인생에서 세 번째이다.

첫 번째는 김지하 시인이고, 두 번째는 김용옥 선생이었다. 나는 1988년에서 1996년까지 한국에서 살면서 한국 철학을 연구했는데, 그때 이 두 사람을 만났다. 그리고 두 분 모두 아직 젊은 나를 자택으로 초대하여 아무리 퍼내도 고갈되지 않는 관념과 이미지의 풍부함으로 자신의 철학을 남김없이 이야기해 주셨다. 그것은 책이 아닌 살아 있는 인간이 말하는 실로 '살아 있는 한국 철학'이었다. 일본에서 온 일개 학생에 대해서 어째서 그토록 열심히 이야기해 주셨는지 잘 모른다. 아마도 그것은 동아시아를 새롭게 구축하는 데 있어서 일본을 배제해서는 안 된다, 일본을 어떻게 하면 붙들어 맬 수 있을까 하는 절박한 사상적 난문에 대한 혼을 담은 해답이었을 것이다. 그렇지 않다면 바쁜 자신들의 시간을 그렇게 소비해 가면서 한 명의 일본인 학생에게 그토록 혼신을 다해서 말해줬을 리가 없다.

김태창 선생은 나에게 '살아 있는 한국 철학'을 말해주신 세 번째 사람이다. 그리고 나로서는 가장 길게 그 음성을 접하고 있는 분이기도 하다. 김태창 선생이 김지하 시인이나 김용옥 선생과 다른 점은, 일본이라는 이국에 오래도록 머물면서 일본어로 일본인들과 무수한 대화를 거듭하고, 한국을 정신적 토대로 삼으면서도 일본인과 함께 새로운 철학을 구축하고자 하는 견실한 노력을 20년 이상이나 계속해 왔다는 점이다. 그 결실이 모두 합쳐진 것이 30권 이상이나 되는 『공공철학』 시리즈이다(동경대학출판회). 이것이야말로 한국과 일본의 '만남'과 '사이'와 '어우러짐'에서 분출한 새로운 동아시아의 대화철학의 결정체이다.

과연 누가 지금까지 이런 일을 이루어냈을까? 식민지지배를 당한 나라의 인간이 그것을 가한 나라의 인간과 철학대화를 계속하고, 그것을 '공공철학'이라는 개념으로 가꾸어 낸다고 하는 활동을 그 누가 해낼 수 있었을까?

1990년에 동경대학과 인연을 맺기 시작한 이래로 이미 4반세기에 가까운 시간이 지나고 있다. 그 사이에 김태창 선생은 일본뿐만 아니라 세계의 석학들과 깊은 대화를 나누면서 예리한 비판을 일본사회 및 일본학계에 던져왔다. 그러나 그것은 단순히 바깥으로부터의 비판에 머무는 것이 아니라, 함께 새로운 철학을 창조하고자 하는 정열에 넘친 것이었기 때문에 일본의 제일급 지식인들이 김태창 선생의 철학하는 대화운동에 감동하고 호응하였다.

최초로 김태창 선생이 발안하고 '공공철학'의 동료들 사이에서 공유되고, 마침내 일본사회 전반에 확산되어 나간 말들도 많다. 그 대표적인 것은 '활사개공'(活私開公)일 것이다. 전전(戰前) 일본의 '멸사봉공'(滅私奉公)에서 탈피하여, 사(私)를 살리고(活) 공(公)을 연다(開)고 하는 기본적인 생각이다. 그리고 경직된 '공동체'(共同體)가 아니라 '공동태'(共働態=함께 협력하는 운동태)를 만들지 않으면 안 된다고 하는 주장도 일본사회에 침투하고 있다. 원래 '공공철학'이라는 것도, 물론 이 말 자체는 김태창 선생 이전에도 있었지만, 거기에 철학적인 '생명'을 불어넣은 것은 김태창 선생 바로 그 사람이다.

한국인 중에는 이 '공공철학'이라는 말을 오해하는 사람도 있는 것 같다. 한 번은 어떤 한국인이 나에게 질문을 하였다. "최근에 한국의 철학계에서 공공철학이라는 말을 듣는다. 그것은 일본인이 한국에 새로운 사상을 심어 넣으려고 획책하고 있는 것이라고 들었는데 정말 그러한가?" 이것은 명백한 오해이다. 공공철학은 그러한 '일본발'(日本發)의 철학으로 탄생한 것이 아니다. 원래는 김태창 선생과 동경대학의 사사키 타케시(佐々木毅) 전 총장이 의기투합해서 만들어낸 것이다. '철학적 침략'의 의도 같은 것은 추호도 없다. 한국인이 그렇게 부정적으로 생각하는 멘탈리티는 역사적인 경위에서 이해하지 못하는 것도 아니지만, 공공철학에 관한 한 그것은 완전한 오해라는 점을 여기에서 확언해 둔다.

그리고 한국에서는 '공공'이라고 하면 '관'(官)이나 '국가권력'이라는 말과 동일시되는 경향이 있기 때문에(일본에서도 그런 경향은 있다), 여기에서도 오해가 생기는 것 같다. 김태창 선생의 책을 읽으면 일목요연하지만, 공공철학이란 지금까지의 관(官)이나 국가권력을 강하게 비판하고, 개개의 사(私)의 충분한 '살림'을 통한 새로운 공공(公共)의 '열림'을 꾀하는 것이다.

김태창이란 철학자는 무엇을 생각하고 무엇을 지향하고 있는 것일까? 그가 세계에서 실천해 온 방대한 대화의 궤적을 여기에서 간단히 정리하는 것은 불가능하다. 동경대학출판회에서 간행된 30권 이상에 이르는 『공공철학시리즈』의 한국어판 전역이 나오기를 바랄 뿐이다.

다만 최근에 김태창 선생이 점점 강하게 품고 있는 희망은, 한국인이 단군신화의 시대부터, 아니 훨씬 이전에 우랄·알타이의 대평원을 질주하던 시대부터, 21세기의 지금에 이르기까지의 한민족의 철학적 활동을 대담하게 재해석하고, 그것을 일본인에게 일본어로 전달하고 싶다는 장대한 프로젝트이다. 그 일부는 교토포럼에서 발행한 『공공적 양식인』이라는 양질의 신문에 일본어로 연재되어, 일본인의 지적인 독자를 흥분시켰다. 그 한국어판이 『공공철학이야기』(모시는사람들, 2012)이다. 이 책의 정식 제목은 '일본에서 일본인들에게 들려준 한삶과 한마음과 한얼의 공공철학이야기'이다. 지금까지 한국 철학의 정수를 이처럼 정열을 담아서 일본인에게 전달할 수 있었던 한국인이 과연 있었을까? 내가 아는 한 김태창 선생이 유일하고 빼어난 인물이다.

그것뿐만이 아니다. 김태창 선생은 유영모와 함석헌 이래 계속되고 있는 '한국어로 철학하기'의 가장 과감한 실천가이다. 함석헌이 "생각(生覺)하는 백성이라야 산다"고 말한 이래로, 이 '한국어로 철학하기'의 깊이는 역사적인 의미에서 다른 차원으로 돌입하였다. 한국어에서 철학적 세계관을 발견하는 것과 역사에서 인간이 사는 것이 같은 의미가 된 것이다. 그 후에 '한국어로 철학하기'의 전통은 활발하게 꽃을 피워, 현재로서는 이기상 교수가 그 전형적인 실천가이다.

김태창 선생은 그 실천의 폭을 한층 넓혀서 일본인이 알 수 있도록 일본어의 세계에서도 '한국어로 철학하기'를 지속적으로 이야기하고 있는 것이다. 이것은 말하기는 쉬워도 행하기는 어려운 일이다. 한국에서조차 '한국어로 철학하기'가 어렵다고 하는데, 어떻게 그것을 일본인 상대로 일본어로 할 수 있는 것일까? 천재적인 언어감각과 방대한 에너지를 소비하는 '대화의 정신'이 없으면 도저히 불가능한 일이다.

그리고 그 작업과정에서는 일본의 신화·사상·문학·민속 등을 근저에서 철학적으로 재해석하는 활동이 병행되어 행해지고 있다. 가령 단군신화의 철학성을 직접 그대로 일본인에게 말하면 일본인은 좀처럼 이해하지 못한다. 하지만 일본의 『고사기』(古事記)에 그려진 신화의 세계와 대비시켜 묘사함으로써 비로소 한국인의 정신성을 극히 명료하게 이해할 수 있게 되는 것이다. 이 작업이 완벽하게 가능한 사람은 내가 아는 한 김태창 선생밖에 없다.

'생각'·'나'·'한'·'삶'과 같은 일상어에다 우랄·알타이 시대로부터의 한민족의 경험과 기억의 총체를 담아서 그것을 철학화하는 작업은 그 강의를 듣는 이를 흥분시키고 전율시킨다. 이것은 이돈화, 최남선, 유영모, 함석헌, 유동식으로 이어져온 전통을 계승하면서 일본어의 세계로 과감하게 출항한 일종의 철학적 모험이다. 지금까지 일본어로 철학을 논해서 일본인의 마음을 이토록 움직일 수 있었던 한국인이 또 있었던가? 문화 분야에서는 이어령 선생이 있다. 정치세계에서는 고 김대중 대통령이 그랬다. 하지만 철학세계에서는 김태창 선생일 것이다.

그의 강의를 들은 일본인은 전율과 함께 까칠까칠한 위화감, 그리고 소리치고 싶은 듯한 고양(高揚)을 느낀다. 김태창의 이야기는 한국의 '본질'에서 분출된 소리라기보다는 한국과 일본 '사이', 몽골과 한국 사이, 중국과 한국 사이, 한국과 미국 및 유럽 사이, 한국과 조선 사이, 한국과 한국 사이, 일본과 일본 사이와 같은 동아시아의 온갖 '사이'들에서 나온 집합적 소리이다. 김태창이라는 개인의 입에서 나왔다기보다는 동아시아 공통의 경험과 기억의 총체에서 용출하는 외침과 이야기와 통곡과 속삭임과 중얼거림의 혼합태로 차고 넘쳐서, 미래를 향해서 흘러나가는 '생명'의 운동이다.

이분의 입에서 나오는 소리는 동아시아의 철학적 '생명'이다. 언제가 될지는 모르지만 가까운 장래에, 아니면 한참 먼 장래에, 동아시아가 자신들의 말로 자신들의 공동태(共働態)로서의 모습을 이야기할 수 있게 되었을 때, 이 소리가 하나의 커다란 출발점이 되리라는 것은 분명하다.

(출전 : 『월간 공공철학』 제32호(2013년 8월))

미야모토 히사오(宮本久雄)_ 죠치(上智)대학 신학과 교수

김태창 선생과의 만남과 아브라함적 삶

어느 날 갑자기 김태창 선생으로부터 만나고 싶다는 전화가 왔다. 나의 책
『타자의 원(原)토포스』(창문사, 2000년)를 읽었다는 것이다. 만났을 때 선생이 건
네준 『타자의 원토포스』를 보니 여백에 빽빽하게 적혀 있는 메모와 군데군데
의 빨간줄들이 한눈에 들어왔다. 일본인에게조차 난해한 책을 꼼꼼히 읽고 깊
은 이해를 보여주신 것에 놀라고 또 감격하였다. 이 책의 부제 '존재와 타자를
둘러싼 헤브라이·교부·중세의 사색으로부터'가 말해주듯이, 나는 당시에 서
구사상에서 전체주의적인 특징을 지니는 '존재신론'(ontotheology)을 초극하고,
존재와 타자에 관한 사상(Ehyehlogy)을 새롭게 구상하기 시작하였다. 이 예후로
기아(Ehyehlogy)는 김태창 선생의 사상과 실천과도 깊게 공명하기 때문에, 예후
로기아와 존재신론의 대비를 통해서 김태창론을 전개하고자 한다. 독자 여러
분에게는 약간의 인내를 요구하게 되어 송구스럽다.

김태창 선생도 자주 지적하시는 점인데, 서구적인 존재신론과 예후로기아의
차이는 이야기론적으로 그리고 도식적으로 요약해서 설명드리면, 전자는 희랍

* 미야모토 히사오 교수는 가톨릭 신부이면서 동경대학 교수를 지냈고, 정년퇴직하고 나서는
죠치대학 신학부 교수로 재직중인 서양 중세 철학·사상 분야의 최고 권위자이다. 수많은 저술이
있는 가운데 『타자의 원(原)토포스』라는 책이 김태창 선생과의 역사적인 만남의 계기가 되었다.
희랍어·라틴어·히브리어·불어·독일어 등 서양의 여러 나라 말이 마구 튀어나오는 난해한
고도의 사상·철학서로서 일본에서는 읽어내는 사람이 없었는데 김태창 선생이 처음으로
처음부터 끝까지 독파하고 감동한 것이 우정과 교제의 시발점이 되었다고 한다.

고전의 『오디세이아』에, 후자는 『구약성서』의 아브라함 이야기에 의해 상징될 수 있다. 『오디세이아』에서 지장(智將) 오디세우스는 트로이 전쟁(기원전 1200년대 중엽)에 참가하기 위해서 이오니아해(海)의 고향인 이타케를 출발하여 저 멀리 에게해의 트로이로 원정을 간다. 전쟁은 10년이나 지속되는데 결국에는 오디세우스가 세운 '트로이 목마'의 책략으로 트로이는 함락된다. 즉 거대한 목마 속에다 군사들을 몰래 집어넣고, 목마를 트로이 시내로 운반하도록 만든 뒤에, 트로이군이 잠든 밤을 틈타 목마로부터 나온 병사들이 성 밖에 있는 아군들을 성안에 들어오게 하여 적을 무찌른다는 책략이다.

전쟁에서 승리한 뒤에 오디세우스는 부하와 함께 귀향의 뱃길에 오른다. 그 과정에서 도중에 만난 외눈박이 거인 등의 위험으로부터 기지를 발휘하여 탈출하기도 하고, 노래를 부르는 마녀 세이렌의 유혹을 지혜로 극복하기도 하며, 마법의 연못을 건너뛰기도 하는 등, 여러 난관을 극복한 끝에 마침내 고향인 이타케로 귀환한다. 그리고 자신이 없는 동안에 애인들의 구애를 거절해 온 아내와 자식과 재회하고, 애인들에게 복수하고 영웅으로서 행복한 삶을 산다. 그의 생애는 모험과 시련에 가득 차 있는데, 이지적으로 곤란을 잘 극복하고 고향인 이타케에서 출발하여 다시 이타케로 돌아가서 자기 본래의 모습을 되찾게 되는 이야기라고 할 수 있다. 결국 자기회귀적이며 자기정체성의 재확인을 강조하는 내용의 설화이다.

이것과 대비해서 아브라함의 삶은 어떤 것일까? 아브라함은 "네가 태어난 고향, 아버지의 집을 떠나서 내가 알려주는 땅으로 가거라!"(「창세기」 12장 1절)라는 신의 부르심에 따라서 정처없는 여행을 떠난다(기원전 2000년~1600년 무렵). 그것은 유프라테스강 상류의 하란에서 출발하여 가나안 지방으로, 그리고 가나안 지방을 종단하면서 이집트로, 그리고 이집트에서 다시 가나안으로 여행하는, 생사를 건 여행이자 화해와 상생의 여정이었다. 결국 아브라함의 노마드적인(=유목적인) 여행의 끝은 이방의 땅으로, 비회귀적으로 변경과 이향(異鄕)을 표박표류하는 가운데서 결코 고향으로 돌아가거나 자기정체성을 재확인함으로써 거기에 정착하는 일은 없다. 그래서 끝없이 자기자신에 갇히는 존재방식에서 벗어나 그것을 넘어서는 운동을 특징으로 한다.

다른 한편으로 아도르노는 서구사상의 관점에서 오디세우스를 다음과 같이 해석하였다. 즉 그에 의하면 오디세우스는 주술이나 자연력이 지배하는 자연신의 세계를 합리적 책술에 의해 해체하고 극복하여 계몽적 서구문명의 세계로 개조했다. 그러나 계몽적 기술문명은 역으로 인간의 내적 생명까지 소외시켜, 생명은 억압되어 공허하게 되었다. 이성은 인간의 공허를 메꾸기 위해서 타자와 자연의 수탈 그리고 전쟁이라는 폭력(휴브리스: 그리스어로 '오만'이라는 의미도 있다)을 이용한다. 이 야만스런 폭력이 20세기에 나타난 전형이 바로 나치 독일과 비인간화의 수용소 '아우슈비츠'이고, 21세기에는 '제2의 프로메테우스의 불'인 원자력이다. 그리고 김태창 선생과도 깊게 논의한 끝에 내린 결론은, 현대의 전체주의적 폭력의 사상적 온상은 실로 '존재신론'에 다름 아니라는 것이다. 그렇다면 '존재신론'은 어떤 구조를 갖는가? 그것은 존재론과 신론의 합성어이다. 존재론은 이 세계의 모든 것을 '존재'라는 가장 넓은 개념으로 포괄하고 장악하려고 한다. 신론은 그 존재 중에서도 가장 존재성과 가치를 지니는 완전한 존재, 즉 신을 생각한다. 그래서 신은 모든 존재의 제일목적인이자 근거이다. 요컨대 궁극적인 제일원인에 다름 아니다. 그래서 모든 존재는 이 신을 정점으로 한 인과관계에 의해 지배되고, 따라서 그 인과관계의 시스템 안에서 작동하는 것만이 존재성과 의미와 가치를 지니고, 역으로 그 시스템 밖의 것은 비존재이자 무의미이고, 나아가서는 무용(無用)·이물(異物)/이단(異端)/이종(異種)으로 보인다.

이와 같은 제일원인(=신)이 지배하는 모든 존재계는 '이'(異)와 '타'(他)를 배척하는 자기동일적 시스템(프랑스 철학자 레비나스는 이 시스템을 '자동'(le même)이라고 부른다)으로 전체주의적인 성격을 띤다. 그 전체주의는 가령 재물(우시아=실체)의 축적에 기초한 정착사회에서 실현되는 왕 지배의 국가로, 거기에서는 왕·가신단이 군사력, 정치경제적 권력, 종교적 제의 등에 의해 민중을 지배한다. 현대에서는 나치 독일이나 스탈린이 군림한 소련과 같이, 경제=기술=관료지배기구를 장악하는 전체주의 국가에 의해 대표될 것이다. 이 전체주의는 근원악의 실험실인 아우슈비츠로 체현되고, 거기에서는 인간이 비인간화되고 살 자격이 없는 불필요한 것으로 폄하되었다. 이와 같은 전체주의의 사상적 온상이야말로 존재신론인 것이다. 김태창 선생은 이 모든 것을 집대성한 「공」(公)에 도전한다.

이 존재신론에 대항하고 도전하는 입장에서 김태창 선생도 공명한 예후로기이란 과연 어떤 사상일까? 그 발상은 헤브라이의 구약문학인 「출애급기」에 기원한다. 즉 「출애급기」는 야훼신이 예언자 모세를 불러서, 당시(기원전 13세기 무렵)의 이집트 제국 하에서 노예로 신음하던 헤브라이 사람들을 해방시키고 공동태(共働態)로서 자립시키는 이야기이다. 다른 한편으로 모세는 야훼의 부름에 주춤거렸다. 왜냐하면 설령 노예가 있는 곳에 파견된다고 해도 그 노예들이 자신을 신뢰하지 않을 거라고 생각했기 때문이다.

그래서 그는 야훼에게 신의 이름을 물었다. 일반적으로 고대에 이름은 그것을 담당하는 자의 본질이나 권능을 나타내는 힘이기 때문에, 이름을 알아서 그 이름을 부르면 그 담당자(의 본질이나 힘)를 조종할 수 있다고 믿었기 때문이다. 그래서 모세도 노예도 위급한 상황이 되면 신을 조종하고 이익을 가져오는 마술적 관계를 신에게 요구했다고 할 수 있다. 그러나 그렇게 해서 계시된 신의 이름은 수수께끼와 같은, 오늘날에도 번역하기 어려운 '에흐예 아쉐르 에흐예'였다. 이 신의 이름에서 '에흐예'는 존재의 일인칭단수 미완료동사이고, 관계사 '아쉐르'를 사이에 두고 반복되고 있다. 이 신의 이름은 수수께끼처럼 바로 이해되지 않도록 지었다고 하는 설도 있다. 그것은 야훼가 신의 이름을 인간에게 명시하여 마술적 관계에 빠지는 것을 거부했다는 것이다. 즉 야훼는 신의 이름을 통해서 인간에 의해 조작되지 않고 역으로 자유롭게 무상으로 인간에게 자기증여 하기를 바란 것이다. 실제로 노예의 신음을 들은 야훼는 천계(天界)에 불변부동으로 사는 절대자와 같은 모습이 아니라, 노예라는 가난한 타자의 해방을 위해서 역사 속에 들어와서 끊임없이 탈재(脫在=고정된 자기동일적 존재방식에서 벗어나 그것을 넘어서는 운동)를 계속한다. 그것은 일체의 지배와 종속을 거부하는 자유로운 자기증여에 다름 아니다. 그것은 이집트 탈출 후에 시나이 산기슭에서 노예 상태의 이스라엘 백성들과 십계명이라는 계약을 맺고, 그들을 자유와 자립으로 인도한다.

십계명은 "살인하지 마라", "우상을 만들지 마라"는 것들을 명령하는 규정이다. 그러나 힘없는 백성들이 신과의 계약에 충실하기만 하면, 거기에 형제적 공동태(共働態)가 실현되고 우상제작이나 살인 등의 죄에서 해방될 수 있다는 것을 의미한다. 이 노예들은 40년 간 황야를 방랑하고 노마드 생활을 지내며 자립한다. 노마드 생활은 가축을 위해 초목을 찾아 이동하는 텐트생활이거나 다른 부족의 습격을 받는 월경(越境)생활인데, 다른 한편으로는 정착생활이 가져오는 재물의 축적이나 신분의 차이가 없고, 신에 대해서도 신전이 아닌 이동식 텐트에서 예배한다. 이 공동태(共働態)에서는 야훼로부터 에흐예적인 자기초출적(自己超出的) 삶의 방식과 '루아하'(氣)와 '다바르'(言)를 부여받은 예언자적 인물이 리더가 된다. 이상과 같은 내용의 예후로기아를 구상하면서 존재신론을 초극하려고 하던 찰나에 김태창 선생과의 만남이 있었다. 그 이후로 선생은 에후로기아의 좋은 이해자로서 다양한 제안을 해 주셨는데, 이 자리를 빌려 감사드린다. 그래서 지금부터는 에후로기아론에서 본 김태창 선생에 대해 서술하고자 한다.

먼저 김선생의 삶의 방식은 자기회귀적이고 자기동일적인 오디세우스가 아니라 어디까지나 비회귀적이고 자기초월적 아브라함에 의해 상징될 수 있을 것이다. 그래서 선생은 그 오척단신을 이끌고서 활력(氣)에 가득 찬 채 세계의 변경을 여행하며 이문화와 이방인을 만나고, 함께 공공하는—즉 대화하고 공동하고 개신하는—메시지를 지속적으로 설파할 수 있는 것이다. 그것은 어떤 고정된 자기 위치에 정주(定住)하기를 거부하는 이주자(移住者)의 삶이다. 그리고 그 사상은 그리스적인 이분법의 분석적 사고도 구사하지만, 근본적으로는 천=지=인, 에흐예=루-하아(氣)=다-바르(言)라는 삼분법적인 역동적 성격을 띤다고 할 수 있다. 이것은 선생의 조부가 유학자, 부친이 '상도'(商道)의 사람, 모친이 기독교인이라고 하는, 그 혈맥 속에 '셋'을 체현하고 있는 것으로부터도 엿볼 수 있다. 또한 선생은 중국적인 리나 일본적인 융합적 장(場)보다도 오히려 루-아하(氣)의 사상을 강조하고, 기를 근원으로 하는 한국적 「한」(천=지=인의 조화의 근원)에 의한 공공실현을 제시한다. 그래서 선생이 말하는 공공함(=활사개공)은 단순히 사회정치론이나 조직론의 차원에 머물지 않고, '기(氣)=얼(靈)=한'의 역동에서 출현하는, 이른바 에후로기아적인 인간·자연·세계의 개신·개벽·재개벽을 지향하는 것이라고 생각된다.

김태창 선생과의 공공여행의 추억

이상의 김태창론에 이어서 이번에는 김 선생의 활동의 장인 '교토포럼'과 그 결실인 저작들을 중심으로 선생과의 추억을 소개하고자 한다. 그중에서도 특히 선생과 내가 공동편집한 저작을 다루면서, 선생과의 정신적 노마드의 여정의 추억을 서술하고자 한다.

먼저 최초의 간행본은 『문화와 예능에서 생각하는 공공성』(공공철학15, 동경대학출판회, 2004)이었다. 주지하듯이 선생은 권력적 '공'과 자기중심적 '사'를 활사개공(活私開公)으로 타파하고, 공과 사를 매개하는 공공함을 지향해 왔다. '공공함'이란 한 사람 한 사람의 인격이 존중되고 서로를 이롭게 하여 상생하는 것을 말한다. 그래서 나는 이 일본적인 전통에서 대(大)도 아니고 소(小)도 아닌 중간적인 구체적 공동태에 주목하여 공공성을 생각하면 어떻겠느냐고 선생에게 제안하고, 문화를 담당하는 예능적 공동태를 테마로 하게 되었다. 이 테마는 '제43회 공공철학 교토포럼'에서 다루어졌다. 거기에서는 영화, 일본 중세의 연가, 음악, TV, 연극, 문학, 서브컬쳐 등을 다루는 운동태(運動態)의 공공적 가능성이 논의되었다. 특히 동아시아에서의 예술적·예능적 문화그룹과의 연대가 의식·자각된 것도 선생에 의한 바가 크다.

다음으로는, 비록 나는 공편자는 아니지만, 『지식인으로부터 생각하는 공공성』(히라이시 나오아키·김태창 편, 공공철학17, 동경대학출판회, 2006)을 들 수 있다. 거기에서 나는 미야자와 켄지(宮澤賢治, 1896~1933)에 대해 이야기하였다. 이 농민시인은 일본의 추운 동북지방(최근에 쓰나미와 지진으로 피해를 입은 지역)에서 빈농과 함께 대지를 경작하면서 청년공동태를 만들고, 그것을 통해서 우주적 생명에너지를 자연으로부터 받고, 그 에너지를 '참말'의 창조로 결정화하여 공동적(共働的) 행복을 창출하고자 했던 불교도이기도 하다. 그는 『농민예술개론강요』에서 이러한 사상과 실천이 농민을 기점으로 하여 일본은 물론 일본 이외의 지역까지 퍼져나가기를 염원했다. 켄지는 결코 서재에 틀어박혀 있는 지식인이 아니라 불교적으로 말하면 '보살'에 해당한다. 선생은 '보살'에 대해서 다음과 같이 말하고 있다.

"보살이란 자기 자신은 깨달음의 세계에 들어갈 충분한 자격을 두루 갖추고 있습니다. '자기구원'의 세계이지요. 그러나 거기에 굳이 들어가지 않고 바로 문앞에서 다른 사람과 함께 구원받는 길을 걷는 자세를 취합니다…. 거기서 '다양성'이 열리게 됩니다."(252~254쪽)

일본 및 아시아의 종교나 심성을 생각하며 공공성의 지평을 살펴보는데 임팩트 있는 공동저작은 『일신교란 무엇인가: 공공철학으로부터의 물음』(오오누키 타카시·김태창·쿠로즈미 마코토·미야모토 히사오 공편, 동경대학출판회, 2006)이었다. 거기에서 김태창 선생은 근본적으로 공적인 일본적 심성이나 전통과의 대비 속에서 다음과 같이 일신교, 특히 기독교의 임팩트를 시사하고 있다.

"하느님이 스스로 일인칭(말을 거는 자)의 위상을 확인하면서 스스로를 계시하시고, 하느님과 대면하는 인간을 이인칭(말을 듣는 자)으로 맞이하고 응답을 기대하는 형태의 상대(相待=서로 기다려 함께 어우르는)관계를 전제로 하고, 거기서부터 펼쳐지는 인간과 인간의 관계 및 인간과 자연의 관계가 그 근원에 있어서 인격과 인격의 대화관계라고 하는 발상과 사고는 일본에서 흔히 볼 수 있는 신인합일(=인간이 신과의 융합·합일 속에서 개인(私)으로서의 존재가 소실·승화·무화된다고 하는 생각)과 잘 융합될 수 있을까?"(453쪽) 이것은 현신인(現神人)으로서의 천황과 유착·합일되는 가운데서 멸사봉공하는 일본적 공동체(共同體), 특히 메이지 시기의 천황절대주의에 대한 철저한 비판이리라.

이 책에서는 신구약성서, 예후로기아, 신정론(神正論), 아우구스티누스사상, 인격신, 일본사상에서의 일신교적인 것, 그리고 이슬람 등을 논하면서 종종 배타적이라고 평가받는 일신교의 공공성이 다채롭게 제시되고 있다.

다른 한편으로 제48회, 57회, 60회의 세 차례에 걸친 교토포럼을 통해 간행된 『타자와의 만남』, 『원초의 말씀』, 『피안로부터의 음성』(『시리즈 이야기론』, 미야모토 히사오·김태창 편, 동경대학출판회, 2007)에는 특기할 만한 것이 있다.

나는 「시작하며」에서 이 책의 목적을 다음과 같이 서술했다. "이 책의 공편자인 공공철학공동연구소의 김태창 소장에 의하면, 종래의 서구적 학지(學知)는 진리 표현 모델로, 합리적 이성이나 언어에 의해 자타(自他)를 법칙이나 체계지(體系知) 밑(下部)에 흡수해 버린다. 그 결과 인간은 체계의 한 기능으로 개별화되고 해체되어 버린다. 이에 반해 이야기는 생활현장에서 각 사람이나 공동태(共働態)가 자기와 타자를 함께 이야기함으로써 자기와 타자의 상관연동태를 창출하며, 거기서 자기와 타자와의 공생의 지평을 펼쳐 나간다."

이러한 취지의 '이야기론'은 먼저 세계 속에 잠들어 있는 타자의 이야기·작은 이야기를 발굴하고자 한다. 그 다음에 그것들 속에서 유비적으로 공명점을 찾아, 그것을 '타자의 이야기'로서 전체주의적인 거대한 이야기(가령, 나치의 아리안족 지배이야기, 천황제의 만세일계적 지배이야기 등등)에 대해서 터놓고 이야기함으로써 공공성을 이야기하고자 한다.

본 시리즈에서는 본격적인 이야기론을 기점으로 하고, 그리스시대에서 현대에 이르는 문학, 자연과학과 같은 다종다양한 이야기가 전개되고 있다. 그중에서도 특히 정신분석학적 이야기론이 세 편이나 들어 있는 점은, 나로서는 대단히 인상적이었다. 오늘날의 정신분석학에서는 의사가 환자를 진찰한 뒤 이른바 대증요법적으로 약을 투여한다. 반면에 이야기론적 정신분석은 환자의 이야기를 듣는다. 리인증(離人症)환자와 같은 이야기의 구성은 결국 "나는 박해받고 있다"로 고정된다고 한다. 이러한 구성의 이야기를 의사는 환자로부터 몇 번이고 듣게 되는데, 그러다가 어느 날 갑자기 환자는 전혀 별개의 타자의 이야기를 들려주는 경우가 있다고 한다. 환자가 의사에게 이런 변화를 자각시켜 주면, 의사는 그것을 새로운 이야기, 즉 새로운 삶을 사는 계기로 인도한다.

한편 일본의 고유한 악에 대해서는 나카무라 이쿠오(中村生雄, 1946~2010) 씨가 지적하였다. 즉 그것이 아시카가 다카우지(足利尊氏)와 같이 관료와 천황에 거역하는 역신적(逆臣的)인 의미를 띤다는 것이다. 나카무라 씨의 지적은 당시에 한나 아렌트의 아우슈비츠론에 입각하여 근본악을 생각하고 있던 나로서는 눈이 번쩍 뜨이는 사상이었다. 여기서 김태창 선생은 일본적 근본악이 '반천황·반권력'이라고 한다면 한국적 근본악은 '반민중·반생명'이라고 할 수 있다는 점을 밝혔다. 또한 이 이야기론 심포지엄에 시혼(詩魂)과 신체를 부여한 것은 류큐(琉球)지방의 춤을 춘 다카미네 히사에(高嶺久枝)와 다카미네 미치코(高嶺美知子) 씨였음이 기억났다.

김태창 선생이 교토포럼에서 후천개벽적으로 언론을 흥기시킨 장은 교토포럼의 뉴스레터 『공공적 양식인』이었다. 나에게 에후로기아의 구상에 영감을 준 테마는 뭐니뭐니해도 '한 사상'과 그것과 관련된 '동학'운동이다. 제91회 공공철학 교토포럼은 「한과 동학과 생명: 공공(하는)철학과의 접점을 찾는다」를 테마로 하는 획기적인 '한'의 발로였다. 그것의 보고서인 『공공적 양식인』(215호)의 첫 페이지에서 최민자 교수는 한에 대해서 다음과 같이 말하고 있다: "'전일·광명·크다·높다'를 의미하는 '한'은 보편성임과 동시에 특수성이고…'한'의 생명관은 천·지·인 삼재의 융합에 기초하여 모든 생명이 근원적으로 평등하고 유기적으로 이어져 있다고 본다(여기에서 '한'은 동학에서 남녀평등의 농민공동태인 '접'과 깊게 관계된다). … 동학의 후천개벽은 천시(天時)와 인사(人事)의 상합(相合)에 기초하여 새로운 하늘과 새로운 땅을 창조하는 '다시 개벽'이라는 점에서 천지인 삼재의 융화에 기초한 '한'과의 관계성이 나타난다."

김태창 선생의 설명에 의하면, '한'이란 천·지·인을 함께 어우르는 '기화영통'(氣化靈通)의 살아 움직이는 모습이다. 그와 같은 기화영통의 역동이 삶에 응축된 인물이 기통인(氣通人)이다. 또는 영통인(靈通人)이라고 할 수도 있을 것이다. 물론 이것은 수운 최제우 선생의 '내유신령(內有神靈)·외유기화(外有氣化)'를 선생 나름대로 바꾸어 말한 것이다. 동학의 창시자인 최제우나 최시형은 바로 기통인(氣通人)에 다름 아니었다. 그런데 나를 포함한 일본인은 일반적으로 '한'이라고 하면 '원한'으로밖에 이해하고 있지 않았던 것이다.

일본에서는 예로부터 원령진혼(怨靈鎭魂)이라는 생각이 일반적으로, 전형적인 예로는 박해받은 스가와라노 미치자네(菅原道眞, 845~903)의 원한을 두려워해서 천만궁(天滿宮)에 제사지내며 진혼한 것 등을 들 수 있다. 그러나 거기에는 타자와의 화해와 공생의 지평이 열려 있지 않다. 이에 반해 동학의 시조인 수운 최제우가 하늘님으로부터 받은 21자의 계시주문이야말로 위에서 말한 기(氣, 한)와 타자의 상생을 노래한 문자일 것이다. 그 주문은 '지기금지원위대강(至氣今至願爲大降) 시천주조화정영세불망만사지(侍天主造化定永世不忘萬事知)'로, 김태창 선생의 해석에 의하면 "자기와 타자에게 함께 서로 평등하게 하늘님 또는 지기(至氣)의 작용이 나타나서, 그것으로 인해 살리고 살려지는 상생적 존재로 파악됨을 명시한 것"이다(『공공적 양식인』 243호, 2012년 2월)

학창시절에 일본 농촌의 종교적 공동태(高森)에서 만난 하얀 바람과 같은 함석헌 선생 역시 21세기의 기통적인 상생적 인격으로 생각된다. 그리고 2014년 3월에는 서강대학교 김용해 교수를 비롯한 지인들과 전주에서 동학운동의 유적지를 답사하고, 운동의 실상을 실감할 수 있었던 것도 기화영통의 인연이라고 생각하고 있다.

최근에 김태창 선생이나 지인들과 열띤 논쟁을 한 것은 2013년 12월에 오사카에서 열린 교토포럼에서였다. 테마는 현대 독일의 반(反)원전의 기수인 로베르트 슈페만(R. Spaemann)의 행복론인 『행복과 선의지』에 대해서였다. 슈페만은 이 책에서 원전문제를 직접 논하지는 않지만, 그의 반(反)원전 윤리테제는

"가공할 만한 방사성 폐기물의 처리기술이나 처리장도 없는 상태에서, 즉 자연 생명 나아가서는 장래세대에 대한 책임도 못 지는 상태에서 원전을 가동시키는 것은 윤리적으로 부당하다"고 하였다. 제2의 프로메테우스의 불이라고도 불리는 원자력은 인간의 상생과 행복에 대해서 치명적인 재해를 가져올 수 있다. 그것은 핵 확산과 원전 수출 경쟁이 전 지구적 규모로 격화되고 확산되고 있는 현실을 보면 명백할 것이다.

핵에너지는 '한-'(원한)의 에너지가 아닐까? 인류는 '한'에 역행하고 '시천주'를 무시하며 '한-'(원한)과의 싸움에 광분하고 있다는 느낌을 떨칠 수가 없다. 그럼에도 불구하고 '한'은 소생의 생명이자 숨결이다. 예전에 나는 『공공적 양식인』 (215호, 2009년 10월)에 다음과 같이 쓴 적이 있다: "동학의 창시자가 평생 동안 짚고 다닌 지팡이(깃대)의 기(氣)로부터 싹이 나서 결실이 맺어져 가는 느낌이 든다. 그것은 메마른 지팡이 같지만 오늘날에 되살아나서 공생으로 인도하는 지팡이이다. '레위 집안을 대표한 아론의 막대기에 싹이 나오고 꽃이 피고 편도열매가 이미 익어 있었다.'(「민수기」 17장 23절) 참고로 레위 집안은 토지를 소유하지 않고 오로지 신만을 자신의 사업(嗣業=생활의 근거)으로 삼고 있던 부족이다. 생각해 보면 동학의 지도자들도 소유에 광분하는 일본제국이나 청나라에 대해 공존·공생하는 '한'(氣通)을 불어넣었을 것이다."

맺음과 엶

이상과 같이 김태창 선생이 주로 일본의 관서(關西=오오사카·교토·코오베 등의 총칭)에 오래도록 머물며, 교토포럼을 중심으로 노마드적으로 일하면서 일본의 지식인과 생활인에게 다양한 물음을 던지고 계발시켜 주신 것에 대해 감사드린다. 특히 그 '한'(韓·桓·汗)철학적인 발상과 서구철학적 사고와의 융합에 의한 활사개공의 논의는 오늘날 서로 반목하는 아시아에게 희망의 등불이 될 것이다.

김태창 선생은 꽤 긴 시간 동안 활동의 무대로 삼았던 교토포럼마저도 삶과 마음과 얼의 정착지로 삼지 않고, 다시 새로운 헤테로토포스(異鄉)로의 나그네 길을 떠난다. 물론 오해와 비판이 있을 수 있다. 그러나 김태창 선생은 그저 아무 곳에도 그리고 무엇에도 완전히 동일화·동질화·합일화되기를 원하지 않을 뿐이다. 나는 김태창 선생이 앞으로도 점점 더 활발하게 여러 이문화가 교차하고 부딪히는 변경에 서서 '한'의 숨결을 불어넣으면서, 과거세대와 장래세대와의 긴밀한 연관 속에서 현재세대를 향해 '상생공복'(相生共福)의 메시지를 발신해 나가시기를 희망한다. 그리고 거기에 아브라함의 정신적 자손으로서의 김태창이라는 인물의 진수를 보기를 염원한다.

燈燈無盡(이 등불에서 저 등불로 끝없이 이어진다)

제5장 | 김태창과 일본의 공공철학
- 일본의 한 젊은 연구자의 시점에서

미야자키 후미히코(宮崎文彦)*_ 치바(千葉)대학 인문사회과학 특별연구원

김태창 선생님과의 만남 - 대학원 시절에 참가한 공공철학공동연구회

김태창 선생님과의 만남은 2000년 5월에 오사카에서 개최된 제22회 공공철학공동연구회「일본적 공사관념-그 특징과 외국에서의 관념변동」으로까지 거

---

* 미야자키 후미히코 박사는 앞으로 대성이 기대되는 유망한 젊은 정치·행정 철학자로, 박사과정 때부터 지도교수들이 교토포럼의 적극적인 참가자들이었기 때문에 자연스럽게 잘 알게 된 사이다. 그런 인연으로 미지의 땅이었던 한국에도 여러 번 방문하여 동학의 사적지, 율곡과 퇴계의 유적지 등을 김태창 선생님의 설명을 들으면서 답사하기도 하였다.

제3부 김태창, 그는 누구인가? | 779

슬러 올라간다. 현대 일본에서의 '공공성'을 테마로 막 석사논문을 쓴 나는 지도교수의 소개로 이 연구회에 참관자로서 참가하게 되었다. 연구회는 각 분야의 제일선에서 활약해 오신 교수급 연구자들에 의한 활발한 토론이 3일 동안 진행되었고, 나같은 대학원생들은 라운드 테이블 뒤에서 그 논의들을 열심히 메모하고 있었다. 그러다가 3일째 되는 날 오후, 휴식시간에 김태창 선생님이 우리 쪽으로 다가와서 다음 토론 섹션에서 발언할 기회를 줄 테니 준비해달라고 하셨다. 제일선에서 활약하고 계신 선생님들 앞에서 박사과정에 막 진학한 대학원생이 발언한다는 것은 대단히 긴장되는 일이다. 여러 가지 생각한 끝에 '공공'과 '공'의 차이, 혹은 '공'과 '사'에 대한 각 참가자가 그리고 있는 이미지에 차이가 느껴져, 나는 "솔직히 혼란스럽다"는 감상을 피력했다.

그리고 그 발언은 그 섹션에서 하나의 문제제기가 되어 활발한 논의를 촉발시켰다. 이 논의는 나중에 시리즈 공공철학 제4권 『서양에서의 공과 사』로 간행되었을 때, 서문을 쓰신 고바야시 마사야(小林正弥) 선생에 의해 '본권의 말미를 장식하는 열띤 토론'으로 평가되었다.

지금으로부터 10년도 더 된 이날의 토론을 나는 마치 어제 일처럼 기억하고 있다. 그만큼 활발하고 흥미있는 토론이었고, 그 후에 내 연구의 출발점이 되었다고 할 수 있다. 그때 김태창 선생님으로부터 발언 기회가 주어지지 않았다면 연구회의 인상도 그다지 강렬하게 남아 있지 않았을 것이고, 공공철학에도 깊은 관심을 갖지 않았을지 모른다. 선생님은 비록 나의 지도교수는 아니었지만, 공공성 연구에 뜻을 둔 대학원생의 방향을 결정짓는 계기를 주신 연구의 스승이라고 생각하며 깊이 감사를 드린다. 참관하는 젊은이에게도 발언할 기회를 주신 선생님의 배려는 너무나도 고마운 것이었다.

교토포럼의 공동연구원으로 참가

그 후에 몇 차례 연구회에 참가하였고, 대학에 연구원으로 적을 두며 강의도 하면서 공공철학공동연구소의 공동연구원으로서 교토포럼에 참가하였다. 내가 연구자로서의 내공을 쌓아가는 데 있어서 교토포럼은 빠질 수 없는 존재이 자 함께 걸어온 느낌이 강하다. 이 정도로 공공철학에서의 논의, 혹은 공공철학 이라는 하나의 접근으로부터 어떻게 생각할 수 있을까 하는 사고가 가능해진 것은 우연히 선생님으로부터 발언할 기회를 부여 받았기 때문이고, 공공철학 에 대해 나 자신이 뭔가를 생각하고 발언할 수 있게 되었다고 한다면 그것은 김 태창 선생님의 지도 덕분에 다름 아닐 것이다.

한편, 공공철학공동연구소의 공동연구원으로서 수차례에 걸친 「한국사상, 공공철학을 공공하는 여행」에 참가한 경험도 대단히 귀중한 기회였다. 한국사 상은커녕 자국 일본의 사상조차 모르는 나로서는 방문하는 지역의 의의나 의 미조차 충분히 모르는 상태였다. 그러나 선생님은 이동하는 버스 안에서조차 도 촌음을 아끼면서 유적지에 대해서, 그리고 역사와 사상에 대해서 친절하게 설명을 하며 우리를 이끌어 주셨다.

한국으로의 '공공철학을 공공하는 여행'의 추억은 끝이 없지만 굳이 하나를 들라면 안동 김씨와 공공철학에서도 중시된 '매개'에 관한 이야기가 가장 인상 에 남는다. 안동 김씨와 매개에 대한 이야기는 백제문화와 신라문화의 대비 속 에서 행해졌다. 즉 양자는 '문화적으로' 풍부한 백제와 후진국이라서 무력으로 발전한 '무(武)의 문화'로서의 신라로 대비되고, 그 '사이'에 위치한 안동은 양자 를 매개하고 조정하는 역할을 수행해 온 것이다. 또한 중국과 일본의 '사이'에 위치한 한국이라는 문맥에서도 종종 '사이' 그리고 '매개'의 중요성이 강조되어 온 것은 깊게 인상에 남아 있다.

기성품으로서의 '철학'이 아니라 '철학한다'

개인적인 추억에 대해서는 이 정도로 하고, 김태창 선생님이 공공철학 교토 포럼에서 말씀하신 광대한 사상 중에서 두 가지 점만 다루고자 한다. 전개되는 사상은 광대하지만 그 근간에는 어떤 것이 있을까? 그 근간을 확인하는 것은 어떤 사상가를 배울 때에도 중요한 일이라고 생각한다.

첫째는 '철학' 그 자체에 대해서이다. 대체 공공철학이란 무엇인가? 거기에서 철학이란 어떤 것인가? 그 근간을 먼저 확인할 필요가 있다. 『시리즈 공공철학』 제1권 첫머리에는 「지금 왜 공공철학공동연구회인가?」라는 김태창 선생님의 서문이 실려 있다. 거기에서 공공철학은 "기본적으로 인간과 국가의 중간매개 영역을 활성화·건전화·성숙화하는 것을 사고와 실천의 기본과제로 파악하고, 거기에서 인간과 국가의 관계는 어떠하고, 또 어떠해야 하는가를 다차원 상호관련적으로 그리고 근본적으로 묻는 것이다"(iv쪽)라고 하였다.

나는 이 중에서도 특히 마지막의 "근본적으로 묻는다"는 대목에 주목하고 싶다. '철학'은 일본에서는 대학에서 문학부의 한 학과를 점하는데 지나지 않는다. 그리고 내가 전공하는 정치학에서 '정치철학'이라는 강의를 개설하고 있는 곳은 극히 적다. 왜냐하면 정치학은 법학부의 한 과에 속해 있는데, 법학부에 이미 '법철학'이 있으므로 하나의 학부에 두 개의 철학은 필요없기 때문이라고 한다.

그리고 '철학'이라는 이름으로 연구되는 것은 주로 '철학사'(내지는 '사상사')로, 과거의 누군가에 의해 탄생된 철학 내지는 사상체계, 이른바 '기성품'을 다루는 장이 되고 있다. 그러나 이른바 '박사학위'가 'Ph.D'로 표기되고 있고, 그것이 'Doctor of Philosophy'의 준말이라는 것에서도 알 수 있듯이, 철학은 수많은 학문 분야 중의 '하나'가 아니다. 오히려 모든 학문의 기초이자 기반이라고 할 수 있다.

그렇다면 모든 학문의 기초와 기반으로서의 철학은 과연 어떤 역할을 행해야 하는가? 아마도 김태창 선생님이 말하는 "근본적으로 묻는다"가 아닐까 생각한다. 이것을 내 나름대로 표현을 덧붙여 보면 "근본적으로 다시 묻는다"고 하면 좀 더 그 역할이 강조되지 않을까 싶다. '공공철학'은 '공공성'이나 '공과 사'와 같은 개념을 근본적으로 다시 묻는 것을 과제의 하나로 삼아 왔는데, 그 '결과'로서 '국가적 공공성'에서 '시민적 공공성'으로의 방향성이 드러났다. 시민적 공공성을 주장하는 것이 공공철학이 아니라, 공공철학의 활동의 한 결론으로 생겨난 것이 '시민적 공공성'이라고 생각해야 할 것이다.

그런 의미에서 철학은 활동이고, 그래서 선생님은 '철학'이 아니라 '철학한다'는 행위로서의 측면을 강조해 오신 것으로 보인다. 가령 그것은 '명사'가 아니라 '동사'로 이해되어야 한다는 이하의 발언에 현저하게 드러나 있다.

"그래서 '공'이 '사'가 되거나 '사'가 '공'이 되거나, 또는 '공공'이 확대되거나 축소되거나 하는 것입니다. 명확하게 '셋이다'라고 나눠 버리면 어떤 의미에서는 깔끔합니다. 그러나 어떤 의미에서는 어렵게 됩니다. 그래서 삼차원 각각이 서로 얽혀서 복수로 움직이는, '명사'로 이해하는 것이 아니라 '동사'로 이해하는 것입니다."(시리즈 『공공철학』 20권, 403쪽)

기존의 철학과 사상의 소비가 아니라 '스스로 철학을 하는 것'의 중요성은 아무리 강조해도 지나치지 않다고 생각한다. 나는 그러한 철학활동을 '자기 머리로 생각하는 것'이라는 형태로, 좀 더 일반적인 말로 바꿔 말할 수 있다고 생각한다. 그리고 대학에서의 '배움'이란 어떤 것인가를 가르치는 데 있어서 강의를 통해 교원으로부터 일방적으로 그리고 수동적으로 이야기를 듣는 것이 아니라, 강의 내용을 토대로 자신은 어떻게 생각하는가를 적극적으로 배우고, 지식을 수동적으로 수용하는 것이 아니라 살리는 것의 중요성을 강조하고 있다.

'공공하는 철학'으로서의 공공철학

공공철학에서 강조되는 것은 '철학한다'는 것 뿐만이 아니다. '공공' 역시 '공공한다'가 강조된다. 공공철학대화의 최신 시리즈인 『공공하는 인간』에서는 특히 그러한 '공동(共働)의 활동으로서의 철학'이 강조되고 있다.

"… '철학'이란 아카데믹한 강단이 독점합니다. 생활세계에서 분리된 탁상의 철학지식이 아니라, 전문분야의 틀을 넘어서 그리고 학계/민간, 남성/여성, 토착/외래, 일본/아시아/세계…, 무한하게 횡단매개하고 공동하여 열어나가는 활동을 의미합니다."(「시작하며」 viii쪽, 카타오카 류 · 김태창 편, 『공공하는 인간 1: 이토 진사이』)

그리고 위의 인용에서도 강조되고 있듯이 공공철학은 대학 또는 학자 내부의 것이 아니라, 실로 '공공'으로 열린 활동이라는 점이 강조되어야 한다.

"공공철학은 공공하는 철학입니다. 공공한다는 것은 타자와 함께 대화한다 · 공동한다 · 개신한다(새로운 지평을 연다)는 것입니다.…공공철학이란 보통의 시민과 시민의 · 시민에 의한 · 시민을 위한 · 시민과 함께하는, 지 · 덕 · 행의 연동변혁을 지향하는 민지(民知)학습입니다."(김태창 편저, 『함께 공공철학한다』, 동경대학출판회, 8-9쪽)

나는 이러한 '공공하는 철학'을 현실화하기 위해서 『시리즈 공공철학』의 편집에 종사하신 편집자들과 함께 '공공철학 카페'를 일 년에 수 차례씩 개최하고 있다. 2008년부터 2013년 말까지 5년 동안 공동개최 기획을 포함하여 40회 넘게 모임이 진행되고 있다. 동경에서 행해지는 모임인데도 불구하고, 김태창 선생님이 친히 오셔서 참여해 주신 덕분에 카페의 기초가 단단해졌다. 이 점에 대해서도 깊이 감사드린다. 일본에서는 몇 년 전부터 프랑스에서 수입해 온 '철학 카페'가 각지에서 열리고 있는데, 철학에 대한 일본인의 독특한 이미지 때문인지 추상적인 테마로 진행되는 경우가 적지 않은 것 같다. 공공철학 카페는 공공철학 그 자체가 특정 분야에 한정되지 않고 분야횡단적인 토론을 지향하고 있기 때문에, 좀 더 구체적으로 공공적인 다양한 문제를 다루는 것을 취지로 하고 있다.

공사공매: 정치에 있어서 '매개'의 중요성

또 하나 언급하고 싶은 것은 앞서 말한 한국에서의 '공공철학을 공공하는 여행'에서 특히 인상에 남았던 '사이'나 '매개'의 중요성에 대해서이다. 『시리즈 공공철학』의 편집상의 유의점으로서 거론된 적도 있고, 김태창 선생의 제창으로 특히 알려져 있는 것이 '활사개공'이다. 즉 개체를 죽이고 공에 봉사하는 '멸사봉공'으로 공공성을 이해하는 것이 아니라, 개체인 사를 살려서 공을 여는 '활사개공'으로 이해해야 한다는 것이다.

그러나 그 이상으로 중요한 키워드라고 할 수 있는 것이 '공사공매'이다. 물론 김태창 선생은 '활사개공'도 '공사공매'도 각각이 자기목적적・자기완결적인 작용이 아니라 '행복공창'과 상관연동하는 것이라고 하고 있고, 이 중에서도 특히 '행복공창'이 가장 강조되어야 한다고 주장하는데(『공공철학의 발자취』, 「맺으며」, 교토포럼 발행, 338쪽), 현재의 일본에서 이 '공매' 즉 '매개'는 중요한 역할이 기대되고 있다고 생각한다.

우선 『시리즈 공공철학』에서 선생님의 말을 추적해보고자 한다. 앞서 말한 대로 주로 '활사개공'만이 주목을 받고 있지만, 제1회 연구회 때부터 선생님은 '매개'를 강조하고 있다. 그것이 바로 제1권 서두의 「지금 왜 공공철학공동연구회인가?」이다. 여기에서 공공철학의 세 가지 기본전제와 기본견해에 대해서 공동성(공동체)의 원리로서의 공공성, 자유(화)의 원리로서의 공공성에 이어서 다음과 같이 말씀하고 있다.

"그리고 세 번째는 국가와 개인과의 매개야말로 공공성이라는 전제에 서서 국가와 개인의 중간에서(중간으로부터) 양쪽을 맺고 잇고 살리는 중간매개영역으로서의 공공시공간의 생성과 기능을 어떻게 하면 보다 건전한 것으로 만들 수 있는가를 탐색하게 된다. 그것은 공공성을 상호매개(공매)의 원리로 이해하는 것이다."(v~vi쪽)

국가라는 공동체 혹은 전체, 혹은 개인 중 어느 한 쪽에만 역점을 두는 것이 아니라, 그 '사이', 그 관계성을 생각하는 것이 실로 '공공'에 대해 생각하는 것이라고 이해되고 있는데, 실로 이것이야말로 '정치'의 활동에 다름 아니라고 생각한다. 정치는 정치가나 관료와 같은 전문가에 의해서만 행해지는 것이 아니라, '공공'에 관한 일을 모두가 '함께' 해결해 나가고자 하는 '공동'(共働)의 시도이다. 그러나 일본에서는 행정과 시민에 의한 '협동'은 유행하고 있지만 이러한 '공공'에 대한 의식이 없거나 희박하기 때문에 오히려 많은 문제를 낳고 있다고도 할 수 있다. 즉 본래의 공동(共働)은 '국가'와 '개인' 사이에 있는 것으로, 거기에서 과거에는 '정당'이, 그리고 최근에는 NGO나 NPO와 같은 '중간집단'이 매개로서 기능하여 정치가 의미있는 것이 되지만, '공공' 없는 '공'의 '협동'만으로는 그러한 '중간단체'가 기능하지 못하게 되어 단지 '공'의 이니셔티브에 의해서만 행해질 뿐이다. 그것은 '협동의 실패'라고 불리는 것으로, 어디까지나 행정의 '하청'에 지나지 않는 것으로 추락하고 있다는 지적이 많다.

일본에서는 특히 1995년의 한신 · 아와지 대지진 때의 자원봉사활동을 시작으로 해서 NPO나 NGO 활동이 활발해지고, 1998년에는 NPO법(특정비영리활동촉진법)이 공표되었다. 그러나 '공'과는 다른 '공공'의 발상이 없기 때문에 이와 같은 현실의 활동이 활발해졌다고 해도, 커다란 변혁으로는 이어지지 못하고 있다.

"오늘날의 위기적 상황의 근본에는 생활세계와 제도세계의 분열과 후자에 의한 전자의 지배 · 억압 · 약탈이 존재하고 있습니다. 그리고 그 심화확대가 21세기 초의 일본과 세계의 현실입니다. 그래서 생활세계가 제도세계로부터 일단 자립하고, 거기에서 양자를 함께 맺고 잇고 살리는(活 · 生) 다양 · 다중 · 다층의 '매개'(공매)가 필요합니다. 이 공매의 세계를 우리는 '공공세계'라고 부르고 있습니다." (「시작하며-활사개공의 공공철학에서 글로컬 공공세계로」, 『공공철학의 발자취』, iii쪽)

제도세계에 의한 지배 · 억압 · 약탈은 여전히 일본에서의 '공공' 없는 '공'만의 정치상황을 나타내고 있다고 할 수 있다. 실로 '매개'(공매)가 요구되고 있는 것이다.

공공의 시대에 기대되는 인간상

그와 같은 이념으로서 '공'과는 다른 '공공'이 정착되면 좋은가 하면 꼭 그런 것만도 아니다. 구체적인 모습 혹은 인간상이 요구된다고 생각하는데, 이러한 인간상에 대해서 김태창 선생은 '공공'의 시대와 상황에서 기대되는 인간상을 다음과 같이 서술하고 있다.

"매개 · 중개 · 공매의 자질 · 역량 · 도량이 가장 중시되지 않나 생각합니다.

그래서 그러한 자질과 역량과 도량의 소유자에 대한 요망·기대·수요가 증가하게 되겠지요. 앞으로는 대화력·공동력·개신력을 갖춘 인간이 주역이 되지 않을까요? '위해서'를 강변하는 인간이 아니라 '함께'를 실행할 수 있는 인간입니다. 모든 것은 너를 위해서라고 하면서 실은 오로지 자신의 이익만을 염두에 두는 인간이 아니라, 항상 상대와 함께 대화하고 공동하고 개신하는 인간이 아닐까요?"(『함께 공공철학한다』 16쪽)

좀 더 구체적인 예로서는 가령 '협동 코디네이터' 등을 들 수 있을 것이다. 행정과 시민의 매개가 잘 안 되는 상황에서는 실로 그 협동을 '매개'하는 역할이 요구되고 '다양하고 다원적인 NPO네트워킹을 코디네이트할 수 있는 전문성을 지닌 인터미디어리 NPO(코디네트력을 갖고 중간 지원을 전문으로 하는 NPO)'나 '중추가 되어 협동을 추진하는 기능을 수행하는(대안제시) 인재'로서의 '협동코디네이터'가 요구되고 있습니다(세코 카즈호 편저, 『협동코디네이터: 참가협동형사회를 여는 새로운 직능』, 교세, 2007).

사실 이러한 새로운 직종에 한정되는 것은 아니다. 가령 통역 같은 일이 그 정형일 것이다. 이 외에도 도서관 사서를 비롯하여 다양한 형태로 '도우미'로서 매개해주는 일은 생각해보면 수없이 많다. 그와 동시에 그 일들은 '도우미'라는 표현이 나타내고 있듯이, 어디까지나 '뒤'에서 돕는 사람들이지 '앞'에서 이끄는 사람들이 아니다. 이 사람들은 지금까지의 일본에서는 충분히 평가 혹은 중용되지 않았다고 생각된다.

김태창 선생님은 2008년 가을에 시리즈 『공공철학』 전20권, 그리고 이어서 시리즈 『이야기론』 전3권이 간행된 시점에서도 다음과 같은 솔직한 감상을 피력하고 있다.

"('공'과는 다른 '공공'이라는 발상은) '공'을 강조하는 입장에서도 '사'를 옹호하는 입장에서도 상당히 격렬하게 비판받았습니다. 그럼 왜 '사이'(間)에서 새로운 지평을 연다는 것이 이해되지 않는가? 그리고 수용되지 않는가? 그 '사이'가 공과 사의 사이이든 국가와 개인의 사이이든 자기와 타자의 사이이든, 각각 양쪽에서 경시되고 무시되고 왜곡되는 경우가 압도적으로 많기 때문입니다. 가령 통역의 경우에 모든 것이 잘되면 망각되고, 뭔가 잘 안되면 모든 책임을 다 지게 됩니다. 양쪽에서 없어서는 안 되는 존재인데도 말입니다.

'공공'은 통역과 비슷합니다. 그리고 '공'이 내향적인 '공동일체화'(共同一體化)의 논리인데 반해 '공공'은 '사이'로부터의 '다이공동화'(多異共働化)의 논리라고 생각할 수 있는데, 이 '다이공동화'가 좀처럼 이해되고 있지 않습니다."(『공공철학의 발자취』 「맺으며」, 336쪽)

일본에서는 시리즈 『공공철학』에 의해 전국에 알려지게 된 것도 있고 해서 공공철학이 조금씩 침투되어, 각 대학에서 '공공철학' 강의도 점점 늘어나고 있다. 그러나 한편으로는 공공철학은 연구자의 세계에서만 의미를 갖는 것이 아니라, 그리고 대학에서 연구로서만 의미를 갖는 것이 아니라, 현실정책으로서 그리고 다양한 공공적 활동현장에서 되살아나야 비로소 의미가 있는 것이다.

2009년의 정권교체에 의해 '새로운 공공'을 정책의 중심에 둔 민주당 정권이 탄생했지만 충분한 성과를 거두지 못한 채 하야하게 되어, '공'과는 다른 '공공', '새로운 공공'이 현실정치에서 되살아날 가능성은 유감스럽게도 멀어졌는지 모른다. 그러나 사회의 다양한 장면에서 '매개'의 역할이 중시되는 방향성에는 변함이 없고, 공공철학을 추진하는 것은 단지 정권의 정책에 의해서만은 아닐 것이다. 오히려 정권이라는 '공'의 세계가 아닌, 실로 '공공'의 세계를 충실히 해나가는 것으로 전환해 나가는 것이야말로 앞으로의 시대에 요구되고 있는 것이 아닐까? 아직 젊은 연구자로서의 나의 사명은 시대를 앞선 김태창 선생의 발상을 얼마나 현실세계에서 실현해 나갈 수 있을까를 생각하고 있다. 공공철학이라고 하면 '활사개공'이라는 인식을 넘어서, 먼저 '공사공매'를 현실의 장면에서 살리고 실현시킬 수 있도록 노력함으로써 '행복공창'의 세계가 이루어질 수 있도록 미력하나마 전력을 다하고자 한다.

제6장 | 한국의 사상적 전통에서 나온 '공공하는 철학'

야규 마코토(柳生眞)_ 원광대 원불교사상연구원 연구교수

김태창 선생님과의 만남

내가 김태창 선생님의 부름을 받아서 교토포럼과 인연을 맺고 특임연구원으로 일하게 된 것은 19세기 조선의 실학자이자 기학자인 '최한기'를 테마로 한 교토포럼이 기획된 덕분이었다. 일본에서 열린 학술회의에서 한국의 사상가를 단독으로 다룬 것은 사상 초유의 일이었는데, 그때 처음 만난 김 선생님의 인상은 철저하고 끈질긴 대화자라는 것이고 늘 타자와 대화하고, 늘 다른 사람과 더불어 일하고, 새로운 시각·발상·사고를 여는 사람이라는 것이었다. 그때 김 선생님이 하신 "동양 사람은 서양문명으로부터 많은 혜택을 받아 왔는데 나는 동양 사람으로서 서양에 철학적으로 보은을 하고 싶습니다"라는 말씀을 지금도 잊을 수 없다.

동양에서 나온 사상·철학을 가지고 '서양과 맞선다'는 이야기는 흔히 들었지만, 그것을 가지고 '서양에 보은한다'는 이야기는 일찍이 들어본 적이 없었기 때문이다. 실은 최한기 포럼 개최 직전부터 김태창 선생님과 공공철학 교토포럼은 서양의 '공공철학'을 중심으로 논의해 온 방향을 전환하고, 동아시아 그중에서도 특히 한국의 사상적 전통의 밑바탕에 흐르는 '공공하는 철학'을 점차 전면에 내세우려 하고 있었던 것이다.

『사기』에 그려진 '공공하는' 차원

한자어인 '공공'(公共)이 처음 나온 것은 사마천의 『사기』「장석지풍당열전

(張釋之馮唐列傳)」이다. 상황은 한문제의 행차에 뛰어들어 천자의 말을 놀라게 한 한 남자의 처벌을 둘러싸고 한문제와 정위(廷尉=사법장관) 장석지가 법에 대해 논의하는 장면으로, 이 때 장석지는 한문제를 향해 "법이란 천자라 할지라도 천하와 더불어 공공하는 바입니다(法者, 天子所與天下公共也)"라고 설득하였다. 이 말은 종래에는, 법이란 천자와 천하 만민의 '공공의 것', '공공적인 사물'이라는 뜻으로 풀이되어 왔다. 즉 법다운 법은 임금과 백성의 공유물이지 임금의 사유물이 아니라는 것이다. 한비자로 대표되는 전국시대 진(秦)나라의 법가는 법이란 상과 벌을 '두 자루'(二柄), 즉 군주가 굳게 손에 쥐고 결코 타인에게 맡기지 말아야 할 군주의 전유물이라고 주장했으므로 그 점에서 보면 이러한 해석에도 한 걸음 진전된 점이 있었다. 그래서 이것이 중국이나 일본이나 한국의 전통적인 『사기』 주석의 기준이 되어 왔다. 그러나 이러한 해석으로는 모처럼 사마천이 생생하게 그려낸 '공공한다'는 차원이 공사이원론의 패러다임으로 회수되고 만다. 사실 후세의 중국 역사서나 문집에도 '공공'이라는 낱말이 자주 나왔지만 그 뜻이 심화되지 않았다.

이에 대해 김태창 선생님은 일찍부터 이 '공공'을 '공공하다'라는 동사로 읽어야 한다고 주장해 왔다. '공공한다'는 것은 타자와 타자가 대화하고 공동(共働)하는 것을 통해 그 사이에서 새로운 차원을 개신(開新)하는 것을 말한다. '공공하기'의 차원은 서양적 공공=실체적·규범적·개체적인 것이 아니라, 공(公)·사(私) 어느 한쪽에도 회수·귀속·환원되지 않는다. 그것은 동태적·가변적·유동적인 '일'이다. 그리고 한나라 황제와 장석지의 대화는 바로 그러한 공공하는 차원을 그려낸 것이다.

한국의 '공공하는' 사상적 전통

김태창 선생님에 의하면 '공공하다'라는 독법은 종래의 주석이나 상식과 다르지만, 제멋대로 생각하고 꾸며낸 것이 아니라 한국의 사상적 전통에 의거한 것이라고 한다. 김태창 선생님과 우리 공동(共働)연구자들은 한국의 역사서와 문집을 '공공'이라는 시각에서 다시 읽는 작업을 진행하고, 또 유지(有志)들이 『조선왕조실록』 공부모임에서 연구한 결과 한국, 특히 조선왕조에서 '공공'(公共; 共公으로 쓰인 경우도 있다)이라는 말이 역사서와 문집 등에서 많이 쓰이고 있음을 확인할 수 있었다.

토호쿠대학(東北大學)의 카타오카 류(片岡龍) 교수는 정력적인 연구를 통해서, '공공'(公共)의 용례가 중국 역사서에서는 한 책 당 몇 건부터 수십 건 정도인데 반해, 『조선왕조실록』에서는 600건이 넘게 나오고, 시대마다 다양한 뜻의 전개와 변천, 전거의 차이가 있다는 사실을 밝혔다.

실제로 『조선왕조실록』의 기록을 보면 왕과 신하가 하나의 정책 결정에 이르기까지 때로는 몇 년에 걸쳐 끈질기게 논의했음을 알 수 있다. 왕과 신하들이 경서와 역사서를 공부하는 '경연'(經筵)은 동시에 시사문제나 정책토론의 자리이기도 하고, 어떤 때는 하루에 세 번이나 열리기도 하였다. 또 세종대왕이 훈민정음을 창제한 것을 비롯하여 궁궐에 신문고(申聞鼓)를 걸어놓고, 행차 때 백성이 징이나 장구를 치면서 직소하는 '격쟁'(擊錚)을 허락하는 등 조선조의 왕들은 여러 가지 기회와 수단을 이용해서 직접 백성의 소리를 들었다. 이와 같이 『조선왕조실록』에는 이른바 동양적 전제(專制)정치라는 이미지와는 거리가 먼, 임금과 신하와 백성이 철저히 대화하고 함께 문제점과 대안을 제시하며 서로의 합의점을 찾아내기 위해 '공공하는' 조선왕조의 모습이 그려지고 있는 것이다.

이러한 전통은 흔히 '유교전통'의 개념으로 설명되지만 유교문화권의 다른 나라들과 비교해 보면, 가령 중국에서 황제는 신민(臣民)과 거리가 먼 존재였고, 황제와 신하가 격론하는 것은 현실적으로는 어려운 일이었다. 또한 일본의 경우에도 장군·다이묘(大名=영주)는 백성이 자발적·주체적으로 의견을 표시하고 항의하는 것을 매우 두려워하고 장군·다이묘에게 직소한 사람이나 잇키(一揆)·고우소(强訴)의 주모자는 사형을 각오해야만 했다. 이것을 보면 조선왕조의 '공공하는' 문화·전통을 단순히 '유교전통'이라는 말로 설명하는 것은 무리가 있다고 생각한다.

한일의 세대간 대화에서 태어난 '한국의 공공하는 인간'

김태창 선생님은 일찍부터 중국이나 일본 등에는 거의 용례가 없으나 한국의 역사서 및 문집에는 자주 볼 수 있는 '천하고금의 사람들이 공공하는 바'(天下古今人之所公共)라는 말에 주목하고 있었다.

"(『중용』에서 말하는) '개중절'(皆中節)의 '개'(皆)는 내가 생각하기에 의리의 감정을 말한다. 한 개인의 사사로운 정이 아니라 천하고금의 사람들이 공공하는 바이다. 그래서 이것을 '개'(皆)라고 한 것일 뿐이다."[6]

여기서 곽종석(1846~1919)은 『중용』에 나오는 '발이개중절'(發而皆中節, 희노애락의 감정이 드러나되 모두 상황에 들어맞는 것)에서 '모두 상황에 들어맞는 것'이란 말은 '의리의 감정'(義理之情) 즉 도덕감정은 개인의 사사로운 감정이 아니라 개인이나 지역이나 시대를 넘어서 사람들에게 공유·공감·공명되는 것이라고 설명하고 있다.

일반적으로 한문의 '공공'(公共)이나 그와 유사한 'public' 등의 서양어에는 오로지 동시대 사람들끼리의 공공만을 염두에 두었지, '천하 고금의 사람들이 공공하는 바'라고 하는 시간축 개념은 부족했다. 하물며 공간 축과 시간 축을 겸비한 '공공' 개념은 거의 없었다. 이에 반해 김태창 선생님은 과거세대와 장래세대와 현재세대가 통시적으로 공공하는—대화·공동·개신하는—길을 열고, 교토포럼을 비롯하여 다양한 기회를 통해서 실천해 오고 있다.

원숙세대와 청년세대, 그리고 한국인과 일본인의 진지한 대화를 통해 빚어진 성과 중의 하나가, 2010년 4월부터 이듬해 4월에 걸쳐 교토포럼의 소식지인 『공공적 양식인(公共的良識人)』에 연재된 「한국의 공공하는 인간」이다(『한삶과 한마음과 한얼의 공공철학 이야기』, 정지욱 번역, 도서출판 모시는사람들, 2012). 이 연재에서는 원효·서경덕·이황·조식·이이·정제두·정약용·최한기·최제우·강일순·송규·유영모·함석헌 등, 총 13명의 사상가를 한국의 '공공하는 인간' 또는 "'한'적인 인간"으로 규정하고, 이들의 생애와 사상을 소개하였다.

그뿐만 아니라 한일 대화의 자세로 일관하여, 어느 한 인물을 소개할 때에는 시대가 가깝고 사상적으로도 공통점이 있는 일본사상가를 같이 소개하면서 비교·대조하는 방식을 취하고, 내용적인 측면에서도 동서고금의 학문에 통달한 70대의 한국인 석학과 일본의 30대의 오타쿠 세대인 필자라고 하는 이질적인 두 사람의 공창(共創), 즉 공동창출(共働創出)에 의해 재해석을 시도하였다. 원래 김태창 선생님은 어떤 일을 하든지간에 독창(獨創)을 싫어하고 공창(共創)을 소중히 여겨, 특히 한일공창의 중요성을 강조해 왔다.

'한'철학 · '한'사상이 왜 공공하는 철학인가?

「한국의 공공하는 인간」에서 다룬 13명의 사상가의 밑바탕에 깔려 있는 것은 '한'이다. 다시 말하면, 인물과 사상의 소개를 통해 일본사람들에게 "'한'이란 무엇인가"를 소개한 것이다. '한'은 한자어가 아니라 한국의 고유어로, 현대에도 많이 쓰이고 있다. 예를 들면 한 걸음, 한 방울, 한 구석, 한쪽, 한패, 한비, 한물, 한가운데, 한겨울, 한복판, 한길, 한 10분, 한때, 한창 등등, 이루 말할 수 없을 정도로 다의적으로 쓰이는 신기한 말이다. '한'의 뜻이 몇 가지로 분류·정리·집약되느냐에 대해서는 연구자마다 견해가 다르다. 많게는 20여 가지로 나누는 사람도 있는데, 한문으로 말하면 '일'(一), '다'(多), '대'(大), '명'(明), '중'(中), '결'(結), '개'(開), '신'(新), '정'(正) 또는 진'(眞), '범'(凡) 또는 혹'(或)과 같은 글자의 의미가 포함된다. 한국의 한문 문헌에서는 '한'(韓)을 비롯하여 '한'(汗), '환'(桓), '단'(檀) 등의 한자로 표기되어 왔다. '한'은 '한'사상·'한'철학의 근본 개념으로 일원적이면서 다원적이고, 중심성을 견지하면서도 개방적·개신적(開新的)인 역동이다.

김태창 선생님에 의하면 '한'의 작용으로 '활'(活)·'개'(開)·'통'(通)의 세 가지 특징을 들 수 있다고 한다. 우선 '활'(活)의 작용은 하나이면서 많음이요, 중심으로 모이는가 하면 크게 퍼지기도 하는 힘차고 빠른 역동으로 나타난다. 다음으로 '개'(開)의 작용은 언제 어디서나 누구에게든 얽매이고 갇히는 것을 싫어하고, 불안정·불확정·비결정의 혼돈(카오스)으로부터 새로운 지평을 열어가려고 하는 동태(카오스모스)이다. 마지막으로 '통'(通)의 작용이란, '한'은 모든 것을 통하게 하는 데에서 힘을 얻고, 그 힘으로 세상을 밝게 비추어 모든 사람을 행복하게 하는 것을 목표로 삼는다. 이 '활'(活)·'개'(開)·'통'(通)이 제대로 펼쳐진 모습을 일상적인 한국어로 말하면 '얼'·'멋'·'삶'이 된다.

우선 '얼'이란 정신성·도덕성·윤리성을 의미한다. 그렇다고 해도 단지 주어진 규범을 엄격하게 지킨다는 의미가 아니라, 좀 더 인간답고 올바르고 잘 살고자 하는 고차원적인 도덕성을 지향하는 의지 작용을 말한다. 다음으로 '멋'이란 일상어로는 '멋쟁이'라는 뜻으로도 쓰이지만, 원래 한자어의 '풍아'(風雅)나 일본어의 '이키'(いき), '스이'(粋)와도 상통하는 깊이 있는 말로, 허식·작위·천함·속박 등을 느끼지 않게 하고, 선미(善美)를 다하고 세련되면서 자연스럽고 자유로운 상태를 가리킨다. 세 번째로 '삶'은 목숨·사는 것, 즉 상생성(相生性)·상통성(相通性)·공진성(共進性; 共進化)을 가리킨다. 생체의 순환기계·소화기계·호흡기계·뇌신경계 등, 어느 기관이나 계통이 막히면 조만간에 죽음에 이르는 것으로부터도 알 수 있듯이, 산다는 것은 바로 서로 살리고 더불어 통하고 함께 진화하는 것이다.

「한국의 공공하는 인간」에서도 다룬 19세기의 기학자이자 실학자인 최한기는 "기(氣)에는 반드시 운행이 있고 운행하지 않는 기(氣)는 없다"고 한다. 그러므로 통하는 것은 기(氣 또는 神氣)의 작용이고, 자기 몸속의 기가 온몸을 두루 통하고 돌고 있는 것이 건강한 상태이며, 반대로 기가 막혀 있으면 병이 든다고 하면서 이와 같은 생각을 자타(自他) 관계와 사회·정치·지적 영역에도 응용하고 "사람과 사람이 단절해서 통하지 않는 것은 삶을 영위하는데 매우 방해가 된다"고 말했다. 그는 인체뿐만 아니라 대인관계와 사회, 나아가서 자연과 우주까지도 '활동운화'(活動運化)의 본성을 지닌 활동태(活動態)로서의 신기(神氣) 속에 포섭된다고 생각했다. 그러므로 개체 속의 기(氣)의 흐름이 막히면 병에 걸리듯이 자타 사이의 의사소통이 마땅치 않으면 단절과 갈등이 일어나고, 사람들의 생활을 지탱하는 물품이 유통하지 않으면 수요를 충당할 수 없고, 도덕적 교화가 통하지 않으면 악인을 선인에게 돌릴 수 없다고 말했다. 즉 개체뿐만 아니라 자기와 타자 사이에 작용하는 생명, 그리고 한 사회, 한 나라, 한 지역, 온 세계라는 공동태(共働態)의 생명도 통해야 살고 통하지 않으면 병들어 쇠약해져 죽게 된다는 것이다. 자기와 타자·개체와 개체·공동태와 공동태가 '공공한다'는 것은 바로 '통'하는 것을 말한다. 김태창 선생님에 의하면 '한'사상·'한'철학은 '사이'·'중간'을 횡단매개하는 사상·철학이고, 또 '함께'·'서로' 살리는 상생(相生) 사상·철학이며, 나아가서는 막힘·대립·고립을 돌파하고, 새로운 지평과 차원을 '새엶'·'새밝힘'하는 개천(開天)·벽지(闢地)·계인(啓人)의 사상·철학이다.

한(桓)과 한(恨)

그런데 '한'을 이해하는 데서 무시할 수 없는 것이 '한(桓·韓·汗)'과 혼동하기 쉬운 '한'(恨)이다. 한국문화는 흔히들 '한(恨)의 문화'라고 불린다. 한국인에게 특유한 심리 상태로 세계적으로 널리 알려진 '한'(恨)은 '한'적 심성이 억압되고 일그러져서 비뚤어진 데에서 생기는 부정적인 형태이다(한글로 쓸 때도 둘 다 '한'이지만, 발음상으로는 '한'은 han으로 짧게, '한'(恨)은 hān으로 약간 길게 발음한다).

김태창 선생님에 의하면 '한'(恨)이란 갈 데 없는 슬픔과 이룰 수 없는 꿈을 꿈꾸는 정념으로, 억압·무도·부정에 대한 울분·분노·원한이다. 한국문화를 가리켜 '한(恨)의 문화'라고 보는 견해는 1960~1970년대에 한국에서 안병무·서남동 등이 제창한 민중신학에 유래한다고 한다. 이들 민중신학자들은 외세의 침략과 약탈, 국내의 지배계급에 의한 착취·억압·수탈을 당한 한국 민중들의 입장을 유태민족의 고난의 역사와 빗대고, 『성경』을 민중의 한(恨)의 문맥에서 다시 읽음으로써 민중의 한(恨)을 사회개혁 운동의 원동력으로 삼는 신학 이론을 생각해낸 것이다.

그 후 한(恨)은 기독교 신학의 틀을 넘어서 문학과 철학과 사상 세계로까지 확장되어, 한국문화의 핵심 키워드로서 국내외에 '한(恨)의 민속학', '한(恨)의 심리학', '한(恨)의 사회학', '한(恨)의 문화인류학' 등이 제창되기에 이르렀다. 한(恨)

이라는 키워드를 상정함으로써 한국 밖에서 한국의 정신문화에 대한 인식과 이해가 촉진된 긍정적인 측면도 있지만, 다른 한편으로는 불완전한 이해로 인해 '한'의 의미가 단순한 '원한'이나 '원통함'의 뜻으로 왜곡·왜소화되면서, 한국인의 심리적 특성은 한(恨)이기 때문에 원망이 깊고 집념이 강한 민족이라는 부정적인 인식을 외국인에게 심어주는 폐단도 생겼다.

그러나 한(恨)은 어디까지나 '한'으로 표상되는 한국적 심성·영성·정서의 특수한 상태에 불과하다. 즉 내적 조건의 결핍이나 외부로부터의 부당한 억압과 방해에 의해 마음의 본래의 작용이 억눌리면서 생동이 멈추고 가로막혀서 가라앉은 상태이다. 그 한(恨)을 승화시켜서 '한'을 회복하는 것이 바로 '한풀이', 즉 한(恨)을 풀어주는 것이다. 굿이라고 불리는 한국 샤머니즘의 의식에서부터 『춘향전』을 비롯한 한국 문학, 그리고 민중신학과 같은 신학적 정치사상에 이르기까지, 그 밑바탕에 깔려 있는 것은 사실 한(恨) 그 자체보다는 오히려 불만족스러운 이 현실의 삶 속에서 어떻게 '한풀이'를 이루느냐이다. 그러므로 한(恨)은 어디까지나 "'한'·한(恨)·한풀이"의 3차원 상관연동의 일부에 지나지 않는 것이다.

"공공하는 철학"으로서의 '한'사상·'한'철학의 보편적 의의

그런데 '한'이 한민족의 심성·영성·정서에 깊이 뿌리내린 것이라고 한다면, '한'사상·'한'철학은 도대체 어떤 보편적 가치와 의미를 지니는 것일까? 여기서 '한'사상·'한'철학이 '사이'·'중간'을 횡단매개하는 사상·철학이고, 상생(相生)의 사상·철학이며, 후천개벽의 사상·철학이라는 점을 상기할 필요가 있다. 영국의 철학자 화이트헤드(1861~1947)는 "서양철학의 역사는 플라톤에 대한 방대한 주석이다"라고 말했지만, 그렇다면 중국철학은 공자(및 성현)의 주석이고, 불교는 부처의 주석이 될 것이다. 화이트헤드의 지적은 플라톤에 이르러 대화를 통해서 예지(叡智)를 개신(開新)하는 시대가 지나가고 진리라는 이름 아래 성현이 일방적으로 사람들을 교화·계몽시키는 시대로 이행했다, '대화의 철학'에서 '독화의 철학'으로 변질되었다라고 하는 보다 거시적인 역사적 문맥에서 이해할 수 있을 것이다.

이렇게 해서 철학·학문·종교를 불문하고 '앎'이라는 것은, 성현이라는 개인이 깨닫고 사유한 '진리'를 권위적으로 말하고, 그 말이 성전(聖典)이 되며, 학자들이 거기에 주석을 달아서 사람들에게 그 고마운 말씀을 심어주고 금과옥조처럼 받들게 하는 것이 되었다. 그리고 철학 또는 학문이란 원래 그런 것이라는 인상까지 심어준 것이다. 또한 그러한 앎은 흔히 정치권력과 결합되고 제국이 진리의 수호자가 되며 진리가 제국의 패권을 정당화하는 것이 되었다. 아마도 제 아무리 많은 나라와 민족을 정복·지배하고 어마어마한 제국을 건설해 보아도 폭력만으로는 패권을 오래 유지할 수 없다는 것을 역사적 경험으로 깨닫게 된 지배자들이, 많은 사람들에 의해 존숭받는 성현(혹은 신 등)을 받들어 모시고 스스로 '진리'의 보호자 노릇을 하면서 여러 나라, 여러 민족의 정신적 지도자들의 지지를 받아서 지배의 정당성을 인정받게 하는 통치방법을 생각해 냈던 것 같다.

이러한 권력과 진리의 상호의존 관계는 현대까지 이어지는 큰 문제를 남기고 있다. 이 수천 년 동안 '성현'이라는 개체가 보통사람이라는 개체들에게 초월적 진리·보편타당성의 교설을 말하고, 그 테두리 속에 가두어 놓은 철학·학문·종교가 퍼져 왔다. 아니, 그렇다기보다는 사람들은 원래 철학이란, 학문이란, 종교란 그런 것이라고 믿어 왔다. 그리고 근현대의 이데올로기나 자연과학도 역시 이와 같은 앎의 구조를 예외없이 계승했다.

김태창 선생님에 의하면 우리는 영어의 'universality' 또는 독일어의 'Gleichgültichkeit'와 같은 낱말을 '보편성'이나 '보편타당성'이라고 번역하고, 'particularity'를 '특수성'으로 옮기고, 'universality'에 'particularity'보다 높은 가치를 인정하는 시대를 살아 왔다. 그런데 'universality'의 어원을 따지고 보면 'uni'는 '하나'이고 'vers-'는 '향하다', '-ality'는 추상명사를 만드는 어미로, "모든 것을 하나로 묶는다"는 것을 의미한다. 근대에 와서는 서양이 스스로를 보편타당성으로 자리매김하면서 모든 것을 하나에 통합시키려고 하였다. 그리고 우리는 서양적인 것은 보편적이고 동양적인 것, 혹은 비서양적인 것은 특수하기 때문에 서양적인 것과 비교해서 동양적인 것, 혹은 비서양적인 것은 가치가 떨어진다고 하는 사고방식에 부지불식간에 세뇌되어 왔다.

그러나 예를 들어 유네스코가 과거 40여 년 동안 세계 각지에서 철학대화를 전개한 결과 보편성과 특수성, 혹은 다양성(multiversality)과 동일성의 대립을 넘어서는 또 하나의 차원을 설정할 필요를 인식하게 되었다. 그런데 서양 근대의 'universality=보편타당성'의 지적 패권주의를 비판하여 'multiversality=다양성'을 내세우기만 하고, 그 다양한 개인과 집단 사이를 이어주고 매개하는 것이 없으면 무질서에 빠지게 마련이다. 사실 학술·기술·사상의 각 분야에서는 전문화·고립화 현상이 세계적으로 일어나고 있다. 마루야마 마사오(丸山眞男)는 '사사라(다도(茶道)에서 맛차(抹茶)를 섞는 도구) 형'과 '문어항아리 형'이라는 유형을 제시하면서, 분야는 달라도 바탕이 공유되는 서양의 앎과 대비시켜, 각 분야마다 고립되고 폐쇄적인 일본의 지적 풍토를 비판했다. 그런데 중세부터 근현대에 이르는 학문의 역사를 보면 역설적이게도 오히려 서양이 앎이 전문화하면서 점차 공통 바탕을 상실하고 문어항아리가 되어 갔던 것이다. 그래서 유네스코에서는 문화와 문화, 종교와 종교, 국가와 국가, 생활 세계와 생활 세계 사이를 매개하고 함께 새로운 차원을 열어나갈 가능성을 상정해서 새롭게 'transversality'라는 개념을 제시하기에 이르렀다. 교토포럼과 유네스코가 공동 주최한 국제포럼에서는 교토포럼이 일찍이 제창했던 '횡단매개성' 개념과 유네스코가 도달한 'transversality' 개념이 많은 점에서 상통한다는 인식을 공유했다.

'한'사상·철학, 혹은 사상이나 철학으로 정련되기 이전의 민족의 집합적 무의식으로서의 '한'은 아마도 아득한 옛날에 한민족의 조상들이 중앙아시아의 고지로부터 가져온 하늘(하느님) 신앙에서 비롯된 것 같다. 실제로 동검·동창·동탁(銅鐸)·묘제(墓制)와 같은 수많은 고고학적 유물들이 한반도와 요동반도-만주-몽골로 이어지는 중앙아시아와의 관련성을 시사하고 있다. 그리고 이것은 자기 테두리 속에 모든 것을 통합 일원화시키려고 하는 '중화'라는 보편 문명과, '안/밖' 혹은 '카라(韓·漢·唐)/야마토'(大和; 일본)를 엄격히 따진 뒤에 '밖', '카라'의 것을 배척하거나, 때로는 한국을 '회수되지 않는 일본'으로서 '안'으로 포섭시키려고 하는 '일본'이라는 특수 문명 사이에서, 국가와 민족의 생존을 도모할 필요성에 의해서 서서히 단련된 것이라고 생각된다.

한국의 지리적 조건과 피아의 국력 차이를 생각하면 중국이나 일본을 넘어뜨려서 자기 생존을 도모하는 것은 애당초 무리한 일이었다. 그런데 한반도의 자연 환경은 몽골이나 만주 등지와 달리 중원과 같은 다른 풍요로운 지역을 약탈·수탈하지 않으면 생존할 수 없을 만큼 혹독하지도 않았다. 거기서 이웃나라와의 우호관계를 잘 유지하면서 최대한의 이익을 얻어내고, 이웃나라의 침략 의도에 대해서는 여러 수단을 동원하여 좌절시키고, 중국·일본 양자에게 정치적·문화적으로 동화·흡수되지 않게 하는 것이 기본적인 생존 전략이 되었다.

이와 같은 한민족의 고층(古層)과 역사적·지정학적·자연적 조건이 길러낸 '한'사상·'한'철학은 자기와 타자 사이·중간을 횡단매개하고, 자타 상생(相生)해서 함께 살고, 서로 살리며, 그것에 의해 더불어·함께 새로운 차원을 열고 밝히는 사상이자 철학이다. 그러므로 자기와 타자, 개체와 개체, 개체와 집단, 집단과 집단 사이를 매개하면서 양자를 함께 맺고 이어서 살리며 대화·공동(共働)·개신(開新)을 촉구하는 '공공하는 철학'으로, 근현대의 앎이 빠져 있는 지적 패권주의와 문어항아리화를 뛰어넘을 힌트를 제공하는 세계적인 의의가 있다고 하겠다.

마무리를 대신하여

내가 교토포럼과 함께한 것은 교토포럼의 4분의 1세기에 이르는 장구한 역사 중에서 고작 5년에 지나지 않는다. 그래서 교토포럼이 세계 사람들과 대화를 거듭하면서 심화시켜 온 '공공하는 철학'의 전체를 이해했다고는 도저히 말할 수 없다. 그리고 2014년 7월 31일, 김태창 선생님은 여든 살의 생일을 앞두고 교토포럼 공공철학공동연구소에서 물러나셨다. 퇴임 이유는 한마디로 말해 '철학적 문제'였다. 좀 더 구체적으로 말하면, 김태창 선생님이 모르는 사이에 일방적으로 야마다 호코쿠(山田方谷)의 사상을 교토포럼의 기본 정신으로 자리 매김한다고 결정하고 공표한 것에 대한 항의의 의미였다.

야마다 호코쿠는 양명학자로 빗추 마츠야마(備中松山, 현 오카야마현 서부지역)의 번주(藩主)인 이타쿠라 가츠키요(板倉勝靜)에게 신임을 받아, 재정 파탄 상태로 약 10만 냥의 빚을 안았던 번(藩)의 개혁을 맡으면서, 8년 동안에 10만 냥의 빚을 모두 갚았을 뿐만 아니라 10만 냥의 저축을 쌓았다고 하는 극적인 재정재건을 이루어낸 인물로 알려져 있다. 그러나 다른 한편으로 그는 정한론(征韓論)·대외팽창론의 원류의 한 사람이라는 어두운 면도 있다. 야마다 호코쿠는 청나라의 태평천국의 난에 주목하고 그 혼란을 틈타 일본 군대를 셋으로 나누어 대만·한국·중국을 공격해서 취할 것을 당시에 로주(老中, 도쿠가와 막부의 평상시의 재고 관직)로 취임한 주군 카츠키요에게 건의했다.

그 밖에도 대조선 무역이 끊겨서 재정난에 빠진 쓰시마번(對馬藩)을 구제하기 위해 분주했던 쓰시마 번사(藩士) 오오시마 도모노조(大島友之允)에 대해서도 "왜 조선이 약조를 어긴 죄를 묻고 그를 정복하지 않는가?"라고 말했다. 이 이야기에 감명받은 오오시마는 친구인 카츠라 코고로(桂小五郎; 훗날 기도 다카요시木戶孝允)에도 그것을 전하고, 오오시마와 가츠라의 연명으로 군함봉행(軍艦奉行)인 카츠 가이슈(勝海舟)에게 한국 출병의 건백서(建白書)를 제출했을 정도였다. 호코쿠는 '지성측달'(至誠惻怛), 즉 '성의와 불쌍히 여기는 마음'을 강조한 것으로 알려져 있지만, 그 지성측달은 일본 바깥에는 미치지 않는 것이었다. 이러한 인물을 포럼의 기본정신으로 삼는 것은 세계, 특히 한중일의 대화·공동·개신을 추진해 온 김태창 선생님으로서는 도저히 참을 수 없는 일이었다.

마지막으로 나는 2013년 8월부터 1년 동안 중국의 시안외국어대학(西安外國語大學)에서 일본어를 가르쳤다. 그곳에서 황제와 장석지가 '공공한' 현장이 시안(西安)의 북교(北郊)를 흐르는 위하(渭河)였음을 확인했다. 그뿐만 아니라 공공하는 것—김 선생님에 의하면 '다이공동화'(多異共働化)—가 성립되기 어려운 중국의 '공천하국가'(公天下國家), 즉 견고한 통합일원화 지향도 목도하게 되었다. 하지만 최근의 민족 문제를 보아도 알 수 있듯이, 중국이 하나의 이데올로기나 체제 아래 통합일원화를 유지하는 것은 앞으로 더더욱 어려우리라 생각한다. 붕괴 · 분열 · 내란을 피하면서 이질적인 타자와의 상생을 이루는 사상으로서 중국의 '다이공동화'의 공공지(公共知)에 대한 수요가 잠재되어 있음을 느꼈다.

김태창 선생님은 2014년 7월 31일에 공공철학공동연구소를 떠나서 자유로운 입장이 되셨는데 김 선생님이 천명하신 '다이공동화'의 공공하는 철학은 한국 · 일본뿐만 아니라 중국에서도 그 필요성을 더하게 되리라 생각한다.

제7장 | 김태창 선생을 이야기하다*
- 타자와의 사이(間)를 연 사람

모리오카 마사요시(森岡正芳)_ 코베(神戸)대학 교수

들어가며
김태창 선생과는 '공공하는 이야기론 퍼블릭 스토리텔링'을 주제로 한 공공

---

* 이 글은 일본의 대표적인 정신분석학자 모리오카 마사요시 교수가 쓴 김태창론이다. 이 글에서 모리오카 교수는 교토포럼에 참여한 경험과 자신의 전문분야인 심리 분석을 토대로 김태창 선생의 학문적 업적과 인간적 측면에 대해 느끼고 알게 된 일들을 친절하고 진솔하게 서술하였다. 작금의 한일관계와 일본내의 반한 기류를 고려하면, 진솔한 논의를 진지하게 전개하는 진심과 용기와 진리를 사랑하는 마음이 희망을 갖게 해 준다.

철학 교토포럼(제48회 「타자와의 만남과 이야기」, 2003)에서 만날 기회가 있었다. 소문과 마찬가지로 강렬한 인상을 남기는 인물이었다. 거대한 포용력, 학문과 실천에 관한 고매한 뜻, 군자의 도를 실로 체현하고 있다고 직관했다.

『이야기론』이후, 매번 공공철학 교토포럼에 초대될 때마다 가능하면 포럼에 참석해야겠다고 마음먹었다. 그만큼 매력적인 테마가 차례차례로 제시·기획되었다. 동서를 넘나드는 다(多)영역의, 그리고 최전선의 연구자·실천자들과 자리를 함께할 기회가 많았던 것은 내 인생에 둘도 없는 재산이다. 이 자리를 빌려 김태창 선생에게 감사를 표하고 싶다.

김태창 선생을 한마디로 말하면 다양한 세계를 사는 분이다. 그래서 이런 '대인'(大人)을 정면으로 논하는 것은 무엇보다도 내 능력을 벗어나는 일이다. 이하에서는 김태창 선생의 극히 일부 발언과 서술 중에서 내 인상에 남는 말들을 골라, 그것과의 만남을 통해서 느끼게 되었던 감회를 기록하고자 한다. 김태창 선생의 발상의 풍부함은 동서고금에 걸친 앎(知)의 종횡무진한 접합에서 나오는 것으로, 그 지적 창조에는 힘이 있다.

이하 본문에서는 내가 선생과 직접 만나 대화하는 과정에서 들은 말들을 근거로 몇 가지 테마를 정하여 부연하는 방법을 취하고자 한다. 물론 그 말들 역시 지극히 방대하고 광범위하다. 그 어떤 사상이나 사상가에 대해서도 김태창 선생만이 접근하는 독특한 방법이 있고, 본질을 단숨에 읽어내는 기백 역시 대단하다. 그 성과는 공공하는 철학대화 활동의 결과이고, 그 결과들은 앞으로의 본격적인 대화와 논의를 필요로 할 것이다. 이미 출판된 『공공철학』총서와 정기적으로 간행되는 뉴스레터 『공공적 양식인』등에는 장차 해외로 발신해 나가고자 하는 참신한 시점과 발상이 축적되어 있고, 이에 촉발된 연구도 앞으로 나올 것이다.

갈등을 살아온 철학

나에게는 완전히 미지의 세계였던 유교와 한국의 기(氣)의 철학, 조선후기의 동학, 특히 최한기의 기학(氣學)과 원효의 화쟁론(和諍論), 나아가서 에도시대와 막부말기 사상가들의 독창적인 사상을 접할 수 있었던 것은 귀중한 기회였다. 이런 사상들을 교토포럼에서 다룰 때에 김태창 선생이 사상과 인물 그리고 그 당시의 사회문화 상황을 염두에 두면서 그려내는 폭넓은 시야에서 오는 착안점에는 언제나 경탄했다.

그리고 하나의 사상에 대해서 사상가의 아이덴티티 형성의 위기와, 가족과 성장사를 중심으로 그려내는 인간지(人間知)에도 주목하고 싶다. 사상은 인간과 역사를 분리시킬 수 없다. 실로 공공적인 것이다. 김태창 선생의 언어에 의해서 거의 미지나 다름없었던 사상이 되살아나고, 그 사람이 생생하게 전달되고, 참가하는 우리의 마음속에 들어왔다.

내가 처음으로 참가한 『이야기론』을 테마로 한 포럼에서 김태창 선생은, 공공철학에 대한 논의를 심화시켜 나가는데 있어 자칫하면 개념적 이해와 추상적 탐구가 되기 쉽기 때문에, 인간의 삶이라고 하는 내실에 다가가고 싶다는 취지를 피력하였다. 그러기 위해서는 이야기나 전기와 같은 앎(知)이 참고가 된다는 것이다. 그래서 이하에서는 이런 생각에 공감하면서, 먼저 김태창 선생 자신의 사상 형성에 영향을 주었다고 생각되는 개인사의 문맥에서 이야기를 시작해보고자 한다.

선생은 자신의 생활 기억을 가족 간의 공동체험으로 독해하는 시도를 하고 있다(『공공적 양식인』 2010년 2월호). 그는 여기에서 먼저 인간관을 제시한다: "인간은 사실해석보다도 오히려 그 의미해석에 의해 살아 움직이고 죽는 존재이다. 일단 어떤 사상·철학·문화를 갖게 되면, 그것들에 맞지 않는 사실이 나와도 수용하지 않는다. 어떤 상황에서도 반드시 자신의 사상에 부합되는 사실을 생각하고 창출한다." 이것은 네러티브의 인식론, 언어에 의한 현실구성이라는 생각과 잘 부합되는 것인데, 이러한 인간관, 체험적 인간 인식이 어떻게 형성되어 온 것일까?

이어서 선생은 할아버지·아버지·어머니 등 식민지 시대를 살아온 사람들을 뒤돌아본다. 한일 양국의 문화 속에서 자랐고, 복잡한 갈등을 안고서 성장했다고 서술하고 있다.

> 강대한 일본제국주의의 강점 지배 하에서 할아버지와 아버지와 어머니가 어떤 삶을 살았는지를 헤아리는 것이 저의 사상적 활동의 원점입니다. 할아버지는 어린 저에게 중국고전을 가르침으로써 일본제국의 제도지(制度知)와는 다른 인간지(人間知)를 체득시키려고 하셨습니다. 안동 김씨 일가의 장손인 저에게는 다른 무엇보다도 먼저 정통 유학자의 지기(志氣)·원기·생기를 몸에 익혀 두기를 바라셨습니다. 이것은 동경에서 상업을 통해서 얻은 아버지의 '실생도(實生道)'와는 근본적으로 상반되는 면이 있었습니다.

할아버지와 아버지의 격렬한 대립이 있고, 할아버지가 돌아가신 뒤에는 부모의 대립이 더욱 격화되었다고 한다.

> 아버지는 한국이 식민지가 되던 해에 태어났고, 어렸을 때 일본에 가서 견습생으로 일하면서 독학으로 중국과 일본의 고전을 공부하고, '일본적 상인도'를 체득하여 일본인 이상으로 일본인이 되려고 했던 사람입니다. 어머니는 열성 기독교 신자로, 오로지 하나님과 성경에 몰두함으로써 일본 제국과는 다른 세계에서 살아가려고 하지 않았나 생각합니다.

김태창 선생은 가정 안에서 세 소용돌이의 동일화와 분리의 갈등을 살아오셨다.

> "저는 한국 전통의 유교와 기독교 그리고 일본의 현실주의사상(과 철학과 문화) 사이의 상극·상화·상생의 시공간에서 저 자신의 생명과 생활과 생업의 혼주(魂柱)가 세워졌습니다."

"결국 할아버지 · 아버지 · 어머니 세 사람의 삶의 방식의 상관연동을 저 자신이 온몸으로 살고 있는지도 모릅니다."

선생을 만나면 누구나 예외없이 느끼는 강렬한 에너지의 원천은 여기에 있을 것이다. 민중지(民衆知) · 생활지(生活知) · 체험지(體驗知)의 시점을 항상 견지하면서 대화 · 공동 · 개신을 설파하고, 동서고금의 사상가를 횡단매개하면서 독자적인 독법을 제시하는 것도 이러한 개인사와 무관하지는 않을 것이다. 선생은 용어 사용에 대단히 민감하다. 가령 '공동(共同)' 대신에 '공동(共働)'이라는 말을 사용한다. 이것은 동화나 합일에 대한 깊은 우려의 표명에 다름 아닌데, 이러한 신중한 태도는 위와 같은 시대와 역사적 배경을 알아야 비로소 이해할 수 있다.

공공(公共) · 공동(共働) · 개신(開新)

김태창 선생과의 만남을 통해서 마음에 남는 말을 생각나는 대로 열거해 보자. 왜냐하면 그것이 우리의 공동(共働)이 되고 공공(公共)으로 이어지기 때문이다. "위대한 사상가나 정치가라는 사람들도 결국은 인간이다. 보통 사람이다." 이런 말이 자연스럽게 나오고 듣는 사람의 마음에 들어온다. 그런 사람이다.

공공(公共)은 멸사(滅私)가 아니라 활사(活私)로 이어진다. 선생은 '멸사봉공'이라는 일본인의 익숙한 관습에는 지극히 비판적이다. 그렇다면 정반대로 자칫하면 사의(私意)에 매몰되기 쉬운 우리의 본성을 어떻게 극복하면 되는가? 이에 대해 선생은 '공공'이라는 지(知)의 형태를 도처에서 언급하고 있다.

종종 '공공이란 무엇인가?'라는 질문을 받는데, 저는 "공공이란 실체가 아니라 실천 · 활동 · 작용이라고 생각하기 때문에 직접 대답하기는 어렵습니다. '공공하다'가 '무엇을 어떻게 하는 것인가?'라고 질문을 하면 답을 할 수 있지만, '그것이 무엇인가?'라고 물으면 대답할 수 없습니다"라고 항상 대답합니다. 그럼에도 불구하고 보통 철학을 한다는 사람들은 곧장 '공공이란 무엇인가?'라는 물음에서 시작합니다. '무엇인가?'가 아니라 '무엇을 어떻게 하는가?'이기 때문에, 이것은 에피스테메(이론적 지식)가 아니라 프로네시스(실천적 지식)입니다. 굳이 말하면 '로고스'라기보다는 '테크네'이고, 테크네를 사용하지만 '에토스'의 방향으로 나아갑니다.

이상은 이토 진사이(伊藤仁齋)를 테마로 한 포럼(2010.3.13~15)에서 김태창 선생이 한 말이다. '공공하는 지(知)'란 지극히 새로운 지(知)의 형태이다. 종래의 학문에서 중시해 온 이론지·추상지·제도지와는 다른 실천지·구체지·생활지이기 때문에 낯설 수도 있다. 이론지는 인식 주체의 자기단결적 사고작용이기 때문에 타자의 존재를 반드시 필요로 하지 않을 수도 있지만, 실천지, 그중에서도 김태창 선생이 강조하는 공공지(公共知)는 자기와 타자가 그 사이에서 서로·함께·더불어 낳고 기르고 키워나가는 지(知)·덕(德)·행(行)의 연동태이기 때문에 타자의 존재를 전제로 하지 않고서는 성립될 수 없다. 하나의 언동은 그것만으로는 의미로서 완결되지 않는다. 그 언동을 받아들이는 상대의 응답을 얻어야 비로소 의미가 성립한다.

김태창 선생은 이것을 '대화지'(對話知)라고 명명한다. 하나의 발화는 다음의 응답을 끌어내고 작용을 가한다. 그 효과는 미리 예측할 수 없다. 미확정적이다. 하지만 그것은 가능성의 영역을 여는 것이다. 서로의 사적 영역에서 미확정적이지만 가능성 속에 한 발 내딛는 것이다. 거기에서 생겨나는 '사이'(間)가 '공공'이다.

김태창 선생은 때때로 '지식'(知識)이 아니라 '지예'(知藝)를 말하기도 한다. '지예'란 "사람들이 자신이 가지고 있는 생명력을 어떻게 발휘할지를 아는 것"(know-how to make people generate life)을 말한다. 즉 "생명이란 무엇인가?"라고 하는 형이상학적인 물음을 던지는 것이 아니라는 말이다. 사적인 영역과 공적인 영역을 매개하고 중화하며 돌파하는 틀 내지는 작용으로 '공공'을 이해한다. 따라서 공공은 항상 동태(動態)이고 그 영역도 늘 변한다. 사람과 사람뿐만 아니라 사람과 사물, 사람과 세계 사이에서 '기'가 통할 때 열리는 영역이다.

마음

공공지(公共知)는 심리학 분야에서도 새로운 지(知)의 가능성을 열어주는 발상으로, 개인적으로도 많은 영향을 받았다. 오늘날의 과학적 심리학에서 '마음'이라는 말을 어떻게 사용하고 있을까? 실은 명확하게 근거지우지 않고 사상사에서 확인하는 작업도 애매하게 남아 있는 것이 실정이다. 김태창 선생은 마음을 내면의 문제로 이해하지 않는다. 내면의 현상이기보다는 자기와 타자의 사이에서 일어나는 작용으로 이해한다는 점에서 철저하다.

"일본어의 '마음'(코코로)은 아무래도 '응축'(코루)되니까요." 일본어의 '마음'(코코로)이라는 말로부터 '안으로 응축되다'(코루)가 연상되는 것 같다. 마음에 대한 이해가 한국과 중국이 제각각 다르다는 것이다. 김태창 선생은 일본어에서의 '마음'은 한 사람의 내면에 생각이 집중되는 인상이 강하다고 본다.

'마음'이라는 문제를 동아시아의 문맥에서 통시적으로 조사해 보고 싶다. 같은 '마음'이라고 해도 일본인이 생각하는 의미의 '마음'에만 한정시키면, 아무래도 대화가 성립하지 않는다. 같은 '심'(心)이라는 한자를 써도 일본인은 이것을 '코코로'라고 읽는다. 반면에 한국인은 '마음'이라고 읽는데, '마음'은 '몸'에서 나온 말이다. '몸'을 철학적으로 해석하면, 위의 'ㅁ'은 '천지운화'(天地運化)라고 해서 우주만물 사이에서 작용하는 '기'를, 아래의 'ㅁ'은 '일신운화'(一身運化)라고 해서 한 사람 한 사람의 인간의 몸에서 작용하는 '기'의 작용을 각각 가리키고, 이것을 매개하는 것(ㆍ)이 '마음'이라고 이해한다는 것이다.

반면에 일본인은 마음을 내면으로 '응축되는 것'으로 이해한다. 반면에 한국인은 천지인을 잇는 매개작용으로 이해한다. '마음'을 안다고 해도 내면적으로 '응축되는' 마음만을 규명한다면 어쩔 수 없이 타자와의 관계가 생겨나지 않는다. 자신이 중심이라고 생각해 버리면 이것도 어떤 의미에서는 타자지배적인 생각이 되어, 타자와 대화적인 환경을 만들지 못한다.

선생은 이시다 바이간(石田梅岩)의 심학(心學)을 다룬 포럼에서 위와 같이 말하고 있다. 마음이라는 개념의 한중일 삼국의 독자적인 전개에 관한 언급은 대단히 흥미롭다. 마음은 일본어 안에서도 다양하게 심화되어 온 개념이다. 특히 예능론(藝能論)이나 가도론(歌道論)의 계보에서 전개되어 왔다.

가령 제아미(世阿弥. 대략 1363~1443)가 비전(秘傳)으로 남긴 노오가쿠(能樂)의 예론(藝論)을 펼쳐보면, 연기를 하는 배우의 마음 작용에 대해서 철저한 사고를 전개하고 있음을 알 수 있다. 배우의 마음 작용은 심신의 지속적인 집중에 의해 지탱된다. '죠하큐우'(序破急)라는 리듬이 노오(能)를 연기하는 데 있어 구석구석에까지 침투해 있다. 이것을 지탱하는 마음의 긴장을 어떻게 단련하고 유지할 것인가가 예(藝)의 비결이다. '노오'(能)의 집중력에 놀람과 동시에 마음의 작용에 관한 이러한 언설로부터 선생이 말하는 '응축되는' 마음이 연상되는 것 같다. 하지만 꼼꼼히 읽으면 실은 관객이라는 타자에게 열려 있으면서, 그 힘을 연기에 활용한다는 생각이 제아미의 예론(藝論)에 들어가 있다. 그러나 선생은 자기로부터 타자로 향하는 마음은 자기와 타자 사이에서 작용하는 마음과는 다르다고 반론할 것이다.

노가쿠(能樂)에서의 마음의 사용법은 무대에서 좋은 평가를 얻는 것이 목표이다. 제아미는 극단을 이끄는 현실주의자이다. 심화의 궁극에 있는 예도론(藝道論)의 개념들은 한편으로는 무대효과를 계산하고 있다. 가령 제아미의 『화경(花鏡)』에는 "동작과 동작 사이를 잇는다"는 말이 있다. 관객석에서 볼 때 "아무 것도 하지 않는" 때가 재미있다. 춤이나 노래가 정지되어 있는 상태가 관객의 눈에는 재미있게 느껴지는 것은 주인공의 집중이 끊기지 않고 마음의 심연에서는 집중이 지속되기 때문이다. "마음을 버리지 않으면서 마음을 쓴다." 이 집중력은 응축되는 것이 아니다. 한 곡 전체를 통해서 높은 강도를 유지한 채, 마음의 근저에서 계속해서 조용히 흐르고 있다. 기예를 갈고 닦는 일은 마음에서 멀어졌다가 다시 되돌아오는 운동을 항상 포함하고 있다. 김태창 선생은 한 사람의 내면에서 자기와 타자 사이를 왕래하는 마음과 실제로 자기와 자기 밖에 있는 타자 사이에서 서로를 잇고 맺고 살리는 마음은 다르다고 생각한다. 어쨌든 마음을 문화적·역사적으로 이해하는 시점이 선생의 논의로부터 성립한다. 여기에서도 선생이 지(知)의 언어를 종횡무진으로 접합한다. 가령 선생은 '뜻'(志)이라는 말을 다음과 같이 읽는다.

> 인간이 능동적이 되어 주체가 될 때에 그 계기를 '마음'과 연관시켜 말해보면, '뜻'이라는 말은 '마음이 지향하는 바를 선택한다'는 의미입니다. 마음의 작용은 다양해서 여러 가지 지향을 그 작용으로 구비할 수 있습니다만, 그중에서 하나의 지향을 선택해서 그것을 몸과 마음으로 추진해 나갑니다. '심학'이 사람들에게 능동적인 주체를 촉구하는데, 그것은 '마음'이 촉구하는 것이 아니라 마음이 지향하는 바를 선택해서 그 방향으로 모든 심신작용을 추진하는 것입니다. 단지 마음만으로는 도덕적 행위자가 못 됩니다. 역시 '뜻'이 필요하지요.

한과 화(和)

한국의 '한'을 일본의 '화'(和) 사상과 대화시키려는 시도는 김태창 선생의 일생의 작업이다. '한'의 정의는 다양하고 다층적이다. '한'이 내포하는 의미는 부정적인 속성에서 긍정적인 것에 이르기까지 다양한데, 다른 언어로는 번역할 수 없다고도 한다. 생명에너지, 살아가는 힘을 중핵으로, 부정을 힘으로 변환시키는 운동성이 '한'의 근본에 있다. 한국의 민족성 근간에 있으며, 정신사로 계승되어 오고 있다. "자신이 받고 있는 고통이나 압박이 부당한 것"이라는 의식이 전제에 있다. 이 심오한 말을 생명론과 관련지어 이해하는 것 외에도, 교토포럼에서 종종 논의된 내용들은 기억에 남는다. 특히 동학사상을 주제로 한 2009년 8월의 공공철학 교토포럼은 그 내용이 충실하였다. 이 포럼에서 김태창 선생은 '한'에 대해서 다음과 같이 단적으로 말하였다.

"'한'은 '기'로 나타나고 생명활동으로 드러난다. 심신의 밖에 있는 영기(靈氣), 즉 우주에 충만한 생명력이 '한'의 중핵에 있다. '한'은 원래 관념이 아니다. '한'은 살아있는 모든 것의 생명을 기르고 전일하게 하고 살리는 힘이다."

"'한'은 개념이 아니라 작용이다. 본체와 작용이 하나가 되어 영성과 이성이 이어지는 한마음(一心)의 경지를 의미한다. '한'이 매개함으로써 생명의 평등이 실천된다."

이러한 생각은 이후의 동학에 깊게 영향을 주었다. 민중이 서로 협력하고 긍정적으로 사는 의미를 서로 기뻐한다. 어떤 경우에도 긍정적으로 장래를 내다보는 의지를 '한' 속에서 느낄 수 있다.

한편 '화'(和)에 대해서 김태창 선생은 "일본은 '장'(場)의 정신이 기본에 있다. '화'(和)를 존중한다. 이것은 독자적인 것으로, 그 독자성을 좀 더 심화시키고 싶다. 왜냐하면 지금 세계에 필요한 정신이기 때문이다"라고 말한다. 나아가서 '화'에 대해서 묘오에(明惠)와 원효 그리고 쇼토쿠태자(聖德太子)를 특집으로 한 『공공적 양식인』(2010년 8월호)에서 흥미로운 논의를 전개하였다.

먼저 "비를 피해 들어간 동굴이 무덤인 것을 안 순간 근본적인 변화가 일어났다"(즉 그 전날 밤에 맛있게 마신 물이 그 다음날 아침에 해골에 담긴 물이었다는 사실을 알고 심한 구토증을 느꼈다는 이야기)고 하는 원효의 체험적 에피소드를 통해서, 마음의 작용이 대상을 만든다는 것, 실체적 언어관에 대한 비판이 체험적으로 이해된다. "마음이 일어나니 여러 현상이 생기고, 마음이 가라앉으니 동굴과 무덤이 다르지 않다. 존재하는 모든 것은 마음의 변화에 지나지 않는다." 이 말은 "의미 해석이 현실을 낳는다"고 하는 선생의 자서전으로부터 엿볼 수 있는 투철한 인간관과 근저에서 통하고 있다.

그리고 '화쟁' 개념에 대해서 "실체적 언어관을 극복하고 어떠한 견해의 진영에도 안주·집착하지 않는다. 모든 일리(一理)를 포섭하여 각각을 살린다. 그 어떤 것에도 얽매이지 않는 입장에서 모든 쟁론을 조화·소통시킬 수 있는 언어능력의 성취"라고 하는데, 바로 여기에서 김태창 선생이 지향하고자 하는 '공공'·공동(共働)의 언어관이 나타나 있다. "말에 의한 로고스의 싸움"을 화통(和通)시키는 일심(一心)의 세계를 설파한다. 화쟁이나 화통은 김태창 선생 자신의 세대에 경험한 갈등과 고뇌에서 나온 말일 것이다.

교환으로서의 타자의 타자성

김태창 선생에 의하면 '한'은 공공성과 소통성을 지향한다. '한'과 '화'(和) 개념을 잇는 실마리로 교환, 즉 기통(氣通)이라는 말에 주목한다. 이시다 바이간(石田梅岩, 1685~1744)을 주제로 한 포럼에서 선생은 다음과 같이 말하였다.

> 제가 특히 일본에 와서 주목한 것은 일본이 일본적으로 세계에 자부할 수 있는 것은 여러 가지가 있지만 '교환'이라는 사고방식입니다. 지배가 아니라 교환 (exchange)입니다. 그것은 일본어로는 '야리토리'(주고받기), '우리카이'(팔고사기)라고 합니다. 반면에 이것을 서양적인 사고방식에서 응축·농축해서 말하면 '토리야리'(뺏고주기)와 '카이우리'(팔고사기)가 된다고 생각합니다. 그럼 야리토리(주고받기)와 토리야리(받고주기), 우리카이(팔고사기)와 카이우리(사고팔기)는 어떤 차이가 있을까요?
>
> 먼저 상대방에게 해야 할 일을 하고 나서, 그 다음에 자신이 취할 수 있는 것을 취합니다. 즉 상대방의 요청에 맞춰 상대방의 요청에 부합되는 형태로 주고 나서, 그다음에 자신이 원하는 만큼 받는 것이 일본적인 교환 방식입니다. 반면에 서양의 경우에는 취할 수 있는 만큼 취하고 나서, 그중에서 줄 수 있는 만큼을 나누어 줍니다. 자기가 전부 사들인 다음에 거기에서 여분이 남으면 판다는 생각입니다.
>
> 이시다 바이간의 경우에도 그가 그린 사회의 모습은 '우리카이'(팔고 사는) 사회입니다. 그리고 사람이 살아가는 데 있어 가장 필요한 '상인도'의 인간의 양심은

"인중직사형(人中直似衡)", 즉 정직과 검약입니다. 이 말은 'take and give'가 아니라 'give and take'이며, 더 나아가서 'given and give'라는 것입니다. 이것이 이시다 바이간이 생각했던 교환의식이었습니다. 이것은 한중일 삼국 간에 공유할 수 있는 교환의식의 기반이 될 수 있지 않을까요?

교환이 성립하기 위해서는 반드시 상대가 있어야 한다. 교환의 장에서 먼저 상대를 세운다. 그다음에 자신이 선다. 교환은 응답의 관계이다. 교환이 이루어지기 전에는 타자는 아직 알 수 없는 존재이다. 먼저 타자를 타자로 '정직'하게 마주 대하고 그 요청을 듣는다. 타자는 결코 타아(他我), 즉 자신 속에 내면화된 타자가 아니다. 타아(他我)를 보고 있기만 해서는 교환은 잘 이루어지지 않을 것이다. 자칫해서 타자의 타자성을 자아로 수렴시켜서는 안 될 것이다. 그렇다면 타자의 타자성을 당신은 어떻게 생각하는가? 이것은 김태창 선생이 끊임없이 나에게 던진 물음이다.

자기 안의 이야기만 할 뿐입니다. 그것을 심화시켜서 최고의 경지에 도달하여 하늘과 일체가 되는 것은 좋은 일이지요. 하지만 거기에는 타자가 없습니다. 자기 생각의 차원이 얼마나 높은지에 대한 이야기이지, 자신과 다른 타자를 앞에 두고 자기와 타자를 어떻게 관계지을지에 대한 생각은 없습니다.

나는 김태창 선생이 다양한 과제 속에서 반복해서 말하는 이러한 발언에 말문이 막힌 적이 많았다.

대화 · 문답 - 타자와의 사이를 열다

이시다 바이간의 '상인도'에서 매우 특징적인 점은 타자, 즉 손님을 세움으로써 자신도 선다는 데에 있다. '정직'이란 이쪽이 정직함으로써 상대와의 관계에 움직임이 생긴다. 나는 이것을 상대에게 맡긴다고 하는 계기가 생겨난다고 해석하고 싶다. 상대방과의 교환은 예측불가하기 마련이다. 상대가 어떻게 나올지는 알 수 없다. 상인도에서의 협상은 그런 관계 세계에서 어떻게 살아갈 것인지가 관건일 것이다.

이시다 바이간의 학문전수의 형태는 문답형식이다. 문답이 중심이다. '학'(學)에서도, 설령 '불학'(不學)이라고 해도 먼저 말을 건다. 누군가 타자, 즉 문답 상대를 항상 준비하면서 만들어 가는 지(知)에는 독자의 가능성이 있다. 아니 원래는 대화에 의해서 비로소 지(知)가 형성되는 것이다. 상대방을 자기 안으로 포섭시키는 형태로 안 것을 기록하면, 극단적으로 말하면 상대방은 필요없다. 세계는 항상 미지·불확정·예측불허라는 데에서 출발한다. 대화에서 상대방은 항상 미지이다. 이 논의는 실천지의 기반을 이루는 것으로, 아직까지 본격적으로 논한 적은 결코 없다고 할 수 있다.

> 타자를 세우는 것이 동시에 자신도 서는 길이라는 것은 실은 공자도 이미 말하고 있는 점입니다. 공자는 『논어』에서 "자기가 서고 싶으면 먼저 남을 세워주고, 자기가 이루고 싶으면 먼저 남을 이루게 하라"고 하였습니다. 이것은 지극히 단순한 말이지만, 이 말을 깨닫기 위해서는 엄청난 시간이 걸렸을 것입니다. 동아시아에서도 유럽에서도, 영국에서도 독일에서도 상당히 오랜 경과를 거쳐서 겨우 여기에 도달했습니다.

김태창 선생의 자서전에서 볼 수 있듯이, '만물일체'를 강조하는 사상에 대한 경계는 타자의 '타자성'을 결코 자아로 흡수시키지 않는 강한 윤리성을 느끼게 한다. 타자는 나의 이해를 그때 그때 초월해 나간다. 나의 앎의 범위를 벗어나는 것일 것이다. 타자란 근본적인 의미에서는 결코 자기와 동일해질 수 없는 것, 합일을 허용하지 않는 것이다. 그래서 듣는 이는 '무지'의 '나'(私)에 직면하지 않을 수 없다. 듣는 이의 자아의 껍질은 여기에서 뒤흔들린다. 하지만 바로 이때가 타자의 '타자성'에 접근할 수 있는 좋은 기회이다. 자기의 해체에서 타자가 경험된다. 이런 타자체험이 있을 수 있다. 놀람과 함께 타자의 타자성을 깊게 알아차리는 순간이다. 타자를 향하고 자기를 초월한다. 타자 그 사람으로 경계를 깨고 마주볼 필요가 있다. 거기에서 타자와 대치하는 자기를 세운다.

타자의 발견은 놀람을 동반한다. 익숙하지 않은 것을 느끼면서 동시에 그것에 인상지워진다. 이타적인(exotic) 것을 만날 때의 힘, 임팩트를 창조적인 방법으로 새롭게 세우는 것은 가능할까? 자기와 타자가 동화되지 않은채, 그 사이에서 열리는 이행(移行)영역이 있다. 김태창 선생은 포럼 때마다 항상 타자와의 사이를 열 것을 강조해 왔다. 이 영역에 대해서 감수성을 고양시키고 싶다. 결코 낙관적인 시점에 떨어지는 일 없이.

맺으며

고도정보화사회가 한창인 오늘날, 한편으로는 문화의 균일성이 가속화되면서도, 다른 한편으로는 문화의 다양성에 대한 재고가 주목되고 있는 지금, 여러 학문 영역에서 타자를 명확하게 위치지우고, 타자에 대한 이해가 어떻게 성립되는지를 묻는 것의 의의는 대단히 크다.

그러나 그렇다고 해서 타자의 '타자성'을 발견하는 것으로 끝나서는 안 될 것이다. 역사인식과 관련된 집단적 억압과 상기의 가능성을 심리학의 입장에서 연구해 주었으면 한다는 김태창 선생의 요청에 나는 아직 대답하지 못하고 있다. 선생에게 있어 갈등 해결의 현장은 태어나기 이전부터의 현실로서 생생하게 존재한다. 사활문제로서 엄연히 존재한다.

이러한 갈등을 대화로 해결해 나가는 것은 어떨까? 그것도 서양에서 전래된 이성에 의한 대화활동이 아니라, 감성과 의지와 언어의 상관연동, 즉 한마음(一心)의 언어에 의한 대화로 진행해 나가는 작업은 바로 지금이야말로 되살려야 할 때이다. 물론 이 한마음은 결코 어느 한 극단에 집중된 내폐적인 심리현상은 아니다. 한마음 대화의 싹은 있다. 생활자의 실천에 즉한 학문 형성은 다양한 영역에서 자각적으로 행해지고 있다. 단지 사태가 일어난 장으로 나가는 것만이 현장은 아니다. 현장이란 사고의 기점을 의미한다. 이것도 김태창 선생으로부터 배운 앎이다. '심리사회지원'이라는 현장을 둘러 보아도, 선생이 20여 년 전부터 착수해 온 '장래세대생성'과 관련된 공동은 지금 지극히 중요한 공공적 과제가 되고 있다.

선생은 80세가 되는 2014년 8월 1일을 기해서 교토포럼을 주관하는 자리에서 물러난다고 한다. 이것은 지난 25년간, 일본에서 일본인들과 함께해 온 교토 포럼 철학대화 활동을 주도하는 일을 그만둔다는 것을 뜻한다. 이 말을 듣는 순간 나는 놀라움을 금할 수 없었다. 시간이 지나고 나서 다시 생각해보니, 당분간의 휴식이 필요하다는 의미가 아닌가 생각한다. 아마도 새로운 앎과 행함의 형태로 한중일의 철학대화 활동을 다른 곳에서 전개하려는 것이리라. 모쪼록 선생의 건강과 발전을 기원할 뿐이다.

(출전『월간 공공철학』제36호, 2013년 12월)

제8장 | 김태창의 공공철학 담론의 의의

박규태_ 한양대 교수

들어가는 말: 김태창은 누구인가

〈주간 동양경제〉라는 일본의 대표적인 경제전문지에서 2003년 신년특집호 특별기획의 일환으로 '위기에 대처하는 23명의 현자의 지혜'라는 주제하에 한 한국인을 인터뷰한 기사가 나간 적이 있다. 김태창이라는 인물인데, 그는 일본의 개혁 방법에 관한 청사진 가운데 일본이 포스트 경제대국으로 남기 위해서는 국가 전체보다는 개개인이 정신적/문화적으로 풍요로워져야 한다는 것, 요컨대 키워드는 민의 힘을 살리는 '활사개공'(活私開公)이며 궁극적인 목표는 '행복공창'(幸福共創)이 되어야 한다고 주장했다(김태창, 2012_11b:15-16). 여기서 말하는 '활사개공'이나 '행복공창'이란 무슨 의미인가? 한일 지식인들이 "타자와의 사이(間)를 연 대인(大人)"(모리오카 마사요시, 2013_12:4), "공자가 말하는 대인 유학자(大人儒)"(야마모토 쿄시, 2013:5), "끊임없이 대화하는 철학자"(오가와 하루히사, 2013_11:2), "탁월한 지식경영인"(최재목, 2013_12:13) 등으로 극찬해 마지않는 김태창이라는 인물은 누구인가? 이런 극찬은 일본에서 가장 한국에 정통한 철학자로 말해지는 오구라 키조의 다음과 같은 수사에서 하나의 정점에 도달한 듯이 보인다.

"그의 이야기는 악보가 없는 강렬한 '생명'의 음악과 같다. 그것은 생명을 짓밟으려고 하는 모든 행위와 사상에 대한 생명적인 대항이다. 한국과 일본의 '틈새'에 이와 같은 철학적 생명 그 자체가 활화산의 분화구처럼 분출되고 있다는 것 자체가 하나의 거대한 사건이다. 그의 강의를 들은 일본인은 전율과 함께 까칠까칠한 위화감, 그리고 소리치고 싶은 듯한 고양을 느낀다. 그는 일본이라는 이국에 오래도록 머물면서 일본어로 일본인들과 무수한 대화를 거듭하고, 한국을 정신적 토대로 삼으면서도 일본인과 함께 새로운 철학을 구축하고자 하는 견실한 노력을 20년 이상이나 계속해 왔다. 과연 누가 지금까지 이런 일을 이루어냈을까? 식민지 지배를 당한 나라의 인간이 그것을 가한 나라의 인간과 철학대화를 계속하고, 그것을 '공공철학'이라는 개념으로 가꾸어낸다고 하는 활동을 그 누가 해낼 수 있었을까?"(오구라 키조, 2013:10-12. 필자 윤문)

다수의 영문저서[7]와 일본어로 간행된 20여 권의 공공철학 시리즈물[8]을 포함하는 놀랄 만한 저술활동과 더불어 교토 소재 〈장래세대총합연구소〉 소장, 오사카 소재 〈공공철학 공동연구소〉 소장, 〈수복서원〉 원장 등을 겸임한 김태창은 1998년 4월에 사사키 다케시(佐々木毅) 전 동경대총장 및 주식회사 펠리시모의 대표 야자키 카츠히코(矢崎勝彦)[9]와 함께 〈공공철학 교토포럼〉을 창시하여 현재까지 일본 국내외의 2천여 명이 넘는 일급 전문학자들을 끌어들여 공공철학 붐을 불러일으킨 장본인에 다름 아니다.[10] 사실상 그가 〈공공철학 교토포럼〉을 통해 종래의 멸사봉공(滅私奉公)적 공공성뿐만 아니라 멸공봉사(滅公奉私)적 미이즘(meism)의 문제점을 비판하면서 그 대안을 모색하기 시작한 시기는 일본에서 '공공철학'이라는 말이 사회적으로 침투[11]하기 시작한 시기와 거의 일치한다.

1934년에 청주의 이른바 '다문화가정'[12]에서 출생한 김태창은 "나는 일본인으로 태어나서 그 후 한국인이 된 인간이다. 유소년기는 일본어라는 국어 상용이 의무화된 생활환경 속에서 자라나 일본문화를 알고 일본역사를 배웠다. (중략) 나는 '일본인임'을 의심한다든지 분명한 위화감을 가지는 일은 없었다"(金泰昌, 2002b:199)고 식민지 소년의 아이덴티티를 회술한다. 해방 뒤 연세대학교 정치외교학과 졸업 후 고등학교에서 영어, 독일어, 불어 등을 가르치면서 대학원 과정을 마쳤다(정치학박사). 젊었을 때부터 미국을 동경했던 그는 결국 풀브라이트 장학생으로 미국 유학길에 올라 국제관계철학을 연구하게 된다. 그러나 이에 만족할 수 없었던 김태창의 학문적 열정은 그를 영국, 독일, 프랑스, 북유럽, 스칸디나비아 반도, 동유럽 등 5년에 걸쳐 56개국을 돌며 인간학적 체험을 추구하는 방랑자로 만들었다.[13] 귀국 후 충북대 사회과학대 학장을 역임하기도 했는데, 학생운동이 한창일 때 제자들로부터는 체제옹호적이라고 비난받고 국가권력으로부터는 체제비판적이라는 의심을 받아 한때 체포 감금되어 심한 고문을 받고 목숨을 잃을 뻔했던 적도 있었다고 한다. 그러다가 그는 1990년에 환갑을 앞둔 나이에 일본으로 간다. 더 이상 방황할 여유도 없고 여력도 없어서 앞으로는 일본에서 중국과 한국을 왕래하면서 친구들과 힘을 합쳐 어떤 모델이라도 제시하고 싶다는 생각을 하면서, 국경을 초월하여 시민들끼리 만들 수 있는 좋은 사회를 꿈꾸게 되었다는 것이다.[14]

본고는 이와 같은 김태창이 주창한 공공철학의 특징, 그리고 그의 비전이 일본 사회에 받아들여지게 된 배경을 되물으면서 현대 일본사회에서의 그의 공공철학 담론의 의의를 규명하고자 한다. 물론 일본의 공공철학 또는 공공성 담론은 비단 김태창이 주도해 온 〈공공철학 교토포럼〉만의 전매특허가 아니다. 이와 전혀 무관하게 일본의 여러 곳에서 동시다발적으로 일어난 공공철학 담론도 많이 있기 때문이다.[15] 이하에서는 이 점을 염두에 두면서 주로 김태창의 공공철학 담론에 초점을 맞추어 논의를 전개하고자 한다.

1) 공공철학 교토포럼: 왜 일본인가?

〈공공철학 교토포럼〉[16]은 1998년 4월에 발족한 이래 현재까지 약 17년 이상 거의 매달 한 번 꼴로 개최되었는데, 매회 3일에 걸쳐 매일 아침 9시부터 오후 6시까지 시종 진지한 분위기 속에서 진행되며 한 주제당 발표 20분에 토론 40분이 주어지고 종합토론까지 포함해 철저한 대화 위주의 형식으로 진행되어 왔다. 이 포럼에서는 지금까지 사상사뿐만 아니라, 시민사회, 국가, 경제, 중간집단, 과학기술, 지구환경, 자치, 법률, 도시, 리더십론, 종교, 지식인, 조직, 경영, 건강, 의료, 세대간 관계, 자기론, 매스미디어, 언어, 교육, 비교사상, 각 나라별 공사문제, 고도정보화사회, 세대계승 문제, 성차 문제 등 모든 분야에 걸쳐 '공공'의 관점에서 학제간 토론이 이루어져 왔다. 또 전술했듯이 그 내용의 3분의 1정도가 동경대학출판회를 통해 〈시리즈 공공철학〉 전20권으로 나왔으며, 기타 〈시리즈 이야기론〉 전3권 및 관련 단행본들로 계속 출간되고 있다.

제1회 포럼의 논의는 '공과 사의 사상사'에서 시작되었는데, 그 기조는 "공공은 공에 친밀성이 있고 사의 반대에 위치한다"는 것이었다. 이는 하나의 전략적 접근이었을 것이다. 당시 거품경제가 붕괴된 후의 일본에는 '공공'이라는 이름하에 관료사회의 특징인 공을 강화해야 한다는 논조가 있었다. 이와 함께 전전(戰前), 메이지와 에도시대로의 회귀를 꿈꾸는 향수가 사회 전반에 걸쳐 꿈틀거리고 있었다. 그래서 먼저 '공'의 긍정적인 측면에 초점을 맞출 필요가 있었을 것이다. 하지만 그 후 김태창은 '활사개공'이라는 슬로건을 전면에 내세우면서 '공'에 편향된 일본인들의 정신풍토에 변화를 일으키고 '사'의 긍정적인 측면을 점차 부각시켜 나갔다. 그리하여 '사'를 살아 있는 개개인의 원초적인 행복의 지로 재해석하고 그것이야말로 제도적 지배 가치에 우선하는 참된 인간적 가치의 자연적 기반이라는 문제의식을 제기했는데, 이는 마치 공천하국가(公天下國家)로서의 일본을 송두리째 탈구축하려는 듯한 야심찬 기획이었다. 그 과정에서 기본적으로 공적 성향이 강한 제도권 학자들의 반발과 적개심을 사기도 해서 충돌과 불화가 적지 않았지만, 김태창은 역사상 '공'이 일원적으로 민을 짓눌러 온 일본에서 '공공'을 '민과 함께 하는 공공'으로 의미변용하기 위해 공공철학을 동아시아 삼국의 범위에서 확실하게 구축한다는 전략을 선택하게 된다.(야마모토 쿄시, 2013:4-5)

김태창은 이와 같은 포럼의 흐름에 주도적으로 참여한 연구자들을 네 세대로 구분하고 있다. 예컨대 제1세대의 미국 및 유럽 전문가들, 미조구치 유조를 비롯한 제2세대의 중국사상/철학/문화 전문가들, 다나카 쇼조(1841-1913)의 민중적인 공공성 담론을 개발한 제3세대의 일본사상/철학/문화 전문가들,[17] 그리고 오구라 기조(小倉紀藏)의 주자학 연구, 야규 마코토(柳生眞)의 최한기 연구, 가타오카 류(片岡龍)의 한일비교연구 등 현재 공공철학 담론을 주도하는 제4세대의 한일 비교사상/철학/문화에 관련된 전문가들이 거론되고 있다.(김태창, 2013_7:8-9)

이 가운데 특히 철학, 윤리학, 역사학, 사상사, 정치학, 경제학, 법학, 과학론, 공공정책론 등 다양한 학문적 입장에서 21세기에 알맞는 공공성을 추구한 제1회 포럼에 즈음하여 김태창이 밝힌 취지에 주목해 보자. 그는 이때 반성적 작업으로서의 철학을 강조하면서 공공철학의 기본 과제를 '인간과 국가의 관계를 고찰함에 있어 중간적인 매개 영역의 활성화·건전화·성숙화'에서 찾으면서 특히 구체적인 생활세계의 공공성과 국가를 넘어선 공공성의 지평이 결합된 '글로컬한 공공성'의 창출을 제안하고 있다. 이를 위해 일본에 있어 공사 관계의 규명 및 서구 공사관계와의 비교를 통한 재구축의 작업의 필요성을 주장한다. 김태창에 의하면, 현재 일본에서 행해지는 공사 담론은 '공'의 문제에 편중되어 예컨대 종래의 '공'을 부활시키는 것이 문제해결책이라는 발상에 기울어져 있다. 이런 상태를 극복하기 위해 포럼은 철저히 대화정신에 입각한 의미생성적 대화공간[18]을 추구해야 한다는 것이다.(金泰昌, 2001a:iv-xi)

이처럼 포럼 초창기부터 공공철학을 '대화로서의 철학'으로 규정했던 김태창의 인식론적 태도는 그의 서구 경험에서부터 배양되었다. 그는 특히 노르웨이에서 자기와 타자 '사이'에 있어 대립/갈등/분쟁하는 당사자 쌍방의 주장/요구/의도에 귀를 기울여 성실하게 경청하는 태도에 입각한 대화가 이루어지는 모습을 보고 깊은 감명을 받았다고 한다. 이와 더불어 불신을 조정하고 불화를 해소하며 적의를 완화시키기 위한 학제간 횡단매개적인 연구 활동이 중시되는 학계 풍토와, 거기서 산출된 성과에 기초하여 유럽이나 중동에서의 조정자 역할을 지향하는 자타 상화(相和)의 시민철학을 경험했다. 그런 경험 위에서 김태창은 동아시아에서의 자타 상화적 시민철학의 태동과 양육과 성숙을 일본에서의 철학대화에 기대한 것이다. 그는 1990년대 후반의 동아시아 정세에서 중국이나 한국에서는 그런 동향을 기대하는 것이 현실적으로 무리라고 생각했던 모양이다. 반면에 일본에는 막부 말기의 사상가 요코이 쇼난(橫井小楠, 1809~1869)이 세계의 조정자 역할에 충실하자고 하는 국가상을 역설한 역사적 실례가 있는데, 이런 사상 자원을 새롭게 살리고 발전시킨다면 무언가 새로운 가능성이 있다고 기대한 것이다. 물론 그는 과거 일본의 허상과 일본인의 위심(僞心)이 20세기 동아시아에 그늘을 가져온 원인이었다고 말한다. 그러면서도 그는 일본인의 본심(진심, 실심)만 부활된다면 반드시 동아시아의 밝은 미래를 향한 움직임이 강화될 수 있다고 하는 희망적인 전망을 가지고 있었다.(김태창 편저, 2010:30-32) 이와 관련하여 김태창은 자신이 일본에서 공공철학 운동을 펼치게 된 소이연을 다음과 같이 밝힌다.

"저의 일본학습은 주로 동경대학 법학부와 국제일본문화연구센터(교토 소재)를 중심으로 행해졌습니다. 여러 시행착오를 반복하는 가운데 마침내 당도한 것이 '공'과 '사'라는 관점에서 일본의 과거와 현재와 장래를 다시 한 번 조명해

보자는 생각이었습니다. 그것은 저의 문제의식일 뿐만 아니라 많은 일본인들의 문제의식이기도 했고, 나아가 일본의 정치/경제/사회/문화 등과 관련해서 그 문제로서의 의미와 위상이 커지고 있었다고 하는 당시의 사정과도 관련되어 있습니다."(김태창 편저, 2010:32)

여기서 말하는 '당시의 사정'에 대해 좀 더 살펴보기로 하자. 1960년대 일본 사회학에서는 '공공성' 문제가 상당히 논의되었는데, 고도성장기가 끝난 70년대 중엽 이래 이 테마는 거의 다루어지지 않게 되었다. 이어 80년대에 들어서면 '미이즘'(meism)라 불리는 사생활주의의 만년에 의한 '공'과 '사'의 괴리 및 그것의 전형적인 표출로서 가족이나 지역공동체와 같은 중간집단의 쇠퇴가 두드러지게 된다. 한편 90년대에는 개인주의와 경쟁을 주축으로 하는 신자유주의적 시장원리주의 및 경제중심의 글로벌리즘의 발상이 세력을 얻어 목적달성을 위해서는 수단을 가리지 않는 풍조가 공공성의 무대를 잠식하고 사적인 생활세계에까지 깊이 침투하게 된다. 이리하여 90년대 말 오부치 케이조 내각 때 '공이냐 사이냐'라는 공사 문제가 정계의 중심문제로 부각된 사회적 배경하에서 전술한 〈공공철학 교토포럼〉이 발족하기에 이른 것이다.[19] 이에 대해 김태창은 '1998년 당시의 상황을 직시해 보면 이러한 일은 일본 이외의 나라에서는 도저히 불가능했을 것'[20]이라고까지 단언하기도 한다.

2) 김태창의 공공철학 비전

김태창은 자신이 말하는 공공철학은 무엇보다 먼저 서구적(특히 미국발) 개념의 추수나 적용이 아니라 어디까지나 동아시아발이라는 점을 누누이 강조하였다. 학계에서 일반적으로 '공공철학'(public philosophy)이라 하면, '국가적 공'의 개념과 명확히 다른 '공공성'(publicness, Öffentlichkeit) 개념을 제시한 한나 아렌트와 하버마스[21] 및 미국에서 처음으로 '공공철학'이라는 용어를 사용(1955년)한 리프만, 공공철학으로서의 사회과학을 주장한 로버트 벨라, 공동체주의적 공공철학을 제창한 마이클 샌델 등에 의해 20세기 후반에 새롭게 등장한 학문을 지칭한다.(山脇直司, 2002b:1) 한편 김태창은 공공철학을 크게 세 범주로 나눈다. 즉 '공공의 철학', '공공성의 철학', '공공(하는) 철학'이 그것이다. 여기서 '공공의 철학'이 시민의 입장에서 생각하고 판단하고 행동하고 책임지는 철학을 가리킨다면, '공공성의 철학'은 '공공성이란 무엇인가'라는 문제를 학술적으로 규명하고자 하는 전문가 지향의 철학을 의미한다.[22] 이에 비해 김태창이 자신의 공공철학 개념으로 제시하는 것이 바로 '공공(하는) 철학'이다. 이는 '공공'을 명사가 아니라 동사로 이해하면서 공사이원론을 넘어서서 '공-사-공공'의 상극/상화/상생적 삼원사고를 축으로 하여 자기와 타자와 세계를 상호 연동적으로 이해하는 철학, 혹은 전문가와 시민이 공공하는 철학을 지칭한다.(김태창 편저, 2010:72-76/김태창, 2007:82-85/김봉진, 2007:114-120) 이와 관련하여 김태창은 이렇게 적고 있다.

"일본학자들은 대체로 일본어의 공(오호야케)에는 영어의 퍼블릭이라는 의미가 들어가 있지 않으며, 따라서 공공성이라는 개념은 서양에서 들어온 것이라고 여기는 경향이 많다. 그래서 공공철학 하면 반드시 미국의 public philosophy와 관련시켜 논한다. 하지만 내가 말하는 '공공(하는) 철학'은 그 주요 용어도 기본개념도 미국이나 유럽과는 무관하다. 다시 말해 공공(성)은 서양에서 수입된 개념이 아니다. 내가 사용하는 '공공(하는) 철학'의 개념은 결코 리프만의 책이름에서 유래한 것이 아니다. 그것은 한중일의 사상자원을 재해석해서 나온 것이다."(김태창 편저, 2010:80-81/김태창, 2007:89. 필자의 윤문)

김태창에 의하면 미국발 public philosophy는 위에서 언급된 세 가지 공공철학 유형 가운데 하나인 '공공의 철학'과의 대비에서 언급할 수 있는 '공의 철학'과 '공공성의 철학'의 일부로 구성된 것에 다름 아니다. 그러니까 '공공(하는) 철학'은 public philosophy보다 더 포괄적인 철학이라는 것이다.(김태창 편저, 2010:79) 김태창은 이 점을 입증하기 위해 동아시아의 고전들을 샅샅이 조사하여 '공공'이라는 용어와 개념의 전거를 찾아내는 데 힘을 쏟았다. 가령 중국의 경우 사마천의 『사기』에 나오는 '천하공공'이라는 표현이라든가[23] 『주자어류』의 '천하

공공'이나 '중인공공', 일본의 경우는 17세기 이토 진사이라든가 19세기 요코이 쇼난 혹은 다나카 쇼조 등의 유학자들에게 있어 '공'과는 구별되는 '공공'이라는 표현, 그리고 한국의 경우는 16세기에 '공공지물'(公共之物)을 언급한 이이라든가 '공공상의'(公共商議), '공공심실'(公共審實) '공공출납'(公共出納) 등을 언급한 정약용의 사례 등이 그것이다.(김태창 편저, 2010:82-85/김태창, 2007:89-92) 요컨대 김태창의 공공철학은 미국발 public philosophy와 차별성[24]을 갖는 동아시아발 개념이라는 것이다.

이와 같은 동아시아발 공공철학의 세 가지 이념형적 목표로 김태창은 활사개공(活私開公)·공사공매(公私共媒)·행복공창(幸福共創)이라는 신조어를 제시한다. 먼저 '활사개공'이란 공과 사의 어느 한쪽만을 강조해왔던 전통적인 '공 철학'(滅私奉公) 또는 '사 철학'(滅公奉私)에서 탈피하여 양자를 연결하여 '공'(국가, 제도세계)과 '사'(개인, 생활세계)를 모두 살리고자 하는 것을 의미하는 말로, 공공철학에 있어 '전가의 보검'과 같은 핵심 개념이라 할 수 있다. 여기서 특히 '활사'의 '사'가 단순히 '자기'가 아닌 '타자'와 관련된 개념이라는 점에 유의하지 않으면 안 된다. 요컨대 '활사'는 타자의 '사'를 살리는 것을 뜻하며, 그러면 자기로서의 '사'도 동시에 살게 된다는 것이다.(김태창 편저, 2010:42) 바꿔 말하면 이는 한 사람 한 사람의 존재와 가치와 존엄을 강조하는 것이다. 그리고 이를 바탕으로 국가와 정부와 체제를 좀 더 인간친화적인 것으로 변혁시키는 것, 그것이 바로 '개공'이다.(김태창 편저, 2010:129) 김태창이 생각하는 '공공세계'란 이와 같은 활사개공을 가능케 하는 상호매개적인 중간집단/조직/구조를 가리킨다.

"제도세계에서 지배적인 영향력을 행사해온 '공사대립적·공선사악(公善私惡)론적' 사고구조를 탈구축해야 한다. 그러기 위해서는 생활세계의 기본지향인 '사'의 생명·생존·생활의 자립과 질적 향상에 대한 인식을 새롭게 하고 상보상생적인 활로를 찾아야 한다. 여기에서부터 멸사봉공도 아니고 멸공봉사도 아닌 '활사개공'을 낳고 키우는 공공세계가 열릴 것. 지금의 문제는 제도세계와 생활세계가 서로 동떨어져서 잘 연결되고 있지 않으며 전자가 후자를 일방적으로 지배한다는 데에 있다. 그러니까 제도세계와 생활세계를 그 사이에서 함께 더불어 편향 없이 잇고 맺고 살리는 상호매개적 '중간역동'(力働)(중간집단, 중간조직, 중간구조)이 필요하다. 이런 중간역동을 포괄적으로 '공공세계'라 한다."[25]

김태창은 이런 공공세계의 역학을 '공사공매'라고 부르기도 한다. 이 공사공매는 '사'적인 시민이 마음을 같이 하고 힘을 합쳐 개인의 생활세계와 제도세계(국가 · 정부 · 체제)의 '사이'에서 다원적인 매개작용을 발휘함으로써 '공공의 시민'이 되는 것을 의미한다. '공공의 시민'은 멸사봉공의 극단에 빠져들기 쉬운 공민(公民, 공중 또는 국민)도 아니고 멸공봉사 쪽으로 치우치기 십상인 사민(私民, '사'적인 시민)도 아니다. 그는 활사개공과 공사공매를 추구하는 공공민(公共民)인 것이다. 이런 의미에서 공공철학은 '활사개공의 철학'이자 '공사공매의 철학'이라 할 수 있다.(김태창, 2007:98) 나아가 김태창은 한국인과 일본인을 비롯하여 모두가 함께 행복해지는 공복(共福)의 공공세계를 일컬어 '행복공창'이라고 한다. 이는 역사적, 문화적 '동질성'에 기초한 연대론을 확대 · 심화 · 축적해 나가는 공존의 형태(私共)가 아니라, 이질적인 타자와의 대화를 통해서 그 이타성(異他性)을 부정 또는 말살하지 않는 방향에서 서로의 행복을 보증하려는, 즉 공공하는 행복을 지향한다. 다시 말해 이는 '활민공복'(活民共福) 즉 한 사람 한 사람이 지닌 생명력의 약동을 키우고 그것들이 함께 서로 어우러지는 가운데 모두가 진정으로 행복하게 되도록 최선을 다한다는 것을 의미한다.[26]

이처럼 활사개공 · 공사공매 · 행복공창을 추구하는 공공철학은 일면 낭만적이고 낙관적인 이상주의처럼 보일지 모르겠다.[27] 하지만 김태창에게 그것은 지극히 현실적이고 친생명적인 실천철학으로서의 '공공하는 철학'을 의미한다. 여기서 '공공한다'는 것은 구체적으로 자기와 타자 '사이'에서 '대화(對話)한다' · '공동(共働)한다' · '개신(開新)한다'의 삼차원 상관적인 활동연관을 가리킨다.[28] 공공철학의 세 가지 실천 강령이라 할 만한 이 대화 · 공동 · 개신이 의미하는 바는 무엇인가? 전술했듯이 독화(모놀로그)와 대비되는 대화(다이얼로그)는 공공철학이 지향하는 바가 전문가와 대중이 마주보며 이야기하는 시민철학으로서의 '대화의 철학'에 있음을 잘 보여준다.[29] 한편 공동 협력으로서의 공동(共働)은 뜻을 같이하는 자들끼리 경제적 기반을 부분적 혹은 전면적으로 공유한 상태에서 공공세계를 새롭게 열어가기 위해 동지적인 연대를 구축하며 일하는 것을 의미한다. 이때 "공공세계를 새롭게 열어가기"가 지칭하는 것이 바로 개신(開新)이다. 미래개척 혹은 새로운 지평열기로서의 개신은 '공'을 열어 공공세계를 새롭게 연다는 것을 의미한다. 여기서 '공'이란 구조화된 가부장주의, 고정관념, 이데올로기, 할거견(좁은 시야), '사'(인간) 없는 체제, '사'(인간) 없는 국가의지, 민을 사물화(私物化)하는 지배자 이기주의 등을 가리킨다. 이런 공에 금을 내어 공사공매와 활사개공의 길을 여는 것이 개신이다.(야마모토 쿄시, 2013:13-15)

이상에서 살펴본 대로 활사개공-공사공매-행복공창이라는 세 가지 목표와 대화·공동·개신이라는 세 가지 실천 강령을 함축하는 공공철학의 특징적 관점은 다음 몇 가지로 요약될 수 있겠다.

(1) 대체로 내면지향적인 '보고 생각하는' 혹은 '읽고 말하는'(說) 기존의 철학(학문)에 비해 김태창의 공공철학은 자기와 타자 '사이'의 발화·응답 관계에 입각한 '듣고 이야기하는' 철학으로서 "다른 철학이 어딘가 감추고 있는 권위주의와는 일정한 거리를 둔다."(김태창 편저, 2010:27-29) 이와 관련하여 김태창은 '내재·내향·내발'도 아니고 '외재·외향·외발'도 아닌 '간재(間在)·간향(間向)·간발'(間發)의 중시가 자신의 기본 입장임을 밝히고 있다. 즉 안과 밖의 '사이'에서서 그 '사이'로부터 안과 밖의 양방향을 맺고 잇고 살린다는 것이다.(김태창 편저, 2010:45)

(2) 공공철학은 '사'에 대해 새로운 물음을 제기한다. 예컨대 '활사개공'에서 가장 중요한 것은 '사'에 대한 새로운 이해이다. 종래 '사'는 가능하면 억압하고 다스려야 할 대상으로 여겨졌지만, 이제는 그런 '소멸'에서 '살림'(活/生/行)으로서의 '사'로 발상을 전환해야 한다는 것이다.[30]

(3) 공공철학은 시대적 요청성에 민감하다. 가령 공(남자)과 사(여자)의 젠더적 배치를 비판하는 페미니즘적 문제제기[31]에서 자극받은 김태창은, 오늘날의

'공공성' 논의에 여성이 부재한다는 점을 지적하면서 '사'는 우리 모두의 일상생활 속에서는 남녀라는 성별로 나뉘어진 신체적 차이를 지닌 인격적, 인칭적 존재로 살고 있기 때문에 성차라는 관점이 공공론에 도입될 필요가 있다고 주장한다. 또한 그는 공공철학 담론이 결국 일본이라는 국가의 틀 안에 머물러 버림으로써 국경내적, 민족차별적, 자문화중심적 경향이 암묵적인 전제로 당연시될 위험성을 우려하면서 월경적 관점을 강조한다.[32] 이와 아울러 김태창은 '공'(국가/정부/관료)과 '사'(개인/시민)에 대해 독립변수로서의 '공공' 개념을 상정하면서 그것을 '인류와 지구'(글로벌), '국민국가'(내셔널) 그리고 한 사람 한 사람의 '생명·생존·생업의 현장'(로컬)의 삼차원 상관적 공매 즉 '글로내컬'로 이해할 것을 제안한다.(김태창 편저, 2010:54-55)

(4) 이와 같은 글로내컬적 관점에서 엿볼 수 있듯이, 공사 이원론에서 '공-사-공공'의 삼원론을 상정한다는 데에 공공철학의 새로운 발상전환이 있다. 전통적으로 일본의 '공'은 '사' 위에 군림하면서 '공'에 의한 '사'의 지배와 탄압과 부정을 정당화해 왔다. 이런 '공'과 달리 '공공'은 '공'과 '사'를 상하관계나 우열관계가 아닌 대등관계로 파악함과 동시에 쌍방 '사이'에서 어느 쪽도 부정되지 않도록 중개/매개/공매하는 기제이자 작용을 가리킨다.[33] 요컨대 김태창의 공공철학에 있어 '공'과 '공공'은 명백히 다른 범주에 속한다.(金泰昌, 2002a:ⅲ)

(5) 요컨대 '활사개공' '공사공매' '행복공창'으로 '공공(하다)'를 재정립하고자 하는 김태창의 공공철학은 인식론적 전환에 머무르지 않고 더 나아가 전혀 새로운 지식체계의 창출을 추구한다. 이른바 '친생명적 실천지'로의 전환이 그것이다.[34] 바꾸어 말하면 이는 종래의 공지(公知)와 사지(私知)[35]와는 전혀 다른 새로운 지식 패러다임으로서의 공공지(公共知)를 가리킨다. 그것은 자타상생의 지, 국가나 국민과 같은 틀을 넘어서는 탈경계적 지, 세계/우주/장래세대로 확산되는 글로벌과 현실의 생활현장인 로컬이 상호모순을 안고 있으면서도 내셔널의 차원에서 서로 이어지는 글로내컬한 지, 시민의 협동네트워크를 통해 생생하는 민중지, 국민도덕이 아니라 인간의 기본적인 덕성을 함양하는 공감지,

자타간 만남의 증언과 공감기억을 중시하는 역사의 지, 과거세대와 현재세대와 장래세대의 삼세대가 함께 더불어 참된 행복을 이루려는 공복지(共福知), 생태윤리적 양심과 생태미학적 감성을 그 중핵에 두는 매우 새로운 양태의 체험지, 생활자의 자립과 그 생활의 질적 향상을 통해 생활세계를 충실하게 하고 고양시키는 생명지·생활지·생업지, 다양성이나 이질성에 대해 열려 있는 다성적인 대화지 등으로 무수한 동심원의 파문으로 퍼져나간다. 한마디로 김태창의 공공철학은 동질성(폐쇄적인 동일성)과 통합성(배타적인 단일성)을 지향하는 공지와 사지 및 신격화된 전문지로부터 이상과 같은 공공지로의 전환을 촉구하고 있다.(김태창, 2013_5:5-8)

3) 공공철학 담론의 일본적 의의

(1) 영성적 지식인으로서의 김태창: 스피리추얼리티 담론[36]

고베대학 교수인 심리학자 모리오카 마사요시(森岡正芳)는 김태창을 만나면 '누구나 예외 없이 느끼는 강렬한 에너지'(모리오카 마사요시, 2013_12:5)에 대해 언급하고 있다. 직접 만나지 않더라도 그의 삶의 궤적을 따라가다 보면 이 말이 의미하는 바를 실감하게 될 것이다. 몇 가지 에피소드만 상기해 보자.(김태창, 2012_10:1-6) 김태창은 6.25 때(당시 중학교 3학년) 인민군에게 붙잡혀 총살당할 위기에 처했을 때 기적처럼 자신을 구해준 것은 '말'이 지닌 신기한 힘이었다고 회상한다.[37] 이윽고 전쟁이 끝난 뒤 어느 날 불치병(척수염)으로 전신불수가 된 김태창은 회복될 가망이 없다는 선고를 받게 된다. 그때 그는 김태창은 "아직 해야 할 일이 남아 있다. 여기에서 죽으면 곤란하다. 인민해방군의 갑작스런 포위에도 살아남았는데, 여기에서 병마에게 지는 것은 억울하다. 무슨 일이 있어도 반드시 살아남을 수 있도록 대우주의 생명력이 작용할 것"이라 믿었고 그는 다시 살아났다. 당시 그는 만약 기적이 일어나서 살아남는다면 "말을 가지고 세상에 이바지하고 싶다"는 맹세를 했다고 한다.[38] 그 후 고등학교 때 허약한 체질로 인해 학교에 거의 가지 못하고 집에서 혼자 독학했던 김태창은 대학 입시 시험 당일 영어시험 때 아무것도 생각이 나지 않아 '나'라는 존재의 철저한 무능력을 절실하게 통감하면서 난생처음 필사적으로 하느님께 기도했다고 한다. 얼마나 시간이 흘렀을까, 감독관이 흔들어 깨워서 눈을 뜨고 시험지를 다시 읽으니까 신기하게도 답이 저절로 나왔고 그는 영어시험 최고득점자가 되었다.[39]

마치 신종교 교조전을 보는 듯한 이런 에피소드에서 우리가 일종의 종교적 신비체험을 읽어내기란 그리 어렵지 않을 것이다. 흥미롭게도 우리는 이런 체험의 흔적을 그의 공공철학 기획에서도 쉬이 찾아볼 수 있다. 가령 김태창은 앞에서 공공철학의 키워드로 언급했던 '활사개공'의 "'활사'란 자신의 사(私)가 살려진다는 것이 아니라, 타자의 사가 살려짐에 의해 자신의 사가 살려진다고 하는 통민운화(通民運化, 자신과 타자의 결합)"라고 규정하기도 하는데, 여기서 '사'를 자신이 아니라 타자라고 보는 역전은 다름 아닌 기학(氣學)의 관점에서 볼 때 일어나는 것이다.[40] 이때 '살린다'가 아니라 '살려진다'(生かされる)는 김태창의 표현은 일본인의 종교적 심성 한가운데에서 작동하는 중요한 코드이기도 하다.

나아가 앞서 언급한 공공철학의 세 가지 실천 강령 즉 '대화 · 공동 · 개신' 또한 그 핵심에는 종교적 차원이 숨겨져 있다. 가령 김태창은 『만엽집』의 '말의 영적 에너지가 꽃피는 나라'(言靈の幸はふ國 事靈のさきはふ國)라는 시적 표현을 대단히 좋아한다. 이는 고대일본의 '언령'(言靈)신앙을 반영하는 시적 표현으로, '대화'의 수단인 말 하나하나에 생명이 깃들어 있고 말의 주고받음 자체가 수많은 서로 다른 꽃들의 생명으로 피어나 그 아름다움이 사람들의 마음속에 행복감을 불러일으키는 나라에 대한 동경이 묘사되고 있다. 한편 '개신'을 마음의 차원에서 말하면 '깨달음의 체험'이다. 그러므로 뜻있는 사람들끼리의 '대화'와 '공동'은 인간의 숨겨진 가능성을 각성케 함으로써 혼돈의 세계를 '말의 영적 에너지가 꽃피는 나라'로 바꿀 수 있다. 그런 행복한 세계를 함께 만들어 나가는 (幸福共創) 움직임이 바로 '개신'이라는 것이다.(야마모토 쿄시, 2013:11-16) 사실상

공공철학의 최종목표라고도 할 수 있는 '행복공창'의 비전은 '공'과 '사' 그 어느쪽도 억압되거나 부정당하는 일 없이, 양자 모두가 서로 상보적으로 개선·향상·전진하는 '활사개공'을 전제로 한다.(김태창 편저, 2010:43) 이런 의미에서 '행복민주주의'[41]를 주창하는 김태창은 행복을 사적 만족이나 국가의 공적 조정이라는 관점에서가 아니라 자기·타자·세계의 상관관계에 있어 감동·공감·공명이라는 관점에서 새롭게 파악하면서 '공복'(共福, 함께 행복해진다) 또는 '향복'(響福, 너의 행복과 나의 행복이 교향한다)을 지향점으로 제시하고 있다.[42]

요컨대 김태창의 공공철학은 '가르침의 학문'이라기보다는 '깨달음의 학문'(김태창 편저, 2010:469)이라 할 수 있는데, 이와 같은 '깨달음의 학문'은 김태창이 "공공이성만으로 공공성이 보장된다고는 생각할 수 없다. 그래서 공공감정이라든가 공공의지라든가 공공영성의 문제도 생각하지 않을 수 없다."(김태창 편저, 2010:136)고 말할 때의 '공공영성'[43]과 떼려야 뗄 수 없는 하나의 세트를 구성한다. 그는 이런 근거로서 '공공감정'과 '공공영성'에 관한 뚜렷한 격론이 명시되어 나오는『조선왕조실록』의 사례를 제시하기도 한다.[44] 이처럼 김태창의 공공철학은 그 안에 뚜렷한 종교적 경지를 함축하고 있다. 하지만 그가 공공철학을 일종의 '신종교'적인 것으로 구상한 것은 물론 아니다. 이와 관련하여 그는 "공공철학의 핵심은 깨달은 자의 무분별지(진여)가 아니라, 어디까지나 범부의 분별세간지에 머무르는 데 있다."(김태창 편저, 2010:45)든가, 일본신화에서 만물생성력을 가리키는 영성인 "무스히(産靈)는 신의 조화가 아니라 실은 인간적 활동이라고 하는 인식전환이 필요하고 또 중요하다."(김태창, 2012_10:7)고 못을 박는다.

이상과 같은 의미에서 김태창은 전형적인 '영성적 지식인'[45]이라고 불릴 만하다. 이런 영성적 지식인은 '생명은 반드시 서로를 살림으로써 비로소 생기 있고 활기 있게 된다는 것, 거기서 진정한 행복을 느낄 수 있다는 사실을 인식할 필요'와 '어떤 일이든 자기 혼자의 힘으로만 되는 것은 아니며, 자기가 최선을 다하면 반드시 천지만물이 자기 편이 되어준다고 하는 깊고 깊은 감사의 마음'을 느낄 줄 아는 지식인이다. 그는 '어떤 상황에 처해도 보다 좋은 미래에 대한 희망을 잃지 않는 낙관주의자임과 동시에, 인간은 근본적으로 선하다고 하는 신념으로 살아가는 성선설의 입장에 서는 인간이자 미래에 대한 신념을 포기하지 않는 사람'에 다름 아니다.(김태창, 2012_10:11-15)

(2) 일본 담론: 부정적 일본문화론의 전략적 복권

김태창의 공공철학 담론에는 일본/일본인/일본문화에 관한 부정적 담론들이 많이 등장하는데, 이런 일본 담론의 의미를 제대로 파악하지 못한다면 그의 공공철학에 대한 이해는 대단히 불완전한 것이 될 수밖에 없다. 이런 인식과 더불어 이하에서 살펴볼 김태창의 일본 담론은 후술할 한국과의 비교 관점 혹은 동아시아의 관점과 함께 연동하면서 전체적으로 타자담론의 성격을 띠고 있다는 점에도 유념할 필요가 있다.

1990년에 도일한 김태창은 특히 1998년 4월 이래 자신이 일관적으로 해 온 일은 전체를 우선시하는 멸사봉공적 경향과 개인을 우선시하는 멸공봉사적 경향을 그 사이에서 매개·상관·상보함으로써 상호향상을 꾀하기 위한 철학 유신 활동이었다고 회술하면서(김태창 편저, 2010:143), "자기이해는 타자이해와 연동하며, 일본인식은 세계인식과 공진(共進)한다는 것이 내 발상의 원점에 있다."(金泰昌, 2002a: i)고 천명한다. 이때 멸사봉공의 정신구조는 전체의 화(和)를 깨뜨리지 않는다는, 즉 전체를 위해서 개인이 희생되는 것을 당연시하는 문화의 에토스를 가리킨다. 김태창에 의하면 이런 에토스야말로 일본의 오랜 전통에 기초한 도덕감정으로 그것을 보존/유지/보급시켜 나가야 한다고 믿는 일본인들이 많이 있다. 그들은 오늘날 일본교육의 현실을 비판하고 아름다운 일본을 만들기 위해서는 '공'의 정신이나 애국심을 함양하는 교육이 필요하다고 강력하게 주장한다. 일본사에 있어 정신적 주류였던 이런 발상의 흐름 속에서 최근 2006년 〈교육기본법〉은 개인의 존엄성을 강조하던 종래의 교육이념이 '공'의 복권에 초점을 맞추어 개정되었다. 이는 전전의 멸사봉공적 국체 이데올로기에 대한 반동으로서 전후 개인을 우선시하는 사고가 사회적 심리로 확산되어 나타난 멸공봉사적 현상에 대한 재반동의 측면을 내포한다. 이처럼 전체를 우선시하는 전통적인 멸사봉공적 가치와 개인을 우선시하는 멸공봉사적 가치가 대립 갈등하거나 교섭 타협하면서 현대일본사회를 구성하고 있다.(김태창 편저, 2010:141)

그런 가운데 일본은 끊임없이 역사인식 문제를 둘러싸고 애매한 태도를 노정해 왔다. 김태창에 의하면, 일본이 공적으로 만든 역사를 되돌아보면 대단히 유감스럽게도 날조와 말살이 곳곳에 눈에 띤다. '공'(국가)에 의한 역사 왜곡 예컨대 제국주의적 전쟁과 그것이 가져온 비극에 대해 자국의 역사를 거짓으로 꾸미는 일이 횡행하고 있으며, 식민지 지배가 끝난 뒤 화해에 대한 노력이 불충분한 채 다만 불성실한 변명과 자기정당화만이 되풀이되어 왔다고 보는 것이다. 요컨대 일본은 자신의 추함을 직시할 용기가 없으며, 국가나 민족의 체면을 세우기 위해서는 역사적 사실을 자기들에게 유리하도록 꾸며내고 불리한 부분은 깨끗이 잊어버린다고 하는 기만이 아무런 의심 없이 생활 속에 배어 있다. 역사란 '자기와 타자의 만남의 증언이자 자기와 타자의 대화적 상호작용의 이야기'라고 믿는 김태창은 이 대목에서 공공철학의 일본내 확산을 통해 공감기억으로서의 역사인식의 배양을 기대하고 있는 듯싶다.(김태창, 2013_5:5)

이와 같은 자타관에 입각한 김태창의 일본론은 기본적으로 일본사회문화에 대한 비판적 통찰력을 보여준다. 전술했듯이 일본의 정신풍토에는 오랫동안 국가가 만든 '멸사봉공'이라는 슬로건이 만연해 왔고 이에 대한 반발로 '멸공봉사' 즉 노골적인 사리사욕 지상주의가 횡행하고 있는데, 이것이야말로 오늘날 일본이 당면한 '도덕적 위기'의 실상이라는 것이다.(김태창, 2013_5:6) 김태창은 현대 일본사회에 대한 이와 같은 비판적 진단[46]에 입각하여 종종 일본인의 언어관, 내면 중시의 심관(心觀), 간인(間人)주의, 무사(無私), 화(和) 등과 같은 일본문화론적 관념에 대해 비중 있게 발언하고 있다.

첫째, 일본에는 '침묵은 금이고 웅변은 은'이라고 여겨지는 전통이 있는데, 이를 부정적으로 해석하면 폐쇄적, 쇄국적, 대화거부적, 자기완결적, 부권적, 보신적, 정체적, 체념적 경향과 결부되어 있다. 그 결과 자주적, 자율적인 실존이나 사고가 부재하게 되었다. 즉 일본에서는 토론이나 논쟁, 남과 다른 의견을 강하게 주장하는 것은 환영받지 못하고 공동체의 화(和)를 깨뜨리는 것이라 하여 일방적으로 꺼려진다. 그래서 일본에서는 비판적인 생각을 지닌 개인, 집단, 조직, 운동에 대한 뿌리깊은 혐오감이나 배제의식 또는 체제에 비판적인 지식인에 대한 불쾌감이 있다.(김태창, 2013_5:4)

둘째, 언어에 대한 일본적 불신은 일본사상의 한 특징인 '사상의 내면화' 혹은 '내면중시'적 경향과 관계가 깊다.[47] 일본의 사상풍토 어딘가에는 자기 외부에 실재하는 타자를 중시하는 것을 타자에게 의존한다든가 복종하는 것이라고 이해하거나 타자에게 휘둘리거나 지배받는 것이라고 단편적으로 생각하여 거의 본능적인 거부반응을 보이는 경향이 많다. 그러면서도 실재하는 주위의 타자들(국가 혹은 개인)에 대한 경의가 결여되어 있는 자신들의 태도에 대해서는 둔감하다. 그런 심정의 심층에는 모든 것을 자기 내면에 생기하는 현상으로 환원시키고, 거기에 모든 사념과 상념과 관념을 회수·집중·통합시키고자 하는 신체감각적인 기질이 있다. 이런 내면 중시 경향은 사상적 특징일 뿐만 아니라 뿌리 깊은 생활감정의 취향이기도 하다. 나아가 제도적인 외부의 문제까지도 인간 내면의 마음의 문제로 바꾸어 생각하는 경향이 많다. 이는 일본적 심관의 미덕일 수도 있지만, 다른 한편으로 타자와의 관계가 거의 완전히 차단된 유아독존의 경지에 빠질 수도 있다.(김태창 편저, 2010:43-44)

셋째, 일본인론에서 언급되는 '간인주의'는 관계를 중시하는 인간관인데, 이것은 김태창이 강조하는 '사이'의 인간관과는 다르다. 일본에서는 '안'과 '밖'의 구별이 있고 그것들이 따로따로 공존·공생하기는 해도 서로서로 살리는 상생에까지는 이어지지 않는다. 이 또한 전술한 일본인의 내면 중시 경향과 밀접한 관계가 있다. 모든 것이 내면으로 수렴되는 곳에서는 자기와 다른 존재와의 '사이'라는 발상이 생겨나기 어렵기 때문이다. 거기서는 안과 밖은 있어도 '사이'는 없다. 그리하여 일본인에게는 상생이라는 생각은 없고 오로지 공생에만 관심이 있다. 그래서 너는 너고 나는 나니까 과거 일에 대해서까지 반성하고 상호간에 쌓인 원한을 풀 필요가 실감되지 않는다. 강증산이 말하는 '해원상생'이라는 발상이 없는 것이다. 그러니까 서로 살고 살리는 상생의 길을 열기 위한 기본조건으로서의 역사를 청산하고 진심으로 사죄함으로써 서로의 새로운 삶의 지평을 열어갈 필요와 중요성을 체감하기가 거의 불가능하다.(김태창, 2013_8:6-7)

넷째, 내면 중시의 심관에서는 타자도 자기도 동시에 그 모습이 소멸되어 없어지는 절대무의 상태 또는 '무사'(無私)로 전환될 수 있다. 하지만 김태창은 종래 일본인의 마음이라고 말해져 온 이 '무사' 정신은 상위자로부터 강제된 것이며, 일본인의 자연스럽고 진실한 마음은 역시 '무사'가 아니라 행복을 바라는 '사'(私)의 마음일 것이라고 본다.(카타오카 류, 2012_5:13)

끝으로, 김태창이 볼 때 일본인은 기본적으로 정의를 별로 좋아하지 않는다. 또한 일본인은 고집스러울 정도로 선(善)을 이해하려 하지 않는다. 대신 일본인이 가장 좋아하는 것은 화(和)이다. 그런데 문제는 종래의 일본적 화가 실은 동(同)이었다는 사실에 있다. 일본에서 중시되어 온 '화'는 한 집단내에서의 동화·동호·동행 및 외부인의 배척 이외에 아무 것도 아니라는 것이다. 따라서 그것은 자기와 타자 '사이'에서 함께 서로 상대를 중시하는 상화(相和)와는 전혀 다른 것이다. 그 결과 화와 동이 혼동되는 데에서 여러 가지 오해와 왜곡과 타락이 생겨나는 것이며, 때문에 지금까지의 일본적 화를 탈구축할 필요가 있다. 왜냐하면 장차 동아시아에서의 공존, 공생, 공복은 '동'이 아니라 '화'를 통해 실현될 가능성이 높기 때문이다.(김태창 편저, 2010:53/96-97)

이상과 같은 비판적인 일본문화론은 일종의 전략적인 측면이 많아 보인다. 즉 김태창이 〈공공철학 교토포럼〉을 주관하기 시작한 당시 일본사회에는 '긍정적 일본인론'이 득세하고 있었고, 이런 상황에서 일본을 개혁하려는 전략적 의도하에서 '부정적 일본인론'의 복권을 꾀한 것이 아닐까 싶다.[48] 그 과정에서 공공철학 자체가 하나의 일본인론이라는 성격을 함축하게 된 것이다. 이때 일본개혁에 있어 공공철학자들의 일차적인 관심은 교육개혁이다. 마루야마 마사오는 『일본사상』(1960)에서 원래 대학은 진리추구를 위해 만들어진 조직이었는데 현재는 그 이념이 붕괴되어 전문가가 자기만의 세계에 틀어박혀 '문어항아리형'[49] 상태가 되었다고 지적하면서, 본래 있어야 할 학문체계를 '부챗살형'이라고 불렀다. 이는 가늘게 쪼갠 대나무를 묶은 부챗살처럼 제 학문이 상부에서는 상세하게 전문화되어 있어도 하부에서는 공유할 수 있는 이념을 가져야 한다는 것을 시사한다. 이런 마루야마의 문제제기에 공감하는 공공철학은 문어항아리형 학문체제를 타파하는 학문개혁의 기폭제로서 의미 있는 영향력을 가지고 있다.(야마와키 나오시, 2011:32-34)

일본에서는 예로부터 '공'=상전=공공성이라는 도식이 존재했으며, 메이지시대 이래 공 은 특히 '천황을 정점으로 하는 국가관료제'를 의미하게 되었다. 이후 일본은 관치국가의 제도설계와 운용체계로서의 법률체계를 잘 정비했으나, 민주/민활/민권의 역동이 교묘하게 억압되어 왔다. 관존민비, 관도민종(官導民從), 관선민악이라는 사회풍토가 그것이다. 이는 일본의 근대화가 전부 관주도로 진행되어 어느 정도의 성과를 이루었다는 인식에 기초한다. 어쨌든 이런 민경시의 풍토 속에서는 국가중심적 공공성에 대항하는 민중주도적 공공성을 상정하고 육성하기가 매우 곤란한 것이 사실이다.(김태창 편저, 2010:439)

그럼에도 불구하고(그렇기 때문에 더더욱) 공공철학은 일본개혁을 위한 전략으로 일본전통에서 공공철학의 단서를 찾아내고자 많은 노력을 기울여왔다. 이를테면 일본에 있어 공공철학(만일 그런 것을 상정할 수 있다고 한다면)은 쇼토쿠태자(聖德太子, 574-622), 이토 진사이(伊藤仁齋, 1627-1705), 오규 소라이(荻生徂徠, 1666-1728), 후쿠자와 유키치(福沢諭吉, 1834-1901)를 잇는 형태로 구축·해체·재구축되어 왔다. 가령 쇼토쿠태자의 "화(和)를 귀히 여긴다"라는 〈17조 헌법〉 제1조는 일본적 화의 논리에 입각한 일본적 '공' 구축의 기본철학을 명시한 것으로 재해석된다. 한편 이토 진사이는 교토의 도시 상공인(町人) 사회를 배경으로 일반서민의 입장에서 생활세계의 공공질서론을 전개한 '천하공공'의 사상가[50]로,

그리고 오규 소라이는 일본적 공사관을 주자학적 고정규범에서 해방시켜 일본 독자적인 것으로 설명한 근세 사상가[51]로 각각 자리매김된다. 또한 후쿠자와 유키치는 '문명개화'라는 당시 최대의 시대적 요청에 대응하는 일본적 '공'(오호야케)의 사상체계를 수립한 근대적 공공철학자로 말해진다. 이후 『국체의 본의』(國體の本義)와 『신민의 도』(臣民の道) 및 〈교육칙어〉에 의해 근대일본의 공적 사상체계가 확립되는데, 이런 사상체계는 국가철학의 발전/정착/확장을 의미하며 공공철학과는 구별되어야만 할 것이다.

이 밖에 나카에 토쥬(中江藤樹, 1608-1648),[52] 구마자와 반잔(熊沢蕃山, 1619-1691),[53] 이시다 바이간(石田梅岩, 1685-1744),[54] 안도 쇼에키(安藤昌益, 1703-1762),[55] 요코이 쇼난(横井小楠, 1809-1869) 등도 일본적 공공철학의 단서를 제공한 사상가로서 주목할 만하다. 특히 요코이 쇼난은 본격적인 공공철학의 제창자로서, 정치의 궁극적인 근거를 '타자'와의 토론을 통해 형성되는 '공론'에서 구하고 그런 공론에 의해 일본이 '유도(有道)의 나라'가 된다고 주장했다. 이와 같은 공론 사상은 그의 제자 유리 기미마사(由利公正, 1829-1909)를 통해 1868년 공포된 〈5개조 서문〉 중 "널리 회의를 열어 논의를 하며 중요한 일은 모두 공론에 의해 결정한다"는 조목으로 반영되었다. 그는 집단이기주의에 대해 공공의 천리에 반대되는 할거주의라고 불렀지만, 말년에는 서양열강의 할거주의가 가지는 위험을 설파하면서 국방을 중시하는 국권론 쪽으로 변화했다. 어쨌든 '공론'과 '공정'이라는 두 가지 의미에서 '공공'이라는 말을 일본에서 처음으로 본격적으로 사용했다는 점에서 쇼난은 일본에서 근대적 공공철학을 처음으로 제창한 인물이라 할 수 있다. 다시 말해 일본사상사에 있어 '공'철학으로부터 공공철학으로의 발상 전환은 요코이 쇼난의 공공성 담론(公共の天理, 天地公共の實理, 公共の政, 公共の道, 天地の大道 등등)에서 시작되었다고 말할 수 있다. (야마와키 나오시, 2011:80-90)

(3) 한국 담론: 한류로서의 공공철학

대부분의 일본인론은 서구(혹은 중국)와 일본을 비교할 뿐, 한국과의 비교 관점은 거의 없었다. 그러나 김태창의 공공철학은 한국과의 대비가 일본 담론에 있어 필요불가결하다는 점을 역설한다. 예컨대 김태창은 쇼토쿠 태자(574-622)가 〈17조 헌법〉에서 민을 다스리는 관의 윤리로 '화'(和)를 제창했던 거의 동시대에 한국 승려 원효(617-686)가 화쟁(和諍)사상을 주창하여 당시 삼국-당-일본 간의 격렬한 대립관계 속에서 상극·상화·상생·상통을 내세운 데에 주목한다. 쇼토쿠 태자가 국가통합적 이념으로서의 '화'를 위로부터(헌법으로서) 내세웠던 데 반해, 원효의 화쟁회통 사상은 민의 입장에서 이질적인 타자와의 대화를 촉구했다고 보았기 때문이다. 전술한 공공철학의 세 가지 실천 강령, 즉 대화/공동/개신은 인간성에 대한 무한한 신뢰와 성선설에 입각한 행동원리라 할 수 있는데, 이는 실은 원효 사상에 기초한 것이다.

또한 김태창은 필생의 작업으로서 일본의 '화'(和)사상과 한국의 '한'사상의 대화를 시도해 왔다. '위대한 화'를 가리키는 '야마토'(大和/倭/日本)와 '한'의 비교도 그런 작업의 일환이다. '야마토'가 일본민족의 심층심리에서 작동하는 심적 에너지라면, '한'은 한민족의 집합적 체험의 기층과 기저에서 작동하는 원초적 기력 혹은 집합적 무의식을 뜻한다. 한편 '야마토'가 천황을 정점으로 하는 가치질서의 신념체계라면, '한'은 그런 천황제를 상대화시키는 어떤 것이 된다. 그런데 김태창에 의하면, '야마토'의 창출에는 언제나 '한'의 흔적을 말소시키는 수순이 필요했다. 가령 스사노오는 최초의 '한'의 흔적이다.[56] '한'의 말소는 과거 한때에 일어난 일회성의 사건이 아니라 역사적으로 반복되어 왔고, 지금도 빈번히 발생하고 있는 것이 현실이다.[57] 다시 말해 일본인과 일본국의 정체성 형성의 시원에는 반드시 '한'의 흔적을 철저하게 말소한다는 사건이 필수조건임과 동시에 그것이 역사를 통해서 그 모습을 바꿔가면서 반복 재현되어 왔다는 것이다.(김태창, 2012_5:2-4)

'한'은 일(一)/다(多)/중(中)/대(大)/범(凡)/명(明)/정(正)/활(活) 등 의미가 매우 다양한데, 우주에 충만한 생명력이 그런 '한'의 중핵에 있다. 따라서 영성과 이성이 이어지는 한마음(一心)의 경지를 뜻하는 '한'이 매개됨으로써 생명의 평등이 실천될 수 있는 것이다. 이런 '한'이 '가라'(韓/唐)라는 말로 바뀌어서 일본의 종교/사상/철학/문화의 심층에 스며들어 여러 모로 흔적을 남겼다.[58] 그러나 일본인은 자기정립을 위해 역사적, 조직적으로 '가라'라는 이름으로 바뀐 '한'의 흔적 지우기를 행해 왔다. 가령 일본 국학의 대성자 모토오리 노리나가(本居宣長, 1730-1801)가 그 대표적 인물이다. 그는 야마토고코로(大和心), 야마토다마시이(大和魂)를 밝히기 위해서는 무엇보다 먼저 '가라고코로'(=한마음과 한얼)의 흔적을 말소해야 한다고 강조했다. 이때 '야마토'적인 것은 곧 '가라가 아닌' 어떤 것이라는 부정형으로밖에는 말할 수 없게 된다. 때문에 이후 한국적인 것에 대한 거부심리가 더욱 강화되었고 그 변주곡이 계속 이어져 왔다. 예컨대 탈아입구를 주창하면서 아시아적 유교주의를 비판한 후쿠자와 유키치, 일본 사상과 문화가 중국문화 및 인도문화와는 전혀 무관하다는 점을 강조한 쓰다 소키치, 근세 일본사상만의 특유한 현상으로서 주자학적/중세적 사유의 자기 해체와 내발적인 근대적 사유의 맹아를 주장한 마루야마 마사오 등도 야마토대가라의 자타를 준별하고 타자부정을 통해 자신의 영역을 확정하는 '야마토다마시이'(大和魂)에 입각한 일본적 사유의 흐름에 속해 있다.(야규 마코토, 2012:523-27)

김태창의 공공철학 기획에는 이처럼 '야마토'의 창출 과정에서 지워져 버린 '한'의 재생이 포함되어 있다. 그 뚜렷한 증거가 바로 '활사개공'이라는 표어이다. 김태창에 의하면 '활사'라는 발상 자체가 기본적으로 한겨레의 고유사상에 기초한 '한'철학적 상상력과 '한'철학적 실지실행이라는 맥락에서 생겨난 것이다.(김태창, 2013_6:4) '활사'에 대한 이해에서 대표적인 일본인 공공철학자들은 '활사'의 '사'를 '개인' 또는 '자기'로 이해해서 활사=활개(活個)=활기(活己)로 동일시한다. 하지만 이런 이해는 어디까지나 서양근대의 개인주의적인 사고경향의 차용에 불과하다. '한'사상의 맥락에 따르자면 '나'(자기)는 먼저 '남'(타자)과의 만남, 사이, 어울림을 통해서 '나라'(국가)와 '누리'(세계)를 함께 이룩하는 것이다. 이런 의미에서 '나'는 '나라'나 '누리'보다 먼저 존재한다고 말할 수 있다. 거기에는 '삶'(생명/생활/생업)을 아는 존재야말로 '사람'(삶+앎)이라는 의미가 들어가 있다.

즉 한 사람 한 사람의 '나'를 생기 있고 활기차게 하는 것이 공공철학의 최우선 과제이며, 그것이 바로 '활사'의 생명론적 본뜻이라는 것이다.(김태창, 2012_5:5-6)

김태창은 이와 같은 '활사'의 기획이 의도적인 것이라 하더라도, 처음부터 '한'(韓)사상이나 '한'철학이라고 하면 우선 알지 못하니까 외면당하기 쉽기 때문에 공공철학이라는 포장으로 싸서 한중일의 철학대화라는 멍석자리를 마련한 것이라고 털어놓는다.[59] 이런 의미에서 공공철학은 일종의 '한류'로 자리매김될 수 있는 측면을 내포한다.[60] 그러다보니 일본이나 중국의 학자들 중에는 그를 국수주의자나 극단적인 민족주의자라고 해서 탐탁지 않게 여기는 경우도 있었다고 한다. 하지만 김태창 자신은 국수주의자도 민족주의자도 아니라고 말한다. 자신은 어디까지나 글로벌, 내셔널, 로컬의 3차원을 아우르는 '글로내컬'한 입장을 견지해 왔다는 것이다.(김태창, 2011a:168-171)

그렇다면 김태창이 공공철학을 말하면서 '한' 담론이 필요하다고 여긴 까닭은 무엇일까? 이와 관련하여 카타오카 류는 "공공실천에 관한 사상전통의 풍부함으로는 한국보다 더한 보고는 없다. 하지만 대부분의 한국인들은 아직 이 점을 분명하게 인식하고 있지 않은 것 같다. 한국에서는 그러한 문화가 마치 공기처럼 당연하다고 여겨지고 있지만, 그것이 당연하지 않은 지역에서 보면 극히 귀중한 유산임에 틀림없다."(카타오카 류, 2013_12:10)고 말한다. 이 지적대로 일본이나 중국에 비해[61] 한국의 경우에 역사적인 기록이나 문헌 속에 '공공'에 관한 언급과 진술이 훨씬 더 많은 것이 사실이다. 거기서는 체제와 권력의 최고 위치에 있는 국왕 및 그 측근들과의 대면 관계 안에서, 또는 그들의 독단전횡을 저지하기 위해 죽음으로 간한다는 '권력비판적 공공'의 행위적 측면에 관한 기술이 압도적으로 많이 나타난다. 예컨대 한국에서는 14세기 무렵부터 공공이라는 말이 단속적으로 쓰이기 시작했으며,『조선왕조실록』이나『승정원일기』같은 문헌에 수많은 사례들이 빈출한다. 거기서 자주 볼 수 있는 구체적인 표현은 '천하만민이 예나 지금이나 함께 더불어 공공하는 바'(天下古今所公共)라는 글귀이다. 이 말은 주로 국왕과 신하들이 함께 국사를 논의하는 곳이나, 국왕의 언행을 엄격하게 기록함으로써 후세의 공평한 판단을 기다리게 하는 사관의 상소, 또는 국왕의 의사결정과 정책시행에 대한 시시비비를 논하는 언관의 상소를 통해 표출되었다. (김태창, 2013_7:3-4)

이리하여 2009년 제89회 〈공공철학 교토포럼〉에서는 최한기가 단독주제로 다루어진다. 일반적으로 일본의 학회나 심포지엄 등에서 '한'사상이나 한국 사상가가 단독주제로 다루어지는 경우는 단연 전대미문의 사건이라 아니 할 수 없다. 이후 계속해서 동학, 개벽, 상생, 공복 등의 단독주제로 포럼이 진행됨으로써 '한'사상이 본격적으로 일본인에게 소개되기 시작했다. 김태창에 의하면 이미 단군신화부터 보이는 '한'사상은 원효의 '일심'에 의한 화쟁회통 사상에서부터 '한'을 '기' 또는 '신기'(神氣)로 파악한 19세기 최한기의 기학에 이르기까지, 그리고 무엇보다 근대 민중종교(동학, 증산도, 원불교 등)에서의 개벽과 상생 사상에 이르러 특히 명료하게 나타난다. 그 개벽과 상생 사상의 근저에는 공복(함께 행복해지기) 사상이 있으며, '한'사상은 이상과 같은 내용을 포함하는 거대한 생명의 흐름이라는 것이다. 김태창의 『공공철학 이야기』(2012)는 이와 같은 '한류로서의 공공철학'이 산출한 첫 결실이라 할 수 있다. 이 책은 일본의 한국 강점 100주년(2010)에 즈음하여 포럼의 공식매체인 『공공적 양식인』 4월호부터 부정기적으로 연재한 특별기획 〈한국의 공공하는 인간〉을 토대로 펴낸 것으로, 원효, 화담 서경덕, 퇴계 이황, 율곡 이이, 남명 조식, 하곡 정제두, 다산 정약용, 혜강 최한기, 수운 최제우, 증산 강일순, 정산 송규, 다석 류영모, 신청옹 함석헌 등 13인의 대표적인 한국 사상가에 관한 김태창의 강연 내용이 실려 있다. 이 책의 의의에 관한 오구라 키조의 다음 언급은 바야흐로 한국 담론이 공공철학의 중심에 진입했음을 시사한다.

"김태창의 『공공철학 이야기』는 한국인이 단군신화의 시대부터, 아니 보다 이전에 우랄알타이의 대평원을 질주하던 시대부터 21세기의 지금에 이르기까지의 한민족의 철학적 활동을 대담하게 재해석하고 그것을 일본인에게 일본어로 전달하고 싶다는 장대한 프로젝트의 한 결과물이다. 지금까지 한국 철학의 정수를 이처럼 정열을 담아서 일본인에게 전달할 수 있었던 한국인이 과연 있었을까? 김태창은 이돈화, 최남선, 유명모, 함석헌, 유동식 이래 계속되고 있는 '한국어로 철학하기'의 가장 과감한 실천가이다. 나아가 그는 일본인이 알 수 있도록 일본어의 세계에서도 '한국어로 철학하기'를 지속적으로 이야기하고 있는 것이다."(오구라 키조, 2013:12)

한편 이 책의 서문을 쓴 도호쿠대 교수(일본근세사상사 전공) 가타오카 류(片岡龍)는 오늘의 일본인들이 한삶과 한마음과 한얼의 공공철학 이야기를 들어야 하는 이유를 한마디로 "근대 일본이 의도적으로 '한삶'과 '한마음'과 '한얼'을 억압/말소/부정했기 때문에 그 행위를 반성하고 제 모습을 되살리기 위해서", 그리고 '장래 세대와 함께 새로운 공공하는 지평을 함께 열어가는 원동력을 공유하기를 바라기 때문'이라고 적었다.(김태창, 2012:5) 또한 이 책에서 김태창의 강연을 기록으로 풀어낸 야규 마코토(柳生眞)[62]에 의하면, 일본에서 한국사상이라고 하면 일반적으로 조선왕조 5백 년 동안 주자학을 중국보다 더 교조적으로 고수했다든가, 심하게는 한국사상은 중국사상의 아류이고 고유한 사상 문화 등은 존재하지 않는다고 여긴다. 물론 이는 대단한 오해이고 편견이다. 지금 일본에서 '한'사상을 말하지 않으면 안 된다고 생각하는 까닭은 이런 오해를 불식하고 나아가 '한 지우기' 발상의 무리함이 도처에서 나타나 일본사회 전체가 질식해 버릴 것 같은 현대일본의 병리적 상태를 극복하기 위한 데에 있다.(야규 마코토, 2012:525-536)

(4) 동아시아 담론으로서의 공공철학

'저의 일본학습은 일본을 동아시아라고 하는 문맥 속에서 파악하는 것'(김태창 편저, 2010:32)이라고 말하면서 줄곧 동아시아 공공철학을 세계에 전파하고 싶다는 생각을 가지고 살아왔다는 김태창은 동아시아발의 공공철학을 말함에 있어 한국 철학이 공헌 가능한 지평을 지속적으로 열어가는 것을 앞으로의 책무로 제시한다. 그럼으로써 동아시아 나아가 전 세계에서의 한국사상과 철학 그리고 문화의 상화/화해/공복 촉진 능력을 한중일의 대화·공동·개신을 통해 고양시켜 가고 싶다는 것이다.(야자키 카츠히코, 2010:347) 이처럼 동아시아발 공공철학에 있어 한국 담론의 강화와 더불어 그가 강조하는 것이 일본의 역할이다.

"메이지 시기 일본의 기본 노선은 '탈아입구'에 의한 부국강병이라기보다는 '방구침아'(倣歐侵亞, 유럽을 흉내내어 아시아를 침략하기)를 위한 부국강병이었다. 지금도 방구침아적인 멘탈리티가 청산되지 않고 있다. 현대일본에도 아시아에 대한 오만과 방자가 동거하고 있다. 일본이 방구침아의 고질병에서 벗어나지 못한 채 조정자 역할에 대한 국내외의 기대를 저버린다면 동아시아에 그 이상의 비극은 없을 것이다. 이런 의미에서 동아시아와 일본이 함께 공공하는 철학은 필연적이고 당연히 힘써야만 할 과제라 아니 할 수 없다."(김태창 편저, 2010:37-38. 필자 윤문)

이런 김태창의 지적에 공감하는 한 일본 지식인은 오만한 일본의 해독이 가득 퍼져서 지금은 세계 사람들의 미움을 받고 있으며, '이대로 가면 일본이라는 문명은 멸망한다. 이제 우리는 김태창 씨로부터 뜻을 확실하게 이어받아서 먼저 동아시아로부터 공공세계를 열어나가야 할 것'(야마모토 쿄시, 2013:16)이라고 말하기까지 한다. 그렇다면 '동아시아로부터 공공세계를 열어나가'는 데에 있어 일본의 역할은 어떤 것일까? 이에 대해 김태창은 오늘날 시대적 요청성에 있어 일본이 마땅히 있어야 할 자리는 동아시아와 유럽 '사이', 동아시아와 미국 '사이', 동아시아 여러 나라들 '사이', 동아시아 민족들 '사이', 동아시아 문화들 '사이', 동아시아 종교들 '사이'이며, 일본이 바로 그런 '사이'에서의 조정자 역할을 해 주어야 한다고 말한다. 즉 일본이 있을 자리는 '안/가운데/여기'에 대한 집착도 아니고 '밖/주변/저편'에 대한 동경도 아닌, 실로 자기와 타자 '사이'에 서서 자기와 타자를 함께/서로/동시에 살리고 풍요롭게 하고 행복하게 하는 길을 모색하는 데에 있다는 것이다.(김태창 편저, 2010:39) 혹 너무 많은 것을 일본에 기대하는 것이 아닌가 하는 의문이 들 정도이지만, 김태창이 펼치는 동아시아 담론 특히 한중일 삼국의 공통점과 차이에 관한 그의 생각들을 따라가다 보면 어느 정도 의구심이 해소되는 바가 없지 않다. 가령 한중일의 가장 기본적인 공통점과 관련하여 김태창은 '공'을 존중하고 '사'를 기피하는 태도에 대해 비판적인 입장을 견지한다. 동아시아에서는 '공'(황제, 군주, 제후, 귀족, 장군, 천하, 국가, 전체, 남자)에 비해 '사'는 그 존재감이 상당히 희박하여 사리사욕, 사물(私物), 사사(私事), 사사(私邪), 여자와 아이의 세계로서 탄압·배척·희생·부정되어 왔다. 그리하여 '공귀사천'(公貴私賤), '공존사비'(公尊私卑), '공선사후'(公先私後) 관념이 지배적인 에토스였고, 이런 관념의 극단적인 표현이 전전 일본의 '멸사봉공'으로 나타나기도 했다. 이 에토스는 동아시아의 전통적인 존재론적, 가치론적, 사회구성적 상하계층관계와 그것에 기초한 지배체제를 정당화하는 질서규범의 기본과 토대였다. 동시에 그것은 관존민비적이고 남존여비적인 사회풍토와 엄격한 가부장제를 정당화하는 근거이기도 했다.(김태창 편저, 2010:40)

이와 같은 부정적인 공통점을 간과하지 않은 채, 공공철학은 공사의 이원적 대립구도와는 별도로 '공공'이라는 인식과 실천의 지평이 고래로부터 동아시아에 열려 있었다는 점에 주목한다. 예컨대 절대권력의 독단전횡을 견제하기 위한 간언·충언·제언이라는 언어적 상호행위가 그것인데, 김태창은 그 강도와 빈도에 있어 일본이 가장 약하고 적은 반면 한국이 가장 강하고 많으며 중국이 그 중간 정도라고 말한다.(김태창, 2013_6:7-8) 이와 아울러 김태창은 동아시아가 공유하는 공공철학으로서의 '실심실학'(實心實學)[63]을 강조한다. 이때의 '실'은 임시적인 것, 거짓된 것, 이름뿐인 것이 아닌 것을 의미하며 '실심'은 '서로 함께 생명의 작용을 기르는 마음'을 뜻한다. 즉 실학을 기존의 도덕론적 관점이 아니라 새로운 생명론적 관점에서 재고찰한 것이 실심실학이라는 말이다. 이때 그는 특히 한국 전통사상으로서의 생철학, 기철학, 한철학에 주목하고 있다.(김봉진, 2013_11:13)

이상의 공통점은 부정적이든 긍정적이든 한중일의 차이를 기술하는 동아시아 문화론에 비추어 볼 때 그 의미가 더욱 명확해질 수 있다. 예컨대 김태창에 의하면, 중국은 '리'(理)[64]를 지향하는 경향이 강한 문화이고, 일본은 '장'(場)[65]에 대한 감각이 예민한 문화인 데 반해, 한국은 '기'(氣)[66]의 영향이 매사에 드러나는 문화이다.(김태창 편저, 2010:100) 김태창은 이처럼 각각 리(중국)와 기(한국)와 장(일본)을 중시하는 삼국이 각각의 특성을 발휘하면서 삼차원상관적으로 공동할 때에, 무한한 가능성으로 가득 찬 공공철학이 공공인간, 공공세계, 공공행복의 토대를 동아시아에 구축하게 될 것이라고 기대하면서 이렇게 말한다.

"제가 생각하는 공공철학은 무엇보다도 동아시아에서의 상화(相和)[67]와 화해와 공복의 공동(共働) 실현을 지향합니다. (중략) 제가 동아시아에서의 상화와 화해와 공복을 공공철학적 탐구의 중심과제로 중시하는 것은 동아시아의 현대사가 침략과 원한과 불행이라고 하는 공통체험으로 점철된 무거운 과거 이야기의 속박에서 해방되기를 바라기 때문입니다. (중략) 동아시아의 각 나라, 사회 그리고 인간들이 각각의 의지와 능력과 자원을 서로 공유하고, 침략과 반목과 불행의 역사적 역학을 상화와 화해와 공복의 공동 실현을 지향하는 미래 공창(共創)으로 전환시킬 수 있다면, 그것이야말로 세계를 향해 발신하기에 충분한 동아시아로부터의 희망찬 메시지라고 생각합니다."(김태창 편저, 2010:35-36)

이 대목에서 김태창은 구체적으로 '동아시아 생명공동태'(共働態)를 제창하는데, 그런 일종의 동아시아 공동체가 머지않아 출현할 것이며 그것은 더 이상 선택이 아니라 의무이다. 다시 말해 동아시아에 지금 필요하고도 가능한 것은 정치나 경제의 공동체라기보다는 거기에 사는 사람들이 함께 행복해질 수 있는 공통토대로서의 생명·생활·생업 공동태의 공동구축이다. 그러기 위해서는 국경과 민족과 문화의 벽을 뛰어 넘어서 한중일의 보통사람들이 공감 가능한, 즉 시민을 위한, 시민에 의한, 시민이 더불어 펼쳐나가는 철학인 '공공하는 철학'을 함께 만들 필요가 있다는 것이다.(김봉진, 2013_11:12)

일면 지극히 유토피아적인 동아시아공동체 담론의 환골탈퇴로 비쳐지기 십상인 '동아시아 생명공동태'의 이상[68]을 공공철학의 최우선 과제로 제시하는 김태창에게 동아시아 삼국에 살고 있는 사람들이 각자 서로의 역사와 문화와 가치를 존중하면서 함께 행복해질 수 있는 세계, 즉 그가 말하는 상화(相和)와 화해와 공복(共福)의 공공세계를 민간 주도하에 공동으로 구축하는 일은 결코 과거 일본의 아시아주의와 같은 이데올로기가 아니다.(김태창 편저, 2010:144) 마찬가지로 그는 자신이 결코 동아시아주의자가 아니라고 말한다. 다만 유럽과 대등한 입장에서 대화/공동/개신하기 위해 동아시아에 원래 있었던, 그리고 지금도 있는 사상자원을 제대로 인식하는 것이 중요하다는 입장이라는 것이다.(김태창 편저, 2010:79) 공공철학을 '한중일의 철학'(김태창 편저, 2010:466)이라고 말할 때 의미하는 것은 바로 이것이다. 오구라 키조는 동아시아의 사상자원을 독특한 방식으로 퍼올리는 김태창의 이야기를 다음과 같이 웅변적인 '사이'의 수사학으로 풀어내고 있다.

"김태창의 이야기는 한국의 '본질'에서 분출된 소리라기보다는 한국과 일본의 '사이', 몽골과 한국의 사이, 중국과 한국의 사이, 한국과 미국 및 유럽의 사이, 한국과 조선의 사이, 한국과 한국의 사이, 일본과 일본의 사이와 같은 동아시아의 온갖 '사이'들에서 나온 집합적 소리이다. 김태창이라는 개인의 입에서 나왔다기보다는 동아시아 공통의 경험과 기억의 총체에서 용출하는 외침과 이야기와 통곡과 속삭임과 중얼거림의 혼합태로 차고 넘쳐서, 미래를 향해서 흘러나가는 '생명'의 운동이다."(오구라 키조, 2013:12)

나오는 말: 무한한 평행선 너머

앞에서도 시사했듯이 김태창의 공공철학이 일본을 무대로 태어나고 성장한 것은 하나의 '기적 같은' 사건임에 틀림없어 보인다. 한국이나 한국 사람에게서 배우기를 싫어하고 어쩔 수 없으면 무시하거나 묵살하고 아예 화제로 삼지 않으려는 경향이 강한 일본 지식인들과의 철학대화란 결코 쉽지 않았을 터이다. 그에게 반감을 지닌 일본인들은 물론이고 호의를 갖고 함께 일했던 일본인들 사이에서조차 일본 내의 상황변화에 따라 자의적 또는 타의적인 압력에 못 이겨 〈공공철학 교토포럼〉 대화활동의 성과를 악의적으로 폄하하는 경우도 적지 않았을 것이다.(김태창, 2013_7:5/김봉진, 2013_12:3) 비단 일본뿐만 아니라 국내에도 김태창에 대한 비판이 존재한다. 그중에는 김태창과 그의 공공철학에 대한 오해 내지 이해부족에서 비롯된 오독[69]이 있는가 하면 나름대로 타당성 있는 비판[70]도 있다.

어쨌든 김태창은 일본에서 공공철학 붐을 불러일으키면서 한편으로 터무니없는 오해는 물론이고 중상모략 등 수많은 벽에 직면했고 그때마다 수많은 격론과 좌절 끝에 그는 공공철학을 '자기와 타자 사이의 사고/판단/행동/책임에 있어 평행선이 존재한다는 사실을 명확하게 인식하면서 그 평행선에 대해 정확하고도 철저히 대응하는 것'이라고 재정의한다. 그러면서 여러 곳에서 확인되는 이런 평행선의 실감이 지극히 건전한 것이며, 오히려 차이와 개성을 무시하는 것이야말로 반(反)공공철학적 혹은 비(非)공공철학적임을 재인식한다. 그럼으로써 일본인들 사이에서 "평행선은 무한의 저쪽에서 일치한다"는 스피리추얼리티 담론적인 공감을 이끌어내고 있다.(야자키 카츠히코, 2010:255) 이는 '100번 절망에 빠지면 101번 다시 일어나리라는 마음'으로 인간과 미래를 향한 '거대한 성선설과 거대한 낙관론'(김태창, 2012_11a:5-6)의 끈을 놓지 않으려는 영성적 지식인이 아니면 할 수 없는 일이리라.

이 영성적 지식인 김태창은 80세가 되는 2014년 8월 1일을 기하여 〈공공철학 교토포럼〉을 주관하는 자리에서 물러난다고 한다. 하지만 그가 뿌린 '한류 혹은 동아시아 담론'으로서의 공공철학의 씨앗들은 발아를 계속할 것이다. 물론 그것은 여전히 진행 중인 사상/운동이므로 그 평가 또한 향후의 추이에 따라 얼마든지 가변적일 수 있다. 지금으로서는 다만 '철학이란 희망을 잃지 않는 것'(김태창 편저, 2010:124)이라는 그의 말에 힘입어 무한한 평행선 너머에서의 기적 같은 만남을 꿈꾸면서, 그 과정에서 비록 마주보지는 못할지라도 서로 같은 방향을 바라보는 공복의 예감으로 위안을 받을 따름이다.

(출전: 박규태, 「현대 일본 공공철학 담론의 의의」, 『비교일본학』31, 2014)

참고문헌

김봉진(2013_12), 「김태창의 공공하는 철학과 일본」, 『공공철학』 36

____(2013_11), 「동아시아에서의 생명공동태와 공공하는 철학」, 『공공철학』 35

____(2007), 「공공철학의 지평」, 『철학과 현실』 74

김태창(2013_10), 「기타가와 사키코 교수의 서거를 애도함」, 『공공철학』 34

____(2013_8), 「공공하는 철학을 통해서 한살림운동의 뜻을 생각한다」, 『공공철학』 32

____(2013_7), 「한국에서 공공하는 철학을 함께 이야기하다」, 『공공철학』 31

____(2013_6), 「공공하는 철학과 사회관계자본」, 『공공철학』 30

____(2013_5), 「실천적 공공지(公共知=良識)를 지향하여 : 동아시아로부터 시동하는 공공철학으로의
전환 시도」, 『공공철학』 29

____(2012), 『(일본에서 일본인들에게 들려준 한삶과 한마음과 한얼의) 공공철학 이야기』, 야규
마코토 기록 · 정지욱 옮김, 모시는사람들

____(2012_11a), 「'生命'과 '立志'를 주축으로 경영을 다시 생각한다(II)」, 『공공철학』 23

____(2012_11b), 「'포스트 경제국가'를 지향하는 구조개혁을 새로운 공공성의 시점에서 생각한다」,
『공공철학』 23

____(2012_10), 「'生命'과 '立志'를 주축으로 경영을 다시 생각한다」, 『공공철학』 22

____(2012_5), 「'한'과 '야마토' : 그 사이의 상극 · 상반 · 상척에서 상화 · 상생 · 상복으로」,
『공공철학』 17

____(2011a), 「한사상 · 한철학과 공공윤리(학 · 교육)」, 『윤리교육연구』 26

____(2011b), 「공공하는 철학으로서의 한사상 : 원효 · 최제우 · 김범부를 생각한다」, 『아태연구』 10

김태창 편저(2010), 『상생과 화해의 공공철학 : 중국과의 대화 · 공동 · 개신』, 조성환 옮김, 동방의 빛

김태창(2007), 「공공철학이란 무엇인가」, 『철학과 현실』 74

모리오카 마사요시(2013_12), 「김태창 선생을 이야기하다: 타자와의 사이(間)를 연 사람」, 『공공철
학』 36

박규태(2011a), 「고대 오사카의 백제계 신사와 사원연구」, 『종교문화비평』 20

____(2011b), 「일본교와 스피리추얼리티 : 현대 일본인의 '정신'세계를 종교의 저울에 담아본다」,
『일본비평』 5

____(2010a), 「스사노오 신화해석의 문제: 한반도와의 연관성을 중심으로」, 『종교와 문화』 19

____(2010b), 「고대 교토의 한반도계 신사와 사원연구 : 잊혀진 한류의 원점」, 『비교일본학』 23

____(2009), 「교토와 도래인 : 하타씨(秦氏)와 신사(神社)를 중심으로」, 『한국학논집』 45

시마조노 스스무(2010), 『포스트모던의 신종교』, 이향란 옮김, 한국가족복지연구소

아오키 다모쓰(2000), 『일본문화론의 변용』, 최경국 옮김, 소화

야규 마코토(2012), 「지금의 일본에서 한철학과의 대화가 요구되고 있다」, 김태창, 『(일본에서
일본인들에게 들려준 한삶과 한마음과 한얼의) 공공철학 이야기』, 야규 마코토 기록, 정지욱
옮김, 모시는사람들

야규 마코토(2011), 「公共哲學의 올바른 이해를 위한 시론: 중앙대학 이명한 교수의 비판적 견해에

대한 반론을 포함해서」, 『윤리교육연구』25

야마모토 쿄시(2013_9), 「김태창을 이야기함으로써 오늘의 일본을 본다 : 동아시아가 열어가는 공공세계」, 『공공철학』33

야마와키 나오시(2011), 『공공철학이란 무엇인가』, 성현창 옮김, 이학사

야자키 카츠히코(2010), 『실심실학』, 정지욱 옮김, 동방의 빛

오가와 하루히사(2013_11), 「공공하는 철학과 실심실학」, 『공공철학』35

오구라 키조(2013), 「김태창과 동아시아의 미래」, 『공공철학』32

이나가키 히사카즈(2007), 「일본에 있어서의 공공철학」, 『기독교와 철학』8

이명한(2011), 「공공철학과 공공철학 보급에 대한 반성적 고찰」, 『양명학』28

정인재(2011_1), 「제86회 공공철학 교토포럼 '실심실학'」, 『공공철학』창간호

정인재·신학회(2007), 「공공철학은 일본과 중국, 우리나라에게 어떻게 전개되고 있는가?」, 『철학과 현실』74

최재목(2013_!2), 「공공철학과의 인연과 소회」, 『공공철학』36

카타오카 류(2013_12), 「새로운 출발을 위하여」, 『공공철학』36

_____(2012_5), 「제재기복의 공공철학에 참여하여」, 『공공철학』17

한나 아렌트(1996), 『인간의 조건』, 이진우(외) 옮김, 한길사

今田高俊(2004), 「都市の公共世界: せめぎ会う'公'と'私'を超えて」, 佐々木毅·金泰昌 編, 『都市から考える公共世界』, 東京大学出版会

金泰昌(2001a), 「今何故, 公共哲学共同研究会なのか」, 佐々木毅·金泰昌 編, 『公と私の思想史』, 東京大学出版会

金泰昌(2001b), 「今何故, 公共問題を学際的に議論するのか」, 佐々木毅·金泰昌 編, 『公と私の社会科学』, 東京大学出版会

金泰昌(2002a), 「今何故, 欧米における'公'と'私'なのか」, 佐々木毅·金泰昌 編, 『欧米における公と私』, 東京大学出版会

金泰昌(2002b), 「コスモポリタン-グローカル市民」, 佐々木毅·金泰昌 編, 『国家と人間と公共性』東京大学出版会

佐々木毅·金泰昌 編(2002), 『日本における公と私』, 東京大学出版会

島薗進(2007), 『スピリチュアリティの興隆 : 新霊性文化とその周辺』, 岩波書店

島薗進(1996), 『精神世界のゆくえ: 現代世界と新霊性運動』, 東京党出版

山脇直司(2004), 「公共哲学とは何か」, 『公共研究』1/1

山脇直司(2002a), 「学問の構造改革へ向けて」, 佐々木毅·金泰昌 編, 『21世紀公共哲学の地平』, 東京大学出版会

山脇直司(2002b), 「グローカル公共哲学の構想」, 佐々木毅·金泰昌 編, 『21世紀公共哲学の地平』, 東京大学出版会

http://public-philosophy.net/ 〈공공철학 네트워크〉 홈페이지

http://www.kyotoforum.jp/kyotoforum/publicphilosphy/ 〈공공철학 교토포럼〉 홈페이지

동경대학출판회와의 인터뷰

출판(=공공함)에 즈음하여

요미우리 신문 서평

다시 묻는 '공'과 '사'

도메 타쿠오(堂目卓生)_ 오사카대학 경제학과 교수

출판(=공공함)에 즈음하여*

동경대학출판회: 올해(2010) 5월 초에 선생님의 철학대화집『공공철학을 함께 이야기한다―중국과의 대화 · 공동 · 개신』이 출판(=공공)되었습니다.** 그 책은 선생님이 1990년에 일본에 오시고 나서 1998년부터「공공철학대화연구회」를 추진하시고, 시리즈『공공철학』(전20권) 및 시리즈『이야기론(物語り論)』(전3권)의 편자(編著)를 맡으신 선생님에 대해서, 많은 분들로부터 공공(하는)철학에 관한 선생님의 생각을 서술한 저서가 있었으면 좋겠다는 요청이 있어서, 거기에 응한다는 취지에서 간행된 것이었습니다. 그 책이「중국편」이라고 한다면, 이번에 나온『함께 공공철학한다―일본에서의 대화 · 공동 · 개신』(이 책의 제1부)은「일본편」에 해당합니다.「일본편」에 대한 선생님의 생각을 좀 말씀해 주시겠습니까?

김태창: 이 책을 출판(=공공)한 의도는 앞서 출간된『공공철학을 함께 이야기한다』의「중국편」과 다르지 않습니다. 처음에는 이 책을『공공철학을 함께 이

---

* 일시: 2010년 5월 30일/ 장소: 죠치(上智)대학 신학관(神學館) 공동연구실
대화 진행: 다케나카 히데토시(竹中英俊) 동경대학출판회 편집국장

** 원제는 金泰昌 編著,『公共哲学を語りあう - 中国との対話 · 共働 · 開新』(東京：東京大学出版会, 2010年 5月)이다. 이 책의 한국어 번역본은 김태창 편저, 조성환 번역,『상생과 화해의 공공철학』(동방의 빛, 2010년 12월)이라는 제목으로 출간되었다. 여기서「대화 · 공동 · 개신」은 공공철학의 캐치프레이즈로, '대화'는 '서로 이야기한다'(Dialoging), '공동'(共働)은 '함께 일한다'(Co-acting), '개신'(開新)은 '새로운 차원을 연다'(Opening New Horizons)는 뜻이다. '共働'의 '동'이 '同'(=같아진다)이 아니라 '働'(=일한다)이라는 점에 주의하기 바란다. 그리고 '개신'은 한사상의 '새로 엶' - 개벽 · 개천 · 개지 · 개인 등의 한자로 표기되어 있지만 거기에 담긴 뜻은 열고 밝히고 펼친다는 역동적인 사상이다-에 뿌리를 두고 있는 개념이다.

야기한다 2』로 간행할까도 생각해 보았습니다만, 공공철학대화를 공동(共働)해 나가는 여러분들의 의견을 참고해서, 책 제목을 『함께 공공철학한다』로 하고 부제를 「일본에서의 대화·공동·개신」으로 했습니다. 이 책도 공공철학에 관심을 보인 여러분들과의 대화로 이루어져 있습니다. 강연의 경우에도 일방적으로 말하는 것이 아니라, 강연회장에서 참가자들로부터 질문을 받고 거기에 응답하는 형식을 취해서, 가능한 한 '대화'가 되도록 했습니다. 그리고 제2부 1에는 30여 회에 걸친 왕복서한이라는 형식의 대화를, 제3부 2에는 제 생각에 대한 전면적인 비판 및 거기에 대한 저의 응답을 수록했습니다. 왜냐하면—앞서 나온 「중국편」에서 이미 말한 내용입니다만—공공철학은 대화·공동·개신임과 동시에 그 상관연동 활동의 지속·반성·개선이라고 생각하기 때문입니다. '독화'(獨話)가 아니라 '대화'(對話)라는 형식으로 타자와 함께 동태적인 과정을 거침으로써, 새로운 지평을 연다고/새롭게 지평이 열린다고 생각하기 때문입니다. 그리고 공공철학은 서로 온화한 관계를 만들어 내는 '상화'(相和)와 서로를 살리는 '상생'(相生) 그리고 함께 행복하게 되는 '공복'(共福)의 공공세계를 지향하기 때문입니다. 이때 저의 공공철학적 발상과 실천의 근저에 숨어 있는 '제재기복'(除災祈福=재앙을 제거하고 복을 구한다)의 사상적 원형을—비록 단편적이긴 합니다만—여러 곳에서 '행복공창'(幸福共創)이라는 신조어로 시사해 왔습니다. '제재기복'이란 한 사람 한 사람의 국민·시민·주민을 불행하게 하는 재해를 최소한으로 줄이고 건강(=활력)을 되찾아서, 희망이 넘치면서 동시에 생명과 생활과 생업의 자립과 질적 향상을 꾀하는 것을 말합니다. 그리고 그 시도의 효능·효력·효과의 최적화를 이루기 위해서는 '활사개공'(活私開公=사를 살리고 공을 연다)과 '공사공매'(公私共媒=공과 사를 서로 매개한다)를 통해서 '행복공창'을 지향하는 공공하는 철학의 진지한 생각·움직임·작용이 필수불가결합니다. 이러한 사고의 맥락에서 말씀드리면, 공공하는 철학이란 '제재기복'—불행 요인의 최소화와 공복 실현의 최적화—을 축으로 하는 활민개세(活民改世=백성을 살리고 세상을 개혁한다)의 여민철학(與民哲學=백성과 함께하는 철학)이라고도 할 수 있습니다.

1998년부터 주로 일본을 거점으로 공공철학 대화 활동을 계속해 왔습니다만, 수많은 사람들과 귀중한 의견을 교류·교환·교접해 나가는 가운데 가능한 한 살리려고 했던 것은, 바로 이 '제재기복'이었습니다. 물론 그것은 무모한 기획이라고 할 정도로 어렵고 험난한 길이었습니다. 그 성과는 시리즈 『공공철학』 전20권과 시리즈 『이야기론』 전3권, 그리고 그 외의 책 속에 들어 있습니다.

지금까지 지속해 온 일본에서의 공공철학 대화활동은 제1부 4에서도 서술하고 있듯이, 〈철학하는 공공철학〉과 〈이야기하는 공공철학〉의 '사이'에서 성립하는 것입니다. 그리고 하나같이 일본을 대표하는 학자들과 함께한, 일본이라는 장소·공간·세계에서의 대화·공동·개신이었습니다. 그런 의미에서 부제가 「일본에서의 대화·공동·개신」입니다. 이것은 앞으로도 계속해 나갈 생각입니다. 그래서 이번에 나온 『함께 공공철학한다』(일본편)는 대학인(大學人) 이외의 사람까지 포함한 대화·공동·개신입니다.

출판회: 먼저 나온 「중국과의 대화·공동·개신」과 이번에 나온 「일본에서의 대화·공동·개신」의 차이는 어디에 있습니까?

김태창: 1990년에 일본에 온 이래, 저의 일본에서의 대화·공동·개신의 구체적인 핵심 목적은 한 사람 한 사람의 국민·시민·주민의 제재기복을 최우선 과제로 하는 지민(志民)철학의 공동 구축입니다. 여기서 '지민철학'이란 민지(民志)를 서로 기르는 시민의·시민에 의한·시민을 위한·시민과 함께하는 철학을 말합니다. 그리고 오늘날의 일본에서 제재기복을 그 심지(心志)·지기(志氣)·지향(志向)으로 하는 백성들, 즉 '지민'(志民)이라고 할 만한 여러분들과의 공공철학 대화활동의 실천을 장래세대를 위한 증언 기록으로 남겨 두고 싶다고 생각했습니다. 그것이 바로 이 책입니다.

중국은 항상 저에게 하나의 거대한 타자로서 마주 대할 필요가 있는 존재로 생각되어 왔습니다. 그래서 앞의 「중국과의 대화」에서는 중국(적인 것)과의 대면이라는 측면이 강조되었습니다. 반면에 「일본에서의 대화」의 경우에는, 제가 몸소 20년이라는 세월을 일본에서 살고·생활하고·활동했다는 엄연한 실존의 이력에 기초한 시공감이 드러난 것이겠지요.

출판회: '지민'(志民)은 선생님이 만든 말입니까?

김태창: 예, 그렇습니다. 하지만 제가 생각하는 '지민'은 실체 개념이 아니라 실천 과제입니다. 사민(私民)이 시민이 되고, 시민이 지민으로 자각하게 되는 지민생생(志民生生)의 과정이 공공하는 철학의 공동 학습이자 활동·운동·연동이기도 합니다. 그래서 공공하는 철학은 지민도(志民道)이기도 합니다. 그 지민도의 수행자들이 함께·서로·마주보고서, 국민·시민·주민 한 사람 한 사람의 제재기복을, 생활세계와 제도세계를 매개하는 공공세계의 기본 과제로서 가장 중시하기를 바랍니다.

이 책에는, 지금까지와 마찬가지로 대학인도 들어 있습니다만, 제가 말하는 '지민'의 위상에 서서, 그들의 눈높이에서 사물을 생각하고 실천하는 민간철학자, 저널리스트, NPO 주재자, 국가공무원과의 대화와 대론(對論)을 수록하고 있습니다. 마찬가지로 지민 경영자와의 대화·공동·개신의 실천 기록도 있습니다만, 지면관계상 미처 다 수록하지 못했습니다. 훗날을 기약하기로 하였습니다.

출판회: 중국에서는 시리즈 『공공철학』 제1기 전10권이 인민출판사에서 이미 2009년에 번역·출판되었고, 제2기 5권과 제3기 5권의 번역도 현재 계획 중에 있으며, 한국에서도 전20권의 번역이 검토 중에 있다고 들었습니다. 동아시아로부터 세계로 발신하는 공공철학을 생각하고 실천하시는 선생님의 향후의 실천은 어떤 방향을 지향하고 있는지요?

김태창: 앞서 나온 『공공철학을 함께 이야기한다―중국과의 대화·공동·개신』과 이 책 『함께 공공철학한다―일본에서의 대화·공동·개신』에 이어서 「한국편」의 간행을 생각하고 있습니다. 그것은 아마 「혼(사상)으로부터의 대

화·공동·개신」이라는 부제가 붙을 것 같습니다(이 책은 2012년에 모시는사람들에서 『일본에서 일본인들에게 들려준 한삶과 한마음과 한얼의 공공철학이야기』로 출간되었다.)

이와 더불어 「중국과의」·「일본에서의」·「혼(사상)으로부터의」의 의도를 포괄한, 새로운 공공철학 대화활동의 성과를 가까운 시일 내에 세상에 내놓을까 생각 중입니다. 구체적으로는 이른바 근세·근대의 일본 사상가 5명을 다룬 시리즈 「공공하는 인간」(일본편) 전5권입니다. 이 5명은 출생은 일본이지만 그 생각은 글로내컬(로컬+내셔널+글로벌)하고, 이 인물들에게 새로운 빛을 비추고 있는 공공철학 대화활동 참가자들도 다양한 나라와 지역 출신입니다. 논하는 대상도 논자 자신도 글로내컬이라고 할 수 있지요.

출판회: 기대됩니다. '한일합방 백주년'이라는, 저 같은 일본인으로서는 마음의 고통을 동반하지 않고서는 제대로 바라볼 수 없는 '기억해야 할' 해에, 부디 동아시아로부터 발신하는 공공철학의 실천을 지속하시기 바랍니다. 아울러 새로운 시리즈 「공공하는 인간」(전5권)이라고 하는, '동아시아적 공공세계'를 전망해 보는 서적을 출판(=공공)하는 것이 저희들의 기쁨이기도 합니다.

김태창: 감사합니다. 저는 건강이 허락하는 한 공공철학 대화활동을 계속해 나갈 생각입니다.

다시 묻는 '공'과 '사'

도메 타쿠오(堂目卓生)_ 오사카대학 경제학과 교수

　김태창 씨는 20년 전에 '공공철학하기' 위해서 한국에서 일본으로 건너왔다. 그 후에 수많은 학자, 관료, 경영인, 저널리스트, 시민활동가들 속에 들어가서 정력적으로 활동하고 있다. '공공철학한다'는 것은 어떤 것인가? '공공'이란 "자기와 타자의 사이"를 의미한다. 그것은 전체나 통치자를 의미하는 '공'과도, 일개인으로서의 '사'와도 다르다. 한편 '철학'이란 "인간에게 있어서 최고의 충실한 삶을 실현시키기 위한 진지한 노력"으로 정의된다. 따라서 '공공철학한다'는 것은 전체를 통치하는 시점에서가 아니라, 또는 나 한 사람의 내향적 사고에 의해서도 아닌, 자기와 타자의 '만남'과 '대화'를 통해서 모든 사람의 삶을 충실하게 하는 노력을 계속하는 것이다.

　『함께 공공철학한다―일본에서의 대화・공동・개신』(이 책의 제1부)은 세미나, 심포지엄, 서신 왕래에서 행한 '대화'집이다. 저자의 생각에 꼭 동의하지 않는 사람들과의 의견, 또는 무지나 오해를 지적하는 사람들과의 의견까지 감추지 않고 모두 싣고 있다.

　실로 '대화'에 의해서 서로 이해를 심화하고, 새로운 지평을 열고자 하는 저자의 '참마음'(實心)을 느낄 수 있다. 이 책의 마지막에 실려 있는 「한일강제병합백년-그 공공철학적 의미와 과제」에서는, 병합이 이질적인 것을 이질적인 것으로 인정하고 '대화'하려고 하는 '공공'철학의 정신이 아니라, 이질적인 것을 전체 속에—서열을 지워서—동화시키려고 하는 '공'(官) 철학의 정신에 기초하고 있었다는 것, 그리고 그 정신은 지금도 일본인의 마음의 심층에 남아 있는 것은 아닌가 하는 점을 지적하였다.

일본은 국내에서 '공'(官)과 '사'(民)를 어떻게 조화시킬 것인가? 그리고 여러 외국, 특히 동아시아의 이웃 나라들과 어떻게 지낼 것인가? 이 문제는 모두 매개로서의 '공공' 공간을 끈기 있게 구축해 나가는 것과 관계되어 있다. 이 책과 함께 중국편이라고도 할 수 있는 『공공철학을 이야기한다-중국과의 대화·공동·개신』(동경대출판회, 2010.8)도 같이 읽기를 권한다.

(출전: 堂目卓生, 「問ㅅ直す'公'と'私'」, 『読売新聞』, 2010년 9월 26일자)

원로 철학자가 남겨준 학문적 유산

 이 책은 일본에서 20년 넘게 철학대화운동을 전개한 한국인 철학자의 생생한 발자취이다. 역사상 한국인 중에서 이렇게 많은 일본의 지식인들과 이렇게 다양한 인문학적 대화를 나눈 학자는 일찍이 없었을 것이다. 그리고 앞으로도 없으리라 생각한다. 왜냐하면 저자는 단지 일본에 머물면서 연구나 강의를 하는 데에만 그치지 않고, "철학은 대화이다"라는 학문적 신념을 바탕으로 '타자'와의 만남과 대화를 쉬지 않고 추진해 왔기 때문이다. 그래서 그 대화의 양은 마치 조선후기의 정약용이나 최한기의 저작에 비견될 만큼 방대하다. 이 책은 그중 극히 일부만을 활자화해서 소개한 것에 불과하다. 여기에서는 독자의 이해를 돕기 위해서, 역자가 지난 10여 년 동안 저자의 철학대화운동을 보고 읽고 생각하면서 느낀 자극과 통찰의 일단을 간략히 소개하고자 한다.

 먼저 저자에게서 가장 남다르게 느껴지는 점은 '학문의 주체성'이다. 저자는 일본에서 20여 년 넘게 '교토포럼'을 기획하고 끌어오면서 '동아시아'의 사상 자원을 오늘에 되살리는 실천적 작업을 전개하여 왔다. 여기에는 한국과 일본의 학문이 지나치게 서구편향적이고 비주체적이라는 강한 비판의식이 깔려 있다. 저자가 보기에 한국과 일본의 학계는, 동경대학교 야스토미 아유무 교수의 표현을 빌리면, 일종의 '영혼의 식민지화' 상태에 처해 있는 것이다. 이러한 학문의 비주체성과 영혼의 식민지화 상태를 극복하기 위하여 저자는 '서구 근대'라는 주술에 가려져 잊혀지고 묻혀 있던 한국과 일본의 사상 자원들을 재발견함과 동시에, 대중들이 익히 알고 있는 동아시아의 주류 철학들을 현대적 관점에서 재해석해 왔다. 그리고 이러한 해석학적 작업의 바탕에는 동아시아적 '공공철학' 구축을 통한 한중일 삼국의 '대화와 상생과 행복'의 추구라는 거대한 실천적 기획이 깔려 있다. 동아시아가 근대국가 체제에 들어간 이래로 이러한 의도와 방법과 스케일을 추구한 학자는 아마도 없었으리라 생각한다.

그 다음은 '살림의 중요성'이다. 저자가 사용하는 철학적 개념에는 '활(活)'이라는 글자가 자주 등장한다. 가령 '활학(活學)', '활사개공(活私開公)', '활명연대(活命連帶)' 등등. 여기에서 '활'이라는 한자어는 우리말로 바꾸면 '살리다'에 해당한다. 가령 '활학'은 '죽은 학문'이 아닌 '살아있는 학문'을 말하고, '활사개공'은 "사(私)를 살려서 공(公)을 연다"는 의미이며, '활명연대'는 '생명을 살리는 (동아시아의) 인적 네트워크'를 가리킨다. 이와 같은 저자의 '활' 개념을 가장 쉽게 전달하는 예는 '용인(用人)'과 '활인(活人)'의 차이이다. 저자는 교토포럼에서의 오랜 경험을 바탕으로 사람을 써 먹는 '용인경영'이 아닌 사람을 살리는 '활인경영'을 주장한다. 이것은 대단히 날카로운 지적이다. 왜냐하면 자본주의가 고도로 진행된 한국과 일본 사회는 세상을 대하는 태도[應物] 역시 자본주의화 되었음을 함축하기 때문이다. 그 결과 마치 일회용품을 쓰듯이 아랫사람을 도구적으로 사용하는 풍조가 만연해 있는 것이다. 이에 대해 저자는 경영자나 조직을 위한 '도구'가 아닌 '사람' 그 자체에 주목한다. 즉 그 '사람'에게 가장 필요한 일을 제공하고 그 사람이 타고난 재능을 펼칠 수 있는 자리를 마련해주는 것이야말로 참다운 경영이라고 보는 것이다. 그런 점에서 저자가 말하는 '활인경영'은 세종의 인재등용과도 일맥상통한다. 주지하다시피 세종은 신분보다는 재능을 살리고(장영실) 개인적 결함보다는 정치적 역량을 더 중시하였다(황희). 전통이나 규범에 따라 사람을 쓰고 관리하기보다는, 사람을 살리고 기름으로써 전체를 살리는 살림경영을 택한 것이다. 그것이 그의 국가경영, 즉 '나라살림'이었다.

마지막으로 '세대 간의 공공'이다. 오늘날 한국 사회에는 많은 이기주의가 범람하고 있다고 한다. 집단 이기주의, 지역 이기주의, 가족 이기주의, 학벌 이기주의, 종교 이기주의 등등. 이른바 학연·혈연·지연이라는 것도 이러한 이기주의의 또 다른 모습일 것이다. 그중에서도 특히 '세대 간의 이기주의'는 오늘날 한국 사회에서 전에 없이 중요한 문제로 대두하고 있다. 왜냐하면 최근에 한국의 젊은이들 사이에는 희망이 보이지 않는다는 탄식과 절망의 목소리가 전에 없이 고조되고 있기 때문이다. 그것은 아마도 사회적으로 젊은이들을 위한 '마당'이 대물림되고 있지 않다는 불안함과 답답함의 표출이 아닌가 생각한다.

반면에 저자는 2016년 개천절에 개최한 3일간의 '동양포럼'에서 오로지 젊은 세대만을 위해서 하루를 할애하는 파격적인 기획을 시도하였다. 젊은 세대가 토론하고 기성 세대가 듣는, 기존의 학술대회 방식을 정확하게 뒤집은 자리였다. 포럼이 끝난 뒤에 제출한 개별 감상문에는 이 섹션이 가장 인상적이었다는 의견이 많았다. 아마도 저자의 평소 지론인 장래 세대를 배려하는 철학의 실천적 결실이 아닌가 생각한다.

최근에 저자는 오랜 교토포럼에서의 활동을 접고 한일을 오가며 새로운 학문 연대를 모색하고 있다. 일본에서는 교토대학의 오구라 키조, 토호쿠대학의 카타오카 류, 욧카이치대학의 기타지마 기신, 츠루분카대학의 변영호, 야규 마코토 등과 한국에서는 충북대학의 김용환, 원광대학의 박맹수, 영남대학의 최재목, 국제퇴계학회 대구경북지부 이동건 이사장, 동양포럼 유성종 운영위원장 등과 '생명가치'를 중심으로 나라간 · 지역간 · 세대간을 횡단매개하는 대화 포럼을 기획하고, 그 성과를 매달 일본의 《미래공창신문(未來共創新聞)》과 한국의 《동양일보》에 소개하고 있다.

저자의 평생의 학문적 축적을 쏟아붓고 마지막 생애를 불태우는 이 '새길'에 역자가 미력하나마 도울 수 있는 일이 있다고 한다면 아마도 원로 세대와 청년 세대를 중간에서 잇는 '세대 간의 계승' 역할이 아닌가 생각한다.

마지막으로 역자의 게으름으로 인해 번역서가 이제서야 출간되게 된 점을 저자인 김태창 선생님에게 사과드린다. 이 책을 계기로 한국적 공공성, 그리고 동아시아적 '공공' 개념에 대한 세간의 관심이 모아지기를 기대하는 바이다. 아울러 김태창 선생님의 강연을 꼼꼼히 녹취해 주신 이케모토 케이코 씨에게 감사드린다.　　　　　　　　　 ― 2016년 11월 24일 도봉산 자락에서 역자 조성환

주석

1부 일본에서 시민 및 공무원과 나눈 공공철학이야기

1 이 글은 「월간 공공철학」 창간호(2011년 1월)에 번역되어 수록된 적이 있는데, 여기에다 실으면서 저자가 약간의 표현상의 수정을 가했다.

2 일본어로는 '시라카바하'라고 읽는다. 1910년에 창간된 문학잡지 『白樺』(시라카바)를 중심으로 전개된 문예사조와 문인들의 그룹을 가리킨다. 자유주의와 이상주의 그리고 인도주의 이념을 표방했다.

3 '백화문학관'(白樺文學館)의 출자자는 '일본오라클'의 사노 치카라(佐野力) 초대 사장이다. '일본오라클'은 미국 기업 Oracle Corporation이 1985년에 일본에 설립한 법인으로, 일본어 정식명칭은 '日本オラクル株式会社'이고, 영어로는 'Oracle Corporation Japan'이다.

4 '아비코'(我孫子)는 동경 인근의 치바현(千葉縣)에 있는 시의 이름이다.

5 中江兆民(1847~1901): 메이지시대의 사상가이자 저널리스트이자 정치가(중의원의원). 24살 때(1871) 프랑스에 유학 가서 3년간 체류하였다. 귀국 후에는 '사철프랑스학교'(仏学塾)를 세우고 '민권론'을 제창하였다. 루소를 일본에 소개하여 자유민권운동의 이론적 지도자가 되었다.

6 植木枝盛(1857~1892): 메이지시대의 사상가이자 정치가이자 자유민권론자.

7 山県有朋(1838~1922): 무사이자 정치가이자 군인. 메이지유신 후에 근대육군을 창설하고 수상을 역임하는 등 정계에 절대적인 영향력을 행사하였다.

8 '현인신'(現人神)은 "이 세상에 인간의 모습으로 나타난 신"이란 뜻으로 일본어로는 '아라히토가미'라고 읽는다. '荒人神'이라고도 쓴다. 동의어로는 '現御神', '現神', '明神'가 있고, 모두 '아키츠미가미'라고 읽는다.

9 일본어의 '私'는 '公'과 대비되는 '私'라는 뜻과 함께 '나'라는 뜻도 있다. 그래서 특히 이런 의미가 부각되어 쓰인 '사'의 경우에는 '사'(=나)라고 번역하였다. 결국 일본어에서 '나'란 늘 '공'과 대비되는 사적인 존재라는 말이 된다. 이 점은 한국이나 중국과는 미묘하게 다른, 일본에서의 '공'과 '사' 개념을 생각하는 데 있어 중요한 점이라고 생각한다.

10 柳宗悅(1889~1961): 무명의 장인에 의한 평범한 작품을 '민예'라고 부르고 '민예운동'을 일으킨 사상가이자 미학자이자 종교철학자이다. 1910년에 『백화(白樺)』 창간에 참가했고, 1914년에는 한국 도자기의 아름다움에 매료되어 한국인들에게 경애의 마음을 표하는 한편 일본의 식민지 정책을 비판했다. 1921년에 일본에서 최초로 「한국민족미술전람회」를 개최했고, 1924년에는 서울에서 「조선민족미술관」을 개설했다. 만년에는 타력본원사상에 기초한 불교미학을 제창하고 문화공로자로 뽑혔다. (이상 「일본민예관」 홈페이지 참고)

11 宇井純(1932~2006): 환경학자이자 공해문제 전문가. 전 오키나와(沖繩)대학 명예교수. 동경대학 응용화학과를 졸업하고, 폐수 공해로 인한 중독성 질환의 일종인 미나마타병(水俣病)에 대한 연구에 몰두하였다. 쿠마모토(熊本), 니이가타(新潟) 미나모토병을 중심으로 많은 공해문제에 대해서, 피해자의 입장에 서서 철저한 현지조사를 바탕으로, 사회과학의 영역에까지 이르는 학제간 연구를 실시한 것으로 유명하다. 저서로 『공해의 정치학 - 미나모토병을 좇아서』(1968) 등이 있고, 2002년에 제1회 아시아태평양환경상을 수상했다.

12 八紘一宇: "전 세계를 하나의 집처럼 생각한다"는 뜻으로 제2차 세계대전 때에 일본이 해외 침략을 정당화하는 표어로 사용하였다. 『일본서기(日本書紀)』제3권 신무천황(神武天皇) 조에 나오는 "천하를 덮어서 집으로 삼는다"(掩八紘而爲宇)에서 따온 말이다.

13 土門拳(1909~1990): 제2차 세계대전 후에 일본을 대표하는 사진작가 중의 한 사람으로, 철저한 사실주의의 입장에서 「히로시마」와 같은 사회적인 소재를 다루는 한편, 「고사순례」(古寺巡禮)와 같은 전통문화도 독자적인 시점으로 카메라에 담았다.

14 1989년 4월 20일, 《아사히신문》 석간 1면에 「관광객, 수중 다이버들의 추태」라는 제목으로, "오키나와현 이리오모태지마의 산호에 'K·Y'라는 낙서를 발견했다"는 기사가 사진과 함께 실렸다. 이 취재는 〈자연환경파괴에 경종을 울린다〉는 특집기획의 일환으로 아사이신문 기자가 잠수 중에 우연히 발견한 것이라고 하였다. 이 산호는 높이 4미터, 둘레 20미터로 세계 최대의 산호로 기네스북에도 올라가 있었다. 그런데 여기에 이의를 제기한 것이 그 지역의 수중 다이버들이었다. 그들은 몇 차례나 현장에 가서 산호를 조사하고 《아사히신문》사에 경위 등을 물어본 결과, 그 지역은 아마추어 다이버가 들어가기에는 무리라는 사실을 알아냈다. 그래서 이 점을 들어 아사이신문사를 추궁한 결과, 신문사측에서 "원래 있었던 K·Y라는 글자를 잘 보이게 하기 위해서 덧칠했다"고 하면서 "지나쳤다"고 해명하였다. 이에 만족하지 못한 다이버들은 더 조사를 진행한 결과 결국 'K·Y'라는 낙서는 특종을 얻기 위해 기자가 만들어 낸 날조였음이 판명되었다.

15 2009년 2월 14일에 로마에서 G7 회의가 끝난 뒤에 나가카와 재무장관이 발음이 불분명하고 하품을 하며 눈이 풀린 상태에서 횡설수설하며 기자회견에 임한 사건을 말한다. 이 일로 인해 나가카와 씨는 장관 자리에서 물러났다.

16 '맷치 폼프'(マッチポンプ)는 'match'와 'pomp'(네델란드어)를 합성해서 만든 일본어로, "성냥으로 불을 붙여서 펌프로 불을 끄는 두 가지 역할을 한 사람이 한다"는 뜻으로, 자기가 문제를 일으키고 나서 수습을 자청하며 보수를 받으려고 하는 것, 또는 그런 사람을 가리킨다.

17 원제는 『マスメディア 再生への戦略—NPO·NGO·市民との協働』(明石書店, 2009)이다.

18 원제는 『協働コーディネーター』(ぎょうせい, 2007)이다.

19 원제는 『コミュニティ·レストラン』(日本評論社, 2007)이다.

20 '타운미팅'은 코이즈미 내각이 2001년~2006년까지 실시한 국민대화로, 각료와 지식인 및 일반시민이 함께 대화한 정치집회를 말한다.

21 2006년 11월 2일에 일어난 내각부에 의한 '타운미팅 시나리오 사건'을 말한다. 아오모리(青森)현의 하치노해(八戸)시에서 있었던 「교육기본법」에 관한 미팅에 대비해, 내각부가 사전에 아오모리현의 교육위원회에게 지시를 내려 학교관계자들이 교육기본법개정안에 찬성하는 내용의 질문을 미리 만들어 나눠준 다음에, 실제 미팅에서 그대로 발언하게 한 사건이다.

22 여기서 '동아시아발(發) 공공철학'이란 '동아시아에서 세계로 발신하는 공공철학'이라는 뜻이다. 지금까지 근대의 동아시아는 서양의 문물을 열심히 수입하는 '수신자' 역할에 충실해왔다. 하지만 앞으로의 동아시아는 전통적인 문화자원을 재해석하여 세계를 향해 '발신'해 나가야 한다는 의미에서 저자는 '동아시아발'이라는 표현을 쓰고 있다.

23 2008년 6월 8일 일요일 오후 12시 30분경, 동경의 아키하바라의 어느 사거리에서 있었던 살인사건으로, 대낮에 2톤 트럭이 빨간 신호를 무시한 채 달려와 횡단보도를 건너던 시민 5명

을 들이 받고, 트럭에서 내린 남자가 일반 시민과 결찰관 등을 칼로 찌른 사건을 말한다. 백주대낮에 순식간에 일어난 이 사건으로 7명이 숨지고 10명이 다쳤다.

24 윤리학자. 와츠지 테츠로(和辻哲朗)의 제자로 그를 이어서 일본문화 속의 미(美)와 윤리를 탐색하였다. 저서로 『일본인의 전통적 윤리관』, 『일본인의 사생관』, 『일본인의 마음』 등이 있다.

25 원어는 '모노노 아와래'(もののあわれ)로, 모토오리 노리나가(本居宣長. 1730~1801)가 주창한 헤이안시대(平安時代)의 문예이념이자 미적 이념이다. 대상객관을 나타내는 '모노'(物)와, 감동주관을 나타내는 '아와래'(あわれ)가 일치하는 데에서 생기는 조화로운 정취의 세계를 이념화한 것이다. 노리나가는 이것을 가장 잘 표현한 것이 『겐지모노가타리』(源氏物語)라고 했다.

26 원문은 "敷島の大和心を人間はば 朝日にふ山櫻花"이다.

27 원문은 "楽しみをばねがひ、苦しみをばいとひ、おもしろきことはたれもおもしろく、かなしきことはたれもかなしむ"이다.

28 나라(奈良)시대의 가인(歌人)으로 『만엽집』 편찬자 중의 한 사람이라고 전해진다.

29 일본어 제목은 山本史華 『無私と人称-二人称生成の倫理へ』(東北大学出版会, 2006)이다.

30 일본어의 조사로 한국어의 토씨에 해당한다. 'て'(테)는 '~해서', 'に'(니)는 '~에', 'を'(오)는 '~을', 'は'(하)는 '~은'을 나타낸다.

31 'Cogito'는 "나는 생각한다"는 뜻의 라틴어로, 데카르트의 유명한 철학명제 "나는 생각한다, 고로 나는 존재한다"(Cogito ergo sum)에서 나오는 말이다. 철학사에서는 보통 '생각하는 자아' 또는 '인식주체'라는 의미로 인용된다.

32 'は'는 보통은 '하'라고 읽는데 주격조사로 쓰일 때에는 '와'라고 읽는다. 우리말의 '~은'에 해당한다.

33 入會地(common farm forest): 한 지역의 주민이 공동으로 이익을 얻을 수 있는 산야나 어장 등을 말한다.

34 祇園祭: 교토시에 있는 기온사(祇園社)의 제례(祭礼)로 7월 17일에서 24일까지 행해진다. 기온에(祇園會)라고도 한다.

35 山鉾: 수레 위에 산 모양의 장식대(裝飾臺)를 만들고 거기에다 창·칼 등을 꽂은 축제용 수레로, 사람이 올라가서 음악을 연주하거나 춤추는 경우도 있다.

36 夫仁者, 己欲立而立人, 己欲達而達人. (「옹야」)

37 己所不欲, 勿施於人.

38 에도시대 전기의 국학자이자 가인(歌人).

39 일본 근대문학의 대표 작가이다. 영국 유학에서 돌아온 후에 《아사히신문》(朝日新聞)의 전속작가가 되었다. 자연주의에 대립하여 근대인의 고독이나 이기주의를 추구하였다.

40 평론가로 자의식과 존재의 문제를 축으로 하는 근대 평론을 확립하였다.

41 '是阿弥'라고도 쓴다. 무로마치(室町) 시대의 인물로, 노가쿠(能樂)를 하는 노약샤(能役者)였다. 무로마치 막부의 제3대 장군인 아시카가 요시미츠(足利義満)의 후원을 받아 노가쿠(能樂)를 집대성했다. 일본의 예술론을 대표하는 많은 글들을 남겼다.

42 나라시(奈良市)에 있는 법상종(法相宗)의 대본산(大本山)인 '흥복사(興福寺)의 옛 명칭으로, 일본어로는 '야마시나데라'라고 읽는다. '산계사'는 7세기 중엽에 산성국(山城国) 산계(山階)에

세워졌다고 하는데, 8세기 초에 지금 있는 곳으로 옮겨지고 이름도 '흥복사'라고 개칭하였다. 1998년에 '고도(古都) 나라(奈良)의 문화재'의 하나로 세계문화유산에 등록되었다.

43 간단하게 해결하기 어려운 문제.

44 바이올린의 공명통 속에 있는 원주모양의 작은 나무로 '버팀목'(soundpost)이라고 한다. 단지 버티는 역할을 할 뿐만 아니라 앞판과 뒤판의 진동을 전달하여 몸통 전체가 공명하게 해주는 역할도 하기 때문에 '혼주' 즉 '영혼의 기둥'이라고도 불린다.

2부 교육자 및 경영자와 함께 나눈 공공하는 철학대화

1 이하는 공공철학공동연구소에서 발행한 「공공철학 교토포럼 담론 시리즈 (I)」로 간행된 『二十一世紀の日本の教育課題』의 전문을 번역한 것이다.

2 1984년에 설치된 수상의 자문기관으로, 당시 나카소네 야스히로(中曽根康弘) 수상 주도로 장기적 관점에서 널리 교육문제를 논의하였다. 보통 줄여서 '임교심'(臨敎審)이라고 한다.

3 원제는 『公共哲學とは何か』(ちくま新書, 2004)이고, 한국어 번역서는 성현창, 『공공철학이란 무엇인가』(이학사, 2011)이다.

4 '일본교직원조합'의 준말로, 교원과 학교직원으로 구성된 일본 최대의 노동조합연합체이다.

5 원제는 『戰後思想を考える』(東京: 岩波書店, 1980)이다.

6 1940년~45년까지 존재했던 결사조직. 당시 수상이었던 고노에 후미마로(近衛文麿) 등이 중심이 되어 결성된 국수주의 조직으로 태평양전쟁 시기 일본 군부의 방침을 지지하였다.

7 일본의 행정구역단위로 모두 1도(都) 1도(道) 2부(府) 43현(縣)이 있다. 구체적으로는 수도인 동경도(東京都)를 시작으로, 홋카이도(北海道), 교토부(京都府)와 오사카부(大阪府) 그리고 치바현(千葉縣)을 비롯한 43개의 현을 말한다.

8 한국의 '시읍면'에 해당하는 일본의 행정구역이다.

9 Chester Irving Barnard(1886-1961): 미국의 기업가이자 경영학자. 뉴저지 벨 전화회사 사장을 거쳐, 록펠러재단 이사장이 되었다. 저서인 『경영자의 역할』은 미국의 관리론적 경영학의 초석이 된 명저로서 행동과학적 조직이론으로의 길을 열어놓았다.

10 E. H. Erikson(1902~1994): 유럽계 미국인 발달심리학자이자 정신분석가로, 스승인 프로이드의 발달론의 영향을 받으면서도 '심리사회적 발달론'이라고 하는 독자적인 발달론을 전개하였다. "인간은 태어나서 죽을 때까지 발달한다"는 생각하에 일생을 8단계를 나누고, 각 단계에서 획득해야 하는 과제를 설정했다. 또한 '정체성' 개념을 가지고 프로이드 이후의 정신분석학적 자아심리학을 비약적으로 발전시켰으며, '정체성 위기'(identity crisis)라는 말을 만들어낸 것으로도 유명하다.

11 shadow work: 오스트리아의 철학자이자 신학자인 이반 일리히(Ivan Illich, 1926~2002)가 만든 개념으로, 가사노동과 같이 인간생활에 필수불가결함에도 불과하고 대가가 지불되지 않는 노동을 말한다.

12 야츠바시(八つ橋)는 교토(京都)를 대표하는 일본과자로, 밀가루에 설탕과 육계(肉桂)를 섞어 직사각형으로 구운 것이다. '나마'(生)는 '익히지 않았다'는 뜻이다.

13 '공상적 사회주의'(utopian socialism)라는 말은 칼 마르크스가 붙인 명칭으로, 그의 과학적 사회주의가 등장하기 이전의 사회주의를 가리킨다. 생시몽(Saint-Simon, 1760~1825), 로버트 오엔(Robert Owen, 1771~1858), 샤를 푸리에(Charles Fourier, 1772~1837) 등이 주장하였다.

14 제2차 세계대전 때 전사한 학도병들의 유서를 모은 유고집으로 1949년에 동경대협동조합출판부에서 나왔다. 원제는 '聞けわだつみの声'(들어라! 와다츠미의 소리)인데, '와다츠미'(わだつみ)는 일본신화에 나오는 바다의 신의 이름이다. 이 책은 불어와 영어로도 번역되었다. 영역본은 두 종류가 있는데, 1956년에 나온 "The Sun Goes Down"과 2000년에 나온 "Listen to the Voices from the Sea"(University of Scranton Press)이다. 1997년에는 강덕상에 의해서 『朝鮮人學徒出陣: もう一つのわだつみのこえ(조선인학도출진: 또 하나의 바다의 소리)』(岩波書店)도 간행되었다.

15 이 책의 2부 제1장에 실린 「21세기 일본의 교육과제」를 말한다.

16 원제는 "Happiness and education"(Cambridge, UK ; New York: Cambridge University Press, 2003)이다. 일본어로는 山崎洋子와 菱刈晃夫에 의해 『幸せのための教育』(東京: 知泉書館, 2008)라는 제목으로 번역되어 있다.

17 원제는 佐藤学『学びの快楽: ダイアローグへ』(横浜: 世織書房, 1999)이다.

18 '부락'이란, 일본에서 "신분적·사회적으로 심한 차별을 받아온 '에타'(穢多)라고 하는 천민들이 집단적으로 사는 지역"을 말한다. 에도시대에 형성되었고 1871년에 법률상 신분이 해방되었지만 사회적 차별은 지금도 여전히 남아 있다. '미해방부락' 또는 '피차별부락'이라고도 한다.

19 1724년에 오사카의 상공업자들이 세운 서민교육 사설학교이다. 주자학이나 양명학 등을 가르쳤고 상공인 학자도 배출되었다. 1869년에 문을 닫았다.

20 원제는 金泰昌, 「企業経営者の実心実学の構想力」. 이후에 「월간 공공철학」 제21호(2012년 9월호)에 「기업경영자와 실심실학적 구상력」이라는 제목으로 번역되어 실렸다.

21 이 대화는 「월간 공공철학」 제2호(2011년 2월호)에 번역되어 실렸다.

22 원제는 「公務員と企業人と学者の対話・共振」이고, 「월간 공공철학」 제20호(2012년 8월)와 21호(2012년 9월호)에 「학자와 기업인과 공무원의 대화」라는 제목으로 각각 번역되어 실려 있다.

23 이 글은 「월간 공공철학」 제22호(2012년 10월)와 23호(2012년 11월)에 실려 있다.

24 '바늘공양.' 일본어로는 '하리쿠요'(針供養). 구부러지거나 녹이 슬어서 못쓰게 된 바늘을 공양하고, 인근 신사(神社)에 바치면서 바느질이 더 잘 되도록 비는 행사를 말한다.

3부 김태창, 그는 누구인가?

1 그리스 태생의 신문기자이자 소설가로 1896년에 일본에 귀화하였다. 일본어 이름은 小泉八雲(코이즈미 야쿠모)이다.

2 1600년에 있었던 '세키가하라 전투'를 말한다. 지금의 기후현(岐阜県)에 있는 세키가하라마을(関ヶ原町)을 주무대로 이시다 미츠나리(石田三成)의 서군과 도쿠가와 이에야스(徳川家康)의 동군이 천하를 놓고 격돌하였는데, 결국 도쿠가와 이에야스가 승리하여 천하의 패권을 잡게 되었다.

3 일본의 독특한 시가(詩歌)의 한 양식으로 보통 두 사람 이상이, 단가(短歌)의 윗구에 해당하는 5·7·5의 장구(長句)와, 아랫구에 해당하는 7·7의 단구(短句)를 번갈아 읊어 나간다. 대개 백구(百句)를 단위로 한다.

4 'KY'는 "空気が読めない"(공기를 읽지 못한다)라는 말에서, '空氣(쿠키=공기'의 일본어 발음)의 '쿠'

864 | 일본에서 일본인들과 나눈 공공철학 대화

에서 K를, '読めない'(요메나이=읽지 못한다)의 '요'에서 'Y'를 각각 따서 만든 약어이다.

5 "널판지를 등에 짊어진 사내"라는 뜻으로, 옆과 주위를 둘러보지 못하고 오로지 앞만 보고 가는 것을 말한다. 시야가 좁은 사람을 비유한 말이다.

6 "皆中節之皆. 竊謂此是義理之情. 非一己之私. 而爲天下古今人之所公共. 故謂之皆耳."(郭鍾錫, 『俛宇先生文集卷之八十七』「書·答金仲衍(在植)○丁酉」)

7 가령 Thinking About Future Generations(Kyoto: Institute for the Integrated Study of Future Generations, 1994), Creating a New History for Future Generation(Kyoto: Institute for the Integrated Study of Future Generations, 1995), Self and Future Generations(Cambridge: The White Horse Press, 1999), Co-creating Public Philosophy for Future Generations(UK: Adamantine Press Ltd., 1999), 13th Labor: Improving Science Education(Amsterdam: Gordon & Breach Publishers, 1999), The Generative Society Caring for Future Generations(American Psychological Associations, 2004) 등.

8 동경대학출판회에서 간행된 이 시리즈는 제1기(2001-2002년) 전10권에서 유럽, 중국, 이슬람, 인도, 일본에서의 공사에 관한 사상사적 관점을 제시하면서 사회학적, 경제학적, 정치학적 관점에서 공사영역의 관계를 규명한다. 제2기(2004년) 전 5권 및 제3기(2006년) 전5권에서는 자치/법률/도시/리더십/문화와 예술/종교/지식인/조직과 경영/의료와 건강/세대간 관계 등으로부터 생각하는 공공성의 문제를 다룬다. 이 밖에도 『마르크스의 사적유물론 비판』(1980), 『인간·세계 그리고 신』(1985), 『정치철학적 사고의 궤적과 그 주변에 모아진 사고의 단편』(1989), 『현대정치철학: 탐색과 전망』(1989), 『21세기에의 지성적 대응』(1993), 『상생과 화해의 공공철학』(2010), 『(일본에서 일본인들에게 들려준 한삶과 한마음과 한얼의) 공공철학 이야기』(2012) 등 다수의 국내 저술이 있다.

9 〈장래세대 총합연구소〉의 모태인 〈장래세대 국제재단〉 이사장이자 〈교토포럼〉 사무국장. 〈장래세대 국제재단〉은 1992년 6월에 브라질 리오데자네이로에서 개최된 지구정상회의 〈환경과 개발에 관한 국제연합회의〉가 개최된 다음 달인 1992년 7월에 미국에서 설립되었다. 이 재단의 전신이 바로 1989년 11월 3일(문화의 날, 이전의 메이지절)에 교토에서 발족한 〈교토포럼〉이다. 이 제1회 교토포럼에서 향후 1990년부터 2개월에 한 번씩 학제간 대화를 하자는 결의가 이루어졌으며 그 추진자로서 김태창이 동참하게 되었다. 이와 함께 1992년에 김태창은 〈장래세대총합연구소〉 소장으로 취임하게 된다.

10 김태창은 이 두 사람과의 "기적과도 같은 만남"을 통해 〈공공철학 교토포럼〉이 가능했으며, 이것이야말로 그가 "일본에 와서 일본에 살면서 일본인들과 함께 이룰 수 있었던 가장 귀중한 농사"였다고 토로한다.(야자키 카츠히코, 2010:244-45)

11 현재 일본을 대표하는 사전에서 '공공철학'은 "시민적 연대감이나 공감 그리고 비판적인 상호 토론에 기초하여 공공성의 부활을 지향하고 학제적인 관점에 서서 사람들에게 사회적 활동에 대한 참가나 공헌을 촉구하고자 하는 실천적 학문"(『廣辭苑』제6판)으로 정의되어 나온다.

12 그가 말하는 '다문화가정'이란 반일적 성향이 강한 주자학자였던 할아버지와 친서구적인 독실한 기독교신자였던 어머니, 그리고 일본에서 성공한 상인이었던 아버지로 구성된 가정을 가리킨다. 이들은 각자 개성이 강해서 싸우는 경우가 많았고, 그래서 김태창은 이 세 사람이 사이좋게 지내면 좋겠다는 것이 어릴 때의 가장 큰 바람이었으며, 그런 가정에서 자라면서 '사이'와 '상생'과 '공복'의 문제를 중요하게 생각하게 되었다고 말한다.(김태창 편저, 2010:99)

13 이 당시 그는 "의식적으로 일본이라는 나라를 무시"했다. 그것은 "과거에 일본이 한국을 무시하고 경멸하고 침략한 것에 대한 반동에서"였다. "한국의 지식인의 한 사람으로서 일본을 무시하기 위해서는 일본을 이기지 않으면 안 된다. 일본에 이기기 위해서는 일본보다 더 나라를 발전시켜서, 수준 높은 학문을 닦고 일본 학자보다 뛰어난 학자가 되지 않으면 안 된다"고 마음에 새겼다.(야마모토 쿄시, 2013:3)

14 김태창의 생애에 관해서는 주로 金泰昌, 2002b 및 김태창 편저, 2010:98-99 참조.

15 가령 교토의 리쓰메이칸 대학에서는 최근에 신설된 대학원을 위해 야마구치 야스시가 중심이 되어 수년간 이끌어온 연구성과를 모아 2003년 봄『새로운 공공성』(有斐閣)이라는 책을 출판했다. 또한 와세다대학에도 새롭게 〈공공경영학 연구과〉라는 대학원이 창설되었고, 그 책임자인 가타오카 히로미쓰는『공공의 철학』(와세다대학출판부, 2002)을 간행했다. 이 밖에 이나가키 히사카즈의『종교와 공공철학』(동경대학출판회, 2004)을 비롯하여 공공철학 담론이 매우 다양한 운동체로서 전개되고 있다. 그중 특히 지바대학의 공공철학 연구자들이 진행해온 '학문연구의 구조개혁을 지향하는 공공철학 운동'으로, 고바야시 마사야를 중심으로 하는 〈공공철학 네트워크〉에 주목할 만하다. 이와 더불어 지바대학 대학원 인문사회과학연구과는 2004년 12월부터 계간지 〈공공연구〉를 발행하여 공공철학 담론을 확산시키는 데에 큰 역할을 하고 있다. "일본에서 전개된 '공공철학 대화운동'의 발자취-시리즈『공공철학』제1기 전10권의 완간을 기념하는 대화모임(2)"『공공철학』26, 2013년 2월, 2-3쪽 및 (김태창 편저, 2010:118)와 http://public-philosophy.net/ 〈공공철학 네트워크〉 홈페이지 참조.

16 발족 당시 명칭은 〈공공철학 공동연구회〉였으나, 2002년 2월 제33회부터 〈공공철학 교토포럼〉으로 개칭되어 오늘에 이르고 있다. 본고에서는 〈공공철학 교토포럼〉 혹은 줄여서 '포럼'으로 통일시켜 언급하고 있다.

17 이들은 종래 일본인 학자들도 별로 관심을 기울이지 않았던 인물들에 대한 새로운 재조명/재평가/재해석이 이루어지는 계기를 마련해 주었다.

18 여기서 말하는 대화란 무엇인가? (1)인식의 원천은 경전이나 고전 혹은 인간 뇌 속에 있는 것이 아니라 다양한 인간관계에 있어 대화적 실천이야말로 인식 생성과정이다. (2)대화정신은 독화(獨話)정신과 대조적인 관계에서 이해해야만 한다. 모든 일을 '나'라는 개아를 중심으로 인식하고 판단하고 결정하고 실행하는 삶의 방식이나 사고방식을 독화정신이라 한다면, 대화정신은 나의 세계 안으로 편입시키는 것이 원리적으로 불가능한 타자의 존재와 의미를 인정하고 받아들이고 존중하는 정신을 가리킨다. (3)대화공간은 참가자가 사전에 생각하지 못했던 성과와 결과가 대화 속에서 생겨난다는 점에 그 특징이 있다. 누군가의 생각과 논리에 압도당하여 그것과 동일화, 통합화, 일원화되는 것과는 정반대 방향으로 나아가야만 한다. 그런 대화공간에서는 자기만 아는 전문용어라든가 특수한 논리를 필요 이상으로 고수하지 말아야 하며, 가능한 한 누구라도 알 수 있는 말로 바꾸어 말하도록 노력해야 한다.

19 "일본에서 전개된 '공공철학 대화운동'의 발자취-시리즈『공공철학』제1기의 완간에 부쳐서 (1)",『공공철학』25, 2013년 1월, 4-7쪽.

20 이는 좀 더 현실적인 문제를 염두에 두고 나온 말이다. 즉 김태창에 의하면 일본에서 〈공공철학 교토포럼〉 같은 민간주도의 철학운동이 가능했던 이유는, 기업의 사회적 책임과 공헌을 가장 중요시하고 행복사회학의 이념에 기초하여 "모든 사람들에게 최고의 행복을 가져다준다"고 하는 설립이념을 실제로 구현하고 있는 주식회사 '펠리시모'로부터 지속적인 자

금지원이 있었기 때문이다. 그뿐만 아니라 간사이 소재의 중견기업 경영자들이 일본에서 "전무후무한 양질의 인문학 부흥운동"(공공철학 교토포럼)의 실천주체가 되어 공공철학이 실로 "실심실학"의 형태를 좀 더 분명하게 갖도록 하는 데 지대한 공헌을 했다는 것이다.(김태창 편저, 2010:33)

21 아렌트의 '공공성'(publicness)이라는 용어는 첫째, "공중 앞에 나타나는 모든 것은 누구나 볼 수 있고 들을 수 있으며 그러므로 가능한 가장 폭넓은 공공성을 가진다는 것을 의미한다."(한나 아렌트, 1996:102) 둘째, "세계가 우리 모두에게 공동의 것이고, 우리의 사적인 소유지와 구별되는 세계 그 자체를 의미한다."(한나 아렌트, 1996:105) 즉 아렌트는 '공공성'의 의미가 '공개성'과 '공통성'에 있다고 명확히 정의한다. 하버마스 또한 '공공성'(Öffentlichkeit)을 '공개성'이라는 의미로 사용했다. 하지만 아렌트의 공공성이 고대 그리스의 폴리스를 모델로 하고 있는 데 비해, 하버마스의 공공성은 18세기 유럽의 시민사회를 모델로 한다는 차이가 있다. 어쨌거나 현재 일본과 한국학계의 공공성 담론은 거의 이런 아렌트와 하버마스를 논의의 토대로 삼고 있다.

22 김태창과 더불어 일본의 대표적인 공공철학자 중 한사람인 야마와키 동경대 교수는 공공철학을 "철학, 정치, 경제 및 기타 사회현상을 공공성이라는 관점에서 종합적으로 고찰하는 학문"(山脇直司, 2002b:1)으로 규정하는데, 이는 김태창이 말하는 '공공성의 철학'에 해당한다.

23 서양인이 아직 '공'과 '공공'을 구별해서 생각하지 않던 시기에 사마천이 '공'과는 다른 의미에서의 '공공'이라는 말을 사용했다는 사실의 발견은 김태창에게 "위대한 발견"으로 각인되었다. 거기서 '공공'은 명사가 아니라 동사로 이해되었기 때문이다. 즉 그는 『사기』에 나오는 "法者, 天子所與天下公共也"라는 글귀를 "법이란 천자가 천하만민과 더불어 공공하는 바이다"라고 해석했다. 다시 말해 사마천이 '공공'이라는 말을 서양의 'public'과 같은 정태적이고 고정적인 규범개념으로서가 아니라 동태적인 실천규범으로 사용하고 있다고 본 것이다.

24 가령 '공공(하는) 철학'은 '서로 어울리는 화해의 철학'인데, 미국의 공공철학에서는 이러한 견해를 발견할 수 없다.(김태창, 2007:87) 또한 '공공이성'(public reason)의 역할을 중시하는 서양의 공공철학에 비해, 김태창의 공공철학은 '공공이성' 뿐만 아니라 '공공감정'(public emotion)과 '공공의지'(public will)와 '공공영성'(public spirituality)까지도 중시한다. 대화한다는 행위적 동기는 감성과 의지와 이성의 상극·상화·상생적 작용으로서의 영성에 대한 규명이 요청되기 때문이라는 것이다. "일본에서 전개된 '공공철학 대화운동'의 발자취-시리즈『공공철학』제2기 전5권의 완간을 기념하는 대화모임(1)"『공공철학』 26, 2013년 2월, 14쪽.

25 "일본에서 전개된 '공공철학 대화운동'의 발자취-시리즈『공공철학』제1기 전10권의 완간을 기념하는 대화모임(2)"『공공철학』 26, 2013년 2월, 1-2쪽.

26 "일본에서 전개된 '공공철학 대화운동'의 발자취-시리즈『공공철학』제2기 전5권의 완간을 기념하는 대화모임(3)"『공공철학』 28, 2013년 4월, 12-13쪽.

27 김태창에게는 마르크스주의야말로 낭만적인 이상주의에 사로잡힌 이데올로기로 간주된다. 그에 의하면 마르크스주의는 '활사개공'이 아니라 '살사파공'(殺私破公)이고, '공사공매'가 아니라 '공사상탈'(公私相奪)이며, '행복공창'이 아니라 '행복부정'의 철학이었다는 데에 원초적 한계가 있다. 마르크스주의의 문제는 혁명을 통해서 좋은 사회가 도래한다고 생각한 혁명 엘리트들의 과도한 낭만성에 있다.(김태창 편저, 2010:58)

28 "일본에서 전개된 '공공철학 대화운동'의 발자취-시리즈『공공철학』제2기 전 5권의 완간을

기념하는 대화모임(1)” 『공공철학』 26, 2013.2월, 13쪽.

29 그렇다면 김태창은 왜 일본에 이런 '대화의 철학'이 필요하다고 여긴 것일까? 개성적인 김태창론을 펼치는 야마모토 쿄시에 의하면, 일본은 공기(분위기)라고 하는 정체를 알 수 없는 공적 혹은 사적 공간 안에서 사람들이 위축되어 있다. 그런 일본에서 행해지는 대화는 극히 예정조화적이며 정해진 틀로부터의 일탈은 인정되지 않는다. 가령 일본에서의 심포지엄은 참가자 각자의 의견이 옆으로 나열되어 있을 뿐, 대화와 토론에 의한 자타의 상호변용은 예상되지 않는다. 이처럼 일본에서 대화가 이루어지기 어려운 원인 중의 하나로 김태창의 지적처럼 '말'을 중시하지 않는 일본인의 성향을 들 수 있다. “침묵은 금”이라는 격언을 좋아하는 일본인들은 말보다는 이심전심의 마음을 더 중시하기 때문일까? “말은 뜻을 다 전달하지 못한다”(言不盡意) 하여, 말을 본질이 아닌 방편으로 이해하는 일본인의 마음에는 실심이 없다. 말을 경시하는 풍조에서 생겨나는 것은 실심실학이 아닌 허심허학이라는 것이다.(야마모토 쿄시, 2013:12-13)

30 한중일에서는 왜 '사'에 관한 제대로 된 공통인식이 정리되어 있지 않은가를 물음. '사'는 의식인가, 신체인가, 감정인가, 의지인가, 영성인가, 이것들의 전부인가, 아니면 이것들과는 다른 무엇인가? '멸사봉공'도 '멸공봉사'도 '사'를 제대로 재인식하는 과정을 거치지 않고는 더 이상의 사고 발전을 계속하기가 곤란할 것. '사'는 정말 억제하고 부정하고 멸절해야 할 도덕적 악인가, 아니면 올바르게 다듬고 키워야 할 근원적 생명력인가를 제대로 밝혀보지 않으면 진정한 '활사개공'의 '활'의 의미를 이해할 수 없을 것.(김태창 편저, 2010:41)

31 한번은 “남성과 여성의 공공하는 철학 만들기”를 지향하는 〈공공철학 교토포럼〉을 개최했을 때, 전투적인 페미니스트들이 남성을 일방적으로 비난하고 공격하는 수라장이 되었다. 이때 김태창은 “공공철학은 남성의, 남성에 의한, 남성을 위한 철학에 지나지 않는다”는 비판에 많은 자극을 받았음직하다.(김태창, 2013_10:3)

32 “일본에서 전개된 '공공철학 대화운동'의 발자취-시리즈 『공공철학』 제2기 전5권의 완간을 기념하는 대화모임(3)” 『공공철학』 28, 2013.4월, 12-13쪽.

33 공이란 원리적으로 모든 사람들에게 열려 있는 것으로 언제나 접근 가능한 것을 가리키는 반면, 사는 기본적으로 특정한 인간, 집단, 조직에 한정되어 외부에는 닫혀 있다. 이처럼 공과 사는 전통적으로 상반되고 대립되는 개념으로 생각되어 왔다. 그러나 양자는 매개되어야 하고 매개가 가능하다. 공공(公共)이 그것이다. 공공은 종래의 공-사 이원대립적 구조를 상호생생적인 삼차원구조로 전환시킬 수 있는 의미연관을 함유하고 있다. 공과 사는 어느 정도 실체화되고 개념화될 수 있는 명사적인 것인 데 비해, 공공은 공과 사 사이에서 양자를 맺고 잇고 살리는 작동을 하는 동사적인 것이다. 이때 공(公)을 동반하지 않는 공(共)은 차별적이고 배타적인 것이 될 위험성이 있다. 반대로 공(共)을 동반하지 않는 공(公)은 명분이나 형식 또는 틀로 끝날 가능성이 있다.(김태창, 2013_5:6)

34 “일본에서 전개된 '공공철학 대화운동'의 발자취-시리즈 『공공철학』 제2기 전5권의 완간을 기념하는 대화모임(3)” 『공공철학』 28, 2013.4월, 12-13쪽.

35 공지는 멸사봉공적인 공의 지적 주체로서 정부와 행정기관의 공인을 통해 제도화된 지배를 선호한다. 이런 공지에 있어 타자는 경쟁 상대이자 적이거나 아니면 동화흡수의 대상으로 간주될 뿐이다. 따라서 일방적으로 자신의 가치관을 세계에 강요하는 독화화, 그리고 의문과 반대의 소리를 허용하지 않는 단성화에 빠지기 쉽다. 이에 비해 사지는 멸공봉사적인 사

의 지적 주체로서 기본적으로 이익을 지향한다. 이런 의미에서 공리지(功利知)라 할 수 있는 사지는 과학만능주의나 경제지상주의에 지배받기 십상이다. 한편 타자에 대해서는 "나는 상관하지 않는다"는 식이고 장래세대에 대한 책임감도 결여되어 있으며 자기보존을 지향하고 전문지의 독점과 축적에 몰두하는 경향이 있다.(김태창, 2013_5:6)

36 1970년대 이후의 '주술-종교붐' 혹은 '정신세계붐'을 거쳐 90년대 이후 오늘날에 이르기까지 일본사회의 대중문화, 미디어, 출판계, 학술계 등에 '스피리추얼리티'라는 말이 광범위하게 퍼지고 있다. 이런 스피리추얼리티 담론에 관해서는 박규태, 2011b:136-147 참조.

37 그는 우연히 미국병사로부터 건네받은 스탈린 전기 책(Joseph Stalin: A Red Revolutionary Leader)을 내밀면서 "스탈린 대원수의 위대한 정의의 전쟁이 승리로 끝날지 어떨지 두 눈으로 직접 보고서 그것을 다음 세대에게 생생하게 전해주기 위해서 저는 반드시 살아남지 않으면 안 됩니다"라고 인민군 장교에게 열변했다. 이때 15세의 소년은 '진정한 말' 즉 목숨을 건 실어(實語), 진어(眞語), 성어(誠語)에는 신기한 힘이 있음을 실감했다. 실심, 진심, 성심이 담긴 말로 서로의 마음이 통하면 상상을 초월하는 기적이 일어난다는 것을 실제로 체험한 것이다.

38 그때 한의사가 들어왔고 그와 눈이 마주친 순간 "나는 산다. 이 의사가 나를 살려 준다"는 확신이 들었다. 의사는 극약처방을 했고 의식을 잃은 이틀 뒤 깨어났을 때 전신마비가 풀렸다. 독이 약으로 바뀐 것이다. 이를테면 파르마콘(독과 약을 동시에 의미하는 그리스어)의 신비를 체험한 것이다.

39 김태창의 설명에 의하면, 당시 그는 최선을 다해 입시를 준비했지만 정신적으로 과도한 긴장상태에 있었기 때문에 기의 흐름이 좋지 않아서 능동적인 사고력이 저하되어 답이 전혀 생각나지 않았다. 그런 상황 속에서 신에게 기도드리는 것은, 인간의 자력능동이 한계에 부딪혀서 기능 정지되었을 때 저절로 절대수동으로 전환하고 거기서 신의 타력능동이 작용하여 그의 생기(生氣)와 신의 영기(靈氣)가 '줄탁동기'(병아리가 껍질을 깨고 밖으로 나오려 할 때에 그것을 알아차린 어미닭이 밖에서 부리로 톡톡 껍질을 쪼아서 새로운 생명을 탄생시키는 것)로 현현함으로써 정답을 쓸 수 있었다는 것이다.

40 김태창에 의하면 자신을 살리고 자신이 살려진다고 여기는 것은 오만이다. 이 점을 깨닫는 것은 바로 자기완결성으로부터의 탈출이며 자기도취로부터의 각성체험이다. 이것이야말로 일신운화적 기의 작용이 통민운화(자신과 타자의 결합) 그리고 천지운화(자신과 자연의 결합)로 이어지고 결합되며 서로 살려주는 생기/원기/정기의 작용으로 대전환되는 계기가 된다.(야자키 카츠히코, 2010:327-328)

41 롤즈는 정의를 중시하는 입장에서 행복을 지향하는 원리를 비판하고 있지만, 김태창은 정의도 개인과 사회와 세계의 상관적 행복을 실현하기 위한 제2차적 규범이라고 생각한다. 또한 자유나 평등도 결국에는 인간과 사회와 세계가 함께 행복해지기 위한 조건이라고 생각한다. 이런 의미에서 그는 '행복민주주의'의 이론화와 현실화를 지향한다. 그가 보기에 스칸디나비아 제국의 '복지민주주의'도 개념적으로 이런 행복민주주의에 가깝다. 단, 복지민주주의가 제도설계에 중점을 둔 사상과 정책이라면, 행복민주주의는 개개인의 행복 실감을 중시한다.(김태창 편저, 2010:132-133)

42 김태창은 행복이란 것이 인간의 주관적, 의식 내재적, 사적인 문제임과 동시에 제도적, 의식 외재적, 공적 문제이기도 하다는 점을 충분히 인식하면서, 인간(자기)과 인간(타자) '사이' 혹

은 인간(자기)과 환경/제도(타자) '사이'와 관련된 상관연동적, 의식 간동적(間働的, 의식과 의식 사이에서 작용하는 공공적) 문제에 초점을 맞추어 행복을 재규정하고 있다. "일본에서 전개된 '공공철학 대화운동'의 발자취-시리즈『공공철학』제1기 전10권의 완간을 기념하는 대화모임(2)"『공공철학』26, 2013년 2월, 5쪽.

43 이나가키 히사카즈의 전망에 따르자면, 만약 일본이 원리주의가 강해지면 민족적 영성에 불이 붙어 야스쿠니신사는 그 성지로서 앞으로도 계속 보존되고 지지될 것이다. 이것은 위험한 방향이다. 21세기의 국민국가는 민족적 영성에 의한 시민종교가 아니고 공공적 영성에 의한 다원적 공공종교가 필요하며 이것이 국경을 초월한 시민적 공공성을 형성하는 에토스가 되어야만 한다. 난바라 시게루(南原繁)는『국가와 종교』(1942)에서 오늘날 공공철학이 문제삼는 공공적 영성을 이미 언급한 바 있다. 그에게는 명확한 시민사회론이 결여되어 있지만 공공의 장에서 어떤 종류의 영성이 필요하다는 점을 이미 간파했다는 점은 탁견이라 할 수 있다.(이나가키 히사카즈, 2007:27-30) 한편 고바야시 마사야는 공공철학 프로젝트가 특별히 종교적인 관심이 있는 사람들을 모으고 있는 것은 아닌데도 그런 관심을 갖는 연구자가 많다고 말하면서, 특정 종교에 한정되지 않는 종교성과 정신성을 존중한다는 의미에서 김태창이 강조하는 '공공영성'의 필요성에 적극적인 찬동을 표한다. 21세기라는 지금 시점에서 다시 한번 영성에 기초한 '정신혁명'이나 '인간혁명'이 공공철학 운동 속에서 퍼져나가는 것이 중요하다고 여기기 때문이다. "일본에서 전개된 '공공철학 대화운동'의 발자취-시리즈『공공철학』제2기 전5권의 완간을 기념하는 대화모임(3)"『공공철학』28, 2013.4월, 2-3쪽.

44 1997년 유네스코에 의해 세계기록유산으로 지정된『조선왕조실록』에 보면, 가령 임금의 결정이 옳지 못하다는 충언을 상주할 때 먼저 "그것은 천하고금이 공공하는 바에 어긋납니다"라고 공공이성적 사유를 제시한다. 하지만 그것이 충분히 설득적이지 않을 때는 "그것은 천하만민이 함께 더불어 분개하고 분노하는 공분(公共之憤)을 불러오고 말 것입니다"라는 공공감정적 호소로 태도를 바꾼다. 그리고 이런 천하공공의 분노로도 부족하다는 심증이 생기면 빈번하게 "신인공분"(神人共憤)이라는 표현이 동원된다. 이는 감정이라기보다는 영성이 관련된 공공이다. 여기에는 인간의 힘만으로는 어려우니까 신의 힘까지 빌려서라도 최고 권력자의 잘못된 전횡을 막아보려는 최후의 몸부림이 나타나 있다.(김태창, 2013_7:4)

45 종교학자 시마조노 스스무가 주류문화를 대표하는 지식인들 가운데 우메하라 다케시(梅原猛), 가마다 토지(鎌田東二), 가와이 하야오(河合隼雄), 나카자와 신이치(中沢新一), 야마오리 데쓰오(山折哲雄), 유아사 야스오(湯浅泰雄) 등 현대일본의 신영성문화에 적극적으로 동조하는 지식인을 지칭한 표현으로, 학문적 지성과 아울러 제종교를 자유롭게 넘나드는 영성을 추구한다는 점에서 특정 종교에 속한 '종교적 지식인'과 구별된다.(島薗進, 1996:250-267/2007:66)

46 김태창이 보기에 일본은 지금 철학의 전환점에 서 있다. 근대 이래 '지'의 오만(전문지), 학문의 폐쇄성, 공리주의, 지배지향성, 사물화(私物化), 독화화(獨話化=모놀로그화), 단성화(單聲化), 전문화 등, 지식인이 앓고 있는 고질병이 심각해지고 내실없는 레토릭만이 횡행하고 있다. 지식인들과 전문가들은 과학만능주의와 경제지상주의에 빠져 전문용어를 자유자재로 구사하고 지적인 회화를 주고받는 도취에 젖어 있다. 또한 일본의 생활세계는 생태윤리적 타락과 생태미학적 퇴폐로 인해 심각한 상태에 빠져, 사람들은 시비선악을 스스로 생각해서 변별하고 비판하는 힘을 상실하고 있다. 나아가 국가나 기업의 권력장치가 비윤리적으로

가동됨으로써 시민사회의 건전성을 파괴하는 일에 대해 아무런 통증도 느끼지 않는 권력지
상주의나 이윤추구 지상주의가 민중의 머리 위를 활보하고 있다.(김태창, 2013_5:2-4)

47 내면 중시의 사상경향은 언어의 효능을 경시하는 문제점이 있다. 놀랍게도 대다수 일본인
의 언어활동에 대한 인식과 신뢰와 평가는 낮은 정도가 아니라 대단히 약하다. 이 점은 자
기와 타자 사이에 전개되는 언어활동을 가장 중요시하는 공공철학과는 궁합이 맞지 않는
문화적 측면이다.(김태창 편저, 2010:46)

48 패전 후의 부정적 일본인론은 경제부흥이 이루어진 60년대 중반 이래 긍정적 일본인론으로
바뀌게 되며 특히 90년대를 전후하여 보편적 일본인론이 널리 확산되면서 특수한 일본적 가
치에 대한 보편화 논조가 지배적이 된다. 일본인론의 변용에 관해서는 아오키 다모쓰, 2000
및 시마조노 스스무, 2010:144-176 참조.

49 문어는 구멍 같은 곳을 좋아해서 한 번 들어오면 틀어박힌다.

50 진사이는 '공공'이라는 말을 실제로 사용하면서 주자학이 특권성을 가지고 내면적 관념의
세계에 틀어박혀 있음을 비판했다. 또한 사람들이 서로 공생하고 협동하는 일상적인 생활
세계에 보편적인 도가 있다고 주장했다. 그 도는 한 사람의 개인적 감정이 아니라 만인을 위
해서 만인이 행하는 "천하공공"의 도라는 것이다.

51 소라이는 에도 등의 대도시가 급격하게 변화하는 상황에서 정부가 행해야 할 공공정책을 언
급하면서 유교의 '예악형정'(禮樂刑政)을 강조했다. 즉 성인의 도란 내면적 윤리가 아니라 구
체적인 습관과 의례로 제도화된 것이라고 이해한 것이다. 이 점에서 그는 근대의 공사이원
론에 가까운 입장이라 할 수 있다. 한편 소라이는 공과 사를 중층적으로 파악하면서 사무라
이를 '사'의 입장이면서도 '인'(仁)이라는 공공의 덕을 위해 책임을 다하는 존재라고 생각했
다. 요컨대 그는 '사'를 살리면서 그것을 포섭하는 '예악형정'이라는 보편적인 도에 입각한 통
치를 주장했다.

52 시처위(時處位)의 지선(至善)을 주장한 양명학자로, 사람은 자신이 처한 시간과 장소와 위치
에 맞게 각각 최선의 예법을 생각한다는 실천윤리를 주창했다.

53 스승 나카에의 사상을 사회변혁의 비전과 연결시켜 당시의 빈곤과 사치를 표리일체의 사회
현상으로 간주하면서, 치수, 치산, 신전(新田)개발 등의 새로운 농업부흥 및 환경정책을 통해
기아를 극복하고 상품화폐 경제에서 자급자족 경제로 돌아갈 것을 제창했다. 또한 지행합
일의 입장에서 무사가 토지로 돌아와 농사를 짓는 농병제를 주창하기도 했다.

54 상인의 입장에 철저한 공도(公道) 사상을 주장했다. 즉 상인은 단순히 사리사욕을 추구하는
존재가 아니라, 사람들의 생활을 중개함으로써 천하국가를 지탱하는 공적 존재라고 주장한
것이다. 이로써 바이간은 상인을 '천하의 구원'이라는 공적 역할을 담당하는 '시정의 서민'으
로 간주하면서 정당한 상인의 도를 추구했다.

55 쇼에키는 다른 사상가들과 달리 봉건 신분제를 존재론적 관점에서 전면적으로 부정했다.
당시 농촌(도호쿠의 하치노헤)의 참혹한 현실을 경험한 그는 기존의 신분제를 지지하는 유교
등 기존 사상을 모두 부정하면서 우주관, 자연관의 근본 변혁을 통한 사회변혁을 주창했다.
활진(活眞), 호성(互性), 직경(直耕) 등 그의 독특한 개념들은 자기-타자-공공세계론을 연상
시키는 한편 에콜로지, 페미니즘, 평등주의 등 현대 공공철학의 단서를 제공해 준다.

56 스사노오와 한국의 밀접한 관계에 대해서는 '박규태, 2010a' 참조.

57 '야마토'가 니기미타마(和御魂, 부드럽게 움직이는 화해지향의 영성)가 작동하여 언어표현의 영

묘한 작용이 꽃피고 다오야메부리(여성적 태도, 勅選和歌集)가 주된 기풍일 때는 비교적 '한' 말소의 경향이 유화되지만, 아라미타마(荒御魂, 거칠게 움직이는 공격지향의 영성)가 횡행하고 언어활동이 억압되며 마스라오부리(남성적 태도, 만엽집)의 기풍이 중시되는 시대에는 '한'의 흔적 말소가 강도를 더한다. 오늘날 일본에는 여러 형태로 아라미타마의 횡행과 언어표현의 억압과 마스라오부리의 맹위가 함부로 날뛰기 시작하고 있다.

58 의식적/무의식적으로 자행되어 온 '한' 말소의 역사에도 불구하고 아직도 일본 곳곳에는 지명이나 고유명사를 비롯하여 특히 신사와 사찰문화 등에 '한'의 흔적이 많이 남아 있다. 이 점에 관해서는 박규태, 2009/2010b/2011a 참조.

59 2008년 7월 6일 교토포럼 오사카 사무실에서의 대화에서 김태창은 "솔직히 말씀드려 오늘까지 약 20년 가까운 기간 동안 될 수 있는 한 자제해온 것이 있습니다."라면서, 철학대화를 통해 세계 여러 나라나 지역을 언급하면서도 한국에 관해서는 최소한으로 억제하려고 노력해 왔다고 털어놓았다. (야자키 카츠히코, 2010:347)

60 실제로 김태창은 텔레비전 연속극이나 젊은 가수들 및 스포츠 선수들이 한류를 통해 한국의 위상을 높이는데 크게 기여했다고 말하면서, 그것이 일시적인 피상적 현상에 그치지 않게 하기 위해서는 좀 더 깊은 알맹이를 담은 문화콘텐츠의 지속적 개발이 필요하며, 이를 위해서는 반드시 한사상·한철학의 슬기와 얼과 멋이 포함·전달·공감되어야 한다고 강조한다.(김태창, 2011a:180-81) 그의 공공철학은 한일 양국, 중국, 미국, 유럽의 학자, 지식인들의 양심적, 학술적 협력의 성과물로서, 일본의 학계는 물론 언론계와 정계에까지 충격과 영향을 주었다. "수천 년에 걸친 한일관계사에서 이런 일은 아마 처음일 것"이라고 말하는 북큐슈대의 김봉진 교수에 의하면, 김태창의 공공철학은 어쩌면 2000년대부터 다시 일어나기 시작한 '한국 대중문화의 유행'과, 비록 그 질과 내용에 있어서 차원은 아주 다르지만, 어떤 의미에서는 비슷하다고 할 수 있는 이른바 '학문판 내지 철학판 한류'라고 부를 수도 있을 것이다.(김봉진, 2013_12:2-3)

61 중국의 경우 공공 담론은 사마천의『사기』로부터 주희의『주자어류』에 이르기까지 여러 문헌에서 '천하공공'(天下公共, 천자가 천하만민과 함께 공공하다)이라든가 '중인공공'(衆人公共, 이해 당사자들이 서로 함께 공공하다)이라는 말이 빈출한다. 이로 보건대 상당히 오래 전부터 수직적/상하 계층적 공공과 함께 수평적/대등관계적 공공에 대한 인식의 흔적이 존재했음을 알 수 있다. 한편 일본의 경우는 18세기에 들어서야 '공공'이라는 단어가 몇몇 사상가나 문인들에 의해 사용되기 시작했는데, 그들은 '천지공공'(天地公共)이라는 말을 자주 썼다. 여기에는 중국의 '천하공공'과 차별화되면서도 '중인공공'의 측면이 교묘하게 배제되어 있다.(김태창, 2013_7:3)

62 덴리대학 졸업 후 강원대 대학원 철학과에서 이광래 교수의 지도하에 최한기로 박사논문을 썼다. 야규 마코토,『최한기 기학연구』(경인문화사, 2008) 참조.

63 하곡 정제두(1649-1736)의『하곡집』(霞谷集) 권11에 나오는 "오직 우리 선정의 실심실학만이 일세의 유종이다"(惟我先正實心實學爲一世之儒宗)라는 문장에서 비롯된 말. 정제두의 학문, 즉 실심실학은 양명학을 토대로 하여 거기에 주자학을 지양시킨 형태로 성립한 것이다. 김태창은 양명학의 양지가 주로 개개인의 속(內)에 주목하는 데 반해, 사람과 사람 '사이', 사람과 자연 '사이'로부터 서로를 함께 아우르는 탈양명학적 입장에 서 있다.(김봉진, 2013_11:14/정인재, 2011:9-13)

64 중국인은 논리적으로 따지기를 좋아한다. 유교의 합리성은 이런 중국적 리의 에토스에서 나온 것이다.

65 니시다 기타로의 '장소의 철학'에서 '자기'는 주객미분의 순수경험과 관련된 '절대무의 장소'로 말해진다. 이런 니시다 철학에서의 장소론은 일본인의 일상생활에서 "장의 공기(분위기)를 읽는다"는 것으로 나타난다. 일본사회에서는 분위기 파악을 하지 못하는 사람을 'KY'(空氣が読めない)라는 은어로 경시하고 배제시키는 암묵적인 이해가 있어서 그것이 어른사회에서도 어린아이 사회에서도 만연하고 있다. 즉 공기를 읽을 수 있는 인간이 화(和)를 이루는 좋은 사람이고 그렇지 못한 자는 화를 어지럽히는 이질적인 타자라는 것이다.

66 기'는 일본의 지배억압적인 '공기'와는 반대로, 자기와 타자 사이의 '기화(氣化)적' 해방 또는 개방을 촉진시킨다. 기가 작용하는 데에서 서로의 생각이 통하고 그래서 상호간에 기탄없는 주장과 격론이 있고 대립과 화해가 있고 사랑과 노래와 춤이 있다. 동학사상이나 '한'사상은 바로 이런 '기의 철학'이라 할 수 있다.

67 상극관계에서 상생관계로 전환하기 위해서는 먼저 양측의 불신, 반감, 적대를 부드럽게 하고 화해시키고 치유하는 것이 중요하다. 이는 일방적인 화가 아니라 함께 서로를 중시한다는 의미에서의 상화를 가리킨다.(김태창 편저, 2010:53)

68 그러나 EU도 중세 이래의 이상주의적 유토피아주의에서 시작된 것인 만큼, 이런 이상의 실현이 전혀 불가능한 것이라고 잘라 말할 수는 없을 것이다.

69 가령 김태창은 멸사봉공이라든가 멸공봉사 등을 언급하면서 '공'개념을 단순히 일본적으로 해석하고 있다는 비판이라든가, 그의 공공철학이 일본인들에 의해 고안된 것이라는 이해, 또는 김태창과 야자키의 공공철학은 "자신들의 이상향에 마쳐되어 대동아공영권의 은밀한 부활을 위한 새로운 시도에서 나온 음모"라고 보는 관점은 전혀 초점이 흐려진 오독이라 할 수 있다.(이명한, 2011:396-399)

70 예컨대 야자키 카츠히코에 대한 이명한의 비판적 문제제기(이명한, 2011:407-8)는 나름대로 타당한 측면이 있다. 야자키가 정한론의 효시이자 아시아 지역에 대한 식민지화를 주장한 요시다 쇼인(吉田松陰, 1830-59)을 흠모하는 것은 사실이기 때문이다. 이런 비판에 대해 야규 마코토는 〈공공철학 교토포럼〉에서 김태창이 쇼인의 국수주의적 사고방식을 근본적으로 비판했다는 점을 들어 반박하고 있다.(야규 마코토, 2011) 하지만 야자키는 쇼인을 "근대 일본인의 선구로서 시야를 국제화했던" 인물로 높이 평가하면서, 일본의 근대를 연 메이지유신의 지사 또는 메이지 정부의 원훈 대다수가 이 쇼인의 문하생임을 강조하고 있다.(야자키 카츠히코, 2010:118-121) 물론 그는 외국인 유학생에 대한 일본의 정책적 배려를 촉구하는 맥락에서 요시다 쇼인을 언급한 것이지만, 왜 하필이면 요시다 쇼인인가, 라는 의구심이 남는다. 또한 이세신궁 및 식년천궁과 관련하여 야자키는 "이세의 성지에서 모든 종교를 통합하는 통일성을 찾아낼 수 있다면, 양지 철학을 탄생시킨 동양의 영지에서 서구적 지식틀로는 불가능한 일, 즉 모든 종교와 철학과 사상이 통합된 영혼의 통일성을 발견하는 것도 꿈만은 아닐 것"(야자키 카츠히코, 2010:178-179)이라고 언급한다. 여기서 '모든 종교를 통합하는 통일성'이란 토인비가 일본을 방문했을 때 이세신궁에 대해 '근본적 통일성'을 지칭하면서 한 말이다. 그런데 야자키는 이세신궁이 과거 야스쿠니신사와 더불어 국가신도 시스템의 양축이었다는 사실에 대해서는 전혀 무지하거나 둔감해 보인다.

찾아보기

김태창 교수의 공공철학하기 03

일본에서 일본인들과 나눈 공공철학 대화

등록 1994.7.1 제1-1071
1쇄 발행 2017년 2월 28일

구   술 김태창
기   록 이케모토 케이코
옮긴이 조성환
펴낸이 박길수
편집인 소경희
편   집 조영준
관   리 위현정
디자인 이주향
펴낸곳 도서출판 모시는사람들
        03147 서울시 종로구 삼일대로 457(경운동 88번지) 수운회관 1207호
전   화 02-735-7173, 02-737-7173 / 팩스 02-730-7173
홈페이지 http://modl.tistory.com/

인   쇄 상지사P&B(031-955-3636)
배   본 문화유통북스(031-937-6100)

값은 뒤표지에 있습니다.
ISBN 979-11-86502-67-9   94150
세트 978-89-97472-06-2   94150

* 잘못된 책은 바꿔 드립니다.
* 이 책의 전부 또는 일부 내용을 재사용하려면 사전에 저작권자와 도서출판 모시
는사람들의 동의를 받아야 합니다.

이 도서의 국립중앙도서관 출판예정도서목록(CIP)은 서지정보유통지원시스템 홈
페이지(http://seoji.nl.go.kr)와 국가자료공동목록시스템(http://www.nl.go.kr/
kolisnet)에서 이용하실 수 있습니다. (CIP제어번호: 2016029299)